Mensch und Landschaft in der Antike

Lexikon der Historischen Geographie

*Herausgegeben
von Holger Sonnabend*

Mit 112 Abbildungen

Sonderausgabe

Verlag J. B. Metzler
Stuttgart · Weimar

Inhalt

Vorwort V
Artikelverzeichnis VII
Artikelverzeichnis nach Themenfeldern X
Artikel A-Z 1
Abkürzungsverzeichnis 625
  Quellen 625
  Quelleneditionen 632
  Zeitschriften und Sammelwerke 632
Verzeichnis der Autorinnen und Autoren 634
Personenregister 636
Ortsregister 642
Sachregister 650
Bildquellenverzeichnis 659

Bibliografische Information Der Deutschen Bibliothek
Die Deutsche Bibliothek verzeichnet diese Publikation in der Deutschen Nationalbibliografie;
detaillierte bibliografische Daten sind im Internet über <http://dnb.ddb.de> abrufbar.

ISBN 978-3-476-02179-3
ISBN 978-3-476-00218-1 (eBook)
DOI 10.1007/978-3-476-00218-1

Dieses Werk einschließlich aller seiner Teile ist urheberrechtlich geschützt. Jede Verwertung
außerhalb der engen Grenzen des Urheberrechtsgesetzes ist ohne Zustimmung des Verlages
unzulässig und strafbar. Das gilt insbesondere für Vervielfältigungen, Übersetzungen,
Mikroverfilmungen und die Einspeicherung und Verarbeitung in elektronischen Systemen.

© 1999/2006 Springer-Verlag GmbH Deutschland
Ursprünglich erschienen bei J. B. Metzler'sche Verlagsbuchhandlung
und Carl Ernst Poeschel Verlag GmbH in Stuttgart 2006

Vorwort

Mensch und Landschaft stehen in einem Wechselverhältnis. So, wie der Faktor Raum das menschliche Leben beeinflußt, so prägt der Mensch durch Eingriffe in die natürliche Umwelt die ihn umgebende Landschaft. Die wissenschaftliche Disziplin, die sich mit diesen Fragen beschäftigt, ist die Historische Geographie, deren Anfänge bis in die Antike zurückreichen. Als weitere Aufgaben stellen sich der Historischen Geographie, die sich mit der Welt der Antike befaßt, die Rekonstruktion der geographischen Verhältnisse (auch die Landschaft ist einem steten Wandel unterworfen) und das Aufzeigen der geographischen Kenntnisse und Vorstellungen von Griechen und Römern.

Das Lexikon *Mensch und Landschaft in der Antike* informiert umfassend über die Erkenntnisse der Historischen Geographie der antiken Welt. Es handelt sich nicht um ein Fachlexikon oder ein Reallexikon, sondern um ein Sachwörterbuch historisch-geographisch relevanter Begriffe und um ein Wörterbuch, das die in diesem Zusammenhang bedeutsamen Quellen und Methoden vorstellt. Die Sachbegriffe betreffen die unterschiedlichsten Bereiche (Geographie, Politik, Gesellschaft, Wirtschaft, Religion, Alltag, Technik). Sie in einem Lexikon zusammenzubringen, stellt einen ganz neuen Ansatz dar und eröffnet einige neue Perspektiven. Viele der Stichworte werden erstmals explizit auf ihre historisch-geographischen Bezüge hin untersucht. Quellen und Methoden werden angeführt, um nicht nur die Resultate der Forschung zu präsentieren, sondern auch die vielfältigen Wege aufzuzeigen, die zu diesen Resultaten hinführen.

Die Historische Geographie fällt in den Aufgabenbereich vieler wissenschaftlicher Disziplinen. Die Autorinnen und Autoren dieses Lexikons, im übrigen von internationaler Provenienz, vertreten die Fachgebiete der Alten Geschichte, der Geographie, der Archäologie, der Geoarchäologie, der Ägyptologie und der Technikgeschichte. So erschließt sich den Lesern und Benutzern eine interdisziplinäre Zusammenschau des Themas ›Mensch und Landschaft in der Antike‹.

Räumlich und zeitlich orientiert sich das Lexikon an den konventionellen Eingrenzungen. Unter der antiken Welt wird der gesamte Mittelmeerraum einschließlich jener Regionen verstanden, die einen politischen, wirtschaftlichen oder kulturellen Konnex zur mediterranen Welt hatten. Der zeitliche Rahmen erstreckt sich im wesentlichen vom 9. Jahrhundert v.Chr. bis ins 6. Jahrhundert n.Chr. Rückblicke in die fernere Vergangenheit (Alter Orient, Ägypten, mykenisches Griechenland) werden aber ebenso vorgenommen wie Ausblicke in spätere Epochen der Geschichte.

Die Auswahl der Artikel ist naturgemäß subjektiv, und man mag manche Aspekte vermissen. Das Wesentliche aber sollte angesprochen sein, und Verweise am Ende der einzelnen Artikel auf andere im Lexikon enthaltene Stichwörter eröffnen weitere Möglichkeiten der Information innerhalb des Buches.

Die Abbildungen sollen nicht nur der Illustration dienen. Sie sind Teil der Argumentation und deshalb in der Regel mit relativ ausführlichen Legenden versehen. Bei einigen Stichwörtern stehen das Bild und seine Erläuterung sogar im Zentrum und nehmen daher mehr Raum ein als der eigentliche Artikel.

Der Herausgeber hat von vielen Seiten wertvolle Unterstützung erhalten, wofür an dieser Stelle herzlich gedankt sei. Der erste Dank gilt den Autorinnen und Autoren, von denen viele auch bereit gewesen sind, bei manchem Engpaß kurzfristig Artikel beizusteuern. Die *Ernst-Kirsten-Gesellschaft. Internationale Gesellschaft für Historische Geographie der Alten Welt* hat das Unternehmen finanziell und organisatorisch unterstützt. Eckart Olshausen und Gerhard Kahl haben, neben ihrer Tätigkeit als Autoren, Wesentliches zur Konzeption des Lexikons beigetragen. Frauke Lätsch und Eva Nesselmann sorgten für die redaktionelle und technische Durchführung des Projekts. Holger Dietrich hat die Übersetzung der Artikel der italienischen Kolleginnen und Kollegen übernommen, Frauke Lätsch die der englischsprachigen Artikel. Bei der Bildrecherche halfen Wolfgang Dietz, Jochen Mayer, Umberto Pappalardo, Rudolf Schmidt und Frank Stini. Das Register erstellten Frauke Lätsch, Frank Müller und Frank Stini. Oliver Schütze gebührt Dank für die kooperative und in jeder Hinsicht vorbildliche Betreuung vonseiten des Verlages.

Holger Sonnabend

Artikelverzeichnis

Ackerbau	1	Erde	115
Adel	6	Erdteile	119
Ägyptologie	8	Erdvermessung	122
Afrikanistik	12	Erosion	125
Agrargeographie	14	Ethnographie	126
Agrartechnik	17	Ethnologie	133
Agrarverfassung	18	Fachliteratur	140
Akropolis	25	Finsternisse	142
Amphitheater	28	Fisch	144
Anthropogeographie	31	Fluß	145
Archäologie	32	Forstwirtschaft	151
Architektur	34	Fortifikation	153
Armee	35	Fremde	155
Askese	43	Frieden	157
Astronomie	44	Furt	159
Außenpolitik	46	Gebirge (Berg)	160
Bad	50	Gebirgsbildung (Orogenese)	163
Baumaterial	52	Geoarchäologie	166
Bergbau	54	Geographie	169
Beruf	58	Geopolitik	173
Bevölkerung	62	Geschichtsschreibung	174
Bezirk	65	Gesellschaft	176
Biographie	67	Getreide	180
Brücke	68	Gezeiten	184
Brunnen	73	Götter	185
Bürgerkrieg	76	Grenze	192
Bürgerrecht	82	Großgrundbesitz	197
Burg	84	Gutshof	200
Chorographie	87	Hafen	206
Chronologie	88	Hagiographie	209
Deich	91	Handel	210
Delta	92	Hauptstadt	212
Demographie	94	Heizen	215
Demokratie	98	Himmelsrichtungen	217
Dichtung	100	Historische Geographie	219
Diplomatie	102	Höhle	222
Dokumente	104	Holz	223
Dorf	106	Imperialismus	226
Energiequellen	109	Inschriften	228
Erdbeben (Geologie)	109	Insel	231
Erdbeben (Geschichte)	112	Interessensphären	234

Isthmos	236	Ökologie	378
Jagd	238	Orient	379
Kälte	241	Palast	382
Kanal	243	Papyri	387
Kannibalismus	245	Park	389
Kap	247	Paß	393
Karst	250	Philosophie	394
Kartographie	252	Pilger	397
Kleidung	257	Piraterie	399
Klima	260	Polizei	401
Klimakunde	263	Polje	402
Kolonisation	266	Randvölker	404
Kometen	269	Raum	408
Krieg	272	Recht	411
Küste	281	Reich	415
Kultarchitektur	283	Reiseberichte	420
Kulthandlungen	289	Reisen	423
Kultorganisation	292	Religionsgeographie	424
Kultpropaganda	295	Religionswissenschaft	428
Kunst	299	Retrogression	430
Lagune	301	Salinen	431
Landwirtschaft	304	Salz	434
Logistik	308	Schiffahrt	438
Luftbild	315	Schiffahrtswege	442
Marschland	317	Schiffbarkeit	446
Maschinen	322	Schilf	450
Maße	326	Schmuck	452
Medizin	328	Schrift	453
Meer	330	Schwemmland	454
Meerenge	334	See	455
Meeresspiegel	336	Seeherrschaft	460
Meeresströmungen	337	Segeln	463
Mentalität	340	Siedlungsformen	464
Meteor	343	Siedlungsgeographie	466
Migration	344	Siedlungskontinuität	470
Mobilität	347	Siegel	471
Monarchie	349	Signaltechnik	476
Mühlen	352	Sklaverei	478
Münzen	354	Sportstätten	481
Musik	359	Sprachareal	485
Mythologie	363	Sprache	488
Nachrichtenwesen	366	Sprachen	491
Nahrungsmittel	367	Staat	495
Natur	372	Staatenverbindungen	498
Navigation	374	Stadt	502
Odeion	377	Stadtmauer	506

Stadtverwaltung 508	Tyrannis 571
Städtebau 511	Überschwemmung 573
Sternschnuppen 515	Verfassung 575
Strandverschiebungen 516	Versammlungsorte. 579
Straße (Straßenbau) 518	Viehwirtschaft 580
Strategie 524	Volksstamm 583
Taktik 533	Vulkan 585
Tanz 539	Vulkanismus. 589
Technikgeschichte 541	Wald 593
Tempel 545	Wasserbau 595
Theater 549	Wasserversorgung 599
Tiergeographie 552	Weinbau 603
Tierkult. 554	Welt 604
Töpferei. 557	Wind (Winde) 609
Topographie. 560	Wirtschaft 611
Toponomastik 561	Wirtschaftsgeographie 614
Totenkult. 562	Wohnhaus 616
Tourismus 563	Wüste 619
Transhumanz 564	Wüstung 621
Tunnel 568	Zeit. 623

Artikelverzeichnis nach Themenfeldern

1. Quellen und Methoden
Ägyptologie
Afrikanistik
Agrargeographie
Anthropogeographie
Archäologie
Architektur
Astronomie
Biographie
Chorographie
Chronologie
Demographie
Dokumente
Ethnographie
Ethnologie
Fachliteratur
Geographie
Geschichtsschreibung
Hagiographie
Historische Geographie
Inschriften
Kartographie
Klimakunde
Luftbild
Medizin
Münzen
Papyri
Philosophie
Reiseberichte
Religionsgeographie
Religionswissenschaft
Retrogression
Siedlungsgeographie
Siegel
Technikgeschichte
Topographie
Toponomastik
Wirtschaftsgeographie

2. Landwirtschaft
Ackerbau
Agrartechnik
Agrarverfassung
Fisch
Forstwirtschaft
Getreide
Großgrundbesitz
Gutshof
Holz
Jagd
Landwirtschaft
Nahrungsmittel
Park
Transhumanz
Viehwirtschaft
Weinbau

3. Bevölkerung/Bevölkerungsgruppen
Bevölkerung
Demographie
Fremde
Kannibalismus
Kleidung
Migration
Randvölker
Volksstamm

4. Klima
Kälte
Klima
Klimakunde
Überschwemmung
Wind (Winde)

5. Politik/Gesellschaft/Verwaltung
Adel
Akropolis
Außenpolitik
Bezirk
Bürgerkrieg
Bürgerrecht
Demokratie

Diplomatie
Dorf
Frieden
Gesellschaft
Grenze
Hauptstadt
Imperialismus
Interessensphären
Kolonisation
Krieg
Monarchie
Polizei
Reich
Seeherrschaft
Siedlungsformen
Siedlungskontinuität
Sklaverei
Staat
Staatenverbindungen
Stadt
Stadtverwaltung
Tyrannis
Verfassung
Versammlungsorte
Wasserversorgung

6. *Religion*
Askese
Götter
Kultarchitektur
Kulthandlungen
Kultorganisation
Kultpropaganda
Mythologie
Natur
Pilger
Tierkult
Totenkult

7. *Militär*
Armee
Bürgerkrieg
Fortifikation
Krieg
Logistik
Nachrichtenwesen

Signaltechnik
Strategie
Taktik

8. *Geologie/Geomorphologie*
Erdbeben (Geologie)
Erdbeben (Geschichte)
Erosion
Gebirgsbildung (Orogenese)
Salz
Vulkanismus

9. *Wirtschaft/Handel*
Beruf
Energiequellen
Hafen
Handel
Piraterie
Salinen
Schiffahrt
Töpferei
Wirtschaft
Wirtschaftsgeographie

10. *Geographie/Topographie*
Deich
Delta
Erde
Erdteile
Fluß
Furt
Gebirge (Berg)
Gezeiten
Höhle
Insel
Isthmos
Kanal
Kap
Karst
Küste
Lagune
Marschland
Meer
Meerenge
Meeresspiegel
Meeresströmungen

Orient
Paß
Polje
Raum
Schwemmland
See
Überschwemmung
Vulkan
Wald
Welt
Wüste
Wüstung

11. *Architektur*
Amphitheater
Architektur
Bad
Baumaterial
Brücke
Burg
Heizen
Kultarchitektur
Odeion
Palast
Sportstätten
Stadtmauer
Städtebau
Tempel
Theater
Wohnhaus

12. *Astronomie*
Astronomie
Erdvermessung
Finsternisse
Himmelsrichtungen
Kometen
Meteor
Sternschnuppen
Zeit

13. *Recht*
Recht

14. *Flora/Fauna*
Ökologie
Schilf
Tiergeographie

15. *Kunst*
Dichtung
Kunst
Musik
Schmuck
Tanz

16. *Verkehr/Kommunikation*
Brücke
Kanal
Maße
Nachrichtenwesen
Navigation
Paß
Reisen
Schiffahrtswege
Schiffbarkeit
Segeln
Signaltechnik
Straße (Straßenbau)
Tourismus

17. *Sprache*
Schrift
Sprachareal
Sprache
Sprachen

18. *Technik*
Bergbau
Brunnen
Maschinen
Mühlen
Signaltechnik
Technikgeschichte
Wasserbau

19. *Mentalität*
Mentalität

Ackerbau

Anfänge: Unter A. versteht man die Nutzung großer landwirtschaftlicher Flächen bei intensiver Bodenbearbeitung zur Gewinnung von Pflanzenerträgen für Nahrung, Kleidung und Futtermittel. Er nimmt mit der Seßhaftwerdung spätmesolithischer Kulturen seinen Anfang: Älteste Pflanzenreste, die auf A. schließen lassen, sind in Vorderasien im Gebiet des ›Fruchtbaren Halbmondes‹ aus der Zeit 8000 bis 6000 v.Chr. gefunden worden. Später verfügten die mesopotamischen und ägyptischen Hochkulturen schon über einen entwickelten und spezialisierten A. Im griechisch-römischen Bereich schließlich wird die Einführung des A. durch die Sage in die Vorgeschichte (Geschenk der Demeter o. a. Götter) verlegt, ist aber wohl im 4. Jahrtausend v.Chr. erfolgt. Die ersten archäologischen Befunde für A. im griechischen Raum stammen jedoch aus der minoisch-mykenischen Epoche. In historischer Zeit ist der A. schließlich unbestritten die wichtigste Grundlage der antiken Wirtschaft.

Ökologische Bedeutung des Ackerbaus: Der im Neolithikum sich allmählich ausbreitende A. gehört zu den tiefgreifendsten anthropogenen Eingriffen in die Natur. Die vorhandenen Hochwälder wurden besonders in fruchtbaren Lößlandschaften gerodet, um Flächen für den A. zu schaffen. Die seit der Jungsteinzeit nachweisbare erhöhte Sedimentfracht in Flüssen und Seen weist auf die durch die Rodungen hervorgerufene erhöhte Hangabspülung hin. Da Ackerfelder, aber auch Wiesen und Weiden, deutlich weniger transpirieren als die zuvor bestehenden Hochwälder, kamen nun auch noch drastische Veränderungen im Wasserhaushalt hinzu: Neben der Häufung von Hochwässern trat in diesem Zusammenhang auch die Vernässung von horizontalen Flächen bis hin zur Ausbreitung von Mooren in Nord- und Mitteleuropa oder andererseits eine starke Zunahme der Sommertrockenheit in trocken-warmen Klimaten auf. Die Pflanzengemeinschaften der südeuropäischen und vorderasiatischen Steppen waren eine Folge solcher Austrocknung. Diese negativen Tendenzen wurden schließlich noch durch die immer intensiver werdende Holznutzung für Bau, Heizung und Erzverhüttung rapide verstärkt. Der A. war also der Anfang eines dramatischen Eingriffs des Menschen in die natürliche Vegetation – und die Folgen dieses Eingriffs haben nicht selten sehr ungünstige Rückwirkungen auf den A. selbst gehabt.

In historischer Zeit wurden einige erstaunliche, aber ökologisch einschneidende Bemühungen zur Landverbesserung unternommen: Von der Trockenlegung des Kopaissees in Böotien durch einen Ingenieur Alexanders des Großen, des Velinersees bei Reate im 3. Jahrhundert v.Chr. (Cic. Att. 4,15,5) oder des Fucinersees durch Claudius (Suet. Claud. 20; Tac. ann. 12,56) und Hadrian (SHA Hadr. 22) bis zu den großangelegten Versuchen, die Sümpfe des Podeltas (Strab. 5,217; Plin. nat. 3,119), der Toskana (Nissen 308) oder die Pomptinischen Sümpfe (Nissen 326ff.) durch Kanalisation trockenzulegen, reichen die antiken Meliorationsmaßnahmen. Andererseits wurde durch Wasserzufuhr über ein flächendeckendes Kanalsystem auch trockenes Land, wie etwa in der Poebene, befruchtet (Cato agr. 155,1; Verg. georg. 1,106–110; Strab. 4,205; 5,212; Plin. nat. 3,119; 18,145; Colum. 2,9,17; 2,10,26; 2,10,18; 2,10,23) – beispielgebend waren diesbezüglich die hochentwickelten Bewässerungsanlagen Ägyptens.

Anbaupflanzen: Den Vorrang im antiken A. nahm die Getreideproduktion ein. Schon in mykenischen Inschriften werden verschiedene Kornarten genannt, und

Homer kannte Gerste und Weizen. In der archaischen Subsistenz-Landwirtschaft wurde selbstverständlich vorwiegend das Hauptnahrungsmittel der Antike, Getreide, angebaut. Aber auch später, in der entwickelten griechisch-römischen Landwirtschaft, blieben die verschiedenen Getreidearten, bei allen regionalen Unterschieden, insgesamt gesehen die wichtigsten Anbaupflanzen im A.

Daneben wurden aber auch Hülsenfrüchte, Gemüse, Flachs, Hanf und Futterpflanzen produziert. Bohnen, Linsen, Erbsen, Kichererbsen und als Futterpflanzen Wicken, Platterbsen und Lupinen waren die wichtigsten Hülsenfrüchte der Antike. Zwei Vorzüge vereinen diese Leguminosen (Name nach Varro rust. 1,32,2, von der Erntemethode *quod vellendo leguntur* abgeleitet): Sie zeichnen sich als Nahrungsmittel durch einen hohen Eiweißgehalt (20–50%) aus, andererseits aber auch dadurch, daß sie mithilfe der in ihren Wurzeln lebenden Knöllchenbakterien den freien Stickstoff der Luft binden und im Boden anreichern können. Dadurch empfehlen sie sich auch als Gründüngepflanzen. An Hackfrüchten waren in der Antike Rüben (Rettich, weiße Rübe, Kohlrübe, Runkelrübe, Sellerie – sowohl als Nahrungs- als auch als Futtermittel), Kohl und Möhren (Pastinaken) im A. gebräuchlich. Flachsanbau war in Palästina, Phönizien, Ägypten, Nordafrika und Spanien zu finden, dort wird auch über die Herstellung von Leinen berichtet. Baumwolle, aus Vorderasien kommend, war in Nordafrika und Ägypten verbreitet. Im griechisch-römischen Raum selbst wurden Baumwollstoffe zwar eingeführt, doch nicht selbst produziert. Hanf war in geringem Umfang im ganzen Mittelmeerraum verbreitet und wurde vorwiegend zur Seilherstellung verwendet. An Futtermitteln sind außer den oben schon erwähnten Futterpflanzen Gras und Luzerne im antiken A. bekannt.

Ackerboden: Große Aufmerksamkeit schenken die Agrarschriftsteller, besonders Varro und Columella, der Bestimmung der Qualität der Böden und der daraus folgenden ertragreichsten Bodennutzungsart. Bestimmten Böden und Klimaten werden nicht nur bestimmte Anbauarten, sondern sogar bestimmte Arten von Getreide, Hülsenfrüchten, Hackfrüchten, Oliven, Reben, Obstbäumen etc. zugeordnet.

Bodenbearbeitung: Die Technik der Bodenbearbeitung ist uns vor allem von den römischen Agrarschriftstellern bekannt. Vereinzelte Hinweise finden sich jedoch seit Homer und Hesiod auch in fast der gesamten antiken Literatur. Aufgrund der dort gemachten Angaben kann man annehmen, während der gesamten Antike habe sich kein grundsätzlicher Wandel der Bodenbearbeitungstechniken ergeben. Das verbreitetste Bodennutzungssystem war die Zweifelderwirtschaft. In der Zweifelderwirtschaft wird, um einer rapiden Bodenauszehrung vorzubeugen, zwischen Anbau im einen Jahr und Brache im folgenden Jahr abgewechselt. Das Brachfeld diente dann als Weide, was zudem auch noch die natürliche Düngung des betreffenden Feldes ermöglichte. Bei bestimmten Böden konnten sich auch vereinzelt Formen von dreijähriger Bewirtschaftung entwickeln (etwa: Getreide – Hülsenfrüchte – Brache; diese Bewirtschaftungsform ist aber nicht zu verwechseln mit der mitteleuropäischen Dreifelderwirtschaft). Nur bei besten Böden und guter Düngung wurde auf die Brache verzichtet. In der antiken Zweifelderwirtschaft waren aber verschiedene Fruchtwechselsysteme bekannt (vgl. Varro rust. 1,44,2 f.), etwa Weizen – Hackfrüchte – Emmer oder Gerste – Hirse – Hackfrüchte – Weizen oder Gerste. Neben der Brache war systematische Düngung ein Mittel, die Auszehrung des Bodens auszugleichen. Es wurde mit Tauben-, Hühner-, Esels-, Schafs-, Ziegen-, Rinder- und Schweinemist oder gar mit menschlichem Kot gedüngt. Darüber hinaus war auch die Gründüngung durch Unterpflügen der Stengel und Blätter von Bohnen, Lupinen oder Wicken üblich.

Für die Aussaat sollte der Acker mindestens zweimal gepflügt und anschließend geeggt werden. Das kräftige Pflügen vor der Saat war besonders bei der Frühjahrssaat notwendig, um die Unkräuter gründlich zu tilgen (Cato agr. 61,1: »Was heißt, den Acker gut bebauen? Gut pflügen! Was ist das zweite? Gut pflügen! Was an dritter Stelle? Düngen!«).

Der antike Pflug ist bei Hesiod (erg. 427ff.), bei Vergil (georg. 1,162ff.) oder bei Plinius (nat. 18,171ff.) beschrieben, überdies existieren einige bildliche Darstellungen (vgl. Abb. 2, S. 18). Der Holzpflug der Antike hatte eine Pflugschar aus Metall und war als sogenannter Symmetrischer Pflug ausgelegt, d.h. er wälzte die aufgebrochene Erde auf beide Seiten der Furche. Mithilfe von Streichbrettern am Pflug konnten allerdings breitere Furchen erreicht werden. In der Kaiserzeit kam dann die Methode auf, durch Schrägstellen des Pflugeisens eine teilweise Umwendung der Schollen zu erreichen. Mit diesem Holzpflug am zweispännigen Ochsengespann – bei leichteren Böden auch Gespanne von Kühen, Eseln oder Maultieren – wurde der Acker so gepflügt, daß kein Stück Boden unumgebrochen blieb und eine möglichst vollständige Lockerung und Durchmischung des Bodens erreicht wurde. War die Saat von Hand ausgestreut, so pflügte man das Feld abermals, wobei die Kämme der Furchen durch Streichbretter oder durch Flechtwerkmatten eingeebnet wurden, um das Saatgut zuzuwerfen. Dadurch war das Saatkorn trocken gelagert, da sich Staunässe in den Furchen sammeln konnte.

Zu feuchter Boden wurde durch die Anlage von Sickergräben entwässert. Bewässerung kannte man im griechisch-römischen Raum normalerweise nur für Gärten, Wiesen und Baumplantagen. In Nordafrika, in Ägypten, wahrscheinlich auch im Podelta wurden jedoch auch Feldfrüchte systematisch bewässert (s.o.).

Geerntet wurden die Feldfrüchte in der Regel von Hand. Die berühmte gallorömische Erntemaschine ist singulär, in ihrer Anwendung umstritten und machte ohnehin nur auf den großen nordgallischen Ackerflächen einen Sinn (vgl. Abb. 1, S. 17). Normalerweise wurden die Ähren bei der Getreideernte mit Sicheln von den Halmen getrennt. Nach der Ernte wurde das Getreide in Freilufttennen mit gestampftem und festgewalztem oder gepflastertem Dreschboden von Hand mit Knüppeln oder mithilfe von Dreschschlitten und -wägen ausgedroschen. Oftmals wurde auch einfach eine Viehherde solange über die Tenne getrieben, bis die Körner aus den Ähren getreten waren. Danach wurde der Drusch solange in die Luft gewirbelt, bis der Wind die Spreu verweht hatte und nur noch die Körner übrig blieben.

Saatgut: Um leistungsfähiges Saatgut zu entwickeln und zu erhalten, wurden die besten Ähren von den ertragreichsten Feldern gesondert gedroschen und an besonderen Orten gelagert (Varro rust. 1,52,1; Colum. 2,9,12). Generell scheint die Entwicklung der Kulturpflanzen aus den Wildtypen in Eurasien und auch deren spätere Weiterentwicklung hauptsächlich auf dem Verfahren der bewußten Auslese nach den Merkmalen Größe, Anzahl und Qualität des Erntegutes basiert zu haben. Im Gegensatz zur Kreuzung, die in der Antike auch bekannt war, filtert dieses selektive Veredelungsverfahren die jeweils nützlichsten der in der natürlichen Variabilität vorkommenden Pflanzen heraus.

Gartenbau: Über den antiken Gartenbau geben wiederum die römischen Agrarschriftsteller am genauesten Auskunft (insbesondere Colum. 10; 11,3; 12). In Gärten mit gut bewässerbaren Beeten und mit den besten Böden, nahe beim Gutshaus gelegen und durch Zäune oder Hecken gut gegen Wildfraß geschützt, wurden die verschiedensten Gartenkulturpflanzen angebaut: Gemüse (z. B. Kohl, Lauch, Zwiebel, Knoblauch, Rettich, rote und weiße Rübe, Steckrübe, Pastinake, Gurke, Kürbis, Sellerie, Salat, Artischocke, Kaper, Rapunzel, Gartenkresse, Raute, Spargel), Gewürzkräuter (z. B. Koriander, Kerbel, Lorbeer, Senf, Minze, Thymian, Majoran, Anis, Dill, Mohn) oder Handelsblumen (z. B. Rosen, Veilchen, Lilien, Krokus etc. – vgl. Theophr. h.plant. 6; Varro rust. 1,16,3).

Freilich erforderte der Gartenbau eine besonders intensive Pflege der Beete. Das Beet sollte ein halbes Jahr vor dem Anbau zwei bis drei Fuß tief umgegraben werden. Kurz vor dem Anbau sollte es gut gedüngt und abermals umgegraben werden. Außerdem war es das ganze Jahr über aufzuhacken und von Unkraut frei zu halten. Während der Wachstumsperiode war schließlich sorgfältigst auf die ausreichende und kontinuierliche Bewässerung der Beete zu achten. Darüber hinaus erforderten die verschiedenen Gartenkulturgewächse auch während der Wachstumsphase eine zum Teil intensivste Betreuung: Die Sämlinge waren zu bestimmten Zeiten anzuziehen, und ebenso zu bestimmten Zeiten und nach einer mitunter sehr aufwendigen Vorbehandlung (zum Beispiel Kohlsetzlinge einzeln in flüssigen Dung getaucht und mit drei Seetangstreifen umwickelt) zu verpflanzen. Einzelne Kulturpflanzen erfuhren dann auch noch nach dem Verpflanzen besondere gärtnerische Veredelungsverfahren.

Schließlich mußten die Gartenfrüchte, wurden sie nicht sofort verzehrt oder verkauft, haltbar gemacht werden. Nahezu das ganze zwölfte Buch von Columellas Landwirtschaftskunde handelt von den zum Teil sehr aufwendigen Verfahren, Wein, Obst und Gemüse zu konservieren.

Bei solch einer arbeitsintensiven Produktion ist es verständlich, daß der Gartenbau auf landwirtschaftlichen Betrieben normalerweise nur für den Eigenbedarf betrieben wurde. Lediglich die Nähe des Betriebes zu einer Stadt als kaufkräftigem Markt (etwa Böotien-Megara zu Athen oder das Umland von Rom zur Stadt) konnte es rentabel erscheinen lassen, die leicht verderblichen Produkte gezielt und in größerem Umfange für den Verkauf zu produzieren (vgl. Cato agr. 8; Varro rust. 1,16,3).

Auf die seit mykenischen Zeiten nachgewiesene Ziergärtnerei und deren Geschichte bis zu den römischen *horti* kann in diesem Zusammenhang nur hingewiesen werden (vgl. hierzu ausführlich Olck und Grimal).

Ertrag: Trotz der bis in die Spätantike voranschreitenden Optimierung der Kulturpflanzen, der Bodenbearbeitungstechniken, der Düngung und der Betriebsweise kann für die Antike eine nach heutigen Maßstäben nur geringe Produktivität des A. angenommen werden: Selbst bei sehr hohen Keimverlusten (durch Vogelfraß, Krankheiten, Fäulnis etc. vgl. Mk 4,3 ff., Luk 8,5 ff.) – und diese können in der antiken Landwirtschaft angenommen werden – wären in der heutigen hochentwickelten Landwirtschaft auf normalen Böden ca. 30fache Getreideerträge zu erwarten (Faustregel heute: 30–40facher Ertrag, bei günstigen Böden bis zu 80fachem Ertrag). Es lagen aber die Getreideernterträge in Deutschland bis 1750 beim 2–4fachen und bis zum 19. Jahrhundert nur beim 5–10fachen; sie liegen heute bei nichtmaschinisiertem Subsistenz-A. in Entwicklungsländern auch nur beim 4–8fachen. Vor diesem Hintergrund scheinen die Angaben zu den Ernteerträgen bei Varro (rust. 1,44,1–2) für einige Gegenden in Italien oder bei Cicero (Verr. 2,3,112) für Sizilien, nämlich 8–15faches

Korn, bei intensivem A. als durchaus glaubhaft, liegen aber im Vergleich mit anderen vorindustriellen A.-Kulturen bemerkenswert hoch. Die bei Varro ebenfalls genannten 100fachen Erträge aus Sybaris in Italien, Syrien und Afrika (vgl. auch Luk 8,5ff.), die bei Plinius (nat. 18,162) für Babylon angegebenen 50–100fachen Erträge und ebenso die bei Ammianus Marcellinus (22,15,13) angegebenen 70fachen Erträge in Ägypten (vgl. auch Mk 4,8) scheinen dagegen absolute Höchsterträge auf besten Böden, verbunden mit den besten klimatischen Bedingungen, dargestellt zu haben. Andererseits kann der, allerdings nicht unumstrittene, Hinweis bei Columella vom 4fachen Getreideertrag in weiten Teilen Italiens (Colum. 3,3,4) nur für nicht besonders intensiven A. auf kargen Böden oder bei ungünstigsten klimatischen Verhältnissen gelten. Die Rendite war beim A. mit Sicherheit geringer als bei anderen Bodennutzungsarten. Ist der Nettoertrag auf das investierte Kapital beim antiken A. auf 3–5% zu veranschlagen, so konnte er etwa beim Weinbau leicht über 10% liegen. Reiche Großgrundbesitzer investierten deshalb in Obst-, Wein- oder Ölplantagen und in die extensive Tierzucht, um ihre Erträge zu optimieren. Kleinere Bauern, denen hierzu die Kapitalien fehlten, mußten beim A. bleiben.

Ackerbau und andere Bodennutzungsarten: Die Wertschätzung des A. mit Schwerpunkt Getreideanbau erfuhr im Laufe der Antike einige Modifikationen. Cato (agr. 1,7) gibt eine Rangliste der von ihm bevorzugten Bodennutzungsarten an. Dort rangiert der A., speziell der Getreideanbau, erst an sechster Stelle nach Weinbau, Gartenbau, Weidicht, Öl- und Wiesenbau. Sobald Landwirtschaft nicht mehr nur zum Zwecke der Subsistenz, sondern, besonders auch nach Einführung der Geldwirtschaft, mit Gewinnabsicht betrieben wurde, verlor der arbeitsintensive A. wegen seiner vergleichsweise geringen Wertschöpfung gegenüber anderen Bodennutzungsarten an Bedeutung. Diese Entwicklung setzte schon in Griechenland gegen Ende des 5. Jahrhunderts v.Chr. ein. Der in Griechenland einheimische A. war bald nicht mehr in der Lage, die wachsenden städtischen Zentren mit Korn zu versorgen. Aufgrund ihrer besonders fruchtbaren Böden und ihrer klimatischen Bedingungen wurden die Schwarzmeergegend, Nordafrika, Ägypten und Sizilien zu Zentren des Getreideanbaus. Von dort kamen genügend Überschüsse, um auch die städtischen Zentren Griechenlands, die hellenistischen Städte und später die Städte des römischen Reichs zu versorgen. Dies versetzte dann dort die auf Gewinn abzielenden Großgrundbesitzer in die Lage, auf Anbauarten mit höherer Wertschöpfung (Wein, Öl, Gemüse, Obst etc.) auszuweichen (Varro rust. 1,2: »ganz Italien sieht wie ein Obstgarten aus«). Gleichwohl blieb auf den kleineren Bauernhöfen der A. mit Getreideanbau die dominierende Bodennutzungsart. Die gesamtwirtschaftliche Bedeutung der kleinbäuerlichen Höfe gegenüber den ›kapitalistischen‹ Latifundien ist freilich für alle Epochen der Antike umstritten. Hat im archaischen und klassischen Griechenland und im römischen Bereich bis ins 2. Jahrhundert v.Chr. der Kleinbauer sicher vorgeherrscht, so kann sein Stellenwert in der hellenistischen, römisch-spätrepublikanischen oder gar in der römisch-kaiserzeitlichen Landwirtschaft nicht mehr bestimmt werden. Sicher ist jedoch, daß die Kleinbauernwirtschaft und mit ihr der A. bis in die Spätantike nie ganz verschwunden sind (vgl. etwa Varro rust. 1,17,2), und in den oben genannten Zentren der antiken Getreideproduktion (Schwarzmeergebiet, Ägypten, Nordafrika, Südspanien, Sizilien, Sardinien) blieb der A. immer die dominierende Bodennutzungsart.

→ Agrarverfassung, Erosion, Getreide, Großgrundbesitz, Holz, Kleidung, Landwirtschaft, Nahrungsmittel, Ökologie, Überschwemmung, Viehwirtschaft, Wald

LITERATUR: R. *Duncan-Jones:* The Economy of the Roman Empire. Cambridge 1982. – D. *Flach:* Römische Agrargeschichte. München 1990. – P. *Grimal:* Les jardins romains. Paris 1943. – W. E. *Heitland:* Agricola. 1921. – R. *Martin:* Recherches sur les agronomes latins. Paris 1971. – *Olck:* RE VII 1 (1912) Sp. 768–841, s.v. Gartenbau. – K. D. *White:* Roman Farming. London 1970.

Ulrich Fellmeth

Adel

Zugehörigkeit: In der Geschichte des Altertums haben fast immer und überall wenn nicht Könige und Dynasten, so doch, an deren Seite oder an deren Stelle, die Angehörigen lokaler, regionaler und imperialer Führungsschichten die Verhältnisse und Ereignisse maßgebend bestimmt, selbst in den prinzipiell demokratisch verfaßten Gemeinwesen. Soweit sich die Zugehörigkeit zu diesen Führungsschichten wenigstens faktisch vererbte, kann man von A. sprechen.

Unter den Kriterien, die den A. in diesem Sinn vom gemeinen Volk abgrenzten, spielte im Altertum wohl der Reichtum die wichtigste Rolle. Dabei kam es nicht auf die absolute, sondern auf die relative Größe des Vermögens an; die Patrizier der römischen Frühzeit, rats- und amtsfähige Großbauern, waren in ihrem kleinen Gemeinwesen nicht weniger vornehm als die führenden Senatoren der Kaiserzeit mit ihrem unermeßlichen, weit über Italien und das Reich verteilten Reichtum. In jedem Fall allerdings mußte das Vermögen ausreichen, seinen Eigentümer vom Zwang täglicher Arbeit zu entbinden.

Mit dem Vermögen vererbte sich auch die Zugehörigkeit zur Oberschicht. In dieser wiederum zählten naturgemäß diejenigen mehr, deren Vorfahren ihr schon lange angehört hatten, während die Neureichen auf die Aufnahme in die führenden Kreise noch warten oder darum kämpfen mußten (aber sie schließlich im allgemeinen doch erreichten). Der ererbte Reichtum und die vornehme Herkunft allein aber machten den Adligen noch nicht aus; er war aufgrund seiner eigenen Verdienste und der seiner Vorfahren allgemein bekannt (*gnorimos, nobilis*) und durfte im Kreise seiner Verwandten und Nachbarn, seiner Mitbürger oder auch der Untertanen und Verbündeten seines Gemeinwesens, ja darüber hinaus auf einen mehr oder weniger festen Anhang, gegebenenfalls auf eine förmliche Klientel und auf mächtige Freunde zählen. In den Monarchien kamen die Beziehungen nach oben, zum Hofe, und das Nahverhältnis zum König selbst hinzu, dessen ›Freund‹ oder ›Verwandter‹ man war oder hieß. Mit dem Reichtum und dem gesellschaftlichen Ansehen verband sich in der Regel auch eine feinere Lebensart und die Pflege von Musik und Dichtung, auf jüngeren Entwicklungsstufen oft auch wissenschaftliche Bildung und Tätigkeit, insgesamt also ›Bildung‹ im umfassenden Sinn des Wortes; diese setzte im allgemeinen die Zugehörigkeit zur Oberschicht schon voraus, konnte aber ihrerseits, wo sie in besonderem Maße gegeben war, ihren Trägern innerhalb der Oberschicht eine besondere Stellung verschaffen.

Man denke an die ›Schriftgelehrten‹ der Juden, an die griechischen Philosophen, die Redner bei Griechen und Römern, die Rechtsgelehrten in Rom und den literarisch gebildeten senatorischen Beamten-A. im spätrömischen Reich, schließlich auch an die christlichen Theologen.

Privilegien/Pflichten: In den Händen des A. lagen – nicht immer und überall in gleichem Ausmaß, mit oder ohne förmliche Vorrechte – die meisten und wichtigsten Geschäfte der Allgemeinheit, vor allem Ämter und Funktionen der verschiedensten Art und insbesondere der Sitz im Rat, der vielfach den Adligen vorbehalten war oder auch, wie im frühen Rom und dann wieder in der Kaiserzeit, den A. geradezu definierte (*patres*, eigentlich ›Ratsherren‹, mit dem abgeleiteten Adjektiv *patricius*; Senatoren- und Dekurionenstand). Auch im Krieg nahm der wohlhabende und angesehene Mann eine gehobene Stellung ein; er war besser bewaffnet und kämpfte in vorderster Linie, vielfach auf dem Streitwagen oder zu Pferd; er führte seine eigenen Haus- und Gefolgsleute an, wurde zum Offizier oder Feldherrn bestellt und hatte reichlich Gelegenheit, sich im Kriegshandwerk soweit auszubilden und auszuzeichnen, daß er sich besondere Hochschätzung bei seinen Mitbürgern, aber auch im Ausland erwarb und im Dienst der Könige und Kaiser in die höchsten Stellungen aufstieg, ja die Herrschaft selbst erringen konnte. Eine Laufbahn dieser Art setzte in der Regel ererbten A. schon voraus; weit seltener war der Aufstieg vom gemeinen Krieger zum Offizier oder gar Heerführer und damit in den A.

Eine starke Stellung nahm der A. im allgemeinen auch im Götterkult ein. Die wichtigsten Priestertümer waren vielfach den Angehörigen vornehmer Geschlechter vorbehalten, manche vererbten sich in einer Familie; denn im konservativen Sakralbereich erhielten sich Vorrechte, die in anderen Lebensbereichen längst abgekommen waren.

Die soeben skizzierten Merkmale des A. waren natürlich auf die einzelnen Personen und Personenkreise nicht gleichmäßig verteilt; im Laufe der Entwicklung konnten sich Spezialisierungen ergeben. Bekannt ist das Nebeneinander von ›Rednern‹ und ›Strategen‹ im Athen des 4. Jahrhunderts v.Chr., des Zivil- und Militär-A. im spätrömischen Reich. Im frühen Rom rivalisierte ein kleiner Kreis begüterter Familien aus der *plebs* mit dem alten A. der ›Ratsherren‹, aber bald verschmolzen beide zur patrizisch-plebeiischen Nobilität, innerhalb deren allerdings dem einen wie dem anderen Stand bestimmte Ämter und Funktionen vorbehalten blieben. In der Kaiserzeit waren der Senats-A., der Ritterstand und der Munizipal-A. nach Herkunft, Rang und Funktionen voneinander geschieden, doch stand den Dekurionen der Aufstieg in den Ritterstand, den Rittern der in den Senat weit offen.

In Ländern, die einer Fremdherrschaft unterworfen waren, trat eine fremde Oberschicht neben die bodenständige: So gab es im Achaimenidenreich überall einen iranischen Krieger-A. neben den einheimischen Großen; im Alexanderreich und seinen Nachfolgestaaten trat dazu eine makedonisch-griechische Oberschicht, vorwiegend gleichfalls Krieger. ›Barbarischer‹ Herkunft war auch ein großer Teil des spätrömischen Militär-A.

Besonderheiten in der Antike: Aus der Geschichte des mittel- und westeuropäischen A. seit dem Mittelalter ist uns eine räumliche Absonderung des A. geläufig: Die Adligen saßen (und sitzen z.T. heute noch) auf ihren Gütern und Burgen, also nicht in der Stadt und oft genug auch nicht im Dorf. Im alten Griechenland und Italien wohnten sie dagegen mitten unter ihren Mitbürgern, in der Regel am Mittelpunkt der Geschäfte, also in der Stadt. Daß der A. nicht überall gleich stark war und seine Macht nicht überall gleich lang behauptete, erklärt sich z. T. gewiß aus der Einwirkung geographischer Faktoren: Fruchtbare Ebenen begünstigten die Ausbildung großer, ertragreicher Güter, alle Ebenen, auch Steppen, die Pferdehaltung und den Reiterkampf. Der Reiter-A. der iranischen Steppen hat die iranischen Großreiche des Altertums getragen, die Reiter Thessaliens, Makedoniens und Thrakiens haben Alexander die Eroberung des Perserreichs ermöglicht und später – neben den iranischen – in den hellenistischen Königreichen eine große Rolle gespielt.

→ Armee, Demokratie, Dichtung, Gesellschaft, Monarchie, Musik, Verfassung

LITERATUR: M. *Gelzer:* Die Nobilität der römischen Republik. Stuttgart ²1983. – K.-J. *Hölkeskamp:* Die Entstehung der Nobilität. Stuttgart 1987. – F. *Quaß:* Die Honoratiorenschicht in den Städten des griechischen Ostens. Stuttgart 1993. – E. *Stein-Hölkeskamp:* Adelskultur und Polisgesellschaft. Stuttgart 1989.

Fritz Gschnitzer

Ägyptologie

Die Ä. gehört in die Gruppe der wissenschaftlichen Disziplinen, die sich der Erforschung einer antiken Hochkultur widmet. Ihr Gegenstandsbereich ist die altägyptische Kultur in all ihren Aspekten. Sie ist daher eine historische Wissenschaft, die zu gleichen Teilen archäologisch und philologisch ausgerichtet ist. Die enge Relation von Texten und Objekten, die sich in allen Erscheinungsformen der altägyptischen Kultur wie Religion, Wirtschaft, Verwaltung, Institutionen, Rechtsprechung, Erziehung, Familien- und Sozialstruktur, politische Geschichte und Geschichtsverständnis widerspiegelt, prägt sich in der Struktur des Faches aus, so daß eine Aufteilung in Spezialgebiete wie bei anderen Altertumswissenschaften hier nicht möglich ist. Aus diesem Grund kann die Ä. einen wichtigen Beitrag zur Erhellung der Historischen Geographie des Altertums leisten.

Gegenstand der Ägyptologie: Seit etwa 1850 als selbständige Wissenschaft etabliert, reicht ihr Gegenstand zeitlich von der Vorgeschichte bis in die hellenistische Zeit. Als zeitliche Grenze wird im engeren Sinne meist die Eroberung Ägyptens durch Alexander den Großen (332 v.Chr.) angesetzt, durch die die Kultur Altägyptens aus der ›Pharaonenzeit‹ in die hellenistische Epoche überführt wird.

Bedeutung des Nils: Am stärksten hat der Nil die altägyptische Kultur geprägt. Im Seengebiet Innerafrikas entspringend, war er nicht nur der Garant jeder Lebensäußerung in Ägypten, sondern auch die wichtigste Verkehrsader des Landes. Die Nilflut, eine Folge des Monsunregens in Äthiopien und im südlichen Sudan, führte vor ihrer schrittweisen Eindämmung in der Neuzeit zu einer vielwöchigen Überschwemmung des ägyptischen Kulturlandes und stellte somit die wichtigste Zäsur im altägyptischen Kalender dar. Nach den Angaben des ›Kiosks‹ Sesostris I. (1971–1926 v.Chr.) in Karnak betrug die ideale Überschwemmungshöhe 2,80 m. Von der Überschwemmung hing die Bewässerung der Felder ab. Zusätzlich erbrachte der fruchtbare Nilschlamm die notwendige Düngung des Fruchtlandes. Die Nutzung des Wassers wurde durch technische Hilfsmittel wie Schleusen, Kanäle und Schöpfgeräte noch weiter verbessert. Die wichtigste Hebeeinrichtung, um auch höher gelegene Felder am Wasser teilhaben zu lassen, war das ›Schaduf‹, ein noch heute benutztes Schöpfgerät.

Als man zu Beginn der historischen Zeit (um 3000 v.Chr.) den Kalender einführte, bestimmte der Beginn der Überschwemmungszeit den Anfang des Kalenderjahres, dessen erste von drei Jahreszeiten die Überschwemmungszeit (achet) war. Als Folge dieses Naturereignisses wurde die Flut ›Hapi‹ als göttliches Wesen personifiziert. Dennoch stellte Hapi keine in Tempeln verehrte Gottheit, sondern eine abstrakte Personifikation dar, die neben anderen wie ›Nahrung‹ oder ›Getreide‹ stand. Selbst der Pharao konnte sich als Bringer der Überschwemmung darstellen. Daneben wurden weitere Götter mit der Nilflut in Zusammenhang gebracht, wie z.B. die des Ersten Kataraktes Chnum, Satis und Anuket.

Der Nil und die abzweigenden Kanäle waren die wichtigsten Verkehrswege des alten Ägypten. Stromabwärts konnten die Schiffe die Strömung, stromaufwärts den kontinuierlich wehenden Nordwind nutzen. Für die Reisedauer per Schiff von Heliopolis nach Theben (750 km) gibt Herodot (2,9) neun Tage an.

Verkehrswege: Neben der Wasserstraße ›Nil‹ führten in der östlichen und westlichen Wüste Wege zu den Oasen, Steinbrüchen und Bergwerken. Für das alte Ägypten kann man nur von Wegen sprechen. Ausgebaute Straßen haben nicht existiert. Es waren wohl meist Trampelpfade, die in der Wüste z.T. durch das Wegräumen von Steinen entstanden. Die älteste Form der Hieroglyphe *wat* (= Weg) läßt noch den behelfsmäßigen Charakter jenes altägyptischen Verkehrsnetzes erkennen. Der wichtigste dieser Karawanenwege war die Landroute von Ägypten nach Palästina. Dieser sogenannte Horusweg führte von Heliopolis (beim heutigen Kairo) über Quantir (im Delta), Sile nach Gaza. Für den Unterhalt und die Instandsetzung dieser Wege waren vermutlich Beamte des Pharaos zuständig. Dennoch sind diese Karawanenwege bis heute wenig erforscht und kaum dokumentiert. Neben den breiteren Wegen, die über Land führten, existierten noch kleine, an Kanälen liegende Pfade, die als »Weg aller Menschen« (Geschichte des beredten Bauern, R 51–52) bezeichnet wurden und so für die lebensnotwendigen Beziehungen zwischen den einzelnen Siedlungen sorgten.

Landvermessung und Kartographie: Die Ägypter hatten recht genaue Landvermessungen durchgeführt und sogar Landkarten angefertigt, von denen aber leider zu wenige erhalten geblieben sind, um verbindliche Aussagen zur altägyptischen Landschaft zu treffen. Zur Lokalisation altägyptischer Siedlungen können aber auch ägyptische Texte herangezogen werden, da sich eine Fülle von Ortsnamen in den Texten, die man primär auf den Tempelwänden findet, erhalten hat. Ein großer Teil dieser Ortsnamen bezieht sich auch auf die Umwelt Ägyptens, insbesondere auf Syrien und Palästina. Damit kann die Ä. die geographisch-topographische Erforschung Vorderasiens unterstützen und erweitern. Aufgrund der Mehrdeutigkeit der altägyptischen Ortsnamen wird das genaue Lokalisieren der Siedlungen jedoch stark erschwert und in der Forschung daher heute stark kontrovers diskutiert.

Siedlungen: Vom Delta im Norden bis zum Ersten Katarakt im Süden lagen zahlreiche Siedlungen, die zum großen Teil heute noch nicht ausreichend erforscht sind. Denn gerade die Profanarchitektur bestehend aus Palästen, Wohnhäusern, Wirtschaftsgebäuden und Magazinen ist wesentlich schlechter erhalten als die Sakralarchitektur, die meist aus Stein errichtet wurde und damit die Zeiten besser überstand. Dazu kommt, daß die gut erhaltenen Stadtanlagen wie Amarna, Illahun und Deir el-Medine geschichtlich und soziologisch eine Sonderstellung einnehmen, so daß ihre Struktur nicht als für ganz Ägypten verbindlich gelten kann.

Seit der 1. Dynastie (2900–2763 v.Chr.) scheint es geplante Gründungen von Städten gegeben zu haben, wie es die allerdings schlecht erhaltenen Reste von Abydos und Hierakonpolis zeigen. Sie weisen eine rechteckige, geplante Umwallung auf und ersetzten vermutlich mehrere vordynastische Siedlungen in der Umgebung. Daß die altägyptische Stadt engstens mit der Institution des Königtums verbunden war, machte schon die Gründung der Reichshauptstadt Memphis durch den ersten Pharao Menes (Hdt. 2,99) besonders deutlich. Hier zeigt sich, daß die geplante Errichtung von Städten in engem Zusammenhang mit der Konzentration der Arbeitskräfte für die baulichen Großprojekte der Pharaonen seit dem Alten Reich stand. Allgemein weisen ägyptische Städte eine kompakte Siedlungsweise hinter Stadtmauern auf. Sie haben ein innerlich differenziertes Siedlungsmuster mit einem großen Sakralbereich, der in einer Ecke der Stadtanlage liegt (Elephantine, Abydos). Durch dieses Heiligtum wurden sie innerhalb ihrer Region das religiöse Zentrum. Verschiedenste Profanbauten wie Königspaläste, Werkstätten, Wohnhäuser, Magazine, Wirtschaftsgebäude zeigen eine sozial differenzierte Gesellschaft. Auch waren die Städte wichtige Umschlagplätze für den Handel (Elephantine).

Amarna: Eine der aufschlußreichsten Stadtanlagen ist Amarna in Mittelägypten. Nur wenige Jahre bewohnt, war sie eine Gründung des Königs Echnaton (1364–1347 v.Chr.). Sie erstreckte sich in einem 9 km langen Streifen entlang des Ostufers des Nils und war eine offene Stadtanlage, wobei nur die Hauptstraßen und öffentlichen Gebäude eine gezielte Planung zeigten. Das Zentrum der Stadt war eine Ansammlung von steinernen Gebäuden für offizielle Zeremonien, die ›Insel des Sonnengottes Aton, die sich durch Feste auszeichnet‹ genannt wurde. Das ›Haus des Königs‹ und der weitläufige ›Große Palast‹ lagen gegenüber und waren mit einer Brücke aus Lehmziegeln über die Hauptstraße miteinander verbunden. Die Brücke besaß vermutlich ein ›Erscheinungsfenster‹, eine architektonische Erfindung, um dem König zu ermöglichen, die Huldigungen der Bevölkerung entgegenzunehmen und selbst Belohnungen zu verteilen. Während das ›Haus des Königs‹ als Residenz der Herrschers zu sehen ist, dürfte der ›Große Palast‹ den offiziellen Staatsgeschäften und Empfängen vorbehalten gewesen sein. Wie der König zwei Paläste hatte, besaß auch der Gott Aton zwei Tempel. Außerhalb des Zentrums lagen noch Vorstädte, die weitaus weniger planmäßig angelegt waren. Sie entwickelten sich ›organischer‹ als das Zentrum, wobei sich die Abstände zwischen den zuerst entstandenen großen Gebäuden nach und nach mit kleineren Gruppen von Häusern füllten. Heutige Schätzungen lassen vermuten, daß in Amarna zwischen 20.000 bis 30.000 Menschen gelebt haben. Da Amarna nach ca. 25 Jahren wiederaufgegeben wurde und keine späteren Überlagerungen stattgefunden haben, zeigt sich hier die Struktur einer altägyptischen Königsstadt am deutlichsten.

Wohnhäuser: Durch umfangreiche Ausgrabungen konnten verschiedenste Typen von Häusern in den ägyptischen Siedlungen aufgefunden werden. Aus dem einräumigen Rechteckbau entstanden für die Oberschicht mehrräumige Gebäude, die in Bereiche für den Öffentlichkeitsverkehr, das hausgemeinschaftliche Leben und den Privatbereich der

Familie getrennt waren. Außerdem wiesen die Häuser der privilegierten Schicht Stallungen, Magazine und Wirtschaftsbauten auf. Der hausgemeinschaftliche Bereich bestand meist aus einer zentralen Mittelhalle für Empfänge. Der Privatbereich der Familie teilte sich in zwei Komplexe: Wohnzimmer mit Abstellräumen und Schlafraum mit Bettnische und sanitären Anlagen. Zum Hausbau verwendete man meist Ziegel, die zum Teil mit Mörtel versehen waren. Die Hausfronten wurden oft geweißt, selten wurde Holz oder Stein verwendet. In Deir el-Medine wurden Türrahmen aus Stein gefunden, die mit Darstellungen und Namen des Hausbesitzers versehen waren. Die Fußböden waren aus gestampftem Lehm oder aus Pflasterziegeln hergestellt. Außer der Küche und den Höfen waren die Räume gedeckt, im Bedarfsfall durch Säulen aus Holz, seltener aus Stein, abgestützt. Die Häuser waren meist einstöckig, mehrstöckige blieben höchst selten. Als feste Einbauten konnten Podeste für Sitze und Betten nachgewiesen werden. Auch existierten Steinverkleidungen und Entwässerungsrinnen für die sanitären Anlagen.

Im Stadtgebiet von Amarna in Mittelägypten lagen Reihenhäuser für Priester und Beamte im Tempel- oder Palastbezirk. Außerhalb der Innenstadt von Amarna lagen in einem lockeren Siedlungsverband die ›Gartenvillen‹ der obersten Priester und Beamte am südlichen und nördlichen Stadtrand. Wie schon die Inschrift des Metjen (Urkunden des ägyptischen Altertums: I. Abteilung, Urkunden des Alten Reiches, 4,10 ff.) aus der 3. Dynastie (2628–2575 v.Chr.) erkennen läßt, gehörte zu einem großen Haus ein Garten mit Nutz- und Zierpflanzen. Darstellungen von Privatgärten in Gräbern des Neuen Reiches (1550–1070 v.Chr.) lassen meist eine ähnliche Anlage erkennen. Um einen rechteckigen Teich sind Bäume gepflanzt; häufig stehen Sykomoren neben Palmen. Diese beiden Baumarten hatten auch als religiöse Symbole im ägyptischen Totenkult eine wichtige Bedeutung. Die zahlenmäßige Auflistung (Urkunden des ägyptischen Altertums: IV. Abteilung, Urkunden der 18. Dynastie, 73) der Bäume im Grab des Ineni in Theben-West läßt die Größe einer solchen Anlage erahnen. Zentraler Bestandteil des Gartens von Ineni war eine Gartenlaube, wie sie auch archäologisch bei den Villen von Amarna belegt ist. Mit dem ›Schaduf‹ wurden die Gärten bewässert. Neben den Ziergärten existierten auch Wirtschaftsgärten, in denen Wein, Gemüse und Früchte angebaut wurden. Neben den ästhetischen und materiellen Aspekten spielten bei den Gärten auch religiöse Gründe eine Rolle. Der Garten beim Haus war Symbol für den ewigen Kreislauf des Lebens. Er war Sinnbild ewiger Wiedergeburt; ist doch der Gott Osiris ein Vegetationsgott, dessen Grab als Garten dargestellt werden kann. Auch bei den Gräbern existierten Gärten, die als Ruheplatz des ›Ba‹ (die Seele eines Verstorbenen) zu deuten sind. Um dem Ba eine angenehme Umgebung auf dem Friedhof zu verschaffen, errichteten die Ägypter Wasserstellen in den Gärten am Grab, an denen er sich versorgen konnte.

→ Archäologie, Fluß, Götter, Handel, Hauptstadt, Kartographie, Kulthandlungen, Monarchie, Palast, Park, Siedlungsformen, Stadt, Stadtmauer, Städtebau, Straße (Straßenbau), Tempel, Totenkult, Überschwemmung, Wohnhaus

LITERATUR: L. *Borchardt*/H. *Ricke*: Die Wohnhäuser in Tell el-Amarna. (91. Veröffentlichung der Deutschen Orient Gesellschaft), Berlin 1980. – H. *Gauthier*: Dictionnaire des noms géographiques contenus dans les textes hiéroglyphiques. 7 Bde., Kairo 1925–1931. – W. *Helck*: Wirtschaftsgeschichte des Alten Ägypten. Leiden 1975. – J.-C. *Hugonot*: Le jardin dans l'Égypte ancienne. (Europäische Hochschulschriften, Reihe 38, Bd. 27), Frankfurt 1989. – J. *Janssen*: El-Amarna as a

Residential City, in: Bibliotheca Orientalis 40, 1983, 273–288. – B.J. *Kemp*: Ancient Egypt: Anatomy of a Civilisation. London 1989. – P. *Lacau*/H. *Chevrier*: Une chapelle de Sésostris Ier à Karnak. Kairo 1956. – P. *Montet*: Géographie de l'Égypte ancienne. 2 Bde., Paris 1957 u. 1961. – W.St. *Smith*: Art and Architecture of Ancient Egypt. Harmondsworth ²1965.

Jens Heise

Afrikanistik

Karthago war die große Metropole im westlichen Teil Nordafrikas. Die Stadt bestimmte über Jahrhunderte die Geschicke der antiken Welt maßgeblich mit. Ihre geographische Lage im heutigen Tunesien, auf einer Art Balkon gelegen, der weit ins Mittelmeer hineinragt und die Schiffahrtsrouten in alle Himmelsrichtungen kontrolliert, sowie die günstigen landwirtschaftlichen Bedingungen des Hinterlandes bildeten die wichtigsten Determinanten in der Entwicklung der Stadt von einer phönizischen Kolonie zur Großmacht.

Historische Quellen: Die karthagische Literatur ist verlorengegangen, so daß die verfügbaren Auskünfte über Karthago von griechischen bzw. römischen Autoren stammen. In den meisten Fällen werden geographische Angaben in Zusammenhang mit der Schilderung von militärischen Auseinandersetzungen dargeboten. So etwa bei Diodor, der den karthagisch-griechischen Konflikt auf Sizilien und Nordafrika (Agathokles) erörtert, bei Appian (8. Buch, *Libyka*), der bei der Darlegung des dritten römisch-karthagischen Krieges eine genaue Beschreibung Karthagos gibt (*Libyka* 95ff.), und vor allem bei Polybios, der Augenzeuge des Untergangs der Stadt 146 v.Chr. war. Die Aussagen der Historiker sind stets mit denen der antiken Geographen zu kombinieren. Wichtig hierfür wären die länderkundlichen Exkurse des Herodot (Libyen, 5,3–10), Strabon (17) oder Plinius d.Ä. (nat. 5–5,46). Der Periplus des Pseudo-Skylax spielt angesichts der Bedeutung der Seefahrt für Karthago eine besondere Rolle. Herausragend aber ist die ursprünglich in einer griechisch-punischen Bilingue (zweisprachiger Text) überlieferte Reisebeschreibung des Hanno, der von einer Expedition entlang der afrikanischen Westküste erzählt. Die philologisch ausgerichtete Deutung verlegt seine Fahrt bis an die Küste Kameruns, während die Archäologie einen punischen Vorstoß nur bis in die Gegend von Mogador nachzuweisen vermag.

Eine weitere punische Quelle, von der nur Fragmente erhalten sind, ist das landwirtschaftliche Lehrbuch des Mago, das als einziges karthagisches Werk eine lateinische Übersetzung erlebte. Die Vielzahl der Feldfrüchte und die Raffinesse der Anbaumethoden, die Mago auflistet, lassen, zusammen mit den archäologischen Funden aus der Römerzeit, wie etwa das enge Netz an ländlichen Städten und die umfangreichen Bewässerungsbauten, die meist auf punischen Anfängen gründen, das Bild eines hochproduktiven Agrarstaates in Nordafrika entstehen.

Archäologische Forschungen: Unumstrittener Mittelpunkt dieses agrarisch geprägten Territorialstaates war die Metropole Karthago. Die archäologische Forschung, die hier ihren Schwerpunkt legt, hat gerade in den letzten Jahrzehnten bedeutende Funde gemacht, die die bisherigen Ansichten über die Topographie, vor allem aber über die

Chronologie der städtebaulichen Entwicklung revidierten. So sind z. B. anläßlich der internationalen Grabungen unter der Ägide der UNESCO die Hafenanlagen erforscht und auf die erste Hälfte des 2. Jahrhunderts v.Chr. datiert worden. Dies und die Entdeckung umfangreicher Stadterweiterungen werden als Anzeichen für eine bisher nicht vermutete Prosperität der Stadt nach der Niederlage gegen die Römer (Zweiter Punischer Krieg) von 201 v.Chr. gewertet.

Archäologische Grabungen in Tunesien außerhalb Karthagos, in Algerien und Marokko sind Bestandteile der Siedlungsforschung, mit denen die territoriale Ausdehnung und der wirtschaftliche Charakter des karthagischen Machtbereiches erkennbar wird. Funde in Mogador an der südlichen Atlantikküste Marokkos zeigen den wohl westlichsten Punkt karthagischer Aktivitäten an. Die regelmäßige Siedlungstätigkeit an der algerischen Küste läßt den Charakter von Hafenstützpunkten deutlich werden, die für regelmäßige Schiffspassagen entlang der Küste Nordafrikas notwendig waren. Es deutet sich aber auch die Möglichkeit an, daß diese Anlaufstationen ganz bewußt auch als Siedlerkolonien Verwendung fanden. Ein Befestigungssystem am Cap Bon und umfangreiche Siedlungsgrabungen entlang der Küste bis zur Insel Djerba und im Hinterland bis El-Kef zeigen das Bild eines Gebiets dauerhafter karthagischer Herrschaft, das ca. ein Drittel der Fläche des heutigen Tunesien umfaßte und damit dem Klischee einer reinen Seemacht Karthago entgegentritt. Zahlreiche Grabungen liefern neue Aufschlüsse aus dem Bereich der Wirtschaftsgeographie. Die riesigen unterirdischen Steinbrüche von El Haouaria auf Cap Bon und die vielfach anzutreffenden Halden von Purpurschneckenhäusern zeigen die industrieartige Massennutzung der Rohstoffe an.

Luftbild- und Unterwasserarchäologie: Gerade auch die relativ neuen Forschungszweige der Luftbild- und Unterwasserarchäologie sind für die Erforschung der nordafrikanischen Küstenregionen von Bedeutung. In der Bestimmung der Topographie Karthagos spielten sie eine maßgebliche Rolle, da durch sie die Lage der Landbefestigung und der Hafenanlagen erst festgestellt werden konnten.

Epigraphik: Der Fund einer Inschrift in Karthago, in der Bautätigkeiten angegeben werden, führte zu einer umfassenden topographischen Bestandsaufnahme, stellt aber eine Ausnahme dar, da punische Epigraphik in der Regel religiöse Texte wiedergibt. Da sie aber die einzigen karthagischen Schriftzeugnisse sind, die uns im Original vorliegen, stellen auch die wenigen Inschriften mit Anspielungen auf Behörden eine wertvolle Hilfe bei der Bestimmung der territorialen Verwaltungsgliederung dar. In viel größerem Maße findet in der Forschung die römische Epigraphik Beachtung, denn da die ursprünglichen Organisationseinheiten nach der römischen Eroberung keine großen Veränderungen erfuhren, können z.B. durch Auswertung der römischen Grenzsteine für das karthagische Gebiet in Tunesien etwa sechs Verwaltungseinheiten angenommen werden.

→ Ägyptologie, Archäologie, Geschichtsschreibung, Inschriften, Küste, Luftbild, Siedlungsformen, Wirtschaftsgeographie

Literatur: P. *Cintas:* Manuel d'Archéologie punique. 2 vol., Paris 1970–76. – Carthage et son territoire dans l'Antiquité. IVe Colloque international, Strasbourg 1988. Paris 1990. – S. *Gsell:* Histoire ancienne de l'Afrique du Nord. 8 vol., Paris 1921–28. – W. *Huss* (Hg.): Karthago. Darmstadt 1992. – S. *Lancel:* Carthage. Paris 1992.

Pedro Barceló

Agrargeographie

Die A., auch als Landwirtschaftsgeographie bezeichnet, ist ein Zweig der Wirtschaftsgeographie und als solcher wiederum ein Zweig der Anthropogeographie, also die Wissenschaft von der Oberfläche der Erde, wie sie von der durch den Menschen betriebenen Landwirtschaft mit ihren natur- (vgl. Physische Geographie), wirtschafts- (vgl. Wirtschaftsgeographie) und sozialräumlichen (vgl. Sozialgeographie) Bezügen gestaltet ist. Wenn die A. im Rahmen der Historischen Geographie interessiert, kann man insofern von ›Historischer A.‹ sprechen, als hier nicht die Geographie der gegenwärtigen Landwirtschaft interessiert, sondern die agrarische Welt der Vergangenheit. Fragen der A. sind im Rahmen der Historischen Geographie und Geschichtswissenschaft von besonderem Gewicht, denn sie werden beispielsweise nicht nur für den naheliegenden bäuerlichen Lebenskreis relevant, sie führen über die Regelung landwirtschaftlicher Eigentumsverhältnisse in Bereiche der Gesellschaftspolitik, über Eingriffe in die staatliche Rechtssphäre in innenpolitische Auseinandersetzungen, tangieren besonders einschneidend die Gestaltung der Umwelt. Ganz wesentlich sind sie etwa für die Entwicklung des römischen Reiches – führen sie doch angesichts der Übertragung römischer Techniken des Umgangs mit der Landwirtschaftsgestaltung in die Problematik der Romanisierung.

Quellen: Maßgebliche Quellen für die agrarischen Verhältnisse der Alten Welt sind die wenigen vollständig erhaltenen landwirtschaftlichen Werke der griechischen und lateinischen Literatur. Die Homerischen Epen der *Ilias* und der *Odyssee* enthalten zahlreiche Bezüge auf die Landwirtschaft der ›Dunklen Jahrhunderte‹ (1200–800 v.Chr.). Dagegen sind die *Werke und Tage* des Hesiod (Ende 8. Jahrhundert v.Chr.) ausschließlich dem Leben auf dem Lande gewidmet und enthalten insofern zahlreiche Hinweise auf die landwirtschaftliche Praxis der archaischen Zeit. Aufschlußreich für die Landwirtschaft der klassischen Polis ist Xenophons Schrift über die Haushaltsführung, der *Oikonomikos*.

Ein vorzügliches Lehrbuch der Landwirtschaftskultur hat der Karthager Mago in der zweiten Hälfte des 3. Jahrhunderts v.Chr. geschrieben – das Werk wurde nach der Zerstörung von Karthago (146 v.Chr.) auf Beschluß des römischen Senats ins Lateinische übersetzt und hat, wenn nicht schon zuvor in seiner Originalausgabe, so doch sicherlich seither die römische Agrarschriftstellerei stark beeinflußt – wie stark, das können wir nicht sagen, da es in seiner punischen wie in seiner lateinischen Fassung verloren ist. Verloren ist auch die griechische Fassung, die Anfang des 1. Jahrhunderts v.Chr. Gaius Dionysius aus Utica herausgegeben hat.

Die früheste vollständig erhaltene Prosaschrift der lateinischen Literatur ist das fachwissenschaftliche Werk *De Agricultura* des Senators Marcus Porcius Cato (234–149 v.Chr.). Darin gibt der Autor dem städtischen Grundbesitzer der mittleren römischen Republik eine hauptsächlich auf eigener Erfahrung basierende Einführung in die profitorientierte Bewirtschaftung eines Landgutes. Neben der Lektüre älterer Fachliteratur beruht auch der agrarwissenschaftliche Dialog des besonders mit der Viehzucht befaßten Senators Marcus Terentius Varro (116–27 v.Chr.) mit dem Titel *De Re Rustica* (in drei Büchern 37 v.Chr. erschienen) auf eigenen Erfahrungen. Über den bloß fachschriftstellerischen Charakter geht das Anliegen des Publius Vergilius Maro (70 v.Chr.-19 v.Chr.) in seinem Gedicht *Georgica* weit hinaus zur Sinndeutung des

Lebens. Die vier Gesänge hat der Dichter im Wechsel mit Maecenas dem späteren Kaiser Augustus im Jahre 29 v.Chr. vorgetragen. L. Iunius Moderatus Columella aus Gades schrieb unter dem Kaiser Nero das Werk *De Re Rustica*, eine agrarwissenschaftliche Enzyklopädie mit ausdrücklichem Praxisbezug in zwölf Bänden. Etwa gleichzeitig verfaßte C. Plinius Secundus (›der Ältere Plinius‹) seine Naturkunde (*Naturalis Historia*), in der sich zahlreiche agrarwissenschaftliche Bezüge finden lassen, beispielsweise in den Büchern 18 (Botanik: Ackerbau) und 19 (Botanik: Gartengewächse). Rutilius Taurus Aemilianus Palladius, ein spätantiker Autor (4./5. Jahrhundert n.Chr.), wandte sich mit seinem landwirtschaftlichen Werk (*Opus Agriculturae*) mit Bedacht, was die didaktische Gestaltung betrifft, an den einfachen Landwirt, so sehr er sich auch inhaltlich an Columella orientierte.

Besonders aufschlußreich für die agrarischen Verhältnisse in Ägypten – aber im wesentlichen nur für das Land am Nil, dessen wirtschaftliche Entwicklung in der Alten Welt stets einen Sonderstatus eingenommen hat – sind die Papyri, beispielsweise das sogenannte Zenon-Archiv, eine Sammlung von Tausenden von Papyri. Sie enthalten die amtliche und private Korrespondenz des Apollonios, der spätestens seit 259 v.Chr. als höchster Finanzverwalter unter Ptolemaios II. in Alexandreia fungierte. Zenon, der Verwalter seiner privaten Liegenschaften bei Philadelpheia im Faijum (2.800 ha), nutzte die nur teilweise im Dienst der Staatsverwaltung beschrifteten Akten nach ihrem Verfallsdatum für Zwecke der privaten Gutsverwaltung.

Elementare Aufklärung über die agrarischen Verhältnisse der gesamten Antike liefert die Archäologie mit ihren Grabungsergebnissen (*villae rusticae*; Weinplantagen; landwirtschaftliche Geräte als Einzelfunde) sowie der Interpretation bildlicher Darstellungen (Vasen, Reliefs). Sie ergänzt die Informationen der schriftlichen Tradition, wie diese die archäologischen Ergebnisse kommentiert.

Inhalt und Methoden:

(a) *Naturräumliche Bezüge:* Die Physische Geographie befaßt sich im Rahmen der Historischen A. mit Fragen des Klimas und des Bodens in historischer Vergangenheit. Für diese Zwecke sind speziell die antiken geographischen Schriften von Autoren wie Strabon (63 v.Chr. – ca. 19 n.Chr.), Pomponius Mela (1. Jahrhundert n.Chr.) und Pausanias (Ende 2. Jahrhundert n.Chr.) auszuwerten, aber auch die zahlreichen einschlägigen Hinweise in der übrigen antiken Literatur, besonders z.B. das Geschichtswerk des Polybios, der seine historischen Ausführungen grundsätzlich in den zugehörigen geographischen Rahmen setzt. Wichtig sind auch die klimatologischen Untersuchungen, die speziell in der Schule des Peripatos durchgeführt wurden, deren literarischer Niederschlag zum größten Teil verloren ist. Spuren davon haben sich beispielsweise in der Naturkunde des Älteren Plinius (nat. 2,104 ff.) erhalten.

Ein umfangreiches Forschungskapitel ist die römische Ackergesetzgebung, die literarisch und epigraphisch gut faßbar ist und deren Ergebnisse die verschiedensten Aufschlüsse zu Fragen der bäuerlichen Besitzverhältnisse bereithalten. Über die rein agrargeographischen Aspekte führt die römische Ackergesetzgebung besonders weiter in gesellschaftliche und politische Bereiche – haben sich doch gerade an Fragen der Ackerlandverteilung die Krisen der sogenannten römischen Revolution entzündet.

Als besonders ergiebig hat sich für Fragen der Grundbesitzverhältnisse landwirtschaftlicher Nutzflächen die Limitationsforschung erwiesen. Dazu steht die literarische Tradition der römischen Feldmesser zur Verfügung, außerdem epigraphisches Material wie Vermessungssteine oder ganz speziell die Steintafeln mit der kartographischen Darstellung dreier römischer Kataster der Zeit Vespasians (69–79 n.Chr.) aus Orange in Südfrankreich. Auch die Auswertung digitaler Satellitenbilder ist ergiebig für Limitationsuntersuchungen. Die Übertragung der hochentwickelten Landvermessungstechnik von Rom auf Gebiete außerhalb Italiens eröffnet wesentliche Einblicke in das komplexe Phänomen der Romanisierung. Bestimmte Methoden der Archäologie unterstützen das Bemühen, die landschaftlichen Gegebenheiten der Antike zu rekonstruieren. Hierzu gehört etwa die Methode, mit Radarkameras von Satelliten oder Flugzeugen aus Aufnahmen von Strukturen mehrere Meter unter der Erdoberfläche zu machen und auf diesem Weg Strukturen sichtbar werden zu lassen, die Rückschlüsse auf die Bodennutzung in historisch weit zurückliegenden Zeiten ermöglichen. Der Einsatz bestimmter Bodenmeßgeräte wie beispielsweise Magnetometern wird künftig für den Agrargeographen immer besser auswertbare Ergebnisse erbringen. Die stratigraphische Auswertung geologischer Tiefenbohrungen liefert ebenfalls wertvolle Aufschlüsse, die in Kombination mit geologischen und geomorphologischen Karten solche Ergebnisse optimieren. Eine bewährte Methode, die in besonders günstig gelagerten Fällen Datierungsmöglichkeiten für bestimmte landwirtschaftliche Gegebenheiten liefern kann, ist die Pollenanalyse im Rahmen der Paläo-Ethnobotanik.

(b) *Wirtschaftsräumliche Bezüge:* Die Wirtschaftsgeographie bearbeitet im Zusammenhang der Historischen A. Fragen nach den Rohstoffen, der Produktion, nach Handel und Verkehr. Auch hier bieten die antiken Schriftsteller eine gediegene Arbeitsgrundlage. Die Archäologie macht die literarisch gewonnenen Informationen anschaulich, wo sich beispielsweise in Krügen aufbewahrte Getreidereste oder Obstkerne erhalten haben. Auch Getreideprodukte wie Brot oder Brei gibt die Fundlage in günstigen Fällen ebenso her wie das Werkzeug und die Maschinen, mit denen ein solcher Rohstoff verarbeitet wurde. Weitreichende Handelsbeziehungen lassen sich so auch für Gewürze, Wein oder Pökelfisch rekonstruieren, gestützt durch die verschiedenen antiken Routenbeschreibungen, die – im Falle der *Tabula Peutingeriana* als bildliche Darstellung – überliefert sind. Besonders aufschlußreich ist in dieser Hinsicht das *Itinerarium Antonini*, ein Routenverzeichnis, dessen Vorlage an den Anfang des 3. Jahrhunderts n.Chr. zu datieren ist.

(c) *Sozialräumliche Bezüge:* Die Sozialgeographie behandelt unter dem Aspekt der Historischen A. Fragen des Wohnens, des Gemeinschaftslebens, Arbeitens und Freizeitverhaltens. Die oben erwähnten agrarwissenschaftlichen Schriften sind zum Thema bäuerliches Leben und Wohnen ebenso aufschlußreich wie die Grundrisse der *villae rusticae*, die der Archäologe für den Bereich des gesamten römischen Reichs zutage fördert. Für Fragen der Struktur bäuerlicher Lebensgemeinschaften – nach dem Verhältnis von Freien und Sklaven, Sklaven und Lohnarbeitern sowie ihren Beziehungen zueinander – sind wiederum fast ausschließlich die literarischen Zeugnisse nutzbar.

→ Ägyptologie, Anthropogeographie, Archäologie, Erdvermessung, Fachliteratur, Geoarchäologie, Geographie, Gesellschaft, Getreide, Handel, Inschriften, Kartographie, Kunst, Luftbild, Papyri, Sklaverei, Wirtschaftsgeographie

LITERATUR: G. *Barker*/J. *Lloyd* (Eds.): Roman Landscapes. Archaeological Survey in the Mediterranean Region. 1991. – H. *Becker*: Allgemeine historische Agrargeographie. 1998. – H. *Bernhard*: Die Agrargeographie als wissenschaftliche Disziplin. (Petermanns Mitteilungen), 1915. –

R. *Billiard:* L'agriculture dans l'antiquité d'après les Georgiques de Virgile. 1928. – A. *Burford:* Land and Labor in the Greek World. 1993. – G. *Chouquer/*F. *Favory:* Les arpenteurs romains. 1992. – G. *Chouquer/*F. *Favory:* Les paysages de l'antiquité. 1991. – J.-L. *Ferrary/*Ph. *Moreau:* Les lois du peuple romain. 1996. – D. *Flach:* Römische Agrargeschichte. (Handbuch der Altertumswissenschaft 3,9), München 1990. – K. *Greene:* The Archaeology of Roman Economy. 1986. – S. *Isage/*J. E. *Skydsgaard:* Ancient Greek Agriculture. 1992. – D. P. *Kehoe:* Approaconomic Problems in the ›Letters‹ of Pliny the Younger: the Question of Risk in Agriculture, in: ANRW II 33,1, 1989, 555–590. – J. *Kolendo:* L'agricoltura nell' Italia romana. 1980. – R. *Martin:* Etat présent des études sur Columelle, in: ANRW II 32,3, 1985, 1959–1979. – R. *Pohanka:* Die eisernen Agrargeräte der römischen Kaiserzeit in Österreich. 1986. – Cl. *Préaux:* Les Grecs en Égypte d'après les archives de Zenon. 1947. – W. *Richter:* Die Landwirtschaft im homerischen Zeitalter, in: Archaeologia Homerica 2: H, 1968. – M. *Rostovtzeff:* A Large Estate in Egypt in the Third Century B. C. 1922. – M. *Schnebel:* Die Landwirtschaft im hellenistischen Ägypten. 1925. – M. S. *Spurr:* Arable Cultivation in Roman Italy c. 200 B.C – c. A. D. 100. 1986. – K. D. *White:* Agricultural Implements of the Roman World. 1967. – K. D. *White:* Roman Farming. 1970. – K. D. *White:* Roman Agricultural Writers 1: Varro and his Predecessors, in: ANRW I 4, 1973, 439–497. – E. *Zangger:* Die Zukunft der Vergangenheit. Archäologie im 21. Jahrhundert. 1998.

Eckart Olshausen

Agrartechnik

Technische Innovation hielt sich in der antiken Landwirtschaft in Grenzen. Ein Grund war das ausreichende Vorhandensein von menschlichen Arbeitskräften. Die Arbeit wurde auf den Gütern zu einem großen Teil von Sklaven geleistet, die besonders in der Landwirtschaft eingesetzt wurden. Allerdings kam es auch zu keinen nennenswerten Fortschritten in der A., als seit dem 2. Jahrhundert n.Chr. Arbeits-

Abb. 1: Rekonstruktion einer im 1. Jh. n.Chr. in Gallien entwickelten Erntemaschine, über deren Funktionsweise der römische Naturforscher Plinius (nat. 18,296) mitteilt: »Auf den großen Landgütern Galliens werden sehr große, am Rande mit Zähnen bewehrte zweirädrige Mähmaschinen von einem an der rückwärtigen Seite angespannten Zugtier durch das Feld geschoben. Die auf diese Weise abgerissenen Ähren fallen in einen Sammelkasten.« Im 4. Jh. n.Chr. schreibt der Agrarschriftsteller Palladius (agric. 7,2,4) über den Effekt der Maschine: »Und so wird durch wenige Hin- und Herfahrten in kurzem Zeitraum das ganze Feld abgeerntet.«

Abb. 2: Schale aus der Werkstatt des griechischen Töpfers Nikosthenes (Ende 6. Jh. v.Chr.), gefunden in der etruskischen Stadt Vulci (Italien), die bekannt ist für reichhaltige Keramikfunde (sowohl einheimische als auch importierte Ware). Abgebildet sind Szenen aus der Jagd und der Landwirtschaft (Pflügen, Säen). Für die antike Agrartechnik von Bedeutung ist diese frühe Darstellung eines von Ochsen gezogenen hölzernen Pfluges mit den Elementen Sterz, Scharbaum, Krümel, Schar, Deichsel. In der Regel warf der Pflug die Erde nach beiden Seiten aus. Der Agrarschriftsteller Columella hingegen gab den Rat, zum Pflügen zwischen Ölbäumen oder Weinstöcken eine tiefere Furche zu ziehen, bei der die Erde nur nach einer Seite geworfen wird (Colum. 2,2,25). Über den innovativen Einsatz von Geräten und Werkzeugen in der Landwirtschaft äußert sich auch Vergil in seiner Georgica (1,162 ff.).

kräfte allmählich knapp wurden. Einzelne Entwicklungen auf dem Sektor der A. stellen eine die Regel bestätigende Ausnahme dar. (Vgl. Abb. 1 und 2).

→ Ackerbau, Agrargeographie, Agrarverfassung, Energiequellen, Getreide, Landwirtschaft, Maschinen, Mühlen, Sklaverei, Technikgeschichte

LITERATUR: M.I. *Finley*: Technische Innovation und wirtschaftlicher Fortschritt im Altertum, in: H. Schneider (Hg.): Sozial- und Wirtschaftsgeschichte der römischen Kaiserzeit. Darmstadt 1981, 168–195. – F. *Kiechle*: Sklavenarbeit und technischer Fortschritt im römischen Reich. Wiesbaden 1969.

Holger Sonnabend

Agrarverfassung

Der Begriff A. meint gemeinhin das Gesamtgefüge der ländlichen Wirtschaft und Gesellschaft mit allen politischen, rechtlichen und sozialen Bezügen, etwa die Eigentumsordnung, Rechtsformen der Bodennutzung, Besitz- und Betriebsgrößenstruktur, Arbeitsverfassung etc.

Manchen Aspekten im Zusammenhang mit der antiken A. sind in diesem Lexikon eigene Artikel gewidmet (Ackerbau, Großgrundbesitz, Landwirtschaft) weshalb hier, gewissermaßen ergänzend, die folgenden Gesichtspunkte hervorgehoben werden sollen: (1) Die antiken Organisationsformen der landwirtschaftlichen Produktion und die Lage der Bauern, und (2) die antiken Besitz- und Eigentumsformen an landwirtschaftlich genutzten Flächen und die darauf liegenden staatlichen Lasten.

(1) *Die antiken Organisationsformen der landwirtschaftlichen Produktion und die Lage der Bauern:*
(a) *Griechenland:* In den mykenischen Tafeln, bei Homer und im Lehrgedicht des Hesiod begegnen uns erste schriftliche Hinweise auf die spezialisierte Landwirtschaft mit entwickeltem Ackerbau und mit Viehzucht im griechischen Raum. Die frühgriechische Landwirtschaft stellt sich nach diesen Quellen als ein Gemisch von Großbetrieben adeliger Grundherren (etwa vom Schlage eines Odysseus) mit Hilfskräften und von Klein- und Mittelbetrieben, vorwiegend von den Familienangehörigen betrieben, dar. Eine besondere Rolle spielte in den frühen Großbetrieben offenbar die Viehzucht, die von Sklaven oder Lohnarbeitern (Theten) als Hirten besorgt wurde (Reichtum wurde zumindest in Ithaka nach Viehherden gezählt – vgl. 48 Viehherden, Hom. Od. 14,100–102). Daneben gab es aber auch einen entwickelten Acker- und Gartenbau (vgl. den Obstgarten des Alkinoos, Hom. Od. 7,112–131). Acker- und Gartenbau wird aber eher die Domäne der Klein- und Mittelbetriebe gewesen sein.

Als Organisationsform hat sich allgemein die sogenannte Oiken- bzw. Hauswirtschaft herausgebildet. Sie läßt sich kurz so charakterisieren: Die landwirtschaftliche Produktion ist auf Autarkie und nicht auf einen Markt hin orientiert, die Produzenten und die Konsumenten sind weitgehend identisch. Die landwirtschaftliche Produktion kommt mit relativ wenigen Hilfsarbeitern aus, da der Hausherr und seine Familie selbst leitend und praktisch tätig mitarbeiten. Handwerkliche Tätigkeiten (Metall-, Holz-, Ton- und Textilverarbeitung) werden weitgehend im Hause selbst erledigt. Ziel des Wirtschaftens ist die Mehrung des Reichtums, der weitgehend in Landbesitz und in Besitz von Edelmetallen thesauriert wird. Die Oikenwirtschaft, als wirtschaftliches, aber auch soziales, rechtliches und religiöses Ordnungsgefüge, hat über die gesamte Antike und in allen geographischen Räumen Vorbildcharakter gehabt – selbst die römischen Agrarschriftsteller nehmen die Oikenwirtschaft noch als gegebenes Grundmuster für einen landwirtschaftlichen Betrieb.

In der klassischen Zeit erfährt die Oikenwirtschaft allerdings gravierende Modifikationen. Die entwickelte Geldwirtschaft und der zunehmende Absatzmarkt durch die erblühenden Poleis ermöglichte und erforderte die Entstehung des erwerbswirtschaftlich orientierten Gutsbetriebes (vgl. hierzu etwa Xenophons *Oikonomikos*). Die neue Erwerbs- und Marktorientierung, stellte, trotz aller moralischen Vorbehalte gegen Geldgeschäfte, *chrematismos* (vgl. etwa Plat. nom. 743,920; Aristot. pol. 1258b 1ff.), den Beginn einer gesellschaftlichen Arbeitsteilung zwischen Stadt und Land dar.

Die Erwerbs- und Marktorientierung initiierte auch eine deutliche Höherentwicklung der Landwirtschaft: Im Ackerbau wurde durch neuartige Bodenbearbeitungstechniken, verbesserte Anbaumethoden, durch Düngung, durch die Veredelung der Kulturpflanzen und durch eine straffere Personalorganisation eine deutliche Erhöhung der Produktivität erreicht. In der Viehzucht wirkte sich eine Veredelung der Rassen und eine verbesserte Arbeitsorganisation produktivitätssteigernd aus. Durch solche sorgfältige Kultivierung konnte der Wert eines Landgutes verdoppelt werden (Isaios 9,28).

Diese Entwicklungen spielten sich aber nur in den Großbetrieben ab, die nach wie vor vorhandenen Klein- und Mittelbetriebe verblieben weitgehend auf der Stufe der Oiken- und Subsistenzwirtschaft. Sie gerieten im 6. Jahrhundert v.Chr. unter starken ökonomischen Druck. Obwohl Solon Anfang des 6. Jahrhunderts v.Chr. zwar die weitere Ausdehnung von Großgrundbesitz zu verhindern suchte und die Schuldknechtschaft abschaffte, waren die Anhänger der Tyrannen im 6. Jahrhundert v.Chr. fast regelmäßig die in ihrer Existenz weiterhin bedrängten Kleinbauern.

Die soziale Basis der landwirtschaftlichen Produktion wurde nun zunehmend unfreie Arbeit. Die Formen der Unfreiheit sind allerdings sehr unterschiedlich: In Sparta sind es etwa die Heloten, die in latenter Sklaverei gehaltene Vorbevölkerung, anderswo herrschte die Kaufsklaverei vor, die sich zur Miet- und Pachtsklaverei mit sehr unterschiedlichen Abhängigkeitsformen entwickelte. Der Anteil der unfreien Arbeit an der landwirtschaftlichen Gesamtproduktion läßt sich nicht quantifizieren. Vereinzelte Zahlen, wie etwa die 1.000 Sklaven des Nikias, Ende des 5. Jahrhunderts v.Chr. in Athen, lassen das Ausmaß nur vermuten. Daneben spielten die befristet in den Dienst als Lohnarbeiter genommenen landlosen Freien (Theten) in der klassischen Zeit noch eine nicht zu unterschätzende Rolle in der landwirtschaftlichen Produktion.

(b) *Hellenistische Welt:* Der Prozeß der Weiterentwicklung und Differenzierung in der Landwirtschaft auf Großgütern erhielt im Hellenismus weitere Impulse. Zum einen bildeten die zahlreichen Städtegründungen mit ihrer großen Nachfrage nach landwirtschaftlichen Produkten ein wichtiges Motiv zu Produktivitätssteigerungen, zum anderen ließen sich auf dem sich in den Diadochenreichen ausbildenden Großgrundbesitz und mit den staatlichen Einflußmöglichkeiten in der sogenannten Königswirtschaft agrarische Verbesserungen einfacher und schneller realisieren. Besonders im Ptolemäer- und im Seleukidenreich wurden die Anbauflächen systematisch vergrößert, die Bodenbearbeitung und die Bewässerungstechnik verbessert, auch bei der Weiterverarbeitung landwirtschaftlicher Produkte fanden neue, verbesserte Techniken (Öl- und Weinpressen) Einzug.

Die Landwirtschaft des Hellenismus wurde nun zunehmend mit unfreier Arbeit betrieben. Sklavenarbeit war schon in der klassischen Zeit bekannt, doch nun sollte sie im Westen dominierend werden. Im hellenistischen Osten bestand die Nutzung unfreier Arbeit im wesentlichen aus der Ausbeutung der halbfreien einheimischen Vorbevölkerung, der *laoi*. Als Kleinpächter mit Naturalabgabepflicht und Pflicht zu Dienstleistungen oder als Landarbeiter bewirtschafteten sie die Großgüter, auch die Königsgüter, wobei die *laoi basilikoi* als privilegiert galten. Freie Kleinbauern gab es möglicherweise im Antigonidenreich in größerem Umfang, und im Seleukidenreich konnten manche *laoi basilikoi* zu freien Siedlungsbauern mit Steuerpflicht an die benachbarten Städte aufsteigen.

(c) *Rom:* Auch in der römischen Republik war die Landwirtschaft der überragend wichtigste Wirtschaftsfaktor, doch entwickelte sich die römische Landwirtschaft hinsichtlich der Produktionsweise und hinsichtlich ihrer Organisationsformen stärker nach den politischen Rahmenbedingungen. Zunächst herrschte der Kleinbetrieb vor, der, hauptsächlich von der Familie des Bauern bewirtschaftet, Getreide, Hülsen-, Hackfrüchte und Gemüse für die eigene Ernährung produzierte. Diese Kleinbetriebe waren zugleich der Ausgangspunkt für die Fernweidewirtschaft.

Nach dem Zweiten Punischen Krieg wandelten sich die sozialen, ökonomischen und politischen Rahmenbedingungen aber grundlegend: Die römischen Eroberungen hatten ungeheuer viel freies Land, den Zufluß von immensen Kapitalien, und in Form von Sklaven einen Zustrom von unzähligen Arbeitskräften zur Folge. Die Städte wuchsen, und die vermögenden Stadtbürger erzeugten eine starke Nachfrage auf dem Markt. Da die römischen Eroberungen zudem allmählich die antiken Kornkammern Sizilien, Korsika, Nordafrika und später Ägypten erschlossen und von dort ein Großteil des

Getreidebedarfs der italischen Städte gedeckt werden konnte, spezialisierten sich die Großgrundbesitzer in Italien und Sizilien, später sogar in Afrika, Spanien und Gallien, auf Produktionsarten mit hoher Wertschöpfung: extensive Weidewirtschaft und intensiver spezialisierter Acker-, Wein-, Obst- oder Olivenanbau in Plantagenwirtschaft (vgl. etwa die Mustergüter Catos d.Ä.). Die Klein- und Mittelbauern, von der Last der Kriege und fortwährendem Kriegsdienst ohnehin schwer bedrückt, konnten der Konkurrenz durch das eingeführte billige Getreide oft nicht standhalten. Für eine Spezialisierung in besondere Plantagenbewirtschaftungssysteme reichten aber weder ihr Kapital, noch die Größe ihrer Güter, noch war ihnen umfangreicher Einsatz von Sklavenarbeit möglich. In manchen Landstrichen Italiens wurde das Kleinbauerntum erheblich vermindert, wenngleich kleinbäuerliche Betriebe bis in die Spätantike nie ganz verschwanden.

Der römische Großgrundbesitz nutzte die agrartechnischen Errungenschaften der hellenistischen Landwirtschaft, eine weitere Produktivitätssteigerung erreichte er jedoch durch eine rationellere und oft bis zur Unmenschlichkeit reichende Ausbeutung der landwirtschaftlichen Arbeitskräfte. Die Sklaven, auf den Großgütern nun fast ausschließlich der Kern der landwirtschaftlichen Arbeitskräfte, wurden in hierarchischen Systemen organisiert, in Arbeitsgruppen mit Spezialisten für bestimmte Arbeiten eingeteilt und zu nahezu ununterbrochener Arbeit getrieben. Gerade die intensivierte und spezialisierte Ausbeutung der Sklavenarbeit brachte der römischen Landwirtschaft einen erneuten Produktivitätsschub.

Oftmals war der römische Großgrundbesitz Streubesitz. Deshalb kam es schon im 1. Jahrhundert v.Chr. vor, daß nur die ertragreichen Ländereien um das Herrengut im Sklavenbetrieb intensiv bewirtschaftet wurden, während entferntere, kargere oder gar ungesunde Ländereien an freie Pächter gegen Naturpacht vergeben wurden. Vielleicht, weil in der Kaiserzeit die Sklavenpreise rapide stiegen, vielleicht, weil der Großgrundbesitz solche Ausmaße annahm, daß eine Eigenbewirtschaftung mit Sklaven erschwert oder unmöglich war, vielleicht, weil die Großgrundbesitzer sich nicht mehr selbst mit der Leitung des Betriebes und mit der landwirtschaftlichen Praxis beschäftigten, sondern vielmehr als Rentiers von den Pachtabgaben leben wollten, sicher aber auch, weil dieses im Hellenismus geborene und in Ägypten schon lange erfolgreiche System der Pachtbewirtschaftung auch Rentabilitätsvorteile bot, wurde ›Verpachtung‹ landwirtschaftlichen Besitzes immer mehr üblich. Das ›Kolonat‹ genannte System der Pachtbewirtschaftung wurde in der römischen Kaiserzeit allmählich beherrschend. Land wurde demnach entweder kurzfristig, aber verlängerbar, für vier bis fünf Jahre verpachtet, oder die Pacht wurde von vornherein langfristig, lebenslang oder sogar in Form der Erbpacht angelegt. Die längerfristigen Pachtverträge boten offenbar beiden Seiten Vorteile, weshalb sie immer mehr üblich wurden. Pächter waren persönlich Freie oder Freigelassene, selten Sklaven als *quasi coloni*.

Ursprünglich bestand der Pachtzins aus Naturalabgaben (1/3 der Ernte in Nordafrika, bis zu 3/4 der Ernte in Ägypten) verbunden mit Dienstpflichten. Später wurde die Naturalpacht auch durch Geldpacht (festgesetzter Pachtbetrag – unabhängig vom Ernteertrag) ersetzt, was viele Kleinpächter in den Ruin trieb (vgl. Plin. ep. 9,37). Die Bedingungen für die *coloni* waren also sehr vielfältig, auch der Grad ihrer Abhängigkeit vom Gutsherrn. In einigen Gebieten wurden die Pachtbedingungen kodifiziert (etwa die *lex Mancia* in Nordafrika), was den *coloni* dort wenigstens eine gewisse Rechtssicherheit verschaffte.

In der Spätantike wurde der Kolonat gewissermaßen das Spiegelbild der langanhaltenden Agrarkrise: Erhöhter Steuerdruck, Kriegseinwirkungen und, daraus folgend, ein Rückgang des Handels verminderten die Rentabilität der Agrarwirtschaft. Eine Verminderung der Anbauflächen war eine Folge, eine andere der Mangel an landwirtschaftlichen Arbeitskräften, vor allem an Pächtern. Ägyptische Papyri berichten, wie ganze Dörfer verlassen wurden, weil die Abgabenpflicht zu drückend war. In Gallien erhoben sich im 3. Jahrhundert n.Chr. die Bagauden, Kleinbauern, die von der Steuer- und Abgabenlast erdrückt wurden. Deshalb nahm im Verlauf der Kaiserzeit der Kolonat einen immer stärkeren Zwangscharakter an. In diokletianisch-konstantinischer Zeit wurden die *coloni* ›an die Scholle‹ gebunden, d.h. sie zählten zum Inventar des Gutes und durften dieses nicht verlassen. Später wurde der Kolonat, wie übrigens auch andere Berufe, zwangserblich, d.h., daß die Kinder von *coloni* auch ›an die Scholle gebunden‹ waren. Es ist leicht einsichtig, daß die Lage der *coloni* unter diesen Bedingungen sehr bedrückend war. Besonders die christlichen Autoren der Spätantike bezeugen oft deren soziale Not.

(2) *Die antiken Besitz- und Eigentumsformen an landwirtschaftlich genutzten Flächen und die darauf liegenden staatlichen Lasten:* Der Umstand, daß das altgriechische Wort *kleros* zugleich eine Parzelle landwirtschaftlicher Nutzfläche und auch Los bedeutet, hat zu der Vermutung geführt, das von den Helladen eroberte Land sei in einzelnen Parzellen an die Mitglieder des Stammes verlost worden. Dann hätte es sich bei diesen *kleroi* schon sehr früh um privaten Besitz an Land gehandelt. Als Privatbesitz wurde auch der von den helladischen Königen vor der Verlosung aus erobertem Land herausgeschnittene *temenos*, der königliche Großgrundbesitz, angesehen. Das nicht kultivierte Land, insbesondere das Weideland, war Gemeinbesitz. Ob es darüber hinaus noch Formen von Gemeindeeigentum oder Geschlechterbodeneigentum an kultiviertem Ackerland gab, ist nicht mit Sicherheit zu klären.

In den homerischen Epen ist der vererbbare und im Prinzip veräußerbare Privatbesitz an landwirtschaftlichen Flächen jedenfalls im Großen wie im Kleinen schon voll ausgebildet (Grenzsteine erwähnt Hom. Il. 12,421; 21,403 ff.). Zur Rechtssicherheit der Besitzer und auch um Ansprüche der Gemeinschaft zu sichern, etwa das Verbot, die alten *kleroi* zu verkaufen, muß sich auch allmählich das seit der mykenischen Zeit in Vergessenheit geratene Vermessungs- und Katasterwesen wieder herausgebildet haben, das dann in den hellenistischen Reichen, und vor allem im römischen Reich, grundsätzlich allen Grund und Boden öffentlich erfaßte. Eine Besteuerung von Grund und Boden war im klassischen Griechenland nicht üblich.

Der Privatbesitz an landwirtschaftlich genutztem Boden erhielt sich bis in die Spätantike, erfuhr aber in seiner Beziehung zur staatlichen Gemeinschaft manche Modifikationen. Altorientalische Vorstellungen vom König, der neben seinem Privatbesitz im Prinzip auch souveräner Eigentümer des gesamten Landes in seinem Herrschaftsgebiet war, hatten Einfluß auf das minoisch-mykenische Griechenland und wirkten bis in die archaische Zeit weiter. Eine Renaissance erlebten sie in den hellenistischen Reichen. Auch in den hellenistischen Staaten war die gängige Auffassung, der Herrscher sei der eigentliche Eigentümer allen Landes, wenngleich es durchaus privaten Grundbesitz, auch privaten Grundbesitz der Könige, gegeben hat. Die hellenistischen Herrscher waren die bei weitem überragenden Großgrundbesitzer in ihren Staaten. Ihr Privatbesitz – das Königsland –, bewirtschaftet durch Pächter oder leibeigene Königsbauern (*laoi basilikoi*), war die wichtigste Einnahmequelle der hellenistischen Staaten. Dies machte auch den wichtigsten Unterschied zu normalem, d.h. nichtköniglichem Grundbesitz, aus: Da der König mit dem Staat gleichzusetzen war, war Königsland gewissermaßen Staatsland, und die *oikonomia basilike*, die Königswirtschaft, war die Staatswirtschaft und zugleich die staatliche Wirtschaftspolitik.

Überbleibsel der alten Vorstellung vom königlichen Eigentum an allem Land waren es dagegen, wenn die hellenistischen Herrscher zentral die Verfahrensregeln der Vermessung und des Katasterwesens bestimmten, wenn sie die Erweiterung der landwirtschaftlichen Nutzfläche erzwangen, wenn sie Anbaufrüchte und das Saatgut für bestimmte Gebiete ihres Staates bestimmten etc.

Ein Relikt dieser Auffassung vom königlichen Besitz an allem Land im Staate war auch die Besteuerung von Grund und Boden: Entweder wurden feste Geldbeträge erhoben, wie etwa im Seleukidenreich, oder wurden Ernteanteile eingefordert. Im Ptolemäerreich und bei Hieron II. in Sizilien waren es ca. 10% der Ernteerträge. Allerdings waren die Griechenstädte im Machtbereich der hellenistischen Herrscher mit ihrem zum Teil sehr beträchtlichen Grundbesitz von Steuern, also auch von der Grundsteuer, befreit. Ebenso befreit war natürlich Tempelland.

Namentlich, um eine geregelte Eintreibung von Abgaben und von Grundsteuern zu gewährleisten, hatten die hellenistischen Herrscher ihr oft bewundertes Katasterwesen entwickelt.

Ähnlich argumentierten auch die Römer in der Grundsteuerfrage. Seit 167 v.Chr. waren römische Bürger in Italien von Steuern befreit. Die Provinzen jedoch wurden als Eigentum des römischen Volkes betrachtet (Gai. Inst. 2,7), weshalb Grund und Boden dort besteuert wurde. Dies galt nicht nur für die Provinzialen, sondern im Prinzip ebenso für römische Bürger in den Provinzen, wenngleich es für diese mannigfache Ausnahmen gab. Hinsichtlich der Formen der Grundbesteuerung übernahmen die Römer meist die vorgefundenen Strukturen bei der Steuererhebung: Anteil an den Ernteerträgen in Ägypten, feste Geldsteuern etwa in Gallien.

Auch das in der italischen Expansion eroberte Land war prinzipiell Gemeineigentum des römischen Volkes, *ager publicus*. Der römische Staat gab dieses italische Akkerland jedoch oft zur privaten Okkupation frei (*ager occupatorius*). Dadurch kam er der rasanten Entwicklung zum Großgrundbesitz entgegen. Erste Latifundien (aus *fundus* = Einzelgut, *latus fundus* = großes Bauerngut) findet man dementsprechend in Süditalien und Sizilien, den ersten Eroberungsgebieten der Römer, später auch in den Provinzen (zu den späteren kaiserlichen Domänen siehe den Artikel Großgrundbesitz). Wenn der Gesetzgeber im ersten Drittel des 2. Jahrhunderts v.Chr. verfügte, niemand dürfe für sich mehr als 500 Morgen Staatsland in Besitz nehmen und mehr als 100 Stück Großvieh sowie 500 Stück Kleinvieh auf Staatsland weiden lassen (App. civ. 1,33; Liv. 6,3; 6,35,5 verlegt dieses Gesetz fälschlicherweise ins 4. Jahrhundert v.Chr.), so ließen diese Begrenzungen nach neueren Berechnungen einen Besitz an Staatsland (Privatbesitz, *ager privatus*, blieb davon unberührt) von ca. 2.300 Morgen, oder ca. 575 ha zu (500 ha galten damals als Großgrundbesitz). Daß selbst diese Grenzen deutlich überschritten wurden, zeigt der erbitterte Widerstand gegen das gracchische Vorhaben, dem alten Gesetz wieder Geltung zu verschaffen. Obwohl Tiberius Gracchus den Großgrundbesitzern weiter entgegenkam und für die zwei ältesten Söhne je 250 Morgen aus dem *ager publicus* zusätzlich zugestehen (App. civ.

1,46) und nur das über dieses Maß Hinausgehende der Verteilung an bedürftige Kleinbauern zuführen wollte, wurde sein Reformvorhaben von interessierter Seite gewaltsam gestoppt.

In mehreren Gesetzen bis zur *lex agraria* vom Jahr 111 v.Chr. (CIL I 585) wurden dann die Besitzverhältnisse in Italien und zum Teil in den Provinzen zementiert: Grund und Boden wurden nicht mehr verteilt, sondern bis zu dem nach dem Akkergesetz des Tiberius Gracchus zulässigen Maß an *ager occupatorius* ging das Land in Privateigentum, *ager privatus*, der bisherigen Nutzer über. Auch der Landbesitz, der über dieses Maß hinausging, wurde nicht mehr angetastet, auf ihm lastete lediglich eine Pacht. Die Verlierer dieser politischen und agrarrechtlichen Entwicklung waren selbstverständlich die Klein- und Mittelbauern.

Der sich daraufhin ausdehnende Großgrundbesitz hatte weitgehende agrarrechtliche Konsequenzen und veränderte das ländliche Sozialgefüge grundlegend. Im Osten war die ländliche Bevölkerung, insbesondere die *coloni*, schon länger durch das Steuer- und Abgabensystem stark an den Grund und Boden gebunden. Im Westen verdichtete sich die wirtschaftliche Macht der Großgrundbesitzer immer mehr auch zur Rechtsmacht. Der entscheidende Schritt scheint dabei die Herausnahme von Großgütern aus der städtischen Verwaltung zu sein. Seit dem archaischen Griechenland waren freie Bauern Mitglieder einer städtischen Bürgergemeinde, mit allen Rechten und Pflichten. In der römischen Kaiserzeit jedoch wurden zunächst die kaiserlichen Domänen, später auch privater Großgrundbesitz exterritorial, d.h. von der städtischen Verwaltung ausgenommen. Damit war die Landbevölkerung in diesen exterritorialen Gebieten teilweise ihrer bürgerlichen Rechte beraubt. Der Staat war in der Spätantike ohnehin kaum mehr in der Lage, eine öffentliche Ordnung flächendeckend aufrechtzuerhalten. In dieses Herrschaftsvakuum stießen nun die Grundeigentümer, die sich auf der Flucht vor finanziellen Zwängen in den Städten wieder auf ihre Güter auf dem Lande zurückzogen. Der sich entwickelnde Zwangscharakter des Kolonats erleichterte es den Grundherren, die ländliche Bevölkerung nicht nur in ihre ökonomische, sondern auch in ihre rechtliche und politische Gewalt zu bekommen. All dies führte zu einem gewissermaßen politisch autonomen Großgrundbesitz mit einer eigenen sozialen und politischen Hierarchie: der *patronus* an der Spitze und von ihm umfassend abhängig seine Klienten, die Bauern, Pächter und Handwerker. Dabei verwischten dann die Grenzen der ›alten‹ sozialen Schichtungen auf dem Lande zwischen Sklaven, landlosen Lohnarbeitern, Pächtern und Freibauern völlig. So gesehen besaß dieses *patrocinium* genannte Organisations- und Herrschaftssystem auf dem Lande schon gewisse Ähnlichkeit mit der frühmittelalterlichen Grundherrschaft.

→ Ackerbau, Agrargeographie, Großgrundbesitz, Landwirtschaft, Transhumanz, Wirtschaft, Wirtschaftsgeographie

LITERATUR: N. *Brockmeyer*: Arbeitsorganisation und ökonomisches Denken in der Gutswirtschaft des römischen Reiches. Bochum 1968. – F. *DeMartino*: Wirtschaftsgeschichte des alten Rom. München 1991. – D. *Flach*: Römische Agrargeschichte. München 1990. – W. E. *Heitland*: Agricola. 1921. – H. *Kloft*: Die Wirtschaft der griechisch-römischen Welt. Darmstadt 1992. – R. *Martin*: Recherches sur les agronomes latins. Paris 1971. – Th. *Pekáry*: Die Wirtschaft der griechisch-römischen Antike. Wiesbaden 1979. – K. D. *White*: Roman Farming. London 1970.

Ulrich Fellmeth

Akropolis

Gemeinhin wird mit dem Begriff A. (= Oberstadt, Burgberg, vom griechischen *akros* = Spitze, *polis* = Stadt) primär der imposante Burgberg von Athen assoziiert, ein ca. 100 m hoher Felsen im Süden der Stadt, versehen mit prominenten Gebäuden wie dem Parthenon, den Propyläen oder dem Erechtheion. Jedoch gehörte eine A. überhaupt zum normalen topographischen Erscheinungsbild vieler griechischer und römischer Städte. Dadurch wurden diese Siedlungen in eine von der A. konstituierte Oberstadt und eine sich in der Ebene anschließende Unterstadt geteilt.

Schutzfunktion: Dafür, daß man bei der Anlage von Siedlungen bevorzugt Anhöhen in das urbanistische Ensemble mit einbezog, lassen sich verschiedene Erklärungsmöglichkeiten anführen. An erster Stelle ist an eine Schutzfunktion und an eine Herrschaftsfunktion zu denken, weiterhin an eine ökonomische und eine religiöse Funktion. Des Schutzes bedurften vor allem Orte, die, wie in der griechischen Poliswelt häufig der Fall, eine exponierte Lage etwa am Meer hatten – hier war die Gefahr von Angriffen von See her stets präsent. Wurden die Zeiten friedlicher, wanderten die Bewohner vom Burgberg in die Ebene hinab und siedelten sich dort an. Dieser Vorgang läßt sich z.B. auf der Kykladeninsel Andros bei dem (modernen) Ort Zagora rekonstruieren. Bei Gefahr fungierte eine A. aber weiterhin als Fluchtburg für die Bewohner der Ebene. Ein Musterbeispiel einer als Festung dienenden A. ist die Stadt Aigosthena in der Megaris: Im 5./4. Jahrhundert v.Chr. wurde hier eine A. mit einem doppelten Mauerring errichtet. Eine ähnlich massive Verteidigungsfunktion läßt sich in Italien beispielsweise für den Ort Anxur (Terracina) feststellen.

Herrschaftsfunktion: Als Herrschersitz erscheint die A. bereits bei den mykenischen Fürsten in der Argolis (Tiryns), und auch die mykenischen Herrscher, die im 2. Jahrtausend v.Chr. die Kontrolle über Athen ausübten, residierten auf der A. Offensichtlich wurde die erhöhte landschaftliche Lage bewußt als ein Instrument der Demonstration von Macht eingesetzt (wobei allerdings auch hier der Sicherheitsaspekt eine Rolle gespielt haben dürfte). Bot eine A. also einen quasi naturgegebenen Rahmen für monarchische Repräsentanz, so darf freilich die Herrschaftsfunktion nicht verabsolutiert werden, wie es der griechische Philosoph Aristoteles im 4. Jahrhundert v.Chr. getan hat. In seiner *Politik* (Aristot. pol. 1330b) stellte er die Forderung auf, zu einer Monarchie oder Oligarchie gehöre eine A., zu einer Demokratie hingegen eine ebene Siedlungsfläche. Der hier postulierte Zusammenhang zwischen politischer Verfassung und Siedlungstopographie läßt sich in der städtebaulichen Praxis der Griechen jedenfalls nicht als ein Regelfall nachweisen.

Ökonomische Funktion: Die ökonomische Grundlage der meisten griechischen und römischen Städte war die Landwirtschaft. Ackerland war deshalb ein wertvoller Faktor. Von daher ist anzunehmen, daß die Besiedlung von Höhenlagen auch den Zweck hatte, agrarisch nutzbare Fläche zu sparen.

Religiöse Funktion: Traditionell diente die A. weiterhin als jene Stätte, an der man den obersten Stadtgottheiten Tempelanlagen errichtete. So wandelten die Athener nach dem Ende der mykenischen Herrschaft ihre A. in eine Kultstätte für die Athena um. Hier dürfte auch der Gedanke eine Rolle gespielt haben, daß die Götter aus der erhöhten topographischen Lage die Stadt beschützen würden.

Doppel-Akropolis: Nicht selten trifft man bei griechischen und römischen Städten auf das Phänomen der Doppel-A. In diesem Fall befand sich die Unterstadt zwischen

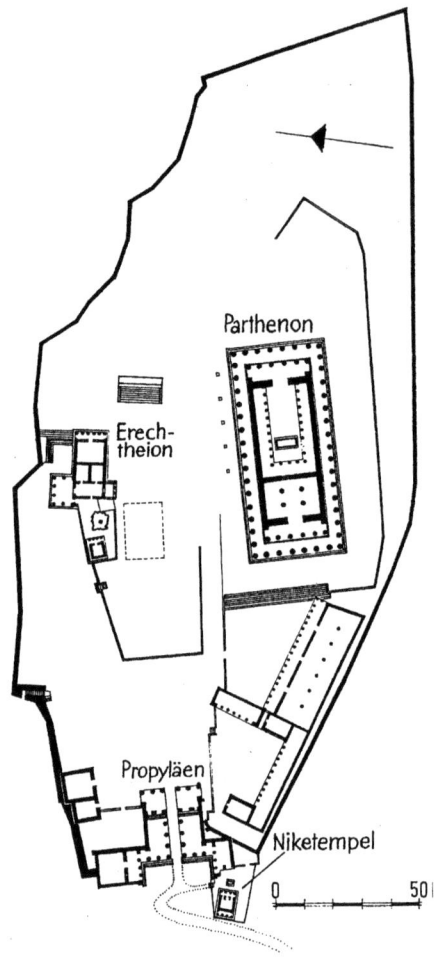

Abb. 3: Plan der Akropolis von Athen mit dem architektonischen Ensemble der klassischen Zeit (5. Jh. v.Chr.). Die eingezeichneten Repräsentationsbauten dokumentieren das Bestreben des damals führenden athenischen Politikers Perikles, der Machtstellung Athens an prominenter topographischer Stelle ein bauliches Äquivalent zu verleihen. Mag die Beschaffung der Gelder für das Bauprogramm auf der Akropolis moralisch und rechtlich bedenklich gewesen sein – der Biograph Plutarch war noch im 2. Jh. n.Chr. von der Arbeit des Pheidias und seiner Künstlerkollegen begeistert (Plut. Per. 13): »Um so mehr müssen wir die Bauten des Perikles bewundern: In kurzer Zeit wurden sie geschaffen für ewige Zeit. Ihre Schönheit gab ihnen sogleich die Würde des Alters, ihre lebendige Kraft schenkt ihnen bis auf den heutigen Tag den Reiz der Neuheit und Frische. So liegt ein Hauch immerwährender Jugend über diesen Werken, die Zeit geht vorüber, ohne ihnen etwas anzuhaben, als atme in ihnen ein ewig blühendes Leben, eine nie alternde Seele.« Die Bauten entstanden in der Reihenfolge Parthenon, Propyläen, Erechtheion und Nike-Tempel.

zwei Oberstädten. Beispiele dafür sind das makedonische Pella, das kretische Itanos und Norba in Italien, das nach Livius (2,34) in erhöhter Lage gegründet wurde, »um eine Burg über der pomptinischen Ebene zu sein« (womit im übrigen eine Kontrollfunktion der A. bezeugt wird).

Repräsentations-Funktion: Die A. war schon aufgrund ihrer prominenten topographischen Situation so etwas wie ein Aushängeschild der antiken Städte. Die A. von Athen wurde zusätzlich zur optischen Vergegenwärtigung athenischer Großmachtstellung instrumentalisiert. Im 5. Jahrhundert v.Chr. wurde sie in dem Maße ausgebaut, wie Athen seine Hegemonie-Position in der griechischen Welt erweiterte. Federführend war dabei Perikles, der sich nicht scheute, dafür die Gelder des Attischen Seebundes zu veruntreuen. So entstanden in kurzen Abständen das Parthenon (erbaut in den Jahren zwischen 448 und 432 v.Chr.), die Propyläen, der Tempel der Athena Nike und das Erechtheion. Auch in römischer Zeit blieb die A. von Athen Symbol von

Abb. 4: Modell der Akropolis von Athen in der römischen Kaiserzeit. Auf der Akropolis zu bauen, blieb eine Prestigeangelegenheit, auch als der politische Ruhm der Stadt längst verblaßt war. Oben rechts am Südhang das bereits im 4. Jh. v. Chr. errichtete, später mehrfach umgebaute Theater des Dionysos. Unten rechts das um 160 n.Chr. von dem reichen Mäzen Herodes Atticus gestiftete Odeion, das mit seinem Fassungsvermögen von 5.000 Plätzen noch heute für Aufführungen genutzt wird. Verbunden sind die beiden Bauwerke durch eine vom Pergamenerkönig Eumenes II. (197–159 v.Chr.) finanzierte Stoa. Oberhalb der Stoa zwei Heiligtümer des antiken Heilgottes Asklepios.

Herrschaft: Im Monopteros vor dem Parthenon-Tempel errichteten die Römer Statuen des Augustus und der Roma.

→ Burg, Demokratie, Fortifikation, Götter, Landwirtschaft, Monarchie, Religionsgeographie, Siedlungsgeographie, Stadtmauer, Städtebau, Tempel, Topographie, Verfassung

LITERATUR: F. *Kolb*: Die Stadt im Altertum. München 1984. – Th. *Lorenz*: Römische Städte. Darmstadt 1987. – L. *Schneider*/C. *Höcker*: Die Akropolis von Athen. Köln 1990. – A. *Wokalek*: Griechische Stadtbefestigungen. Bonn 1973.

Holger Sonnabend

Amphitheater

Das A. (dessen Bezeichnung aus dem Griechischen stammt und etwa ›Doppeltheater‹ bedeutet) gehörte mit seiner charakteristischen oval-elliptischen Form zum architektonischen Standardrepertoire römischer Städte der späten Republik und der Kaiserzeit.

Veranstaltungen: Im Gegensatz zu den Circusanlagen, in denen Wagenrennen stattfanden, wurden in den A. bevorzugt Gladiatorenspiele (*munera*) und Tierhetzen (*venationes*) veranstaltet. Bei Vorhandensein entsprechender finanzieller Mittel und technischer Vorrichtungen konnten in den Arenen der A. auch Seeschlachten (Naumachien) nachgestellt werden. Dies war etwa der Fall anläßlich der Einweihung des

Abb. 5: Luftbild des Amphitheaters von Pompeji (Kampanien). Gut zu identifizieren ist die topographische Lage am westlichen Rand der Stadt. Das Amphitheater ist teilweise in die Stadtmauer integriert, von der auch noch zwei Türme zu sehen sind. Links anschließend ist die große Palästra zu erkennen, die aus der frühen Kaiserzeit stammt und als Sportstätte genutzt wurde.

berühmtesten A., des Colosseums in Rom, durch den Kaiser Titus (80 n.Chr.) in der ›alten Naumachie‹, die Augustus 2 v.Chr. erbaut hatte. Auf diese Weise wurde die Landschaftsformation ›Meer‹ in ein architektonisches Ensemble integriert.

Funktionen: Das A. hatte mehrere, über den Aspekt des reinen Unterhaltungsbedürfnisses der städtischen Bevölkerung hinausgehende Funktionen. Wie andere Sportstätten oder das Theater war das A. auch ein Ort der sozialen Kommunikation zwischen Regierenden und Regierten. Der römische Kaiser konnte im A. durch besonders glänzende Spiele oder auch durch Geldspenden seine Rolle als Patron demonstrieren. Das Volk hingegen nutzte die Gelegenheit, Wünsche oder Beschwerden an den Kaiser heranzutragen. Für private Veranstalter bot sich die Chance, an sozialem Renommee zu gewinnen. Für einzelne Städte wiederum war ein prächtig ausgestattetes A. mit opulenten Spielen ein Instrument, um im stets präsenten Wettstreit mit anderen Städten Pluspunkte zu sammeln.

Herkunft: Strittig ist die Herkunft des A. Auf jeden Fall handelt es sich um einen originär italischen Bautypus. Aus der griechischen Welt sind keine A. bekannt, abgesehen von denen, die von den Römern dort errichtet wurden (z.B. in Pergamon). Diskutiert werden in der Forschung Ursprünge entweder in Kampanien oder bei den Etruskern. Für Kampanien spricht der Umstand, daß dort führende Gladiatorenschulen existierten (Capua) und daß sich in Pompeji das früheste datierbare A. nachweisen läßt (erbaut ca. 70 v.Chr.). Andererseits können die Anhänger der These des etruskischen Ursprungs geltend machen, daß die Gladiatorenspiele eben in Etrurien entstanden sind.

Historisch-geographische Aspekte: Eine historisch-geographische Betrachtung der A. kann drei Aspekte hervorheben: (a) die geographische Verteilung der A. im Imperium Romanum; (b) die topographische Lage der A. in den einzelnen Städten; (c) die Beziehung der A. zu der sie umgebenden Landschaft.

(a) *Geographische Verteilung:* A. lassen sich vor allem im Westen des Römischen Reiches nachweisen (Italien, Africa, Gallien, Germanien, Britannien, Donauprovinzen). Hier fand im 1. und 2. Jahrhundert n.Chr. ein regelrechter Bauboom von A. statt. Die Bevorzugung des Westens des Imperiums hat im wesentlichen politisch-soziale Gründe, weil hier generell die Romanisierung leichter vollzogen wurde als im griechischen Osten mit seinen unterschiedlichen Traditionen. Im Osten bevorzugte man für Spiele bereits existente Gebäude wie Stadien oder Theater. Das erste steinerne Amphitheater in Rom wurde im Jahre 29 v.Chr. von Statilius Taurus errichtet.

(b) *Topographische Lage:* Die A. der römischen Städte befanden sich in der Regel an der Peripherie der Siedlung und eher selten im Zentrum. Das dürfte in erster Linie mit dem zur Verfügung stehenden Raum zusammenhängen (und weniger, wie gelegentlich vermutet, aus Furcht vor auf diese Weise eventuell besser zu kontrollierenden Zuschauer-Ausschreitungen, wie sie z.B. für 59 n.Chr. für Pompeji bezeugt sind, Tac. ann. 14,17; vgl. Abb. 6). In Pompeji lag das A. an der äußersten Westecke der Stadt, jedoch noch innerhalb der Stadtmauern und an diese teilweise angelehnt (vgl. Abb. 5). Das A. von Verona hingegen befand sich, wie das von Capua, außerhalb der Stadtbefestigung. Einen Sonderfall stellt Trier dar: Hier bezog der in der 2. Hälfte des 2. Jahrhunderts n.Chr. erfolgte Mauerbau das A. mit ein, so daß dessen südlicher Zugang zum Stadttor wurde. Mitunter findet sich eine axiale Ausrichtung des A. auf das Theater, so in der umbrischen Stadt Carsulae und in Aosta. A. wurden häufig auch in der Umgebung von Legionslagern errichtet (z.B. Carnuntum, Xanten). Wenig verbindlich dürfte die Emp-

Abb. 6: Ein einzigartiges Dokument ist diese zeitgenössische Frontalansicht des Amphitheaters von Pompeji aus der Vogelperspektive. Die charakteristischen beiden großen Treppen hat der Maler überdimensional wiedergegeben. Das Sonnensegel (velum) zum Schutz der Zuschauer ist deutlich auszumachen. Rechts ist die Palästra dargestellt, im Hintergrund sind zwei Türme der Stadtmauer zu sehen. Das eigentliche Motiv des Bildes aber sind die Ausschreitungen im Jahre 59 n.Chr. zwischen Bewohnern von Pompeji und der Nachbarstadt Nuceria. Dadurch läßt sich das Fresko auf die Zeit zwischen 59 und 79 n.Chr. (Zerstörung von Pompeji durch den Ausbruch des Vesuv) datieren. Das Bild illustriert den Bericht des Historikers Tacitus (ann. 14,17): »Zur selben Zeit entstand aus einem unbedeutenden Streit ein blutiger Kampf zwischen den Bewohnern von Nuceria und Pompeji anläßlich eines Gladiatorenspiels, das Livineius Regulus veranstaltete, von dessen Ausstoßung aus dem Senat ich berichtet habe. Mit kleinstädtischem Mutwillen neckten sie sich zuerst, beschimpften sich dann, griffen zu Steinen und zuletzt zum Schwert. Die Pompeianer, auf deren Gebiet die Spiele stattfanden, behielten dabei die Oberhand. Viele Nuceriner wurden verwundet und verstümmelt nach Rom gebracht, und gar mancher hatte den Verlust eines Kindes oder Vaters zu beklagen. Die gerichtliche Entscheidung über diesen Fall überließ der Kaiser (Nero) dem Senat, der Senat den Konsuln. Bei der Rückverweisung der Sache an den Senat verbot man von Staats wegen den Pompeianern den Besuch solcher Veranstaltungen und löste die ungesetzlichen Vereine auf, die sie gegründet hatten. Livineius, und wer sonst noch den Aufruhr veranlaßt hatte, wurde mit der Verbannung bestraft.«

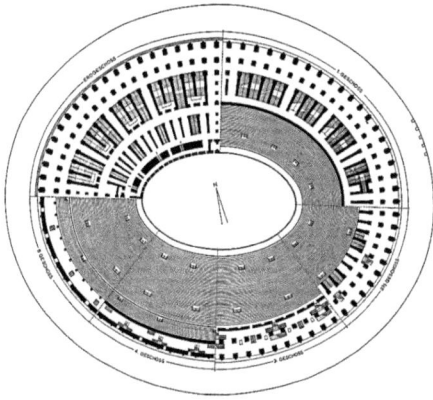

Abb. 7: Flavisches Amphitheater in Rom (Colosseum), ein Gemeinschaftswerk der flavischen Kaiser Vespasian (69–79 n.Chr.), Titus (79–81 n.Chr.) und Domitian (81–96 n.Chr.). Der Name ›Colosseum‹ ist mittelalterlich und bezieht sich nicht auf die Dimensionen der Anlage, sondern auf eine riesige Nero-Statue, die unter Kaiser Hadrian (117–138 n.Chr.) als Götterstatue an die Westseite des flavischen Amphitheaters versetzt wurde. Das Bauwerk weist fünf Geschosse auf. Die Arena hat eine Längsachse von 86 und eine Querachse von 54 m. 50.000 Zuschauer fanden, nach sozialen Klassen geordnet, Platz.

fehlung des Architektur-Schriftstellers Vitruv gewesen sein, für die Lage eines Hercules-Tempels die Nähe zu einem A. oder einem Gymnasium zu wählen (Vitr. 1,7,1).

(c) *Beziehung zur Landschaft:* A. wurden zum einen direkt in die Erde oder in den Felsen gebaut, wobei das Gelände den Bau getragen hat (z. B. Sutri, Syrakus). Solche A. boten nicht vielen Zuschauern Platz. Zum anderen konnten mit Hilfe der – vom Theaterbau adaptierten – Gewölbetechnik monumentale A. konstruiert werden, die wie das Colosseum in Rom oder die A. von Capua und Puteoli mehreren Zehntausenden von Zuschauern Platz boten (Rom: 50.000; Capua: 40.000, etwas weniger nur Puteoli; in Pompeji gab es eine Kapazität von ca. 20.000 Zuschauern). Diese monumentalen A. wiesen auch ein System von unterirdischen Gängen auf (Tierkäfige, Aufenthaltsräume für die Gladiatoren). Eine in den meisten A. nachzuweisende Spezialität und ein besonderer Service für die Besucher waren die sogenannte *vela*, d. h. Segel, die vor der Sonneneinstrahlung schützten.

→ Architektur, Gesellschaft, Sportstätten, Stadtmauer, Städtebau, Theater, Topographie, Versammlungsorte

LITERATUR: J.-C. Golvin: L'Amphithéatre Romain. Paris 1988. – A. *Hönle*/A. *Henze*: Römische Amphitheater und Stadien. Luzern 1984. – K. *Welch*: The Roman Arena in Late-Republican Italy, in: JRA 7, 1994, 59–80.

Holger Sonnabend

Anthropogeographie

Die A. ist eine von Friedrich Ratzel (1844–1904) begründete Forschungsrichtung. Sie ist ein Zweig der Geographie und befaßt sich grundsätzlich mit der Geschichte der geo- und topographischen Verbreitung der menschlichen Bevölkerung auf der Erde sowie mit den menschlichen Gesellschaften als Initiatoren raumwirksamer Entwicklungen bzw. als Objekten ihrer physischen Umwelt. Anfangs war die deterministisch orientierte Analyse und Beschreibung geographischer Einflüsse auf Mensch und

Gesellschaft zentrales Forschungsinteresse der A., das in die von dem Schweden R. Kjellén (1864–1922) begründete, in Deutschland von K. Haushofer (1869–1946) propagierte, auf gegenwartsbezogene macht- und wirtschaftspolitische Aspekte eingeengte und so vom Nationalsozialismus instrumentalisierte Geopolitik mündete.

Die Analyse und Beschreibung geographischer Einflüsse auf Mensch und Gesellschaft bzw. die Dienstbarmachung von Erdräumen durch den Menschen haben ihre Berechtigung, wo sie ihre Argumentation nicht auf monokausaler Axiomatik aufbauen, sondern die Einwirkung landschaftlicher Elemente als eine der verschiedenen Möglichkeiten der Erklärung menschlichen Handelns und Gestaltens nutzen. Deterministische Vorurteile aber, die diese Forschungsrichtung in Verruf gebracht haben, gehen eher von der gleichsam metaphysischen Einwirkung landschaftlicher Bedingungen auf den menschlichen Charakter aus als von den menschlichen Handel und Wandel bestimmenden Realitäten. Gefragt wird daher sinnvollerweise nach dem Einwirken geographischer Gegebenheiten wie der Lage im Binnenland, auf Halbinseln oder auf Inseln, am Meer, an Flüssen und Seen, der Größe des Lebensraumes, der Bodenbeschaffenheit, des Klimas, der Flora und Fauna, des Siedlungscharakters, ebenso des Verkehrs und der Wirtschaftsgestaltung, desgleichen der politischen Organisation und deren entsprechenden Wechselwirkungen. Unter anthropogeographischen Gesichtspunkten lassen sich also viele Bereiche der Geographie wie Bevölkerungs- und Siedlungsgeographie, Verkehrs-, Wirtschafts- und politische Geographie behandeln; auf jedem dieser Gebiete können historisch-geographische Bezüge bedeutsam werden.

→ Fluß, Geographie, Geopolitik, Gesellschaft, Handel, Insel, Klima, Meer, Raum, See, Siedlungsformen, Siedlungsgeographie, Topographie, Verfassung, Wirtschaftsgeographie

LITERATUR: *F. Ratzel*: Anthropogeographie 1. (Grundzüge der Anwendung der Erdkunde auf die Geschichte), ³1909. – *F. Ratzel*: Anthropogeographie 2. (Die geographische Verbreitung des Menschen), ²1912. – *R. Kjellén*: Der Staat als Lebensform. 1917. – *K. Haushofer*: Politische Erdkunde und Geopolitik. 1925. – *E. Olshausen*: »Gebirgsland als Lebensraum«. Methodische Überlegungen zum 5. Internationalen Kolloquium für Historische Geographie der Alten Welt, in: Stuttgarter Kolloquium zur Historischen Geographie des Altertums 5, 1993. (Geographica Historica 8), 1996, 1–11, hier 5f. – *C. Heucke*: Von Strabon zu Haushofer? Eine wissenschaftsgeschichtliche Anmerkung, in: Orbis Terrarum 1, 1995, 203–211. – *P. Schöller*: Geopolitische Versuchungen bei der Interpretation der Beziehungen zwischen Raum und Geschichte, in: D. Denecke/K. Fehn: Geographie in der Geschichte. (Erdkundliches Wissen 96), 1989, 73–88.

Eckart Olshausen

Archäologie

Die A. ist die Wissenschaft, die sich mit der im weitesten Sinne nicht-literarischen sichtbaren Hinterlassenschaft, dem materiellen Erbe von Kulturen vergangener Zeit befaßt, um Gestalt und Wesen eben dieser Kulturen zu analysieren und zu beschreiben. Ihr zentrales Interesse basiert also nicht auf den Materialien der Philologie, der Epigraphik, der Numismatik und der Papyrologie. Zur Interpretation ihrer Funde kann sie jedoch nicht auf die Kommentare durch Inschriften und Münzen ebenso wie durch dokumentarische und literarische Zeugnisse verzichten. Die seit der Renaissance geübte ausschließliche Konzentration auf Bau- und Kunstdenkmäler gilt seit der Aufklärung nicht mehr. Selbst historisch weniger spektakuläre materielle Hinterlassenschaft ist dem Archäologen insofern wichtig, als diese zur Kenntnis des historischen Alltags beiträgt. Die ungeheure Fülle archäologischen Quellenmaterials hat seither zu einer vielfältigen chronologischen (die den historischen Epochen der griechisch-römischen Antike gewidmete Klassische A., die christliche, die byzantinische, die mittelalterliche A.) und regionalen (die kretisch-mykenische, die altägäische, die vorderasiatische, die phönikisch-karthagische, die etruskische, die provinzialrömische A.) Differenzierung geführt. Auch archäologische Disziplinen, die sich bestimmter, meist technischer Methoden bedienen, sind hier anzuführen – beispielsweise die Luftbild-A. und die Unterwasser-A.

Das Interesse an archäologischen Befunden ist so alt wie die Ehrfurcht des Menschen vor der eigenen Vergangenheit, meist gepaart mit geradezu oder tatsächlich religiöser Scheu. Ästhetische Aspekte förderten die Sammelleidenschaft mancher Liebhaber. So waren archäologische Interessen – in dieser Hinsicht gut vergleichbar mit der Numismatik – immer schon auch von kunsthistorischen Perspektiven begleitet. Die Geschichtswissenschaft nutzt archäologische Forschungserträge grundsätzlich als wichtige Ergänzung zu ihren schriftlichen und auch mündlich tradierten Quellen.

Archäologie in der Antike: Archäologische Interessen zeichneten daher schon die frühesten Historiker der abendländischen Antike aus. Herodot (5. Jahrhundert v.Chr.) beispielsweise hat sich auf seinen zahlreichen, teilweise weltumspannenden Reisen nicht nur ein Bild von verschiedenen Landschaften und Städten sowie den dort lebenden Gesellschaften gemacht und unterwegs Inschriften als Quellen für historische Vorgänge studiert, er hat auch historisch relevante Bau- und Kunstdenkmäler gesehen und ihre Betrachtung in seinem Geschichtswerk ausgewertet. Auch Thukydides, ein jüngerer Zeitgenosse Herodots, stützt historische Feststellungen mit archäologischen Argumenten. So dienen ihm als Zeugnis für die ursprüngliche Anwesenheit von Karern auf Delos Gräber von Karern auf der Insel (Thuk. 1,8,1). Er diskutiert das Verhältnis von Staatsmacht zu deren äußerer Erscheinung und stellt zu diesem Zweck einen Vergleich zwischen den Stadtplänen von Mykene, Sparta und Athen an (Thuk. 1,10,2). Die Hast, in der die Athener 478 v.Chr. ihre Stadt neu befestigt haben, dokumentiert er unter Verweis auf die Verwendung von Spolien und völlig unterschiedlichen, teilweise gar nicht recht zugehauenen Steinen im Unterbau der Mauern.

Moderne Archäologie und Historische Geographie: Auf die Unterstützung der archäologischen Forschung können auch die modernen Geschichtswissenschaften nicht verzichten. Eine ihrer Klientinnen ist die Historische Geographie. Sie zieht Arbeitsmethoden und Erkenntnisse der A. ganz besonders dort zurate, wo es ihr um Aufschlüsse über infrastrukturelle Systeme wie das Selbstverständnis des Polisbürgers geht – hier hilft besonders die Urbanismus-Forschung – oder um Einsichten in die Reichsverwaltung – hier werden Gestaltung und Verwaltung des Straßennetzes im Imperium Romanum bedeutsam. Mit ihren in vieler Hinsicht spezialisierten Methoden kann die A. den Landschaftswandel feststellen und nachzeichnen – wo etwa ein Fluß sein Delta ins Meer hinausgetrieben und so Häfen und sogar vorgelagerte Inseln verlanden ließ (Milet mit der Insel Lade). Die Katastrophenforschung erhält von der A. die notwendige realistische Basis (Pompeji, Herculaneum). Wo die literarischen Quellen nur vage Hinweise auf die Lage einer Ortschaft geben, gibt der Archäologe meist ganz präzise Antworten. Er vermag weit besser, als dies mithilfe verbaler Quellen möglich ist, den Alltag einer antiken Stadt, die Lebensbedingungen in einer Landschaft darzustellen. Hier erfährt man gleichsam aus erster Hand, wo die Handwerkerviertel lagen, welche Werkzeuge dem Handwerker zur Verfügung standen, wie seine Wohnung aussah, in welchem Raum er arbeitete und wo er ausruhte.

→ Architektur, Geoarchäologie, Historische Geographie, Inschriften, Luftbild, Münzen, Papyri, Siedlungsgeographie

LITERATUR: C. *Andresen:* Einführung in die christliche Archäologie. Göttingen 1974. – G. F. *Bass:* Archäologie unter Wasser. 1966. – J. *Bradford:* Ancient Landscapes. Studies in Field Archaeology. London 1957. – I. *Benzinger:* Hebräische Archäologie. ³1927. – R. *Bianchi Bandinelli* (Ed.): Enciclopedia dell'arte antica classica e orientale. 7 Bde., 1 Suppl.-Bd., 3 Atlanten, Index, Turin 1948–1984; 2. Auflage erscheint seit 1994. – V. *Fritz:* Einführung in die biblische Archäologie. 1993. – A. *Moortgat:* Einführung in die vorderasiatische Archäologie. 1985. – H. G. *Niemeyer:* Einführung in die Archäologie. Darmstadt ⁴1995. – J. A. H. *Potratz:* Einführung in die Archäologie. Stuttgart 1962. – U. *Hausmann* (Hg.): Allgemeine Grundlagen der Archäologie. (Handbuch der Archäologie), 1969.

Eckart Olshausen

Architektur

Zu den komplexen, die antike A. prägenden Faktoren gehört zu einem nicht geringen Grade die Landschaft, und dies im wesentlichen in zweierlei Hinsicht. Erstens gibt es eine landschaftsgebundene A. in der Weise, daß sich die Art des Bauens an den

Abb. 8: Titus-Bogen vom Forum Romanum in Rom. An topographisch dominanter Stelle dokumentiert der Bogen den Sieg der Römer im Jüdischen Krieg (70/71 n.Chr.) durch den General Titus, den Sohn des Kaisers Vespasian. Die Inschrift wurde posthum gesetzt: Senatus / Populusque Romanus / Divo Tito Divi Vespasiani f(ilio) / Vespasiano Augusto (Der Senat und das römische Volk dem vergöttlichten Titus, dem Sohn des vergöttlichten Vespasianus, Vespasianus Augustus). An den Seitenwänden des Durchgangs sind Beutestücke und Siegestrophäen aus dem Tempel von Jerusalem, die im Triumphzug mitgeführt wurden (unter anderem der siebenarmige Leuchter) abgebildet.

Abb. 9: Ehrenbogen von Segusio (heute Susa) in den Cottischen Alpen (Piemont), errichtet von dem einheimischen König Cottius nach seiner freiwilligen Unterwerfung unter die römische Herrschaft. Von Kaiser Augustus protegiert, bedankte sich Cottius anläßlich eines Besuchs des Kaisers im Jahre 8 v.Chr. mit dem Bau dieses Bogens und einer seine neue Stellung als Präfekt von 14 Bergvölkern herausstellenden Inschrift (CIL V 7231). Der Bogen steht an einer alten Straße zum Mont-Genèvre. Historisch-geographisch bemerkenswert ist die Integration eines römischen Repräsentations-Bautypus in die Gebirgslandschaft.

klimatischen Verhältnissen und an den zur Verfügung stehenden Baustoffen orientiert. Zum zweiten – und dies gilt vor allem für die repräsentative A. – wurden Bauten in der Antike immer wieder auch mit bestimmten politischen Wirkungsabsichten topographisch prägnant positioniert. Ein herausragendes Beispiel für diesen zweiten Aspekt ist die römische Triumphal-A. (Vgl. Abb. 8 und 9).

→ Baumaterial, Gebirge (Berg), Imperialismus, Inschriften, Kolonisation, Kultarchitektur, Kunst, Monarchie, Topographie

LITERATUR: E. *Badawy:* A History of Egyptian Architecture. Berkeley/Los Angeles 1960. – A. *Boethius/J. B. Ward-Perkins:* Etruscan and Roman Architecture. Harmondsworth 1970. – E. *Brödner:* Wohnen in der Antike. Darmstadt 1989. – H. *Lauter:* Die Architektur des Hellenismus. Darmstadt 1986.

Holger Sonnabend

Armee

Die A. reflektiert als ein Produkt der Gesellschaft eines Staates dessen politische Konstitution. Aber eine A. wird nicht weniger als der Staat, den sie repräsentiert, durch die geographische Lage und ihre Umgebung beeinflußt. Am besten wird dieser Punkt durch die Vielfalt der sogenannten ›nationalen‹ Stile der A. und ihrer Waffen illustriert, die die topographischen und taktischen Voraussetzungen innerhalb ihres Ursprungslandes verraten: Bewohner von Ebenen mit nomadischem Ursprung, wie Sarmaten und Parther, schickten z. B. berittene Bogenschützen und Kataphrakten ins Feld; Bergbewohner, wie Thraker und Daker, erschienen als Steinwerfer oder als

Krieger mit Schlacht-Sensen (*falces*) bewaffnet; und Bewohner von Waldregionen, wie die Germanen, marschierten in Keilformation (*cunei*) auf, bewaffnet mit Speeren (*frameae, angones*) und Streitäxten (*franciscae*). In einem anderen Zusammenhang bemerkt Aristoteles (pol. 6,1321a), daß ein Terrain, durch das eine Reiterei gefördert wird, eine starke Oligarchie als Regierung hervorbringt, die wohlhabend genug ist, sich Pferde zu züchten und zu halten, ein Boden, der sich für schwere Infanterie eignet, eine etwas eingeschränktere Oligarchie ergibt, und demokratische Staaten durch ihre leichte Infanterie und eine Flotte stark sind. Im Ganzen muß ein Staat, wenn er nicht Söldner aus dem Ausland anwirbt, jedoch jene Menschen rekrutieren, über die er verfügt, und ihre Waffen reflektieren normalerweise ihren Lebensstil (vgl. Strab. 16,4,8 über die Kriegsführung mit Kamelen bei den Debaern). Tatsächlich entstand durch diese Vielfalt die Sitte, die Eigenheiten der militärischen Methoden und Waffen von Völkern in geographischen und ethnographischen Arbeiten zu beschreiben.

Soziale Faktoren: Weiterhin hängt die Organisation und besonders die Kommandostruktur einer A. (im Gegensatz zu ihren Waffen und Taktiken) von sozialen Faktoren ab, besonders vom Königtum in vorstaatlichen Gesellschaften oder den frühen Stadien der Staatsorganisation, und einer Kombination von sozialen und politischen Faktoren in einem voll entwickelten Staat. Der germanische *comitatus*, der den homerischen *basileis* und ihren Kontingenten vor Troja stark ähnelt, bestand aus einem Anführer mit einem Gefolge aus persönlichen Gefolgsleuten und Angehörigen (Tac. Germ. 13–14). In der frühen römischen Republik wird die Tatsache, daß die fabische *gens* fähig war, einen Privatkrieg gegen Veii zu unternehmen (479 v.Chr., Liv. 2,48,5–50,11), sicherlich eine Frühform der römischen A. reflektieren, die sich auf Verwandtschaft und Klienten einer *gens* gründete. Eine derartige militärische Organisation, die auf der Verwandtschaft basierte, war ebenso bis zu einem gewissen Grad regional. Die Reformen der athenischen A. durch Kleisthenes am Ende des 6. Jahrhunderts v.Chr. zielten zum Teil auf die Ersetzung einer A., die aus vier regionalen Stämmen zusammengezogen wurde und aus vererbten und verwandten Gruppierungen bestand, durch eine Streitmacht aus den neuen, regional verschiedenen zehn Stämmen, die auf den Demen basierten – ein Ausdruck der staatlichen Autorität über die regionalen und verwandschaftlichen Gruppierungen.

Das Recht zu kämpfen und das Recht zu wählen haben häufig einen *pari passu* vorangetrieben (vgl. Aristot. pol. 1297b), aber die antiken Aristokratien haben ihr Recht zum Heeresdienst streng gehütet, und noch mehr, wegen des sozialen Prestiges und der anfallenden Beute, das Recht zu befehlen. Der Heeresdienst konnte als Privileg, nicht als Verpflichtung gesehen werden, und sowohl in der griechischen als auch in der römischen Praxis (in Rom zumindest bis zu Einführung des Soldes) war der Heeresdienst auf diejenigen beschränkt, die reich genug waren, für ihre eigene Ausrüstung und Pferde zu sorgen, wenn sie zur Reiterei gehörten (vgl. Plut. Solon 18,1–2; Liv. 1,43,1–9). Somit bedingten geographische Faktoren die Zusammenstellung und Organisation von A., bestimmten sie aber nicht ausschließlich.

Ost-West-Gegensätze: Ost-West-Differenzen in militärischen Methoden und A. könnten starke geographische Einflüsse andeuten. Diese Dichotomie in der westlichen Tradition verdankt ihre Formulierung Herodot. Seine Darstellung der Perserkriege des frühen 5. Jahrhunderts v.Chr. schildert den Triumph der griechischen Freiheit über den orientalischen Despotismus und die militärische Überlegenheit der westlichen schweren Infanterie über die östliche Reiterei – den Sieg des Speeres über den Bogen. Obwohl diejenigen aus dem Westen dazu tendierten, die griechischen Siege in diesen Konflikten als ein Zeichen mangelnder persischer Kriegswissenschaft zu sehen (Hdt. 7,210ff; 8,86; 9,59–60; vgl. 3,127,2) oder einer übermäßigen Abhängigkeit von einer zahlenmäßigen Überlegenheit (Hdt. 1,136,1; 6,112,2; 7,9a,1; Nep. Milt. 5,5; Sen. benef. 6,31,11), sollten übersteigertes Selbstbewußtsein, schwache Feldherrnkunst und das Unvermögen, Operationen einem anderen Terrain anzupassen (vgl. Pol. 5,21,6; Cass. Dio 40,15,5–6 für die Parther), ebenso berücksichtigt werden. Von einem gewissen Standpunkt aus (Thuk. 1,69,5) haben die Perser sich selbst geschlagen.

Die Ost-West-Differenzen der A.-Typen können nicht auf den Kampf von Reiterei gegen Fußvolk oder Bogen gegen Speer reduziert werden. Westliche Regionen haben geübte Reiter von hoher Qualität hervorgebracht. In der klassischen Periode war die thessalische Reiterei respektiert, und die Reiter aus Tarent haben einer Art der hellenistischen leichten Kavallerie ihren Namen gegeben (Arr. takt. 4,5–6). Die Römer rekrutierten spanische und gallische Reiter für die *auxilia* (= Hilfstruppen) und nahmen einige ihrer Taktiken an (Strab. 3,4,15; 4,4,2; Arr. takt. 40,1; 42,4; 43,2; ILS 2487 fr. Aa). Die Reiter der germanischen Bataver wurden so gerühmt, daß ihr Name ein Synonym für die *equites singulares* des Kaisers wurde, und der Ruhm der maurischen Reiterei, die sich während der Regierungszeit Trajans (98–117 n.Chr.) unter Lucius Quietus einen Namen machte, reichte bis ins 3. Jahrhundert n.Chr. Andererseits wird das Fehlen des Bogens auf den Schlachtfeldern des klassischen Griechenlands und der Römer vor der Auseinandersetzung mit Karthago in den Quellen nicht erklärt, obwohl hellenistische Konflikte seine Rückkehr in sowohl die griechischen als auch die römischen Verbände brachten. Sein vorheriges Fehlen könnte einer vermuteten Ineffektivität gegenüber einer bewaffneten Infanterie zugeschrieben werden oder einer ungeschriebenen Regel gegenüber unritterlichen Methoden. Umgekehrt bestand Xerxes' A., mit der er in Griechenland einfiel, hauptsächlich aus Infanterie, und die Beteiligung einer persischen Reiterei am früheren Feldzug bei Marathon ist umstritten. Parthische A. schlossen eine kleine Infanterieabteilung mit ein (ausschließlich Bogenschützen nach Dios Sichtweise: 40,15,2), und in den A. der Sassaniden fehlte es nicht an Fußvolk. Einfache Erklärungen für die Ost-West-Dichotomie in den antiken A. halten also einer genaueren Untersuchung nicht stand.

Persien: Abgesehen von dem makedonisch-seleukidischen Zwischenspiel von annähernd zwei Jahrhunderten (ca. 330–130 v.Chr.) dominierten die Iraner in unterschiedlicher Weise (Meder, Perser, Parther, Sassaniden) das Gebiet östlich des Euphrats vom späten 7. Jahrhundert v.Chr. bis zur Mitte des 7. Jahrhunderts n.Chr. Der Verzicht auf nomadische Lebensweise und das Ansiedeln in Städten bedeutete nicht, daß sie die militärische Orientierung auf Pferde ablegten. Pferdezucht blühte im Iran und in den Gegenden unter iranischem Einfluß, wie in Armenien und Kappadokien. Eine überlegene Pferdezucht, die nesaische, wurde in Medien hervorgebracht und auch in Armenien betrieben (Strab. 11,13,7; 14,9; Hdt. 3,106,2). Größer und stärker als alles, was den Griechen zur Verfügung stand, waren die nesaischen Pferde nach Strabons Ansicht nur mit der Zucht der Pferde der Keltiberer in Spanien vergleichbar (Strab. 3,9,15). Tatsächlich förderte die überragende Qualität der nesaischen Pferde die Einführung des in Zentralasien üblichen Gebrauchs von Kataphrakten im Nahen Osten. Obwohl sie von den Persern oder ihren Verwandten, den Skythen, nicht benutzt wurden, setzten die Parther Kataphrakten erfolgreich ein, ebenso wie die Sarmater (Jazygen, Roxolanen, Alanen), die Sassaniden, die Armenier und die kaukasischen Armenier (Strab. 11,4,4). In der Praxis der Parther, die eine Form des Feudalismus reflektierte, diente nur die Nobilität als Kataphrakten. Die Gefolgsmänner setzten die berühmten parthischen Bogenschützen ein, die dazu dienten, die Massenformationen durch ihren Pfeilhagel aufzulockern, um den Einsatz der Lanzenreiter mit ihren Kataphrakten vorzubereiten. Andere iranische Erinnerungen an nomadische Techniken beinhalten persische Netztaktiken, die 490 v.Chr. in Eretria und anderswo angewandt wurden (Hdt. 6,31,2; Strab. 10,1,10) – zweifellos von der Jagdpraxis in offenen Ebenen angenommen –, und die Verwendung von Lassos in der Schlacht, die für die Sagartier in Xerxes' A. (Hdt. 7,85), Parther (Arr. parth. fr. 20 Roos), Sarmaten (Paus. 1,21,5; vgl. Mela 1,114), Alanen (Ios. bell. Iud. 7,250) und nicht-iranischen Hunnen (Amm. 31,2,5; Soz. 7,26,8) genauso wie für die Goten (Olymp. fr. 18 Blockley; Malalas 364) nachgewiesen sind.

Einen nicht weniger wichtigen Einfluß auf das Reiterelement der östlichen A. hatte das Terrain. Die großen offenen Räume waren ideal für die Beweglichkeit der Reiterei (Ansturm, Rückzug, Gegenansturm) und für ihre Waffen von großer Reichweite. Von daher stammt die Effektivität der berittenen parthischen Bogenschützen und ihr bekanntes ›Rückwärtsschießen‹ – oft nur eine List, um zur Verfolgung zu ermutigen, die mit einem neuen Ansturm der Parther gegen die Verfolger beantwortet wurde. Geschwindigkeit konnte zum Teil die Entfernung neutralisieren. So wie begrenzter Raum und die übermäßige Zahl der Gegner die Perser in Griechenland entmutigte (480–479 v.Chr.), wurden der weitdimensionierte Raum und die Langsamkeit ihrer A., die hauptsächlich aus schwerer Infanterie bestand, und nur wenige Waffen mit großer Reichweite zur Verfügung hatte, den Römern bei Carrhae (53 v.Chr.) zum Verhängnis. Auf einem Operationsschauplatz von nahezu unbegrenztem Raum kann ein mobiler Gegner, der von Geschwindigkeit, Beweglichkeit und Wurfgeschossen abhängig ist, nur zu einem Kampf Mann gegen Mann gebracht werden, indem man den Raum zum Manövrieren durch eine übergroße Anzahl reduziert, oder indem man den Feind in ein begrenzteres Gebiet zieht. Eine offene Feldschlacht kann nicht die bevorzugte Strategie gegen einen mobilen Gegner mit einem weitläufigen Raum zum Manövrieren sein, besonders für einen langsameren, schwerer bewaffneten Feind. Das war oft der Fall, wenn unterschiedliche Stile der Kriegsführung aufeinanderprallten und ein vorstaatliches Volk einem Angreifer aus einem entwickelten Staat gegenüberstand.

Griechenland: Geographische Faktoren in der militärischen Organisation und Zusammenstellung von A. werden um das 4. Jahrhundert v.Chr. ein undurchsichtigeres Problem. Im klassischen Griechenland widersprach die vorherrschende Art der Kriegsführung, Entscheidungsschlachten durch Phalanxen und schwere Infanterie, dem Stil, den die Topographie der Gegend nahelegen würde, wie z.B. eine Betonung der Befestigung von Pässen und der Kriegsführung in den Bergen mit kleinen Einheiten von Infanterie (vgl. Xen. mem. 3,5,25–27). Reiterei und leichte Infanterie spielten nur eine untergeordnete Rolle. Beginnend mit den Perserkriegen und sich fortführend durch das Trauma des Peloponnesischen Krieges (431–404 v.Chr.), durchlief der begrenzte (aber nicht unblutige) Stil der griechischen Kriegsführung grundlegende Wechsel, die in den makedonischen A. von Philipp II. und Alexander dem Großen

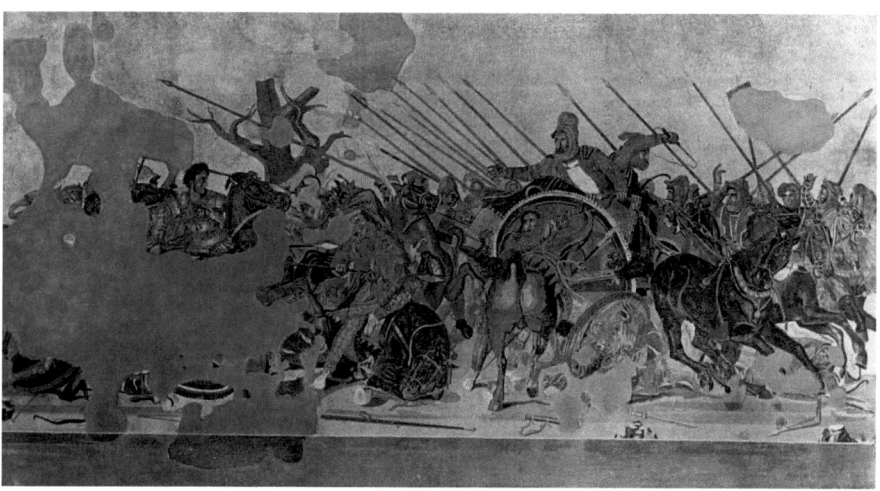

Abb. 10: Das sogenannte Alexander-Mosaik aus der Casa del Fauno in Pompeji, jetzt im Museo Nazionale in Neapel. Das Fußbodenmosaik beruht auf einem Gemälde des 4. Jh. v.Chr. Vermutlich handelt es sich um eine Szene aus der Schlacht von Issos (333 v.Chr.) mit dem siegreichen Alexander (links) und dem sich zur Flucht wendenden Perserkönig Dareios (rechts) im Vordergrund. Die Lanzen werden als die gefürchteten Sarissen der makedonischen Armee gedeutet, mit denen die schwere Infanterie bewaffnet war. Die Landschaft, in der die Armeen aufeinandertreffen, ist nur schemenhaft dargestellt. Zu erkennen sind Felsen und ein Baum, die kompositorisch das formale Gegengewicht zum Perserkönig bilden.

kulminierten. Die Reiterei spielte auf dem Schlachtfeld eine größere Rolle, und anstatt der begrenzten taktischen Auswahl beim Aufeinandertreffen von gegnerischen Phalanxen sind die Fähigkeiten der Feldherren wichtiger geworden, da sie nicht mehr länger nur einfache Anführer eines Kampfes waren, sondern sozusagen Regisseure einer Schlacht. Söldner konnten nun die Aufgebote von Bürgern ergänzen oder zeitweise sogar ganz ersetzen. Obwohl das taktische Modell der Makedonen in der ganzen hellenistischen Welt bis hin zur römischen Eroberung maßgebend war, wurde die ethnische Zusammensetzung der A. zunehmend unterschiedlicher. Es standen sich nun nicht mehr verschiedene ethnische Stile und Ausrüstungen gegenüber, sondern es konnten unterschiedliche Stile in ein und derselben A. kombiniert werden.

Natürlich mußte ein Staat seine Truppen aus der Bevölkerung, die er kontrollierte, rekrutieren und/oder aufbieten, es sei denn, er zog es vor, sich auf Söldner zu verlassen. Das riesige persische Reich, das allein schon durch die Masse der Krieger beeindruckte, konnte eine gemischte A. versammeln, die jede Art von einheimischem Stil der Waffen und Ausrüstung reflektierte. Herodots Katalog der Waffen in Xerxes' A. (Hdt. 7,61–88) illustriert diesen Punkt, der auch für die Zusammenstellung der A. von Dareios III. bei Gaugamela gültig blieb (Arr. an. 3,8,3–7; 11,2–7; vgl. Curt. 4,12,5–13). Aber sogar die seleukidische A. bei Magnesia (190 v.Chr.) besaß, obwohl sie dem taktischen Modell der Makedonen folgte, in der Mischung der Völkerschaften und der Vielseitigkeit der Bewaffnung (Liv. 37,40), Vergleichsmöglichkeiten zu der persischen.

Rom: Die römische Lösung für die ethnische Vielfalt einer zusammengestellten A. war ein wenig anders. Anfänglich folgten die robusten Römer der latinischen Ebene dem Modell der schweren Infanterie der griechischen Polis. Die Legion, ursprünglich die griechische Phalanx, wehrte die lästigen Nachbarn der Ebenen und die Räuber aus dem Apennin erfolgreich ab oder unterwarf sie. Eine Kultur, die hauptsächlich auf Reiterei beruhte, war in Italien nicht zu finden, und Rom stand nur Gegnern gegenüber, die ähnlich wie seine eigenen Streitkräfte bewaffnet und ausgerüstet waren (Dion. Hal. ant. 3,34,4). Gallische Invasoren und ein langer Kampf gegen die Bergbewohner aus Samnium zwangen zu Wechseln in der Ausrüstung und zur Umwandlung der Phalanx in eine lockerere Formation der Legion aus Manipeln. Rom löste das Problem der ethnischen Vielfalt seiner Untertanen durch das Konzept des ausdehnbaren Bürgerrechts: Römer, ob sie nun ursprünglich latinischer Abkunft waren oder nicht, kämpften wie Römer, und es existiert kein Beleg dafür, daß die Kontingente der italischen *socii* (= Bundesgenossen) in der republikanischen Zeit Ausrüstung oder Taktiken einsetzten, die sich signifikant von denen der Legionen unterschieden. Sogar nachdem die Legionen nicht mehr hauptsächlich aus Italikern bestanden (ca. 100 n.Chr.), blieb das römische System maßgebend, und die ethnische Vielfalt der Rekruten spielte keine Rolle mehr.

Roms erstes Aufeinandertreffen mit einer großen Seemacht führte im Ersten Punischen Krieg (264–241 v.Chr.) zu einer geringen Anpassung und der Annahme von neuen Taktiken, wobei Polybios' Behauptung von einer vollkommenen römischen Ignoranz gegenüber Angelegenheiten der Seefahrt ohne Zweifel übertrieben ist. Nur im Krieg gegen Hannibal (218–201 v.Chr.) wurden die römischen Mängel bei der Reiterei eklatant (vgl. Pol. 9,3,9–11). Eine kluge Allianz mit dem Numiderfürsten Masinissa löste dieses Problem zeitweilig. Roms ständiger Nachschub an italischer Kriegsmacht für die schwere Infanterie erlaubte in der Folge die Eroberung des Mittelmeerbeckens trotz der Störungen in den Ebenen von Nordafrika gegen Jugurtha, in Mesopotamien gegen die Parther und in den zerklüfteten Bergen und Ebenen von Spanien – alles Gegner, die Geschwindigkeit, die Nutzung des Terrains als Waffe und die Vermeidung einer Entscheidungsschlacht mit einer schweren Infanterie bevorzugten. Zur Zeit der sogenannten Heeresreform des Marius am Ende des 2. Jahrhunderts v.Chr. und der Umwandlung zu einer Legion aus Kohorten, war die (nie beträchtliche) Reiterei in den Legionen verschwunden, und die Reiterei in der römischen A. wurde von den Verbündeten gestellt oder bestand aus speziell rekrutierten ausländischen Einheiten, so wie Julius Caesars gallische und germanische Reiterei im Gallischen Krieg (58–51 v.Chr.).

Ethnische Vielfalt der römischen Armeen: Den geographischen Anforderungen, denen sich die Verteidigung eines Reiches, das sich vom Atlantik bis zum Euphrat und von Rhein und Donau bis zur Sahara erstreckte, gegenübersah, konnte nicht ausschließlich mit Legionen aus einer schweren Infanterie begegnet werden. Außer in Bürgerkriegen war das Zeitalter der sorgfältig geplanten Schlachten gegen die organisierten A. eines vollentwickelten Staates zu einem Phänomen der Vergangenheit geworden. Der Grenzdienst war je nach Region unterschiedlich; die Römer wurden mit potentiellen Feinden konfrontiert, einer großen Anzahl von verschiedenen Völkertypen, die unterschiedlich bewaffnet und dazu fähig waren, die besonderen Verhältnisse eines lokalen Terrains als Waffe zu verwenden. Eine frühe byzantinische Quelle, die die Erfahrungen früherer Zeiten zusammenfaßt, identifiziert die Gallier und Parther mit Ebenen, die Spanier und Ligurer mit Bergen und Hügeln, die Britannier mit Wäldern und die Germanen mit Sümpfen (Ps.-Maur. strat. 8,2,88; vgl. Tac. ann. 2,5,3). Die römische Reaktion, unter Augustus (27 v.Chr.-14 n.Chr.) initiiert und unter Claudius (41-54 n.Chr.) weiter verfolgt, war die Einordnung nicht-römischer Bürger in Einheiten der *auxilia*, d.h. in Reiter-*alae* und Infanteriekohorten. Die *auxilia* kompensierten den natürlichen Mangel der Römer an einer Reiterei und sorgten für Einheiten einer Infanterie, die leichter bewaffnet waren als die der Legionäre, und die für Geplänkel und Operationen in rauhem Terrain geeignet waren. Die ersten Rekrutierungen von *auxilia*-Einheiten erlaubten es den Römern, neue Reserven an Menschenpotential zu erschließen, das an die Bewaffnung und Taktiken neuer römischer Gegner gewöhnt war oder diese leichter annehmen konnte. Somit waren im 1. Jahrhundert n.Chr., als sich Roms strategische Interessen auf die Grenzen an Rhein und Donau konzentrierten, Gallier, Spanier, Germanen und Thraker gefragt. Im 2. Jahrhundert n.Chr. wurden die Mauri berühmt, im 3. Jahrhundert n.Chr. die Illyrer. Die stämmigen Bergvölker aus Kleinasien, besonders die Isaurier, sorgten für eine Reserve an gutem Menschenpotential sowohl für die östlichen Legionen als auch für die *auxilia*. *Alae* aus Parthern sind ebenso bekannt. Die speziellen geographischen Ansprüche der Ostgrenze waren nicht auf die Notwendigkeit von Reitereinheiten beschränkt. Einheiten aus Bogenschützen, meistens beritten, wurden rekrutiert – Syrer, sogar Bogenschützen aus Palmyra waren berühmt –, und als Klientelkönigreiche, wie das arabische Petra und Kommagene, annektiert wurden, wurden Teile dieser nationalen A. als römische *auxilia*-Einheiten eingegliedert. Ein Kamelkorps, Einheiten aus Dromedaren, war ebenso bekannt. Außerdem trieben sarmatische Kataphrakten an der Donau schon während Traians Regierung Einheiten von Lanzenträgern (*contarii/contati*) an, und ähnliche Einheiten von Kataphrakten oder *clibinarii* lassen sich im Osten bis ins Spätreich nachweisen, und auch die sassanidischen Perser bevorzugten Kataphrakten.

Lokalen Rekrutierungen von *auxilia*-Einheiten, besonders in Gebieten, in denen solche Einheiten später versetzt und Rekruten nach der Einführung entlassen wurden, verursachten einen Verlust ihrer ursprünglichen ethnischen Identität. Ein neuer Typus einer *auxilia*-Einheit, *symmacharii* oder einfach *numeri* genannt, entstand im 2. Jahrhundert n.Chr. Diese Einheiten, die weniger geordnet als die *alae* und Kohorten waren, profitierten wieder von der Wildheit weniger zivilisierter Völker. Traian z.B. brachte Einheiten von asturischen *symmacharii*, einem grimmigen Volk aus den Hügeln von Nordwestspanien, für seine Kriege gegen die Daker in die Berge des heutigen Rumänien.

Das schwierige Problem der Germanisierung der römischen A. kann hier nicht behandelt werden. Germanen hatten seit der Zeit Julius Caesars in der A. gedient, und die ethnische Vielfalt war in der kaiserzeitlichen A. auf keinen Fall neu. Aber die steigende Zahl von Germanen in der A. seit der Mitte des 3. Jahrhunderts n.Chr. – ein Trend, der sich in den Bürgerkriegen Konstantins und nach der Niederlage von Adrianopel (378 n.Chr.) noch verstärkte – hat weniger mit den geographischen Faktoren als mit politischen und sozialen Problemen zu tun, die die Rekrutierung im Kaiserreich betrafen, d.h., wenn man die Germanisierung als eine Antwort auf das ebenso schwierige Thema der Demographie nicht betrachten möchte – der sogenannte ›Mangel an Menschenpotential‹ im Spätreich.

Antike Theorien: Schließlich sind der ethnischen Vielfalt von militärischen Methoden und Bewaffnung, die durch wirkliche geographische Faktoren beeinflußt wurden, noch die antiken theoretischen Erklärungen für dieses Phänomen hinzuzufügen. Die Vorstellung, daß einige Völker bessere Soldaten als andere hervorbrächten, führte nicht nur zu der Annahme, das Klima als bestimmenden Faktor anzusehen, sondern auch zu nationalen und regionalen Stereotypen. Solche Theorien begannen bei Pseudo-Hippokrates in seiner Schrift über Luft, Wasser und Raum (23–24) im 5. Jahrhundert v.Chr. und können über Aristoteles (pol. 1327b18–36), Poseidonios (FGrH 87 FF 28,2–6; 74–80), Livius (38,17,10–38), und Strabon (2,5,26; 6,4,1) zu Vegetius (1,2) im späten 4. Jahrhundert n.Chr. verfolgt werden. Die Details der Theorie variieren je nach Autor. Im allgemeinen wurde geglaubt, daß kaltes Klima mutige, aber dumme Soldaten hervorbringt, heißes Klima faule und feige, aber kluge Soldaten und wohltemperierte Zonen die perfekte Mischung von Mut und Intelligenz. Für Aristoteles bedeutete dies, daß die Griechen überlegen waren, und Schriftsteller des augusteischen Zeitalters, wie Strabon und Vitruv (6,1,10–11), zogen aus dieser Theorie den Schluß, daß die natürlichen Vorteile Italiens der Grund für Roms Größe seien. Die Theorie rechtfertigte die Ost-West-Dichotomie: Östliche Völker, wie die Perser, Syrer und Parther, waren wirklich schwach, faul und sklavisch. Nach einer viel zitierten Kriegslist befahl Agesilaos (z.B. Xen. hell. 3,5,19) im 4. Jahrhundert v.Chr. den persischen Gefangenen, sich auszuziehen, um ihre zerbrechlichen und unterentwickelten Körper vor den griechischen Soldaten bloßzustellen. Später entwickelten die Römer die Vorstellung, daß der Militärdienst im Osten die Moral korrumpiere und sogar gute Soldaten schwächen würde – daher der Topos von der Minderwertigkeit der syrischen Legionen. Die früheste Form der Theorie, die des Hippokrates, stellte dennoch eher die Qualität des Landes, des Wassers und der politischen Konstitution in den Vordergrund als die Nähe oder Entfernung von der Sonne, wie es in späteren Versionen der Fall ist: Harte Menschen wurden durch die Anforderungen einer rauhen Umgebung geschaffen, eine Sichtweise, die auch bei Herodot anklingt (9,122; vgl. 7,102,1). Er dachte, daß verarmte Länder die besten Soldaten hervorbrächten. Ganz ähnlich könnte man eine Land-Stadt-Dichotomie bei der Rekrutierung postulieren. Cato d.Ä. (agr. 1,4) riet dazu, Bauern wegen ihres harten Lebens auszuwählen, genauso wie Vegetius (1,2), der Stadtleben mit einer luxuriösen Lebensweise in Verbindung bringt. Nicht alle Einschätzungen von ethnischer militärischer Qualität können dennoch direkt an der Klimatheorie oder an geographischen Faktoren festgemacht werden. Polybios (6,52,10) beurteilte die Italiker als von Natur aus physisch stärker und in der Persönlichkeit mutiger als die Phönizier und Afrikaner – ein Zug, der durch die Sitte noch genährt wird – demnach ein kultureller und nicht geographischer Einfluß.

→ Bürgerkrieg, Bürgerrecht, Ethnologie, Grenze, Klima, Kolonisation, Krieg, Logistik, Mentalität, Orient, Strategie, Taktik

LITERATUR: S. *Andreski*: Military Organization and Society. Berkeley ²1968. – M. *Launey*: Recherches sur les armées hellénistiques. Paris 1949. – H. *Sonnabend*: Fremdenbild und Politik: Vorstellungen der Römer von Ägypten und dem Partherreich in der späten Republik und frühen Kaiserzeit. Frankfurt a.M. 1986. – P. *Southern*: The Numeri of the Roman Imperial Army, in: Britannia 20, 1989, 81–140. – E. L. *Wheeler*: The Laxity of Syrian Legions, in D. Kennedy (Ed.): The Roman Army in the East. Ann Arbor 1996, 229–76.

Everett L. Wheeler

Askese

Der Begriff A. bezeichnet die freiwillige, zumeist religiös motivierte Enthaltsamkeit von körperlichen Genüssen und Bequemlichkeiten bis hin zur Einschränkung bei der Befriedigung natürlicher Lebensbedürfnisse. Gegenstand des Verzichts sind vor allem Speisen und Getränke (Fasten) sowie der Geschlechtsverkehr (Keuschheit). Als ideale Lebensweise gilt die A. auch heute noch in den christlichen und vielen außerchristlichen Religionen wie etwa Buddhismus und Islam. Als historische Erscheinung ist die asketische Lebensform in besonderem Maße mit der spätantiken und mittelalterlichen christlichen Kirche und hier vor allem mit dem Mönchtum verknüpft. In diesem Umfeld wurde der Begriff in seiner heutigen Verwendung geprägt. Die A. stellt allerdings bereits im antiken Heidentum ein deutlich faßbares Moment dar, so daß es hier nicht nur unter der Perspektive der Vorgeschichte der christlichen A. zu berücksichtigen ist.

Antike Formen der Askese: Das griechische Wort *askein* bedeutet zunächst ganz allgemein ›ausüben‹ und ›üben‹. In der griechischen Philosophie entsteht mit der sokratischen Wendung zur Ethik auch die Überzeugung, ethische Tugend könne nicht nur durch theoretisches Wissen, sondern auch durch praktische Übung gefördert werden, etwa so, wie der Sportler Kraft und Ausdauer durch Training stärkt. Im Anschluß an Sokrates sieht die stoische Schule in Lust und Schmerz die Gefahr einer Beeinträchtigung des Logos. Enthaltsamkeit zu üben (*enkrateian askein*), bedeutet ihr daher die Abhärtung des Körpers und den Verzicht auf überfeinerte Lebensart mit dem Ziel, Schmerzen ertragen und den Verlockungen der Lust widerstehen zu können, um allein der Vernunft zu folgen. Während für die ältere Stoa die Enthaltsamkeit hauptsächlich ein Hilfsmittel der Erziehung darstellt, gewinnt sie bei den kaiserzeitlichen Vertretern in stärkerem Maße den Charakter eines Selbstzweckes und eines Wertes an sich. Dies scheint auch die Position der kynischen Philosophen gewesen zu sein.

Eine von der Philosophie unabhängige Wurzel muß in den kultischen Reinheitsgeboten gesehen werden. Hier geht es um Vorschriften, die speziell auf die an einer Kulthandlung beteiligten Personen zielen. Einigen Speisen wie Fleisch oder auch Bohnen wird eine verunreinigende Wirkung zugeschrieben. Besonders der Geschlechtsverkehr befleckt den Menschen und disqualifiziert ihn damit für den Kult. In vielen Fällen sind als Priesterinnen Jungfrauen gefordert, ohne daß damit Enthaltsamkeit als allgemeines Lebensideal postuliert würde. Besonders die orientalischen Mysterienreligionen kennen solche Vorschriften. Die Isisanhänger mußten vor der Einweihung zehn Tage lang auf bestimmte verbotene Speisen, vor allem auf Fleisch, verzichten und sich sexuell enthalten. Die Priester der Kybele entmannten sich sogar in Ekstase.

Einen radikalen Charakter erhält die A. dort, wo Vorstellungen der dualistischen Anthropologie hinzutreten. Die Seele als der reinen, intelligiblen göttlichen Welt angehöriger Teil des Menschen, ist im Körper, der der niederen sinnlichen Welt angehört, gefangen. Motiv der A. ist entsprechend die Abtötung des Körpers samt seinen Lüsten mit dem Ziel der mystischen Vereinigung mit Gott.

Christentum: Wie in den Mysterienreligionen, so gewinnen auch im Christentum asketische Tendenzen an Einfluß. Der neutestamentliche Jesus ist kein eigentlicher Asket, wie etwa Johannes der Täufer, den Jesus aber bewundert. Gefastet wird bei den Jüngern nicht. Wenn man in Jesu Bereitschaft zum Tod einen asketischen Zug entdecken will, so bleibt diese A. einem höheren Ziel, der Rettung der Menschen, untergeordnet. Ein regelmäßiges Fasten wird dennoch im Laufe des 2. Jahrhunderts n.Chr. allgemeine kirchliche Praxis. Verbreitet ist auch der Vegetarismus. Sexuelle Enthaltsamkeit sogar unter Eheleuten wird häufig bei den Christen geübt und gilt als bewunderungswürdig. Zu einer kirchlich regulierten Praxis ist es hier allerdings nicht gekommen. Mehrfach traten in der frühchristlichen Geschichte asketische und enkratitische Bewegungen auf. Zum innerkirchlichen Konflikt kam es stets dann, wenn solche Gruppen die eigenen asketischen Grundsätze zu allgemein kirchlichen machen wollten. Der 1. Korintherbrief des Paulus läßt erkennen, daß es in Korinth eine Gruppe radikaler Asketen gab, die die Ehe als unvereinbar mit der christlichen Religion ansah. Die durch extreme Enthaltsamkeit geprägte Auffassung der sogenannten Enkratiten, Anhänger des mesopotamischen Theologen Tatian, wurde 172 n.Chr. zur Häresie erklärt. In Tatians Heimat bestand die enkratitische Lehre jedoch fort. Die in Phrygien beheimateten Gemeinden der sogenannten Monatanisten praktizierten verschärfte Fastenvorschriften und verbaten generell eine zweite Heirat. Von enkratitischen Gnostikern in Pisidien ist im 4. Jahrhundert n.Chr. die Rede. Der Bischof von Caesarea in Kappadokien, Basilius, nahm nur widerwillig die Entscheidung einer asiatischen Synode hin, die die in den enkratitischen Gemeinden vollzogenen Taufen als rechtmäßig akzeptiert.

Erst mit der Schaffung eines geordneten Mönchswesens in Ägypten, Syrien und Kleinasien gelingt es der Kirche, für die Asketen in der Kirche einen eigenen Stand zu schaffen und das von den asketischen Bewegungen ausgehende Konfliktpotential zu neutralisieren.

Die geographische Ausbreitung der dualistisch inspirierten A. ist im einzelnen schwer zu bestimmen. Die literarischen Zeugnisse, die als Quellen in Frage kommen, sind meist kaum lokalisierbar. Dennoch scheint der Osten mit Kleinasien, Syrien, Palästina und Ägypten der Raum zu sein, in dem diese Vorstellungen in besonderer Weise wirksam sind. Als Grundlage kann ein von Persien, der Heimat des religiösen Dualismus, ausgehender Einfluß angenommen werden. Von besonderem historisch-geographischen Interesse ist die A. insofern, als zum eremitären Dasein der bewußte Rückzug in entlegene Räume, insbesondere in die Wüste (griechisch: *eremos*) gehört. In diesen Zusammenhang sind auch, als extreme Form der A., die Säulenheiligen (Styliten) zu setzen, die nach dem Vorbild des Heiligen Symeon ihr Leben auf bis zu 15 m hohen Säulen verbrachten.

→ Mythologie, Philosophie, Wüste

LITERATUR: J. *Gribomont:* TRE 4 (1979), 204–225, s.v. Askese IV. – B. *Lohse:* Askese und Mönchtum in der Antike und in der alten Kirche. 1969. – P. *Nagel:* Motivierung der Askese in der alten Kirche und der Ursprung des Mönchtums. 1966.

Gerhard Kahl

Astronomie

Die A. ist heutzutage die Wissenschaft, die sich mit der Erforschung des Weltalls befaßt, also mit der kosmischen Materie, ihrer Entstehung und Entwicklung, ihrer Verteilung und Bewegung, ihrem physikalischen Zustand, sowie mit der raumzeitlichen Struktur des Kosmos. Infolgedessen umfaßt sie inzwischen viele verschiedene Teildisziplinen wie die Sphärische A., Himmelsmechanik, Stellarstatistik, Astrophysik, Sonnenforschung, Radioastronomie, Photometrie, Spektroskopie, Ballon-A. und die Weltraumforschung.

Anfänge der Astronomie: Im Mittelpunkt der vorwissenschaftlichen Phase abendländischer A. stand die für Landwirtschaft und Seefahrt lebensnotwendige Naturbeobachtung mit ihrer Orientierung an Sonne, Mond, Planeten, den helleren Fixsternen und auch dem gesamten Sternenhimmel (griechisch: *ta meteora* = ›das [vom Boden] Erhobene‹ – seit Aristoteles meist unter Ausschluß der sublunaren Erscheinungen wie z. B. der Erdatmosphäre). Der offensichtliche Zusammenhang des irdischen Lebens mit dem himmlischen Geschehen, wie er sich z. B. in der Einwirkung der Sonne auf die Jahreszeitengestaltung oder des Mondes auf die Gezeiten offenbarte, war Ursache für die kultische Auseinandersetzung mit dem Kosmos, aus der sich unter Zuhilfenahme des gesamten Sternenhimmels das Bestreben nach Beherrschung der Zukunft durch die Deutung himmlischer Vorgänge entwickelte. Sehr früh finden sich hier daher die Anfänge einer abendländischen Astrologie (griechisch: *astrologia* = ›Sternen-Wissen‹). Doch auch die Grundlagen mathematischer Bemühungen um die Erkenntnis der Regelhaftigkeit kosmischer Prozesse haben sich in diesem kulturellen Umfeld entwickelt.

Begriffsentwicklung: Begrifflich haben die Griechen diese beiden Bereiche der Beschäftigung mit dem Kosmos nicht geschieden und als *astrologia* bezeichnet. Aristoteles kannte für beide Bereiche noch ausschließlich diesen Begriff (vgl. Aristot. an. post. 76b11; Aristot. metaph. 989b33; Aristot. phys. 193b26), Autoren der hellenistischen Zeit gebrauchten beide Begriffe synonym. Platon, der Lehrer des Aristoteles, verwendete für die Meteora ausschließlich den von pythagoreischen Vorstellungen mathematischer Gesetzmäßigkeit der Natur abgeleiteten Begriff der *astronomia* (= ›Sternen-Gesetzlichkeit‹; z. B. Plat. symp. 188b6, vgl. Aristot. cael. 1,1). Erst in der Spätantike gewann A. die dann allgemein akzeptierte Bedeutung mathematischer Beschreibung der Bewegungen der Gestirne als theoretische und praktische (d. h. angewandte) Disziplin im Gegensatz zu Himmelskörperphysik und Astrologie.

Astronomie im klassischen Griechenland: Wie intensiv und ursächlich die griechische A. durch Vermittlung der westkleinasiatischen Griechenstädte und die Chaldäer, babylonische Astrologen, von den astronomischen Aufzeichnungen und Berechnungen der Babylonier und Ägypter beeinflußt worden ist, läßt sich nur für bestimmte Phänomene sichern, beispielsweise den neunzehnjährigen Metonischen Schaltzyklus, den zwölfteiligen Tierkreis, das Sexagesimalsystem, die Zwölfteilung von Tag und Nacht, den Gnomon zur Bestimmung der Jahrespunkte (Äquinoktien und Solstitien; vgl. Hdt. 2,109). Im Gegensatz zur babylonischen A. bemühten sich die Griechen von Anfang an um die Eingliederung selbst gewonnener oder übernommener astronomischer Erkenntnisse in ein System zur physikalischen Erklärung der Weltentstehung. Mit kosmogonischen sowie realen astronomischen Vorstellungen hat sich unserer Überlieferung zufolge erstmals Thales von Milet befaßt (6. Jahrhundert v.Chr.; Aristot. metaph. 983b20 und Hdt. 1,74 mit der Voraussage der Sonnenfinsternis vom 28. Mai 585 v.Chr.). Anaximandros (6. Jahrhundert v.Chr.) entwickelte in Milet als erster eine umfassende Theorie der Kosmogonie mit der Vorstellung einer von der Himmelskugel umgebenen Erdscheibe, die er mit spekulativ gewonnenen Abmessungen versah (Anaximandros Frg. A 5; 11; 18f.). Im Anschluß an diese Überlegungen entwickelten die Älteren Pythagoreer (vgl. Geminos, Eisagoge 11, ed. Manitius) und Platon (Timaios) mithilfe geometrischer Modelle eigene Vorstellungen von den relativen Abständen der Himmelskörper und der dem Weltaufbau eignenden Harmonik.

Solche Erwägungen führten, empirisch gestützt, zur Erkenntnis der Kugelgestalt der Erde in einem geozentrisch gedeuteten Kosmos. Der Akademiker Eudoxos von Knidos (4. Jahrhundert v.Chr.) beseitigte das Problem, das sich mit der Beobachtung von Unregelmäßigkeiten der Planetenbewegungen stellte: In einem ewig gedachten Kosmos durfte es doch keine irregulären Bewegungen geben. Eudoxos löste das Problem mithilfe eines Systems homozentrischer Sphären (Simpl. in Aristot. cael. 488,18; 493,4–497,5, ed. Heiberg). Aristoteles verfeinerte diese mathematische Theorie und gestaltete sie in eine physikalische um (Aristot. metaphys. 12,8). Die methodische Perfektion, die im Bereich der sphärischen Geometrie und der Trigonometrie (seit 200 v.Chr.) inzwischen erreicht war, ermöglichte Leistungen wie die Entdeckung der Präzession des Frühlingspunktes durch Hipparchos, der die Heliozentrik des Planetensystems verfocht (2. Jahrhundert v.Chr.), und die paralaktische Entfernungsbestimmung von Sonne und Mond durch Aristarchos (3. Jahrhundert v.Chr.), desgleichen den Fixsternkatalog des Hipparchos und die Tafeln des Ptolemaios (2. Jahrhundert n.Chr.) zur Berechnung der Planetenpositionen.

Auswirkungen der Astronomie auf andere Wissenschaften: Die im Bereich der A. entwickelten Vorstellungen von der Himmels- und Erdkugel sowie die Annahme der als sphärischer Großkreis gedachten Sonnenbahn (Ekliptik) ermöglichten die Entwicklung der Himmels-Zonen und der aus deren Projektion auf die Erdoberfläche resultierenden Erd-Zonen, deren systematische Ausgestaltung bei Aristoteles vollständig ausgebildet ist. Von hier aus hat die Kartographie wesentliche Impulse empfangen, die beispielsweise über die Vermittlung der astronomisch fundierten Schriften des Marinos von Tyros (1./2. Jahrhundert n.Chr.) im geographischen Hauptwerk des Ptolemaios, einer ›Anleitung zur kartographischen Erfassung der Erde‹ gipfelten. Solche Weltvorstellungen konnten auch teils Ergebnis, teils Ursache der Selbsteinschätzung des Menschen in seinem Verhältnis zu Kosmos, Erde, Landschaft und deren Elementen sein. So berühren sie sich mit ganz wesentlichen Fragen historisch-geographischer Forschung.

→ Erde, Erdvermessung, Fachliteratur, Finsternisse, Kartographie, Kometen, Meteor, Sternschnuppen, Welt, Zeit

LITERATUR: H. *Fränkel*: Wege und Formen frühgriechischen Denkens. ³1982. – G. *Grasshoff*: A History of Ptolemy's Star Catalogue. 1990. – Th. *Heath*: Aristarchus of Samos. ³1966. – W. *Hübner*: Die Begriffe »Astrologie« und »Astronomie« in der Antike. 1989. – F. *Krafft*: DNP 2 (1997) Sp. 126–138, s.v. Astronomie. – O. *Neugebauer*: A History of the Ancient Mathematical Astronomy. 3 Bde., 1975. – B. *Noack*: Aristarch von Samos. 1992. – B. L. *van der Waerden*: Die Astronomie der Griechen. 1988.

Eckart Olshausen

Außenpolitik

A. ist die zielgerichtete politische Aktivität eines Staates im Verkehr mit anderen Staaten in der Absicht, das zwischenstaatliche Verhältnis zu gestalten und/oder den eigenen staatlichen Gestaltungsspielraum zu erweitern. Im ersten Fall sind diplomatische, im zweiten Fall in der Regel expansive militärische Aktivitäten die Mittel der A. Nicht jeder Krieg ist jedoch ein Mittel der A.; denn militärische Mittel dürfen nicht aus purer Herrschsucht verwendet werden, sondern müssen durch langfristige Ziele legitimiert sein, deren Durchsetzung auch Unbeteiligten gerechtfertigt und geboten erscheinen kann: Sicherung (auch präventive) der staatlichen Existenz, Schutz allgemein anerkannter Werte (Vergeltung von Unrecht, Beistandspflicht für Verbündete), aber auch die Verbreitung von Werten, die von der jeweiligen Gesellschaft als fundamental erachtet werden (Freiheit, spezifische Verfassungsformen). Die antike Theorie des gerechten Krieges (*bellum iustum*) und die Diskussion von Kriegsschuldfragen im Zusammenhang mit den Perserkriegen (Herodot), dem Peloponnesischen Krieg (Thukydides) oder den Punischen Kriegen (Polybios, Livius) zeigen die Legitimationsbedürftigkeit des Krieges als ein außenpolitisches Mittel.

Griechenland: In der archaischen Zeit bleiben wegen der noch schwach ausgebildeten Staatlichkeit der Poleis die Außenbeziehungen Sache der Aristokraten, die nicht als Gruppe handeln und somit auch keine einheitlichen außenpolitischen Ziele entwickeln. Die Tyrannen folgen dem aristokratischen Schema der zwischenstaatlichen personalen Beziehungen, erweitern aber bereits ihr Herrschaftgebiet über die eigene Polis hinaus (Pheidon von Argos, Gelon von Gela) oder schaffen durch Koloniegründungen Außenbesitzungen (Kypselos von Korinth, Peisistratos). Das Aufkommen der Hoplitenphalanx seit dem 7. Jahrhundert v.Chr. schafft neue Möglichkeiten expansiver A., deutlich in der Eroberung Messeniens durch Sparta. Mit dem im 6. Jahrhundert v.Chr. von Sparta initiierten Peloponnesischen Bund, einem lockeren Bund (Symmachie) von Staaten innerhalb und außerhalb der Peloponnes unter Spartas Führung, entsteht zum ersten Mal ein Instrument zur Koordination der A. im Kriegsfall, aber auch der Konflikt zwischen dem Anspruch der Bündner auf autonome A. und dem Versuch der Führungsmacht, seine außenpolitischen Vorstellungen durchzusetzen. Dieser Konflikt prägt seither die Geschichte der griechischen Stadtstaaten bis in die Zeit des Hellenismus. Er zeigt sich bereits in dem 481 v.Chr. zur Abwehr der Perser gegründeten Hellenischen Bund bei der Koordination der Kampfhandlungen, wird aber besonders deutlich, als Athen nach dem Sieg über die Perser neben dem Peloponnesischen Bund ein zweites Bündnissystem, den Delisch-Attischen Seebund (478–404 v.Chr.), aufbaut. Dabei ergreift Athen die Möglichkeit, seine A. auf die ideologisierte Parole der Freiheit von persischer Herrschaft zu gründen und ein zunehmend von Athen dominiertes expansives Reich aufzubauen, das seinen Bündern keine eigene A. gestattet. Seit der Mitte des 5. Jahrhunderts v.Chr. begreift sich Athen zudem als Verteidiger der Demokratie, mit der Folge, daß Sparta nun seine A. mit dem Ziel verbindet, oligarchische Verfassungen zu stützen und die Griechen von der Herrschaft der Athener zu befreien, was ihm im Peloponnesischen Krieg (431–404 v.Chr.) auch gelingt.

Die Kämpfe des 4. Jahrhunderts v.Chr. um die Hegemonie in Griechenland zwischen Athen, Sparta und Theben wurden weiter unter dem Schlagwort der Freiheit der jeweiligen Bundesgenossen von der jeweils herrschenden Hegemonialmacht geführt. Das im 4. Jahrhundert v.Chr. unter äußerem, vom Perserkönig ausgehenden, Druck entwickelte Instrument des ›Allgemeinen Landfriedens‹ (*koine*

Eirene), sollte die Autonomie der Stadtstaaten garantieren, schränkte aber deren außenpolitischen Spielraum erheblich ein und führte zu Spannnungen, die letztlich das Vordringen Philipps II. von Makedonien in den griechischen Raum erleichterten.

Staatstheorie: Trotz der starken außenpolitischen Spannungen im 4. Jahrhundert v.Chr. macht die gleichzeitige Staatstheorie die A. nicht zum Thema. Sie entwickelt keine konfliktmindernden Normen einer A. und bleibt geradezu isolationistisch auf die Autarkie der Polis bezogen, und obgleich Aristoteles Platon dafür tadelt, die Bedeutung der Nachbargebiete für eine Polis nicht erkannt zu haben (Aristot. pol. 1265a), zieht er daraus keine Konsequenzen. Er betont wie Platon lediglich die Verteidigungsbereitschaft als Aufgabe einer Polis (Aristot. pol. 1334a36), nutzt aber weder bestehende Vorbilder (etwa die Organisation der böotischen Städte unter Führung Thebens) noch entstehende bundesstaatliche Vereinigungen (wie den Achäischen Bund), um polisübergreifende Konzepte der A. zu entwickeln. Dagegen entwirft Isokrates in seinen Reden und Briefen mehrfach ein außenpolitisches Szenario: Er fordert die bedeutendsten griechischen Staaten (und auswärtige Potentaten) auf, einen gemeinsamen griechischen Rachekrieg gegen Persien zu führen, der die Griechen Kleinasiens befreien und die innergriechischen Spannungen beseitigen sollte. Erst Philipp II. und Alexander der Große griffen diesen Gedanken auf, um ihre gegen Persien gerichtete A. zu legitimieren.

Seit der Eingliederung Griechenlands in den makedonischen Herrschaftsraum nach der Schlacht bei Chaironeia (338 v.Chr.) war der außenpolitische Spielraum der griechischen Poleis faktisch auf diplomatische Beziehungen zu Makedonien und später zu den hellenistischen Monarchien beschränkt. Zwar kommt es weiterhin zu zwischenstaatlichen Zusammenschlüssen mit dem Ziel, das makedonische Joch abzuwerfen (Lamischer Krieg, Chremonideischer Krieg, Bundesgenossenkrieg), doch finden die griechischen Staaten nicht zu einer einheitlichen Linie und werden mehr und mehr zu Objekten der A. hellenistischer Monarchien und seit dem Ende des 3. Jahrhunderts v.Chr. auch der A. Roms.

Hellenismus: Die A. der aus dem Alexanderreich entstandenen hellenistischen Monarchien (Seleukiden, Ptolemaier, Antigoniden) war von der durch Alexander den Großen geprägten spezifischen Legitimation der hellenistischen Monarchie bestimmt, die sich auf die persönliche Leistung des Königs gründete und deshalb des ständigen, auch militärischen Erfolges bedurfte. Der einzelne Monarch war deshalb immer gezwungen zu expandieren, letztlich mit dem Ziel der Universalmonarchie in den geographischen Grenzen des Alexanderreiches und darüber hinaus. Diese Tendenz läßt sich bereits hinter den Versuchen des Lysimachos, von Kleinasien nach Makedonien auszugreifen, und in dem Bündnissystem, das Seleukos I. mit dem Makedonen Antigonos und Magas von Kyrene gegen Ptolemaios I. aufbaut, erkennen. Hegemoniale Züge tragen auch die Syrischen Kriege des Ptolemaios II. gegen die Seleukiden und sein Versuch, in Griechenland als ›Befreier‹ (vom makedonischen Joch) aufzutreten; ebenso der Asienfeldzug des Ptolemaios III. und besonders der Zug des Seleukiden Antiochos III. in den östlichen Iran und seine Arrondierungsversuche in Kleinasien, Thrakien und Griechenland. Letzteres hatte das massive Eingreifen der Römer zur Folge, das faktisch zum Ende einer selbständigen A. der hellenistischen Monarchien führte.

Rom: Anders als die griechischen Stadtstaaten besaß Rom seit alters im Senat ein Gremium, in dem die A. koordiniert und festgelegt werden konnte. Die planmäßig erscheinende Erweiterung des römischen Herrschaftsraumes erst in Latium, dann in Italien, schließlich im westlichen und östlichen Mittelmeerraum, ist sicher auch den politischen Kenntnissen und militärisch-geographischen Erfahrungen der in diesem Gremium Versammelten zuzuschreiben, doch läßt sich erst seit dem Krieg gegen den Makedonenkönig Perseus (171–168 v.Chr.) eine klare imperialistische A. des Senats erkennen. Der Entwicklung einer aktiven auf Expansion gerichteten A. stand im Prinzip schon das römische Fetialrecht entgegen, das nur gerechte Kriege (zur Verteidigung der eigenen oder der Existenz von Bundesgenossen) und somit lediglich eine Reaktion auf Angriffe oder offensichtliche Bedrohungen erlaubte. Die Erfahrung ständiger Bedrohung durch die benachbarten Latiner, Aequer und Volsker im 5. Jahrhundert v.Chr. und die Plünderung Roms 387 v.Chr. durch die Gallier führte zu einem gesteigerten Sicherheitsbedürfnis, das bis in das 3. Jahrhundert v.Chr. die A. Roms prägte und schließlich, gefördert durch die prinzipielle Kriegsbereitschaft der Oberschicht, die den militärischen Erfolg zur innenpolitischen Statussicherung brauchte, zur Einbeziehung Italiens in den römischen Herrschaftsbereich führte.

Auffällig bei der Integration der eroberten Gebiete ist neben der Gründung von Bürgerkolonien und Siedlungen latinischen Rechts zur territorialen Überwachung vor allem die Verwendung bewährter Instrumente zur Herstellung gesellschaftlicher Kohärenz in Rom (Bürgerrecht, *amicitia*, *clientela*) bei der Gestaltung der Beziehungen zu den Unterworfenen. Mit dem Ausgreifen nach Griechenland im 2. Jahrhundert v.Chr. ändern sich die Parameter römischer A. Schon Polybios lehnt den Standpunkt römischer Apologetik, Roms Kriege seien nur als Abwehr äußerer Bedrohung zu sehen, ab und sucht zu zeigen, daß Rom als Vormacht Italiens Sicherheitsbarrieren außerhalb des eigenen Staatsgebietes gegen die karthagische Herausforderung errichtete und behauptete, bis es nach dem Hannibalkrieg energisch in die Konflikte der griechisch-hellenistischen Welt eingriff und jede potentiell gefährliche Machtbildung und mögliche Unruheherde zerschlug. Mit dem Aufkommen einer römischen Weltherrschaftsideologie seit dem 2. Jahrhundert v.Chr. (Polybios, Cicero, Vergil), die das Römische Reich zur Ordnungsmacht auf ewig macht, erhält die A. des Prinzipats eine ideologische Legitimation, die keiner weiteren Begründung bedurfte und sich mit der Sakralisierung des Kaisertums seit Konstantin dem Großen im 4. Jahrhundert n.Chr. noch verstärkte.

→ Adel, Bürgerrecht, Demokratie, Diplomatie, Frieden, Gesellschaft, Grenze, Imperialismus, Interessensphären, Kolonisation, Krieg, Monarchie, Reich, Staat, Staatenverbindungen, Stadt, Tyrannis, Verfassung

LITERATUR: S. *Albert:* Bellum Iustum. 1980. – E. *Badian:* Foreign Clientelae. 1958. – W. *Dahlheim:* Struktur und Entwicklung des römischen Völkerrechts im 3. und 2. Jh. v.Chr. 1968. – E. S. *Gruen:* The Hellenistic World and the Coming of Rome. 2 Bde., 1984. – W. V. *Harris:* War and Imperialism in Republican Rome. 1979. – A. *Heuss:* Die völkerrechtlichen Grundlagen der römischen Außenpolitik in republikanischer Zeit. 1933 (ND 1963). – M. *Jehne:* Koine Eirene. 1994. – J. *Rüpke:* Domi Militiae. 1990. – M. T. *Schmitt:* Die römische Außenpolitik des 2. Jh. n.Chr. 1997. – F. *Tomberg:* Polis und Nationalstaat. 1973.

Walter Eder

Bad

Die Nutzung des Elementes Wasser zu hygienischen, therapeutischen und auch freizeitlichen Zwecken ist in der gesamten Antike, vor allem aber bei den Römern der Kaiserzeit, sehr verbreitet gewesen. Das B. (in seiner doppelten Bedeutung als die Prozedur des Badens und die dafür bestimmten Räumlichkeiten und Bauten) war in der Vorstellungswelt von Griechen und Römern ein wesentlicher Faktor von Zivilisation. Das beweisen etwa die Ausführungen eines Herodot (4,75) über die angebliche Gewohnheit der barbarischen Skythen, nicht im Wasser zu baden, sondern statt dessen Dampfbäder aus Hanfkörnern zu nehmen und den Körper mit einer Mixtur aus Holzbrei zu bestreichen. Der römische Philosoph Seneca allerdings hielt im 1. Jahrhundert n.Chr. die ausgefeilte B.-Kultur seiner Zeit für ein Zeichen moralischen Verfalls, und er kontrastierte seine regelmäßig badenden Zeitgenossen mit den alten Römern, die nur einmal in der Woche ein B. genommen, sich dafür aber ihre moralische Integrität bewahrt hätten (Sen. epist. 86,12).

Griechenland: Privates B.-Wesen läßt sich bereits im minoischen Kreta (Badewanne im Palast von Knossos) und im mykenischen Griechenland (Badezimmer im Palast von Tiryns) nachweisen. Für die klassische Zeit dokumentieren die B.-Anlagen in Olympia die technischen Fortschritte auf diesem Gebiet, indem hier ein Schwitz-B. (*laconium*) eingerichtet wurde, das durch glühende Metallstücke oder erhitzte Steine beheizt wurde. Ein B. im kretischen Gortyn mit einem unterirdischen Beheizungssystem aus der Zeit des frühen Hellenismus kann als Beleg dafür gelten, daß das Heizen mittels Hypokausten keine, wie diese allerdings für sich reklamierten, ureigenste Erfindung der Römer gewesen ist. Seit dem 3. Jahrhundert v.Chr. sind in vielen Teilen der griechischen Welt öffentliche und private B., die über eine Kombination aus Heiß- und Kalt-B. verfügten, in Gebrauch gewesen.

Rom: Das bis dahin eher unterentwickelte B.-Wesen der Römer erhielt zu Ende des 3. Jahrhunderts v.Chr. starke Impulse durch die politische und kulturelle Begegnung mit den Griechen. Private B.-Anlagen entstanden in Italien anscheinend zuerst in Kampanien, dessen natürliche Warmwasserquellen dabei von Nutzen waren. Ein frühes Beispiel für öffentliche B. in Italien sind die Stabianer Thermen in Pompeji.

Lage und Architektur von Bädern: Bei der Anlage von Bädern empfahl der römische Autor Vitruv im 1. Jahrhundert v.Chr., die topographischen Verhältnisse zu berücksichtigen: »Zunächst muß ein möglichst warmer Platz ausgewählt werden, das heißt er darf nicht nach Norden oder Nordosten liegen. Die warmen und lauen Bäder aber sollen ihr Licht von Südwesten her erhalten. Wenn aber die Beschaffenheit des Ortes das nicht zuläßt, jedenfalls von Süden, weil die Badezeit vornehmlich von Mittag bis Abend festgesetzt ist« (5,10,1). Seine spezifische Qualität erhielt das römische B. durch die zu Anfang des 1. Jahrhunderts v.Chr. erfolgte Übernahme bzw. Perfektionierung des griechischen Hypokausten-Systems. Durch diese Form der Raumheizung wurde eine funktionale, die Architektur der römischen Thermen prägende Differenzierung der Baderäume ermöglicht: ein Warm-B. (*caldarium*), ein mäßig erwärmter Durchgangsraum (*tepidarium*), ein Kalt-B. (*frigidarium*) und ein Umkleideraum (*apodyterium*). Dazu gab es in den meisten römischen B. Räume für sportliche oder kulturelle Betätigung, so daß sie über ihre originäre Funktion hinaus auch zu Kommunikations- und Freizeitstätten wurden. Höhepunkt römischer B.-Architektur stellen die großen Kaiserthermen (Caracalla- und Diokletians-Thermen in Rom; die Kaiserthermen in Trier) dar.

Im Zuge der Romanisierung wurde das römische B. in alle Teile der römisch dominierten Welt exportiert. Jedes römische Kastell hatte sein eigenes B., was insbesondere für die in den kälteren Regionen stationierten Legionäre ein Stück Annehmlichkeit und Zivilisation bedeutete. Die sich selbst romanisierenden provinzialen Eliten übernahmen selbstverständlich auch das römische B. Dies zeigen archäologische Funde oder literarische Quellenstellen wie im *Agricola* des Tacitus (21), wo die Anlage von B. (*balnea*) durch die britannischen Oberschichten als Element der Romanisierung in einer Reihe mit dem Bau von Säulengängen und dem Abhalten von Gelagen erscheint.

Versorgung mit Wasser: Die hohe Zahl der B. (in Rom gab es im 4. Jahrhundert n.Chr. nach einem antiken Verzeichnis 11 Thermen und 856 weitere öffentliche B.) verursachte einen sehr hohen Wasserverbrauch und machte entsprechende Versorgungsmaßnahmen erforderlich. Das von der *Aqua Antoniniana* belieferte Reservoir der Caracalla-Thermen konnte bis zu 80.000 m³ Wasser aufnehmen. Das Reservoir für die Antoninus-Thermen in Karthago hatte in der römischen Kaiserzeit die ebenfalls beträchtliche Kapazität von 30.000 m³.

Bad und Landschaft: Neben den öffentlichen B. gab es eine große Zahl von privaten B., die in den Häusern der Reichen zum Standardinventar gehörten. So heißt es beim jüngeren Plinius in einem Brief, in dem er eine seiner Landvillen beschreibt: »Es folgt das weite, geräumige Kaltwasserbad (*frigidarium*), aus dessen einander gegenüberliegenden Wänden zwei Becken im Bogen herausspringen, völlig ausreichend, wenn man bedenkt, daß das Meer in der Nähe ist. Anschließend das Salbzimmer (*unctorium*), die Zentralheizung (*hypocauston*), der Heizraum (*propigneon*) für das Bad, dann zwei Kabinen (*cellae*), eher geschmackvoll als luxuriös eingerichtet; damit verbunden ein herrliches Warmbad (*piscina*), aus dem man beim Baden aufs Meer blickt« (2,17,11. Die Beschreibung eines weiteren B. in einer anderen Villa liefert Plinius in epist. 5,6,25). Die Verbindung von B. und Meer, insbesondere der Blick aufs Meer, scheint in diesem Zusammenhang von einiger Bedeutung zu sein: »Mit dem Blick auf die Weite des Meeres wollte man während des Badens ... die natürlichen Grenzen des Raumes aufheben, sich gleichsam transzendieren in die unendliche Weite der Fluten« (Heinz 11).

Heilbäder und Kurorte: An vielen Orten, an denen die Natur Heilquellen zur Verfügung stellte, entstanden Heil-B. und Kurorte. In Italien war Baiae am Golf von Neapel für vermögende Römer die größte Attraktion. Dorthin reiste man, um sich zu kurieren, und dort baute man sich eine Villa, um zu zeigen, daß man sich das leisten konnte. Für die Therapie (siehe etwa Ov. met. 15,713: Hor. epist. 1,15,6) sorgten die schwefelhaltigen Dämpfe aus dem vulkanischen Boden der Phlegraeischen Felder. Berühmt war als Kur- und B.-Ort in Italien weiterhin Sinuessa mit seinen Thermen (Strab. 5,3,6). Im gallisch-germanischen Raum hatten eine ähnliche Bedeutung eine Reihe von Orten, die schon im mit *Aquae* beginnenden Namen auf ihre auf der therapeutischen Wirkung von Quellwasser beruhende Funktion hindeuteten. Dazu zählten insbesondere Aquae Granni (das heutige Aachen, ein Kurort des römischen Heeres in Niedergermanien), Aquae Mattiacae (das heutige Wiesbaden, der Kurort des römischen Heeres in Obergermanien), Aquae Sextiae (das heutige Aix-en-Provence), die Civitas Aurelia Aquensis (das heutige Baden-Baden, ebenfalls im wesentlichen von römischen Militärs als Heil-B. frequentiert). In Britannien verdankte Aquae Sulis (das heutige Bath) seinen Rang den heilenden Thermalquellen.

→ Architektur, Heizen, Medizin, Wasserversorgung

LITERATUR: E. *Brödner:* Die römischen Thermen und das antike Badewesen. Darmstadt ²1992. – J. *Delaine:* Roman Baths and Bathing, in: JRA 6, 1993, 348–358. – W. *Heinz:* Römische Thermen. Badewesen und Badeluxus im Römischen Reich. München 1983. – J.I. *Nielsen:* Thermae et balnea. The Architecture and Cultural History of Roman Public Baths. 2 Bde., Aarhus 1991. – D. *Pannier:* Eaux thermales et culte des eaux en Suisse à l'époque romaine, in: Caesarodunum 26, 1992, 385–401. – R. *Tölle-Kastenbein:* Antike Wasserkultur. München 1990.

Holger Sonnabend

Baumaterial

Die Ruinen der Antike sind ein bis in unsere Tage lebendiges Zeugnis ihrer Baukultur. Über diesen steinernen Monumenten sollte nicht in Vergessenheit geraten, daß das hauptsächliche B. nicht Stein, sondern Holz war. Während Holz als Brennmaterial und B. Verwendung fand, blieb der Steinbau im wesentlichen dem repräsentativem Bauen vorbehalten,

Holz: Plinius d.Ä. (23–79 n.Chr.) berichtet in seinen Naturbeschreibungen von der Verwendung von Pinien, Kiefern und Erlen für den Bau von Wasserleitungen. Für tragende Balken empfiehlt er den Einbau von Tannen oder Lärchenholz, Olivenholz hält er für ungeeignet (Plin. nat. 81,222 ff.). In den Regionen, wo diese Holzarten in nicht ausreichendem Maß oder Qualität zur Verfügung standen, war man genötigt, auf andere Materialien zurückzugreifen. Diese geographische Bedingtheit der Holzverarbeitung findet ihren Niederschlag in der von Plinius beschriebenen Verwendung von Palmholz. Und so ist auch die Entwicklung des Ziegels in Mesopotamien und Ägypten auf den für die Landschaft charakteristischen Mangel an Bauholz zurückzuführen.

Ziegel und Stein: Im Ziegelbau kannte die Antike den weitaus älteren luftgetrockneten Ziegel und den in seiner Herstellung zwar kostspieligeren, dafür aber auch bei weitem beständigeren Brandziegel. Zur Herstellung der Ziegel mußte der Rohstoff gewonnen und als Rohmasse aufbereitet werden. Dazu bediente man sich der häufig an Flußauen und Bachtälern anstehenden Lößlehme und alluvialen Tone. Der Rohstoff der Ziegel war somit in den bevorzugten Siedlungsräumen, den Flußtälern, vorhanden. Diese Löslehme oder Tone wurden in Formen gestrichen, getrocknet und gebrannt.

Neben den Ziegeln waren behauene Natursteine ein wichtiger antiker Baustoff. Gestein, das in mehr oder weniger rechten Winkeln zugehauen wurde, unterschied man nach der Qualität der Verarbeitung in Bruchsteine und Quader und nach den jeweiligen Gesteinsarten. Beim Brechen von Natursteinen wurde der anstehende Fels an den gewünschten Bruchkanten eingekerbt, dann wurden mit einem Bohrer entlang dieser Kanten Löcher gesetzt, um an diesen mittels Brechstangen die groben Quader vom Fels zu lösen. Die so gebrochenen Rohlinge konnten daraufhin mit Meißeln und Steinhämmern weiter bearbeitet werden, bis sie die dem Verwendungszweck angemessene Form hatten. Verwendung fanden alle in der Natur vorkommenden Gesteine, von Marmor bis Sandstein. Da sich ein Transport von Bausteinen über längere Strecken nicht lohnte, verarbeitete man die vor Ort oberflächig anstehenden Gesteine und prägte so den Charakter der Bebauung regionaltypisch.

Verbundmittel: Den Römern standen unterschiedliche Mittel zur Verfügung, um den Verbund aus Steinen oder Ziegeln zu Mauerwerk zu verbinden. Sie bedienten sich dabei wassergelöster Mischungen aus Sand und einem Bindemittel. Dieser Mörtel wurde sowohl aus Gips, Kalk oder aus sogenannter ›Puteolan‹-Erde gefertigt und diente als Mörtel, Verputz und zum Betonieren, denn in trockenem Zustand bilden diese Gemische ein stabiles Konglomeratgestein aus, das die Steine im Mauerverband festgefügt zusammenhält. Auch den Griechen war Mörtel schon bekannt, sie beschränkten seine Verwendung aber auf die Abdichtung von Wasserleitungen, während sie ihre Mauern nicht mit Mörtel errichteten, sondern den Steinverbund mit eisernen Klammern und sich im Mauerwerk verkeilenden Verbindungssteinen herstellten.

Bei Gips handelt es sich um natürlich vorkommendes schwefelsaures Calcium. Dieses Gestein findet sich in ganz Europa oberflächig anstehend. Zur Verarbeitung wird natürlich vorkommender Gipsstein zunächst gemahlen, dem dann durch Brennen oder Kochen chemisch gebundenes Wasser entzogen wird. Fügt man dem so bearbeiteten Gips wieder Wasser zu, so entsteht von neuem Calciumsulfat-Dihydrat, das nach der Trocknung aushärtet. Der Vorteil des Gips ist seine große Verbreitung, seine leichte Abbaubarkeit und die damit verbundenen geringen Kosten. Von Nachteil ist, daß der Gipsmörtel nicht wasserfest ist und sich in Feuchtigkeit leicht löst. Die Römer verwendeten Gips daher nur als Beimengung zu sonstigen Bindemitteln. In erster Linie gebrauchten sie Gipsmörtel zur Innenraumgestaltung.

Ein häufiger verwandtes Bindemittel war Baukalk, der, vermengt mit Sand und Wasser, nach dem Trocknen ein festes und im Unterschied zum Gips witterungsbeständiges Konglomeratgestein ausbildet. Der Grundstoff für dieses Bindemittel, Kalkstein, findet sich in ganz Europa. So bestehen Schwäbische und Fränkische Alb oder der Apennin aus Jurakalken. Bei der Herstellung von Kalkmörtel unterscheidet man zwei verschiedene Arten von Kalk: den Luftkalk und den Wasserkalk. Für Luftkalk verwendete man reinen weißen Kalkstein und brannte diesen bei einer Temperatur von ca. 800 °C. Dieser Brandprozeß erfolgte in einem Kalkofen. Beim Brennvorgang entweicht aus dem Kalkstein, der vor allem aus Calciumcarbonat besteht, Kohlenstoffdioxid. Diesen Vorgang konnte der Kalkbrenner durch den markanten Geruch des austretenden Gases kontrollieren. Luftkalk wurde direkt als Bindemittel verwendet. Er verfestigt sich über die Aufnahme von Luftkohlensäure, hat aber den Nachteil, daß er kein hydraulisches Bindemittel darstellt. Das bedeutet, daß er nicht wasserfest ist und durch dauerhaften Wassereinfluß ausgewaschen werden kann. Außerdem hat Luftkalk den Nachteil, daß er durch die Aufnahme von Wasser ›gedeiht‹, also sein Volumen vergrößert. Kommt es zu einem Nachlöschen des Luftkalks im Bau, so sprengt er das Mauerwerk. Um dies zu vermeiden, ging man schon früh dazu über, den Kalk nach dem Brennen noch zu löschen oder zu sumpfen. Plinius berichtet, daß es üblich war, Kalk erst nach mehrjährigem Sumpfen zu verarbeiten (Plin. nat. 36,55). Man fügt dem Brandkalk bei diesem Sumpfen oder Löschen Wasser zu. Dabei bildet sich Kalziumhydroxyd aus, das als Bindemittel im Mauerwerk ebenso wie ungelöschter Kalk durch die Aufnahme von Luftkohlensäure aushärtet. Der Vorteil des gelöschten Kalks besteht darin, daß er nach dem Trocknen kein Wasser mehr aufnehmen und damit auch nicht mehr sein Volumen ändern kann. Allerdings bleibt dieser Wasserkalk nach wie vor durch Wasser auswaschbar. Verwendete man aber nicht reinen weißen Kalkstein, sondern Kalkgesteine mit tonigen Beimengungen, um Kalk aus ihnen zu brennen, oder fügte man dem Mörtel Zusätze, wie etwa Ziegelmehl bei (eine Praktik, die der römische Fachschriftsteller Vitruv [2,5,1] im 1. Jahrhundert v.Chr. beschreibt und besonders ihre Anwendung empfiehlt, wenn man für die Bereitung des Mörtels Fluß- oder Meersand verwendet), so erhielt man ein hydraulisches Bindemittel, daß je nach Menge der Beimengungen nicht so leicht ausgewaschen wurde. Dabei gingen die Faktoren, die im Ton als Tonerde, Kieselsäure und Eisenoxid vorhanden sind, mit dem Kalk ohne Luftzutritt unlösliche Verbindungen ein, die auch gegen dauerhaften Wassereinfluß verhältnismäßig unempfindlich sind.

Antike Theorien: Die hier beschriebenen chemischen Vorgänge waren in der Antike unbekannt. Die Kenntnis der Tatsache, daß Kalk im Mörtel als Bindemittel einzusetzen ist, erwuchs zunächst aus tradierten Erfahrungswerten. Dennoch machte man sich über diese Vorgänge Gedanken. Vitruv erklärt die Eigenschaften des Kalks auf der Grundlage der aristotelischen Vier-Elementen-Lehre. So öffne die Hitze während des Brennvorganges die ›Poren‹ des Gesteins und treibe das in den Steinen enthaltene Element ›Wasser‹ heraus, während das Element ›Feuer‹ in ihnen verbleibe. Dieses ›Feuer‹ gebe dann dem Kalk, der selbst aus dem Element ›Erde‹ bestehe, im Mörtel die Kraft, den Sand in die offenen ›Poren‹ zu ziehen und so ein festes Gestein auszubilden (Vitr. 2,5).

Als drittes und letzte Bindemittel war den Römern die sogenannte ›Erde von Puteoli‹ bekannt (Vitr. 2,6). Benannt wurde diese ›Erde‹ nach ihrem Hauptvorkommen in der Nähe der Stadt Puteoli (dem heutigen Pozzuoli). Es handelt sich dabei um Asche vulkanischen Ursprungs. Sie wurde, so wie andere Zusätze, dem Kalkmörtel zugefügt und verlieh ihm nicht nur hydraulische Wirkung, sondern band sie auch unter Wasser ab. Vergleichbare Zusatzstoffe finden sich auf der Insel Santorin oder in der Eifel. Die Wirkung dieser Erden besteht darin, daß sich die in ihnen enthaltene Kieselsäure mit dem Kalk zu wasserunlöslichem Calziumsilikat verbindet. Durch weitere Zusätze in den Mörtel, wie etwa Öl, waren die Römer in der Lage, Luftporenbeton herzustellen, der beständig ist und besonders im Aquäduktbau Verwendung fand. Daß Monumente, wie der Pont du Gard, bis in die Gegenwart erhalten geblieben sind, verdanken sie der Verarbeitung dieses Luftporenbetons als Mörtel, der den Verbund der Sandsteine bis auf den heutigen Tag zusammenhält.

→ Fluß, Forstwirtschaft, Holz, Städtebau, Wasserbau

LITERATUR: K.D. *White:* Greek and Roman Technology. London 1987.

Thomas Schuetz

Bergbau

Der große Bedarf der antiken Zivilisation an Rohstoffen wie Ton, Gestein und vor allem Metall für Bauwesen, Handwerk, Landwirtschaft, Militär- und Finanzwesen sowie Kunst und Kultur ließ sich nur durch den Abbau entsprechender natürlicher Vorkommen befriedigen. Die zumeist im Übertageabbau gewonnenen Tone und Gesteine bildeten die Rohstoffgrundlage für die Herstellung von Ziegeln, Bau- und Bruchsteinen, die im großen Umfang im Hoch-, Tief- und Wasserbau Verwendung fanden. Sie dienten darüber hinaus aber auch als Ausgangsprodukte für die Herstellung von Gebrauchs- und Kunstgütern, wie Koch- und Eßgeschirr, Vasen, Statuen usw. Die wohl älteste Darstellung einer antiken B.-Szene, ein bemaltes Weihetäfelchen aus Ton aus der Zeit um 600 v.Chr., zeigt Bergleute bei der Arbeit in einer übertägigen Tongrube (vgl. auch Abb. 12).

Produkte des Bergbaus: Die für die antiken Gesellschaften besonders wichtigen Metalle wie Gold, Silber, Kupfer, Zinn, Eisen und Blei wurden dagegen vielfach im Untertageabbau gewonnen. Gold und Silber fanden ganz überwiegend als Währungs- oder Schmuckmetalle Verwendung, während Kupfer, Kupferlegierungen (Bronze), Eisen und Blei vor allem zu Gebrauchsgütern wie Werkzeugen, besonders beanspruchten Bau- und Maschinenteilen, Waffen und Gefäßen verarbeitet wurden. Im antiken Handwerk fanden Metallwerkzeuge bei Schmieden, Zimmerleuten und vor allem auf dem Bau Verwendung. Typische Metallprodukte der Schmiede waren Messer, Schlüssel und Ketten. Zimmer- und Bauleute benötigten in großer Zahl metallene Nägel und Klammern. Zum Bau von Wasserleitungen kam vor allem in römischer Zeit Blei in großen Mengen zur Anwendung. Spezialisierte Handwerker stellten Präzisionsinstrumente für die Chirurgie oder das Vermessungswesen, Kleinplastiken und große Statuen aus Bronze her. Zu den Haushalten der Oberschicht gehörte Silbergeschirr, während einfachere Haushalte mit Geschirr und Lampen aus Bronze oder im römischen Britannien aus dem dort gewonnenen Zinn ausgestattet waren. Auch in der Landwirtschaft gab es eine Vielzahl von Geräten, die ganz oder teilweise aus Bronze oder Eisen bestanden, wie z.B. Spaten, Hacken, Sicheln, Sensen, Pflugscharen sowie Teile von Pressen und Mühlen. Im Militärwesen dominierte bei den Waffen das Eisen, während Helme, Panzerung und Schilde zumeist aus Bronze gearbeitet waren. Allein rund 38 t Eisen waren nötig, um beispielsweise eine einzige römische Legion auszurüsten.

Erschließung von Rohstoffen: Um eine ausreichende Versorgung mit den für alle Bereiche der antiken Gesellschaft notwendigen mineralischen und metallenen Rohstoffen sicherzustellen, war ein systematisch betriebener B. notwendig, da nur Gold in größeren Mengen in Flüssen oder Ablagerungen an Flußläufen gefunden wird. Metalle dagegen sind zumeist Bestandteile chemischer Verbindungen mit den verschiedensten Mineralien, wobei sie in sehr unterschiedlicher Konzentration und in regional stark variierender Verteilung in Erzgängen oder Erzstöcken vorkommen. Erkannt wurden die Erzlagerstätten, wie Seneca (benef. 4,6,1) und Plinius (nat. 33,67) bezeugen, anhand von Merkmalen der Bodenbeschaffenheit. Dem Abbau an der Oberfläche folgte die wohl zufällige Entdeckung tieferer Erzvorkommen, da wissenschaftliche Verfahren der Prospektion noch nicht bekannt waren. Dort, wo die Erzlagerstätten an der Erdoberfläche hervortreten oder dicht unter der Erdoberfläche liegen, war übertägiger Abbau möglich. Schon vor und in der Antike erfolgte jedoch der Abbau bedeutender Erzvorkommen in zahlreichen Regionen im Untertagebau.

Anfänge des Bergbaus: Der antike B. in den B.-Zentren Kleinasiens, Griechenlands, Spaniens, Englands und Dakiens konnte auf seit dem Neolithikum gesammelte Erfahrungen im Übertage- und Untertage-B. zurückgreifen. Bereits in prähistorischer

Zeit war Feuerstein (Silex) in Steinbrüchen und im Pingenabbau übertägig und schließlich im Strossen- (Abbau von oben in die Tiefe) und Stollenabbau auch untertägig gewonnen worden. Noch vor dem 8. Jahrhundert v. Chr. war im Kupfer-B. der Übergang zum Tief-B. (20–70 m Tiefe) und zur Firstenbauweise (Überkopfabbau) vollzogen worden. Keil- und Feuersetzen zur Lockerung des Gesteins waren ebenso bekannt wie Schlägel und Eisen, die für Jahrhunderte charakteristischen Hauptwerkzeuge des Bergmanns. Die Verfahren der Metallgewinnung und Metallverarbeitung waren in Vorderasien und im östlichen Mittelmeerraum bereits zu mykenischer Zeit weit verbreitet. Der griechische Dichter Hesiod spricht am Ende des 8. Jahrhunderts v.Chr. von den vier Zeitaltern der Menschheit: dem goldenen, dem silbernen, dem bronzenen und dem eisernen Zeitalter. Zu dieser Zeit hatte insbesondere der Kupfer-B. in Südosteuropa (vor 3000 v. Chr.), in Kleinasien (Pontos und Tauros im 3. Jahrtausend v.Chr.), auf Zypern (um 1400 v.Chr.), auf dem Sinai (Timna um 1100 v.Chr.) und in den Ostalpen (Illyrer um 1000 v.Chr.) seine erste Blütezeit bereits hinter sich.

Bergbau in Griechenland: In Griechenland selbst wurde ein B. auf Silber vermutlich seit etwa 1500 v.Chr. im Gebiet von Laureion auf Attika betrieben. Mit der Ausbildung der antiken Geldwirtschaft seit der Mitte des 7. Jahrhunderts v.Chr. gewannen die silberhaltigen Bleierzvorkommen des Laureion und das Silber der archaischen Bergwerke auf der Insel Siphnos eine herausragende wirtschaftliche und politische Bedeutung. Im Laureion ging man zu Beginn des 5. Jahrhunderts v.Chr. vom Tagebau zum Untertageabbau über und teufte im Laufe der Zeit dicht beieinander etwa 2.000 Schächte ab, deren weitverzweigte Stollensysteme eine Gesamtlänge von mehr als 140 km gehabt haben sollen. Abgebaut wurde in Tiefen bis zu 55 m, wobei die Höhe der jeweils 30 bis 40 m langen Stollen im harten Kalkstein meist unter einem Meter lag. Zeitweise sollen im B.-Gebiet von Laureion zwischen 10.000 bis 30.000 Bergarbeiter (5. Jahrhundert v.Chr.) tätig gewesen sein. Neben einem Massenaufgebot an Sklaven gab es aber auch Lohnarbeiter sowie Kleinunternehmer, die dort auf eigene Rechnung B. betrieben. Die Athener setzten das Heer ihrer B.-Sklaven im Peleponnesischen Krieg auch erfolgreich als Soldaten ein, mußten dafür allerdings empfindliche Einbußen im B. hinnehmen. Aus der Verpachtung der Bergwerke des Laureion an private und genossenschaftlich organisierte Unternehmer soll Athen zeitweise ein Viertel seines Staatshaushaltes finanziert haben.

B. wurde auf dem Laureion, ähnlich wie in anderen antiken B.-Gebieten, über viele Jahrhunderte hinweg bis in die Spätantike betrieben. Diese enorme zeitliche Konstanz des antiken B. dürfte vor allem an den nur begrenzt zur Verfügung stehenden technischen Mitteln gelegen haben, die eine schnelle und vollständige Ausbeutung der Vorkommen nicht zuließen.

Bergbau im Römischen Reich: Von der klassischen Zeit bis zur Spätantike sind im gesamten Gebiet des späteren römischen Reiches von Iran bis Britannien zahlreiche B.-Gebiete literarisch und archäologisch belegt. Zentren des antiken B. bildeten neben Attika vor allem die ptolemaischen Goldbergwerke in Nubien, der spanische B. von der Zeit der Karthager (3. Jahrhundert v.Chr.) bis in die Spätantike oder der Zinn-B. von Cornwall und Devonshire in Britannien. In Italien selbst lernten die Römer im Zuge ihrer Expansion den Silber-B. der Griechen bei Bruttium in Süditalien sowie den bereits jahrhundertealten mittelitalienischen B. der Etrusker auf Kupfer und

Eisen u. a. bei Massa Marittima, Populonia und auf Elba kennen. Nach der römischen Eroberung Spaniens wurden die dortigen Kupfer-, Silber- und Goldvorkommen zur Schatzkammer des Imperium Romanum. Allein in den Silbergruben von Cartagena sollen zur Zeit des Polybios im 2. Jahrhundert v.Chr. bis zu 40.000 Arbeiter beschäftigt gewesen sein. Der römische B. stützte sich dabei zunächst auf die einheimischen Bergleute, sah sich mit der Ausweitung des B. aber bald gezwungen, für die schwere Arbeit Sklaven und in der Kaiserzeit auch Strafgefangene und Verbannte einzusetzen.

Ein einheitliche Gesetzgebung für den B. gab es im Römischen Reich nicht, was aber nicht bedeutete, daß der Staat auf eine Aufsicht über die Bergwerke verzichtete. In Spanien unterstanden die B.-Gebiete zunächst der römischen Provinzverwaltung und in der Kaiserzeit dem *procurator metallorum*. Athen verfügte dagegen bereits im 4. Jahrhundert v.Chr. über eine Gesetzgebung, die alle Einzelheiten der Verpachtung und der Erzförderung im Laureion regelte.

Bergbautechnik: Die Römer erwiesen sich in der B.-Technik als gelehrige Schüler der Griechen, der Ägypter und Iberer, deren Methoden des systematischen Abbaus auf verschiedenen Tiefenstufen (Sohlen), des Erzschürfens und der Wasserhaltung (Entwässerung der Gruben) sie übernahmen und weiterentwickelten. Der Abbau erfolgte mit Schlägel und Eisen, die Streckenförderung mit kleinen Körben, Holztrögen und Ledersäcken von Hand zu Hand, im Falle besonders enger Strecken mit hölzernen Schlepptrögen. Der vertikalen Förderung an die Oberfläche dienten anspruchsvollere ›Maschinen‹ wie die von Vitruv im 1. Jahrhundert n.Chr. in seinem Werk *De architectura libri decem* (10,3) beschriebene Kreuzhaspel (*sucula*). Die Beleuchtung erfolgte Untertage durch ovale Tonlämpchen, deren Brenndauer zugleich das Maß für die Arbeitszeit angab. Der Frischluftzufuhr in den bis zu 250 m tiefen römischen Bergwerken dienten zumeist Parallel- und Nebenschächte, die einen natürlichen Wetterzug ermöglichten. Wo notwendig, wurde die Luftzufuhr durch Schlagen von Tüchern verbessert.

Zu den bemerkenswertesten technischen Lösungen im antiken B. gehören die Anlagen und Maschinen zur Entwässerung der Gruben. Bei tieferen Gruben, wo das Entwässern durch Wasserträger nicht mehr rentabel war, legten die Römer, soweit möglich, Entwässerungsstollen in tiefer liegende Täler an. War dies nicht möglich oder gelangte der Abbau unter die Ebene der Entwässerungsstollen, so setzte man einfache Wasserräder oder die sogenannte archimedische Schraube als Wasserhebevorrichtungen ein. Belegt sind Schöpfräder von bis zu 4,5 m Durchmesser, die von Menschenkraft angetrieben wurden und das Wasser um ca. 3,6 m anzuheben vermochten. Mit der Schraubenpumpe konnten je nach Länge und Neigung der Pumpe Höhen zwischen 1,5 und 2,5 m überwunden werden. In den Bergwerken von Rio Tinto (Baetica) hoben zur römischen Zeit acht Paare von Wasserrädern das Grubenwasser um etwa 29 m in die Höhe.

Wo immer möglich, betrieben die Römer aufgrund der Probleme des Untertageabbaus den B. im Tagebau. Die dabei angewandten Abbaumethoden, von Plinius (nat. 33,70 ff.) beschrieben und durch archäologische Befunde aus Spanien und Wales bestätigt, waren technologisch ebenso spektakulär, wie sie sich für die Landschaft und die Umwelt als problematisch erwiesen. Um im Nordwesten Spaniens Alluvialgold, d.h. von Flüssen im Boden abgelagertes Gold zu gewinnen, nutzten die Römer die Kraft von Wasser. Über kilometerlange Leitungen führten sie dazu das Wasser von Flüssen und Bächen der Umgebung in gewaltige, oberhalb der Goldlagerstätte angelegte Tanks. Nach dem Öffnen der Tanks stürzte das Wasser auf die oberen Deckschichten der Lagerstätte, die sie fortschwemmten. Mit einem kontinuierlichen Wasserstrom wurde anschließend die freigelegte Lagerstätte ausgewaschen und das Gold in Gräben aufgefangen.

Nicht nur durch derartig rabiate Eingriffe in die Umwelt, sondern auch durch seine räumliche Konzentration gehörte der antike B. – und mit ihm die Verhüttung der Erze – zu den neben dem Wasser- und Städtebau am meisten die Landschaft beeinflussenden und verändernden Technologien der Antike.

→ Baumaterial, Beruf, Krieg, Landwirtschaft, Maschinen, Münzen, Sklaverei, Schmuck, Technikgeschichte, Töpferei, Wasserbau, Wirtschaft, Wirtschaftsgeographie

LITERATUR: J.F. *Healy:* Mining and Metallurgy in the Greek and Roman World. London 1978. – P. *Rosumek:* Technischer Fortschritt und Rationalisierung im antiken Bergbau. Bonn 1982. – H. *Schneider:* Einführung in die antike Technikgeschichte. Darmstadt 1992, 71–95. – L. *Suhling:* Aufschließen, Gewinnen, Fördern. Geschichte des Bergbaus. Reinbek 1983, 38–67. – R.F. *Tylecote:* A History of Metallurgy. London 1976.

Helmuth Albrecht

Beruf

Aufgrund der in der gesamten Antike dominierenden agrarischen Strukturen ist die überwiegende Zahl der antiken Menschen in der Landwirtschaft tätig gewesen. Schätzungen gehen von einem Anteil von 80% aus. Hier waren, je nach Region, Bodenbeschaffenheit und klimatischen Verhältnissen und nach dem Überwiegen von Akkerbau oder Viehwirtschaft, die beruflichen Aufgabenfelder vielfältig. So gibt es viele Hinweise darauf, daß auf den Gutshöfen auch eigene Handwerksbetriebe existierten. In den Städten entwickelte sich, im Kontext einer differenzierter werdenden, den häuslichen Bereich überschreitenden Wirtschaft eine breite Palette von B. in Gewerbe, Handwerk und Handel. Wie in der Landwirtschaft, so waren auch hier viele Sklaven beschäftigt, deren Bedeutung für das antike Wirtschaftsleben jedoch nicht überschätzt werden sollte. Stets hat es auch freie Lohnarbeit und eigenständige Unternehmen gegeben, bis hin zu Manufakturen mit einer hohen Beschäftigtenzahl.

Antike Einstellungen zur Arbeit: Die Quellen offenbaren eine eigentümliche Diskrepanz in der gesellschaftlichen Wertschätzung der Arbeit und damit auch der beruflichen Tätigkeiten. Elitäre Kreise wie die großgrundbesitzenden reichen Oberschichten hielten bezahlte, aus Existenzgründen betriebene Arbeit für eines freien Menschen unwürdig. Der als *banausos* bezeichnete Ofenarbeiter wurde zum Synonym für Unfreiheit und negatives Sozialprestige. So heißt es bei dem im 5. Jahrhundert v.Chr. schreibenden griechischen Historiker Herodot: »Ich sehe, daß auch bei den Thrakern, den Skythen, den Persern und fast allen Nichtgriechen die Handwerker und ihre Nachkommen geringer geachtet werden als die übrigen Bürger. Wer von körperlicher Arbeit frei ist, gilt als edel, besonders, wer sich der Kriegskunst widmet. Das haben sämtliche Griechen übernommen, besonders die Spartaner. Am wenigsten verachten die Korinther die Handwerker« (Hdt. 2,167). Bezeichnenderweise war Korinth zu dieser Zeit bereits eine prosperierende Handelsstadt mit einem weiten beruflichen Spektrum. Daß die römische Oberschicht ähnlich dachte, zeigt eine Aussage Ciceros im 1. Jahrhundert v.Chr. (Cic. off. 1,151 f.). Negativ beurteilt er die Tätigkeiten der Zöllner, Tagelöhner und Zwischenhändler, und von den ohnehin verachteten Handwerkern rangieren auf der Skala des Sozialprestiges ganz unten etwa die Metzger, Köche und Fischer. B. in der Medizin, der Architektur und der Ausbildung gelten für Cicero hingegen als wertvoll. Die Passage endet mit der typisch römischen Wendung: »Von allen Erwerbsarten ist die Landwirtschaft die beste, die ergiebigste und angenehmste, die des freien Mannes würdigste.« In einem scharfen Kontrast zu diesen Auffassungen der reichen Großgrundbesitzer stehen die Selbstzeugnisse antiker Handwerker, die auf ihren Grabinschriften den Wert ihrer Arbeit hervorheben und sich in bildlichen Darstellungen während der Ausübung der handwerklichen Tätigkeit porträtieren ließen (wie der Bäcker Eurysaces auf seinem Grabmal in Rom).

Arbeitsteilung: Voraussetzung für berufliche Vielfalt und Spezialisierung war die Arbeitsteilung. Hier mußte der Schritt fort von der bäuerlichen Subsistenzwirtschaft vollzogen werden, bei der in den agrarischen Betrieben nur für den eigenen Bedarf produziert wurde. Diesen Vorgang hat im 4. Jahrhundert v.Chr. der griechische Autor Xenophon beschrieben, wobei er das entscheidende Kriterium in der Größe der Städte sah und damit auf einen historisch-geographisch relevanten Faktor aufmerksam gemacht hat: »In den kleinen Städten fertigen dieselben Leute ein Bett, eine Tür, einen Pflug, einen Tisch, und oft baut auch derselbe Mann Häuser und ist zufrieden, wenn er so nur genügend Arbeit findet, um sich seinen Lebensunterhalt zu verdienen ... In den großen Städten aber genügt jedem auch ein Handwerk, um sich zu ernähren, da viele einer jeden Sache bedürfen. Oft genügt auch weniger als ein ganzes Handwerk: Zum Beispiel fertigt der eine Schuhe für Männer, der andere für Frauen. Es gibt auch Städte, in denen einer allein davon lebt, Schuhe zu reparieren, ein anderer nur davon, sie zuzuschneiden, wieder ein anderer nur davon, daß er die Oberleder zusammennäht und schließlich einer, der nichts von alledem tut, sondern diese Teile zusammenfügt« (Xen. Kyr. 8,2,5).

Berufliche Spezialisierung: Dieser Befund wird für das klassische Griechenland auch von anderen Quellen bestätigt. Eine zunehmende berufliche Spezialisierung läßt sich vor allem in reichen Handelsstädten wie Korinth und Athen konstatieren. Zahlreiche Bezüge liefern etwa die Komödien des Aristophanes, der ferner zeigt, daß viele Handwerker zugleich Hersteller und Vertreiber ihrer Ware gewesen sind (Schmiede, Schuhmacher, Zimmerleute, Schreiner, Drechsler). Stark vertreten waren weiterhin B. im Nahrungsmittelsektor (Wursthändler, Geflügelhändler, Fischhändler, Erbsenhändler usw.).

Träger von Handel und Gewerbe waren in Athen die dauerhaft ortsansässigen Fremden (*metoikoi*), denen der Erwerb und Besitz von Grund und Boden nicht erlaubt war. Einige konnten es zu beträchtlichem Reichtum bringen. Eine Inschrift aus dem Jahre 400 v.Chr. (GHI II 100) dokumentiert die berufliche Spezialisierung der Fremden – genannt werden unter anderem Koch, Zimmermann, Maultiertreiber, Architekt, Gärtner, Eseltreiber, Ölhändler, Nußhändler, Brotverkäufer, Tuchwalker, Bildhauer.

In den allgemein florierenden, vor allem in Ägypten staatlich monopolisierten Wirtschaftssystemen der hellenistischen Staaten läßt sich speziell in den großen

Abb. 11: Grabrelief aus Rom (Stadtteil Trastevere) mit der Darstellung eines Metzgerladens (vermutlich 1. Hälfte des 2. Jh. n.Chr.). Der Metzger in gegürteter Tunika zerteilt mit einem Hackmesser ein Rippenstück. Hinter ihm hängen an der Wand einzelne Fleischstücke. Rechts eine Waage. Dem Metzger gegenüber sitzt eine Frau in einem Sessel mit Fußbank, mit einer Schreibarbeit beschäftigt. Die Darstellung dokumentiert insgesamt die berufliche Lebenswelt des Metzgers.

Städten eine weitgehende berufliche Differenzierung beobachten, auch wenn weiterhin die Landwirtschaft das Hauptbetätigungsfeld bildete. Für das hellenistische Ägypten lassen sich 158 B. nachweisen, darunter auch solche, die aus den spezifischen landschaftlichen Bedingungen erwachsen waren (etwa der B. des Dammarbeiters, der sich um die Regulierung der Nilüberschwemmungen zu kümmern hatte).

In der Agrargesellschaft von Rom setzt der Aufstieg des Handwerks im 2. Jahrhundert v.Chr. ein. Hier sind die Komödien des Plautus eine wichtige Quelle für die sich entwickelnde berufliche Vielfalt (siehe etwa Plaut. Aul. 505ff.). In der frühen Kaiserzeit gab es in einer mittleren Landstadt wie Pompeji mit ihren maximal 20.000 Einwohnern nach Ausweis der Inschriften 85 verschiedene Handwerks-B. Für eine Großstadt wie Rom darf man die Existenz aller 585 bekannten lateinischen Bezeichnungen für handwerkliche Tätigkeiten annehmen, wobei auch Frauen in den Arbeitsprozeß involviert gewesen sind. Für die Spätantike liefert das Höchstpreisedikt des Kaisers Diokletian von 301 n.Chr., das Maximaltarife für alle Handelswaren, Lebensmittel, gewerblichen Erzeugnisse, Rohstoffe und Dienstleistungen festsetzte, reichhaltige Informationen über das Vorhandensein von damit befaßten B. Für die gleiche Epoche gibt es auch Hinweise auf so exotisch anmutende B. wie Gipsstukkateure, Purpurfärber, Kranzflechter und Salbenhersteller.

Standortfaktoren: Für die Historische Geographie ist die Frage von Bedeutung, inwieweit die B. der Antike von landschaftlichen Faktoren determiniert gewesen sind. Dafür gibt es eine Reihe von Hinweisen. Die kretischen Berge etwa waren insofern ein wichtiger Wirtschaftsraum, als sie, neben Weideland, Rohstoffe wie Holz, Stein und Metalle zur Verfügung stellten und den Menschen bei deren Verarbeitung und Export entsprechende B.-Möglichkeiten boten. In Attika war das Silber-

Abb. 12: Moderne Nachbildung eines keltischen Bergmannes im Museum Hallstatt im Salzkammergut. Der Salzbergbau hielt in Hallstatt bis in die römische Kaiserzeit hinein an. Der Bergmann ist der Umgebung seines Arbeitsplatzes entsprechend ausgerüstet, mit einem Tragsack, gebündelten Leuchtspänen, Fellmütze und Fellstiefeln.

bergwerk von Laureion ein bedeutender Arbeitgeber. Das Vorkommen von Ton machte Korinth zu einem Zentrum der Keramikherstellung. Die Lage von Städten an der Küste führte zu Tätigkeiten im Fischereigewerbe sowie in den Häfen und in der Schiffahrt. Erzvorkommen, wie im römischen Spanien (Vipasca, CIL II 5181), boten Beschäftigung im Bergbau. Die lokale Textilproduktion wurde durch die Existenz entsprechender Rohstoffe gefördert. Als Beispiele können hier die Wolle von Patavium (Strab. 5,1,7) und Leinen in Tarsos (Dion Chrys. 34, 21–23) angeführt werden.

Das Eisenerz der Insel Elba wurde nach Puteoli gebracht und dort weiterverarbeitet. Dieses Beispiel illustriert das Phänomen einer antiken Zirkulationsgeographie, bei der die Bearbeitung von Rohstoffen die Öffnung neuer Wirtschaftsräume und die dazugehörige infrastrukturelle Erschließung durch neue Verkehrswege zu Wasser und zu Land zur Folge hatte. Ein weiteres Beispiel ist der Handel mit dem *ferrum Noricum* über die Stadt Aquileia.

→ Ackerbau, Agrargeographie, Bergbau, Forstwirtschaft, Gebirge (Berg), Gesellschaft, Großgrundbesitz, Handel, Jagd, Landwirtschaft, Mobilität, Nahrungsmittel, Saline, Sklaverei, Töpferei, Viehwirtschaft, Wald, Wirtschaft, Wirtschaftsgeographie

LITERATUR: A. *Burford:* Land and Labor in the Greek World. Baltimore 1993. – A. *Chaniotis:* Die kretischen Berge als Wirtschaftsraum, in: Stuttgarter Kolloquium zur Historischen Geographie des Altertums 5, 1993. (Geographica Historica 8), Amsterdam 1996, 255–266. – J. H. d'*Arms:* Commerce and Social Standing in Ancient Rome. Cambridge 1981. – H.-J. *Drexhage:* Zum Selbstverständnis arbeitender Menschen im Imperium Romanum, in: Humanistische Bildung 14, 1990, 7–40. – J. *Ebert* (Hg.): Die Arbeitswelt der Antike. Köln/Wien 1984. – P. *Garnsey* (Ed.): Non-Slave Labour in the Greco-Roman World. Cambridge 1980. – F. *Gschnitzer:* Bürgerpflicht und Erwerbstätigkeit im alten Griechenland, in: Humanistische Bildung 14, 1990, 41–57. – N. *Kampen:* Image and Status: Roman Working Women in Ostia. Berlin 1981. – H. *Kloft:* Die Wirtschaft der griechisch-römischen Welt. Darmstadt 1992. – S. *Mrozek:* Lohnarbeit im klassischen Altertum. Bonn 1989. – G. *Zimmer:* Römische Berufsdarstellungen. (Archäologische Forschungen Bd. 12), Berlin 1982.

Holger Sonnabend

Bevölkerung

Griechenland: »Nur ein einziger Sohn soll gezeugt sein, das Haus seines Vaters dann zu hüten; so wächst ja der Reichtum in den Gemächern. Alt soll er sterben und selbst einen anderen Sohn hinterlassen. Leicht gewährt auch mehreren Zeus unsäglichen Segen. Mehrere mehren die Sorgen, doch ist auch größer der Zuwachs.« Diese Verse Hesiods (erg. 375 ff.; Übers. Schirnding) beschreiben das Dilemma eines großen Teils der B. des archaischen Griechenlands. Einerseits bestand, nicht zuletzt wegen der Altersabsicherung, der Wunsch nach (männlichen) Kindern, andererseits war offensichtlich, daß das jeweils zur Verfügung stehende Land nicht ausreichte, für mehrere Erben aufgrund der Realteilungen eine Lebensgrundlage zu bieten, da sich die B. stark vergrößert hatte. Die von ca. 750–550 v.Chr. anhaltende Kolonisationswelle unterstreicht diesen Sachverhalt nachdrücklich, unabhängig davon, ob zuerst Ackerland und dann Handelsplätze gesucht wurden oder umgekehrt.

Emigration, Kriegsverluste, Epidemien, das Erdbeben aus dem Jahre 464 v.Chr. in Sparta, gezielte Geburtenkontrolle sowie Kindesaussetzungen und hohes Heiratsalter der Männer bremsten das B.-Wachstum zumindest in den beiden Großstaaten (in Sparta Rückgang der männlichen Vollbürger von maximal 10.000 Spartiaten über 7–8.000 während der Perserkriege auf ca. 1.000 vor der Schlacht von Leuktra 371 v.Chr. und auf ca. 700 im 3. Jahrhundert v.Chr.; in Athen sank die Anzahl der männlichen Bürger von etwa 30.000 auf 20.000 in der Zeit von Perikles bis zum Ende des 4. Jahrhunderts v.Chr.). Dagegen konnte »Griechenland aufs ganze gesehen bis ins 4. Jahrhundert (und darüber hinaus) immer noch als übervölkert gelten, die Gesamtbevölkerung kann also, wenn überhaupt, nur wenig abgenommen haben« (Gschnitzer 112). Langfristig kam es jedoch offenbar auch hier zu einem Geburtenrückgang, so daß Polybios (36,17) davon spricht, daß »in ganz Griechenland die Zahl der Kinder, überhaupt die Bevölkerung in einem Maße zurückgegangen (sei), daß die Städte verödet sind und das Land brachliegt« (Übers. Drexler). Verantwortlich für diese Entwicklung macht Polybios eine bewußte Familienplanung (ein bis zwei Kinder pro Familie) zur Sicherung des Besitzes und des Wohlstandes, quasi die (unbewußte) Umsetzung sowohl der Empfehlungen Hesiods als auch der Überlegungen von Platon und Aristoteles in ihren Idealstaatsutopien, in denen die Begrenzung der B. als Reaktion auf die negativen sozialen und politischen Auswirkungen von Überbevölkerung eine wichtige Rolle spielte (Plat. pol. 372c; 460/1; Plat. nom. 737e–741a, 733 ff.; Arist. pol. 1326a 5 ff.; 1336b19 ff.). Bei der Annexion Griechenlands durch die Römer dürfte das B.-Niveau deutlich unter dem des 5. Jahrhunderts v.Chr. gelegen haben.

Römisches Reich: Folgt man Livius, dann war es von Anfang an das Bestreben des jungen römischen Staates, die B. überproportional schnell zu vermehren. Selbst ›zwielichtige‹ Zuwanderer bekamen Asyl (Liv. 1,8,4 ff.). Die Legende vom Raub der Sabinerinnen könnte auf eine frühe, auch im griechischen Raum bekannte Form der Menschenbeschaffung Bezug nehmen (Liv. 1,9,10 ff.). Dennoch ist den zuerst genannten Zahlen zur B.-Entwicklung mit Skepsis zu begegnen: »Unter Romulus soll das römische Heer anfangs 3.000, bei seinem Tod aber bereits 46.000 Legionäre umfaßt haben. Etwa 200 Jahre später habe es dann gar 83.000 römische Bürger gegeben« (Kolb 46). Selbst Eingemeindungen und Bürgerrechtsverleihungen können kaum zu einem derartig rapiden Wachstum geführt haben. Gesicherte Angaben beginnen frühestens mit den Zensus-Zahlen von 294/93 v.Chr., als ca. 262.000 römische Bürger gezählt wurden. Schwere Einbußen brachte der Zweite Punische Krieg mit sich, als die B. von ca. 270.000 auf 214.000 Bürger sank (umfassend Brunt 3ff.; spez. Tabelle 1, 13; dort auch ausführliche Erörterungen über die Personengruppen, die bei den einzelnen Zählungen erfaßt wurden). Vom Ende des Zweiten Punischen Krieges an ist ein ständiges B.-Wachstum mit einem leichten Einschnitt im Jahr 136/135 v.Chr. festzustellen. Sie zeigt an, daß die Zunahme besonders auf Zuwanderungen und Eingemeindungen, d. h. Bürgerrechtsverleihungen im großen Umfang, zurückzuführen ist, nicht jedoch nur auf den natürlichen Reproduktionsprozeß. Denn bereits im Jahre 131 v.Chr. forderte der Zensor Q. Caecilius Metellus Macedonicus, daß alle gezwungen werden sollten zu heiraten, um Kinder zu zeugen; eine Rede, die Augustus wieder aufnahm (Liv. epit. 59; Suet. Aug. 89; Gell. 1,6,1ff.). Trotz steigender Gesamt-B.-Zahlen des römischen Reiches ist die Geburtenquote bei den ›eigentlichen‹ Römern offenbar seit der Mitte des 2. Jahrhunderts v.Chr. so stark zurückgegangen, daß Augustus durch eine groß angelegte Sittengesetzgebung dieser Tendenz sowie einer ›Überfremdung‹ (Suet. Aug. 40,3) der römischen Gesellschaft entgegensteuern wollte. Ihr Kern war eine Heiratspflicht für alle und die Bevorzugung von Eltern mit drei und mehr Kindern im öffentlichen Leben. Nach Tacitus (ann. 3,25,1) scheiterte das Gesetzesvorhaben, da die Neigung zur Kinderlosigkeit zu groß war.

Damit sind in der B.-Entwicklung des 1. Jahrhunderts n.Chr. zwei gegenläufige Tendenzen auszumachen: Reichsweit stieg die B. an und betrug schließlich zwischen 50 und 80 Millionen Einwohnern (eine genauere Schätzung ist unmöglich). Die römischen Bürger vermehrten sich dabei von 4.063.000 (28 v.Chr.) über 4.233.000 (8 v.Chr.), 4.937.000 (14 n.Chr.; alle Zahlen nach R. Gest. div. Aug. 8) auf 5.984.072 (48 n.Chr.; Tac. ann. 11,25,5). In Italien lebten etwa 7,5 Millionen Menschen, davon in Rom zwischen 600.000 bis 1 Million (die höchste Schätzung nimmt 4 Millionen Einwohner an). Der Anteil der Sklaven wird für Rom aufgrund einer auf Pergamon bezogenen Angabe Galens (5,49) auf 10 bis 33% geschätzt. Die Zahl der Fremden betrug in Rom ca. 100.000; umfassend Kolb 448ff.). Andererseits stagnierte die Zahl der römischen Bürger, besonders in Rom und Italien, und war spätestens seit dem 2. Jahrhundert n.Chr. sogar rückläufig, eine Entwicklung, die durch die Vielzahl der Freilassungen sowie durch die Bürgerrechtsverleihungen großen Stils lange verdeckt wurde (Tac. ann. 21,1ff.).

Als Grund für den B.-Rückgang kann einerseits der steigende Wohlstand in Rom und Italien ausgemacht werden, der wie schon in Griechenland zu einer bewußten Limitierung der Familiengröße mittels Abtreibungen und Kindesaussetzungen führte. Andererseits kann zudem nicht übersehen werden, daß gleichzeitig eine gewisse Pauperisierung der untersten Schichten der römischen Bürger erfolgte, die nicht von dem allgemeinen Anstieg des Wohlstandes im 1. und 2. Jahrhundert n.Chr. profitierten. Auch diese Gruppen begrenzten die Zahl der Kinder, so daß sich zwei aus unterschiedlichen Motiven entsprungene Strömungen zu einem Resultat vereinten. Um dem B.-Schwund zumindest bei den Unterschichten zu begegnen, richteten zuerst Privatleute, dann Nerva und seine Nachfolger ein Alimentarprogramm ein, das ausschließlich römischen Bürgern in Italien und Rom zugute kam. Aus den Provinzen sind jedoch private Nachahmer bekannt. Kern des Programms waren Gelder, die den Gemeinden vom Kaiser zum Zwecke der Darlehensvergabe an Grundbesitzer zur

Verfügung gestellt wurden. Aus den eingehenden, relativ niedrigen Zinsen wurden bedürftigen römischen Eltern für ehelich geborene Mädchen und Jungen 12 bzw. 16 Sesterzen mit unterschiedlichen Laufzeiten ausgezahlt (uneheliche Kinder wurden mit geringeren Sätzen bedacht). Der niedrige Anteil der Mädchen (in Veleia 36 von 300 = 12%) zeigt, daß nur ein Teil der Kinder in den Genuß der Förderung kommen konnte. Trotz entgegengesetzter Forschungsmeinungen deutet dies darauf hin, daß es nicht nur der »erklärte Zweck der Alimentarstiftungen war ..., sozial schwachen Bevölkerungsschichten durch finanzielle Förderung einen Anreiz zu geben, die Kinderzahl zu erhöhen ... und so in italischen Stadtgemeinden dem Bevölkerungsrückgang unter den römischen Bürgern entgegenzusteuern« (Vittinghoff: Gesellschaft 254). Vielmehr dürfte eng mit der Anhebung der Bürgerzahlen auch die Stärkung der Rekrutierungsbasis für das römische Heer intendiert worden sein.

Umstritten ist in der Forschung die Entwicklung der B. vom 2. Jahrhundert n.Chr. bis in die Spätantike. Eine nicht unbeträchtliche Anzahl von antiken Stimmen beklagt einen zunehmenden Menschenmangel, in dessen Folge aufgrund von Arbeitskräftemangel seit dem Ende des 2. Jahrhunderts n.Chr. zunehmend Land brach liegen blieb. Eine Auswertung des inschriftlichen Materials einiger Städte der Narbonensis (Arles, Vaison, Vienne) hat ergeben, daß dort die Geburtenrate pro Frau vom 1. bis zum 3. Jahrhundert n.Chr. deutlich abgenommen hat und auf einen Wert gesunken ist, der bei der hohen Mortalität nicht einmal ausreichte, den B.-Stand zu halten (Wierschowski: Historische Demographie). Dieses Ergebnis läßt den Schluß zu, daß die Klagen der Zeitgenossen über einen B.-Schwund keine maßlos übertriebenen und verallgemeinernden Pauschalurteile darstellen, sondern realitätsnahe Beschreibungen einer als Bedrohung empfundenen Entwicklung.

Innenpolitisch hatte bereits Septimius Severus versucht, durch ein Verbot von Abtreibungen und Kindesaussetzungen sowie eine Anknüpfung an augusteische Vorstellungen von Ehe und Familie eine demographische Wende herbeizuführen, nachdem das Alimentarprogramm Nervas und Traians offenbar nicht die erhoffte Wirkung gezeigt hatte. Weder dies noch das Ansiedeln von ganzen germanischen Stammesverbänden im Römischen Reich stoppte den B.-Rückgang in den zentralen Provinzen. Sichtbarster Ausdruck dieser Entwicklung ist die Reduzierung des Areals vieler Städte. Diese Verkleinerung der urbanen Zentren kann nicht allein auf Fluchtbewegungen in den Schutz der ländlichen Großgüter zurückgeführt werden. Ebensowenig kann die Tatsache, daß sich relativ viele Menschen (Mönche, Einsiedler etc.) aus der Gesellschaft zurückzogen, hierfür ausschlaggebend gewesen sein. Der Fall Roms dürfte also aus einem Zusammenwirken von internen und externen Problemen erklärbar sein, wobei der B.-Rückgang, durch die Pestepidemie unter Mark Aurel noch verstärkt, besonders im Westen des Römischen Reiches die Gesamtsituation entscheidend verschlechtert hat.

→ Bürgerrecht, Demographie, Gesellschaft, Kolonisation, Siedlungsformen, Sklaverei

LITERATUR: P.A. *Brunt:* Italian Manpower 225 B.C.-A.D. 14. Oxford 1971. – R. *Duncan-Jones:* The Economy of the Roman Empire. Quantitative Studies. Oxford ²1982, spez. 288 ff. – E. *Lo Cascio:* La dinamica della popolazione in Italia da Augusto al III secolo, in: L'Italie d'Auguste à Dioclétien. Actes du colloque international organisé par l'École française de Rome. Roma 1994, 91–125. – A. *Mette-Dittmann:* Die Ehegesetze des Augustus. Stuttgart 1991. – St. *Mrozek:* Die privaten Alimentarstiftungen in der römischen Kaiserzeit, in: H. Kloft (Hg.): Sozialmaßnahmen und Fürsorge. Graz-Horn 1988, 155–166. – E. *Ruschenbusch*: Überbevölkerung in archaischer Zeit, in: Historia 40, 1991, 375–378. – Fr. *Vittinghoff*: Bevölkerung, in: Handbuch der europäischen Wirtschafts- und Sozialgeschichte, 20–24. – Fr. *Vittinghoff*: Gesellschaft, ebda. 161–362. – L. *Wierschowski*: Die historische Demographie – ein Schlüssel zur Geschichte? Bevölkerungsrückgang und Krise des Römischen Reiches im 3. Jh. n.Chr, in: Klio 76, 1995, 355–380. – L. *Wierschowski*: Der historisch-demographische Kontext der severischen Abtreibungs- und Kinderaussetzungsverbote, in: Laverna 7, 1996, 42–66. – L. *Wierschowski*: Die Alimentarinstitution Nervas und Traians. Ein Programm für die Armen?, in: P. Kneißl/V. Losemann (Hgg.): Imperium Romanum: Studien zu Geschichte und Nachwirkungen. (Festschrift Karl Christ), Stuttgart 1998.

Lothar Wierschowski

Bezirk

Unter dem – unscharfen – Begriff B. läßt sich eine Vielzahl recht verschiedenartiger untergeordneter Verwaltungseinheiten fassen, denen die Rolle von mittleren Instanzen zukommt. Große Reichsbildungen haben von früh an die Notwendigkeit erkannt, Strukturen zu schaffen, durch die sich ausgedehnte Territorien gliedern lassen. Auf der anderen Seite kann B.-Einteilung auch in wesentlich kleinerem Maßstab erfolgen, beispielsweise im städtischen Bereich. Die Ermittlung von Lage und Ausdehnung solcher Verwaltungseinheiten gehört zu den Fragen innerhalb der Historischen Geographie, deren Beantwortung auch für die allgemeine Geschichte von besonderer Wichtigkeit ist. Die Schwierigkeiten sind dabei für das Altertum in einer oftmals disparaten Überlieferungslage begründet (literarische Quellen, Inschriften, Papyri, Münzen u.a.). In vielen Fällen ist für eine bestimmte Epoche nicht mehr zu erreichen als ein ungefährer Ansatz, der den Zwecken grober Orientierung genügen kann. Eine bis ins Detail gehende exakte Bestimmung der gesamten Umgrenzung eines B. ist nur in Sonderfällen möglich (z.B. wenn ein B. – wie im Falle der römischen Provinz Sicilia – mit einer klar definierten Natureinheit identisch ist).

Daß naturräumliche Gegebenheiten bei der Bildung von B. eine Rolle gespielt haben, daß ihre Größe und Abgrenzung dadurch mitbestimmt worden sind, läßt sich nicht selten wahrscheinlich machen. Als Grenzen für B. kommen etwa Gebirgskämme, Flüsse, Schluchten, Sümpfe in Betracht. Anderseits kann das Prinzip naturräumlicher Gliederung keineswegs schematisch für die Bestimmung der Ausdehnung von B. herangezogen werden. Administrative Planung hat immer wieder auch Lösungen gefunden, die nicht am Verlauf sogenannter natürlicher Grenzen orientiert waren.

Alter Orient und mykenisches Griechenland: Was die Gaue des pharaonischen Ägypten betrifft, die seit Djoser erkennbar sind (neben den altägyptischen Gaulisten, von denen die am Kiosk Sesostris' I. in Karnak wegen ihrer Maßangaben besonders wichtig ist, existieren auch mehrere Übersichten in der griechisch-lateinischen Literatur: vor allem Hdt. 2,165f.; Strab. 17,1,18–40; Plin. nat. 5,9,49f.; Ptol. geogr. 4,5), so dürften hier fiskalische Gesichtspunkte immer Vorrang gehabt haben vor geographisch-morphologischen Faktoren. Für die übrigen Reiche des Vorderen Orients sind zwar zahlreiche Namen von Teileinheiten überliefert (z. T. auch Listen), sie sind in ihrer Interpretation aber umstritten. Das gilt namentlich für das Achaimenidenreich, in dem das System der Satrapien im Laufe der Zeit nicht wenigen organisatorischen Veränderungen unterworfen gewesen sein dürfte (›Satrapien‹-Liste mit Angaben über das Steueraufkommen bei Hdt. 3,89–96). Das Land von Pylos im mykenischen Griechenland bestand aus zwei Provinzen, von denen die eine neun und die andere sieben Distrikte hatte (Linear B-Überlieferung).

Hellenistische Zeit: Alexander der Große, der Eroberer des Perserreichs, übernimmt weitgehend die vorgegebene B.-Struktur. Die auf dem Satrapiensystem aufbauende Territorialverwaltung bleibt kennzeichnend auch für die Nachfolgestaaten, vor allem für das Seleukidenreich. Als Untereinheiten der Satrapien sind hier Merides, Hyparchien, Eparchien und Toparchien belegt (App. Syr. 62,328 beziffert die Zahl der Verwaltungsdistrikte unter Seleukos I. auf 72). Im Ptolemäerreich wird die Gaugliederung beibehalten (mit Toparchien als untergeordneten Einheiten, vgl. Strab. 17,1,3).

Römisches Reich: Relativ gut bekannt ist die Geographie der Provinzen im Imperium Romanum. Ausdehnung und Struktur sind in erster Linie durch Faktoren historischer Entwicklung bestimmt. Das schließt nicht aus, daß in vielen Fällen auch naturräumlichen Gegebenheiten Rechnung getragen worden ist (so etwa bei der Herausbildung der gallischen Provinzen, vgl. Plin. nat. 4,27,105: *Gallia ... amnibus maxime distincta*; vgl. dazu auch Amm. 15,11,2 f.; natürliche Grenzen besitzt etwa die Provinz Noricum: im Norden die Donau, im Süden den Alpensüdkamm, im Westen den Inn). Daß in Provinzen untergeordnete territoriale Einheiten existieren, ist eher die Ausnahme. Zu erwähnen sind etwa die Formen des Gerichtssprengels (*dioikesis* bzw. *conventus iuridicus*, vgl. für Spanien etwa Plin. nat. 3,1,7–3,3,28; für Dalmatia Plin. nat. 3,21,139–3,22,142; für Asia Plin. nat. 5,29,105–5,33,126), des *pagus* (im Sinne von ›Gau‹, vor allem im gallischen Raum) oder der *civitas* (als einer großflächigen ländlichen Einheit, wie sie im Nordwesten des Reiches anzutreffen war). Zur Verbesserung der Binnenorganisation der Provinzterritorien hat römische Herrschaft in vielfältiger Weise beigetragen; besonders wichtig ist das Straßennetz. Unter Diokletian wird ein einheitliches System mehrfach abgestufter B. etabliert: Die Zahl der Provinzen wird durch Teilung erheblich vermehrt (vgl. Laterculus Veronensis 95; Notitia dignitatum 114). Mehrere Provinzen werden jeweils zu einer *dioecesis* zusammengefaßt (insgesamt zunächst 12, später mehr), größere Verwaltungseffizienz wird dabei nicht zuletzt durch eine Verkürzung der Kommunikationswege angestrebt. Die oberste Kategorie bilden dann B., die den *praefecti praetorio* unterstehen: Oriens, Illyricum, Italien und Galliae (so um 400 n.Chr.).

Italien selbst war seit Augustus in elf Regionen eingeteilt (vgl. die Beschreibung bei Plin. nat. 3,5,46–3,5,74; 3,11,95–3,19,131). Dabei hat mit Ausnahme des Samnitengebiets die stammesmäßige Zusammengehörigkeit ebenso eine Rolle gespielt wie die geographische Struktur (Flüsse als Grenzen; im Inneren auch Bergzüge).

Für städtische B.-Einteilung sind als Beispiele zu nennen Athen (139 Demen als lokale Verwaltungsbezirke; 10 Phylen als Wahlbezirke), Rom (14 *regiones* seit Augustus, vgl. Suet. Aug. 30,1; Katalog aus der Zeit Konstantins: in der Redaktion nach 347 als *Curiosum urbis Romae regionum XIV*) und Constantinopolis (14 *regiones*: vgl. dazu als topographische Übersicht die *Urbs Constantinopolitana nova Roma* betitelte Liste des 5. Jahrhunderts).

→ Fluß, Gebirge (Berg), Inschriften, Münzen, Papyri, Reich, Straße (Straßenbau)

LITERATUR: H. *Bengtson:* Die Strategie in der hellenistischen Zeit, Bd. 1–3. München 1937–1952 (ND 1964 und 1967). – W. *Helck:* Die altägyptischen Gaue. Wiesbaden 1974. – St. *Hiller:* Studien zur Geographie des Reiches von Pylos nach den mykenischen und homerischen Texten, SB Österr. AdW., Phil.-hist. Kl. 278, 5, Wien/Köln/Graz 1972. – P. *Högemann:* Das alte Vorderasien und die Achämeniden. Ein Beitrag zur Herodot-Analyse. Wiesbaden 1992. – B. *Jacobs:* Die Satrapienverwaltung im Perserreich zur Zeit Darius' III. Wiesbaden 1994. – H. *Lohmann:* Flur- und Demengrenzen im klassischen Attika, in: E. Olshausen/H. Sonnabend (Hgg.): Stuttgarter Kolloqium zur Historischen Geographie des Altertums IV, 1990. (Geographica Historica 7), Amsterdam 1994, 251–290. – R. *Thomsen:* The Italic Regions from Augustus to the Lombard Invasion. Kopenhagen 1947 (ND Rom 1966). – J. S. *Traill:* The Political Organization of Attica, Hesperia-Suppl. 14, Princeton/N. J. 1975.

Wolfgang Orth

Biographie

Im Rahmen der literarischen Produktion der Antike nimmt die B. einen hohen Stellenwert ein. Sowohl griechische als auch römische Autoren haben sich häufig und intensiv, wenn auch mit unterschiedlichen Zielsetzungen, der Beschreibung des Lebens zumeist prominenter Persönlichkeiten gewidmet.

Als herausragender Vertreter der griechischen Biographie gilt Plutarch (ca. 45–120 n.Chr.), der eine Sammlung von Parallelbiographien berühmter Griechen und Römer vorlegte. Bekannte Vertreter des Genres im römischen Bereich sind Cornelius Nepos (ca. 100–25 v.Chr.) sowie vor allem Sueton (ca. 70–130 n.Chr.) mit 12 Biographien römischer Kaiser von Caesar bis Domitian und die obskure, wohl am Ende des 4. Jahrhunderts n.Chr. verfaßte *Historia Augusta* mit literarischen Porträts der Kaiser von Hadrian bis Numerian.

Als Quelle für die historische Geographie der antiken Welt hat die B. durchaus ihren Wert. Allerdings sucht man vergeblich nach konkreten Bezügen, bei denen der Landschaft ein prägender Einfluß auf die Entwicklung und das Temperament der jeweiligen Persönlichkeit eingeräumt würde, und dies, obwohl die Wirkung von Umwelt und Klima auf den menschlichen Charakter zum allgemeinen Gedankengut zählte. Situativ und punktuell kommt diese Einstellung jedoch auch in der B. zum Tragen, etwa wenn Plutarch in der Camillus-Vita (28) die keltische Belagerung von Rom (387 v.Chr.) auch daran scheitern läßt, daß die Kelten mit dem heißen, ungesunden Klima im hochsommerlichen Rom nicht zurechtkamen. Grundsätzlich aber trifft der Autor der *Historia Augusta* (Aurelian. 3,3) die allgemeine Einstellung der antiken Biographen, wenn er sagt, nicht der Geburtsort, sondern die Bewährung im Staat sei bei dem Leben und der Geschichte bedeutender Herrscher das Wissenswerte.

Ungeachtet dieser wohl auch gattungsgeschichtlich zu erklärenden Zurückhaltung in bezug auf Geographie und Landschaft als das menschliche Leben betreffenden Faktor enthalten die antiken B. eine Fülle von geographisch-topographischen Angaben. Naturgemäß finden sich solche besonders häufig in den Viten von Persönlichkeiten, die als Politiker oder vor allem als Feldherrn einen weiten räumlichen Aktionsradius hatten (Alexander der Große, Iulius Caesar, Traian, Hadrian). Manche Beschreibungen von Städten oder Örtlichkeiten geben Historikern, Archäologen und Siedlungsgeographen wichtige Anhaltspunkte zur Lokalisierung und urbanistischen Entwicklung (z. B. Plut. Solon 26 über Soloi auf Zypern). Bevorzugtes Szenario für den Rekurs auf geographische Verhältnisse sind militärische Auseinandersetzungen. Caesars Gallienfeldzug (58–51 v.Chr.) nimmt Sueton zum Anlaß für eine präzise Angabe über die geographischen Dimensionen Galliens (Suet. Caes. 25). Plutarch (Fab. Max. 6) beschreibt ein topographisches Mißverständnis zwischen dem Karthager Hannibal und seinen eigentlich landeskundigen italischen Helfern (Verwechslung von Casinum und Casilinum) und verbindet dies mit einer ausführlichen topographischen Beschreibung der Landschaft. Freilich beruhen solche Informationen in der Regel nicht auf eigenständigen Recherchen der Biographen. Sind ihre Vorlagen jedoch nicht mehr erhalten, stellen ihre Angaben wichtige historisch-geographische Quellen dar.

Nachrichten über die Historische Geographie vermitteln darüber hinaus die hagiographischen Schriften der spätantiken B. Vor allem ist hier die *Vita Hilarionis* des Hieronymos (4./5. Jahrhundert) zu nennen, die eine hervorragende Quelle für das geographische Profil des östlichen Mittelmeerraumes darstellt.

→ Archäologie, Dichtung, Fachliteratur, Geographie, Geschichtsschreibung, Hagiographie, Klima, Mentalität, Siedlungsgeographie, Topographie

LITERATUR: *A. v. Domaszewski:* Die Geographie bei den Scriptores historiae Augustae, SB Heidelberger AdW, phil.-hist.Kl., Heidelberg 1916. – *F. Leo:* Die griechisch-römische Biographie nach ihrer litterarischen Form. Leipzig 1901 (ND Hildesheim 1990). – *I. Opelt:* Des Hieronymus Heiligenbiographien als Quellen der Historischen Geographie des östlichen Mittelmeerraumes, in: Römische Quartalsschrift 74, 1979, 145–177. – *R. Syme:* The Travels of Suetonius Tranquillus, in: Hermes 109, 1981, 105–117.

Holger Sonnabend

Brücke

Definition I: Eine B. ist ein Bauwerk zur Überwindung natürlicher und künstlicher Hindernisse wie Schluchten, Meerengen, Flüssen, Kanälen und Straßen. Anders als Damm, Einschnitt oder Tunnel ist die B. geeignet, Hindernisse zu überwinden, die sich in Bewegung befinden.

Quellenlage I: Die Zahl der antiken B., von denen wir Kenntnis haben, variiert für die einzelnen geographischen Räume und die unterschiedlichen Kulturen der Alten Welt. Dieser Befund hat vielfältige Ursachen, so z. B. die literarische und archäologische Quellenlage, den Grad der technischen Entwicklung einer Kultur und die geographische und hydrographische Beschaffenheit eines Raumes; so gibt es z. B. in Zentralgriechenland – anders als in Italien – nur wenige perennierende Flüsse, deren Überquerung nicht durch eine Furt oder mit einer Fähre möglich war. Auch die politischen, militärischen und wirtschaftlichen Gegebenheiten spielen hier eine Rolle: So war im politisch kleinräumig gegliederten Griechenland der klassischen Zeit

Abb. 13: Monumentale, unter Augustus begonnene und unter Tiberius 21/22 n.Chr. fertiggestellte Brücke in Ariminum (Rimini), über dem Fluß Marecchia. Über diese Brücke führte aus dem westlichen Stadttor die Via Flaminia hinaus. Konstruiert ist die Brücke, die die imperiale Macht Roms und seiner Herrscher in dieser Region Italiens zeigen sollte, aus istrischem Travertin auf fünf Bögen mit einer Spannweite zwischen 8,75 und 10,5 m. Die Anlage der Pfeiler nimmt Rücksicht auf die Strömungsverhältnisse. Der Fluß macht hier eine leichte Biegung, und so sind die Pfeiler aus der rechtwinklig zur Brücke verlaufenden Querachse herausgenommen. Es handelt sich um eine der besterhaltenen Brücken der Antike.

praktisch kein überregionales Wegenetz vorhanden, das auch die Überwindung größerer Hindernisse notwendig gemacht hätte; religiös motivierte Prozessionsstraßen stellen hier eine Ausnahme dar, und für sie finden sich auch die meisten Hinweise auf B.-Bauten (Syll.³ 145,40; 973,6f.; 1048,21). Im römischen Reich dagegen basierte die militärische Absicherung und die Verwaltung nicht zuletzt auf einem ausgebauten Staßennetz, das – auch wegen der möglichst geradlinigen Streckenführung – viele B.-Bauten erforderte.

Zweck der Bauten: B. waren oftmals jedoch nicht nur aus primär verkehrstechnischen, wirtschaftlichen oder militärischen Gründen errichtete Zweckbauten, sondern dienten – insbesondere in der römischen Kaiserzeit – auch Repräsentationszwecken. Darauf weisen Schmuckelemente (Nischen, Statuen, Schmuckbögen, Ehrensäulen), Inschriften und auch die manchmal überdimensionierte Größe hin; so wurde etwa eine kleine, einbogige republikanische B. an der 9. Meile der Via Praenestina in der frühen Kaiserzeit durch eine 16 m hohe, 72 m lange siebenbogige B. ersetzt.

Mentalitätsgeschichtliche Aspekte: Der Bau einer B. wurde grundsätzlich als Eingriff in die Sphäre des *genius loci*, insbesondere des Flußgottes und u.U. auch als Hybris des Menschen betrachtet (so der Bau der Schiffs-B. über den Hellespont durch Xerxes:

vgl. Hdt. 7,33-36). Opfer im Zuge der *dedicatio* (dargestellt auf der Traianssäule) und auch bei der Benutzung (Arr. an. 5,8,2) der B. sollten der Versöhnung des *genius loci* dienen. Nach der Christianisierung trat oft der Teufel an die Stelle des Flußgeistes und verlangte Tribut, bevor die Sitte des Opferns ganz christlich umgeformt wurde: B. wurden möglichst mit einer Kapelle versehen, ihr Bau galt jetzt als gutes Werk. Andererseits wird in der römischen Kaiserzeit der B.-Bau als Triumph des Kaisers über die Natur gefeiert (Traians Donau-B.: Cass. Dio 68,13; vgl. Plin. epist. 8,4,1f.; Domitians B. über den Volturnus: Stat. silv. 4,3,67ff.; vgl. auch die Schiffs-B. des Caligula zwischen Baiae und Puteoli: Suet. Cal. 19; Cass. Dio 59,17), die B. wird zu einem Herrschaftssymbol. Der Begiff *pontifex* ist etymologisch eine Komposition von *pons* und *facere*, *pons* ist jedoch nicht als ›B.‹, sondern als ›Pfad‹ zu verstehen; die Bedeutungsentwicklung zu ›Priester‹ ist nicht überzeugend geklärt.

Definition II: In antiker Terminologie bedeutet ›B.‹ *gefyra* bzw. *pons*. Mit *gefyra* wurden ursprünglich wohl Dämme mit Wasserdurchlässen, schließlich auch B. bezeichnet. Die Bedeutung von *pons* stimmt grundsätzlich mit dem heutigen Begriff ›B.‹ überein, meint manchmal aber auch einen erhöhten, unter Umständen stellenweise für Wasserdurchlässe durchtunnelten Damm(weg) durch sumpfiges Gelände (auch als *pons longus* bezeichnet; Catull. 17, Caes. Gall. 6,6,1; 8,14,4). Wasserleitungs-B. galten wohl nur dann als *pontes*, wenn sie gleichzeitig als Weg dienten (ILS 111).

Quellenlage II: Wichtigste Quelle für den antiken B.-Bau sind die archäologischen Befunde, daneben Darstellungen auf Reliefs (z.B. der Donau-B. auf der Traianssäule in Rom), Mosaiken und Münzen, inschriftliche und literarische Zeugnisse. Allerdings ist keine systematische Anleitung für den B.-Bau überliefert; es handelt sich vielmehr um verstreute Notizen wie z.B. die Schilderung des Baus einer Holz-B. über den Rhein bei Caes. Gall. 4,17. Auch Namen von Siedlungen weisen auf die Existenz von B. hin, da an B. oft Straßenstationen entstanden, die dann nach der B. benannt wurden und sich oft zu größeren Siedlungen entwickelten.

Typisierung und Bautechnik: Antike B. lassen sich nach verschiedenen Kriterien wie Erscheinungsbild, Konstruktionstechnik und Baumaterial systematisieren. Orientiert am Erscheinungsbild unterscheidet man (1) Platten- bzw. Balken-B., (2) Damm- bzw. Durchlaß-B. und (3) Bogen-B. (1) Eine Platten-B. führt flach über das Hindernis hinweg, ihr Unterbau ist kaum sichtbar; sie fällt daher in der Landschaft nicht als Bauwerk auf, der Verkehrsweg scheint von dem Hindernis nicht beeinträchtigt zu werden. (2) Eine Damm-B. führt die Straße auf einem Damm an das Hindernis heran, die Länge des Dammes übertrifft die eigentliche B.-Öffnung weit; sie fällt daher durch die Kompaktheit ihres Unterbaus auf, der wie eine Mauer wirkt, und betont so die Anstrengung, deren es bedarf, das Hindernis zu überwinden. (3) Eine Bogen-B. überspannt das Hindernis raumgreifend, die Öffnungen dominieren den Baukörper; so fällt sie zwar in der Landschaft als Bauwerk auf, sie scheint den Verkehrsweg jedoch nicht durch das Gelände mit seinen Hindernissen hindurch, sondern mühelos darüber hinweg zu führen. Durch den Entwicklungsstand der B.-Bautechnik bedingt, gehören alle vorrömischen B. den ersten beiden Typen an, während römische B. zumeist Bogen-B. sind.

Orientiert an der Konstruktionstechnik unterscheidet man (1) Balken-B., (2) B. in Kragstein- (›falscher Bogen‹) und (3) B. in Keilsteintechnik (›echter Bogen‹). (1) Die Balken-B. überwindet das Hindernis mit einem waagerecht verlegten Balken aus Holz

Abb. 14: Pont Flavien bei Saint-Chamas (Südfrankreich) über die Touloubre, frühe römische Kaiserzeit. Laut den Inschriften auf dem Architrav wurde der Bau durch einen Priester der Roma und des Augustus testamentarisch verfügt. Die Brücke kombiniert Funktionalität mit Repräsentation, indem das nützliche Bauwerk zugleich Werbung für die Familie des Stifters macht.

oder Stein; der Balken liegt je nach Uferhöhe an seinem Anfangs- und Endpunkt auf Stützen. Die B.-Weite ist durch die Balkenlänge begrenzt. Die Balken-B. ist die älteste Konstruktionstechnik. (2) Bei einer B. in Kragsteintechnik werden Steinblöcke waagerecht verlegt, und zwar so, daß ein Steinblock jeweils ein wenig über den unmittelbar darunter verlegten hinausragt. Gehalten werden die Steine durch den Druck der über ihnen befindlichen Lagen. (3) Die Keilsteintechnik, die in verschiedenen Kulturen schon lange bekannt war, aber nur für nicht-tragende Gewölbe genutzt wurde, übertrugen die Römer auf den B.-Bau und erreichten dadurch Spannweiten bis zu 35 m; es ist jedoch umstritten, ob in vereinzelten Fällen in Griechenland nicht doch schon in vorrömischer Zeit B. in der Technik des echten Bogens gebaut wurden. Bei dieser Technik wird der Bogen mithilfe eines Holzgerüstes aus Keilsteinen gesetzt; nach Einfügen des Schlußsteines wird das Gerüst entfernt. Der Bogen wurde halbkreisförmig (selten auch ein wenig flacher, wie beim Pons Fabricius in Rom) angelegt, da aus bautechnischen und statischen Gründen nur auf diese Weise große Bogenöffnungen erzielt werden konnten, die es erlaubten, die Zahl der Pfeiler, die in den Fluß gesetzt werden mußten, klein zu halten. So ergaben sich große B.-Höhen; die Fahrbahn mußte zur Überwindung des Höhenunterschieds oft über einen langen Damm herangeführt werden.

Probleme bereitete insbesondere der Bau der Fundamente der B.-Pfeiler, die in den Fluß gesetzt werden mußten. Die Römer benutzten *opus caementicium* (es härtet bei Verwendung von Pozzuolanerde auch unter Wasser) für die Pfeilerfundamentierung, das Innere der Pfeiler und der Joche, und sie waren es wohl, die das Spundwandsystem (Vitr. 5,12,3 ff.) entwickelten, das die Errichtung von Pfeilern direkt im Fluß ermöglichte. Dennoch blieb die Fundamentierung der Pfeiler die ›Achillesferse‹ der ansonsten soliden Bauten: das Fundament der Pfeiler konnte nicht tief genug verankert werden. Zum Ausgleich baute man die Pfeiler recht breit, wodurch sie allerdings zum Hindernis für Hochwasser wurden; dem versuchte man durch zusätzliche Wasserdurchlässe in den Pfeilern selbst und durch die im Grundriß an Schiffe (mit Bug zur Strömung) erinnernde Form der Pfeiler entgegenzuwirken. Große Bogenspannweiten sollten die Zahl der Flußpfeiler verringern.

Orientiert am Baumaterial unterscheidet man (1) Holz-, (2) Stein- (und Ziegel-) B., (3) B., zu deren Bau Holz und Stein verwendet wurde. Daneben errichtete man (4) Schiffs- bzw. Ponton-B. Dazu wurden Schiffe unmittelbar nebeneinander oder auch in größeren Abständen voneinander verankert und eine Fahrbahn darüber verlegt. Ein berühmtes Beispiel ist die Schiffs-B. über den Bosporos, die von Mandrokles aus Samos 513 v.Chr. für Dareios I. im Laufe des Feldzugs gegen die Skythen errichtet wurde (Hdt. 4,87 ff.; 97 f.; 136 ff.; vgl. Xerxes über den Hellespont 480 v.Chr. bei Hdt. 7,33 ff.). Schiffs-B. wurden freilich nicht nur zu kurzfristigem Einsatz gebaut, sondern auch auf Dauer, wie die römische B. bei Arles über die hier breite, reißende Rhône.

Entwicklung des Brückenbaus: In Ägypten wurden aus Holzmangel wohl schon sehr früh B. aus Stein errichtet; die älteste erhaltene B. stammt aus der Zeit des Chephren (ca. 2520–2494 v.Chr.). Für Ägypten sind ausschließlich Balken-B. nachgewiesen. Aus dem hethitischen Kulturbereich ist nur eine B. aus Hattuša bekannt; sie war wohl eine kombinierte Holz/Stein-Konstruktion und wird ins 14./13. Jahrhundert v.Chr. datiert. In Mesopotamien wurden im Zuge kriegerischer Unternehmungen spätestens seit Ende des 12. Jahrhunderts v.Chr. Holz- und Ponton-B. errichtet. Eine dauerhafte Steinkonstruktion ist aber erst für die Zeit Sargons II. (722–705 v.Chr.) bekannt. Berühmt war die B. über den Euphrat bei Babylon (Hdt. 1,186; Diod. 2,8,2 f.): für ihren Bau wurde der Strom umgeleitet; sie ruhte auf acht schiffsrumpfförmigen Pfeilern aus gebrannten Ziegeln; sie war ca. 126 m lang und 12–15 m breit, der hölzerne Oberbau war teilweise abnehmbar. Der archäologische Befund spricht am ehesten für eine Datierung in die Zeit Nebukadnezars II. (605–562 v.Chr.). Sie gilt als Bestätigung der Theorie, daß sich der Bau fester B. mit Strompfeilern aus dem Bau von Schiffs-B. entwickelte. Aus dem minoischen Kreta ist lediglich eine Stein-B. beim Palast von Knossos bekannt. Dieser Befund deckt sich damit, daß auch nur geringe Spuren eines Wegesystems gefunden wurden, kann aber auch damit erklärt werden, daß für die Überwindung der meisten Flüsse auf Kreta Furten genügten. Im mykenischen Kulturbereich dagegen waren wegen der geographischen und hydrographischen Gegebenheiten dauerhafte B. für die Funktionsfähigkeit des recht umfangreichen Wegenetzes unabdingbar; insbesondere in der Argolis hat sich eine Reihe dieser (kleinen) B. erhalten. Kragsteintechnik herrscht vor. Im griechischen Bereich finden sich – ebenso wie in Mesopotamien – Balken- und Kragsteinkonstruktionen in ungefähr gleicher Häufigkeit. Hier steht archäologisches Material und schriftliche Überlieferung in etwas größerem Umfang zur Verfügung. Den Etruskern kann nur eine einzige B. (Holz auf Steinwiderlager) mit Sicherheit zugewiesen werden. B. der Kelten vorwiegend im gallischen Raum sind literarisch (Caes. Gall. 1,6 f.; 7,11.34.53.58) und archäologisch nachgewiesen. Es handelte sich um Holz-B., die dendrochronologisch ins 2. Jahrhundert v.Chr. datiert werden.

Römische Brücken: Die älteste römische B., von der wir wissen, ist der Pons Sublicius (›Pfahl-B.‹), eine Holzkonstruktion, die seit dem 5. Jahrhundert v.Chr. die beiden Ufer südlich der Tiberinsel verband. Die erste B. mit Steinpfeilern und hölzernem Oberbau in Rom ist für 179 v.Chr. belegt (Pons Aemilius; 142 v.Chr. durch Bögen ersetzt: vgl. Liv. 40,51,4; Reste erhalten). In den röm. Provinzen setzt mit Erneuerung der Fernstraßen unter Augustus auch intensiver B.-Bau ein. Insgesamt sind ca. 1.000 römische B. bekannt. Besonders eindrucksvolle Beispiele finden sich bei Narni an der Via Flaminia, bei Rimini, Aosta, Salamanca, Merida und Alcantara (45 m hoch, 200 m lang). In späterer Zeit fanden neben den immer häufigeren Stein-B. aber immer auch Holz-B. Verwendung sowie gemischte Konstruktionen. Grundsätzlich hatten römische B. in der Mitte eine Fahrbahn (*iter*), seitlich jeweils einen Bürgersteig (*decursorium*) mit äußerem Geländer (*pluteus*). B. galten als Bestandteil der Straßen; so waren generell dieselben Beamten für Bau und Unterhalt von Brücken wie auch von Straßen zuständig: Konsuln, wohl auch Zensoren (vgl. Liv. 40,51,2–6), später die Kaiser, die diese Aufgaben in Italien an die *curatores viarum*, in den Provinzen an die Statthalter delegierten. Die B.-Baufinanzierung unterschied sich teilweise von der Straßenbaufinanzierung: herangezogen wurden dazu grundsätzlich die nächstliegenden, bei besonders kostenintensiven Projekten auch weiter entfernte Gemeinden und das Steueraufkommen der Provinzen; schließlich halfen auch die Kaiser aus (vgl. z.B. ILS 293).

→ Architektur, Baumaterial, Deich, Fluß, Furt, Götter, Inschriften, Kanal, Kultorganisation, Meerenge, Straße (Straßenbau), Tunnel

LITERATUR: J. *Briegleb:* Die vorrömischen Steinbrücken des Altertums. 1971. – C. *O'Connor:* Roman Bridges. Cambridge 1993 (zur Technik). – V. *Galliazzo:* I Ponti Romani. 2 Bde., Treviso 1995/94 – A. *Nünnerich-Asmus:* Straßen, Brücken und Bögen als Zeichen römischen Herrschaftsanspruchs, in: W. Trillmich (Hg.): Hispania Antiqua. Mainz 1993, 121–157.

Vera Sauer

Brunnen

B. sind technische Anlagen zur Gewinnung unterirdischen Wassers (Grundwasser) und zur Übergabe von Wasser an die Benutzer. Nach der Art der Herstellung werden Bohr- und Schacht-B., nach der Form der Darbietung des Wassers Schöpf- oder Zieh-B. und Röhren- oder Lauf-B. unterschieden.

Bohrbrunnen großer Tiefe wurden im Seilbohrverfahren schon vor zwei Jahrtausenden in China abgeteuft. Diese Technik, bei der schwere, innen hohle und am Seil geführte Meißel das Gestein zertrümmerten und anschließend das Bohrgut nach oben brachten, fand damals nicht den Weg nach Europa. Dort wurden erst im 18. Jahrhundert Bohrverfahren entwickelt (Leupold 1724) und seither in großem Umfang weiter entwickelt. *Schachtbrunnen* blieben über den Zeitraum der Antike hinweg die einzige Art des B.-Baus. Runde oder quadratische Schächte wurden in Handarbeit bis in das anstehende Grundwasser hinein vorgetrieben. Mauerwerk aus Bruchsteinen oder Ziegeln, auch B.-Ringe aus gebranntem Ton sicherten die Schachtwände. Im mittel- und nordeuropäi-

Abb. 15: Ein rekonstruierter römischer Ziehbrunnen von der Saalburg (Taunus).

schen Bereich stand vor allem Holz zum Ausbau zur Verfügung. Runde Querschnittsformen bekamen dort Auskleidungen aus ausgehöhlten Baumstämmen oder Dielen/Dauben, für quadratische wurden diese aus Brettern und Kantholz gezimmert. Öffnungen im Sohlbereich ermöglichten den Zutritt des Wassers in den B. Um das Wasser vor Verunreinigung zu schützen, wurde der Durchmesser der Öffnung möglichst gering gehalten. Sorgfältig bearbeitete Formstücke aus Stein mit Öffnungsdurchmessern von 0,5 bis 0,6 m schlossen die Schacht-B. ab. Der Rand ragte etwa 0,5 m aus dem Boden. Wie an Funden festgestellt wurde, hatten die Seile, mit denen die Gefäße aus den B. gezogen wurden, in der langen Nutzungszeit tiefe Riefen verursacht (z.B. in Phaistos/Kreta, Aphrodisias). Eine andere Möglichkeit des Schutzes war der Überbau durch eine Dachkonstruktion. Der Benutzer schöpfte das Wasser entweder direkt mit einem Gefäß oder zog dieses am Seil nach oben. Voraussetzung für die eine Art war ein Zugang bis zum Wasserspiegel, für die andere ein ausreichend langes Seil, das von Hand gezogen wurde. Schacht-B. sind aus den vorderasiatischen Reichen der Sumerer, Assyrer und Hethiter sowie der Minoer auf Kreta überliefert (2500–1400 v.Chr.). In Griechenland stellte das B.-Haus, auch Stufen-B. genannt, eine typische Form dar. Giebeldächer mit geringer Dachneigung schützten die Anlage. Stufen führten bis auf die Höhe des Wasserspiegels hinab (z.B. in Tegea, Delos, Aulis). Auf 100 Stufen konnten die Felsenquellen der Perseia in Mykene und der Klepsydra in Athen erreicht werden (13. Jahrhundert v.Chr.). Die B.-Anlagen waren vielfach Göttern als Heiligtum gewidmet und erfuhren deshalb eine besondere künstlerische Gestaltung.

In Städten mit großem Wasserbedarf reichten Schacht-B. zur Versorgung der Bevölkerung nicht aus. In Megara und Korinth (5. Jahrhundert v.Chr.) wurden deshalb

Quellen unterirdisch gefaßt und das Wasser in einer oder mehreren Behälterkammern gespeichert. Auf der Vorderseite trat es in mehrfach unterteilte Schöpfrinnen ein, aus denen es mit Gefäßen entnommen werden konnte. Solche Anlagen bekamen in der römischen Zeit (1. Jahrhundert n.Chr.) prachtvolle Fassaden. Ruinen bedeutender Quellheiligtümer (Nymphäen) sind z.B in Korinth, Milet, Zaghouan/Tunesien, Olympia, Perge, Aphrodisias, Hierapolis und Nemausus (Nimes) erhalten. Sie stammen aus dem 1. Jahrhundert v.Chr. bis zum 4. Jahrhundert n.Chr. Im mediterranen Teil des römischen Weltreichs wurde die von den Griechen angewandte Technik des B.-Baus übernommmen, die Anlagen zur Entnahme des Wassers jedoch weiterentwickelt. Portale und Galgen aus bearbeitetem Stein, Metall oder Holz trugen die Schöpfeinrichtungen mit Rolle, Winde und Seil. Ausgrabungen erwiesen, daß Schacht-B. nicht nur von oben nach unten abgeteuft, sondern auch in offener Baugrube von unten nach oben aufgebaut wurden. Der Arbeitsraum wurde anschließend wieder verfüllt. Forschungen im nördlichen Europa haben ergeben, daß schon in der jüngsten neolithischen und der Bronzezeit B. aus Mauerwerk bzw. Holz – ausgehöhlte Baumstämme, Zimmerwerk – hergestellt worden sind (Erkelenz und Zwenken 5100 v.Chr., St. Moritz 1400 v.Chr., Völlau, Bad Reichenhall 900 v.Chr., Senftenberg 800–500 v.Chr., Schmiden 400 v.Chr.). Die Technik des Ausbaus von B. mit Dielen aus Eichenholz, verstärkt mit Kanthölzern, unterschied sich dabei nicht von der späteren der Römer (quadratische Grundrisse mit 1,2–1,5 m Seitenlänge, 3–8 m Tiefe), was z.B. bei Ausgrabungen in den Limes-Kastellen und -Dörfern bestätigt wurde (z.B. Murrhardt, Welzheim, Pfahlheim). Die B. besaßen über Flur eine Brüstung aus Holz. Rekonstruktionen zeigen ein auf Holzpfosten ruhendes, pilzförmiges Dach, an dem auch die Ziehvorrichtungen befestigt waren (Xanten, Saalburg/Taunus, Bad Krozingen; vgl. Abb. 15).

In den Gesetzen von Solon (6. Jahrhundert v.Chr.) waren Regeln über den B.-Bau enthalten. Schriftliche Überlieferungen über den Bau und die Nutzung von B. stammen von Marcus Vitruvius Pollio, Buch 8, (um 25 v.Chr.), von Sextus Julius Frontinus (um 100 n.Chr.) und von Flavius Vegetius Renatus (4. Jahrhundert n.Chr.).

Bei *Lauf-* und *Röhrenbrunnen* konnte der Benutzer das Wasser unmittelbar am Speier in Gefäße füllen. Voraussetzung war das Vorhandensein eines ausreichenden Wasserdrucks in der Zuleitung von einer Quelle oder im Rohrnetz. Je nach Ausbildung des Wasseraustritts waren Wand-, Stock- und Schalen-B. zu unterscheiden. Einfache Wand- oder Stock-B. können in der griechischen Antike selten nachgewiesen werden. Es gab sie jedoch sicher seit dem 6. Jahrhundert v.Chr. auf den Plätzen der Städte. Die Darstellung von Speiern mit Löwenköpfen z.B. auf Vasen bestätigt ihr Vorhandensein. Die heutige Situation im offenen B.-Hof der archaischen Kastalia in Delphi läßt vermuten, daß Quellwasser aus einer Reihe von Speiern mit Löwenköpfen ausgetreten ist. In der römischen Zeit ermöglichte das Vorhandensein von städtischen Wasserleitungsnetzen die Installation von Wand- und bevorzugt von Stock-B.. Aus dem Speier in einer Wand oder einem meist verzierten B.-Stock trat ständig Wasser in ein vorgelagertes, steinernes Becken. In Pompeji standen im 1. Jahrhundert n.Chr. für 8.000 Einwohner etwa 50 öffentliche B. zur Verfügung, in Rom im 4. Jahrhundert n.Chr. etwa 1.350. Dazu gab es dort im 2. bis 4. Jahrhundert n.Chr. 15 aufwendig gestaltete B.-Anlagen (Nymphäen) am Ende der Wasserleitungen (Aquädukte). Von ihnen blieb nur die der Aqua Claudia (erb. 38–52 n.Chr.) in Resten erhalten (Trofoi di Mario). Auch in Ostia haben Ausgrabungen ergeben, daß im Ortsnetz eine größere

Abb. 16: Römischer Schalen-Brunnen (Labrum) aus den Thermen von Rottweil (Baden-Württemberg).

Anzahl von Stock-B. angeschlossen waren. Mit dem Ende des römischen und byzantinischen Reichs sorgte der Islam mit der Achtung des Wassers als göttlichem Geschenk und den gebotenen Waschungen für eine Blütezeit des Baus von Wand-B. in Moscheen, Palästen und B.-Häusern. Schalen-B. (*labrum*) fanden häufig Aufstellung im Heißbad der römischen Thermen (*caldarium*). Sie waren meist halbkugelförmig aus Gesteinsblöcken herausgearbeitet und spendeten kaltes Wasser zur Abkühlung. Einige erhaltene Schalen (in Rottweil, Aphrodisias, Herculaneum) fanden später Verwendung als Zier-B. Schalen-B. trugen auch zur Gestaltung von monumentalen Fassaden der Nymphäen oder großer, öffentlicher Plätze bei. In der Mitte der Schalen-B. in Olympia sprangen kleine Fontänen hoch. Auch der Schalen-B. in Aphrodisias soll mit einer Fontäne ausgestattet gewesen sein.

Damit wurde eine weitere B.-Art, der *Zierbrunnen*, begründet, die zunächst im römischen Reich auf Straßen und Plätzen, in Bädern und Thermen, sowie in den Villen der Herrschenden eingerichtet wurden (z. B. in Rom, Tusculum, Tibur, Pompeji, Piazza Armerina). Über die arabischen Besetzungen vor allem in Südspanien fand diese B.-Art dann in ganz Europa, vor allem in der Renaissance weite Verbreitung.

→ Architektur, Bad, Baumaterial, Straße (Straßenbau), Wasserbau, Wasserversorgung, Wohnhaus

LITERATUR: A. *Baur*: Brunnen. München 1989. – G. *Garbrecht*: Wasser. Reinbek/Hamburg 1985. – F. *Glaser*: Antike Brunnenbauten in Griechenland. Wien 1983.

Albert Baur

Bürgerkrieg

Griechenland: In der griechischen Geschichte stellen B. ein wesentliches Phänomen dar. Der innere Frieden der Gemeinwesen war stets labil, weil – jedenfalls in klassischer und hellenistischer Zeit – die Voraussetzungen für seine Auflösung fast immer gegeben waren: Das Wirken von Hetairien, die Virulenz von Interessengruppierungen in der Bevölkerung, das Hineinwirken auswärtiger Mächte und Potentaten. Der für den Sachverhalt von den Griechen am häufigsten verwendete Ausdruck ist *stasis*, ›innerer Krieg‹, dessen Merkmale »die Anwendung von Gewalt, die Überschreitung von Gesetzen und damit der verfassungsmäßigen Ordnung sowie insbesondere der militärische Charakter der Auseinandersetzung« darstellen (Gehrke 7).

In der archaischen Zeit sind B. uns deutlicher faßbar im Umkreis der Entstehung von Tyrannenherrschaften seit der Mitte des 7. Jahrhunderts v.Chr. Eine wesentliche Voraussetzung dafür stellte die innere Verfassung der Aristokratie dar, die von Bindungsschwäche und wachsender Differenzierung geprägt war, woraus eine labile Situation ständiger Konfrontationsmöglichkeit resultierte. Ausgefochten wurde diese Konfliktsituation in den Formen des regulären Streites im Rahmen der Möglichkeiten der aristokratischen Lebensform, aber doch auch häufig mittels Androhung oder manifesten Einsatzes von Gewalt und bürgerkriegsartigen Kampfformen. Zu dieser strukturellen Situation fügten sich Vorgänge, die überdies die Autorität der Adelspolis insgesamt in Frage stellten: Die Not vieler Kleinbauern und die Forderung nach Neuaufteilung des Bodens und Schuldenerlaß sowie das wachsende Selbstbewußtsein und Partizipationsbegehren mittlerer und größerer Bauern, die auf Grund der Wandlung im Militärwesen nun als Hopliten in der Phalanx dienten. Die hieraus resultierenden Auseinandersetzungen – adlige Machtkämpfe und Konfrontationen zwischen Adel und *demos* zugleich – führten bis um die Wende zum 5. Jahrhundert v.Chr. in den meisten Poleis zu politischen Ordnungen, die durch »die praktische, regelmäßige, maßgebliche Beteiligung breiter Schichten an der Regierung« gekennzeichnet waren (Meier 656). Die Tyrannis war insofern nur eine vorübergehende Erscheinung, eine zugespitzte Möglichkeit der Reaktion auf die seit der Mitte des 7. Jahrhunderts v.Chr. bestehende Krisensituation. Mochte sie auch in ihrer Wirkung eine Sistierung des inneren Kampfes darstellen, so war sie doch in der Regel Produkt von Staseis.

Der Weg des Adligen Peisistratos zur Errichtung einer Tyrannis in Athen (561/60–546/45 v.Chr.) kann wegen seiner relativ günstigen quellenmäßigen Dokumentation (Hdt. 1,59–64; vgl. Aristot. Ath. pol. 13–15) wesentliche, in gewissem Umfange auch exemplarische, Aufschlüsse über Strukturelemente dieser Art von B. geben. Ausgangs- und Mittelpunkt des inneren Kampfes sind die drei Aristokraten Megakles, Lykourgos und Peisistratos. Ihnen sind – nicht sehr stabile – aristokratische und nichtaristokratische Anhängerschaften zugeordnet, deren Kern vermutlich Hetairien adliger Gefolgsleute bildeten. Die Benennung dieser Anhängergruppen (auch ›Stasis-Gruppierungen‹) nach den drei geographischen Regionen Attikas (Pediakoi, Paraloi, Hyperakrioi/Diakrioi: Hdt. 1,59,3; Aristot. Ath. pol. 13,4f.) verweist nicht auf regionale Verteilung der Anhänger und ihre Formierung zu spezifischen Interessengruppen mit unterschiedlichen wirtschaftlichen Zielsetzungen, sondern erklärt sich möglicherweise aus der Ansässigkeit von für die Identität der Gruppen bestimmenden Mitgliedern in den jeweiligen Regionen. In den Formen der Auseinandersetzung vermischen sich Elemente des regulären adligen Streitaustrages mit solchen, in denen Gewaltmoment und Überschreitung des Rahmens der gegebenen Ordnung evident sind. Zu letzteren gehören die Bildung einer Begleitung aus ›Keulenträgern‹ und die Besetzung der Akropolis durch Peisistratos, wohl als Demonstration seiner Überlegenheit und Einschüchterungsaktion zu deuten. Auf derselben Ebene liegt die Reaktion seiner Gegner Megakles und Lykourgos, die mit den vereinten Kräften ihrer Hetairien

Peisistratos aus seiner Position vertrieben. In die Phase bis zur Aufrichtung der Tyrannis (546/45 v.Chr.) fallen wechselnde Allianzen zwischen den drei Protagonisten ebenso wie in unklaren Formen stattfindende Kämpfe. Nach zehnjährigem Exil (seit ca. 557/56 v.Chr.), in welchem Peisistratos sich materielle Ressourcen sicherte, Söldner anwarb und sich auswärtige Aristokraten verpflichtete, gelang ihm mit seinem im Kern aus diesem Personal bestehenden und durch Parteigänger (*stasiotai*: Hdt. 1,62,1) aus Athen und Attika verstärkten Heer bei Pallene der Sieg über das athenische Aufgebot. Hier mündete also der in verschiedenen – auch in anderen Poleis geläufigen – Formen ausgetragene Kampf in die militärische Überwältigung der Gemeinde von außen durch einen ihrer führenden Aristokraten.

In der klassischen und hellenistischen Zeit blieb die Stasis, insbesondere für die Staaten mittlerer Bedeutung, eine ständige Bedrohung. Quantifizierende Beobachtungen ergeben eine besondere Anfälligkeit für innere Kämpfe in Kriegszeiten. Gegenüber der archaischen Zeit hatte sich der Antagonismus geändert: Die typische Konfliktkonstellation war nun durch den Gegensatz zwischen Demokratie und Oligarchie, im Hellenismus durch den Kontrast von Demokratie und Tyrannis bezeichnet. Stasisanfälligkeit und Intensität der Kämpfe resultierten aus der Kleinheit der Verhältnisse in den meisten Staaten, der Beteiligung erheblicher Teile der Bevölkerung, sei es in sachlichem Engagement oder in personaler Bindung, und dem extremen Ehrgeiz kleinerer hetairisch strukturierter Führungsgruppen. In der Tendenz waren diese Kämpfe schonungslos, sie zielten auf die völlige Vernichtung des politischen Gegners und die Monopolisierung der Macht, häufig auch um den Preis der staatlichen Identität des Gemeinwesens.

Für die Stasis ist nun ferner grundlegend, daß sich in der Regel interne und zwischenstaatliche Konflikte verschränken, die Stasiskonstellation auf die außenpolitischen Konfliktlagen bezogen war. »Die innere Konstitution der griechischen Staaten wurde also zum Reflex der außenpolitischen Situation« (Heuß 21). Entsprechend steigerten sich Stasisanfälligkeit und Intensität der Kämpfe in Kriegszeiten. Thukydides (3,82,1) hat diesem Sachverhalt eine grundsätzliche Betrachtung gewidmet, indem er den Peloponnesischen Krieg zugleich auch als eine Summe von Staseis in der ganzen griechischen Welt analysierte, die sich aus oligarchisch bzw. demokratisch orientierten Interventionseinladungen an Sparta und Athen ergeben hätten. Seine paradigmatische Behandlung der inneren Kämpfe auf Korkyra in den Jahren 427–425 v.Chr. (Thuk. 3,70–81.85; 4,46–48) vermittelt alle für Staseis wesentlichen Momente: Die funktionelle Abhängigkeit der Stasis von der äußeren Machtsituation, den schroffen Antagonismus von Demokraten und Oligarchen sowie die Radikalität der Kampfformen und -ziele (Vertreibung, Enteignung, Tötung, militärischer Kampf, Verfassungsänderungen).

Die von Thukydides beschriebenen Verhältnisse bezüglich Korkyras waren nicht geradezu Normalzustand des staatlichen Daseins der Griechen. Aber vergleichbare innere Kriege konnten, zumal in mittleren und kleineren Staaten, stets – auch nach längeren Phasen inneren Friedens – ausbrechen und damit die strukturelle Labilität der innerstaatlichen wie der zwischenstaatlichen Verhältnisse dokumentieren, die für die größere Zahl der griechischen Staaten konstitutiv war.

Folge und zugleich einen Antriebsfaktor des Stasisgeschehens stellten stets die zahlreichen Flüchtlinge und Verbannten (*phygades*) dar. Als Alexander der Große im

Jahre 324 v.Chr. in seinem Verbanntendekret den griechischen Poleis die Aufnahme ihrer *phygades* auferlegte (Diod. 18,8,2–5), bedeutete dies den Verzicht auf die Ausnutzung interner Spannungen als Herrschaftsmittel und zugleich einen Beitrag zur Stabilisierung der Verhältnisse in den Poleis, insofern dort die inneren Gegner zur Koexistenz gezwungen wurden. Jedoch wurde dieser die herkömmliche Praxis der Politik sprengende Vorstoß bereits 319 v.Chr. mit dem Freiheitsedikt Polyperchons (Diod. 18,56,2 ff.; 18,57,1) wieder zurückgenommen, und es stellte sich für die Phase des Hellenismus die alte Mechanik des Stasisgeschehens mit ihrer Verbindung von innerem Konflikt und Einwirkung von außen wieder ein.

Rom: Anders als in der griechischen Geschichte war ›innerer Krieg‹ als Dauerphänomen den römischen Verhältnissen lange Zeit fremd. Römische Historiker werteten die Ständekämpfe als *bella civilia*, obwohl über ihre Gewaltkomponente wenig bekannt war (App. civ. 1,1f.). Mitteilungen darüber bieten zwar nur Fabrikationen der jüngeren Annalistik (Coriolanus-Legende: Liv. 2,33 ff.; Dion. Hal. ant. 6,92–8,62), dennoch ist es angesichts der Situation zu Beginn des 5. Jahrhunderts v.Chr. möglich, daß das langfristige Ringen der Plebejer (zwischen 494 und 287 v.Chr.) um sowohl politische Gleichberechtigung als auch wirtschaftlichen und sozialen Ausgleich – neben der *secessio* als Kampfform der politischen Blockade (Liv. 2,31–33) – auch offene Gewaltakte hervorrief, deren Ausmaß allerdings nicht mehr zu ermitteln ist.

Die nächste Etappe römischer B. (Flor. epit. 2,2; App. civ. 2) bilden jene Vorgänge, die das sogenannte Revolutionszeitalter einleiten. Sein wesentliches Merkmal ist der Desintegrationsprozeß der römischen Aristokratie, der sich politisch zunächst in unterschiedlichen Positionen zur Lösung der durch die Depropriierung weiter Bevölkerungsteile gekennzeichnete Agrarproblematik manifestierte und 133 v.Chr. mit der Ermordung des Volkstribunen Tib. Gracchus durch aufgebrachte Senatoren erstmals in einem blutigen Exzeß tumultuarischer Gewalt kulminierte (Vell. 2,2–3; App. civ. 1,14–16). Die Straßenkämpfe auf dem Aventin, die 121 v.Chr. infolge einer Notstandserklärung des Senats den Untergang des C. Gracchus und weiterer Reformanhänger brachten, erfüllen insofern Kriterien von B., als nach vorausgegangenem Verfassungsbruch ein bewaffneter Aufruhr (*seditio*: Flor. epit. 2,3) gegen die legitime Macht durch eine von ihr mobilisierte Bürgermiliz niedergeschlagen wurde (Vell. 2,6; Oros. 5,12; App. civ. 1,24–26). Von nun an bewirkten die steigende Bereitschaft der sozialreformerischen Kräfte (*populares*) zum Gewalteinsatz bei Wahlen und Abstimmungsvorgängen und die ebenfalls gewaltsamen Reaktionen der immer kompromißloser agierenden konservativen Senatsmehrheit (*optimates*) eine stetige Eskalation der Gewaltformen in der römischen Innenpolitik, die bald über Krawalle bewaffneter Anhänger hinausgingen und bürgerkriegsartige Kämpfe zwischen irregulären Formationen brachten. In diesen Komplex der in letzter Konsequenz gewalttätig betriebenen Auseinandersetzungen um soziale Reformen gehört Saturninus' 2. Volkstribunat 100 v.Chr., in dem nach Kontroversen über Landzuweisungen, Koloniegründungen und verbilligte Getreideabgabe jetzt auch das Forum tumultuarische Kämpfe sah, die mit dem Tod des Volkstribunen und den Verurteilungen seiner Anhänger endeten (App. civ. 1,30–33). Optimaten blockierten auch das u. a. auf die bürgerrechtliche Integration der italischen Bundesgenossen zielende Reformwerk des Livius Drusus und verursachten dadurch in Italien einen mit regulären Streitkräften ausgefochtenen Krieg (90–88/87 v.Chr.), der insofern B.-Qualität besaß, als den *Italici* nur die politisch längst fällige Anerkennung fehlte, um den sozialen Angleichungsprozeß zwischen ihnen und den *cives Romani* rechtlich abzuschließen.

Die Ausweitung des Bürgerrechts war dann auch das Resultat des Krieges, der unmittelbar in einen weiteren B. zwischen Optimaten und den von Marius und Sulpicius geführten Popularen mündete, die einmal mehr versuchten, in der Volksversammlung Gesetze mittels organisierten Gewalteinsatzes durchzubringen. Gegen den innenpolitischen Gegner setzte der Konsul Sulla 88 v.Chr. nun erstmals in der römischen Geschichte ein reguläres Heer ein (Liv. epit. 77). Seine Eroberung der Stadt und 10.000 gefallene Bürger waren der Preis für die Annulierung popularer Gesetze und eine nur ephemere Wiederherstellung der konservativen Senatsmacht. Denn 87 v.Chr. gelangten unter Cinna und Marius die Popularen auf eigene Truppen gestützt wieder zur Macht und rächten sich blutig an den Optimaten, so daß Sullas Rückkehr aus dem Osten den B. in Italien neu entfachte (83–82 v.Chr.). Die wiederum militärische Entscheidung brachte sein Sieg über die Marianer sowie ihre verbündeten Italiker in der Schlacht am Collinischen Tor, der in der Niedermetzelung von Gefangenen auf dem Marsfeld gipfelte. Proskriptionen und Reformgesetzgebung des Diktators Sulla bewirkten daraufhin die Restauration der Senatsherrschaft und die Unterdrückung der popularen Parteiung, deren Anhänger allerdings ihren bewaffneten Kampf 80–72 v.Chr. unter Sertorius in Spanien fortsetzten.

63 v.Chr. erreichte dann die sogenannte Catilinarische Verschwörung in der Endphase ihrer militärischen Niederschlagung Dimensionen von B. Und auch die 50er Jahre waren durch anhaltende innenpolitische Konflikte zwischen verschiedenen Fraktionen gekennzeichnet, die immer wieder zu Straßenkämpfen bewaffneter Anhängerschaften führten und die Sachfragen endgültig hinter das Machtstreben Einzelner zurücktreten ließen.

49 v.Chr. trieb die Kompromißlosigkeit der Optimaten, die mit Pompeius den erfolgreichsten Feldherrn jener Zeit für ihre Ziele instrumentalisiert hatten, Caesar schließlich dazu, zur Sicherung seiner politischen Existenz auf militärische Mittel zu setzen. In diesem die Bürgerschaft tiefgreifend polarisierenden B. wurde die Senatspartei rasch aus Italien vertrieben und am 9.8.48 v.Chr. bei Pharsalus besiegt. Den auch nach Pompeius' Tod in Ägypten noch andauernden militärischen Widerstand überwand Caesar durch Siege bei Thapsus (46 v.Chr.) und Munda (45 v.Chr.) und realisierte dann Teile des popularen Reformprogramms. Nach Caesars Ermordung brach der B. erneut aus, weil seine Parteigänger die Wiederherstellung der Republik nicht akzeptierten. Octavian konnte ein irreguläres Heer aufstellen und als Feldherr des Senats Antonius bei Mutina schlagen. Die Einigung der beiden, die am 11.11.43 v.Chr. zusammen mit Lepidus ein Triumvirat bildeten, beseitigte die Senatsherrschaft endgültig und bewirkte die Proskription oder Flucht der Republikaner, deren Heer 42 v.Chr. bei Philippi geschlagen wurde. Aber nach Ausschaltung der letzten republikanischen Machtkonzentration des Sex. Pompeius und der Absetzung Lepidus' durch Octavian begann 36 v.Chr. zwischen diesem und Antonius das Ringen um die Alleinherrschaft.

Die finale Phase des B. war offiziell ein *bellum iustum* gegen Kleopatra VII., in dem Octavian, durch einen Gefolgschaftseid Italiens und seiner Provinzen legitimiert, den Westen des Reiches erfolgreich gegen den Osten aufbot. Die Seeschlacht bei Actium (2.9.31 v.Chr.) und die Eroberung Alexandrias (1.8.30 v.Chr.) beendeten das ›Zeitalter der B.‹, in dem soziale Konflikte, unversöhnliche politische Gegensätze zwischen Popularen und Optimaten, das übersteigerte Streben einzelner Politiker nach *dignitas* und die Anforderungen, die die Kontrolle eines Weltreiches an die Strukturen eines Stadtstaates stellte, die Ordnung der Republik in einem revolutionären Prozeß aufgerieben und mit dem Prinzipat schließlich eine neue Staatsform geschaffen hatten.

Bis zum Vierkaiserjahr blieb Rom von weiteren B. verschont. Die Beseitigung von Neros dekadenter Herrschaft durch den Statthalter Galba 68 n.Chr. zog im Jahre 69 weitere Usurpationen nach sich, wobei die Prätorianer einen eigenen Kandidaten, die Heeresgruppen am Rhein und im Osten ihre Oberbefehlshaber als Imperator ausriefen und gegen den jeweils vom Senat legitimierten Prinzeps zu Felde zogen. In zwei Schlachten bei Bedriacum wurde zunächst Otho durch die Rheinarmeen des Vitellius (14.4.) und dieser dann durch die Donaulegionen, die sich für den am 1.7. im Osten proklamierten Vespasian erklärt hatten, besiegt (24./25.10.). Am 20.12. eroberten diese Rom, wo tags zuvor bei Kämpfen zwischen Vitellianern und Flaviern das Kapitol in Flammen aufgegangen war. Vespasians Herrschaftsbestätigung durch den Senat (21.12.) normalisierte lange vor der Ankunft des neuen Kaisers die politischen Verhältnisse.

Dieser B., der einen Wechsel der Herrscherdynastie brachte, hatte als senatorische Opposition gegen den Kaiser begonnen, durch den Loyalitätsbruch der Prätorianer die verfassungsgemäße Nachfolgelegitimation ausgesetzt und die von Augustus und seinen Nachfolgern erfolgreich eingedämmten (revolutionären) Kräfte des auf militärischer Herrschaft basierenden Prinzipats wieder entfesselt und dessen eigentliche Machtgrundlage erneut offenbart. Auch der Umstand, daß sämtliche Entscheidungskämpfe in Italien stattfanden, sorgt wohl letztmalig in der römischen Geschichte für eine stärkere politische Anteilnahme der italischen Bevölkerung und damit der Bürgerschaft im engeren Sinne.

Im Provinzialbereich ereigneten sich im 1. und 2. Jahrhundert ferner eine Reihe von ethnisch und/oder religiös geprägten Rebellionen gegen die römische Herrschaft, die von B. streng zu sondern sind und bei denen sich nur im Civilis-Aufstand *bella interna* und *externa* vermengten. Anders zu bewerten sind gegebenenfalls einige der ökonomisch und sozial bedingten Unruhen und Revolten in einzelnen Regionen und Städten (vorwiegend der östlichen Reichshälfte), die lokal begrenzt durchaus bürgerkriegsähnliche Formen annehmen konnten.

Die mit Commodus' Ermordung eingetretene Herrschaftsvakanz verursachte im Fünfkaiserjahr 193 n.Chr. wieder einen B., der erneut die Macht der Befehlshaber von Grenzheeren (in Syrien Pescennius Niger, in Pannonien Septimius Severus, in Britannien Clodius Albinus) gegenüber den Kandidaten der Prätorianer (Pertinax, Didius Iulianus) demonstrierte und einmal mehr die Reichsteile gegeneinander mobilisierte. Im Osten zogen sich die Kämpfe auch nach der Niederlage Nigers bei Issos (194 n.Chr.) noch bis 196 n.Chr. hin. Im Westen brach der B. erst 195 n.Chr. offen aus, als sich der 193 n.Chr. von Severus zum *Caesar* ernannte Albinus als *Augustus* ausrufen ließ, und endete mit dem Sieg der Severer in der Schlacht von Lugdunum am 19. 2. 197 n.Chr.

Die zahlreichen aus Usurpationen resultierenden inneren Kriege der folgenden Jahrhunderte verdienen nur noch eingeschränkt die Bezeichnung B. Sie sind sämtlich zwischen Armeeteilen ausgefochtene Prätendentenkriege, die ohne nennenswerte

Beteiligung der nicht-militärischen Bürgerschaft abliefen, deren Bedürfnisse unberücksichtigt blieben und die kaum partizipierte – außer als leidtragende und Ressourcen liefernde Provinzialbevölkerung. Die beinahe unablässige Folge der Prätendentenkriege im 3. Jahrhundert, deren innen- und außenpolitische Ursachen z.T. interdependent waren und die mit Separationen von Reichsteilen einhergingen, hat im Verein mit feindlichen Invasionen die Wirtschafts- und Verteidigungskraft Roms erheblich geschwächt. Im 4. Jahrhundert haben systeminhärente Usurpationen und daraus resultierende B. dann in beiderlei Hinsicht nahezu katastrophal gewirkt: Allein die am 28.9.351 n.Chr. zwischen Constantius II. und dem britannisch-fränkischen Usurpator Magnentius bei Mursa geschlagene Schlacht soll das Reichsheer 54.000 Mann gekostet haben (Zon. 13,8,17; Zos. 2,51–53) und muß als verlustreichste aller römischen B. gelten. Aufgrund der noch verstärkten Heranziehung germanischer Truppen (*foederati*) im 5. Jahrhundert n.Chr. wurden die Grenzen zwischen den inneren und äußeren Kriegen fließend, die letztlich die Auslöschung des weströmischen Reiches bewirkten.

→ Adel, Armee, Demokratie, Gesellschaft, Grenze, Kolonisation, Krieg, Reich, Tyrannis, Verfassung

LITERATUR: A. *Demandt*: Die Spätantike. München 1989. – St. *Elbern*: Usurpationen im spätrömischen Reich. Bonn 1984. – E. *Flaig*: Den Kaiser herausfordern. Die Usurpation im Römischen Reich. Frankfurt/M. 1992. – H.-J. *Gehrke*: Stasis. München 1985. – P. *Greenhalgh*: The Year of the Four Emperors. London 1975. – F. *Hartmann*: Herrscherwechsel und Reichskrise. Frankfurt/M. 1982. – A. *Heuß*: Das Revolutionsproblem im Spiegel der antiken Geschichte, in: HZ 216, 1973, 1–72. – L. de *Libero*: Die archaische Tyrannis. Stuttgart 1996. – A. *Lintott*: Violence in Republican Rome. Oxford 1968. – A. *Lintott*: Violence, Civil Strife and Revolution in the Classical City 750–330 B.C. London 1982. – Chr. *Meier*: ›Revolution‹ in der Antike, in: Geschichtliche Grundbegriffe 5, 1984, 656–670. – Th. *Pekáry*: Seditio: Unruhen und Revolten im Römischen Reich von Augustus bis Commodus in: AncSoc 18, 1987, 133–150. – Chr. *Pelling*: The Triumviral Period, in: CAH^2 X, 1996, 1ff. – M. *Stahl*: Aristokraten und Tyrannen im archaischen Athen. Stuttgart 1987. – G.E.M. de *Ste. Croix*: The Class Struggle in the Ancient Greek World. London 1981. – J.S. *Thompson*: Aufstände und Protestaktionen im Imperium Romanum. Bonn 1990. – T.E.J. *Wiedemann*: From Nero to Vespasian, in: CAH^2 X, 1996, 256ff.

Peter Tasler (Griechenland) – Peter Kehne (Rom)

Bürgerrecht

Das B. definiert den rechtlichen Status von Personen, die einer staatlichen Gemeinschaft angehören. Sein Gebrauch und seine Wirksamkeit variieren ebenso wie die Zugehörigkeits- und die Aufnahmekriterien in Abhängigkeit von der staatlichen Ordnung und den verschiedenen historischen Situationen.

Griechenland: Die Staatsbürgerschaft (*politeia*) ging in erster Linie auf die Entstehung eines freien Bürgertums zurück. Sie umfaßte in den einzelnen Poleis und nach dem jeweils geltenden Recht auch die Fähigkeit, bestimmte Zugangsvoraussetzungen (landwirtschaftlicher Ertrag, Zensus und Alter) zu erfüllen. Sie beinhaltete die Möglichkeit des *metechein tes politeias*, d.h. der Teilhabe am B. (Aristot. pol. 2,1275a.1277b), oder auch die Partizipation an einer Reihe von Rechten (Ausübung des aktiven und passiven Wahlrechts; freie Verfügung über den Grundbesitz; Rechtsschutz) und Pflichten (militärischer und finanzieller Art). In Bundesstaaten war eine doppelte Staatsbürgerschaft vorgesehen (*sympoliteia*), eine an den Ort und eine an den Bundesstaat gebunden (vgl. Syll.³ 380). Im Falle staatsschädigender Aktivitäten konnte der Status des *polites* aberkannt werden. Der Bürger wurde *atimos*, d.h. der bürgerlichen Ehrenrechte beraubt. Die *atimia* konnte vorübergehend oder für alle Zeiten und unwiderruflich ausgesprochen werden. Sie war auf die Familie und die nachfolgenden, manchmal auch rückwirkend auf die vorhergehenden Generationen ausdehnbar.

Fremde wurden nur mit äußerster Zurückhaltung eingebürgert. In Athen geschah dies mittels eines Zusatzdekretes; dies mußte in der Versammlung mit einem Quorum von 6.000 Wählern durch geheime Abstimmung nach vorheriger individueller Überprüfung des Antragstellers (Dem. 59,104) angenommen werden.

Rom: Bürger (*civis*) ist, wer aus einer rechtmäßigen Ehe zwischen einem Römer und einer Römerin hervorgegangen oder natürlicher Nachkomme einer rechtmäßig mit einem römischen Bürger verheirateten Fremden ist. Der Bürger hatte alle zivilen und politischen Rechte und Pflichten. Der Status des *civis* offenbart sich im Recht auf die *tria nomina* (d.h. drei Namensbestandteile zu führen). Zu den politischen Rechten zählte das aktive (*ius suffragii*) und das passive (*ius honorum*) Wahlrecht, zu den zivilen Rechten das *ius conubii* (rechtmäßige Eheschließung) und das *ius commercii*, das es dem Bürger erlaubte, Handelsgeschäfte abzuschließen. Darüber hinaus wurden ihm Privilegien im Rechtsweg zugestanden: So bot sich ihm kraft des Rechtes, strafrechtlich nur in Rom belangt werden zu dürfen, die Möglichkeit, von einem Magistraten eine *intercessio* (ein Eingreifen) zu verlangen. Die *provocatio ad populum* (Appell an das Volk), in der Kaiserzeit umgewandelt in die *provocatio ad Caesarem* (Appell an den Kaiser), gewährte jedem Bürger, dem die Todesstrafe oder Prügel eines Magistraten drohten, das Recht, das Volk anzurufen und sich dem Urteil der Volksversammlung zu unterziehen. Die *provocatio* war ein grundlegender Bestandteil der bürgerlichen Freiheit.

Die fortschreitende Erweiterung des B. durch flexible und veränderte Modalitäten und Bestimmungen führte mit der Zeit zur Integration verbündeter und unterworfener Völker. Aufgrund souveräner Handlungen der *civitas* wurde einzelnen Personen (*viritim*) oder ganzen Gruppen eine Ausweitung ihrer Rechte zugestanden. Nach dem Bundesgenossenkrieg (91–89 v.Chr.) wurde das B. auf die *socii Italici*, 49 v.Chr. auf die Transpadaner (die Bevölkerung jenseits des Po) ausgeweitet. Der Integrationsprozeß schritt während des Prinzipats weiter fort, bis im Jahre 212 n.Chr. der Kaiser Caracalla mit der *Constitutio Antoniniana* das Bürgerrecht auf alle freien Reichsbewohner ausdehnte. Der Effekt war die Einbürgerung von Fremden und Freigelassenen.

Das römische B. war mit anderen unvereinbar. Die Rechte wurden aberkannt, wenn der römische Bürger die Bürgerschaft einer anderen Stadt annahm (in republikanischer Zeit), sich freiwillig ins Exil begab oder als Folge des Verkaufes in die Sklaverei, weil er sich den militärischen Pflichten und der Zensuseinteilung entzogen hatte. Der Kriegsgefangene verlor den Status des *civis* als Folge des Freiheitsverlustes, wenn auch die Institution des *postliminium* die Wiedereinbürgerung im Falle einer Rückkehr vorsah.

→ Fremde, Gesellschaft, Recht, Sklaverei, Stadt, Verfassung

Literatur: P. *Donati Giacomini/G. Poma*: Cittadini e non cittadini nel mondo romano. Bologna 1996. – P. *Gauthier*: »Génerosité« romaine et »avarice« greque: sur l'octroi de droit de cité, in: Mélanges d'histoire ancienne offerts à W. Seston. Paris 1947, 207–215. – P. *Gauthier*: La citoyenneté en Grèce et en Rome, in: Ktema 6, 1981, 167–179. – C. *Nicolet*: Il mestiere di cittadino. tr. it., Roma 1980. – M. J. *Osborne*: Naturalization in Athens, 1–4. Brussels 1981–1983. – A. N. *Sherwin-White*: The Roman Citizenship. Oxford ²1973.

Giovanna Daverio Rocchi

Burg

Unter dem Stichwort B. lassen sich Befestigungsanlagen erfassen, die einer Gemeinschaft zum zeitlich befristeten Schutz oder als dauerhafter Wohnsitz dienen. Eine B. ist ein sowohl durch die Gunst der Lage als auch durch künstliche Annäherungshindernisse gesicherter Platz. Er kann von einem zugehörigen Wohn- und Wirtschaftsbereich mehr oder weniger weit abgesetzt sein, da das Gelände in erster Linie unter dem Aspekt seiner Verteidigungsfähigkeit gewählt wurde. Darüber hinaus versteht man unter B. den befestigten, mitunter repräsentativen Wohnsitz einer ranghohen, Herrschaft ausübenden Gruppe. Je nach Lage unterscheidet man Höhen-B., die auf Klippen, Bodenerhebungen und Bergspornen errichtet worden sind, von in flachem Gelände errichteten Befestigungsanlagen, die den Schutz von Gewässern oder Sümpfen zur Verteidigung ausnützen.

Etymologie: Etymologisch gehört der Begriff ›B.‹ in das semantische Umfeld des Hegens und Schützens durch künstliche Umwallung oder Befestigung (lateinisch: *arx*, abgeleitet von *arceo* = verschließe, hege ein, halte in Schranken). Andererseits lassen die Begriffe B. und Berg eine engere Bindung an die Vorstellung ›befestigte Höhe‹ erkennen (griechisch: *akropolis*). Die Bedeutung ›bergen durch künstliche Befestigung‹ behielt der B.-Begriff bis in die Gegenwart.

Aussehen von Burgen: Wesentliches Element einer B. ist ein Befestigungswall in Holz-Erde-Bauweise oder eine wehrhafte Mauer aus massiven Quadern. Die Mauer umschließt die Befestigungsanlage insgesamt oder schirmt den B.-Bezirk auf der Angriffsseite. Auf der Mauerkrone schützt ein Wehrgang mit Brustwehr und Zinnen die Verteidiger. Zur flankierenden Bekämpfung des Angreifers ragen viereckige oder halbrunde Türme über die Mauer hinaus. Der Mauer vorgelagert ist häufig ein Wasser- oder Trockengraben. Bei Berg-B. trennt ein Halsgraben die B. vom benachbarten Bergrücken. Zwischen Mauer und Graben verbreitert die Berme, ein horizontaler Absatz, den Verteidigungsbereich. Im Vorfeld der B. behindern Gebüsche aus verwachsenen Sträuchern und Hecken sowie Palisaden zusätzlich die Annäherung des Gegners. Der verletzlichste Abschnitt einer Befestigungsanlage ist das B.-Tor, weshalb seit den Anfängen des Festungsbaus der Fortifikation des Torbereichs durch Zusatzbauten besondere Aufmerksamkeit gewidmet wird (Ischtar-Tor von Babylon).

Gesellschaftliche Bedeutung der Burgen: Zu Bau, Unterhalt und Verteidigung einer B. ist der koordinierte Einsatz einer größeren Zahl von Menschen notwendig. Die Gemeinschaft, die eine B. errichtete, mußte entsprechend groß sein, um den Befestigungsring im Ernstfall verteidigen zu können. Zwar ist es vorgekommen, daß Befestigungsanlagen von einer genossenschaftlich organisierten Gemeinschaft angelegt wurden, viel häufiger jedoch ist der B.-Bau mit herrschaftlichen Strukturen verbunden. Die Größe einer B. ist somit ein Indiz für die Autorität und Durchsetzungskraft der herrschenden Gruppe über die Bevölkerung des mit einer B. verbundenen Territoriums. Im allgemeinen setzt die Existenz von B. herrschaftliche Strukturen voraus, umgekehrt errichtet nicht jede herrschende Gruppe B. Der unbefestigte Palast von Knossos auf Kreta oder die Palastvillen der römischen Kaiserzeit sind hierfür nur Beispiele.

Innenpolitisch dienten B. zu allen Zeiten herrschenden Gruppen als Stütze ihrer Macht über Territorien und die in ihren Grenzen ansässige Bevölkerung. Eine große Rolle spielten B. zu allen Zeiten bei militärischen Auseinandersetzungen zwischen rivalisierenden, ranghohen Gruppen innerhalb eines Stammes oder Staatswesens. Diese suchten ihren Machtanspruch durch den Bau von Befestigungen abzusichern, die offenbar weniger gegen die abhängige Bevölkerung gerichtet waren als vielmehr gegen die Angehörigen konkurrierender Adelsgruppen.

Bewohner einer Burg: B. unterscheiden sich hinsichtlich ihrer Größe und baulichen Ausführung erheblich. Manchmal ist nur der Wohnsitz des Herren, seiner Familie und der unmittelbar zum Haushalt gehörenden Personen befestigt. In diese Gruppe gehören die befestigten Wohnhäuser und Gehöfte, die beispielsweise im archaischen Griechenland verbreitet waren. Der Herr kann aber auch eine größere B. bewohnen, in der neben der Familie und dem unmittelbaren Hofpersonal Platz für größere Personengruppen ist, etwa für seine Gefolgschaft, aber auch für Handwerker, Händler und Künstler. B. dieser Art haben häufig Platz zur Aufnahme der in unbefestigten Siedlungen des Umlands wohnenden Bevölkerung, die im Gegenzug Verteidigungsaufgaben übernehmen müssen. Nicht ausgeschlossen ist, daß in einigen großen B. ein Teil der abhängigen Bevölkerung dauerhaft ansässig war. Solche Befestigungen haben dann stadtähnlichen Charakter. In vielen Fällen waren wohl nur Teile des Innenraums besiedelt, während der übrige Raum zur Aufnahme der Bevölkerung des Umlandes in Gefahrenzeiten freiblieb.

Mykene: In diese Gruppe gehören die bronzezeitlichen Königs-B. aus mykenischer Zeit. Der B.-Berg von Mykene liegt geschützt von umliegenden Bergen auf einer Felsterrasse im Hinterland von Argos an der Straße nach Korinth. In der Mitte der Anlage steht der große Palast, dessen Herrenhaus (*megaron*) und Annexgebäude sich um einen repräsentativen Hof gruppieren. Dem Palast schließen sich Magazine, Verwaltungsgebäude sowie die Häuser von dem Herrscher nahestehenden Persönlichkeiten an. Die Werkstätten der Gewerbetreibenden liegen außerhalb der Mauern. Erst in der spätmykenischen Epoche (1400–1200 v.Chr.) wurde der B.-Berg mit einer Fläche von 30.000 m^2 mit einer wehrhaften, bis zu 5 m dicken Ringmauer unter Einschluß der Schachtgräber im Südwesten umgeben. Für die Belagerungswaffen der damaligen Zeit war die Mauer überdimensioniert und ist somit auch als Monument der mykenischen Macht zu deuten. Der Hauptzugang zur B. erfolgt durch das sogenannte Löwentor. An der Ostseite deckt die B.-Mauer den Zugang, an der Westseite ragt ein

Turm von 7,5 auf 22 m Grundfläche über die Mauerlinie, so daß die Angreifer von beiden Seiten her beschossen werden konnten. Eine ähnliche Verengung des Torvorraums findet sich auch beim nordöstlichen Nebentor. Mykene war nicht nur der befestigte Wohnsitz der herrschenden Schicht, sondern auch Kultzentrum, Begräbnisstätte sowie der politische und kulturelle Mittelpunkt eines Reiches mit Handelsverbindungen im gesamten Mittelmeerraum.

Festungsbau und Befestigungstechnik: Festungsbau und Befestigungstechnik sind vom jeweiligen Stand der militärtechnischen Entwicklung abhängig. Eine B. im Handstreich zu erobern, war unter günstigen Umständen bei geringer Stärke der Mauern, mangelnder Aufmerksamkeit, Angst der Verteidiger oder Verrat möglich. Dabei spielte, wie bei der Einnahme von Avaricum durch Caesar während des Gallischen Krieges, das Moment der Überraschung die entscheidende Rolle (Caes. Gall. 7,27f.). Wo eine schnelle Einnahme mißglückte, mußte auf andere militärische Mittel zurückgegriffen werden. Langwierig und für die Angreifer nicht ungefährlich war der Versuch, die B. durch Blockade der Lebensmittelzufuhr und Wasserversorgung zur Übergabe zu zwingen (Zernierung). Waren die Belagerer gezwungen, die B. mit Waffengewalt einzunehmen, mußten sie die Strategie und das Instrumentarium des Festungskrieges (Poliorketik) anwenden. Zwischen Belagerungstechnik und Festungsbau besteht ein unmittelbarer Zusammenhang. Technisch verbesserte Belagerungswaffen wie Angriffstürme, Rammböcke, Sturmtreppen oder Rampen, zwingen über kurz oder lang dazu, daß die Befestigungstechnik gleichzieht. Befestigungsanlagen mit mehreren Mauerringen, zahlreichen Türmen, Gräben und ausgeklügelten Flankierungssystemen sind bereits aus altorientalischer Zeit bekannt (Assur, Ninive, Nimrud, Babylon, Ekbatana, Sendschirli, Turuspa auf dem Vanfelsen). Solche Anlagen verweisen indirekt auf die Existenz schweren Belagerungsgeräts. Umgekehrt deutet eine Serie von erfolgreichen Belagerungen, welche beispielsweise die assyrischen Herrscher Tiglatpilesar III. (745–727 v.Chr.) oder Assurbanipal (669–629 v.Chr.) erzielten, auf Defizite des damaligen Befestigungsbaus hin. Die zeitweilige militärische Überlegenheit der Angreifer wiederholt sich in hellenistischer Zeit mit den großen Belagerungen Philipps II. von Makedonien, Alexanders des Großen sowie des Demetrios Poliorketes. In diesem Zusammenhang gelten die massiven Quadermauern von Messene, Ephesos und Herakleia am Latmos sowie die tiefgestaffelten Befestigungsanlagen auf der Hochebene Epipolai im Norden von Syrakus, errichtet von Dionysios I. seit 402 v.Chr. (vgl. Diod. 14,18), als architektonische Antwort auf die zunehmende militärische Bedeutung von Minenkrieg, schwerem Belagerungsgerät und weitreichenden Geschützen.

→ Adel, Akropolis, Fortifikation, Gebirge (Berg), Gesellschaft, Handel, Monarchie, Palast, Staat, Stadt, Stadtmauer, Siedlungsformen, Strategie, Taktik, Volksstamm, Wirtschaft, Wohnhaus

LITERATUR: W. *Andrae:* Die Festungswerke von Assur. (Ausgrabungen der Deutschen Orient-Gesellschaft in Assur A.2), Leipzig 1913. – A. *Billerbeck:* Der Festungsbau im alten Orient. (Der Alte Orient 1.4), Leipzig ²1903. – A. *Bruhn-Hoffmeyer:* Antikens artilleri. (Studier fra sprog og oltidsforskning 236), Kopenhagen 1958. – E. *Ebeling:* Reallexikon der Assyriologie 3, 1957, 50–52. – Chr. *Hülsen:* RE I,2 (1896) Sp. 1493–94, s.v. arx. – W. *Liebenam:* RE I,6 (1909) Sp. 2224–2255, s.v. Festungskrieg. – A.W. *MacNicoll:* Hellenistic Fortifications from the Aegean to the Euphrates. (Oxford monographs on classical archaeology), Oxford 1997. – J. *Napoli:* Recherches sur les fortifications linéaires romaines. (Collection de l'Ecole Française de Rome 229), Rom 1997. – C. *Schuchhardt:* Die Burg im Wandel der Weltgeschichte. Potsdam 1931. – W. W. *Tarn:* Hellenistic Military and Naval Developments. Cambridge 1930 (ND Chicago 1975). – H. *Thür:* Stadtmauern der Antike, in: Stadt, Burg, Festung. Stadtbefestigung von der Antike bis ins 19. Jahrhundert. Innsbruck 1994, 9–50. – S. *Toy:* A History of Fortification: from 3000 B.C. to A.D. 1700. Melbourne ²1966. – E. *Unger:* Babylon. Die heilige Stadt nach der Beschreibung der Babylonier. Berlin ²1970, 59 ff. – H. *Waschow:* 4000 Jahre Kampf um die Mauer. (Geschichte der Belagerungstechnik 1), Bottrop 1938.

Eberhard Kaiser

Chorographie

In der Literatur scheint der Begriff erst seit dem 2. Jahrhundert v.Chr. bezeugt zu sein, um eine regionale Beschreibung anzuzeigen, der »die Lage von Orten und ihre Entfernung« angibt (Pol. 34,1,5 = Strab. 8,1,1). Im Jahre 139 v.Chr. beriefen sich die mit der Beilegung eines Gebietsstreites zwischen den kretischen Städten Hierapytna und Itanos beauftragten Richter auf *chorographiai*, aus denen man die Begrenzung der heiligen Erde des Heiligtums des Zeus Dikataios (Syll.³ 685,71 f. = IC 4,9) ersehen kann. Dies ist das erste Zeugnis einer kartographischen Bedeutung der Ch. In der antiken Literatur fand die regionale Geographie ihren Platz gewöhnlich innerhalb der allgemeinen Beschreibung der gesamten bewohnten Erde; war sie dagegen Gegenstand einer monographischen Abhandlung, erschien sie niemals unter dem Titel Ch. (vgl. z. B. *De situ Germaniae* des Tacitus).

Die *Chorographia* des Cornelius Nepos, des Varro Reatinus und des Varro Atacinus erläuterten aller Wahrscheinlichkeit nach den *orbis terrarum*, dem im übrigen auch das Werk des Pomponius Mela gewidmet und das unter diesem Titel überliefert ist (es ist nicht gesichert, daß dieser auf den Autor zurückgeht, der sein Werk folgendermaßen beginnt: *Orbis situm dicere aggredior* = »Ich unternehme es, die Lage des Erdkreises zu beschreiben.«). In der lateinischen Literatur wurde eine Beschreibung der Oikumene nicht als Geographie bezeichnet, da dieser Begriff nach dem von Eratosthenes beschrittenen Weg mit dem Studium der wissenschaftlichen Geographie assoziiert wurde, von der Cicero bekräftigte *millesimam partem vix intelligo* (»Ich verstehe kaum den tausendsten Teil davon.« Cic. Att. 2,4,1). Im Lexikon Strabons unterscheidet sich das semantische Feld Ch. nicht immer klar von der Geographie. Da in 2,5,1 die Tätigkeit des *chorographein* verschiedene mathematische und physikalische Vorkenntnisse verlangt, scheint die allgemeine Geographie die Basis für die regionale zu sein (vgl. 1,1,16). An anderer Stelle vermischt sich der Begriff Ch. mit der Geographie (1,1,16) oder *ges periodos* (14,5,22). So bedient sich Strabon (2,5,17) einmal des Ausdrucks *chorographikos pinax* – an Stelle des häufiger auftretenden *geographikos pinax* – jedoch um eine Weltkarte anzugeben, nicht eine regionale Karte mit größerem Maßstab, wie aus dem Kontext ersichtlich wird. Dasselbe gilt für eine Textstelle bei Vitruv, der die Hydrographie der bewohnten Welt erklärt (Vitr. 8,2,6: *capita fluminum, quae orbe terrarum chorographiis picta itemque scripta plurima maximaque inveniuntur egressa ad septemtrionem* = »Die meisten und größten Ströme findet man auf den Weltkarten so aufgezeichnet und in den Erdbeschreibungen so beschrieben, daß ihre Quellen im Norden liegen«; vgl. Aristot. meteor. 1,13,150a 14ff.). Es bleibt noch die Frage offen, ob der *chorographos*, der bei Strabon im 5. und 6. Buch sechsmal mit in Meilen angegebenen Entfernungen zitiert wird, mit der Karte des römischen Politikers und Militärs Agrippa identisch ist.

Man muß jedenfalls unterstreichen, daß Strabon die verschiedenen technischen und kartographischen Bedeutungen der Ch. und der Geographie noch nicht kennt. Bei Ptolemaios (geogr. 1,1,1–3) finden wir zum ersten Mal eine klare Unterscheidung zwischen geographischer und chorographischer Karte. Dabei handelt es sich nicht nur, wie es auf den ersten Blick erscheinen mag, um eine Differenz in der Skalierung, die die unterschiedliche Auswahl der dargestellten Elemente bestimmt. In der chorographischen Karte dominieren die qualitativen Aspekte, in der geographischen die quantitativen Beziehungen. Die erste ist das Werk eines Malers, die zweite das eines Mathematikers, der schematisch die Umrisse der Oikumene sichtbar macht, wobei er die Kongruenz von Lokalisationen, Entfernungen und Proportionen bewahrt (Ptol. geogr. 1,1,4–5).

→ Erde, Erdteile, Erdvermessung, Geographie, Kartographie, Topographie, Welt

LITERATUR: P. *Arnaud*: La cartographie à Rome. Diss. Paris 1990. – G. *Aujac*: Claude Ptolémée astronome, astrologue, géographe. Paris 1993. – K. *Brodersen*: Terra cognita. Studien zur römischen Raumerfassung. Hildesheim/Zürich/New York 1995. – Y. *Janvier*: Vitruve et la géographie, in: Geographia Antiqua 3–4 (1994–1995), 57–61. – C. *Nicolet*: L'inventaire du monde. Géographie et politique aux origines de l'Empire romain. Paris 1988.

Francesco Prontera

Chronologie

Die Chr. meint einerseits die Zeitmessung, andererseits die Lehre von der Zeitmessung. Die mit menschlichen Organen nur in ihren Folgen, nicht aber direkt erfaßbare und im menschlichen Bewußtsein nur subjektiv erlebbare Zeit versuchte der Mensch seit Urzeiten berechenbar zu machen. Er stellte zu diesem Zweck einerseits das zeitliche Verhältnis verschiedener Ereignisse zueinander fest (relative Chr.), andererseits nutzte er dazu natürliche und mit gewisser Regelmäßigkeit immer wiederkehrende Erscheinungen (absolute Chr.).

Bedeutung der Chronologie: Ausgangspunkt der Zeitmessung war die dem Menschen wahrnehmbare Natur in ihrer exaktesten Ausgestaltung, den kosmischen Erscheinungen im Bereich der wirklichen und scheinbaren Bewegungen (Sonne, Mond und Sterne), aus denen sich, abgesehen vom stets gleichlangen Jahr, in gewissen Grenzen variable, von der geographischen Breite abhängige Zeiteinheiten wie Morgen, Mittag, Abend, Tag, Nacht, Frühling, Sommer, Herbst und Winter ableiten lassen. Die mathematisch-astronomischen Grundlagen der Zeitmessung werden von der astronomischen Chr. bereitgestellt, die Nutzung der astronomischen Erscheinungen durch den

Menschen fällt in das Forschungsinteresse der historischen Chr. Höher entwickelte Organisationen wie die bewässerungsabhängige Landwirtschaft im Zweistromland oder im Niltal mit ihren hydrologischen Problemen (Kanalsysteme) bedurften stets zuverlässiger Hilfsmittel zur zeitlichen Orientierung, die ein mehr oder weniger perfektes Kalenderwesen bereitstellte. Eine besondere Schwierigkeit, die sich den Versuchen, einen stimmigen Jahreskalender zu schaffen, entgegenstellte, war die Kombination der das menschliche Leben ganz offensichtlich beeinflussenden, voneinander unabhängigen, naturgegebenen Bewegungen der Erde um sich selbst (Tag und Nacht) und der Erde um die Sonne (Jahr). Nicht problemlos ließen sich außerdem in dieses System die ebenfalls voneinander sowie von Sonnen- und Erdbahn unabhängigen, nur durch den Bedarf an überblickbaren Zeiteinheiten zwischen Tag und Jahr bedingten und kultisch bestimmten Perioden des Monats (gegeben durch die augenfällige Bewegung des Mondes um die Erde – die mondabhängigen Gezeiten ließen sich nur in bestimmten Küstengebieten zur Zeitmessung nutzen) und der Woche hinzu (mit sieben Tagen im Babylon des 2. Jahrtausends v.Chr., in der Folge bei den Juden. Durch Vermittlung der Christen verdrängte sie die achttägige Woche der Römer, 321 n.Chr. von Konstantin dem Großen gesetzlich verordnet: Cod. Theod. 15,5,5. Das ägyptische Sothis-Jahr kannte eine 10tägige Woche).

Entwicklung der Chronologie:

(a) *Ägypten:* Das früheste, ausschließlich astronomisch konstituierte Kalendersystem, das uns aus der Alten Welt überliefert ist, galt in Ägypten und legte den Jahresanfang auf den heliakischen (gleichzeitig mit dem Sonnenaufgang vollzogenen) Aufgang des Sirius (griechisch: Sothis, ägyptisch: Sepedet) im Sternbild des Großen Hundes. Dieser Jahresbeginn fiel wohl ursprünglich mit dem Beginn der Nil-Schwelle zusammen. Das Sothis-Jahr behielten die ägyptischen Priesterschaften konsequent ohne Einschaltungen bei, obwohl es um ¼ Tag kürzer war als das tropische Sonnenjahr (d.h. das Zeitintervall zwischen zwei Durchgängen der Sonne durch den Frühlingspunkt mit 365 Tagen, 5 Stunden, 48 Minuten, 45,975 Sekunden) und infolgedessen rückwärts durch das natürliche Sonnenjahr hindurchwanderte (1.461 Sothisjahre = 1.460 tropische Sonnenjahre, die sogenannte Sothisperiode). Die Landwirtschaft im Niltal konnte mit diesem Jahr nicht gut umgehen, da es sich immer mehr vom natürlichen, die Landwirtschaft bestimmenden Sonnenjahr unterschied. Deshalb nutzte man daneben ein Wirtschaftsjahr, das 365 Tage umfaßte (12 Monate zu 30 Tagen inklusive 5 nach- bzw. vorgeschaltete Tage). Aber auch dieses Jahr war um ¼ Tag kürzer als das tropische Sonnenjahr und wanderte infolgedessen ebenfalls rückwärts durch das natürliche Sonnenjahr hindurch. So waren immer wieder Einschaltungen notwendig, um diesen Kalender mit den Jahreszeiten im Einklang zu halten. Über eine solche Einschaltung informiert das sogenannte Dekret von Kanopos aus dem Jahr 239/38 v.Chr. (OGIS 56), worin die Notwendigkeit dieser Maßnahme damit begründet wird, »daß die Feste, die man im Winter gefeiert hatte, in den Sommer fielen, und die im Sommer gefeierten in den Winter«.

(b) *Griechenland:* Die griechischen Poleis verfügten nicht etwa über ein einheitliches Kalendersystem. Jede von ihnen hatte ihren eigenen Kalender mit besonderem Jahresbeginn und eigenen Monatsnamen. Sie orientierten sich aber – jedenfalls grundsätzlich – alle am Mondjahr mit 12 Monaten (der Mondumlauf um die Erde beträgt 29½ Tage) zu 29 bzw. 30 Tagen, also insgesamt 354 Tage. Den Jahresbeginn rechnete man in Athen vom ersten Neumond nach der Sommersonnenwende an. Um das Mondjahr dem um 11 Tage längeren tropischen Sonnenjahr anzugleichen, waren verschiedentlich Einschaltungen (ein oder zwei Monate) notwendig (daher ›lunisolarer‹ Kalender). Neben diesem an wirtschaftlichen Bedürfnissen ausgerichteten Kalender gab es in Athen außerdem einen Festkalender mit eigenen Schaltungen und einen Amtskalender mit 10, in der hellenistischen und der römischen Kaiserzeit mit 11, 12 bzw. 13 Monaten in Entsprechung zu den einzelnen Regierungsgremien (Prytanien) der Phylen.

(c) *Rom:* Auch in Rom mußte man sich mit Kalenderproblemen auseinandersetzen. Ursprünglich mag es hier in etruskischer Tradition ein zehnmonatiges Jahr (März bis Dezember) mit 304 Tagen gegeben haben. Wie die Winterzeit, in der die Landwirtschaft ruhte, kalendarisch gerechnet wurde, wissen wir nicht. Zu einem unbestimmten Zeitpunkt wurden die Wintermonate Januar und Februar eingefügt, das Kalenderjahr auf 355 Tage erweitert. Schaltmonate, eingelegt zwischen den 22. und den 23. Februar (*mensis intercalaris*), glichen dieses Mondjahr dem tropischen Sonnenjahr an. 153 v.Chr. verlegte man den Jahresbeginn mit dem Amtsantritt der Konsuln vom 15. März auf den 1. Januar. Ausschlaggebend für diese Kalenderänderung war der Umstand, daß mit der steten Expansion des römischen Reichs die Entfernungen zwischen Reichszentrum und den verschiedenen Kriegsschauplätzen immer größer wurden, so daß zur Aushebung und Ausrüstung der Heere für die stets im Sommer geführten Feldzüge durch die Konsuln des jeweils neuen Jahres nicht genügend Zeit blieb. Da sich aber auch dieses Kalendersystem nicht bewährte, sondern immer mehr in Unordnung geriet, führte C. Iulius Caesar – wohl wesentlich bewogen durch das Bestreben, die Schaffung eines einheitlichen reichsweiten Wirtschaftssystems zu fördern – nach Einschaltung von 90 Tagen mit dem 1. Januar 45 v.Chr. nach dem Vorbild des ägyptischen Kalenders ein Jahr mit 365 Tagen und einem zusätzlichen Schalttag alle vier Jahre ein, der über verschiedene geringfügige Korrekturen (z.B. der Kalenderreform unter Papst Gregor XIII. 1582, derzufolge alle 400 Jahre 3 Schalttage unterdrückt wurden) bis heute weitgehend gültig ist.

Weitere Zeitrechnungen in der Antike: Die Datierung der einzelnen Jahre richtete sich in monarchischen Staaten grundsätzlich nach den Regierungsjahren der einzelnen Herrscher oder Herrscherdynastien, in den griechischen Poleis nach bestimmten profanen oder sakralen Beamten, in Rom nach den beiden Konsuln eines jeden Jahres. Nach Olympiaden (Epochejahr 776 v.Chr.) oder der Gründung Roms (753 v.Chr.) rechnete man prinzipiell nur in gelehrten Kreisen und daher auch in bestimmter Literatur, nicht aber im täglichen Umgang. Die christliche Ära entwickelte sich aus der Notwendigkeit des christlichen Festkalenders, der ursprünglich auf der unter dem Kaiser Diokletian (284–305 n.Chr.) eingeführten Indiktionen-Rechnung basierte. Um diesen als Christenfeind bekannten Kaiser aus dem christlichen Festkalender auszuschalten, bemühten sich verschiedene theologische Schulen darum, das Geburtsjahr Christi zu errechnen. Durchgesetzt hat sich schließlich mithilfe der päpstlichen Verwaltung die Rechnung des skythischen, in Rom lebenden Mönchs Dionysius Exiguus, derzufolge das Jahr 248 der Diokletianischen Ära dem Jahr 532 nach Christi Geburt (nach unserer Kenntnis um 6 Jahre zu spät angesetzt) entsprach.

→ Astronomie, Landwirtschaft, Zeit

LITERATUR: A. v. *Brandt:* Werkzeug des Historikers. ¹²1989, 29 ff. – H. *Bengtson:* Einführung in die Alte Geschichte. München ⁸1979, 29 ff. – E. J. *Bickerman:* Chronology of the Ancient World. 1968. – F. K. *Ginzel:* Handbuch der Chronologie. 3 Bde., Leipzig 1906/14. – P. *Brind' Amour:* Le Calendrier romain. 1983. – A. E. *Samuel:* Greek and Roman Chronology. 1972. – F. K. *Ginzel:* RE 9,1 (1914) Sp. 604–612, s.v. Jahr. – H. *Grotefend:* Taschenbuch der Zeitrechnung des deutschen Mittelalters und der Neuzeit. ¹²1982. – W. *Kubitschek:* Grundriß der antiken Zeitrechnung. 1928. – K. *Michels:* The Calendar of the Roman Republic. 1967.

Eckart Olshausen

Deich

Im antiken Europa sind D. als Elemente wasserbaulicher Anlagen in größerem Stil erstmals im mykenischen Griechenland nachweisbar. Sie hatten den Schutz menschlichen Lebensraums (Siedlungen und landwirtschaftlich genutzte Flächen) vor Überschwemmungen bei Hochwässern zum Ziel. Mit Dämmen und D. wurde die Ausuferung von Flüssen und Seen begrenzt, Polderanlagen hergestellt, künstlich angelegte Wasserwege (Kanäle) gesäumt, und es wurden Hochwasserrückhalte in eigens geschaffenen Reservoiren ermöglicht.

Der in der zweiten Hälfte des 2. Jahrtausends v.Chr. erreichte technologische Standard ist erstaunlich und zeugt davon, daß die natürlichen Gegebenheiten in einer besonderen Umwelt gut bekannt waren bzw. genau erkundet wurden. Da im gebirgigen Griechenland Flächen mit ebenem oder nahezu ebenem Relief Seltenheitswert haben, wurden diese landschaftlich besonders wertvollen Gebiete mit besonderer Sorgfalt kultiviert bzw. melioriert.

Die geschlossenen Beckenlandschaften Arkadiens und Böotiens boten sich hierfür in erster Linie an, insbesondere die große Kopais, die Heimat der berühmten, land- und geldreichen Minyer (nach Hom. Il. 5,710 der fette Gau Böotiens). Es gab aber auch in den offenen Flußlandschaften Erddämme und D.-Mauern zum Schutz vor Hochwasser, z. B. in Olympia, wo eine Polderanlage das Kult- und Sportgelände vor den Hochfluten des großen Alpheios und des einmündenden wilden Kladeos bewahrte. Homer gibt in der Ilias (2,87–92) Hinweise auf »lang sich hinziehende Dämme« und bezeichnet sie als »die schönen Werke der Männer«. In der Kopais wurde der 25 km lange und 45 m breite Entwässerungskanal auf der Seeseite von einem 30 m breiten Damm gesäumt, der seinerseits auf beiden Seiten von 2,5 m hohen und dicken Steinmauern in der sogenannten kyklopischen Mauerung eingefaßt war. Es gab viele Kilometer lange, gemauerte Polder-D., die stellenweise noch vorhanden sind. In der Summe bilden in der Kopais 75 km Mauern die Einfassung von Dämmen an fließendem Wasser (Kephissos und Melas) oder D. an stehendem Wasser zur räumlichen Begrenzung des ausfernden Sees.

Im benachbarten Becken von Thisbe teilt ein 1,2 km langer Damm das flache Tal in eine zeitweilig überstaute und eine hochwasserfreigelegte Hälfte (Paus. 9,32,3). In den fünf großen geschlossenen Becken Arkadiens bei Tegea, Mantinea, Orchomenos, Pheneos und Stymphalos existierten Meliorationen mit Hilfe von Flußumleitungen und Staubecken, deren Dämme zum Teil aus Steinen gemauert oder aus Erde geschüttet wurden und im Mittel 2 m hoch und wiederum viele Kilometer lang waren. Pausanias hat einige dieser Anlagen bei seiner Reise durch Griechenland im 2. Jahrhundert n.Chr. noch in Betrieb gesehen (Tegea: Paus. 8,44,7; Orchomenos: 8,23,2; Pheneos: 8,14,3; Stymphalos: 8,22,3).

Von den hydrotechnischen Leistungen der mykenischen Wasserbauer profitierten die genannten Gebiete eine sehr lange Zeit. Die mit Hilfe eines Dammes und eines Kanals am Ende der mykenischen Epoche um 1200 v.Chr. geschaffene Flußumleitung von Tiryns ist heute noch in Betrieb. Das geschützte Objekt ist schon lange Ruine. Die generelle Datierung der ersten Großwasserbauten Europas orientiert sich an der archäologisch gesicherten Blütezeit der mykenischen Epoche im 13. Jahrhundert v.Chr.

→ Fluß, Furt, Kanal, Meer, Meeresspiegel, See, Überschwemmung, Wasserbau

LITERATUR: J. *Knauss*: Arkadian and Boiotian Orchomenos, Centres of Mycenaean Hydraulic Engineering, in: Akten des 2. Int. Mykenologie-Kongresses, GEI, Rom 1996, 1211–1219, Tav. I–VIII. – J. *Knauss*: Mykenische Wasserbauten in Arkadien, Böotien und Thessalien – mutmaßliche Zielsetzung und rekonstruierbare Wirkungsweise, in: Schriftenreihe der Frontinus-Ges., H. 14, 1990, 17–56.

Jost Knauss

Delta

D. sind fächer- und schwemmkegelförmige Ablagerungsgebiete an Flußmündungen, in Seen und Meeren. Durch die Verminderung der Strömungsgeschwindigkeit sinkt die Energie des fließenden Wassers, so daß die mitgeführten Sedimentstoffe in Form eines Schwemmkegels abgelagert werden. Mit wachsender Sedimentzufuhr verschiebt sich dieser Kegel allmählich weiter in das Mündungsbecken. Die D.-Böden sind hervorragend für Ackerbau geeignet. Ebene Oberflächen, fruchtbarer Ackerboden und eine reichhaltige Wasserversorgung ermöglichen intensive Landwirtschaft auch in heißen und trockenen Gebieten. Durch die regelmäßigen Überflutungen wird der Boden auf natürliche Weise gedüngt. Für die Schiffahrt hingegen sind D. wegen der häufigen Verlagerung der ausreichend wasserführenden Flußarme wenig geeignet. Die Morphologie von D. hängt von zahlreichen Faktoren ab. Dazu zählen Klima, Größe des Einzugsgebiets, Flußlänge, Abflußmenge, Sedimentmenge, Flußgefälle, Topographie, Bathymetrie, Tektonik und Gezeiten. Obwohl sich der Name ›D.‹ an die Gestalt des griechischen Buchstabens D anlehnt, haben sie keineswegs immer eine dreieckige Form – wie beim Nil. Oft sind die Umrisse unregelmäßig, weil die Gefällelosigkeit zu Ausuferungen und Gabelungen des Flusses führt. So hat das D. des Mississippi die Form eines Vogelfußes. Flußgabelungen sind aber nicht zwingend erforderlich, um der Definition gerecht zu werden. Jedes D. hat sein Eigenleben, und Verallgemeinerungen sind verfänglich.

Entstehungsprozeß: Bei der Einmündung des Flusses verringert sich die Bewegung und damit die Transportkraft des Wassers. Als Folge dessen wird das mitgeführte Material in Form eines D.-Kegels abgelagert. Solange mehr Sediment an der Fluß-

Abb. 17: Satelliten-Aufnahme des Halys-Deltas in der nördlichen Türkei. Dieser längste Fluß Kleinasiens (heute Kizil Irmak, ›roter Fluß‹) bildete die Grenze zwischen Paphlagonien und Pontos und mündete bei Bafra ins Schwarze Meer. Aufgrund seiner exponierten geographischen Lage war der Halys immer wieder Schauplatz militärischer Ereignisse. Herodot (1,75) schildert ausführlich die Bemühungen des lydischen Königs Kroisos, bei einem Zug gegen die Perser den Halys zu überschreiten, wobei ihm der Naturphilosoph Thales aus Milet geholfen haben soll.

mündung angetragen wird als durch die Gezeiten, Wellenerosion und küstenparallele Strömungen abgetragen werden kann, kommt es zur D.-Bildung. Die Ablagerung von Sediment im Ästuarbereich verlängert den Flußlauf, so daß sich das Gefälle weiter verringert, was wiederum die Sedimentation begünstigt. D.-Bildung wird durch ein geringes topographisches und bathymetrisches Gefälle sowie durch Wasser- und Sedimentreichtum der Flüsse begünstigt. Starke Gezeiten und Küstenströmungen schränken die D.-Bildung ein. Wo die Strömung mehr Sediment abtransportiert als der Fluß anliefert, entsteht überhaupt kein D.

D. sind die am schnellsten wachsenden und kompliziertesten Ablagerungsräume. Sie beinhalten mehr als ein Dutzend verschiedene Milieus, darunter terrestrische, littorale und marine. Besonders schnell wachsen D. in Binnenmeeren, Meeresbuchten und bei langsamer tektonischer Hebung. Sie durchlaufen dabei eine Entwicklung von einer Bucht, über Lagunenbildung zu brackischen D.-Seen (Limanen), die schließlich vollends verlanden. Charakteristisch für D.-Ablagerungen ist der Wechsel zwischen horizontaler und schräger Schichtung. Unter Wasser sind die Vorschüttungsschichten bis über 35° geneigt, über dem Wasserspiegel jedoch fast horizontal. Aufgrund dessen läßt sich der ehemalige Wasserspiegel in D.-Sedimenten, die zum Beispiel in Kiesgruben aufgeschlossen sind, recht genau rekonstruieren. Zwischen die Geröllbänke, Sande und Schlicke des Flusses schalten sich häufig Sumpf- und Moorablagerungen der Altwässer, bei marinen D. außerdem auch Meeresablagerungen und Sedimente brakkischer oder übersalzener Strandseen. Die Korngröße der Ablagerungen wird mit wachsender Entfernung von der Flußmündung immer kleiner. Da Flußwasser im allgemeinen eine geringere Dichte als Meerwasser aufweist, wird ein weiter Transport des feinsten suspendierten Materials begünstigt. Am D.-Hang kann es zu Rutschungen und zur Auslösung von Suspensionsströmen kommen.

Beispiele für D. sind die Flüsse Rhône, Po, Donau, Wolga, Nil, Niger, Indus, Ganges-Brahmaputra, Mekong, Hwangho, Yangtzekiang, Orinoco, Mississippi und Yukon. Diese heutigen D. sind alle erst nach dem postglazialen Meeresspiegelanstieg entstanden und in der Regel nicht älter als 6.000 Jahre. Der Begriff D. wurde zum ersten Mal von Herodot für die dreieckförmige Nilmündung angewendet. Damals gabelte sich der Nil bei Memphis, heute jedoch erst 30 km weiter flußabwärts in der Nähe von Kairo. Das Nil-D. ist etwa 22.000 km^2 groß. Sein jährlicher Flächenzuwachs beträgt etwa 30 ha. Der gesamte Inhalt des Nil-D. umfaßt 89 km^3 Sediment. Der Schwemmkegel ist äußerst flach und weist nur ein Gefälle von 9 cm pro Kilometer auf. Die beiden heutigen Mündungsarme des Nils waren zuerst künstliche Kanäle.

Lebensräume: Die Artenvielfalt im D. ist stark eingeschränkt. Viele Pflanzen und benthonische Mollusken meiden die Lebensräume wegen der starken Temperatur- und Salzgehaltschwankungen, der Verdunkelung des Wassers durch suspendiertes Material, dem halbflüssigen Substrat und der raschen Sedimentüberdeckung. Nur wenige Würmer, niedere Krebse, Mollusken und Fische können sich diesen Bedingungen anpassen.

→ Ackerbau, Fluß, Gezeiten, Klima, Landwirtschaft, Meer, Schwemmland, See, Topographie, Überschwemmung

LITERATUR: D. *Kelletat:* Deltaforschung. (Erträge der Forschung 214), Darmstadt 1984.

Eberhard Zangger

Demographie

»Demographie ist das wissenschaftliche Studium menschlicher Bevölkerungen, hauptsächlich in Hinblick auf deren Größe, Struktur und Entwicklung, und unter quantitativen Gesichtspunkten.« Demnach untersucht sie die »Zahl der Bevölkerung und deren Verteilung bezüglich gewisser relevanter Merkmale sowie die Veränderungen von Umfang und Struktur aufgrund von Geburten, Sterbefällen, Wanderungen u. a. demographischen Prozessen« (Feichtinger 3). »Die Demographie interessiert sich in erster Linie für jene Prozesse, die den Wandel von Populationen bestimmen: Geburten, Todesfälle, Wanderungen ... Paarbildung und Paartrennung ..., Aufenthaltsort, Alter, Geschlecht, Familienstand, Kinderzahl ...« (Mueller 1).

Parallel zu diesen sozialwissenschaftlichen Definitionen und Zielbestimmungen der D. stehen die *population studies*, in denen die reine Bevölkerungswissenschaft um historische Gesichtspunkte ergänzt und die »wirtschaftlichen, sozialen, historischen u. a. Faktoren und Konsequenzen von Bevölkerungsvorgängen untersucht« werden (Feichtinger 4). In Frankreich wurde für dieses Verfahren der Begriff ›Historische Demographie‹ geprägt (1933 durch J. Bourdon, allerdings noch in bezug auf die zahlenmäßige Erfassung der Bevölkerung; 1956 im heutigen Sinn durch L. Henry; 1963 Gründung der Zeitschrift *Annales de démographie historique*).

Entwicklung der Demographie: Den Vorläufer der D. stellte die politische Arithmetik (William Petty) des 17. Jahrhunderts dar. Die Vermehrung der Untertanen galt entsprechend 1. Mos 1,27f. als das anzustrebende Staatsziel (»Seid fruchtbar und mehret Euch, und erfüllet die Erde, und macht sie Euch untertan«). Die Antike galt hierfür als Vorbild. Durch eine Analyse ihrer Bevölkerungsentwicklung wurde versucht, Handlungsanleitungen für die eigene Zeit zu gewinnen. Protagonist dieser Forschungsrichtung in Deutschland war der Geistliche Johann Peter Süssmilch. Stimmen, die in einer Bevölkerungsvermehrung auch Gefahren sahen, waren vereinzelt (Justus Möser; Robert Malthus). Das Eindringen statistischer Methoden in die Nationalökonomie des 19. Jahrhunderts inspirierte auch Althistoriker, sich der neuen Verfahren zu bedienen. Führender Vertreter wurde Karl Julius Beloch (1854–1929). Der ›naiven Geschichtsbetrachtung‹ seiner Zeit warf dieser vor, nur die ›Helden‹ zu sehen, sich nicht jedoch um ›die Massen, die hinter ihnen stehen‹, zu kümmern. Dabei seien es diese Massenbewegungen, die nachhaltig in der Geschichte wirkten. Seine in dem Werk *Die Bevölkerung der griechisch-römischen Welt* (Leipzig 1886) niedergelegte Ausgangsthese lautet dementsprechend, daß Kenntnisse über wirtschaftliche Verhältnisse einer vergangenen Epoche ohne die ziffernmäßige Erfassung der Bürgerzahlen ebensowenig zu gewinnen seien wie über den Umfang der militärischen Leistungsfähigkeit. Deshalb könne eine Geschichte der Kaiserzeit geschrieben werden, »die von der Persönlichkeit der einzelnen Herrscher vollständig absehe, und es würde kein einziger wesentlicher Zug in diesem Bilde fehlen.« Trotz starker Kritik an diesem Ansatz hat Beloch »den bis heute tragfähigen Grundstein einer antiken Bevölkerungsgeschichte« (Dahlheim 300f.) gelegt. Dabei wird jedoch die globale Fragestellung zugunsten von Detailstudien aufgegeben.

Fragestellungen: Im Rahmen der Erforschung des Römischen Reiches stehen dabei folgende Komplexe im Vordergrund: (a) die Bevölkerungsentwicklung im gesamten Staatsgebiet sowie in den Provinzen und größeren Städten; die Veränderungen innerhalb ausgesuchter sozialer, rechtlicher und ethnischer Gruppen (z. B. Bürger, Sklaven, Freigelassene, Juden), (b) Alter und Geschlecht, Lebenserwartung (Mortalität), Kinder-, Mütter- und Geschlechtersterblichkeit, (c) Familie: Heiratsneigung, Heiratsalter von Männern und Frauen, Witwenschaft, Wiederverheiratung, Scheidungsrate, Geburtenrate, Familienrekonstitutionen, (d) Einfluß von Krankheiten und Seuchen, (e) Einfluß von Migrationen auf die Bevölkerungsentwicklung.

Die übliche Reduzierung der Fragestellung (Parkin 4) auf die Punkte: (1) Wie groß war die Bevölkerung oder – eingeschränkter – die Zahl der römischen Bürger? (2) Wie hoch war die durchschnittliche Lebenserwartung? ist demnach, durch die Forschungsleistungen im Bereich der Frühen Neuzeit und der Neuzeit inspiriert, erheblich erweitert worden.

Im Gegensatz zu diesen Epochen scheitert jedoch die lückenlose und widerspruchsfreie Beantwortung der gestellten Fragen an dem Fehlen statistischer Angaben. Aus der Antike liegt kein kontinuierlich gesammeltes Zahlenmaterial zu einem bestimmten Gegenstand vor. Wenn Zahlen überliefert sind, dann ist dies zufällig geschehen, und ihr Zustandekommen basiert oft nicht auf einem einheitlichen Zählmodus (siehe unten). Methodisch muß sich deshalb die D. der Antike ihrer Begrenztheit bewußt sein. Die »erzielten Ergebnisse bilden nicht mehr als demographische Anhaltspunkte; aber auch als solche sind sie von nicht zu unterschätzender Bedeutung.« Ein Verzicht auf sie mit »Hinweis auf die Unsicherheit der Quellenlage« würde »ohne Zweifel einen Verlust an historischer Substanz und ein Ignorieren jener anonymen historischen Kräfte (bedeuten), die menschliches Handeln im Verlauf der Geschichte stets mitbestimmt haben« (Kloft 8 ff.).

Das Beispiel Rom: Um unter der Prämisse fehlender Statistiken die Bevölkerung antiker Staaten, speziell des Römischen Reiches und der Stadt Rom, zahlenmäßig möglichst exakt bestimmen zu können, sind oft methodische Umwege nötig: So wird zusätzlich zu den sich explizit auf die Bevölkerung beziehenden Zahlen der Antike Material benutzt, das indirekt Aufschlüsse über demographische Entwicklungen geben kann. Ferner ist der Weg beschritten worden, durch den Vergleich tatsächlicher oder scheinbarer Übereinstimmungen antiker und neuzeitlicher Verhältnisse die Bevölkerung zu bestimmen. Dementsprechend stehen folgende Möglichkeiten für demographische Analysen zur Verfügung:

(a) Auswertung der Zensus-Zahlen und der Steuerlisten (Ägypten), (b) Hochrechnung der Zahl der Getreideempfänger in Rom, des Getreidekonsums, -handels, der -importe und -exporte auf die Gesamtbevölkerung der Stadt, (c) Gleichsetzung vorindustrieller Bevölkerungszahlen (Bevölkerungdichte) mit antiken Verhältnissen, (d) Arealstatistik (bebaute bzw. von der Mauer eingeschlossene Fläche als Kriterium für Einwohnerzahlen), (e) topographische Archäologie (aus der Wohnfläche, Häuserzahl und Hausgröße wird auf die Wohn- und damit Bevölkerungsdichte geschlossen; Auswertung von Gräberfeldern, (f) Hochrechnungen antiker Angaben (etwa von Galen zum Verhältnis Sklaven – Freie) (g) Auswertungen von Inschriften (speziell zu Fragen der Lebensdauer und Mortalität, Ehe und Familie, Kinderzahlen, Mobilität), (h) Skelettanalysen, (i) Übertragung der in der Frühen Neuzeit und in der Neuzeit erzielten Resultate, speziell zur Lebenserwartung und Kindersterblichkeit, auf antike Verhältnisse.

Kein Verfahren kann für sich allein beanspruchen, die demographische Entwicklung antiker Gesellschaften angemessen zu erfassen. Eine umfassende Kritik leistet Parkin. Seine Einwände lauten, daß die meisten literarisch überlieferten Zahlen mehr Fragen als Antworten aufwerfen. So seien etwa die Zensus-Zahlen in der Übergangsphase von der Republik zum Kaiserreich nicht mehr auf derselben Grundlage erhoben worden. Noch problematischer sei die Auswertung von Grabinschriften (kaum Angaben zur Kindersterblichkeit, dagegen Überwiegen von hohen Lebensaltersangaben; unterschiedliche regionale und schichtenspezifische epigraphische Gepflogenheiten). Auch die Steuerlisten aus Ägypten, obwohl amtliche Zeugnisse, seien nur bedingt geeignet, demographische Fragen zu beantworten. Ulpians Ausführungen über die durchschnittliche Lebenszeit (Dig. 35,2,68) lehnt Parkin ebenfalls als nicht repräsentativ ab. Statt dessen erhofft er sich Hilfe von modernen demographischen Modellen und Methoden.

Diese Skepsis gegenüber den antiken Quellen und der Inschriftenstatistik ist unangebracht, da einzelne Probleme, die sich bei der Auswertung stellen, zu stark gewichtet werden. Inschriften geben sicher kein vollständig reales Bild der antiken Verhältnisse wieder, da das Material schon bei seiner Entstehung selektiv zustande gekommen ist. Bestimmte Gruppen, wie soziale Aufsteiger (Freigelassene) oder Soldaten, setzten mehr Inschriften als Arme, in ländlichen Regionen überwiegen Weih- und Votivinschriften etc. Die einstige Wirklichkeit wird also durch epigraphische Texte gebrochen reflektiert, eine Tatsache, die entsprechend berücksichtigt werden muß. Die mathematische Genauigkeit heutiger Berechnungen kann nicht erreicht werden und ist auch nicht anzustreben. Unter den genannten methodischen Vorbehalten erscheinen Inschriftenanalysen als das geeignetste Mittel, flächendeckend und provinzübergreifend demographische Fragestellungen zu beantworten und speziell in Kombination mit den anderen aufgeführten Möglichkeiten die antike Bevölkerung und ihre Veränderungen zahlenmäßig zu erfassen. Alles andere würde bedeuten, auf die zahlenmäßig stärkste Materialgruppe, die aus der Antike überliefert ist, zu verzichten.

Hauptpunkt, bei dem die demographische Forschung eine wichtige Rolle spielt, ist die Frage nach den Gründen für den Untergang des Römischen Reiches, wobei Thesen, die diesen auf einen eklatanten Bevölkerungsrückgang zurückführen, mit außenpolitischen Ansätzen (Druck der Germanen) konkurrieren.

→ Archäologie, Außenpolitik, Bevölkerung, Fremde, Gesellschaft, Getreide, Inschriften, Migration, Siedlungsformen, Sklaverei, Stadt

LITERATUR: R. *Bagnall*/B. W. *Frier*: The Demography of Roman Egypt. Cambridge 1994. – H. *Birg*: Ursprünge der Demographie in Deutschland. Leben und Werk Johann Peter Süßmilchs (1707–1767). Frankfurt/New York 1986. – W. *Dahlheim*: Bevölkerungsgeschichte – Die Herausforderung einer sozialwissenschaftlichen Disziplin an die Althistorie, in: W. Dahlheim/W. Schuller/J. von Ungern-Sternberg: Festschrift Robert Werner zu seinem 65. Geburtstag. Konstanz 1989, 291–321. – A. *Demandt*: Der Fall Roms. Die Auflösung des römischen Reiches im Urteil der Nachwelt. München 1984. – J. *Dupâquier*: Démographie historique, in: Dictionnaire des sciences historiques. Paris 1986, 185–190. – D. *Engels*: The Use of Demography in Ancient History, in: CQ 34, 1984, 386–393. – G. *Feichtinger*: Demographische Analyse und populationsdynamische Modelle. Grundzüge der Bevölkerungsmathematik. Wien/New York 1979. – B. W. *Frier*: Roman Life Expectancy: Ulpian's Evidence, in: Harvard Studies in Classical Philology 86, 1982, 213–251. – A. *Imhof*: Einführung in die Historische Demographie. München 1977. – H. *Kloft*: Die Wirtschaft der griechisch-römischen Welt. Darmstadt 1992. – U. *Mueller*: Bevölkerungsstatistik und Bevölkerungsdynamik. Berlin/New York 1993. – T. G. *Parkin*: Demography and Roman Society. Baltimore/London 1992. – W. *Scheidel*: Measuring Sex, Age and Death in the Roman Empire. Explorations in Ancient Demography. Ann Arbor 1996. – Fr. *Vittinghoff*: Wirtschaft und Gesellschaft des Imperium Romanum. § 1 Demographische Rahmenbedingungen, in: Fr. Vittinghoff: Handbuch der europäischen Wirtschafts- und Sozialgeschichte, Bd. 1, Stuttgart 1990, 20–24. – L. *Wierschowski*: Die Historische Demographie – ein Schlüssel zur Geschichte? Bevölkerungsrückgang und Krise des Römischen Reiches im 3. Jh. n.Chr., in: Klio 76, 1994, 355–380. – L. *Wierschowski*: Die regionale Mobilität in Gallien nach den Inschriften des 1. bis 3. Jahrhunderts n.Chr. Stuttgart 1995. – J. D. *Willigan*/K. A. *Lynch*: Sources and Methods of Historical Demography. New York/London 1982.

Lothar Wierschowski

Demokratie

D. (*demokratia*) bezeichnet im griechischen Sprachgebrauch die verfassungsmäßige Herrschaft (*kratos* = Macht) der Menge (*demos* = Volk) in Abgrenzung zur Herrschaft weniger (Oligarchie) oder eines Einzelnen (Monarchie). Etymologisch ist auch die Deutung von *demokratia* als ›Herrschaft mithilfe des Volkes‹ oder ›Herrschaft über das Volk‹ möglich und als ursprüngliche Bedeutung des wohl noch vor der Mitte des 5. Jahrhunderts v.Chr. (als Kampfbegriff der Aristokraten?) geprägten Wortes D. nicht auszuschließen. ›Volk‹ meint dabei nicht die gesamte Bevölkerung, sondern nur die freien erwachsenen Bürger, d.h. die im Lande geborenen Männer aus Bürgerfamilien. Selbst in Athen, das die ausgeprägteste Form der politischen Beteiligung entwickelt hatte, betrug diese Gruppe im 5. und 4. Jahrhundert v.Chr. nur etwa 10–15 % der Gesamtbevölkerung. Frauen, Sklaven und fremde Einwohner (*metoikoi*) waren von den politischen Rechten ausgeschlossen, konnten aber, wie die *metoikoi*, zu Steuerleistungen und Heeresdienst verpflichtet werden. Im Gegensatz zur modernen repräsentativen D. war die antike eine ›direkte D.‹, in der politische Entscheidungen im Prinzip von der Gesamtheit, in der Praxis jedoch nur von einem Bruchteil der Bürger in der Volksversammlung (*ekklesia*) getroffen wurden. Für wichtige Entscheidungen, etwa Verbannung eines Bürgers (Ostrakismos) oder Vergabe des Bürgerrechts, galt ein Quorum von 6.000 Bürgern.

Entwicklung der Demokratie in Athen: Die Entwicklung zur D. in Athen vollzieht sich nach der aristotelischen ›Verfassung der Athener‹ in Stufen, wobei die Reformen des Solon (594 v.Chr.), des Kleisthenes (508/07 v.Chr.) und des Ephialtes (462 v.Chr.) die bedeutendsten sind. Keine dieser Reformen war auf die Schaffung einer D. gerichtet, sondern zeigt deutliche Züge aristokratischer Machtkämpfe, jedoch mit der Folge, daß die Rolle des Volkes wächst und immer breitere Schichten in die direkte politische Verantwortung einbezogen werden. Die Bedeutung der Maßnahmen Solons als Antwort auf eine tiefe Krise der Aristokratie lag in der faktischen Definition des Bürgerrechts durch die Einteilung der Bevölkerung in vier nach Vermögen gegliederte Klassen, der Beteiligung aller Bürger an der Volksversammlung und am Volksgericht, vor allem aber im Ersatz der Geburt als Qualifikation für ein Führungsamt durch das Vermögen (womit er den politischen Führungsanspruch der Aristokratie aushöhlte) und in der Abschaffung der Schuldsklaverei, was einer breiten bäuerlichen Schicht eine freie unabhängige Existenz sicherte. Diese neuen politischen, institutionellen und mentalen Bedingungen gingen auch in den folgenden Kämpfen einzelner Adeliger um die Herrschaft in Athen und auch in der Tyrannis der Peisistratiden nicht verloren und dienten nach der Vertreibung der Tyrannen (510 v.Chr.) als Grundlagen für die Reformen des Kleisthenes. Dieser wagte nach einer Niederlage im Machtkampf gegen seine aristokratischen Gegner den revolutionären Schritt, seine Machtbasis im Volk zu suchen (Hdt. 5,66,2). Seine Neugliederung der Bevölkerung in zehn aus allen Teilen Attikas gemischte Phylen veränderte die politische Landkarte fundamental und raubte den Aristokraten die direkte Einflußnahme auf Wahlen und gerichtliche Entscheidungen, weil sie die Selbstverwaltung der kleinsten territorialen Einheiten, der 139 Demen, förderte. Auch wenn die Reform wohl in erster Linie die politischen Gegner schwächen sollte, stärkte sie das Selbstbewußtsein des Volkes in den Gremien der Demen, vor allem aber im neugeschaffenen Rat der 500, der Mitglieder aus allen Demen enthielt und damit als repräsentatives Organ die partikulären Interessen des Adels überwölbte. Es liegt in der Tendenz dieser Reformen, wenn kurz darauf die Macht des Polemarchos auf zehn aus den Phylen gewählte Strategen überging (501 v.Chr.), der Zugang zum Archontat erweitert und die Wahl der obersten Beamten durch ein Wahl/Losverfahren ersetzt wurde (487 v.Chr.). Den Abschluß dieser Entwicklung bildete die Entmachtung des alten Adelsrats (Areopag) durch Ephialtes, der eine außenpolitische Schlappe der Gruppe um Kimon nutzte, um 462 v.Chr. die Kompetenzen des Areopags auf die Volksversammlung und die aus 6.000 erlosten Richtern aus dem Volk gebildeten Gerichte zu übertragen.

Funktionsweise: In dieser klassischen Form der D. hatte die Volksversammlung die volle Entscheidungsgewalt über Gesetze, Steuern, Verträge, Krieg und Frieden, nur eingeschränkt durch das Erfordernis der Vorberatung der Beschlüsse im Rat der 500. Doch hatte dieser Rat trotz seines breiten Aufgabenbereichs kaum eigene Kompetenzen, wurde jährlich neu durch Los besetzt und im monatlichen Turnus von Prytanen aus den zehn Phylen geleitet. Eine funktionale Elite konnte hier ebensowenig entstehen wie bei den zahlreichen meist durch Los bestellten Beamten, denen die Ausführung der Beschlüsse oblag und die in der Regel nur einmal im Leben dasselbe Amt bekleiden konnten. Sie unterlagen einer Eingangsprüfung vor Antritt des Amtes (*dokimasia*), konnten jederzeit zur Rechenschaft gezogen werden und hatten am Ende ihrer einjährigen Amtszeit strenge Kontrollen zu erwarten (*euthynai*). In der Volksversammlung konnte jeder das Wort ergreifen, die zeitraubende Tätigkeit in den Gerichten stand auch den Ärmeren offen, weil seit der Mitte des 5. Jahrhunderts v.Chr. Tagegelder bezahlt wurden (seit Ende des 5. Jahrhunderts v.Chr. auch für den Besuch der Volksversammlung). Im Peloponnesischen Krieg wurde die D. zweimal kurzzeitig durch oligarchische Regime ersetzt (411 und 404–403 v.Chr.) und 403/02 v.Chr. mit leichten Modifikationen restauriert. Sie blieb dann bis zu ihrer Abschaffung durch die Makedonen 322 v.Chr. stabil, auch wenn in Gesetzgebung und Finanzverwaltung allmählich spezielle Gremien oder Ämter in den Vordergrund traten. Auch in der hellenistischen Zeit behielt die demokratische Staatsform sowohl in der Staatstheorie (Pol. 6,3,5–4,6) als auch in der politischen Praxis eine gewisse Attraktivität. Athen blieb (mit wenigen Unterbrechungen) wie viele andere griechische Städte in der Ägäis und in Kleinasien bis in die römische Zeit formal demokratisch strukturiert, doch wuchs der Einfluß der Reichen auf die Politik zunehmend in Richtung auf eine ›Plutokratie‹.

→ Adel, Außenpolitik, Bürgerrecht, Fremde, Frieden, Gesellschaft, Krieg, Mentalität, Monarchie, Recht, Sklaverei, Tyrannis, Verfassung

LITERATUR: J. *Bleicken:* Die athenische Demokratie. Paderborn ²1994. – W. *Eder* (Hg.): Die athenische Demokratie im 4. Jh. v.Chr. 1995. – Chr. *Habicht:* Athen. Die Geschichte der Stadt in hellenistischer Zeit. München 1995. – M. H. *Hansen:* The Athenian Democracy in the Age of Demosthenes. 1991. – K. *Kinzl* (Hg.): Demokratia. 1995. – P. J. *Rhodes*/D. M. *Lewis:* The Decrees of the Greek States. 1997 (Index: Democracy). – E. W. *Robinson:* The First Democracies. 1997.

Walter Eder

Dichtung

In der antiken D. spielt die Landschaft eine bedeutsame Rolle – sei es, daß sie explizit zum Gegenstand der Darstellung gemacht wird, sei es, daß geographische Bezüge sich in anderen literarischen Zusammenhängen finden. Grundsätzlich stellt sich die Frage nach dem Realitätsgehalt solcher Darstellungen, da der antiken D. eine gewisse Fiktionalität und Idealisierung immanent ist und sie auch mit gattungsbedingten Topoi arbeitet. Allgemein aber offenbaren alle dichterischen Bezüge auf die Landschaft eine subjektive Einstellung zur Natur, auch als Elemente der Stadtflucht und Zivilisationskritik.

Bukolik: Ein speziell der Natur gewidmetes Genre der antiken D. ist die Bukolik (von griechisch: *bukolos* = Hirt), die im idyllischen Hirten- und Schäfermilieu spielt. Bedeutendster Vertreter der griechischen Bukolik ist Theokrit aus Syrakus (3. Jahrhundert v.Chr.). Seine Hirtengedichte lokalisiert er in realen Landschaften (Sizilien, Kos), wodurch sie für diese einen nicht unbedeutenden historisch-geographischen Quellenwert erhalten. Theokrits Pendant auf römischer Seite ist der Dichter Vergil (70–19 v.Chr.) mit seinen 10 Eklogen (*Bucolica*). Obwohl in der Tendenz stärker idealisierend als Theokrit, haben die Eklogen Vergils einen deutlichen Gegenwartsbezug zu der Zeit der römischen Bürgerkriege, etwa wenn in der 9. Ekloge auf Enteignungen von Land in Oberitalien Bezug genommen wird. Mehrere Eklogen sind geographisch in Arkadien angesiedelt. Das Landleben hat Vergil auch in einer weiteren Schrift (*Georgica*) in vier Büchern dargestellt und dabei in poetischer Form Akkerbau, Baumzucht, Weinbau, Tier- und Bienenzucht beschrieben. Das Werk korrespondiert in seiner Idealisierung des einfachen Landlebens mit den Bestrebungen des Augustus, die alten Werte des Römertums zu revitalisieren. Ebenfalls auf Theokrit beruht der Liebes- und Hirtenroman *Daphnis und Chloe* des griechischen Autors Longos (um 200 n.Chr.), dessen Spezialität im Rahmen der antiken Bukolik darin besteht, daß der Roman von Anfang bis Ende nur an einem Ort spielt – auf der Insel Lesbos, für die auf diese Weise wichtige geographische Informationen geliefert werden (siehe nur 1,1: »Es liegt eine Stadt auf der Insel Lesbos, Mytilene, groß und schön. Sie wird von Kanälen des hereinströmenden Meeres durchschnitten und ist mit schönen Brücken aus glattem, weißem Stein geziert.«).

Epos: Eine Vielzahl geographischer Bezüge bieten die Epen Homers (*Ilias*, *Odyssee*), was ihm bereits in der Antike den Ruf einbrachte, der erste Geograph gewesen zu sein (Strab. 1,1,2). Jedoch ist an der homerischen Geographie vieles problematisch, auch wenn Heinrich Schliemann mit der *Ilias* in der Hand Troja entdeckte. Aber das Unternehmen, mit Hilfe der *Odyssee* die Reisen des Odysseus bestimmten Regionen und Plätzen in der Mittelmeerwelt zuzuordnen (etwa die Begegnung mit Skylla und Charybdis in der Meerenge von Messina), stößt auf einige Probleme. Immerhin kann davon ausgegangen werden, daß die Fahrten des Odysseus von frühen Handels- und Entdeckungsreisen der Griechen inspiriert worden sind. Gleiches gilt im Prinzip auch für das Epos des Rhodiers Apollonios (3. Jahrhundert v.Chr.), der in seinen *Argonautica* die Fahrt der Argonauten um Iason von Thessalien in die Schwarzmeerregion geschildert hat.

Ein bedeutender Vertreter des römischen Epos ist Silius Italicus (ca. 26–101 n.Chr.) mit seinem Werk *Punica*, einer mythisch gefärbten Darstellung des Krieges der Römer gegen Hannibal (Zweiter Punischer Krieg, 218–201 v.Chr.). Historisch-geographisch ist Silius Italicus von einigem Wert, da gerade die geographischen Partien viele wichtige Details liefern, etwa was den Zug Hannibals betrifft oder den Schauplatz der Schlacht von Cannae (216 v.Chr.). Ähnliches trifft für ein Werk zu, das unter dem Titel *Pharsalia* bzw. *Bellum civile* von dem aus Spanien stammenden römischen Dichter Lucan (39–65 n.Chr.) publiziert wurde und das den Bürgerkrieg zwischen Caesar und Pompeius thematisiert. Behandelt werden darin die verschiedenen Kriegsschauplätze, also Italien, Spanien, Griechenland, Afrika und Ägypten mit zum Teil detaillierten geographischen Angaben.

Lyrik: Auch die antike Lyrik ist relevant für die Rekonstruktion geographischer Verhältnisse in der Antike und für das Verhältnis des antiken Menschen zur Landschaft, auch wenn hier in besonderer Weise genrebedingte Eigenheiten dieser Form von D. in Rechnung zu stellen sind. Aus dem Bereich der frühgriechischen Lyrik ist beispielhaft auf Archilochos (ca. 680–630 v.Chr.) zu verweisen, der von der Kykladeninsel Paros stammte und in seinen Gedichten manche Aspekte der historischen Geographie der Ägäis in der Zeit der griechischen Kolonisation streift.

Im Rahmen der römischen Lyrik ist hier vor allem Horaz (65–8 v.Chr.) wichtig, besonders wegen der Beschreibung einer Reise, die der Dichter im Jahre 37 v.Chr., in Begleitung des Maecenas und Vergils, von Rom nach Brundisium (Brindisi) unternahm (*Iter Brundisinum*, Hor. sat. 1,5). Für die Rekonstruktion der Topographie dieses Teils von Italien im 1. Jahrhundert v.Chr. ist die Satire eine Quelle von unschätzbarem Wert. So wird zum Beispiel auf den Treidelverkehr auf dem Tiber und die Verkehrsverhältnisse auf der *Via Appia* (»Besser ist anderen Tages das Wetter, doch schlechter die Straße«, Hor. sat. 1,5,96, mit Bezug auf die Strecke nach Bari) rekurriert. Auch die Satiren des Iuvenal (1./2. Jahrhundert n.Chr.) sind mit vielen geographischen Anspielungen versehen, die sogar ein exotisches Ambiente erfassen, wenn, wie in der 15. Satire, ein Fall von Kannibalismus in Ägypten geschildert wird.

Ein Beispiel für spätantike Lyrik mit Bedeutung für die Historische Geographie ist die *Mosella* des Ausonius (ca. 310–400 n.Chr.), die sich in ihren 483 Versen ganz der Beschreibung der Mosel und ihrer Nebenflüsse widmet und dabei eigene Reise-Erfahrungen des Dichters reflektiert (»Über die eilige Nahe war ich im Nebel gekommen, hatte bewundernd die neuen Mauern gesehen um das alte Bingen, wo ehedem ein römisches Cannae die Gallier ereilte...«, Vers 1–4). Eine vergleichbare eindrückliche Reiseschilderung liegt von dem spätantiken Schriftsteller Rutilius Namatianus (Anfang 5. Jahrhundert n.Chr.) vor, der in dem Gedicht *De reditu suo* (Über seine Rückkehr) von einer Reise erzählt, die er in unsicheren Zeiten zu Schiff von Rom in seine gallische Heimat unternahm, entlang der tyrrhenischen und ligurischen Küste.

→ Ackerbau, Agrartechnik, Gutshof, Jagd, Kolonisation, Küste, Landwirtschaft, Mythologie, Natur, Reiseberichte, Reisen, Schiffahrt

LITERATUR: F. *Corsaro*: Studi Rutiliani. Bologna 1981. – B. *Effe* (Hg.): Theokrit und die griechische Bukolik. Darmstadt 1986. – H. *Fränkel*: Dichtung und Philosophie des frühen Griechentums. München ³1976. – W. *Kubitschek*: Zur Geographie der Argonautensage, in: RhM 82, 1933, 289–297. – R. *Mayer*: Geography and Roman Poets, in: G&R 33, 1986, 47–54. – E. *Olshausen*: Einführung in die Historische Geographie der alten Welt. Darmstadt 1991. – V. *Pöschl*: Die Hirtendichtung Virgils. Heidelberg 1964.

Holger Sonnabend

Diplomatie

Die D. ist die Pflege gewaltfreier Beziehungen zwischen verschiedenen Staaten im Bereich von Politik, Recht, Wirtschaft und Geisteskultur samt den einschlägigen Methoden. Insofern stellt sie die äußere Form für Inhalte der Außenpolitik dar.

Entwicklung der Diplomatie: Bilaterale Vereinbarungen zur Sicherung des zwischenstaatlichen Verkehrs in den verschiedensten Kulturen sind so alt wie die frühesten – beispielsweise wirtschaftlich motivierten – Beziehungen verschiedener Gemeinwesen untereinander, anfangs nur durch religiöse Tabus, erst in späteren Entwicklungsstadien durch Verträge sanktioniert. Der antiken Welt war ein international anerkanntes Recht für die Gestaltung des zwischenstaatlichen Verkehrs fremd. Dieser war grundsätzlich nur durch Religion (vgl. die religiös begründeten Festspiele der Nemeen, Isthmien, der Pythischen und der Olympischen Spiele), Herkommen und Moral (vgl. das im *ius naturale* begründete *ius gentium* bei Gai. Inst. 1,1), von Fall zu Fall auch durch bi- oder multilaterale Verträge (wie die griechischen Amphiktyonien etwa um das Heiligtum vom Panionion oder um Delphi) gesichert.

Instrumente des in den frühesten internationalen Verträgen des Vorderen Orients vereinbarten diplomatischen Verkehrs waren beispielsweise die Sicherung der Unverletzlichkeit von Herolden und Gesandten durch Eide und durch die Stellung von Geiseln.

Genausowenig wie die vorderorientalischen Kulturen kannte auch die griechisch-römische Antike Berufsdiplomaten und ständige Gesandtschaften als Basis dauerhafter diplomatischer Kontakte. Erst der byzantinische Hof und Venedig haben systematische Ansätze zu einem diplomatischen Protokoll, einer entsprechend spezialisierten Bürokratie und zum Institut der ständigen Botschaft entwickelt. Aber auch in diesen Anfängen der formal durchgestalteten D. blieb die modernen Staaten geläufige Aufgabenteilung, in der die Außenpolitik und die ihr angegliederten diplomatischen Institutionen jeweils ein eigenes Ressort bilden, unbekannt.

Den Zwecken, die heute ein ganzer Berufsstand professioneller Diplomaten zu erfüllen hat, dienten vielmehr einzelne oder in Gruppen ad hoc abgeordnete Gesandte der griechischen Städte und Städtebünde sowie ähnlich strukturierten Staaten der Alten Welt (vgl. Karthago und Rom). Es handelte sich dabei um wohlhabende und durch politische Erfahrung ausgezeichnete Persönlichkeiten (etwa Mitglieder der Boule griechischer Städte, Mitglieder des Rats der Dreihundert in Karthago, ranghohe Senatoren in Rom), die manchmal wegen ihrer Vertrautheit mit dem jeweiligen Aufgabenfeld auch mehrmals zum selben Partnerstaat entsandt wurden. In autokratisch geprägten Staatswesen wie den verschiedenen Tyrannenherrschaften der griechischen Welt (Kypselos in Korinth, Peisistratos in Athen, Polykrates in Samos, Dionysios I. in Syrakus) sowie den Königreichen der hellenistischen Zeit (Antigoniden, Seleukiden, Ptolemaiern) wurden für diplomatische Missionen Personen ausgewählt, zu denen die Monarchen besonderes Vertrauen hatten, Funktionäre, die meist über ansehnliche politische und militärische Erfahrung verfügten. Solche Gesandte besaßen aufgrund ihrer öffentlichen Stellung auch in den Partnerstaaten besonderes Ansehen. Oft unterhielten sie politisch oder privat bedingte persönliche Beziehungen und hatten intimere Kenntnis von den Verhältnissen im fremden Staat, die sie als geeignete Repräsentanten des Absenders empfahlen.

Formen der Diplomatie in der Antike: Die Aufgaben moderner Botschaften – Anliegen auch antiker Staaten wie die Pflege guter Beziehungen zwischen Stamm- und Gastland, Interessenvertretung der im Gastland weilenden Mitbürger, ständige Information (bzw. Spionage) der eigenen Regierung über alles, was an Wissenswertem im Gastland geschieht – wurden auf unterschiedliche Weise erledigt: Sondergesandte dehnten ihren Aufenthalt im Gastland länger aus als für ihre eigentliche Aufgabe unerläßlich. Angehörige hochgestellter, eventuell gerade der königlichen Familien erfuhren ihre Ausbildung im anderen Staat oder hielten sich dort als Geiseln zur Sicherung vertraglicher Vereinbarungen längere Zeit auf. Die Unterhaltung von mehr oder weniger staatlich sanktionierten Freundschaften schuf Anlaufstellen für die Sorgen fremder Gäste im jeweiligen Ausland (vgl. das mit den modernen Konsulaten vergleichbare Institut der Proxenie in den griechischen Städten). Grenzüberschreitende dynastische Heiraten konnten gute auswärtige Beziehungen sichern helfen. Eine besondere, bis ins 1. Jahrhundert v.Chr. noch unter römischer Herrschaft geübte Form zwischenstaatlichen Kontakts war die Einrichtung von Schiedsgerichtsverfahren im Verkehr der griechischen Gemeinwesen untereinander. Demetrios von Phaleron (ca. 360–280 v.Chr.) hat offenbar eine theoretische Abhandlung über die D. verfaßt. Davon ist nur noch der Titel (*Presbeutikos,* d.h. *Über das Gesandtschaftswesen*) erhalten. Von der Existenz weiterer Schriften dieser Art wissen wir nichts. Dagegen haben wir immerhin noch eine von dem byzantinischen Kaiser Konstantinos VII. Porphyrogennetos (Lebenszeit 905–959 n.Chr.) veranstaltete umfangreiche Exzerptensammlung aus verschiedenen antiken Geschichtswerken zum Thema Gesandtschaften.

Historisch-geographische Aspekte der Diplomatie in der Antike: Die antike Welt liefert zahlreiche historisch-geographische Bezüge zum Phänomen der D. Schließlich überwanden diplomatische Aktionen nicht nur politische, sondern auch geographische Entfernungen. Grundsätzlich galten diplomatische Bemühungen befreundeten Nachbarstaaten und solchen Nachbarstaaten, mit denen friedliche Beziehungen erwünscht waren. Es ist auch ganz unerläßlich, sich ein Bild von dem geographischen Rahmen zu machen, in den man durch diplomatische Kontakte hineingezogen wurde. In dieser Hinsicht aufschlußreich sind z.B. die Verhandlungen, die zu Beginn des Ionischen Aufstands gegen den persischen Großkönig der ehemalige Tyrann von Milet, Aristagoras, 499 v.Chr. im Namen der kleinasiatischen Ioner mit dem Spartanerkönig Kleomenes I. führte, um die Unterstützung der Spartaner für den bevorstehenden Krieg zu gewinnen. Mithilfe der neuesten Errungenschaft milesischer Wissenschaft, einer Erdkarte, führte Aristagoras dem König die in Aussicht stehenden Reichtümer des Perserreichs vor Augen. Dieser aber war vielmehr von den gewaltigen geographischen Dimensionen beeindruckt, die eine solche Hilfsaktion annehmen mußte – und winkte ab (Hdt. 5,49).

Wie diplomatische Kontakte zu Nachbarstaaten das Weltbild beider Partner grundsätzlich vergrößerten, so geschah dies um so mehr, wenn solche Beziehungen zu weiter entfernten Staaten angebahnt und unterhalten wurden. Die Antike kannte zahlreiche Fälle weltumspannender diplomatischer Kontakte (z.B. des pontischen Königs Mithradates VI. zu Sertorius in Spanien 75 v.Chr.). Solche weitreichenden Beziehungen hat dann schließlich der byzantinische Staat zu einem verläßlichen System ausgebaut. Ganz entscheidend hat auch Megasthenes, der sich mehrfach längere Zeit als Gesandter Seleukos' I. am Hof des indischen Fürsten Tschandragupta aufhielt, mit seinen Berichten die geographisch-ethnographischen Vorstellungen der Griechen von Indien geprägt (Plin. nat. 6,58). Mehr als schriftliche Gesandtschaftsberichte vermochte aber die Anwesenheit von Gesandten aus nahezu unbekannten Ländern zu beeindrucken – wenn beispielsweise Gesandte aus Taprobane (heute Sri Lanka) den römischen Kaiserhof besuchten (zur Zeit des Kaisers Claudius, 41–54 n.Chr.).

Mit dem Austausch von Geschenken versuchte man dem Partner eine Vorstellung vom eigenen Staatswesen zu vermitteln und empfing seinerseits von diesem ein entsprechendes Bild. Sehr wirksame Kulturpropaganda, in Rom teils willkommen, teils heftig bekämpft, betrieben griechische Philosophen in Rom, z. B. Krates von Mallos, der während seines im Auftrag der Attaliden von Pergamon durchgeführten Gesandtschaftsaufenthalts in Rom 172 v.Chr. vom Krankenbett aus philosophische Vorträge hielt. Noch spektakulärer waren die Vorträge, die drei in Rom als Gesandte der Stadt Athen weilende Philosophen – Diogenes, Karneades und Kritolaos – 156/55 v.Chr. gehalten haben. Solche Vorträge fanden begeisterten Zulauf der römischen Jugend, zumal die im Anschluß an den Dritten Makedonischen Krieg (171–168 v.Chr.) nach Italien deportierten Griechen (Pol. 31,8; 35,5; Paus. 7,10ff.) der herrschenden Gesellschaft achaischer Städte – es sollen 1.000 gewesen sein, darunter auch Polybios – den Boden in Rom kulturpolitisch vorbereitet hatten.

→ Außenpolitik, Frieden, Monarchie, Philosophie, Recht, Reich, Staat, Tyrannis, Wirtschaft

LITERATUR: F. *Adcock*/D. J. *Mosley*: Diplomacy in Ancient Greece. London 1975. – P. *Gerbore*: Formen und Stile der Diplomatie. 1964. – R. *Helm*: Untersuchungen über den auswärtigen diplomatischen Verkehr des römischen Reiches im Zeitalter der Spätantike, in: Archiv für Urkundenforschung 12, 1932, 375–436. – A. *Heuß*: Die völkerrechtlichen Grundlagen der römischen Außenpolitik in republikanischer Zeit. 1933. – C. *Marek*: Die Proxenie. Frankfurt a.M. 1984. – A. J. *Marshall*: Survival and Development of International Jurisdiction in the Greek World under Roman Rule, in: ANRW II 13, 626–661. – D. J. *Mosley*: Envoys and Diplomacy in Ancient Greece. Stuttgart 1973. – H. *Nicolson*: The Evolution of Diplomatic Method. 1954. – D. *Obolensky*: The Principles and Methods of Byzantine Diplomacy, in: 12ème Congrès International des Études Bd. 2, 1961, 45–61. – E. *Olshausen*: Zur Frage ständiger Gesandtschaften in hellenistischer Zeit, in: E. Olshausen (Hg.): Antike Diplomatie. Darmstadt 1979, 291–317. – J. *Seibert*: Historische Beiträge zu den dynastischen Verbindungen in hellenistischer Zeit. Darmstadt 1967. – J. *Shepard*: Information, Disinformation and Delay in Byzantine Diplomacy, in: Byzantinische Forschungen 10, 1985, 233–293. – H. *Sonnabend*: Die Freundschaften der Gelehrten und die zwischenstaatliche Politik im klassischen und hellenistischen Griechenland. Hildesheim 1996. – M. N. *Tod*: International Arbitration amongst the Greeks. Oxford 1913.

Eckart Olshausen

Dokumente

Wie bei anderen althistorischen Fragestellungen ist auch in der Historischen Geographie die Definition von ›D.‹ für die antike Welt nicht unproblematisch. Da der Großteil antiker Zeugnisse die nachantike Zeit nur dank der literarischen Tradition des Mittelalters überdauert hat, gibt es für die Antike im Unterschied zu späteren

Epochen zum einen (abgesehen von auf Inschriften oder auf Papyrus bewahrten Texten) keine authentisch erhaltenen D. Zum anderen ist selbst bei den überlieferten Texten deren ›amtlicher‹ oder ›offizieller‹ Charakter in vielen Fällen nicht eindeutig. Dennoch soll versucht werden, Akten, Briefe, Urkunden, Verlautbarungen usw. in ihrer Bedeutung für die Historische Geographie der antiken Welt einzuordnen.

(1) Direkte Bedeutung hierfür haben D., die sich explizit auf geographische Themen beziehen. Zu dieser Gruppe gehören vor allem Verträge zwischen politischen Einheiten wie Staaten und Königreichen sowie – meist als Kriegsfolge – einseitige Verlautbarungen und Briefe des Vertreters einer siegreichen Macht, in denen die Aufteilung ganzer Regionen und geographischer Räume bestätigt oder aber (häufiger) neu gefaßt wird. Es gehören dazu aber auch D. über von Dritten gefällte Schiedssprüche und Urteile in zwischenstaatlichen Konflikten, außerdem über einen freiwilligen oder erzwungenen Synoikismos, bei dem Angehörige verschiedener Gemeinden in eine als neues Zentrum bestimmte oder sogar neu geschaffene Stadt umsiedeln. D. dieser Art sind vor allem aus der literarischen Überlieferung, seltener auch durch Inschriften, bekannt und liegen heute meist in Gattungs-Corpora gesammelt vor (siehe die Literaturhinweise).

Von direktem Wert für die Historische Geographie sind außerdem D., in denen die bestehenden Verhältnisse über Eigentum, Besitz oder Nutzungsrecht an Grund und Boden verzeichnet sind, insbesondere inschriftlich, auf Papyri oder literarisch bewahrte Texte oder Pläne, die ein Bodenkataster wiedergeben.

Schließlich gehören zu dieser Gruppe von D. auch Akten und Urkunden, in denen für Einzelpersonen oder Personengruppen ein (etwa durch Kauf oder Erbe veranlaßter) freiwilliger, (durch Pfändung oder als Strafe erfolgter) erzwungener oder (etwa als Belohnung oder bei Soldaten anläßlich des Dienstendes) gewährter Wechsel im Eigentum, Besitz oder Nutzungsrecht an Grund und Boden festgehalten ist.

(2) Indirekte Bedeutung für die Historische Geographie haben antike D., die sich nicht explizit auf geographische Themen beziehen, sondern deren eigentliche Zweckbestimmung eine andere war. Am bekanntesten hierfür sind die inschriftlich erhaltenen D., auf denen die fälligen *aparchai* (Erstlingsopfer) derjenigen Poleis verzeichnet sind, welche als Mitglieder des Ersten Attischen Seebunds solche Opfer aus ihrem Tribut darzubringen haben; diese – meist verkürzt als ›Athenische Tribut-Listen‹ bezeichneten – D. sind als Zeugnisse für die Historische Geographie des Seebund-Gebietes von größtem Wert.

Zu dieser Gruppe von D. gehören aber auch die Verzeichnisse der *theorodokoi*, also der Gastgeber für die Festgesandten, die zur Einladung zu den panhellenischen Spielen von Delphi, Nemea u.a. entsandt werden. Da diese Inschriften die Stationen der Reisewege verzeichnen, die jene Gesandten nehmen sollen, bieten sie vielerlei geographische Informationen.

Nicht zuletzt gehören zu dieser Gruppe die Aufstellung von Namen und Symbolen für eroberte Städte, Völkerschaften und Gebiete, die im römischen Triumphzug gezeigt wurden, sowie die Inschriften, die über solche Erfolge berichten (etwa das sogenannte Tropaeum Alpium, dessen Inschrift in Fragmenten erhalten ist).

(3) Als Quelle für die historische Geographie kommt schließlich den heute sogenannten spätantiken ›Verwaltungshandbüchern‹ Bedeutung zu, wenn auch die Qualität und die ›offizielle‹ Natur ihrer Aussagen häufig umstritten ist. Sowohl das west- als

auch das oströmische Reich erfaßt die *Notitia dignitatum*, die durch Kopien einer verlorenen Handschrift aus karolingischer Zeit bewahrte illustrierte Liste der zivilen und militärischen Ämter (*dignitates*) in beiden Reichshälften, die jeweils mit einem *primicerius notariorum* beginnend in über vierzig Kapiteln die höheren Ämter von dem Prätorianerpräfekten, dem *magister militum* und den weiteren Höflingen bis zu den militärischen Befehlshabern (*comites* und *duces*) und Provinzgouverneuren mit ihren jeweiligen Untergebenen auflistet. Die *Notitia dignitatum* muß nach der Reichsteilung 395 n.Chr. entstanden, später aber zumindest teilweise überarbeitet und wiederholt aktualisiert worden sein; die genaue Datierung ist ebenso unklar wie der Zweck ihrer Erstellung.

Eine eher geographisch als nach Verwaltungsgesichtspunkten geordnete Liste der Städte (nur) im oströmischen Reich bietet Hierokles' *Synekdemos*, ein Werk, das wohl auf eine ›offizielle‹ Liste aus der Mitte des 5. Jahrhunderts n.Chr. zurückgeht und in der Zeit Justinians revidiert worden ist.

Für die Historische Topographie sind ferner die anonymen spätantiken Regionskataloge, ›Pilgerhandbücher‹ und ›-führer‹ von Bedeutung, die für die christlichen Zentren der spätantiken Welt, insbesondere für Rom, das Gebiet der Stadt und ihres Umlands in Listenform erfassen.

→ Geographie, Historische Geographie, Inschriften, Papyri, Pilger, Recht, Reiseberichte, Stadt, Topographie

LITERATUR: H. *Bengtson*: Staatsverträge des Altertums II. München ²1975. – E. *Honigmann*: Le synekdèmos d'Hiéroklès. Brüssel 1939. – B. D. *Meritt*/H. T. *Wade-Gery*/M. F. *McGregor*: The Athenian Tribute Lists, 4 Bde. – C. *Moatti*: Archives et partage de la terre dans le monde romain. Rom 1993. – M. *Moggi*: I sinecismi interstatali greci I. Pisa 1976. – A. *Nordh*: Libellus de regionibus urbis Romae. Lund 1949. – P. J. *Pearlman*: The ›theorodokia‹ in the Peloponnese. Diss. Stanford 1984. – L. *Piccirilli*: Gli arbitrati interstatali Greci I. Pisa 1973. Cambridge/Mass. 1939–1953. – O. *Seeck*: Notitia dignitatum. Berlin 1876. – R. K. *Sherk*: Roman Documents from the Greek East. Baltimore 1969. – H. H. *Schmitt*: Die Staatsverträge des Altertums Bd. 3. München 1969. – G. *Walser*: Die Einsiedler Inschriftensammlung und der Pilgerführer durch Rom. Stuttgart 1987.

Kai Brodersen

Dorf

Das D. als Siedlung grenzt sich einerseits gegen die Streusiedlung, andererseits (nach verschiedenen Kriterien, die nicht hier zu erörtern sind) gegen die Stadt ab. Politisch gehört es einem größeren Ganzen an (etwa dem Gebiet einer Stadt, eines Ethnos, einer dynastischen Herrschaft), bildet aber als Gemeinde eine besondere rechtliche und administrative Einheit und zugleich eine enge soziale Gemeinschaft. Verbreitung und Bedeutung der D. im Altertum zu bestimmen ist schwierig. In der literarischen und epigraphischen Überlieferung treten sie hinter den Städten weit zurück, ihre archäologischen Überreste sind meist unansehnlich und noch wenig erforscht; am besten greifbar sind sie in den Papyri. So hat die Forschung ein gültiges Gesamtbild noch nicht erarbeitet, und auch in der folgenden Skizze muß vieles hypothetisch bleiben.

Griechenland: In Griechenland spielten D., so scheint es zunächst, keine große Rolle. Weite Landesteile waren von den Gebieten vieler kleiner Städte eingenommen, in denen es nach der gängigen Ansicht neben dem Hauptort kaum größere Siedlungen, also D., gab. Die stammstaatlich geordneten Gebiete waren allerdings z. T. noch, wie unsere Quellen es ausdrücken, ›nach D.‹ besiedelt, doch muß man hier auch mit Streusiedlung rechnen, und zudem waren auch hier die Städte im Vordringen. Bei näherem Zusehen erweist sich dieses Bild dann allerdings als korrekturbedürftig. Größere Stadtgebiete (an denen es doch nicht fehlte) waren in der Regel in (von Bürgern der Stadt bewohnte) D.-Gemeinden gegliedert, und schon die verbreitete technische Bezeichnung dieser Gemeinden als *demoi* verrät ihr Alter; denn in untechnischer Sprache war *demos* in klassischer Zeit in dieser Bedeutung nicht mehr gebräuchlich. In der Tat ist *da-mo /damos/* in den mykenischen Texten als Bezeichnung einer dörflichen Agrargemeinde reich belegt, wie auch viele der in diesen Texten namentlich angeführten Ortschaften ohne Zweifel D. waren.

In Arkadien, Achaia und Elis waren bis in die frühere klassische Zeit die einzelnen Siedlungen und Gebietskörperschaften nicht Städte, sondern *demoi*, also D.-Gemeinden. Die späteren Städte gingen durch Zusammenschluß und teilweise Umsiedlung aus diesen Demen hervor (Strab. 8,3,2; 8,7,4,). Das Gebiet der Lakedaimonier umschloß zahlreiche kleine Periöken›städte‹ (manchmal auch *komai*, ›D.‹, genannt) und eine Hauptstadt, die aus vier ›D.‹ noch nicht ganz zusammengewachsen war.

Kleinasien: Kleinasien war, jedenfalls seit persischer Zeit, dicht mit D. überzogen; hierfür nur ein Beispiel: Strabon (12,3,39) verzeichnet in der Nähe von Amaseia *to Chiliokomon pedion*, die Ebene der tausend D. Daß die D. Gemeinden mit dörflicher Selbstverwaltung und einem abgegrenzten Gebiet waren, ist vielfach bezeugt. Mitten unter ihnen lagen allerdings seit alter Zeit auch Städte, und deren Zahl wuchs in hellenistischer und römischer Zeit durch Neugründungen beträchtlich. In Karien und Lykien waren die meisten D. schon in klassischer Zeit einzelnen Städten zugeordnet. In städtischen Volksbeschlüssen Lykiens aus persischer und frühhellenistischer Zeit wird manchmal die Zustimmung der *perioikoi*, d.h. des zugehörigen Landgebietes, ausdrücklich vermerkt. Daß aber auch in Karien von Hause aus D., nicht Städte, die normalen Gebietskörperschaften waren, zeigt die von Strabon (14,2,25) bezeugte Organisation des um das Heiligtum des Zeus Chrysaoreus bei Stratonikeia gescharten gesamtkarischen Bundes: Dieser Bund, sagt Strabon, »setzt sich aus D. zusammen; die Städte aber, die die meisten D. stellen, haben die meisten Stimmen«.

In nachklassischer Zeit wurden auch im übrigen Kleinasien die meisten D. Städten untergeordnet (aber in der Regel nicht eingebürgert), so daß am Ende auch hier, wie fast überall im Römischen Reich, fast das ganze Land in Stadtgebiete aufgeteilt war, ohne daß jedoch die D. ihr Eigenleben verloren. Nicht viel anders verlief die Entwicklung in Syrien und Palästina; auch hier hielt sich in den meisten Landesteilen, namentlich in zurückgebliebenen Binnen- und Grenzlandschaften, ein reiches dörfliches Leben, woran die fortschreitende Zuordnung zu alten oder neuen Städten nicht viel änderte.

Hellenistisches Ägypten: Auch in Ägypten war zunächst das D. (*kome*) die grundlegende administrative Einheit unter dem Gau (*nomos*); Städte im Rechtssinn, durchweg griechische Gründungen, gab es nur ganz vereinzelt. Die römische Verwaltung erhob seit dem 2. Jahrhundert n.Chr. die Hauptorte der Gaue stufenweise zu Städten, in deren Gebiete am Ende das ganze Land zerfiel. Das Eigenleben der D. war aber mehr durch die Ausbildung von Großgrundbesitz beeinträchtigt als durch die Eingriffe der städtischen Behörden.

Rom: Die Verhältnisse im Westen sind schwerer zu beurteilen, weil das Lateinische über keine eindeutige Bezeichnung des D. verfügt und sich mit mehrdeutigen Ausdrücken wie vor allem *vicus* und *castellum* behelfen muß. Das ist kein Zufall: Im ursprünglichen Landgebiet Roms gab es keine D., und sooft dieses Gebiet erweitert wurde, gründete man entweder *coloniae*, also Städte, oder verteilte das Land *viritim*, d.h. Mann für Mann, in Blockfluren, so daß es zur Streusiedlung kam. Wo die bisherigen Bewohner in die Bürgerschaft Roms aufgenommen wurden, wohnten sie weiterhin in Städten (jetzt *municipia* genannt), oder sie waren in *pagi* (Gauen) organisiert, von denen wir im allgemeinen nicht sagen können, ob sie dorfweise oder in Weilern und Gehöften besiedelt waren. Die allgemeine Munizipalisierung nach dem Bundesgenossenkrieg 90–88 v.Chr. schuf noch einmal viele neue Städte auf Kosten anderer Siedlungsformen. Doch haben wir aus dem alten Italien immerhin einen schönen Beleg einer D.-Gemeinde: Die *Sententia Minuciorum* aus dem Jahr 117 v.Chr. (CIL I² 584) gewährt unschätzbaren Einblick in die Verhältnisse eines der Stadt Genua unterstellten ligurischen D. (*castellum*), umgeben von der alten D.-Flur, dem *ager privatus*, und der z.T. schon in private Nutzungen aufgeteilten Allmende (*ager publicus*).

In den Provinzen des Westens muß mit sehr verschiedenen Siedlungs- und Verwaltungsstrukturen gerechnet werden. Neben den Hauptorten der *civitates*, die sich zu Städten entwickeln, und den römischen Neugründungen (*coloniae*) sowie den phönizischen und griechischen Kolonien sind, wenn ich recht sehe, halbstädtische Sekundärzentren (*oppida* oder *vici* genannt) und isolierte Gehöfte in der schriftlichen Überlieferung und im archäologischen Befund deutlicher faßbar als eigentliche D., an denen es doch gewiß nicht gefehlt hat. Auf festem Boden stehen wir wieder, dank der griechischen Terminologie, in Thrakien: Hier ist die dörfliche Grundstruktur im Laufe der hellenistischen und vor allem der römischen Zeit von einem weitmaschigen Netz von Städten und Marktflecken (*emporia*) überzogen worden.

→ Archäologie, Bezirk, Gesellschaft, Inschriften, Kolonisation, Kultorganisation, Papyri, Siedlungsformen, Stadt

LITERATUR: F. *Gschnitzer:* Zum Verhältnis von Siedlung, Gemeinde und Staat in der griechischen Welt, in: E. Olshausen/H. Sonnabend (Hgg.): Stuttgarter Kolloquium zur historischen Geographie des Altertums II–III. (Geographica Historica 5), Bonn 1991, 429–442. – M. H. *Hansen:* Kome[HB1]. A Study in how the Greeks Designated and Classified Settlements which were not Poleis, in: M. H. Hansen/K. Raaflaub (Eds.): Studies in the Ancient Greek Polis. Stuttgart 1995, 45–81. – M. *Humbert:* Municipium et Civitas sine suffragio. Rom ²1993. – A. H. M. *Jones:* The Cities of the Eastern Roman Provinces. Oxford ²1971. – E. *Kirsten:* Die griechische Polis als historisch-geographisches Problem des Mittelmeerraumes. Bonn 1956. – R. *Osborne:* Demos: the Discovery of Classical Attica. Cambridge 1988. – D. *Whitehead:* The Demes of Attica 508/7-ca. 250 B.C. Princeton 1986.

Fritz Gschnitzer

Energiequellen

Als E. wurden in der Antike – neben der intensiven Inanspruchnahme menschlicher und tierischer Kräfte – Wasserkraft und thermische Energie benutzt. Die Wasserkraft kam insbesondere bei Mühlenanlagen in der Landwirtschaft zur Anwendung. Als Träger thermischer Energie dienten Holz und Holzkohle. (Vgl. Abb. 18 und 19).

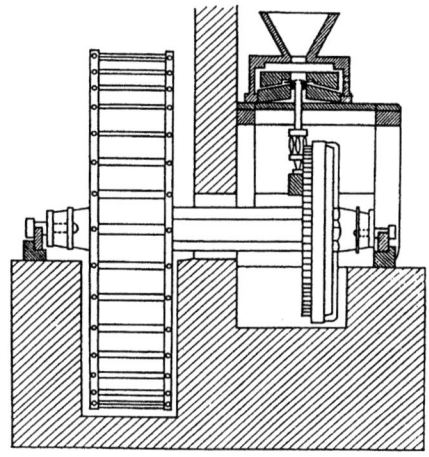

Abb. 18: Rekonstruktion einer römischen Wassermühle nach den Angaben des römischen Architekturschriftstellers Vitruv (10,5,1 f.): »Es werden aber auch in Flüssen Schöpfräder nach den gleichen Methoden gebaut. Ringsum werden an ihren Mänteln Schaufeln befestigt, und wenn diese von der Wasserströmung erfaßt werden, zwingen sie durch ihr Vorrücken das Rad, sich herumzudrehen. So schöpfen sie mit den Kästen das Wasser, tragen es, ohne daß Arbeiter eine Tretvorrichtung in Bewegung setzen, durch die Strömung des Flusses in Drehung versetzt, nach oben und liefern so das Wasser ab, das notwendig gebraucht wird. Nach demselben Prinzip werden auch Wassermühlen getrieben, bei denen sonst alles ebenso ist, nur ist an dem einen Ende der Welle ein Zahnrad angebracht. Dies ist senkrecht auf die hohe Kante gestellt und dreht sich gleichmäßig mit dem Rad in derselben Richtung. Anschließend an dieses größere Zahnrad ist ein kleineres Zahnrad horizontal angebracht, das in jenes eingreift. So erzwingen die Zähne jenes Zahnrades, das an der Welle des Schaufelrades angebracht ist, dadurch, daß sie die Zähne des horizontalen Zahnrades in Bewegung setzen, eine Umdrehung der Mühlsteine. Bei dieser Maschine führt ein Rumpf, der darüber hängt, das Getreide zu, und durch dieselbe Umdrehung wird das Mehl erzeugt.«

→ Agrartechnik, Fluß, Heizen, Landwirtschaft, Mühlen, Wasserbau

LITERATUR: R. *Halleux*: Problèmes de l'énergie dans le monde ancien, in: Études Classiques 45, 1977, 94–61. – Ö. *Wikander*: Exploitation of Water-Power or Technological Stagnation? 1984. – Ö. *Wikander*: The Use of Water-Power in Classical Antiquitiy, in: Opuscula Romana 13, 1981, 91–104.

Holger Sonnabend

Erdbeben (Geologie)

E. zählen zu den größten Naturkatastrophen der Menschheit. Sie kommen meistens ohne Vorwarnung, zerstören binnen Sekunden blühende Städte und Dörfer und hinterlassen eine verwüstete Landschaft mit zahlreichen Opfern. Deshalb wurden sie oft als Strafe der Gottheit empfunden.

Abb. 19: Rekonstruktionszeichnung einer römischen Mühlenanlage bei Barbegal (Südfrankreich, in der Nähe von Arles). Die Anlage stammt aus dem 3. oder 4. Jh. n.Chr. Acht Paare von Wasserrädern produzierten bei einem Gefälle von etwa 30% Energie. Jedes Wasserrad trieb Mühlsteine in einer Mühlenkammer neben dem Radgehäuse an.

Entstehung von Erdbeben: E. bilden ein Untersuchungsobjekt der Geophysik. Sie sind die Folge der Veränderung eines Gesteins in seinen Lagerungsverhältnissen durch rein mechanische Deformation. Von Schub- und Druckkräften werden Spannungen in den Gesteinsschichten der Erdkruste und des oberen Erdmantels aufgebaut und verstärkt, so daß die angestaute Energie in einer plötzlichen Spannungslösung frei wird. Physikalisch ausgedrückt heißt das: Statische oder potentielle Energie wird in dynamische Energie umgewandelt. Diese Spannungslösung bewirkt eine Wellenbewegung, so wie ein Stein, der in einen ruhenden Teich geworfen wird, sich kreisrund fortpflanzende Wellen erzeugt. Je größer die freigesetzte Energie ist, desto höher wird die Amplitude der Wellen und damit die Stärke des Bebens. Ehemals zusammengehörende Schichten werden bei der Spannungslösung an einer Verwerfung auseinandergerissen und vertikal oder horizontal relativ zueinander verschoben. Es kommt zur Dislokation. Somit sind im Gelände erkennbare Verwerfungen immer Zeichen einer hohen seismischen Aktivität.

Messung von Erdbeben: E. werden heute von E.-Warten registriert. Da die Wellen an diversen Grenzschichten reflektiert werden, sind auf dem vom Seismographen aufgezeichneten Seismogramm unterschiedliche Ankunftszeiten und Stärkegrade der Wellentypen ablesbar. Sie gestatten wiederum Rückschlüsse auf den Verlauf der Wellenbewegung in unserem Planeten.

Die früher auf makroseismischen Beobachtungen ohne Apparaturen aufgebaute Mercalli-Sieberg-Skala mit Stärkegraden von 1–12 ist heute durch die nach oben offene Richter-Skala ersetzt. Jene ist logarithmisch gestaltet, so daß z. B. die Differenz zwischen den Stärkegraden 5 und 6 einer Verzehnfachung der Bebenintensität entspricht. Vernetzt man durch Datenübermittlung drei E.-Warten, dann kann aus den Laufzeitkurven der drei Seismogramme das E.-Zentrum lokalisiert werden. Ausgangsort des Bebens in der Erdtiefe ist das Hypozentrum, senkrecht darüber an der Oberfläche liegt das Epizentrum als Ort der stärksten Erschütterungen.

Klassifikation von Erdbeben: Flachbeben mit Hypozentren in 5–60 km Tiefe machen mehr als 80% aller Beben aus. Von Zwischenbeben spricht man bei 70–300 km, von Tiefbeben darunter bis 700 km Tiefe. Beben in mehr als 700 km Tiefe wurden nicht beobachtet. Dort ist das feste Gesteinsmaterial durch die hohen Temperaturen so weit aufgeschmolzen, daß ein Spannungsaufbau potentieller Energie infolge der Viskosität des Materials nicht mehr möglich ist.

Eine weitere Klassifikation von E. ist nach deren Ursachen möglich. So machen tektonische oder Dislokationsbeben rund 90% aller Beben aus. Sie besitzen eine große Reichweite und treten vor allem an weiträumig wirksamen Verwerfungen (z. B. Andreas-Spalte in Kalifornien) und Grabenbrüchen (Graben von Korinth, Jordangraben etc.) auf. Eine mittlere Reichweite haben vulkanische Beben, die als Erschütterungen der Erdkruste auf gewaltige Eruptionen reagieren. Ihr Anteil beträgt 7%. Nur 3% sind Einsturzbeben mit kleiner Reichweite. Sie gehen auf den Einbruch von Höhlen und unterirdischen Salzauslaugungen zurück.

Weltweit darf die jährliche Zahl der E. mit etwa 800.000 angegeben werden. Doch davon haben weniger als 0,1% verheerende Auswirkungen. Alle übrigen sind nur instrumentell meßbar. Die hohe Präzisionsleistung eines Seismographen wird deutlich, wenn man bedenkt, daß Brandungserschütterungen bei Sturm an der Ostseeküste von der E.-Warte in Potsdam registriert werden.

Räumliche Verteilung: Jeder gute Schulatlas enthält eine Karte der räumlichen Verteilung von E.-Herden. Darin bilden sich anschaulich E.-Gürtel oder Zonen von Geofrakturen ab. Besonders auffällig sind die zirkumpazifische, die mediterran-transasiatische Zone, die untermeerischen Schwellen in Atlantik, Indik und Arktik sowie die Grabenbruchzone im Bereich der ostafrikanischen Seen. Eine Erklärung dieser Verteilung bietet die moderne geophysikalische Hypothese der Plattentektonik.

Schutzmaßnahmen: E. sind – trotz aller Forschungsbemühungen – nicht präzise vorhersagbar. Der einzige Schutz besteht in einer erdbebensicheren Bauweise (Stahlbeton). Daß auch hier der Mensch die Kräfte der Natur unterschätzt hatte, beweist der Einsturz von Hochstraßen in Stelzenbauweise bei jüngeren Beben in Kalifornien und Japan. Oft sind die Folgewirkungen der E. größer als das zerstörende Ereignis selbst. Aus offenen Feuern entstehen Flächenbrände; aber zerbrochene Wasserleitungen verhindern ihre Bekämpfung.

Tsunamis in der Antike: Eine interessante E.-Beobachtung schildert Thukydides (3,89). Im Sommer 426 v.Chr. »geschah es, daß bei den anhaltenden E. in Orobiä auf Euböa das Meer einen Teil der Stadt überflutete, nachdem es zuerst zurückgetreten war und sich zu hohen Wogen aufgetürmt hatte. Teils behielt dann das Wasser seine Höhe, teils wich es wieder zurück; eine Strecke des früheren Landes ist jetzt Meer. Alle Menschen, die sich nicht rechtzeitig auf das Oberland flüchten konnten, wurden vom Wasser verschlungen.« Was Thukydides hier beschreibt, sind Tsunamis, seismische Wogen, die bei vertikalen Veränderungen des Meeresbodens ausgelöst werden. In dem engen nördlichen Golf von Euböa mußten sie zwischen beiden Küsten hin- und herpendeln, dort überschwappen und auf diese Weise ihre Energie aufbrauchen. Das geschah mit katastrophalen Folgen.

→ Gebirgsbildung (Orogenese), Mythologie, Überschwemmung, Vulkan, Vulkanismus

LITERATUR: D. *Gubbins*: Seismology and Plate Tectonics. Cambridge 1990. – W. *Neumann/ F. Jacobs*/B. *Tittel*: Erdbeben. Köln 1986. – G. *Schneider*: Erdbeben. Entstehung – Ausbreitung – Wirkung. Stuttgart 1975. – G. *Schneider*: Erdbebengefährdung. Darmstadt 1992. – B. *Walker*: Erdbeben. Amsterdam 1983.

Friedrich Sauerwein

Erdbeben (Geschichte)

Da das Mediterraneum zu den mit am häufigsten von seismischen Erschütterungen betroffenen Gebieten auf der Erde zählt, finden wir eine intensive Auseinandersetzung der antiken Menschen mit diesen Phänomenen.

Antike Erklärungsversuche: Grundsätzlich lassen sich zwei Hauptrichtungen fixieren, innerhalb derer eine mentale Beschäftigung erfolgte, nämlich (1) versuchte man E. im Rahmen einer naturphilosophischen Welterklärung als Naturphänomene zu erklären; (2) wurden E. als übernatürliche Phänomene und Kommunikationsmittel der Götter betrachtet.

(1) Die ersten Versuche einer natürlichen Erklärung der E. finden wir bei den Ionischen Naturphilosophen des 7. und 6. Jahrhunderts v.Chr. Es lassen sich drei Theorieansätze feststellen, nämlich ein vulkanischer, ein neptunistischer und ein pneumatischer, jeweils abhängig davon, welche Kräfte man als auslösende Momente für E. ansah. Von Anfang an finden wir auch Vermischung der verschiedenen Erklärungsmodelle. Alle drei Theorien werden die gesamte Antike hindurch immer wieder diskutiert, allerdings setzt sich die vor allem von Aristoteles favorisierte und veränderte, pneumatische Theorie durch, bei der man sich die Erde als einen von Luft gefüllten Hohlkörper vorstellt, der durch Veränderungen des Luftdrucks sowie Ein- und Ausströmen der Luft erschüttert wird (eine Theorie mit Wirkung bis in die Neuzeit). Spätestens mit Thukydides (3,98,4) wurde auch ein kausaler Zusammenhang zwischen E. und Tsunamis formuliert. Die intensive Auseinandersetzung mit E. führte im Laufe der Zeit zu einem hohen Maß an Beobachtungsgenauigkeit von E.-Vorfällen sowie von Begleiterscheinungen (Geräusche, Tierverhalten, atmosphärische Phänomene), die ihren Ausdruck auch in einem sehr differenzierten Vokabular fand.

(2) Weitaus älter als die Entwicklung naturphilosophischer E.-Theorien und auch die gesamte Antike hindurch weiterbestehend war die Ansicht, daß es sich bei E. um Äußerungen übernatürlicher Mächte handelt.

Bei den Griechen wurden E. und Tsunamis in der Regel mit Poseidon – zurückgehend zumindest bis in mykenische Zeit – in Zusammenhang gebracht. Dementsprechend wurde Poseidon an vielen Orten als Ennosigaios (= Erderschütterer), aber auch Asphalios (= der sicher Gegründete) verehrt. Aber auch andere übernatürliche Wesen traten als Verursacher von E. in Erscheinung, so z.B. Zeus (Sen. Oed. 569ff; Quint. Smyrn. 19,94ff), Athena (ibid.; Apoll. Rhod. Argon. 2,539f); Hephaistos (Anthologia Palalatina 9,425); Hekate (Lukian philops. 22); Typhon (Pind. P. 1,1,15ff.; Ov. met. 5,346ff.); Titanen, Kyklopen (Ov. met. 12,521). Galt bei den Griechen das E. stets als Willensäußerung eines bestimmten übernatürlichen Wesens, die man zu befolgen hatte (etwa durch Abbruch eines Kriegszuges, s. Xen. Hell. 3,2,24), so fehlt in der römischen Tradition diese eindeutige Zuweisung. Die klassische römische Staatsreligion erkannte im E. einen Hinweis auf einen Bruch des friedlichen Verhältnisses mit den Göttern der *pax deum* (*prodigium* = Vorzeichen). Als solches stellte ein E. eine schwere Beeinträchtigung des politisch-staatlichen Lebens dar, die einen Heilungsprozeß in Form einer *procuratio prodigiorum* nach sich ziehen mußte, ohne daß dabei eine bestimmte Gottheit angesprochen wurde. Im Laufe der fortschreitenden Kaiserzeit transponierte man E. immer mehr in einen astrologisch-astronomischen Kontext und versuchte mit Mitteln der Magie, Astrologie usw. E. vorherzusagen und abzuwehren. Die Einschätzung der E. war niemals eindimensional. Zwar erkannte man darin häufig, aber nicht zwingend eine zornige, negative Äußerung der Götter. Es gab aber auch durchaus positiv gedeutete E. (Xen. Hell. 4,7,4: oder helfende, weil die Gegner schädigende E. (Hdt. 8,129,1 f.: Tsunami als Hilfe für Einwohner von Poteideia; Cass. Dio 37,11,4: Hilfe für Römer). Der ebenfalls von Anfang an mitschwingende Strafcharakter der E. tritt erst im Christentum in aller Deutlichkeit hervor.

Erdbebenschäden: Neben der mentalen Bewältigung von E. spielten auch die von zahlreichen mittelschweren bis schweren E. verursachten materiellen Schäden eine wichtige Rolle im antiken Alltag (zu einzelnen Beben siehe Guidoboni). Durch besondere Schadenswirkung herausragende E. blieben im Gedächtnis der Menschen über Jahrhunderte haften und wurden in der Literatur immer wieder beispielhaft angeführt (464 v.Chr.: Sparta; 373 v.Chr.: in Helike und Bura; 17 n.Chr.: 12-Städte-Beben Kleinasien; 365 n.Chr.: östlicher Mittelmeerraum).

Allerdings fällt es heute bis auf wenige Ausnahmen schwer, das Ausmaß der Schäden bestimmter Katastrophen auch nur annähernd zu bestimmen, da die Quellenaussagen jeweils sehr subjektiv sind und verbindliche Maßstäbe fehlen. Angaben in der modernen Literatur beruhen meist auf sehr hypothetischen Schätzungen und Parallelisierungen. Sicher ist, daß das Schadensausmaß von E. mit der zunehmenden Komplexität städtischer Siedlungen anwuchs.

Zurückgehend auf eine bereits in griechisch-hellenistischer Zeit entwickelte Kultur der gegenseitigen Hilfeleistungen der einzelnen Poleis und Kleinstaaten (227/226 v.Chr. Rhodos: Pol. 5,88) wurde die Fürsorge des römischen Kaisers bei der Beseitigung von E.-Schäden als Ausdruck der *liberalitas* (= Freigebigkeit) zu einem festen Bestandteil der herrscherlichen Tugenden (12-Städte-Beben Kleinasien 17 n.Chr.: Tac. ann. 2,47), der im Laufe der Zeit auch eine mehr oder weniger feste staatliche Organisationsform (›Schadensregulierungskommission‹) erhielt. Aufbauend auf generationsübergreifende Erfahrungen entwickelten die Bewohner des Mittelmeerraumes ein ausgeprägtes Katastrophenverhalten bei E. (Verlassen der Häuser bzw. Städte usw.). Auch in der Bautechnik finden sich eindeutig Hinweise auf E.-Prävention (Fundamentierung, Standortwahl, Bogenbauweise, Mauertechnik, s. Strab. 12,8,18; Plin. nat. 2,84).

Forschungsprobleme: E. finden sowohl in literarischen wie auch epigraphischen Quellen Erwähnung. Allerdings ist die Aussagefähigkeit des Materials begrenzt, und

Abb. 20: Das Bild zeigt die einzige erhaltene Darstellung eines antiken Erdbebens in seinem Verlauf und in seinen Folgen. Es handelt sich um ein Marmorrelief aus Pompeji, das der Bankier L. Caecilius Iucundus im privaten Kultraum seines Hauses aufstellte. Die Darstellung bezieht sich auf das Erdbeben von 62 n.Chr., über das der Zeitgenosse Seneca (nat. 6,1 ff.) ausführlich berichtet hat: »Wir haben die Schreckensnachricht vernommen, mein liebster Lucilius, Pompeji in Kampanien, ... jene volkreiche Stadt ist durch ein Erdbeben in Trümmer gesunken, und auch die Umgebung ist schwer getroffen worden. Und dies geschah im Winter, obwohl unsere Vorfahren immer versichert haben, daß in jener Jahreszeit dafür keine Gefahr bestehe. Es war am 5. Februar ..., als dieses Erdbeben in Kampanien ungeheure Verwüstungen anrichtete. Diese Landschaft ist eigentlich nie vor einem solchen Unglück sicher, aber bisher erlitt sie nie großen Schaden und ist immer mit dem Schrecken davongekommen... Eine Herde von 600 Schafen kam um, Statuen wurden gespalten, und danach irrten Leute verstörten Sinnes umher, die vollkommen aus dem Gleichgewicht geraten waren.« Der linke Teil des Reliefs zeigt eine Momentaufnahme der Katastrophe: der Iuppitertempel auf dem Forum mit seinen zwei wankenden Reiterstatuen wird zerstört. In der rechten Hälfte geht es um die religiöse Bewältigung. An einem Altar findet eine Opferzeremonie statt, ganz rechts wird ein neues Opfertier herbeigeführt. Mit der Aufstellung des Reliefs wollte der Bankier wohl künftiges Unheil abwenden – vergebens, wie man weiß, denn wenige Jahre später (79 n.Chr.) zerstörte der Vesuv die Stadt komplett.

es gilt bei der Auswertung hinsichtlich der Chronologie ebenso wie des Schadensausmaßes, des Schüttergebietes usw. große Vorsicht walten zu lassen, da bei den antiken Autoren Synchronisierung, Kumulation, Parallelisierung durchaus üblich waren. Ähnliche Vorsicht gilt auch bei der Zuschreibung archäologischer Schadenshorizonte an bestimmte E. Wie eine intensive Forschungsdiskussion zeigt, ist hier kaum absolute Sicherheit zu erreichen, auch da die Identifikation von E.-Schäden durch die Archäologie noch einen großen Unsicherheitsfaktor aufweist.

→ Archäologie, Chronologie, Erosion, Götter, Inschriften, Mythologie, Philosophie, Überschwemmung, Vulkan, Vulkanismus

LITERATUR: E. *Guidoboni*: Catalogue of Ancient Earthquakes in the Mediterranean Area up to the 10th Century. Rom 1994. – E. *Oeser*: Historical Earthquake Theories from Aristotle to Kant, in: Gutdeutsch R. et al. (Eds.): Historical Earthquakes in Central Europe vol. 1. (Abhandlungen der Geologischen Bundesanstalt 48), Wien 1992, 12 ff. – G. *Waldherr*: Altertumswissenschaften und moderne Katastrophenforschung, in: E. Olshausen/H. Sonnabend (Hgg.): Naturkatastrophen in der antiken Welt. Stuttgarter Kolloquium zur Historischen Geographie des Altertums 6, 1996, 1998, 51–64. – G. *Waldherr*: Erdbeben – Das außergewöhnliche Normale. (Geographica Historica 9), Stuttgart 1997. – G. *Waldherr*: Die Geburt der kosmischen Katastrophe. Das seismische Großereignis am 21. Juli 365 n.Chr., in: Orbis Terrarum 3, 1997, 169–201.

Gerhard Waldherr

Erde

Frühe Vorstellungen von Gestalt und Lage der Erde: Im Alten Orient wie bei den frühen Griechen waren Vorstellungen von der E. zunächst auf das engste mit mythologischem Gedankengut verknüpft. E. und Himmel, ihr Ursprung und ihre Gestalt sind Themen, zu denen in vorwissenschaftlicher Zeit der religiösen Phantasie des Menschen kaum Grenzen gesetzt waren. Eine im weiteren Sinne als ›geographisch‹ zu bezeichnende, freilich nach wie vor auf Himmelsbeobachtung und Spekulation beruhende Reflexion über die E. begegnet erst im Zusammenhang mit der sogenannten ionischen ›Naturphilosophie‹, jener geistigen Strömung, die in den kleinasiatischen Städten des 6. Jahrhunderts v.Chr. – namentlich in Milet – als Folge der großen Kolonisationsbewegung um sich griff. Während Thales noch der altorientalischen Vorstellung von einem auf dem Wasser schwimmenden Erdkörper anhing (Diels-Kranz 11 A 13–15) und Xenophanes sich die E. nach unten unbegrenzt vorstellte (Diels-Kranz 21 A 47), lehrte Anaximandros bereits, daß die E. ein inmitten eines kugelförmigen Himmels frei schwebender, wohl zylindrischer Körper sei. Die nach allen Seiten gleiche Entfernung zur Himmelskugel bewirke die Ruhelage der E., da nach keiner Seite ein Antrieb wirksam werde (Diels-Kranz 12 A 10–11). Auf andere Weise versuchte Anaximenes einige Jahrzehnte später die scheinbare Unbewegtheit der E. zu erklären, indem er von einer Erdscheibe ausging, deren Ränder fast den umgebenden kugelförmigen Kosmos berühren: So könne die unter der E. befindliche Luftschicht nicht entweichen, wodurch eine stabile Lage der E. gewährleistet sei (Diels-Kranz 13 A 6). So phantastisch beide Konstruktionen auch anmuten, ihr gemeinsamer Fortschritt liegt in der Abkehr von der Annahme eines direkten Zusammenhanges zwischen E. und Himmelsgewölbe. Mit der Vorstellung von einer frei schwebenden E. war eine wesentliche Voraussetzung für die weitere Entwicklung des Erdbildes geschaffen.

Die Lehre von der Kugelgestalt der Erde: Die Entdeckung, daß der vom Menschen bewohnte Himmelskörper kein Gebilde mit flacher Oberfläche, sondern eine Kugel ist, kann man wohl als die einschneidendste Veränderung im Weltbild der Antike überhaupt bezeichnen. Hatte die ionische Naturphilosophie noch die Vorstellung von einer Erdscheibe den kosmischen Beobachtungen anzupassen versucht, so zog man in den griechischen Städten Unteritaliens wenig später die Konsequenz aus Beobachtungen wie der Erdkrümmung oder der Veränderung des Sternenhimmels auf unterschiedlichen geographischen Breiten. Ob die These, daß die E. kugelförmig sei, erstmals von Parmenides (Diels-Kranz 28 A 1. 44) oder von Schülern des Pythagoras, vielleicht gar von diesem selbst (Diog. Laert. 8,48) vertreten wurde, war bereits in der Antike umstritten. Jedenfalls ist sie bei Philolaos um die Mitte des 5. Jahrhunderts v.Chr. vorausgesetzt, der mit seinem System eines Zentralfeuers, um das alle Himmelskörper einschließlich der E. kreisen, zugleich als erster dem Axiom der zentralen Ruhelage der E. widerspricht (Diels-Kranz 44 A 16–17. 21; vgl. Aristot. cael. 2,13, p. 293a). Platons Vergleich der E. mit einem Lederball (Plat. Phaid. 110b) stellt die erste unmittelbar überlieferte Erwähnung der Kugelform dar und zeigt zugleich, daß in dieser Frage im 4. Jahrhundert v.Chr. keine ernsthafte Auseinandersetzung mehr stattfand. Aristoteles lieferte mit seiner Beobachtung des runden Erdschattens bei Mondfinsternissen den glänzenden Beweis (Aristot. cael. 2,14, p. 297a-b).

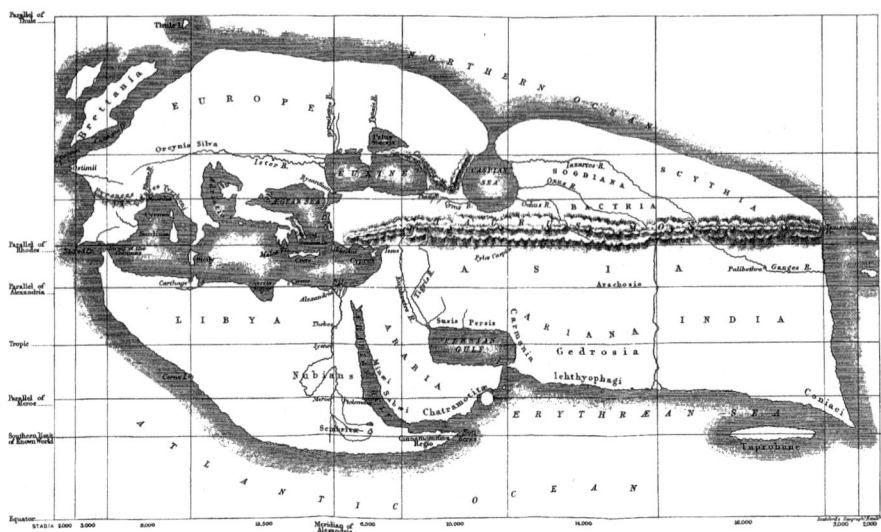

Abb. 21: Rekonstruktion der Erdkarte des Eratosthenes (3. Jh. v.Chr.) mit der vom Weltmeer (Okeanos) umgebenen bewohnten Welt (Oikumene). »Die Erdkarte übernimmt das Koordinatensystem von Dikaiarchos mit dem auf Rhodos stehenden Koordinatenkreuz, dessen Breitenkreis durch die Säulen des Herakles (Meerenge von Gibraltar), dessen Längenkreis durch Lysimacheia auf der thrakischen Chersonnesos und Syene am westlichen Nilufer (Assuan) bestimmt war; seine eigene Leistung ist die Hinzufügung von sieben weiteren Breitenkreisen (von Taprobane/Srilanka bis zur Insel Thule) und acht weiteren Längenkreisen (von der Westküste Iberiens/Spaniens bis Indien)... Eratosthenes bricht unter Berücksichtigung realer Beobachtungen mit dem Tabu einer seit Anaximandros behaupteten Symmetrie der Oikumene mit dem Null-Punkt in Rhodos, nachdem die aus den Kriegen Alexanders gewonnenen Erkenntnisse ergeben hatten, daß der asiatische Kontinent sich sehr viel weiter nach Osten dehnte als ursprünglich angenommen worden war.« (E. Olshausen: Einführung in die Historische Geographie der alten Welt. Darmstadt 1991, 94).

Messungen der Erde: Zwei Probleme mußten seit der Erkenntnis der Kugelgestalt die Geographie besonders bewegen: die Größe der E. und die Beschaffenheit der unbekannten Teile ihrer Oberfläche. Während man in letzterem Punkt noch bis in die Neuzeit hinein auf Vermutungen angewiesen war, ließ sich die Frage des Umfangs der Erdkugel auch ohne Kenntnis des Ganzen auf mathematischem Wege behandeln. Derartige Versuche scheinen bereits im Athen des 5. Jahrhunderts v.Chr. unternommen worden zu sein (Aristoph. Nub. 203–204). Aristoteles, der infolge der Unterschiedlichkeit des Sternenhimmels schon bei geringer nordsüdlicher Ortsveränderung die E. für relativ klein hält, nennt gleichwohl als Schätzwert seiner Zeitgenossen die viel zu hohe Zahl von 400.000 Stadien (Aristot. cael. 2,14, p. 297b). Erst der alexandrinische Gelehrte Eratosthenes entwickelte im 3. Jahrhundert v.Chr. ein Verfahren, das ihm die exakte Berechnung des Erdumfanges ermöglichte (Kleomed. 1,10): Mit Hilfe eines Schattenzeigers (*gnomon*) verglich er am Tag der Sommersonnwende den Sonneneinfallswinkel in Alexandreia mit jenem in Syene, einer Stadt des nördlichen Wendekreises auf etwa gleicher geographischer Länge, und gelangte zu einer

Differenz von 7°12', was $^1/_{50}$ des Vollkreises von 360° entspricht. Der Umfang der E. mußte demnach – die Gleichmäßigkeit ihrer Form vorausgesetzt – das Fünfzigfache der Entfernung zwischen Syene und Alexandreia (5.000 Stadien) betragen; die hieraus resultierenden 250.000 Stadien erhöhte wohl schon Eratosthenes selbst auf 252.000, um für einen Breitengrad die runde Zahl von 700 Stadien zu erhalten. Je nach verwendetem Stadion liegt das Ergebnis zwischen 39.690 und 41.680 km – ein Ergebnis, dessen Genauigkeit jedenfalls in Antike und Mittelalter unerreicht geblieben ist. Der deutlich geringere Wert von 180.000 Stadien des Stoikers Poseidonios (1. Jahrhundert v.Chr.) sollte dagegen Eingang in das geographische Standardwerk des Ptolemaios finden – und so anderthalb Jahrtausende später zu der irrigen Identifizierung Amerikas mit Indien durch Kolumbus beitragen.

Beschaffenheit und Einteilung der Erdoberfläche: Mochten die ionischen Naturphilosophen noch geglaubt haben, den größeren Teil der Erdoberfläche zu kennen, so war diese Annahme mit der Entdeckung der Erdkugel und ihrer ungefähren Größe jedenfalls hinfällig. Vielmehr mußte sich nun die grundsätzliche Frage stellen, ob Wasser oder Land das bestimmende Element war, d.h. ob ein zusammenhängender Ozean die Welt um das Mittelmeer wie eine Insel rings umgab, oder ob das Festland sich unbegrenzt fortsetzte und seinerseits die äußeren Meere (Atlantischer/Indischer Ozean) einschloß. Daß erstere Variante im Wesentlichen das Richtige traf, kann ein Geograph wie Eratosthenes freilich nur geahnt haben: Weder von Europa noch von Asien waren die tatsächlichen Ausmaße bekannt; eine Umsegelung Afrikas durch Phoiniker um 600 v.Chr. (Hdt. 4,42,2–4) war schon bald wieder in Vergessenheit bzw. Mißkredit geraten. Entsprechend prägten Analogieschlüsse und Methodenschelte, Schematismen und philosophische Spekulation die weitere Debatte.

An einen Festlandszusammenhang scheint Platon gedacht zu haben, als er im Phaidon das Mittelmeer als einen Froschtümpel bezeichnete und hinzufügte, es gebe auf der E. noch viele andere derartige Vertiefungen, in denen sich das Wasser sammle (Plat. Phaid. 109a-b). Ein völlig anderes Bild ergibt sich dagegen aus der Atlantis-Erzählung, wo die Oikumene und Atlantis als Inseln innerhalb eines Meeres erscheinen, jenseits dessen erst das alles umschließende ›wirkliche Festland‹ gelegen sei (Tim. 24e-25a). Von einem geographischen Credo des Philosophen sind beide Metaphern gleich weit entfernt: um so deutlicher lassen sie den nahezu unbegrenzten gedanklichen Spielraum erkennen, den die Erdkugeloberfläche dem antiken Betrachter bot. Eratosthenes schloß aus den bekannten Partien der Ozeanküsten und aus der Übereinstimmung der Gezeiten auf ein zusammenhängendes Weltmeer (Strab. 1,1,8; 1,3,13) – zu Recht, wie wir heute wissen. Sein jüngerer Kollege Hipparchos kreidete ihm indes die mangelnde Beweiskraft dieser Methode an (fr. 4 Dicks), und auch dessen Zeitgenosse Polybios äußerte sich in der Frage der Begrenztheit des Festlandes zurückhaltend (Pol. 3,38,1). Aus gleicher Zeit stammt andererseits der eindrucksvollste bekannte Versuch, auf der gesamten Erdoberfläche eine ideale, symmetrische Ordnung herzustellen: Mit Hilfe eines Globus (Strab. 2,5,10) illustrierte der am Attalidenhof tätige Homerexeget Krates seine Vorstellung von vier regelmäßig angeordneten Oikumenen, die durch einen Äquatorialozean und durch einen diesen rechtwinklig schneidenden Gürtelozean zu den beiden Polen voneinander getrennt waren (vgl. Strab. 1,1,7; 2,24 u.ö.). Daß eine solche Konstruktion weder der inzwischen bekannten südlichen Ausdehnung Ostafrikas noch dem Verhältnis zwischen gemessener Länge der Oikumene und errechnetem Erdumfang entsprach, störte den Gelehrten nicht; Literaturkritik und Naturwissenschaft gingen – wie häufig in der Antike – getrennte Wege. Durch eingehende Beobachtung des Ozeans und seiner Phänomene sowie durch Zeugnisse zur Umfahrbarkeit Afrikas aus jüngster Zeit (angeblicher Fund eines gaditanischen Schiffswracks an der afrikanischen Ostküste Strab. 2,3,4) versuchte schließlich der Stoiker Poseidonios im 1. Jahrhundert v.Chr. die Lehre vom Weltmeer neu zu untermauern. Doch die Oberhand sollte die entgegengesetzte Theorie behalten: Marinos von Tyros und sein Nachfolger Ptolemaios (beide 2. Jahrhundert n.Chr.) vertraten nunmehr dezidiert die von früheren (Platon, Hipparchos, Polybios) nur angedeuteten Variante eines zusammenhängenden Festlandes, innerhalb dessen auch die äußeren Ozeane nur Binnenmeere seien. Entdeckern des ausgehenden Mittelalters und der frühen Neuzeit blieb es vorbehalten, diesen kanonischen Irrtum zu korrigieren.

Die Lage der Erde im Kosmos: Der ›Blick nach oben‹, unzweifelhaft das erste und wirksamste Argument für die Annahme eines halbkugel- bzw. kugelförmigen Himmels, vermittelt dem Betrachter zugleich den schwer zu überwindenden Eindruck der Zentrallage – einen Eindruck, den nur intensive Himmelsbeobachtung in Frage stellen konnte. Ein erster Fortschritt gelang auch in dieser Hinsicht der westgriechischen Philosophie: Bereits relativ kurze Zeit nach der Entdeckung der Kugelgestalt der E. entwickelte der Krotoniate Philolaos ein System, das von einem Zentralfeuer als Mittelpunkt einer kreisförmigen Erdbewegung ausging. Da die Oikumene hierbei immer auf der Außenseite der E. gelegen sei, bleibe dem irdischen Beobachter das Zentralfeuer ebenso verborgen wie die Gegenerde, die Philolaos als Gegengewicht auf der jeweils anderen Seite der Kreisbahn annahm (Diels-Kranz 44 A 16–17.21). Die Künstlichkeit einer Konstruktion mit zwei unsichtbaren Hauptbestandteilen lag auf der Hand und wurde von Aristoteles scharf kritisiert (Aristot. cael. 2,13, p. 293a); der richtige Gedanke, daß die E. nicht ruhender Mittelpunkt des Himmels, sondern ein in Bewegung befindlicher Teil davon ist, war damit freilich ebenfalls zunächst abgetan. Die wesentlichen Argumente, mit denen Aristoteles für ein geozentrisches Weltbild eintrat, waren zum einen das Phänomen der Schwerkraft, das man sich nicht anders denn als Folge einer Zusammenballung von Masse in der Mitte des Kosmos vorstellen konnte, zum anderen der – von den Planetenbahnen abgesehen – scheinbar immer gleichbleibende Fixsternhimmel, der eine nennenswerte Bewegung der E. auszuschließen schien (Aristot. cael. 2,14, p. 296a–297a).

Der nächste bedeutende Fortschritt gelang Herakleides Pontikos, einem Schüler u. a. des Aristoteles, der erstmals den Wechsel von Tag und Nacht durch Eigenrotation der E. erklärte und vielleicht bereits die Kreisbewegung einiger Planeten um die Sonne erkannte. Die Konsequenz eines heliozentrischen Weltbildes scheint zum Greifen nahe. Doch erst Aristarchos von Samos vollzog um die Mitte des 3. Jahrhunderts v.Chr. diesen Schritt, indem er auch die E. zusätzlich zu ihrer Achsendrehung um die Sonne kreisen ließ (Archim. 1,4–5). So genial seine Entdeckung war, sie setzte sich nicht durch, obwohl um die Mitte des 2. Jahrhunderts v.Chr. der Geograph Seleukos von Seleukeia den wissenschaftlichen Beweis der Lehre angetreten haben soll (Plut. mor. 8,1, p. 1006c). Die Mehrzahl der Gelehrten – darunter der für Jahrhunderte maßgebliche Ptolemaios – blieb unter dem Einfluß von Autoritäten wie Aristoteles beim geozentrischen Weltbild, wobei Sachfragen wie die Schwerkraft oder die vermeintliche Drehung des Fixsternhimmels offenbar nicht die einzige Rolle spielten:

Plutarch weiß von einem Versuch, Aristarchos wegen Gottlosigkeit vor Gericht zu ziehen, da er es gewagt hatte, »den Herd des Kosmos zu bewegen« (*De facie in orbe lunae* 6, p. 922–923). Die religiös-weltanschaulichen Überzeugungen der Zeitgenossen muß die kühne These des Samiers ebenso überfordert haben wie rund 18 Jahrhunderte später ihre Wiederentdeckung durch Kopernikus.

→ Astronomie, Erdteile, Erdvermessung, Finsternisse, Geographie, Mythologie, Philosophie, Raum, Welt

LITERATUR: H. *Berger:* Geschichte der wissenschaftlichen Erdkunde der Griechen. Leipzig ²1903. – W. *Burkert:* Weisheit und Wissenschaft. Studien zu Pythagoras, Philolaos und Platon. Nürnberg 1962. – E. *Ekschmitt:* Weltmodelle. Griechische Weltbilder von Thales bis Ptolemäus. Mainz ²1990. – F. *Gisinger:* RE Suppl. IV (1924) Sp. 521–685, s.v. Geographie. – W. *Kubitschek:* RE Suppl. VI (1935) Sp. 31–54, s.v. Erdmessung. – S. *Sambursky:* Das physikalische Weltbild der Antike. Zürich 1965. – A. *Stückelberger:* Einführung in die antiken Naturwissenschaften. Darmstadt 1988, S. 185–203. – A. *Szabó:* Das geozentrische Weltbild. Astronomie, Geographie und Mathematik bei den Griechen. München 1992. – M. R. *Wright:* Cosmology in Antiquitiy. London/New York 1995.

Klaus Zimmermann

Erdteile

Als Terminus technicus ist der Begriff ›E.‹ im modernen Sprachgebrauch untrennbar mit einer etablierten Form der Erdeinteilung nach bestimmten, von uns mehr oder weniger bewußt wahrgenommenen Kriterien verbunden. Eine solche allgemein anerkannte Konvention scheint der Antike dagegen weitgehend gefehlt zu haben, wie bereits ein Blick auf die Terminologie zeigt: Das griechische Wort *epeiros* (›Festland‹) kommt zwar gelegentlich in entsprechendem Zusammenhang unserem ›E.‹-Begriff relativ nahe, doch verengte es sich, soweit wir sehen, niemals ausschließlich auf diese spezielle Bedeutung, wie es umgekehrt nicht an konkurrierenden (und ihrerseits ebenfalls mehrdeutigen) Bezeichnungen für die Teile der bekannten Welt (*ge, morion/meros, chthon, chora*) fehlte. Schon aus dieser Vielfalt ergibt sich der Eindruck einer gewissen Unverbindlichkeit auch der hinter den Begriffen stehenden Vorstellungen von einem ›E.‹ seitens der antiken Autoren – ein Eindruck, der sich bei näherem Hinsehen bewahrheitet.

Entstehung der Theorie von den Erdteilen: Wo und durch wen zum ersten Mal eine geographische Grobgliederung des menschlichen Lebensraumes vertreten wurde, entzieht sich unserer Kenntnis. Inwieweit die gelegentlich vorgeschlagene Interpretation der *Ilias* als Kampf zweier E. die Intention des Dichters trifft, bleibt fraglich. Als sicher gelten kann indes, daß es die Kontakte zwischen Mutterlandsgriechen und ihren jenseits der Ägäis lebenden Stammesverwandten waren, die eine erste Einteilung der Welt in diesseits und jenseits, östlich und westlich des Meeres mit sich brachten – die tägliche Beobachtung von Anfangs- und Endpunkt der Sonnenbahn konnte ein solches Schema nur bestätigen. Die Erfahrung der Kolonisationszeit, daß die Ägäis Teil einer von der Meerenge von Gibraltar bis zum östlichen Ende des Schwarzen Meeres durchgehenden Wasserfläche war, mußte die Ostwest-Gliederung des ägäischen Raumes in den größeren

Rahmen einer nördlich und einer südlich des Mittelmeer-/Schwarzmeerbeckens gelegenen Landmasse stellen. Einen ersten sicheren Beleg für dieses Modell besitzen wir aus der Feder des Herodot, der früheren Kartenzeichnern zum Vorwurf macht, sie hätten die Welt kreisrund und Asien (d. h. das Land östlich und südlich des Mittelmeers bis zu den Säulen des Herakles) und Europa von gleicher Größe dargestellt (Hdt. 4,36,2). Einiges spricht dafür, den Ursprung dieser Lehre in den ionischen Städten des 6. Jahrhunderts v.Chr. zu lokalisieren. Sie mit einem bestimmten Namen zu verbinden – etwa dem des Anaximandros, den Eratosthenes (bei Strab. 1,1,11) als Urheber der ersten Erdkarte (vgl. Abb. 21, S. 116) nennt –, erübrigt sich aufgrund der Bemerkung des Historikers, es habe viele derartige ›Geographen‹ gegeben.

Dreiteilung der Erde: Ebenfalls bereits zur Zeit Herodots verbreitet war daneben ein zweites, im Kern bis heute gültiges Modell, das die bekannte Erde um das Mittelmeer in drei Teile – Europa, Asien und Libyen (= Afrika) – gliedert. Der Milesier Hekataios (um 500 v.Chr.) war allem Anschein nach der erste, der einen Ursprung der Flüsse Phasis und Nil im kreisförmigen äußeren Meer (*okeanos*) annahm (FGrH 1 F 18a) und so eindeutige geographische Grenzen schuf, durch die das Land südlich des Mittelmeers neben Asien und Europa einen eigenen Platz als ›E.‹ erhielt. Das Ansehen Kyrenes in der griechischen Welt trug gewiß entscheidend dazu bei, daß die Vorstellung von einer dreigeteilten Oikumene auch im Mutterland rasch Anhänger fand (Pind. P. 9,8). Wie weit dieses Schema andererseits von einer allgemeinen Akzeptanz entfernt war, zeigt schon die Kritik Herodots, der sich als Historiker insbesondere gegen die rein geographische Aufteilung eines Landes wie Ägypten auf zwei E. wandte: Bei einer solchen Methode müsse man das Delta als vierten E. ansehen, da es durch die Nilmündungsarme sowohl von Asien als auch von Libyen getrennt sei (Hdt. 2,16,2) – so polemisiert der ›Vater der Geschichtsschreibung‹, für den die Welt der Perserkriege selbstredend zweigeteilt, das politisch und geschichtlich weitgehend unbedeutende Land südlich des Mittelmeers keinesfalls ein E. war.

Anzahl der Erdteile: Die beiden gängigsten Einteilungsvarianten der Antike beruhen somit ursprünglich auf unterschiedlicher – naturwissenschaftlicher bzw. kulturgeschichtlicher – Betrachtungsweise: ein Umstand, der gerade angesichts ihres Verschmelzens bei späteren Autoren Beachtung verdient.

Besaß die Vorstellung von einer kreisrunden Oikumene auch noch zur Zeit des Aristoteles ihre Anhänger (Aristot. meteor. 2,5, p. 362b), so gingen namhafte Geographen im Laufe des 4. Jahrhunderts v.Chr. – nicht zuletzt unter dem Einfluß der Erdkugellehre – zunehmend von einer länglichen Form aus, deren westöstliche Ausdehnung bei Eudoxos von Knidos das Doppelte der nordsüdlichen ›Breite‹ erreicht (F 276 a Lasserre). Der Gedanke, daß man vor diesem Hintergrund eine Halbierung nicht mehr in westöstlicher, sondern in nordsüdlicher Richtung vornahm, um zu zwei annähernd quadratischen Erdhälften zu gelangen, liegt nahe und wird durch den Aufbau von Eudoxos' Werk bestätigt: Die ersten drei Bücher behandeln, vom Bosporos ausgehend, gegen den Uhrzeigersinn Asien einschließlich Ägyptens bis zum Nordschwarzmeerraum, die Bücher 4–6 – in eben dieser Reihenfolge – die Balkanhalbinsel, Westeuropa und Nordafrika. Der ›dritte E.‹ Libyen erscheint hier an der Seite Europas, und wir haben Hinweise aus späterer Zeit, daß man tatsächlich bisweilen beide Landmassen zu einer *pars mundi* zusammenfaßte (Sal. Iug. 17,3; Lucan. 9,411–413; Anon. geogr. exp. comp. 3 [GGM 2, 495]; Schol. Dion. Per. 1 [GGM 2, 428]).

Nicht unerwähnt sollen schließlich einige Ansätze bleiben, die bekannte Welt in vier Teile zu gliedern: So erscheint bei Andron von Halikarnassos (4. Jahrhundert v.Chr.) Thrake als vierte eponyme Heroine neben Europe, Asia und Libye (FgrH 10 F 7), der Admiral Ptolemaios' II. Timosthenes bezeichnete einem Scholion zu Lucans *Bellum civile* zufolge Ägypten als eigenen E. (fr. 8 Wagner), und Polybios unterscheidet bei seiner Schilderung des Zusammenlaufens der Weltgeschichte die Ereignisse in Italien und Libyen von jenen in Asien und Griechenland (Pol. 1,3,4).

Setzte sich auch keine dieser Vorstellungen als Weltbild dauerhaft durch, so zeigt doch jede von ihnen, daß es einen allseits akzeptierten Standard in der Frage der Erdeinteilung nicht gab. Wenn Polybios wenige Sätze zuvor von Europa als geographischer Einheit spricht (Pol. 1,2,4–6), die er an anderer Stelle in ihrer Längenausdehnung mit der aus Asien und Libyen bestehenden südlichen Erdhälfte vergleicht (Pol. 34,7,8), so belegt dies vielmehr die Vereinbarkeit der verschiedenen Modelle selbst im Werk ein und desselben Autors.

Abgrenzung der Erdteile: Nicht nur die Zahl der E., auch ihre Abgrenzung gegeneinander war immer wieder Gegenstand der Diskussion. Bereits Herodot vermerkt die Uneinigkeit seiner Zeitgenossen, ob als Grenze zwischen Europa und Asien der Phasis im Osten oder der Tanaïs im Norden des Schwarzen Meeres zu gelten habe (Hdt. 4,45,2) – daß letztere Lösung im Laufe der Zeit die Oberhand behielt, liegt gewiß zum einen an dem markanteren Grenzfluß, zum anderen aber auch daran, daß infolge der Vorstellung von einer länglichen Gesamtform der Oikumene die Nordsüdachse neben den alten ionischen Erdhälften zunehmend an Bedeutung gewann. Zum Nil als Grenze Asiens gegen Libyen gab es dagegen zunächst keine Alternative: Zwar war auch hier die hekataiische Lehre vom Ursprung des Flusses im äußeren Meer bald überwunden, doch bot die Mittelmeerküste weder westlich noch östlich von Ägypten einen vergleichbaren Orientierungspunkt. Erst Eratosthenes berichtet von einem Gelehrtenstreit, ob die E. an den Flüssen oder an den Landengen abzugrenzen seien (bei Strab. 1,4,7). Spätestens in der ersten Hälfte des 3. Jahrhunderts v.Chr. war also die – unserem Empfinden selbstverständliche – E.-Grenze am Isthmos von Suez aufgekommen, als deren Pendant zwischen Asien und Europa sich die kaukasische Landenge zwischen dem Schwarzen und dem (für einen Ausläufer des *okeanos* gehaltenen) Kaspischen Meer anbot.

Doch ebenso wie der grundsätzlichen Dreiteilung der Welt durch Hekataios blieb auch diesem Fortschritt die Anerkennung lange Zeit versagt. Zu fest war in einer weitgehend kartenlosen Zeit der kanobische Nilarm als sichtbare Grenzmarke der mediterranen Schiffahrt im Bewußtsein der Griechen verankert, um durch das bloße Wissen um die geringe Entfernung zum Arabischen Golf an der Landenge verdrängt zu werden. Die Hauptverfechter der neuen Lehre waren bezeichnenderweise Theoretiker: Wissenschaftler, die sich mit der Welt als Ganzem und dem sie umgebenden Weltmeer befaßten. Dem ›Blick von außen‹ eines Poseidonios oder des Verfassers der pseudo-aristotelischen Schrift *Über den Kosmos* mußten sich die tiefen Einbuchtungen des äußeren Meeres als E.-Grenzen aufdrängen – den Erfahrungen der ›Praktiker‹ entsprachen sie nicht.

Gleichmäßige Teile mit vergleichbarer politischer und wirtschaftlicher Bedeutung sowie eindeutige Grenzen – dies sind die schematischen Idealvorstellungen, die das Bemühen der Antike um eine Einteilung der bekannten Welt durchgängig geprägt haben. Da die geographische Realität weder das eine noch das andere bot, ist die

Vielfalt der vorgeschlagenen Modelle nicht verwunderlich. Zwar hatte sich eine grundsätzliche Einteilung der ›Alten Welt‹ in drei E. – Europa, Asien und Afrika – schon um 500 v.Chr. herausgebildet. Fragen ihrer Definition, ihrer Abgrenzung oder ihrer Zusammenfassung zu Erdhälften blieben dagegen bis zum Ende der Antike und darüber hinaus umstritten – und sind es, denkt man etwa an den Begriff ›Eurasien‹, bis heute.

→ Delta, Erde, Geographie, Grenze, Kartographie, Welt

LITERATUR: H. *Bannert:* RE Suppl. XV (1978) Sp. 1557–1583, s.v. Weltbild. – H. *Berger:* Geschichte der wissenschaftlichen Erdkunde der Griechen. Leipzig ²1903. – F. *Gisinger:* RE Suppl. IV (1924) Sp. 521–685, s.v. Geographie. – F. *Gisinger:* RE XVII 2 (1937) Sp. 2123–2174, s.v. Oikumene 1. – K. *Zimmermann:* Libyen. Das Land südlich des Mittelmeers im Weltbild der Griechen. München (im Druck).

Klaus Zimmermann

Erdvermessung

Für die zur Zeit des Thales von Milet (7./6. Jahrhundert v.Chr.) scheibenförmig bzw. wenig später zylindrisch (Anaximandros, Anaximenes, frühes und hohes 6. Jahrhundert v.Chr.) gedachte Erde sind Nachrichten über absolute E. nicht überliefert, wohl aber über Vorstellungen von den Größenverhältnissen der verschiedenen (zwei bzw. drei) Erdteile zueinander (vgl. Hdt. 4,36.45) sowie über landeskundliche Detailmessungen (vgl. die Angaben der *periploi*). Im Gefolge der Vorstellung von der Himmelskugel kam möglicherweise schon in der 2. Hälfte des 6. Jahrhunderts v.Chr. bei den Pythagoreern, spätestens aber im 5. Jahrhundert v.Chr. im Zusammenhang mit den Untersuchungen des Parmenides die Vorstellung von der Kugelgestalt der Erde auf (Aristot. cael. 2,13,1 p. 293a bzw. Theophr. phys. opin. F 6a p. 482 Diels-Kranz; vgl. allgemein Plat. Phaid. 97D; 108 E; 110 B). Aristarchos von Samos (frühes 3. Jahrhundert v.Chr., vor Archimedes) und diesem folgend Seleukos von Seleukeia (frühes 2. Jahrhundert v.Chr.; Plut. mor. 106 C) vertraten, ohne darin bis Kopernikus Nachfolger zu finden, die Auffassung, daß sich die kugelförmige Erde wie die anderen Planeten um die Sonne als Mittelpunkt dreht und die scheinbaren Bewegungen der Himmelskörper aus dem Erdumlauf um die Sonne sowie aus der Rotation der Erde um ihre eigene Achse resultieren (vgl. Aristot. cael. 2,13,1 p. 293a,15f.).

Kugelgestalt der Erde: Als Anhaltspunkte für die Kugelgestalt der Erde dienten folgende Beobachtungen: (a) Erscheinungen, die sich dem Betrachter auf dem Meere nähern, kommen scheinbar von oben herunter (Strab. 1,1,20); (b) alle schweren Körper fallen in Richtung auf den Erdmittelpunkt (Aristot. cael. 2,14,8 p. 294a,8f.); (c) je nach geographischer Breite des Betrachterstandorts ändert sich der Horizont im Verhältnis zum Sternenhimmel (Aristot. cael. 2,14,14 p. 297b,30); (d) Sonnen- und Mondfinsternisse treten an verschiedenen Orten der Erde zu verschiedenen Zeiten auf (Theon Smyrn. 121,1f. Hiller); (e) der Erdschatten zeichnet sich zur Zeit der Mondfinsternis auf der Mondscheibe kreisförmig ab (Aristot. cael. 2,14,13 p. 297b,28).

Himmelszonen: Himmels- und Erdkugelvorstellung sowie die Annahme der als sphärischer Großkreis gedachten Sonnenbahn (Ekliptik) ermöglichten wohl schon

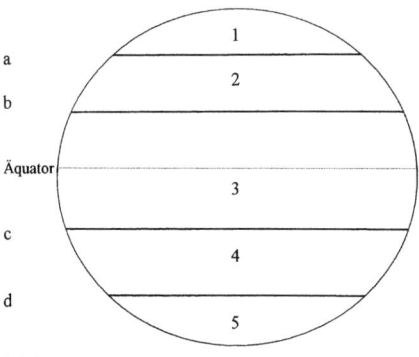

1: Polarzone
a: arktischer Kreis
2: gemäßigte Zone
b: Wendekreis
3: verbrannte Zone
c: Wendekreis
4: gemäßigte Zone
d: arktischer Kreis
5: Polarzone

Abb. 22: Schematische Darstellung der Zonengliederung nach Aristoteles.

Parmenides die Entwicklung der Himmels-Zonen und der durch deren Projektion auf die Erdoberfläche resultierenden Erd-Zonen. Die Zonen-Lehre ist bei Aristoteles in seiner Schrift über die Meteorologie vollständig ausgebildet (vgl. Abb. 22). Von den fünf Zonen sind nur die beiden gemäßigten Zonen (2 und 4) als bewohnbar, die Äquatorialzone (3) wegen ihrer Hitze und die beiden Polarzonen (1 und 5) wegen ihrer Kälte als unbewohnbar gedacht. Diese Zonenvorstellung hielt sich allgemein, gestützt durch die Lehrautorität des Aristoteles und propagiert durch die poetische Ausgestaltung z.B. des Aratos oder des Eratosthenes trotz mancher Kenntniserweiterung, die Erkundungsfahrten wie die des Pytheas mit sich brachten. Immerhin wurden besonders im Kreis der gelehrten Geographen und Mathematiker vereinzelt Korrekturen daran vorgenommen (Siedlungsgrenzenverschiebung gegen die verbrannte bzw. die kalten Zonen bei Eratosthenes und Strabon).

Erste Erdvermessungen: Bereits vor Aristoteles, wohl im 5. Jahrhundert v.Chr., wurden die ersten Versuche der Erdvermessung unternommen, die alle nach dem Schema der sogenannten E. von Lysimacheia (Kleomed. 1,8,42f.; Aristot. cael. 2,14,16, p. 298a,15f.; Aristot. meteor. 1,3,2 p. 339b,6) verlaufen sein dürften: Man bestimme durch Schätzung das Verhältnis eines in nordsüdlicher Richtung verlaufenden Bogens des Himmelsmeridians (d.i. der durch Zenit und Pol verlaufende Himmelskreis) zum gesamten Himmelsmeridian (Drache-Krebs: Drache-Drache), messe den Abstand der durch die Verbindungslinien der Endpunkte des Bogens Drache-Krebs zum Erdmittelpunkt erzeugten Schnittpunkte mit dem entsprechenden Erdmeridian (Lysimacheia-Syene) und multipliziere diese terrestrische Entfernung mit dem ermittelten Verhältniswert, um den gesamten Umfang des Erdmeridians und damit den Erdumfang zu ermitteln. Heutzutage würde man diese mathematische Operation folgendermaßen darstellen: U_E = DK:DD x LS. Lagen die Berechnungen einiger Mathematiker bei etwa 400.000 Stadien (Aristot. cael. 2,14 p. 298a), so hat Dikaiarchos (spätes 4. Jahrhundert v.Chr.) den Erdumfang auf 300.000 Stadien (Archim. Arenarius 1,8 p.220 Heiberg) berechnet.

Die Erdvermessung des Eratosthenes: Eratosthenes (3. Jahrhundert v.Chr.) hat mithilfe der Skaphe, einer schalenförmigen Schattenuhr, an der man den Einfallswinkel der Sonnenstrahlen ablesen konnte, ein verbessertes E.-Verfahren entwickelt: Unter der vorausgesetzten Annahme, daß die Strahlen der Sonne parallel auf die Erde auftreffen, wurde in Syene und in Alexandreia je eine Skaphe in Stellung gebracht. Zur Zeit der Sommersonnenwende schien die Sonne mittags senkrecht auf den Gnomon der Skaphe in Syene, schräg auf den Gnomon der Skaphe in Alexandreia, und zwar im Winkel von 7° 12'. Wenn man den Gnomon in Alexandreia abwärts verlängerte, traf dieser sich im Erdmittelpunkt mit der abwärtigen Verlängerung des Gnomon von Syene. Mit diesem bildete er denselben Winkel a, unter dem die Sonne auf den Gnomon der Skaphe von Alexandreia einfiel (a). Dieser Winkel a (7° 12') war ein Fünfzigstel (360°:7° 12') des gesamten Meridiankreises, der sich aufgrund der ermessenen Strecke Syene-Alexandreia (5.000 Stadien) infolgedessen auf 250.000 Stadien berechnete (Kleomed. 1,10 p. 100,15-23; Strab. 2,5,7: 250.000 Stadien). Setzt man 1 Stadion mit 125 römischen Schritt bzw. 625 Fuß bzw. ca. 185 m gleich (vgl. Plin. nat. 2,85), so mißt der Erdumfang nach Eratosthenes 46.250 km. Möglicherweise arbeitete Eratosthenes mit dem ägyptischen Stadion, das 157,5 m maß. Unter diesem Ansatz mißt der Erdumfang nach Eratosthenes 39.375 km (der moderne Meßwert beträgt 40.077 km). Die E. des Eratosthenes ist in der Antike an Genauigkeit nicht mehr übertroffen worden.

Zu anderen Ergebnissen kamen dagegen beispielsweise Hipparchos (2. Jahrhundert v.Chr., ca. 276.000 Stadien: Plin. nat. 2,108) oder Ptolemaios (2. Jahrhundert n.Chr., 180.000 Stadien: Ptol. geogr. 7,5,12). Die E. des Eratosthenes ermöglichte die genaue Bestimmung von Länge, Breite und Flächeninhalt der mathematischen Erdzonen, desgleichen die genauere Bestimmung der Beziehungen zwischen Sonnenbestrahlung und Klimaverhältnissen dieser Zonen.

Auswirkung der Erdvermessung in der Antike: Die Diskussion über die Gestalt der Erde und ihre Vermessung war nur in wenigen gelehrten Kreisen zu Hause und beeinflußte infolgedessen die politisch wirksame Weltsicht der herrschenden Gesellschaften kaum. Das änderte sich deutlich, als das Christentum mit seinem Bezug auf die heiligen Schriften und deren Interpretation die politische Kultur der Alten Welt zu bestimmen begann. Ein eindrucksvolles Beispiel für diese spätantik-byzantinische Geisteskultur ist der ägyptische Kaufmann Kosmas Indikopleustes: Er verfaßte im 6. Jahrhundert n.Chr. nach seinem Rückzug ins Kloster eine ›Christliche Topographie‹, in der er von der ptolemaiischen Kugelgestalt der Erde wieder zur Vorstellung von der Erde als einer Scheibe zurückkehrte.

→ Astronomie, Erde, Erdteile, Finsternisse, Geographie, Historische Geographie, Raum, Topographie, Welt

LITERATUR: K. *Abel:* RE Suppl. 14 (1974) Sp. 989-1188, s.v. Zone. - Th.L. *Heath:* Greek Astronomy. 1932. - Th.L. *Heath:* Aristarchos of Samos. 1959. - Th.L. *Heath:* Aristarchus of Samos, the Ancient Copernicus. A History of Greek Astronomy to Aristarchus of Samos together with Aristarchus' Treatise on the Sizes and Distances of the Sun and the Moon. 1913. - W. *Kubitschek:* RE Suppl. 6 (1935) Sp. 31-54, s.v. Erdvermessung. - B. *Noack:* Aristarch von Samos. 1992. - W.H. *Stahl:* Aristarchus of Samos, in: Gillispie 1, 1970, 246-250. - E. *Zinner:* Entstehung und Ausbreitung der copernicanischen Lehre. ²1988.

Eckart Olshausen

Erosion

Ursachen: E. hat meist mehrere Ursachen. Wasserdurchlässigkeit des Bodens, Pflanzendecke und Bodenbeschaffenheit bestimmen unter anderem die E.-Anfälligkeit einer Landschaft. Dichter Pflanzenbewuchs kann nicht nur die Durchschlagkraft eines Regengusses auf die Erde abmildern, er kann auch die Absorptionsgeschwindigkeit des Wassers verringern und somit der Gefahr der Bodenabschwemmung entgegenwirken. Es gilt der Grundsatz: Je trockener das regionale Klima, desto wichtiger der Schutz des Oberbodens durch Pflanzenbewuchs.

Vor allem Hanglagen sind stark erosionsgefährdet, wenn die Pflanzendecke einmal entfernt oder ernsthaft geschädigt wird. Nichts kann dann die Abwärtsbewegung der Wassermassen, z.B. bei einem Starkregen, aufhalten. E. findet man nicht nur in Gebieten großer Höhe oder an besonders steilen Berghängen des Hochgebirges. Ein kurzer Hang auf steinigem Untergrund kann durch Verlust des Oberbodens ebenso geschädigt werden wie ein sanfter Abhang auf unbefestigtem Grund.

Widrige Witterungseinflüsse, wie Trockenheit und Starkregen, spielen in Bezug auf Boden-E. eine wichtige Rolle. Charakteristika mediterranen Klimas sind sommerliche Trockenheit und winterliche Starkregen. Im mediterranen Raum kann der durchschnittliche jährliche Wert des Niederschlags niedrig sein. Aber meist fällt dieser begrenzte Jahresregen an wenigen Tagen – und manchmal geht über die Hälfte des Jahresmaßes an Niederschlägen in wenigen Stunden nieder. Der Boden kann jedoch in einem solchen Fall nur eine bestimmte Menge gefallenen Regens absorbieren. Es ist wahrscheinlich, daß im Mittelmeerraum zwischen 80% und 95% des Wassers aus einem stürmischen Regen durch Nichtabsorption verloren geht. Die Verdunstung ist gering; das meiste Wasser bewegt sich mit fruchtbarem Oberboden die Hänge hinab.

Rodungen von Wäldern ohne Bemühungen zur Wiederaufforstung können unter solchen Vorbedingungen katastrophale Folgen haben. Der durch Abholzungen ungeschützte Boden ist gänzlich den witterungsbedingten Kräften der E. ausgesetzt. Die natürliche Regeneration von Wäldern ist im trockenen mediterranen Raum nur langsam möglich. Wenn frisch abgeholztes Gebiet dann noch zur Weidung von Vieh genutzt wird, wird sie nahezu unmöglich.

Das mediterrane Landschaftsbild, wie wir es heute kennen, ist nicht allein durch Waldrodungen entstanden.

Auch *Ackerbau* mit seinen Folgewirkungen war ursächlich daran beteiligt. Die Bearbeitung gerodeten Landes beschleunigt einen Bodenfluß, der kaum erkennbar vor sich geht, begünstigt durch Lockerung der Bodenmassen. In vielen mediterranen Gebieten war die Terrassierung der Fläche eine frühe Vorbeugemaßnahme gegen Abschwemmung des fruchtbaren Oberbodens ins Tal. Diese Maßnahme kann E. zu einem guten Teil begrenzen, solange die Bewirtschaftung der Terrassenkulturen gesichert ist. Wird diese intensive Bewirtschaftung aufgegeben, fallen auch terrassierte Hänge der E. anheim. Die *Weidewirtschaft* schädigt den Boden ebenfalls schwerwiegend – durch Verbiß und Tritt (vor allem das Abtreten hangabwärts).

Folgen: Das meiste Bodenmaterial, das aus bergigen Gegenden als Konsequenz von Abholzung und E. abgeschwemmt wird, wird irgendwo abgelagert, bevor es ins Meer gelangen kann. Grobe Trümmer sammeln sich meistens in Flüssen an, wenn diese in flachere Gefilde eintreten. Feineres Material wird mitgeschwemmt und als Alluvien in Tälern abgelagert.

E. und Verschlammung waren in klassischer Zeit sehr ausgeprägt. Rapide Boden-E. führte zur Versandung von Flüssen und förderte die Gefahr von Überschwemmungen im Winter und Frühjahr. Entlang der ägäischen Küste bildeten sich Sümpfe, besonders in Makedonien und Thrakien. An der Westküste von Italien waren Sümpfe vor allem durch jene Sedimente hervorgerufen, die Flüsse aus dem Apennin heruntertransportierten.

Folgen der Boden-E. können Landschaften vollkommen verändern. Die Thermopylen, in der Nähe der Mündung des Flusses Spercheios gelegen, waren 480 v.Chr. eng genug, daß man sie mit einer relativ kleinen Armee verteidigen konnte. Durch Anlagerungen von Flußsedimenten im Mündungsgebiet hat sich der berühmte Paß um ungefähr 8 km ins Inland verschoben.

Der *locus classicus* zur antiken E.-Geschichte ist der Kritias-Dialog des Platon (110 dff.). Von dieser Textstelle bei Platon, in der er die Entwaldung der Attika beschreibt, wurde oft auf den Waldbestand in Griechenland und zum Teil im ganzen Mittelmeergebiet geschlossen. Daher nahm man an, daß in der hellenistischen Epoche nur noch sehr geringer Holzbestand in Attika übrig war. Diese Annahme ignoriert aber die Unterschiede im Niederschlagsvorkommen im Südosten und Norden von Griechenland. In Attika, der Argolis und in Böotien herrschen durch die geographischen Bedingungen keine so guten Voraussetzungen für die natürliche Regeneration von Bäumen und Wald wie beispielsweise im Norden Griechenlands.

→ Ackerbau, Fluß, Forstwirtschaft, Klima, Küste, Landwirtschaft, Natur, Ökologie, Schwemmland, Trockenheit, Überschwemmung, Viehwirtschaft, Wald

LITERATUR: T.H. van *Andel*/E. *Zangger*/A. *Demitrack*: Land Use and Soil Erosion in Prehistoric and Historical Greece, in: Journal of Field Archaeology 17, 1990, 379–396. – J. *Büdel*: Klima-Geomorphologie. Berlin/Stuttgart 1981. – C.D. *Smith*: Western Mediterranean Europe. A Historical Geography of Italy, Spain and Southern France since the Neolithic. London u.a. 1979. – C. *Vita-Finzi*: The Mediterranean Valleys. Geological Changes in Historical Times. Cambridge 1969.

Elke Ettrich

Ethnographie

Durch die in früher Zeit erfolgte Expansion der Griechen im Mittelmeerraum wurde ihre Aufmerksamkeit auf die zahlreichen verschiedenen Völker, mit denen sie dabei in Kontakt gerieten, gerichtet. Seit der Konstituierung des griechischen Volkes und der griechischen Zivilisation, wie sie uns heute bekannt sind, existiert eine Vielfalt an Beobachtungen und Kenntnissen, die bald in unterschiedlichen Schriftgattungen ihren Niederschlag fand.

Bereits in den homerischen Epen findet man davon Spuren, aber nicht, weil man die *Odyssee* als Schlüsselroman über exotische Länder und Völker betrachten kann (wie es so viele Male geschah), sondern aufgrund der Aufmerksamkeit, die ethnographische Sachverhalte an vielen Stellen von *Odyssee* und *Ilias* erhalten. Bereits dort erscheinen Motive und Tendenzen, denen eine lange Lebensdauer beschieden war. Möglicherweise findet sich hier auch der früheste Hinweis auf jene Idealisierung der Barbaren aus dem Norden, die später von so großer Bedeutung werden sollte (Hom. Il. 13,4–7).

Griechenland:
(1) *Früheste ethnographische Erwähnungen:* Die so oft aufgestellte Behauptung, in die *Odyssee* seien die durch die *periploi* der phönizischen Seefahrer überlieferten Erfahrungen eingegangen, ist lediglich eine unbegründete Vermutung. Aufgrund der heutigen Kenntnisse über die schon in mykenischer Zeit in weitem Radius ausgreifenden Fahrten und Reisen der Griechen sind solche Konstruktionen überflüssig.

Bei Hesiod gibt es in einem sagenhaften Zusammenhang einen Hinweis auf die Völker des Westens und die Tyrrhener in Italien (Hes. theog. 1016), der Erkenntnisse widerspiegeln könnte, die bei sehr frühen Kontakten erworben wurden. Außerdem erinnert er in einem verlorengegangenen Werk an eine Reihe weit entfernt lebender oder teilweise auch sagenhafter Völker, darunter die Skythen, denen später einige griechische Ethnographen eine lebhafte Aufmerksamkeit schenken sollten (*Eoiai* oder *Frauenkatalog*, fr. 150, 15W). Die Vorliebe, weit entfernt lebende Völker in kurzen Erwähnungen oder langen Aufzählungen heraufzubeschwören, ist für viele griechische Werke charakteristisch: Beispiele dafür sind Alkman (7. Jahrhundert v.Chr.) und Aischylos. Das verlorene Epos *Arimaspeia* des rätselhaften Aristeas von Prokonnessos (7. Jahrhundert v.Chr.) beschreibt Länder und Völker im äußersten Nordosten der Oikumene, wobei aber wohl viele Legenden mit einigen authentischen ethnographischen Notizen vermischt wurden.

Der Name Skylax aus Karyanda ist der erste, mit dem man die Abfassung von Prosawerken verbindet, die sich teilweise als ethnographisch klassifizieren lassen. Von seiner Abhandlung über die im Auftrag des Perserkönigs Dareios über den Indus und den Indischen Ozean durchgeführte Seereise (Ende 6. Jahrhundert v.Chr.) sind Fragmente mit Bemerkungen über die auf der Fahrt angetroffenen Völkerschaften erhalten, die über die Geographie hinausgehen. Der ihm von der Überlieferung zugeschriebene *periplus* des Mittelmeeres ist in der Form, in der er auf uns gekommen ist, wahrscheinlich ein Produkt des 4. Jahrhunderts v.Chr., auch wenn man darin möglicherweise einen Kern ausmachen kann, der auf den älteren Autor zurückgeht.

(2) *Hekataios von Milet:* Das erste Werk der griechischen Literatur, in dem ethnographische Interessen einen weiten Raum beanspruchen, ist, soweit wir wissen, die ›Erdbeschreibung‹ (*Ges periodos*) des Hekataios von Milet (ca. 500 v.Chr.). Während Herodot schon in der Antike als ›Vater der Geschichtsschreibung‹ bezeichnet wurde, bekam Hekataios in unseren Tagen das Attribut ›Vater der E.‹ zugesprochen. Angetrieben vom ionischen Forscherdrang und begünstigt durch die geographische Lage seiner Geburtsstadt (Zentrum der Seefahrt und Kolonisation), unternahm Hekataios lange Reisen, die ihn nach Ägypten und vielleicht auch nach Skythien führten. Die Erfahrungen, die er dabei gesammelt hatte und die ihm zugetragen worden waren, schrieb er in zwei Büchern nieder, die Europa bzw. Asien gewidmet waren. Die erhaltenen Fragmente lassen zwei Grundzüge erkennen, die in der Folge für die griechische E. von Bedeutung waren: die Methode des Vergleichs und der Versuch, die Völker als wirkliche Individuen zu charakterisieren.

(3) *Herodot:* Wir können nicht exakt bestimmen, wieviel derjenige Autor von Hekataios übernommen hat, der ihn noch in den Schatten stellen sollte: Herodot (geb. ca. 485, gest. nach 430 v.Chr.). Die neun Bücher seiner ›Geschichte‹ sind wenigstens zu einem Drittel – und dabei handelt es sich nicht um das unwichtigste Drittel – eher ein ethnographisches als ein historiographisches Werk. Herodot faßt das gesamte ethnographische Wissen seiner Zeit zusammen: die großen und alten Kulturen, wie Ägypten und Babylonien; die den Griechen nächsten und daher am besten bekannten Barbaren, wie die Thraker, Skythen und Libyer; schließlich die Völker an der Schwelle zum Unbekannten: Inder und Asiaten im Nordosten, Afrikaner aus den südlich Ägyptens gelegenen Regionen, Europäer aus dem fernen Westen. Die in sich abgeschlossenste Erörterung handelt von Ägypten, die in der späteren Einteilung das zweite Buch der ›Geschichte‹ geworden ist. Andererseits sind die vielen Seiten über die Skythen (viertes Buch) die einer modernen ethnographischen Monographie ähnlichsten Abschnitte. Sie sind die erste bekannte, von einem europäischen Autor verfaßte Beschreibung einer ›primitiven‹ Kultur, mit allem, was diese an Überraschungen für die Augen des ›zivilisierten‹ Lesers bietet. Bereits bei Herodot wird im wesentlichen das System der Einteilung und Organisation des Materials erstellt, das während der gesamten antiken E. gleichbleiben sollte: Man erforscht die Ursprünge des fremden Volkes (entweder autochthon oder eingewandert), seine Religion, die Organisation des Zusammenlebens, seine Ernährungsgewohnheiten, das Klima des Landes und die Anpassung daran. Hier ist schon die Vorliebe für einige Themen erkennbar, die später nahezu unentbehrlich werden sollten, wie sexuelle Bräuche, verschiedene Jagdmethoden und, ganz allgemein, ›Wunder‹ (*thaumasia*) als von der Natur oder dem Menschen geschaffene Werke.

(4) *Hippokrates:* Die ›Systematisierung‹, das Einfügen der Kenntnisse über Völker und Rassen in ein Natur und Mensch verbindendes Konzept, ist bereits in einigen Werken des auf das 5. Jahrhundert v.Chr. datierbaren, angeblich auf den Arzt Hippokrates zurückgehenden *Corpus hippocraticum* dokumentiert, wie die kleine Abhandlung *De aëre aquis locis* (Von der Luft, dem Wasser und den Orten), die, basierend auf Herodots Beschreibung des skythischen Volkes, in einer gewagten Konstruktion Europa und Asien gegenüberstellt. Dies ist der erste Beleg jener bis auf den heutigen Tag erstellten Klimatheorien.

(5) *Hellanikos von Lesbos:* Der erste Vertreter des Typus des Schreibtischgelehrten, der Informationen über die Welt fremder Völker gesammelt und zusammengestellt hat, ohne eigene Nachforschungen anzustellen, war Hellanikos von Lesbos, ein Zeitgenosse Herodots. Außer der Schrift *Peri ethnon* ist von ihm ein (ebenfalls verlorenes) Werk über die Gebräuche der Barbaren bekannt (*Nomima barbarika*), das wohl Reflektionen über den Ursprung und die Entwicklung der menschlichen Kultur beinhaltete.

(6) *Thukydides und Xenophon:* Den beiden direkten historiographischen Nachfolgern Herodots, Thukydides und Xenophon, bot sich in unterschiedlichem Maß Gelegenheit, ethnographische Kapitel in ihr Werk einzufügen. Für Thukydides (2. Hälfte des 5. Jahrhunderts v.Chr.) waren die Völker der Welt in geopolitischer und militärischer Hinsicht von Interesse. Er widmet einen kurzen Exkurs den Thrakern, und zwar im Hinblick darauf, inwieweit sie den von ihm geschilderten Peloponnesischen Krieg beeinflußt haben, und einen anderen der ethnischen Zusammensetzung Siziliens in seiner historischen und vorgeschichtlichen Entstehung, als es im Begriff war, zum

Kriegsschauplatz zu werden. Xenophon (ca. 430–358 v.Chr.) sollte sich die wertvolle Gelegenheit bieten, wahrhafte ethnographische ›Feldstudien‹ zu betreiben, als die von ihm geführten 10.000 griechischen Söldner einen großen Teil des Persischen Reiches durchquerten und sich ihnen dabei der Weg zwischen kaum bekannten oder gänzlich unbekannten Völkern öffnete. Die in seiner *Kyrupädie* enthaltene Beschreibung exotischer (persischer) Sitten, die als ein Vorbild angeführt werden, von dem die Landsleute des Autors viel lernen könnten, gehört in den Bereich der E. Dabei handelt es sich noch nicht um eine primitivistische Ideologie wie jene, die sich in verschiedenen Nuancen im Hellenismus ausbreitete (die Perser werden als Träger einer alten und reifen, nicht einer primitiven Kultur angesehen), nichtsdestoweniger aber um eine Vorwegnahme von Strömungen, die bis in unsere Tage lebendig bleiben sollten (vgl. die *Lettres persanes* von Montesquieu).

(7) *Aristoteles:* Das enzyklopädische System des Aristoteles (384–322 v.Chr.) und seiner Schüler konnte die Völker nicht übergehen, die ihren Platz in der komplexesten und schlüssigsten intellektuellen Konstruktion der Antike finden mußten. Das Interesse des Meisters war auch auf die politischen Organisationsformen von Völkern gerichtet, die den Griechen seiner Zeit weniger vertraut waren, darunter die Römer und Karthager, von denen in der ausführlichen Sammlung von 158 Verfassungen (*Politeiai*) die Rede ist. Bis auf die athenische sind alle verloren, ebenso wie die vier Bücher über die E., die gewöhnlich unter dem Titel *Nomima barbarika* zitiert werden. Die aristotelische Auffassung einer natürlichen Barriere zwischen Griechen und Barbaren, die Freie von Dienern trennt, ist vielfach belegt; sie wurde vom Stoizismus und dann vom Christentum überwunden.

In der nahezu komplett verlorenen Geschichtsschreibung des 4. Jahrhunderts v.Chr. räumte die Universalgeschichte des Ephoros aus Kyme ethnographischen Interessen einen breiten Raum ein. Ohne etwas wesentlich Neues hinzuzufügen, gab er, gestützt auf eine archaische Geographie ionischen Ursprungs, der Vorstellung von der rechteckigen Oikumene eine kanonische Form. Ihre vier Seiten waren von exotischen Völkern besetzt, die besonders die Vorstellungswelt der Griechen beherrschten: die Skythen im Norden, die Inder im Osten, die Äthiopier im Süden und die Kelten im Westen.

(8) *Der Alexanderzug:* Der Zug Alexanders des Großen (335–323 v.Chr.), der eine enorme Ausdehnung der Grenzen der bekannten Welt zur Folge hatte, stellte der ethnographischen Neugier der Griechen ein weites Betätigungsfeld zur Verfügung. Der Wahrheitsgehalt der wenigen bei Herodot überlieferten Nachrichten über Indien ist nicht viel höher als derjenige der Berichte über die märchenhaften Länder der *Odyssee*. Noch zu Beginn des 4. Jahrhunderts v.Chr. galt es bei Ktesias von Knidos lediglich als ein Land der Naturwunder und monströser Völker. Nun aber bot sich den Griechen die einzigartige Gelegenheit, sich mit einer großen und alten Zivilisation auseinanderzusetzen, die würdig war, mit ihrer eigenen verglichen zu werden. Man muß allerdings sagen, daß diese Gelegenheit großenteils verpaßt wurde. Die griechische Kultur und ihr Erbe, die römische, schufen sich ein weitgehend imaginäres Indien, ein Indien ›nach eigenem Maß‹. Den Religionen und Philosophien des Landes entnahmen sie nicht das, was sie hätten entnehmen können; darauf mußte man bis in die Neuzeit, oder genauer, bis in unsere Zeit warten. Es genügt der Hinweis auf die Tatsache, daß man im Umfeld der mediterranen Kultur bis ins 3. Jahrhundert n.Chr.

und dabei auf einen christlichen Autor warten mußte, Clemens von Alexandria, um einen authentischen Bezug auf den größten Sohn Indiens, Gautama, genannt Buddha, zu erhalten.

(9) *Weitere Forschungsreisen:* Oberflächliche Informationen über Kuriositäten und Wunderdinge aus Indien gelangten in großer Zahl in den Westen: Während Alexander mit seinem Gefolge aus Geschichtsschreibern und Wissenschaftlern lediglich den Nordwesten Indiens, das Land am Indus und seiner Zuflüsse, das bereits Teil des Persischen Reiches war, erreicht hatte, gelangten die folgenden Generationen in das am Ganges gelegene Indien. Im 3. Jahrhundert v.Chr. unterhielten die Seleukiden Syriens, die im Ostteil des kurzlebigen Reiches die Herrschaft Alexanders ablösten, einen Botschafter am Hof der Mauryas: Megasthenes, der Autor der grundlegenden *Indika*, die zwar verlorengegangen sind, sich aber dennoch in allen Berichten über Indien, die oft in der Antike und auch noch im Mittelalter zitiert wurden, erhalten haben. Das Werk des Megasthenes, das wir in vielen Abschnitten mit Sicherheit rekonstruieren können, muß an Vorzügen reich gewesen sein, zeigte aber auch die charakteristischen Grenzen der antiken E. auf: Er schilderte beispielsweise die Kasten als ein System von ›Klassen‹, das sich enger an politisch-philosophische Utopien der Griechen als an die indische Realität anlehnte.

Gleichzeitig mit der Expedition des großen makedonischen Eroberers in den Osten und Südosten der Oikumene führte ein Privatmann aus Massalia (heute Marseille), Pytheas, seine legendäre Forschungsreise in den Nordwesten durch, wobei er bis zu den Britischen Inseln und möglicherweise noch weiter bis zu den Shetlandinseln oder sogar nach Skandinavien kam. Sein vorzugsweise geographischer Bericht, der aber ethnographische Interessen nicht vernachlässigt zu haben scheint, traf auf die Skepsis von Geographen wie Strabon und anderen; in der Neuzeit wurde über die geographische Dimension seiner Fahrt oft spekuliert. Die wenigen erhaltenen Fragmente lassen uns den Verlust des Gesamtwerkes zutiefst bedauern.

Durch andere Reisen und Forschungsunternehmungen wurden die Griechen mit neuen und erstaunlichen Realitäten konfrontiert, die nach alten oder neuen Begrifflichkeiten und Schemata klassifiziert wurden. Die Bewohner der Küsten des Indischen Ozeans zwischen Indien und dem Persischen Golf, die sich auf einer extrem primitiven Entwicklungsstufe befanden, wurden unter dem Sammelbegriff ›Ichthyophagen‹ (= ›Fischesser‹) zusammengefaßt. Die Völker mit dunkler Hautfarbe im Süden der Oikumene wurden allesamt als ›Äthiopier‹ bezeichnet, ein Begriff, der auf eine schon bei Homer bezeugte Legende zurückgeht. Über die Ichthyophagen schrieb Agatharchides von Knidos (Ende 2. Jahrhundert v.Chr.) in seinem *Periplus* über das Erithräische Meer, dem eine ausgedehntere geographische Vorstellung vom Roten Meer zugrunde liegt als die unsere. Das Werk ist zwar verloren, ein wichtiger Auszug ist jedoch erhalten geblieben.

(10) *Poseidonios von Apameia und Diodorus Siculus:* Der Hellenismus mit seinem erweiterten Wissenshorizont und seinem neuen wissenschaftlichen Denken brachte die wohl zentrale Figur der gesamten antiken E. hervor: Poseidonios von Apameia (ca. 135–50 v.Chr.). Da sein Werk vollständig verloren ist, ist durchaus Skepsis angebracht. Aber die von ihm abgeleiteten Aussagen prägten das gesamte folgende griechische und lateinische Schrifttum, wenn die Sprache auf menschliche Völker und Rassen gekommen ist. Die E. des Poseidonios ist eingebettet in eine großartige

intellektuelle, Mensch und Natur, Anthropologie, Klimatologie, Physik und den ganzen Kosmos umfassende Konstruktion, getreu der stoischen Philosophie, deren Anhänger er war. Sein größter Beitrag zur Kenntnis der vom Menschen bewohnten Welt war die Beschreibung der Kelten, die die erste große Öffnung der mediterranen Welt nach Kontinentaleuropa und dem Nordwesten der Oikumene darstellt. In der Tat gehörten zum Begriff der Kelten, nur vage oder überhaupt nicht von ihnen unterschieden, auch die Germanen, was eine Verwirrung stiftete, die erst in der nachfolgenden Zeit mit Mühe überwunden werden sollte und die ihre Spuren bis in die jüngste Vergangenheit der europäischen Kultur hinterließ. Ein Auszug der poseidonischen Schriften über die Kelten findet sich im Werk des Diodorus Siculus (er lebte zur Zeit Caesars und des Augustus), Autor einer Universalgeschichte von sehr geringer Originalität. In den vergangenen Jahrhunderten wurde sie allerdings als gewissermaßen enzyklopädische Sammlung der Antike und auch wegen ihres Reichtums an ethnographischen Informationen sehr geschätzt. Auch Diodorus spricht weiterhin nicht von ›Germanen‹, sondern nur von ›Kelten jenseits des Rheins‹, d. h. am rechten Ufer, auch in Bezug auf die Germanenexpedition Caesars. Diese war ihm zwar bekannt, aber offenbar nicht aufgrund der Lektüre der *Commentarii* Caesars, die ihn über die neue, zukunftsweisende Rolle der Germanen hätten aufklären können.

(11) *Timagenes von Rhodos und Ammianus Marcellinus:* Über die Kelten schrieb auch Timagenes von Rhodos (2. Hälfte 1. Jahrhundert v.Chr.), der ihren Ursprüngen einen Abschnitt widmete, der Jahrhunderte später von dem römischen Historiker Ammianus Marcellinus übernommen wurde. Nach der üblichen Art antiker Schriftsteller versuchte er, das barbarische Volk durch mythische Heroen und legendäre Wanderungsbewegungen mit der mediterranen Welt in Verbindung zu bringen.

(12) *Polybios von Megalopolis:* Polybios von Megalopolis (ca. 200–120 v.Chr.), der erste der großen romanisierten Griechen, der über die römische Geschichte schrieb und aus den Kenntnissen schöpfen konnte, die dank der Eroberungen der neuen Herren erworben wurden, folgte der von Thukydides begründeten Tradition der pragmatischen Geschichtsschreibung und fügte der historischen Erzählung zweckmäßige ethnographische Exkurse hinzu. Das der Beschreibung der Oikumene gewidmete 34. Buch seiner Geschichte ist leider verlorengegangen.

Rom:

(1) *Sallust:* In der römischen Welt erscheint Sallust (86–ca. 34 v.Chr.) mit den Kapiteln über Afrika und seine Bewohner im *Bellum Iugurthinum* (17–19) als Erbe der griechischen Tradition der ethnographischen Exkurse in historischen Werken. Dabei ging er nach schon bekannten Mustern vor: Auch hier finden sich Hypothesen über die Ursprünge der Völker, mittels derer man versucht, die exotische Welt mit den eigenen Traditionen zu verbinden. Dabei wird auf die mythischen Expeditionen des Herakles zurückgegriffen, den umherirrenden Held *par excellence*, der sowohl in Herodots Abschnitten über die Anfänge des skythischen Volkes als auch in den Überlieferungen über die Ursprünge der Gallier und in der *Germania* des Tacitus in Erscheinung tritt.

(2) *Caesar:* In Caesars *De bello Gallico* wird den Germanen in verschiedenen ethnographischen Exkursen (Caes. Gall. 4,1–3; 6,13–24) eine eigene, deutlich von der der Kelten unterschiedene, ja entgegengesetzte Identität zugewiesen. Auch in einem auf diese Weise räumlich enger begrenzten Rahmen zogen die gallischen und

germanischen Feldzüge Caesars Konsequenzen für die ethnographischen Kenntnisse nach sich, die nicht weniger wichtig als die asiatische Expedition Alexanders waren: Es waren hier Kräfte am Werk, die das moderne Europa formten.

(3) *Plinius der Ältere:* Die große *Naturalis Historia* von Plinius d.Ä. (gest. 79 n.Chr.), das größte aus der Antike erhaltene enzyklopädische Werk, enthält einen fast vollständig kompilatorischen geographischen Teil (Bücher 3–6), der aber reich an ethnographischen Informationen ist, die er mittels ausführlicher Lektüre gewonnen hatte.

(4) *Tacitus:* Ein weiteres Mal wurden die Germanen zum Gegenstand eines Werkes, das alles in allem die aufsehenerregendste Hinterlassenschaft der antiken ethnographischen Literatur ist: die *Germania* des Tacitus, jene kleine Abhandlung, die einerseits Lob erntete, zugleich aber zu jenen antiken Texten gehört, die lange und hitzige Diskussionen hervorgerufen haben (entstanden in den letzten Jahren des 1. Jahrhunderts n.Chr.). In der Renaissance wiederentdeckt und sogleich mit Begeisterung aufgenommen, trug die *Germania* geradezu zur Ausformung einer selbstbewußten deutschen nationalen Identität bei. Dies ist explizit oder implizit in einer unendlichen Fülle von apologetischen Schriften und Lobschriften greifbar, vom Zeitalter der Reformation bis zum Nationalismus und Imperialismus des 19. Jahrhunderts. Um so stärker mußte der Eindruck, oder besser die Enttäuschung, gewesen sein, als Eduard Norden sich im Jahre 1920 ihrer annahm und sie mit einer vorher nie gekannten Radikalität in die Geschichte und Formen der antiken ethnographischen Literatur einreihte. Dabei zeigte er in der *Germania* viele hellenistische oder noch ältere, für diese Gattung typische Topoi auf, die ihre Glaubwürdigkeit stark herabzusetzen schienen.

(5) *Weitere römische Autoren:* Aus der römischen Kaiserzeit stammen noch viele Kapitel mit ethnographischem Charakter, häufiger kompilatorisch als original. Arrianus aus Nikomedeia geht in seinen *Indike* (1. Jahrhundert n.Chr.) teilweise auf Megasthenes (auf diese Weise ist uns ein wertvoller Auszug aus dem verlorenen Werk erhalten), teilweise auf Nearchos, Alexanders Admiral, der an den Küsten des Indischen Ozeans Länder und Völker entdeckt hatte, zurück. Tacitus widmete in seinen *Historiae* einen kaum originalen Exkurs (5,2–5) den Juden, ein Anklang abgedroschener Phrasen, die offenbar der blühenden alexandrinischen antijüdischen Propaganda aus der Zeit der Ptolemäer entnommen worden waren. Tacitus verfolgte eine solche Tendenz, obwohl das zur Zeit des Titus auf griechisch verfaßte große Werk über die *Jüdischen Altertümer* von Flavius Iosephus authentische Informationen über die Bibel und das Judentum zur Verfügung gestellt hatte.

Die Autoren der Spätantike sahen sich vor die Aufgabe gestellt, in einen Komplex bereits systematisierter Kenntnisse neue ethnographische Sachverhalte einzufügen, denen sie an den Grenzen der mediterranen Welt gegenüberstanden und die nicht mehr Objekt behaglicher gelehrter Neugier, sondern Anlaß zur Sorge und Bestürzung waren. Die den Hunnen gewidmeten, als Beispiel für unmenschliche Barbarei und Bestialität gestalteten Textstellen bei Ammianus Marcellinus (4. Jahrhundert n.Chr., *Geschichte* 31,1–11) deuten schon auf die abergläubischen Ängste mittelalterlichen Zuschnitts hin.

Das Erbe der griechischen E. ging im Mittelalter nicht vollständig verloren, und gewisse Vorstellungen dominierten auf lange Zeit die Gedanken der Europäer. Eine ihrer zentralen Kategorien, die Einflüsse von Klima und Umwelt, kam wieder in der Neuzeit auf und blieb bis in die jüngste Zeit äußerst lebendig, wobei sich oftmals überraschende Übereinstimmungen mit den antiken Vorgängern beobachten lassen.

→ Ethnologie, Fachliteratur, Geographie, Götter, Jagd, Klima, Mentalität, Philosophie, Randvölker, Reiseberichte, Volksstamm

LITERATUR: A. *Dihle*: Die Griechen und die Fremden. München 1994. – Chr. *Jacob*: Géographie et Ethnographie en Grèce ancienne. Paris 1991. – R. *Lonis* (Ed.): L'étranger dans le monde grec. Actes du Colloque organisé par l'Institut d'études anciennes (Nancy, mai 1987). Nancy 1988. – A. *Momigliano*: Alien Wisdom. The Limits of Hellenization. Cambridge o.J. (dt. Übers.: Hochkulturen im Hellenismus. Die Begegnung der Griechen mit Kelten, Juden, Römern und Persern. München 1979). – K. E. *Müller*: Geschichte der antiken Ethnographie und ethnologischen Theoriebildung. Von den Anfängen bis auf die byzantinischen Historiographen. 2 Bde., Wiesbaden 1972/1980. – M. *Ninck*: Die Entdeckung von Europa durch die Griechen. Basel 1945. – E. *Norden*: Die germanische Urgeschichte in Tacitus' Germania. Stuttgart ⁴1959. – A. *Schroeder*: De ethnographiae antiquae locis communibus observationes. Haller phil. Diss., Halle (Halis Saxonum) 1921. – H. *Schwabl u. a.*: Grecs et barbares. Six esposés et discussions. Vandœvres-Genève 1962. – K. *Trüdinger*: Studien zur Geschichte der griechisch-römischen Ethnographie. Baseler phil. Diss., Basel 1918.

Pietro Janni

Ethnologie

Die ethnologischen Theorien der Antike bewegen sich im weiteren Rahmen des philosophischen Denkens. Sie versuchen, die Völker der Welt in ihrer Verschiedenartigkeit zu begreifen, indem sie sie in Konzeptionen einordnen, die die gesamte physische und geographische, ja geradezu die kosmische Realität umfassen. Dies war beispielsweise der Fall, als man die Astrologie auf ganze Regionen der Oikumene und die darin wohnenden Menschen anwendete. Darüber hinaus erkennt man in den Theorien die Neigung, jede Klassifikation und Systematisierung in ein Werturteil umzuwandeln. Zumindest nach dem hellenistischen Zeitalter gab man sich nicht damit zufrieden, allein Tatsachen zu registrieren, sondern man wollte sie im Spiegel der eigenen philosophischen Vorstellungen interpretieren. Oftmals errichtete man eine Hierarchie zwischen ›gut‹ und ›böse‹, zwischen überlegen und unterlegen. Was weit entfernt und anders ist, kann auf einer niedrigeren (barbarischen oder primitiven) Entwicklungsstufe als der eigenen eingeordnet oder auch aufgrund einer angenommenen moralischen oder zivilisatorischen Überlegenheit im Rahmen einer auf vorgefaßten Grundlagen errichteten Konstruktion, die in Beziehung zu umfassenderen Theorien steht, idealisiert werden. Ethnographische Daten werden als Bestätigung für vorgefaßte moralische oder politische Thesen herangezogen oder dienen als Anreiz für utopische Phantasien, die die Menschen schon immer faszinierten.

Früheste ethnologische Erwähnungen: Der erste isolierte Hinweis auf eine Idealisierung barbarischer Völker findet sich möglicherweise schon in der *Ilias*. In einigen rätselhaften Versen am Beginn des 13. Buches (Hom. Il. 4–7) werden zum Teil auf nahe bei Griechenland beheimatete, zum Teil auf entferntere Völker Anspielungen gemacht, wie beispielsweise die sonst unbekannten Abioi (›gewaltfrei‹?), ›die gerechtesten unter den Menschen‹. Diese Vorstellungen werden auf den Norden projiziert, oder besser, im Falle der rätselhaften Abioi, auf den skythischen Nordosten, falls zwischen diesen und

Herodots legendären Orgimpei oder Argippei (Hdt. 4,23,5), deren moralische Überlegenheit sie auf eine höhere Ebene als die Wettstreite ihrer Nachbarn stellte, eine Beziehung besteht.

Eine Vorwegnahme der Interessen und Theorien, die sich später auf mannigfaltige Weise entwickelten, findet sich bereits in der *Odyssee*, und zwar in der Beschreibung der Zyklopen (Hom. Od. 9,106–115), die ein extremes Beispiel für Gewalt und mangelnden Willen zur Sozialisierung sind, wobei ihnen jeglicher Sinn für eine zivilisierte Gemeinschaft fehlt (wie der Dichter ausdrücklich hervorhebt): ein Thema, über das sich die ethnographischen Beobachtungen und Reflexionen der Griechen endlos auslassen sollten.

Ein Platz in der Geschichte der E. muß auch für Hesiod freigehalten werden: Indem er in den *Erga* (106–201) dem Mythos der aufeinanderfolgenden Zeitalter der Menschheit, bezeichnet nach einer Reihe von Metallen (Gold, Bronze, Eisen, dazu eine ›Zeit der Heroen‹), eine kanonische Form verlieh, beeinflußte der Dichter die nachfolgenden Überlegungen über Ursprung und Werden der Menschheit, ein untrennbar mit ethnologischen Reflexionen verbundenes Thema.

Die erste griechische Expansion im Mittelmeer, bei der zwischen dem 8. und 6. Jahrhundert v.Chr. Kolonien und Handelsniederlassungen von Spanien bis zum Schwarzen Meer und Ägypten gegründet wurden, stellte den Griechen den ersten großen Schatz an ethnographischem Wissen zur Verfügung, auf dem sich Ideen aufbauten, die in der gesamten klassischen und hellenistischen Zeit lebendig bleiben sollten. Dieses umfangreiche und verschiedenartige Material sollte bei Hekataios (verloren) und Herodot, dessen Werk zu gut einem Drittel mehr aus Ethnographie als aus Geschichte besteht, in literarisch ausgearbeiteter Form gesammelt werden.

Herodot: Herodot ist, wenn er sich als Ethnograph betätigt, vielmehr Beobachter und Sammler von Fakten als Theoretiker, befindet sich aber dennoch in der Nähe der ethnologischen Denkmuster, die sich in seiner Zeit entwickelten. Gerade auf der letzten Seite seines Werkes (Hdt. 9,122,3) formuliert eine Figur eines der Prinzipien, die damals das Denken beherrschten und noch lange beherrschen sollten: Der physische und moralische Charakter eines Volkes wird von der Umwelt, vom Land, in dem es beheimatet ist, bestimmt; ein ›weiches‹ Land, d.h. mit angenehmem Klima und so fruchtbar, daß es ein leichtes Leben zuläßt, bringt feige Menschen hervor, während eine rauhe und feindliche Natur sie stark und tapfer macht. Für Herodot ist dies eine indirekte Kausalität: Der geographische und physische Lebensraum bedingt die zivile Organisation und die Lebensart, die ihrerseits die Wesenszüge der Bevölkerung bedingen. Nach den Theorien zeitgenössischer Physiologen und Mediziner ist diese Beziehung hingegen unmittelbar: Umwelt und Klima beeinflussen in entscheidender Weise die physische Konstitution der Menschen.

Herodot tritt auch als Ethnologe in Erscheinung, wenn er implizit ein räumliches Schema konstruiert, das die überlegenen mediterranen Kulturen ins Zentrum der Oikumene plaziert und die anderen für um so primitiver und rückständiger erachtet, je weiter sie vom Zentrum entfernt sind und sich an den Grenzen der Welt befinden. In diesen Vorstellungen ist jene vergleichende Methode am Werk, die charakteristisch für das gesamte ethnologische Denken der Antike werden sollte: Die fremden Sitten werden im Vergleich zu den eigenen bewertet, und man beachtet vor allem das, was sich davon unterscheidet. Herodot ist Diffusionist, wenn er die Möglichkeit von

Anleihen und Übertragungen auf kulturellem Gebiet untersucht, aber er zweifelt nicht daran, daß eine natürliche Verbindung zwischen den Ländern und den sie bewohnenden Völkern besteht. Auf einer der charakteristischsten Seiten seines ägyptischen *logos* listet er die Gründe auf, die aus diesem Land eine »verkehrte Welt« machen: Hier werden die »auf den Kopf gestellten« menschlichen Gebräuche (aus griechischer Sichtweise), wie die Tatsache, daß die Männer zu Hause bleiben, während die Frauen auf den Markt gehen, in einem Zug mit geographischen Phänomenen genannt, wie der Einzigartigkeit der jahreszeitlichen Schwankung des Nils, der im Winter Niedrig- und im Sommer Hochwasser führt (Hdt. 2,35–36).

De aëre aquis locis: Die erste echte Äußerung von Theorien, die den Menschen mit der geographischen, klimatischen und physischen Umwelt in Zusammenhang bringen, ist für uns in der kleinen, ins 5. Jahrhundert v.Chr. datierbaren Abhandlung *De aëre aquis locis,* aufgenommen in das *Corpus hippocraticum,* enthalten. Ausgehend von einer Beschreibung des skythischen Volkes, das den Griechen durch ihre zahlreichen, blühenden pontischen Kolonien bekannt war, errichtet der Autor eine gewagte, Europa und Asien einander gegenüberstellende Konstruktion, das erste Auftreten aller antiken und modernen Formen eines klimatischen Determinismus. Die Völker wachsen gewissermaßen wie Pflanzen aus der Erde, wobei sie notwendigerweise deren Eigenschaften widerspiegeln: Die Skythen sind von so fleischiger und ›feuchter‹ Konstitution, wie ihr Land, und wenig fruchtbar, im Unterschied zu den Bewohnern wärmerer Regionen (Ägypten und Libyen), wo eine Fruchtbarkeit herrscht, die sich auch im frühzeitigen Wachstum der Hörner von Tierarten, die über solche verfügen, zeigt.

Demokritos von Abdera: Im 5. Jahrhundert v.Chr. reiften auch die Gedanken des Demokritos von Abdera (ca. 460–370 v.Chr.), dessen Name vor allem mit der gewagten Vorstellung von dem Vorhandensein von Atomen verbunden ist, der aber auch die Evolution der Menschheit mit neuen Begriffen versah, die erstaunlich modern und unvoreingenommen erscheinen. Indem er den Gegenstand seiner Überlegungen vom Mythos befreite, konstruierte Demokritos ein ›Entwicklungsmodell‹ für die primitive Menschheit, das von den halbtierischen Anfängen bis zu den höchsten Stufen der Zivilisation in Phasen eingeteilt war, die durch eine Abfolge von unterschiedlichen Formen des Lebensunterhaltes gekennzeichnet waren: vom primitiven zum besser organisierten Sammeln, zum Ackerbau und zur Viehzucht. Das Werk des Demokritos ist verloren, aber sein Konzept ist durch die Autoren späterer Jahrhunderte, die es sich zu eigen machten oder davon beeinflußt wurden, bekannt. Dieses gänzlich in unreligiösem und materialistischem Ton gehaltene Bild von der Evolution einer primitiven Menschheit fand seinen klassischen poetischen Ausdruck im Werk des Lucretius (*De rerum natura* 5,925–1457), der als Epikureer von Demokritos auch die Theorie von den Atomen übernahm.

Sophistik: Die Sophistik wurde durch das umfangreiche zur Verfügung stehende ethnographische Material zu Gedanken angeregt, die die traditionellen Werte und Urteile kritisierten. Durch die Kenntnis von der Vielgestaltigkeit und Unterschiedlichkeit der menschlichen Gebräuche (*nomoi*) offenbarte sich vor den Augen der neuen und unvoreingenommenen Denker die Relativität jeder Bewertung und jedes ethischen Konzepts. Sie schienen nicht mehr auf einem natürlichen Fundament gegründet und gleichermaßen für alle verbindlich zu sein, sondern Ergebnis einer gänzlich menschlichen und zufälligen Konvention: eine zu tiefgreifenden und revolutionären Entwicklungen fähige Denkart. Aber schon Xenophanes aus Kolophon (gest. ca. 470 v.Chr.) hatte aus den ethnographischen Kenntnissen Kritikpunkte für die traditionelle Religion und ihren Anthropomorphismus hergeleitet: »Die Äthiopier verehren Götter mit platten Nasen und schwarzer Haut, die Thraker blonde mit blauen Augen« (Diels-Kranz fr. 16). Auch hier untergrub die Entdeckung dieser Relativität die übernommenen Meinungen und deutete die großen zukünftigen Entwicklungen dieser Vorstellungen an.

Das Nachdenken über Ursprünge und Entwicklung der Menschheit ist aufs engste mit ethnologischen Theorien verknüpft: Die Menschen der Antike dachten stets, daß sich bei zeitgenössischen Völkern, die unter besonders ›barbarischen‹ Bedingungen lebten, die primitiven Momente der menschlichen Entwicklung erhalten hätten, und sie waren sich bewußt, daß diese Phasen der Primitivität von ihren eigenen Vorfahren durchlaufen worden waren. Auch Thukydides formuliert in seiner berühmten ›Archäologie‹ der ältesten Geschichte Griechenlands (Thuk. 1,2–19) dieses Prinzip: Gewisse erstaunliche Sitten exotischer Völker sind Überbleibsel archaischer Bräuche; die Vorfahren der Griechen benahmen sich in mancherlei Hinsicht wie die Barbaren von damals. Ferner brachte jede Rekonstruktion der menschlichen Evolution die Schaffung von Kriterien mit sich, nach denen sich die verschiedenen lebendigen Kulturen in Systemen klassifizieren und ordnen lassen, die auf die verschiedenen von der ethnographischen Erfahrung offenbarten Realitäten übertragbar sind.

Die Ethnologie in der Literatur: Die Theorien, die einen auf die Erfindungsgabe und die Kraft des Menschen vertrauenden kulturellen und technischen Fortschritt von halbtierischen Bedingungen bis zu den höchsten Stufen der gegenwärtigen Zivilisation postulierten, fanden wichtige literarische Reflexe. Platon schreibt dem Sophisten Protagoras im gleichnamigen Dialog (320d–322b) gemäß seiner Art einen ›Mythos‹ zu. Er beschreibt den Prozeß der Menschheitswerdung auf einer intellektuellen und sozialen Ebene als einen Kampf des Menschen gegen die Widrigkeiten der Natur. Im *Gefesselten Prometheus* (die Urheberschaft des Aischylos ist strittig) fordert der Protagonist langatmig seinen Verdienst als ›kultureller Held‹ ein, der die Menschheit auf den Weg des Fortschritts führt und begleitet (476–506). Sophokles schließlich feiert in einem berühmten Chor der *Antigone* den mutigen Geist der Initiative des Menschen, die ihn dazu gebracht hat, jede Erscheinung der Natur zu beherrschen (332–375).

Der Gegensatz von Zivilisation und Natur: Der Ton der Beunruhigung, den man aus dieser Lobpreisung in lyrischen Tönen heraushört, ist charakteristisch für die Antinomie, die sich durch die gesamte antike Literatur zieht: Der materielle, intellektuelle und zivile Fortschritt wird einerseits als bewundernswerter Aufstieg zu einem vollständigeren Menschsein betrachtet, andererseits als Verfall naturnaher Lebensumstände, die als moralisch überlegen und manchmal geradezu paradiesisch empfunden wurden. Dieser pessimistische Ausdruck ist noch verbreiteter und tiefer verwurzelt als der andere; er wird mehr oder weniger bewußt an unzähligen Stellen in der antiken Literatur ausgedrückt. Caesar setzt bei seiner Gegenüberstellung von Galliern und Germanen die ersten auf eine höhere Stufe auf dem Weg in Richtung einer Zivilisation, spricht den anderen aber eine moralische Überlegenheit und ungetrübte Kraft zu, die seine Bewunderung gewannen (Caes. Gall. 6,21–24).

Der Antike war einer der ewigen Mythen der Menschheit, der in der Neuzeit mit großer Macht wiederauflebte, wohlbekannt: der Mythos der unverdorbenen Natur, von der der Fortschritt die Völker mit einer hochentwickelten Kultur entfernt hat, was einen ruinösen Niedergang zur Folge hatte. Die kynischen und stoischen Philosophen sahen die primitiven Völker näher an ihrem Ideal der Freiheit von Bedürfnissen nach entbehrlichen Gütern. Folglich waren sie des Respekts und der Bewunderung würdig, lebendige Lehrstücke für unsere ›Zivilisation‹, die immer nach einem Überfluß trachtet, der sie von den eigentlichen Werten entfernt.

In der *Germania* des Tacitus gilt diese Bewertung noch neben der entgegengesetzten, die in den Barbaren die negativen Charaktereigenschaften der Primitivität sieht, vor allem das Fehlen jenes Maßes und jener Selbstkontrolle, die Griechen und Römer immer für eine Errungenschaft überlegener, d.h. ihrer Zivilisationen hielten. Die schlecht gelöste Koexistenz dieser beiden Gegensätze sollte dem kleinen Werk des Tacitus die charakteristische Zweideutigkeit verleihen, die so viele zueinander im Widerspruch stehende Interpretationen und Diskussionen hervorrief.

Platon und Aristoteles: Platon hegte ebenso wie Sokrates, zumindest ›sein‹ Sokrates, weder ein besonderes Interesse für die ethnographischen Fakten noch für die ethnologischen Theorien seiner Zeit, während Aristoteles mit seinem Empirismus und seinem Sinn für Systematik jedem Aspekt der menschlichen Welt einen Platz in seiner Enzyklopädie aller Wissensgebiete einräumen mußte. In der *Politik* zeichnet er in Bezug auf die Formen des Lebensunterhalts, der Ernährungsgewohnheiten und der Wirtschaft eine wahre Typologie menschlicher Gemeinschaften. Auch er hält die rückständigsten ethnischen Gruppen für Repräsentanten menschlicher Entwicklungsphasen, die alle durchlaufen haben, und auch für ihn bestehen notwendige Beziehungen zwischen physischer Umwelt und dem geistigen und moralischen Charakter der Völker, der für ihn mit den politischen Formen in Verbindung stand. In seinem Ethnozentrismus, der erst durch die Denker der hellenistischen Zeit überwunden werden sollte, legt Aristoteles eine Wertehierarchie unter den Völkern fest, d.h. im wesentlichen zwischen Griechen und dem Rest der Welt, sei es auch mit einigen Nuancen: Die Griechen als Hüter der eigentlichen Zivilisation sind geboren, um zu herrschen, und die Barbaren, um zu dienen. Griechenland (und dies ist sehr charakteristisch für das antike ethnologische Denken) repräsentiert auch die ›goldene Mitte‹ zwischen den verschiedenen klimatischen Extremen, die eine gleichfalls vollendete Menschwerdung behindern.

Auswirkungen des Alexanderzuges: Nach der traditionellen Periodisierung beginnt das hellenistische Zeitalter genau mit der Unternehmung Alexanders, der neue Länder und Völker ins Blickfeld der Griechen rückte und in großem Ausmaß die Wissensgrundlage erweiterte, auf der ethnologische Reflexionen in weit größerem Maße als in den vorhergehenden Phasen aufbauen konnten. Die zahlreichen Autoren, die in dieser Epoche Ethnographie schrieben, schilderten die durch die jüngste Expansion des Griechentums entdeckte Realität, die sie kräftig mit neuen und alten Vorstellungen färbten. Ihre Werke sind nahezu gänzlich verloren, überlebten aber in großer Anzahl in den Werken der Autoren der römischen Kaiserzeit, die aus diesen schöpften.

Megasthenes, der Autor der berühmten *Indika* (3. Jahrhundert v.Chr.), Ergebnis einer Autopsie, postulierte ebenfalls eine kausale Verbindung zwischen geographischer Umwelt und dem Charakter der Bewohner. Er idealisierte das Leben der Inder als eine

Verwirklichung der kynischen Ideale und konstruierte eine indische Geschichte nach der üblichen evolutionistischen Methode, von den Anfängen absoluter Primitivität bis zur zeitgenössischen Zivilisation.

Die Überwindung des Ethnozentrismus: Das 3. Jahrhundert v.Chr., das in vielen Bereichen den Gipfel der antiken Wissenschaft repräsentiert, erlebte (zumindest innerhalb der intellektuellen Eliten) die Überwindung des Ethnozentrismus, der im Denken des Aristoteles über die natürlichen Unterschiede zwischen Griechen und Barbaren seinen Ausdruck gefunden hat. Es stellte einen wichtigen Schritt vorwärts dar auf dem schwierigen Weg zum Erwachen eines neuen Sinns für die Einheitlichkeit der Menschheit. Die neuen Philosophen richten ihre Botschaft von der moralischen Erhöhung an alle Menschen, jenseits aller nationalen Schranken, und ersetzen die alte Unterscheidung durch diejenige zwischen weise und nicht-weise. Der vom Stoizismus beeinflußte Universalgelehrte Eratosthenes von Kyrene sollte ausdrücklich die grundsätzliche Gleichheit aller Vertreter der menschlichen Spezies bekräftigen: Eine Hierarchie der Werte und der Verdienste kann sich nur auf die jeweilige Tugend (*arete*) gründen.

In der Welt der Barbaren entdeckt man weiterhin Weisheit und moralische Vorzüge: Ein idealisierender Hinweis fehlt nicht einmal in der berühmten Beschreibung, die Agatharchides von Knidos von den Ichthyophagen (= Fischer) gab, der äußerst primitiven Bevölkerung an den eben erforschten Küsten des Indischen Ozeans, die für ihn ein Beispiel für das Leben an der Grenze zum Tier darstellt. Aber auch hier wird mit implizitem Lob ihre Freiheit von den eigenen falschen Bedürfnissen als zivilisierte Menschen erwähnt. Jahrhunderte später sollte Tacitus dieselbe Bemerkung über die Fennen und ihre beinahe unmenschliche Existenz im Schlußteil der *Germania* (Kap. 46) einfließen lassen, der eine Steigerung zu einer noch größeren Primitivität und Barbarei beinhaltet: »Sie haben das schwierigste Ziel erreicht, nämlich nicht einmal einen Wunsch zu haben.« Diese moralistische Bemerkung in bezug auf eine Bevölkerung, über die man nichts Sicheres wußte, zeigt treffend den vorgefaßten Charakter so vieler antiker ethnographischer Ansätze, aus denen man Beispiele heraussuchte, die mehr dazu geeignet waren, philosophisches Denken oder eine Moralpredigt zu illustrieren als Tatsachen wahrheitsgetreu wiederzugeben. Auch diese Abstufung, mindestens zurückgehend auf die Zeiten Herodots, scheint diesen vorgefaßten Charakter zu haben: Indem man sich von ›unserer‹ Welt, der Welt der griechischrömischen Zivilisation entfernt, trifft man auf immer größere Rückständigkeit und Unmenschlichkeit. In den letzten Zeilen der *Germania* zitiert Tacitus eben jene Worte über die Existenz von halbtierischen Wesen in den entlegensten Regionen, mit menschlichem Antlitz und dem Körper eines Tieres.

Poseidonios von Apameia: Die römische Ethnographie und E. verdanken viel dem großen Beispiel des Poseidonios von Apameia (1. Jahrhundert v.Chr.), der das ethnologische Denken in eine der großartigsten intellektuellen Konstruktionen der Antike einfügte, indem er es eng mit allen anderen Zweigen eines vollständigen Systems, von der Physik bis zur Ethik, in Verbindung setzte. Das Werk des großen Philosophen und Wissenschaftlers ist vollständig verloren. Aus ihm schöpften aber viele erhaltene Autoren, so daß uns die Möglichkeit gegeben ist, seine Themen und grob seine Gedankengänge zu rekonstruieren, wenn auch mit vielen Unsicherheiten und Kontroversen (obwohl der Einfluß des Poseidonios groß war, wurde er wahrscheinlich von einigen modernen Gelehrten überbewertet; auf diesen ›Pan-Poseidonismus‹ erfolgte wiederum eine Reaktion). Der Stoizismus, dessen Anhänger Poseidonios war, ging von einer ›Sympathie‹ zwischen Mensch und Kosmos aus, die der alten und gefestigten Idee der engen Beziehung zwischen Umwelt und menschlicher Bevölkerung eine neue philosophische Basis verlieh. In seinem Werk *Über den Ozean* behandelt Poseidonios das Problem der Gezeiten, die er richtigerweise mit dem Einfluß des Mondes erklärt, ein neuer Beweis für die engen Bindungen, die alle universalen Tatsachen einschließlich der Welt des Menschen untereinander vereinen. Im Rahmen dieses Konzeptes richtet Poseidonios den bereits in der griechisch-römischen Kultur verbreiteten astrologischen Glauben auf die E.: Wenn die Sterne den Charakter und das Schicksal der Individuen beeinflussen, geschieht dies ebenso mit den größeren Individualitäten, den Nationen; jede Region der Oikumene steht unter einem Sternzeichen, das auch die Charakterzüge der jeweiligen Bevölkerung beherrscht. Der lateinische Dichter Manilius (er lebte unter Augustus und Tiberius) sollte in seiner *Astronomica* dieser Lehre eine literarische Form geben, der ein langes Leben beschieden war.

Auch wenn die Urteile der modernen Gelehrten nicht völlig übereinstimmen, ist es wahrscheinlich, daß eben diese Universalität seiner Interessen und Fähigkeiten das Denken Poseidonios' vor einem zu stark eingeschränkten Determinismus bewahrte. Er räumte historischen Fakten, die nicht auf Schemata reduzierbar sind, einen breiten Raum ein: Migration, Bevölkerungsvermischung und Verbreitung kultureller Elemente mittels Kontakte aller Art. Sein bedauerlicherweise verlorenes und nur indirekt bekanntes Werk mußte eine *summa* der antiken E. bilden, die die Vergangenheit zusammenfaßte und den Weg für zukünftige Entwicklungen wies. Auch bei den lateinischen Autoren, die neue Horizonte für ethnische Realitäten öffneten, die dazu bestimmt waren, Protagonisten bei der Gründung Europas zu sein, Caesar und Tacitus, ist sein maßgeblicher Einfluß oder besser der Beitrag seines Materials (neben jenem als Ergebnis der Autopsie) als Beweis für die kanonische Gültigkeit seiner Abhandlungen erkannt worden.

Mit Poseidonios erreicht das antike ethnologische Denken seine höchste Komplexität und Kohärenz; gleichzeitig beginnt aber auch seine Kreativität zu versiegen. Einige antike Vorstellungen überlebten im byzantinischen, aber auch im westlichen Mittelalter. Für die Neuzeit ergaben sich daraus neben Ursachen Impulse und Antriebe. Die Entstehung eines modernen und reifen ethnologischen Denkens, das zu einer unvoreingenommenen Beobachtung und Interpretation ethnographischer Fakten fähig ist, scheint wie eine Überwindung von Apriorismen und Schemata zu sein, die in der Antike in Erscheinung traten und lange Zeit in der westlichen Kultur verwurzelt blieben.

→ Ethnographie, Fachliteratur, Geographie, Klima, Mentalität, Migration, Natur, Philosophie, Randvölker

LITERATUR: A. *Dihle*: Die Griechen und die Fremden. München 1994. – K. E. *Müller*: Geschichte der antiken Ethnographie und ethnologischen Theoriebildung. Von den Anfängen bis auf die byzantinischen Historiographen. 2 Bde., Wiesbaden 1972/1980. – H. *Schwabl u. a.*: Grecs et barbares. Six exposés et discussions. Vandœvres-Genève 1962. – W. *Theiler* (Hg.): Poseidonios. Die Fragmente. Berlin/New York ²1982.

Pietro Janni

Fachliteratur

In dem Maße, wie sich in bestimmten Wissensgebieten der Kenntnisstand erweiterte und spezialisierte, entwickelte sich in der Antike eine breit gestreute und quantitativ umfangreiche F., etwa auf dem Gebiet der Medizin, der Rhetorik, der Grammatik, der Mathematik, der Philosophie. In diesen Schriften wurden sowohl der erreichte Wissenstand dokumentiert als auch neue Forschungsergebnisse präsentiert.

Überlieferung: Das gilt generell auch für die hier interessierende geographische F. Einschränkend ist zu betonen, daß die entsprechenden Werke häufig nur sehr fragmentarisch erhalten sind, und überdies ist ein nicht unbeträchtlicher Teil der geographischen F. der Antike definitiv verloren. Manche Texte lassen sich nicht bestimmten Autoren zuordnen, wie etwa die *Expositio totius mundi et gentium* (Darlegung der ganzen Welt und der Völker) aus dem 4. Jahrhundert n.Chr., deren Titel aber bereits die für die geographische F. nicht untypische Verbindung von Geographie und Ethnographie anzeigt.

Strabon: Dennoch sind eine Reihe von prominenten Vertretern der F. nahezu oder komplett erhalten. An vorderster Stelle ist dabei Strabon aus dem pontischen Amaseia zu nennen (63 v.Chr.–ca. 25 n.Chr.). Seine *Geographika Hypomnemata* (etwa: Geographische Aufzeichnungen) waren als Pendant zu seinem, als Fortsetzung des Polybios gedachten, jedoch nicht erhaltenen Geschichtswerk gedacht. Strabon dokumentiert mit dieser Kombination aber die für antike Wissenschaftler enge Verbindung zwischen Historie und Geographie. Für die Abfassung seines 17bändigen Werkes unternahm Strabon viele Reisen, und so genügte er daher bestens der Forderung nach Autopsie. Die ganze Oikumene wird in diesem Werk beschrieben mit Spanien, Gallien, Britannien, den Alpen, Italien, Nordeuropa, der Peloponnes, Mittelgriechenland, den griechischen Inseln, Asien bis Indien, Ägypten und Nordafrika.

Pomponius Mela: In der frühen Kaiserzeit legte der römische Geograph Pomponius Mela, der aus Spanien stammte, ein dreibändiges Werk *De Chorographia* vor. Die potentielle Leserschaft warnte er im Vorwort, etwas wenig Elegantes und Spannendes präsentiert zu bekommen. In der Tat liefert er eine nüchterne und knappe Schilderung der bewohnten Welt. Dabei nimmt er die Perspektive der Seefahrer ein und betrachtet die Welt in der Form einer Küstenbeschreibung (*periplus*). Wichtig ist die allgemeine Einleitung, da sie das praktische geographische Wissen der frühen römischen Kaiserzeit reflektiert.

Pausanias: Eher der Rubrik ›Reiseschriftsteller‹ ist Pausanias zuzuordnen, der wohl in das 2. Jahrhundert n.Chr. zu datieren ist und wahrscheinlich aus dem lydischen Magnesia stammte. Gleichwohl ist er für die Geographie des antiken Griechenland eine herausragende Quelle. Als Fremdenführer führt Pausanias seine Leserschaft durch fast ganz Griechenland und erläutert, sehr ins Detail gehend, Geographie und Topographie, versehen mit umfangreichen Angaben zur mythischen und historischen Vergangenheit der Stätten.

Ptolemaios: Wesentliche Impulse verdankt die antike Geographie den Arbeiten des Alexandriners Ptolemaios, einem Zeitgenossen des römischen Kaisers Mark Aurel (2. Jahrhundert n.Chr.). Dieser Gelehrte, der auch als Astronom tätig gewesen ist, bereicherte die antike geographische F. um zwei Werke: zum einen um die *Geographias Hyphegesis* in 8 Bänden mit bahnbrechenden Forschungen zur Kartographie, zum anderen um ein knappes, katalogartiges Verzeichnis wichtiger Städte.

Plinius der Ältere: Plinius (23–79 n.Chr.) gehört nicht eigentlich oder jedenfalls nicht ausschließlich zur geographischen F., da sein wissenschaftlicher Horizont erheblich weiter gewesen ist. Er ist der Verfasser einer 37bändigen *Naturalis historia* (Naturgeschichte), in der er enzyklopädisch das gesamte naturwissenschaftliche Spektrum seiner Zeit aufarbeitete. Relevant für die Historische Geographie sind die Bücher 3 bis 6 mit einer ausführlichen Länderkunde von Europa, Afrika und Asien.

Weitere Fachschriftsteller: Zum Teil nur unvollständig oder in Exzerpten sind eine Reihe weiterer Schriften überliefert, die jedoch wichtige Stationen in der geographischen F. der Antike markieren. Ein singulärer, weil nicht, wie sonst üblich, aus dem griechisch-römischen Kulturkreis stammender Pionier der antiken F. ist der karthagische Seefahrer Hanno, der im 5. Jahrhundert v.Chr. den Versuch unternahm, von Gades (Cadiz) aus Afrika zu umsegeln. Das dabei entstandene Fahrtenbuch ist in einer griechischen Übersetzung aus dem 4. Jahrhundert v.Chr. erhalten, was das Interesse der Griechen an Afrika dokumentiert. Der Geograph Isidoros aus Charax (Mündungsgebiet von Euphrat und Tigris) schrieb in augusteischer Zeit ein Werk über parthische Stationen, eine Beschreibung der alten persischen Königsstraße und insofern eine wichtige Quelle für Straßenführung und Infrastruktur des Iran in der Zeit der Arsakiden. Der im allgemeinen als Biograph bekannte Plutarch aus dem böotischen Chaironeia fungiert als Autor einer etwas kuriosen Schrift über die Benutzung von Flüssen und Bergen. Deren stark fiktiver Charakter läßt zögern, sie der geographischen F. zuzuordnen, doch zeigt sie immerhin, womit man beim zeitgenössischen Publikum mit geographischen Themen auf Interesse stoßen konnte. Mit der Spezialität, seine geographischen Forschungen in Form von Hexametern zu präsentieren, wartete im 2. Jahrhundert n.Chr. der alexandrinische Perieget Dionysios auf, wobei er eine neue Beschreibung der bewohnten Erde vorlegte. Von den späteren Vertretern der geographischen F. der Antike ist zum einen auf Stephanos aus Byzanz (Konstantinopel) hinzuweisen, einem Zeitgenossen des byzantinischen Kaisers Justinian (6. Jahrhundert), von dem ein 50bändiges Lexikon mit dem Titel *Ethnika* stammt, das allerdings nur in einer Kurzfassung vorliegt. Im Kanon der antiken F. ist schließlich ein unter der Bezeichnung Geographus Ravennas bekannter anonymer Autor hervorzuheben, der wohl im 7. Jahrhundert n.Chr. in Ravenna eine Kosmographie in fünf Büchern vorlegte und darin in bester geographischer Tradition eine Beschreibung der gesamten Erde vornahm.

→ Chorographie, Erde, Erdvermessung, Ethnographie, Geographie, Kartographie, Küste, Meer, Philosophie, Raum, Reiseberichte, Reisen, Schiffahrtswege, Straße (Straßenbau), Topographie

LITERATUR: H. *Berger*: Geschichte der wissenschaftlichen Erdkunde der Griechen. Leipzig ²1903. – E. *Olshausen*: Einführung in die historische Geographie der alten Welt. Darmstadt 1991. – J. O. *Thomson*: History of Ancient Geography. Cambridge 1948. – D. *Timpe*: Entdeckungsgeschichte, in: Reallexikon der germanischen Altertumskunde 7, 1989, 307–389.

Holger Sonnabend

Finsternisse

F. von Sonne und Mond stellten eine besondere Form der Konfrontation des antiken Menschen mit Natur, Umwelt und Kosmos dar. Dementsprechend intensiv wurden diese Naturphänomene registriert und überliefert. Für die griechisch-römische Antike sind aus den literarischen Quellen 44 Sonnen-F. (für den Zeitraum zwischen 753 v.Chr. und 334 n.Chr.) und 36 Mond-F. (für den Zeitraum zwischen 721 v.Chr. und 304 n.Chr.) bekannt.

Definition: Eine Mond-F., die partiell oder total auftreten kann, ergibt sich beim Durchgang des Vollmondes durch den Erdschatten. Im Gegensatz zur Sonnen-F. sind Mond-F. überall auf der Erde gleichzeitig sichtbar. In einem Rhythmus von 18 Jahren und 11 Tagen (Saroszyklus) kehren Mond-F. wieder. Eine Sonnen-F. tritt ein bei der Bedeckung der Sonne durch den Mond. Sie ist nur möglich bei Neumond, wenn der Mond sich in der Mitte des Knotens seiner Bahn befindet. Eine Sonnen-F. ist auf der Erde nur an wenigen Orten sichtbar. Die Wiederholungs-Frequenz beträgt, wie bei den Mond-F., eine Sarosperiode von 18 Jahren und 11 Tagen.

Erkenntnisstand der Wissenschaft in der Antike: Grundsätzlich waren die Ursachen der F. in der Wissenschaft und in den gebildeten Kreisen bekannt. Verzeichnisse von F. wurden bereits von Astronomen im alten Mesopotamien und Ägypten angelegt. Die älteste Nachricht über eine Sonnen-F. datiert vom 3. Mai 1375 v.Chr. Laut Diogenes Laertios (pr. 2) sollen die Ägypter Informationen über 373 Sonnen-F. und 832 Mond-F. über einen Zeitraum von 48.863 Jahren gesammelt haben. Prognosen über bevorstehende F. wurden in Babylonien seit dem 8. Jahrhundert v.Chr. erstellt, und dies bereits in Kenntnis des 18jährigen Saroszyklus. Dabei waren die Vorhersagen für Mond-F. zuverlässiger, da man bei den Sonnen-F. nicht die Parallaxe des Mondes berücksichtigte.

Bei den Griechen waren auch in bezug auf die Analyse von F. die ionischen Naturphilosophen führend. Thales aus Milet überraschte die Zeitgenossen mit der exakten Vorhersage der Sonnen-F. vom 24. August 585 v.Chr. (Hdt. 1,74,4). Seinem Kollegen Anaximenes wird die innovative Identifizierung der Sonne als der Lichtquelle des Mondes zugeschrieben. Der Naturforscher Anaxagoras aus Klazomenai (5. Jahrhundert v.Chr.) soll als erster eine Schrift über die Belichtung und Beschattung des Mondes vorgelegt haben (Plut. Nik. 23). Auch in der nicht-astronomischen Literatur der Griechen und Römer finden sich immer wieder – weitgehend zutreffende – Erklärungen dafür, wie F. zustandekommen sind. Cicero (rep. 1,16,25) rekurriert dabei auf Anaxagoras und weist darauf hin, daß man in Rom von 400 v.Chr. an (postulierte Sonnen-F. vom 21. Juni 400 v.Chr.) Listen über vergangene Sonnen-F. bis zurück zur Stadtgründung unter Romulus geführt habe. Eine kompakte Erklärung für Sonnen- und Mond.-F. liefert der griechische Historiker Cassius Dio (60,26,2–5): »Wenn nun der Mond auf einer geraden Linie zur Sonne über unseren Köpfen steht und unter ihrer Flammenscheibe dahineilt, so verdeckt er ihre Strahlen, die auf die Erde fallen, wobei dann die Verdunkelung für den einen Teil der Erdbewohner länger, für den anderen kürzer dauert … Wenn immer der Mond der Sonne gegenüber zu stehen kommt – denn nur bei Vollmond erfolgt eine Mond-F., wie sich ja auch die Sonne nur zur Zeit des Neumonds verdunkelt – und in den kegelförmigen Schatten der Erde gerät, ein Ereignis, das immer eintritt, wenn der Mond in seiner Breitenbewegung den Mittelpunkt passiert, dann trifft ihn nicht mehr das Sonnenlicht, und er erscheint an und für sich so, wie er wirklich ist.«

Bedeutung für den antiken Menschen: Bei aller Aufklärung vonseiten der Astronomen und Geographen wurden F. von breiten Teilen der antiken Menschen als Bedrohung, als etwas Unheimliches und Furchteinflößendes empfunden. Populär war die auch in anderen Kulturkreisen anzutreffende Vorstellung, ein Drache würde den Mond oder die Sonne verschlucken. Platon (Gorg. 513a) referiert eine Auffassung, thessalische Frauen würden bei einer Mond-F. den Mond vom Himmel herunterholen.

Zusammen mit anderen außergewöhnlichen Naturphänomenen wie Erdbeben oder Überschwemmungen galten F. zudem als – meist schlechte – göttliche Zeichen. Charakteristisch ist etwa der Bericht des Livius (22,1,9) zum Jahre 217 v.Chr., als die Invasion Hannibals nach Italien von einer Sonnen-F. und anderen erschreckenden Prodigien angekündigt wurde. Eine kritische Phase in der Herrschaft des römischen Kaisers Augustus (5 n.Chr.) läßt Cassius Dio von einer Sonnen-F. sowie von einem Erdbeben, einer Überschwemmung und einer Hungersnot begleiten (Cass. Dio 55,22,3). Da man hier göttliche Mächte am Werk sah, versuchte man diese in der Regel durch Opfer-und Sühnefeste zu beruhigen (zum Beispiel Liv. 7,28,7; 38,36,4). Derlei Befürchtungen konnten durchaus auch praktische politische Konsequenzen haben, etwa wenn die Athener während der Sizilischen Expedition die Mond-F. vom 27. August 413 v.Chr. zum Anlaß nahmen, ihren Beschluß zum Rückzug zu revidieren (Thuk. 7,50; vgl. Plut. Nik. 23). Der Thebaner Pelopidas mußte 364 v.Chr. wegen einer Sonnen-F. seine militärischen Pläne ändern (Plut. Pelop. 31).

Die allgemeine Furcht vor F. versuchten Politiker und Militärs immer wieder zu zerstreuen bzw. für ihre eigenen Zwecke auszunutzen. 478 v.Chr. ließ der Perserkönig Xerxes während seines Feldzuges nach Griechenland seine Magier erklären, die Götter hätten eine Sonnen-F. geschickt, um zu zeigen, daß die Griechen den Krieg verlieren würden, da die Sonne den Griechen, der Mond den Persern die Zukunft zeige (Hdt. 7,37). Eine Mond-F. am 9. August 357 v.Chr. nutzte der syrakusanische Politiker Dion aus, um damit das Ende der Tyrannis des Dionysios zu prognostizieren: »Nach dem Trankopfer und den üblichen Gebeten trat eine Mond-F. ein. Für Dion und seine Freunde war das nichts Befremdliches, da sie über die Verfinsterungsperioden, daß der Schattenkegel den Mond trifft und die Erde vor die Sonne tritt, Bescheid wußten. Da aber die verängstigten Soldaten trostbedürftig waren, trat Miltas, der Seher, mitten unter sie und ermahnte sie, guten Mutes zu sein und das Beste zu erwarten. Die Gottheit deute nämlich auf die Verfinsterung von etwas jetzt im Glanz Stehenden hin. Nichts aber stehe in höherem Glanz als die Tyrannis des Dionysios, und diesen Glanz würden sie auslöschen, sowie sie in Sizilien landeten« (Plut. Dion. 24).

Die Sonnen-F. vom 15. August 310 v.Chr. wiederum nahm der Sizilier Agathokles zum Anlaß, um seinen erschreckten Soldaten das bevorstehende Ende der karthagischen Herrschaft vorauszusagen: »Ferner bewirkte die Verfinsterung der natürlichen Himmelszeichen immer einen Wechsel des gegenwärtigen Zustandes, und so viel stehe doch nun wirklich fest, daß hier der derzeitig blühenden Macht der Karthager ... ein Umschwung angekündigt sei« (Iust. 22,6). Als ihm die Astronomen für seinen Geburtstag am 1. August 45 n.Chr. den Eintritt einer Sonnen-F. ankündigten, hielt es der römische Kaiser Claudius für angebracht, der Bevölkerung prophylaktisch »nicht nur die Tatsache, den Zeitpunkt und die Dauer der Verfinsterung, sondern auch die Gründe bekanntzugeben, derentwegen sie notwendigerweise eintreten müsse« (Cass. Dio 60,26,1).

Einer solchen vorbeugenden, als Therapie gedachten naturwissenschaftlichen Erklärung hatte sich nach Livius (44,37,5–9) auch bereits der römische Tribun Gallus bei einer Mond-F. im Jahre 168 v.Chr. bedient, um die Moral der Legionäre im Krieg gegen den Makedonenkönig Perseus zu festigen. Als die Mond-F. zur angekündigten Stunde tatsächlich eintrat, »schien den römischen Soldaten die Weisheit des Gallus beinahe göttlich. Die Makedonen erschütterte es wie ein unheilvolles Zeichen vom Himmel, das den Untergang ihres Königreiches und das Verderben ihres Volkes ankündigte.«

Der Bericht des Plutarch im Zusammenhang mit der Mond-F. von 413 v.Chr. in Sizilien suggeriert allerdings das bemerkenswerte Faktum, daß es den antiken Menschen leichter fiel, sich Sonnen-F. zu erklären als eine rationale Begründung für Mond-F. zu finden, und dies, obwohl Mond-F. für antike Astronomen einfacher zu berechnen waren: »Es trat nachts eine Mondfinsternis ein, ein großer Schrecken für Nikias und alle anderen, die aus Unwissenheit oder Dämonenangst sich durch solche Erscheinungen erschüttern lassen. Denn daß die Verfinsterung der Sonne um die Zeit des Neumondes durch den Mond bewirkt wird, das begriff auch die Menge schon einigermaßen. Durch die Begegnung mit wem aber und auf welche Weise der Mond selbst plötzlich aus vollem Glanz heraus sein Licht verliert und verschiedenerlei Farben annimmt, das war nicht leicht zu erfassen, und sie hielten es für etwas Unnatürliches und für ein von einer Gottheit gesandtes Vorzeichen großen Unheils« (Plut. Nik. 23).

→ Astronomie, Erdbeben, Götter, Krieg, Kulthandlungen, Überschwemmung

LITERATUR: R. *Bloch*: Les prodiges dans l'Antiquité classique. Paris 1963. – M. *Deissmann*: Daten zur antiken Chronologie und Geschichte. Stuttgart 1990, 27–30. – A. *Demandt*: Verformungstendenzen in der Überlieferung antiker Sonnen- und Mondfinsternisse. Mainz/Darmstadt 1970. – O. *Neugebauer*: A History of Ancient Mathematical Astronomy. 1975. – H. *Popp*: Die Einwirkung von Vorzeichen, Opfern und Festen auf die Kriegsführung der Griechen im 5. und 4. Jahrhundert v.Chr. Diss. Erlangen 1957.

Holger Sonnabend

Fisch

Bereits im alten Ägypten gehörte der F. zu den Grundnahrungsmitteln. F.-Fang wurde sowohl im küstennahen Meer als auch in Flüssen und Seen betrieben, wobei vor allem Netze eingesetzt wurden. Viele Städte verdankten ihren Reichtum dem F.-Fang, wie dies etwa Tacitus (ann. 12,63) für Byzanz bezeugt: »Byzantium hat einen fruchtbaren Boden und ein fischreiches Meer, weil die ungeheuren Fischmengen, die aus dem Pontus (Schwarzes Meer) heranströmen, die störenden Klippen unter dem Wasser fürchten und von der gekrümmten jenseitigen Küste in die diesseitigen Buchten herüberkommen« (Vgl. Abb. 23).

→ Fluß, Hafen, Kanal, Lagune, Meer, Meeresspiegel, Nahrungsmittel, Schiffahrt, See, Stadt

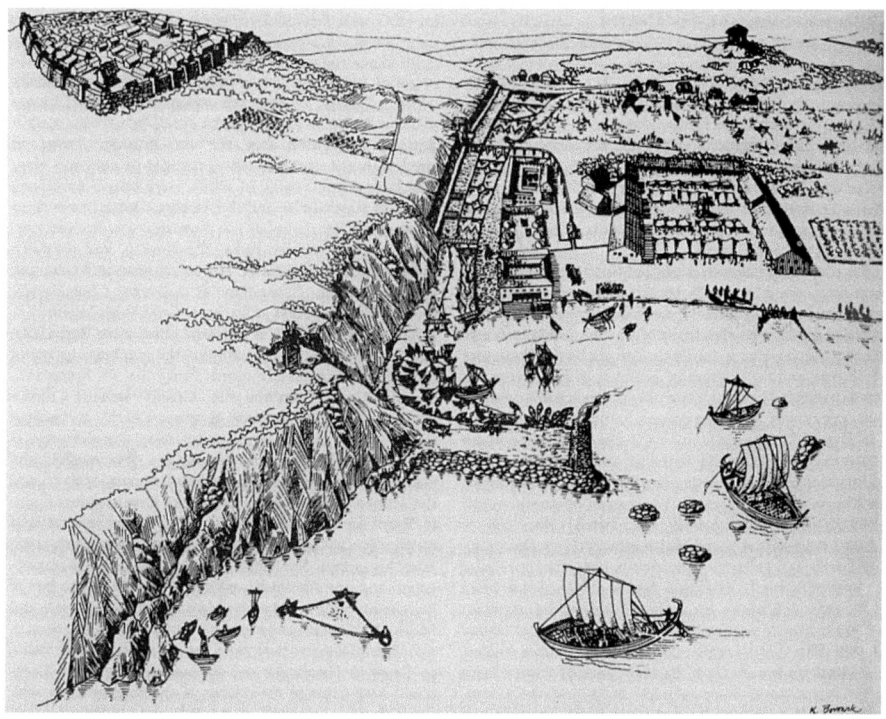

Abb. 23: Die Abbildung zeigt die Rekonstruktion einer aufwendigen Anlage zur Verarbeitung von Fisch in Cosa (Italien), 273 v.Chr. von den Römern als Kolonie gegründet. Der Hafen lag an einer langgestreckten Lagune. Zwei Kanäle, in den Fels geschnitten, regulierten den Wasserstand zwischen Lagune und Meer und ermöglichten den Schiffen die Einfahrt in das innere Hafenbecken. Diese menschlichen Eingriffe in die natürliche Umwelt ließen die Konstruktion der Fischfabrik überhaupt erst zu.

LITERATUR: D.J. Brewer/R.F. Friedman: Fish and Fishing in Ancient Egypt. 1989. – J. Wilkins: Social Status and Fish in Greece and Rome, in: G. Mars/V. Mars (Eds.): Food, Culture and History I. 1993, 191–203.

Holger Sonnabend

Fluß

Geologie: Der Begriff F. meint grundsätzlich jedes fließende, von Quellwasser und gesammelten, oberflächlich ablaufenden Niederschlägen und Schmelzwässern gespeiste Gewässer im Landbereich. Differenzierender Sprachgebrauch unterscheidet unter Berücksichtigung des gesamten F.-Systems – also des Gewässernetzes von der Grundwasserquelle bis zur Endmündung, das ein Einzugsgebiet entwässert und vom benachbarten F.-System durch eine Wasserscheide getrennt ist – unter F. in erster Linie den

Strom oder Haupt-F., der in einen Endsee oder ins Meer mündet, und den F. oder Neben-F., der in einen Strom oder F. mündet. Bach (umgangssprachlich Rinnsal) dagegen bezeichnet einfach einen kleinen Wasserlauf ohne Berücksichtigung seiner Stellung im F.-System. Ein perennierender oder permanenter F. (Dauer-F.) führt das ganze Jahr über Wasser, ein intermittierender oder periodischer F. dagegen nur zu bestimmten Jahreszeiten, ein episodischer F. nur gelegentlich, also etwa einmal in mehreren Jahren (Fiumara, Wadi in Arabien). In Wüsten- und Steppengebieten verliert der F. oft sein Wasser durch Verdunstung, in Karstgebieten fließt er nach Versikkerung in Katavothren (Ponoren, F.-Schwinden, Schlundlöchern) unterirdisch als Höhlen- oder Karst-F. weiter, um in Karstquellen wieder zutagezutreten. Der schneller fließende Oberlauf eines F. ist oft durch Gefälle (Wasserfälle, Stromschnellen) gekennzeichnet und erodiert, was er im langsameren Mittel- oder Unterlauf, wo der F.-Lauf oft F.-Schleifen (Mäander, benannt nach dem westkleinasiatischen F. Maiandros) bildet, ablagert.

Mythische Vorstellungen vom Phänomen Fluß: In der babylonischen Weltkarte des 6. Jahrhunderts v.Chr. (Cuneiform Texts in the British Museum 1906. T 48), die aber bereits auf ein Original aus dem 9./8. Jahrhundert v.Chr. zurückgeht, erscheint die Erde als eine Scheibe, die von dem ›Bitterfluß‹ Marratu umgeben wird. Aufgegriffen werden diese Vorstellungen von Homer (Il. 18,607), indem er den Okeanos als einen um die scheibenförmige Erde fließenden F. begreift. Er bilde die Grenze zwischen der Erde und dem Reich der Toten, in das man vom westlichen Erdenrand aus gelangen könne (Hom. Od. 4,563–568). Im Titanenmythos dagegen verkörpert Okeanos das Meer, der mit seiner Gemahlin Tethys als Söhne die F. (*potamoi*) und als Töchter die stehenden Binnengewässer (*okeaniden*) hervorgebracht habe. Von seinen 3.000 ›Söhnen‹ werden bei Hesiod (theog. 337) die Namen der damals 66 bekanntesten F. aufgezählt. Seine Auffassung vom Okeanos als irdischem Grenz-F. hinderte Homer (Il. 21,195) aber nicht daran, auch Elemente des Titanenmythos zu übernehmen und in Okeanos den Vater aller F., des gesamten Meeres, der Quellen und Brunnen zu sehen.

›Wissenschaftliche‹ Überlegungen zum Phänomen Fluß: Den Naturphilosophen des ionischen Kleinasien gelingt es, sich zumindest teilweise von der Autorität des Mythos zu befreien und Fragen nach den physikalischen Ursachen der Bildung von F. zu stellen. Aber auch im Alten Testament bei Prediger Salomo (1,7) heißt es: »Alle Flüsse gehen zum Meere, und doch wird das Meer nicht voll; an den Ort, wohin die Flüsse gehen, dahin gehen sie immer wieder.« Es ist aus heutiger Sicht nur schwer vorstellbar, daß die inzwischen zum Schulwissen gehörende Lehre vom Kreislauf des Wassers sich erst im 19. Jahrhundert durchzusetzen begonnen haben soll. In den durch die Änderung des Aggregatzustandes des Wassers bewirkten Kreislauf zwischen Atmosphäre und Hydrosphäre (Weltmeere) ist das Festland durch die F. mit eingebunden, da durch sie das nicht verdunstete Wasser wieder dem Meer zugeführt wird. Zwar glaubten auch die griechischen Naturphilosophen – allen voran Thales von Milet (Arist. metaph. 383b20) –, die die Erde als eine auf dem Ozean schwimmende Scheibe begriffen, an eine Erneuerung des Wassers auf der Erde durch ›Wanderung‹ des Meerwassers. Sie dachten dabei aber nicht an Niederschläge, sondern an unterirdische Verbindungen der F. mit dem Meer. Auf seinem Weg durch das Erdinnere würde das Salzwasser zu Süßwasser gereinigt. Es verwundert nicht, daß gerade die kleinasiatische

Landschaft mit ihren Karstgebieten, vielen unterirdischen Hohlräumen, in denen Gewässer plötzlich verschwinden, um anderswo wiederaufzutauchen, solchen Ideen Vorschub leistete. Noch der römische Philosoph Seneca (4 v.Chr.–65 n.Chr.) bestreitet die Auffassung des Architekten Vitruv, daß alles Quell- und F.-Wasser im Boden versickertes Regenwasser sei.

Philosophisch-symbolische Betrachtungen zum Phänomen Fluß: Der zu den Vorsokratikern gezählte, aus Ephesos stammende Philosoph Heraklit (540–480 v.Chr.) sieht im F. ein Symbol für die einem ständigen Wandel unterworfene Wirklichkeit. Die ihm oft zugeschriebene Wendung ›panta rhei‹ (alles fließt) ist nicht original (Simpl. phys. 8,8,265a2) und gibt seine Auffassung nur ungenau wieder. »Wir steigen in dieselben Flüsse und steigen nicht (in dieselben); wir sind und sind nicht (dieselben)« (Diels-Kranz 22 B49a) soll wohl nicht nur zum Ausdruck bringen, die Wirklichkeit sei ein steter Ablauf von Prozessen, sondern darüber hinaus, daß die Realität ein Inbegriff von Dingen sei, die auch dann nicht gleichbleiben, wenn wir keine Veränderungen wahrnehmen.

Flüsse als Ursache für Entstehung von Seßhaftigkeit und Urbanismus: Die ersten permanenten Ursiedlungen und Städte entstanden an den großen alluvialen F. Vorderasiens. Das alte Jericho unweit des Jordan gilt als die älteste ›stadtartig‹ befestigte Siedlung der Erde (um 8000 v.Chr.). Ähnliche Siedlungen entwickelten sich um 4000 v.Chr. in den Tälern des Tigris und Euphrat und am Nil in Afrika. Dies gilt auch für fernere Kulturen, wie die Täler des Indus (um 2500 v.Chr.), des Ganges (um 1000 v.Chr.), des Gelben Flusses und des Jangtse (um 3000 v.Chr.) sowie für die Einzugsgebiete der in den Aralsee mündenden F. Syr-darja und Amu-darja (um 300 v.Chr.). Gemeinsam sind diesen F. ausgedehnte Schwemmgebiete, die der jährlichen Überflutung unterlagen, was zu mächtigen Sedimentablagerungen führte. Die für den Flutschutz und die Bewässerung des Agrarlandes notwendigen Maßnahmen bedingten bei den prähistorischen Gesellschaften die Ausbildung fester kommunaler Strukturen und die Förderung des technischen Fortschritts. Freilich soll aber auch ausdrücklich betont werden, daß nicht immer eine Wiege der Zivilisation mit F. in Verbindung gebracht werden muß. So entstanden komplizierte städtische Systeme im Mexiko, Peru, aber auch im östlichen Mittelmeer (von 2000 v.Chr. an) an Stellen, die keine unmittelbare Abhängigkeit von den Ressourcen von F. besaßen.

Aufstieg und Niedergang flußabhängiger Hochkulturen: Für die am F. und durch den F. in einer sonst eher lebensfeindlichen Umgebung entstandenen Zivilisationen war der F. der Lebensnerv an sich. Die erforderliche Koordinierung und Kontrolle bei den Irrigationsarbeiten und der Pflege der Bewässerungsanlagen zwang zur Kooperation aller, die vom F. profitierten. Die notwendigen Maßnahmen konnten nur von einem starken, zentralistisch geführten Staat mit einer gut funktionierenden Bürokratie ausgeführt werden. Im späten 3. Jahrtausend v.Chr. hat das Bewässerungssystem des mesopotamischen Südens neue Dimensionen erreicht. Jahresdaten, Königsinschriften, Briefe von Herrschern oder deren Beauftragten sowie die Gesetze Hamurapis (§§ 53–56) sind Zeugnis der Leistungsfähigkeit des Staates im Kanal- und Deichbau und in der Feldbewässerung. Gewaltig waren die Aufgaben, wenn man bedenkt, daß der Euphrat nach der Schneeschmelze im armenischen Hochland bis auf das Fünffache, der Habur sogar bis auf das Sechsfache ansteigen konnte. Trotzdem darf man annehmen, daß einseitig von F. abhängige Hochkulturen von Anfang an von negativen Folgen für Gesellschaft und Umwelt bedroht waren. Ausschlaggebend waren weniger äußere Einflüsse wie Klimaveränderungen als vielmehr anthropogene Faktoren. So führte der hohe Holzbedarf der Städte am Unterlauf des Euphrats zu Entwaldung im oberen Einzugsbereich des F., was wiederum eine starke Verschlammung im unteren Teil zur Folge hatte. Andauernde Bewässerung führte zu einer zunehmenden Versalzung der Böden, wodurch einerseits eine effektive Bewirtschaftung verhindert wurde, andererseits aber ein immer größerer technischer Aufwand zur Erschließung neuer Nutzflächen betrieben werden mußte. Besonders die Stadt Ur (zw. 2400–2000 v.Chr.) hatte mit diesen Problemen zu kämpfen, die schließlich maßgeblich zum Untergang des Reichs der Sumerer beitrugen. Dazu kamen, besonders bei mangelhafter Pflege der Bewässerungsanlagen, Krankheiten wie Malaria und Bilharziose.

Eingriff des Menschen in Flüsse bei nicht-potamogenen Gesellschaften: In der griechisch-römischen Kultur, der eine Bewässerung größeren Stils fremd war, war es nicht die Beschaffung von Wasser, die die Menschen zu gemeinsamem Handeln antrieb und zu einer Stadtgründung zusammenführte. Nennenswerten Verbrauch von F.-Wasser gab es nicht, da sich ursprünglich die einzelnen Haushalte selbst um ihr Wasser aus Brunnen im Haus, Zisternen, Quellen etc. zu kümmern hatten. Als einziger größerer Eingriff der Griechen in den Lauf eines F. ist der Staudamm bei Korfini aus dem 13. Jahrhundert zu nennen, der aber nicht der Wasserversorgung, sondern dem Hochwasserschutz diente. Eine kommunale Wasserversorgung gab es bei den Römern seit 312 v.Chr., als die erste Wasserleitung (Aqua Appia) gebaut wurde. Wo es nötig erschien, wurde auch Oberflächenwasser aus F. und Seen in das Netz eingespeist, so in Rom, Trier, Aix-en-Provence, Mérida und Side. Nero errichtete am Anio drei Talsperren. Vom mittleren See mit der gewaltigen Staumauerhöhe von rund 40 m wurde seit trajanischer Zeit das Wasser für die Aqua Anio Novus entnommen (Frontin. aqu. 93; Plin. nat 3,109). Die Prosperina- und Cornalvosperre in Spanien, welche die Stadt Emerita Augusta, heute Mérida, mit Wasser versorgten, werden noch bis in unsere Tage für die Feldbewässerung genutzt. Durch Anlage von Talsperren erhielt man in Nordafrika (z.B. bei Leptis Magna, Tripolis) das nur vorübergehend verfügbare Wasser der Wadis (vgl. Schnitter).

Trennender und verbindender Charakter von Flüssen: F. haben die Eigenschaft, die Landschaft aufzugliedern und den einen Teil ihrer Bewohner vom anderen zu scheiden. Da sie die Migration einschränken und einen bestimmten Raum umgrenzen, fördern sie die Ausbildung einer eigenen regionalen Identität. Sie leisteten, beispielsweise in Gallien, einen nicht unerheblichen Beitrag zur Genese von *gentes* und *civitates,* die trotz grundlegender Gemeinsamkeiten spezifische Entwicklungen durchmachten, die zu differenzierten religiösen Kulten und Dialekten führten und einen eigenen lokalen Wirtschaftsraum begünstigten. Andererseits bestand aber auch die Möglichkeit, daß sich eine *gens* um einen F. formierte, worauf etymologisch die mit dem Präfix ›ambi-‹ beginnenden Völkernamen hindeuten (z.B. Arar: Ambarri, Salzach: Ambisontes). F. teilen zwar Räume auf, schotten sie aber nicht voneinander ab, da sie in der Regel keine unüberwindbaren Hindernisse darstellen und über Brücken und Furten reger Kommunikationsaustausch stattfinden kann. Darüber hinaus bieten F., besonders die großen Ströme, die Möglichkeit, einen Kontakt zwischen weit auseinanderliegenden Kulturen herzustellen und den Fortschritt einer hochentwickelten Zivilisation weiter voranzutragen. Schon bald nach der Gründung Massilias (heute

Marseille) um 600 v.Chr. durch die Phokäer unweit der Rhônemündung verbreitete sich entlang des F. mediterrane Lebensweise, wodurch sogar die im Schwarzwald und in der Schwäbischen Alb sich befindenden keltischen Herrensitze in den Einflußbereich der griechischen Welt gerieten. In römischer Zeit trugen zwei große Nord-Süd-Wasserstraßen in einem nicht unerheblichen Maße zur Prosperität der gallischen Provinzen bei. Die eine führte von der Mosel über den Rhein an die Nordsee, die andere von der Rhône bzw. der Saône-Rhône abwärts ins Mittelmeer. Es ist wohl kein Zufall, daß gerade die *vici*, die im Einflußbereich dieser Verkehrsachse lagen und durch Neben-F. an sie angeschlossen waren, im Vergleich zu anderen ein viel höheres Maß an Urbanität ausbilden konnten. Der Fernhandel wurde in eigenen Schifferkorporationen organisiert (Walser: Römische Inschriften in der Schweiz I. 1979, Nr. 40,52,54). Eine Zunahme erfährt die Schiffahrt dann, wenn ein F. mit einem Binnensee korreliert, wie bei Genfersee und Rhône. Zentren des Schiffsverkehrs entstanden meist im Mündungsgebiet großer F. ins Meer, wo F.- und Seeverkehr sich ergänzen und ein reger Warenaustausch von Inlands- und Überseeprodukten stattfindet. Die dichte Besiedlung am Unterlauf der Rhône, aber auch des Po, hat neben verkehrsgeographischen auch landwirtschaftliche Gründe. Die von weit her angeschwemmte Erde eignet sich nämlich hervorragend als Ackerland. Freilich befanden sich die Siedlungen selbst auf überschwemmungssicheren Hügeln oder wie im Falle Massilias an der Küste, etwas vom Mündungsgebiet entfernt. Von Bedeutung für den Verkehr und in strategischer Hinsicht sind die Stellen eines F., an denen er plötzlich seine Richtung wechselt. Am Oberlauf der Donau waren dies vier Punkte: das Legionslager Castra Regina (Regensburg), Lentia (Linz), das einzige größere frühkaiserzeitliche Lager zwischen Weltenburg und Wien, sowie die Legionslager und Zivilsiedlungen Vindobona (Wien) und Aquincum (Budapest).

Fortifikatorische Bedeutung von Flüssen: Neben verkehrsgeographischen Gründen spielten bei der Anlage von Städten auch fortifikatorische Überlegungen eine Rolle. Um beiden Kriterien zu genügen, siedelten schon die Griechen an F.-Gabelungen (Delphi, Theben, Sparta, Larissa, Sardes). Die Römer bauten ebenfalls ihre ersten Militärlager an der Donau im Mündungsgebiet von Neben-F. (Rißtissen/Riß, Burhöfe/Lech, Arrabona/Raab, Dorticum/Timok, Ratiaria/Artscharika, Almus/Lom, Oescus/Iskar usw.). Einen noch besseren Schutz genossen Städte an F.-Schlingen (Orchomenos, Magnesia am Meander). Auch eine schmale Stelle zwischen zwei F., bevor sie in Richtung Meer oder in eine Ebene auseinanderlaufen, bietet einer Siedlung ein gewisses Maß an Sicherheit (Mykene und Akrokorinth an der engsten Stelle zwischen zwei divergierenden Schluchten). Am deutlichsten zeigt ein F. seine Schutzfunktion bei F.-Inseln. Die keltische Seine-Insel Lutetia Parisiorum, die heutige Isle de la cité, wurde zur Urzelle des modernen Paris.

Fluß als Außengrenze: Über weite Strecken bildeten F., wie Rhein und Donau die Grenze des römischen Reiches zum Barbaricum. Ähnlich den F. innerhalb des Reiches fungierten sie zumindest während der ersten beiden nachchristlichen Jahrhunderte nicht als undurchlässiges Bollwerk. Rom bemühte sich, auch das Vorfeld jenseits des F. zu kontrollieren und auf noch weiter davor liegende Völker Einfluß zu nehmen. Die Kontaktzonen waren die vom Barbaricum in Rhein und Donau auslaufenden F.-Täler: die Lippe gegenüber von Vetera, Main und Wetterau gegenüber von Mogontiacum und die March gegenüber von Carnuntum. Erst mit dem Scheitern einer ›offenen‹

Abb. 24: Der Iris ist, zusammen mit den Flüssen Skylax und Lykos, ein geographisch prägendes Merkmal der antiken Landschaft Pontos in Kleinasien, heute Yesil Irmak (›Grüner Fluß‹). Mit einem etwa 60 km breiten Delta mündet der Grüne Fluß in das Schwarze Meer. In der antiken Literatur wird der Iris häufig erwähnt, so etwa im Zusammenhang mit dem ›Zug der Zehntausend‹ (Xenophon Anabasis).

Grenzpolitik im 3. nachchristlichen Jahrhundert werden Rhein und Donau zu einer starren, abweisenden Grenze.

→ Ackerbau, Brücke, Brunnen, Deich, Delta, Erde, Erosion, Forstwirtschaft, Fortifikation, Furt, Gebirge (Berg), Gesellschaft, Grenze, Handel, Insel, Kanal, Karst, Klima, Meer, Migration, Mobilität, Mühlen, Mythologie, Ökologie, Philosophie, Raum, Randvölker, Schwemmland, Schiffahrt, See, Siedlungsgeographie, Sprache, Sprachen, Überschwemmung, Wasserbau, Wirtschaft, Wirtschaftsgeographie

LITERATUR: J.-F. *Bergier*: Montagnes, fleuves, forêts dans l' antiquité. St. Katharinen 1989. – M. *Euzennat* (Ed.): Déplacement des lignes de rivage en Méditerranée. Aix-en-Provence/Paris 1987. – A. *Forbiger*: Handbuch der alten Geographie I. Leipzig 1842 § 42. – *Frontinus-Gesellschaft* (Hg.): Wasserversorgung antiker Städte Bd. 2. Mainz 1987. – J. *Marcinek*: Die Wasserversorgung des Festlandes. Gotha/Leipzig 1975. – P. *Marzolff*: Eine Flußverlagerung und ihre Folgen. Festschrift W. Böhme. Karlsruher Geowissenschaftliche Schriften A2/B2, 1986. – M. *Pardé*: Fleuves et rivières. 1955. – F. *Ratzel*: Anthropogeographie Bd. 2. 1891, 477–487. – N. J. *Schnitter*: Römische Talsperren. Antike Welt Bd. 2, 1978.– K. A. *Wittvogel*: Die orientalische Despotie: eine vergleichende Untersuchung totaler Macht. Köln 1962.

Franz Schön

Forstwirtschaft

Waldbewirtschaftung: Nach dem griechischen Autor Theophrast wurden die Wälder Zyperns von den zypriotischen Königen wegen ihres wertvollen Holzes schonend behandelt (Theophr. h.plant. 5,8,1). Das Ausbeuten der zypriotischen Wälder durch Seleukiden, Ptolemäer, Attaliden u. a. hatte zwar nachweisbare Auswirkungen auf die Zusammensetzung der Waldbestände, doch noch im 4. Jahrhundert n.Chr. hatte Zypern den Ruf, wegen seiner mannigfaltigen Rohstoffe, zu denen auch Holz gehörte, hervorragend für den Schiffbau geeignet zu sein (*Expositio totius mundi* 63).

Der Holzeinschlag in heilige Haine war in Griechenland und Rom aus religiösen Gründen verboten, und Zuwiderhandlungen konnten mit hohen Strafen belegt werden (CIL I^2 366; Dig. 11,77,1). Es gibt aber auch Beispiele für Versuche einer Sicherung von Waldressourcen durch den römischen Senat bzw. Kaiser, in denen nichtsakrale Waldgebiete unter Schutz gestellt wurden (makedonische Wälder: Liv. 45,29,14; Libanongebirge: CIL III 180). Über die Nutzung und Bewirtschaftung von Wäldern durch den römischen Staat selbst bietet das schriftliche Quellenmaterial keine konkreten Anhaltspunkte.

Für den Bereich der römischen privaten Landwirtschaft dagegen sind neben der Verpachtung von Waldgebieten auch die Nutzung in Form des Nießbrauches überliefert, denen gemeinsam ist, daß es Verpflichtungen zu wesens- bzw. werterhaltenden Maßnahmen gab (Dig. 7,1,48,1; Dig. 7,1,1; Dig. 7,9,1 pr.), damit nach Ablauf der Vertragsverhältnisse Wälder, Baumschulen etc. in einem gepflegten Zustand zurückgegeben werden konnten (Dig. 7,1,9,6). Im Rahmen von Nießbrauchverhältnissen konnte es auch Einschränkungen hinsichtlich der Nutzung der *silvae caeduae* geben, wie beispielsweise das Verbot, große Bäume zu fällen (Dig. 7,1,10f.), und Pachtverträge für *silvae caeduae* konnten hinsichtlich der Vertragsdauer zeitlichen Beschränkungen unterliegen (Dig. 18,1,80,2).

Neben den römischen Agrarschriftstellern läßt besonders die Naturgeschichte von Plinius d.Ä. erkennen, daß man sich der Bedeutung nachhaltiger Waldbewirtschaftung bewußt war, doch läßt sich nicht nachprüfen, inwieweit die umfassenden Kenntnisse über das Anpflanzen, Pflegen und Verwerten von Bäumen und Baumprodukten auch zu entsprechendem Handeln führten. Die Forderung Varros, *seras et colas silvam caeduam* (Varro rust. 1,23,6), macht deutlich, daß es bei den Römern Tendenzen gab, Wälder wirtschaftlich sinnvoll zu nutzen. Zu diesem Zweck wurden Wälder angelegt bzw. aufgeforstet. Varro empfahl, daß man Bäume wie z. B. Tannen dort anpflanzen solle, wo sie die besten Bedingungen vorfänden, seiner Meinung nach in kühlen Bergregionen von Landgütern (Varro rust. 1,6,5).

Einen Sonderfall für organisierte Waldbewirtschaftung stellt das von Holzmangel gekennzeichnete Ägypten dar (Vitelli/Novia/Bartoletti: Papyri greci e latini 4, 382). Papyrustexte aus ptolemäischer Zeit zeigen, daß es Versuche gab, Bäume anzupflanzen (P. Cair 59 157; Tebt. 703). In römischer Zeit wurden Baumbestände vor einem Einschlag von Verwaltungsbeamten inspiziert, um ein unkontrolliertes Fällen von Bäumen zu verhindern (P. Oxy 53; 1188), und über abzuholzende Bäume wurde genauestens Buch geführt (P. Mich 5,349).

Das Einschlagverhalten einheimischer Bevölkerung und der Römer am Auerberg im Allgäu zeigt ein waldwirtschaftlich motiviertes Handeln, denn für einen Zeitraum zwischen 600 v.Chr. und 400 n.Chr. wurde in die dortigen Buchenbestände in einem zeitlichen Abstand von etwa 150 Jahren neun Mal erkennbar eingeschlagen, d. h. man ließ den Beständen offenbar ausreichend Zeit zur Regeneration (Küster 1986 547 u. 558), während in Tannenbestände im gleichen Gebiet durch die Römer nur sehr selektiv eingeschlagen worden ist (Küster 1994 28), obwohl Tannenholz zu den begehrtesten Baumaterialien gehörte. An anderen Orten der waldreichen Gebiete des Nordwestens läßt sich eine rein ausbeutende Waldnutzung durch die Römer anhand von Bestandsveränderungen deutlich nachweisen (Körber-Grohne; Smettan 84–92), d. h. eine auf Nachhaltigkeit ausgerichtete F. spielte in waldreichen Gebieten offenbar eine eher untergeordnete Rolle.

Wälder auf römischen Landgütern: Vorhandenes Quellenmaterial läßt erkennen, daß schon in der Antike die Bewirtschaftung von Wäldern einen gewissen Organisationsgrad erreicht hatte und Wälder nicht ausschließlich vernichtend ausgebeutet worden sind.

Nach der Aussage Columellas (Colum. 1,2,3) sollte ein römisches Landgut über eigene Waldstücke verfügen, wobei unterschieden wurde (Cato agr. 1,7; Varro rust. 1,7,9) zwischen *arbusta* (Anpflanzungen von Fruchtbäumen), *silvae caeduae* (Schlagwäldern) und *silvae glandariae* (Wäldern zur Viehweide, sogenannte Hudewälder). Neben dem reinen Fruchtgewinn boten *arbusta* die Möglichkeit, an den Bäumen Weinreben zu ziehen (Colum. 5,6,5,24; 4,1). Aus den *silvae caeduae*, die zur Holzgewinnung angelegt bzw. genutzt worden sind (Dig. 50,16,30 pr.), konnte neben dem Holz für die Herstellung von Pfählen, die u. a. zum Stützen und Ziehen von Weinstöcken notwendig waren (Dig. 8,3,6,1), auch Brennholz (Cato agr. 16; 37,4–38,4; 50,2; 55; 130) gewonnen werden. Auf Landgütern konnte sich der Verkauf von Brennholz nach Cato (agr. 7,1) besonders in der Nähe von Städten wegen kurzer Transportwege lohnen. Auch wurden Pächter von Gutsstellen dazu verpflichtet, der in ihren Pachtverträgen festgelegten Verpflichtung zur Lieferung von Nutzholz nachzukommen (Colum. 1,7,1–2; Mart. 13,15), und Columella empfahl, auf weiter entfernteren Gutsstellen eher Pächter als Verwalter einzusetzen, um zu verhindern, daß letztere widerrechtlich mit den Holzressourcen des Gutes Geschäfte machten (Colum. 1,7,6). Erträge aus *silvae caeduae* wurden auf der Grundlage mehrerer Jahre berechnet (Dig. 24,3,7,5–7), Pachtverträge für Schlagwälder wurden nur für einen Zeitraum von fünf Jahren abgeschlossen. Hierdurch sollte verhindert werden, daß durch ständigen Holzeinschlag der Wert dieser Waldungen vermindert wurde. Unterbrechungen in der Nutzung boten den Wäldern die Möglichkeit, sich zu regenerieren (Dig. 50,16,30 pr.).

Holz war in der Antike vor allem als Baumaterial wichtig, der Besitz von Wäldern, die dieses Bauholz lieferten, konnte einem Landgutbesitzer einen sicheren Ertrag gewähren (Plin. epist. 3,19,5), weswegen Wälder im Falle von Erbrechtsstreitigkeiten eine wichtige Rolle spielen konnten (Dig. 33,7,27,5,2; Dig. 7,8,22 pr.).

Wälder in öffentlichem Besitz: Zu den von den Römern im Zuge ihrer Expansion hinzugewonnenen Gebieten gehörten seit altersher auch Waldgebiete (Cic. rep. 2,33). Bisweilen konnte es über die Frage, ob solche in staatlichem Besitz befindliche Wälder verpachtet oder verkauft werden sollten, zu heftigen Diskussionen im Senat kommen, da durch den Verkauf oder die Verpachtung von Staatswäldern zum einen eine sichere

Ertragsquelle (z. B. Hygin. const. limit. 1,168,13 ff.) zum anderen eine Holzreserve für schwierige Zeiten verloren gehen konnte (Cic. leg. agr. 1,1,3; 2,18,48; 3,4,15).

Die Eintragung von Waldgebieten in Kataster im Zuge römischer Landvermessungen zum Zwecke der Landverteilung war ein üblicher Vorgang, wie entsprechende Passagen in den Schriften der römischen Feldmesser zeigen (Hygin. const. limit. 159). Die Verteilung von Land, Weiden und Wäldern konnte durch den römischen Staat mit gewissen Auflagen hinsichtlich der Nutzungs- und Verfügungsrechte verbunden werden, um zu verhindern, daß vormals öffentlicher Besitz privatisiert und damit Einfluß- und Kontrollmöglichkeiten seitens des römischen Staates verloren gehen konnten (CIL II 5439). Die freie Holzentnahme aus öffentlichen Wäldern war offenbar nicht erlaubt, da beispielsweise Einwohner von Städten Brennholz kaufen mußten (Dion Chrys. 7,105), während es andererseits Verpflichtungen zu Bau- und Brennholzlieferungen für Landbesitzer gegeben hat (Cod. Theod. 11,16,15.18).

→ Baumaterial, Erosion, Gutshof, Holz, Kulthandlungen, Landwirtschaft, Natur, Wald, Weinbau

LITERATUR: J.D. *Hughes*/J. V. *Thirgood*: Deforestation, Erosion and Forest Management in Ancient Greece and Rome, in: Journal of Forest History 26, 1982, 60–75. – U. *Körber-Grohne*: Flora und Fauna im Ostkastell von Welzheim, in: Forschungen und Berichte zur Vor- und Frühgeschichte in Baden-Württemberg 14, Stuttgart 1983. – B. *Kramer*: Arborikultur und Holzwirtschaft im griechischen, römischen und byzantinischen Ägypten, in: APF 41, 1995, 217–231. – H. *Küster*: Werden und Wandel der Kulturlandschaft im Alpenvorland, in: Germania 64, 1986, 533–559. – H. *Küster*: The Economic Use of Abies Wood as Timber in Central Europe during Roman Times, in: Vegetation History and Archaeobotany 3, 1994, 25–32. – O. *Makkonen*: Ancient Forestry I & II, in: Acta Fennica 82, 1967/Acta forestalia Fennica 95, 1969. – R. *Meiggs*: Trees and Timber in the Ancient Mediterranean World. Oxford 1982. – H. W. *Smettan*: Vorgeschichtliche Salzgewinnung und Eisenverhüttung im Spiegel württembergischer Pollendiagramme, in: Beiträge zur Eisenverhüttung auf der Schwäbischen Alb. Forschungen und Berichte zur Vor- und Frühgeschichte in Baden-Württemberg 55, Stuttgart 1995, 37–135. – F. *Sokolowski*: Lois sacrées des Cités grecques. 1969. – F. *Sokolowski*: Lois sacrées des Cités grecques. Supplement. 1962.

Marcus Nenninger

Fortifikation

Natürliche Gegebenheiten wie Berge und Felsen hatten in der Antike häufig eine strategische Funktion, oder sie dienten ganz allgemein dem Sicherheitsbedürfnis der Menschen. (Vgl. Abb. 25).

→ Armee, Burg, Gebirge (Berg), Krieg, Palast, Strategie, Taktik

LITERATUR: A.W. *MacNicoll*: Hellenistic Fortification from the Aegean to the Euphrates. Oxford 1997. – S. *Toy*: A History of Fortification. From 3000 B.C. to A.D. 1700. Melbourne ²1966.

Holger Sonnabend

Abb. 25: Ein herausragendes Beispiel für Fortifikation ist die Festung Masada südöstlich von Hebron, auf einem Bergplateau in der judäischen Wüste in der Nähe des Toten Meeres gelegen. Durch den Widerstand, den hier die Juden im Jüdischen Krieg den römischen Belagerern leisteten (bis 72 oder 73 n.Chr.), wurde Masada zu einem Symbol jüdischen Behauptungswillens. König Herodes hatte hier auf drei Terrassen eine Palastanlage konstruieren lassen. Ein Zeitzeuge, der jüdische Historiker Flavius Josephus, hat den fortifikatorischen Charakter von Masada detailliert beschrieben (Ios. bell. Iud. 7,8,3): »Einen Felsen von nicht geringem Umfang und ansehnlicher Höhe umgeben allseits gewaltige steile Schluchten, deren Tiefe von oben nicht schätzbar ist und in die weder Menschen noch Tiere hineingelangen können. Nur an zwei Stellen erlaubt der Fels einen allerdings sehr unbequemen Zugang. Der eine führt vom Asphaltsee aus nach Osten, der andere, in westliche Richtung weisend, bietet weniger Schwierigkeiten. Der erstere heißt, weil er so schmal ist und zahlreiche Windungen aufweist, der ›Schlangenweg‹. Dort nämlich, wo der Berg nach vorn springt, macht dieser Weg eine Biegung und kehrt oftmals in der Richtung gegen sich selbst zurück und dehnt sich dann wieder etwas in die Weite, so daß man auf ihm nur mit Mühe vorwärts kommt. Benutzt man diesen Weg, dann muß man sich stets einmal mit diesem, dann aber mit dem anderen Fuß abstemmen, andernfalls ist einem der Absturz sicher, da beiderseits tiefe Schlünde gähnen, deren entsetzlicher Anblick Kühnheit in Schrecken wandelt. Hat man auf diesem Weg 30 Stadien bergauf zurückgelegt (etwa 5,4 km), so steht man vor dem Gipfel, der sich jedoch nicht etwa zu einer scharfen Nadel verengt, sondern ein Plateau bildet. Der Hohepriester Jonathan hatte hier als erster eine Burganlage errichtet, der er den Namen Masada gab.«

Fremde

Als F. gelten in antiken Gesellschaften alle nicht zum eigenen Bürgerverband gehörigen Freien. Sie stehen prinzipiell außerhalb des Rechtsschutzes der Gemeinde, in der sie sich zeitweilig (Händler, Pilger, Gesandte) oder auf Dauer (Handwerker, Söldner) aufhalten, doch wurden sie nicht als ›natürliche‹ Feinde betrachtet.

Fremdenbild: Im griechischen Raum führte spätestens im 5. Jahrhundert v.Chr. die zwar seit dem 8. Jahrhundert v.Chr. erkennbare (Hom. Il. 2,367), aber ursprünglich wohl nur deskriptiv gebrauchte Unterscheidung der Angehörigen des eigenen Kultur- und Sprachkreises (Hellenen) von außerhalb dieser Kultur stehenden, nicht griechisch – also unverständlich – sprechenden ›Ausländern‹ zur negativen Qualifizierung des F.: Das Andersartige im F. wird nun als Defekt, als fehlende Zivilisation betrachtet und mit Rohheit und tierischer Lebensweise in Verbindung gebracht, nach dem Sieg über die Perser auch politisch negativ durch den Vorwurf der sklavischen Natur, Feigheit, Maß- und Gesetzlosigkeit gewertet. Die griechische Kultur als Maßstab der Be- bzw. Abwertung des F. zeigt sich auch in der bereits von Hippokrates vorgeprägten und von Aristoteles (pol. 1327b20–32) verfestigten Klima- oder Zonentheorie: Die Griechen sind tapfer, intelligent, frei und fähig, den besten Staat zu bilden (zu letzterem vgl. Plat. pol. 469b3–471b), weil sie klimatisch zwischen den freien und tapferen, aber dummen Völkern des kalten Nordens und den intelligenten und kunstfertigen, aber schlappen und sklavischen Völkern Asiens angesiedelt sind (anders jedoch Aristot. Nikom. Ethik 1155a16–22, wo von der Gleichartigkeit der menschlichen Natur ausgegangen wird). Trotz – oder wegen – der tiefen Verachtung des außergriechischen F. läßt sich weder bei den Autoren noch in der politischen Praxis ein ausgeprägter F.-Haß beobachten. Dies gilt auch für Sparta, dessen periodische ›F.-Vertreibungen‹ (*xenelasia*) jeweils von konkreten Anlässen bedingt waren (Verhinderung von Verschwörungen, Geheimhaltung von Kriegsrüstung, Lebensmittelknappheit).

Bei den Römern, die kein Hehl daraus machten, daß sie ein Volk von Zuwanderern und Asylanten waren (Liv. 1,3,6; Plut. Rom. 9) und seit dem 4. Jahrhundert v.Chr. ständig vor der Notwendigkeit standen, fremde Gemeinwesen und Regionen mit möglichst geringen administrativen und militärischen Mitteln zu integrieren, entwickelt sich kein ethnozentrisch geprägtes F.-Bild. Sie kommen auch nie zu einer pauschalen Abwertung der Randvölker, vielmehr zu einer Relativierung der eigenen (degenerierten) Zivilisation im Vergleich zu naturnah und frei lebenden Völkern (Tac. Germ.). Vorurteile gegen das Fremde verbinden sich immer mit konkreten Feindbildern (Kelten/Gallier, Punier, Kleopatra/Antonius) und zeigen dann die traditionelle stereotype ›Barbarentopik‹ (Wildheit, Grausamkeit, Treulosigkeit [*fides Punica*], Verweichlichung usw.).

Fremdenrecht: Die griechische Bezeichnung für den ›Fremden‹ (*xenos*) bezeichnet zugleich den ›Gastfreund‹ und weist auf das Gebot der Sorge um den F., über den seit alters Zeus Xenios wachte (Hom. Od. 6,207; 9,270). Zudem fand der F. Schutz in jedem Heiligtum (*asylia*), von wo aus er mit den Anwohnern in Verbindung treten konnte (vgl. etwa Aischylos *Hiketiden*). Aus den in archaischer Zeit üblichen privaten, aber mit dem Ziel des Rechtsschutzes und der gegenseitigen Hilfe rituell geschlossenen Freundschaften zwischen Adeligen unterschiedlicher Herkunftsorte (Hom. Od. 4,26–64; 3,401–432) entwickelt sich wohl schon im 6. Jahrhundert v.Chr. die zwischenstaatliche Institution der *proxenia* (›Staatsgastfreundschaft‹), wobei angesehene Bürger vertraglich die ehrenamtliche und in der Regel erbliche Aufgabe übernahmen, jedem Bürger einer bestimmten Gemeinde ›anstelle eines Gastfreunds‹ (*pro xenos*) zu helfen. Die Rechtsstellung der dauerhaft in einer griechischen Gemeinde lebenden F. war unterschiedlich geregelt. Den Bürgern am nächsten standen die von der Steuerpflicht befreiten und etwa beim Wehrdienst (den Bürgern) ›Gleichgestellten‹ (*isoteleis*), ihnen folgte die größte Gruppe der steuer- und wehrpflichtigen ›Mitbewohner‹ (*metoikoi*), die mit ihren Familien in Athen etwa ein Drittel der Bevölkerung stellten und in deren Händen ein Großteil des Handels und des Handwerks lag. Dennoch hatten sie sich bei Rechtsgeschäften eines athenischen ›Vorstehers‹ (*prostates*) zu bedienen und durften nur mit besonderer Genehmigung Grundstücke erwerben oder eine Athenerin heiraten. Die unterste Gruppe bildeten die nur mit Wohnrecht begabten ›Einwohner‹ (*katoikoi*).

Die römische Bezeichnung für den F. ist anfangs *hostis* (so in den Zwölftafel-Gesetzen), was zugleich ›Fremder‹ und ›Feind‹ bedeuten kann (Cic. off. 1,12,37), später *peregrinus* (abgeleitet von lateinisch: *peregre* = das, was außerhalb des *ager Romanus*, des römischen Gebietes, geschieht). Wie im griechischen Raum stand der F. unter göttlichem Schutz, obgleich der dem Zeus Xenios vergleichbare Jupiter Hospitalis erst in der frühen Kaiserzeit (z. B. Ov. met. 10,224) zu belegen ist, und fand Asyl in Heiligtümern. Ebenfalls vergleichbar mit den griechischen *theoxenia*, wurden in den *lectisternia* göttliche Gäste bewirtet. Bereits der *hostis* des Zwölftafel-Rechts (Tafel 2,2) war prozeßfähig, seit 242 v.Chr. betreut ein *Praetor peregrinus* Prozesse, an denen ein F. beteiligt ist. 122 v.Chr. wurde, auf Betreiben des Volkstribun Gaius Gracchus, den *peregrini* zugestanden, eigenständig gegen erpresserische römische Provinzstatthalter zu klagen. Ähnlich wie die griechische *proxenia*, aber auf unterschiedlicher sozialer und rechtlicher Grundlage, wirkte die Ausweitung des römischen Klientel-Gedankens nach außen: Angehörige der römischen Oberschicht übernahmen als *patroni* den Schutz ganzer Gemeinden und Regionen und vertraten in Rom die Interessen Einzelner oder auch ganzer Gemeinden. Eine besondere, den Bürgern nahestehende Stellung unter den F. verlieh das Latinische Recht, das den Mitgliedern des latininischen Bundes und nach dessen Auflösung 333 v.Chr. den *prisci Latini* (d. h. den ehemaligen Latinern) und den Einwohnern der latinischen Kolonien das Recht einräumte, mit Römern gültige Handelsverträge und Ehen zu schließen (*commercium*, *conubium*) und bei Umzug in eine andere Latinerstadt, also auch nach Rom, das volle Bürgerrecht zu beanspruchen. Weniger wertvoll war die Stellung der durch die Lex Aelia Sentia (4 n.Chr.) geschaffenen *Latini Iuniani*, ehemaligen Sklaven, die durch Fehler bei der Freilassung nicht in den Genuß der vollen Freiheit kamen. Sie verfügten zwar zu Lebzeiten über das Bürgerrecht, nach ihrem Tod fiel ihr Vermögen jedoch wieder an den früheren Herrn. Die Notwendigkeit, sich im Zuge der römischen Expansion mit zahlreichen fremden Rechten auseinandersetzen zu müssen, führte zu einer intensiven Diskussion um ein für Römer und F. gleichermaßen gültiges Recht (*ius gentium*) und damit zur Vorstellung eines allgemeinen Rechts.

Integration von Fremden: Bei der Integration von F. in den Bürgerverband zeigen sich bedeutende Unterschiede zwischen der griechischen und römischen Auffassung. Die griechischen Stadtstaaten erweiterten ihre Bürgerschaft nur sehr zögernd und begrenzten den Kreis der Bürger durch Gesetze, die das Bürgerrecht von der Abstammung von Vollbürgern abhängig machten. Freilassungen von Sklaven waren selten und führten immer zum Status eines *metoikos*. Der Status eines *metoikos* wiederum war keine Zwischenstufe zum Bürgerrecht, sondern ein auf Dauer angelegter Status, der von Generation zu Generation weitergegeben wurde. Sehr selten und immer an einen Volksbeschluß gebunden waren die Verleihung des Bürgerrechts an einzelne F., die seit dem 3. Jahrhundert v.Chr. hauptsächlich von Bundesstaaten (*koina*) verwendete Bürgerrechtsverleihung an ganze Gemeinden (Isopolitie) bzw. der Zusammenschluß von Gemeinden zu einem Gesamtbürgerrecht (Sympolitie). Der allgemein anerkannte Grundsatz, ein Staat und die Zahl seiner Bürger müßten überschaubar sein, verhinderte eine Ausweitung des Bürgerrechts und damit auch die dauerhafte Konsolidierung von Reichsbildungen. Athen entschloß sich erst in äußerster Not am Ende des Peloponnesischen Krieges, seinen treuesten Verbündeten, Plataiai und Samos, das athenische Bürgerrecht zu verleihen.

Im Gegensatz dazu zeigt sich der römische Staat sehr integrativ. Dort wurde die Abstammung von römischen Eltern niemals zur Bedingung des Bürgerrechts gemacht. Freilassung auch fremdstämmiger Sklaven ist häufig, auch ohne staatliche Mitwirkung jedem Bürger möglich und führt nicht zum Zwischenstatus eines F., sondern zum vollen Bürgerrecht (mit leichten Einschränkungen für die erste Generation). Rom gliedert nach der Zerschlagung des Latinerbundes zahlreiche Mitglieder in den römischen Bürgerverband ein, verleiht anderen ein ›Halbbürgerrecht‹ als Vorbereitung für das volle Bürgerrecht, gebraucht die Bürgerrechtsverleihungen an Oberschichtsmitglieder fremder Gemeinden schon seit Beginn der Expansion als Mittel der Herrschaftsorganisation und macht, nach anfänglichem Widerstreben, nach dem Bundesgenossenkrieg 89 v.Chr. alle Italiker zu römischen Bürgern. Selbst die privilegierte Rechtsform des Latinischen Rechts wird obsolet nach der Verleihung des römischen Bürgerrechts an fast alle Bewohner des römischen Reiches durch die *Constitutio Antoniniana* des Caracalla (212 n.Chr.). Seither und bis zur Ansiedlung gotischer Föderaten auf Reichsboden gab es im römischen Reich keine F. im Rechtssinne mehr.

→ Adel, Außenpolitik, Bürgerrecht, Ethnographie, Gesellschaft, Handel, Imperialismus, Klima, Kolonisation, Krieg, Natur, Pilger, Recht, Reich, Sklaverei, Sprache, Sprachen, Staat

LITERATUR: M.F. *Baslez*: L'étranger dans la Grèce antique. Paris 1984. – O. *Henseler*: Formen des Asylrechts. 1954. – G. *Herman*: Ritualized Friendship and the Greek City. Cambridge 1987. – W. *Nippel*: Griechen, Barbaren und »Wilde«. 1990. – A. *Dihle*: Die Griechen und die Fremden. München 1994. – B. *Wagner-Hasel*: Gastfreundschaft, in: DNP 4, 1998, 793–797.

Walter Eder

Frieden

F. ist der Zustand von Ruhe und Ordnung in den Beziehungen zwischen Individuen und Gruppen sowie zwischen Gruppen. Er basiert auf gegenseitigem, vielfach vertraglich geregeltem Einvernehmen, gekennzeichnet durch das staatliche Gewaltmonopol, das gewalttätige Selbsthilfe jeder Art (Blutrache, Fehde) ausschließt und Fälle von Konkurrenz und Rivalität in gesetzliche Bahnen lenkt und Lösungen zuführt.

Historisch-geographisch von Interesse kann weder der Zustand des F. sein, für den fast alle anderen Lemmata dieses Lexikons relevant sind, noch die Beendigung des F.-

Zustandes, während die Phase des F.-Beginns mit den entsprechenden Vertragsvereinbarungen in dieser Hinsicht durchaus wichtig ist. Denn es sind vielfach geographische Phänomene, die oft zwischen vertragschließenden Parteien zur Abgrenzung der Interessensphären dienen. Dabei handelt es sich einerseits um Demarkationslinien auf dem Land – meist sind es Flüsse wie der Acheloos in Westgriechenland (Vertrag zwischen Aitolern und Akarnanen 263/62 v.Chr.), der Halys in Kleinasien (Vertrag zwischen dem Mederkönig Kyaxares und dem Lyderkönig Alyattes 585 v.Chr.), der Iber bzw. Hiberus in Spanien (zwischen Rom und Karthago 226/25 v.Chr.), der Halykos und der Himeras in Sizilien (zwischen Dionysios I. und Karthago 214 v.Chr.). Im Vertrag zwischen Philipp II. und den Illyrern 358 v.Chr. galt der Ochrida-See als Gebietsgrenze. Aber auch Wegstrecken konnten dazu dienen wie im Waffenstillstandsvertrag zwischen Athen und Sparta 423 v.Chr. – diese Demarkationslinie verlief entlang dem Weg »vom Nisos-Monument zum Poseidonion und vom Poseideion direkt zur Brücke nach Minoa« (Thuk. 4,118,4). Als Beispiel für Gebirge in Demarkationsfunktion kann das Tauros-Gebirge gelten, das dem F.-Vertrag von Apameia 188 v.Chr. zufolge das Seleukidenreich nordwärts gegen Kleinasien abschloß.

Andererseits mußten auch auf dem Meer Interessensphären abgegrenzt werden, was meist durch die Nennung bestimmter markanter Punkte an der Küste, beispielsweise Landzungen und Vorgebirge, geschah. Da die Schiffahrtsrouten meistens an den Küsten des Mittelmeers entlangführten, mochten solche Bestimmungspunkte genügen. Schwieriger war es, Meeresflächen gegeneinander abzugrenzen, wofür es auch nur wenige Beispiele in antiken Quellenzeugnissen gibt. Diesen Zweck erfüllten etwa in dem römisch-karthagischen Vertrag von 306 v.Chr. die noch nicht sicher identifizierten *Arae insulae* zwischen Sizilien, Sardinien und Italien – hier soll der Vertrag abgeschlossen worden sein, hier verlief auch die Meeresgrenze zwischen Rom (Italien) und Karthago (Sizilien). Sonst aber finden sich zahlreiche Beispiele für die Abgrenzung verschiedener Herrschaftsbereiche durch Marken im Küstenbereich. So spielt in Verträgen zwischen Rom und Karthago mehrfach das ›Schöne Vorgebirge‹ diese Rolle (508/07 und 348 v.Chr.), und in einem Vertrag zwischen Tarent und Rom 303/02 v.Chr. ist es das Lakinische Vorgebirge bei Kroton. Auch Hafenstädte (wie Phaselis im in seiner Historizität umstrittenen Kallias-Frieden von 449 v.Chr. zwischen Athen und dem persischen Großkönig; ebenso Lissos, über das südlich hinaus Teuta nach dem 228 v.Chr. mit Rom geschlossenen F.-Vertrag nicht mit mehr als zwei, noch dazu unbewaffneten Schiffen fahren durfte), Inseln (Chelidonides in demselben Vertrag) oder Buchten (die beiden Syrten in Verträgen zwischen Rom und Karthago) konnten diese Funktion übernehmen.

→ Fluß, Gebirge (Berg), Grenze, Insel, Interessensphären, Kap, Krieg, Küste, Meer, Schiffahrtswege, See

LITERATUR: H. *Bengtson* (Hg): Die Staatsverträge des Altertums Bd. 2, München ²1975. – A. *Chaniotis*: Die Verträge zwischen kretischen Poleis in der hellenistischen Zeit. Stuttgart 1996. – Ch. *Marek*: Die Bestimmungen des zweiten römisch-punischen Vertrags über die Grenzen der karthagischen Hoheitsgewässer, in: Chiron 7, 1977, 1–7. – R. E. *Mitchell*: Roman-Carthagian Treaties: 306 and 279/8 B. C., in: Historia 20, 1971, 633–655. – H. *Ortwein*: Die Freundschaftsverträge Roms mit Karthago. Diss. Insbruck o.J. – H. H. *Schmitt* (Hg.): Die Staatsverträge des Altertums Bd. 3. München 1969.

Eckart Olshausen

Furt

Definition, Bedeutung und mentalitätsgeschichtliche Aspekte: Unter F. versteht man die Untiefe eines Wasserlaufs, durch die ein Mensch zu Fuß oder auf Tieren und Wagen das andere Ufer erreichen kann, ohne schwimmen zu müssen; griechisch: *poros*, lateinisch: *vadum*. Auch die wenigen perennierenden Flüsse des Mittelmeerraums wurden in der Antike vorzugsweise auf diesem Wege überwunden. Diese alltägliche Praxis spiegelt sich u. a. in der griechischen Mythologie (Nessos, der Kentaur, trägt Deïaneira über den Euenos) und in den vom lateinisch: *vadum* (z. B. Vada Volterrana) bzw. vom latinisierten keltischen *ritos* (z. B. Augustoritum) abgeleiteten Ortsnamen. Das Vorhandensein von F. gab dem Siedlungswesen Impulse; die Lage von F. nahm Einfluß auf den Verlauf von Wegen und Straßen.

Grundsätzlich wurde das Durchqueren eines Wasserlaufes jedoch als Verletzung der Sakralität des Wassers betrachtet: Riten zur Besänftigung der Flußgottheit bzw. des *genius loci* sind literarisch (Hes. erg. 737; Plut. Luc. 24) und archäologisch (Votivgaben, v. a. aus römischer Zeit) belegt. Cicero (nat. deor. 2,9; div. 2,77) und Festus (284 L.; 296 L.) erwähnen *peremnia* (von *per amnem*) genannte Auspizien, die vor dem Überschreiten von Flüssen eingeholt wurden.

Das Überwinden von Wasserläufen spielte auch im Zuge militärischer Unternehmungen eine große Rolle: F. mußten gefunden und möglichst verlustfrei benutzt werden. So beschäftigten sich Militärschriftsteller mit der Lehre von den Flußübergängen (Veg. mil. 2,25; 3,7); das Durchwaten von Flüssen gehörte zur Ausbildung der römischen Soldaten (vgl. Frontin. strat. 4,1,1).

Technik: Ob ein Fluß mithilfe einer F. überwunden werden kann, hängt neben Faktoren, die von der Jahreszeit bestimmt werden (Wassertiefe und -temperatur, Strömung), auch von der Beschaffenheit des Flußbetts und der Ufergestalt ab. Man hat Möglichkeiten gefunden, diese natürlichen Grenzen hinauszuschieben: So wurden bei starker Strömung Reiter oder Lasttiere als Strombrecher eingesetzt (Caes. Gall. 7,56,3 f.; Caes. civ. 1,64,3–7; Liv. 21,47,4; Lucan. 1,220–223) oder durch Flußteilung künstliche F. geschaffen (Hdt. 1,75; 1,189 f.; Caes. civ. 1,61 f.). Wo ein Fluß regelmäßig überschritten werden mußte, wurden natürliche F. präpariert; dafür sind Beispiele aus der ganzen römischen Welt bekannt. Die Befestigung bestand zumeist in der Einebnung des Flußbetts im Bereich der F. und in einer zusätzlichen Pflasterung mit einem Belag aus Holzbalken (z. B. durch die Mayenne bei Saint-Léonard/Normandie; diese Technik ist eventuell keltischen Ursprungs) oder Steinen. Im Einzelnen fanden unterschiedliche Techniken Anwendung: (1) Steinplatten, verlegt auf eingeebnetem felsigem Flußbett (z. B. durch Gradevole bei Gemona del Friuli; durch die Garonne bei Toulouse; durch den Wadi Ash-Shwâb bei Qasr Ash-Shwâb südöstlich von Palmyra), (2) Pflasterung aus Kieselsteinen (z. B. durch den Grant in Cambridge), (3) Steine auf einem Bett aus Steinsplit (z. B. durch den Kanal bei Fishbourne/West Sussex), (4) Steinpflasterung auf Unterbau aus Eichenpfählen (z. B. durch die Loire bei Mauves); (5) Steinpflasterung, eingefaßt von Pfählen zwecks Sicherung gegen Unterspülung (z. B. durch den Trent bei Littleborough/Lincoln), (6) Pflasterung mit Geleisen, die das Abrutschen der Wagen verhindern sollten (z. B. die Straße Damascus-Palmyra bei Han Al-Manqûra). Reichte eine derartige Konstruktion nicht aus, weil das Flußbett zu weich oder zu uneben, die Strömung zu stark oder das Wasser zu tief war, wurde eine gepflasterte F. über einen Damm geführt (z.B. durch den Reculon zwischen Cavaillon und Sisteron). In einigen Fällen wurde der Damm mit Wasserdurchlässen ausgestattet, um den Wasserspiegel über der F. noch weiter zu senken (z.B. sog. Pont-Crac'h an der Mündung des Aber-Wrac'h, ca. 25 km nördlich von Brest; hier sollte die F. trotz eines Tidenhubs von 3,5–4 m auch bei Flut begehbar gemacht werden) – es handelt sich hier gewissermaßen um eine Brücke unter Wasser. Eine weitere Variante der F.-Sicherung bestand darin, die F. durch einen flußaufwärts angelegten, die Strömung bremsenden Damm zu schützen (z.B. durch die Drize in Genf).

Aus Sicherheits- und Bequemlichkeitsgründen wurden vor allem in römischer Zeit F. durch Brücken ersetzt (z.B. Pont Julien über den Calavon bei Bonnieux); manche F. wurden parallel zu den Brücken weitergenutzt. In einigen Fällen hat man aber auch eine F. an einer Stelle angelegt, an der es bereits eine Brücke gab, um die Brücke insbesondere von schweren Fahrzeugen zu entlasten (z.B. über die Ouvèze bei Le Pouzin).

→ Brücke, Deich, Fluß, Götter, Mythologie, Siedlungsgeographie, Straße (Straßenbau), Tunnel

LITERATUR: V. *Galliazzo*: I ponti romani 1. Treviso 1995, 157–166. – F. *Lammert*: RE 21,2 (1952) Sp. 2438, 2447 ff., s.v. Pons Nr. 2.

Vera Sauer

Gebirge (Berg)

Gebirge hatten in der Antike für die Menschen vielfältige Funktionen und Bedeutungen. In historisch-geographischer Hinsicht interessieren dabei in erster Linie die Aspekte Natur und Religion, Politik und Strategie sowie das G. als Wirtschaftsraum.

Natur und Religion: Grundsätzlich hatte der antike Mensch stets ein etwas distanziertes Verhältnis zur Landschaftsformation G. – jedenfalls, sofern das G. nicht sein Lebensraum war. Mit dem G. assoziierte man gewöhnlich Kälte, Unzivilisiertheit, Unwirtlichkeit. So spricht etwa Livius (21,58,3) im Zusammenhang mit dem Hannibal-Zug (218 v.Chr.) von der *foeditas* (Häßlichkeit) der Alpen. Diese Aversion scheint sich aber im wesentlichen auf Hoch-G. bezogen zu haben: Einzelne Berge, wie der Vesuv, wurden wegen ihrer Fruchtbarkeit gerühmt (siehe die Beschreibung des Berges bei Strab. 5,3,8). Bergbewohner galten den Bewohnern der Ebenen, entsprechend den spezifischen natürlichen, zivilisatorische Errungenschaften verhindernden Verhältnissen, als wild, kriegerisch und gesetzlos (so schon bei Hom. Od. 9,113–115 in bezug auf die Kyklopen). Das als rauh eingeschätzte Klima des G. mußte nach antiker ethnographischer Auffassung negative Konsequenzen für den Charakter und die Moral der G.-Bevölkerung haben (Pol. 4,21). Andererseits verschaffte die Topographie des G. den dort lebenden Menschen ein hohes Maß an Schutz und Sicherheit. So preist Herodot (7,111) die Unbesiegbarkeit der thrakischen Satren (»denn sie wohnen auf hohen Gebirgen, die mit Wäldern aller Art versehen und mit Schnee bedeckt sind«), und noch viele Jahrhunderte später erklärt Prokop (BG 4,14) die Freiheit eines persischen Bergvolkes, der Dolomiten, mit ihrem gebirgigen Lebensraum (»Sie hausen auf steilen, völlig unzugänglichen Bergen, wodurch sie seit alters her ununterbrochen bis auf den heutigen Tag ihre Freiheit bewahren konnten«).

Dem distanzierten Verhältnis zum Naturraum G. entspricht es, wenn sowohl Griechen als auch Römer hier ihre Gottheiten ansiedelten. Berggipfel wie die vom Ida-Massiv, von Olymp, Aetna, Parnassos oder Helikon galten als Sitz von Göttern. Auch die Wälder, Täler, Schluchten und Quellen dachte man sich von göttlichen Wesen wie Nymphen oder Fabelwesen durchdrungen. Nach griechischer Auffassung waren die Berge darüber hinaus nicht nur Sitz, sondern auch Werk der Götter. Herodot (7,129) zufolge waren die Thessaler der Meinung, ihre Bergwelt sei von Poseidon geschaffen worden. Aus dieser Einstellung heraus konnten anthropogene Eingriffe in die natürliche Bergwelt auch als ein Sakrileg interpretiert werden. Plinius etwa (nat. 33,73) kritisiert die Abtragung ganzer Berge in Spanien zum Zwecke der Edelmetall-Gewinnung als eine Demontage der göttlichen Natur. Für solche Eingriffe rächt sich die Natur mit Erdrutschen und Erdbeben (Plin. nat. 33,1f.). Vor dem Hintergrund solcher Vorstellungen mußte es auch als Megalomanie erscheinen, wenn ein Monarch wie der römische Kaiser Caligula (37–41 n.Chr.) den Bau einer Stadt auf dem höchsten Alpengipfel geplant haben soll (Suet. Cal. 21).

Freilich gibt es auch Zeugnisse, die erkennen lassen, daß das G. für den antiken Menschen eine ästhetische Qualität hatte. Man schätzte das Naturerlebnis im G. Der römische Kaiser Hadrian (117–138 n.Chr.) bestieg im Jahre 126 n.Chr. den Aetna, um, wie es heißt, dort den Sonnenaufgang zu erleben (SHA Hadr. 13,3). Vier Jahre später bestieg er den Gipfel des Kasion und opferte dem Zeus Kasion, wobei einige seiner Begleiter und die Opfertiere von einem Blitzschlag getötet worden sein sollen (SHA Hadr. 14,3).

Politik und Strategie: Von Bedeutung waren G. für die Siedlungsgeographie und für politische Strukturen. Als Beispiel kann hier auf das griechische Mutterland verwiesen werden, dessen von G. geprägtes naturräumliches Profil wenigstens partiell für den politischen Partikularismus der griechischen Poliswelt verantwortlich gemacht werden kann. Allerdings lagen Kult- und Kulturzentren wie das Heiligtum von Delphi mitten in G.-Landschaften, was aber wiederum mit der religiösen Bedeutung von Bergen korrespondiert.

Aufschlußreich für die politische und strategische Bedeutung des G. in der Antike ist der Umgang der Römer mit den Alpen und ihr mentales Verhältnis zu diesem G. Mit ihren hohen Gipfeln, dem rauhen Klima (Pol. 2,15; Liv. 32,6), den schwer passierbaren Wegen (Amm. 15,10) und den vielfältigen Gefahrenfaktoren wie etwa Lawinen (Strab. 4,6,5) galten sie den Römern lange Zeit als ein Italien schützendes Bollwerk (Cic. Phil. 5,37). Entsprechend dieser Haltung läßt Livius (21,35,8f.) Hannibal von den Höhen der Alpen aus seine strapazierten und demoralisierten Soldaten einen Blick auf Italien werfen und darauf hinweisen, »daß sie jetzt nicht nur die Mauern Italiens (*moenia Italiae*) überstiegen, sondern auch die der Stadt Rom«. Eine ähnliche Schutz- und Grenzfunktion wurde im übrigen etwa auch den Pyrenäen zugeschrieben (vgl. Strab. 3,1,3; Plin. nat. 3,30). Der Hannibalzug und die Invasion der Kimbern nach Italien am Ende des 2. Jahrhunderts v.Chr. erschütterte das Vertrauen der Römer in das Bollwerk Alpen. Im Zuge der augusteischen Expansionspolitik

Abb. 26: Das Taygetos-Gebirge ist die höchste Erhebung auf der Peloponnes (2.407 m) und zum größten Teil des Jahres schneebedeckt. Die Höhe und Steilheit werden auch von den antiken Autoren als Charakteristika hervorgehoben (z. B. Hom. Od. 6,103; Aristoph. Lys. 117f.). Die Besiedlung des Gebirges war schwach und die infrastrukturelle Erschließung wenig entwickelt. Betont wird der Reichtum an Wildtieren: »Überhaupt bietet der Taygetos Möglichkeiten der Jagd auf Ziegen und auf Wildschweine und sehr viel auch auf Hirsche und Bären« (Paus. 3,20,4). Heute weitgehend kahl, war der Taygetos in der Antike dicht bewaldet.

am Ende des 1. Jahrhunderts v.Chr. wurden die Alpen dann von den Römern militärisch kontrolliert und durch den Ausbau und die Anlage von Pässen auch infrastrukturell erschlossen. Gleichwohl gestaltete sich, aufgrund der speziellen geographischen Bedingungen, die Romanisierung der Alpenlandschaft ungleich schwieriger als in den flachen Regionen des Imperium Romanum.

Gebirge als Wirtschaftsraum: Jüngere historisch-geographische Forschungen konzentrieren sich zunehmend darauf, die wirtschaftliche Bedeutung der G. in der Antike zu untersuchen. Grundsätzlich hatte das G. als Wirtschaftsfaktor für die Bergbewohner und für die Bewohner der Ebenen (für diese im wesentlichen als Ressourcen-Basis) eine nicht zu unterschätzende Relevanz. In den Alpen wurden beispielsweise die Holzvorkommen für den Schiffs- und Hausbau (Plin. nat. 31,43) sowie für die Gewinnung von Teer, Pech und Harz genutzt (Strab. 4,6,9). Ertragreich waren weiterhin die Metallvorkommen, wie vor allem das Gold im Gebiet der Salasser (Strab. 4,6,7) oder das Eisenerz in Noricum. Für die flacheren Bergregionen Raetiens ist der Anbau von Wein bezeugt (Suet. Aug. 77). Ackerbau wurde hingegen bis in die höheren Regionen betrieben (Strab. 4,6,2). Ein relativ reges Wirtschaftsleben läßt sich etwa auch für das dorische Kreta nachweisen. Hier waren die Berge Lieferanten von Holz,

Stein oder Metallen. Neben der Jagd spielte in den antiken G. immer auch die Viehwirtschaft eine entscheidende Rolle, meist in Form von Transhumanz, einer halbnomadischen Wirtschaftsform, bei der man das Vieh abwechselnd im G. und in den Ebenen weiden ließ.

→ Ackerbau, Armee, Bevölkerung, Brücke, Ethnographie, Forstwirtschaft, Gebirgsbildung (Orogenese), Getreide, Götter, Grenze, Handel, Holz, Imperialismus, Jagd, Karst, Klima, Landwirtschaft, Logistik, Mentalität, Mobilität, Natur, Ökologie, Paß, Randvölker, Raum, Reisen, Religionsgeographie, Siedlungsgeographie, Straße (Straßenbau), Strategie, Taktik, Tiergeographie, Transhumanz, Vulkan, Wald, Weinbau, Wirtschaft

LITERATUR: J.-F. *Bergier* (Hg.): Berge, Flüsse und Wälder in der Geschichte. Hindernisse oder Begegnungsräume? St. Katharinen 1989. – R. *Buxton*: Imaginery Greek Mountains, in: JHS 112, 1992, 1–15. – L. *Hempel*: Natürliche Höhenstufen und Siedelplätze in griechischen Hochgebirgen. Münster 1992. – E. *Olshausen*: Einführung in die Historische Geographie der alten Welt. Darmstadt 1991, 160–170. – E. *Olshausen/*H. *Sonnabend* (Hgg.): Gebirgsland als Lebensraum. Stuttgarter Kolloquium zur Historischen Geographie des Altertums 5, 1993. (Geographica Historica 8), Amsterdam 1996. – G. *Walser*: Der Gang der Romanisierung in einigen Tälern der Zentralalpen, in: Historia 38, 1989, 66–88.

Holger Sonnabend

Gebirgsbildung (Orogenese)

Unsere 4,5 Milliarden Jahre alte Erde kennt drei wichtige gebirgsbildende Epochen. In der Kaledonischen Faltungsära wurden die Gebirge Skandinaviens und Schottlands aufgefaltet sowie einige Kerne im Rheinischen Schiefergebirge. Sie dauerte vom Oberkambrium bis in das Unterdevon vor rund 500–400 Millionen Jahren. In der Varistischen Ära vom Devon bis zum Perm (vor ca. 370–250 Millionen Jahren) entstand ein 600 km breites Faltengebirge in Europa, das sich vom Zentralmassiv in Frankreich von Südwesten nach Nordosten streichend zwischen Bodensee und Ruhrgebiet bis nach Polen und Mähren erstreckte. Ein westlicher Bogen verlief über die Bretagne und Südwest-England, einige Kerne bildeten sich in den mediterranen Gebieten. Die jüngste G., die Alpidische Ära, begann vor etwa 225 Millionen Jahren im Keuper und ist heute noch nicht abgeschlossen. Ihr verdanken Atlas, Pyrenäen, Apennin, Alpen, Dinariden, Helleniden, Karpathen, Kaukasus, Tauriden und bis weit nach Asien reichende Iraniden, Himalaya etc. ihre Entstehung.

Nach der zeitlichen Genese kann man von einem Paläo-Europa (kaledonisch), Meso-Europa (varistisch) und Neo-Europa (alpidisch) sprechen.

Unzählige geologische Beobachtungen waren erforderlich, um die zeitliche Fixierung dieser Abfolgen zu bestimmen, aber noch mehr, um den tektonischen Prozeß der Faltenbildung zu erklären und die Systematik, das zugrundeliegende Schema einer derartigen G. zu erfassen. Es entstand ein Modell, das drei typische Stadien umfaßt:

Gebirgsbildung (Orogenese) 164

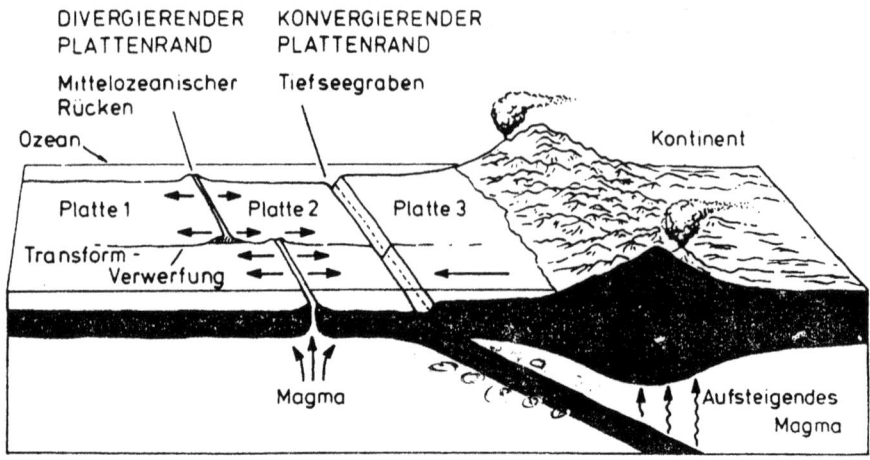

Abb. 27: Schematisches Blockdiagramm divergierender (Mittelozeanische Rücken und Transformverwerfungen) und konvergierender (Subduktionszone, Wadati-Benioff-Zonen) Platten.

Das Stadium der Orthogeosynklinale: Sie ist ein Tiefseegraben zwischen festen Schollen (Kratonen), der einige 100 km Breite, oft über 1.000 km Länge aufweist und mehrere 1.000 m mächtige Sedimentschichten aufnehmen kann. Die Sedimente werden von der Abtragung der benachbarten Festlandsschollen geliefert (Sande, Schluff, Ton, Geröll etc.) oder durch chemische Prozesse direkt im Meer ausgefällt (Kalk, Dolomit). Dazu kommt ein initialer basischer Magmatismus, der an Zerrungsspalten in der Synklinale austritt.

Das Stadium der Faltungsreife: Durch die Abwärtsbewegung der Sedimentfracht in der Geosynklinalen werden tangentiale (= seitliche) Gegenkräfte ausgelöst, die das Material pressen, stauchen und bei stärkerer Einengung des Raumes in Falten legen. Becken und Schwellen sind die Ansatzpunkte der Faltung und erfahren eine Umwandlung in orogene Mulden und Sättel. Die Intensität der mechanischen Beanspruchung zeigt sich darin, daß ältere Sedimentschichten als Decken über jüngere hinweg geschoben werden. Dazu kommt ein synorogener Plutonismus, der saure Magmen einpreßt. Nun werden die Schwellen als Inseln über den Meeresspiegel herausgehoben. Sogleich setzt dort durch die exogenen, die außenbürtigen Kräfte die Erosion des wenig verfestigten Materials ein, das wegen einer fehlenden Vegetationsdecke rasch abgetragen und in die Mulden des Restmeeres eingeschwemmt wird. Dieses fossilarme Sediment ist der Flysch. Er wird in dem ausklingenden Faltungsprozeß mitgefaltet und so zu einem wichtigen Indiz der orogenen Vorgänge.

Das Stadium der Heraushebung: Die Faltung hört auf, das neue Gebirge wird durch Wölbungsvorgänge über die Meeresoberfläche herausgehoben, das Geosynklinalmeer in Randsenken zurückgedrängt. Dort kommt es zur Einschwemmung weiterer Verwitterungsprodukte, die als Molasse bezeichnet werden. Sie ist kaum noch gefaltet, zuweilen eher am Gebirgsrand mit aufgeschleppt. Das Gebirge ist in seine frühe kratonische Phase eingetreten. Ein subsequenter Vulkanismus tritt nicht immer auf; wenn ja, ist er sauer bis intermediär.

Aus Orthogeosynklinalen hervorgegangene Falten- und Deckengebirge werden mit dem Terminus *alpinotype* Gebirge belegt. Hier herrschen unter dem enormen Druck der Faltung Einengungsformen vor. Im Gegensatz dazu gibt es *germanotype* Blockgebirge mit tektonischen Ausweitungsformen. Sie entstehen in einer wesentlich flacheren Parageosynklinale mit geringerer Sedimentmächtigkeit und schwächerem Magmatismus als intrakontinentale Bildungen. Ein solches geologisches (nicht morphologisches) Gebirge befindet sich (wo man es nie vermutet) unter der Norddeutschen Tiefebene, begraben von eiszeitlichen Schotterfluren.

Neben den Idealtypen tritt als Mischform das Bruchfaltengebirge auf, in dem Einengungs- und Ausweitungsformen vergesellschaftet sind. Solche Szenarien existieren häufig in Griechenland, wo im Anschluß an die faltentektonischen Vorgänge die Bruchtektonik zu einer Zerstückelung des Raumes geführt hat. In ihrem Gefolge sind die isolierten kleinräumigen Landschaftskammern und Küstenhöfe entstanden, die in historischer Zeit zu Standorten der griechischen Poleis wurden.

Viele geophysikalische Hypothesen haben versucht, nach ihrem jeweiligen Erkenntnisstand die Ursachen der G. auf unserem Planeten zu erklären. Die moderne Theorie der Plattentektonik hat aufgrund der heutigen technischen Forschungsmöglichkeiten die zuverlässigste Erklärung für die alpidische G. gefunden. Sie geht von der horizontalen Verschiebung der Kontinente aus, die Alfred Wegener bereits 1912 erkannte, deren Kräfte er aber nicht beweisen konnte.

Die Plattentektonik basiert auf der Beobachtung, daß an untermeerischen Schwellen (ozeanischen Rücken) magmatische Schmelze aus dem Erdinnern austritt, seitwärts abfließt und bei ihrer Erstarrung neue Ozeanböden schafft. Diese triften horizontal auseinander, angetrieben von einem Motor konvergierender Walzen im Erdmantel. Energielieferant der Konvektionszellen ist der radioaktive Zerfall im Erdinnern, der diese ›Wärmemaschine‹ bewegt. Da sich der Radius der Erdkugel nicht vergrößern läßt, müssen die triftenden ozeanischen Platten bei ihrer Kollision mit den Kontinentalrändern unter den tiefer hinabreichenden Festlandssockel abtauchen. Es kommt zur Subduktion. Wie die ozeanischen Rücken eine Quellzone von Massen darstellen, so wird die Subduktion zu einer Verzehrzone.

Diese Kollision geht jedoch nicht problemlos vor sich. Das Abtauchen beginnt mit der Bildung eines Tiefseegrabens (= Orthogeosynklinale). Bei der Subduktion entstehen hohe Spannungen, die sowohl zur Faltung und Heraushebung eines Gebirges als Kollisionsorogen führen, als auch bei der Spannungslösung schwere Erdbeben erzeugen. Sie eröffnen wiederum an Verwerfungen die Aufstiegswege für Magmen, so daß sich Erdbeben- und Vulkanzonen weitgehend global an den Plattenrändern decken. Dabei sind Vulkane oft auf Vulkaninselbögen dem eigentlichen Kollisionsorogen vorgelagert. Sie finden sich über dem Subduktionsbereich vom Ätna über die Liparischen Inseln bis zum Vesuv und zur Toskana in Italien. In Griechenland läßt sich der vulkanische Kykladenbogen von Nisyros, Santorin, Milos, Methana und Ägina bis zur Axios-Vardar-Furche erweitern.

→ Erdbeben, Erosion, Vulkan, Vulkanismus

LITERATUR: P. *Giese* (Hg.): Ozeane und Kontinente. Spektrum der Wissenschaft. Heidelberg ⁵1987. – V. *Jacobshagen* (Hg.): Geologie von Griechenland. Berlin/Stuttgart 1986.

Friedrich Sauerwein

Geoarchäologie

G. ist archäologische Forschung unter Zuhilfenahme von Methoden und Konzepten der Geowissenschaften. Das Hauptziel der G. ist die Rekonstruktion der Wechselbeziehungen zwischen vergangenen Kulturen und den sie umgebenden Landschaften. Ergänzend zu den traditionellen Ausgrabungen von politischen und religiösen Zentren erweitern geoarchäologische Forschungsvorhaben die Untersuchung prähistorischer und historischer Kulturen um wirtschaftliche und ökologische Aspekte. Sie sind wichtiger Bestandteil der archäologischen Regionsforschung, bei der das gesamte Spektrum der Besiedlung (u. a. Wohnsiedlungen, Einzelhöfe, Befestigungsanlagen, Straßen, Wasserbauanlagen, Friedhöfe) in einem großräumigen Areal erfaßt wird. Im Rahmen der G. wird ermittelt, wie sich die Landschaft im Laufe der Kulturgeschichte gewandelt hat, und wie sich der Mensch mit den Naturelementen auseinandersetzte. G. grenzt sich ab von ›archäologischer Geologie‹, der Anwendung geologischer Untersuchungsmethoden in einem lokalen archäologischen Umfeld. Darunter fallen z. B. sedimentpetrographische Untersuchungen in einem archäologischen Ausgrabungsprofil.

Ziele: Wie alle Lebewesen ist der Mensch auf die Ressourcen seiner natürlichen Umgebung angewiesen. Neben dem Bedarf an Nahrung, Trinkwasser und Unterkunft traten mit der Benutzung von Werkzeugen auch Interessen an geologischen Rohstoffen (Flint, Obsidian und andere Ergußgesteine) und Lagerstätten (Erze, Mineralien). Mit der Verbreitung von Ackerbau und Viehwirtschaft dehnten sich die Interaktionsprozesse zwischen natürlichem Lebensraum und Besiedlung weiter aus und schlossen fruchtbaren Boden und Weideland mit ein. Nach der Einführung des Pfluges wuchs die Bevölkerungsdichte, so daß auch zuvor landwirtschaftlich nicht genutzte Hanglagen entwaldet und für Ackerbau und Viehzucht erschlossen wurden. Als der Fernhandel zunahm, gediehen die reichsten Siedlungen nahe der Küste, und geopolitische Faktoren, darunter Schiffahrtswege, natürliche Häfen und Paßrouten, erhielten übergeordnete Bedeutung. In minoischer und mykenischer Zeit stützte sich der Wohlstand der Kulturen im östlichen Mittelmeerraum auf die Ausschöpfung lokaler landwirtschaftlicher Ressourcen, der Förderung gefragter Rohstoffe, der Produktion seltener Luxusartikel und den Fernhandel mit diesen Gütern. Folglich lagen die prosperierendsten Paläste in geographisch-definierten fruchtbaren Kleinräumen nahe am Meer. Noch größere wirtschaftliche Vorteile konnten autonome Städte durch die ebenfalls von geographischen Gegebenheiten abhängigen Kontrollen von Handelswegen erzielen (z. B. Troja, Karthago). Um aus heutiger Sicht ermitteln zu können, welche Faktoren die Lage, Errichtung und Blüte von Siedlungen begünstigten, muß daher zunächst der natürliche Lebensraum mit seinen topographischen Gegebenheiten und Rohstoffquellen erfaßt werden. Der natürliche Lebensraum ist nicht statisch, sondern unterliegt ständigen Veränderungen, so daß der heutige Zustand der Landschaft nur als Zwischenstadium einer kontinuierlichen Evolution betrachtet werden kann. Diese Landschaftsveränderungen werden zum Teil autonom durch die Prozesse der endogenen und exogenen Dynamik verursacht. Zum Beispiel können tektonische Versetzungen relative Meeresspiegelschwankungen bewirken und dadurch Küstenlinien verlagern. Exogene Prozesse wie Abtragung, Ablagerung und Klimawechsel verändern die Erdoberfläche noch nachhaltiger, so daß ihr Zustand heute nicht mehr dem der

Vergangenheit entspricht. Besonders deutlich werden diese Veränderungen bei Landschaftswahrzeichen, die in die Geschichte eingingen. Der passierbare Strand bei den Thermopylen war bei der Schlacht im Jahr 480 v.Chr. nur 40 m breit, so daß der spartanische König Leonidas das vielfach überlegene persische Landheer mehrere Tage lang aufhalten konnte – heute erstreckt sich dort eine 5 km weite Küstenebene. Auch Pella, die Hauptstadt des hellenistischen Makedonien, lag als Hafenstadt direkt am Meer – heute befindet sich die Küste in 30 km Entfernung von der archäologischen Fundstätte.

Der Reichtum vieler früher Kulturen basierte auf einer vorteilhaften Nutzung verschiedener Aspekte der natürlichen Umgebung für die wirtschaftlichen Interessen der jeweiligen Epoche. Da viele der genutzten Rohstoffe nicht erneuerbar sind, und andere, wie Holz, Voraussicht und Planung verlangen, um erhalten zu bleiben, nahmen Anzahl und Volumen der Rohstoffquellen durch die andauernde Nutzung kontinuierlich ab. So hat der Mensch seit Jahrtausenden die Natur ausgebeutet und in Teilen der Erde ein Ungleichgewicht zwischen Besiedlung und Ökosystem verursacht. Wenn Rohstoffe, die zuvor reichlich vorhanden waren, plötzlich selten werden, muß von Zerstörung der natürlichen Ressourcen gesprochen werden. Beispiele dafür sind die Abholzung der Wälder, zunehmende Erosion und sinkende Grundwasserspiegel. Durch die tiefgreifende Umformung der Landschaft mußte sich auch die Besiedlung den veränderten Rahmenbedingungen anpassen. Daraus resultiert ein kontinuierlicher Prozeß von Veränderung und Anpassung, in dem Kultur und Landschaft in Wechselwirkung zueinander stehen. Weil bei diesem Interaktionsprozeß die ursprünglichen Biotope sukzessive zerstört werden, formierte sich in den 1970er Jahren die ökologische Bewegung zum Schutz des natürlichen Lebensraums. Um der gegenwärtigen Umweltdiskussion eine historisch-fundierte Basis verleihen zu können, ist es zwingend erforderlich, die dynamischen Wechselbeziehungen zwischen Mensch und Landschaft in ihrer historischen Dimension zu erkennen. Dies wird erleichtert, wenn möglichst viele Reste der vergangenen Lebens- und Wirtschaftsstrukturen erfaßt werden. Dazu gehören Teile der ehemaligen natürlichen Umgebung wie Seen und Flüsse, ihre extensiven Nutzungsflächen einschließlich Weide- und Ackerland, gezielte Eingriffe in die Natur wie Wasserbau-Meliorationen mit Staudämmen, Überlaufgräben, Poldern, Drainagen und Bewässerungssystemen, politischen Faktoren des Siedlungsraumes und schließlich das Handelsnetz einschließlich seiner Verkehrswege und Hafenanlagen. Die Überreste dieser Komponenten sind jedoch selbst Opfer der Umweltzerstörung. Archäologische Fundstellen, die auf unkonsolidiertem geologischen Untergrund, in tektonischen Hebungsgebieten oder in Regionen mit intensiver Landwirtschaft liegen, können durch Bodenerosion vollständig oder nahezu vollständig abgetragen sein. Zur Beurteilung der Erosionsschäden, zur Rekonstruktion von Landschaftsdenkmälern und zur Prospektion von Fundstätten werden wiederum geoarchäologische Methoden eingesetzt.

Methoden: Geoarchäologische Untersuchungen beruhen auf vielseitigen und flexiblen methodischen Ansätzen, der Integration naturwissenschaftlicher und archäologischer Ergebnisse und einer interdisziplinären Interpretation dieser Resultate. Die Untersuchungsgebiete sind häufig geographisch-definierte Kleinräume zwischen 10 x 10 bis 30 x 30 km Fläche. Die Techniken, die im Rahmen geoarchäologischer Untersuchungen zur Anwendung gelangen, reichen von geographischen Informationssystemen und Satellitenbildauswertung, über die geophysikalische Prospektion mit Hilfe von Magnetometrie, Seismik, Geoelektrik und Radar, bis zur pollenkundlichen Vegetationsrekonstruktion und zur geomorphologisch-bodenkundlichen Kartierung – wobei die Auswahl der zum Einsatz kommenden Methoden durch den Grad der Erhaltung der Landschaft, die allgemeine Beschaffenheit des Untersuchungsgebiets und die archäologische Fragestellung bestimmt wird. Die komplexe Landschaftsentwicklung wird dabei in einzelne Komponenten aufgegliedert (z. B. Vegetationsgeschichte, Besiedlungsgeschichte, Bodengenese), die bei größeren Projekten von Spezialisten verschiedener Disziplinen bearbeitet werden. Der Geoarchäologe stimmt die Auswahl der naturwissenschaftlichen Methoden auf die archäologische Fragestellung ab und koordiniert die Arbeit der Spezialisten im Gelände. Nach Abschluß der Geländearbeiten und Laboruntersuchungen werden die Ergebnisse der naturwissenschaftlichen Teiluntersuchungen zu einer umfassenden Landschaftsgeschichte zusammengefügt und schließlich mit den archäologischen Erkenntnissen kombiniert.

Geschichte: Im Mittelalter waren die Naturwissenschaften der Theologie untergeordnet; die Erdgeschichte galt als identisch mit der Beschreibung der Genesis und stimmte mit der Kulturgeschichte überein. 1669 definierte der dänische Anatom Nicolaus Steno das für die stratigraphische Geologie und Archäologie grundlegende Gesetz, wonach jüngere Ablagerungen immer auf älteren zu liegen kommen. Anschließend formulierte der französische Naturalist George Louis de Buffon (1707–1788) zum ersten Mal den Gedanken, daß die heute zu beobachtenden Naturgesetze der Physik, Chemie und Biologie auch auf Prozesse der Vergangenheit angewendet werden können, und daß die geologischen Abfolgen das Resultat dieser Prozesse sind: »Um zu beurteilen, was in der Vergangenheit geschah, oder in der Zukunft geschehen wird, brauchen wir nur die Gegenwart zu untersuchen« (de Buffon 1749, 96). Dieses Aktualitätsprinzip wurde anschließend von James Hutton (1726–1797) verbreitet. Hutton erkannte, daß die Geologie von physikalischen Grundgesetzen abhängig ist und hob sie in den Rang einer Naturwissenschaft. Seine Arbeiten bereiteten den Boden für das Verständnis der Evolution des Menschen und seiner Kulturen.

Zwischen 1822 und 1841 veröffentlichte der deutsche Geologe Karl Ernst Adolf von Hoff (1771–1837) ein fünfbändiges Werk, in dem er mit Hilfe der historischen Quellen der vergangenen zweitausend Jahre die langsame, aber kontinuierliche Entwicklung der Erdoberfläche rekonstruierte. Die noch jungen Disziplinen Archäologie und Geologie vereinte Charles Lyell in seinem Buch *The Antiquity of Man* (Lyell 1863). In der zweiten Hälfte des 19. Jahrhunderts standen sich Geologie und Archäologie so nahe, daß das *Journal of Geology* zeitweilig sogar einen Lektor für ›archäologische Geologie‹ hatte. Zu Beginn des 20. Jahrhunderts kam es allerdings zwischen Geologie und Archäologie zu einer Entfremdung durch die wachsende Spezialisierung in allen Teilbereichen der Wissenschaften und die Fokussierung auf quantitative Berechnungen. Geologie wurde nicht mehr länger als philosophisch-motivierte Erforschung der Erdgeschichte betrachtet, sondern als ein Instrument mit außerordentlichem wirtschaftlichen Stellenwert, das der Lagerstättenprospektion dient. Archäologie hingegen wurde in den angelsächsischen Ländern der Sozialanthropologie zugeordnet, während in Europa die neuentstandene Frühgeschichte der Klassischen Archäologie angegliedert wurde.

Eine erneute Annäherung von Geologie und Archäologie erfolgte durch die *New Archaeology* Bewegung der 1970er Jahre, als die Archäologie als wissenschaftliche Disziplin, die von reproduzierbaren, den Naturgesetzen vergleichbaren Prinzipien bestimmt wird, neu definiert werden sollte. Die geländeorientierten Zweige der Altertumskunde wurden in der Folge technisch ausgerichtet, und die Anzahl der Naturwissenschaftler auf Ausgrabungen stieg dramatisch an. Diese Experten blieben jedoch Einzelgänger ohne institutionelle Basis und Unterstützung. R. J. Braidwood, ein amerikanischer Archäologe, der ein multidisziplinäres Forschungsprojekt im Nord-Irak durchführte, schlug 1957 zum ersten Mal vor, die gemeinsamen Anstrengungen zwischen Archäologen und Naturwissenschaftlern in einer neuen Disziplin zu vereinen. Den Aufstieg dieser neuen Forschungsrichtung signalisierte auch das Projekt der Universität von Minnesota in Messenien (UMME, 1962–69), das parallel zu den traditionellen Ausgrabungen am Palast von Nestor durchgeführt wurde. Bei dieser Untersuchung stand die naturwissenschaftliche Rekonstruktion des physischen Lebensraums und seine Nutzung durch die bronzezeitliche Bevölkerung im Vordergrund. Gleichzeitig mit der Veröffentlichung des UMME-Berichtes erschien 1972 das 700-seitige Werk *Environment and Archaeology – An Ecological Approach* von Karl Butzer, in dem der Begriff ›G.‹ erstmals eingeführt wurde. Im Jahr darauf wurde in Southamptom ein Symposium abgehalten, dessen Beiträge anschließend in einem Band mit dem Titel *Geoarchaeology – Earth Science and the Past* herausgegeben wurden. Seit 1977 unterhält die Geological Society of America eine Untergruppe Archaeological Geology mit etwa tausend Mitgliedern, und seit 1986 erscheint eine internationale Zeitschrift mit dem Titel *Geoarchaeology*. In den letzten Jahren werden an amerikanischen und britischen Universitäten vermehrt Dozentenstellen für Geoarchäologen ausgeschrieben und entsprechende Vorlesungen und Kurse angeboten.

→ Ackerbau, Archäologie, Bevölkerung, Erosion, Forstwirtschaft, Hafen, Handel, Klima, Küste, Landwirtschaft, Meeresspiegel, Nahrungsmittel, Natur, Ökologie, Schiffahrt, Siedlungsformen, Strandverschiebungen, Straße (Straßenbau), Topographie, Viehwirtschaft, Wald, Wirtschaft

LITERATUR: E.K. *Leach*: On the Definition of Geoarchaeology, in: Geoarchaeology 7 (5) 1992, 405–417.

Eberhard Zangger

Geographie

Die G., auch Erdkunde, ist eine naturwissenschaftliche Disziplin, die sich grundsätzlich mit der Erforschung und Beschreibung der landschaftlichen Gestaltung der Erdoberfläche in ihrer Beziehung zum Menschen befaßt, gegliedert in Länderkunde (einzelne Regionen) und allgemeine G. (regionenübergreifende Fragestellungen). Vorwiegend anwendungsbezogen, konzentriert sie ihr Interesse heutzutage auf aktuelle Probleme im Beziehungsgeflecht von Mensch und Umwelt, d.h. hauptsächlich auf Probleme der Sozial-G. (Beschreibung von Räumen unterschiedlicher sozialer Verhaltens- und Lebensformen) und der Geosystemforschung (Erforschung von kurz- und mittelfristigen Entwicklungen, Steuerungsmöglichkeiten des Naturhaushalts) sowie auf konkrete Gestaltungsprobleme in bestimmten Regionen (Umweltgefährdung, Ressourcenerschöpfung, Zersiedlungsfolgen u. ä.). Unter historischen Gesichtspunkten interessieren die angeführten Problemkreise besonders in Bezug auf ihre Behandlung und Bewältigung unter den Bedingungen der antiken Welt.

Vorwissenschaftliche Ansätze: Lange vor Entstehung der wissenschaftlichen G. bei den Griechen hatte die religiöse und intellektuelle Auseinandersetzung des Menschen mit seiner realen Umwelt eingesetzt, ihre erste Gestaltung in den verschiedenen Erdentstehungsmythen der Kulturen im Zweistromland (vgl. das *Gilgamesch-Epos*), in Syrien (vgl. die biblische Schöpfungsgeschichte) und Ägypten (so die Mythen um die Welt- und Götterentstehung aus Atum von On/Heliopolis) sowie bei den mykenischen Griechen (vgl. die *Argonautensage*) gefunden.

Das Epos von Gilgamesch, dem sagenhaften Herrscher von Uruk in Südmesopotamien, führt uns in die Welt des Vorderen Orients. Die historischen Eckpunkte dieses Epos liegen am Anfang des dritten Jahrtausends v.Chr., seine literarische Gestalt hat der Mythos zu Ende desselben Jahrtausends in sumerischer Sprache gefunden; um 1800 v.Chr. entstand daraus eine einheitliche akkadische Version. Die umfangreichste Fassung dieser Epentradition stellen rund 3.000 Verse der zwölf Tafeln aus der Bibliothek des Königs Assurbanipal (669 bis etwa 627 v.Chr.) dar. Das zentrale Thema ist die Suche des Gilgamesch nach dauerhaftem Ruhm. In diesem Zusammenhang steht die Wanderung des Helden zu den Zedernwäldern des Libanon mit Zeitangaben zu Wegdistanzen und Hinweisen auf die Gebirge des Libanon und des Antilibanon (insbesondere auf der vierten Tafel). Auch über die geographischen Verhältnisse des Zweistromlands und der angrenzenden Steppengebiete gibt das Epos Aufschluß.

Die biblische Schöpfungsgeschichte (Genesis 1–11) ist in ihrer uns vorliegenden Gestalt ein Gewebe von mehreren Quellen (10. bis 6. Jahrhundert v.Chr.) und enthält verschiedene Mythen von der Entstehung des Kosmos, der Menschen und der Völker. Der geographische Rahmen dieses Schöpfungsgeschehens ist deutlich faßbar in der vielfältigen Beziehung auf die landschaftliche Umgebung des Menschen (natürliche und gestaltete Landschaft mit Flora, Fauna); sie bewegt sich im Raum Mesopotamien und Palästina.

Die historischen Anknüpfungspunkte des *Argonautenepos*, das uns erst in der Formung des frühhellenistischen Dichters Apollonios von Rhodos erhalten ist, liegen vor dem Trojanischen Krieg in mykenischer Zeit. Es handelt sich um die Geschichte einer Weltreise, unternommen von zahlreichen griechischen Heroen und Helden auf der Suche nach dem Goldenen Vlies. Ausgangspunkt der Reise war die thessalische Hafenstadt Pagasai. Sie führte – in großen Zügen skizziert – durch Hellespont und Bosporos an das Ostende des Schwarzen Meeres, von dort zurück an die Westküste und donauaufwärts und über einen der südlichen Nebenflüsse in die Adria, anschließend auf dem Eridanos ins Land der Kelten, dann die Rhône abwärts ins Mittelmeer, dort an der Westküste Italiens entlang und quer hinüber nach Kyrene und von dort durch die Ägäis wieder nach Pagasai. Fraglos stehen hinter den verschiedenen ungleichen Elementen dieser umfangreichen Darstellung teilweise recht dezidierte Vorstellungen von der G. der erfahrenen Welt und ihren Teilen.

Nicht die religiöse Bewältigung der Welterfahrung, sondern handfeste wirtschaftliche Interessen waren es, die in Mesopotamien Anlaß gaben zur Zusammenstellung von Ortslisten, aber auch zur Aufzeichnung von Stadt-, regionalen Land- und sogar Weltkarten auf Tontafeln.

Die ursprüngliche Vorstellung von der Erdscheibe: Sie wurde auf dem Wasser schwimmend bzw. von Wasser umgeben, wie sie bei den Sumerern erstmals (3. Jahrtausend v.Chr., Diod. 2,31,7; vgl. die um 600 v.Chr. entstandene Kopie einer babylonischen Erdkarte im Britischen Museum, Inv. Nr. 92 687) faßbar ist, in Syrien und auf griechischem Boden fortentwickelt (Diod. 2,31,7; Hes. theog. 116 ff.; Hom. Il. 18,483 ff.). Diese Vorstellung beeindruckt heute durch ihren Schematismus: Die Erdscheibe ist umgeben vom Okeanos, geviertelt durch zwei Weltflüsse. Auf der Autorität Homers beruhend, hat sich dieses Weltbild die gesamte Antike hindurch gehalten, tradiert durch Gelehrte vom Range eines Eratosthenes, Strabon und Ptolemaios (Eratosthenes nach Eustathius in Dion. Per. 1; Strab. 1,1,3; 2,26; Ptol. geogr. 7,5,2) – viele andere wissenschaftliche Koryphäen wie Platon (Plat. Phaid. 112E), Pytheas von Massilia (Ende 4. Jahrhundert v.Chr.), Krates von Mallos (2. Jahrhundert v.Chr.) und Poseidonios (2./1. Jahrhundert v.Chr.) schlossen sich dieser Anschauung an. Es waren nur wenige Gelehrte, die andere Vorstellungen entwickelten, etwa Herodot (Hdt. 2,32.34; 3,114; 4,36), Hipparchos (2. Jahrhundert v.Chr.) und Marinos von Tyros (1./2. Jahrhundert n.Chr.).

Die realen Erfahrungen mit der Erde: Die Beharrlichkeit des Schemas von der Inselhaftigkeit der Oikumene verwundert angesichts der Fülle geographischer Daten aus anfangs subliterarischen Logbüchern (*periploi*), in der Folge auch literarisch ausgestalteten Reiseberichten, die damals jedem zur Hand waren: Weitgereist mußte nicht sein, wer der homerischen *Ilias* die vielen Namen für den sogenannten Schiffskatalog (Hom. Il. 2,484–785) lieferte – es handelt sich hier um eine regelrechte Griechenlandkunde. Geographische Elemente enthalten auch die Darstellungen auf dem Schild des Achilleus, den Hephaistos anfertigte (Hom. Il. 18,483–608). Aus in die Ferne führenden Reise-Erfahrungen speisten sich dagegen die geographischen Angaben der homerischen *Odyssee*, sie führen uns von Troja durch die Ägäis in die See um Sizilien und Unteritalien, um phantastische Deutungen, die Odysseus etwa bis nach Amerika führen, hier außer acht zu lassen.

Auch das alte Logbuch – vielleicht eines karthagischen Kapitäns wie des Himilko –, das Avienus, ein lateinischer Dichter des 4. Jahrhunderts n.Chr., seiner Beschreibung einer Küstenfahrt von Britannien bis zur Rhône-Mündung zugrundelegte, zeugt von der steten Zunahme geographischer Kenntnisse von einer sich weitenden Welt; denn der geographische Rahmen der Welterfahrung wurde unablässig durch Kriegszüge, Kolonisation und Seefahrt im Interesse eines weltumspannenden Handels um geographische Einzelheiten erweitert. Die Erfahrungen, die Seefahrer aus aller Welt mitbrachten (Kolaios von Samos im 7., Euthymenes von Massilia und Skylax von Karyanda im 6., Hanno im 5. Jahrhundert v.Chr.), verursachten eine ungeheure Erweiterung des geographischen Horizonts.

Die Entstehung der wissenschaftlichen Geographie: Das wachsende Interesse an weltumspannenden geographischen Kenntnissen schlug sich besonders in der Zone der Begegnung von Orient und griechischem Okzident, im kleinasiatischen Ionien nieder, wo etwa in Milet ein Zentrum wissenschaftlicher Kommunikation entstand, und in diesem Kontext auch die geographische Wissenschaft. Als Archegeten der wissenschaftlichen G. gelten Anaximandros, der als erster Grieche eine Weltkarte entwarf, und Hekataios, der diese Karte verbesserte und dazu einen Kommentar mit dem Titel *Umgang um die Welt* (*periodos ges*) verfaßte und damit die erwähnte Logbuch-Subliteratur (*periploi*) auf literarisches Niveau hob. Hekataios repräsentiert bereits die beiden Richtungen der geographischen Wissenschaft – die Kartographie und die besonders die Beziehungen zwischen Mensch und Landschaft thematisierende Beschreibende G. –, die seit Eratosthenes (siehe unten) geradezu getrennte Wege gehen sollten. Wie in seinem zweiten literarischen Werk, den *Genealogien*, läßt Hekataios hier ein Weltverständnis erkennen, das an der Realität der Erfahrungen ausgerichtet ist und deutliche ethnographische und historische Komponenten enthält. Nicht nur wegen seiner Ansätze zur Quellenkritik sieht man in Hekataios daher zu Recht den ersten Vertreter der abendländischen Geschichtswissenschaft, der die geographische Komponente ihrer Arbeitsweise nie mehr abhanden kommen sollte. Vorzügliche Beispiele dieser Art von geographisch bewußter Historiographie sind die Geschichtswerke des weitgereisten Herodot und des welterfahrenen Polybios.

Die Vorstellung von der Erdkugel: Die bislang gesammelten geographischen Eindrücke wurden, zusammengefaßt auf einer flachen Scheibe, die dreimal so breit wie hoch war (Demokr. 55B 15), ohne wesentliche Änderungen ihrer im engeren Sinne geographischen Ausgestaltung der bewohnten Erde (Oikumene) – von Spanien bzw. Marokko im Westen bis zum Indus und an den Arabischen Golf im Osten, von Skythien im Norden bis zu den Äthiopen im Süden – möglicherweise schon in der 2. Hälfte des 6. Jahrhunderts v.Chr. bei den Pythagoreern (Diog. Laert. 8,26), spätestens aber im 5. Jahrhundert v. Chr. durch Parmenides (Poseidonios bei Strab. 2,2,2) zur Auffassung der Erde als einer Kugel in einem Sonnensystem umgeprägt. Eine Konsequenz dieser neuen Erkenntnis war die Untergliederung der Erde in fünf verschiedene, am Sonnenstand orientierte Zonen. Freilich nötigte der gewaltige, systematisch gewonnene Zuwachs an geographischen Kenntnissen, den der Alexanderzug mit sich brachte, zu zahlreichen Korrekturen in diesem Klimazonen-Schema.

Die Entstehung der wissenschaftlichen Kartographie: Einen besonderen Höhepunkt der griechischen G. stellt das Werk des Eratosthenes von Kyrene (3. Jahrhundert v.Chr.) dar. Dieser Universalgelehrte hat den methodisch wohl tragfähigsten Versuch, die kugelgestaltige Erde zu vermessen, unternommen. Er bemühte sich um die kartographische Erfassung der Erde (vgl. Abb. 21, S. 116). Seine Daten, die er mit unzulänglichen Instrumenten und ohne gesicherte Festschreibung des Längengrades eruiert hat, blieben dennoch eine wesentliche Grundlage für alle Geographen nach ihm.

Kartographie und Beschreibende Geographie: Im Anschluß an Eratosthenes, der die kartographische Arbeit unter Einbeziehung mathematischer und astronomischer Methoden als das eigentliche Zentrum der Tätigkeit eines Geographen betrachtete, im Gegensatz zur bloß literarischen Landeskunde, wie sie beispielsweise Homer betrieben hatte, aber auch Timaios und Ephoros, spaltete sich die geographisch interessierte Gelehrtenwelt in zwei Richtungen: Die eine folgte Eratosthenes und widmete sich hauptsächlich kartographischen Problemen (Hipparchos von Nikaia Mitte 2. Jahrhundert v.Chr., Marinos von Tyros 2. Jahrhundert n.Chr.), die andere orientierte sich an der beschreibenden G. (Polybios, Poseidonios, Strabon, Timagenes von Alexandreia, Tacitus, Plinius d.Ä., Pomponius Mela, Ammianus Marcellinus, Prokopios).

Auch Claudius Ptolemaios (2. Jahrhundert n.Chr.) war Eratosthenes verpflichtet, als er den Versuch einer Planprojektion der kugelgestaltigen Erde für eine Welt- und 26 Regionalkarten unternahm. Das Datenwerk dieses gewaltigen Vorhabens ist erhalten, aber wir wissen nicht, ob es in der Antike jemals kartographisch Gestalt gewonnen hat.

Der Niedergang der wissenschaftlichen Geographie in der Spätantike: In der Folge nimmt die wissenschaftliche G. eine fatale Entwicklung, die gekennzeichnet ist durch Epitomierung und Paraphrasierung der älteren geographischen Werke und durch die Abkehr von der Auffassung von der Kugelgestalt der Erde, die besonders von christlichen Kreisen bekämpft wird. Konstantinopel hat hier immerhin eine bewahrende Funktion wahrgenommen (Stephanos von Byzanz mit seinen *Ethnika* im 6. Jahrhundert n.Chr., Abschriften von Strabon und Ptolemaios ab dem 9. Jahrhundert), nicht aber die geographischen Forschungen fortgeführt.

→ Erde, Erdteile, Erdvermessung, Ethnographie, Geschichtsschreibung, Götter, Handel, Historische Geographie, Kartographie, Klima, Kolonisation, Krieg, Mythologie, Reiseberichte, Schiffahrtswege, Straße (Straßenbau), Welt

LITERATUR: K. *Abel:* RE Suppl. 14 (1974) Sp. 989–1188, s.v. Zone Nr. 1. – H. *Berger:* Geschichte der wissenschaftlichen Erdkunde der Griechen. 2 Bde., Leipzig ²1903. – K. *Brodersen:* Terra Cognita. Hildesheim 1995. – E. H. *Bunbury:* A History of Ancient Geography among the Greeks and Romans from the Earliest Ages till the Fall of the Roman Empire. 2 Bde., New York 1879. – F. *Gisinger:* RE Suppl. 4 (1924) Sp. 521–685, s.v. Geographie. – C. *Jacob:* Géographie et ethnographie en Grèce ancienne. 1991. – C. van *Paassen:* The Classical Tradition of Geography. Groningen 1957. – P. *Pédech:* La géographie des Grecs. Paris 1976. – F. *Prontera:* Geografia e geografi nel mondo antico: Guida storica e critica. 1983. – J. S. *Romm:* The Edges of the Earth in Ancient Thought. 1992. – M. *Sordi:* Geografia e storiografia nel mondo classico. 1988. – J. O. *Thomson:* A History of Ancient Geography. Cambrigde 1948.

Eckart Olshausen

Geopolitik

Die G., auch Politische Geographie, ist die Lehre über den als geographischen Organismus oder als ›Erscheinung im Raum‹ (Kjellén) begriffenen Staat und somit Teilbereich der Historischen Geographie. Manche Forscher (Grabowsky) weisen die G. auch der Politikwissenschaft zu.

Mit ihrem Ansatz zielt die G. in das Zentrum der Wechselbeziehung zwischen Mensch und Landschaft. Die Instrumentalisierung geopolitischer Gedanken (Karl Haushofer) durch die nationalsozialistische Lebensraumpolitik hat die G. als eine wissenschaftliche Disziplin zumal in Deutschland jedoch in Mißkredit gebracht. Auch wenn eine geopolitische Determination allgemein abzulehnen ist, so ist auf der anderen Seite die gegenseitige Bedingtheit von geographischen Gegebenheiten und politisch-staatlichen Verhältnissen, sowohl in der Vergangenheit als auch in der Gegenwart, evident. So kann beispielsweise nicht bestritten werden, daß der griechische Partikularismus der separierten Poliswelt einen Grund in dem von Gebirgen und engen Tälern geprägten Landschafts-Charakter Griechenlands hat. Die römische Expansion wiederum war wenigstens partiell von bestimmten Raumvorstellungen geprägt, was jedoch nicht in der prononcierten Tendenz und einer geradezu fahrlässigen Diktion wie etwa bei Joseph Vogt gewürdigt werden sollte.

Auch in den antiken Quellen finden sich Ansätze von geopolitischen Auffassungen bzw. von geopolitisch verwertbaren Überlegungen, wie beispielsweise in der pseudohippokratischen Schrift *Über Luft, Wasser, Orte* (5. Jahrhundert v.Chr.) oder bei dem römischen Architekturschriftsteller Vitruv (1. Jahrhundert v.Chr.).

→ Geographie, Historische Geographie, Mentalität, Raum, Städtebau, Topographie

LITERATUR: A. *Grabowsky:* Staat und Raum. Berlin 1928. – C. *Heucke:* Von Strabon zu Haushofer? Eine wissenschaftsgeschichtliche Anmerkung, in: Orbis Terrarum 1, 1995, 203–211. – R. *Kjellén:* Der Staat als Lebensform. Leipzig 1917. – J. B. *Müller:* Determinanten politischer Entscheidung. (Beiträge zur Politischen Wissenschaft 46), Berlin 1985. – P. *Schöller:* Geopolitische Versuchungen bei der Interpretation der Beziehungen zwischen Raum und Geschichte, in: D. Derecke/K. Fehn (Hgg.): Geographie in der Geschichte. (Erdkundliches Wissen 96), Stuttgart 1989, 73–88. – J. *Vogt:* Raumauffassung und Raumordnung in der römischen Politik, in: J. Vogt (Hg.): Orbis. Ausgewählte Schriften zur Geschichte des Altertums. Freiburg/Basel/Wien 1960, 172–198 (Aufsatz erstmals erschienen 1942).

Eckart Olshausen

Geschichtsschreibung

Die G. setzt in der griechischen Literatur im 5., in der lateinischen im 3. Jahrhundert v.Chr. ein und reicht dann in beiden Sprachen kontinuierlich bis ans Ende des Altertums (und darüber hinaus). Uns ist allerdings von der reichen historiographischen Produktion der Griechen und Römer nur vergleichsweise wenig erhalten, in der Hauptsache griechische Werke des 5., des frühen 4. und des 2. Jahrhunderts v.Chr. sowie der Kaiserzeit und der Spätantike, lateinische des 1. vor- und nachchristlichen Jahrhunderts und wieder der Spätantike; für die verbleibenden Lücken stehen immerhin jüngere Sekundärquellen und zahlreiche Fragmente zur Verfügung. Die G. war aber nicht auf Griechen und Römer beschränkt. Der Alte Orient war reich an historiographischen Texten verschiedener Gattungen, wovon uns nicht weniges im Alten Testament, aber auch auf Inschriften, Tontafeln und Papyri erhalten ist. Dazu kommt die jüdische G. späthellenistischer und römischer Zeit, die in griechischer Sprache und Übersetzung erhalten ist.

Verbindung mit anderen Wissenschaften: Der Geographie bietet jede Art von G. reichen Stoff, die des Altertums in besonderem Maße. Das liegt zunächst daran, daß bei den Griechen G. und Geographie denselben Ursprung hatten. Hekataios von Milet verfaßte im frühen 5. Jahrhundert v.Chr. eine inhaltsreiche Beschreibung aller bekannten Länder und Völker in der Form eines *periplus*, einer Fahrt um das Mittelmeer, aber auch das erste historische Werk der Griechen, die *Genealogien*, eine Zusammenfassung aller griechischen Sagen in Prosa, d.h., wie man es damals verstand, eine Darstellung der Ursprünge und ältesten Geschichte der griechischen Städte und

Stämme und ihrer Nachbarn. Sein großer Fortsetzer auf beiden Gebieten war Herodot (nach der Mitte des 5. Jahrhunderts v.Chr.). Sein Werk gibt sich als eine Geschichte des Perserreiches und der Perserkriege bis 479 v.Chr., und es bietet in der Tat auch dies. Aber es enthält zahlreiche und gewichtige Exkurse weit über dieses Thema hinaus, neben vielen historischen auch viele, z.T. sehr große geographische. Den Marsch des Xerxes durch Kleinasien, Thrakien und Makedonien erzählt er, indem er geographisches Material (vorzügliche Küsten-, Straßen- und Landesbeschreibungen) in eine (pseudo-)historische Darstellung umsetzt. Nach dem Vorbild Herodots hat die griechische und die (von ihr abhängige) römische G. der Geographie stets einen breiten Raum eingeräumt. Geographische Exkurse waren allezeit beliebt; manche Autoren widmeten der Geographie innerhalb ihrer Geschichtswerke ganze Bücher; und alle guten Historiker waren um die Genauigkeit und Anschaulichkeit der topographischen Details in der Erzählung von Feldzügen, Schlachten und Belagerungen sorgfältig bemüht.

In demselben Umfang wie die Geographie im engeren Sinn war auch die Ethnographie fester Bestandteil der historischen Darstellungen. Die hochmütige Ansicht neuerer Historiker, ›Primitivvölker‹ hätten keine Geschichte und daher in der Historie nichts zu suchen, teilten die antiken Autoren nicht.

Soeben haben wir einen anderen wichtigen Punkt berührt. Antike G. war vor allem anderen Kriegsgeschichte, und dies mit vielen – besonders eben auch geographischen – Details, wie denn die Historiker des Altertums überhaupt den großen Maßstab bevorzugten. In einer Zeit, in der es an guten Karten gänzlich fehlte, hieß das, daß der Historiker viel Geographisches verbal ausführen mußte – was gegenüber der Karte gewiß auch seine Vorzüge hat, insbesondere für uns, denen die Karte zusätzlich zur Verfügung steht. Und nicht nur die griechisch-römische G. bietet in den Feldzugsberichten viel geographisches Material: Schon die ausführlicheren unter den erzählenden Königsinschriften, namentlich der Hethiter und Assyrer, sind unschätzbare Quellen für die Historische Geographie.

Lokale Geschichtsschreibung: Besonders wichtig ist ein weiterer Punkt. Uns Heutigen gelten als Subjekte der Geschichte vor allem die großen Staaten und Völker; um die kleinräumige Geschichte kümmern wir uns wenig. In der Geschichte des Altertums, jedenfalls vor der Zeit des ausgebildeten römischen Weltreichs, aber noch in der Zeit seiner Entstehung gab es, der weithin kleinstaatlichen Struktur entsprechend, viele kleine Subjekte, die in ihrem vielfältigen Mit- und Gegeneinander auch die ›große‹ Geschichte wesentlich mitbestimmten, und die Historiker fühlten sich in der Welt der Kleinstaaten zuhause. Sie waren ihrer Vaterstadt, vielleicht auch einer Wahlheimat verbunden und hatten Verständnis für den Patriotismus auch ihrer Vorgänger. Daraus ergab sich eine intensive Beschäftigung mit der Geschichte auch der vielen kleinen und kleinsten Einheiten politischen Lebens und mit der für deren Verständnis unentbehrlichen großmaßstäblichen Geographie. Dies gilt nicht nur von den zahllosen Orts- und Landesgeschichten, einer vom 5. Jahrhundert v.Chr. bis in die Kaiserzeit blühenden Gattung, von der uns leider sehr wenig erhalten ist, sondern auch von den Geschichtswerken, die ganz Griechenland oder die ganze bekannte Welt umspannen und doch die kleinräumige Geschichte nicht vernachlässigen.

Derselbe Polybios, der auf die Erkenntnis, daß in dem von ihm behandelten Zeitraum die Teilgeschichten zur Weltgeschichte zusammengewachsen sind, so stolz ist, vertieft sich gern in die, wie es uns scheinen mag, kleinen und unbedeutenden Affären Griechenlands. Der erste Geschichtsschreiber Roms in lateinischer Sprache, der alte Cato, befaßte sich eingehend mit der Geschichte und Geographie der einzelnen Städte und Völker Italiens, ehe er zur Geschichte der römischen Eroberung überging. Er war offenbar nicht der Meinung, daß diese Lokalgeschichten mit der Unterwerfung unter Rom ihr Interesse verloren hätten. Noch die späten Annalisten und ihnen folgend Dionysios von Halikarnassos und Livius behandeln die Geschichte der römischen Eroberung Italiens in allen Details, und derselbe Livius übernimmt von Polybios dessen ausführliche Geschichte der griechischen Verwicklungen ohne wesentliche Kürzungen. Im Laufe der Kaiserzeit allerdings verlor die zeitgenössische Regional- und Lokalgeschichte ihr Interesse; die ältere Geschichte der eigenen Heimat wurde auch jetzt noch gern behandelt.

→ Bezirk, Ethnographie, Geographie, Hagiographie, Historische Geographie, Inschriften, Kartographie, Krieg, Münzen, Papyri, Stadt, Topographie, Volksstamm

LITERATUR: D. *Flach:* Einführung in die römische Geschichtsschreibung. Darmstadt 1985. – K. *Meister:* Die griechische Geschichtsschreibung: Von den Anfängen bis zum Ende des Hellenismus. Stuttgart 1990.

Fritz Gschnitzer

Gesellschaft

Die Abgrenzung von Gesellschaft in Raum und Zeit: Eine G. in dem hier gemeinten Sinn des Wortes ist die Gesamtheit der Menschen, deren Zusammenleben – innerhalb bestimmter räumlicher und zeitlicher Grenzen – von einem bestimmten System z.T. rechtlich fixierter, im allgemeinen aber eher formloser und nicht selten unbewußter Gegebenheiten, Normen und Gewohnheiten beherrscht wird, das wir ›G.-Ordnung‹ nennen: Verschiedene G. können ähnlichen oder auch ganz verschiedenen Ordnungen unterworfen sein; jede dieser Ordnungen hat ihre örtlichen und zeitlichen Varianten und jede stößt irgendwo bzw. irgendwann, an mehr oder weniger scharfen Grenzen oder auch in fließenden Übergängen, an die Ordnungen anderer G.

Es ist klar, daß diese G. nicht in derselben Weise objektiv gegebene Größen sind wie die Staaten und ihre Unterabteilungen oder die Sprach- und Religionsgemeinschaften. Es hängt vielmehr von uns ab, nach welchen Merkmalen wir sie definieren wollen, und wir werden auf um so kleinere und zahlreichere G. kommen, je enger wir jede von ihnen definieren (d.h. je mehr Merkmale wir ihr zuschreiben) und je weniger wir zu generalisieren bereit sind. Die Einwohnerschaft einer Stadt kann ebensogut als eine G. für sich betrachtet werden wie als Teil einer größeren G. Es wird von Art und Ausmaß der überörtlichen gesellschaftlichen Beziehungen, aber auch von unserem jeweiligen Erkenntnisziel abhängen, ob die eine oder die andere Betrachtungsweise den Vorzug verdient. Eine G. kann auch andere als geographische Grenzen haben; man könnte z.B. zu der Feststellung kommen, daß in einem bestimmten Gebiet Adel, gemeines Volk und Sklaven (oder Griechen, Ägypter und Juden) drei verschiedene G. bildeten, die zu ihresgleichen außerhalb dieses Gebietes engere Beziehungen hatten als untereinander. Daß es zweckmäßig sein kann, kleinere G. als Unterteilungen größerer aufzufassen, versteht sich. In derselben Weise wie die räumlichen können auch die zeitlichen Grenzen der einzelnen G. verschieden angesetzt werden; und auch hier liegt es nahe, größere, über längere Zeiträume sich erstreckende Einheiten zeitlich zu untergliedern, also z. B. bei der Behandlung der athenischen G. der klassischen Zeit die G. des 5. und die des 4. Jahrhunderts v.Chr. zu unterscheiden und beide dann doch zu einer übergeordneten Einheit zusammenzufassen. In diesem weitgespannten Überblick müssen wir natürlich die einzelnen G. möglichst weit fassen.

Griechenland: In der griechischen Geschichte sind als die grundlegenden gesellschaftlichen Einheiten wohl die Poleis, die Stadtgemeinden unter Einschluß ihres Landgebietes, anzusehen, daneben diejenigen *ethne*, in denen Städte sich noch nicht oder noch nicht weit entwickelt und noch nicht viel Eigenleben gewonnen hatten. Die Beziehungen zwischen den Poleis nicht nur des Mutterlandes, sondern auch der Kolonialgebiete waren aber so lebhaft, daß man durchaus auch von einer (loseren und variantenreichen) gesamtgriechischen G. sprechen kann, die ihren sinnfälligen Ausdruck in den panhellenischen Heiligtümern und Festen fand. Deutlicher als die (innergriechischen) räumlichen waren die zeitlichen Unterschiede ausgeprägt. Von der mykenischen war (nach den Dunklen Jahrhunderten) die homerische, von dieser (nach der stürmischen Entwicklung der archaischen Zeit) die klassische G. deutlich verschieden; deren Grundmuster aber erhielt sich dann bis zur allgemeinen Nivellierung der Verhältnisse im Römischen Reich, d. h. bis weit in die Kaiserzeit.

Die G. Makedoniens war ursprünglich von der der nordgriechischen Ethne kaum verschieden, nahm aber in der Zeit der makedonischen Großmacht (rund 360–170 v.Chr.) ein besonderes Gesicht an, charakterisiert durch die starke Stellung des Königs und des um diesen gescharten, aber eigenwilligen Kriegeradels und durch die lebhafte Entwicklung der Städte im mittleren und östlichen Landesteil.

Das Achaimenidenreich und seine hellenistischen Nachfolgestaaten umschlossen eine bunte Vielfalt lokaler und regionaler G., zusammengehalten vom persischen Reichsadel (der in hellenistischer Zeit seine beherrschende Stellung in weiten Gebieten vom Schwarzen Meer bis gegen den Indus behauptete oder wiedergewann) und von einer makedonisch-griechischen, weitgehend an den Königsdienst gebundenen Herrenschicht. Unter den lokalen und regionalen G. sind die Städte im westlichen und südlichen Kleinasien und im Bereich des Fruchtbaren Halbmonds hervorzuheben, die z. T., wie die phönizischen (mit ihren Kolonien im westlichen Mittelmeergebiet), den griechischen schon vor der Hellenisierung durchaus vergleichbar waren, z. T., wie die Städte Kariens und Lykiens, früh hellenisiert wurden. Dazu traten dann in hellenistischer Zeit die vielen Städte, die von Anfang an als griechische gegründet wurden und in einem weitgespannten, aber nicht lückenlosen Netz den geographischen Bereich griechischer G.-Ordnung gewaltig erweiterten. Zugleich kam die Hellenisierung der phönizischen und anderer vorgriechischer Städte rasch voran, so daß nun weite Teile des Orients durch eine Gemengelage griechischer Städte und in bodenständigen Traditionen verharrender ländlicher Gebiete gekennzeichnet waren.

Rom: Im alten Italien bildeten zunächst, wie in Griechenland, kleine Städte und Stammverbände die grundlegenden sozialen Einheiten. Doch hoben sich deren Ordnungen wegen der verschiedenen Herkunft und Sprache der Völker Italiens voneinander stärker ab als die der griechischen Poleis und Ethne, so daß von einer gesamtitalischen G., ähnlich der gesamtgriechischen, nicht die Rede sein kann. Die Expansion Roms seit der Mitte des 4. Jahrhunderts v.Chr. führte nach und nach zur Integration ganz Italiens (außer den Griechenstädten) in die römische G., jedoch so, daß die regierende Oberschicht an die Stadt Rom gebunden blieb – wer mitregieren wollte, mußte dorthin übersiedeln – und sich auf der anderen Seite in den Landstädten ein beträchtliches Maß an Selbstverwaltung und sozialem Eigenleben erhielt oder neu entwickelte, überall nach demselben – römischen – Schema.

Dieser Romanisierungsprozeß setzte sich in der Kaiserzeit stetig fort, erfaßte zuerst die westlichen, dann auch die östlichen Provinzen und führte schließlich dahin, daß in der späten Kaiserzeit eine einzige – die spätrömische – Ordnung mit vergleichsweise geringen Varianten (abgesehen von einigen Randgebieten) das ganze Reich durchdrang. Die Einschmelzung auch des Griechentums wurde dadurch begünstigt, daß die Kultur, auch die G.-Ordnung, Roms schon seit der Frühzeit und dann in zunehmendem Maße seit dem 2. Jahrhundert v.Chr. starkem griechischem Einfluß unterlegen war und seit dem späten 3. Jahrhundert n.Chr. die Ausbildung großer Regierungs- und Verwaltungszentren im Osten den Griechen auch das Mitregieren leichter machte. Weitgehend abgesonderte G. bildeten wegen ihrer exklusiven Religion die Juden und die Samaritaner und anfangs auch die Christen. Diese aber machten sich die griechisch-römische Kultur voll zu eigen, wurden zur Mehrheit und gingen in der allgemeinen spätrömischen, nun auch noch christlich geprägten G. auf.

Die sozialen Strukturen: Die innere Ordnung einer G. ist vor allem durch ihre Gliederung bestimmt, oder vielmehr durch die verschiedenen Formen der Gliederung, die durchaus nebeneinander stehen und einander durchkreuzen können. In den G. der griechischen und römischen Welt dominierte gewöhnlich die Gliederung nach dem *status libertatis* in Freie und Unfreie und die der Freien nach dem *status civitatis* in Bürger und Ausländer (die in großer Zahl, als *metoikoi* oder *incolae* oder wie immer sie hießen, auch im Inland wohnhaft sein konnten). Innerhalb der Bürgerschaft war die Abgrenzung von Ober-, Mittel- und Unterschicht meist fließend und formlos. Förmliche Standesunterschiede unter den Bürgern gab es dort, wo die politischen Rechte abgestuft waren, wie in Sparta zwischen Spartiaten (vollen und geminderten Rechts) und Periöken oder im frühen Rom zwischen Patriziern und Plebejern. Besonders reich abgestuft war die römische Bürgerschaft der Kaiserzeit: Es gab drei gehobene Stände, je einen für die Regierung der vielen Städte (den Dekurionenstand), für die Rekrutierung der Offiziere und Verwaltungsbeamten (den Ritterstand) und für die Regierung des Reiches, der meisten Provinzen und der Stadt Rom (den Senatorenstand); es gab feste Regeln für den Aufstieg aus einem Stand in den nächsthöheren, und es gab in jedem Stand feste Regeln für den Aufstieg von Amt zu Amt, den *cursus honorum.*

G.-Ordnungen dieser Art waren, wie man sieht, Ausfluß und wichtiger Teil der jeweiligen politischen Verfassung. Es gab aber auch ganz andere Gliederungen. Die soziale Stellung innerhalb der Bürgerschaft war vielfach durch die Art des Kriegsdienstes (unter den Reitern, den Schwerbewaffneten oder nur unter den Leichtbewaffneten oder Ruderern) bestimmt und damit indirekt durch den Vermögensstand. Eine grobe Scheidung nach Berufen konnte zeitweilig eine gewisse Bedeutung für die politische und soziale Einstufung gewinnen, wobei vor allem der Landbesitz als positives, der Broterwerb durch Handel oder Handarbeit als negatives Kriterium zählten. Von großer Bedeutung war die Scheidung nach dem Geschlecht, dem Lebensalter und der Stellung in der Familie. Die antiken G. waren G. erwachsener Männer, unter denen wieder die mindestens Dreißigjährigen vielfach eine gehobene Stellung einnahmen (in Athen und anderswo in Griechenland war dies das Mindestalter für den Eintritt in den Rat und die Bekleidung der Ämter). Es gab aber auch Vorrechte des höheren Alters: In die spartanische Gerusie konnten nur mindestens Sechzigjährige gewählt werden, und das war ein Relikt aus einer älteren Zeit, in der der Rat allgemein ein ›Rat der Alten‹ (*gerousia, patres, senatus*) gewesen war. Die Frauen waren überall zurückgesetzt, sie hatten keine politischen Rechte und waren vielfach, vor allem in älterer Zeit, auch im privaten Bereich nur beschränkt rechts- und geschäftsfähig. Von den Minderjährigen galt das natürlich ohne Ausnahme; sie standen unter der Schutzherrschaft ihres Vaters oder anderer Verwandter. Noch weiter in der Zurücksetzung abhängiger Familienmitglieder ging das römische Recht mit seiner umfassenden *patria potestas*. Als die Zellen des sozialen Körpers galten eben weithin, in Griechenland wie in Rom, nicht die einzelnen Individuen, sondern die Familien, die ›Häuser‹, vertreten durch den Hausvater.

Von erheblicher Bedeutung für Zusammenhalt und Gliederung der G. waren natürlich auch die Bindungen durch Verwandtschaft und Verschwägerung, dann die räumlichen und die sonstigen Abteilungen der Bürgerschaft, die Nachbarschaft, das Verhältnis von Stadt und Land – soweit nicht innerhalb einer G. (fast) alle in der Stadt wohnten –, Gefolgschaften und gefolgschaftsähnliche Nahverhältnisse (wie die römische Klientel) und nicht zuletzt die Vereine.

Entwicklungstendenz: Aus den vorstehenden Ausführungen ist schon klar geworden, daß sowohl die Zahl und Größe wie die Vielfalt der G. und ihrer Glieder großen Schwankungen unterworfen waren. Doch darf als Gesamttendenz der Entwicklung im Laufe des Altertums festgehalten werden, daß die einzelnen G. immer größere Räume erfaßten (und entsprechend an Zahl zurückgingen) und immer einfacher und einförmiger gegliedert waren. Im Zusammenleben der Menschen zählten die allgemeinen Normen immer mehr, die an Orte und Personen gebundenen Besonderheiten immer weniger. Die treibenden Kräfte in diesem Prozeß waren die Großreiche Vorderasiens, die Ausbreitung und Ausstrahlung des Griechentums und seiner Demokratie, die römische Eroberung und die *pax Romana*. Erst der Zusammenbruch des Römischen Reiches im 5.–7. Jahrhundert ließ eine neue, wieder kleinteilige und bunte Welt entstehen.

→ Adel, Beruf, Bezirk, Bürgerrecht, Demokratie, Dorf, Ethnologie, Fremde, Geographie, Grenze, Imperialismus, Interessensphären, Handel, Kolonisation, Kultorganisation, Monarchie, Raum, Recht, Reich, Siedlungsformen, Sklaverei, Sprache, Sprachen, Staat, Staatenverbindungen, Stadt, Volksstamm, Welt

LITERATUR: G. *Alföldy*: Römische Sozialgeschichte. Wiesbaden ³1984. – F. *Gschnitzer*: Griechische Sozialgeschichte von der mykenischen bis zum Ausgang der klassischen Zeit. Wiesbaden 1981. – M. *Rostovtzeff*: The Social and Economic History of the Hellenistic World. 3 Bde., Oxford 1941.

Fritz Gschnitzer

Getreide

G. (*sitos, frumentum*) war in der Antike das verbreitetste und wichtigste Nahrungsmittel. Botanisch handelt es sich bei G. um faserwurzlige Gräser mit grasartigen Blättern und starkem knotigem Halm, der in einer Ähre ausläuft. In dieser Ähre sitzen die stärke- und vitaminhaltigen Körner, das eigentliche Nahrungsmittel für die Menschen (vgl. Theophr. h.plant. 8; Plin. nat. 18,51). Der Erreichung immer größerer Körnergrößen und höherer Körnergewichte galt deshalb von Anfang an die züchterische Aufmerksamkeit der Ackerbauern (zur Saatgutauswahl siehe den Artikel Ackerbau).

Den Übergang von den steinzeitlichen Jäger- und Sammlergesellschaften zur Akkerbaugesellschaft im Spätmesolithikum darf man sich so vorstellen, daß bestimmte Wildgräserarten, die ursprünglich zur Nahrungsmittelbeschaffung in der freien Natur gesammelt wurden, nun systematisch auf beackerten Feldern angebaut wurden. Dabei sind offenbar früh durch selektive Saatgutauslese der in der natürlichen Variabilität entstandenen Variationen Kulturformen dieser Nahrungsgräser entwickelt worden. Die im heutigen Irak gefundenen Samenkörner aus der Zeit von rund 8000 v.Chr. zeigen deutliche Anzeichen der heutigen Kulturformen von G. Kulturformen haben ganz allgemein größere Korngrößen als die Wildformen, und die Körner sitzen wesentlich dichter an der Ähre.

In diesem Zusammenhang ist auch plausibel, wenn die antiken Autoren den Beginn des G.-Anbaus als den Anfang der menschlichen Zivilisation ansehen. Die durch den Ackerbau komplexer werdende Reproduktion des menschlichen Lebens erforderte eine zunehmende gesellschaftliche Arbeitsteilung, eine gesellschaftliche Kommunikation und politische Organisation – der Keim der antiken städtischen Zivilisation lag offenbar in den dörflichen Gemeinschaften der ersten Ackerbauern.

Getreidearten: Wenn G. – als Oberbegriff für die vielen G.-Arten – auch als Hauptnahrungsmittel der Antike gilt, so waren nicht überall alle G.-Arten gleichermaßen vertreten. Dieser Umstand ist nicht alleine aus den Vorlieben der Menschen bestimmter Landstriche zu erklären, sondern muß auch auf die Ertragslage der G.-Arten in bestimmten Gegenden zurückgeführt werden: Böden, Klimate und Notwendigkeiten der Lagerung und des Handels steuerten die Bevorzugung einzelner G.-Arten. Aus diesem Grunde sollen im folgenden die gebräuchlichsten G.-Arten der Antike, ihre Standortbedingungen und ihre Geschichte einzeln vorgestellt werden.

(1) *Reis:* Reis wurde den Griechen durch die Alexanderzüge in Indien bekannt. Von Indien aus breitete er sich auch in die Nachbarländer bis Syrien aus, wurde aber in Mitteleuropa bis ins 8. Jahrhundert n.Chr. nicht angebaut.

(2) *Hirse:* Der Name Hirse bezeichnet zwei G.-Arten: die Rispenhirse und die Kolbenhirse (Theophr. h.plant. 8,1,4; Plin. nat. 18,53ff., 100ff.; Colum. 2,9,17). Die Rispenhirse war zweifelsohne die bedeutendere G.-Art, haben sich doch manche Barbarenvölker vorwiegend von Rispenhirse ernährt (Plin. nat. 18,100f.). Rispenhirse war im gesamten antiken Mittelmeerraum verbreitet, wenngleich das aus ihr hergestellte Brot von geringem Geschmack war und die aus ihr hergestellten Brote oder Breie als wenig nahrhaft galten. Kolbenhirse wurde besonders im Schwarzmeergebiet, in Gallien und in Norditalien angebaut und fast ausschließlich als Brei zubereitet. Beide Hirsearten waren jedoch wegen ihres kleinen Korns, wegen ihres geringen Ertrags und wegen ihrer hohen Empfindlichkeit gegenüber anderen G.-Arten stark

im Nachteil. Lediglich die Tatsache, daß sie erst spät im Jahr gesät werden konnten, verschafften ihr auch in der griechisch-römischen Antike eine gewisse Bedeutung als Aushilfssaat.

(3) *Hafer:* Hafer war in der Antike entweder als Ackerunkraut verpönt (Theophr. h.plant. 8,9,2; Plin. nat. 18,149f.) oder wurde als Tierfutter verwendet (Colum. 2,10,32), wenn er nicht – in Ausnahmefällen – als Graupen und als Brei zu medizinischen Zwecken auch der menschlichen Ernährung diente (Plin. nat. 22,137). Nur bei ärgster Hungersnot waren antike Menschen bereit, auf das Futter-G. Hafer zur menschlichen Ernährung (meist als Brot, obwohl Hafer zur Brotbäckerei wenig geeignet ist) zurückzugreifen. Die germanischen Völker kannten Hafer, als Brei zubereitet, freilich als Hauptnahrungsmittel (Plin. nat. 18,149), weil er klimatisch anspruchslos ist und demzufolge auch in kälteren Gegenden gute Erträge erbringt.

(4) *Roggen:* Der Roggen ist botanisch ein naher Verwandter des Weizens. Er eignet sich ebenfalls zur Herstellung von gesäuertem Brot; Roggenbrot ist aber dunkler, schwerer und weniger wohlschmeckend. Deshalb war im antiken Raum der Roggen überall dort im Nachteil, wo Weizen ebensogut gedeihen konnte. Die größere Winterhärte des Roggens machte ihn jedoch in Gebirgslagen (Karpaten, Alpen, Vogesen) und nördlich der Alpen zum Hauptbrot-G. (etwa Plin. nat. 18,140). Ansonsten spielte der Roggen im antiken Mittelmeerraum keine Rolle.

(5) *Gerste:* Die Gerste, sowohl die zweireihige als auch die vier- und sechsreihige Form (Theophr. h.plant. 8,4,2; Colum. 2,9,14–16; Plin. nat. 18,72ff.), war in Griechenland seit alters her die wichtigste Nahrungs-G.-Art. Obgleich sie – zurecht – als weniger nahrhaft als der Brotweizen galt, gedieh sie in manchen Gegenden Griechenlands ertragreicher als dieser. Besonders ihre kurze Vegetationszeit und ihr geringer Feuchtigkeitsbedarf machte sie auch für gebirgige Lagen geeignet. Zum Backen von Brot ist die Gerste wegen ihres geringen Proteingehalts nahezu ungeeignet. Deshalb wurde Gerste zu Brei, Getränken und zu *maza*, dem ungesäuerten Knetkuchen als dem ›täglichen Brot‹ der Griechen, verarbeitet. Außerdem war die Gerste im gesamten Mittelmeerraum als Futter-G. verbreitet. Sie hatte den Ruf, den Tieren zuträglicher zu sein als die proteinreichen Nacktweizenarten (Colum. 2,9,14).

Als menschliches Nahrungsmittel wurde die Gerste jedoch allmählich – von medizinischen Anwendungen und von der ›barbarischen‹ Bierbrauerei abgesehen – durch Weizenarten mit hoher Backqualität abgelöst. Für Hipponax (35,6) ist Gerstenbrot Sklavenspeise, und in der römischen Armee des 2. Jahrhunderts v.Chr. war Gerstenspeise eine Strafe für die Legionäre (Pol. 6,38,3).

(6) *Spelzweizen:* Spelzweizen ist im italischen Bereich das ursprünglichste Nahrungs-G. Da beim Spelzweizen, wie übrigens auch bei der Hirse, die Hüllspelzen um das Korn so fest sitzen, daß die Körner nicht sofort ausgedroschen werden können, mußten sie in der Antike vor der Weiterverarbeitung zu Nahrungsmitteln geröstet werden. Dadurch verloren die Hirse und die Spelzweizen jedoch ihre Backfähigkeit. Deshalb wurde Spelzweizen, ähnlich der Gerste im frühen Griechenland, nur als Brei (*puls*) oder als Knetkuchen verzehrt (Plin. nat. 18,83). Von den drei in der Antike gebräuchlichen Spelzweizenarten wurde hauptsächlich der tetraploide Emmer angebaut, das primitivere diploide Einkorn war in Kleinasien bekannt, während der hexaploide Spelt oder Dinkel nur in dem Gebiet der heutigen Schweiz und des heutigen Südwestdeutschland bekannt war.

(7) *Nacktweizen:* Nacktweizen unterscheidet sich von den Spelzweizenarten dadurch, daß sich die Spelzen um die Körner durch den Drusch leicht abtrennen lassen, also gewissermaßen nackt sind. Freilich ist Nacktweizen wesentlich anspruchsvoller an die Böden und an das Klima als die Spelzweizenarten oder Roggen. Nacktweizen verlangt insbesondere tiefgründige, nährstoffreiche Böden mit genügend Wasserkapazität. Darüberhinaus verlangt er ein mildes Klima, gegen hohe Kältegrade und gegen rauhe Winde zeigt er sich als sehr empfindlich. Der Nacktweizen entwickelte sich deshalb zur idealen Brotfrucht und zur vorherrschenden G.-Art rund ums Mittelmeer. Seine Anbaugebiete lagen dort aber in der Regel nicht über 900 m N. N. Nördlich der Alpen waren die Spelzweizen, Hafer und besonders der Roggen den Nacktweizen deutlich überlegen.

In der Antike wurden hauptsächlich der tetraploide Gries- oder Durumweizen (*triticum*) und der hexaploide Mehl- oder Brotweizen (*siligo*) unterschieden (vgl. Colum. 2,6; Plin. nat. 18,85 ff.; 18,63 ff. – Plinius d.Ä. macht dort auch Angaben zur Güte des Weizens aus verschiedenen geographischen Regionen). Der Durumweizen war ursprünglich anspruchsloser als der Brotweizen. Außerdem war er aufgrund der relativen Trockenheit seiner Körner für längere Lagerung geeignet. Er kann aber nur für gröberes Brot und überhaupt nicht für feines Gebäck verwendet werden. Der ertragreiche, jedoch weniger winterfeste Brotweizen ist ursprünglich wohl nur als Frühjahrssaat verwendet worden. Fortschritte in der indirekten Züchtung durch Saatgutauswahl ermöglichten es jedoch, schon in der römischen Kaiserzeit den allgemein begehrteren Brotweizen auch als Herbstaussaat zu verwenden.

Aussaat: Da G. die Winterkälte vertragen kann, wurde in Asien und Griechenland fast immer und im Westen doch zumeist im Herbst ausgesät: Im Frühjahr sollte das G. dann, von der Feuchtigkeit des Winters genährt, schnell heranwachsen können (Colum. 2,9). Doch war die Aussaat vom Boden und vom Klima abhängig: In kalten, schneereichen Gegenden war die Frühjahrssaat angeraten (Plin. nat. 18,69 f.); schwerer fetter Boden wäre im Frühjahr zu naß, weshalb man in ihn besser im Herbst säte; in trockenem mageren Boden dagegen wurde im Frühjahr gesät, weil er dann vom Winterregen genügend durchfeuchtet war (Varro rust. 1,40).

Das Sommer-G. wurde vor Mitte Mai gesät (Plin. nat. 18,49), das Winter-G. sollte in der Regel in den eineinhalb Monaten nach dem 24. Oktober ausgesät werden (Colum. 2,8; Plin. nat. 18,201.202.205), lediglich in nassen Gegenden säte man früher (Colum. 2,8; Plin. nat. 18,196). Der Boden für die Herbstaussaat sollte im September, der für die Frühjahrssaat im Winter gedüngt werden (Colum. 2,15; Plin. nat. 18,193 f.).

Zur Aussaat empfahlen sich wegen der Keimfähigkeit möglichst einjähriger Samen (Theophr. h.plant. 8,11,5; Plin. nat. 18,195; Varro rust. 1,40). Die zur Saat bestimmten Körner sollten aus jeder Ernte nach den Merkmalen Größe, Farbe und Gewicht herausgelesen werden (Colum. 2,9 f.; Plin. nat. 18,195; Varro rust. 1,52; Verg. georg. 1,197). Selbstverständlich konnten bei Spelzweizen nur ungeröstete Körner zur Aussaat verwendet werden, bei Weizen, Gerste und Roggen wurden die nackten Körner gesät.

Je nach Klima und Bodenbeschaffenheit wurden pro Morgen Land 4–6 *modii* Weizen, 4–10 *modii* Dinkel oder ca. 6 *modii* Gerste gesät (Colum. 2,9; Plin. nat. 18,198 – bei fetten Böden mehr, bei kargen weniger).

Reife und Ernte: Doch auch das beste Saatgut, zur richtigen Zeit in der richtigen Menge ausgesät, war noch in Gefahr. Besonders bei G. konnten klimatische Einflüsse (Sturm, Hagel, Gewitter) einen großen Teil des erhofften Ertrages zunichte machen.

Darüber hinaus konnten Unkräuter das Wachstum des G. behindern und tierische Schädlinge (Schwarz- und Rotwild, Kaninchen, Mäuse, Vögel, die gefürchteten Heuschreckenschwärme, Käfer, Schnecken und Würmer) große Schäden verursachen. An Krankheiten des G. waren in der Antike die Fäulnis des Saatkorns im Boden und der Rost bei der entwickelten Pflanze besonders gefürchtet.

Widerstand das G. all diesen Gefahren, so sollte es geerntet werden, wenn sich die Körner bereits verfärbt hatten, aber noch hart waren (Plin. nat. 18,298). Die Zeit, die das G. bis zur Erntereife brauchte, war, klimatisch bedingt, regional verschieden: In Ägypten reifte das Winter-G. in 6–7 Monaten, in Griechenland brauchte es 7–8 und in Italien 8–9 Monate (Plin. nat. 18,60). Jedenfalls sollte das G. lieber zu früh geerntet werden und auf der Tenne nachreifen als zu spät, da dann die Gefahr bestand, daß die lockeren Körner schon bei der Ernte aus den Ähren fielen (Colum. 2,20).

Je nachdem, wozu das G.-Stroh weiterverarbeitet werden sollte (Bedachungen, Streu, Futter), wurden bei der Ernte nur die Ähren, die Halme in der Mitte oder nahe bei der Wurzel von Hand mit der Sichel geschnitten und in großen Körben zur Tenne gebracht.

Drusch, Speicherung: Die Tenne sollte sehr sorgfältig gegen Nässe und gegen Schädlinge präpariert sein (Cato, agr. 129; Varro rust. 1,51; Colum. 2,19f.). Auf der Tenne wurde das Korn dann mit Stangen aus den Ähren geschlagen, manchmal wurde Vieh über die Tenne getrieben, um das Korn auszutreten, oder es wurden Dreschwagen oder -schlitten verwendet (Varro rust. 1,52; Colum. 2,20; Plin. nat. 18,298). Die Tenne sollte unbedingt dem Wind ausgesetzt sein, denn nach dem Dreschen sollte die Spreu beim Worfeln möglichst gut weggeblasen werden. Die Spreu selbst diente als Viehfutter.

Nach dem Austrocknen auf der Tenne wurde die G.-Ernte zur Aufbewahrung in geeignete Lagerstätten gebracht. Vom Dachboden im Haus eines Kleinbauern (Xen. oik. 9,3) über die Kornspeicherbauten der größeren Höfe (Varro rust. 1,57; Colum. 1,6,9ff.; Plin. nat. 18,301ff.) bis hin zu den großen privaten und öffentlichen Kornspeichermagazinen in den Städten – überall wurde das G. gelagert. Vielfältig waren dabei die Bemühungen, die Haltbarkeit des G. zu erhöhen. Die Speicherbauten wurden sorgfältig gegen das Eindringen des Kornwurms und gegen Mäuse geschützt. Gute Belüftung und regelmäßiges Umschichten sollte Fäulnis verhindern – in feuchten Gegenden wurden deshalb Speicher gebaut, deren Räume auf Pfeilern ruhten, damit das G. von allen Seiten, auch von unten, belüftet werden konnte.

Die Lagerung in trockenen unterirdischen Gruben dagegen schien das G. gerade wegen des Luft- und Lichtabschlusses ebenfalls für Jahrzehnte haltbar gemacht zu haben. Die oft erwähnten Fässer, Weiden- oder Tongefäße scheinen aber nur der kurzzeitigen Lagerung gedient zu haben.

→ Ackerbau, Dorf, Gesellschaft, Gutshof, Handel, Kälte, Klima, Landwirtschaft, Nahrungsmittel, Viehwirtschaft, Wind (Winde)

LITERATUR: H. *Dohr*: Die italischen Gutshöfe nach den Schriften Catos und Varros. Köln 1965. – D. *Flach*: Römische Agrargeschichte. München 1990. – L. *Foxhall*/H. A. *Forbes*: Sitometria: The Role of Grain as Staple Food in Classical Antiquity, in: Chiron 12 (1982) 41–90. – W. E. *Heitland*: Agricola. 1921. – K. D. *White*: Roman Farming. London 1970.

Ulrich Fellmeth

Gezeiten

Für einen Binnenlandbewohner ist es ein faszinierendes Erlebnis, wenn er zum erstenmal an der Küste eines Meeres steht. Findet dieses Erlebnis an der Nordsee statt, dann kann es passieren, daß vor seinen Augen kleinere Schiffe schräg auf dem Strand liegen und sein Blick über eine weite Wattfläche geht, bis er das offene Meer entdeckt. Über dieses Watt kann man hinauslaufen – doch Vorsicht ist geboten. Denn unmerklich füllen sich die Priele (die Tiefenrinnen) mit Wasser, und plötzlich kommt das Meer über das Watt zurück an den Strand. Die Schiffe richten sich auf und dümpeln im Wasser.

Das geschieht in einem Rhythmus von 6 Stunden und 12 ½ Minuten. In diesem Zeitabschnitt wechseln Ebbe (Fallen) und Flut (Steigen des Wassers) in strenger Gesetzmäßigkeit. Die Umkehr der Situation wird als Kentern bezeichnet, die Wiederholung von Steigen und Fallen als Tide. Das ergibt pro Tag eine zeitliche Verschiebung von 50 Minuten. Deshalb ändert sich täglich die Abfahrtszeit der Schiffe zwischen Festland und Inseln nach diesem Tidekalender.

Die Motivation zur Frage nach den Ursachen ergibt sich von selbst. Aber sie sind geophysikalisch äußerst schwierig und hier nur ansatzweise zu beantworten. Sonne, Erde und Mond – der Fixstern, sein Planet und dessen Trabant – unterliegen den Gesetzen der Massenanziehung zwischen den Gestirnen, wobei durch das Gleichgewicht zwischen Anziehungs- und Fliehkraft Erde und Mond in ihren Umlaufbahnen gehalten werden.

Gäbe es keinen Mond, würden infolge der täglichen Rotation der Erde in den Weltmeeren zwei Wasserberge und zwei Wassertäler als G. im Sechsstundentakt um die Erde wandern, da jeweils auf der der Sonne zugewandten Seite die Anziehungskraft und auf der abgewandten Seite die Fliehkraft am höchsten sind. Dort würden die Flutwellen entstehen.

Der Mond tritt sozusagen als Störfaktor auf, der das Zeitgefüge durch seine (synodische) Umlaufzeit von rund 29 Tagen verändert. Dabei kommen Konstellationen vor, an denen Sonne, Erde und Mond auf einer Achse stehen (bei Vollmond und Neumond). Dann erzeugt die wesentlich höhere Anziehungs- und Fliehkraft die Springtiden, die Phasen hoher Wasserstände. Bei Halbmond, wenn Sonne und Mond in Quadratur stehen, also entgegengesetzt wirken, kommt es zu den Nipptiden mit den niedrigsten Flutwellen.

Tidenhub und die G.-ströme sind nur in den offenen Weltmeeren zu beobachten. Sie können im Extrem über 20 m betragen. Randmeere mit weit geöffneten Zugängen wie die Nordsee sind in starkem Maße davon geprägt, während Ebbe und Flut wegen der engen Zugänge z. B. in der Ostsee und im Mittelmeer kaum meßbar sind.

Eine Besonderheit tritt an der Engstelle im Euripos zwischen Euböa und dem griechischen Festland bei der Stadt Chalkis auf. Dort kommt es zu Wechselströmungen von Nord nach Süd und umgekehrt, die neben dem üblichen viermaligen Kentern bis zu 14 Mal in 24 Stunden alternieren können. Da Schiffe wegen der starken Strömung nur in dem etwa 10 Minuten währenden Stillwasser der Kenterphase die Engstelle passieren können, hat dieses Phänomen bereits in der Antike für Aufsehen gesorgt.

Aus zahlreichen Beobachtungen läßt sich resümieren, daß jene Modifikation von Ebbe und Flut durch starke Windströmungen einschließlich Fallwinden, die das Wasser in die zahlreichen Buchten des engen Seeweges zwischen Insel und Festland einpressen, verursacht wird. Besonders häufig ist der Wechsel während der Nipptiden und damit bei der Quadratur von Sonne und Mond.

→ Erde, Insel, Küste, Meer, Meeresspiegel, Schiffahrt, Schiffbarkeit, Strandverschiebung, Wind (Winde)

LITERATUR: D. *Kelletat:* Deltaforschung. Verbreitung, Morphologie, Entstehung und Ökologie von Deltas. (Erträge der Forschung 214), Darmstadt 1984 – D. *Kelletat:* Physische Geographie der Meere und Küsten. Eine Einführung. Stuttgart 1989.

Friedrich Sauerwein

Götter

Bevor die Menschen sich G. in anthropomorpher Gestalt vorstellten, verehrten sie Natur- und Fruchtbarkeitsgottheiten in Form ungestalteter Kultmale wie Höhlen, Quellen, Flüsse oder Bäume. Den meisten Völkern der Antike galten die Flüsse als G., denen man heilige Bezirke und sogar Tempel weihte, wie z. B. dem Pamisos in Messenien (Paus. 4,3,10; 31,4). Auch die Winde hielt man für G. Man opferte ihnen zumeist, um ihren schädigenden Einfluß abzuwehren (Hdt. 7,191,2), sogar von Menschenopfern wird berichtet (Hdt. 2,119). Wind-G. konnten aber auch hilfreich wirken: die Dezimierung der persischen Flotte 480 v.Chr. schrieben die Athener dem thrakischen Nordwind Boreas zu und errichteten ihm zum Dank ein Heiligtum (Hdt. 7,189,3). Kulte für Naturgottheiten bildeten jedoch in historischer Zeit eher die Ausnahme.

Griechenland: Kennzeichnend für die griechische Religion ist ihre anthropomorphe G.-Welt, die bereits in den Epen Homers begegnet. Seit dem 6. Jahrhundert v.Chr. lassen sich zwölf Haupt-G. nachweisen: Zeus, Hera, Poseidon, Demeter (oder Herakles), Apollon, Artemis, Ares, Aphrodite, Hermes, Athene, Hephaistos, Hestia (oder Dionysos). Der Olymp wurde als ihr Wohnsitz angesehen. Eine der bekanntesten Darstellungen der zwölf Olympier ist jene auf dem Cellafries des Parthenon in Athen von 438 v.Chr. Über die Unterwelt herrschte der düstere Hades. Einzig Elis hat diesem ansonsten verhaßten Gott einen Tempel errichtet, der allerdings nur einmal im Jahr betreten werden durfte (Paus. 6,25,2).

(1) *Zeus:* Der mächtigste Gott im Pantheon der Griechen war der vormals indogermanische Himmelsgott Zeus, der im griechischen Raum einen prähellenischen Wetter- und Berggott überlagerte. Außerordentlich groß war die Fülle seiner Zuständigkeiten, so daß der Zeuskult in nahezu jeder politischen Gemeinde vertreten war. Jedoch wurde Zeus in keiner einzigen Polis als Stadtgott verehrt, und Zeusfeste gab es nur wenige. Von größerer Bedeutung war sein Kult nur in Olympia, wo alle vier Jahre zu seinen Ehren panhellenische Spiele abgehalten wurden. Dort hatte Zeus ein sehr

Abb. 28: Entsprechend der antiken Gewohnheit, klimatische Phänomene bestimmten Gottheiten zuzuordnen, gab es auch Kulte für die Winde. Nach den vier Windrichtungen unterschieden Griechen und Römer vier Hauptwindgötter: Boreas (der Nordwind), Notos (der Südwind), Euros (der Ostwind), Zephyros (der Westwind). Die Abbildung zeigt einen der Windgötter auf der Igeler Säule bei Trier, einem monumentalen Grabmal einer reichen provinzialen Händlerfamilie aus dem 3. Jh. n.Chr. Wahrscheinlich taucht das Motiv der Windgötter auf dem Relief auf, weil die Witterungsbedingungen für den Warentransport auf der Mosel von Bedeutung waren.

altes Orakel der vorgriechischen Erd- und Muttergottheit Gaia übernommen, ebenso in Dodona, wo er mit seiner Kultpartnerin Dione als Orakelgott fungierte.

(2) *Hera:* Den höchsten Rang unter den Göttinnen nahm Hera, die Gemahlin des Zeus und G.-Königin, ein. Sie wurde vor allem von den Frauen als Schützerin von Ehe und als Geburtsgöttin angerufen. Die Ursprünge ihrer Verehrung liegen wohl in Argos, denn hier war ihre Hauptkultstätte. Von dort breitete sich ihr Kult in der Peloponnes und in Mittelgriechenland aus. Bedeutende Hera-Heiligtümer befanden sich ferner auf den Inseln Delos und Samos sowie in der Magna Graecia, so bei Kroton und in Poseidonia/Paestum.

(3) *Poseidon:* Der Kult des Poseidon, dem Gott des Meeres und der Gewässer, ist wie der Zeuskult schon für die spätmykenische Zeit bezeugt. Offenbar wurde er erst von den seefahrenden Ioniern zum Meeresgott gemacht. Seine Kultstätten lagen besonders in Hafenstädten und an für die Seefahrt bedeutsamen Plätzen: am Kap Sunion an der Südspitze Attikas und am Isthmos von Korinth. Dort wurden ihm zu Ehren die panhellenischen Isthmischen Spiele mit Wagenrennen veranstaltet. Als ›Retter‹ verehrten ihn die Griechen nach ihrem Seesieg über die Perser 480 v.Chr. am Kap Artemision (Hdt. 7,192), wo sie dem Meeresgott eine heute noch erhaltene Bronzestatue stifteten (Archäologisches Nationalmuseum Athen). Poseidon galt jedoch auch als Urheber von Erdbeben, was auf den ursprünglichen chtonischen Charakter des Gottes hinweist. Das Erdbeben von Sparta 464 v.Chr. und der Tsunami von 373 v.Chr., der den Untergang der beiden Städte Helike und Bura bewirkte, wurden dem Poseidon zugeschrieben (Thuk. 1,128,1; Diod. 15,49; Paus. 7,24f.).

(5) *Apollon:* Die Verehrung des Apollon war überall in der griechischen Oikumene verbreitet. Die Herkunft wie der Name des Gottes sind unklar, in seiner Gestalt vermischt sind aber griechische Züge mit anatolisch-mediterranen Komponenten. Apollons Zuständigkeit ist mannigfaltig. Er war nicht nur der Gott der Künste und Wissenschaften, er stiftete auch Ordnung im staatlichen Zusammenleben und wies den Kolonisten den Weg in die neue Welt. Die Kolonisation hat entscheidend zu seiner Ausbreitung beigetragen, wobei eine Vielzahl von Städtegründungen nach ihm Apollonia benannt worden sind.

Seine wichtigste Funktion war die des Orakelgottes. Als solcher besaß er zahlreiche Orakelstätten in Griechenland und Kleinasien. Die berühmtesten befanden sich in Didyma bei Milet und in Delphi. Etwa im 9. Jahrhundert v.Chr. hatte er von dieser Kultstätte Besitz ergriffen und dabei eine ältere Erdgottheit verdrängt. Der Besuch der delphischen Orakelstätte durch Gesandtschaften aus ganz Hellas bildete ein einigendes Band für die stark zersplitterten Stadtstaaten Griechenlands. Als Gott des hellen Lichts wurde Apollon schließlich seit dem 5. Jahrhundert v.Chr. mit dem Sonnengott identifiziert.

(6) *Helios:* Obgleich die Sonne als Garant allen Lebens auf der Erde bei vielen Völkern frühzeitig göttliche Verehrung genoß, nahm der Sonnengott Helios im griechischen Raum eine eher unbedeutende Position ein. Möglicherweise lag dies daran, daß die Griechen der klassischen Zeit den Gestirnkult für barbarisch hielten (Aristoph. Pax 406ff.; Plat. Krat. 397). Der Helios-Kult war im Grunde auf die Insel Rhodos beschränkt, wo dem Sonnengott zu Beginn des 3. Jahrhunderts v.Chr. eine eherne Kolossalstatue errichtet wurde (Plin. nat. 34,41), die zu den sieben Weltwundern der Antike gezählt wird.

(7) *Demeter und Dionysios:* Demeter und Dionysos waren Vegetations-G., die insbesondere bei der bäuerlichen Landbevölkerung großen Anklang fanden. Demeter, die Göttin der Fruchtbarkeit und des Wachstums, hatte chtonischen Charakter. Eleusis in Attika war ihre wichtigste Kultstätte, wo sie mit ihrer Tochter Kore als Mysteriengöttin Verehrung fand. Herausragendes Ereignis der großen Mysterien, einem neuntägigen Fest im September, war eine feierliche Prozession auf der ca. 30 km langen heiligen Straße zwischen Athen und Eleusis.

Der Kult des Dionysos, des Gottes der Weinkultur, besaß ekstatisch-orgiastische Züge. Wie Kore und der phrygische Attis gehört er der Gruppe der sterbenden und wiederauflebenden Mysterien-G. an. Aufgrund seiner Fremdartigkeit betrachteten ihn die Griechen als späten Einwanderer aus Thrakien oder Kleinasien, jedoch bestätigen Funde, daß Dionysos bereits in archaischer Zeit Heiligtümer in Hellas besaß. Bezeichnend ist die Beziehung des Dionysos zur Fauna und zur Bergwelt. Auf dem Parnass nahe Delphi befand sich nach alter Überlieferung sein Grab, an dem alle zwei Jahre seine Wiedergeburt gefeiert wurde (Plut. Is. 365A; Serv. Georg. 1,166). Über das griechische Unteritalien gelangte Dionysos gegen Ende des Zweiten Punischen Krieges nach Rom, wo sein Kult jedoch 186 v.Chr. wegen der damit verbundenen Ausschweifungen vom Senat stark eingeschränkt wurde.

(8) *Kabiren:* Ebenfalls von Mysterien umgeben waren die vermutlich in archaischer Zeit aus Kleinasien eingewanderten Kabiren, die auf Samothrake, Lemnos und in Theben bedeutende Heiligtümer besaßen. Es handelt sich hierbei einerseits um Vegetationsgottheiten, die ihren Anhängern reichen Erntesegen versprachen, andererseits

Abb. 29: Die sogenannten Jupiter-Gigantensäulen gehörten zu den prägenden Götterdarstellungen vornehmlich im römischen Limesgebiet. Gezeigt wird, wie der blitzeschleudernde Gott die Giganten niederreitet.

galten sie als Helfer in Seenot. Aufgrund der Förderung durch die Diadochenherrscher gewann ihr Kult erst in hellenistischer Zeit größere Bedeutung und blieb bis ins 2. Jahrhundert n.Chr. hinein bestehen.

Rom: In der Frühzeit verehrten die Römer überwiegend G., die der Vorstellungswelt des bäuerlichen Lebenskreises angehörten. Die Anfertigung von G.-Bildern war ihnen zunächst fremd (Plut. Numa 8,14), im Vordergrund stand das *numen*, die unpersönlich wirkende Kraft und Macht eines Gottes. Erst Etrusker und Griechen verliehen dem römischen G.-Glauben lebensvollere, anthropomorph bestimmte Züge. Auf griechische Einflußnahme, die von Sizilien und Süditalien ausging, wird die Übernahme des Zwölf-G.-Systems durch die Römer zurückgeführt.

(1) *Jupiter:* An der Spitze der G.-Hierarchie stand der von den indoeuropäischen Einwanderern nach Rom mitgebrachte und dort mit Zeus gleichgesetzte Jupiter. Wie Zeus besaß er vielfältige Aufgaben und Funktionen: Jupiter war Herr des Himmels und des Lichts, Wettergott, Schwurgott sowie Schirmherr von Recht und Sitte. Überdies galt er den Römern seit frühester Zeit als ihr wichtigster Beschützer. Seine Kultstätten wurden vornehmlich auf Bergen errichtet. Auf dem Albaner Berg stand das Hauptheiligtum des Latinischen Bundes, als dessen Schutzgott Jupiter den Beinamen Latiaris führte (CIL XIV 2227; Liv. 45,15; Cass. Dio 50,8). Im römischen Staatskult war er als Jupiter Optimus Maximus Hauptgott. Sein bedeutendster Tempel lag auf dem südlichen Teil des kapitolinischen Hügels in Rom, wo er zusammen mit Juno und Minerva als Trias verehrt wurde. Der Kapitolstempel besaß im politischen Leben Roms überragende Bedeutung. Hier versammelte sich der Senat zu Kriegserklärungen (Liv. 33,35,7), hier wurden vor Beginn eines Feldzugs Opfer und Gelübde geleistet

(Liv. 21,63,9), und hier endete schließlich der Triumphzug des siegreich nach Rom heimkehrenden Feldherrn, der als lebendes Abbild des Jupiter in einer Quadriga zum Kapitolstempel hinauffuhr (Dion. Hal. ant. 9,71,4). Zu den frühen G.-Kulten der Römer zählten die auf dem Mons Palatinus und dem Collis Quirinalis verehrten Kriegs-G. Mars und Quirinus, deren Kulte aber später gegenüber dem der kapitolinischen Staats-G. deutlich zurücktraten.

(2) *Kybele:* Die stete Expansion des römischen Staates seit der späten Republik, welche in der Kaiserzeit nochmals eine Steigerung erfuhr, führte in religionsgeschichtlicher Hinsicht zu einer nie vorher gekannten Ausbreitung fremdartiger, vormals landschaftlich und lokal begrenzter Kulte. Die erste bedeutende Kultübertragung ereignete sich 204 v.Chr. (Arr. takt. 33,4). Um die Bedrohung durch Hannibal abzuwenden, holten die Römer auf Geheiß der Sibyllinischen Bücher das Idol der kleinasiatischen, ursprünglich in Pessinus beheimateten Berg- und Stadtgöttin Kybele auf dem Seewege nach Rom. Das Symbol dieser schon in prähistorischer Zeit verehrten erdhaften Muttergottheit, ein schwarzer Meteorstein, wurde zunächst im Tempel der Victoria untergebracht. 191 v.Chr. erhielt Kybele, die man in Rom in Anknüpfung an die Aeneaslegende Magna Mater Deum Idea nannte, auf dem Palatin ein eigenes Heiligtum mit orientalischer Priesterschaft, den *galloi*, so benannt nach der Landschaft Galatien, dem einstigen Hauptsitz des Kultes. In der römischen Kaiserzeit tritt der phrygische Vegetationsgott Attis als ihr Kultbegleiter in Erscheinung. Die Kybele-Verehrung entwickelte sich zu einer Mysterienreligion, in welcher das Gedenken an Tod und Wiedergeburt des Attis im Mittelpunkt stand. Der Kult um das kleinasiatische G.-Paar fand seit dem 2. Jahrhundert n.Chr. im gesamten Imperium Verbreitung.

(3) *Isis und Serapis:* Vor allem Handelskontakte mit Ägypten führten in der ersten Hälfte des 1. Jahrhunderts v.Chr. zum Eindringen des Isis- und Serapis-Kultes in Rom. Diese vormals rein ägyptischen G. waren von den Ptolemäern weitgehend hellenisiert und zu pantheistischen Allgottheiten mit soteriologischen Zügen erhoben worden. Bereits in hellenistischer Zeit hatte Isis in Griechenland und Kleinasien Fuß gefaßt. Nach anfänglichem Verbot und Verfolgung durch den römischen Staat wurde der Isis-Kult schließlich von Caligula anerkannt. Auf dem Marsfeld wurde der Göttin ein Tempel errichtet, der später von Domitian prächtig ausgebaut wurde (Eutr. 7,23).

Im 2. und 3. Jahrhundert n.Chr. erlebten orientalische Mysterienkulte im Römischen Reich eine Blütezeit. Die eher vernunftbetonte römische Religion verlor angesichts wachsender äußerer wie innerer Krisen immer mehr an Attraktivität zugunsten geheimer und ekstatischer Kulte, die dem Verlangen nach Hinwendung zur Gottheit entgegenkamen und Hoffnung auf ein besseres Leben im Jenseits weckten. Vor allem aus Kleinasien gelangten zahlreiche Mysterienkulte nach Italien und in die westlichen Reichsprovinzen. Dennoch erlangten viele dieser Geheimkulte aufgrund ihrer Staatskonformität offizielle Förderung.

(4) *Jupiter Dolichenus:* Den syrischen Himmels- und Wettergott Haddad aus Doliche (Dülük bei Gaziantep) in Kleinasien verehrten die Römer reichsweit als Jupiter Dolichenus. Zu seinen Anhängern und Verbreitern zählte vor allem das römische Heer, galt er doch besonders als Gott der Waffenschmiede. Verehrungsstätten des Jupiter Dolichenus, der in unverwechselbarer Pose, nämlich stets auf einem Stier

stehend mit Blitzbündel und Doppelaxt als Attributen, dargestellt wurde, sind deshalb auch an den militärisch gesicherten Grenzen des Römischen Reiches besonders häufig anzutreffen.

(5) *Mithras:* Ungleich populärer war der Mysterienkult um den ursprünglich indoiranischen Gott Mithras. In der Zeit des Hellenismus galt er in einigen kleinasiatischen Königreichen (Armenien, Kommagene) als Schutzgott der regierenden Herrscherhäuser. Die Schaffung der Mithrasmysterien ist indes den von Pompeius besiegten kilikischen Piraten zugeschrieben worden (Plut. Pomp. 24,5). Jedoch sind Entstehungszeit und -ort der Mysterien des Mithras in der Forschung umstritten. Die frühesten Zeugnisse des Mithraskultes stammen aus Rom und der Provinz Obergermanien und werden an das Ende des 1. Jahrhunderts n.Chr. datiert. Hauptträger dieser Religion waren anfangs Soldaten, die Mithras insbesondere in den Garnisonsorten der Grenzprovinzen heimisch machten. Nach den archäologischen Zeugnissen waren die Hauptstadt Rom mit ihrer Hafenstadt Ostia sowie die Gebiete der Militärgrenze in Obergermanien und im Donauraum Schwerpunkte der Mithrasverehrung. Auch in der Zivilbevölkerung und in Kreisen der staatlichen Führungsschicht gewann der Mithraskult zahlreiche Anhänger. Als Schirmherr des Reiches wird Mithras sogar in einer Inschrift bezeichnet, die anläßlich der Kaiserkonferenz von Carnuntum 308 n.Chr. von den dort versammelten Augusti und Caesares geweiht worden ist (CIL III 4413). Erst als die Kaiser das Christentum bevorzugten, verlor der Mithraskult an Bedeutung und wurde mitsamt den übrigen heidnischen Kulten am Ende des 4. Jahrhunderts n.Chr. verboten.

Kelten und Germanen: Die G.-Welt nördlich der Alpen ist in römischer Zeit in hohem Maße von Synkretismus geprägt. Im Sinne der Interpretatio Romana verschmolzen einheimische Gottheiten mit römischen G.-Gestalten, gelegentlich wurde dabei der Name der einheimischen Gottheit dem römischen vor- (Lenus-Mars) bzw. nachgestellt (Apollo-Grannus) oder lediglich durch die Beifügung von *deus/dea* romanisiert. Auch hinsichtlich der Darstellungsweise sind Vermischungen feststellbar. Auf den Jupiter-Giganten-Säulen, einem Denkmälertypus, dessen Verbreitung auf die nördlichen Teile der Provinz Obergermanien sowie auf das östliche Gebiet der Provinz Belgica beschränkt ist, wird Jupiter in unkanonischer Weise als Reiter dargestellt. Dahinter verbirgt sich sehr wahrscheinlich der inschriftlich belegte keltische Himmels- und Donnergott Taranucnus (CIL XIII 6094).

(1) *Götterpaare/Muttergottheiten:* Bezeichnend für die vormals von Kelten besiedelten römischen Provinzen nördlich der Alpen ist die Verehrung von G.-Paaren. Den weitgehend romanisierten männlichen G. sind dabei stets Kultpartnerinnen mit keltischen Namen beigegeben: z.B. Merkur und Rosmerta, Mars und Nemetona, Apollo-Grannus und Sirona. Außerordentlich populär waren mütterliche Gottheiten, die in den Inschriften *matronae*, *matrae* oder *matres* genannt werden. Sie galten als Spenderinnen von Fruchtbarkeit und Erntesegen. Ihr Kult ist durch über 1.100 Weihinschriften und Bildwerke vor allem aus der Zeit vom 2. bis zum 4. Jahrhundert n.Chr. in vielen keltisch und germanisch besiedelten Provinzen des Römischen Reiches bezeugt. Ein Schwerpunkt der Matronenverehrung ist dabei entlang des Rheins von Mainz bis Xanten faßbar. Die Matronen tragen unterschiedliche lokale Beinamen, deren Bedeutung weitgehend unklar ist. Auf den Reliefs erscheinen sie meist als sitzende Dreiergruppe, oft mit Früchtekörben auf ihrem Schoß oder Kornähren in den Händen

Abb. 30: Die Abbildung zeigt das Götterpaar Merkur und Rosmerta (Fundort: Sulz am Neckar/Baden-Württemberg). Die keltische Göttin Rosmerta erscheint regelmäßig als Kultpartnerin des Merkur.

haltend. Bedeutende Kultstätten sind in Bonn, Pesch und Nettersheim in der Eifel nachgewiesen. Zu den Muttergottheiten werden auch die Wegegöttinnen (Biviae, Triviae, Quadruviae) gerechnet, denen man an Weggabelungen und Straßenkreuzungen Denkmäler errichtete, ferner die an den befestigten Grenzen in Britannien und Obergermanien verehrten *matres campestres* (CIL VII 510.1084; CIL XIII 6449.6470).

Hierbei handelt es sich um Schutzgöttinnen des Exerzierplatzes, zu deren Verehrern ausschließlich Soldaten des römischen Heeres gehörten.

(2) *Merkur:* Auffallend ist die große Anzahl von Bildwerken und inschriftlichen Weihungen für Merkur. Literarische Hinweise, daß die Kelten diesen Gott am meisten verehrten (Caes. Gall. 6,17,1; Min. Fel. 6,1), wird für die gallischen und germanischen Provinzen durch zahllose Denkmäler bestätigt. Welcher einheimische Gott dabei in der Gestalt des Merkur verehrt wurde, ist unklar. Inschriftlich sind jedoch eine Vielzahl lokaler Beinamen für Merkur bezeugt, die sich von Bezeichnungen für Stämme, Orte oder auch Heroennamen ableiten: Adsmerius, Artaius, Avernus, Cissonius, Moccus, Quillenius, Visucius. Beispielsweise kommt Cissonius nur in der Germania superior und in der Gallia Belgica vor, ebenso Visucius. Die Fülle topischer Namen gallo-römischer Gottheiten wird in der Forschung einerseits auf die starke Zersplitterung Galliens zurückgeführt, andere indes sehen in den gallischen Lokal-G. lediglich Sonderformen der großen, allgemein verehrten G.

→ Erdbeben, Handel, Höhle, Imperialismus, Kolonisation, Kultarchitektur, Kulthandlungen, Kultorganisation, Meer, Mythologie, Natur, Schiffahrt, Tempel, Wind (Winde)

LITERATUR: W. *Burkert:* Griechische Religion der archaischen und klassischen Epoche. Stuttgart u. a. 1977. – M. *Clauss:* Mithras. Kult und Mysterien. München 1990. – P. M. *Duval:* Les Dieux de la Gaulle. Paris 1976. – W. K. C. *Guthrie:* The Greeks and their Gods. London 1950. – J.-J. *Hatt:* Mythes et dieux de la Gaule. I. Les grands divinités masculin. Paris 1989. – R. *Muth:* Einführung in die griechische und römische Religion. Darmstadt 1988. – G. *Radke:* Die Götter Altitaliens. Münster ²1979. – R. *Schilling:* Rites, cultes, dieux de Rome. Paris 1979. – D. *Ulansey:* Die Ursprünge des Mithraskults. Stuttgart 1998. – M. J. *Vermaseren* (Hg.): Die orientalischen Religionen im Römerreich. (EPRO 93), Leiden 1981.

Rudolf Schmidt

Grenze

Bei der Rekonstruktion ihrer historischen Wurzeln zeigt sich, daß die G. kein rechtlicher, politischer oder intellektueller Begriff ist. Er bezeichnet vielmehr einen Lebensbereich, eine spontane Willensäußerung, das bewohnte Land zu reglementieren oder eine gewohnheitsmäßige Form der Trennung. In politisch organisierten Gemeinschaften hat die in der Landschaft erkennbare G. das Ziel, den Anteil an der Erdoberfläche zu markieren, innerhalb dessen der Staat real und dauerhaft Autorität besitzt. Sie fungiert als rechtliches Kontrollinstrument in zwischenstaatlichen Beziehungen und stellt einen Sicherheits- und Normalisierungsfaktor dar.

Unbeweglichkeit und Dynamik der Grenze: Die außenpolitischen Beziehungen bestimmen die besonderen Charakteristika und Funktionen der G. In einem polyzentrischen Raum wie dem antiken Griechenland kommt es häufiger vor, daß G. in beiderseitigem Einvernehmen gezogen werden. Dies ist eine Folge der politischen, militärischen und ökonomischen Verstrickungen und des vorherrschenden Wunsches nach einem Gleichgewicht der Kräfte in einer Vielfalt homogener politischer Systeme, die auf territorialer Basis in einem verhältnismäßig beschränkten Raum organisiert sind. Im

Rahmen einer zentralistischen Herrschaftsauffassung wie im Ägypten der Pharaonen oder einer Weltherrschaftsideologie wie im Römischen Reich gehört die Ausweitung der G. zu den Aufgaben desjenigen, der die Macht besitzt und von der Idee einer G. für die gesamte Oikumene überzeugt ist. Die Inschrift von Ahmose nennt als Ziel einer pharaonischen Expedition »die G. Ägyptens auszuweiten« (ARE 2,39). Ovid schreibt (Ov. fast. 2,688): *Gentibus est aliis data limite certo: Romanae spatium est Urbis et Orbis idem* (Andere Völker haben ein Land mit fester Begrenzung; Rom und der Erdkreis jedoch haben dasselbe Gebiet), und Vergil (Aen. 1,279): *imperium sine fine dedi* (Ich habe ein Reich ohne Grenzen gegeben). Änderungen im G.-Verlauf können sich aus verschiedenen Situationen und Beweggründen ergeben; sie ziehen in jedem Falle sekundäre Auswirkungen nach sich. Die Griechische Kolonisation und die Ausdehnung des Römischen Reiches brachten Kontakte mit andersartigen Gesellschaften mit sich. Sie riefen, sei es aufgrund sozialer Energien oder staatlichen Zwanges, Assimilations- und Integrationsprozesse, auch Abwehrhaltungen der lokalen Bevölkerung hervor und förderten Akkulturationserscheinungen.

Grenzlinie und Grenzgebiet: Die G. als Ausdrucksform der territorialen Ordnung kann sowohl aus Linien als auch aus Gebieten bestehen.

(a) Eine G.-Linie ist das Ergebnis politischer Entscheidungen, die unilateral getroffen werden können, häufiger aber bilateral zustandegekommene Übereinkünfte zwischen angrenzenden gleichberechtigten Staaten sind. Dieser G.-Art liegt die Vorstellung zugrunde, daß man sich mit dem Überschreiten der G. in einen Gegensatz zu den Herrschaftsrechten des angrenzenden Staates begibt. Mit der Linienform hängt auch die Idee von der Unverrückbarkeit der G. zusammen. Ihre Verletzung, Verlegung und Überschreitung wird durch Sanktionen der Götter und Gesetze der Menschen verboten (Gaius, De finibus regund. 11,1,1.13 D zitiert ein Gesetz Solons; IG II²,1165,1.18ff.). G. standen unter dem Schutz der Götter, was in Griechenland durch die Anrufung der entsprechenden Gottheit bekräftigt wurde: Zeus Horios (Dem. 7. De Hal. 39; vgl. Plat. nom. 8,842e–843a-d), Apollon Horios (Paus. 2,35,2), Demeter Thermasia (Paus. 2,34,6). Im frühen Rom hatte das *pomerium*, der von Romulus zum Eingrenzen des ursprünglichen Stadtkerns (Kapitol, Viminal, Oppius, Caelius und Palatin; vgl. Varro rust. l.l 5,46–54) gezogene Graben, den Zweck, den sakralen Raum innerhalb der *auspicia urbana* vom weltlichen und undeutlichen Äußeren zu trennen. Das Recht, das *pomerium* nach außen zu erweitern, war von der durch sukzessiven Gebietserwerb (so geschehen unter Sulla, Caesar, Augustus, Claudius, Vespasian und Aurelian) erfolgten Erweiterung des *ager Romanus* abhängig.

(b) Das G.-Gebiet entspricht einer Trennungszone, die nach verschiedenen, auf Geographie und Landschaft, Bodenbeschaffenheit und Recht aufbauenden Typologien gestaltet wurde. Es handelt sich dabei um unbebaute und unbewohnte, oftmals bergige, wüstenhafte oder sumpfige, zwischen politischen und rechtlichen G. gelegenen *chorai eremoi* oder auch *methoriai, en methoriois* (Thuk. 2,19,1–2; 8,10,3; 8,98,2; Lex. Sud. s.v.). Die von den angrenzenden Staaten einvernehmlich als neutral anerkannten Gebiete waren einer besonderen Herrschaft unterstellt, die die gemeinsame Nutzung und Verwaltung regelte (*koinai chorai*; Daverio, Nr. 2,7,14,15.2,16).

(c) Die Bezeichnung *methorios* wird in Griechenland auch für Kleinstaaten und Poleis benützt, die zwischen politisch und militärisch stärkeren Staaten eingeschlossen sind. Diese Staaten können im Falle von Spannungen deeskalierend wirken und

Abb. 31: Das Limestor bei Dalkingen (Ostalbkreis, Baden-Württemberg) zeigt anschaulich, daß die römische Reichsgrenze im Norden (Limes) keine starre und geschlossene, sondern eine durchlässige Grenze war. Limestore dienten primär der Kontrolle des Handelsverkehrs. Das Dalkinger Limestor weist verschiedene Ausbauphasen auf. In der letzten Phase (Anfang 3. Jh. n.Chr.) wurde die Anlage in ein Prunktor umgewandelt mit Pilastergliederung in der Fassade sowie netzartig versetzten Bausteinen (opus reticulatum). Der Ausbau ist wahrscheinlich mit dem Zug des Kaisers Caracalla gegen die Alamannen (213 n.Chr.) in Verbindung zu bringen. In bezug auf die psychologische Wirkung der Grenze ist bemerkenswert, daß die Schauseite nach Süden, ins Reichsinnere, zeigt. Beeindruckt sollten also wohl vor allem die Reichsbewohner und nicht die Germanen werden.

Vermittlerfunktionen in zwischenstaatlichen Beziehungen wahrnehmen. Sie können aber auch Opfer direkter Aggressionen werden, wenn nämlich die größeren Staaten versuchen, sich ihrer Gebiete zu bemächtigen. Dies ist bei den zwischen Sparta und Elis gelegenen Kleinstaaten Triphylia und Akroreia der Fall, dem zwischen Sparta und Argos gelegenen Thyreatis (Thuk. 2,27,2), dem zwischen Athen und Böotien gelegenen Oropos (Paus. 1,34,1–4; 7,11–12; Strab. 1,4,7; vgl. Plat. Krit. 110d, wechselnde Herrschaftsverhältnisse bei: Daverio 7,1) und dem zwischen Milet und Magnesia gelegenen Myus (Daverio Nr. 11). Innerhalb eines politisch und chronologisch weitgesteckten Horizontes kann man in den Königreichen am Bosporus Funktionen eines Pufferstaates erkennen, vor allem in der durch eine aggressive Politik gekennzeichneten Epoche der mithradatischen Dynastie. Weiterhin gilt dies im Osten für alle Staaten und Regionen an den G. der seßhaften Kulturen, die zwischen dem Ausdehnungsdruck der Römer und dem der nomadischen Bevölkerung im Landesinnern zerrieben wurden.

(d) Die geographische Lage und das landschaftliche Erscheinungsbild drückten Regionen, Poleis und Staaten, die an den für ein überregionales Verkehrssystem benutzten Routen lagen, ihren Stempel mit den für G.-Gebiete charakteristischen Wesenszügen (Mobilität und Wandel) auf. In Griechenland waren Phokis, West- und

Abb. 32: Der obergermanische Limes in der Nähe von Welzheim beim Haghof. Deutlich erkennbar ist in der Landschaft die schnurgerade Streckenführung (Bildmitte). Dies ist insofern typisch, als man beim Verlauf des Limes in der Regel wenig Rücksicht auf topographische Verhältnisse nahm. Wichtig war hingegen, daß die Wachttürme Sichtkontakt zueinander hatten.

Ost-Lokris eine Art Korridor und Achse des Austausches zwischen Nord- und Südgriechenland. Sie spielten eine Rolle bei Massenmigrationen, Handel, Wanderungsbewegungen und militärischen Operationen.

(e) Der Limes, ursprünglich ein G.-Weg, bezeichnete den Landstrich, auf dem die Truppen in Feindesgebiet vordrangen. Nach und nach verstand man darunter die G. des Römischen Reiches. Der Limes beinhaltet zwei Auffassungen von G.: zum einen dynamisch, d. h. die im Zuge militärischer Eroberungen und Annexionen vorrückende Frontlinie, zum anderen statisch, d. h. die dauerhafte Verteidigung der Reichs-G. Diesen Auffassungen entsprechen zwei verschiedene Aktivitäten, aggressiver oder defensiver Natur, die sich im G.-Gebiet je nach dem historischen, zeitlichen und lokalen Kontext abwechseln. Der Limes wurde zunehmend mit militärischen Besatzungen und fortifikatorischen Einrichtungen (*burgi, praesides*), Wällen und Mauern versehen. Wo es möglich war, wurden natürliche Barrieren (Reliefs, Wasserläufe, wie z. B. Rhein und Donau, an den Ufern durch *castella* verstärkt) ausgebaut und in die Verteidigungslinie einbezogen. Ihre Aufgabe war es, die innerhalb der G. ansässige Bevölkerung unter Kontrolle zu halten und Aggressionen von außen abzuwehren. Der Limes war mit dem Hinterland mittels eines Verkehrssystems (Straßen und Flüsse dienten dem Truppentransport) verbunden. In den westlichen und östlichen Teilen des Reiches wurden seine Formen und Strukturen den örtlichen militärischen und geographischen Gegebenheiten angepaßt.

(f) Auch in Griechenland wurden je nach Zeit und Umständen die G. mit Militärposten bestückt, sei es als Vorposten hinsichtlich der inneren Sicherheit und/oder im Hinblick auf Gebietserweiterungen (beispielsweise die athenischen Festungen am

Rande Attikas bei Panakton, Rhamnus und Eleusis und an der phokisch-boiotischen G., die zur Zeit des Dritten Heiligen Krieges noch verstärkt wurden).

Interne und externe Grenze: Unter einer G. muß man sich einen in die Tiefe ausgedehnten Raum außerhalb und innerhalb der offiziellen G. vorstellen. Sie stellt in Bezug auf ökologische und topographische Faktoren sowie die soziale und wirtschaftliche Dynamik weder einen homogenen noch einen undifferenzierten Raum dar. In Ägypten, dem unteren Mesopotamien und im alten China standen die ariden, wüstenhaften Steppen und die am Rand gelegenen Hochebenen, die dünn besiedelt und ein niedriges technisches und organisatorisches Niveau aufwiesen, den fruchtbaren und bewässerten Tälern gegenüber, die für eine intensive landwirtschaftliche Nutzung prädestiniert waren und in denen sich eine hohe Bevölkerungsdichte feststellen läßt. Im Landschaftsbild der griechischen Poleis finden sich die primären Ressourcen in den landwirtschaftlich genutzten Ebenen. Die dünn oder nur saisonal besiedelten hügeligen und bergigen G.-Regionen stellen im Rahmen einer Wald- und Weidewirtschaft sekundäre Ressourcen. Das ägyptische, sumerische und griechische Vokabular (*eschatia, perioikis*) weist lexikalische Unterschiede in den Bezeichnungen für das Land innerhalb der G. und für das bergige G.-Land, für das landwirtschaftlich genutzte Gebiet und für die Steppe, für Zentrum und Peripherie auf.

Diesen in Geschichte und Tradition weit auseinanderliegenden Zivilisationen ist eine zentralistische Sichtweise und eine in kultureller Hinsicht differenzierte Wertschätzung des Staatsgebietes gemeinsam. Dabei wird das G.-Land als andersartig und minderwertig empfunden. Im Gegensatz zur gleichermaßen trennenden und stabilisierenden Funktion einer offiziellen Demarkationslinie kann man die Randgebiete als Räume sehen, in denen sich vielfältige Kontakte ergeben. Sie wirken als integrierendes Element, Instabilitätsfaktor oder als Bereich, in dem sich infolge der Lebens- und Wirtschaftsformen grenzüberschreitende Solidarität entwickelt. In China war das G.-Land der Raum, in dem sich Kontakte und Gegensätzlichkeiten zwischen seßhaften und nomadischen Zivilisationen ergaben. Er war von akkulturierten Nomaden und halbbarbarisierten Chinesen bewohnt. In Griechenland war dies nicht selten Anlaß für territoriale Rückeroberungen; diese wurden mal durch den Einsatz von Gewalt, mal auf friedliche Weise durch Urteile von Schiedsrichtern zustande gebracht. Einige Staaten verboten per Gesetz den Bürgern, die im G.-Gebiet Land besaßen, im Konfliktfall mit angrenzenden Staaten ihren Besitz zu veräußern (Aristot. pol. 7,1330a).

Grenzverlauf, Absteckung, Wiedererkennung, Vollziehung: Der G.-Verlauf wurde durch ein sichtbares System von Bezugspunkten festgelegt. Aus inschriftlich bezeugten Begrenzungsaktionen in Griechenland geht hervor, daß natürliche Gegebenheiten der Landschaft sowie von Menschen gesetzte künstliche Kontrollpunkte als Bezugspunkte dienten. Zu den ersten zählten Berge, Besonderheiten im Relief (wobei man dazu neigte, die Begrenzung entlang der Wasserscheide zu fixieren), Wasserläufe, Wüsten, Seen, Sümpfe oder auch landschaftliche Besonderheiten, die auf irgendeine Weise das einheitliche Aussehen des Landes unterbrachen. Künstliche Zeichen waren Stelen, Säulen, G.-Steine, Steinhaufen, Hermen, sakrale oder weltliche Bauten. Der G.-Verlauf stellte als Summe von Segmenten (*apo…epi to prosthen*) eine geometrische Linie dar, auf der die einzelnen Punkte der Reihe nach geradlinig (*ep' eutheias*) miteinander verbunden waren (Daverio, Nr. 19). Zum Vorgang einer G.-Ziehung gehören die aufgrund der Entscheidung eines Staates oder der bilateralen Übereinkunft zwischen den angrenzenden Staaten den G.-Ziehern (*horistai, termastai, gaodikai*) anvertraute Markierung, die Aufnahme des Bodens (*periegesis*) und der abschließende Vollzug (*stesai, tithenai tous orous*).

→ Außenpolitik, Bezirk, Diplomatie, Fluß, Fortifikation, Frieden, Gebirge (Berg), Geographie, Handel, Imperialismus, Interessensphären, Krieg, Migration, Mobilität, Raum, Reich, See, Staat, Staatenverbindungen, Topographie, Wüste

LITERATUR: G. *Daverio Rocchi*: Frontiera e confini nella Grecia antica. Roma 1988. – E. *Olshausen/ H. Sonnabend* (Hgg.): Grenze und Grenzland, in: Stuttgarter Kolloquium zur Historischen Geographie des Altertums IV, 1990. (Geographica Historica 7), Amsterdam 1994. – Y. *Roman* (Ed.): La frontière. Paris 1993. – A. *Rousselle* (Ed.): Frontières terrestres, frontières célestes dans l'antiquité. Paris 1995. – C. R. *Whittaker*: Frontiers of the Roman Empire. A Social and Economic Study. Baltimore/London 1996.

Giovanna Daverio Rocchi

Großgrundbesitz

Wenn in der Antike von Grundbesitz die Rede ist, so ist damit landwirtschaftlich genutzter Grund und Boden gemeint. Unser heutiger Begriff von Grundbesitz z. B. als Bauland, als Industriestandort oder als Park/Garten spielte in der Antike keine oder eine nur sehr untergeordnete Rolle. Namentlich wenn von G. die Rede ist, so wird selbstverständlich vorausgesetzt, daß dieser Landbesitz der landwirtschaftlichen Nutzung dient. Daß größere Flächen in Privatbesitz brach lagen, ist eine ökonomische Zerfallserscheinung in der römischen Kaiserzeit in einigen Teilen des Reiches. Und selbst dieses Brachland wurde als Besitz verstanden, der nur durch die Nachlässigkeit der Eigentümer nicht einer landwirtschaftlichen Nutzung zugeführt wurde (Colum. 1,3,10–12; Plin. nat. 18,35). Es läßt sich somit resümieren: Grundbesitz, und vor allem G., ist in der Antike landwirtschaftlich genutzter Grundbesitz.

Subsistenzbasis: Um die Größe eines landwirtschaftlich genutzten Besitzes nach seiner Bedeutung abschätzen zu können, sollte man sich allerdings zuerst einen Begriff machen vom Minimum an landwirtschaftlich genutzter Fläche, um wenigstens die Eigenversorgung einer Kleinfamilie zu gewährleisten. Nach modernen Schätzungen wurde zur hinreichenden Ernährung einer vierköpfigen Familie mindestens eine landwirtschaftliche Nutzfläche von ca. 2,5 ha benötigt (Kloft 163).

Griechenland: Diese Richtzahl macht die Schätzungen über Kleinbetriebe in der archaischen griechischen Zeit mit 5–10 ha sehr glaubhaft. Neben solchen Kleinbetrieben gab es auch in der griechischen Frühzeit Großgrundbesitzer – etwa vom Schlage eines Odysseus – mit einer geschätzten Fläche von 30–50 ha, doch blieben sie zahlenmäßig in der Minderheit und stellten offenbar noch keine Gefahr für die Klein- und Mittelbauern dar. Dies sollte sich in der Folgezeit ändern: Kleinbauern waren bei den revolutionären Bewegungen im Griechenland des 6.–4. Jahrhunderts v.Chr. meist im radikalen Lager zu finden, und Forderungen nach Schuldenerlaß und Bodenreform waren dabei nicht selten. Dies mag darauf hinweisen, wie erste Landbesitzkonzentrationen die kleinen Bauern zu bedrängen begannen.

Für das klassische Griechenland haben wir Angaben, die uns genauere Berechnungen des Grundbesitzes erlauben. Der Besitz der obersten Klasse der Grundbesitzer in Athen, der *Pentakosiomedimnen* (Fünfhundertscheffler), läßt sich vom Ertrag ihrer Ländereien errechnen. Demnach war er größer als 30 ha, also mehr als gut zehnmal die Fläche des Minimums. Da in Thessalien, im Eurotastal und in Großgriechenland neben dem Ackerbau extensive Viehzucht betrieben wurde, wird man dort von noch wesentlich größeren Besitzungen, 300 ha und mehr, auszugehen haben. In der 2. Hälfte des 4. Jahrhunderts v.Chr. berichtet Demosthenes (42) jedenfalls von einem Athener Phainippos, der in Kytheros 300 ha fruchtbares Ackerland und Waldungen besaß und aus diesem Besitz stattliche Einkünfte erzielte. Doch auch wenn es besonders im Griechenland des 4. Jahrhunderts v.Chr. bei der verbreiteten Neigung zur Thesaurierung zu einer verstärkten Besitzkonzentration gekommen sein mag, so dominierte immer noch der landwirtschaftliche Kleinbesitz von 5–10 ha.

Hellenistische Reiche: Die Struktur der Grundbesitzverteilung in den hellenistischen Königreichen war dann aber eine grundsätzlich veränderte. Abgesehen von dem Aspekt, daß sämtliches Land, außer Tempelland und dem Territorium der Städte, gewöhnlich als königlicher Besitz betrachtet und von diesem dann zum Teil an Anhänger vergeben wurde, entwickelte sich nun ein wirklich überragend großer Grundbesitz, der nur durch Sklavenbewirtschaftung und durch die Ausbeutung der *laoi*, der halbfreien einheimischen Landbevölkerung, als Pächter oder Landarbeiter betrieben werden konnte. Die Besitzgrößen von Privatleuten konnten von einem nun als eher moderat zu betrachtenden Besitz von 600 ha bis zu weit über 2.500 ha Streubesitz reichen. Daneben bestanden die auch diese Besitzgrößen überragenden Domänen der Könige, der Tempel und der Städte. Diese Landbesitzstruktur gilt für alle hellenistischen Reiche, wenngleich sich im Antigonidenreich wohl auch noch selbständige kleinere Bauernstellen gehalten haben mögen. Lediglich im ptolemäischen Ägypten war die Vorstellung vom königlichen Obereigentum an allem Land so stark, daß selbst an Günstlinge verschenktes Land nicht zu selbständigen Latifundien im Eigenbesitz wurde. Die königliche Staatswirtschaft behielt die Kontrolle über die Bewirtschaftung und vor allem auch über das Personal dieser Ländereien. Überdies blieb Ägypten weitgehend städtelos, was eine zunehmende Zersplitterung des Königslandes in Stadtterritorien verhinderte.

Rom: Bis zum Zweiten Punischen Krieg scheinen in Rom kleine und kleinste Landbesitzgrößen vorgeherrscht zu haben. Unter Romulus soll jeder römische Bürger zwei *iugera* als Eigentum (*heredium*) erhalten haben (Varro rust. 1,10,2). Die sagenhaften L. Quinctius Cincinnatus (Diktator 458 v.Chr.) und M. Atilius Regulus (Consul 267 v.Chr.) sollen nur sieben *iugera* ihr eigen genannt haben (Val. Max. 4,4,6f.; Plin. nat. 18,18ff.). Iugerum, das an einem Tag mit einem Joch Ochsen (*iugum*) umpflügbare Feld, entspricht 2.523 m^2, also ziemlich genau ¼ ha. Die angegebenen Besitzgrößen für das frühe Rom liegen damit deutlich unter dem Minimum, das eine Familie zur Eigenversorgung benötigt. Schon alleine dieser Einwand läßt an der Zuverlässigkeit dieser Angaben zweifeln. Sehr wahrscheinlich ist mit diesen Flächenangaben lediglich der zulässige Anteil eines jeden Bürgers am Gemeindeland, am *ager publicus*, gemeint, sie sagen aber nichts über den Privatbesitz an Land aus. Dennoch lassen diese vergleichsweise bescheidenen Flächen vermuten, daß der Grundbesitz der frühen Römer kaum über das zur Selbstversorgung nötige Maß hinausging.

Nach dem Zweiten Punischen Krieg änderte sich dies schlagartig. Große und vor allem fruchtbare Flächen waren im 3. Jahrhundert v.Chr. erobert worden und standen nun der landwirtschaftlichen Nutzung durch römische Bürger zur Verfügung. Livius berichtet (40,34,2), wie bei der Gründung der Kolonie Aquileia (181 v.Chr.) Fußsoldaten 50, Hauptleute 100, Ritter sogar 140 *iugera* (also 12,5, 25 oder 35 ha) Land erhalten haben. Cato d.Ä. nannte für seine Idealgüter Richtzahlen: 100 *iugera* für ein Wein-, 240 *iugera* für ein Olivengut (Cato agr. 10; 11). Man darf daraus schließen, daß im 2. Jahrhundert v.Chr. Grundbesitz von 150 bis 200 *iugera* (immerhin das 15–20fache der Subsistenzbasis) als mittlerer Besitz, alles darüber als G. gegolten haben wird. Doch die rasante Besitzkonzentration in der römischen Gesellschaft schritt gerade schon im 2. Jahrhundert v.Chr. voran. Zur Zeit des Tiberius Gracchus wird etwa der Besitz des römischen Ritters T. Vettius in Campanien auf mindestens 2.800 *iugera* geschätzt (Duncan-Jones 325). Gerade auch das Reformvorhaben des Tiberius Gracchus läßt die Dimension der Landbesitzkonzentration erahnen: Er wollte alleine den Besitz von Privatpersonen am Gemeindeland (*ager publicus*) auf 500 *iugera*, für zwei weitere Söhne noch jeweils auf 250 *iugera*, also insgesamt auf maximal 1.000 *iugera* beschränken – vom eigentlichen Privatbesitz an Land war dabei gar keine Rede. Wenn selbst diese Reform am erbitterten Widerstand der Oberschichten scheiterte, wird deutlich, daß Besitzgrößen von deutlich über 1.000 *iugera* (250 ha) für Großgrundbesitzer Ende des 2. Jahrhunderts v.Chr. eher die Regel waren. Bis in die Kaiserzeit hinein erstreckten sich diese privaten Großgüter immer stärker über ganz Mittelitalien und besonders in Form von großen Weidegütern (*saltus*) im Süden Italiens, aber auch in Afrika, Spanien, Gallien und auf dem Balkan. Lediglich im Osten waren sie, abgesehen von der kaiserlichen Domäne Ägypten, nicht so ausgeprägt. Der Begriff *latifundium* (von *fundus* = Bauerngut, *latus fundus* = großes Bauerngut) bürgerte sich allmählich für solche, zum Teil mehrere tausend ha umfassende (Plin. nat. 33,135 – Besitz des C. Caecilius Isidorus) Großgüter ein. Oftmals waren die Besitzungen jedoch als Streubesitz angelegt, wie es die Briefe des jüngeren Plinius zeigen. Solch große Ländereien waren auch keinesfalls mehr als singuläre Güter zu bewirtschaften, sondern wurden als mehrere selbständige Güter mit Sklaven bewirtschaftet, wenn man sie nicht, wie zumeist geschehen, an kleinere Pächter (*coloni*) gegen Abgaben verpachtete.

Der Grundbesitz der Kaiser läßt sich nicht zweifelsfrei feststellen. Keine Frage ist es aber sowohl bei antiken als auch bei modernen Autoren, daß die Kaiser die bei weitem überragenden Großgrundbesitzer in der römischen Gesellschaft waren.

Dies sind die Zahlen für den seit der späten römischen Republik um sich greifenden G., der zunehmend den Bestand der Klein- und Mittelbauern in Italien bedrohte. Diese waren dadurch arg bedrängt, gleichwohl waren sie lange Zeit noch keinesfalls verschwunden. Noch Varro berichtet Ende des 1. Jahrhunderts v.Chr. von vielen Kleinbauern auf Subsistenzbasis in Italien (Varro rust. 1,17,2).

Großgrundbesitz und topographische Struktur: Dabei ist allerdings typisch, daß der bäuerliche Kleinbesitz vom G. in Italien, in den Provinzen, ebenso wie früher auch in Griechenland, in kleinräumigere, weniger ertragreiche Landschaften verdrängt wurde. Die großen fruchtbaren, gut bewässerten Ebenen mit guten Verkehrsanbindungen wurden vom G. erobert. Die kleinräumigen Berg- und Gebirgslandschaften waren offenbar nicht geeignet für rationell geführte Großgüter und für eine gewinnorientierte Überschußproduktion für die großen Märkte in den Städten oder für den Fernhandel. Jedenfalls fanden solche kleinräumigen Landschaften, fern von den Zentren und Handelswegen, kaum das Interesse der Großgrundbesitzer. Solche Landschaften waren dann die Rückzugsgebiete für die noch verbliebenen Klein- und Mittelbauern. Vielleicht läßt sich sogar ein Bezug zwischen Landschaftsform und sich schließlich herausbildender Grundbesitzstruktur in der Antike herstellen: So hat sich in dafür günstigen Landschaften – etwa in Thessalien, Böotien, in der Poebene, in Kampanien, aber auch in Sizilien, Nordafrika, Ägypten und Thrakien – eine Kultur des G. ausgebildet, wohingegen in kleinräumigen Gebirgslandschaften eher die bäuerlichen Kleinbesitzer dominierten.

Richtzahlen zur Einschätzung von Grundbesitz: Die Größe solcher kleineren Güter läßt sich aus dem Umfang der Landzuweisungen an Veteranen in der späten römischen Republik abschätzen: Sie erhielten in Italien 10–50 *iugera* Land. Die Auswertung der Besitzverhältnisse nach den Alimentartafeln des 1. Jahrhunderts v.Chr. aus Benevent (CIL IX 1455) und Veleia/Placentia (CIL XI 1147 – am Rande der Poebene) bestätigt gerade eine starke Häufung der Güter eben dieser Größenklasse von 10–50 *iugera* (Dohr 34f.). Die 10–50 *iugera*, die auch schon von früheren Landverteilungen bekannt sind, lassen auf ein vernünftiges Maß an Landbesitz schließen, um eine Familie ausreichend ernähren zu können. Dementsprechend ist sich die Forschung über die Klassifizierung solcher Kleingüter hinsichtlich ihrer Größe weitgehend einig: 10–80 *iugera* (2,5–20 ha – Dohr 11,29ff.; White 387ff.; Flach 184). Wird man diese Angabe für Kleinbetriebe in der Antike allgemein gelten lassen können, so sind die ebenfalls dort genannten Richtzahlen für mittleren und großen Landbesitz (80–500, über 500 *iugera*) allenfalls für die römische Kaiserzeit gültig. Die oben geschilderte rasante Entwicklung des G. verbietet die Gültigkeit solcher allgemeinen Zahlen grundsätzlich. G. war in Griechenland und besonders in Rom zu verschiedenen Zeiten sehr verschieden groß.

→ Ackerbau, Agrarverfassung, Forstwirtschaft, Gebirge (Berg), Gesellschaft, Gutshof, Handel, Landwirtschaft, Monarchie, Sklaverei, Stadt, Tempel, Viehwirtschaft, Wald

LITERATUR: N. *Brockmeyer:* Arbeitsorganisation und ökonomisches Denken in der Gutswirtschaft des römischen Reiches. Bochum 1968. – F. *DeMartino:* Wirtschaftsgeschichte des alten Rom. München 1991. – H. *Dohr:* Die italischen Gutshöfe nach den Schriften Catos und Varros. Köln 1965. – R. *Duncan-Jones:* The Economy of the Roman Empire. Cambridge 1982. – D. *Flach:* Römische Agrargeschichte. München 1990. – W. E. *Heitland:* Agricola. 1921. – H. *Kloft:* Die Wirtschaft der griechisch-römischen Welt. Darmstadt 1992. – Th. *Pekáry:* Die Wirtschaft der griechisch-römischen Antike. Wiesbaden 1979. – K. D. *White:* Roman Farming. London 1970.

Ulrich Fellmeth

Gutshof

Über die griechischen und hellenistischen landwirtschaftlichen Funktionsbauten ist zu wenig bekannt, um genauere Aussagen darüber machen zu können. Von den römischen Agrarschriftstellern und von Ausgrabungsergebnissen kennt man dagegen die römischen G. sehr genau. Deshalb wird hier der landwirtschaftliche Funktionsbau im römischen Bereich dargestellt.

Villa meint ursprünglich den Ackerboden mitsamt dem landwirtschaftlich genutzten Bauernhaus (Cato agr. 1–3; Varro rust. 1,11ff.; Vitr. 6,6,1; Sen. epist. 86,4ff.).

Abb. 33: Villa eines reichen afrikanischen Grundbesitzers in der römischen Kaiserzeit (Tabarka/ Tunesien). Die Bauweise ist den klimatischen Verhältnissen angepaßt: Die Portiken ließen im Winter die Sonnenstrahlen ein und spendeten an heißen Sommertagen Schatten. Die Räume und Türme im ersten Stock verschafften eine gute Wohnqualität.

Hier soll der G. als Gebäudekomplex dargestellt werden. Die mit der landwirtschaftlichen Nutzfläche zusammenhängenden Aspekte beleuchten andere Artikel dieses Lexikons.

Bei Columella wird innerhalb des G. unterschieden in *villa urbana* (Herrenhaus), *villa rustica* (Landarbeiterhaus) und *fructuaria* (Fruchtlagerräume, dazu gehören auch Pressräume für Öl und Wein, Weinkeller etc.). Dies deutet auf eine weitgehende Differenzierung des Begriffs *villa* hin. In der Tat war je nach Vermögen des Besitzers, Größe des Landes, der Funktion des G. – *villa* als Herrensitz, Produktionsstätte für landwirtschaftliche Produkte im Mischbetrieb oder als Monokultur – und abhängig vom geographischen Ort des Guts die Ausprägung der Gutsgebäude sehr verschieden.

Formen der Gutshöfe: Da gab es etwa seit dem 1. Jahrhundert v.Chr. und besonders in Italien die *villa* (*suburbana*) der *nobiles*, die vorwiegend als ländliches Refugium diente und deshalb weniger auf die rationelle landwirtschaftliche Produktion ausgerichtet war. In solchen G. löste sich das Herrenhaus von eventuell noch vorhandenen landwirtschaftlichen Funktionsbauten und bildete einen eigenen Komplex von stark städtischem Aussehen. Solche Landhäuser waren kostspielig ausgestattete, in parkartiger Natur gelegene, mehrgliedrige Bauten, mit Sommer- und Winterräumen, Speisesälen, Bädern, Bibliotheken, und in den Gärten mit Quellen, Laubengängen, Vogelkäfigen etc. Diese Villen waren außerdem entweder an einem Hang angelegt oder durch künstliche Terrassierung so erhöht, daß von ihnen eine Aussicht auf die umgebende Landschaft oder auf das Meer gegeben war: Es ist keine Frage, mit landwirtschaftlicher Produktion hatten diese Villen nurmehr wenig zu tun. Doch alle *nobiles* der späten Republik und der Kaiserzeit hatten solche Villen zur Erholung (vgl. Plin. ausführliche Schilderung seiner Villen in epist. 2,17; 5,6; 9,7), auch die Kaiser pflegten sich solche Landhäuser (*villa imperialis*) zu halten (vgl. etwa die *villa* des Tiberius auf Capri, die *villa* Hadrians bei Tibur oder die spätantike *villa* bei Piazza Armerina [Maximian?]).

Da gab es aber auch noch die echte *villa rustica*, den eigentlichen G. mit dem vorwiegenden Zweck der landwirtschaftlichen Produktion. Solche G. gab es auch in der Kaiserzeit noch in Italien. Es muß sie gegeben haben, denn die *villa suburbana* war ein Privileg für eine dünne Oberschicht. Alle anderen Landbewohner mußten sich verstärkt mit der landwirtschaftlichen Produktion beschäftigen. Und überdies, auch die *nobiles* besaßen Landgüter, die alleine der landwirtschaftlichen Produktion dienten, um den Gutsherren eine einträgliche Rendite zu verschaffen. In den Provinzen war die *villa rustica* mit klarer Orientierung an der landwirtschaftlichen Produktion ohnehin der vorherrschende Typ des G. Die weitverbreitete Existenz solcher echten landwirtschaftlichen G. bestätigen die Grabungsergebnisse (zu italischen G. vgl. Flach 215 ff.; für die vielen nachgewiesenen *villae rusticae* nördlich der Alpen seien hier nur etwa die Villen in Blankenheim, Müngersdorf, Nenning, oder Chedworth, Woodchester in England genannt). Freilich gab es Unterschiede in der baulichen Ausgestaltung: Bei italischen *villae rusticae* ist eine zwanglose Raumanordnung von Wohn- und Wirtschaftsräumen auf drei Seiten eines Peristylhofs kennzeichnend, bei *villae* nördlich der Alpen ist ein langgestreckter Baukörper, oft mit vorspringenden Eck-Risaliten charakteristisch. Doch gemeinsam war diesen echten *villae rusticae* der Zug zu streng ökonomischer Ausgestaltung und die konsequente Ausrichtung an den Notwendigkeiten der landwirtschaftlichen Produktion.

Solche G. beschreiben die Agrarschriftsteller Cato, Varro, Columella und Palladius. Wenn auch in Anrechnung zu bringen ist, daß diese mit den von ihnen entworfenen Mustergütern Idealvorstellungen vorgelegt haben, die selten ganz realisiert werden konnten (vgl. Colum. 1,2,5), so geben sie doch im Großen und Ganzen das antike Wissen zum Standort, zur Anlage und zur Ausstattung von G. wider. Dies bestätigen auch die Grabungsergebnisse. Im folgenden soll deshalb der römische G. nach den Darstellungen der Agrarschriftsteller beschrieben werden (vgl. Cato agr. verstreut; Varro rust 1,11 ff.; Colum. 1,4 ff.; Palladius verstreut im ersten Buch; Plin. nat. 18,26 ff. 301 ff.).

Standort: Die Hofgebäude sollten möglichst dort errichtet werden, wo eine Quelle entsprang, wo gesundes und wohlschmeckendes Wasser floß, wo wenigstens Brunnenwasser vorhanden oder Wasser nicht über weite Strecken herbeigeführt werden mußte. Ansonsten hatte man sich mit Zisternen und Teichen für die Viehtränke zu behelfen. Es sollten die Hofgebäude weiterhin in Halbhöhenlage an einem Hügel gebaut werden, so daß weder Hochwasser noch Räuberbanden eine Gefahr darstellten. Besonders sollte darauf geachtet werden, daß gesunde Winde am Standort der Hofgebäude wehen. Baute man die Hofgebäude an einem Fluß, so sollte man etwas entfernt und erhöht quer zum Flußlauf mit der Stirnseite vom Fluß abgewandt bauen, um Hochwasser, im Winter die Kälte und im Sommer ungesunde Einflüsse zu verhindern. Aus gesundheitlichen Gründen sollten Sumpfgebiete grundsätzlich gemieden werden. Weitere Standortgesichtspunkte für die Anlage von G. waren der

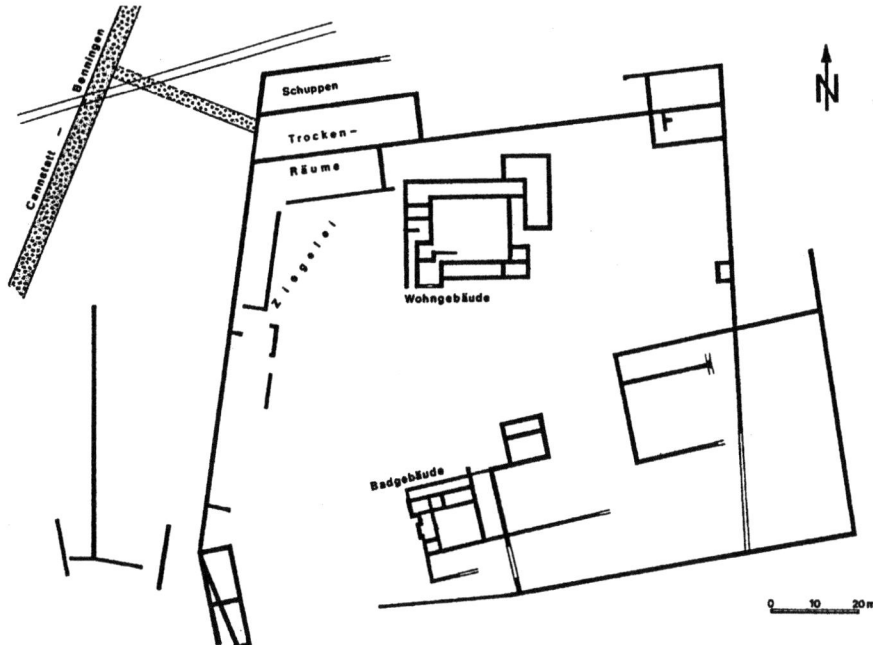

Abb. 34: Grundriß der Anlage einer Villa rustica (Gutshof von Ludwigsburg-Hoheneck/Baden-Württemberg). Charakteristisch ist das Nebeneinander von Wohn- und Wirtschaftsgebäuden. Im Norden befindet sich der Haupttrakt, südlich davon das obligatorische Bad. An der Westseite liegen Ställe, Scheunen und Schuppen, an der Nordwestecke eine Ziegelei. Umgeben war die Villa von einer Hofmauer mit einer Seitenlänge von 127 bzw. 146 m.

Charakter der Nachbarschaft, die Gefahr von räuberischen Überfällen, die Verkehrs- und Marktlage und natürlich ganz besonders die Güte der umliegenden Böden und des Klimas.

Art der Hofgebäude und deren Anlage: Neben dem Haus des Gutsherrn sollten ganz allgemein Ställe (Rinder, Ochsen, Pferde, Schafe, Ziegen und Kleinvieh), Wein- und Ölkeltern, Gär- und Ölkammern, Räume für das Gesinde, ein großer Aufenthaltsraum für das Gesinde, Gesindebäder, Räume für den Verwalter, Scheunen für die Ernte und in ihrer unmittelbaren Nähe die Tenne (zu Tenne siehe den Artikel Getreide), Schuppen für Fuhrwerke und Gerät, zwei oder drei Wasserbecken sowie zwei Misthaufen (wegen der empfohlenen einjährigen Lagerung des frischen Kots) vorhanden sein, und das ganze sollte, je nach der Gefahr von räuberischen Überfällen, durch Gesträuch, durch Zäune, durch Wall und Graben oder durch eine Mauer umfriedet sein.

Columella unterschied, wie oben schon erwähnt, innerhalb des G. drei Gebäudetrakte oder Funktionsbereiche: das Herrenhaus, den Wirtschaftstrakt und den Vorratstrakt.

Im Herrenhaus waren Wohnräume für den Sommer und für den Winter getrennt. Die Winterwohnräume sollten von der Wintersonne möglichst intensiv beschienen sein und gegen Kälte und Nässe, besonders am Fußboden, gut geschützt werden. Der Badetrakt sollte ebenfalls gegen Süden oder Südwesten gerichtet sein, um dort möglichst den ganzen Tag Sonne zu haben. Der Badetrakt erhielt, wie in den nördlichen Provinzen auch manche Winterwohnräume, eine Fußbodenheizung.

Der Wirtschaftstrakt bestand aus einer großen, zentral gelegenen Küche, die gleichzeitig als Aufenthaltsraum für das Gesinde diente, aus Kammern für die unangeketteten Sklaven, während die Kettensklaven in einem unterirdischen Verlies (*ergastulum*) untergebracht waren. Das Vieh war in großzügigen und gegen Nässe geschützten Stallungen untergebracht, die weder zu großer Hitze noch zu großer Kälte ausgesetzt waren, und die Ochsenknechte und Hirten wohnten Wand an Wand mit ihren Tieren. Die Wohnung des Verwalters war neben, die des Geschäftsführers (falls vorhanden) über dem Hofeingang untergebracht, damit diese die Ein- und Ausgehenden wie auch die Vorkommnisse im G. ständig kontrollieren konnten. Die Schuppen mit den Fuhrwerken und Geräten sollten sich in unmittelbarer Nähe der Verwalterwohnung befinden, damit dieser die Geräte um so besser im Auge behalten konnte. Bei sehr großen Gütern und bei großer Entfernung zu Beschaffungsmärkten empfahl es sich sogar, ständige Handwerker (Schmiede, Zimmerleute, Ziegelbrenner, Töpfer etc.) auf dem Hof zu halten. Deren Werkstätten gehörten dann ebenfalls zum Wirtschaftstrakt.

Im Vorratstrakt sollten die Ölkeltern und -kammern an warmen Orten, jedoch rauchfrei gelegen sein. Die Weinkelter, der Keller, in dem der Most eingedickt wurde, und die Weinlagerräume dagegen sollten kalt und von unangenehmen Gerüchen gänzlich frei sein. Öl und Wein wurde in Kellern und zu ebener Erde verarbeitet und gelagert, die trockenen Erzeugnisse wie Getreide, Hülsenfrüchte, Heu, Laub, Stroh, Spreu und alles Viehfutter wurden in der Regel auf den Dachböden gelagert. Diese Kornböden sollten nach Norden weisen und von den trocken-kalten Nordwinden durchlüftet werden. In trockenen Gegenden konnten Getreide und Hülsenfrüchte auch in ebenerdigen oder auf Schwibbögen liegenden Speichern mit gewölbter Decke gelagert werden, allerdings erst nachdem Böden und Wände durch ein aufwendiges Verfahren gegen das Eindringen von Schädlingen gesichert wurden. Im G. sollten außerdem nach dem Bedarf der Beschäftigten dimensionierte Mühlen und Backöfen vorhanden sein.

Die Anordnung der einzelnen Funktionsbereiche zueinander richtete sich streng danach, wie die Arbeitsabläufe im G. möglichst rationell gestaltet werden und die Arbeitskräfte einer möglichst starken Kontrolle unterzogen werden konnten. Auf eine optimale Funktionalität der Anordnung weist etwa hin, wenn die Küche mit Gesindeaufenthaltsraum zentral gelegen ist, wenn die Tenne und der Kornspeicher beieinander liegen, wenn die Hirten und Ochsenknechte unmittelbar bei den ihnen anvertrauten Tieren wohnen etc. Die optimale Kontrollierbarkeit ist durch die geforderte Übersichtlichkeit des G. für den Verwalter bzw. den Geschäftsführer ebenso gewährleistet, wie dadurch, daß sich bei einem konzentrierten und funktional durchgestalteten G. auch die Arbeitskräfte untereinander unmittelbar kontrollieren konnten.

Zur genaueren Dimensionierung dieser Funktionsbereiche schweigen sich die römischen Agrarschriftsteller allerdings in der Regel aus. Sie verweisen diesbezüglich immer wieder auf Erfahrungswerte und mahnen lediglich zu ›angemessenen und

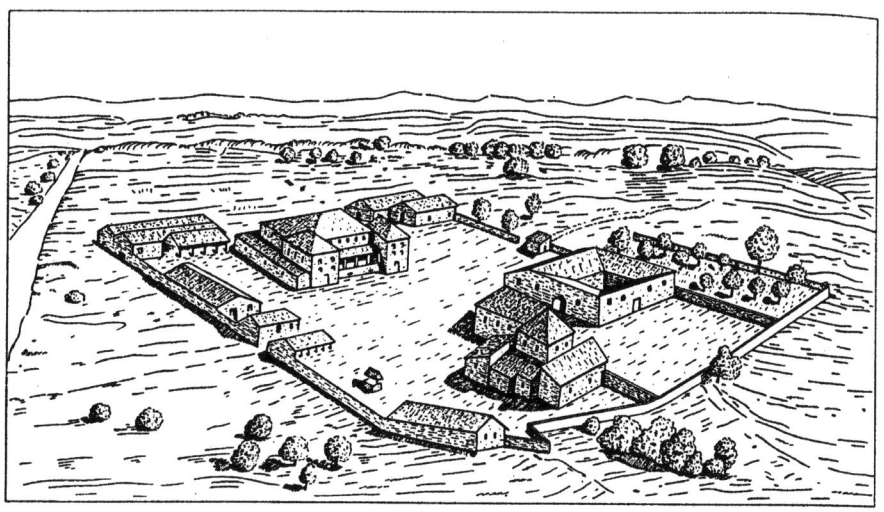

Abb. 35: Rekonstruktion der Villa von Ludwigsburg-Hoheneck. Solche Gutshöfe lagen in der Regel an trockenen Hängen in Südlage in der Nähe von Wasserquellen. In Ludwigsburg-Hoheneck fehlte eine entsprechende Topographie, aber wenigstens wurde eine sehr flache Hügellage ausgenutzt.

vernünftigen‹ Dimensionen, was das Herrenhaus und auch was die landwirtschaftlichen Funktionsbereiche anbetrifft.

Kleinbetriebe: Die oben beschriebenen G. sind die Höfe der Großgrundbesitzer, die mit festem Sklavenpersonal ihr Land im Eigenbetrieb bewirtschafteten oder bei denen der G. als zentrale Sammelstelle für die Naturalabgaben der Pächter diente. Die Pächter oder selbständige Klein- und Mittelbauern konnten sich solche G. selbstverständlich nicht leisten, sie brauchten auch keine solch komplexen Anlagen. Da für die Anlage der Klein- und Mittelhöfe die archäologische Evidenz ebenso fehlt wie literarische Nachrichten, kann man sich nur vermutungsweise ein Bild von solchen kleinen Hofkomplexen machen. Wie in altrömischen Verhältnissen werden da die Familie der Bauern, die eventuell vorhandene kleine Schar des Gesindes und das Vieh in einem Gebäudekomplex, oft genug in einem Haus, beieinander gewohnt haben. Alle auf dem Hof arbeitenden Menschen werden in einem Speisesaal zusammen gespeist (vgl. Plut. Cat. mai. 3,2) und auch ansonsten sehr eng beieinander gelebt und gearbeitet haben. In diesem einzigen Gebäudekomplex werden auch die landwirtschaftlichen Geräte, die Geräte zur Weiterverarbeitung der landwirtschaftlichen Produkte und die Speicherräume untergebracht gewesen sein.

→ Architektur, Archäologie, Bad, Fluß, Getreide, Großgrundbesitz, Handel, Heizen, Klima, Landwirtschaft, Park, Sklaverei, Überschwemmung, Viehwirtschaft, Weinbau, Wind (Winde), Wohnhaus

LITERATUR: H. *Dohr:* Die italischen Gutshöfe nach den Schriften Catos und Varros. Köln 1965. – D. *Flach:* Römische Agrargeschichte. München 1990. – K. D. *White:* Roman Farming. London 1970.

Ulrich Fellmeth

Hafen

Von ihrer Lage her kann man die antiken H. grundsätzlich in See-H. und Fluß-H. einteilen. Funktional lassen sich Verkehrs-, Handels- und Kriegs-H. unterscheiden, wobei vor allem in den ersten beiden Fällen die Zweckbestimmungen auch zusammenfallen konnten. Im Rahmen der Historischen Geographie interessieren die antiken H. in erster Linie im Hinblick auf ihre topographische Situation und auf die Maßnahmen, die getroffen wurden, um die Sicherheit der Schiffe vor den Naturelementen zu gewährleisten.

Antike Einstellungen zu Häfen: In der griechischen und römischen, zumal philosophischen Literatur finden sich zahlreiche Äußerungen über Nutzen und Gefahren von H. Leitend waren bei dieser Diskussion moralische und wirtschaftliche Gesichtspunkte. Platon fürchtete vom Handel ausgehende negative Konsequenzen für die Moral und Disziplin der Bewohner von H.-Städten (Plat. nom. 704d–705b.847b–e). Aristoteles hingegen schätzte die ökonomischen Vorteile höher ein (Aristot. pol. 1327a). Die Haltung des Römers Cicero war ambivalent: Einerseits folgte er Platon (Cic. leg. agr. 2,95 mit dem Beispiel Karthago; Cic. rep. 2,17), andererseits erkannte er den Nutzen der Anlage von Werften und H. an (Cic. off. 2,60).

Anlage von Häfen: Im 1. Jahrhundert v.Chr. hat der römische Architekturschriftsteller Vitruv einige konkrete Empfehlungen für die Anlage von H. gegeben (Vitr. 5,12), wobei er vermutlich auf griechische und römische Erfahrungen beim Bau von H. rekurrierte. Vitruv differenziert zwischen natürlichen und künstlichen H. Bei einem natürlichen H. hält er Orte mit vorspringenden Landspitzen oder Gebirgsvorsprüngen für geeignet, Schutz vor den Stürmen zu bieten. »Wenn wir aber keine von Natur aus günstige und zum Schutz der Schiffe gegen Stürme geeignete Lokalität haben, dann muß man, scheint es, so verfahren, daß man, wenn kein Strom in diesem Gelände hinderlich ist, aber auf der anderen Seite ein bequemer Ankergrund vorhanden ist, dann auf der anderen Seite einen Vorsprung aus Mauerwerk oder in Form eines Dammes vortreibt, und auf diese Weise muß man ein geschlossenes Hafenbecken herstellen« (Vitr. 5,12,2).

Die praktischen Arbeiten an einem im Entstehen begriffenen künstlichen H. schildert detailliert in der 1. Hälfte des 2. Jahrhunderts n.Chr. als Augenzeuge der jüngere Plinius am Beispiel von Centumcellae (heute Civitavecchia) in Etrurien (Plin. epist. 6,31): »In einer Bucht wird eben jetzt ein Hafen angelegt, dessen linke Mole bereits auf solidem Fundament ruht, während an der rechten noch gearbeitet wird. Vor der Hafenausfahrt entsteht eine Insel, die als Wellenbrecher gegen die vom Wind herangetriebenen Wassermassen dienen und auf beiden Seiten den Schiffen ein sicheres Einlaufen gewähren soll ... Ein breites Lastschiff bringt riesige Felsblöcke heran. Diese werden einer nach dem anderen versenkt, bleiben durch ihr Eigengewicht an Ort und Stelle und fügen sich nach und nach zu einer Art Damm zusammen. Schon ragt ein steinerner Rücken sichtbar aus dem Wasser, der die anbrandenden Wogen bricht und weithin aufwallen läßt ... Auf die Felsblöcke will man später noch Pfeiler setzen, die mit der Zeit dem Ganzen das Aussehen einer natürlichen Insel geben soll.«

Seehäfen: Für die griechische Frühzeit fehlen konkrete Spuren von ausgebauten See-H. Die Schiffe legten üblicherweise in windgeschützten Buchten an und wurden dort an Land gezogen (etwa Hom. Od. 2,389; 6,263ff.). Erste H.-Anlagen lassen sich im minoischen Kreta (Amnissos als H. von Knossos) nachweisen.

Abb. 36: Hafenszene aus Portus, dem von Kaiser Claudius an der Tibermündung erbauten Handelshafen von Rom, von Traian im 2. Jh. n.Chr. erweitert. Im Mittelpunkt der Darstellung steht das Einlaufen eines Handelsschiffes, durch die Wölfin im Segel als ein römisches Schiff zu identifizieren. Rechts ein weiteres Frachtschiff. Von der Hafenanlage sind zu erkennen eine die Mole dominierende Statue des Meeresgottes Neptun (rechts im Vordergrund), ein Leuchtturm (Hintergrund Mitte) sowie (rechts im Hintergrund) ein Triumphbogen mit einer Elefanten-Quadriga. Hinter Neptun steht ein Genius, der die ankommenden Händler mit einem Kranz begrüßt.

Der Bau von größeren Schiffen, die Intensivierung des Handelsverkehrs, militärische Interessen und nicht zuletzt auch das Machtstreben einzelner Herrscher und Städte führten seit dem 7. Jahrhundert v.Chr. zu einer nun verstärkten Anlage von H. Ein prominentes Beispiel ist der H. von Samos, den im 6. Jahrhundert v.Chr. der Tyrann Polykrates errichtete (Hdt. 3,60). Für seine Kriegsflotte legte er ein in die Stadtmauer integriertes H.-Becken an, das von zwei Molen von 190 m Länge und einem Damm von 296 m Länge geschützt wurde. In klassischer Zeit bauten die Athener die etwa drei Kilometer vorspringende Halbinsel von Piräus mit ihren drei Buchten zum Kriegs- und Handels-H. aus (Thuk. 1,93,3; Paus. 1,1,2), der später durch Mauern mit der Stadt Athen verbunden wurde (Plut. Kim. 13,6; Thuk. 1,107,1; 1,108,3; 2,13,6f.; Strab. 9,1,15) und auf diese Weise die Versorgung der Stadt von der See her gewährleistete.

Die Zeit des Hellenismus ist von einem allgemeinen Zug zum Monumentalen bei der Errichtung von H. geprägt. Neben Antiochia ist der H. von Alexandria in Ägypten das beste Beispiel. In dieser 331 v.Chr. von Alexander dem Großen gegründeten, von den ptolemäischen Königen weiter ausgebauten Planstadt entstanden durch einen künstlichen Damm zwischen dem Festland und der vorgelagerten Insel Pharos zwei große H.-Becken mit dazugehörigen Werften, Molen und Schiffshäusern. Ein Leuchtturm auf Pharos bot den Schiffen Orientierung. Für diesen H. hatten die Planer eine von der Topographie her besonders günstige Stelle ausgewählt: Die östliche Strömung des Mittelmeers treibt die Schlamm-Massen des Nils nach Osten, das westliche Delta ist frei davon, so daß im Gegensatz zu den anderen H. an der Nilmündung hier nicht die bei antiken H. generell stets präsente Gefahr der Versandung bestand.

Die Stadt Rom verfügte zunächst über keinen eigenen See-H. Der Handelsverkehr wurde über Stapelplätze am Tiber abgewickelt (z. B. Liv. 35,10,12). Als H. für die Getreide-Importe fungierte Puteoli, in augusteischer Zeit großzügig ausgebaut mit einer Mole von 372 m Länge und 15 m Breite. Dabei wurde eine spezielle Technik eingesetzt, um der Gefahr der Versandung zu begegnen: Die Molenkonstruktion bestand aus durch 15 Bögen miteinander verbundenen Pfeilern, ausgeführt in Mörtelgußwerk aus unter Wasser selbst abbindender Puzzolanerde (Strab. 5,4,6; Vitr. 2,6; Cass. Dio 48,51,4). Durch die Mauerbögen konnte der Sand dann aus dem H.-Becken hinausgespült werden.

Unter Kaiser Claudius (41–54 n.Chr.) wurde an der Tibermündung bei Ostia der große H. von Portus angelegt, der im 2. Jahrhundert n.Chr. unter Traian durch ein sechseckiges H.-Becken erweitert wurde. Über die Anlage dieses H. heißt es bei Cassius Dio: »Zunächst ließ Claudius ein beachtliches Stück Festland ausheben, sodann auf jede Seite der Höhlung Ufermauern anlegen und schließlich das Seewasser einströmen. Des weiteren wurden von ihm im Meer selbst an beiden Seiten der Hafeneinfahrt gewaltige Molen vorgetrieben und dadurch eine große Wasserfläche eingeschlossen, in deren Mitte eine Insel mit Leuchtturm entstand« (Cass. Dio 60,11,4). Im Lagunengebiet von Ravenna hatte bereits Augustus (Suet. Aug. 49,1) den römischen Kriegs-H. anlegen lassen (Classis).

Flußhäfen: Fluß-H. spielten in der Antike insgesamt eine geringere Rolle als See-H., und dies vor allem wegen der mangelnden Schiffbarkeit vieler Flüsse. Da jedoch der Gütertransport zu Wasser grundsätzlich kostengünstiger als der zu Lande war, wurde, wo immer möglich, und sei es auch nur im Treidelverfahren, Binnenschiffahrt betrieben, was die Anlage von H. und Stapelplätzen notwendig machte. Das gilt vor allem für die Verhältnisse in römischer Zeit – bei den Griechen fand Binnenschiffahrt kaum statt. Fluß-H. finden sich im Römischen Reich vor allem in den westlichen Provinzen (Rhein, Mosel, Maas, jedoch auch die Donau). Spuren antiker Fluß-H. sind beispielsweise in Aquileia, Köln und Xanten nachweisbar. In der Spätantike finden sich an Flüssen auch stark befestigte Militär-H.

→ Baumaterial, Deich, Delta, Fluß, Furt, Handel, Kolonisation, Krieg, Lagune, Marschland, Meer, Monarchie, Piraterie, Schiffahrt, Schiffahrtswege, Seeherrschaft, Signaltechnik, Städtebau

LITERATUR: D.J. *Blackman:* Ancient Harbours in the Mediterranean, in: International Journal of Nautical Archaeology 11, 1982, 79–104; 185–211. – L. *Casson:* Harbour and River Boats of Ancient Rome, in: JRS 55, 1965, 31–39. – A. *Deman:* Rélexions sur la navigation fluviale dans l'antiquité romaine, in: T. Hackens/P. Marchetti (Eds.): Histoire économique de l'antiquité. 1987, 79–106. – J. *Le Gall:* Le Tibre. Fleuve de Rome dans l'antiquité. Paris 1953. – K. *Lehmann-Hartleben:* Die antiken Hafenanlagen des Mittelmeeres. (Klio-Beih. 14), 1923. – R. *Meiggs:* Roman Ostia. Oxford ²1973.

Holger Sonnabend

Hagiographie

Mit dem Begriff H. wird sowohl die mit der Heiligenverehrung verbundene Literatur, wie z. B. Märtyrerakten, Heiligenviten und -legenden, bezeichnet als auch die Wissenschaft, die diese Literatur zum Gegenstand hat. Als Wissenschaft ist die H. aus der christlichen Theologie entstanden und bleibt ihr verhaftet. Das zeigt sich in der Bestimmung ihres Gegenstandes und in den getroffenen Wertungen. So stützt sich die H. bei der Feststellung, welche Personen als Heilige betrachtet werden dürfen, auf die kanonische Anerkennung durch die Kirche. Bei der kritischen Beurteilung der historischen Personen werden von ihr außerordentliche Phänomene, wie göttliche Eingebungen und Wunder, nicht von vornherein ausgeschlossen.

Die Methode der H. dagegen ist in ihren Grundsätzen identisch mit der historischen Methode. Die hagiographische Überlieferung unterscheidet sich zwar in vielen Fällen von der Überlieferung der Texte der anderen antiken literarischen Genera besonders darin, daß die Texte zumeist in mehreren verschiedenen Redaktionen vorliegen, doch die Verfahren der Textherstellung und Textkritik werden in der H. nach den gleichen philologischen Grundsätzen wie auch bei den Historikern ausgeübt. Die Feststellung historischer Daten und Tatsachen ist an die korrekte Interpretation der überlieferten Quellen gebunden. Wie die Geschichtswissenschaft ist auch die H. darum bemüht, den historischen Quellenwert der einzelnen Texte festzustellen, indem sie untersucht, welche zeitliche Nähe der Text zu den geschilderten Ereignissen hat und welche Vorlagen dem Autor zur Verfügung gestanden haben. Damit ist die Möglichkeit eines Austauschs zwischen H. und allgemeiner Geschichte gegeben. Die H. stützt sich auf die Ergebnisse der Geschichtswissenschaft, und umgekehrt kann die Geschichte die Ergebnisse der H. einbeziehen.

Aus der Perspektive des Historikers kann die H. daher als eine historische Hilfs- respektive Grundwissenschaft betrachtet werden, die, ähnlich wie Epigraphik, Numismatik oder Papyrologie, sich auf eine bestimmte Quellengruppe spezialisiert, deren besondere Charakteristik analysiert und die Quellen für den historischen Gebrauch aufbereitet.

Große Verdienste bei der Aufbereitung der hagiographischen Quellen kommt den Bollandisten zu. Unter dieser Bezeichnung wird eine Gruppe belgischer Forscher verstanden, die seit 1643, damals unter der Leitung des Jesuiten Jean Bolland, mit der systematischen Sammlung und kritischen Edition der lateinischen und griechischen Heiligenberichte in Form eines Corpus begonnen hat. Die *Acta Sanctorum* erscheinen seit 1643. Die Anordnung der Texte in den Bänden des Corpus geschieht dabei in Anlehnung an die im Mittelalter gebräuchlichste Form der Sammlung, die Menologien, die für den praktischen Gebrauch im Gottesdienst die Texte nach der Aufeinanderfolge der jährlichen Gedächtnistage der Heiligen, d.h. nach dem Kalender, ordnen. Zentrales Organ der H. ist die Zeitschrift *Analecta Bollandiana*.

Der Beitrag der H. zur Historischen Geographie ist kaum abschätzbar. Alle Arten von geographischen Informationen können in die Texte eingebettet sein. Vorzugsweise sind es die Lebensverhältnisse der einfachen Bevölkerung, die sich in den hagiographischen Texten spiegeln. In der Zeit der Völkerwanderungen sind sie auch oftmals die einzigen Quellen, die Kenntnis von den Bewegungen der fremden Völker vermitteln.

→ Geschichtsschreibung, Götter, Inschriften, Münzen, Mythologie, Papyri

LITERATUR: R. *Grain:* L'Hagiographie, ses sources, ses methodes, son histoire. Paris 1953.

Gerhard Kahl

Handel

H. als die gewerbliche Vermittlung des Güteraustausches zwischen Erzeugung und Verbrauch vollzog sich in der Antike sowohl auf lokaler als auch auf überregionaler Ebene. Die erste H.-Großmacht der Antike waren die Phönizier, deren diesbezüglicher Aktionsradius bis nach Spanien reichte und auf die zahlreiche H.-Niederlassungen an den Küsten des Mittelmeeres zurückgehen (von denen Karthago die berühmteste war). Die mykenischen Griechen verfügten über intensive H.-Verbindungen zum ostmediterranen Raum. Griechische H. wiesen der großen Kolonisation (750–550 v.Chr.) den Weg und profitierten ihrerseits von den sich daraus ergebenden Zugriffsmöglichkeiten auf neue Rohstoffquellen und Absatzmärkte. Die Römer entwickelten sich erst relativ spät, seit den Auseinandersetzungen mit Karthago im 3./2. Jahrhundert v.Chr., zu einer dann allerdings rasch prosperierenden und in der Kaiserzeit, analog zu den realen Herrschaftsverhältnissen, dominierenden H.-Macht.

Handel und Historische Geographie: Von den vielen Aspekten, unter denen sich das Thema des antiken H. erörtern läßt, interessiert in einem weniger wirtschaftlich als historisch-geographisch ausgerichteten Zusammenhang besonders die Rolle der Händler als Vermittler von Kenntnissen über fremde Länder und Regionen. Dazu gehört auch die Erschließung neuer Räume durch Verkehrswege zu Wasser und zu Land. Der zunehmende H. führte dabei weiterhin zur planmäßigen Anlage von H.-Städten. Alexandria in Ägypten etwa wurde von Alexander dem Großen unter anderem im Hinblick auf H.-Interessen gegründet (vgl. Vitr. 2 praef. 4 über den Architekten Deinokrates: »Als Alexander dort einen auf natürliche Weise geschützten Hafen, einen hervorragenden Handelsplatz – *emporium egregium* –, fruchttragende Äcker in ganz Ägypten ringsum und die großen Vorteile des gewaltigen Nilflusses bemerkt hatte, beauftragte er ihn, die nach ihm benannte Stadt Alexandria anzulegen.«). Die griechische Insel Delos, von den Römern im 2. Jahrhundert v.Chr. zum Freihandelshafen erklärt, wurde so, auf Kosten von Rhodos, zum bedeutendsten H.-Zentrum des ostmediterranen Raumes.

Zu beachten ist, daß über die gesamte Antike hinweg der Seetransport dem Warenverkehr zu Lande vorgezogen wurde, weil dieser erheblich kostengünstiger war. Die Intensivierung des H. kam also insgesamt der Schiffahrt zugute. Jedoch sollte die Rolle der Händler bei der Erweiterung des jeweiligen geographischen Horizontes nicht überschätzt werden. So beklagt sich Iulius Caesar (Gall. 4,20) darüber, daß als kundig eingestufte Kaufleute ihm vor seiner Expedition nach Britannien keine Auskunft zu geben vermochten über die Größe der Insel, über die Namen und Zahl der Stämme, über Kampfesweise und politische Institutionen. Ähnlich konstatiert Strabon (15,1,4) ein Defizit an Informationen bei Kaufleuten, die sich in Indien aufgehalten hatten.

Plinius (nat. 2, 118) gibt dafür als Erklärung an, daß den Händlern mehr an Profit als an Erkenntnisfortschritten (*scientia*) gelegen sei. Sind solche kritischen Stimmen also durchaus zu beachten, kann auf der anderen Seite nicht übersehen werden, daß der H.-Verkehr, neben den politisch-militärischen Kontakten, doch am meisten, wenn auch nicht in der gewünschten Exaktheit und Breite, zur Erfassung fremder Regionen und Völker beigetragen hat. Exemplarisch kann dies anhand des römischen Osthandels in der Kaiserzeit dargelegt werden.

Der römische Osthandel der Kaiserzeit: Seit der Zeit des Augustus (27 v.–14 n.Chr.) ist ein wachsendes kommerzielles Engagement der Römer im Osten zu konstatieren. Dies wurde durch eine gesteigerte Nachfrage nach Luxus- und Konsumartikeln aus Ägypten, Arabien und dem Fernen Osten hervorgerufen. Römische und italische Händler (*negotiatores*) ließen sich in Metropolen wie Alexandria, Antiochia und dem arabischen Petra (Strab. 16,4,21) nieder.

Handelswege: Für den Fernhandel mit Indien und China standen drei Hauptrouten zur Verfügung: (1) die Route vom Schwarzen Meer über den Kaukasus und das Kaspische Meer zum Oxus und von dort über Baktrien nach Indien und China, (2) der Seeweg durch das Rote Meer und den Indischen Ozean und (3) eine Landroute quer durch das Partherreich. Diesen Weg hat Isidoros von Charax in seinen *Parthischen Stationen* beschrieben. Er führte von Zeugma, dem traditionellen Übergang über den Euphrat, über Nikephorion (vgl. Plin. nat. 6,119) nach Kirkesion, sodann, dem Euphrat folgend, nach Seleukia und Ktesiphon, der Residenzstadt der parthischen Könige. Von dort ging die Straße über Artemita, die Chalonitis und über die Zagros-Pässe zum Iranischen Plateau und bis nach Ekbatana, der alten achämenidischen Königsstadt, weiter durch die Kaspischen Pforten nach Hekatompylos und in die Margiana im Nordosten des Partherreiches. Die Schlußetappe führte von Merv nach Kandahar. Diese von Isidoros beschriebene Strecke durch den Iran wurde von den westlichen Händlern jedoch offenbar nicht in Anspruch genommen. Dies hatte seinen Grund darin, daß sich durch die Entdeckung der Monsunwinde die Seeroute durch das Rote Meer und den Indischen Ozean als die einfachere und billigere Lösung erwies. Außerdem war – und dies ist bei dem antiken Fern-H. grundsätzlich zu berücksichtigen – die von Isidoros beschriebene Landroute beschwerlich und aufwendig, weil lokale Dynasten und Stammeshäuptlinge den Transit durch ihr Gebiet mit hohen Zöllen belegten (Strab. 16,1,27). Schließlich gab es im mesopotamischen und arabischen Raum lokale H.-Organisationen mit weitreichenden Verbindungen, die die westlichen Kaufleute mit der Abwicklung ihrer Geschäfte betrauen konnten. Solche Zwischen-H. werden es auch gewesen sein, die parthische Waren (Sen. Cons. Helv. 10,3; Mart. 7,30; Plin. nat. 18,105) nach Rom brachten.

Palmyra: Eine wesentliche Rolle spielte in diesem Zusammenhang die Karawanenstadt Palmyra, die, an einer alten, stark frequentierten H.-Straße gelegen, über wichtige H.-Verbindungen verfügte. Die Römer waren daran interessiert, von diesen Kontakten zu profitieren. Aus einer von J. Cantineau publizierten aramäischen Inschrift aus Palmyra geht hervor, daß der römische Militär und Politiker Germanicus während seines Aufenthaltes im Orient (18/19 n.Chr.) über palmyrenische Kreise Verbindung zu parthischen Vasallen am Persischen Golf aufnahm. Ein Palmyrener mit dem Beinamen Alexandros wurde im Auftrag des Germanicus nach Mesene, ferner zu einem Orabzes und zu einem König Sampsigeramos entsandt. Dieser Alexandros war allem Anschein nach ein Händler, denn in den in der Inschrift genannten Kleinstaaten am Persischen Golf befanden sich palmyrenische Faktoreien unter anderem für den Fernhandel mit China. Die Inanspruchnahme von Händlern in politischen Angelegenheiten dokumentiert auch die – freilich nicht exakt datierbare, aber wohl doch in die augusteische Zeit anzusiedelnde – Reise des makedonischen Kaufmanns Maes Titianus an die chinesische Grenze (Ptol. geogr. 1,11,6).

Dimensionen des Handelsverkehrs mit dem Fernen Osten: Der römische Indien-H. kann exemplarisch die Dimensionen des römischen Ost-H. der Kaiserzeit aufzeigen. Nach einer Angabe des Plinius (nat. 12,84) wurden 100 Millionen Sesterzen jährlich für Waren aus Indien, China und Arabien aufgewendet. Den Fernen Osten lernten römische Verbraucher auf diese Weise als den Produzenten von Luxusgütern wie Seide und Elfenbein kennen. Die Waren kamen meist auf dem Seeweg über die Häfen am Roten Meer und dann über den Nil nach Alexandria in den Mittelmeerraum (Strab. 17,1,45). Exportiert wurden aus dem Westen in den Fernen Osten eher landwirtschaftliche Produkte und Textilien.

→ Beruf, Ethnographie, Geographie, Hafen, Historische Geographie, Kolonisation, Meer, Mobilität, Orient, Randvölker, Raum, Reiseberichte, Reisen, Schiffahrt, Seeherrschaft, Straße (Straßenbau), Topographie, Welt, Wirtschaft, Wirtschaftsgeographie

LITERATUR: J. *Cantineau:* Textes palmyréniens provenant de la fouille du temple de Bel, in: Syria 12, 1931, 116–141. – M. P. *Charlesworth:* Trade-Routes and Commerce of the Roman Empire. Cambridge 1924 (ND 1961). – A. *Dihle:* Die entdeckungsgeschichtlichen Voraussetzungen des Indienhandels der römischen Kaiserzeit, in: ANRW II 9,2, 1978, 546–580. – J. *Hatzfeld:* Les trafiquants italiens dans l'Orient hellénique. Paris 1919. – R. J. *Hopper:* Handel und Industrie im klassischen Griechenland. München 1982 (engl. 1979). – H. *Perkins/C. Smith* (Eds.): Trade, Traders and the Ancient City. 1998. – M. G. *Raschke:* New Studies in Roman Commerce with the East, in: ANRW II 9,2, 1978, 604–1361. – O. *Schlippschuh:* Der Händler im römischen Kaiserreich in Gallien, Germanien und den Donauprovinzen Rätien, Noricum und Pannonien. Amsterdam 1974. – H. *Sonnabend:* Fremdenbild und Politik. Vorstellungen der Römer von Ägypten und dem Partherreich in der späten Republik und frühen Kaiserzeit. Frankfurt/M. 1986, 246–253.

Holger Sonnabend

Hauptstadt

Unter einer H. soll im folgenden primär das politisch-administrative Zentrum eines Staates bzw. eines Reiches verstanden werden, das zugleich auch den wirtschaftlichen und kulturellen Mittelpunkt bilden kann. Neben diesem Typus von H. lassen sich für die Antike, auf kleineren, d. h. regionalen und lokalen Ebenen, weitere Städte mit Zentralortfunktion ausmachen. Dazu gehören etwa die Residenzen der römischen Provinzstatthalter, wobei man sich bei der Wahl des Ortes in der Regel an bereits bestehende zentrale Strukturen hielt (vor allem in den traditionell stärker urbanisierten Provinzen des Ostens). Eher von lokaler Bedeutung waren hingegen, wenn auf dem Territorium überhaupt mehrere Siedlungen existierten, die H. von Stadtstaaten wie den griechischen *poleis* (z.B. Athen als H. von Attika) oder den römischen *civitates*.

Persien: Das persische Reich unter den Achämeniden und den Nachfolgedynastien der Arsakiden (Parther) und Sassaniden ist geeignet, das Problem der Kontrolle von weiten Herrschaftsräumen durch H. zu veranschaulichen. Neben einem differenzierten System von regionalen Verwaltungsbezirken (Satrapien) mit entsprechenden städtischen Zentren verfügte der persische König über mehrere, geographisch weit auseinanderliegende Residenzen mit H.-Funktion. Vergleichbar mit den Pfalzen der mittelalterlichen deutschen Herrscher, erhielten diese Städte die H.-Funktion durch eine planmäßige, periodisch wiederkehrende Präsenz des Königs. Von griechischen Autoren wurde diese Verfahrensweise in erster Linie mit klimatischen Bedingungen erklärt. So schrieb im 4. Jahrhundert v.Chr. der Historiker Xenophon in bezug auf Kyros: »Er selbst nahm seinen Wohnsitz im Mittelpunkt derselben Reichsgebiete und verbrachte im Winter sieben Monate in Babylon, im Frühling drei Monate in Susa und im Hochsommer zwei Monate in Ekbatana. Bei diesem Verhalten, sagt man, lebe er immer in der Wärme und Frische des Frühjahrs« (Xen. Kyr. 8,6,22; vgl. Strab. 15,3,10. Diod. 19,9,2). Das mag eine zutreffende Begründung sein, doch spielten hier gewiß auch Motive wie eine effiziente Kontrolle über das weitdimensionierte Herrschaftsgebiet eine Rolle.

Dezidiert geographische und strategische Erwägungen waren hingegen für die Anlage der Königsresidenz Sardes (Kleinasien) verantwortlich, von der aus die lydischen Herrscher im 7. und 6. Jahrhundert v.Chr. ihre Macht ausübten. Der goldhaltige Fluß Paktolos (eine Quelle des legendären Reichtums der Könige von Lydien) sowie die verkehrstechnisch günstige Anbindung an die Handelsstraße von der kleinasiatischen Westküste nach Zentralanatolien schufen beste Voraussetzungen für die Installierung einer H.

Griechenland: In der zersplitterten griechischen Poliswelt der klassischen Zeit haben sich, außer auf der lokalen Ebene der einzelnen Gemeinwesen, im allgemeinen keine H. übergreifenden Charakters entwickelt. Identitätsstiftende Orte wie Olympia und Delphi hatten eher eine kultische Funktion. Eine gewisse, den lokalen Rahmen sprengende Zentralortfunktion hatten allerdings die Versammlungsorte und Heiligtümer der Stammesbünde, wie das achäische Bundesheiligtum des Zeus Homarios oder der Bundesstaat der Aitoler mit seinen Gauen und Poleis. Zentralorte konnten auch durch den Zusammenschluß (Synoikismos) einzelner Städte und Dörfer entstehen. Deutliche und auch intendierte H.-Funktion hatte das etwa 367 v.Chr. auf Initiative von Theben gegründete, in seinem Namen schon programmatische Megalopolis (= große Stadt) im westlichen Arkadien, das durch die partiell gewaltsame Zusammenlegung von 40 Dörfern entstanden war.

Im griechischen Kolonialgebiet konnte, aufgrund der expansiven Politik seiner tyrannischen Herrscher, die Stadt Syrakus eine zentrale Bedeutung gewinnen, die durch eine entsprechend repräsentative urbane Gestaltung unterstrichen wurde. Im Zuge seiner imperialen, organisatorisch im Delisch-Attischen Seebund verankerten Politik gewann Athen im 5. Jahrhundert v.Chr. eine hegemoniale Position in weiten Teilen der griechischen Welt. Durch die massive Einschränkung der autonomen Rechte der Bündnispartner, die Verlegung der Bundeskasse von Delos nach Athen und nicht zuletzt eine speziell von Perikles forcierte Baupolitik etablierte sich Athen quasi als H. in einem attischen Reich (vgl. Thuk. 2,41, wo Perikles die Stadt Athen als die ›Schule von Hellas‹ bezeichnet).

Hellenistische Zeit: Mit der Ausbildung der großen hellenistischen Territorialstaaten im Anschluß an die Eroberungen Alexanders des Großen gewann das H.-Denken eine neue Qualität. Es entstanden prachtvolle Königsresidenzen mit Einwohnerzahlen, die das herkömmliche Polisschema sprengten. Die Seleukiden residierten seit etwa 300 v.Chr. in Antiochia am Orontes, das seine Zentralortfunktion über Jahrhunderte behielt als spätere H. der römischen Provinz Syria und als Bischofssitz. Die Ptolemäer verlegten ihre Hauptstadt von der alten pharaonischen Metropole Memphis nach Alexandria, einer Gründung Alexanders des Großen. Die Stadt lag strategisch und ökonomisch günstig zwischen Mittelmeer und Mareotissee. Als staatsrechtliche Besonderheit war Alexandria vom übrigen Ägypten abgehoben – die offizielle Bezeichnung lautete ›Alexandria bei Ägypten‹. Unter den Ptolemäern entwickelte sich Alexandria zu einer glanzvollen Metropole mit einem entsprechenden Selbstbewußtsein: Ein Papyrus (PBerl. 13 045, Z. 28) bezeichnet Alexandria als die Welt, die Erde als sein Stadtgebiet und die übrigen Städte als seine Dorfgemeinden. Wie in Antiochia, so war auch hier die H.-Kontinuität gegeben, indem die Römer nach der Eroberung Ägyptens Alexandria zur H. der neuen Provinz machten.

Geographische Gründe sind dafür verantwortlich, daß die Dynastie der Attaliden im 3. Jahrhundert v.Chr. den Burgberg von Pergamon als ihre Residenz wählte. Der Festungscharakter bot exzellenten Schutz. Dazu lag er seefern genug, um vor Übergriffen vom Meer sicher zu sein, doch er war seenah genug, um die Küste kontrollieren zu können. Auch die verkehrstechnische Position bot Vorteile: Pergamon lag an der wichtigen Heerstraße von den Dardanellen nach Smyrna.

Rom: Als Mittelpunkt eines zunächst Italien und schließlich die gesamte Mittelmeerwelt umfassenden Imperiums war die Stadt Rom, Sitz der politischen Instanzen (Kaiser, Beamte, Senat) und zugleich Kristallisationspunkt von Religion und Kultur, über Jahrhunderte hinweg eine antike H. par exellence. Um das zu erkennen, bedurfte es nicht professioneller Lobredner wie Aelius Aristeides, der in der Mitte des 2. Jahrhunderts n.Chr. die Segnungen der römischen Zivilisation anpries.

Durch die zunehmenden äußeren Bedrohungen, verursacht durch die Völkerwanderungen, verlor die Stadt Rom im Verlauf des 3. Jahrhunderts n.Chr. ihre zentrale Bedeutung. Entscheidend und zukunftsweisend war die Installierung des tetrarchischen Systems durch Kaiser Diokletian, wodurch die Herrschaft auf verschiedene geographische Kompetenzbereiche verteilt wurde. Nominell blieb Rom zwar die H. des Reiches, man lebte auch im Bewußtsein seiner großen Tradition. Die politischen Funktionen gingen aber mehr und mehr auf die Residenzen über, deren Standorte die Kaiser vor allem nach strategischen Gründen auswählten.

Konstantinopel: Instruktiv ist in diesem Zusammenhang die 330 n.Chr. feierlich besiegelte Verlegung der kaiserlichen Residenz nach Byzanz durch Konstantin den Großen (nachdem dieser zuvor die Alternativen Serdica, Thessalonike, Chalkedon und Troja erwogen hatte). Um den Zweck als Verwaltungszentrum der östlichen Reichshälfte zu erfüllen, bot die geographische Lage von Konstantinopel, wie Byzanz nun genannt wurde, ideale geographische Voraussetzungen – am Schnittpunkt des Landweges von Europa nach Asien und der Seeverbindung zwischen Mittelmeer und

Schwarzem Meer. Daß sich das oströmische Reich bis 1453 halten konnte, ist nicht zuletzt ein Verdienst Konstantins, der hier seine H. anlegen ließ. Der H.-Charakter wurde dadurch dokumentiert, daß hier der Kaiser mit seinem Verwaltungsstab seinen Sitz hatte und daß der Senat hier tagte. Gleichwohl wollte Konstantin seine neue Stadt vermutlich nicht als H.-Ersatz für Rom verstanden wissen. Der Kirchenschriftsteller Sozomenos (2,3,2) spricht von einer intendierten Gleichrangigkeit mit Rom. Das Fehlen wichtiger Institutionen (wie der Praetoren oder des Stadtpräfekten) zeigt jedoch, daß Konstantin Rom den Vorrang als H. des Römischen Reichs belassen wollte. Erst als sich im 4. Jahrhundert n.Chr. das ›zweite Rom‹ unter Constantius II. und Theodosius I. ideologisch zum ›neuen Rom‹ wandelte, war der de facto schon lange erfolgte Schritt der Degradierung Roms auch de iure vollzogen.

Im 4. Jahrhundert n.Chr. avancierte Trier (Augusta Treverorum) zur Residenzstadt weströmischer Kaiser, was, wie in den anderen Residenzen dieser Zeit, sofort eine umfangreiche repräsentative Bautätigkeit zur Folge hatte. Ausschlaggebend für die Wahl dieses Ortes war die verkehrsgeographische Lage mit der Fernverbindung nach Köln, Koblenz und Mainz. Ebenfalls von geographisch-strategischen Erwägungen war der Entschluß des weströmischen Kaisers Honorius, seine Residenz von Mailand (Mediolanum) nach Ravenna zu verlegen (402 n.Chr.), diktiert. Hier bestand die Möglichkeit des direkten Zugangs zum Meer und der Verfügbarkeit über eine Flotte.

→ Architektur, Bezirk, Dorf, Imperialismus, Kultorganisation, Monarchie, Palast, Reich, Seeherrschaft, Siedlungskontinuität, Staat, Stadt, Städtebau, Volksstamm

LITERATUR: P. *Briant*: Le nomadisme du Grand Roi, in: IA 23, 1988, 253–273. – H. *Chantraine*: Konstantinopel. Vom zweiten Rom zum Neuen Rom, in: GWU 43, 1992, 3–15. – G. *Downey*: A History of Antioch in Syria from Seleucus to the Arab Conquest. Princeton 1961. – P. M. *Fraser*: Ptolemaic Alexandria. 2 Bde., Oxford 1972. – H. *Heinen*: Trier und das Trevererland in römischer Zeit. Trier 1985. – C. *Mango*: Le développement urbain de Constantinople (IV – VII siècle). Paris 1985. – W. *Radt*: Pergamon. Köln 1988. – W. *Schuller*: Die Stadt als Tyrann. Athens Herrschaft über seine Bundesgenossen. Konstanz 1988. – K. F. *Stroheker*: Dionysios I. Gestalt und Geschichte des Tyrannen von Syrakus. Wiesbaden 1958.

Holger Sonnabend

Heizen

In einer klimatisch begünstigten Region wie der Mittelmeerwelt kommt der Produktion von Wärme zweifellos eine geringere Bedeutung zu als der Herstellung von Kälte. Bedarf an künstlichen Wärme-Quellen gab es in der Antike dennoch genug. Die Winter können empfindlich kalt sein. Die insbesondere bei den Römern imperial bedingte Präsenz in kälteren Regionen (vor allem in Germanien, Britannien und Gallien, vgl. zum Beispiel Cic. fam. 7,10,2) förderte ebenfalls den Wunsch nach Wärme Und schließlich bestand auch ein Bedarf nach der Ausnutzung thermischer Energien, der allerdings seine technischen Grenzen fand.

Einfache Heizvorrichtungen: Archäologische Funde in Wohnhäusern und literarische Nachrichten zeigen, daß als Bestandteile der Grundausstattung einfache Öfen, meist

Abb. 37: Wohngebäude mit Hypokaustenanlage in Heidenheim (Baden-Württemberg).

in Form offener Holzkohlebecken, existierten. Diese sorgten für eine einigermaßen erträgliche Raumtemperatur, und sie wurden auch zum Erhitzen von Wasser verwendet. Eine solche Vorrichtung erwähnt Horaz in einer seiner Oden (1,9), in der er die winterlichen Verhältnisse mit Eis, Schnee und Kälte beklagt und als Rezept zur Frostbekämpfung neben der Glut im Herd einen üppigeren Weingenuß empfiehlt. Ein solcher war wohl auch häufig notwendig, da die Wärme-Zufuhr insgesamt nur sehr unzureichend gewesen sein dürfte und zudem die unangenehme Nebenwirkung eines mangelhaften Rauchabzuges hinzukam.

Hypokausten: Eine geradezu revolutionäre Wende in der antiken Wärme-Technologie bedeutete das Aufkommen der Hypokausten-Heizung, eines unterirdischen Raumheizungssystems (vom griechischen Wort *hypokauston,* lateinisch: *hypocaustum*). Nach antiken Angaben (Plin. nat. 9,168; Val. Max. 9,1,1) galt als ihr Erfinder der Unternehmer C. Sergius Orata aus der Hafenstadt Puteoli (Anfang 1. Jahrhundert v.Chr.). Vorläufer dieses Systems finden sich allerdings auch bereits früher, etwa in kretischen Wohnhäusern des 3. Jahrhunderts v.Chr. (Gortyn). Das System funktionierte in der Weise, daß in einer von außen zu bedienenden Heizkammer (*praefurnium*) Luft erhitzt und von unten, über einen auf quadratischen Ziegelpfeilern ruhenden Fußboden (*suspensurae*), nach oben in die zu beheizenden Räume geleitet wurde. Wandziegel (*turbuli*) ermöglichten in einem späteren Stadium der technischen Entwicklung das Aufsteigen der Wärme auch an den Wänden. Senkrechte Tonrohre dienten als Rauchgasabzüge. Als Brennstoffe kamen primär Holz und Holzkohle zur Anwendung.

Die aufwendigen Hypokausten-Heizungen konnten sich nur die Reichen leisten. Die Briefe des jüngeren Plinius geben einen instruktiven Einblick in das, was römische Adlige an Wärme-Technik in ihren Villen vorweisen konnten. Von einem seiner Landhäuser erzählt Plinius (epist. 2,17,23): »Angefügt an den Schlafraum ist ein winziger Heizraum (*hypocauston*), der durch eine schmale Klappe die aufsteigende Wärme je nach Bedarf ausstrahlt oder zurückhält.« An anderer Stelle (epist. 5,6,24f.) heißt es über eine Landvilla in Etrurien: »Dieses Schlafzimmer ist im Winter angenhm warm, weil es reichlich Sonne erhält. Angeschlossen ist ein Heizgewölbe (*hypocauston*), und wenn es trübes Wetter ist, vertritt es durch Abblasen von Dampf die Sonne.«

Thermische Energie: Nur von rudimentärem Erfolg waren die Bemühungen von Griechen und Römern, Wärme über die Heizfunktion hinaus als Energieträger zu instrumentalisieren. Zur Erzeugung thermischer Energie dienten im wesentlichen Holz und Holzkohle. Wo es, wie in Ägypten, wenig Holz gab, wurden ersatzweise Schilf oder Papyrus benutzt. Der antike Botaniker Theophrast empfahl für die Holzkohle vor allem das Holz von Eiche, Walnuß, Kiefer, Fichte. In der Metallurgie sollte man zur Verarbeitung von Eisen Holzkohle aus Walnuß, zur Verarbeitung von Silber solche aus Fichtenholz benutzen (Theophr. h. plant. 5,9,1 ff.). Dampfkraft wurde als Energiequelle nicht verwendet, obwohl der hellenistische Techniker Heron aus Alexandria in dieser Richtung einige Fortschritte erzielte (dokumentiert in seiner Schrift über die Pneumatik 2,1).

→ Bad, Energiequellen, Holz, Kälte, Klima, Schilf, Wohnhaus

LITERATUR: D. *Baatz*: Heizversuch an einer rekonstruierten Kanal-Heizung in der Saalburg, in: Saalburg-Jahrbuch 36, 1979, 31–44. – E. W. *Black*: Hypocaust Heating in Domestic Rooms in Roman Britain, in: Oxford Journal of Archaeology 4, 1985, 77–92. – E. *Brödner*: Wohnen in der Antike. Darmstadt 1989, 119–124. – J. G. *Landels*: Die Technik in der antiken Welt. München ³1983.

Holger Sonnabend

Himmelsrichtungen

Die H. ist die Richtung, in die ein Betrachter von seinem Standpunkt auf der Erde aus auf einen bestimmten Punkt am Horizont blickt. Es definieren sich die Nordrichtung (mit dem Nordpunkt) und die Südrichtung (mit dem Südpunkt) durch die Schnittlinie der Meridianebene (d. h. der die Himmelspole durchlaufende Großkreisebene, welche die Horizontebene am Standpunkt des Betrachters schneidet) mit der Horizontebene. Dabei läuft auf der Nordhalbkugel die Nordrichtung aus der Sicht des Betrachters von der Sonne weg, die Südrichtung auf die Sonne zu. Es definieren sich die Ostrichtung (mit dem Ostpunkt) und die Westrichtung (mit dem Westpunkt) durch die Schnittlinie der gegen die Meridianebene um 90° gedrehten Großkreisebene mit der Horizontebene. Dabei läuft die Ostrichtung aus der Sicht des Betrachters auf die Gegend des Sonnenaufgangs, die Westrichtung auf die Gegend des Sonnenuntergangs zu.

Theorien über Himmelsrichtungen in der Antike: Für die Zeit vor Beginn der großen griechischen Kolonisation (Mitte 8. Jahrhundert v. Chr.) gaben die Gegensätze von Morgen und Abend (bei Hom. Od. 1,23 f. z. B. angewendet auf die beiden einander entgegengesetzt lokalisierten Siedlungsgebiete der Aithiopen) sowie verschiedene Winde die ersten Anhaltspunkte für die Festlegung von H. ab. Während die Ausrichtung nach den Gegenden um den Sonnenauf- bzw. -untergang für alle Bewohner um die Ägäis galt, waren die verschiedenen Winde, mit deren Namen man nicht nur Richtung, sondern auch andere Qualitäten wie Wärme und Feuchtigkeit verband, zum großen Teil nur lokal bedeutsam (vgl. etwa den Hellespontias, einen vom Hellespont nach Sigeion wehender Wind). Hinzu trat als für das frühe Himmels- und Erdrichtungsverständnis konstitutives Element der in Delphi angenommene Mittelpunkt der als Scheibe gedachten Erde (vgl. Agathemeros 1,2). Die H. selbst waren damals noch nicht begrifflich gefaßt.

Bezeichnungen für Himmelsrichtungen in der Antike: Seit dem Astronomen Hippokrates von Chios (5. Jahrhundert v.Chr.) entwickelte man das System einer differenzierteren Windrose mit den nach dem Meridian ausgerichteten aus Süd bzw. Nord wehenden Winden (Boreas, lateinisch: *aquilo*, ein starker Nordwind von Thrakien her; Nothos, lateinisch: *auster*, ein oft sehr starker Südwind), kombiniert mit den aus den Gegenden des Sonnenauf- und -untergangs wehenden Winden. Da aber die Position der Sonne z.Z. ihres Auf- bzw. Untergangs je nach Jahreszeit stark differierte, nahm man für die Auswahl der im wesentlich Ost-West-orientierten Winde die exzentrischen Positionen der Sonne zur Zeit der Sommer- bzw. Wintersonnenwende (Zephyros, lateinisch: *favonius*, ein Westwind, der aber meist von Nordwest weht; Euros, lateinisch: *eurus* bzw. *vulturnus*, ein Ostwind, der meist von Südosten weht). So kombinierte man das sublunare, an den Winden orientierte mit dem kosmischen, am Sternenhimmel orientierten Ordnungssystem.

Bedeutung und Funktion von Himmelsrichtungen: Primär hat sich das Bedürfnis einer weiträumigen Orientierung (das Wort stammt aus dem Italienischen: *orientare* = die eigene Stellung nach dem Sonnenaufgang bestimmen, 18. Jahrhundert) an naturgegebenen Richtungsmerkmalen aus sachlichen, beispielsweise wirtschaftlichen Gesichtspunkten wie etwa bei der Auswahl von Anbaugebieten nach ihrer Lage zum Sonnenlauf, ergeben; kultische Motive mögen sich bald daran angeschlossen haben. Sekundär ist dagegen die Orientierung an vom Menschen geschaffenen geographischen Fixpunkten, etwa der kultisch motivierten Orientierung an Stätten wie Jerusalem, Rom, Mekka, Benares und Lhasa. Die allgemeine Ausrichtung des Betenden am Sonnenaufgang war so beispielsweise die Grundlage der seit dem 4. Jahrhundert n.Chr. von der Ostkirche auch im Westen übernommene Ostung im Kirchenbau (die West-Ost-Ausrichtung der Längsachse, die Anlage des Altars und der Apsis am Ostende der Kirche. Ausnahmen richteten sich nach der Gebetspraxis am Tempel in Jerusalem, wo der Priester hinter dem Altar betete, der Tempel also nach Westen ausgerichtet war).

Für die Orientierung im Gelände und besonders auf der See war die Bestimmung der H. von besonderer praktischer Bedeutung. Nachts wurde bei sternklarem Himmel die Orientierung an den Sternbildern, besonders am scheinbar statischen Polarstern möglich. Über das Verhältnis von astronomischer Theorie und deren praktischer Anwendung, was beispielsweise die nautische Nutzbarkeit von Windrosen betrifft, wie sie seit Aristoteles (4. Jahrhundert v.Chr.) konstruiert wurden, ist man sich uneins. Es überrascht auch, daß geographisch so geschulte Autoren wie Polybios bei der darstellerischen Umsetzung solcher Orientierungskenntnisse doch recht unsicher waren (vgl. Pol. 3,47,2ff., wonach die Rhône westwärts fließt; eine ähnliche Unsicherheit zeigt sich auch 9,19,8ff. bei der Beschreibung des Stadtplans von Carthago Nova). Der Historischen Geographie ergeben sich aus der Diskussion über Orientierungsfragen ganz wesentliche Aufschlüsse etwa für die Einstellung des Menschen, des einzelnen wie auch der Gruppen, zur näheren und ferneren Umwelt und zum Kosmos, seine Selbsteinschätzung im Verhältnis zu seiner eigenen Gesellschaft wie zu anderen, ferneren und fremden Gesellschaften und seine Möglichkeiten, mit Problemen der Raumbewältigung fertig zu werden.

→ Architektur, Astronomie, Geographie, Historische Geographie, Kartographie, Navigation, Orient, Wind (Winde)

LITERATUR: K. *Abel*: RE Suppl. 14 (1974) Sp. 989–1188, s.v. Zone Nr. 1. – H. *Berger*: Geschichte der wissenschaftlichen Erdkunde der Griechen. 2 Bde., Leipzig ²1903. – J. *Black*: Maps and History: Constructing Images of the Past. New Haven/London 1997. – K. *Brodersen*: Terra Cognita. Hildesheim 1995. – E. H. *Bunbury*: A History of Ancient Geography among the Greeks and Romans from the Earliest Ages till the Fall of the Roman Empire. 2 Bde., New York 1879. – B. *Campbell*: Shaping the Rural Environment: Surveyors in Ancient Rome, in: JRS 86, 1996, 74–99. – F. *Gisinger*: RE Suppl. 4 (1924) Sp. 521–685, s.v. Geographie. – J. B. *Harley*/D. *Woodward* (Eds.): The History of Cartography Bd. 1,2. Chicago 1987. – P. D. A. *Harvey*: Mappa Mundi: The Hereford World Map. London/Toronto 1996. – C. *Jacob*: Géographie et ethnographie en Grèce ancienne. 1991. – I. *Kretschmer* u. a. (Hgg.): Lexikon zur Geschichte der Kartographie von den Anfängen bis zum Ersten Weltkrieg. Wien 1986. – C. van *Paassen*: The Classical Tradition of Geography. Groningen 1957. – P. *Pédech*: La géographie des Grecs. Paris 1976. – F. *Prontera*: Geografia e geografi nel mondo antico: Guida storica e critica. 1983. – J. M. *Roldán Hervás*: Intineraria Hispana. Madrid 1975. – J. S. *Romm*: The Edges of the Earth in Ancient Thought. 1992. – M. *Sordi*: Geografia e storiografia nel mondo classico. 1988. – G. *Schmidt*/H. *Gundel*/R. *Böker*: RE 8A,2 (1958) Sp. 2211–2387, s.v. Winde. – R. J. A. *Talbert*: Mapping the Classical World: Major Atlases and Map Series 1872–1990, in: JRA 5, 1992, 5–38. – J. O. *Thomson*: A History of Ancient Geography. 1948. – D. *West Reynolds*: Forma Urbis Romae: The Severan Marble Plan and the Urban Form of Ancient Rome. Diss. University of Michigan, Ann Arbor 1996. – W. *Wolska-Conus*: RAC 10, 1978, 155–222, s.v. Geographie. – D. *Wood*: Maps and Mapmaking, in: H. Selin (Ed.): Encyclopaedia of the History of Science, Technology, and Medicine in non-Western Cultures. Dordrecht 1997, 549–554.

Eckart Olshausen

Historische Geographie

Die H. G. ist sowohl für die Geographie als auch für die Geschichtswissenschaft eine Zweigdisziplin; sie setzt sich mit dem historischen Wechselverhältnis von Mensch und Landschaft auseinander. Ihr ist abgesehen von verbalen (literarischen, epigraphischen, numismatischen) und archäologischen Zeugnissen der Vergangenheit der landschaftliche Rahmen historischer Ereignisse die zentrale Quelle. Die H. G. wird heutzutage im wesentlichen von zwei Forschungsrichtungen bestritten: Die eine Forschungsrichtung der H. G. führt sich auf den Kulturgeographen Otto Schlüter (1872–1959) zurück und begreift sich als Angewandte H. G., deren hauptsächliches Anliegen die historische Begründung und Ableitung aktueller Landschafts- und Siedlungsplanung ist. Die andere Forschungsrichtung der H. G. führt auf die Anfänge der abendländischen Wissenschaft zurück, wo sich etwa bei Hekataios von Milet natur- und geisteswissenschaftliche Fragestellungen und Methoden noch als Einheit begreifen lassen. Der vorliegende Artikel gilt der letztgenannten Forschungsrichtung.

Themenbereiche der Historischen Geographie: Hierbei handelt es sich um eine Wissenschaftsdisziplin, die ihre inhaltlich bestimmten Forschungsanliegen – schlagwortartig formuliert: die Wechselwirkungen von Mensch und Landschaft – in engster Kooperation mit anderen Disziplinen gewinnt; denn ihre Thematik bewegt sich in einem interdisziplinären Spannungsfeld und bedarf daher der Anwendung ganz verschiedener Forschungsmethoden. Sie bezieht wesentliche Elemente ihrer Forschungsergebnisse daher von den verschiedensten Disziplinen der geistes-, natur- und auch ingenieurwissenschaftlichen Bereiche. Um nur die wichtigsten Wissenschaftsgebiete zu nennen, die immer wieder auf den Feldern historisch-geographischer Forschung kombiniert werden: Das sind etwa die Geschichtswissenschaft mit all ihren Bereichen – also etwa auch der Rechts- und der Wirtschaftsgeschichte, außerdem die Archäologie, die Klassische Philologie, die Toponomastik und die Vergleichende Sprachwissenschaft; anzuführen sind hier auch die Geographie mit vielen ihrer Bereiche – etwa der Kartographie und der Meereskunde, außerdem die Geologie, die Paläobotanik, die Klimatologie und die Archäometrie; schließlich die Magnetometrie, die Fernerkundung, die Photogrammetrie und die Geodäsie. Mithilfe spezifischer Verfahrensweisen verarbeitet sie die von diesen Wissenschaftsdisziplinen zugelieferten inhaltlichen wie methodischen Elemente zu eigenen Forschungsergebnissen. Solche Verfahrensweisen haben das Ziel, eine bestimmte historische Landschaftsgestaltung zu rekonstruieren (z. B. retrogressive, progressive, retrospektive Methode).

Hekataios von Milet: Im Lebenswerk des Hekataios von Milet (6./5. Jahrhundert v.Chr.), liegen Geschichte und Geographie noch eng beisammen. Immerhin ist bei ihm insofern schon eine Art von Spezialisierung zu fassen, als er sich darin offenbar nicht mehr ausführlich mit dem in seinen Kreisen so intensiv diskutierten globalen Fragenkomplex um den Urstoff der Welt befaßte. Das hatte Thales wie auch Anaximander getan, das sollte auch noch für einige Generationen nach ihm ein wichtiges Thema sein. Für den historiographischen Bereich mag man seine Stellung zwischen Mythos und Realität diskutieren, es sticht seine unbestreitbare Leistung in der kritischen Auseinandersetzung mit den Quellen ins Auge. Für den geographischen Bereich zeichnete sich bei ihm schon die Gliederung ab, in die sich die Disziplin in hellenistischer Zeit aufgeteilt hat: Einerseits befaßte er sich intensiv mit den Möglichkeiten, die Erde kartographisch abzubilden – so ist die verbesserte Auflage der Erdkarte seines Lehrers Anaximander entstanden. Andererseits war ihm der kartographische Rahmen zu eng für die Aufnahme wesentlicher Notizen, die über das bloße Namensmaterial hinaus geographische Gegebenheiten oder gar an die Geographie angebundene ethnographische und historische Einzelheiten mitteilten – so ist, um diesem Mangel abzuhelfen, die *Periodos Ges*, ein überaus ausführlicher Kommentar zu Erdkarte, entstanden.

Während aber die Kartographie – Eratosthenes (3. Jahrhundert v.Chr.), Hipparchos von Nikaia (Mitte 2. Jahrhundert v.Chr.), Marinos von Tyros und Ptolemaios (beide 2. Jahrhundert n.Chr.) sind die großen antiken Meister dieses Fachs – sich auf mathematische Probleme der Realitätsabbildung und die Sammlung bzw. kartographische Fixierung des geographischen Namensmaterials konzentrierte, nahm sich die beschreibende Geographie der landeskundlichen, also auch der ethnographischen und historischen Hintergründe der geographischen Gegebenheiten an.

Weitere antike Vertreter der Historischen Geographie: Viel geographische Literatur der Antike ist nurmehr fragmentarisch oder überhaupt nicht mehr erhalten. An Werken der beschreibenden Geographie liegen immerhin Strabons *Geographika* (eine Beschreibung der gesamten Alten Welt; augusteische Zeit) und die *Perihegesis tes Hellados* (eine Beschreibung Griechenlands, 2. Jahrhundert n.Chr.) des Pausanias vor. Große Passagen beider Werke sind durch die Autopsie des Verfassers gekennzeichnet. Autopsie vermutet man auch hinter der *Chorographia* (eine Erdbeschreibung auf der Basis einer Karte; 1. Jahrhundert n.Chr.) des Römers Pomponius Mela, selbst wenn der Autor uns nichts von seinen Reisen mitteilt. Besonders Strabon, der auch als Historiker hervorgetreten ist – seine *Historika Hypomnemata* (eine Fortsetzung des polybianischen Geschichtswerks) sind verloren –, läßt sein historisches Interesse und Verständnis in der geographischen Darstellung deutlich werden.

Entwicklung der Historischen Geographie: Während die an der Kartographie orientierte Geographie sich von der Geschichtsschreibung abwandte und eigene Wege ging, hat die abendländische Historiographie sich nie vollständig von geographischen Elementen getrennt. Die Tradition der Verbindung von historisch ausgerichteter Literatur und Geographie ließ sich schon von den homerischen Epen herleiten, und folgerichtig orientierte sich Strabon auch in seinem Werk ganz wesentlich an Homer. Da sind aber auch das Geschichtswerk des Herodot anzuführen und noch viele andere Historiker nach ihm. Eine große Rolle spielt der geographische Hintergrund historischer Vorgänge z.B. bei Polybios (2. Jahrhundert v.Chr.), Ammianus Marcellinus (4. Jahrhundert n.Chr.) und Prokop (6. Jahrhundert n.Chr.). Thukydides, der als Vater der abendländischen Geschichtsschreibung gilt und bei dem man infolgedessen auch ein gewisses geographisches Interesse vermuten möchte, hat bezeichnender Weise den geographischen Rahmen der geschilderten historischen Vorgänge kaum berücksichtigt – ihm geht es in der Tat ganz wesentlich nicht um möglichst große Realitätsnähe, sondern um die inneren Strukturen historischen Geschehens. Dagegen kann Polybios insofern der eigentliche Begründer der H.G. sein, als er bewußt (und nicht wie viele vor ihm unreflektiert) die beschreibende Geographie in den Dienst der Geschichtsschreibung gestellt hat. Er verlangte vom Historiker bestimmte Qualitäten, und zwar ausdrücklich in der folgenden absteigenden Werteskala: (1) von persönlichem Erleben geprägte Einsicht in die geographischen Gegebenheiten; d.h. bei ihm, »sich ein Bild zu machen von den Städten, dem Gelände, den Flüssen, den Häfen und überhaupt von den besonderen Bedingungen zu Land und zur See und von den Entfernungen« [Pol. 12,25e,1, vgl. 25h,4; i,2; 28,6]), (2) politische Erfahrung und (3) das Studium der literarischen Quellen. Ein Musterbeispiel historisch-geographischer Argumentation findet sich in seinem Geschichtswerk, wo er die geopolitische Lage der Stadt Byzantion aus Anlaß des Krieges zwischen dieser Stadt und Rhodos im Bunde mit Prusias I. von Bithynien im Jahre 220 v.Chr. charakterisiert (Pol. 4,38–46).

Die Historische Geographie im Mittelalter und in der Neuzeit: Die H.G. hat nach Höhepunkten, wie sie mit den Geschichtswerken des Ammianus Marcellius und des Prokopios in der westlichen wie östlichen Spätantike aufleuchteten, im Mittelalter dasselbe Schicksal erlitten wie die wissenschaftliche Geographie überhaupt, verursacht durch klerikal bestimmte Vorurteile gegenüber den antiken Wissenschaften.

Angesichts der gediegenen Grundlagen, die Polybios mit seiner lange nachwirkenden Geschichtsdarstellung für die H.G. gelegt hatte, ist es wohl verständlich, wenn wesentliche Anstöße für die Wiederaufnahme historisch-geographischer Forschungen von der Altertumswissenschaft ausgegangen sind. Besonders Philipp Klüwer (1580–1622) war hier von Bedeutung, der ursprünglich Jura studierte, dann aber in Leiden unter dem Einfluß von Joseph Justus Scaliger, einem namhaften Klassischen Philologen (1540–1609), und Isaac Causobon, einem erstklassigen Strabon-Kenner (1559–1614), sich der Altertumskunde und insbesondere der H. G. der Alten Welt zuwandte. Ergebnis seiner Forschungen war eine Deutsche Altertumskunde (*Germania Antiqua* 1616). Über weiterführenden Studien zu Italien und Sizilien ist Klüwer wenige Jahre nach der Rückkehr von einer aufreibenden Studienreise in den Süden gestorben; man hat seine Forschungsergebnisse zu Italien und Sizilien postum 1624 veröffentlicht. Klüwers Schriften fanden weite Verbreitung und wirkten weithin anregend. Hier sollen nur wenige Wissenschaftler genannt werden, in deren Werken die Anregungen Klüwers in der einen oder anderen Form fortgelebt haben: Carl Ritter (1779–1859), Heinrich Kiepert (1818–1899), Karl Johann Heinrich Neumann (1823–1880), Heinrich Nissen (1839–1912), Eugen Oberhummer (1859–1944), Alfred Philippson (1864–1953), Johann Sölch (1883–1951), Ernst Kirsten (1911–1987).

→ Archäologie, Dichtung, Geographie, Geschichtsschreibung, Inschriften, Kartographie, Klimakunde, Münzen, Recht, Retrogression, Sprache, Sprachen, Toponomastik, Wirtschaft

LITERATUR: K. *Fehn*: Stand und Aufgaben der Historischen Geographie: Blätter für Deutsche Landesgeschichte 111, 1975, 31–53. – K. v. *Fritz*: Die griechische Geschichtsschreibung. 2 Bde., Berlin 1967. – H. *Jäger*: Historische Geographie. 1969. – E. *Olshausen*: Einführung in die Historische Geographie der Alten Welt. Darmstadt 1991.

Eckart Olshausen

Höhle

H. spielten in den frühesten Epochen menschlicher Geschichte eine wichtige Rolle. Sie gehörten zu den wenigen natürlichen Räumen, in denen der Mensch Schutz vor den Unbilden der Witterung, aber auch vor Tieren und Feinden finden konnte. Sowohl bei den Griechen als auch bei den Römern hatten H. häufig auch eine kultische Bedeutung, wie zahlreiche Sakralfunde dokumentieren. Das korrespondiert mit der allgemeinen Beobachtung, daß natürliche Räume bevorzugt religiöse Funktion haben konnten.

Die Entstehung von Höhlen kann erfolgen in Lavaströmen, an Klüften und Spalten im festen Gestein, im Bereich der Brandung an Küsten, als Gletscherhöhlen durch erodierende Gletscherwässer und im Karst. Gerade dem zuletzt erwähnten Typ soll besondere Aufmerksamkeit geschenkt werden.

Karst-H. bilden sich durch Korrosion und Auslaugung im Kalk. Da sie häufig als Tropfstein-H. ausgestaltet sind, werden sie zu einer Attraktion für den Fremdenverkehr. Stalaktiten (von der H.-Decke herabhängende Sinterkegel) und Stalagmiten (vom H.-Boden nach oben wachsende Formen) führen bei entsprechender Beleuchtung zu unvergeßlichen Erlebniseffekten in der Erdtiefe. Dazu kommen durch Treppen zu überwindende Schächte, Engstellen und große Hallen. Manche H. besitzen solche Dimensionen, daß der Besucher mit einer Kleinbahn hindurchgefahren wird wie bei den Adelsberger Grotten (Postojna) in Slowenien.

Sehr viel nüchterner ist die von Speläologen (= H.-Forscher) entwickelte Interpretation des Formenschatzes. Zur H.-Bildung kommt es erst, wenn die Klüfte in Kalkmassiven korrosiv erweitert und fortlaufend miteinander verbunden sind, d. h. eine karsthydrographische Wegsamkeit vorhanden ist. Das Röhrengeflecht der Karstgefäße füllt sich aber nicht nach dem Gesetz der kommunizierenden Röhren mit Wasser, sondern unterliegt infolge des Wechsels von Verengung und Erweiterung der jeweiligen Querschnitte komplizierten Druckströmungen. So ist im Karst kein einheitlich hoher Grundwasserspiegel ausgebildet, sondern es treten Niveaus in unterschiedlicher Höhe auf. Deshalb differenziert man zwischen einem phreatischen Raum, dessen Röhrensystem total mit Wasser gefüllt ist, und einem vadosen Raum darüber, der nur teil- oder zeitweise unter Wasser steht. Im phreatischen Raum kann bei dem Druckfließen in einer Engstelle durch die dort auftretende Düsenwirkung eine Wassermenge hindurchgepreßt werden, die dem mehrfachen Volumen des normalen Durchflusses entspricht und bei freien Fließbewegungen nie erreicht wird.

Wasser löst nur so lange Kalk, wie es über freies CO_2 verfügt. Wird die Sättigung überschritten, hört die ›Lösungsfreudigkeit‹ auf, und es wird Kalk ausgeschieden.

Wie läßt sich aber nach diesem Gesetz der Wechsel von Engstellen und Erweiterungen in H. erklären? A. Bögli entwickelte auf Grund intensiver Beobachtungen die Idee der Mischungskorrosion. Erweiterungen liegen zumeist an Kreuzungen oder Schnittstellen von Klüften. Wenn hier kalkgesättigtes Wasser mit seitlich eindringendem ungesättigtem Wasser zusammentrifft, kommt es zu einer Mischung, die wiederum neue Lösungsaggressivität vor Ort auslöst und zur Erweiterung des Karstgefäßes führt. In zahlreichen H. können Höhlenflüsse mit Kolken, Seen und Sedimente (H.-Lehm) beobachtet werden. Somit sind neben der Korrosion auch Erosion und Akkumulation an der H.-Bildung beteiligt.

Stalaktiten und Stalagmiten sind Sinterbildungen. Von der H.-Decke herabfallende Tropfen zerstieben und scheiden bei der Verdunstung den Sinter aus. Wachstumsringe sind Zeichen ständiger Vergrößerung. Je nach den Bildungsbedingungen entstehen Sintervorhänge, Orgeln, Säulen, Zapfen und andere exotische Gebilde.

→ Erosion, Karst, Küste, Natur, Polje, Vulkanismus

LITERATUR: A. *Bögli*/H. W. *Franke*: Leuchtende Finsternis. Die Wunderwelt der Höhlen. Bern 1965. – B. *Rutkowski*/K. *Nowikki*: The Psychro Cave and Other Grottoes in Crete. 1996.

Friedrich Sauerwein

Holz

H. und H.-Kohle waren in der Antike als Brennmaterial die wichtigsten Energieträger. Im Haus- und Schiffbau sowie zur Herstellung von Alltagsgerätschaften war H. der wichtigste Rohstoff (Olson 411; Speyer 89–92).

Holzarten und ihre Verwendung in der Antike: Die Eigenschaften der verschiedenen H. und ihren Nutzen für die Menschen begründete Vitruv mit dem Mischungsverhältnis der Grundelemente Feuer, Luft, Feuchtigkeit und Erde in den Dingen (Vitr. 1,4,5; vgl.

Sen. de ira 2,19 über den Einfluß der vier Grundelemente auf die jeweiligen H.). Der Anteil an Erde galt als ausschlaggebend für die Härte einer H.-Art (Vitr. 2,9,8 über das harte Eichen-H., *quercus*), ihr Anteil an Luft für ihr Gewicht (Vitr. 2,9,6 über das leichte Tannen-H., *abies*). Besaßen nach Vitruv H. wie z. B. Eichen- oder Erlen-H. (*alnus*) einen nur geringen Anteil an Feuchtigkeit, so konnten sie deshalb noch sehr viel Feuchtigkeit aufnehmen und eigneten sich daher besonders gut als im Erdboden zu versenkende Pfähle für Baufundamente (Vitr. 3,4,2). Gleichzeitig galten Erlen- und Eichen-H. aber wegen ihres hohen Luft- und geringen Erdgehaltes als Bau-H. für unbrauchbar, da sich aus ihnen hergestellte Balken leicht verzogen (Vitr. 2,9,8; 10). Ein hoher Feuchtigkeitsgehalt von H. machte diese u.a. wegen ihrer Biegsamkeit leicht bearbeitbar, ein langes Lagern dagegen trocken und sehr beständig (z. B. Ulme = *ulmus*, Esche = *fraxinus* und Hainbuche = *carpinus*: Vitr. 2,9,11 f.). Die im Vergleich zu anderen H. große Beständigkeit des Lärchen-H. (*larix*) gegen Feuereinwirkung erklärte Vitruv damit, daß das Lärchen-H. viel Feuchtigkeit und Erde, aber wenig Feuer und Luft enthielte, weswegen es keinerlei Poren zum Eindringen des Feuers besäße. Ein ihm enthaltener bitterer Saft mache es zusätzlich gegen Feuer, aber auch gegen H.-Wurmbefall und Fäulnis resistent. Lärchen kamen nach Vitruv nur in der Pogegend und an der adriatischen Küste vor, so daß sie von dort wegen des weiten Weges und wegen ihres hohen Gewichtes selten nach Rom transportiert worden seien (Vitr. 2,9,16).

Für die Verwendung als Deckenbalken empfahl Vitruv Zypressen-H., während er von Tannen-H. abriet, da dieses hinsichtlich Altersbeständigkeit und Fäulnistendenz nicht unumstritten war (Vitr. 7,3,1 ff.). Als fäulnisresistent dagegen galten neben Zypressen-H. das Kiefern- bzw. Pinien- (*pinus*), Buchsbaum- (*buxus*), Wacholder- (*iuniperus*), Oliven- (*olea*) und Steineichen-H. (*robur*). Buchen-H. (*fagus*) hielt man für schnell faulend und verwendete es nur ungern.

Das Fällen von Hölzern: Neben den naturgegebenen Mischungsverhältnissen war nach antiker Vorstellung der richtige Zeitpunkt der Fällung der Bäume wesentlich für die Eigenschaften der Bau-H. In vielen Texten wird die Fällung im Herbst empfohlen, da man glaubte, daß sich die Bäume nach dem kräftezehrenden Sommer wieder erholten und deswegen die Qualität der H. zunehme (Hes. erg. 427–436; Vitr. 2,9,1–3; Varro rust. 1,27,3; Cato agr. 31,2; 37,3–5; Theophr. h.plant. 5,1,3; Colum. 11,2,11; Plin. nat. 16,188–192; 230; Pall. agric. 12,15,1; Geoponica 3,1 f.). Diese Überlegungen decken sich teilweise mit heutigen Gepflogenheiten, denn viele beispielsweise der in Deutschland zwischen November und Februar geschlagenen H. aus feuchter Umgebung sind besonders resistent gegen Fäulnis. Dies hat seine Ursache darin, daß die Anlagerung von Nährstoffen, vor allem Stärke, in den H.-Zellen direkt abhängig ist von jahreszeitlichen Bedingungen, d.h. im Herbst sind diese Nährstoffe zumeist verbraucht, weswegen sie für Bakterien und Parasiten nicht als Nahrungsquelle nutzbar sind. Eichen jedoch lagern die Stärke, welche allmählich in Fett umgewandelt wird, in ihren Zellen, so daß hier der günstigste Fällzeitpunkt im Sommer liegt (Cüppers 136 Anm. 156).

Holzreiche Gebiete: Die Sicherung des Zugangs zu H.-Ressourcen war für antike Staaten äußerst wichtig. Zwar war Athen hinsichtlich der Versorgung mit Brenn-H. und H.-Kohle unabhängig, aber in unmittelbarer Umgebung Athens fand sich kaum für den Schiffbau geeignetes H. wie z.B. die begehrten Tannen, Schwarzkiefern oder

Zedern (Theophr. h.plant. 5,7,1). Verträge Athens mit makedonischen Königen (IG I³ 89; IG I³ 117) zeigen das Bemühen, sich den Zugang zu den für den Schiffbau wichtigen H.-Ressourcen der makedonischen Waldgebiete zu sichern (Xen. hell. 5,2,16–17; 6,1,11; Borza).

Neben Makedonien galten auch Thrakien und Italien als Gebiete, in denen gute Schiffsbau-H. gewonnen werden konnten (Theophr. h.plant. 4,5,5). Inschriftentexte aus dem Libanon belegen, daß dort gelegene Waldgebiete mit Föhren, Pinien, Zypressen und den berühmten Libanonzedern (Libanonzedern: Diod. 19,58,2 f.; Hesek. 27,1–25; Ezra 3,7; Jes. 37,24; Ios. ant. Iud. 8,169,2) in römischer Zeit unter kaiserlichen Schutz gestellt wurden, um diese besonders für den Schiffbau wichtigen H.-Arten vor unkontrollierten Abholzungen zu schützen (CIL III 180; Meiggs 85 f.).

Ebenfalls für ihren H.-Reichtum berühmt waren die Wälder im süditalischen Bruttium (Dion. Hal. ant. 20,5; Strab. 6,1,9; Liv. 24,3) und auf Korsika. Die korsischen Kiefern und Tannen übertrafen nach Theophrast diejenigen aus Latium und Süditalien an Qualität (Theophr. h.plant. 5,8,1; Plin. nat. 16,197).

Manche H.-Arten waren als Luxusgüter sehr begehrt und wurden wie Eben-, Rosen- und Teak-H. (Jones 143) über sehr große Entfernungen hinweg gehandelt. Für manche Luxusgegenstände aus wertvollen H. wurden bisweilen sehr hohe Preise gezahlt (Plin. nat. 13,92).

Transport und Handel: Grundsätzlich sollten Bau-H. und sonstige Baumaterialien aus Kostengründen aus der Nähe ihres geplanten Verwendungsortes herangeschafft werden (Vitr. 1,2,8), wobei der Transport von H. zumeist auf dem Wasserweg erfolgte (Plin. epist. 10,41). Der H.-Handel, über dessen Organisation wenig bekannt ist, wurde von berufsmäßigen H.-Händlern betrieben (*negotiatores materiarii, lignarii;* Plaut. Mil. 915–921). Das römische Militär versorgte sich mit dem notwendigen H. aus der näheren Umgebung der jeweiligen Truppenstandorte. Die als H.-Fäller tätigen Legionäre gehörten zu den privilegierten römischen Soldaten (Dig. 2,1,50,6,7 pr.).

Inschriftlich nachweisbar sind H.-Fällerkommandos aus Obergermanien, die zur H.-Beschaffung für die Mainzer Schiffswerften tätig waren (CIL XIII 6618, 6623, 11 781).

Der H.-Verbrauch in der Antike war immens und hatte erkennbare Auswirkungen auf vorhandene Wälder, war jedoch nicht die alleinige Ursache für die weiträumigen Entwaldungen des Mittelmeergebietes. Für die römische Zeit ist in den Quellen ein Bemühen deutlich, durch forstwirtschaftliche Maßnahmen die Versorgung mit H. sicherzustellen.

→ Baumaterial, Forstwirtschaft, Handel, Wald

LITERATUR: H. *Bartels:* Gehölzkunde. Stuttgart 1993. – E. N. *Borza:* Timber and Politics in the Ancient World. Macedon and the Greeks, in: PAPhS 131, 1987, 33–52. – H. *Cüppers:* Die Trierer Römerbrücken. Mainz 1969. – P. *Herz:* Zeugnisse römischen Schiffbaus in Mainz. Die Severer und die expeditio Britannica, in: JRGZ 32, 1985, 422–435. – H. *Küster:* The Economic Use of Abies Wood as Timber in Central Europe during Roman Times, in: Vegetation History and Archaeobotany 3, 1994, 25–32. – R. *Meiggs:* Trees and Timber in the Ancient Mediterranean World. Oxford 1982. – S. D. *Olson:* Firewood and Charcoal in Classical Athens, in: Hesperia 60, 1991, 411–420. – M. *Rival:* La Charpenterie navale romaine. Paris 1991. – E. C. *Semple:* Ancient Mediterranean Forests and the Lumber Trade, in: The Geography of the Mediterranean Region. New York 1931, 261–296. – W. *Speyer:* RAC 16 (1994) Sp. 87–116, s.v. Holz.

Marcus Nenninger

Imperialismus

Der Begriff I. gehört zu jenen Termini der politischen und der wissenschaftlichen Sprache, bei denen die Versuche, hier zu einer inhaltlichen Bestimmung und Differenzierung zu gelangen, sowohl zu einer zunehmenden begrifflichen Konfusion als auch zu einer wachsenden Distanzierung von der eigentlich interessierenden Frage – der Erklärung, warum Staaten nach Herrschaft über andere Staaten streben – geführt hat.

Begriffsgeschichte und Bedeutungsebenen: Abgeleitet ist der Begriff I. vom lateinischen *imperium*, welches eine dreifache semantische Implikation hat: (1) ganz allgemein die Kommandogewalt eines militärischen Befehlshabers; (2) speziell die Befehlsgewalt der höchsten römischen Magistrate bzw. des Kaisers; (3) in räumlich-geographischer Hinsicht der Herrschaftsbereich Roms (*imperium Romanum*). Das Wort I. wurde erst vor dem neuzeitlichen Erfahrungshorizont der expansiven Politik europäischer Mächte als Neologismus geprägt (erstmals 1836 in Frankreich: *l'impérialisme*). Grundsätzlich lassen sich aus der kontroversen Forschungsdiskussion, die ihre Impulse ganz wesentlich von H. Triepel empfangen hat, wohl zwei Bedeutungsebenen herausdestillieren: (1) ein wie auch immer begründeter oder motivierter, staatlich gelenkter und militärisch realisierter Wille zur Herrschaft über fremde Völker und Territorien; (2) eine ökonomisch fundierte Expansion mit dem Ziel, neue Rohstoffbasen und Absatzmärkte für die eigenen Produkte zu gewinnen.

›*Imperialismus*‹ *in der Antike*: Summarisch und mit der gebotenen Reduzierung auf die wesentlichen Punkte lassen sich in bezug auf vier prominente Testfälle aus der Antike (Perser, Karthager, Athener, Römer) einige signifikante Feststellungen treffen.

Bei den Persern existierte eine ausgesprochene imperiale Dynamik, die auf der Ideologie einer den Persern quasi von Natur aus zukommenden Weltherrschaft beruhte. Dies galt gleichermaßen für die Dynastien der Achämeniden, Arsakiden und Sassaniden (bei letzteren ist bezeichnend der Titel des Königs als ›König von Iran und Nicht-Iran‹). Ökonomische Motive scheinen hier nur eine sekundäre Rolle gespielt zu haben.

Anders verhält es sich mit der Politik der Phönizier und speziell von deren wichtigster Gründung Karthago: Hier hatten handelspolitische Interessen im westlichen Mittelmeerraum Priorität. Bei der Dynastie der Barkiden, deren prominentester Vertreter Hannibal war, sind aber zusätzlich auch innenpolitische Profilierungs-Bestrebungen und aristokratische Divergenzen im Spiel gewesen.

In Athen lassen sich sowohl machtpolitische als auch wirtschaftliche Motive konstatieren. In der Rivalität zur traditionellen Suprematiemacht Sparta entwickelte sich Athen nach den Perserkriegen zu Beginn des 5. Jahrhunderts v.Chr. zum Hegemon in großen Teilen der griechischen Welt. Die eigentlich gegen die Perser gerichtete Flotte wurde zu einem Herrschafts-Instrument innerhalb Griechenlands: Die Verfügbarkeit über Machtmittel animierte zu deren Inanspruchnahme. Folgerichtig mündete dies in den Peloponnesischen Krieg (431–404 v.Chr.) gegen Sparta, als dessen eigentlichen Grund der zeitgenössische Historiker Thukydides zutreffend die Furcht der Spartaner vor dem Wachstum Athens diagnostiziert hat (Thuk. 1,23). Wirtschaftliche Gründe der athenischen Expansion lagen insofern vor, als die Bündner im Delisch-Attischen Seebund zu Tributen herangezogen wurden, die letztlich nur noch dem Hegemon zugutekamen.

Aufgrund der relativ guten Quellenlage stellt Rom den besten Testfall für einen antiken I. dar. Gerade hier ist die Diskussion in der Forschung aber besonders kontrovers, nachdem Th. Mommsen einst mit seiner Auffassung von einem ›defensiven I.‹ der Römer die Debatte eröffnet hatte. Die Römer selbst erklärten ihre Weltherrschaft (vgl. Cic. Sest. 67) vorrangig damit, daß sie in ›gerechten Kriegen‹ die Interessen ihrer Bundesgenossen zu schützen hätten. Das ist insofern zutreffend, als die hegemoniale Position, die Rom seit seiner in Italien im 4., im Mittelmeerraum im 3. Jahrhundert v.Chr. erfolgten Machtausdehnung einnahm, dazu verpflichtete, die Erwartungen der Bündnispartner zu erfüllen. Die Auseinandersetzung mit Karthago im Ersten Punischen Krieg (264–241 v.Chr.) war jedenfalls wesentlich von solchen Motiven geleitet. Unverkennbar ist aber auch eine innenpolitische Triebfeder der römischen Expansion. Die Adelsethik, der elitäre Konkurrenzkampf, verpflichtete die Aristokraten dazu, ihren Status durch militärische Aktivitäten zu legitimieren – tat man dies erfolgreich, erfüllte man die zentrale soziale Kategorie der *virtus*. Nicht zufällig fällt die römische Expansion mit den sogenannten Ständekämpfen zusammen: Die mit den alten Patriziern zur Nobilität zusammengewachsenen plebejischen Newcomer versuchten ihre neue Stellung durch expansive Unternehmungen zu rechtfertigen. In der späten Republik diente Expansion als Instrument des persönlichen Machterwerbs einzelner ambitionierter Politiker (Sulla, Caesar, Pompeius), wobei man sich gerne auf das Vorbild des Makedonenkönigs Alexander berief. Die großen militärischen Unternehmungen der Kaiserzeit lassen sich wiederum mit dem Rechtfertigungs-Druck erklären. Augustus mußte *virtus* demonstrieren, um das Prinzipat als Herrschaftsform zu stabilisieren, und betrieb konsequenterweise eine intensive Expansionspolitik. Unter Traian (98–117 n.Chr.) erreichte das Römische Reich seine größte Ausdehnung. Zumindest bei den Kriegen im Orient spielten dabei weniger sachpolitische Erwägungen eine Rolle als der dezidierte Wunsch des Prinzeps, sich als Eroberkaiser zu profilieren, was vielleicht damit zu tun hatte, daß Traian als Spanier der erste ›fremde‹ römische Kaiser gewesen ist und er deshalb mit besonderen politischen und militärischen Leistungen aufzufallen hatte. Wirtschaftliche Interessen hatten bei der Erringung der römischen Weltherrschaft anscheinend keine primäre Bedeutung, auch wenn die Gesellschaften der Steuerpächter (*publicani*) den Erwerb neuer Provinzen als lukrative Einnahmequelle zu schätzen wußten.

Allgemein bleibt festzuhalten, daß es sich empfiehlt, die antike Geschichte von modern inspirierten I.-Theorien freizuhalten und statt dessen die expansiven Unternehmungen der Antike aus ihren jeweiligen historischen Bedingungen heraus zu verstehen.

→ Adel, Anthropogeographie, Außenpolitik, Geopolitik, Interessensphären, Krieg, Monarchie, Raum, Reich, Seeherrschaft, Staatenverbindungen, Tyrannis

LITERATUR: J. *Carcopino*: Les étapes de l'impérialisme romain. Paris 1961. – D. *Flach*: Der sogenannte römische Imperialismus, in: HZ 222, 1976, 1–42. – E. S. *Gruen*: Imperialism in the Roman Republic. New York 1970. – R. *Meiggs*: The Athenian Empire. Oxford 1972. – W. *Schuller*: Die Herrschaft der Athener im Ersten Attischen Seebund. Berlin/New York 1974. – H. *Triepel*: Die Hegemonie. Ein Buch von führenden Staaten. Stuttgart 1938. – R. *Walther*: Imperialismus, in: Geschichtliche Grundbegriffe Bd. 3. Stuttgart 1982, 171–236. – R. *Werner*: Das Problem des Imperialismus und die römische Ostpolitik im 2. Jahrhundert v.Chr., in: ANRW I 1, 1972, 501–563. – J. *Wiesehöfer*: Das antike Persien. Zürich 1993.

Holger Sonnabend

Inschriften

Im Rahmen der Epigraphik werden I. als Quellen definiert, »die unmittelbar und unverändert aus dem Altertum erhalten geblieben sind und daher wie die archäologischen Denkmäler und Funde und die Münzen und Papyri originale Zeugnisse ihrer Zeit darstellen« (Meyer 1). Als I. gelten dabei konventionellerweise sämtliche nichtliterarischen Texte, die auf dauerhaftem Material wie vor allem Stein, aber auch Bronze oder ähnlichen Materialien erhalten sind (Meyer 2). Wie bei den Papyri und den Münzen sorgen, im Gegensatz zu den literarischen Zeugnissen, epigraphische Neufunde für eine ständige Erweiterung der Quellengrundlage.

Wert für die Historische Geographie: Für die Historische Geographie liefern I. eine Fülle an Erkenntnissen, wenn auch zu berücksichtigen ist, daß bestimmte Sachverhalte – und so auch manche geographische Angaben – den Zeitgenossen so bekannt gewesen sind, daß sie auf den meist ohnehin sehr lakonisch abgefaßten I. nicht eigens Erwähnung finden (Olshausen 97).

Staatsinschriften: Besonders ergiebig sind die sogenannten Staats-I., unter denen man jene epigraphischen Produkte zusammenfaßt, die von Staats wegen errichtet wurden und die auf politische Angelegenheiten Bezug nehmen. Herausragend ist in diesem Zusammenhang der Tatenbericht, den der römische Kaiser Augustus kurz vor seinem Tod im Jahre 14 n.Chr. auf Bronzetafeln vor seinem Mausoleum in Rom aufstellen ließ und von dem in vielen Provinzen des Imperiums Abschriften publiziert wurden (*Res gestae divi Augusti*, nach dem am besten erhaltenen Exemplar in Ancyra = Ankara auch als *Monumentum Ancyranum* bezeichnet). Für die Topographie der Stadt Rom (z. B. cap. 11; 19–21) werden hier ebenso relevante Angaben geliefert wie für die Geographie des Römischen Reiches. In Kapitel 26 spricht Augustus von seinen außenpolitischen Unternehmungen und propagiert in diesem Kontext, als Teil der römischen Herrschaftsideologie, eine römische Suprematie über ein Gebiet, das durch den Ozean von Gades bis zur Mündung der Elbe umschlossen werde. Weiterhin reklamiert er hier, als erster ins Land der Kimbern vorgedrungen zu sein. Angesprochen werden ferner die römischen Militäraktionen in Äthiopien und Arabien. Wenn Augustus eigens betont, daß man in Äthiopien bis zu der Meroe benachbarten Stadt Nabata gelangt und sein Heer in Arabien bis zu dem Ort Mariba vorgerückt sei, so reflektiert sich hier das Bestreben, mit der Erwähnung exotischer Orte die Bevölkerung in Rom und Italien zu beeindrucken.

Zu den Staats-I. gehören weiterhin zwischenstaatliche Verträge. In diesen werden immer wieder in unterschiedlichen Zusammenhängen geographische Verhältnisse dokumentiert. Dies gilt vor allem für die Festlegung von Grenzen, die von den Vertragspartnern häufig sehr detailliert beschrieben werden. So heißt es etwa in einem Vertrag zwischen den kretischen Städten Itanos und Praisos, der vor der Mitte des 2. Jahrhunderts v.Chr. geschlossen wurde, daß man sich auf folgende Grenzen geeinigt habe: »wie der Fluß Sedamnos fließt, nach Karymai zum Bergtal und darüber hinaus zum Bergrand und ringsherum entlang des Bergrandes und geradeaus entlang des Bergkamms nach Dorthanna bis zur Grube und entlang der Straße südlich der Straße, die durch Atron führt, und zum Mollos und von Mollos geradeaus entlang des Bergkamms zum Meer« (Chaniotis Nr. 47, S. 303f.). Aus der römischen Kaiserzeit ließe sich als Beispiel ein inschriftlich erhaltener Brief des Konsulars Laberius an die Stadt

Abb. 38: Der Meilenstein aus Isny (Kreis Ravensburg), zu datieren auf das Jahr 201 n.Chr., elf römische Meilen von Cambodunum (Kempten) entfernt aufgestellt.

der Histrier an der nördlichen Adriaküste anführen(»Ich habe beschlossen, daß die Grenzen der Histrier folgende sein sollen...«; SEG I 329; Freis Nr. 38) oder die Anweisung eines Legaten des Kaisers Domitian an zwei afrikanische Stämme bezüglich der Grenzziehung (»wurde auf Befehl des Suellius Flaccus... ein Grenzstein gesetzt zwischen dem Stamm der Muducuvii und der Zamucii nach einer Übereinkunft der beiden Stämme«; Freis Nr. 61). Epigraphische Dokumente über Grenzziehung liegen bereits aus der Zeit der römischen Republik vor, wie etwa die die Tätigkeit der gracchischen Ackerbaukommission (nach 133 v.Chr.) bezeugenden Limitationssteine (*termini*).

Daneben existieren eine Reihe von Inschriften aus der römischen Kaiserzeit, die die Administration des Reiches betreffen und in diesem Zusammenhang auch historischgeographisch relevante Aspekte thematisieren. Exemplarisch kann hier auf die Erneuerung eines Gesetzes des Kaisers Hadrian (117–138) unter dem Kaiser Septimius Severus (193–211) verwiesen werden, das den Umgang mit Öd- und Brachland betrifft (CIL VIII 26 416; Freis Nr. 131).

Städtische Infrastruktur: Zu den Staatsinschriften kann man im weiteren Sinne auch epigraphisch erhaltene Dokumente zur Regelung kommunaler Angelegenheiten rechnen. Aus dem griechischen Raum ist hier etwa auf das sogenannte Astynomen-Gesetz von Pergamon zu verweisen (SEG 13,521). Dieses Gesetz stammte noch aus der pergamenischen Königszeit und wurde im 2. Jahrhundert n.Chr. erneut öffentlich aufgestellt. In vielen griechischen Städten kam den Astynomen als einer Art von städtischer Polizei die Funktion des Wahrens der öffentlichen Ordnung zu. Dazu gehörte auch die Aufsicht über die Infrastruktur, etwa über die Wasserleitungen. Das pergamenische Astynomen-Gesetz bestimmte unter anderem, wie die Hauseigentümer mit den Zisternen umgehen sollten und daß an öffentlichen Brunnen keine Tiere getränkt oder gewaschen werden durften. Vom Schutz der Wasserleitungen handelt auch ein Edikt des römischen Prokonsuls Vicirius Martialis für die Stadt Ephesos aus dem Jahre 113/14 n.Chr. (Freis Nr. 71) mit so detaillierten Bestimmungen wie der, »daß die Anlieger sich bei Obstbäumen mehr als zehn Fuß, bei Aussaat von Pflanzen zehn Fuß von der Leitung entfernt halten« sollten.

Ähnliche, die städtische Infrastruktur betreffende Bestimmungen sind auch aus Italien bekannt. Ein wahrscheinlich von Iulius Caesar für Rom und darüber hinaus für alle Städte in Italien installiertes Gesetz (CIL I² 593; Freis Nr. 41) traf Regelungen für den Verkehr mit dem Verbot für Wagen und Fuhrwerke, tagsüber in den von Menschen überfüllten Straßen der Städte zu fahren. Im Stadtrecht der Colonia Genetiva Iulia in Spanien (44 v.Chr.; CIL II 5439; Freis Nr. 42) finden sich zum Beispiel Passagen, die das Verfügungsrecht der Kolonisten über die Flüsse, Bäche, Quellen, Seen, Wasser, Teiche und Sümpfe regeln (§ 79).

Andere Inschriften-Typen: Für die Historische Geographie sind darüber hinaus weitere I.-Typen von Interesse. Grab-I., die quantitativ den Hauptanteil unter den antiken I. ausmachen, können Erkenntnisse über die Topographie von Nekropolen vermitteln oder über die Herkunftsangaben der Verstorbenen den Anteil von Fremden in antiken Siedlungen eruieren helfen. Weih-I. an bestimmte Gottheiten sind eine wichtige Quelle für die Religionsgeographie, indem sich hier die Verbreitung von Kulten nachweisen läßt. Das gilt beispielsweise für die zunehmende Affinität zu orientalischen Kulten im Westen des Römischen Reiches (Isis, Mithras). Bau-I. geben Aufschlüsse über Architektur, Urbanistik und Siedlungsstrukturen. Häufig finden sich Bau-I., die auf Reparaturarbeiten nach Bränden oder Naturkatastrophen Bezug nehmen und somit Quellen für die historische Katastrophenforschung darstellen. So rühmte sich ein Numerius Popidius Celsinus, nach dem Erdbeben von 62 n.Chr., das weite Teile der Region um den Vesuv tangierte, den völlig zerstörten Tempel der Isis in Pompeji auf eigene Kosten wieder aufgebaut zu haben (*aedem Isidis terrae motu conlapsam a fundamento pecunia sua restituit*, CIL X 846). Ehren-I., zumal aus der römischen Kaiserzeit, dokumentieren über die Aufzählung von Karrieren die geographische Mobilität des militärischen und administrativen Führungspersonals.

Meilensteine: Besonders profitiert die Disziplin der Historischen Geographie von der Gewohnheit der Römer, an den großen Reichsstraßen Meilensteine aufzustellen, von denen man bis heute etwa 5.000 Exemplare gefunden hat. Solche Meilensteine waren an jeder Meile positioniert und nannten, im Gegensatz zur heutigen Praxis bei den Distanzangaben, nicht die Entfernung zur nächstgelegenen Stadt, sondern zum Ausgangspunkt der Straße. Von der äußeren Form her bestanden die Meilensteine aus bis zu drei Metern hohen Säulen auf viereckiger Basis. Die Entfernungen wurden in der römischen Meile gemessen (MP = *mille passuum;* 1 römische Meile = 1481,5 Meter). Dazu finden sich in der Regel Angaben über den Erbauer der Straße (zum Beispiel: die Via Appia als das Werk des Censors Appius Claudius), in der Kaiserzeit meistens der Kaiser selbst, durch dessen gewissenhaft vermerkte aktuelle Titulatur sich diese Meilensteine auch exakt datieren lassen. Auch Reparaturen der Straßen werden auf den Meilensteinen genannt sowie Angaben über den Bau von Brücken und beim Straßenbau eventuell notwendig gewordene Felssprengungen. Exemplarisch sei hier aus der Fülle des Materials verwiesen auf eine I. auf einem Meilenstein, der in der Nähe von Isny (Kreis Ravensburg) gefunden wurde (CIL III 5987; vgl. Abb. 38) und aus der Zeit der Severer-Dynastie stammt (201 n.Chr.). Hier wird Kaiser Septimius Severus und seinen Söhnen Caracalla und Geta (dessen Name später, nach seiner Ausschaltung durch Caracalla, eradiert wurde), das Verdienst zugeschrieben, Straßen und Brücken wiederhergestellt zu haben: *vias et pontes rest(ituerunt).* Außerdem findet sich die Entfernungsangabe vom Ort Cambodunum (= Kempten): *m(ilia) p(assuum) XI,* d.h. etwa 16 Kilometer. Problematisch sind die Meilensteine als Quelle für das Reichsstraßennetz der Römer allerdings insofern, als die meisten Steine sich heute nicht mehr an ihrem ursprünglichen Aufstellungsort befinden.

→ Architektur, Brücke, Brunnen, Erdbeben, Fremde, Frieden, Götter, Grenze, Historische Geographie, Mobilität, Münzen, Papyri, Religionsgeographie, Siedlungsformen, Stadtverwaltung, Straße (Straßenbau)

LITERATUR: Y. *Burnand:* Terrae Motus. La documentation épigraphique sur les tremblements de terre dans l'Occident romain, in: B. Helly/A. Pollino (Eds.): Tremblements de terre, histoire et archéologie. Valbonne 1984, 173–182. – A. *Chaniotis:* Die Verträge zwischen kretischen Poleis in der hellenistischen Zeit. Stuttgart 1996. – H. *Freis:* Historische Inschriften zur römischen Kaiserzeit. Von Augustus bis Konstantin. Darmstadt 1984. – G. *Klaffenbach:* Griechische Epigraphik. Göttingen ²1966. – E. *Meyer:* Einführung in die lateinische Epigraphik. Darmstadt ³1991. – E. *Olshausen:* Einführung in die Historische Geographie der Alten Welt. Darmstadt 1991, 97–99. – G. *Walser:* Die römischen Straßen und Meilensteine von Raetien. (Itineraria Romana 4), 1983.

Holger Sonnabend

Insel

Der Periheget Dionysios von Alexandreia beschreibt die Erde, die er sich – im Einklang mit verbreiteter griechischer Auffassung (siehe vor allem Ps.-Aristot. mund. 392b20–394a 5; Strab. 1,1,7f.; vgl. auch Cic. rep. 6,21) – als eine vom Okeanos umflossene »unermeßlich große« I. vorstellt (Dion. Per. 1–7), in der Weise, daß er nacheinander die Kontinente Afrika, Europa und Asien schildert. Eingeschoben ist ein längerer Abschnitt, der von den I. handelt (Dion. Per. 447–619); beginnend mit Gadeira, der phoinikischen I.-Stadt bei den Säulen des Herakles (= Gades), werden die I. des Mittelmeers aufgezählt; daran schließen sich Hinweise auf Ozean-I. an; Vollständigkeit sei freilich auf diesem Gebiet unerreichbar (Dion. Per. 616–619); unübersehbar sei allein schon die Zahl der I. der Ägäis (Dion. Per. 513–537).

Formen von Inseln: Zu unterscheiden sind I. im Mittelmeer, I. im Ozeanbereich außerhalb des Mittelmeers und Fluß- und See-I. Für die Geographie des Altertums ist die erste Gruppe naturgemäß die wichtigste. Der I.-Reichtum des Mittelmeers wird von der modernen Geologie in erster Linie auf Prozesse der Senkung und Hebung von Landmassen bzw. auf Bruchvorgänge zurückgeführt; so sind etwa die Kykladen als versunkenes Gebirge anzusehen. Im Altertum erklärte man die Entstehung von I. hingegen überwiegend als Folge von Erdbeben und Vulkanismus (siehe Strab. 1,3,10, mit Hinweis auf Sizilien; vgl. auch 6,1,6; zu Euboia: Plin. nat. 4,12,63; zu Keos: Plin. nat. 4,12,62).

Der Komiker Alexis hat im 4. Jahrhundert v.Chr. Sizilien, Sardinien, Korsika, Kreta, Euboia, Zypern und Lesbos als die größten I. des Mittelmeers bezeichnet (PCG 2, frg. 270). Daß es daneben auch die Meinung gab, Sardinien sei an die erste Stelle zu setzen, geht aus Herodot (1,170,2: Erklärung des Bias von Priene; vgl. 5,106,6 und 6,2,1) und aus Timaios (vgl. Strab. 14,2,10; anders freilich Diod. 5,17,1) hervor. Die Tatsache, daß der zentrale Raum griechisch-römischer Zivilisation reich an I. ist (ausführliche Verzeichnisse etwa bei Diod. 5 [sogenannte *nesiotike*] und bei Plin. nat. 3,5,76–3,9,94; 3,26,151f.; 4,11,51–4,12,74; 5,34,128–5,39,140), hat die politische, wirtschaftliche und kulturelle Entwicklung im Altertum in starkem Maße mitbestimmt.

Besonderheiten der Inseln: Es sind geographische Grundgegebenheiten, denen hier prägende Wirkung zukommt. Insulare Räume sind eindeutig abgegrenzt; das fördert Eigenständigkeit und Sonderentwicklung (Flora und Fauna; wirtschaftliche Rahmenbedingungen; kulturelle Entwicklung). Schon antiken Autoren ist aufgefallen, daß sich die Tier- und Pflanzenwelt dicht beieinander liegender I. deutlich voneinander unterscheiden kann (vgl. Plin. nat. 3,5,78f. zum Vorkommen von Schlangen auf den Balearen; Strab. 14,1,15 zum Weinbau auf Samos und Chios).

Was die Kultur betrifft, so kann Isolierung Anregungsarmut bedeuten; auf der anderen Seite resultiert aus ihr auch Ungestörtheit der Entwicklung (vgl. etwa die Bemerkungen Diodors zu Kyrnos/Korsika und zu den I., die der kleinasiatischen Westküste vorgelagert sind [Diod. 5,14 und 82]; allgemeine Gedanken zur Abgeschiedenheit des Insularen bei Plut. mor. 603A-604A). Dadurch kommt der archäologischen Hinterlassenschaft einiger I. unverwechselbarer Charakter zu (Beispiele: megalithische Bauten des 4. und 3. Jahrtausends v.Chr. auf Malta; Fresken von Akrotiri auf Thera; stilistische Unterschiede in Architektur, Skulptur und Keramik bei nahe benachbarten Ägäis-I.). Im großen Rahmen können vor allem das minoische Kreta des 2. Jahrtausends v.Chr. mit seiner Palastkultur und das griechische Sizilien – trotz aller engen Verbindung zum griechischen Mutterland – als in vielfacher Beziehung eigengeprägte historisch-geographische Räume aufgefaßt werden.

In wirtschaftlicher Hinsicht sind durch Klima, Wasservorkommen, Bodenbeschaffenheit und Vegetation die Lebens- und Erwerbsbedingungen in der Regel verhältnismäßig stark determiniert (oft stärker als auf dem Festland). Über die Beschränktheit der Natur Korsikas etwa klagt Seneca in seiner Trostschrift an Helvia (Sen. dial. 12,9,1); zu Gyaros vgl. Plut. mor. 602C. Ob Fischfang und Seehandel gesellschaftsprägende Bedeutung erlangen, hängt von einer ganzen Reihe von Voraussetzungen ab; Verallgemeinerungen sind hier nicht möglich.

Durch ihre Abgeschiedenheit waren manche I. geeignet für besondere Funktionen: Als Verbannungsorte (*relegatio insulae*) waren u. a. berüchtigt im Westen Korsika (Sen. dial. 12) und Pandateria (Tac. ann. 1,53,1; Suet. Tib. 53,2 u. a.), im Osten Amorgos (Tac. ann. 4,13,2; 30,1), Donusa (Tac. ann. 4,30,1), Gyaros (Iuv. 1,73; Tac. ann. 3,68,2), Patmos (Eus. HE 3,18 u. a.) und Seriphos (Tac. ann. 2,85,3; 4,21,3 u. a.). Kaiser Tiberius regierte von 26 n.Chr. bis zu seinem Tod das römische Reich aus der Zurückgezogenheit seiner Residenz auf der Insel Capri heraus (›Nesiarchie‹ = ›Inselherrschaft‹; vgl. dazu u. a. Plin. nat. 3,6,82; Tac. ann. 4,67; Suet. Tib. 40; Plut. mor. 602E; Cass. Dio 52,43; 58,5,1).

Im Mittelmeerraum bedeutet freilich I.-Dasein keineswegs immer Distanz und Abgeschiedenheit. In der Geschichte einiger küstennaher I. ist der gegenüberliegende Festlandsbesitz, die sogenannte *Peraia*, sehr wichtig geworden (so vor allem bei Rhodos, aber auch bei Samos, Chios, Mytilene/Lesbos, Tenedos und Thasos). Besonders in der Ägäis sind I. so nahe benachbart, daß sich sehr gute Voraussetzungen für Schiffsverkehr ergaben. Man gelangte in kurzen Distanzen von einer I. zur anderen und konnte die Gefahren des offenen Meeres meiden. Kreta war deswegen nach Aristoteles von Natur aus für die Rolle einer beherrschenden Macht in der griechischen Welt prädestiniert (nahe Schiffsverbindungen sowohl zur Peloponnes als auch zur kleinasiatischen Küste hin: Aristot. pol. 1271b32–40). Einige I., die an solchen Seerouten lagen, gewannen dadurch eine verkehrsgeographische und wirtschaftliche Bedeutung, die der Bedeutung von Hafenstädten auf dem Festland nicht nachstand (z. B. Rhodos [Strab. 14,2,5] oder Delos [Strab. 10,5,4]). Wenn I.-Reihen häufig als Glieder einer Brücke aufgefaßt werden können, dann liegen auch politische Zusammenschlüsse nahe (vgl. den wohl 313 v.Chr. von Antigonos Monophthalmos gegründeten Nesiotenbund).

In besonderen Fällen kann ein Interesse bestehen, sich sowohl Abgeschiedenheit als auch gute Erreichbarkeit von I. zunutze zu machen. Das gilt etwa für zahlreiche phoinikische Gründungen: Thukydides (6,2,6) erläutert, daß man an der Küste Siziliens von Natur aus gesicherte Siedlungsplätze nicht nur auf Vorgebirgen, sondern auch auf kleinen vorgelagerten I. deswegen gewählt habe, um erfolgreich mit den Sikelern auf Sizilien Handel treiben zu können. Der von Thukydides an dieser Stelle erwähnte Stützpunkt Motye (Mozia) ist archäologisch eingehend erforscht worden.

Sicherheitsgesichtspunkte und Rückzugsmöglichkeiten sind auch bei der Wahl von I. als Konferenzort bedacht worden. So hat die wichtige Zusammenkunft des Octavian, des Antonius und des Lepidus Anfang November 43 v.Chr. auf einer Fluß-I. des Lavinius in der Nähe von Bononia stattgefunden. Im Jahr 2 n.Chr. treffen sich C. Caesar und der Partherkönig Phraates V. auf einer I. im Euphrat, um die völkerrechtliche Parität zu demonstrieren.

Inseln in der antiken und modernen Literatur: Auch die realitätsorientierte Historische Geographie kann die Tatsache nicht ganz unbeachtet lassen, daß von den Epen Homers an immer wieder mit fernen I. utopische Vorstellungen verknüpft worden sind. So gelten die sogenannten *fortunatorum insulae* (Panegyr. von 310 [Paneg. 6], 7,2) als Wohnstätten gerechter Männer, denen dort leidloses Weiterleben möglich ist, oder allgemeiner als paradiesische Orte. Bei Hesiod (erg. 167) werden sie am Westrand der Erde lokalisiert (was in der römischen Kaiserzeit zur Gleichsetzung mit den Kanarischen I. geführt hat; siehe dazu etwa Plin. nat. 6,37,202–205). Als literarische

Fiktionen sind die I. Atlantis im Atlantischen Ozean (u.a. Plat. Tim. 24e–25e) und Panchaia im Weltmeer des Ostens (frühhellenistischer Reiseroman des Euhemeros von Messene, vgl. Diod. 5,41–46) berühmt geworden.

I. sind im Rahmen der Altertumswissenschaft ein weites und bisher nur zum Teil ausgeschöpftes Themengebiet von beträchtlicher Vielfalt. Seine Bedeutung ergibt sich aus dem Rang, der vielen I. in der antiken Geschichte und Kultur zukommt. Der Forschungsstand weist große Diskrepanzen auf. Auf der einen Seite ist beispielsweise die Beschäftigung mit dem griechisch-römischen Sizilien längst beinahe zu einer Spezialdisziplin geworden, auf der anderen Seite gibt es im Blick auf die nicht ganz so wichtigen I. noch manche kaum bearbeitete Fragestellung. Methodisch ist dabei die eindeutige Begrenzung des zu behandelnden Raums ebenso von Vorteil wie die Tatsache, daß es nicht ganz selten ist, daß sich antike Hinterlassenschaft auf I. besser bewahrt hat als in vergleichbaren Festlandsbereichen. Ein Beispiel dafür, was in der Erforschung von I. erreicht werden kann, wenn in einem vielseitigen Ansatz geographische, archäologische und topographische Untersuchungen Hand in Hand gehen mit der Auswertung sämtlicher literarischer Quellen, Inschriften und Münzen, ist jüngst für die Insel Tenos vorgelegt worden (R. Etienne).

→ Archäologie, Architektur, Erde, Erdbeben, Erdteile, Fisch, Fluß, Geographie, Hafen, Handel, Inschriften, Klima, Küste, Meer, Münzen, Raum, Schiffahrt, See, Topographie, Vulkanismus, Wirtschaft

LITERATUR: R. *Bichler:* Von der Insel der Seligen zu Platons Staat. Geschichte der antiken Utopie I. Wien/Köln/Weimar 1995. – R. *Etienne:* Ténos II. Ténos et les Cyclades du milieu du IVe siècle av. J.-C. au milieu du IIIe siècle ap. J.-C. Athen/Paris 1990. – A. *Philippson:* Das Mittelmeergebiet. Seine geographische und kulturelle Eigenart. Leipzig/Berlin [4]1922. – A. *Philippson:* Das Aegaeische Meer und seine Inseln. (= E. Kirsten [Hg.]: Die griechischen Landschaften Bd. IV), Frankfurt 1959. – F. *Prontera:* RAC (1997) Sp. 312–328, s.v. Insel.

Wolfgang Orth

Interessensphären

I. werden durch Anforderungen an staatliche Außen-, Verteidigungs- und Wirtschaftspolitik oder deren Maximen definiert, die z.B. Sicherheit, Autarkie, territoriale Expansion, Hegemonie oder Wohlstand zum Ziel haben. Sie können wie Einflußzonen durch Postulate, Diktate, bi- oder multilaterale Internationalverträge abgesteckt und durch Infiltration, Repressalien, wirtschaftliche Einflußnahmen, subversive oder militärische Gewalt gesichert werden. Ihr Radius ist u.a. durch geographische Faktoren, Annexionswillen, internationale Machtverhältnisse und die ›Annektierbarkeit‹ der strategisch oder als Rohstoffquellen bzw. Absatzmärkte ökonomisch wichtigen Gebiete determiniert; zumal direkte Herrschaft unserem Verständnis von I. widerspricht. Die prinzipielle Differenzierung des modernen Völkerrechts zwischen Einflußsphären und I., wonach letztere allein für staatenlose Räume oder Gebiete mit rechtlich unklarer Staatlichkeit gelten, ist auf antike Verhältnisse nur bedingt übertragbar. Uneingeschränkt gilt sie allenfalls für jene I., die griechische Kolonien im Hinterland unterhielten, jene primär ökonomischen I., deren Respektierung in Nordafrika, Sardinien und Sizilien Karthago z. B. von Rom forderte (s. u.), und jene des Imperium Romanum vor seinen europäischen und afrikanischen Grenzen. Im übrigen ist eine präzise Unterscheidung von Einflußsphären und I. dadurch erschwert, daß sie gelegentlich kongruent waren oder daß bloße Interessenbekundungen und konkrete Einflußnahmen auf Randstaaten aufgrund der Quellen nicht hinreichend differenzierbar sind.

Interessensphären und hegemoniale Politik: Grundsätzlich reichen I. über die Personalverbände hinweg, die schon einer unmittelbaren politischen Beeinflussung unterliegen, z. B. der Subordination ihrer auswärtigen Politik. So betrachtete Sparta aus interdependenten sozialen und außenpolitischen Gründen über die Mitgliedstaaten des von ihm hegemonial geführten Bundes hinaus die gesamte Peloponnes als eigene I. und trat phasenweise auch im übrigen Hellas gegen als bedrohlich empfundene Machtkonzentrationen auf. Da sie mit der Macht von Staaten wuchsen oder schrumpften, waren I. selten feste Größen; die der Athener z. B., die elementar u. a. den Saronischen Golf und die Getreideversorgungsroute zum Bosporus beinhaltete, umfaßte nach Gründung des Seebundes alle Inseln und Küsten der Ägäis, der Propontis und des Pontos, wobei zugleich die Sicherung von Macht und Absatzmärkten intendiert war. Kurze Zeit umspannte sie das östliche Mittelmeer, den korinthischen Golf, Inseln im Ionischen Meer und erstreckte sich schließlich bis Sizilien, bevor die Katastrophe des Peloponnesischen Krieges sie vorübergehend wieder auf die Ausgangslage reduzierte. In der Regel steckten mächtige Staaten ihre I. mit Blick auf ihre Antagonisten ab: So zwang z. B. Sparta Athen 446 v.Chr. zur Anerkennung seiner peloponnesischen I., bestätigte die athenische und definierte im übrigen beider I. gegenüber Neutralen als offen (Thuk. 1,35.40.67.115 u. a.); Rom vereinbarte 226 v.Chr. mit Karthago den Ebro als Grenze ihrer spanischen I. (Pol. 2,13); 196 v.Chr. beschnitt es die Makedoniens durch die Freiheitserklärung für Hellas (Pol. 18,44.46) und bekundete gegenüber Antiochos III. Europa als eigene I. (Pol. 18,47.50f.); 168 v.Chr. schärfte Rom gegenüber Antiochos IV. ultimativ seine ägyptische I. ein (Pol. 29,27) und deklarierte 58 v.Chr. den Rhein als Trennungslinie römischer und germanischer I. Gelegentlich sind diese auch dadurch dokumentiert, daß Kriegsbündner wie Hannibal und Philipp V. 215 v.Chr. für den Siegesfall die Wiedereinrichtung der durch den Kriegsgegner reduzierten Einflußzonen vereinbarten (Pol. 7,9).

Konflikte und Konfliktvermeidung: Unversöhnliche Konflikte aber konnten zu wiederholten Kriegen führen wie zwischen dem Ptolemäer- und Seleukidenreich über Koilesyrien; ähnliches gilt für den Dauerantagonismus zwischen Griechen und Karthagern auf Sizilien, wobei Vertragsschlüsse allerdings immer wieder den status quo der Koexistenz beider I. anerkannten. Und wechselseitige Akzeptanz konnte sogar zur einvernehmlichen Abgrenzung von ökonomischen oder politischen I. führen wie im ersten römisch-karthagischen Staatsvertrag, in dem Rom für das westliche Mittelmeer geltende Handelsrestriktionen und Karthago ganz Latium als I. Roms anerkannte (Pol. 3,22). Erkennbar werden solche Festlegungen u. a. durch Konfliktvermeidungsmaßnahmen wie die Schaffung von Sicherheitszonen oder die Absage an politische und militärische Interventionen (Pol. ebd.); ebenso im sogenannten Kalliasfrieden 450/449 v.Chr.(?) (Hdt. 7,151; Isokr. or. 4,118ff.; 7,80; Diod. 12,4,4ff.; Plut. Kim.13,4f. etc.), der die Autonomie kleinasiatischer Griechenstädte bestätigte, deren Küste bis zur

Tiefe von rund 100 km von persischer Herrschaft und den Bosporus sowie die Ägäis von deren Kriegsschiffen freihielt, während Athen die übrige I. Persiens respektierte; Fahrtsperren sah ebenfalls ein Vertrag zwischen Rom und Tarent vor (App. Samn. 7,1). Wurden zwischen gleichwertigen Mächten wie dem Imperium Romanum und dem Partherreich Arrondierungen angestrebt, führten Arrangements über I. sogar zu verbindlich fixierten Grenzen (Euphrat) und extern garantierten Randstaaten (Pontus, Kappadokien und Armenien). Jenseits von Rhein und Donau hat das Kaiserreich I. auch gegenüber Randvölkern mit amorphen Staats- und Sozialstrukturen abgegrenzt, um im translimitanen Vorfeld Machtakkumulationen zu unterbinden und die Grenzprovinzen vor räuberischen Invasionen zu schützen.

→ Außenpolitik, Diplomatie, Frieden, Geographie, Grenze, Hauptstadt, Imperialismus, Kolonisation, Krieg, Randvölker, Raum, Reich, Staat, Staatenverbindungen, Strategie, Wirtschaft

LITERATUR: J.M. *Balcer*: The Persian Conquest of the Greeks 545–450 B. C. Konstanz 1995. – T. J. *Cornell*: The Beginnings of Rome. London 1995. – P. *Green*: Alexander to Actium. The Hellenistic Age. London 1993. – E. S. *Gruen*: The Hellenistic World and the Coming of Rome. Berkeley 1986. – P. *Kehne*: Formen römischer Außenpolitik in der Kaiserzeit. Die auswärtige Praxis im Nordgrenzenbereich als Einwirkung auf das Vorfeld. Mikrofilm-Diss. Hannover 1989. – N. *Mantel*: Der Bündnisvertrag Hannibals mit Philipp V. von Makedonien, in: Rom und der griechische Osten. Festschr. H. Schmitt 1995, 175–186. – R. *Meiggs*: The Athenian Empire. Oxford ⁴1979. – A. N. *Sherwin-White*: Roman Foreign Policy in the East. London 1984. – E. *Täubler*: Imperium Romanum I. Leipzig 1913. – D. *Williams*: The Reach of Rome. London 1996. – K.-H. *Ziegler*: Völkerrechtsgeschichte. München 1994.

Peter Kehne

Isthmos

Das Wort ›Isthmos‹ (griech. *istmos* = enger Durchgang) bezeichnet eine Landenge: eine mehr oder weniger schmale, oft hügelige Landzunge, die zwei Landschaften vereinigt, zwei Meere trennt oder eine Halbinsel mit dem Festlandsblock verbindet.

Die Definition dieser geographischen Fläche ist weitgehend eine Frage des Maßstabes. Auf der Ebene der Kontinente trennt im Rahmen alter geographischer Darstellungen der bewohnten Welt Asien von Europa der I. zwischen dem Pontus und dem Kaspischen Meer und Asien von Libyen (= Afrika) der I. des Suez-Kanals. Im Mittelmeerbereich sind trotz der Küstenlänge die Meere untereinander benachbart durch das Vorhandensein mehrerer I.: zwischen Gallien und Spanien schafft ein I. die Verbindung zwischen Atlantik und westlichem Mittelmeer; die Po-Ebene verbindet Tyrrhenisches und Adriatisches Meer; in Süditalien ist die kalabrische Halbinsel Brücke zwischen dem Tyrrhenischen und Ionischen Meer und die isthmische Straße Tarent-Brindisi Brücke zwischen Ionischem Meer und Adria. In der griechisch-ägäischen Welt begünstigt die geographische Zerstückelung die große Zahl von Halbinseln, die der Küstenlandschaft der Peloponnes von Thrakien bis Kleinasien ihre spezifische Gestalt geben.

Historische Bedeutung: Ihre historische Bedeutung sollen isthmischen Gegenden zunächst als Stätten der Durchreise und des Austausches zeigen, die Völker miteinander in Kontakt bringen und eine wirtschaftliche Dynamik erzeugen. Die punischen Händler, die wegen gemeinsamer Interessen gegenüber der griechischen Expansion mit den mächtigen Etruskern verbunden waren, hatten sich in großer Zahl in Spanien niedergelassen und besuchten regelmäßig die Küsten des Roussillon und das westliche Languedoc von der Hälfte des 7. Jahrhunderts v.Chr an. Im 4. Jahrhundert v.Chr. verbreiteten sie dort Amphoren in großer Zahl. Gleichzeitig gingen von ihnen unterschiedliche Einflüsse aus, die zur Grundlage einer iberisch-languedoc'schen Kultur wurden. Diese Kultur verbreitete sich über das gesamte westliche Languedoc und zu beiden Seiten der Pyrenäen, im Süden sogar bis zum Ebro: Sie nahm also jenen ›Gallischen I.‹ (Strab. 2,5,28; 3,4,19; 4,1,14; 4,2,1) ein, der durch Gironde, Garonne und Aude den Atlantik mit dem Mittelmeer verbindet und der einen Durchgangsweg von größter Bedeutung darstellte, besonders für britisches Zinn und für Metalle lokaler Herkunft. Herausragende Städte dort waren Ensérune, Béziers, Narbonne und Ampurias. Seit dem 3. Jahrhundert v.Chr. und den Völkerwanderungen in den Süden hatten sich keltische Stämme nördlich der Garonne niedergelassen und kontrollierten den größeren Teil der Achse. Die Münzen der Biturigen, Viviscer, Nitiobrogen und Volker-Tectosagen waren bis zur Zeit des Augustus in ganz Aquitanien und darüber hinaus im Umlauf: ein Zeichen dafür, daß diese Völker offensichtlich nach und nach den aquitanischen Handel beherrschten, auch wenn an der Mittelmeerseite durch die languedoc'schen Stämme und besonders durch die Siedlung von Narbonne ihrem Einfluß Grenzen gesetzt wurden. Rom hatte diese Herrschaft favorisiert (die Völker waren mit dem römischen Volk verbündet), um durch einen keltischen Zwischenhändler in den Besitz des bedeutendsten europäischen I. zu gelangen.

Die isthmischen Gebiete erscheinen auch privilegiert hinsichtlich des Zusammenlebens von Stämmen und ihren Kulturen. Bezeichnend dafür ist das Beispiel von Spina im sich im 6. Jahrhundert v.Chr. bildenden padanischen Etrurien. Die Quellen überliefern zwei Gründungsversionen: die eine um die Pelasger, mit denen die Etrusker verschmolzen, die sich wiederum gegenüber den das Po-Delta bewohnenden Ombriern behaupteten; die andere um den griechischen Helden Diomedes, dessen Leiden die griechische Schiffahrt in der Adria widerspiegelt (Skyl. 17; Dion. Hal. ant. 1,18,2–4; Strab. 5,1,7; Plin. nat. 3,16; Iust. 20,1,11). Diese doppelte Präsenz, griechischer und etruskischer Art, die die literarischen Werke nahelegen, wird von der Archäologie bestätigt. Spina entwickelte sich zu einer Stadt, zu einem etruskischen Militär- und Handelshafen mit bedeutsamer griechischer Kultur und errichtete ein Schatzhaus in Delphi (Strab. 5,1,7).

In Groß-Griechenland sind insbesondere zwei I. sichtbar: zwischen dem Golf von Squillace und dem Golf von S. Eufemia liegen knapp 29 km Luftlinie, die in einem halbtägigen Fußmarsch bewältigt werden konnten (Strab. 6,1,4; Aristot. pol. 7,10,3 1329b); zwischen den Mündungen von Coscilus und Laos liegen weniger als 60 km. Die Siedlungen der ionischen Küste gründeten ihre Kolonien in dem Abschnitt der tyrrhenischen Küste, der ihnen am nächsten lag (siehe Kroton und Terina, Sybaris und Laos). Das bedeutet jedoch nicht, daß man von einer Handelsdynamik sprechen kann. Auch wenn die Existenz von Handelsstraßen zu Land zwischen den beiden Seiten des kalabrischen I. nicht zu verleugnen ist, darf man ihre Bedeutung im Wirtschaftsleben von Groß-Griechenland nicht überschätzen und beispielsweise einen bedeutenden Handel Milet-Sybaris-Etruria annehmen, der die Route über die Straße von Messina umgangen hätte.

Quellen: Es sind nur wenige Quellen bekannt, die vom Durchstechen von I. erzählen: so vom Kanal des Athos (in der Höhe der Stadt Sane), der von Xerxes gegraben wurde (Hdt. 7,22–24; ABSA 86, 1991, 83–91); vom Kanal, der vom ägyptischen Pharao Necho begonnen und von Darius (Hdt. 2,158) oder Ptolemäus (Diod. 1,33,11) beendet wurde und der das Mittelmeer mit dem Roten Meer verband. Die Episode der Knider, die von Herodot erzählt wird (1,174; vgl. Paus. 2,1,5), könnte darauf hinweisen, daß es sich in den Augen der Griechen um Taten sündhafter Maßlosigkeit gegen den Willen der Götter handelte. Dagegen scheint die Überwindung eines I. über den Landweg zumindest für kleinere Schiffe gelegentlich geplant und im Rahmen von Kriegshandlungen (Thuk. 3,81; 4,8; Pol. 8,34,9–12; Liv. 25,11,11–19; Polyain. 5,2,6; Arr. an. 7,19,3; Plut. Ant. 69) auch verwirklicht worden zu sein. Am I. von Korinth sind Reste vom sogenannten *diolkos* vorhanden: ein 3,6 bis 5 m breiter gepflasterter Weg mit zwei parallel gezogenen Furchen, die zum Lenken des Fuhrwerks bestimmt waren. Der Weg wurde vermutlich ab dem Ende des 7. oder Anfang des 6. Jahrhunderts v.Chr. gebaut, um den Transport von Frachten oder/und Schiffen zwischen dem Golf von Korinth und dem saronischen Golf zu ermöglichen. Auch wenn diese Anlage offensichtlich wegen der hohen strategischen Bedeutung des I. erforderlich war, so geben die Zeugnisse, die das Betreiben des *diolkos* zur klassischen und hellenistischen Zeit (Thuk. 3,15,1; 8,7; 8,8,3–4; Pol. 4,19,7–9; 5,101,4; Strab. 8,2,1; 6,4 und 22; Plin. nat. 4,8–10; 18,18) belegen, keine Bestätigung dafür, daß sein Verwendungszweck eher militärischer als wirtschaftlicher Art gewesen ist. Nach 146 v.Chr. scheint jedenfalls der Weg über den I. aufgegeben worden zu sein zugunsten anderer Routen wie dem böotischen I. und jenem I., der Hermionis und Korinthia von Sikyon nach Argos trennt.

→ Archäologie, Götter, Hafen, Handel, Insel, Kanal, Kolonisation, Krieg, Meerenge, Migration, Münzen, Schiffahrtswege, Staatenverbindungen, Strategie, Volksstamm, Wirtschaft

Literatur: M. *Lombardo:* La via istmica Taranto-Brindisi in età arcaica e classica: problemi storici, in: Salento porta d'Italia. Galatina 1989, 167–192. – G. *Raepsaet:* Le diolkos de l'Isthme à Corinthe: son tracé, son fonctionnement, in: BCH 117, 1993, 233–256. – Y. *Roman:* Une voie romaine: l'«isthme gaulois», in: Ktèma 14, 1989, 105–114. – M. *Torelli:* Spina e la sua storia, in: Spina, storia di una città tra Greci ed Etruschi. Ferrara 1993, 53–69.

Yves Lafond

Jagd

Neben der Gewinnung von Fellen und Fleisch war nach griechischer Vorstellung die J. in den Wäldern und Bergen, beispielsweise nach Ebern, eine den homerischen Helden würdige Beschäftigung, da sie hierdurch ihre Männlichkeit zum Ausdruck bringen konnten (Hom. Od. 19,418–458; vgl. Anderson 15 u. 29), während Hirten und Bauern gegen das für sie schädliche Wild mittels Fallen oder vergifteten Ködern vorgingen. Die J. konnte aber auch der körperlichen Ertüchtigung im Rahmen der Jugenderziehung oder der militärischen Ausbildung dienen (Iust. 3,3; Xen. Lak. pol. 4,7; 6,3; Xen. kyn. 12,1–8; Plat. nom. 763b; 822d).

Jagd als Unterhaltung: Durch den Kontakt mit dem hellenisierten Osten wurde die J., die noch zu Zeiten der römischen Republik als Tätigkeit für Sklaven galt (Sal. Cat. 4,1), allmählich zum Modesport für die römische Oberschicht, um dann in der römischen Kaiserzeit eine wichtige Rolle in der Freizeitbeschäftigung, Entspannung von Alltagsgeschäften (Plin. epist. 1,6) und Unterhaltung der Oberschicht, für die seit augusteischer Zeit die politische Betätigung weitestgehend unmöglich war, zu werden (Syme 72 mit Anm.54).

Jagd und Götter: Gejagt wurde bevorzugt in Wäldern unter dem Schutze von Artemis bzw. Diana, der Göttin der J. und Jäger (Plin. paneg. 81,1; Ov. met. 7,804–820; Sen. Phaedr. 1–84; Arr. cyn. 35; Catull. 34,9 ff.; vgl. das Opfer für Diana auf dem J.-Mosaik aus Piazza Armerina, vgl. Abb. 39). Daß die J. in der römischen Oberschicht einen wichtigen Stellenwert einnahm, zeigt das vielfältige Auftauchen von J.-Motiven in Literatur und Kunst (Petron. Sat. 40–41; Dunbabin 46–64; 109–123).

Tierhetzen in der Arena: Für die großen Tierhetzen (*venationes*) in römischen Arenen mußten die lebend gefangenen Wildtiere nach dem Transport an ihren Bestimmungsort in Gehegen bis zu ihrem Einsatz gehalten werden. Columella empfiehlt die Einbeziehung von Waldstücken für die Anlage solcher Gehege zur Haltung von Rehen, Gazellen, Antilopen, Hirschen und Wildschweinen (Colum. 9,1,1–4).

Manche Kaiser ließen für die Tierhetzen die Arenen in regelrechte Wälder verwandeln, um die Tiere in vermeintlich natürlicher Landschaft ihrem grausamen Schicksal zuzuführen (SHA Prob. 19,2 ff.; vgl. Calp. ecl. 7,70 ff.). Die großen *venationes* unter Nero oder Domitian mit ihrer Vielzahl getöteter Tiere rückten die J. als Form römischen Zeitvertreibes bis zur Zeit Hadrians in ein schlechtes Licht (Nero: Cass. Dio 62,15; Domitian: Suet. Dom. 19; vgl. Anderson 100).

Jagd und Natur: Neben dem reinen Zeitvertreib ermöglichte die J. die Befriedigung des sentimentalen römischen Naturverlangens, da man sich entweder in der Natur aufhielt oder sich naturähnliche Umgebungen in Form von Gärten und Parks schuf, in denen man nach dem Vorbild der durch die persischen Könige künstlich angelegten *paradeisoi* der J.-Leidenschaft nachging (Grimal 292 ff.; *paradeisoi*: Xen. an. 1,2,7).

Jagd in der Kunst: In der römischen Sarkophagkunst waren J.-Motive mythologischen Inhalts vor allem der Eberjagden des Hippolyt (Eur. Hipp.; Sen. Phaedr.) oder Meleager (Hom. Il. 9,538 ff.) seit der Zeit des jagdbegeisterten Hadrian sehr beliebt (Anderson, 126 ff.; Cass. Dio 69,10; Oppermann). Der Stellenwert der J.-Topik in der römischen Gesellschaft als Möglichkeit einer Formulierung religiöser Hoffnungen und Wünsche erreichte einen Höhepunkt in severischer Zeit mit dem Aufkommen von Sarkophagen mit Darstellungen von Löwen-J. Die Überwindung des den Tod symbolisierenden Löwen (SHA Hadr. 26,10) heroisierte den Jäger und Überwinder und somit denjenigen, der den Sarkophag in Auftrag gegeben hatte (Andreae 134 f.), während die Kaiser Darstellungen von Löwen-J. als politisches Programm zur Betonung ihrer *virtus Augusti* gebrauchten und die Löwen-J. in freier Wildbahn als ihnen vorbehalten ansahen (kaiserliches Recht der Löwen-J.: Cod. Theod. 15,11,1). Die J. selbst war in römischer Zeit für jedermann frei und nicht an den Besitz von Grund und Boden gebunden (Dig. 41,1,1,1).

Jagd

Abb. 39: Jagdszene auf einem Mosaik aus der römischen Villa von Piazza Armerina (Sizilien), um 300 n.Chr. Das Mosaik befindet sich im Prunkraum dieser Villa, die vermutlich von dem weströmischen Kaiser Maximianus Heraclius erbaut worden war. Gezeigt wird der Kaiser Konstantius beim Opfer für die Jagdgöttin Diana. Zwei Treiber tragen ein erlegtes Wildschwein herbei.

Arten der Jagd: Gejagt wurde, wie vor allem aus bildlichen Darstellungen bekannt ist, bevorzugt mit Netzen und Wurfgeschossen. Die Verwendung von J.-Hunden verschiedenster Rassen war sehr beliebt, es gab offenbar große Treib-J. im Stile militärischer Manöver (Sen. Phaedr. 31–43 [Hunde]; 44–53 [J.-Geräte]; vgl. die antiken Werke über J. wie Nemesians und Grattius' Cynegetica, Xenophons Kynegetikos, sowie die Cynegetica Arrians und Oppians; zu den bildlichen Darstellungen, vor allem auch der J. zu Pferde: Junkelmann 157–173).

Erjagte Wildtiere spielten in der Ernährung sowohl in Rom selbst als auch in den Provinzen eine sehr untergeordnete Rolle, so daß Fleisch von Wildtieren wie Rot- und Schwarzwild wohl eher als – luxuriöse – Ergänzung zum üblichen Speiseplan angesehen werden kann (Junkelmann 157; vgl. Hor. sat. 2,8,6f.).

→ Amphitheater, Dichtung, Götter, Kunst, Landwirtschaft, Mythologie, Nahrungsmittel, Natur, Park, Sklaverei, Tiergeographie, Transhumanz, Viehwirtschaft, Wald

LITERATUR: J.K. *Anderson:* Hunting in the Ancient World. Berkeley 1985. – B. *Andreae:* Die Sarkophage mit Darstellungen aus dem Menschenleben. 2.Teil: Die römischen Jagdsarkophage. Berlin 1997. – J. *Aymard:* Essai sur les chasses romaines des origins à la fin du siècle des Antonines. Paris 1951. – K. *Crug:* Wald, Holz und Jagd bei Homer, in: Forstwissenschaftliche Zentralblätter 1954, 290–308. – K.M.D. *Dunbabin:* The Mosaics of Roman North Africa. Oxford 1978. – R.L. *Fox:* Ancient Hunting: Homer to Polybios; in: G.Shipley/J.Salmon (Eds.): Human Landscapes in Classical Antiquity. London 1996, 119–153. – P. *Grimal:* Römische Kulturgeschichte. München/Zürich 1961. – M. *Junkelmann:* Die Reiter Roms Bd.1, Mainz 1990. – M. *Oppermann:* Bemerkungen zu einem Jagddenkmal des Kaisers Hadrian, in: Nikephoros 4, 1991, 211–217. – K. *Schauenburg:* Jagddarstellungen auf griechischen Vasen. Hamburg 1969. – R. *Syme:* The Augustan Aristocracy. Oxford 1986.

Marcus Nenninger

Kälte

Physikalische Theorien: Die Vorsokratiker des 6./5. Jahrhunderts v.Chr. (Anaximander, Anaximenes, Empedokles, Heraklit, Anaxagoras) reflektierten über die K. in ihrer Deutung kosmologischer Entwicklungen. K. (wie auch Wärme) galt entweder als ein eigenes Primärelement oder wurde mit den Elementen in Verbindung gesetzt, was in den hippokratischen Schriften systematisiert wurde: K. wurde abwechselnd mit Erde, Wasser oder Luft in Beziehung gebracht. Im medizinischen Denken wurde Gesundheit und Zeugung (K. gebiert weibliche Wesen) von Temperatureinflüssen abhängig gemacht. Aristoteles baute die Theorie von der K. als einer Fundamentalqualität weiter aus und stellte sie als Negation der (positiv verstandenen) Wärme gegenüber. Im 4. Buch der Meteorologie, das bisweilen auch späteren Verfassern zugeschrieben wurde, liegt eine wegweisende rationale Erklärung der Wirkung von K. und Wärme vor. Der Peripatos erweiterte dies durch empirische Studien: Theophrast legte dazu eine eigene Schrift vor (Diog. Laert. 5,44), sein Nachfolger Straton von Lampsakos trat mit einer später vielbeachteten K.-Wärme-Theorie hervor (vgl. Sen. nat. 6,13). Philon von Byzanz (2. Jahrhundert v.Chr.) und Heron von Alexandrien (1. Jahrhundert n.Chr.) führten mit ihren Thermoskopen erste wissenschaftliche Experimente mit unterschiedlichen Temperaturen durch. Einen zusammenfassenden Überblick über die philosophischen Lehrmeinungen vermittelt Plutarch (1./2. Jahrhundert), der in der K. zwar einen eigenen Stoff annahm, aber gegen dogmatische Fixierungen skeptisch blieb (Plut. mor. 945F-955C). Der Arzt Galen (späteres 2. Jahrhundert n.Chr.) teilte die als eigene Qualität gedeutete K. in vier Stufen, die am menschlichen Körper erkennbar seien und dessen Befinden prägen. Eine quantitative Temperaturmessung kannte das Altertum nicht.

Geographie und Klimalehre: K. ist im temporalen Wechsel der Tages- und Jahreszeiten erfahrbar. Die Nacht ist die Zeit der K., noch kälter ist das Morgengrauen (Aristot. probl. 8,17). Im Jahreslauf ist der Winter die K.-Periode schlechthin, was seit Hesiod (erg. 493–560) mit allen Auswirkungen auf die Lebensformen literarisch ausgestaltet wurde (vgl. Verg. georg. 3,349ff.; Ov. trist. 3,10 u.a.). Annalistische Quellen konstatierten für das frührepublikanische Rom besonders strenge Winter (Liv. 5,2,6f.; 5,13,1ff.; Dion. Hal. ant. 12,8; Aug. civ. 3,17 u.a.), Daten, die auf kurzfristige Beobachtungen begründet sein müssen. Eine längerfristige Klimaverschiebung beobachtete Theophrast (*de ventis* 13) für Kreta: Die dortigen Winter seien viel strenger als früher, was aus der Absiedlung der Bergregionen erschlossen wurde. Die Zonengeographie hat die Vorstellungen über die K. am nachhaltigsten geprägt. Schon die Erdscheibentheorie sah in den (von Hellas aus gesehen) nördlichen Ländern einen Raum der K. und Finsternis. Mit der Erdkugellehre (seit Parmenides, 5. Jahrhundert v.Chr.) wurde die Nord-Süd-Gliederung in fünf Zonen entworfen, deren nördlichste und südlichste wegen der K. als unbewohnbar galten. Dieses Dogma ist über Philosophen und Geographen zum allgemeinen Bildungsgut geworden. Dabei wurden mathematische und klimatische Zonen teilweise gleichgesetzt, teilweise differenziert. Herodot sah das Land nördlich des Istros als unbewohnbar an (Hdt. 5,10), der Lebensraum der Skythen war von K. und Schnee geprägt (Hdt. 4,28ff.). Römische Autoren (Lukrez, Cicero, Seneca, Manilius, Plinius d.Ä. u.a.) übernahmen die griechischen Vorstellungen. Folgende Länder wurden zu den kalten gerechnet: Gallien (Diod. 5,25,2; Caes. Gall.

1,16,2), Germanien (Sen. dial. 1,4,14; Tac. Germ. 2.4), Illyrien (Prop.1,8,2), Pannonien (Vell. 2,113,3), Thrakien und der Bosporus (Paneg. 12,22,2), Skythien (Plin. nat. 2,135f.), die Region der unteren Donau, in die auch der Topos vom zugefrorenen und befahrbaren Fluß gelegt wird, der Pontus (Sen. Phaedr. 399f.), Sarmatien (Sen. Herc. Oet. 158), Armenien (Tac. ann. 13,35,3), Phrygien (Claud. 20,338). Britannien blieb trotz seiner Lage von K. verschont (Tac. Agr. 12,3). Aus dem Blick des Hauptstädters wurden auch Gebiete in Italien als kalt eingestuft, wie Etrurien (Plin. epist. 5,6,4), das Paelignerland (Hor. c. 3,19,8), Picenum (Mart. 11,52,11).

Die seit dem 5. Jahrhundert v.Chr. bekannte Anthropogeographie hat den Umwelteinflüssen des kalten Klimas auf das menschliche Leben besondere Aufmerksamkeit zugewandt (vgl. Hippokr. 19ff.; Aristot. pol. 7,1328a) und damit Völkerpsychologie und medizinisches Denken geprägt. Die dogmatische Verfestigung der Klimazonentheorie erschwerte auch eine wissenschaftliche Erklärung für die Nilschwemme, da es nach verbreiteter Auffassung im südlichen Äthiopien keinen Frost und keinen Schnee gäbe (Hdt. 2,22; Diod. 1,37f.). Neben die Nord-Süd-orientierten horizontalen traten vertikale Klimazonen, die sich an der Höhenlage ausrichteten. Hier waren die Berge Bereiche der K.: das Hochland Arkadiens (Pol. 4,21,1; Ov. met. 1,689), der Parnaß (Plut. mor. 953D), der Taygetos (Sil. 4,362), der Haemus (Hor. c. 1,12,6), die Alpen (Anth. Pal. 9,561) u.a. Außergewöhnlich war es hingegen, wenn am Meer Schnee fiel, wie z.B. in Tauromenion (Diod. 14,88,2f.) oder in Athen (Philoch. FGrH 328 F 202), wo noch zur Zeit der großen Dionysien im Frühling starker Frost Rebstöcke, Feigenbäume und Saaten vernichten konnte (Plut. Demetr. 12,3). Einige Denker (z.B. Aristot. meteor. 340d 24ff.) rechneten wegen der größeren Nähe zur Sonne mit stärkerer Hitze auf Berggipfeln, ein Ausdruck mangelnder Höhenerfahrung im Altertum. Diese Theorie provozierte auch die Frage, warum auf hohen Bergen der Schnee länger liegenbleibe (vgl. Sen. nat. 4b 11,1). Eine den Höhenzonen angepaßte Anthropogeographie hat in römischer Zeit (z.B. bei Strabon) auch auf politisches Handeln ausgestrahlt. Neben Bergen galten auch Landstriche in Nähe von Sümpfen und Seen wegen der Ausdünstung des Wassers als kalt (Poseidonios bei Plut. mor. 951F). Den K.-Zonen über dem Erdboden entsprach das unterirdische Spiegelbild. Hades (Hes. erg. 153.) und Tartaros (Orph. frg. 222) waren Stätten der K., das Wasser des Styx eiskalt (Sil. 5,528; Plut. mor. 954D). Der tiefste Punkt der Erde galt als festgefroren und aus Eis (krystallon; Plut. mor. 953E), wie es auch für die aus den Erdtiefen oder Bergen gewonnenen Bergkristalle angenommen wurde (Lukian. hist. conscr. 19).

Psychologie und menschliches Verhalten: K. wurde von den Menschen des Altertums auch infolge eingeschränkter Heizmöglichkeiten und mangelnder Adaption der Kleidung sensibler und als wesentliche Beeinträchtigung der Lebensqualität empfunden. Jupiter schädigt die Menschen durch K. (Cic. S.Rosc. 131), sie brachte den menschlichen Organismus zum Erstarren, versteifte die Muskeln, ließ die Zunge verstummen (Plut. mor. 953D). Selbst gesprochene Worte, so ein Diktum des Antiphanes, gefrieren und tauen erst im Sommer wieder auf (Plut. mor. 79A). K. reizte kranke und schwache Menschen, stimulierte Zornige, bewirkte Heißhunger; Athleten galten als besonders kälteempfindlich (Aristot. probl. 8,3; 4; 9; 10). Gefäße aus Bronze oder Ton sollen in kalten Regionen zerbrechen; Theophrast suchte die Ursache dafür in der kalten Luft (Plut. mor. 952A). K. konnte das öffentliche Leben behindern, selbst Senatssitzungen wurden deswegen abgebrochen (Cic. ad Q. fr. 2,11,1). Die kalte Jahreszeit wurde übereinstimmend sehr negativ erlebt und gedeutet, nur beim Trinkwasser war K. willkommen. Feste Behausungen sollten vor K. schützen (Cic. nat. deor. 2,151; Cic. off. 2,13), ebenso das Einreiben des Körper mit Öl (Xen. an. 4,4,12; Pol. 3,72,6; 87,2; Flor. epit. 2,6,12; Plin. nat. 15,19; 31,119 u. a.). Den menschlichen Erfahrungen entsprach auch die symbolische Bedeutung der K.: Sie wurde mit Furcht (Hom. Il. 9,2), Krieg (Hes. theog. 936), Wehklage (Hom. Il. 24,524) und Tod assoziiert.

→ Anthropogeographie, Erde, Heizen, Kleidung, Klima, Klimakunde, Medizin, Mentalität, Philosophie, See

LITERATUR: J. *Althoff*: Warm, kalt, flüssig und fest bei Aristoteles. Die Elementarqualitäten in den zoologischen Schriften. Stuttgart 1992. – M. K. *Barnett*: The Development of Thermometry and Temperature Concept, in: Osiris 12, 1996, 269–341. – P.-J. *Dehon*: Hiems Latina. Études sur l'hiver dans la poésie latine, des origines à l'époque de Néron. Brüssel 1993. – R. *Frei-Stolba*: Klimadaten aus der römischen Republik, in: MH 44, 1987, 101–117. – G. E. R. *Lloyd*: The Hot and the Cold, the Dry and the Wet in Greek Philosophy, in: JHS 84, 1964, 92–106.

Herbert Graßl

Kanal

Die Anlage von künstlichen Wasserstraßen gehört zu den gravierendsten Eingriffen des Menschen in die von der Natur vorgegebenen landschaftlichen Verhältnisse. Aus der Antike sind zahlreiche durchgeführte bzw. geplante Kanalbauten bekannt. Das Hauptmotiv war die Verkürzung von Schiffahrtswegen, vor allem zur Förderung des Handelsverkehrs. Gelegentlich lagen auch militärisch-strategische Erwägungen zugrunde. In manchen Fällen ging es den Erbauern freilich nur um das Prestige einer großartigen technischen Leistung. In der Mehrzahl waren die antiken Kanäle Binnenkanäle, d. h. sie dienten zur Verbindung von Binnengewässern. Seekanäle, durch die zwei Meere miteinander verbunden wurden, stellten demgegenüber die Ausnahme dar.

Ägypten: Eines der frühesten Kanalbauprojekte der Antike war die Verbindung zwischen dem Nil und dem Roten Meer. Entsprechende Pläne existierten schon in der Zeit des Pharaos Ramses II. (1290–1224 v.Chr.). Eine konkrete Umsetzung versuchte einer seiner Nachfolger, Necho II. (610–595 v.Chr.). Trotz einer immens hohen Zahl eingesetzter Arbeitskräfte wurde der Kanal, vielleicht aufgrund technischer Schwierigkeiten, nicht vollendet. Dies geschah erst in der Zeit der persischen Fremdherrschaft in Ägypten durch den Perserkönig Dareios im Jahre 495 v.Chr. Ausbesserungsarbeiten an der 180 km langen, 45 m breiten und 5 m tiefen Wasserstraße, deren Streckenführung Herodot (2,158) beschrieben hat, fanden unter den Ptolemäern und den Römern (Traian) statt. Dieser antike Vorläufer des modernen Suezkanals war bis zum Beginn des 9. Jahrhunderts n.Chr. in Gebrauch.

Griechenland: Unter den griechischen Kanalbauten ragt ein Unternehmen heraus, das die korinthischen Kolonisten von Leukas im 7. Jahrhundert v.Chr. in Angriff nahmen. Die Halbinsel Leukas war durch einen schmalen Isthmos mit der im Nordwesten Griechenlands gelegenen Küste von Akarnanien verbunden. Mit der Durchstechung des Isthmos machten die Siedler die Halbinsel Leukas zu einer Insel (Pol. 5,5; Liv. 33,17; Plin. nat. 4,5; Strab. 10,451f.). Dieser der Erleichterung der Schiffahrt dienende Kanal, der sogenannte Diorhyktos, war in der Folgezeit wiederholt Verlandungsprozessen ausgesetzt und mußte deshalb immer wieder erneuert werden. In der Zeit des Peloponnesischen Krieges (431–404 v.Chr.) etwa war der Kanal nicht funktionsfähig. Wollte man Leukas nicht umfahren, war man gezwungen, die Schiffe über die Landenge zu ziehen (Thuk. 3,81).

Persien: Mehr dem Renommee als praktischen Zwecken diente der in seinem Verlauf noch heute erkennbare Kanal, den der Perserkönig Xerxes 460 v.Chr., während seines Griechenland-Feldzuges, durch die Athos-Halbinsel auf der thrakischen Chalkidike legte (Hdt. 7,22–24.37.122; Thuk. 4,109). Der Bau des Athoskanals gehört in den Zusammenhang der Bestrebungen des persischen Großkönigs, sich als Beherrscher der Natur zu gerieren (Iust. 2,10). Die Arbeiten wurden allein mit menschlicher Arbeitskraft, ohne den Einsatz technischer Hilfsmittel, durchgeführt (Hdt. 7,23).

Rom: Die aktivsten Kanalbauer der Antike waren die Römer. Im Vordergrund stand dabei, neben militärischen Erwägungen, der Wunsch nach infrastruktureller und verkehrstechnischer Erschließung der von ihnen beherrschten Gebiete. Insofern lag hier ein ähnlicher Grundgedanke vor wie bei den Straßen- oder Brückenbauten. Die Mehrzahl der von den Römern angelegten schiffbaren Kanäle stammt aus der Kaiserzeit. Dies läßt sich mit dem Vorhandensein administrativer Organisationsstrukturen erklären, die die Planung und Durchführung solcher Unternehmungen begünstigten. Ein Beispiel für einen Kanal aus der Zeit der Republik ist die Fossa Mariane, mit der der römische Konsul Marius 104/103 v.Chr. von Arles aus eine Verbindung zwischen der östlichen Mündung der Rhône und dem Mittelmeer herstellte. Auf diese Weise wurde der durch die Verlandung der Mündungen stark beeinträchtigte Schiffsverkehr auf der Rhône wieder in Gang gebracht (Strab. 4,183; Plin. nat. 3,34; Plut. Mar. 15; Mela 2,78).

Von den kaiserzeitlichen Projekten sind besonders die Fossa Drusinae und die Fossa Corbulonis erwähnenswert, die wie die Fossa Mariana nach ihren Initiatoren benannt wurden. Bei der heute nicht mehr genau lokalisierbaren Fossa Drusinae handelte es sich um ein System von Kanälen, die den Niederrhein mit der Nordsee (vermutlich mit der Zuidersee) verbanden (Suet. Claud. 1,2; Tac. ann. 2,8). Ihre Konstruktion, ein Werk des römischen Feldherrn Drusus aus dem Jahre 12 v.Chr., gehört in den Kontext der expansiven Germanienpolitik des Kaisers Augustus und hatte deshalb eine primär militärische Funktion. Die Fossa Carbulonis wurde nach 46 n.Chr. auf einer Strecke von 23 römischen Meilen im Gebiet der Bataver, zwischen der Maas und dem Rhein, angelegt (Tac. ann. 11,20; Cass. Dio 60,30.6). Damit sollte nicht nur eine schnellere Verbindung zwischen den beiden Flüssen erreicht, sondern auch die bis dahin für das Überwechseln von dem einen auf den anderen Fluß notwendige Fahrt über die unruhige Nordsee entbehrlich gemacht werden. Als ein weiteres Motiv wird die Regulierung von Überschwemmungen genannt (Cass. Dio a.O.). Die Nachricht, daß der verantwortliche Feldherr Corbulo mit dem Bau dieses Maas-Rhein-Kanals auch seine untätigen Soldaten beschäftigen wollte (Tac. a.O.) vergrößert den Motivkanon bei der Anlage von Kanälen um den Aspekt der Disziplinierung des Heeres.

Aus unterschiedlichen Gründen sind eine Reihe von antiken Kanalbauprojekten nicht realisiert worden. Das gilt z. B. für einen Kanal zwischen der Mosel und der Saône, dessen für 55 n.Chr. geplante Ausführung aufgrund von Kompetenzstreitigkeiten unter römischen Statthaltern nicht zustande kam (Tac. ann. 13,53). Für den Handelsverkehr zwischen dem Mittelmeer und der Nordsee hätte dieser Kanal eine enorme Erleichterung bedeuten können. Die technische Undurchführbarkeit war verantwortlich für das Scheitern eines ehrgeizigen Projektes des Kaisers Nero. Er beabsichtigte, an der Westküste Italiens einen über 200 km langen, von seiner Breite her auch größeren Schiffen Gegenverkehr ermöglichenden Kanal vom Averner See (am Golf von Neapel) zu der Rom vorgelagerten Hafenstadt Ostia zu legen (Tac. ann. 15,42; Suet. Nero 31; Plin. nat. 14,61). Das hätte den Schiffen, vor allem Getreidetransportern, die häufig problematische Passage entlang der Küste erspart. Die Arbeiten sollten nicht allein, wie üblich, von Soldaten, sondern auch von Zwangsarbeitern ausgeführt werden. Als sich herausstellte, daß die landschaftlichen Verhältnisse dem menschlichen Gestaltungswillen ein unüberwindliches Hindernis boten, wurde das Projekt aufgegeben. Ebenfalls gescheitert sind die antiken Versuche, durch den Isthmos von Korinth einen Kanal zu legen und damit eine direkte Verbindung zwischen dem Saronischen und dem Korinthischen Golf zu schaffen. Für den Adria-Ägäis-Schiffsverkehr wäre damit die lange und beschwerliche Reise um die Peloponnes herum entfallen. Wegen dieser Aussicht gab es zwischen dem 6. Jahrhundert v.Chr. und dem 2. Jahrhundert n.Chr. sechs Anläufe, den Isthmos zu durchstechen (Periandros von Korinth, Demetrios Poliorketes, Iulius Caesar, Caligula, Nero, Herodes Atticus). Expertisen, die bei einem Durchstich wegen des höheren Meeresspiegels im Korinthischen Golf eine Überschwemmungskatastrophe für Aegina prophezeiten, und religiöse Vorbehalte waren vor allem dafür verantwortlich, daß der Isthmoskanal erst am Ende des 19. Jahrhunderts und nicht bereits in der Antike realisiert wurde.

→ Brücke, Fluß, Handel, Insel, Isthmos, Meer, Meeresspiegel, Monarchie, Schiffahrt, Schiffahrtswege, Straße (Straßenbau), Strategie, Überschwemmung

LITERATUR: B. *Gerster*: L'Isthme de Corinthe. Tentatives de percement dans l'antiquité, in: BCH 8, 1884, 225–232. – H. *Sonnabend*: Der Mensch, die Götter und die Natur. Zu den antiken Kanalbauprojekten am Isthmos von Korinth, in: M. Kintzinger/W. Stürner/J. Zahlten (Hgg.): Das andere Wahrnehmen. A. Nitschke zum 65. Geburtstag gewidmet. Köln 1991, 47–59.

Holger Sonnabend

Kannibalismus

Der Begriff ›Kannibalen‹ als Bezeichnung für Menschen, die das Fleisch anderer Menschen essen, ist erst neuzeitlichen Ursprungs. Er entstammt dem Spanischen und hat sich dort gebildet als eine Entstellung des Namens des westindischen Volksstammes der Kariben. Den Kariben wurde von einem verfeindeten Nachbarstamm die

Gewohnheit nachgesagt, Menschenfleisch zu essen. Es war Christoph Kolumbus, der diese Information aus der Neuen Welt nach Europa brachte. So wurde der Name der Kannibalen zum Synonym für Menschenfresser.

In der neueren ethnologischen Literatur ist es umstritten, ob der K. ein reales Phänomen darstellt oder eher ein Motiv irrationalen Glaubens. Auffällig ist jedenfalls, daß es trotz des umfangreichen Schrifttums zu diesem Thema praktisch keine seriös dokumentierten Fälle von K. gibt. Stets sind es Fälle, die in räumlicher oder zeitlicher Entfernung stattgefunden haben sollen und nur über die Berichte von Dritten bekannt sind. In vielen Fällen stand der Vorwurf des K. auch deutlich im Zusammenhang mit der Rechtfertigung einer kolonisierenden Ausbeutung.

Die geographische Literatur der Antike kennt die Menschenfresser unter dem Namen der Anthropophagen oder Androphagen. Einer bei Herodot wiedergegebenen Geschichte zufolge leben Androphagen als nördlichstes von allen Völkern jenseits der Wüste im Norden am Dnjepr (Hdt. 4,18); sie haben von allen Menschen die rohesten Sitten und kennen weder Recht noch Gesetz (Hdt. 4,106). Im gleichen Atemzug nennt Herodot die Neuren, ein Volk von Zauberern, die sich einmal im Jahr in Wölfe verwandeln (Hdt. 4,105). Strabon gibt einen Bericht über die Bewohner der Insel Ierne (Irland) wider, nach dem diese Menschen noch wilder als ihre bretonischen Nachbarn seien, die Leichen ihrer verstorbenen Eltern aufzuessen pflegten und in aller Öffentlichkeit und wahllos geschlechtlich verkehren, sogar mit ihren Müttern und Schwestern (Strab. 6,5,4). Die Autoren erzählen diese Geschichten, ohne sie unbedingt für glaubwürdig zu halten. Wenn sie dennoch für den antiken Leser eine gewisse Plausibilität hatten, dann aufgrund der Übereinstimmung mit der verbreiteten Überzeugung, daß der Grad der Kultiviertheit der Menschen zur Peripherie der Oikumene hin abnehme.

Auch die erbauliche Literatur benutzt das K.-Motiv, wie etwa der spätantike Apostelroman, dem die Wildheit der Anthropophagen als Folie für die Sanftmut der Apostel dient (z.B. die Taten des Andreas und des Matthias in der Stadt der Anthropophagen, BHG 109, entstanden um 400 n.Chr.) oder Juvenal (Sat. 15), der mit der Darstellung des grausigen Verbrechens eines ganzen Stadtvolkes die Tragödie übertreffen möchte, die stets nur von den Verbrechen einzelner handelt.

Als Quelle für realen K. ernster genommen zu werden verdienen dagegen einige Berichte über Anthropophagie in einer notfallartigen Situation der Nahrungsmittelknappheit. Der persische Großkönig Kambyses soll nach Herodot den Zug gegen die Äthiopier abgebrochen haben, nachdem es in seinem unzureichend versorgten Heer zu K. gekommen war (Hdt. 3,25). Nach Caesar wurde in Alesia gegen Ende der Belagerung von den Kelten über diese Möglichkeit gesprochen (Caes. Gall. 7,77). Polybios berichtet, daß während der römischen Belagerung von Numantia zahlreiche Fälle auftraten. Allerdings ist auch bei diesen Berichten zu prüfen, ob nicht eine diskriminierende Tendenz beteiligt ist.

→ Ethnologie, Fremde, Gesellschaft, Kolonisation, Logistik

LITERATUR: W. *Arens*: The Man-Eating Myth. New York 1979. – *Tomaschek*: RE 1,2 (1894), Sp. 2168f., s.v. Androphagoi.

Gerhard Kahl

Kap

In der antiken Schiffahrt war die Umschiffung eines K. (*kamptein*) ein risikoreiches Unterfangen, vor allen Dingen für Lastschiffe. Meeresströmungen und Winde, deren Richtung plötzlich wechseln konnte, verursachten Turbulenzen, die das Manövrieren der Schiffe erschwerten. Schiffbrüche und Kursabweichungen in der Nähe von K. gehörten zu jeder Zeit und in jedem Land zur Geschichte der Segelschiffahrt; daher verwundert es nicht, daß sie auch in den maritimen Itinerarien der Antike verzeichnet sind. Bereits in der epischen Tradition werden Odysseus und Menelaos vom Kurs abgebracht, als sie um K. Malea herumfuhren (Hom. Od. 9,80f.; 3,286ff.), das mit der in Sichtweite gelegenen Insel von Kythera das Tor zum ägäischen Meer bildet. Später wurde seine Gefährlichkeit sprichwörtlich (Strab. 8,6,20: »Wenn Du das K. Malea umschiffst, vergißt Du Deine Heimat«), auch wenn sich in der Kaiserzeit ein kleinasiatischer Kaufmann rühmen konnte, es 72 mal umschifft zu haben (Syll.³ 3,1229). Um der Umschiffung des Berges Athos zu entgehen, ließ der Perserkönig Xerxes im Jahre 480 v.Chr. den Isthmos von Akté auf der Halbinsel Chalkidike durchbrechen.

Bedeutung für die Schiffahrt: Den Schwierigkeiten der Handelsschiffahrt ist auch der Umstand zuzuschreiben, daß einige Vorgebirge ideale Basen für die Piraterie abgaben, wie es z.B. Kap Korykos am Südabhang der Halbinsel von Erythrai (Strab. 14,1,32; vgl. Ephor. FGrH 70 F 27) oder die Vorgebirge der kilikischen Küste zeigen. Da die K. Wendepunkte in der Schiffahrt darstellen, bilden sie zusammen mit Flußmündungen Schwerpunkte in den Beschreibungen der *periploi*, wobei sie als Bezugspunkte für das Abschätzen der Entfernungen an der Küste (z.B. Strab. 14,5,3: Kap Anemurion) und auf hoher See dienen (Strab. 6,5,3: Lakinion – *akra Iapyghia* – Keraunia; 14,3,8: vom ›heiligen‹ K. in Lykia zur kanobischen Mündung des Nil; 10,4,5: von Kreta in die Kyrenaika und nach Ägypten). Aus demselben Grund sind einige Vorgebirge Ausgangs- und Zielpunkt von Überfahrten (Strab. 7,7,5: von Korkyra nach Lapigia; 14,5,3: von Kilikien nach Zypern) und langen Routen über das offene Meer (Plut. Dio. 25: von Zakynthos zum Kap Pachynos; Arr. an. 2,1,2: an Kap Sigrion auf der Insel Lesbos legten die von Kap Malea und Kap Geraistos kommenden Lastschiffe an). Wenn die Territorien zweier Stadtstaaten am Meer aufeinandertrafen, wurden ihre Grenzen durch Vorgebirge markiert (Thuk. 8,10,3: das Spiraion zwischen Korinth und Epidauros). Das bekannteste Beispiel in den internationalen Beziehungen liefern die römisch-karthagischen Verträge (Pol. 3,22–25), denen man den Vertrag zwischen Rom und Tarent (303/302 v.Chr.? App. Samn. 7,1: Kap Lakinion) und die das Meer betreffenden Klauseln des Friedens von Apameia (188 v.Chr. Pol. 21,43,14: Kap Sarpedon) hinzufügen kann. In verschiedenen historischen und geographischen Zusammenhängen taucht das Verbot auf, über ein K. hinauszusegeln (siehe auch Thuk. 6,34,4).

Auch wegen ihrer strategischen Lage bieten K. und Landzungen in archaischer Zeit den Griechen und Phöniziern einen günstigen Platz für Siedlungen, ausgestattet mit einem Landungsplatz und gegen die Festlandseite zu verteidigen. Verschiedene Städte weisen diese Kriterien der Standortwahl auf: Smyrna und Milet, deren Vorgebirge heute eingeebnet sind, Knidos, Istros an der Donaumündung, Naxos auf Sizilien, Tharros und Nora auf Sardinien.

Bedeutung für die Religion: Überall offenbart die antike Geographie bereits in der Toponomastik Spuren mythisch-religiöser Traditionen und lokaler Kulte, die besonders

Durchgangsstellen bezeichneten, wie Pässe, Meerengen (*porthmoi*) und natürlich auch die Vorgebirge. Ihre Namen beschwören das Aussehen (Kanastraion, Kriou metopon), die Farbe (Leukopetra, Melaina) oder auch die Winde (Zephyrion, Anemurion, Palinurus). Manchmal erinnern sie an Heroen (Herakleion, Iasonion), öfter an Gottheiten, deren schützende Anwesenheit sich in den zahlreichen auf Vorgebirgen gelegenen Heiligtümern offenbart (Poseidonion scheint das am weitesten verbreitete Toponym zu sein; dann Artemision, Athenaion usw., oder einfach ›heiliges‹ K.). Das Triopion auf der Halbinsel von Knidos beherbergte ein amphiktyonisches Apollon-Heiligtum (Hdt. 1,144); das dem Poseidon geweihte Tainaron war berühmt für sein Recht auf Asyl (Aristoph. Ach. 510; Thuk. 1,128,1). Poseidon wurde auch auf Sunion und Geraistos, nicht weit entfernt von dem gleichnamigen K., im äußersten Süden Euboias verehrt. Ein Apollon-Heiligtum befand sich auch in der Nähe des Felsens von Leucates (Kap Leukatas), berühmt für den Sturz der Sappho und ein einzigartiges Bußritual (Strab. 10,2,8).

Die Typologie und Verteilung dieser Kultstätten erlaubt es nicht, eindeutige Schlußfolgerungen über ihre Entstehung und ihre Funktion zu ziehen, die letzten Endes mehr von der Geschichte als von der Geographie abhängen. Auf einem Generalplan kann man lediglich beobachten, daß die geschützten Buchten, die sich manchmal an beiden Abhängen eines Vorgebirges befinden, es den Schiffen ermöglichten, auf einen für die Umsegelung günstigen Wind zu warten. Andererseits besitzt die antike Handelsschifffahrt ihre jahreszeitlichen Rhythmen, und ein Heiligtum oder eine einfache Kultstätte, auch wenn sie auf der Spitze eines Vorgebirges errichtet sind, gehörten nichtsdestoweniger zum Landbesitz einer ethnischen oder politischen Gemeinschaft.

Bedeutung für die antike Kartographie: Es muß jedenfalls hervorgehoben werden, daß die lange Erfahrung der maritimen Itinerarien einigen K. eine wichtige Ordnungsfunktion in den ältesten Darstellungen des geographischen Raumes einbrachte, nicht allein in regionaler Sicht, sondern auch in der Skizzierung der bewohnten Welt. In der Beschreibung Herodots (4,36f.) ragt die ›erste‹ *akte* Asiens mit dem Sigeion und dem Triopion in die Ägäis vor. Die afrikanische Mittelmeerküste (die ›zweite‹ *akte* Asiens) ›endet‹ jenseits der Säulen des Herakles am Kap Soloeis (Spartel), da, wer es umschifft, seinen Kurs nach Süden fortsetzen muß (Hdt. 2,32; 4,43). So erhält die unförmige Kontinentalmasse Asiens ihre Physiognomie von den zwei Vorgebirgen, die die vordere Seite der anatolischen Halbinsel begrenzen. Auf der Karte des Eratosthenes (2 C 18 und 3 B 122 Berger; vgl. Abb. 21, S. 116) wird der äußerste westliche Punkt der Oikumene durch das Hieron akroterion (Kap S. Vicente in der Algarve) markiert. Entlang der Nordküste des Mittelmeeres begünstigt die Durchdringung von Land und Meer das Erkennen der Halbinseln. Diese *akrai* Europas (Strab. 2,4,8) werden dank der Mittellage der Inseln (Kykladen, Kreta und Sizilien) in Beziehung mit den Orten gestellt, die sich an den gegenüberliegenden Seiten des inneren Meeres befinden.

Solche Verbindungen stellen ein elementares Koordinatensystem dar, das die mentalen Vorstellungen der maritimen Geographie in der ägäo-zentrischen Perspektive der Griechen prägt und das dauerhaft die antiken kartographischen Konstruktionen bis Ptolemaios bestimmt. Die verzerrte Vorstellung von der dreieckigen Figur Siziliens (Strab. 6,2,1: vgl. Pol. 1,42,1–7) und der Insel Korkyra (Strab. 7,7,5: vgl. Eudox. fr. 350 Lasserre = Strab. 9,1,1) stammt von der irrigen Ausrichtung ihrer K., die von der Dynamik der maritimen Itinerare bestimmt werden. Nach Polybios befindet sich die Spitze der dreieckigen Figur Italiens am K. Kokynthos (Pol. 2,14; vgl. Strab. 5,1,2 und

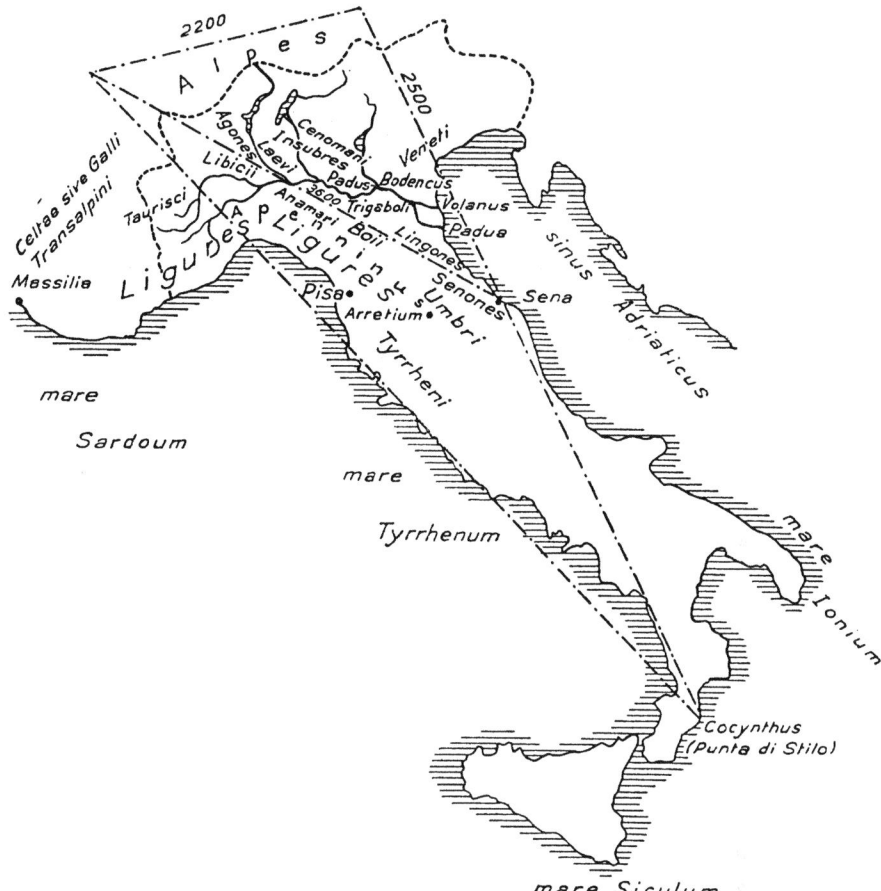

Abb. 40: Das Schema der dreieckigen Gestalt Italiens nach Polybios.

Plin. nat. 3,95); für Strabon endet das appenninische Italien dagegen am Kap Leukopetra (6,1,3; 1,7), ein wichtiger Bezugspunkt für denjenigen, der von Süden in die Meerenge von Messina einfährt (Thuk. 7,35,2). Die gewaltige Bergkette des Tauros, die auf der Weltkarte des Eratosthenes ganz Asien der Länge nach teilt (3 A 2–7 Berger), beginnt am ›heiligen‹ Vorgebirge, gegenüber den Chelidonischen Inseln, ein Fixpunkt für die Orientierung der Schiffe, die an der Küste Lykiens entlangfahren (Strab. 11,12,2; 14,3,8). Die Aufzeichnung dieser K. geht auf eine antike Tradition der nautischen Geographie zurück, aber aus historischen Gründen ist ihre Integration in die Orographie eine typische Errungenschaft der hellenistischen Kartographie. So müßte auch im äußersten Osten der bewohnten Welt ein hypothetisches Kap Tamaros das Ende des Tauros markieren (Strab. 11,11,7), während auf der Karte des Pomponius Mela (3,12) ein imaginäres Scythicum promunturium (Skythisches Kap) den Rand im nordöstlichen Bereich der Oikumene darstellte.

→ Chorographie, Frieden, Götter, Grenze, Handel, Isthmos, Kanal, Kartographie, Küste, Kultarchitektur, Meerenge, Navigation, Paß, Piraterie, Schiffahrt, Schiffahrtswege, Segeln, Siedlungsformen, Toponomastik, Wind (Winde)

LITERATUR: R. *Böker:* RE 8,A2 (1958) Sp. 2299 ff., s.v. Winde. – E. *Churchill Semple:* The Templed Promontories of the Ancient Mediterranean, in: Geographical Review 17, 1927, 535 ff. 71–79. – L. *Casson:* Ships and Seamanship in the Ancient World. Princeton N. J. ²1986, 270–296 (passim). – A. *Dihle:* Zur nautischen Fachsprache der Griechen, in: Glotta 51, 1973, 268–274. – M. *Gras:* La Mediterranée archaïque. Paris 1995, 13–15. – P. *Janni:* La mappa e il periplo. Cartografia antica e spazio odologico. Roma 1984, 115–120, 130f. – F. *Prontera* (Ed.): La Magna Grecia e il mare. Taranto 1996, 59–67 (P. Poccetti), 253–263 (M. Giangiulio), 287–298. – K. S. *Sallmann:* Die Geographie des Älteren Plinius in ihrem Verhältnis zu Varro. Berlin/New York 1971, 229–231. – H. F. *Tozer:* Lectures on the Geography of Greece. London 1882 (ND Chicago 1974).

Francesco Prontera

Karst

Der Name K. kommt von dem K.-Gebirge im Hinterland von Triest, wo K.-Formen intensiv ausgebildet sind. Sie entstehen bei Kalkgesteinen durch den Prozeß der Lösungsverwitterung. Während der Kalkstein ($CaCO_3$) kaum von Wasser gelöst werden kann, steigt die Lösungsfreudigkeit bis zum Zehnfachen an, wenn er in Calciumhydrogenkarbonat umgewandelt wird. Dazu ist die Anwesenheit dissoziierter Kohlensäure im Wasser erforderlich. Der Vorgang ist reversibel. Schwerer löslich ist der Dolomit $CaMg(CO_3)_2$.

Entstehung von Karstlandschaften: Jener Prozeß hat gravierende Folgen für die Genese der K.-Landschaften. Während in kalkfreien Gebieten durch die oberirdische Entwässerung Bäche und Flüsse den Gesetzen der Schwerkraft folgend die Täler gestalten, versickert dort das Niederschlags- und Abflußwasser in Spalten und Klüften. Das hydrographische System wird umgewandelt in ein unterirdisches K.-Wasserregime. K.-Landschaften sind in den gemäßigten und subtropischen Zonen trockene und dürre Räume mit wenigen Quellen. Das erschwert ihre Besiedlung und landwirtschaftliche Nutzung.

Korrosionsformen: Kalklösung durch aggressive Wässer wird als Korrosion bezeichnet. Dabei entstehen typische K.-Formen. Eine Fülle von ihnen wird unter dem Oberbegriff Karren oder Schratten zusammengefaßt.

Kalk wird häufig in Bänken abgelagert, die durch Gesteinsklüfte vertikal untergliedert sind. Ihnen folgt das Wasser, löst, erweitert und vertieft sie, so daß Kluftkarren entstehen, die bei stark beregneten oder schneereichen K.-Feldern eine Tiefe von > 1 m und eine Breite von mehreren Metern aufweisen können. Es bilden sich Karrengassen oder Karrenfurchen aus.

In geneigten Schichten löst das abfließende Oberflächenwasser unabhängig von der Schichtlagerung Abflußrinnen heraus, die Rinnenkarren. Sie ziselieren die Gesteinsblöcke in parallel verlaufende Furchen und Rippen, die oft als messerscharfe Grate ausgebildet sind. Breite und Tiefe der Korrosion beträgt Millimeter bis viele Dezimeter. Manche Blöcke weisen bei zuvor angelegten Mulden runde Vertiefungen als Napfkarren auf, von denen Löcher durch das Gestein als Röhren- oder Lochkarren korrodieren können.

Solche Karrenfelder sind kaum begehbar. Häufig werden die Vertiefungen mit unlösbaren Residuen (eingeschwemmten fremden Materialien) ausgefüllt. Sie sind im Mittelmeergebiet als tropische Rotlehme (*terra rossa*) ausgebildet und werden zu Standorten einer trockenverträglichen Macchienvegetation. Wenn dort der wilde Birnbaum (*pyrus salicifolia*) mit über 10 cm langen Stacheln auftritt, sollten Surveys mit Vorsicht durchgeführt werden.

Unterschieden werden muß zwischen nacktem K., bei dem das Kalkgestein ohne Vegetationshülle ansteht, und bedecktem K. unter einer Vegetationsdecke. Dort ist die Korrosion in der Tiefe intensiver, da aus den Huminsäuren des Wurzelwerks mehr CO_2 zur Verfügung steht.

Neben den oberflächennahen Karren gibt es bis in größere Tiefen wirkende Korrosionsformen. Sie gehen als senkrechte K.-Schlote, K.-Spalten, K.-Brunnen, Schächte oder *yamas* (slawisch) aus tief angelegten Kluftkarren und Kluftkreuzungen hervor. Da sie die primären Abflußwege des Wassers darstellen, werden sie bis zu beachtlichen Dimensionen erweitert. Sie können bereits als Höhlen gedeutet werden.

Relativ häufig treten an der Oberfläche der Kalkplateaus trichterförmige Hohlformen auf, die von wenigen Metern bis > 1 km Durchmesser reichen und bis zu 300 m eingetieft sein können.

Dolinen: Sie werden im dinarischen K. als Dolinen bezeichnet, in Deutschland spricht man von Erdfällen. Ihre Genese kann auf Kalklösung oder dem Einsturz unterirdischer Hohlräume beruhen. Entsprechend wird zwischen Lösungs- und Einsturzdolinen unterschieden.

In zahlreichen Dolinen ist der Boden mit Lösungsrückständen oder eingeschwemmtem Fremdmaterial bedeckt. Dadurch sind sie in den sterilen K.-Gebieten die wenigen Stellen, auf denen Ackerbau möglich ist. Ist dieser Boden so stark verlehmt, daß ein unterirdischer Abfluß verhindert wird, bilden sich in der winterlichen Regenzeit Tümpel, die – wie bei Zisternen – bis zum Verdunsten des Wassers als Viehtränken genutzt werden.

Größer als Dolinen sind *uvalas* (slawisch), auch als Schüsseldolinen oder K.-Mulden benannt. Diese Hohlform ist in ihren Umrissen unregelmäßig mit zerlappten Ausbuchtungen. Da Dolinenfelder im K. zu beobachten sind, wird ihre Entstehung auf ein Zusammenwachsen mehrerer Dolinen zurückgeführt, wobei trennende Kalkrippen durch Korrosion erniedrigt wurden. Auch ist das Bodenniveau in Uvalas unterschiedlich hoch und uneben.

Karst und Wasserspiegel: In K.-Landschaften ist die orographische Wasserscheide (= die Kammlinie eines Gebirges) nicht identisch mit dem karsthydrographischen Einzugsbereich; denn der K.-Wasserspiegel folgt anderen Gesetzen als der Grundwasserspiegel in nicht verkarsteten Gebieten. Im K. gibt es komplizierte Druckströmungen, die durch den Wechsel von Verengungen und Erweiterungen des Querschnitts in den einzelnen K.-Gefäßen gesteuert werden. Diese karsthydrographische Wegsamkeit hat sich erst im Gefolge der normalen fluvialen Erosion entwickelt, so daß man im K. voll ausgebildete Flußtäler findet, die aber nach einer Erweiterung der Kapillarfugen im Untergrund trocken gefallen sind, da sich die Entwässerung in die Tiefe verlagert hat. Sie sind zu Trockentälern geworden (herrliche Beispiele gibt es in der Schwäbischen Alb oder der Fränkischen Schweiz).

K.-Quellen werden gerne als Hungerbrunnen bezeichnet, da sie nach dem Ende von Niederschlagsperioden trocken fallen. Umgekehrt gibt es zahlreiche perennierende (= ganzjährig fließende) Quelltöpfe mit permanenter Schüttung (Blautopf bei Blaubeuren, Schwäbische Alb, u. a.). Der Pamisos in Messenien war in der Antike bis zu seinem (heute zerstörten) Quelltopf schiffbar.

Die als reversibel bezeichnete Lösungsformel des Kalks bedarf ihrer Erläuterung. Der leichte Zerfall des $Ca(HCO_3)_2$ bewirkt bei starker Verdunstung oder durch die Absorption von Pflanzen den Entzug des gelösten CO_2. Damit wird die Aufnahmefähigkeit des Wassers an gelöstem Kalk reduziert, und es muß Kalk ausgeschieden werden. Das geschieht beim Oberflächenaustritt. Während Wasserfälle im normalen fluvialen Relief Stellen höchster Erosionsleistung markieren, erfolgt im K. das Gegenteil: Stromschnellen werden zu Barren erweitert, die Sinterschüsseln unter den Kaskaden an ihren Rändern erhöht. Kalktuff und Kalksinter aus Ausscheidungsmaterial infolge von Druck- und Temperaturveränderungen erhöhen die Wasserfälle und machen sie zu Aufbaufällen wie bei den Plitwitzer Seen oder den Wasserfällen von Edessa. Eine Begünstigung kann durch CO_2-führende warme Quellen auftreten (siehe die Sinterterrassen von Pamukkale bei dem antiken Hierapolis in der Türkei).

Nur wenig Beachtung fanden diese Erscheinungen seither in Ausgrabungen. Am Beispiel von Delphi konnte die Entstehung eines mächtigen Sintervorhanges an der Stützmauer nördlich des Apollotempels mit Hilfe archäologischer Befunde auf die relativ kurze Zeit von 1.500 Jahren exakt datiert werden.

→ Archäologie, Erosion, Fluß, Polje, See

LITERATUR: H. *Louis*/K. *Fischer*: Allgemeine Geomorphologie. Berlin/New York ^{4}1979. – F. *Sauerwein*: Ein Karstphänomen im Heiligtum von Delphi, in: Erdkunde 41, 1987, 326–332.

Friedrich Sauerwein

Kartographie

Es existiert kein antiker K.-Begriff, nicht einmal eine Bezeichnung für Landschaft (vgl. Brown): Demgemäß gab es in der klassischen Antike keine Atlanten und noch viel weniger eine Disziplin der K. Trotzdem wurden seit den frühesten Zeiten Landkarten – im weiteren Sinne graphische Abbildungen, die räumliches Verstehen vereinfachen – von Griechen und Römern in großer Vielfalt produziert. Ob sie, wenn überhaupt, von Vorläufern in anderen Ländern (Babylonien, Ägypten, Etrurien) ableitbar sind, ist unklar. Die Vielfalt ihrer Abbildungen bleibt jedoch voneinander geschieden, da sich kein allgemeines Konzept einer ›Landkarte‹ entwickelte. Die moderne Standardbezeichnung hat keine Entsprechung: *ges periodos* oder *pinax* auf griechisch, *charta, forma, mappa, tabula* auf lateinisch können außer einer Landkarte vieles bezeichnen. Es gab weder Landkarten für einen ›allgemeinen Zweck‹ noch eine Massenproduktion. Ob-

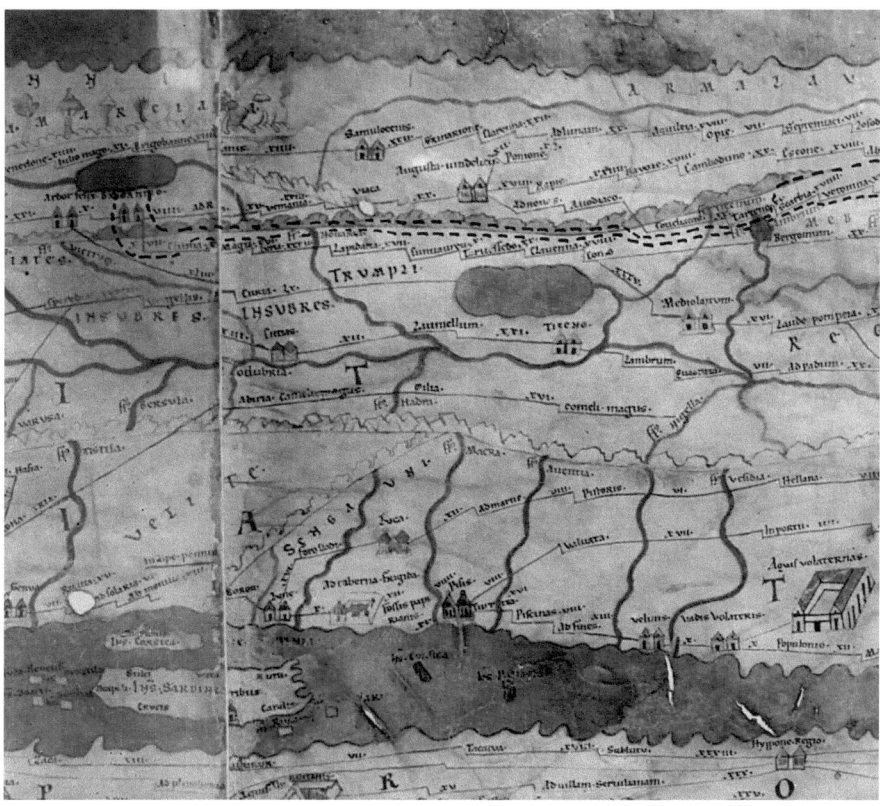

Abb. 41: Ausschnitt aus der Tabula Peutingeriana (Segment III/IV). Diese Straßenkarte aus dem 4. Jh. n.Chr. ist in einer Kopie des 12. oder frühen 13. Jh. erhalten. Die Karte war ganz zum praktischen Gebrauch bestimmt, wodurch sich die verzerrten Proportionen erklären lassen. Das Bild zeigt Nordafrika, das westliche Mittelmeer mit Sardinien und Korsika, Italien (rechts oben ist zum Beispiel Mediolanum/Mailand zu erkennen), Rätien (oben rechts Cambodunum/Kempten). Links oben der Bodensee mit Brigantio/Bregenz.

wohl Landkarten mit bestimmten Zielen hergestellt wurden, sagen sie alle zusammen wenig über die Mittel aus, die Griechen und Römer (selbst auf ihrem höchsten Niveau) typischerweise verwendeten, um ihre Umgebung zu erfassen und aufzuzeichnen. Das bedeutet nicht, daß man die bemerkenswerte Reihe griechischer Wissenschaftler übersieht, die sich der Projektion, also dem Problem, die Erdkrümmung auf einer flachen Oberfläche darzustellen, zuwandten. Der Höhepunkt ihrer Arbeit sind die ptolemäischen *Geographica* aus der Mitte des 2. Jahrhunderts n.Chr., in denen Koordinaten (nicht immer zutreffend) und Richtlinien gegeben werden, um eine Weltkarte und 26 regionale Karten zu zeichnen. Ob Ptolemaios solche Karten selbst in Umlauf brachte, ist dennoch unsicher (siehe den Kartenband von C. Müller [1813–94], der 1901 nach seinem Tod herausgegeben wurde, um seine unvollendete Ausgabe zu vervollständigen).

Landkarten und Seekarten: Zweifellos waren die am häufigsten zusammengestellten kartographischen Daten von Griechen und Römern die Namen von Siedlungen und die Entfernungen zwischen ihnen an den anerkannten Reisewegen: Von diesen wurden Listen, *itineraria* genannt, für Reisen über Land zusammengestellt (Hg. Cuntz 1927/Schnetz 1990), und *periploi* für Seereisen (siehe besonders *Periplus Maris Erythraei*, Hg. Casson, 1989; *Stadiasmus Maris Magni*, GGM 1. 427–514). Die vier Weihebecher aus Vicarello in Italien (1.-2. Jahrhundert n.Chr.) sind charakteristisch in der Art und Weise, mit der sie das Format von Meilensteinen aufnehmen, um die Namen der Wegstationen von Gades nach Rom und die Entfernungen dazwischen zu zeigen (Roldán Hervás, Kap. 6; Brodersen 178–79 und Abb. 19).

Tabula Peutingeriana: Wenn sie zu einer Karte ausgearbeitet wurden, konnten solche Listen nur eine lineare Darstellung des Raumes bieten. Es ist nicht bekannt, wie oft gerade dies getan wurde, obwohl es geschah, wie bei der *Tabula Peutingeriana* (Hg. Weber, Graz 1976), die ihre heutige Form erst im 4. Jahrhundert n.Chr. erhalten haben mag, aber Elemente enthält, die bis in das 1. oder 2. Jahrhundert n.Chr. zurückreichen. In mindestens zwölf Blättern (von denen das westlichste verloren ist), über 670 cm lang, aber nur 30 cm hoch, ist es ihre Hauptaufgabe, Landwege in der bekannten Welt von Britannien bis Sri Lanka zu zeigen. Die Nord-Süd-Dimension versagt, und die west-östliche ist überdehnt, nicht zuletzt deshalb, damit der Mittelmeerregion im allgemeinen und Italien im besonderen der erste Platz eingeräumt werden konnte. Abgesehen von solcher Mißachtung des Maßstabs zeigt sich eine erstaunliche Anzahl von detaillierten und genauen topographischen Informationen. Bestimmte Regionen und Völker sind genannt, aber das Hauptaugenmerk liegt auf den kulturellen Besonderheiten, die durch genormte Bildsymbole bezeichnet und markiert werden. Siedlungen werden nach Größe und Art unterschieden und die Entfernungen zwischen ihnen festgehalten. Insgesamt bietet die Karte 4.000 Ortsnamen, darunter die von 550 Städten. Als solche ist sie eine einzigartig wichtige Quelle für die moderne Kartierung der römischen Welt. Dennoch ist weder bekannt, wie typisch sie war, noch wer sie zusammengestellt hat, zu welchem unmittelbaren Zweck und aus welchen Quellen (vgl. Abb. 41).

Karten für Pilger: Ähnlich beeindruckend, aber verwirrend ist das Fußbodenmosaik einer Karte von Palästina und Unterägypten aus der Mitte des 6. Jahrhunderts n.Chr., von dem Teile in der Kirche in Madaba, Jordanien, erhalten sind (eine exakte Kopie ist in Göttingen zu sehen; Brodersen 149–50, 163). Sein Zweck muß es zum Teil gewesen sein, denjenigen Kenntnis von den heiligen Stätten zu vermitteln, denen es unmöglich war, diese persönlich zu besuchen: Demgemäß ist Jerusalem in einem außergewöhnlich großen Maßstab dargestellt, und die Bildsymbole für bekannte Sehenswürdigkeiten sind nicht genormt. Texte von Pilgern, so wie das unvollendete *Itinerarium Egeriae* (Hg. Maraval, 1982), sind aus dem gleichen Grund geschrieben worden.

Lokale Pläne: Auf der lokalen Ebene wurden sicherlich Landkarten oder Pläne in großen Maßstäben hergestellt. Diese Praxis war im ptolemäischen Ägypten und in Rom weit verbreitet. Professionelle Landvermesser (*agrimensores*), die das kultivierbare Land der römischen Gemeinden aufteilten, erwähnen in ihren Handbüchern, daß es nötig war, eine Bronzekarte ihrer Arbeit an Ort und Stelle und eine Kopie davon in

Rom zu hinterlegen (Campbell 88–90). Von solchen Bronzen hat nur ein kleines – aber repräsentatives – Fragment überdauert, das in den achtziger Jahren in Spanien gefunden wurde (Brodersen 221 und Abb. 31). Aber um so besser haben sich die ganz ähnlichen marmornen Pläne aus der flavischen Periode für die Gebiete von Arausio erhalten (Piganiol). Entsprechende Aktivitäten in Städten von *mensores aedificiorum*, die Pläne in einem Standardmaßstab von etwa 1:240 herstellten (vgl. Plin. epist. 10,17b–18), sind spärlich dokumentiert. Ihre sorgfältige Arbeit spiegelt sich jedoch in dem riesigen (235 m^2) Marmorplan der Stadt Rom aus der Severerzeit, von dem etwa zehn Prozent bekannt sind. Nach Süd-Osten ausgerichtet, war sein Zweck propagandistisch und nicht praktisch.

Weltkarten: Vermutlich beauftragten einer oder mehrere römische Kaiser Landvermesser im ganzen Kaiserreich, aber das ist schwer zu belegen; von manchen Regionen sind keine Karten erstellt worden (Brodersen 261–67). Es gab dennoch Versuche, die bis in das 6. Jahrhundert v.Chr. in Ionien zurückgehen, Darstellungen der Welt im kleinen Maßstab sowohl auf Globen als auch auf flachen Flächen herzustellen: Eine von diesen muß es gewesen sein, die Aristagoras von Milet König Kleomenes I. von Sparta zeigte (Hdt. 5,49). Es gibt nur wenige Anhaltspunkte dafür, wie sie ausgesehen haben, weshalb man moderne Rekonstruktionen mit Skepsis betrachten sollte. Am umstrittensten ist die Beschaffenheit der Weltkarte, die Agrippa während des Prinzipats des Augustus in Auftrag gegeben hat, um sie in Rom auszustellen: Es könnte sogar eher ein Text als eine Karte gewesen sein (Brodersen 268–80). Ebenso unsicher ist das Maß, in dem aus dem Mittelalter erhaltene Landkarten Elemente überliefern, die sie mehr oder weniger genau von verlorenen römischen Originalen kopiert haben, und die somit einen Einblick in der Beschaffenheit der letzteren geben könnten (Harvey, Kap. 2 und 3).

Nachantike Kartographie: Die Geschwindigkeit und die Qualität der Versuche, einen kartographischen Beitrag für das moderne Verständnis der klassischen Welt zu leisten, sind natürlich zum größten Teil durch das Auftauchen neuer Erkenntnisse und Entwicklungen in der Wissenschaft und Technologie bestimmt, allesamt langsame und unregelmäßige Prozesse. In Europa gab es, obwohl Portulare (›Hafen-Karten‹, Küstenkarten der Seefahrer) seit etwa 1300 bekannt sind, nur während des 15. Jahrhunderts Herrscher, die die Möglichkeit von informativen Landkarten als Machtinstrumente aufgriffen. Auch erst zu dieser Zeit, während des ›Zeitalters der Entdeckungsreisen‹, nahm man wahr, daß die ptolemäischen Daten für zeitgenössische Ansprüche unzulänglich geworden waren. Seit dieser Zeit entstand allmählich die Erkenntnis, daß Landkarten als ein bestimmter Materialtypus wert sind, in Atlasform gesammelt, dargestellt und veröffentlicht zu werden. Aber erst im 19. Jahrhundert bot die Lithographie eine billige und praktikable Methode der Herstellung; der Begriff (und hieraus das Konzept) ›K.‹ wurde ebenfalls erst dann formuliert. Überdies benötigt sorgfältiges Kartenzeichnen das genaue Fixieren von Koordinaten, was für die Längengrade frühestens seit dem späten 17. Jahrhundert möglich wurde. Selbst dann machte erst die Entwicklung der Luftaufnahmen im jetzigen Jahrhundert detaillierte und umfassende Kartenzeichnungen von vielen Inlandregionen möglich.

Seit dem 16. Jahrhundert hat der Stellenwert der Klassik in der europäischen Kultur und Bildung immer ein Interesse sowohl an den Landkarten, die während der Antike hergestellt wurden, als auch an der kartographischen Wieder-Erschaffung der klassischen Welt gesichert. Unter anderen wiesen Peutinger, Mercator und Klüver den Weg (Black, Kap. 1). Für die kartographische Rekonstruktion wurden die relevanten klassischen Texte erst in der zweiten Hälfte des 19. Jahrhunderts sorgfältig ediert und veröffentlicht (etwa von C. Müller). Dann stimmten sie mit einer Masse von neuen Kenntnissen überein, die aus den Wissenschaften der Archäologie, Epigraphik, Papyrologie und Prospektion gewonnen wurden und sich seither fortlaufend und schnell erweitert haben. Obwohl er in gewissen Gebieten einen unermeßlichen Beitrag leistete, begann der Kartograph Heinrich Kiepert (1818–99) seine große Synthese *Formae Orbis Antiqui* erst im hohen Alter, und sogar seinem Sohn Richard (1846–1915) war es unmöglich, mehr als zwei Drittel davon zu veröffentlichen (Neudruck von Edizioni Quasar, Rom 1996).

Moderne Forschungen: Während des jetzigen Jahrhunderts waren die erfolgreichsten kartographischen Versuche diejenigen, die dazu bestimmt waren, die Gebiete einzelner moderner Staaten während der Römerzeit darzustellen. Typischerweise wurden die frühen Arbeiten jedoch nicht überarbeitet; auch gelang in den meisten Fällen keine ausgiebige Erfassung. Aber selbst dann sind die zahlreichen Landkarten, die auf den Landvermessungen der französischen ›Brigades Topographiques‹ in Nordafrika basieren und bis zu den dreißiger Jahren des 19. Jahrhunderts herausgegeben wurden, beeindruckend. Vergleichbare Arbeit wurde mit Unterbrechungen für Großbritannien, Teile von Frankreich, Deutschland, Griechenland und Italien, verschiedene Länder Osteuropas und erst kürzlich Israel, Spanien und Portugal geleistet.

Die Reihe der *Tabula Imperii Romani* war in den zwanziger Jahren des 19. Jahrhunderts dazu gedacht, die konsequente Darstellung des gesamten römischen Kaiserreiches in einem Maßstab von 1:1.000.000 zu fördern, wobei jedes moderne Land die Verantwortung für die Kartierung des eigenen Gebietes übernehmen sollte. Das Projekt dauert noch an, aber es ist unwahrscheinlich, daß es jemals in dieser Form sein Ziel erreichen wird. Unterdessen leistet der *Tübinger Atlas des Vorderen Orients* (vervollständigt 1993) einen Beitrag zu einem Randgebiet (bes. Teile B IV, V, VI), so, wie es die Karten der *Tabula Imperii Byzantini* im Maßstab 1:800.000 für die Spätantike tun (Wien, 1976 – noch in Arbeit). Die äußerst notwendige und bedeutende Synthese, die sich auf die klassische Periode konzentriert, ist nun wenigstens in Arbeit, gefördert von der American Philological Association und zur Veröffentlichung 1999 erwartet. Dieser *Atlas of the Greek and Roman World* verbindet einen ausgedehnteren Umfang (östlich bis Indien reichend), größere Maßstäbe (viele Karten im Maßstab 1:500.000) und die beste Gelehrsamkeit auf der einen Seite mit über Satelliten gewonnenen Daten für die Landschaft und digitaler Technologie für die Herstellung und Darstellung der Karten auf der anderen. Seine Publikation sollte es der K. erlauben, wieder die Anerkennung als eine grundlegende Unterdisziplin der klassischen Studien zu erlangen (und zu behalten), in der noch viel mehr Arbeit zu tun bleibt (zum Beispiel Stadtpläne, thematische Karten, eine detaillierte Erfassung eines begrenzten Gebiets oder eines Zeitabschnitts).

→ Archäologie, Chorographie, Erde, Erdvermessung, Geographie, Inschriften, Papyri, Pilger, Raum, Reiseberichte, Siedlungsformen, Topographie

LITERATUR: Atlas of the Greek and Roman World, Webpage: http://www.unc.edu/depts/cl_atlas – J. *Black*: Maps and History: Constructing Images of the Past. New Haven/London 1997. – K. *Brodersen*: Terra Cognita. Hildesheim 1995. – P. D. A. *Harvey*: Mappa Mundi: The Hereford World Map. London/Toronto 1996. – B. *Campbell*: Shaping the Rural Environment: Surveyors in Ancient Rome, in: JRS 86, 1996, 74–99. – J. B. *Harley*/D. *Woodward* (Eds.): The History of Cartography, vol. 1, Part Two. Chicago 1987. – I. *Kretschmer* u. a. (Hgg.): Lexikon zur Geschichte der Kartographie von den Anfängen bis zum Ersten Weltkrieg. Wien 1986. – J. M. *Roldán Hervás*: Itineraria Hispana. Madrid 1975. – R. J. A. *Talbert*: Mapping the Classical World: Major Atlases and Map Series 1872–1990, in: JRA 5, 1992, 5–38. – D. *West Reynolds*: Forma Urbis Romae: The Severan Marble Plan and the Urban Form of Ancient Rome. Diss. University of Michigan. Ann Arbor 1996. – W. *Wolska-Conus*: RAC 10, 1978, 155–222, s.v. Geographie. – D. *Wood*: Maps and Mapmaking, in: H. Selin (Ed.): Encyclopaedia of the History of Science, Technology, and Medicine in non-Western Cultures. Dordrecht 1997, 549–554.

Richard J. A. Talbert

Kleidung

Informationsquellen: Unser Wissen über antike K. beruht auf drei Arten von Belegen: Darstellungen in Kunst, Literatur und materiellen Überresten. Die jüngste Forschung hat sich auf letzteres konzentriert, die seltenste, aber wertvollste Art. Klima und Umgebung haben zum Erhalt von Stoff-Fragmenten in bestimmten Gegenden beigetragen: Leinenstoffe und mit koptischen Zeichen verzierte Textilien im trockenen Klima Ägyptens, buntkariertgewebte Wolle in den nördlichen Torfmooren von Dänemark. Literarische Texte erwähnen Kleidungsstücke und Techniken und nennen ihre Namen, und die gebrannten Tontafeln aus Knossos berichten über Leinenweber. Darstellungen in der Kunst zeigen das Aussehen von wirklichen Kleidungstücken und lassen Rückschlüsse auf ihre religiöse und symbolische Bedeutung zu.

Kleidung beeinflussende Faktoren:

(1) *Textilien:* Tierhäute und Felle wurden seit jeher als Kleidung und Schutz gegen das Wetter benutzt (siehe Genesis 3,21). Die rundliche Form der Tierhäute inspirierte die kurvige Form der römischen Toga, die mit dem rechteckigen griechischen Mantel kontrastierte. Schafe wurden schon 9000 v.Chr., wahrscheinlich in Südwestasien, domestiziert, kurz nachdem deren Wolle für das Spinnen, Weben und für Filzstoffe überall im antiken Nahen Osten und in Europa verwendet wurde. Filz, ein extrem robustes und kompaktes Material, das aus mechanisch verbundenen Wollfasern hergestellt wird, gab es nur in Europa und Asien, wo es die nomadischen Stämme – wie sie es noch immer tun – in der asiatischen Innenausstattung ihrer Zelte und für ihre Kleidung und Decken verwendeten. Ägyptischer Flachs und das Leinen, das sie webten, indem sie ihre eigenen speziellen Traditionen und Techniken anwandten, waren die besten. Mesopotamien, Syrien, Palästina, Iran und der Kaukasus entwickelten, indem sie horizontale Webstühle verwendeten, den Gebrauch von Wolle zusätzlich zum Gebrauch von Leinen. In Europa stellte man den vertikalen kettenbeschwerten Webstuhl her, der sowohl für tierische als auch für pflanzliche Fasern benutzt wurde.

Abb. 42: Grabrelief mit den Figuren eines römischen Ehepaares, zu datieren in die 2. Hälfte des 1. Jh. v.Chr. Beide Partner sind mit einer Toga bekleidet. Im Normalfall war die Toga aus weißer Wolle, ohne weitere Farbornamente, gearbeitet. Das Anlegen der Toga war eine äußerst schwierige Prozedur (Quint. inst. 11,3,137ff.). Auch deshalb kam die Toga in der römischen Kaiserzeit allmählich aus der Mode, wie eine zum Motiv dieses Bildes zurückführende Aussage Iuvenals (3,171f.) beweist: »In einem großen Teil Italiens legt, wie wir zugeben müssen, niemand mehr die Toga an außer als Toter.«

(2) *Klima*: Die kälteren nördlichen Regionen brachten dicke wollene Kleidung hervor, und um 1000 v.Chr. waren kariert gemusterte Textilien populär, die z.B. in Gerömsberg, Schweden, gefunden wurden. Ähnliche Muster werden noch heute für schottische Kilts verwendet. Geschnittene Lederkleidung mit langen Ärmeln und Hosen war besonders geeignet für Reiter aus dem Norden, im Gegensatz zu der losen Kleidung, die sowohl von Männern als auch von Frauen in den klassischen Mittelmeerländern getragen wurde – leichte Leinenunterkleidung, der griechische Chiton und die römische Tunika, und wollene Mäntel von unterschiedlichem Gewicht und unterschiedlicher Länge und Farbe, sowie das griechische *himation* (kurzer griechischer Mantel) und die römische *toga* und die griechische *palla* – die bei kaltem und warmem Wetter bequem waren. Ägypter trugen fein gewebte, dünne und zum Teil durchsichtige Leinenkleidung. Männer trugen in der Regel Kleidung, um ihre Sexualorgane bei der Arbeit oder beim Sport zu verbergen, nachdem männliche Nacktheit nur bei religiösen Handlungen und Initiationen erlaubt war, außer in Griechenland seit etwa 700 v.Chr. und während der klassischen Periode.

(3) *Religion*: Bestimmte religiöse Kostüme und Textilien haben sich gut in verschiedenen Regionen erhalten, manchmal über Jahrtausende. Tierhäute und Felle wurden als rituelle Kostüme und priesterliche Kleidung bewahrt, z.B. an Götterfiguren, Män-

nern und Frauen in der mesopotamischen Kunst der frühdynastischen Periode (Frankfurt 28–29, pls. 19, 23–24), in der mykenischen Kunst (ein Beispiel ist der Hagia Triada-Sarkophag aus Kreta) und als Götterattribute. Göttliche und priesterliche Kleidung war unauffällig und symbolisch: Knoten waren zum Teil verboten, oder sie gehörten zum Kostüm, so wie im Fall des Isisknotens. Nacktheit war ein passendes rituelles Auftreten für Priester oder für Initiationszeremonien, die den Wechsel von Kleidern beinhalteten, so wie die kretische *ekdysia* oder das Abwerfen der Kleider. Römische Priester, die *flamines*, sind in Rom auf der Ara Pacis abgebildet, auf der sie Lederkappen mit einem Punkt tragen, die Metallhelme kopierten, welche in Zentralitalien im Eisenzeitalter getragen wurden. Textilien und Kleidungsstücke waren in Heiligtümern Göttern geweiht, und Götterstatuen sind in erhaltene Kleidungsstücke gekleidet.

(4) *Fremder Einfluß, Handel, Wanderung*: In der Sichtweise der Griechen und Römer konnte man ein Volk durch Sprache und Kleidung identifizierten (z. B. Verg. Aen. 8,722). Symbolische Wechsel von Kleidung wurden manchmal arrangiert, so wie zwischen Griechen und Makedonen durch Alexander oder zwischen Römern und Griechen durch Augustus. Textilien und Kleidungsstücke, als wertvolle Geschenke ausgetauscht, so wie die verzierten Kleidungsstücke in der Ilias und der Odyssee, oder Göttern geweihte in Heiligtümern wurden oft über große Strecken transportiert und müssen als künstlerischer Einfluß in verschiedenen Perioden angesehen werden, z. B. für die Orientalisierungsperiode des 8. und 7. Jahrhunderts v.Chr. Luxusgüter wurden von weit entfernten Orten importiert: Schon im 6. Jahrhundert v.Chr. wurden chinesische Seidenfäden in das wollene Damenhemd einer adligen Frau aus der späten Hallstattzeit in Deutschland eingewoben. Baltischer Bernstein wurde im 7. Jahrhundert v.Chr. in großen Mengen nach Zentralitalien importiert und sowohl als Schmuck als auch als Dekoration auf Kleidung am ganzen Körper verwendet. Es gab viele Arten von Purpurfarben, aber die teuerste kam aus Tyros in Phönizien; in römischer Zeit wurden purpurfarbene Arbeiten in Mogador an der Küste Afrikas gefertigt. In der hellenistischen Periode war die Insel Kos berühmt für ihre Produktion von Leinen, die italische Stadt Tarent für ihre Wolle.

(5) *Ikonographie*: Ausländer wurden an ihrer Kleidung erkannt und in der Kunst in charakteristischen Kostümen abgebildet: Die Keftiu in ägyptischen Malereien in ihren Kilts; in der attischen Vasenmalerei Skythen, Amazonen und andere nichtgriechische ›Barbaren‹ in langen Hosen und geschnittenen Ärmeln, trojanische Prinzen mit phrygischen Hüten. Eine spezielle Form, die Tiara, kennzeichnet den persischen König im Alexandermosaik aus Pompeji. Ein Illyrer soll mit seinem breitrandigen Hut nach dem römischen Dichter Plautus wie ein Pilz aussehen. Thraker trugen Tätowierungen. Hellenistische Statuen von besiegten Galliern unterschieden zwischen der griechischen ›heldenhaften‹ Nacktheit und den realistischerweise ein *torquatus* (gallisches gewundenes Halsband) tragenden umgürteten Galliern. Dakische Gefangene trugen in der römischen Kunst lange Hosen und kurze Mäntel. Hermes, der Gott der Reise, war an seinen Attributen erkennbar, dem breitkrempigen *petasos* (Filzhut mit breitem Rand) oder Reisehut und den Flügelschuhen.

→ Archäologie, Fremde, Götter, Handel, Kälte, Klima, Kulthandlungen, Kunst, Migration, Schmuck, Sprache, Sprachen, Wirtschaft

LITERATUR: E.J. W. *Barber:* Prehistoric Textiles. The Development of Cloth in the Neolithic and Bronze Ages, with Special Reference to the Aegean. Princeton 1992. – M. *Bieber:* Griechische Kleidung. Berlin/Leipzig 1928, verbesserte Auflage, Berlin 1977. – L. *Bonfante:* Etruscan Dress. Baltimore 1975. – L. *Bonfante*/E. *Jaunzems:* Clothing and Ornament, in: M. Grant/R. Kitzinger (Eds.): Encyclopedia of the Classical World. New York 1988, Sp. 1385–1413. – J. R. *Forbes:* Studies in Ancient Technology. 6 Bde., Leiden 1955–60. – P. J. *Riis:* Ancient Types of Garments. Prolegomena to the Study of Greek and Roman Clothing. (Acta Archaeologica 64), Copenhagen 1993, 149–183. – J. L. *Sebesta*/L. *Bonfante* (Eds.): The World of Roman Costume. Madison, WI., 1994. – J. P. *Wild:* Textile Manufacture in the Northern Provinces. London/New York 1970. – J. P. *Wild*/P. *Walton* (Eds.): Textiles in Northern Archaeology. North European Symposium for Archaeology of Textiles III 1987. London 1990. – J. P. *Wild:* Textiles in Archaeology. Shire 1988.

Larissa Bonfante

Klima

Klimazonen: Aus dem klassischen Altertum ist eine Reihe von klimatologischen und meteorologischen Denkmodellen überliefert. Neben Beobachtungen von Wetterdaten und Wettervorgängen wie Stürmen, Überschwemmungen, Sturzregen u.a. sind vor allem die Versuche, ›K.-Zonen‹ zu unterscheiden, bemerkenswert. Sie beziehen sich auf den damals bewohnten Mittelmeerraum sowie die bekannten nördlichen und südlichen Randländer Europas, Asiens und Afrikas.

Erstmals hat Parmenides (ca. 540 – ca. 470 v.Chr.) Zonen klimatologischer Art eingeteilt: Er sprach von der ›verbrannten‹ Zone im Süden und meinte die nubische Wüste. Die Mediterranzone umfaßte den eigenen griechischen Lebensraum und galt bei ihm als ›gemäßigt‹. Schließlich galt das nördlich gelegene Gebiet als ›kalte‹ Zone, in der Schnee und Eis in der Winterzeit vorherrschten.

Wenige Jahrhunderte später wurde die Dreiteilung der ›K.-Zonen‹ verbessert. Die Skala wurde auf sieben Klimata erweitert. Bisweilen wurde diese Regel durch ein achtes K. oder noch mehr Klimata ergänzt. Unter dem Begriff ›K.‹ verstand man im ganzen Altertum einen ›Landstrich‹, dessen Teile den gleichen Neigungswinkel der einfallenden Sonnenstrahlen gegen den Horizont aufwiesen und somit unter gleicher ›Breite‹ lagen (Honigmann 4).

Der erste, der die Siebenteilung benutzte, war Eratosthenes (ca. 298 – ca. 214 v.Chr.). Später hat Poseidonios (135–51 v.Chr.) die siebenteilige Zonengliederung übernommen und mit ›klimatologischen‹ Daten versehen. So hat er den Einfluß der verschiedenartigen Sonnenbestrahlungen auf die Temperatur der einzelnen Breiten untersucht und dabei festgestellt, daß die Unterschiede nicht aus den ungleichen Längen der Strahlen, sondern aus den verschiedenen Insolationswinkeln zu erklären sind. Diese spielen beim Zenitstand der Sonne eine Rolle. Blüthgen (8) sagt übrigens, daß der von den Griechen stammende Begriff ›K.‹ nach den »Angaben bei Poseidonios bereits ein Wissen um die Breitenabhängigkeit der Sonnenhöhe« offenbart. Die ›Klimata‹ wurden ursprünglich nicht mit Wärmezonen identifiziert, sondern lediglich als Parallelstreifen gleicher Sonnenhöhen bzw. Tageslängen angesehen.

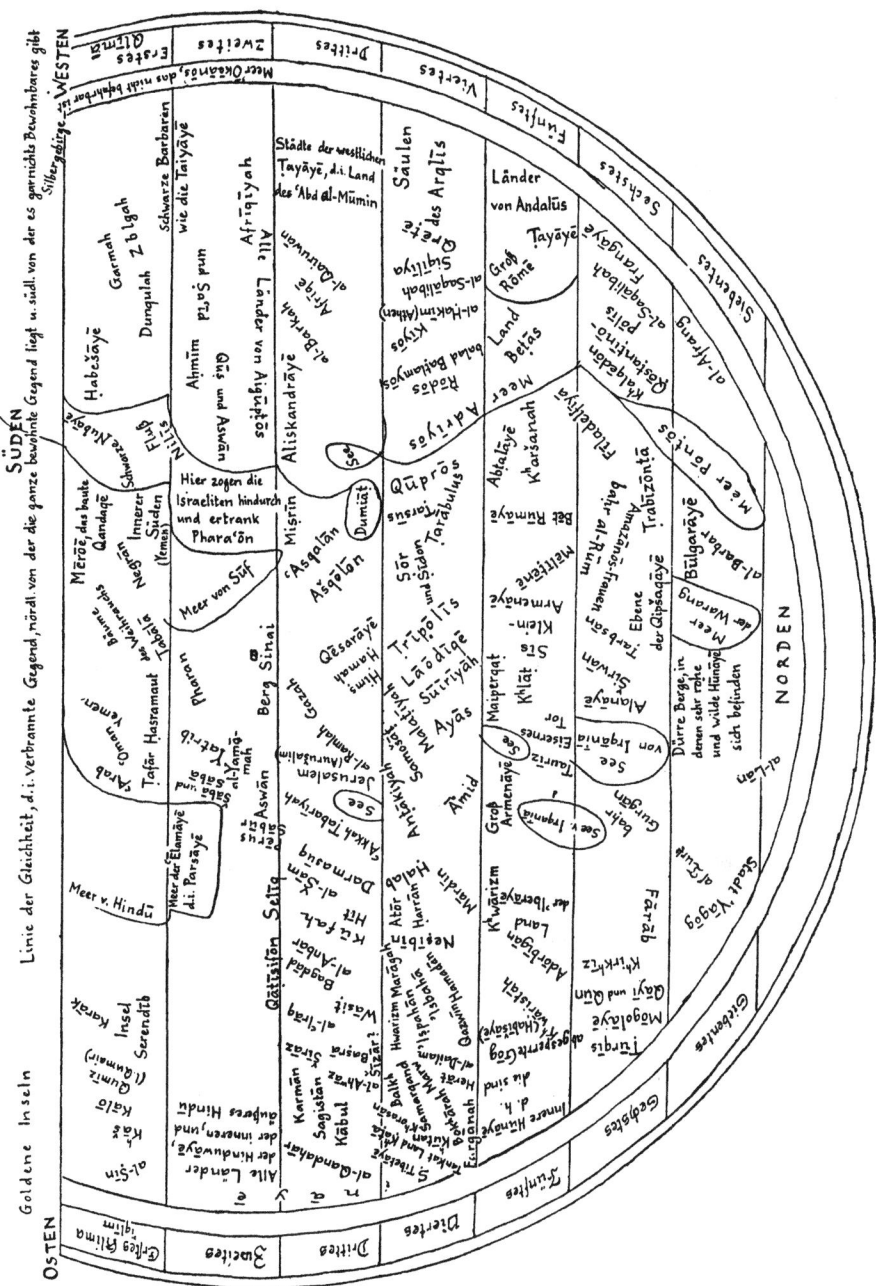

Abb. 43: Die sieben Klimata.

Klimatheorien: Folgende ›Klimata‹ werden bei Poseidonios genannt, die jeweils den Meridian von Alexandria in West-Ost-Richtung kreuzen (die Zahlen geben die Dauer des jeweils längsten Tages an):

K. I:	Meroe	13 h		K. V:	Hellespont	15 h
K. II:	Syene	13 ½ h		K. VI:	Mesupontu	15 ½ h
K. III:	Alexandria	14 h		K. VII:	Borysthenes	16 h
K. IV:	Rhodos	14 ½ h				

Dabei ist Meroe eine Landschaft, die – von Nil und Atbara umschlossen – quasi eine Insel ist, auf der die Ruinenstädte Naga und Mussanwarat liegen. Syene ist das heutige Assuan, der Hellespont sind die Dardanellen, Mesupontu ist die Mitte des Schwarzen Meeres, und Borysthenes liegt an der Dnjeprmündung.

Die Südgrenze der bewohnten Welt war mit 12 ½ h das ›Zimtland‹, d. h. Äthiopien, die Nordgrenze mit 20 h Thule.

Im übrigen ist die Zahl Sieben auch für andere Naturwissenschaften im Altertum von Bedeutung, wie für die Astronomie und Astrologie, wenngleich die Beobachtungsräume dieser Disziplinen nur einen Teil der geographischen Klimata umfassen, z. B. die Breitenkreise von Alexandria, Babylon, Rhodus, Athenae, Hellespontus, Roma urbs und Ancona (Firmicus Maternus ca. 333 n.Chr.).

Klimatologie: Der sachliche Inhalt im Sinne der heutigen Klimatologie ist von Aristoteles (384–322 v.Chr.) in wissenschaftlicher Form besprochen worden. Die niedergeschriebenen Gedanken darüber sind in den beiden Werken *Über den Himmel* und *Über die Welt* nachzulesen. Die breitenparallele Klimata-Einteilung haben auch Strabon (ca. 63 v.Chr., gest. nach 26 n.Chr.) und Ptolemaios (ca. 85–160 n.Chr.) als Marginalangaben an Karten verwendet bzw. zur Aufteilung von Örtlichkeiten auf Listen benutzt. Bei Martianus Capella – einem lateinischen Schriftsteller um 400 n.Chr. – finden wir die Zahl der Klimata um eine nördliche vermehrt: Nr. VIII umfaßt den Landstrich um Rhiphaei, im Altertum das Nordgebirge der bewohnten Erde.

Etwa um diese Zeit gingen die Klimata auch in die Schriften syrischer und arabischer Gelehrter ein. Sie gestalteten die alten K.-Tafeln zeitgemäß um und fügten Byzanz in diese Reihe ein (Theon im 4. Jahrhundert n.Chr.). Wissenschaftlich bedeutender sind die Bemerkungen von Jacob von Edessa (623–708 n.Chr.). Er schrieb, daß in den nördlichen Ländern auf der Insel Thule, die in der Mitte des nördlichen *okeanos* liegt, der längste Sommertag 20 h und die kürzeste Nacht 4 h währt. Nähert man sich schließlich dem Norden, so wird man in diesem unerforschten und wegen der rauhen Witterung unbewohnbaren Land in einem unzugänglichen Ozean im Sommer Tage von 23 h und Nächte von 1 h finden. Eine weitere Ausweitung erfuhren die Klimata durch Al-Huwarizmi (ca. 820 n.Chr.) und Al-Biruni (973 bis 1048 n.Chr.). Beide berücksichtigen die östlichen Länder des Islam und Indien. In der folgenden Klimaliste liegen folgende Städte bzw. Landstriche:

im	II. K.	Mahra und Saba (Südarabien)	im	V. K.	Fargana
im	III. K.	Tanga			Usrusana
im	IV. K.	Adarbaigan			Samarqand
					Buhara
			im	VI. K.	at-Tuguzguz.

Eine Erweiterung der klimatologischen Kenntnisse erfahren wir im 11. Jahrhundert n.Chr. durch Abul-Hasan Ali Ibn Abir-Rigal, der als Ausgangsmeridian für die Klimata nicht den von Alexandria, sondern einen Meridian an der afrikanischen Westküste verwandte.

Kartenmaterial: Wenig später, im 12. und 13. Jahrhundert n.Chr., entstanden einige erläuternde Karten. Eine stammt von dem Syrer Bar Hebräus (1226–1286 n.Chr.), Verfasser zahlreicher syrischer und arabischer Schriften aus verschiedenen Wissensgebieten. Die Karte ist mit transskribierten Namen bei Honigmann (169, Abb. 4) veröffentlicht. Sie enthält neben den sieben Klimata eine Menge von Landschaftsbezeichnungen sowie See- und Ortsnamen (vgl. Abb. 43).

Bei den Wissenschaftlern in Europa und im Orient war die Streifentheorie der sieben Klimata noch bis zum Ende des Mittelalters ein Dogma. Auf den Weltkarten von Petrus de Alliaco (13. Jahrhundert n.Chr.) und Bernardus Sylvanus (15./16. Jahrhundert n.Chr.) findet man dieselben sieben Klimata als topographische Parallelstreifen wie bei Eratosthenes. Selbst ein so bedeutender scholastischer Gelehrter wie Albertus Magnus (1193–1280 n.Chr.) »war noch in den starren Vorstellungen des Altertums befangen, versuchte sie jedoch bemerkenswert zu differenzieren, indem er Betrachtungen über die klimatischen Schwankungen unter dem Wendekreise und unter dem Äquator anstellte und danach Spekulationen über die Bewohnbarkeit äußerte« (Blüthgen 9). In seinem *Liber de natura locorum* sind bereits viele selbständige klimatologische Überlegungen enthalten, auch wenn bei manchen noch Aristoteles als Quelle erkennbar ist.

Klimaforschung: Erst als im 18. Jahrhundert n.Chr. die vergleichenden und lückenlosen Messungen zu festen Terminen an mehreren Orten begannen und dafür entsprechende Geräte sowie Skaleneinteilungen mit Celsius, Réaumur und Fahrenheit bereitstanden, war mit dem Beginn der Meteorologie auch die Basis für eine echte K.-Forschung gegeben. Einer der Begründer dieser messenden Arbeitsweise war Alexander von Humboldt (1769 bis 1859 n.Chr.) u.a. mit der Verwendung der isothermen Linien. Auf diese neue ›Witterungskunde‹ konnte man die Bezeichnung ›Klimatologie‹ übertragen.

→ Erde, Geographie, Heizen, Kälte, Kartographie, Klimakunde, Überschwemmung, Welt, Wind (Winde)

LITERATUR: J. *Blüthgen:* Allgemeine Klimageographie, in: Lehrbuch der Allgemeinen Geographie. Berlin 1966. – E. *Honigmann:* Die sieben Klimata und die Poleis Episemoi. Eine Untersuchung zur Geschichte der Geographie und Astrologie im Altertum und Mittelalter. Heidelberg 1929.

Ludwig Hempel

Klimakunde

Im Quartär (Pleistozän, Holozän) hat sich das Klima – wie überall in der Welt – auch im Mediterranraum verändert. Der Übergang von der Eiszeit zur Nacheiszeit ist an verschiedenen Indizien erkennbar. Sie können zusammengefaßt wie folgt gruppiert werden:

(1) Probleme um die Sedimentationsfolgen: Pleistozäne und holozäne Sedimente, Trennung der Ablagerungen in Gebirgen und an Küsten, natürliche oder anthropogene Abfolgen.

(2) Probleme um die biologischen Prozesse: Reste pleistozäner Pflanzenarten, Einzug immergrüner Gehölze, bemerkenswerte Wechsel.

(3) Probleme um Auswirkungen von Klimaveränderungen nach Zeit und Ausmaß: Beeinflussung des gesamten Naturhaushalts, Bedeckungsgrad, Gunst oder Ungunst von Waldstandorten, Unterschiede von Gebirgen und Küsten.

Grundtatsache ist, daß zwischen 7000 und 5000 b.p. (before present = vor heute) die Umstellung von der pleistozänen und altholozänen Vegetation mit Kälte- und Waldsteppen sowie sommergrünen Laubwäldern oder Nadelgehölzen in immergrüne Eichenwälder in Griechenland und Süddalmatien vollzogen war. Diese Klimaveränderung ist durch pollenanalytische und sedimentologische Befunde belegt.

Erste Nachrichten von einem Klimawandel kommen von Platon (427–347 v.Chr.). Er hat in seinen Beschreibungen des griechischen Reliefs beklagt, daß die einst runden Gebirgsformen durch Regenwasser ihre Böden verloren haben und die Höhen als steinige Skelette herausragen (Plat. Krit. 111b). Diese Veränderung ist nach Platon »vor 9000 Jahren« geschehen, was man aber nicht wörtlich nehmen darf, sondern so viel bedeutet wie ›zu Olims Zeiten‹.

Bei neueren Untersuchungen über die Ursachen des ›desolaten Landschaftshaushalts‹ des Mittelmeerraumes tauchen in der Ostmediterraneis immer mehr Befunde auf, die die Vorstellung vom Menschen als alleinigem Initiator einschränken. Es hat sich nämlich gezeigt, daß viel öfter natürlich bedingte Vorgänge dafür verantwortlich waren. Die meisten der bisher der historischen Zeit zugeordneten Schutt- und Lehmablagerungen in den Gebirgen und Hochgebirgen Griechenlands – datiert nach C_{14} – und U/Th-Analysen – sind z.T. schon durch das Klima der Weichseleiszeit am jetzigen Ort akkumuliert worden. Dazu passen die Beobachtungen, daß große Teile der Ablagerungen in den Küstenländern – oft als ›*historical fills*‹ bezeichnet – durch datierbare Molluskenbänke und Bryozoenriffe älter als Holozän sind.

Im Einzelnen zeigen die Studien über den Klimazustand in der Ostmediterraneis folgende Ergebnisse (Abb. 44)

Zusammenfassung von neuesten Ergebnissen der Klimaforschung:

Wijmstra (1969); Turner & Greig (1975); Greig & Turner (1975): Beginn eines Klimas, das die Ausbreitung lichter Eichenwälder im Mittelgriechenland um 6000 b.p. zuließ, nachdem vorher dort ein dichter, laubabwerfender Mischwald mit Eichen, Haseln, Ulmen, Hainbuchen, Linden und Kiefern stockte.

Wijmstra & Smit (1976): Im Süden der Halbinsel Peloponnes ist der ›*open oak wood*‹ bereits bald nach Ende der Weichselkaltzeit auf eine Steppenvegetation gefolgt.

Anthanasiadis (1975): Letzte Reste eines laubabwerfenden Eichenwaldes sind in Nordgriechenland während der Bronzezeit verschwunden.

Turner (1978): Auf der Westseite der Peloponnes lassen um 1270 v.Chr. Häufungen von Eichenpollen auf weite Verbreitung mediterraner lichter Eichenwälder (›*open oak wood*‹) schließen.

Sheehan (1979): In der Argolis wuchs ab 6000 b.p. ein Hartlaubwald mittelmeerischer Prägung.

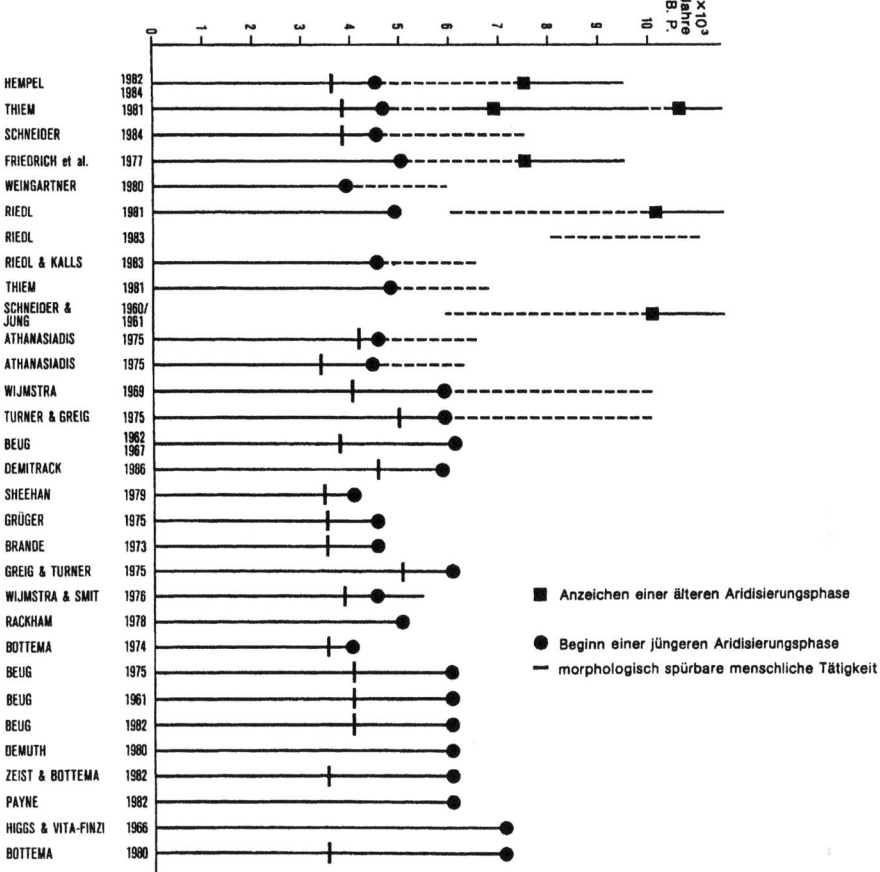

Abb. 44: Paläoklimatische Daten für das Holozän nach geomorphologischen, sedimentologischen und palynologischen Fakten in Griechenland und Süddalmatien.

Bottema (1974): Im 2. Jahrhundert v.Chr. stockte in Nordwest-Griechenland immergrüner Wald.

Beug (1961; 1975; 1982): In den Küstenebenen Süddalmatiens wandelt sich ab 6500–6000 b.p. das Klima so, daß ein submediterraner Wald in einen immergrünen, vollmediterranen mit der Vorherrschaft von *Quercus ilex* überging.

Brande (1973) und Grüger (1975): In benachbarten Gebieten Dalmatiens ist die Dominanz von *Quercus ilex* um 7000 b.p. nachgewiesen worden.

Bottema (1980): Von Kretas Südküste liegt ein Pollendiagramm vor, in dem ein starker Abfall der Pinus-Kurve um 8000 b.p. (winterkalt) und ein bemerkenswerter Anstieg der Pollen des *Quercus-cerris*-Typs um etwa 7200 b.p. (winterwarm) zu erkennen ist.

Friedrich, Pichler & Kussmaul (1977): Die Ausgrabungen von Pflanzenresten in den Aschen- und Tuffablagerungen von Thera (Santorin) bestätigen für die vorminoische

Zeit einen lichten Hartlaubwald mit *Pistacia lentisca, Olea europaea, Cupressus sempervirens, Quercus ilex, Laurus nobilis* u. a.m.

Rackham (1978): In der vorminoischen Zeit stockte auf Thera lichter Hartlaubwald.

Demitrack (1986): Zusammen mit anorganischen Ablagerungen auf der Larissa-Ebene Thessaliens ist man auf eine klimatisch bedingte, auffallende Veränderung im Sedimenthaushalt um 5900 + − 45 b.p. gestoßen.

Demuth (1980): Um 6000 b.p. ist ein Wandel im Sedimentgefüge für die Insel Samos bestätigt worden.

Higgs & Vita-Finzi (1966): Archäologisch-anthropologische Studien zeigen einen bemerkenswerten Bruch der Sedimentation im Epirus um 7380 + − 240 b.p., der sehr wahrscheinlich durch eine Klimaveränderung hervorgerufen wurde.

Pomel (1983): Bodenkundliche Studien belegen einen Wechsel von steppentrockenen Bodentypen (13 000−7000 b.p. : *Andosol* und *Sols bruns*) zu feuchteren Böden (6500−5000 b.p.: *Sols lessives*) auf Santorin.

Payne (1982): Ein Höhlenfund in Südgriechenland hat gezeigt, daß die Fauna sich um 6000 b.p. gewandelt hat.

→ Archäologie, Erosion, Forstwirtschaft, Heizen, Kälte, Klima, Küste, Ökologie, Wald, Wind (Winde)

LITERATUR: L. *Hempel*: Jungquartäre Klimaveränderungen im ostmediterranen Raum. Auswirkungen auf Reliefgestaltung und Pflanzendecke, in: Bayerische Akademie der Wissenschaften. Rundgespräche der Kommission für Ökologie 7, München 1993.

Ludwig Hempel

Kolonisation

Die Geschichte der antiken Welt ist u.a. durch vielfältige ›K.‹ gekennzeichnet. Bevölkerungsbewegungen zeigen sich bereits vor Beginn des Altertums in den (vom Mythos benannten) Wanderungen der Hellenen nach Griechenland und der Achaier, Aioler, Dorer und Ioner zu den Ägäis-Inseln und den Küsten Kleinasiens, nach Kreta und Zypern, und sie zeigen sich noch am Ende des Altertums in der sogenannten Völkerwanderung. Vor allem aber zeigen sie sich in der eigentlichen griechischen und römischen Geschichte, zuerst bei der sogenannten großen griechischen K. der archaischen Zeit (Mitte des 8. bis Mitte des 6. Jahrhunderts v.Chr.), dann in der Entsendung von Kleruchien vor allem durch das klassische Athen des späten 6. bis frühen 4. Jahrhunderts v.Chr. und schließlich in der Anlage von Militärkolonien durch die hellenistischen Reiche (4. bis 1. Jahrhundert v.Chr.); in der römischen Geschichte sind sie nachweisbar in der Anlage von *coloniae* durch die römische Republik und durch das Reich der Kaiserzeit.

Definition: Der heute für diese antiken Bevölkerungsbewegungen verwendete Begriff K. geht zwar auf das lateinische Wort *colonia* zurück, ist aber, wenn er auf die gesamte Antike bezogen wird, mißverständlich. Heute versteht man unter Kolonien gemeinhin »die von den europäischen Staaten erworbenen auswärtigen, in der Regel ›überseeischen‹ Besitzungen, die bestimmten politischen, wirtschaftlichen oder militärischen Zwecken des erwerbenden Landes (der Kolonialmacht) dienstbar gemacht wurden« und über die jene Macht »direkt (im Rahmen der Gebietshoheit) oder indirekt (über einheimische Regierungsautoritäten) ihre Herrschaft« ausübte (Brockhaus). Immerhin aber kann diese Definition, die für die neuzeitliche Geschichte sicher zutrifft, dazu dienen, die Spezifika der unterschiedlichen Formen antiker K. deutlich werden zu lassen.

(1) Die sogenannte große griechische K. der archaischen Zeit (Mitte des 8. Jahrhunderts bis Mitte des 6. Jahrhunderts v.Chr.) ist keine gemeinsame Maßnahme ›der‹ Griechen; selbst eine steuernde Rolle des offenbar von mehreren der aussendenden Poleis befragten Orakels von Delphi bei der Wahl der Zielgebiete ist nicht zu beweisen. Vielmehr geht diese K. vor allem von einzelnen Poleis aus, zuerst von den euboiischen Städten Chalkis und Eretria, dann u. a. von Korinth und Megara in Griechenland und von Milet und Phokaia in Kleinasien. Zu den teils durch Handelsbeziehungen bereits bekannten, teils neu zu erschließenden Zielgebieten gehören vor allem die Chalkidike und Thrakien, das Gebiet um die Propontis (Marmara-Meer) und den Pontos (Schwarzes Meer), Sizilien und Unteritalien, die Adria-Küste, Gallien und Iberien sowie der Osten der Mittelmeerküste Afrikas.

Für diese K. sind imperiale Zielsetzungen keineswegs kennzeichnend. Wenn die Autoritäten einer Polis die Entsendung einer Kolonie beschließen, bei der einige freiwillige oder durch Zwang ausgewählte Mitglieder dieser Polis – meist freie junge Männer, gelegentlich ergänzt durch Bürger anderer Poleis – in die überseeische Fremde ziehen, so sind die Ursachen dafür oft wirtschaftlicher Art, vor allem die Suche nach neuen landwirtschaftlichen Erwerbsmöglichkeiten. Anlaß für diese Suche kann ein Mangel an Nahrungsmitteln wegen einzelner Mißernten oder anhaltender Dürreperioden ebenso sein wie eine rasche Zunahme der Bevölkerung oder eine (wegen der Tradition der Teilung des Erbes zwischen allen Söhnen eingetretene) Unwirtschaftlichkeit einzelner Landparzellen. Hinzu tritt bei den Siedlern oft der Wunsch nach einer Verbesserung der individuellen sozialen und wirtschaftlichen Verhältnisse oder auch die Unzufriedenheit mit politischen Zuständen oder Ereignissen, die ihre Polis insgesamt betreffen, etwa äußere Bedrohungen oder – häufiger – innere Unruhen in ihrer Polis.

Die entsendende Polis wird *metro-polis* (Mutter-Stadt), die Kolonie *ap-oikia* (Aus-Siedlung) genannt. Die *apoikia* bildet dabei eine neue, von der *metropolis* innen- wie außenpolitisch unabhängige Polis mit eigener Identität. Mit der Bevölkerung ihres eigenen geographischen Umfelds setzt sich die neue Polis feindlich auseinander oder tritt mit ihr in friedlichen Kontakt; insbesondere scheinen häufig die Frauen der Siedler aus der bereits ansässigen Bevölkerung gestammt zu haben. In Konkurrenz steht die *apoikia* vor allem zu anderen neuen griechischen Siedlungen in der Region.

Verbunden bleibt die *apoikia* mit der *metropolis* zwar durch religiöse, sprachliche und historische Bande, die sich etwa in der Parallelität der Institutionen oder in dem möglichen Appell an eine Verwandtschaftsbeziehung manifestieren. Doch selbst wenn die Anlage einer solchen *apoikia* auch manchen politischen, wirtschaftlichen oder militärischen Zielen der *metropolis* nützen kann, ist sie jedenfalls in der Regel nicht zu diesem Zweck angelegt und wird auch später nicht dazu dienstbar gemacht – im Gegenteil: Die politischen Erfahrungen in den Kolonien, insbesondere die neue Gleichheit der Siedler, die sich unter gleichen Bedingungen der Gefahr der Koloniegründung ausgesetzt haben, können ihrerseits Rückwirkungen auf die politischen

Verhältnisse (Demokratisierung) der Mutterstadt haben. Eine direkte oder auch nur indirekte Herrschaft der Mutterstadt über die *apoikia* ist jedenfalls kein Kennzeichen der sogenannten großen griechischen K.

(2) Seit dem Ende des 6. Jahrhunderts v.Chr. dient vor allem für das klassische Athen insbesondere die Entsendung von Bürgern auf Landlose (*kleroi*) in neu eroberten Gebieten auf Inseln und in Küstenregionen der Ägäis dazu, die besiegten Gebiete militärisch zu sichern. Auch wenn diese *kler-ouchiai* zweifellos zugleich der wirtschaftlichen Sicherung der entsandten Bürger zugute kommen, sich selbst verwalten und innerhalb des athenischen Heeres eigene Truppenkörper bilden können, bleiben sie – anders als die Kontingente der Mitglieds-Poleis des Ersten Attischen Seebunds – stets nicht-eigenständige Teile des athenischen Staatsverbands; nach dessen Niederlage 405 v.Chr. müssen die Kleruchien aufgegeben werden. Im Zweiten Attischen Seebund 377 v.Chr. wird die Einrichtung neuer Kleruchien dann ausgeschlossen (was Athen freilich nicht vollständig einhält). Die Kleruchien dienen also militärisch-politischen und wirtschaftlichen Zwecken; darin und in ihrer politischen Unselbständigkeit entsprechen sie der eingangs genannten neuzeitlichen Form von K.

(3) Ähnliche Zwecke verfolgt auch die K. der hellenistischen Zeit (4. bis 1. Jahrhundert v.Chr.). Nach Plutarch (Plut. De Alex. fort. I 5 p. 328e) soll Alexander der Große über siebzig Städte im Orient gegründet haben. Selbst wenn diese Zahl weit übertrieben ist, kennzeichnen Städtegründungen oder die Erweiterung und Umbenennung vorhandener Städte das Zeitalter des Hellenismus, vor allem im Osten der Mittelmeerwelt und im Orient (in Kleinasien, Nordsyrien, Babylonien, Zentralasien u.a.), wo Seleukos I. und seine Nachfolger, die Seleukiden, herrschen, aber auch in Ägypten, wo man sich (vielleicht in Nachahmung der athenischen Praxis) des Systems der Kleruchie bedient. Ziel der Anlage dieser Militärkolonien, die zumeist keine völlige Selbständigkeit erreichen, sondern abgabenpflichtig und dem jeweiligen Statthalter unterstellt bleiben, ist die wirtschaftliche Versorgung von aktiven Soldaten oder von Veteranen und damit in jedem Fall zugleich die Stabilisierung der königlichen Herrschaft.

Durch den Zuzug von Zivilsiedlern (*synoikismos*) und durch den in diesen neuen, teils mit Hauptstadtfunktionen versehenen Städten gepflegten Herrscherkult liegt die über die Anfangszeit als Militärkolonie weit hinausreichende Blüte dieser Städte im Interesse sowohl ihrer Bürger als auch der hellenistischen Könige.

(4) Die K. der römischen Republik setzt die ältere Praxis des Latinischen Städtebunds fort. Seit 338 v.Chr. werden v.a. *coloniae maritimae* an strategisch wichtigen Punkten an den Küsten Italiens (Antium, Terracina) und seit dem Zweiten Punischen Krieg auch im Binnenland als *propugnacula imperii* (Cic. leg. agr. 2,73: Bollwerke des Reiches) errichtet. Ihre Bewohner bleiben römische Bürger, sind aber vom regulären Militärdienst in den Legionen befreit und dafür mit der Verteidigung des *ager Romanus* beauftragt. Diese zu militärischen Zwecken angelegten und von Rom direkt beherrschten *coloniae* entsprechen der eingangs zitierten Definition und rechtfertigen daher auch die Übertragung des lateinischen Wortes in die moderne Begrifflichkeit.

(5) Parallel zu diesen Bürgerkolonien werden ebenfalls aus militärischen Gründen auch größere selbstverwaltete Kolonien latinischen Rechts gegründet, in der römische Bürger zugunsten dieser Autonomie das römische Bürgerrecht aufgeben müssen. Diese Form von Kolonie wird allerdings bei der Reorganisation des Systems um 177 v.Chr. aufgegeben, zugleich wird die lokale Autonomie aller Bürgerkolonien deutlich ge-

stärkt, die von einem Zweimännerkollegium (*duoviri*) und einem Rat (*consilium*) geleitet werden und sich insofern den auf einer höheren Stufe der Selbstverwaltung stehenden *municipia civium Romanorum* annähern.

Diese neue Form von Kolonie wird insbesondere seit dem späteren 2. Jahrhundert v.Chr., der Epoche der Gracchen, nicht mehr nur aus militärisch-strategischen Gründen, sondern auch zur Versorgung von Veteranen und von landlosen Bürgern angelegt, nunmehr auch außerhalb von Italien in den Provinzen (so die Colonia Iunonia auf dem Gebiet von Karthago 122 v.Chr. und die Colonia Narbo Martius in der Provence 118 v.Chr.). In großem Stil ist diese stets mit definierten Landzuweisungen verbundene K. in den Provinzen durch Veteranen und mittellose Bürger für die Zeit von Caesar und Augustus bis Trajan kennzeichnend und prägt die Regionen teils bis heute. Die durch die K. erreichte Versorgung der Siedler führt dabei zugleich zu einer strategischen Sicherung und einer engeren Bindung der Provinzen an Rom. Später tritt an die Stelle der Anlage neuer Kolonien die Verleihung des Titels *colonia* an nicht-römische Städte und an (nunmehr als rangniedriger angesehene) *municipia*; eine K. im eingangs zitierten Sinne ist dies freilich nicht mehr.

(6) Über die moderne Definition hinaus läßt sich für alle Formen antiker K. feststellen, daß mit der Anlage der Siedlungen nicht nur die militärische, politische und wirtschaftliche, sondern auch die sprachlich-literarische, religiöse und mentale Kultur der Gemeinden in das neu erschlossene Gebiet übertragen wird. Bei allen Formen antiker K. ist zwar umstritten, ob diese kulturelle Expansion jeweils zu den ursprünglichen Intentionen gehörte oder überhaupt je beabsichtigt war; daß sie aber eine Folge jeder antiken K. war, ist offenbar.

→ Außenpolitik, Bürgerrecht, Demokratie, Handel, Hauptstadt, Imperialismus, Interessensphären, Landwirtschaft, Migration, Mobilität, Monarchie, Mythologie, Reich, Sprache, Sprachen, Staatenverbindungen, Stadt, Verfassung, Wirtschaft

LITERATUR: R.A. *Billows*: Kings and Colonists. Leiden 1995. – J. *Boardman*: Kolonien und Handel der Griechen. München 1981. – Brockhaus Enzyklopädie Bd. XII, Mannheim ^{19}1990, Sp. 186, s.v. Kolonie. – G. M. *Cohen*: The Seleucid Colonies. Wiesbaden 1978. – A. J. *Graham*: Colony and Mother City in Ancient Greece. Chicago ^{2}1983. – C. *Dipper*/R. *Hiestand* (Hgg.): Siedler-Identität. Frankfurt/Main 1995. – J. *Figueira*: Athens and Aigina in the Age of Imperial Colonization. Baltimore 1991. – P. M. *Fraser*: Cities of Alexander the Great. Oxford 1996. – H. *Galsterer*: Herrschaft und Verwaltung im republikanischen Italien. München 1976. – L. *Keppie*: Colonization and Veteran Settlement in Italy. Rom 1983. – O. *Murray*: Das frühe Griechenland. München ^{5}1995, Kap. 7. – E. T. *Salmon*: Roman Colonisation under the Republic. London 1969.

Kai Brodersen

Kometen

K. (*cometes*) sind Überbleibsel aus der Anfangszeit des Universums. Ihr vereister Kern (Ø 1–100 km mit 100 Millionen–1 Billionen Tonnen) aus H_2O, NH_3, CH_4, CO_2 etc. umschließt kosmischen Staub, Brocken aus Stein, Eisen oder schweren Elementen und wurde durch Gravitationsschwankungen ins innere Sonnensystem gelenkt, wo die Verdampfung eingefrorener Substanzen einsetzt, so daß sich um den *nucleus* ein Kopf (die *Koma*; Ø – 100.000 km) aus fluoreszenzangeregten Gasen bildet. Bei Annäherung an die Sonne auf 1 Astronomische Einheit (AE = ca. 150 Millionen km) brechen pro Sekunde bereits $10^{29-}10^{30}$ Moleküle aus, was den K. – wie schon in der Antike beobachtet (Sen. nat. 7,16,2; Cass. Dio 54,29, 8; vgl. Aristot. meteor. 343b25 ff.) – zerreißen kann. Ein Schweif bildet sich bei einer Distanz von weniger als 3 AE zur Sonne, wenn der von ihr ausgehende Plasmawind die ionisierten, unter Lichtemission langsam rekombinierenden Koma-Gase und den nur das Sonnenlicht reflektierenden Staub mitreißt (vgl. Aristot. meteor. 342b–343a). Der Ionenschweif ist daher stets sonnenabgewandt und indiziert nicht die K.-Flugrichtung; der Meteorschauer auslösende Staubschweif weicht um ca. 45° ab. Der bis zu 100 Millionen km lange Schweif kann die Form eines Schlauches haben oder in mehreren Strängen fächerförmig auseinanderstreben bzw. spiralartig verdreht sein. Er ist das Klassifizierungsmerkmal antiker Beschreibung, die prinzipiell zwischen Haar- und Bart-K. differenziert (z. B. Aristot. meteor. 344a20 ff.; Sen. nat. 7,11) und als Formen u. a. Schwert, Faß, Kugel, Horn, Ziege, Fackel, Balken, Lanze, Spirale (z. B. Plin. nat. 2,91) kennt. Die moderne Astronomie unterscheidet lang- und kurzperiodische K., die die Sonne in mehr als 200 oder typischerweise in 3–20 Jahren quer zu den Planetenbahnen umlaufen (zur Bahntheorie des Apollonius v. Myndos: Sen. nat. 7,8.17.19).

Theorien über Kometen in der Antike: Durch die von den Chaldäern schon versuchte (Aristot. meteor. 343a6 f.; Diod. 15,50; Sen. nat. ebd. u. 7,3 f.7.24 f.), aber erst 1682 von E. Halley exakt durchgeführte Berechnung ihrer Periodizität können wir bekannte K. mit solchen in historischen Berichten identifizieren, wobei Chroniken aus Japan und China helfen. Denn zur kontinuierlichen Aufzeichnung dieser Phänomene ist die abendländische Antike nie gelangt (Sen. nat. 7,3.25), und ihre unpräzise Sachtrennung sowie analoge Metaphern für K., Sternschnuppen und andere Meteore erschweren oft deren Bestimmung. Ferner ist heute anzunehmen, daß als K. bezeichnete unbewegliche ›Haarsterne‹ (Sen. nat. 7,6.11; Plin. nat. 2,91; vgl. Aristot. meteor. 343b–344a) z. T. (Super)Novae waren. Zur Erklärung der im Gegensatz zu Sternschnuppen sehr selten auftretenden K. (Aristot. meteor. 345a5; 346b10 f.; Sen. nat. 7,11.14) haben antike Wissenschaftler Theorien entwickelt, die optische Täuschungen, meteorologische oder astronomische Ursachen annehmen: Anaxagoras und Demokrit z. B. halten K. für ein bloßes ›Zusammenscheinen‹ von Planeten (Aristot. meteor. 342b; 343b; Arr. phys. 193,15 ff.R; Aet. 3,2,2; vgl. Sen. nat. 7,12 ff.17.19 u. Amm. 25,10). Xenophanes, Herakleides Pontikos u.a. sahen in ihnen leuchtende Wolken (Aet. 3,2,6.10 f.); und für Aristoteles (meteor. 344a; 346b) und andere entstehen K. wie oder durch Sternschnuppen, von denen sie sich nur in Dauer und Stärke ihres ephemeren Feuers aus abfackelnden Erddünsten unterscheiden, das in sublunarer Sphäre oder bei den Fixsternen (Aristot. meteor. 344a15 ff.) seine Richtung durch Druck bzw. Wind erhält und nach Verbrauch des Brennstoffes verlischt (vgl. Manil. 1,815 ff.; Sen. nat. 7,8 f.21). Während daher Peripatetiker, Stoiker (z. B. Poseidonius: Ps.-Aristot. mund. 395b; Arr. phys. 193 ff.R; Sen. nat. 7,20 f.; Diog. Laert. 7,152) und einige Chaldäer (Sen. nat. 7,4 ff.; Arr. 192 f.R) neben Sternschnuppen auch K. derselben Erdstoffentzündungs-Kategorie der *sela* (Meteore) zuordnen, vertritt Seneca die korrekte, ursprünglich den

Pythagoreern eigene (Aristot. meteor. 342b–343a), jedoch von Apollonius übernommene Auffassung von Himmelskörpern auf regelmäßigen Bahnen (Sen. nat. 1,15; 7,4.8.17f.22ff.; Arr. 192R).

Allgemein notierte man die im Vergleich zu Sternschnuppen geringe Geschwindigkeit und längere Dauer (Sen. nat. 1,15; 7,8.29; Plin. nat. 2,90: zw. 7 u. 180 Tagen) sowie Form, Ausdehnung, Erscheinungsort, durchlaufene Sternzeichen, die den Planeten und deren astrologischen ›Eigenschaften‹ zugeordnete Farbe und Flugbahn (Aristot. meteor. 342b–345a; Poseid. frg. 335Th; Diod. 2,30,4f.; Manil. 1,835ff. 865ff.; Sen. nat. 7,11.15.17.21 etc.; Plin. nat. 2,89ff.; Ptol. tetr. 2,9; Arr. phys. 193R; Aet. 3,2,5; Lyd. ost. p. 28ff.; Heph. v. Theben 97ff.E), die für Naturwissenschaftler bloße meteorologische Indikatoren für Winde, Trockenheit oder Regen darstellten (Aristot. meteor. 344b; Theophr. sign. 2,34; Poseid. 316Th), im Aberglauben aber auf Art und Adressat des mit ihnen assoziierten Unheils hindeuteten. Damit gelangten babylonische Vorstellungen vom Einfluß siderischer Phänomene auf Menschen in den mediterranen Volksglauben; und daß dieser durch die Astronomie teilweise ›verwissenschaftlicht‹ wurde, trug seit der hellenistischen Zeit mit zur enormen Verbreitung der Astrologie bei.

Religiöse Interpretationen: So verstand man K. allgemein als Zeichen göttlicher Intervention, besonders als Ankündigung von Tod, Seuchen, Katastrophen und Kriegen (Cic. nat. deor. 2,14; Manil. 1,874ff. 906ff.; or. Sib. 3,335; 8,193f.; Sen. nat. 7,1.17; Plin. nat. 2,92f.), und bezog sie auf das Ende von Kaisern wie Augustus (Cass. Dio 56,29), Claudius, Nero, Vespasian (Suet. Claud. 46; Suet. Nero 36; Suet. Vesp. 23; Cass. Dio 66,17), Macrinus (Cass. Dio 78,30), Konstantin (Eutr. 10,8), Julian (Amm. 25,10) etc. Hohen Bekanntheitsgrad erlangten K. 468/7 v.Chr. im Kontext des Meteoritenfalls von Aigospotamoi (Aristot. meteor. 344b33f.; Plin. nat. 2,149), 373/2 v.Chr. als eventuelle Ursache der die Städte Buris und Helike zerstörenden Flutwelle (Aristot. meteor. 343b; 344b; Sen. nat. 7,5.16; vgl. Diod. 15,50,2) und Halley 87 v.Chr. beim Ausbruch des römischen Bürgerkrieges (Cic. nat. deor. 2,14; Plin. nat. 2,92; vgl. Obseq. 56f.). 60 n.Chr. blieb ein K. ungewöhnlich lange sichtbar und soll ausnahmsweise Glück verheißen haben (Sen. nat. 7,17.21; Calp. ecl. 1,77ff.). Am bekanntesten wurde der K. vom 23.9.44 v.Chr. als ›Beweis‹ für Caesars Apotheose (Sen. nat. 7,17; Plin. nat. 2,93f.; Suet. Caes. 88; Cass. Dio 45,7 etc.), während die Identifikation des Bethlehem-Sterns mit einem K. (Halley 11 v.Chr.?) umstritten ist, da ebenfalls besondere Planeten-Konjunktionen 7/6 v.Chr. oder eine Nova 5 v.Chr. in Betracht kommen. Große Beachtung fand Halley auch in den Jahren 66, 141 und 374 n.Chr. sowie vom 18.6.–1.8.451 n.Chr. als Vorbote des Hunnensturms.

→ Astronomie, Meteor, Sternschnuppen

LITERATUR: F. *Baldet*: Liste générale des comètes de l'origine à 1948. Paris 1950. – A. A. *Barrett*: Observations of Comets in Greek and Roman Sources before A. D. 410, in: Journ. Roy. Astron. Soc. Canada 72, 1978, 81–106. – T. *Barton*: Ancient Astrology. London 1994. – P. J. *Bicknell*: Neronian Comets and Novae, in: Latomus 28, 1969, 1074–1075. – R. *Bloch*: Les prodiges dans l'antiquité classique. Paris 1963. – A. *Bouché-Leclerq*: L'astrologie grecque. Paris 1899 (ND 1979). – J. L. *Brady*: Halley's Comet A. D. 1986/2647 B. C., in: Journ. Brit. Astron. Assoc. 92, 1982, 209–215. – W. *Engelhardt*: Planeten, Monde, Kometen. Darmstadt 1990. – W. *Gundel*: RE XI 1 (1921) Sp. 1143–1193, s.v. Kometen. – I. *Hasegawa*: Catalogue of Ancient and Naked-eye Comets, in: Vistas in Astronomy 24, 1980, 59–102. – P. Y. *Ho*: Ancient and Medieval Observations of Comets and Novae in Chinese Sources, in: Vistas in Astronomy 5, 1962, 127–225. – L. *Landolfi*: Numquam futtilibus excanduit ignibus aethor (Manil. 1,876): comete, pesti et guerre civile, in: SIFC 83, 1990, 229–249. – A. *Le Boeuffle*: La comète de Halley à l'époque romain, in: BAGB 4, 1985, 385–389. – A. *Le Boeuffle*: Le ciel des Romains. Paris 1989. – D. *Neugebauer*: The Exacts Sciences in Antiquity. Providence ³1970. – A. *Rehm*: Das siebente Buch der naturales Quaestiones des Seneca und die Kometentheorie des Poseidonios, SBAW 1921,1. – D. J. *Schove/ A. Fletcher*: Chronology of Eclipses and Comets A. D. 1–1000. Woodbridge ²1987. – F. R. *Stephenson*: A Revised Catalogue of Pre-telescopic Galactic Novae and Supernovae, in: Quart. Journ. Roy. Astron. Soc. 17, 1976, 121–138. – R. *Stothers*: Is the Supernova of A. D. 185 Recorded in Ancient Roman Literature? in: Isis 68, 1977, 443–447.

Peter Kehne

Krieg

Der grundlegende Einfluß der Geographie auf den K. ist am besten in den Auswirkungen auf die Aufstellung von Armeen, den Methoden in einer Schlacht oder der Planung entweder einzelner Feldzüge oder in der Verteidigungspolitik eines Staates erkennbar. Hier werden eher allgemeine Aspekte von K. und Geographie diskutiert: Namen von K., die Einteilung und Typologie von K., K.-Gründe und abstrakte geographische Überlegungen, die nicht immer ausdrücklich in antiken Quellen erwähnt werden.

Namen von Schlachten und Kriegen: Schlachten leiten ihre Namen fast immer von geographischen Besonderheiten ab – ein Mittel, um den Ort einer Handlung für die Nachwelt zu bestimmen oder einer topographischen Besonderheit eines Schlachtfeldes zu gedenken, welche manchmal im Brennpunkt des Kampfes gelegen haben mag. Demgemäß können Schlachten nach einer nahegelegenen Stadt benannt sein (Pharsalos, 48 v.Chr.), einem Fluß (Granikos, 334 v.Chr.), einem Paß (Thermopylen, 480 v.Chr.), einer Insel (Salamis, 480 v.Chr.), einer Ebene (Marathon, 490 v.Chr.), einem Berg oder Hügel (Mons Graupius, 83 n.Chr.) oder einem Wald (Teutoburger Wald, 9 n.Chr.). Berücksichtigt man die Begrenzungen der antiken Flotten, besonders ihr Widerstreben, sich weiter von der Küste weg zu wagen, dann leiten Seeschlachten ihre Namen von Besonderheiten an Land her, so wie von Inseln (Arginusen, 406 v.Chr.), einem Kap, von Vorgebirgen oder Flüssen (Aigospotamoi, 405 v.Chr.) und Städten (Ecnomus, 256 v.Chr.), da dies die einzigen festen Punkte waren, die für eine Bezugnahme zur Verfügung standen. Für Propagandazwecke konnte bei Gelegenheit der Ort einer Schlacht auch von einem Platz an einen anderen verschoben werden, so wie bei der Ersetzung des unklaren Gaugamela durch Arbela bei dem Zusammenprall zwischen Alexander dem Großen und Dareios III. 333 v.Chr. (Strab. 16,1,3; Arr. an. 3,8,7; 6,11,4–6; Plut. Alex. 31,6–7; vgl. Curt. 4,9,9; Diod. 17,53,4).

Im Vergleich zu Schlachten sind die Namen von K. komplizierter. Bestimmte Regeln sind schwer zu definieren. Bei den Griechen müssen K. zwischen Griechen von K. mit Nichtgriechen (Barbaren) unterschieden werden, obwohl nicht bekannt ist, wie die Barbaren sich auf solche K. bezogen. Namen für K. mit Barbaren beinhalten entweder einen geographischen Bezug oder einen ethnischen Begriff, so wie

Troika für den Trojanischen K. (im 5. Jahrhundert v.Chr. als ein K. gegen Barbaren betrachtet) oder Medika, Medikos polemos für die Perser-K. (Thuk. 1,3,1; 1,12,4; 1,18,4; 1,90,1). Der Konflikt von 431–404 v.Chr. bietet die besten Beispiele für die Vielfalt der Namensgebung bei K. zwischen Griechen. Wieder überwiegen geographische Begriffe oder ethnisch/staatliche Identifizierungen. Der Begriff ›Peloponnesischer K.‹, der zuerst bei Cicero (rep. 3,44; off. 1,84) belegt ist, ist möglicherweise hellenistisch. Aus der spartanischen Perspektive war dies der Attikos polemos (= der attische Krieg: Thuk. 5,28,2; 5,31,3), aber der Lakonikos polemos (= der lakonische Krieg: Arist. pol. 5,1303a10) für die Athener. Thukydides (1,1,1) entscheidet sich für die neutrale Bezeichnung »K. der Peloponnesier und Athener« – und die Nennung eines K. in dieser Art, nach der man die wichtigsten K.-Führenden im genitiven Plural auflistete, war in der griechischen Praxis die gebräuchlichste – aber ebenso wie Thukydides (8,11,3) die letzte Phase des K. (413–404 v.Chr.) geographisch als den Ionikos polemos kennzeichnet, ist diese Phase bei Isokrates (Plat. 14,31) der Dekeleisische K. Ähnlich war der sogenannte Lelantinische K. (ca. 700 v.Chr.) für Strabon (10,1,12, möglicherweise übernommen von Ephoros) ein Konflikt »auf der lelantinischen Ebene«, aber einfach der K. zwischen Chalkis und Eretria bei Thukydides (1,15,3). K., die nach Individuen benannt waren und auf diese Weise geographische und ethnische Begriffe vermieden, waren selten: Die Athener konnten die erste Phase des Peloponnesischen K. (431–421 v.Chr.) nach dem spartanischen König Archidamos II., der zuerst in Attika einfiel, als den Archidamischen K. (Lys. fr. 18) bezeichnen, und der Chremonideische K. aus den sechziger Jahren des 3. Jahrhunderts v.Chr. war nach dem athenischen Anstifter Chremonides benannt (Ath. 6,250F, von Hegesander übernommen).

In der römischen Praxis blieben ethnische und geographische Namen die Regel. Ausnahmen sind die republikanischen K. gegen die Invasoren nach Italien, wie Pyrrhos (Hoi pros Pyrron Polemoi: Dion. Hal. ant. 1,6,1) oder Hannibal (Bellum cum Hannibale: Liv. 26,28,3; Annibalikos Polemos: Pol. 3,1,1; Dion. Hal. ant. 2,17,3), und K. mit den großen hellenistischen Monarchen (Pol. 3,32,7), wofür der Kampf mit dem spanischen Anführer Viriatus (147–139 v.Chr.) in der Republik das einzige westeuropäische Beispiel (Viriati Bellum: Cic. Brut. 84) und der Jugurthinische K. (Sal. Iug. 19,6) die einzige afrikanische Parallele bieten. Außerdem waren sogar für diese K. ethnisch-geographische Bezeichnungen ebenso üblich: z.B. Bellum Macedonicum, Bellum Punicum usw. Das Ersetzen eines geographisch-ethnischen Begriffs durch den Namen eines römischen Feldherrn signalisierte eine besondere Schande, so wie im Bellum Cassianum (Caes. Gall. 1,32,2 für die Niederlage des L. Cassius Longinus bei den Tigurinern in Gallien 107 v.Chr.) und im Bellum Varianum (ILS 2244) für das Desaster des Varus im Teutoburger Wald (9 n.Chr.).

Sowohl in der griechischen als auch in der römischen Praxis waren ethnische oder staatliche Bezeichnungen für geographische Begriffe üblich (z.B. Attikos Polemos = Polemos pros Athenaion, Bellum Hispanense = Polemos Keltiberikos), ebenso wie ein Bellum Philippicum auch einen Bellum Macedonicum bezeichnen konnte. Solche ethnischen Bezeichnungen müssen keine Ungenauigkeit oder eine nicht vorhandene Übereinstimmung zwischen dem ethnischen und dem bezeichneten Stück Land bedeuten, besonders im Falle der griechischen Poleis. Die Römer jedoch neigten dazu, sich an legalistischer Vieldeutigkeit zu erfreuen und konnten Bellum Gallicum für einen K. mit den Galliern entweder in Italien oder in Gallien verwenden. Ähnlich konnte ein Bellum Germanicum oder die Siegertitulatur ›Germanicus‹ sich auf den Kampf mit Germanen entweder am Rhein oder an der Donau beziehen. Eine solche Vieldeutigkeit diente dazu, die Bedeutung des K. zu erhöhen (und den Ruhm des Sieges), indem man implizierte, daß die ganze Nation besiegt wurde. Die gleiche geographische Übertreibung von Siegen wurde auch bei den Beinamen angewandt, so wie es die Prahlerei im ›Africanus‹ von P. Cornelius Scipio Maior und im ›Asiaticus‹ von seinem Bruder Lucius andeutet – eine Praxis, der man in Siegertitulaturen der römischen Herrscher in den ersten zwei Jahrhunderten n.Chr. folgte und die sich häufig auf allgemeine Völkernamen bezog (z.B. Germanicus, Parthicus), bevor die Mode der ausgedehnten Listen von genauer bezeichneten Völkern (z.B. Sarmaticus, Arabicus, Adiabenicus, Carpicus usw.) mit den Severern begann und sich bis zur Spätantike fortsetzte.

Typologie: Im Unterschied zu der geographischen Betonung bei K.-Namen ist keine detaillierte antike Klassifikation von K. durch die Geographie oder das Terrain erhalten, obwohl sich die antiken Menschen des Einflusses sehr bewußt waren, den die Geographie auf Strategie und Taktik hatte. Die offensichtliche Unterscheidung von Land- und See-K.-Führung, die in einigen militärischen Handbüchern erwähnt ist (Asclep. tact. 1,1; Ail. takt. 2,1; Syr. Mag. de re strat. 14,10–17 Dennis; vgl. Ain. takt. 40,8), geht so weit, wie die noch vorhandenen Quellen zurückreichen. Detaillierte Diskussionen über See-K.-Führung sind (obwohl sie oft versprochen werden) in technischen Handbüchern nicht erhalten, außer dem, was aus Vegetius (4,31–46) gewonnen werden kann. Anstatt das Terrain zu berücksichtigen, klassifizierten die Griechen K. zwischen Griechen danach, ob der Streit begrenzt oder unbegrenzt war und ob nach konventionellen Regeln gekämpft wurde oder nicht (vgl. Plut. Demetr. 5,3; Pol. 5,9–12). Ein ›K. ohne Herold‹ (*polemos akeryktos*) oder ein K. ohne die Möglichkeit eines Vertrages (*aspondos polemos*) bedeuteten einen K., in dem normale Regeln außer Kraft gesetzt wurden. Die Römer der Republik sorgten sich um das religiös-legale Verfahren im *bellum iustum* (= gerechter Krieg), obwohl Cicero (off. 1,38) eine doppelte Klassifizierung von K. kennt: diejenigen, die nach Art der Gentlemen in internationaler Konkurrenz für das Reich und den Ruhm unternommen wurden, und im Gegensatz dazu diejenigen, die dem Überleben im Kampf gegen gefährliche Barbaren und *externae gentes* (= auswärtige Völker) galten. Nur Thukydides (1,15,2) räumt eine geographische Klassifikation in seiner Unterscheidung von lokalen Grenz-K. in der archaischen Periode zu entfernten Expeditionen, die auf den Gewinn eines Reiches abzielten, für seine eigene Zeit ein.

Aus heutiger Perspektive würde die geographische Betonung einer K.-Typologie zuerst zwischen externen (oder ausländischen) und internen (inländischen) K. unterscheiden. Die beiden Kategorien müssen sich nicht immer gegenseitig ausschließen: Ausländische K. können beinhalten, daß ein K.-Führender versucht, interne Aufstände innerhalb des Territoriums seines Gegners aufzuwiegeln, so wie die Athener auf die Unterstützung der Heloten gegen Sparta im Peloponnesischen K. hofften (Thuk. 4,41.55), oder wie es Hannibals Ziel war, die italischen Bundesgenossen von Rom zu befreien. Umgekehrt kann bei einer internen Revolte Hilfe bei einer ausländischen Macht gesucht werden, so wie die Juden von den Parthern in den Jahren 66–70 Unterstützung erwarteten, oder bei einem Bürger-K., wie dem zwischen Caesar und

Pompeius, in dem sich Pompeius um die Unterstützung der Daker und Parther bemühte.

Klassifikationen von K. eines Staates mit dem Ausland würden beinhalten: Eroberungs-K. (Annexion eines eroberten Gebietes), Hegemonie-K. (die Niederschlagung eines Gegners ohne Annexion, aber die Unterordnung der Außenpolitik des besiegten Staates unter den Willen des Siegers), Allianz-K. oder K. des Machtgleichgewichts (Annexion ist möglicherweise enthalten), Religions- oder Nationen-K. (heilige K., Verteidigung von religiösen Heiligtümern, ein Kreuzzug, der ethnisch inspiriert ist), Präventiv-K. (Antwort auf eine äußere oder spürbare Bedrohung), Rache- oder Ehren-K. (Reaktion auf eine Niederlage, Verletzung internationaler Verhaltensregeln), Grenz-K. (ein Eroberungs- oder Religions-K. im kleineren Maßstab) und K. gegen Piraten oder Räuber (gewöhnlich eine innenpolitische Angelegenheit, aber auch als K. mit dem Ausland vorstellbar, wenn sich das Problem zu einer zwischenstaatlichen Krise ausweitet, so wie der K. des Pompeius gegen die Piraten 67 v.Chr.). Diese nur beispielhafte Liste ist nicht in allen erdenklichen Arten erschöpft. Auch schließt sie, wenn man den Chamäleon-Charakter eines K. und seine Neigung zur Eskalation berücksichtigt, nicht aus, daß sich ein Typ zu einem anderen entwickelt. Fast dasselbe gilt für interne K. Der gebräuchlichste Typus, der Bürger-K., kann im Maßstab variieren zwischen der Stasis in einer griechischen Stadt bis hin zur Einbeziehung der gesamten Mittelmeerwelt, wie bei den römischen Konflikten von 49–31 v.Chr. In einem großen, gemischten Staat kann die Revolte einer Provinz, Region oder ethnischen Gruppe den Status eines K. erlangen, genauso wie eine Polizeiaktion, z.B. bei einem Sklavenaufstand oder der Unterdrückung von Piraten oder Räubern.

Wenn alle diese K.-Typen im allgemeinen ihren Kern von einem politischen Aspekt herleiten und im besonderen von einem politischen Ziel, ist K. *per definitionem* ein komplexes politisches Ereignis, das durch eine gewalttätige Kraft oder eine diesbezügliche Drohung charakterisiert ist. Unzählige Variablen betreffen jede seiner Seiten – nicht zuletzt die Geographie, denn wo auch immer, ganz abgesehen von ihren Zielen, K. stattfinden, müssen alle kriegerischen Handlungen in Zeit und Raum ausgetragen werden, und zwar im Rahmen der vorhandenen Technologie und nicht nur in bezug auf den Gegner (der sich den gleichen Schwierigkeiten gegenübersieht), sondern auch gegen menschliche Fehler, Glück und geographische Faktoren, wie das Terrain, das Klima und sowohl die Größe als auch den Charakter einer Bevölkerung. Ohne in Details über Taktik und Strategie abzuschweifen, ist es sinnvoll, in einer theoretischen Form einige der grundlegenden Entscheidungen, Geographie eingeschlossen, hervorzuheben, die im Verlauf eines K. getroffen werden müssen.

Abgesehen vom Grund eines K. oder seiner politischen Zielsetzung müssen sich beide kriegführenden Mächte grundlegenden Punkten zuwenden. Zuerst ist dies der geographische Schauplatz der beiden Staaten: Grenzen sie aneinander und teilen sie eine Grenze, oder sind sie weiter voneinander entfernt, und wenn ja, wie weit? Jeder K.-Führende muß eine Vorstellung davon haben, wo der andere Staat liegt, wie das gegnerische Territorium beschaffen ist, ebenso vom Charakter des Volkes, der Art seiner Waffen, der Größe der Bevölkerung und dem Ausmaß der Ressourcen. Hieraus entwickelte sich das grundlegende politische und militärische Motiv für die Sammlung von geographischen und ethnischen Daten bis zurück zu den Sumerern im Bronzezeitalter (vgl. Strab. 1,1,16–17; 15,1,26; 2,3; Aristot. rhet. 1,4,1359b–60a). Der

Angreifer muß diese Faktoren berechnen und mit seinen eigenen Ressourcen und Absichten abstimmen. Was ist möglich und was nicht? Wie beeinflussen die etwaigen Unterschiede des Terrains und der Bewaffnung, wenn sie dem feindlichen Territorium begegnen, die Fähigkeiten des Angreifers, sein Ziel zu erreichen? Des weiteren: Wenn der Aggressor die Schlacht sucht, wo soll das Treffen stattfinden, und wie kann seine Armee dorthin gelangen? Über Land oder über See? In welchem Element (Land oder See) ist der Feind stärker? Besteht das feindliche Territorium in erster Linie aus Bergen, Hügeln, Sümpfen, Wäldern, Flüssen oder Seen, und wird es durch diese verteidigt? Gibt es dort Straßen? Wie wird die geographische Eigenart des K. aussehen? Sicherlich können solche Fragen leichter bei einem Konflikt mit einem Nachbarn beantwortet werden als bei einem entfernteren Staat, aber selbst ein Feldzug tief in das Territorium eines Nachbarn impliziert die Notwendigkeit der Versorgung, welche die Dauer und den Erfolg einer Offensive bestimmen kann. Das Vorhandensein von Nahrung und Wasser ist entscheidend. Wenn eine Armee nicht beabsichtigt, vom Land des Feindes zu leben – und die Natur des Terrains (z. B. Berge, Wüsten) oder die Zerstörung seines eigenen Territoriums durch den Feind (›Verbrannte-Erde-Politik‹) können diesen Punkt für den Angreifer entscheiden –, dann wird das Versorgungssystem vom Ausgangspunkt ausschlaggebend, obwohl Wasser eine Notwendigkeit ist, das nicht so einfach in großem Umfang transportiert werden kann, wenn der Gegner Flüsse, Quellen und Teiche verunreinigt oder vergiftet. Cassius Dio (40,15,5–6) schreibt das Scheitern der parthischen Bemühungen, sich westlich des Euphrats auszudehnen, dem Mangel an einem entsprechenden Versorgungssystem und der Veränderung in der Natur des Terrains zu.

Die Entfernung selbst kann bestimmen, ob ein K. ratsam ist. Xerxes wurde nicht durch die Entfernung davor abgeschreckt, Griechenland anzugreifen (480 v.Chr.), und ebenso Dareios I. nicht davor, einen Feldzug gegen die Skythen zu unternehmen. Aber die Spartaner lehnten die Mitwirkung am Ionischen Aufstand (499–494 v.Chr.) ab, weil ihnen der K.-Schauplatz zu weit entfernt war (Hdt. 4,49–50). Dareios mußte seine Niederlage eingestehen, als die Skythen, wie es auch die Parther häufig gegenüber den Römern praktizierten, die große Weite ihres Territoriums als strategische Waffe ausnutzten, um sich immer wieder zurückzuziehen und somit einer Schlacht auszuweichen. Ein grundlegendes Axiom der K.-Führung schreibt vor, daß der Angreifer dem Verteidiger überlegen sein muß, um erfolgreich zu sein. Dieses Prinzip ist sowohl strategischer als auch taktischer Natur, da die Entfernung für den Verteidiger arbeitet: Der Angreifer muß einen Teil seiner begrenzten Energie und Ressourcen darauf verwenden, sein Ziel zu erreichen.

Nicht zuletzt gilt es den Zeitpunkt der Mobilisierung zu berücksichtigen: Wann kann der K. beginnen? Wie schnell können die jeweiligen Armeen zusammengezogen werden? Dieser Punkt ist für eine griechische Polis und das persische Reich sehr unterschiedlich – eine Aufgabe, die nicht nur von der Größe, sondern ebenso von der inneren Entwicklung eines Staates und seiner Geographie abhängt, da diese die Geschwindigkeit der Bewegung innerhalb eines Staates beeinflussen kann (vgl. Xen. an. 1,5,9). Sicherlich ist die Bedeutung der Entfernung, der Zeit und des Terrains vermindert, wenn der K.-Kodex einer Kultur und die ungeschriebenen Verhaltensregeln eines K.-Führenden die K.-Führung so stark diktieren, wie es im klassischen Griechenland der Fall war.

Operationsmöglichkeiten						
Land		Verbunden		See		
		Transport von Landstreitkräften				
Schlacht (entscheidend, Vernichtung)	Ermattung			Ermattung		Schlacht
Schlachten (Pyrrhische Siege)	Positionskrieg			Guerre de Course	Blockade	Schlachten
	Belagerung			Belagerung		
		Guerilla	Piraterie			
		Terrorismus				

Abb. 45: Schema der Einsatzmöglichkeiten im Krieg.

Abb. 45 stellt schematisch die Einsatzmöglichkeiten dar, die theoretisch jedem kriegführenden Staat am Anfang eines K. zu Verfügung stehen. Landoperationen schließen gleichzeitige Seeaktivitäten nicht aus. Ob der Hauptangriff eines K.-Führenden über Land oder See erfolgt, hängt von unzähligen Faktoren ab, wie der geographischen Lage der kriegführenden Staaten (Entfernung und Terrain zwischen ihnen eingeschlossen), der jeweiligen Stärke der K.-Führenden von Militär- und Seestreitkräften, des K.-Grundes und der Ziele der K.-Führenden. Zu Land wie zu Wasser kann der K. durch eine einzige Schlacht entschieden werden. Aber die Schlacht mag weder von der einen noch von der anderen Seite gesucht werden, oder wenn die Schlacht stattfindet, könnte sie für keine Partei entscheidend sein, oder der geschlagene Gegner könnte seine Niederlage nicht eingestehen. Somit kann die Wahl zwischen Ermattung und Schlacht eher von einer Reihe von Ereignissen herrühren als von einer bewußten Entscheidung einer der K.-Führenden. Im See-K. kann der Ermattungs-K. drei verschiedene Formen oder jedwede Kombination der drei annehmen: eine Reihe von Schlachten, eine Blockade der feindlichen Küste (eine Möglichkeit, die in der Antike ziemlich begrenzt war) und ein *guerre de course* – Vermeidung einer Schlacht, während man die feindliche Küste und Flotte ausräubert. Ein *guerre de course* kann manchmal kaum von Piraterie unterschieden werden, außer daß staatliche Verbände anstelle von privaten verwendet werden. Die Belagerung eines spezifischen Küstenpunktes von Land oder See aus würde eine gemeinsame Operation von Militär- und Seestreitkräften implizieren, ebenso wie es bei der Benutzung der Flotte für den Transport der Armee zu einem Raubzug oder einer Invasion der Fall wäre.

Im Vergleich dazu bietet die Ermattung im Land-K. zwei Hauptmöglichkeiten: eine Reihe von Schlachten, bis einer der K.-Führenden kapituliert, obwohl (wie in den Fällen Pyrrhos und Hannibal) der Gewinn der Schlachten nicht den Gewinn des K. nach sich ziehen muß, oder ein Positions-K., in dem sorgfältig geplante Schlachten vermieden werden und der Nutzung des Terrains als Waffe der Vorzug gegeben wird, um den Gegner zu erschöpfen und/oder einen Hinterhalt oder eine

Schlacht mit vorteilhaften Bedingungen zu erreichen. Im hellenistischen Griechenland wurde das Unternehmen eines Positions-K. durch das Verb *topomacheo* ausgedrückt (Plut. Flam. 3,1; Plut. Kleom. 20,1; Demetr. 43,1; vgl. Diod. 13,39,4 für den Begriff im taktischen Gebrauch), wovon ein Substantiv *topomachia* abgeleitet werden kann, das vermutlich in der nicht mehr erhaltenen technischen Literatur existierte. Die Befestigungen Philipps V. in der Schlucht des Flusses Aoos, die eine römische Invasion nach Makedonien durch Epirus verhindern sollten (199–198 v.Chr.), bieten ein Beispiel für *topomachia*, ebenso wie die strategischen Rückzüge der Skythen und Parther, die schon oben erwähnt worden sind, und vielleicht auch die Strategie des Fabius Maximus, einer Schlacht mit Hannibal auszuweichen (217 v.Chr.). Strabon (1,1,17) bezeichnet die Guerillataktiken der vorstaatlichen Völker wie Germanen und Kelten gegen die Römer als *topomacheo*. In West- und Nordeuropa konnten Sümpfe und Wälder ebenso effektiv sein wie Berge und Schluchten in Griechenland.

Kriegsgründe: Geographisch bedingte K.-Gründe können aus drei Arten bestehen, die sich nicht gegenseitig ausschließen: Streitigkeiten über Grenzen, Gier nach Land, Ressourcen und Handel und die geographische, imperiale Ambitionen fördernde Lage eines Staates. Strabon erkannte (Strab. 1,4,7), daß Grenzstreitigkeiten ein häufiger Grund für Konflikte zwischen Nachbarn sein konnten, aber er notierte ebenso, daß die Festlegung einer bestimmten Grenze solche Auseinandersetzungen auch nicht verhinderte. Grenz-K. konnten untergeordnete Angelegenheiten sein (vgl. Thuk. 1,15,2; Lucr. 5,1245–48), aber der Disput, egal ob er mit der Zeit durch K. oder eine Schlichtung entschieden wurde, war oft nicht endgültig beendet. Der Streit zwischen Sparta und Argos über Thyrea begann während des archaischen Zeitalters und setzte sich bis zur Mitte des 2. Jahrhunderts v.Chr. fort (Hdt. 1,82; Strab. 1,4,7; 8,6,17; Paus. 7,11). Ebenso war die Grenze zwischen Athen und Böotien seit der archaischen Zeit unklar, sollte eine etymologische Legende über ein Fest von Apaturia wahr sein (Ephorus, FGrH 70 F 22; Frontin. strat. 2,5,41; Polyain. 1,19), obwohl sich der Streit später auf Oropos konzentrierte, eine Gegend, die Pausanias nicht sehr schätzte (1,34,1; vgl. Strab. 1,4,7; 9,1,22). Im Gegensatz dazu mag der berühmte Lelantinische K. (ca. 700 v.Chr.) zwischen Chalkis und Eretria mit den Kupfer- und Eisenvorkommen der Ebene zu tun gehabt haben (Strab. 10,1,9), und die Autariater, ein bedeutender illyrischer Stamm, bekriegten sich ständig mit den Ardiaern wegen der Salzbergwerke an ihrer gemeinsamen Grenze (Strab. 7,5,11).

Das Streben oder die Gier nach Land, Ressourcen und Handel müssen nicht auf angrenzende Nachbarn beschränkt sein und werden durch die Bemerkung des Aristoteles illustriert (Aristot. pol. 1,1256b23–26), daß K. eine Kunst des Erwerbs sei (vgl. Anaximen. rhet. Alex. 1425a). Der berühmte Vorfall, als Cato d.Ä. eine große Feige auf den Boden des Senates fallen ließ mit dem Kommentar, daß das Land, in dem sie angebaut werde, nur eine Seereise von drei Tagen entfernt sei (Plut. Cat. mai. 27,1), wird häufig bei der Diskussion über die Gründe für den Dritten Punischen K. als Beleg angeführt. Der Reichtum oder die Armut der Ackerflächen eines Volkes kann ebenso als Argument für die Beteiligung oder Nichtbeteiligung an einem K. angeführt werden. Die Vortrefflichkeit des Bodens in Kleinasien, besonders westlich des Flusses Halys, machte diese Region zum Hauptziel von Invasoren (Strab. 12,8,4.6). Im Gegensatz dazu ließ die magere Erde von Attika diese nicht als begehrenswert erscheinen

Abb. 46: Relief von der Traian-Säule in Rom (Anfang 2. Jh. n.Chr.) mit Szenen aus den Kriegen, die die Römer unter Kaiser Traian gegen die Daker führten. Mit ihren vielen Details sind die Reliefs eine wichtige Quelle für die römische Militärgeschichte und zugleich ein instruktives Dokument für römische Kriegspropaganda.

und bewahrte somit den Athenern ihre Autochthonie (Thuk. 1,2,4–6; Strab. 8,1,2; vgl. Ephorus, widerlegt von Strabon, über die Aitoler: 10,3,2–4). Tatsächlich stellt Strabon (2,5,26) eine geographische Theorie über eine Zivilisation auf, die zum Teil durch anthropologische Lehren der Sophisten aus dem 5. Jahrhundert v.Chr. (vgl. Plat. Prot. 332a-b) inspiriert wurde, in der die Entfernung von einer Zivilisation, Rauheit des Terrains und Armut für die Neigung von Bergvölkern zu Räuberei und K. verantwortlich gemacht werden (vgl. Caes. Gall. 1,1,3 für die Belger). Dieser Vorläufer des modernen Szenarios von Völkern-aus-den-Bergen gegen Völker-aus-der-Ebene wurde zu einem Motiv in Strabons geographischer Analyse, obwohl es bemerkenswert ist, daß er nichts über Transhumanz sagte. Rauhes Terrain wäre demnach für das Räuberunwesen und die K.-Lust der Lusitaner (Strab. 3,3,6.8), Iberer (3,4,5.13) Korsen (5,2,7), Aitoler (10,3,2–4), Hyrkanier (11,7,11), Mysier (12,8,8) und Elymer und Paraetakenier (15,3,12) verantwortlich. Man müsse es dem numidischen König Masinissa als Verdienst anrechnen, daß er sein Volk von Räubern zu Soldaten wandelte (17,3,15; vgl. Liv. 24,48,5–7).

Abgesehen von Langzeitarmut konnten Naturkatastrophen K. und Invasionen verursachen. Eine Wanderung der illyrischen Autarienser soll das Ergebnis einer Froschplage gewesen sein (App. Ill. 4), und die Invasion der Kimbern nach Italien und Gallien wurde einer Flutwelle zugeschrieben, die ihr Land und Nordeuropa überschwemmte, obwohl weder Poseidonios noch Strabon an diese Erklärung glauben (Strab. 7,2,1–3 = Poseidonios, FGrH 87 F 31; Flor. epit. 1,38,1). Hunger, Mißernten und die Erschöpfung von Weideland, die in antiken Quellen kaum erwähnt werden, könnten viele Bewegungen von Völkern erklären.

Schließlich kann die bevorzugte geographische Lage eines Staates ein Argument für einen K. sein (Anaximen. rhet. Alex. 1425a24). Einige Regionen sind durch ihre Beschaffenheit dazu prädestiniert, Großmächte zu sein. Die Peloponnes wurde die ›Akropolis von Griechenland‹ genannt, und die bloße Topographie Griechenlands suggerierte seine Hegemoniestellung (Strab. 8,1,3). Aus der Sicht von Ephoros eignete sich Böotien von Natur aus wegen des Reichtums seines Bodens, seinem Zugang zu drei Meeren und der Anzahl guter Häfen zur Hegemonie. Aber der Mangel an Bildung unter den Führern und das Widerstreben der Boioter, mit anderen Völkern in Kontakt zu treten, vereitelte seine Entwicklung. Selbst unter diesen Voraussetzungen zog seine zentrale Lage Konflikte an und verleitete den Thebaner Epameinondas im 4. Jahrhundert v.Chr. dazu, es das ›Orchester des Ares‹ zu nennen (Plut. Marcel. 21,2). Und selbstverständlich hat die Geographie aus der Sicht augusteischer Autoren wie Strabon (6,4,1–2) und Vitruv (6,1,11) Italien für die Weltherrschaft erschaffen.

→ Armee, Außenpolitik, Bürgerkrieg, Ethnologie, Fluß, Fortifikation, Frieden, Gebirge (Berg), Geographie, Grenze, Handel, Imperialismus, Insel, Interessensphären, Kap, Klima, Logistik, Piraterie, Paß, See, Seeherrschaft, Staat, Staatenverbindungen, Stadt, Straße (Straßenbau), Strategie, Taktik, Topographie, Wald

LITERATUR: V. *Ilari:* Guerra e diritto nel mondo antico I. Mailand 1980. – B. *Keil:* Peloponnesiakos Polemos, in: Hermes 51, 1916, 441–58. – V. *Rosenberger:* Bella et expeditiones. Die antike Terminologie der Kriege Roms. Stuttgart 1992.

Everett L. Wheeler

Küste

Antike K. interessieren die Historische Geographie in dreifacher Hinsicht. Erstens geht es darum, den von der heutigen Beschaffenheit der Landschaft zum Teil beträchtlich abweichenden Verlauf antiker K. zu rekonstruieren. Zweitens waren in der Antike K.-Regionen der bevorzugte Lebensraum des Menschen. Und schließlich ist von Bedeutung, daß die Erfassung des Raumes und der natürlichen Umwelt durch den antiken Menschen, sofern er mit Meer und K. zu tun hatte, in ganz erheblichem Maße von den K. geprägt worden ist.

Veränderung des Küstenverlaufs: Verschiedene Faktoren sind dafür verantwortlich, daß in vielen Fällen die modernen K.-Linien nicht mehr den antiken Verhältnissen entsprechen. Eine wichtige Rolle kommt dabei den eustatischen (= feststehenden) Schwankungen des Meeresspiegels zu. Das durch Ansteigen bewirkte Vordringen des Meeres an den K. wird freilich häufig durch die Sedimentablagerungen von Flüssen relativiert, die umgekehrt zu Verlandungs-Prozessen führen. Durch Ansteigen des Meeresspiegels ist beispielsweise Kenchreia, der östliche Hafen von Korinth, heute im Meer verschwunden. Das im Jahre 373 v.Chr. durch Erdbeben und Tsunami zerstörte und im Meer versunkene Helike am Golf von Korinth liegt heute dagegen, wegen der Sedimentierung dreier Flüsse, vermutlich unter der Landfläche. Opfer von Verlandung wurden zahlreiche Häfen im mediterranen Raum, wie Ostia (Portus), Milet und Ephesos. Für die adäquate Rekonstruktion historischer Vorgänge und Zustände sind solche topographischen Modifikationen grundsätzlich zu berücksichtigen.

Küsten als Lebensraum: Der größte Teil der antiken Städte lag am Meer. Insofern war die geographische Formation K. der primäre Lebensraum des antiken Menschen. Die Tendenz der Griechen, sich an der K. anzusiedeln, hat der Historiker Thukydides mit den Interessen des Handels und dem Bedürfnis nach Sicherheit in Zusammenhang gebracht: »Alle Städte aber, die in jüngerer Zeit gegründet wurden und die bei schon entwickelter Seefahrt eher Überschuß hatten, wurden unten am Strand selbst angelegt und riegelten mit Mauern die Landzungen ab – um des Handels willen und wegen der Sicherung gegen die jeweiligen Nachbarn, während die alten Städte wegen der noch lange vorherrschenden Seeräuberei weiter entfernt vom Meer gebaut wurden« (Thuk. 1,7). Im Zuge der Kolonisation ließen sich Griechen an den K. von Mittelmeer und Schwarzem Meer nieder, wo sie dann, nach den Worten Platons, »wie Frösche um den Teich saßen« (Plat. Phaidr. 109b). Dabei bestätigt sich die Aussage des Thukydides: Bei der Wahl der Plätze spielte, neben handelspolitischen Erwägungen, der Aspekt der Sicherheit eine wesentliche Rolle. Bezeichnend ist etwa die Vorgehensweise der Kolonisten aus dem euböischen Chalkis, die im 8. Jahrhundert v.Chr. Kyme (Cumae) an der kampanischen K. gründeten. Zunächst nahmen sie von der der K. gegenüberliegenden Insel Aenaria (Ischia) Besitz (Liv. 8,22,6), um dann, nach Klärung der Verhältnisse an der K. und im Hinterland, auf das Festland überzusetzen (Thuk. 6,4,5; Plin. nat. 3,61; Vell. 1,4,1).

Die Römer legten viele Städte auch im Binnenland an, was mit den Interessen der Herrschaftssicherung und der Versorgung von Veteranen und Proletariern zu erklären ist. Freilich notiert man auch hier, neben der existentiell notwendigen Anlage von

Handels- und Kriegshäfen, eine Affinität insbesondere der sozialen Eliten zum Meer und zur K. Viele reiche Römer bezogen, schon aus Statusgründen, eine Villa etwa am Golf von Neapel. Wohnen am Meer war vor allem in der Kaiserzeit eine Mode in der Oberschicht. Daß man das Leben an der K. auch bewußt meiden konnte, beweist ein Brief des jüngeren Plinius (Plin. epist. 5,6,2), in dem er über sein Landhaus in Etrurien spricht und ausdrücklich dessen K.-Ferne hervorhebt: »Der Landstrich von Etrurien, der sich an der Küste hinstreckt, ist schlimm und fieberverseucht, aber mein Landgut ist weit vom Meer entfernt, liegt vielmehr am Fuß des Appennin, des gesündesten aller Gebirge.«

Küste und Raumerfassung: Bedeutsam und wichtig war die K. für die Erfassung und Strukturierung von Raum und Landschaft durch die Griechen und, nach deren Vorbild, durch die Römer. Da Schiffahrt in der Antike überwiegend K.-Schiffahrt war, lernten die seefahrenden Händler und Entdecker die Landschaft vom Meer her kennen, und dies führte zu der Praxis, die Welt überhaupt vom Meer her zu erfassen. In den literarischen Quellen gibt es dafür viele Belege, auch bereits in Homers *Odyssee*, in der man zumindest partiell Reflexe realer Landschafts-Erfassung annehmen darf (etwa Hom. Od. 5,388–457 über die Steil-K. im Land der Phäaken). Ganz im Sinne dieser vom Meer auf die K. gerichteten Perspektive sagt Thukydides, um seinem Publikum die Lage von Epidamnos zu erklären, dies sei »eine Stadt am Ionischen Meerbusen, wenn man hineinfährt, rechts« (Thuk. 1,24,1).

Fahrtenbücher: Solche Beobachtungen von Seefahrern haben Eingang in die *periploi*, die Fahrtenbücher, gefunden. Diese sind, obwohl in der Regel nur fragmentarisch erhalten, wichtige Quellen für die angesprochene Weltsicht und darüber hinaus relevante Medien der Rekonstruktion antiker K.-Landschaften. Die *periploi* bestanden aus Auflistungen von Orten, Flüssen und Bergen, die an den jeweiligen K. lagen, dazu lieferten sie nautisch bedeutsame Informationen über Untiefen, Strömungsverhältnisse, Brandung, Winde und – für Siedler wichtig – Süßwasservorkommen, Ankerplätze und Häfen. Prominentes Beispiel dieses Genres ist der in griechischer Übersetzung vorliegende *periplus* des Karthagers Hanno, der wohl zu Anfang des 5. Jahrhunderts v.Chr. eine Expedition entlang der West-K. Afrikas unternahm. Wertvoll ist für die Historische Geographie auch der Bericht des aus Massilia (Marseille) stammenden Pytheas über eine Reise nach Britannien in frühhellenistischer Zeit.

→ Fluß, Gezeiten, Hafen, Lagune, Marschland, Meer, Meerenge, Meeresspiegel, Meeresströmungen, Mentalität, Navigation, Piraterie, Reiseberichte, Schiffahrt, Schiffahrtswege, Seeherrschaft, Strandverschiebungen

LITERATUR: M. *Cary*/E. H. *Warmington:* Die Entdeckungen der Antike. Zürich 1966. – J. H. *d'Arms:* Romans on the Bay of Naples. Cambridge/Mass. 1970. – O. A. W. *Dilke:* Greek and Roman Maps. London 1985. – R. *Güngerich:* Die Küstenbeschreibung in der griechischen Literatur. Münster ²1975. – E. *Olshausen:* Einführung in die Historische Geographie der alten Welt. Darmstadt 1991. – J. *Schäfer*/W. *Simon* (Hgg.): Strandverschiebungen in ihrer Bedeutung für Geowissenschaften und Archäologie. Ruperto Carola. Heidelberg 1981. – R. *Sénac:* Le périple du Carthaginois Hannon, in: BAGB 4, 1966, 510–588.

Holger Sonnabend

Kultarchitektur

Wann die Menschen begonnen haben, für ihre Götter Kultbauten zu erstellen, ist zeitlich und regional verschieden. Von den Persern ist bekannt, daß sie weder Tempel, Götterbilder noch Altäre errichtet haben (Hdt. 1,131). Xerxes soll die Tempel der Griechen sogar deshalb zerstört haben, da er es als Frevel ansah, Götter in Mauern einzuschließen (Cic. rep. 3,9,14). Eine ähnliche Gesinnung wurde den Germanen nachgesagt (Tac. Germ. 9). Einer der ältesten steinernen Kultbauten datiert in die Jungsteinzeit und wurde 1989 bei Nevali Cori in Südostanatolien ausgegraben. Das Heiligtum bestand aus einem 9,0 x 9,8 m großen ummauerten Kultraum mit einer umlaufenden Steinbank auf der Innenseite. Der Tempel gründete auf einem Vorgängerbau und barg neben einer reliefverzierten Stele zahlreiche menschen- und tiergestaltige Götterbilder.

Sicherlich haben die meisten indogermanischen Völker anfänglich ihre heiligen Handlungen im Freien vorgenommen, an Orten, die aufgrund ihrer besonderen geographischen Lage oder Beschaffenheit als göttliche Wohn- und Wirkungsstätte galten, wie Berggipfel, Felsen, Höhlen, Bäume oder Haine, Quellen, Flüsse und Seen (La Tène, Schweiz). Der heilige Bezirk, im Griechischen *temenos*, im Lateinischen *templum* genannt, war durch Grenzsteine, Wälle oder Mauern von der profanen Außenwelt abgetrennt. Darin standen zunächst nur Altäre, später traten Kultbauten hinzu. Bei den Römern hat sich dabei der Begriff *templum* auf das Haus der Gottheit übertragen. Die Anfänge des Tempelbaus in Griechenland lassen sich nicht exakt datieren, können aber für das 9. Jahrhundert v.Chr. angenommen werden.

Griechenland: Die Tempel der griechischen Antike dienten nicht als Versammlungsräume einer Kultgemeinschaft, sondern waren ausschließlich für das im Innern aufgestellte Kultbild oder um ein Kultmal errichtet. Der Tempel galt als Wohnung und heiliger Besitz der darin verehrten Gottheit, dementsprechend orientierte sich seine architektonische Gestalt am *megaron*, dem aus Hauptraum und Vorhalle bestehenden griechischen Wohnhaus. Die ersten Kultbauten waren aus Holz und Lehmziegeln errichtet. Im Laufe des 6. Jahrhunderts v.Chr. wurden allmählich alle Holz-Ziegel-Tempel durch steinerne ersetzt.

Bei den Tempeln handelt es sich überwiegend um langgestreckte Rechteckbauten mit Säulenumgängen ohne Verwendung von Wölbungen. Die Tempel wurden meist auf einem dreistufigen Sockel errichtet und bildeten auf dieser Basis eine Reihe von Typen aus, welche sich vor allem in Anzahl und Anordnung der Säulen unterscheiden. Ein häufiger Bautyp war der *peripteros*, bei welchem die *cella* von einer Säulenreihe umgeben ist (Zeus-Tempel in Olympia, 470–456 v.Chr.; Parthenon in Athen, 447–432 v.Chr.; vgl. Abb. 47). Eine ostionische Besonderheit war der Dipteros mit doppelt umlaufender Säulenreihe (Apollon-Tempel in Didyma bei Milet, 540–525 v.Chr.; Hera-Tempel auf Samos, um 480 v.Chr.; Artemis-Tempel von Ephesos, um 460 v.Chr.). Allen gemeinsam ist ein flaches Satteldach mit Front- und Rückseitengiebel. Der Innenraum diente zur Aufstellung des Kultbildes und war regelmäßig nur der Priesterschaft zugänglich. Der Altar stand nicht im, sondern vor dem Tempel im Freien. Regional verschieden sind Säulenformen und Bauschmuck: Während die dorische Ordnung auf dem griechischen Festland (Zeus-Tempel in Olympia, Parthenon in Athen) und im Westen (sogenannter Poseidon-Tempel in Paestum bei

Abb. 47: Der Parthenon-Tempel auf der Akropolis in Athen ist architektonisch ein Beispiel für einen dorischen Peripteros. Der Tempel wurde in den Jahren 447 bis 432 v.Chr. unter der politischen Regie des Perikles erbaut und diente wie die anderen Bauwerke auf der Akropolis dazu, den kulturellen Glanz Athens zu dokumentieren.

Neapel, um 480 v.Chr. begonnen) dominierte, war die ionische Ordnung in Kleinasien (Apollon-Tempel in Didyma bei Milet), auf den Inseln (Hera-Tempel auf Samos) und teilweise in Athen (Tempel der Athena-Nike auf der Akropolis, um 421 v.Chr.) gebräuchlich. Den dorischen Tempel schmückten in der Regel Giebelskulpturen sowie ein Metopen- und Triglyphenfries, den ionischen Figurenreliefs in der Gebälkzone.

Die meisten griechischen Tempel waren in exponierter Lage inmitten heiliger Bezirke errichtet. In vielen Stadtstaaten Griechenlands standen sie auf der Akropolis (Athen) und besaßen als religiöser, kultureller wie auch politischer Mittelpunkt große Bedeutung.

Rom: Im römischen Tempelbau werden seit dem 2. Jahrhundert v.Chr. italisch-etruskische mit griechischen Architekturelementen vermischt. Der römische Tempel steht auf einem hohen Podium, gliedert sich in eine oft dreigeteilte *cella* mit tiefer Säulenvorhalle und kann nur von einer Schmalseite her über eine breite Freitreppe betreten werden.

Haupttypen sind der Prostylos, der Peripteros ohne Rückhalle und der Pseudoperipteros (Maison Carrée in Nimes, 20–12 v.Chr.; vgl. Abb. 48). Bevorzugte Ordnung ist die korinthische. Kuppelbauten, wie das unter Hadrian im 2. Jahrhundert n.Chr. neu errichtete Pantheon in Rom, bilden als Sakralbau eher die Ausnahme. Wie bei den Griechen beherbergten die römischen Tempel Götterbilder mit Blickrichtung nach Osten (Vitr. 4,5). Geopfert wurde außerhalb des Tempels auf einem Altar, dessen Orientierung verbindlich war (Vitr. 4,9).

Abb. 48: Römischer Podiumtempel in Nimes (Südfrankreich), die sogenannte Maison Carrée, die den Typus des Pseudoperipteros repräsentiert. Der Tempel wurde in der frühen Kaiserzeit (20 bis 12 v.Chr.) gebaut. Charakteristisch für die Ausrichtung römischer Tempel ist die Orientierung auf den davor liegenden Platz.

Von überragender Bedeutung war der wohl 509 v.Chr. auf dem Kapitolshügel in Rom geweihte Tempel für die drei höchsten Staatsgötter Jupiter-Juno-Minerva (Pol. 3,22,1 ff.; Liv. 2,8,6; Plin. nat. 33,19; Dion. Hal. ant. 5,35,3; Tac. hist. 3,72,1). Ähnliche Kapitolstempel beherrschten als sinnfälliges Symbol des römischen Staates das Forum vieler Städte in Italien (z. B. Pompeji) und in den Provinzen (z. B. Xanten). Allgemein war der römische Tempel, besonders als Forumstempel, enger mit dem öffentlichen Leben verbunden als sein griechisches Pendant.

Eine Kultstätte ganz anderer Art war das *sacellum*, das Lager- bzw. Fahnenheiligtum innerhalb der Kastelle. Als Aufbewahrungsort der göttlich verehrten Feldzeichen und des Herrscherbildnisses war es zugleich Stätte des Kaiserkultes. Jedes römische Militärlager verfügte über einen derartigen, stets im rückwärtigen Teil des Stabsgebäudes liegenden Kultbau, der vielerorts durch eine Apsis architektonisch betont ist.

Kelten: Vom Aussehen keltischer Tempel liegen uns von antiken Autoren nur vage Hinweise vor (Diod. 2,47,2; Liv. 23,24,11 f.; Pol. 2,32,5 f.; Suet. Caes. 54,2). Architektonische Reste von steinernen Kultbauten haben sich in Entremont, Roquepertuse und Glanum erhalten und belegen, daß zumindest die von der mediterranen Kultur beeinflußten Südgallier bereits ab dem 3. Jahrhundert v.Chr. Tempel errichteten. Literarisch (Caes. Gall. 6,13; 16) und archäologisch belegt (Gournay-sur-Aronde, Dép. Oise) sind ferner heilige Bezirke, die mit Wällen, Gräben und/oder Palisaden umgeben waren. Nach Ausweis der Funde wurden darin Waffen, Tiere und wohl auch Menschen geopfert. Umstritten ist dagegen die Deutung der sogenannten Viereckschanzen als Kultplätze. Diese mit Wall und Graben umgrenzten Einfriedungen wurden zwischen dem 4. und 1. Jahrhundert v.Chr. meist außerhalb bestehender Siedlungen angelegt. Sie begegnen in einer breiten Zone, die sich von der französischen Atlantikküste bis nach Böhmen ausdehnt. Im Gebiet zwischen Rhein, Main und Inn sind sie besonders häufig. Typisch ist ihre annähernd quadratische Form, wobei die Größe der süddeutschen Anlagen von ca. 0,2 bis 2 ha variiert. Gewöhnlich haben Viereckschanzen nur einen Eingang, der bei den süddeutschen meist im Osten, seltener im Süden oder im Westen, jedoch nie im Norden liegt. Spuren von Holzbauten wurden nur selten beobachtet, dagegen ließen sich in einigen Viereckschanzen

Abb. 49: Kultbezirk in Kempten, dem antiken Cambodunum, mit der Rekonstruktion des gallo-römischen Umgangstempels mit konservierten Grundmauern im Vordergrund (1./2. Jh. n.Chr.).

Schächte nachweisen, deren Verfüllung auf Opferhandlungen schließen läßt (Holzhausen, Bayern; Fellbach-Schmiden, Baden-Württemberg). Die Tradition dieser heiligen Plätze setzt sich nach der römischen Okkupation in zahlreichen gallo-römischen Kultbezirken fort.

Zu den größten ihrer Art zählen die in augusteischer Zeit gegründeten Tempelbezirke von Augst, Kempten und Trier. Es handelt sich hierbei um klar von der Außenwelt abgegrenzte, oft mehrere Hektar große Areale, auf denen zahlreiche Kultbauten unterschiedlichster Gestalt und Größe standen. Vorherrschender Bautypus war der gallo-römische Umgangstempel (vgl. Abb. 49), ein für die römischen Provinzen nördlich der Alpen typischer Sakralbau. Hierbei bestand die *cella* aus einem turmartigen Gebäude, welches in der Regel auf allen vier Seiten von überdachten Säulengängen umgeben war. Daneben waren kleine rechteckige Tempel nach Art griechischer Schatzhäuser sehr verbreitet. Ihre Fassade war stets von einem Giebel bekrönt, ein Würdemotiv, mit welchem in Ausnahmefällen auch Profanbauten geschmückt werden durften. So ehrte der römische Senat Caesar mit der Anbringung eines Giebels an dessen Privathaus (Plut. Caes. 63,9).

Kultbezirke mit heiligen Quellen entwickelten sich häufig zu Pilgerstätten (Tempelbezirk am Irminenwingert in Trier). Meist um einen Haupttempel als kultischem Mittelpunkt gruppierten sich Badeanlagen, Herbergen und Versammlungsräume. Wichtige gallo-römische Kultbezirke verfügten über ein Theater (Tempelbezirke am Irminenwingert und am Altbachtal in Trier, Tempelbezirke von Ribemont-sur-Ancre, Dép. Somme, und von Augst, Schweiz), offenbar ein für die Durchführung der Kultfeste und die Darstellung der Göttermythen notwendiger Bestandteil. Einzelnen Tempelbezirken kam zudem durch die jährliche Abhaltung von Landtagen politische Bedeutung zu (Kultbezirk in Kempten, Lenus-Mars-Heiligtum am Irminenwingert in Trier).

Mithras: Seit dem 2. Jahrhundert n.Chr. finden im römischen Reich zahlreiche Mysterienreligionen Verbreitung, die z.T. besondere Tempelformen entwickelten. Vor allem die Tempel der Mithrasreligion besitzen ein unverwechselbares Aussehen. Der einheitlichen Bauweise der Mithräen lag offenbar ein Kanon zugrunde: Der Kultraum bestand stets aus einem tiefer liegenden Mittelgang, welcher zu beiden Seiten von Podien, auf denen die Gläubigen dem Gottesdienst beiwohnten, flankiert wurde. Die meisten Mithrastempel waren west-ost orientiert, d.h. der Eingang zum

Abb. 50: Mithras-Heiligtum bei Mundelsheim (Landkreis Ludwigsburg/Baden-Württemberg) aus der 2. Hälfte des 2. Jh. n.Chr. mit restaurierten Fundamenten (Ansicht von Osten).

Kultraum lag im Osten, während im Westen der *cella* das Kultbild mit der Darstellung des stiertötenden Mithras aufgestellt war. Der *cella* waren nicht selten mehrere Räume vorgelagert, die als Versammlungsort oder der Aufbewahrung von Kultgerät dienten. Ein auffälliges Kennzeichen ist die häufig beobachtete Nähe von Mithräen zu Wasserläufen bzw. die Ausstattung mit einem Brunnen. Mithrastempel waren relativ kleine, kapellenartige Kultanlagen. Die durchschnittliche Größe der Kulträume beträgt ca. 15 x 8 m. Höchstens 10-20 Personen mögen darin Platz gefunden haben. Häufig bestanden deshalb an Orten mit hoher Einwohnerzahl (Städte, Garnisonsorte, Civitas-Hauptorte) mehrere Mithräen gleichzeitig nebeneinander (Rom: 15, Ostia: 16, Köln: 3, Frankfurt am Main/Heddernheim: 4). Typisch ist ferner die grottenähnliche Ausgestaltung des Kultraums, der mit künstlichem Licht erhellt werden mußte. Zuweilen wurden sogar natürliche oder künstlich geschaffene Höhlen zu Kulträumen ausgebaut (Saarbrücken im Saarland, Angera in Italien, Phanca in Slowenien, Kreta in Bulgarien, Wiesbaden in Hessen). Bezeichnenderweise taucht in einigen Bauinschriften die Bezeichnung *spaeleum* auf (CIL V 5795). Die Höhlenhaftigkeit der Mithrastempel, die zweifellos kanonisch ist, trug gleichzeitig dem geheimen Charakter des wahrscheinlich nur Männern vorbehaltenen Mithraskultes Rechnung. Während in urbanen Zentren oft Kellerräume von Häusern zu Mithräen umgestaltet worden sind, überwiegen an den Garnisonsorten freistehende Tempel, die meist in direkter Nachbarschaft der Militärlager errichtet waren. In der Provinz Obergermanien sind sie auffallend häufig nördlich bzw. nordwestlich der Kastelle zu finden.

Christentum: Die Christen hingegen bauten bis zum Ende des 3. Jahrhunderts n.Chr. noch keine Kirchen im eigentlichen Sinn. Die damalige Verfolgung durch den Staat, die Ablehnung heidnischer Tempelarchitektur und nicht zuletzt das Hoffen auf eine baldige Wiederkunft Christi zum Jüngsten Gericht mögen Gründe dafür sein. Gottesdienste wurden in Privaträumen abgehalten. Wegen den *tituli*, den Tafeln mit dem Namen der Hausbesitzer, werden diese Hauskirchen auch als Titelkirchen bezeichnet. Erst nach dem Toleranzedikt von Mailand 313 n.Chr. und der Förderung des Christentums durch Konstantin I. begann vor allem in Rom der Bau monumentaler Kirchen. Mit der Basilica Constantiniana, auf deren Gestaltung der Kaiser selbst Einfluß genommen haben soll (Eus. Const. 2,45), entstand auf dem Lateran ein völlig neuer Typ von Sakralbau: die christliche Basilika. Diese bestand aus einem langgestreckten Hauptraum, der von jeweils zwei Seitenschiffen flankiert wurde. Fenster in den Obergaden und den Außenwänden sorgten für einen hellen Kirchenraum. Im Osten endete das Mittelschiff in einer Apsis, der Eingang zur Kirche lag im Westen. Im Hauptschiff und den Seitenschiffen, die durch Säulenarkaden voneinander abgegrenzt waren, versammelten sich die Gläubigen zum Gottesdienst. Am Hauptaltar, der vor der Apsis stand und Christus, dem Erlöser, geweiht war, zelebrierte der Bischof die Messe.

Vorbild für diesen Kirchentyp war die kaiserliche Palastbasilika, in deren Apsis der Kaiser bei Staatsakten thronte. Entsprechend konzipierte man die christliche Basilika als Thronsaal des Gottkönigs Christus. Hierbei war Christus für die Gemeinde in dreierlei Hinsicht präsent: im Apsisbild, das ihn als Basileus zeigte, in der Person des Bischofs als seinem Stellvertreter und in der Gestalt von Brot und Wein bei der Eucharistiefeier. Hierdurch kam auch dem Altar, der stets im Kircheninnern stand und Reliquien enthielt, eine besondere Bedeutung zu. Sein Platz vor bzw. in der fast immer im Osten gelegenen Apsis, d.h. in Richtung der aufgehenden Sonne, ist kanonisch.

Noch im 4. Jahrhundert erhielten die Basiliken gelegentlich ein Querschiff, so daß der Kirchenbau die Gestalt des Kreuzes Christi annahm. Zu bischöflichen Basiliken gehören häufig kleinere Taufkirchen, sogenannte Baptisterien. Es sind in der Regel runde oder polygonale Zentralbauten mit einem Wasserbecken, in welchem die Taufe nach frühchristlichem Brauch, d.h. durch völliges Untertauchen des Körpers, vollzogen wurde.

Der Bau der Peterskirche durch Kaiser Konstantin I. und Papst Silvester I. bedeutete eine wesentliche Änderung der bisherigen Kultpraxis. Unter Bruch römischen Rechts wurde erstmals ein Sakralbau auf einer Nekropole errichtet. Die am Vatikanischen Hügel gelegene Kirche, die über dem Grab des Apostels Petrus vermutlich kurz nach 324 n.Chr. entstanden ist, war ursprünglich eine fünfschiffige Basilika mit Querhaus und einem Atrium als Vorhof. Ähnliche Grabeskirchen wurden später auch für andere Heilige erbaut und waren wie die Peterskirche in erster Linie Pilgerstätten. Die längsgerichtete basilikale Grundform blieb bis ins 19. Jahrhundert der beherrschende Bautyp in der christlichen Kirchenarchitektur.

→ Akropolis, Archäologie, Architektur, Bad, Berg, Fluß, Götter, Himmelsrichtungen, Höhle, Kulthandlungen, Kultorganisation, Mythologie, Pilger, Religionsgeographie, See, Tempel, Theater, Versammlungsorte, Wohnhaus

LITERATUR: J.L. *Brunaux*: Les Gaulois. Sanctuaires et rites. Paris 1986. – I. *Fauduet*: Les temples de tradition celtique en Gaule romaine. Paris 1993. – I. *Fauduet*: Atlas des sanctuaires romanoceltiques de Gaule. Les fanums. Paris 1993. – G. *Gruben:* Die Tempel der Griechen. München ²1976. – H. *Kähler:* Der römische Tempel. Berlin 1970. – H. *Kähler:* Die frühe Kirche. Kult und Kultraum. Frankfurt/Wien 1982. – E. *Langlotz:* Der architekturgeschichtliche Ursprung der christlichen Basilika. Opladen 1972. – M. J. *Mellink:* Archaeology in Anatolia: Nevali Cori, in: AJA 97, 1993, 108f. – A. *Reichenberger:* Temenos – Templum – Nemeton – Viereckschanze, in: JRGZ 35, 1988, 285–298.

Rudolf Schmidt

Kulthandlungen

Mit einer besonderen Darstellung der K. soll den spezifischen Anforderungen an ein Lexikon entsprochen werden. Im Grunde sind K. nicht zu trennen von den Kultstätten, denen sie als Rahmen dienen, von Denkweisen, deren rituellen Ausdruck sie bedeuten, und von Erzählungen, die mit ihnen in Zusammenhang stehen und eine umfassende mythische Geographie charakterisieren.

Wir werden uns auf die griechische Welt beschränken, um eine Betrachtung der K. in der Antike im Zusammenhang mit der Historischen Geographie zu geben. Wir werden uns fragen, auf welche Weise geographische Gegebenheiten K. bestimmt haben, wie solche Handlungen die historische Bedeutung einer Stadt, einer Region oder mehrerer Regionen beeinflußt haben. Wir werden auch zeigen, daß die Entwicklung von kultischen Erscheinungen und besonders ihr Fortbestehen zur römischen Zeit verknüpft ist mit ihrer Bedeutung als staatsbürgerlicher Identitätsfaktor im Rahmen der *polis*, in der die geographische und die räumliche Komponente eine nicht zu unterschätzende Rolle spielen.

Kulthandlungen und Natur: Zwischen K. und der natürlichen Umwelt gab es schon immer enge Beziehungen. Bereits in den homerischen Epen (Hom. Od. 3,1–68; 9,196; 20,276–279) wird deutlich herausgestellt, daß natürliche Besonderheiten (ein Strand, ein heiliger Wald) durch charakteristische Eigenschaften ausreichen, um die Nähe des Göttlichen heraufzubeschwören, und sie dienen dann als Ort für Opferungen. So bescheinigt Pausanias (7,25,10) die Existenz von Orakel-Praktiken (*astragalomanteia*) in der Gegend von Bura in Achaia: in der Nähe eines Flusses, in einer Grotte, die dem Herakles geweiht war. Der Einfluß der physischen Geographie auf K. wird beispielsweise auch durch die Rolle des Wassers im Artemis-Kult veranschaulicht: Die Göttin herrscht über alle Formen des Süßwassers, über Quellen und Flüsse, aber auch Seen und Sümpfe. Häufig findet man in den Artemis-Riten Belege für den hochheiligen Charakter von Quellen: Man weiß, daß sie im allgemeinen Bedürfnissen des Kultes genügen, ob sie nun zweckbetont oder mit der rituellen Reinigung vor der Opferung verbunden waren. Zahlreiche Opfergaben am Artemision von Brauron bezeugen die Wertschätzung der Quelle im Kult des Altertums. Auch die Artemis-Opferstätten auf der Peloponnes oder jene von Ephesos und von Magnesia in Kleinasien sind hier zu nennen. In einigen Fällen sind Flüsse – Alpheios zum Beispiel oder Meilikos in Achaia – in Hauptriten eingebunden, in eine Reinigung, zu der die Göttin Jugendlichen und Frauen verhelfen soll. Zudem dürften etliche warme Quellen, deren therapeutische Kräfte von hellenistischer Zeit an genutzt wurden, im Artemis-Kult eine Rolle gespielt haben.

Wenn K. also oft mit unterschiedlichen Elementen der natürlichen Landschaft verknüpft sind, so sind doch solche Elemente selten, die mit den K. besonders verbunden sind. Zwei arkadische Beispiele (Paus. 8,38,4 und 7) sollen genannt werden: (1) der Ritus der Hagno-Quelle: eine Zeremonie, die bei andauernder Trokkenheit zelebriert wird, um es regnen zu lassen; sie besteht aus einem Gebet, einem Opfer und einer Zauberhandlung; (2) die Menschenopfer auf dem Berg Lykaion während des Festes der *Lykaia*.

Der Berg gilt als idealer Ort für Riten, die scheinbar eine ›schwache, unvollständige‹ Zivilisation (Braudel 30) erhöhen.

Kulthandlungen und politische Geographie: Der Einfluß der natürlichen Umgebung auf K. ist also zu unterstreichen. Am deutlichsten kann man aber die Bedeutung dieser Praktiken in der griechischen Antike unter dem Gesichtspunkt der menschlichen und politischen Geographie erkennen. Betrachten wir den Fall der Opfergaben. In den Kolonien deuten sie auf Kontakte zwischen Griechen und Nicht-Griechen hin, zeugen also von einer möglichen kultischen Öffnung zu den einheimischen Volksgruppen. In einem reichhaltigen archaischen Opferlager des Hera-Heiligtums in Kroton fand man so neben wertvollen griechischen Opfergaben (Bronze-Pferd, Stirnreif aus Gold) ›fürstliche‹ Opfergaben nicht-griechischen Ursprungs wie ein kleines Bronze-Schiff aus Sardinien aus dem 8. oder 7. Jahrhundert v. Chr. Dieses Beispiel zeigt auch, daß die Opfergaben Ausdruck eines Bemühens waren, Ansehen, sogar Souveränität zu unterstreichen. Gerade diese Rolle scheinen in archaischer Zeit dreibeinige Kessel und Bronze-Figuren gespielt zu haben, die in ländlichen Heiligtümern niedergelegt wurden. Quantität und Qualität der Opfergaben des 8. und 7. Jahrhunderts v.Chr., die zum Beispiel im Heraion von Samos gefunden wurden, bestätigen, daß es sich um das erste Heiligtum in dieser Region handelte, und daß Hera die höchste Göttin war. Eine Fülle von Opfergaben orientalischer Herkunft aus dem Samos der gleichen Zeit deutet auf die gleiche Vorrangstellung der Göttin sowohl auf der Insel als auch im ägäischen Raum hin, wo sie als Schutzpatronin der Schiffahrt und des Handels galt. Diese Öffnung des Handels, symbolisiert durch die Gegenwart orientalischer Opfergaben, findet man auch im Heiligtum von Perachora am Isthmos von Korinth: Als geographische Grenze und Bezugspunkt gegenüber der Stadt ist das Heiligtum zur archaischen Zeit Bild der Ausdehnung Korinths zur See. Opfergaben, Opferungen und Symposia erschienen der herrschenden Schicht von Korinth und Argos ein Mittel, ihre Souveränität zu unterstreichen, und das in einer Zeit, da die territoriale Konsolidierung der Städte ein bestimmendes Element in der Kultentwicklung der nordöstlichen Peloponnes war.

Schon seit archaischen Zeiten dienen also K. dazu, die Umgestaltung von regionalen Beziehungen zum Vorteil einer Stadt zu rechtfertigen, die ihre Souveränität auf ein Gebiet ausdehnen will. Prozessionen haben in dieser Beziehung einen symbolischen Wert: Der Stadt bieten sie die Möglichkeit, regelmäßig ihre Kontrolle über das Gebiet zu bekräftigen. Einige der bekanntesten Feierlichkeiten dieser Art sind die *pompai* in Argos, Plataiai oder Samos für die Heraia (Fest der Hera), die Hyakinthia (Fest des Hyakinthos) der Lakedaimonier und die Eleusinia (Fest der Mysterien in Eleusis) der

Athener. Ihre Bedeutung in der hellenistischen Zeit und in der Kaiserzeit unterstreicht den Einfluß der Geographie durch K. hindurch auf die Bildung einer staatsbürgerlichen Identität. Der Kult des Helden Euryplos, dem in Patras während des Dionysos-Festes geopfert wird, gibt so dem Vorherrschen von Artemis- und Dionysos-Kult einen Sinn in einer Stadt, die römische Kolonie wurde. Er gilt als Verbindung zwischen mehreren Heiligtümern: dem Artemis-Heiligtum Laphria auf der Akropolis, wo sein Grabmal errichtet wurde, und den Heiligtümern des Dionysos Aisymnetes und der Artemis Triclaria an der Stadt-Peripherie: Sie sind Stationen einer Prozession, an der alle Altersklassen der Bevölkerung teilnahmen (Paus. 7,20,1–2).

Zur Zeit Traians folgte in Ephesos eine rituelle Prozession zu Ehren der Artemis einer Wegstrecke, die der Stadt eine Erinnerung an ihre Vergangenheit ermöglichte bei gleichzeitiger Einbeziehung der römischen Präsenz; so ließ sie die eigene Identität wachsen. Ihr geographischer Bestandteil wird in der Prozession durch die Gegenwart eines Bildnisses unterstrichen, das einen die Stadt überragenden Berg symbolisiert (I.v.Eph. 27). So werden Verbindungen hergestellt zwischen Geographie, Politik und Religion, ebenso wie bei solchen K., die politischen und sozialen Organisationsformen eine religiöse Bedeutung gewähren. Hierzu rechnet man das Fest der Apaturia, das über das ganze ionische Gebiet verbreitet war (Hdt. 1,147), das entsprechende Fest der Apellai für die Dorier und auch K., die im Rahmen einer mehrere Staaten umfassenden Amphiktyonie veranstaltet wurden, beispielsweise die Feiern der Panionia, die nördlich des Kap Mykale zu Ehren des Poseidon Helikonios ausgetragen wurden. Bedeutsamstes Beispiel dafür sind wohl die Riten, die anläßlich der Heroen-Kulte in den Demen von Athen zelebriert wurden. Diese im Demen-Kalender festgehaltenen K. gibt es in drei Formen: (1) örtliche Fest- und Kultveranstaltung der Polis; (2) Kulte und Riten, die gewissen Demen eigen waren (lokale Helden und Heldinnen); (3) große, einzig in den Demen veranstaltete Feiern (vor allem die Kleinen Dionysien).

Einen besonderen Fall menschlichen Zusammenschlusses mit religiösem Hintergrund bilden Wettbewerbe (*agones*): In ihrer Eigenschaft als Feste zu Ehren von Göttern können sie zu den K. gerechnet werden. Die aus verschiedenen Gegenden stammenden Griechen wollen sich zusammenfinden, und die eine sogenannte agonistische, sich in den Epochen ändernde Geographie, kennzeichnen. Die Feier der großen panhellenischen Wettbewerbe fand in geographisch privilegierten Gegenden statt, an Kreuzungen oder Einmündungen der großen Kommunikationsachsen. Die Zunahme der Wettbewerbe, die im Hellenismus und in der römischen Kaiserzeit den Status von heiligen Kranz-Wettbewerben erlangten, trug zur steigenden Ausstrahlung einer Stadt oder einer Region bei und spiegelt die geographische Ausdehnung des Hellenismus wie nach Italien, nach Syrien, in Karthago oder bis in die römische Provinz Arabia wider.

→ Bezirk, Fluß, Gebirge (Berg), Geographie, Götter, Höhle, Kolonisation, Kultarchitektur, Kultorganisation, Kultpropaganda, Mythologie, Natur, Religionsgeographie, See, Seeherrschaft, Stadt, Tierkult, Totenkult, Wald

LITERATUR: F. *Braudel*: La méditerranée et le monde méditerranéen à l'époque de Philippe II. Bd. 1. Paris 1966. – W. *Burkert*: Griechische Religion der archaischen und klassischen Epoche. Stuttgart 1977. – J. M. *Hall*: How Argive was the »Argive« Heraion? The Political and Cultic

Geography of the Argive Plain, 900–400 B.C., in: AJA 99, 1995, 577–613. – J. *Jarosch*: Samische Tonfiguren des 10. bis 7. Jahrhunderts v.Chr. aus dem Heraion von Samos. Bonn 1994. – M. *Jost*: La vie religieuse dans les montagnes d'Arcadie, in: Actes Colloques SoPHAU, Pau 1993, 55–67. – Y. *Lafond*: Pausanias et le panthéon de Patras: l'identité religieuse d'une cité grecque devenue colonie romaine, in: Kernos 11, 1998 (im Druck). – Y. *Morizot*: Artémis, l'eau et la vie humaine, in: R. Ginouvès et al. (Eds.): L'eau, la santé et la maladie dans le monde grec, in: BCH Suppl. 28, 1994, 201–216. – F. de *Polignac*: La naissance de la cité grecque. Cultes, espace et société, VIIIe-VIIe siècles. Paris ^{2}1995. – G.M. *Rogers*: The Sacred Identity of Ephesos: The Foundation Myths of a Roman City. London 1991. – U. *Sinn*: La funzione dell'Heraion di Perachora nella »Peraia« corinzia, in: F. Prontera (Ed.): Geografia storica della Grecia antica. Tradizioni e problemi. Rom/Bari 1991, 209–232. – Chr. *Sourvinou-Inwood*: Qu'est-ce que la religion de la polis? in: O. Murray/S. Price (Eds.): La cité grecque d'Homère à Alexandre. Paris 1992, 335–366.

Yves Lafond

Kultorganisation

Kulte und Rituale sind für die Existenz eines Gemeinwesens, für die Stiftung von Identität und für den Zusammenhalt seiner Mitglieder von zentraler Bedeutung. Die Organisation des Kultes ist in der Regel eine regionale Angelegenheit: eines städtischen Gemeinwesens, eines Stammes, einer Amphiktyonie, eines Bundesstaates, einer Provinz (z.B. der Kaiserkult in der Kaiserzeit) oder – im Christentum – eines Bistums. Die Veranstaltung lokaler oder regionaler Feste bringt die geographisch verstreute Bevölkerung eines Gemeinwesens zusammen und drückt das Verhältnis zwischen Zentrum und Peripherie aus.

Elemente der Kultorganisation: Feste, Kulte und religiöse Verbindungen benötigen eine Organisation, die den ungehinderten Verlauf des Ritus garantiert. In den meisten Fällen übernahmen in der Antike den organisatorischen Teil säkulare Amtsträger, während die Ausführung der Rituale von auf unterschiedliche Art und Weise bestellten (gewählten, ausgelosten, eingeweihten oder aufgrund der Zugehörigkeit zu einem Priestergeschlecht bestimmten) Kultbeamten (Priestern, Opferpriestern) durchgeführt wurden. Von einer politischen Macht der Priesterschaft kann – mit der Ausnahme einiger orientalischer Staaten – keine Rede sein. Die Übernahme eines Priesteramtes z.B. in Griechenland hatte nur in gesellschaftlichem Sinne eine prestigeträchtige Bedeutung für die einzelne Person, aber auch für die Mitglieder ihrer Familie. Priesterämter wurden in den seltensten Fällen nach geographischen Kriterien vergeben. Einige wichtige Kulte waren in den Händen bestimmter Familien (wie z.B. die Eteoboutadai, Bouzygai, Eumolpidai und Kerykes in Athen, die Branchidai in Milet); in der hellenistischen Zeit kommt es (vor allem in Kleinasien) zum Verkauf von Priesterämtern.

Identitätsstiftende Funktion: Die identitätsstiftende Funktion der Kultorganisation, vor allem in geographisch umfangreichen Gemeinwesen, kann am besten am Beispiel der attischen Kulte erläutert werden. Nach den Phylenreformen des Kleisthenes waren die Bürger in zehn geographisch nicht zusammenhängende Phylen unterteilt. Einen einheitsschaffenden Rahmen und ein Zusammengehörigkeitsgefühl für die aus unterschiedlichen Gegenden stammenden Mitglieder der Phylen entstand aus der gemeinsamen Verehrung der Phylenheroen, der imaginären kollektiven Ahnen. Das Phylenheiligtum war für die Phylenmitglieder der gemeinschaftliche Kultort, Archiv und Versammlungsort, das religiöse und politische Zentrum einer Phyle. Die Organisation der Rituale lag in den Händen der jeweiligen Phyle. In vielen Festen der gesamten Bürgerschaft traten Phylenmannschaften gegeneinander an. Die Heiligtümer der Phylenheroen befanden sich in den meisten Fällen in bereits vor der Phylenreform existierenden Kultplätzen. Die auf die zehn attischen Phylen verteilten Heroen vereinigten sich wieder in einem repräsentativen Denkmal im politischen Zentrum Athens, auf der Agora. An seiner Basis wurden offizielle Bekanntmachungen für die Mitglieder der Phylen angebracht. Die Phylenheroen übernehmen somit die Funktion des Wächters über die politischen Pflichten der athenischen Bürger.

Regionale Feste: Eine andere Ebene, nämlich die Spaltung der attischen Bürgerschaft in regionale Gemeinschaften, exemplifiziert das attische Demeterfest der Thesmophorien (im Monat Pyanopsion), an dem nur Frauen teilnahmen. Entgegen der vorherrschenden Meinung konnte K. Clinton zeigen, daß es in Athen kein zentrales, ›panattisches‹ Heiligtum für dieses Fest (Thesmophorion) gegeben hat. Viele epigraphische Dokumente belegen die dezentrale Ausrichtung und Organisation des Festes in den attischen lokalen Bezirken (Demen). Das Fest wurde fast parallel in vielen Demen gefeiert. Es ist unwahrscheinlich, daß alle (ca. 140) Demen Attikas jeweils ein Demeterheiligtum besaßen. Das Fest wurde wohl von einem Demos organisiert, in dem ein Demeterheiligtum (Thesmophorion) bereits vorhanden war. Frauen aus benachbarten Demen konnten an diesem Fest teilnehmen. Die Organisation des Festes (Wahl der Priesterin, Finanzierung) lag in den Händen des jeweiligen Demos. Nur die Frauen, deren Männer eindeutig einem Demos angehörten, waren zugelassen. Zwei Frauen (*archusai*) führten den Vorsitz. Die Thesmophorien waren also ein Fest, das auf lokaler Ebene in den Demen gefeiert wurde, ohne die Einmischung der Polis.

Interaktion zwischen lokalem und städtischem Fest: Eine ganz andere Möglichkeit der Interaktion zwischen lokalem und städtischem Fest, zwischen Zentrum und Peripherie, stellt das Fest der Dionysien dar. Im Monat Poseideon (im Winter) wurden in Attika die ländlichen Dionysien – mit phallischer Prozession, Opfer und (seit der klassischen Zeit) dramatischen Aufführungen – gefeiert. Die verschiedenen ländlichen Dionysien wurden von jedem Demos separat (vielleicht auch mit unterschiedlichen Riten) organisiert. Sie fanden zwar alle im selben Monat statt, jedoch nicht an denselben Tagen. Die Menschen konnten von einem zum anderen Dionysosfest gehen. Die Organisation lag in den Händen des vom jeweiligen Demos gewählten Demarchos. Die Polis mischte sich in die Organisation und Ausführung der lokalen, ländlichen Dionysien gar nicht ein. Um die Mitte des 6. Jahrhunderts v.Chr. wurde aber ein zentraler, städtischer Gegenpol zu den ländlichen Dionysien (*kat'agrus*) geschaffen, die städtischen (*en astei*) bzw. Großen Dionysien zu Ehren des Dionysos Eleuthereus. Der Kult und die altertümliche Kultstatue stammten aus Eleutherai an der Grenze zu Böotien und wurden um die Mitte des 6. Jahrhunderts v.Chr. nach Athen gebracht. Die Organisation des Kultablaufs lag in den Händen des Archon Eponym. Im rituellen Zentrum des Festes stand wie bei den ländlichen Dionysien die phallische Prozession und das Opfer. Auch attische Kolonien sandten Phalloi zu dieser Prozession nach Athen. Die Großen Dionysien boten für Athen eine Möglichkeit, die eigene politische Machtposition und den gesellschaftlichen Glanz des Bürgertums zu demonstrieren.

Prozessionen: Wesentlicher Bestandteil der Kultorganisation ist die Prozession (*pompe*), ein wichtiges Merkmal des religiösen und gesellschaftlichen Lebens jeder Gemeinde. Opferprozessionen verbinden oft wichtige Kultplätze miteinander innerhalb der Stadt oder extraurbane Kultorte mit dem Zentrum. Dabei ist die Verbindung keineswegs nur geographischer, sondern eindeutig auch symbolischer Natur. Die Polis präsentiert sich als funktionierende Einheit, dokumentiert die geographische Zugehörigkeit eines außerstädtischen Kultortes und des umliegenden Landes zum eigenen Territorium und zeigt in der Struktur der Prozession ein Abbild der herrschenden sozialen Verhältnisse. Ein gutes Beispiel stellt die große Prozession der Stadt Milet zum extraurbanen Heiligtum des Apollon von Didyma dar. Für die Organisation des Opferzuges war die Kultgenossenschaft der Molpoi zuständig. Der Vorsitzende des Kultvereins (der eponyme Aisymnetes) und die von den fünf milesischen Demen gestellten Proshetairoi führten die Prozession nach Didyma. In der sogenannten Molpoisatzung (Syll.^{4} 57) werden die verschiedenen Stationen aufgelistet, an denen die Prozession kurz Halt machte und wo Opfer dargebracht wurden. Im Apollonheiligtum fanden Opfer und Festmahl statt. Die große milesische Prozession betonte, wenn nicht den territorialen Anspruch, dann die gewünschte enge Verbindung der Stadt mit dem so wichtigen Apollonheiligtum, das bis zum Hellenismus relativ unabhängig blieb.

Interstädtische Kultgemeinschaften: Die Organisation des Kultes innerhalb einer Polis war, wie die Beispiele Athen und Milet gezeigt haben, eine Sache entweder der zentralen Verwaltung oder der einzelnen nach geographischen Kriterien gegliederten Gemeinden (Demen). Darüber hinaus gab es auch interstädtische Kultgemeinschaften, die einer Organisation bedurften. In Böotien kamen z. B. die verschiedenen Städte in einem Fest (Daidala) zusammen, dessen Veranstaltung auch politische Verhältnisse widerspiegelte. Auf Kreta regelten Staatsverträge, wer die Fürsorge (*epimeleia*) für ein gemeinsames, an der Grenze zweier Poleis gelegenes Heiligtum haben sollte. Solche Verträge behandelten unter anderem Punkte wie, welche Stadt den Priester stellen sollte, der Gottheit opfern und Bauarbeiten durchführen durfte und die Ländereien des Heiligtums verwaltete. Amphiktyonien sind in diesem Sinne größere Kultgemeinschaften mit einem relativ zentral gelegenen Kultort. Politische Ziele sind ein eher späterer Bestandteil solcher Kultbündnisse, bei manchen Amphiktyonien spielten sie sogar niemals eine Rolle. Die Kultteilnehmer, die Amphiktyones, sind, wie eine antike Erklärung des Wortes besagt, Umwohner, Nachbarvölker mit einem gemeinsamen, vereinigenden Kult. Die geographische Nähe sollte nicht allzu eng aufgefaßt werden, wenn man z. B. bedenkt, daß das böotische Orchomenos Mitglied der Amphiktyonie von Kalaureia (die heutige Insel Poros) gewesen ist. Für viele Amphiktyonien war Stammeszuhörigkeit Voraussetzung für die Mitgliedschaft. Die zwölf Mitglieder der pyläisch-delphischen Amphiktyonie gehörten zwar nicht demselben Ethnos an, waren allerdings als Stämme und nicht als vereinzelte Städte definiert. Jeder Stamm besaß zwei Stimmen und zwei Repräsentanten, den Hieromnemon und den Pylagoras. Zu einem späteren Zeitpunkt wurden die Stimmen des ionischen Stammes unter Euböer und Athener verteilt. Das Verhalten der Mitglieder zueinander, die Finanzen des Heiligtums sowie seine Verwaltung und später die Organisation des Festes der Pythien oblagen strengen Reglementierungen, die von allen Mitgliedern in den entsprechenden Gremien beschlossen wurden. Auf der anderen Seite gab es die Mehrzahl der Amphiktyonien wie jene von Samikon in Elis, von Helike in Achaia oder vom Panionion an der kleinasiatischen Küste, für die in viel engerem Sinne die Zugehörigkeit zu einem einzelnen Stamm ausschlaggebend für die Teilnahme an dem gemeinsamen Kult war. Bei solchen Kultgemeinschaften tritt verständlicherweise der geographische Zusammenhang deutlicher zum Vorschein, obwohl auch hierbei der geographische Begriff ›Umwohner‹ nicht wörtlich genommen werden darf, wie das Beispiel Panionion veranschaulicht. Eine verbreitete Form der regionalen Organisation eines Kultes in der Kaiserzeit stellt schließlich auch der provinziale Kaiserkult dar.

→ Ethnologie, Gesellschaft, Götter, Kultarchitektur, Kulthandlungen, Religionsgeographie, Staatenverbindungen, Stadt, Tempel, Versammlungsorte, Volksstamm

LITERATUR: M.D. *Campanile*: I sacerdoti del Komon d'Asia. Pisa 1994. – A. *Chaniotis*: Habgierige Götter, habgierige Städte. Heiligtumsbesitz und Gebietsanspruch in den kretischen Staatsverträgen, in: Ktenia 13, 1988, 21–39. – A. *Chaniotis*: Sich selbst feiern? Die städtischen Feste des Hellenismus im Spannungsfeld zwischen Religion und Politik, in: M. Wörrle/P. Zanker (Hgg.): Stadtbild und Bürgerbild im Hellenismus. München 1995, 147–172. – K. *Clinton*: The Thesmophorion in Central Athens and the Celebration of the Thesmophoria in Attica, in: R. Hägg (Ed.): The Role of Religion in the Early Greek Polis. Stockholm 1996, 111–125. – W. R. *Connor*: City Dionysia and Athenian Democracy, in: Classica et Mediaevalia 40, 1989, 7–32. – A. *Herda*: Von Milet nach Didyma. Eine griechische Prozessionsstraße in archaischer Zeit, in: Kult und Funktion griechischer Heiligtümer in archaischer und klassischer Zeit, Kolloquium Heidelberg 18.-20. Februar 1995, Mainz 1996, 133–152. – U. *Kron*: Die zehn attischen Phylenheroen. Geschichte, Mythos, Kult und Darstellungen. Berlin 1976. – A. *Pickard-Cambridge*: The Dramatic Festivals of Athens. Oxford 1988. – A. *Prandi*: L'Heraion di Plataia e la festa di Daidala, in: M. Sordi (Ed.): Santuan e politica nel mondo antico. Milano 1983, 82–94. – K. *Tausend*: Amphiktyonie und Symmachie. Stuttgart 1992.

Jannis Mylonopoulos

Kultpropaganda

Religion wurde in der Antike oft für politische Ziele instrumentalisiert. Zwischen Politik und Religion bestand immer eine enge Verbindung, die sich in verschiedenen Kulturbereichen wie dem ägyptischen Pharaonenreich, dem antiken Griechenland und Rom, Byzanz oder den westlichen Königsreichen des Mittelalters unterschiedlich manifestiert hat. Der Bußgang Heinrichs IV. nach Canossa und die Unabhängigkeit der englischen Kirche von Rom unter Henry VIII. sind Antipoden desselben ambivalenten Verhältnisses zwischen göttlicher und menschlicher Macht.

Einen konkreten und allen Kulturen gemeinsamen Ausdruck dieser Interaktion bildet die religiöse Propaganda, die mannigfaltige Formen annehmen kann: Pharao Echnaton versuchte eine radikale Erneuerung der ägyptischen polytheistischen Religion und schuf vielleicht die erste monotheistische Religion. Athen zwang seine Verbündeten zur Teilnahme an attischen Festen und demonstrierte somit seine Vormachtstellung. Heiligtümer wie das Asklepieion von Epidauros versuchten ihren Einfluß und Glanz durch Filialgründungen zu vergrößern. Fremde Kulte wurden schon vor der Mitte des 5. Jahrhunderts v.Chr. in Athen eingeführt (Pankult aus Arkadien, Asklepios aus Epidauros, Bendis aus Thrakien). Städte verehrten in hellenistischer Zeit den Monarchen entweder freiwillig oder nach dessen Anordnung. In römischer Zeit wurde der Kult der Dea Roma und des Kaisers zum einigenden Faktor des Imperiums. Der jüdische Proselytismus führte zur Gründung zahlreicher Gemeinden in der gesamten antiken Welt. Christliche Gemeinden vermehrten sich ständig und verdrängten schließlich in der Spätantike häufig mit Gewalt die alte Götterordnung. Die östlich-orthodoxe Kirche schickte Repräsentanten, meist Mönche, nach Bulgarien oder Rußland. Die westlich-katholische Kirche vergrößerte ihre Einflußsphäre dank Missionaren fast auf die gesamte Welt. Der Islam verbreitete sich von der arabischen Halbinsel ausgehend ab dem 7. Jahrhundert n.Chr., um heute zusammen mit dem Christentum eine der wichtigsten Weltreligionen darzustellen.

Varianten der Kultpropaganda: Aus den oben aufgeführten Beispielen religiöser Propaganda kristallisieren sich drei unterschiedliche Varianten heraus: (a) eine zentrale politische Macht zwingt zu einer bestimmten Form der Kultausübung (der Fall Athen, teilweise hellenistischer Herrscherkult); (b) Gemeinwesen benutzen Kulte, um Anschluß an etwas Größeres herzustellen (hellenistischer Herrscherkult, Dea-Roma- und Kaiserkult); (c) eine religiöse Bewegung, Institution oder ein vereinzelter Kult strebt eine Verbreitung des eigenen Gedankenguts an (einzelne Heiligtümer bzw. Kulte, Judentum, Christentum, Islam). Während die dritte Variante eine deutliche Gewichtung auf das Ideologisch/Religiöse erkennen und sich nur vage eine innere Verbindung mit Geographie herstellen läßt, sind die zwei anderen engstens mit territorialen Ansprüchen oder geographisch-politischen Angelegenheiten verbunden, die nicht nur in eine sondern wie im Falle des römischen Kaiserkultes, in zwei sich ergänzende Richtungen funktionieren können: Beim Kult des römischen Kaisers wird der Zusammenhang des Reiches und der Anschluß der einzelnen Gemeinden an die große geographische und ideelle Einheit durch dieselbe kultische Ausdrucksform gewährleistet.

Kultpropaganda in Athen: Das Verhalten Athens gegenüber seinen Symmachoi läßt sich nicht nur in der Religionspolitik mit dem Verhalten der Kolonialmächte des 18. und 19. Jahrhunderts gegenüber ihren Kolonien vergleichen. Ab 454/3 v.Chr. wird Athena Polias zur Schutzgottheit des gesamten Bundes erklärt und verdrängt somit Apollon Delios, den alten Herrn der Symmachie. Ab ca. 440 v.Chr. (Parker) oder um 425/4 v.Chr. (Smarczyk) werden die Symmachoi verpflichtet, ein Rind und eine Panhoplie (Rüstung) nach Athen für die panathenäische Pompe (Prozession) zu schikken, die von einer Delegation der entsprechenden Stadt zu begleiten sind. Um dieselbe Zeit werden sie auch zur Beisteuer von Erstlingsopfern für die eleusinischen Göttinnen gezwungen.

Die Athener versuchten mit konkreten religionspolitischen Maßnahmen, die Ansprüche ihrer Stadt auf die Vormachtstellung innerhalb des Bundes auch durch religiöse Monopolisierung und glanzvolle Gestaltung der Kulte zu untermauern. Die zwingende Einbindung der Symmachoi in den Kultablauf Athens diente einer offensichtlichen K., die die nach der Auffassung der Athener rechtmäßige Führung ihrer Stadt im Rahmen des delisch-attischen Bundes tatkräftig fördern sollte. Darüber hinaus sollte mit Hilfe der Religion der fragile, innere Zusammenhalt des Bundes gewährleistet werden, der durch die Teilnahme aller Mitgliedstaaten an den Panathenäen als einer großen, vereinigten Festgemeinschaft zelebriert wurde. Durch die

Entsendung von Theoroi und Spenden für die panathenäische Pompe wurden die Städte der Symmachoi den athenischen Kolonien gleichgestellt. Dadurch entstand ein Verhältnis Metropolis-Kolonie zwischen Athen und den Symmachoi, und Athen trat als Mutterstadt, als politisches und religiöses Zentrum des gesamten Bundes auf. Die Selbstdarstellung Athens als Metropolis muß den Symmachoi als propagandistische Fiktion sehr deutlich gewesen sein. Athen stilisierte sich zum geographischen und ideellen Mittelpunkt der Symmachie und störte am Ende somit das bereits angegriffenene innere Gleichgewicht des Bundes. Die zahlreichen Aufstände von Mitgliederstaaten waren Ausdruck einer überdeutlichen Unzufriedenheit. Die K. war nicht in der Lage, einerseits von den politischen Problemen abzulenken und andererseits eine feste Bindung der Symmachoi zumindest im religiösen Sektor herzustellen. Das Ende des Bundes bedeutete mit wenigen Ausnahmen gleichzeitig das Ableben jeglicher Kultverbindung zur ungeliebten imaginären ›Metropolis‹.

Für den umgekehrten Weg, die Verbreitung bzw. Aufzwingung athenischer Kulte in Bündnerstädten, gibt es keine eindeutigen Belege. Temene (Kultbezirke) attischer Gottheiten auf Samos, Kos, Lesbos, in Hestiaia und Chalkis auf Euböa belegen keinen lokal vorhandenen und gepflegten Kult, sondern sind lediglich im Namen einer Gottheit konfiszierte Ländereien, die als Besitz des jeweiligen Heiligtums (Athena, Poseidon und Apollon, Ion oder die Eponymen Heroen) in Attika selbst angesehen werden müssen.

Es ist nicht immer klar, ob sich hinter der Einführung neuer Kulte oder der Verpflanzung ländlicher Kulte in das städtische Zentrum konkrete K. verbirgt. Nach der Mitte des 6. Jahrhunderts v.Chr. wurden z.B. die Kulte der Artemis Brauronia, der Demeter Eleusinia und des Dionysos Eleuthereus nach Athen verpflanzt. Diese Aktion wurde oft mit einer bestimmten Religionspolitik und K. des Peisistratos bzw. seiner Söhne gebracht. Diese Hypothese wurde allerdings auch häufig in der Forschung angezweifelt. Man darf jedoch auf jeden Fall konstatieren, daß die Pflege wichtiger extraurbaner Kulte im politischen Zentrum Attikas und darüber hinaus die eminente Bedeutung, die sie dann in Athen annahmen, eher für eine durchdachte Aktion sprechen, ungeachtet dessen, ob Peisistratos und seine Söhne oder allgemein die Stadt Athen damit in Verbindung zu bringen sind. Lange vor dem 5. Jahrhundert v.Chr. brachten die Athener den euböischen Kult des Zeus Kenaios, den kalaureatischen des Poseidon Kalaureatis und den thessalisch/böotischen der Athena Itonia nach Attika. Mit Sicherheit kann man von einer politischen Entscheidung nur bezüglich des Poseidon-Kalaureatis-Kultes sprechen: Athen wollte vermutlich seine Bindung zur Amphiktyonie von Kalaureia noch stärker betonen, indem es einen Filialkult gründete.

Eine offensichtliche K. stellt die Übernahme des äginetischen Aiakoskultes Ende des 6. Jahrhunderts v.Chr. dar, angeblich nach einem delphischen Orakel, wodurch die Athener ihre Ansprüche auf die Insel religiös unterstrichen. Für die Einführung des arkadischen Pankultes nach den Perserkriegen und des thrakischen Bendiskultes in den Jahren um 425 v.Chr. könnten nicht näher zu bestimmende politische Gründe eine Rolle gespielt haben. Bei dem Bendiskult wird häufig ein Versuch seitens der Athener postuliert, Attika und die wichtige Landschaft Thrakien geopolitisch einander näher zu bringen. Um die Einführung des epidaurischen Asklepioskultes am 18. Boedromion 420/19 v.Chr. in Athen hat sich nach neuen Erkenntnissen vielmehr die epidaurische Priesterschaft bemüht.

Herrscherkult im Hellenismus: Bereits vor Alexander dem Großen erhielten Sterbliche göttliche oder vielmehr heroische Ehrungen. Dies betraf vor allem außerordentlich erfolgreiche und sagenumwobene Athleten wie Theogenes aus Thasos oder Hipposthenes aus Sparta, deren Ruhm bereits zu Lebzeiten legendäre Ausmaße annahm. Solche Fälle waren jedoch vereinzelt und sind keineswegs als Teil einer allgemeinen Tendenz in der K. zu verstehen. Mit Alexander werden wir zum ersten Mal in Griechenland mit dem institutionalisierten und vom Herrscher persönlich geförderten Gottmenschentum konfrontiert. Auf Münzen erscheint er mit dem herakleischen Löwenfell und den Ammonhörnern. Die konkrete politische Propaganda wollte in ihm den Sohn des Zeus erkennen. Dadurch wurde seine Weltherrschaft durch seine göttliche Abstammung legitimiert oder vielmehr erklärt.

Diese Art der K. übernahmen dann auch die Diadochen. Die extreme Variante vertraten die Ptolemäer, die selber die eigene Vergöttlichung vorantrieben: Ptolemaios I. erscheint auf Münzen als Zeus, Ptolemaios III. dagegen kombiniert die Aegis des Zeus mit dem Dreizack des Poseidon und den Sonnenstrahlen des Helios. Wahrscheinlich spielte hierbei auch die besondere Tradition Ägyptens mit dem vergöttlichten Monarchen/Pharao eine wichtige Rolle bei der Tradierung einer solchen Auffassung des Herrschers. In Seleukos wurde ein Sohn Apollons erkannt, während Demetrios Poliorketes sich als Sohn Poseidons feiern ließ. Dies ist als eine direkte Anlehnung an die symbolträchtige Verbindung Zeus-Alexander anzusehen.

In den meisten Fällen handelt es sich bei dem hellenistischen Herrscherkult um eine von einzelnen Städten beschlossene Vergöttlichung des jeweiligen Monarchen, die als Ausdruck der Dankbarkeit aus spezifischen Gründen verstanden werden sollte. Die vom Monarchen initiierten Herrscherkulte betreffen im Normalfall die eigenen Vorfahren. Interessant ist in dieser Hinsicht das Sakralgesetz aus dem Hierothesion des Antiochos I. von Kommagene, das sehr genaue Angaben für den Kult des Herrschers beinhaltet. Die Vergöttlichung des hellenistischen Monarchen durch einzelne Städte zeigt die Interaktion zwischen Leistung des Herrschers und Dankbarkeit der Gemeinde, zwischen kleiner geographischer Einheit und der alles vereinigenden Kraft im riesigen Reich, dem Herrscher. Die Vergöttlichung der eigenen Vorfahren durch den Monarchen hat mit der dauerhaften Bestätigung des Charismas (Taeger) zu tun, das den selbstverständlichen Anspruch auf die Alleinherrschaft und das jeweils außerordentlich große geographische Gebiet eines jeden Reiches in der Alexandernachfolge durch religiöse Legitimierung ermöglicht.

Herrscherbild im Römischen Reich: Dank der bereits existierenden Herrscherkulte konnte sich der römische Kaiserkult im Osten leichter und schneller verbreiten. Sehr bald jedoch begann der Kaiserkult auch im westlichen Teil des Reiches. So wurde der Triumvir im 1. Jahrhundert v.Chr. Antonius im Osten als Dionysos gefeiert. Bereits jedoch in der späten Republik hatte zumindest der bewußte Vergleich bzw. die Imitation von Göttern durch erfolgreiche Feldherrn mit Göttern begonnen, wie die Beispiele des Marius in Asien und des Q. Caecilius Metellus Pius in Spanien deutlich machen. In Athen hatte man sehr früh Livia mit Artemis Boulaia gleichstellt und konnte man Gaius und wenig später Drusus als Neuen Ares feiern. Erleichtert wurde die Verbreitung des römischen Kaiserkultes auch durch den Kult der Dea Roma, der bereits seit dem Anfang des 2. Jahrhunderts v.Chr. im Osten zu verfolgen ist. Aufschlußreich erscheint die Tatsache, daß der erste offizielle Staatskult der Dea Roma in

Rom selbst erst unter Hadrian (117–138 n.Chr.) gegründet wurde. Die Tempel oder Altäre für den Kaiserkult befanden sich in den meisten Fällen an einem sehr prominenten Ort und beherrschten somit häufig das Stadtbild (siehe die von König Herodes gegründete Stadt Caesarea). Oft standen die Tempel auf der Akropolis (Athen), häufiger noch auf der Agora bzw. dem Forum (Ostia, Pompeji, Eresos, Milet, Sparta, Gytheion, Korinth). Hierdurch konnte die ideelle und geopolitische Souveränität Roms über die geographisch weit auseinanderliegenden Provinzen des Reiches sehr deutlich zum Vorschein treten. Durch den überall vorhandenen Kaiserkult konnten aber auch die Beziehungen zwischen Machtzentrum und Peripherie gestärkt und kontinuierlich erneuert werden. Darüber hinaus bot der Kult des Kaisers ein willkommenes Mittel für die inner- und interstädtische Konkurrenz.

→ Akropolis, Bezirk, Geopolitik, Gesellschaft, Imperialismus, Kolonisation, Kultarchitektur, Kulthandlungen, Kultorganisation, Monarchie, Reich, Religionsgeographie, Stadt, Tempel, Totenkult

LITERATUR: S. *Alcock*: Graecia Capta. The Landscapes of Roman Greece. Cambridge 1993. – K. *Clinton*: The Epidauria and the Arrival of Asclepius in Athens, in: R. Hägg (Ed.): Ancient Greek Cult Practice from the Epigraphical Evidence. Stockholm 1994, 17–34. – J. *Ferguson*: Among the Gods. An Archaeological Exploration of Ancient Greek Religion. London/New York 1989. – D. *Fishwick*: The Imperial Cult in the Latin West, in: EPRO 108, Leiden u. a. 1987/92. – Ch. *Habicht*: Gottmenschentum und griechische Städte. München ^{2}1970. – M. P. *Nilsson*: Cults, Myths, Oracles, and Politics in Ancient Greece. Lund 1951. – R. *Parker*: Athenian Religion. A History. New York 1996. – S. R. F. *Price*: Rituals and Power. The Roman Imperial Cult in Asia Minor. Cambridge u. a. 1984. – B. *Smarczyk*: Untersuchungen zur Religionspolitik und politischen Propaganda Athens im Delisch-Attischen Seebund. München 1990. – F. *Taeger*: Charisma. Studien zur Geschichte des antiken Herrscherkultes. Stuttgart 1957/60. – P. *Zanker*: Augustus und die Macht der Bilder. München ^{2}1990.

Jannis Mylonopoulos

Kunst

Die antike K. ist in verschiedener Hinsicht für das Verhältnis zwischen Mensch und Landschaft von Bedeutung. So gibt es eine landschaftsgebundene Form der K. in der Weise, daß sich die Künstler in Form, Stil und Gestaltung an der sie umgebenden Umwelt orientieren. Weiterhin kann die K. als Dokument für das subjektive Empfinden von Landschaft und Natur in Anspruch genommen werden. Außerdem sind die künstlerischen Produkte selbst eine relevante Quelle für die Rekonstruktion antiker Landschaften. (Vgl. Abb. 51, 52 und 53).

→ Dichtung, Mythologie, Tourismus, Überschwemmung, Wohnhaus

LITERATUR: L. *Curtius*: Die Wandmalerei Pompejis. Leipzig 1929 (ND 1972). – M. *Robertson*: Griechische Malerei. Genf 1959. – K. *Schefold*: Pompeianische Wandmalerei. Basel 1952.

Holger Sonnabend

Abb. 51: Ein herausragendes Beispiel für den Wert der Kunst für die Historische Geographie der antiken Welt ist das Barberini-Nilmosaik aus dem Fortuna-Heiligtum in Praeneste (Palestrina, Italien). Neuerdings wird das Mosaik in die Zeit des Augustus (27 v.-14 n.Chr.) datiert (entgegen einer früheren Datierung in die 1. Hälfte des 1. Jh. v.Chr.). Gegenstand der äußerst vitalen Darstellung ist der Nil bei Hochwasser. Vereint wird ein Bilderbuch der wirklichen und sagenhaften Flora und Fauna (Krokodil, Nilpferd, Ibis) Ägyptens. Auch Menschen sind in die Landschaft integriert – zu erkennen sind Besatzungen von Nilschiffen und zechende Soldaten. An Bauten werden ein Pavillon mit Sonnensegeln, eine mit Türmen geschmückte Villa, Lauben und Strohhütten gezeigt. Das hier als Ausschnitt dargebotene Bild belegt exemplarisch das verklärte Interesse an Ägypten, das sich in gebildeten Kreisen in Italien im Laufe des 1. Jh. v.Chr. entwickelte und das sich auch in zunehmenden touristischen Reisen in das Nilland ausdrückte.

Abb. 52: Neben der Mosaikkunst liefert die Wandmalerei wichtige Erkenntnisse für das landschaftliche Empfinden und die Naturästhetik in der Antike. Aus der Mitte des 1. Jh. v.Chr. stammt dieses Fresko aus einem Wohnhaus vom Esquilin in Rom. Es ist Teil eines Zyklus mit Szenen aus der Odyssee und zeigt Odysseus und Kirke im Hof des Palastes der Zauberin. Auffallend ist die Dominanz der Landschaft im Verhältnis zu den Menschen. Dies ist Ausdruck einer allgemeinen zeitgenössischen Stimmung mit der Suche nach idyllischen Zufluchtsorten, wie sie in Italien etwa auch in der bukolischen Dichtung Vergils zum Ausdruck kommt.

Lagune

Es gibt keinen klassischen Begriff, mit dem sich L.-Küsten präzise definieren lassen. Das vielen europäischen Sprachen gemeinsame Wort ›L.‹ (französisch: lagune, englisch: lagoon, italienisch: laguna etc.) stammt vom lateinischen lacuna, ein Lemma mit verschiedenen Bedeutungen, das hauptsächlich eine ›Vertiefung, Senke‹ bezeichnet und die übertragene Bedeutung einer ›mit Wasser angefüllten Vertiefung‹ hat, worunter auch Meerwasser (in der poetischen Figur der Neptuniae lacunae) verstanden wird. Auch die griechische Terminologie zeigt, daß die Definition der L.-Küsten eher jüngeren Datums ist: nämlich ab dem Zeitpunkt, als die einzigen

Abb. 53: Die Schlafzimmer-Dekoration einer Villa in Boscoreale (Kampanien), in der Nähe von Pompeji an den Hängen des Vesuv gelegen, zeigt illusionistische Architektur und Landschaftsmotive. Wenn der aristokratische Hausbesitzer erwachte, grüßte ihn von den Wänden seines Schlafzimmers »der Anblick des Panoramas königlicher Pracht, von Villen, Tempeln, Palästen, Besitzungen, von denen er nur träumte, sie aber sich selbst nicht bauen konnte« (G. M. Hanfmann: Roman Art. Greenwich 1964, 226).

einigermaßen passenden Begriffe, die ›Neubildungen‹ *limnothalassa* (= ›Seemeer‹, die aber auch kleinere, an den Küsten gelegene Weiher bezeichnen) und *stomalimne*, die die an Flüssen gelegenen Meerwasserseen benennen, aufkamen. Wie in anderen ›marginalen‹ Lebensbereichen ist die Terminologie alles in allem vage und läßt keine präzisen Bestimmungen zu, bevor nicht die Angaben in den schriftlichen

Quellen mit archäologischen und geologischen Befunden in Übereinstimmung gebracht werden. Demzufolge fehlt ein Verzeichnis der L., auch weil die antiken Schriftsteller dazu neigten, den Lebensraum L. im weitesten Sinne zu den Sumpfgebieten zu zählen. Sümpfe und L. erstreckten sich über weite Strecken der Mittelmeerküsten. In einigen besonderen Fällen zogen sie wegen ihres relativ gesunden Klimas die Aufmerksamkeit auf sich.

Lagunen in Italien: Die L. der italienischen Halbinsel sind am besten dokumentiert. Eine noch heute großteils bestehende Zone umfaßt alle L. im adriatischen Golf. Strabon (5,1,4) und Vitruv (1,4,12) beschreiben alles als ein durchaus unterentwikkeltes Gebiet. Vielmehr florierte dort eine auf der Jagd, aber auch auf der Landwirtschaft basierende Wirtschaftsform. Aus dem 4. Jahrhundert n.Chr. wird berichtet, wie die Landwirtschaft in den L. durch den Gebrauch von leichten Wasserfahrzeugen unterstützt wurde (Serv. Verg. Georg. 1,202).

Für Süditalien von Interesse sind die Belege über Salapia (Daunia). In der Überlieferung wird dort der Versuch bezeugt, einen Kanal bis zum Meer auszuheben, eines der vielen Werke des Diomedes, die zum Zeitpunkt seines Todes nicht vollendet waren (Strab. 6,3,9). Der von Strabon beschriebene Meerwassersee zwischen Salapia und Sipontum stellte gemeinsam mit dem schiffbaren Fluß einen ausgezeichneten Verkehrsweg für Nahrungsmitteltransporte dar. In Kampanien konnten die an den Küsten gelegenen Weiher als Fischteiche oder Salinen genutzt werden. Die in den L. gewonnenen Produkte trugen zu deren ökonomischer Bedeutung bei.

Außer Fischfang und dem Sammeln von Meeresfrüchten wurde in den L. der Anbau von Schilfrohr betrieben. Darüber hinaus fiel es hier, geschützt vor Hochwasser und Piraten, leichter, Salinen anzulegen. Vornehmlich aus der Spätantike ist die Lebensweise überliefert, die sich in diesen Gebieten entfaltete.

Bedeutung der Lagunen in der Antike: In verschiedenen Regionen des Mittelmeeres findet man historisch-geographisch besonders relevante Beispiele für L. Das gilt etwa für die Küstenregion des südlichen Gallien, wo die Beschaffenheit dessen, was wir heute als *étangs* bezeichnen, teilweise ein Ergebnis der Eingriffe des Menschen ist. Außer der Jagd und der Landwirtschaft in Sumpfgebieten wird die Salzgewinnung erwähnt. Eine mit Salinen ausgestattete *limnothalassa* befand sich am kimmerischen Bosporus, in einer Gegend, die schon unter Mithradates Eupator mit Festungsanlagen versehen worden war (Strab. 7,4,7). Ein weiteres Beispiel für eine im Dienst der Wirtschaft einer großen Stadt stehende L.-Küste ist die Mareotis in der Nähe von Alexandria (Ägypten). Interessant ist ein Brief des Cassiodorus (Var. 12,27), in dem das Leben in einer L. in positiver Weise beschrieben und die einer L. eigene Welt gepriesen wird, mit ihren wirtschaftlichen Aktivitäten und den auf Pfählen errichteten Siedlungen. Dort entfaltete sich eine Lebensform, die von Verbindungen über Wasserstraßen gekennzeichnet war, auf denen Händler auch von weither kamen und wo nicht nur einfache Fischer und *salinarii*, sondern auch Adlige und Reiche wohnten. Dabei handelt es sich offenbar um einen auf den besonderen Bedürfnissen des Augenblicks beruhenden Grenzfall. Aber nichtsdestoweniger stellt er eine realistische Beschreibung dar (vergleichbar derjenigen, die ein Jahrhundert später bei Prok. BG 2, 10 überliefert ist), die aufzeigt, daß eine L.-Küste, sofern sie sich nicht in einer isolierten Lage, sondern in der Nähe großer Zentren befand, durchaus eine wirtschaftlich begünstigte Zone darstellen konnte.

→ Archäologie, Fisch, Fluß, Jagd, Kanal, Klima, Küste, Landwirtschaft, Meer, Piraterie, Salinen, Schilf, See, Überschwemmung

LITERATUR: L. *Cracco Ruggini*: Acque e lagune da periferia del mondo a fulcro di una nuova »civilitas«, in: Storia di Venezia Bd.1., Roma 1992, 11–102. – G. *Traina*: Paludi e bonifiche del mondo antico. Roma 1988.

Giusto Traina

Landwirtschaft

Systematik: Die L. ist ein Gewerbe der Urproduktion, das durch Nutzung des Bodens pflanzliche und tierische Rohstoffe (in erster Linie Nahrungsmittel, aber auch Leder, Haare, Fasern etc.) erzeugt. Ausgehend von nomadisierenden Hirtengesellschaften (Viehzucht nach Varro rust. 2,1 die älteste landwirtschaftliche Betätigung) und halbnomadischen Hackbaugesellschaften werden sich im 4. Jahrtausend v.Chr. im Mittelmeerraum erste Formen von L. mit seßhaftem Ackerbau und Viehzucht entwickelt haben. Archäologisch ist L. im Mittelmeerraum in der minoischen Zeit (seit 2500) auf Kreta und ab Mitte des 2. Jahrtausends v.Chr. auch auf dem griechischen Festland nachweisbar.

Die entwickelte L. in geschichtlicher Zeit wird schon in der Antike systematisch nach einzelnen Bodennutzungsarten unterschieden: Forstwirtschaft, Ackerbau, Dauergrünland (Wiesen und Weiden), Gartenbau, Dauerkulturen wie Obst-, Oliven-, oder Weinbau. Hierzu trat die in der Antike sehr bedeutende, aus archaischen Traditionen stammende Fernweidewirtschaft. Wenn auch die antiken Autoren sich mehrheitlich dafür aussprechen, die Viehzucht, und zwar sowohl die Groß- als auch die Kleintierzucht, nicht zum landwirtschaftlichen Gewerbe im engeren Sinne zu zählen, so ist auch ihnen klar, daß intensive Viehzucht auf systematische Pflanzenproduktion zur Ernährung der Tiere angewiesen ist, und daß umgekehrt der Acker-Bauer gut beraten ist, zur Fleischproduktion, zur Bereitstellung von Arbeitstieren und zur Produktion von Düngemitteln selbst Viehzucht zu betreiben (vgl. etwa Colum. 6,1–6; Varro, rust. 1,2,12 ff.).

Um die L. der Antike zu beschreiben, muß zunächst von diesem seit der Antike weitgehend unveränderten System der Bodennutzungsarten ausgegangen werden. In diesem Lexikon sind deshalb der Domestizierung und Kultivierung der Nutzpflanzen und -tiere und den verschiedenen Arten der Pflanzen- und Tierproduktion selbst eigene Artikel gewidmet.

Über die Systematik der landwirtschaftlichen Bodennutzungsarten hinaus kann das Sachgebiet ›L.‹ aber auch nach übergeordneten Gesichtspunkten betrachtet werden: Die natürlichen Voraussetzungen für L., Boden und Klima, führen in das Gebiet der Agrargeographie. Die schon in der Antike zunehmende Technisierung der L. macht einen Blick in das Gebiet der Agrartechnik ebenso nötig, wie die Untersuchung der sozioökonomischen Dimensionen der L., wie etwa des Agrarmarktes. Schließlich muß auch dargestellt werden, woher unser Wissen von der antiken L. stammt. Ein Teil dieses Artikels widmet sich deshalb den Quellen unserer Kenntnis von der antiken L.

Ackerland: Entscheidend für den Erfolg aller Bodennutzungsarten ist das möglichst günstige Zusammenspiel von Bodenbeschaffenheit und Klima. Hinsichtlich des Bodens spielen insbesondere die physikalisch-chemische Beschaffenheit (Sand-, Kalk-, Mergel-, Lehm-, Ton-, Humusboden), sein Gehalt an Pflanzennährstoffen, die Tiefe der Krume und der Grundwasserstand eine entscheidende Rolle. Die Neigung des Geländes kann auch bei ansonsten günstigen Bodenbedingungen die Bearbeitung so aufwendig machen oder Wasser und Ackerkrume so stark abschwemmen, daß sich Ackerbau nicht mehr lohnt. Hinsichtlich des Klimas spielen Faktoren wie Wind, Wärme, Licht, Feuchtigkeit die wichtigste Rolle. Das Klima hat selbstverständlich auch einen Einfluß darauf, bis zu welcher Höhe über dem Meeresspiegel Pflanzen angebaut werden können. So liegen die jeweiligen Anbaugrenzen in Griechenland (Getreide bis 1.500, Wein bis 1.250, Ölbaum bis 500, Wald bis 2.000 m über N. N.) etwas höher als etwa in Italien (Getreide bis 1.100, Wein bis 1.000, Ölbaum bis 500, Wald bis 1.900 m über N. N.). Wenn nun auch die verschiedenen Bodennutzungsarten jeweils verschiedene Ansprüche an Boden und Klima stellen, so läßt sich doch generalisierend feststellen: Wasserreiche, ebene Schwemmlandschaften mit genügend Niederschlägen in milden Wintern und mit trockenen, warmen Sommern bilden die günstigsten Bedingungen für die landwirtschaftliche Bodennutzung. Andererseits sind neben dauernd trockenen Gebieten und Mooren oder Sümpfen steile, steinige Berghänge mit dünner Ackerkrume und feuchter, kalter Witterung als die ungünstigsten Bedingungen für die L. anzusehen. Gerade diese Bedingungen findet man aber in Griechenland und in Italien zu großen Teilen vor. Auch heute noch sind große Teile des griechischen Festlandes, die zentralen Gebirgslandschaften, für den Acker-, Öl-, Obst- und Weinbau weitgehend ungeeignet und ähnlich verhält es sich mit den Gebirgslandschaften Italiens. Solche Berglandschaften eignen sich allenfalls für die extensive Fernweidewirtschaft (*pastio agrestis*), doch nicht für eine intensive landwirtschaftliche Nutzung.

Agrarlandschaften: Pflanzenproduktion, und davon abhängig auch die intensive Tierproduktion, konzentrierte sich deshalb schon seit der Rodungsphase auf die klimatisch begünstigten fruchtbaren Schwemmlandschaften. Solche typischen und ursprünglichen Agrarlandschaften waren in Griechenland die Eurotas-, die messenische, böotische und die thessalische Ebene. Daneben wurde in den Tälern der Argolis, in Elis, Akarnanien, Lokris, Phokis, Attika und auf einigen Inseln – in der Frühzeit besonders wichtig für Athen: Euböa – intensive landwirtschaftliche Bodennutzung betrieben. Freilich waren auch die Gebirgslandschaften nicht frei von L. – berühmt war die Viehzucht in Epirus –, doch waren dies eben keine Zentren der Agrarproduktion. Darüber hinaus waren die getreidereichen Küstenstreifen von Pontos und Südrußland am Schwarzen Meer, Thrakien, Zypern, Phoinikien, Ägypten, die Kyrenaika und Sizilien die wichtigsten Agrarlandschaften. Auch in Italien waren nur der breitere Küstenstreifen westlich und der schmalere östlich des Apennin zur intensiven landwirtschaftlichen Nutzung geeignet. Berühmte Agrarlandschaften Italiens waren deshalb Etrurien, Campanien, Lukanien, Bruttium im Westen oder die Po-Ebene, Picenum und Apulien im Osten des Apennin (vgl. etwa Varro, rust. 1,2,1–8). Mit der Ausdehnung des römischen Reiches kamen dann überaus wichtige Agrarlandschaften in den römischen Gesichtskreis: Sizilien, Sardinien, Gallien, Südspanien sowie die Getreidelandschaften der hellenistischen Welt wie Numidien, des westlichen Nordafrika, die Kyrenaika, Ägypten, Syrien, die

Schwarzmeergebiete und Thrakien. Diese außeritalischen Agrarlandschaften lieferten schließlich so große Überschüsse namentlich an Getreide, daß Rom fast gänzlich, andere italische Städte zu einem Teil, von dort mit Nahrungsmitteln versorgt wurden. Eine Folge dieser Entwicklung war dann, daß in den fruchtbarsten Agrarlandschaften Italiens wie der Po-Ebene, Etrurien, Campanien oder Apulien nicht mehr vorwiegend Akkerbau, sondern Weinbau, Obst- oder Olivenkultur oder, besonders in Süditalien, extensive Viehzucht betrieben wurde.

Agrarhandel: Ein solcher, geradezu internationaler, Austausch von Agrargütern setzte einen entwickelten Agrarmarkt, einen Agrarhandel im Großen voraus. Die einfachste Form des Agrarhandels, der Absatz von landwirtschaftlichen Überschüssen auf einem lokalen Markt im Tauschhandel, ist neben einem eingeschränkten Fernhandel mit exklusiven Gütern schon in der mykenischen Palastkultur als vorherrschend anzunehmen. Die Entstehung und Ausdehnung der Städte, verbunden mit der Einführung der Geldwirtschaft im 8.–6. Jahrhundert v.Chr., schuf jedoch die Rahmenbedingungen, die überregionalen Handel, auch mit Agrarprodukten, nicht nur möglich, sondern auch wünschenswert machten. Erst recht, als während der sogenannten griechischen Kolonisation fast der gesamte Mittelmeerraum zu griechischem Binnenland wurde, war intensiver Seehandel zwischen den Kolonien und dem griechischen Mutterland notwendig geworden, und dies besonders, als der Bedarf nach Agrarprodukten in Griechenland größer wurde, als die eigene L. liefern konnte. Der Bedarf Attikas nach Getreide im 4. Jahrhundert v.Chr. wird um ein Viertel höher geschätzt, als die Eigenproduktion hergab. Attika mußte also von außen mit Getreide, aber auch Fleisch, Oliven, Öl, Käse, Talg etc. beliefert werden. Speziell der Umstand, daß die griechischen Großstädte nicht mehr ganz von der landwirtschaftlichen Produktion ihres Umlandes leben konnten, barg immer wieder die Gefahr von Hungerkrisen, etwa wenn Mißernten in den Herkunftsländern oder eine Unterbrechung des Handels – durch Stürme, Seeräuberei, Spekulation der Händler – eintraten. Denn der griechische Agrarhandel lag durchweg in den Händen von Privatpersonen. Staatlicherseits wurden im klassischen Griechenland lediglich der Markt als Örtlichkeit in der Polis zur Verfügung gestellt und als Rechtsbereich gesichert. Gelegentlich wurden gefährdete Transporte militärisch abgesichert.

Im Hellenismus gewinnt der Agrarmarkt und -handel zunehmende Bedeutung. Das Anschwellen der Poleis hatte ihre immer stärkere Abhängigkeit von Nahrungsmittelzufuhren zur Folge. Besonders Griechenland und Kleinasien gehörten zu den von Importen besonders abhängigen Gebieten. Ägypten, Sizilien und Italien waren neben den pontischen und thrakischen Gebieten die Hauptlieferanten. Besonders als sich im 3. Jahrhundert v.Chr. durch Rationalisierungen die Produktion an Lebensmitteln in Sizilien und Ägypten deutlich erhöhte, kam es zu einer Entspannung des Agrarmarktes, was sich in einer Stabilisierung der Getreidepreise äußerte. Aber schon im 3. Jahrhundert wurden (Süd-)Italien und Sizilien von Rom okkupiert. Der hellenistische Agrarmarkt geriet dadurch zunehmend in die Abhängigkeit vom ptolemäischen Ägypten – dies zumal die Gebiete um Bosporus und Schwarzes Meer im Hellenismus durch die Barbarenzüge, die Kolonisation in Asien und durch die ägyptische Konkurrenz als Getreideexportland stark an Bedeutung verlieren – die Pontos-Städte litten selbst unter Hungersnöten. Obwohl der Agrarhandel auch im Hellenismus grundsätzlich in privater Hand verblieb, griff der Staat nun, besonders in Krisensituationen, regulierend ein: Höchstpreisfestsetzungen, staatlicher Aufkauf von Brotgetreide, Zurückhaltung von Abgabengetreide, Privilegierung von Kornhändlern etc.

Diese Entwicklung der staatlichen Einschränkung des freien Kornhandels setzte sich im römischen Reich fort. Schon in der späten Republik mußte in Notfällen zu staatlichen Zwangsmaßnahmen nach hellenistischem Muster gegriffen werden. Die römischen Kaiser – z.B. Nero – griffen zuweilen recht rigoros in den Kornhandel ein. Zumeist versuchten sie jedoch die Interessen der Produzenten, Händler und Konsumenten durch nicht unbedeutende finanzielle Zuschüsse aus der kaiserlichen Kasse im Ausgleich zu halten. Oft wird die kaiserliche Monopolisierung des ägyptischen Korns seit Augustus als eine staatliche Reglementierung des Kornhandels mißverstanden. Obwohl auch eine staatliche Kornflotte, zum Transport des Abgabengetreides, zwischen Ägypten und Ostia verkehrte, war der private Handel aus Ägypten nicht ausgeschlossen – aber es durfte eben nur nach Italien geliefert werden. Ansonsten haben die römischen Kaiser lediglich die Marktaufsicht über den Agrarhandel durch Aufbau einer speziellen Bürokratie (aus der *cura annona* wurde die Präfektur der *annona* herausentwickelt) verstärkt und haben durch Privilegierung der Händler deren Aktivitäten unterstützt. Eine stärkere staatliche Förderung und Beaufsichtigung des Agrarhandels war speziell in Rom auch eine Frage des politischen Überlebens für die Führungsschicht. Seit der Gracchenzeit hatte sich in der Hauptstadt ein System der Alimentierung bedürftiger Menschen durch staatliches Getreide entwickelt. Große Teile der städtischen Bevölkerung – neben der kaiserlichen Verwaltung und den Prätorianern – mußten nun einerseits mit ausreichend Getreide versorgt werden, andererseits sind die Hinweise Legion, in denen bezeugt wird, wie Rom fast vollständig von Importgetreide abhängig war. Die Hauptexportgebiete des römischen Agrarhandels waren Sizilien, Gallien, Südspanien, Numidien, Africa proconsularis, die Kyrenaika, Syrien und natürlich Ägypten.

Quellen: Die archäologische Forschung hat wohl zahlreiche antike landwirtschaftliche Betriebe, *villae*, ergraben, doch geben die Überreste von Hofgebäuden nur ein unvollständiges Bild von der Totalität der dort gepflegten L.: Fruchtwechselsysteme, Anbauarten, Fruchtarten, Arten der Bodenbearbeitung, die Größe der bebauten Fläche etc. können aus diesen Überresten kaum erschlossen werden. Die systematische botanische Analyse der aufgefundenen Pflanzenreste steckt noch in den Anfängen. Damit sind wir weitgehend auf die schriftliche Überlieferung als Quelle für die antike L. angewiesen. Dabei fällt schwer ins Gewicht, daß nur wenige und sehr unzusammenhängende statistische Angaben zur Leistung der antiken L. und zu ihrem Agrarmarkt überliefert sind. Quantitative Untersuchungen zur L. sind dadurch stark erschwert, wenn nicht gelegentlich unmöglich.

Es bleibt, die antike Agrarschriftstellerei als Hauptquelle heranzuziehen. Die erste griechische Darstellung zur L. stammt vom böotischen Dichter Hesiodos von Askra (*Erga kai hemerai*, um 700 v.Chr.). Aus seiner Erfahrung schildert Hesiod in seinem Lehrgedicht in einer unsystematischen Zusammenstellung die wichtigsten bäuerlichen Arbeiten. In klassischer Zeit müssen, nach Auskunft von Platon, Aristoteles und Theophrast, mehrere Prosaschriften zur L. entstanden sein – nur sind sie leider nicht überliefert. Das älteste Werk dieser Art ist Xenophon von Athens *Oikonomikos* (Anfang 4. Jahrhundert v.Chr.). In Dialogform informiert Xenophon über die häuslichen Pflichten der Frau, die Zeiteinteilung auf dem Hof und über Getreide- und Olivenbau.

In hellenistischer Zeit muß es eine Vielzahl von landwirtschaftlichen Fachwerken gegeben haben: Man vergleiche nur die Quellenangaben bei Varro (rust. 1,1,8ff.), Columella (1,1,7) oder Plinius d.Ä. (nat. 1). Doch leider sind auch diese Werke nicht überliefert. Das umfassende, 28-bändige Handbuch des Karthagers Mago (2. Jahrhundert v.Chr.) hatte seit dem Ende des 2. Jahrhunderts v.Chr. eine starke Wirkung auf alle folgenden landwirtschaftlichen Schriftsteller, zumal eine griechische und eine amtliche lateinische Übersetzung weite Verbreitung fand. Sowohl das Original als auch die beiden Übersetzungen sind aber verloren. In Rom hatten Marcus Cato (*De agri cultura*) und die Sasernae (Vater und Sohn – Werk verloren) im 2. Jahrhundert v.Chr. die L. in Form einer unsystematischen Sammlung landwirtschaftlichen Erfahrungswissens erstmals thematisiert. Die L.-Schriftsteller des 1. Jahrhunderts v.Chr., Tremellius Scrofa (verloren) und Marcus Terentius Varro (*Rerum rusticarum libri tres*) unterlagen ebenso schon dem Einfluß des Lehrbuchs von Mago wie auch das umfassende Lehrbuch des Lucius Junius Moderatus Columella (*De re rustica*, 1. Jahrhundert n.Chr.): Es scheint, die Systematik der Stoffanordnung und ein Großteil der inhaltlichen Substanz stammt von dem Karthager und wurde von den Römern lediglich modifiziert. Eher dichterische und ideologische Ziele verfolgt Marco Publius Vergils Lehrgedicht *Georgica* (1. Jahrhundert v.Chr.): Der Landwirt soll in allen landwirtschaftlichen Tätigkeiten unterwiesen werden, aber es soll auch das bäuerliche Leben als sittliches Ideal für Vergils Zeitgenossen propagiert werden. Für die Forschung zur antiken Agrargeschichte sind die Werke von Hesiod, Xenophon, Cato d.Ä., Varro und Columella von herausragender Bedeutung.

→ Ackerbau, Agrargeographie, Agrartechnik, Agrarverfassung, Archäologie, Forstwirtschaft, Gebirge (Berg), Getreide, Gutshof, Großgrundbesitz, Handel, Jagd, Klima, Kolonisation, Küste, Nahrungsmittel, Piraterie, Schwemmland, Viehwirtschaft, Weinbau, Wind (Winde), Wirtschaft

LITERATUR: H. *Dohr*: Die italischen Gutshöfe nach den Schriften Catos und Varros. Köln 1965. – R. *Duncan-Jones*: The Economy of the Roman Empire. Cambridge 1982. – D. *Flach*: Römische Agrargeschichte. München 1990. – W. E. *Heitland*: Agricola. 1921. – H. *Kloft*: Die Wirtschaft der griechisch-römischen Welt. Darmstadt 1992. – R. *Martin*: Recherches sur les agronomes latins. Paris 1971. – F. *DeMartino*: Wirtschaftsgeschichte des alten Rom. München 1991. – Th. *Pekáry*: Die Wirtschaft der griechisch-römischen Antike. Wiesbaden 1979. – K. D. *White*: Roman Farming. London 1970.

Ulrich Fellmeth

Logistik

Allgemeines: L. bezeichnet die Theorie und Praxis von Planung, Bereitstellung und Auslieferung aller für die Streitkräfte erforderlichen materiellen Mittel oder Dienstleistungen einschließlich des Sanitätswesens. Die französische Wurzel (*loger* = einquartieren; *logis* = Quartier vom germanisch-altfranzösisch: *loge* = Häuschen; daher ohne Bezug zu *logizesthai* oder *logisticus*) bewahrt eine besonders in der frühneuzeitlichen Kriegführung mittels Einweisung von Truppen in eigene Siedlungen oder solche des Feindes vorherrschende Methode der Heeresversorgung, die partiell auch in der Antike üblich war. In archaischer Zeit lag die Organisation der Heeresversorgung bei den Adligen; Fouragieren und Plündern im Feindesland waren gängige Praxis. Auch mit Einführung der sich selbst bewaffnenden Hopliten-Phalanx kannte die Kriegführung in Hellas zunächst keine großangelegten Feldzüge. Der Soldat oder sein Diener trug den vom Feldherrn verordneten Mundvorrat für im Mittel drei, aber auch für 20 und mehr Tage (Pritchett 32f.). Offenkundig wurde die Bedeutung der militärischen L. in Hellas zuerst im Verlauf der Perserkriege und in der nächsten Generation dann Gegenstand theoretischer Erörterung.

Quellen: Erste Zeugnisse einer eingehenderen Würdigung logistischer Probleme bieten Herodot (7,21.23.25.50.147.186f.; 9,41), Thukydides und Xenophon, die im Prinzip die essentielle Bedeutung der L. als dritte Säule des Kriegswesens neben der Strategie und der Taktik schon erkannt hatten und z.B. um die Gefahr überlanger Nachschublinien (Hdt. 7,49,5) sowie die kriegsverlängernde (Thuk. 1,11; vgl. 6,20.22) oder schlachtentscheidende Wirkung (Hdt. 9,39.50f.; Xen. hell. 2,1,25–28) unzureichender Versorgung wußten. Die Befähigung des guten Feldherrn wurde Unterrichtsfach von Sophisten, denen Sokrates vorhielt, daß Strategen vor allem »zur Beschaffung des Proviants für die Soldaten geeignet sein sollen« (Xen. mem. 3,1,6). Und Xenophon, in dessen *Anabasis* das L.-Problem allgegenwärtig ist, zählt zu den Tugenden des idealen Feldherrn (Xen. Kyr. 6,2,35–38) die Vorsorge für die Verpflegung der Truppe und sogar die Zusammenstellung des Trosses (*skeuophora*; Xen. Kyr. 6,2,25 ff.). Herausragender Vertreter der sich im 4. Jahrhundert v.Chr. zu einer eigenständigen Literaturgattung entwickelnden militärwissenschaftlichen Studien war Aineias Taktikos, der in der ersten systematischen Abhandlung griechischer Strategik speziell auch die Verproviantierung behandelte. Benutzt wurde dieses leider weitgehend verlorene Standardwerk von Polybios und Poseidonios. Deren *Taktika* folgten die z.T. noch erhaltenen Werke von Asklepiodotos, später auch Ailianos und Arrianos. Roms verlorene militärtaktische Schriften, die von Cato d.Ä., Cornelius Celsus, Frontinus u.a. stammten, sind in der um 400 n.Chr. verfaßten *Epitoma rei militaris* des Vegetius verarbeitet, die als einziges lateinisches Werk dieses Genres bewahrt blieb und sogar militärische *constitutiones* von Kaisern verwendet hat (Veg. mil. 1,8; vgl. 3,20). In ihr ist ein längerer Abschnitt zur L. erhalten (Veg. mil. 3,3), der ebenfalls die für jeden Feldzug entscheidende Bedeutung der Verproviantierung betont (vgl. Veg. mil. 3,1–2). Eine antike Spezialschrift zur L. ist nicht bekannt.

Persien: Die eigentlichen L.-Lehrmeister der Antike waren die Perser. Nach der Niederlage bei Marathon befahl Dareios die Bereitstellung von Kriegsschiffen, Pferden, Getreide und Fahrzeugen (Hdt. 7,1). Xerxes errichtete dann entlang des Vormarschweges vorab Versorgungsdepots (Hdt. 7,25), ließ weiteren Proviant per Schiff transportieren und befahl den Poleis auf der Route lange im Voraus die Bereitstellung u.a. einer Tagesration Getreide und Mehl für das durchziehende oder einquartierte Heer (Hdt. 7,118 ff.; vgl. 9,41). Dieses Verfahren zur Versorgung marschierender Truppen dürfte dem im persischen Reich allgemein angewandten entsprochen haben. Gleichwohl gab es Probleme mit der Wasserversorgung, und der überfrachtete Troß, der noch durch den ›Hofstaat‹ vermehrt wurde, stellte eine so enorme Behinderung dar, daß ihm eine eigene Brücke über den Hellespont reserviert war (Hdt. 7,55). Das Verhältnis zwischen Kampftruppen und Nichtkombattanten im Troß und in der

Transportflotte läßt sich laut Hdt. 7,186 etwa auf 1:1 beziffern. Und das bei Hdt. 7,187 notierte Verpflegungsproblem erzwingt es nahezu, für Xerxes' Expeditionsstreitkräfte realistische Größen anzusetzen (Maurice 228: maximal 150.000 Kämpfer, 60.000 Troßknechte, 75.000 Tiere). Auf der Basis der von Engels für eine Tagesration von 3.600 kcal. errechneten Grunddaten (~ 1,8 kg Weizen = 1,6 kg Brot; die griechische Minimalration einer *choinix* [Hdt. 7,187,2; vgl. Thuk. 4,16,1: mehrfaches Tagesmaß für Spartaner] betrug 1,094 Liter, also ~ 681 g Weizen) bemißt Young dafür einen Tagesverbrauch von 626 t Getreide und 375 t Futter zuzüglich 3,2 Mio l Wasser. Die persönliche Versorgungs- und Transportkapazität hätte dafür durchaus gereicht, so daß entgegen Balcers Annahme der Xerxes-Zug nicht an mangelnder L. scheiterte.

Griechenland: Griechische Heere kannten zunächst nur den funktionalen Troß aus Zug- und Packtieren, zahlreichen Pferdeknechten, Dienern, Vorrats- und Gepäckträgern, deren Zahl insbesondere bei überseeischen Expeditionen wohl die der Kombattanten erreichte. In klassischer und hellenistischer Zeit wuchs der Troß ferner durch Wagen, Schlachtvieh, Proviant, Geräte (später besonders Belagerungsmaschinen und Geschütze: Diod. 19,80,4; 20,73,3; Arr. an. 2,26,2; Polyain. 4,2,20; Pol. 10,29,4), Gepäck, Knechte, Pioniere (Xen. Kyr. 6,2,36; Pol. ebd.), Handwerker (Xen. Kyr. 6,2,37; Xen. Lak. 11,2; Thuk. 6,44,1), Bäcker, Ärzte, Marketender, Kaufleute, aber auch Frauen, Kinder und Beute oft so enorm an, daß er die Kriegführung behinderte (Xen. an. 3,2,27f.; 3,5,9; 4,1,12f.; 4,3,19; Diod. 14,79,2; 17,94,4; 17,110,3; 19,43,7f.; Plut. Eum. 9; Arr. anab. 3,14,5; 6,25,2). Der Troß war daher der eigentliche Schwachpunkt aller weiträumig operierenden Heere der Antike, den es gemäß griechischen Taktik-Anweisungen (Asklep. tact. 11,8; Ail. takt. 39) zu sichern galt (Thuk. 7,78,2; Xen. an. 3,2,36; 3,3,6; Xen. Kyr. 6,3,2–4) und der im Krisenfalle aufgegeben wurde (Xen. an. 3,2,27f.; 4,1,12; Polyain. 4,3,10; vgl. Cass. Dio 56,21,1). Sein Verlust führte nicht selten zur Aufgabe des Kampfes (Polyain. 4,6,13f.; Diod. 19,43,7f.; Plut. Eum. 9) oder zur Flucht des Heeres.

Erstmals für den Plataiai-Feldzug ist ein organisierter Nachschub griechischer Feldheere überliefert, der sie aus der Heimat mit Naturalien versorgte (Hdt. 9,39; zu Tanagra: Diod. 11,80,3f.; zu Sphakteria: Thuk. 4,26f.; zur Sizilienexpedition: Thuk. 6,44,1; 6,93,4; 7,4,4; 7,25,1). Ansonsten operierten sie mit dem normalerweise im Troß oder auf Frachtschiffen mitgeführten Proviant (Thuk. 7,75,5; 6,44,1; Xen. an. 1,10,18), waren im Feindesland stets auf unzuverlässige, zeitraubende und risikoreiche Requisitionen (Thuk. 4,6; Xen. an. 1,5,9; 6,4 passim) und bei Neutralen oder Verbündeten auf deren Märkte angewiesen (Thuk. 6,44,2f.; 6,50; Xen. an. 1,5,10; 5,1,6; 6,4,16); vereinzelt sind sogar vertragsfixierte Versorgungsleistungen erwähnt (Thuk. 5,57; 6,88,4; 8,57; Xen. hell. 1,1,24; Pol. 5,1,11). Bisweilen organisierten Feldherren professionelle Lagermärkte (Xen. Kyr. 4,5,42; 6,2,38; an. 1,2,18; 1,5,6; Xen. hell. 1,6,37; vgl. Thuk. 6,31,5; 6,44,1) oder boten staatlichen Proviant aus den schon in klassischer Zeit gebräuchlichen Magazinen zum Kauf an. Denn etwa ab der Mitte des 5. Jahrhunderts v.Chr. erhielten sowohl Politen als auch Söldner im Voraus Zehrgeld bzw. Sold (Thuk. 3,17,3: je Hoplit und Diener eine Dr./Tag; 5,47,6: je Hoplit drei aiginetische Obolen; je Reiter eine aiginetische Dr./Tag; Xen. hell. 5,2,21), von dem sie ihren Lebensunterhalt im Operationsgebiet selbst bestreiten mußten. Ähnlich funktionierte die Versorgung der athenischen Flotte, der dieses System mangelnden staatlichen Nachschubs zum Verhängnis wurde, als Lysander sie bei Aigospotamoi während ihres notwendigen Fouragierens angriff (Xen. hell. 2,1,25 ff.). Zu den L.-Aufgaben gehörten in Athen neben Truppen- und Nachschubtransporten der Flotte ebenso die Ausrüstung und Instandhaltung der Werften sowie die Sicherung der Getreidezufuhr.

Die später in Sparta gebräuchliche Praxis, zu Beginn überseeischer Expeditionen Marschverpflegung und Sold auszugeben (Xen. hell. 3,4,3) und die Truppe sich danach selbst versorgen zu lassen (Xen. hell. 3,1,28; 4,8,21; Diod. 14,79,3), fand in hellenistischen Staaten Nachahmung (Pol. 4,63,9f.; 5,2,11). Diese verfügten dank ihrer Größe und zentralistischen Struktur über wesentlich bessere Ressourcen und Möglichkeiten, die logistische Grundversorgung ihrer Heere mit Geld, Waffen, Proviant, Transportkapazität und Maschinen zu effektivieren, indem sie z. B. gewaltige Mengen an Kriegsgütern in Magazinen bereithielten (Diod. 14,43,2-9; 19,58,2; 20,73,3; Liv. 42,12,8-9; 52,12; 53,4; Strab.16,2,10; App. proem. 10; Plut. Luc. 29). Da makedonische Heerführer zum Zwecke einer mobilen Kriegführung den Troß oft drastisch reduzierten (Frontin. strat. 4,1,6), blieben die Armeen Alexanders und seiner Nachfolger im Kriege weiterhin auf Requisition, Plünderung und das Fouragieren angewiesen (Polyain. 4,3,15; Diod. 14,79,2; 17,94,4; 19,20,1-4; 94,1; Plut. Eum. 8; Pol. 16,24,9). Doch verfügte Alexander der Große laut Engels über die schnellste, leichteste und mobilste Armee seiner Zeit, was u. a. dem Umstand zu verdanken war, daß der makedonische Phalangist neben den Waffen noch seinen Proviant und den Großteil seines Gepäcks trug. Alexanders Heer von anfänglich 42.000 Infanteristen und 6.000 Kavalleristen kam daher nach den Berechnungen von Engels zunächst mit 1.300 Packpferden für die Ausrüstung und 16.000 Mann Troß aus. Wagen waren streng limitiert und blieben dem Maschinen- und Geschützpark oder dem Krankentransport vorbehalten. Mußte zur Überwindung unfruchtbarer oder ausgeplünderter Landstriche zusätzlich Verpflegung mitgenommen werden, benötigte diese Truppe bei einem Verbrauch von ca. 122 t Getreide/Tag rd. 1.120 weitere Tragtiere für eine bzw. 2.340 für zwei Tagesrationen etc. Aufgrund des Eigenkonsums der Tragtiere wären bei einer 15-Tagesration bereits 40.350 von ihnen allein für den Getreidetransport benötigt worden. Engels folgert daraus, daß der zusätzliche Transport von zehn Tagesrationen das Maximum des Leistbaren war, und meint, die makedonische Armee habe sich primär auf Menschen als Lastträger gestützt. L. war somit ein zentraler Punkt in Alexanders Strategie.

Für die Verproviantierung auf dem Marsch sorgten vorab diplomatisch unterworfene Bevölkerungsteile, vorgeschobene Versorgungsdepots, extensive Requisitionen und ein System von im Hinterland jeweils neu etablierten fluß- oder seegestützten Nachschubbasen, in denen man Versorgungsgüter für mehrere Monate zusammentrug (Arr. an. 6,20,5). Gleichwohl traten trotz sorgfältiger Planung bisweilen Versorgungsengpässe ein, die katastrophale Ausmaße annehmen konnten: Als z. B. logistische Vorkehrungen Alexanders für die Durchquerung Gedrosiens wie die Erkundung von Wasserstellen und Versorgungsmöglichkeiten, Requirierungen, Vorverschiffung von Depots etc. mißachtet wurden, reduzierte die mangelnde Wasserversorgung durch Ausfall der Tiere zuerst die Transportkapazität des Trosses, womit die Vernichtung des Heeres drohte (Arr. an. 6,23 ff.; 27,6). Insgesamt jedoch schuf Alexander mit eigenen Troßteilen sowie hochrangigen L.-Offizieren in der Etappe ein hochprofessionelles Versorgungssystem, das den Anforderungen seiner extrem weiträumigen Kriegführung gerecht wurde und so effektiv arbeitete, daß ihn selbst in Indien militärischer Nachschub

u. a. in Form von 25.000 Rüstungen, 260 kg Sanitätsmaterial sowie Verstärkung durch 30.000 Infanteristen und 6.000 Reitern aus Thrakien, Hellas und Babylon erreichte (Curt. 9,3,21; Diod. 17,95,4). Die hellenistischen Staaten und Karthago orientierten sich an diesem System und nutzten wie Alexander (Arr. Ind. 19,7) für die L. überseeischer Expeditionen besondere maritime Versorgungswege (Diod. 20,73,2; Liv. 28,46,14).

Rom: In Rom oblag die Ausrüstung in älterer Zeit ebenfalls den Bürgern, deren Bewaffnung der Staat allerdings normierte. Etwa mit Beginn der Republik erhielten sie Sold (Pol. 6,39,12: Infanterist zwei, Reiter sechs Obolen/Tag = 1/3 bzw. ein Denar), von dem man die Kosten der staatlich gestellten Verpflegung, Kleidung und Ausrüstung abzog. Sichere Nachrichten zur L. römischer Heere besitzen wir erst für die Zeit der ausgehenden Republik. Mit der Anlage eines im Endeffekt ›weltumspannenden‹ Straßennetzes und der Sicherung der maritimen Nachschubwege hatte Rom die vorzüglichste Grundlage für die militärische L. geschaffen. Für die Waffen sorgten staatlich geführte oder zumindest kontrollierte Waffenmanufakturen (*armentaria*). Auch andere Ausrüstungsgegenstände lagen in den staatlichen Magazinen bereit, zudem versorgten privatwirtschaftliche Konsortien die Heere. Getreidezufuhr und Flottenausrüstung oblagen vielfach den Verbündeten (*socii*), insbesondere bei überseeischen Expeditionen (Liv. 28,45,15 ff.), wofür die römische Flotte ab dem 3. Jahrhundert v.Chr. Transportraum bereitstellte und sicherte. Dennoch blieb die Kriegführung jahreszeitlich ausgerichtet und zielte – wie in Hellas – mit auf die Ernte im Feindesland (Liv. 34,9,12). Für Requisitionen galt Catos Grundsatz: *bellum se ipsum alet* (= der Krieg wird sich selbst nähren. Liv. ebd.; ähnl. Plut. Luc. 29), so daß bisweilen auf die Hilfe der üblicherweise mit herangezogenen Getreidelieferanten (*redemptores frumenti*) verzichtet wurde. In Krisenzeiten mußten die Soldaten auf die von im Troß mitziehenden Händlern (*lixae, mercatores:* Bell. Afr. 75,3; Caes. Gall. 6,37,2) zu überhöhten Preisen angebotenen Lebensmittel zurückgreifen (Caes. civ. 1,52,2).

Auch in Rom zählte die Sorge für eine ausreichende Verpflegung der Armee zu den Kardinaltugenden eines römischen Feldherrn. Die den *socii* oder *dediticii* auferlegte Getreideversorgung (*frumentum imperatum:* Caes. Gall. 1,16,1.4; 17,2; 5,20,3–4; Tac. hist. 1,64 etc.) überwachten z. B. im Gallischen Krieg die von Caesar eigens abkommandierten Offiziere (Caes. Gall. 3,7,3 f.). In der Etappe wirkten Proviantmeister (*praefectus rei frumentariae:* Caes. Gall. 7,3,1), die Versorgungsdepots aufbauten und den Nachschub organisierten. Auch bei Caesar gefährdeten unzureichende Verproviantierung und ungesicherter Nachschub wiederholt das Heer (Caes. Gall. 3,3,2; vgl. 1,23). So mußten neben der vertraglich vereinbarten oder befohlenen Zulieferung und den z. B. auf Flüssen herangeschifften eigenen Ressourcen in Kriegszeiten durchweg Requisitionen im Feindesland stattfinden, die Vieh, Grünfutter und Getreide einzubringen hatten (Caes. Gall. 4,32,1; 3,2,3; 6,36,3). Diese Fouragetrupps waren zwar militärisch gesichert, blieben aber der Gefahr von Überraschungsangriffen ausgesetzt (Caes. Gall. 5,17,2; 6,36 f. etc.). Denn den Feind von seiner Getreidezufuhr abzuschneiden, so daß er sich aus Verpflegungsmangel zurückziehen mußte und dabei durch den Troß behindert ein leichtes Angriffsziel bot, zählte auch bei Roms Gegnern zur höheren Kriegskunst (Caes. Gall. 3,23 f.). So galt der römischen Taktik die Sicherung des Trosses ebenfalls als wichtiges Element und fand in dem nach allen Fronten gesicherten *agmen quadratum* die beste Formation. Bei langandauernden Feldzügen und während der Bürgerkriege lebte in spätrepublikanischer Zeit die Praxis der Einquartierung wieder auf, was Italiker und Provinziale gleichermaßen enorm belastete (Cic. Manil. 37 ff.64 ff.; Caes. civ. 1,32,1; 3,5,2; 3,31,4; vgl. Plut. Sulla. 25).

Über die Ration eines Legionärs sind wir nur unzureichend unterrichtet. Im 2. Jahrhundert v.Chr. erhielt er gegen Soldabzug im Monat vier *modii* Weizen (Pol. 6,39,13 ff.: ~ 36 l = 30 kg; für Reiter die dreifache Menge); seine Mindestration betrug also ~ 1 kg/Tag. Hinzu kam Zusatzverpflegung in Form von Hülsenfrüchten, Fleisch, Käse, Wein, Essig, Öl etc. Strittig ist, inwieweit die Belieferung mit Nahrungsmitteln in der Kaiserzeit unentgeltlich war. Die Zuteilung erfolgte zweimal im Monat (Caes. Gall. 1,15 f.23). Ob der Legionär diesen Proviant zusätzlich zu seinen Waffen, Schanzpfählen und -werkzeugen, anderen Ausrüstungsgegenständen, Kochgeschirr und persönlichem Gepäck insgesamt selbst zu tragen hatte (SHA Alex. 47,1 u. Amm. 17,9,2: 17 Tage; vgl. Cic. Tusc. 2,37; Amm. 16,11,12: 20 Tage; Caes. civ. 1,78,1: 22 Tage; Caes. Gall. 7,74,2: Monatsration) oder nur eine ›eiserne Ration‹ von drei Tagen (Ios. bell. Iud. 3,5,5[93 ff.]), wird in der Forschung seit Stolle heftig diskutiert. Von kaum tragbaren Lasten berichtet Verg. Georg. 3,346, und Verg. mil. 1,19 nennt als festgesetzte Maximalbelastung 60 römische Pfund, also ~ 20 kg. Strenge Vorschriften, den Troß des marschierenden Heeres grundsätzlich zu entlasten, gehen auf Marius zurück, nach dem auch das Traggestell der Infanteristen benannt ist (*mulus Marianus*: Fest. 148M; Frontin. strat. 4,1,7). Der römische Troß (*impedimenta*) aus Packtieren und Gespannen transportierte wie der makedonische nur die größeren Ausrüstungsgegenstände wie Zelte, Küchen- und Pioniergerät, Geschütze, das Feldlazarett etc. Befehligt wurde er von einem Troßkommandanten, der auch die Lagerwerkstätten beaufsichtigte.

Mit der Schaffung des homogenen, größtenteils in den Randprovinzen des Imperium Romanum stehenden Heeres, das in der antiken Geschichte als erstes über ein professionelles Sanitätswesen verfügte, und den feststationierten Flotten potenzierte sich die logistische Aufgabe des römischen Staates. Die Armee des 1. Jahrhunderts n.Chr. mit ihren rund 300.000 Soldaten (Ende 2. Jahrhundert n.Chr. womöglich 350–450.000) verbrauchte pro Jahr bei einer Mindestversorgung von einem *choinix*, ~ 1,09 l = 850 g Weizen/Tag etwa 93.000 t. Bei der von Pol. 3,39,13 ff. angesetzten Durchschnittsversorgung von 1 kg/Tag wären es sogar 109.500 t, zuzüglich der umfangreichen Zusatzkost und ohne die 2,5–3 kg Gerste/Tag für mindestens 60.000 Tiere (Kavallerie u. Troß), also noch einmal rund 55.000 t. Allein für das Militär der Provinz Syria mit ihren Anfang des 2. Jahrhunderts n.Chr. drei Legionen, 19 Kohorten, acht Alen und 2.500 Seesoldaten errechnet Kissel von Minimalsätzen ausgehend einen Jahresbedarf von 8.176 t Getreide – zuzüglich 2.505 t für die Pferde, der durch Eigenversorgung, prokuratorische Zulieferung, provinziale Kontributionen, privatwirtschaftliche Aufkäufe und überseeische Lieferungen aus agrarischen Überschußgebieten gedeckt wurde. Die vermutlich schon früh auf einem wohlorganisierten Versorgungssystem basierende *annona militaris* oblag in der Provinz dem *procurator* und wurde durch die zentrale Getreideversorgungskanzlei in Rom unterstützt. Mit der Verfügungsgewalt über die mediterranen Transportkapazitäten kalkulierte und koordinierte der dort amtierende *praefectus annonae* insbesondere den Nachschub für militärische Offensiven, während der für solche *expeditiones* zusätzlich eingesetzte Logistikstab eines *praepositus annonae* bzw. *copiarum* auch noch die Bereitstellung von Truppen und Material organisierte.

Im Feindesland galt weiterhin die übliche Requisitionspraxis. Daneben sind Vexillationskommandos zur Versorgung der kämpfenden Truppe mit Heu oder Getreide bekannt (ILS 2484). Für die Magazinhaltung im Lager (*horrea*) und die Austeilung an die Truppe war die Intendantur unter dem *praefectus castrorum* zuständig. In der Spätantike lag die Verantwortung für die Heeresversorgung bei den Prätorianerpräfekten. Sie gaben Lebensmittel- und Futterbewilligungen (*annonae, capitus*) aus und regelten den Nahrungsmittelnachschub bis zu den von einem *praepositus horrei* verwalteten Hauptmagazinen, der die Güter an die Proviantmeister der Truppeneinheiten aushändigte. Für die Versorgung der *limitanei* hatten die Grenzprovinzen aufzukommen. Wenn Ressourcen aus anderen Provinzen benötigt wurden, sorgte eine Einrichtung namens *pastus primipili* für den Transfer. Feldarmee und kaiserlicher *comitatus* erhielten Bezugsscheine (*epistulae delegatoriae*) für Nahrungsmittel und Versorgungsgüter aus Überschußgebieten, wobei die Versorgungsoffiziere (*opinatores*) sich an die zuständigen Provinzstatthalter wandten. Die Belieferung erfolgte zunächst in Naturalien, später vermehrt in Gold, wodurch die Korruption beträchtlich zunahm. Im rückwärtigen Raum erstreckte sich ein System von Versorgungsdepots entlang der Heerstraßen; in der Spätantike hatten auch befestigte Städte diese Funktion. Wo überhaupt möglich, wurden Flüsse für den Transport genutzt, in Kriegszeiten fielen dabei der Rhein- und Donauflotte besondere Aufgaben zu. Grundsätzlich war das Heer bemüht, den Elementarbedarf an Gemüse, Fleisch, Leder, Holz, Steinen, Metall, Bekleidung und Geschirr etc. vor Ort aus eigenen Militärterritorien (*territoria* bzw. *prata legionis*) oder zumindest aus der Region zu decken, dennoch nahmen einige Konsumgüter oft lange Wege – Versorgungsstränge der germanischen Heere reichten z. B. bis in die Baetica. Auch über große Distanzen wurde der Landtransport von den Einheiten oft selbst besorgt, häufig aber von professionellen Heereslieferanten oder dazu verpflichteten Provinzialen übernommen. Um deren übermäßige Belastung durch Hand- und Spanndienste zu vermeiden, versuchte die Reichszentrale zumindest im 1. und 2. Jahrhundert n.Chr. die Nutzung derartiger *munera* zu limitieren und zu vergüten; seit der Reichskrise dominierte jedoch der Mißbrauch. Der Abzug der Heere von den Grenzen im 4. Jahrhundert n.Chr. brachte den Städten verstärkt die Einquartierung von Soldaten durch Quartiermeister (*mensor, metator*). Und trotz prinzipieller Bereitstellung der *annona* aus staatlichen Depots und gesetzlicher Regelung der Transport- und Unterbringungsauflagen (*munus hospitis recipiendi*: Cod. Theod. 7,5–8; 10,22; 11,15–18; Cod. Iust. 12,40 f.) nahmen Transportliturgien, *munera sordida* und das *hospitium militare* für ganze Regionen oft ruinöse Ausmaße an.

→ Armee, Bürgerkrieg, Fluß, Getreide, Krieg, Mobilität, Nahrungsmittel, See, Straße (Straßenbau), Strategie, Taktik

LITERATUR: *Adams:* Logistics of the Roman Imperial Army. Major Campaigns in the First Three Centuries A. D. Diss. Yale 1976. – J. K. *Anderson:* Military Theory and Practice in the Age of Xenophon. Berkeley 1970. – A. *Bauer:* Die griechischen Altertümer, 3: Die Kriegsaltertümer (HAW IV 1,2). München ²1893 (größtenteils plagiiert durch Kromayer, J. in: Ders./ Veith, G.: Heerwesen und Kriegführung der Griechen und Römer (HAW IV 3,2), München ²1928). – D. *Breeze:* Demand and Supply on the Northern Frontier, in: Miket, R./Burgess, C.(Eds.): Between and Beyond the Walls. Edinburgh 1984, 264–286. – R. W. *Davies:* The Roman Military Diet, in: Britannia 2, 1971, 122–142. – P. *Ducrey:* Warfare in Ancient Greece. New York 1986. – D. W. *Engels:* Alexander the Great and the Logistics of the Macedonian Army. Berkeley 1978. – P.

Erdkamp: The Corn Supply of the Roman Armies during the Third and Second Centuries B. C., in: Historia 44, 1995, 168–191. – N. *Fuentes:* The Mule of a Soldier, in: JRMES 2, 1991, 65–99. – M. *Gabriel:* Transport et logistique militaire dans L'Anabase, in: Briant, P.(Ed.): Dans les Pas des Dix Milles. Toulouse 1995 (= Pallas 43), 109–122. – P. *Garnsey*/C. R. *Whittaker* (Eds.): Trade and Famine in Classical Antiquity. Cambridge 1983. – A. H. M. *Jones:* The Later Roman Empire. 2 Bde., Oxford ²1986. – M. *Junkelmann:* Panis militaris. Die Ernährung des römischen Soldaten oder der Grundstoff der Macht. Mainz 1997. – Th. *Kissel:* Untersuchungen zur Logistik des römischen Heeres in den Provinzen des griechischen Ostens. St. Katharien 1995. – A. *Labisch:* Frumentum Commeatusque. Die Nahrungsmittelversorgung der Heere Caesars. Meisenheim 1975. – E. u. F. *Lammert:* RE 11,2 (1922) Sp. 1827–1858, s.v. Kriegskunst (griech.). – J. A. *Lynn* (Ed.): Feeding Mars. Logistics in Western Warfare from the Middle Ages to the Present. Boulder 1993. – F. *Maurice:* The Size of the Army of Xerxes in the Invasion of Greece 480 B. C., in: JHS 50, 1930, 210–235. – W. K. *Pritchett:* The Greek State at War, 1. Berkeley 1974, 30–52. – Fr. *Stolle:* Der römische Legionar und sein Gepäck. Straßburg 1914. – K. *Tänzer:* Das Verpflegungswesen der griechischen Heere bis auf Alexander d.Gr. Diss. Jena 1912. – L. *Wierschowski:* Heer und Wirtschaft. Das römische Heer der Prinzipatszeit als Wirtschaftsfaktor. Bonn 1984. – J. C. *Wilmans:* Der Sanitätsdienst im Römischen Reich. Hildesheim 1995. – T. C. *Young:* 480/479 B. C. – a Persian Perspective, in: IA 15, 1980, 213–239.

Peter Kehne

Luftbild

Seit dem großen Aufschwung der Flugtechnik, den der Erste Weltkrieg mit sich brachte, wurden auch zu wissenschaftlichen Zwecken in größerem Umfang photographische Bilder der Erdoberfläche aus der Luft aufgenommen. Solche Bilder haben sich als geeignet erwiesen, im Boden verborgene Spuren von historischen Gebäuden und Veränderungen der Landschaft durch den Menschen aufzuspüren und zu dokumentieren. Selbst in Fällen, in denen bei einer Begehung des Geländes keinerlei Anhaltspunkte mehr für eine menschliche Gestaltung zu finden sind, können mit Hilfe von L. oft Grundrisse von untergegangenen Gebäuden gezeichnet, Geländeabtragungen und Aufschüttungen genau kartiert werden. In England wird eine planmäßige L.-Archäologie bereits seit 1924 betrieben, in Deutschland erst seit 1960.

Die eigentlichen Entdeckungen der L.-Archäologie geschehen nicht erst beim Betrachten der entwickelten Aufnahmen, sondern bereits während des Überfliegens. Der L.-Archäologe, der zumeist zugleich der Pilot und Photograph ist, erzeugt nicht flächendeckende Senkrechtaufnahmen, sondern er sucht zunächst mit seinen Augen die Erdoberfläche nach Anhaltspunkten für geschichtliche Überreste ab. Wenn er fündig geworden ist, sucht er unter Berücksichtigung des Lichteinfalls die zur Dokumentation günstigste Aufnahmepostion, wobei zumeist eine Schrägaufnahme entsteht.

In vielen Fällen ist die Wahrscheinlichkeit, in einem bestimmten Gebiet historische Überreste auf oder unter der Erdoberfläche zu finden, schon aus anderen Anhaltspunkten gegeben. Solche Gebiete werden von den L.-Archäologen immer wieder angeflogen. Die Sichtbarkeit der Überreste hängt unter Umständen vom Sonnenlicht und vom Klima und der Jahreszeit ab und ist oft nur an wenigen Tagen des Jahres gegeben.

Abb. 54: Römisches Kastell in Bad Friedrichs-hall-Kochendorf (Landkreis Heilbronn/Baden-Württemberg), zu erkennen aufgrund von Vegetationsmarken. Die Luftbildarchäologie konnte mit diesem Fund von 1988 einen bedeutenden Beitrag zur Bestimmung des Verlaufs des Odenwald-Limes leisten.

Der fliegende L.-Archäologe richtet sein Augenmerk auf spezielle Details der Erdoberfläche, sogenannte Marken, die den gestaltenden Eingriff des Menschen verraten. Die folgenden Typen von Marken werden unterschieden:

Schattenmarken treten auf, wo geringe Abstufungen im Relief des Geländes unter schräg einfallendem Licht aus der Vogelperspektive als Helligkeitsunterschiede in Erscheinung treten und eventuell regelmäßige Anlagen erkennen lassen. Eine besondere Hervorhebung erfährt das Relief auch dort, wo trockener Schnee vom Wind über den Boden geweht wird und in Vertiefungen liegenbleibt, dagegen die Erhebungen unbedeckt läßt.

Bodenmarken geben Hinweise auf im Boden ausgehobene Gräben und Gruben, indem die Vermischung des Oberflächenbodens mit den andersfarbigen Boden- oder Gesteinsarten der natürlicherweise tiefer liegenden Schichten zu einer farblichen Abhebung des in historischer Zeit aufgegrabenen Bereichs führt. Wo solche Vermischungen der natürlichen Schichtung des Bodens die Wasser- oder Wärmespeicherfähigkeit des Bodens an der Oberfläche verändern, zeigen sich Marken nach Überschwemmungen und Regen oder Schneefall. *Vegetationsmarken* treten auf, wo Gräben oder Mauerzüge unter eingeebneter Oberfläche für das Wachstum der Pflanzen gegenüber der Umgebung unterschiedliche – günstigere oder ungünstigere – Bedingungen bieten.

Von der L.-Archäologie wurden z. B. in Bayern allein bis 1982 15.000 archäologische Fundstätten entdeckt. In Süddeutschland sind es für die hier interessierende Zeit der Antike vor allem die dem keltischen und römischen Bereich zugehörigen Fundlagen. Im Einzelnen gehören hierzu keltische Befestigungsanlagen, Grabhügel und Viereckschanzen sowie römische Kastellanlagen (vgl. Abb. 54), Kastellsiedlungen mit ihren Bestattungsplätzen, *villae rusticae*, der Limes, Straßen und Straßenstationen.

War das L. zunächst Hilfsmittel für den grabenden Archäologen vor allem bei der Auswahl einer geeigneten Grabungsstelle, so hat es sich inzwischen zu einer eigen-

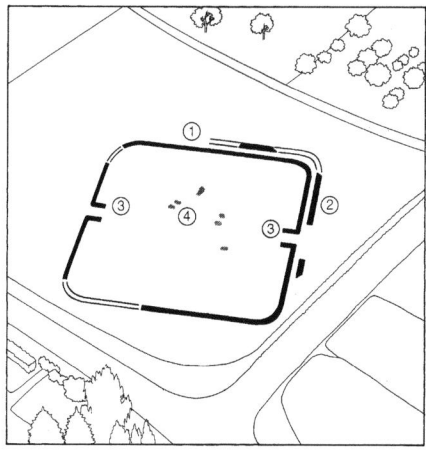

Abb. 55: Mit Hilfe des Luftbildes sind auch die Umrisse des Kastells von Bad Friedrichshall-Kochendorf (vgl. Abb. 54) rekonstruierbar: eine Kastellmauer (1), ein Graben vor der Mauer (2), zwei Kastelltore (3) sowie Pfostenlöcher und Mauerzüge (4).

ständigen Methode, Landschaft und Gelände als historische Quelle aufzubereiten, entwickelt. Oftmals kann das L. sogar die Ergebnisse älterer Grabungen korrigieren und ergänzen.

Versuche, auch digitale Satellitenbilder, die aus wesentlich größerer Höhe flächendeckend aufgenommen wurden, für die Historische Geographie zu nutzen, stecken bisher noch in den Anfängen (siehe Olshausen/Kahl).

→ Archäologie, Architektur, Geoarchäologie, Geographie, Grenze, Gutshof, Kartographie, Kultarchitektur, Straße (Straßenbau), Topographie

LITERATUR: O. *Braasch:* Das archäologische Luftbild, in: D. Planck u.a.: Unterirdisches Baden-Württemberg. Stuttgart 1994, 78–96. – E. *Olshausen/G. Kahl:* Satellitenbilder in der Geschichtswissenschaft, in: Wechselwirkungen. Jahrbuch aus Lehre und Forschung der Universität Stuttgart, 1994, 38–46.

Gerhard Kahl

Marschland

M. als an den Küsten und Flußtälern durch die Meeresgezeiten angeschwemmter Boden soll hier vor allem am Beispiel des Nordseemarschlandes in historisch-geographischen Bezügen dargestellt werden. Es zeichnet sich durch besondere Fruchtbarkeit aus (Grünland, Ackernutzung) und steht im Gegensatz zur angrenzenden Geestlandschaft mit ihren stärker versauerten und sandigen Böden (mittelniederdeutsch: *gest,* adj. = unfruchtbar, trocken, hoch). Es wird zwischen Fluß- und Seemarsch unterschieden. Die Sedimente, welche die Ebbe seewärts mit sich nimmt, gelangen durch die Flut wieder an die Küste. Die schwereren Sedimente lagern sich zuerst an der Küste und am Unterlauf des Flusses ab und bilden so Strand- und Uferwälle, wo sie einen relativ festen und wenig sackenden Untergrund herstellen. Die von der Flut herangetragenen, zunehmend leichteren Sedimente lagern sich allmählich an den Flußufern ab, bis die tonigen Feinbestandteile der Wassertrübung den Flußoberlauf erreichen und sich dort setzen. Die Flußmarschen haben einen feineren Tonschlamm (Schlick) und Lehm als die Seemarschen. Durch die fortlaufende Verlandung der Küste bildet sich ein bewohnbarer Landkorridor aus Marschboden. Der direkt an der See befindliche Marschstreifen wird Neumarsch, der bewohnbare Teil zwischen Neumarsch und Geest Altmarsch genannt. In Europa finden wir Flußmarschen am Unterlauf von Schelde, Maas, Rhein, Ems, Weser, Elbe und Eider. Seemarschen erstrecken sich entlang der Küstenzone der Nordsee vom südwestlichen Jütland über das westliche Schleswig-Holstein und nördliche Niedersachsen, über die nördlichen und nordwestlichen Niederlande, über das Schelde-Maas-Rheindelta bis hin zum nördlichen Flandern und zum nordfranzösischen Küstengebiet.

Quellen: Für die Rekonstruktion der Entstehung der Marsch und ihre Siedlungsgeschichte in der Antike stehen geologische Untersuchungen, archäologische Funde und schriftliche Quellen antiker Autoren zur Verfügung.

Zu den geologischen Quellen gehören die erstentstandenen Torfschichten, die Basistorfe. Radiokarbonbestimmungen, durchgeführt an Basistorfschichten, liefern Ergebnisse über das Alter der Basistorfschichten, mit welchem sich der Meeresspiegelanstieg der verschiedenen Transgressions- und Regressionsphasen fixieren läßt. Der stetige Anstieg des Meeresspiegels erklärt, warum die Marschbewohner im 1. Jahrhundert n.Chr. zwischen Weser und Ems von der Flachsiedlungsbauweise zur Wurtensiedlung (Siedlung auf künstlichem Bodenauftrag) übergegangen sind (vgl. Plin. nat. 16,2). Pollenanalysen dieser Basistorfe helfen bei der Rekonstruktion des Waldbestandes an der angrenzenden Geest, welche die Ressourcen für die Hausfeuerung und für den Schiffsbau liefern.

Archäologische Gerätefunde aus Knochen und Stein aus der Mittelsteinzeit, die aus dem Nordseebecken geborgen wurden, lassen den Küstenverlauf und eine Besiedlungsaktivität vermuten. Für die Zeit um Christi Geburt liefert die Siedlungsarchäologie die wichtigsten Befunde zum Küstenverlauf und zu den Meeresspiegelbewegungen sowie zur Siedlungs- und Alltagsgeschichte der Marschbewohner. Alle organischen Bestandteile wie Hausreste, Gefäße und Geräte aus Holz sind in den Siedlungen unter der mehrfach luftdichten Kleibodenbedeckung sehr gut erhalten. Die auf diese Weise konservierten Pflanzenreste aus der römischen Kaiserzeit legen Zeugnis ab von einem intensiven Ackerbau. Angebaut wurden die Pferdebohne, Gerste, Hafer, Lein, Leindotter sowie Rispenhirse, Emmer und Färberwaid. Bei Untersuchungen im Hausmist und Heu stieß man auf zahlreiche Wildkräuter und Wildpflanzen. Schließlich geben die vorhandenen schriftliche Quellen (beispielsweise Plinius d.Ä., Velleius Paterculus, Tacitus) Aufschluß über Lebensweise der Marschbewohner und ihre Kontakte mit den Römern.

Marschbewohner: Zu den Marschbewohnern gehören die germanischen Stämme der Chauken, Friesen, Kannenefaten, Bataver und der gallische Stamm der Menapier. Die Chauken lebten an der Nordseeküste ungefähr zwischen dem heutigen Cuxhaven (Weser) und Emden in Ostfriesland an der Ems (Tac. Germ. 35,1). Aus dem Land der Chauken berichtet Plinius (nat. 16,2) von der ungeheuren Überflutung des Landes, die sich zweimal im Zeitraum von Tag und Nacht ereignet. Die Chauken lebten in Hütten auf hohen Hügeln oder auf künstlich aufgeworfenen Dämmen, deren Höhe sich der höchsten Flut anpaßt. Das Holz für den Hausbau stammt aus den Wäldern der angrenzenden Geest. Ist die Flut zurückgetreten, so jagen die Chauken unweit ihrer Häuser nach Fischen, die mit der Ebbe ins Meer entweichen wollen. Die Netze für den Fischfang werden aus dem dort wachsenden Riedgras und Sumpfbinsen geknüpft. Plinius meint, daß sie kein Vieh halten können; auch dient die Milch nicht als Nahrungsmittel. Die Marschlandschaft ist strauchlos, so daß auch die Jagd auf wilde Tiere den Marschbewohnern vorenthalten bleibt. Zum Kochen und Heizen verwenden die Chauken windgetrockneten Torf. Die Trinkwasserversorgung der Marschbewohner ist gewährleistet durch Gruben vor den Behausungen, in welchen Regenwasser gesammelt wird. Plinius berichtet von Eichen, die in größter Üppigkeit an der Küste auf der Geest wachsen (Plin. nat. 16,2,5). Das Gebiet der Chauken grenzt an das Gebiet der Friesen (Tac. Germ. 34,1). Die Friesen, bei Tacitus unterschieden in Groß- und Kleinfriesen, leben zwischen Ems und Ijssel, der Rhein dient im Süden als Grenze. Von den Tributzahlungen, welche die Friesen zu leisten hatten, weiß man, daß sie Haustiere in nur mäßiger Größe besaßen und auch Ackerbau betrieben (Tac. ann. 4,72 ff.). Hundert (römische) Meilen vom Rhein entfernt liegen die – nach Plinius sehr berühmten – Inseln der Bataver und der Kannenefaten (Plin. nat. 4,101). Das Volk der Menapier lebte in der Gallia Belgica an der Küste der Nordsee. Im Osten erstreckte sich ihr Territorium zu Caesars Zeiten über den Rhein (Caes. Gall. 4,4,2; Strab. 4,194), dann bis zur Maas (Ptol. geogr. 2,9,5. Tac. hist. 4,28), in der Kaiserzeit bis zur Schelde (Plin. nat. 4,106). Sie betrieben Ackerbau und Vieh- sowie Schweinezucht (Mart. 13,54.).

Marschentstehung: Die Marschen an der südlichen und östlichen Nordseeküste unterlagen mehreren, sich abwechselnden Transgressions- und Regressionsphasen, die sich regional unterschiedlich auf die Küstenlinie auswirkten. Eine Regression oder Transgression ist nachweisbar über eine auf Jahrzehnte hin angelegte Messung der Verschiebung der Land/Seegrenze. In den Transgressionsphasen, wie sie in den Warmzeiten auftraten, drang die Nordsee in den heutigen Küstenbereich vor. In den Regressionsphasen, wie sie in den Kaltzeiten auftraten, verschob sich die Küstenlinie in seewärtige Richtung. In diesen Phasen kam es zu Ablagerungen von Sedimenten und dann zur Torfbildung. Während der Kaltzeiten drangen skandinavische Gletscher bis nach Mitteleuropa vor. Der Meeresspiegel sank global ab, da die Eismassen das Wasser nicht nur in Form von Gletschern und Eisschollen horizontal binden konnten, sondern auch vertikal in Form von Eisbergen. Auf diese Weise wurde das Volumen der Wassermassen komprimiert und die Küstenlinie der Nordsee seewärts verschoben. Das südliche Nordseebecken war beispielsweise während der letzten Glazialen in Norddeutschland (Weichsel-Eiszeit) landfest. Die Küste verlief in dieser Regressionsphase weit nördlich der Doggerbank (etwa 300 km lange und 100 km breite Sandbank im 55° Längengrad), der Meeresspiegel war mehr als 100 m niedriger als heute.

Für die verschiedenen Transgressions- und Regressionsphasen hat man in den Niederlanden ein Schema entwickelt, welches die stratigraphische Abfolge von Klei- und Torfablagerungen aufzeigt. Das Schema sieht die Gliederung in verschiedene Transgressionsphasen zwischen der Zeit vom 5. vorchristlichen Jahrhundert bis zum hohen Mittelalter vor, und zwar Calais I–IV (A+B)-Transgression und Dünkirchen 0-I (A+B), II–III (A+B)-Transgression. Die dazwischenliegenden Regressionsphasen werden als Holland I–IX-Regression bezeichnet. Die Bodenschichten, die in diesen Transgressions- und Regressionsphasen entstanden, lieferten mit Hilfe der Radiokarbonmethode zeitliche Fixpunkte, zu welchen Zeitpunkten die verschiedenen Phasen eingetreten sind. Für spätere Zeitabschnitte, besonders für die Zeit um Christi Geburt, lieferten archäologische Funde wichtige Datierungshinweise.

Siedlungsgeschichte: Die Besiedlung der Marschgebiete wurde begünstigt durch das ausgeprägte Relief der Marschlandschaft. Die zurückweichende Nordsee hinterließ Uferwälle, die Flüsse und Priele säumten. Auf diesen Uferrücken konnten die ersten Siedler 4000 v.Chr. (Frühneolithikum) Fuß fassen. Die Siedlungen entstanden auf den Ablagerungen der Calais-II-Transgressionsphase. Im heutigen Swifterland in Ost-Flevoland wurde auf den Uferwällen Ackerbau betrieben. Die Siedlung wurde wegen der Calais-III-Transgressionsphase aufgegeben. In den westlichen Niederlanden konnte aus der Zeit um ca. 3200 v.Chr. eine extensive Siedlungsaktivität nachgewiesen werden. Siedlungen der Vlaardingen-Kultur wurden auf den Uferwällen von Flüssen und Prielen der Calais-IV-Transgression angelegt, die bis 2500 v.Chr. andauerte. Mehrere Siedlungen aus der Bronzezeit zwischen 1600 und 800 v.Chr. wurden in den Niederlanden bei Eukhuizen in der Umgebung von Hoogkarspel entdeckt. Gesiedelt wurde auf dem Kleiboden der Dünkirchen-0-Transgression. In der niedersächsischen Wesermarsch an der Hahnenknopper Mühle bei Rodenkirchen konnte aus der Zeit um 1000 v.Chr. eine Siedlung mit einer 300jährigen Siedlungskontinuität ausgemacht werden. Die Siedlung wurde auf dem Uferrücken eines Weserlaufs gegründet. Im Rheiderland auf dem Uferwall der Ems konnten Häuser in Jemgum, Hatzum-Boomberg und Oldendorp aus der Zeit um 700 v.Chr. ausfindig gemacht werden.

Der Emsuferwall war einen Kilometer breit und vollständig bewaldet. Der Wald bestand aus Hartholz-Auenwald mit Ulmen, Eichen und Eschen. Bis etwa ins 4. Jahrhundert n.Chr. gab es noch Restbestände dieser Wälder. Diese Hartholzauenwälder waren bis zum frühen Subatlantikum (Ältere Eisenzeit) nicht nur an der Ems verbreitet, sondern auch an den anderen großen Flüssen. Um 500 v.Chr. zogen sich im Rheiderland Auenwälder auf dem Uferwall der Ems entlang. Allerdings dehnten sich auf der Binnenseite im tiefer gelegenen nassen Sietland riesige baumfreie Niedermoore aus, die bis zu dem entfernten Geestrand reichten. Auf dem Uferwall wurde neben der Viehwirtschaft auch Ackerbau betrieben. Insgesamt sechs übereinanderliegende Siedlungshorizonte mit zahlreichen Häusern konnten in Hatzum-Boomberg nachgewiesen werden.

Die Siedlungsdauer reicht von 600 v.Chr. bis 300 n.Chr. Während dieser Zeit machte sich eine neue Überflutungsphase der Dünkirchen-I-Transgression bemerkbar. Die Bewohner reagierten mit dem Bau ihrer Häuser auf flachen Podesten. Diese Maßnahmen erschienen um 300 v.Chr. aufgrund des zunehmenden Meeresspiegelanstiegs als unzureichend; die Siedlungen wurden durch Sturmfluten zerstört. Die Siedlungskontinuität war in den Marschsiedlungen Deutschlands für 200 Jahre unterbrochen.

Flachsiedlungen: In der Zeit um Christi Geburt verschiebt sich die Küstenlinie an der Nordsee seewärts. Auf den Ablagerungen der Dünkirchen-I-Transgression konnte sich eine geschlossene Vegetationsdecke bilden. Dies ist nur bei Flächen möglich, die über dem mittleren Tidehochwasser liegen. In dieser Zeit beginnt die großflächige Besiedlung der deutschen Marschgebiete. Die Marschbewohner bauten Flachsiedlungen auf den höher aufgelandeten küstennahen Bereichen und auf den Uferwällen. Ihre Kartierung liefert wichtige Hinweise für den Küstenverlauf und die Lage ehemaliger Buchten in Sielmönken im westlichen Ostfriesland und im Jeverland. Offensichtlich fühlten sich die Marschbewohner nicht mehr der Gefahr von Sturmfluten ausgesetzt. Die Regression ließ durch Ablagerung von Sedimenten einen fruchtbaren Boden zurück, auf welchem Ackerbau und Viehzucht betrieben werden konnten. Die Besiedlung der verschiedenen Marschregionen ging nicht zeitgleich vonstatten. Der westliche Teil der Marschlandschaft (Rheiderland) wurde um etwa 100 Jahre früher besiedelt als der östliche Teil (Jade-Weser-Gebiet), dessen Besiedlungsphase um Christi Geburt beginnt. Nordöstlich der Elbe in Dithmarschen und Eiderstedt sind die ältesten Siedlungen seit etwa 100 n.Chr. entstanden. Gegen Ende des 1. Jahrhunderts n.Chr. waren die deutschen Marschen mit Ausnahme der vermoorten Sietländer großflächig besiedelt. Die Siedlungsform war über Generationen hinweg die Flachsiedlung.

Wurtensiedlung: Gegen Ende des 1. Jahrhunderts n.Chr. begann der Meeresspiegel wieder zu steigen (Dünkirchen-II-Transgression), Sturmfluten liefen wieder höher an und bedrohten die Siedlungen. Da an der Wurtenhöhe der jeweilige Wasserstand der Sturmfluten ablesbar ist (vgl. Plin. nat. 16,2), konnte die erneute Transgression u. a. anhand der Studien von der Wurt Feddersen Wierde nördlich von Bremerhaven belegt werden. Die Untersuchung zeigt vier aufeinanderfolgende Flachsiedlungen, bei der sich eine Siedlungskontinuität bis gegen Ende des 1. Jahrhunderts n.Chr. nachweisen läßt. Zwar wurden zahlreiche Flachsiedlungen wieder verlassen und in der Folgezeit überschlickt. Es zeigt sich jedoch generell, daß die Marschbewohner die äußerst fertile Marsch der kargen Geest vorzogen und sich der Gefahr der Überflutung stellten. Sie schützten sich gegen die Sturmgefahr und gegen die Erhöhung des Meeresspiegels durch das Anlegen von künstlichen Hügeln, den Wurten (vgl. Plin. nat. 16,2). Diese Siedlungsform hatte bereits 500 v.Chr. in den Niederlanden ihre Vorläufer. In Friesland und Groningen wurden Flachsiedlungen zu Wurten aufgehöht, als die Dünkirchen-I-Transgression einsetzte. Seit dem 2. Jahrhundert n.Chr. liefen die Sturmfluten immer höher auf, die Wurten wurden daraufhin von den Marschbewohnern immer weiter erhöht und erreichten ihr Maximum in der Völkerwanderungszeit im 4./5. Jahrhundert n.Chr. In dieser Zeit ist eine Zäsur in der Siedlungskontinuität zu erkennen. Lange vermutete man, daß die Wurtensiedlungen wegen extremer Sturmfluten aufgegeben wurden. Heute nimmt man eher einen Zusammenhang mit der Völkerwanderungsbewegung an, da auch nicht sturmflutgefährdete Siedlungen auf der höhergelegenen Geest aufgegeben wurden. Viele Marschbewohner folgten der Wanderungsbewegung der Angeln und Sachsen nach England. Ein Vergleich des Fundgutes aus Feddersen Wierde und aus Mucking in Essex/Südostengland ergab Ähnlichkeiten bei Formen und Verzierungen der Keramik. Im M. setzte eine etwa 200 Jahre andauernde Siedlungsunterbrechung ein, die besonders im Elbe-Weser-Gebiet sicher erfaßt worden ist.

Römischer Einfluß: Die Marsch gilt als äußerst fruchtbares Land und wurde in der Antike der Geest vorgezogen. In der römischen Kaiserzeit kam es von Zeit zu Zeit zu Hochwasser und Sturmfluten. Trotz Regression wurden Landflächen, wie in Middelzee in den Niederlanden, unbewohnbar. Da es zur römischen Germanienpolitik gehörte, Ländereien an Veteranen zu vergeben, wurde Land knapp, Konflikte mit der römischen Besatzungsmacht unvermeidbar. Davon berichtet Tacitus (ann. 13,54). Friesen besetzten am Rheinufer Ländereien, die den Veteranen vorbehalten waren. Nachdem Dubius Avitus mit dem Eingreifen des römischen Heeres drohte, begab sich eine friesische Delegation nach Rom, um Kaiser Nero um die herrenlosen Ländereien zu bitten, was dieser ablehnte. Die Rückgabe wurde mit militärischen Mitteln durchgesetzt. Ein weiteres Beispiel römischer Veteranenpolitik zeigt eine Ausgrabung in Fallward/Wremen. Dort wurde aus dem Marschboden ein Holzboot ausgegraben. In diesem Boot lagen Grabbeigaben eines Soldaten, der im spätantiken Heer gedient hatte und nach seiner Dienstzeit in seine Heimat zurückgekehrt war. Die Bootsbestattung mit den dort gefundenen Grabbeigaben zeigt, daß er in Fallward, am Orte des Bootsgrabes, eine einflußreiche Stellung innegehabt haben mußte: Im Heck des Bootes befand sich ein 65 cm hoher thronähnlicher Sessel, der in Kerbschnittechnik gearbeitet war. Einige Ornamente deuten auf römische Vorbilder hin. Ein Ensemble von Gürtelbeschlägen, welches ebenfalls in diesem Bootsgrab gefunden wurde, gehörte zur Ausstattung der Soldaten im spätantiken Heer. Die aufwendige, von hoher Qualität zeugende Verarbeitung der mit Metallbeschlägen versehenen Koppel läßt den Schluß zu, daß der dort bestattete Soldat im römischen Heer einen höheren Rang erreicht hatte.

Im Rahmen der Germanienpolitik des Kaisers Augustus wurden im M. Kanäle, wie die Fossa Drusinae (Suet. Claud. 1,2; Tac. ann. 2,8), angelegt. Auch die Anlage von Kastellen (Tac. ann. 2,7. Bechert/Willems), Militärlagern und -brücken (Tac. ann. 2,8) ist im M. belegt.

→ Ackerbau, Archäologie, Delta, Fisch, Fluß, Geoarchäologie, Getreide, Gezeiten, Jagd, Kanal, Küste, Meeresspiegel, Nahrungsmittel, Siedlungsformen, Siedlungsgeographie, Siedlungskontinuität, Schwemmland, Totenkult, Überschwemmung, Viehwirtschaft, Wald

LITERATUR: *T. Bechert/W. J. H. Willems:* Die römische Reichsgrenze. 1995. – *K.-E. Behre:* Meeresspiegelbewegung und Siedlungsgeschichte in den Nordseemarschen. Oldenburg 1987. – *G. Kossak:* Dörfer im Nördlichen Germanien vornehmlich aus der römischen Kaiserzeit. Lage, Ortsplan, Betriebsgefüge und Gemeinschaftsform. München 1997.

Michael Hecht

Maschinen

Maschinen bei Vitruv: Im 10. Buch seines Werkes *De architectura libri decem* (ca. 30 n.Chr.) definiert Vitruv den Begriff ›machina‹ als ein aus Holz gefertigtes Gerät, das dazu dient, Lasten zu bewegen (Vitr. 10,1,1). Hervorgerufen wird die Kraftwirkung einer M. durch das Zusammenwirken von Kreisbewegung und geradliniger Bewegung, d.h. die Leistungsfähigkeit von M. kann auf die Anwendung mathematischer Prinzipien zurückgeführt werden (Vitr. 10,3,1). Vitruv beschreibt M. unterschiedlichster Konstruktion und verschiedenster Verwendungszwecke. Zunächst nennt er Steige-M. (griechisch: *akrobatikon*), worunter offenbar eine Art Baugerüst zu verstehen ist, sowie Luftdruck-M. (*pneumatikon*) u.a. zur Erzeugung von Tönen (Orgel). Einen längeren Abschnitt seines Buches (Vitr. 10,2) widmet er den Zug-Hebe-M. (*baroulkon*), d.h.

Abb. 56: Grabmal der Familie der Haterier in Rom. Neben dem Mausoleum, an dessen Spitze der Verstorbene, auf einem Ruhebett liegend, dargestellt ist, ist das Modell eines Baukrans, der von Bauarbeitern bedient wird, angebracht. Offensichtlich war der Verstorbene ein Bauunternehmer und hat die in den Reliefs erkennbaren Bauten in Rom durchgeführt. Der Unternehmer reklamiert hier für sich jenes Sozialprestige, das die aristokratischen Eliten, die von ihren verpachteten Landgütern lebten, den banausischen Tätigkeiten nachgehenden Arbeitern und Handwerkern im allgemeinen zu verweigern pflegten.

Krananlagen zur Hebung von Lasten. Nach einem Kapitel über die theoretisch-mechanischen Grundlagen der M. behandelt Vitruv sodann verschiedene Typen von M. zum Wasserschöpfen (Vitr. 10,4–6), darunter Schöpfräder, Eimerketten, Wasserräder, Wassermühlen (vgl. Abb. 18, S. 109) sowie die archimedische Schraube. Ein eigenes Kapitel (Vitr. 10,7) ist der Druckpumpe des alexandrinischen Ingenieurs Ktesibios aus dem 3. Jahrhundert v.Chr. vorbehalten. Ihm schließen sich Beschreibungen von Wasserorgeln sowie zweier unterschiedlich konstruierter Entfernungsmesser für Reisewagen und Schiffe an (Vitr. 10, 8–9). Neben M. »zum Nutzen und Vergnügen in ruhigen und ungefährlichen Zeiten« (Vitr. 10,9,7) behandelt Vitruv in seinem 10. Buch vor allem Kriegs-M. wie Katapulte und Balisten sowie Belagerungs-M. (Vitr. 10,10–15). Vitruvs und damit der antike M.-Begriff umfaßt also neben mechanischen Werkzeugen, Geräten und Anlagen auch Kriegsgeräte, hydraulische und pneumatische Apparate sowie Automaten.

Maschinen in der antiken Literatur: Vitruvs Werk stellt sowohl eine zentrale Quelle zum Entwicklungsstand der römischen Technik wie auch ein Zeugnis der Rezeption der griechischen bzw. alexandrinischen Technik und Mechanik durch die Römer dar. Die griechische Mechanik basierte auf einer langen literarischen Tradition der Beschreibung technischen Handelns sowie einer in Ansätzen differenzierten, durchaus positiven Bewertung dieses Handelns in einer Gesellschaft, die durch eine zunehmende Verwendung komplizierter mechanischer Geräte in Produktion, Bauwesen, Medizin und Kriegswesen gekennzeichnet war. Deutlich wird dies u. a. in den Schriften Homers oder Hesiods aus dem 8. Jahrhundert v.Chr., die ausführlich die Herstellung technischer Geräte beschreiben, sowie in den häufigen Ernte- und Werkstattszenen

Abb. 57: Relief des ägyptischen Obelisken vom Hippodrom in Konstantinopel (Istanbul). Der Obelisk stammt aus der Zeit des Pharao Thutmosis III. (15. Jh. v.Chr.) und wurde, wie viele andere Denkmäler und Kunstwerke der antiken Welt, in die Hauptstadt des oströmischen Reiches transportiert. Kaiser Theodosius I. ließ den Obelisken 390 n.Chr. auf der Spina der Rennbahn von Konstantinopel aufstellen. Das Relief zeigt, wie der Obelisk mit Winden zum Hippodrom geschafft wurde. Leiter der Aktion, die 30 Tage gedauert haben soll, war der Präfekt Proklus, der seinen Anteil am Werk stolz auf einer Inschrift am Obelisken verewigen ließ.

auf attischen Vasen oder auch in der Betonung des besonderen Nutzens mechanischer Instrumente in den chirurgischen Schriften des *Corpus Hippocraticum*.

›techne‹ und ›mechane‹: Die griechischen Begriffe ›techne‹ und ›mechane‹ umfaßten im 5./4. Jahrhundert v.Chr. allerdings noch ein sehr viel breiteres Bedeutungsspektrum als die eigentliche Technik oder Mechanik. Zu den *technai* gehörten neben der Mechanik auch solche Disziplinen wie die Medizin, Musik und Rhetorik. Das Wort *mechane* erscheint in der Literatur des 5. Jahrhunderts v.Chr. in unterschiedlichen Kontexten, u. a. in der Bedeutung von der Fähigkeit des Dichters oder der Tätigkeit des Arztes. Sein allmählicher Bedeutungswandel deutet sich bei Aischylos (525–456 v.Chr.), der mit diesem Begriff ein Bauwerk zur Überquerung des Hellespont durch das persische Heer beschreibt, sowie bei Thukydides (ca. 455–400 v.Chr.), der ihn für Belagerungsgeräte verwendet, an. Als eigenständige Disziplin tritt die Mechanik schließlich bei Aristoteles hervor, der in der *mechane* jenen Teil der *techne* erblickt, der dem Menschen die Hilfsmittel zur Verfügung stellt, um das Naturgeschehen zu beherrschen. Die wissenschaftliche Analyse ihrer Wirkung erfolgt mit den Verfahren der Geometrie. Im Mittelpunkt der Untersuchung steht die Wirkung des Hebels und seine Erklärung durch das Hebelgesetz. Beschrieben werden in der aristotelischen Mechanik denn auch lediglich Instrumente und Vorrichtungen, die auf dem Hebelgesetz beruhen. Verbesserungen vorhandener oder Vorschläge zum Bau neuer Geräte werden nicht behandelt, wie auch Anwendungen kaum Erwähnung finden. Die große Bedeutung der Mechanik des Aristoteles liegt vielmehr in ihrer Zielsetzung auf eine theoretisch fundierte mathematische Mechanik, die nachhaltig die weitere Entwicklung der Mechanik in der Antike beeinflussen sollte.

Mit den praktischen Aspekten der Mechanik und ihrer Anwendung beim Bau von M. beschäftigten sich dagegen eine Reihe von Wissenschaftlern und Technikern in

Alexandria in hellenistischer Zeit. Hier wirkten im 3. Jahrhundert v.Chr. u.a. Ktesibios, sein Schüler Philon von Byzanz und zeitweise auch Archimedes. Nur wenige der zumeist praxisorientierten Schriften der hellenistischen Mechanik sind überliefert. Die bei Vitruv erwähnten *Commentarii* des Ktesibios (Vitr. 10,7,5) sind ebenso verloren wie große Teile der *Mechanike syntaxis* des Philon, von der lediglich das Buch 4 (über Katapulte) vollständig sowie das Buch 5 (*Pneumatika*) in arabischer Übersetzung erhalten ist. Zusammenfassend dargestellt wurde das Wissen der hellenistischen Mechanik schließlich im 1. Jahrhundert n.Chr. durch Heron von Alexandria. Erhalten sind von ihm u.a. eine arabische Übersetzung seiner *Mechanik*, eine Schrift über die Geschützbaukunde (*Belopoika*), die Schrift *Pneumatika*, die vorwiegend die Druck- und Saugwirkung von Luft und Wasser behandelt, sowie zwei Bücher zur Automatenherstellung.

Beispiele für antike Maschinen: Heron benennt in der *Mechanik* neben dem Hebel als eigenständige Elemente der M. noch die Welle mit Rad, den Flaschenzug, den Keil und die Schraube. Erstmals werden in diesem Zusammenhang das Prinzip des Flaschenzuges klar beschrieben, die Schraube mit einem Zahnrad kombiniert und die Vor- und Nachteile verschiedener Arten der Kraftübertragung diskutiert. Heron zeigt, daß die Anwendung mechanischer Prinzipien bei der Konstruktion von Hebegeräten und Pressen die Nutzung der menschlichen Arbeitskraft effizienter macht. Im praktischen Teil seiner Schrift behandelt er verschiedene Typen von Kränen und beschreibt ausführlich Wein- und Ölpressen, deren unterschiedliche Konstruktionsprinzipien er diskutiert und mit klaren Anweisungen für die Herstellung der M. verbindet.

In seiner Schrift über die Geschützbaukunde (*Belopoika*) beschreibt Heron den Aufbau von M. zum Schleudern von Steingeschossen sowie zum Verschießen von schweren Pfeilen, wie sie seit dem 4. Jahrhundert v.Chr. gebaut und im Krieg eingesetzt wurden. Es handelt sich um bogenartige Torsionsgeschütze von der schweren Handwaffe bis hin zu großen Pfeil- und Steinkatapulten mit mechanischen Spann- und Ladehilfen sowie einem einheitlich aufgebauten, leicht zu bedienenden Auslösemechanismus. Als Material für die senkrechten Torsionsfederpaare dienten Haar- bzw. Tiersehnenbündel, die zum Schutz gegen die Witterung in Öl oder Harz getaucht waren und durch besondere Vorrichtungen gespannt werden konnten. Weitere Entwicklungen stellten das Bronzefeder- sowie das Luftdruckkatapult dar, die beide Ktesibios zugeschrieben werden. Der Onager, d.h. ein Katapult mit nur einer waagerechten Feder sowie einem sich aufwärts bewegenden Spannarm, ist dagegen erst für das 4. Jahrhundert n.Chr. nachgewiesen.

Zu den bis heute faszinierendsten M. der Antike gehören die Automaten, d.h. die Nachbildungen von Lebewesen oder solche Geräte, die sich von selbst bewegen konnten. Bereits Homer berichtet in der Ilias vom Bau von selbstfahrenden Dreifüßen durch Hephaistos. Der erste überlieferte Automat ist eine hölzerne Taube, die der Phytagoreer Archytas gebaut haben soll und die nach Gellius (10,12,9) sogar fliegen konnte. Auch Aristoteles erwähnt mehrfach in seinen Schriften Automaten. Ihre große Blütezeit erlebten die Automaten jedoch im hellenistischen Ägypten. Zu Repräsentationszwecken der Herrscher wurden damals zahlreiche Automaten gebaut, von denen Heron in seinen beiden Büchern zur Automatenherstellung berichtet. Heron unterscheidet grundsätzlich zwischen fahrenden und stehenden Automaten, wobei erstere wohl Prozessionswagen nachbildeten und letztere in Form eines Schaukastens eine Art Bühnenstück zeigten. Als Antrieb diente der Zug eines sich abwärts bewegenden Gewichts, wobei die Sinkgeschwindigkeit durch langsam aus dem Gewichtskasten auslaufende Hirse oder Senfkörner gesteuert wurde. Durch geeignete Vorrichtungen konnten Vorwärts-, Rückwärts- oder Drehbewegungen und durch eine Art Nockenwelle auch stoßartige bzw. hin und her gehende Bewegungen erzielt werden. In Herons *Pneumatica* finden sich darüber hinaus Orgeln und Windräder, die durch den Druck komprimierter Luft angetrieben werden, sowie ein Apparat, der unter Nutzung der Dampfkraft eine Kugel in Rotation versetzte. In allen Fällen waren für den Automatenbau eine Beherrschung der Gesetze der Mechanik sowie grundlegende naturwissenschaftliche Kenntnisse eine wichtige Voraussetzung. Nur so konnte das der Konstruktion gewissermaßen eingeschriebene Bewegungsprogramm automatisch zum Ablauf gebracht und der erwünschte Effekt erzielt werden.

Einsatz von Maschinen: Nach Sueton (Vesp. 18) erschien bei dem römischen Kaiser Vespasian (69–79 n.Chr.) ein Ingenieur mit dem Angebot, riesige Säulen mit geringen Kosten auf das Kapitol zu schaffen. Der Kaiser gab dem Ingenieur eine Belohnung, verzichtete aber auf die Ausführung mit dem Hinweis darauf, daß er für den Broterwerb des Volkes verantwortlich sei. Diese Episode dokumentiert einen der Gründe für den relativ geringen Einsatz von M. in den antiken Arbeitsprozessen: die patronalen Verpflichtungen der Oberschichten. Eine Rolle spielte weiterhin die ausreichende Verfügbarkeit über Sklaven wie eine aristokratische Ablehnung der Handarbeit: »Es fehlte der Antrieb, die M. zum Einsatz der Handarbeit auszubilden« (Diels 32). Um so mehr legten die Produzenten von M. Wert darauf, daß man ihre Erfindungen und Leistungen anerkannte.

→ Agrartechnik, Agrarverfassung, Beruf, Energiequellen, Krieg, Medizin, Mühlen, Musik, Signaltechnik, Technikgeschichte, Wasserbau

LITERATUR: H. *Diels:* Antike Technik. Leipzig ²1920. – A.G. *Drachmann:* The Mechanical Technology of Greek and Roman Antiquity. Kopenhagen 1963. – F. M. *Feldhaus:* Die Maschine im Leben der Völker. Basel 1954. – J. G. *Landels:* Die Technik der antiken Welt. München ³1983, 101–159. – A. *Neuburger:* Die Technik des Altertums. Leipzig 1919, 206–236. – H. *Schneider:* Einführung in die antike Technikgeschichte. Darmstadt 1992, 201–207.

Helmuth Albrecht

Maße

Die in der Antike verwendeten Längen- und Flächen-M., die hier speziell betrachtet werden sollen, haben insofern ein wichtige historisch-geographische Implikation, als damit mehr oder weniger exakte Raster zur Erfassung von Räumen und Distanzen entwickelt wurden.

Längenmaße: In seinem Werk über den Gallischen Krieg entschuldigt sich Iulius Caesar an einer Stelle (Caes. Gall. 6,25,1) dafür, daß er seinen Lesern keine genauen Angaben über den Umfang des Hercynischen Waldes machen kann: »Den Hercynischen Wald … kann ein Fußgänger ohne Gepäck in neun Tagen durchwandern.

Anders nämlich läßt sich seine Ausdehnung nicht bestimmen, weil die Germanen keine Wegmaße (*mensurae itinerum*) kennen.« Damit wird aus typischer überlegener römischer Sicht die Unzivilisiertheit und Rückständigkeit der Germanen kritisiert.

In der griechisch-römischen Welt Caesars wurden die Längen-M. im engeren Sinne zunächst von der Anatomie des menschlichen Körpers, insbesondere von der Länge von Armen und Füßen, hergeleitet. Dabei läßt sich in aufsteigender Reihe das folgende Schema erkennen: Die kleinste Längeneinheit war der Daktylos (lateinisch: *digitus*), die Fingerbreite. Darüber stand der Fuß (griechisch: *pous*, lateinisch: *pes*), dann die Elle (griechisch: *pedys*, lateinisch: *cubitus*). Die größte vom menschlichen Körper erreichbare Einheit war die Spannbreite der ausgestreckten Arme (Klafter, griechisch: *orgyia*, zu vier Ellen und sechs Fuß).

Wegmaße: Als eine Sonderform der Längen-M. erscheinen die Weg-M., indem hier für die Bestimmung von Distanzangaben die Zeit der zurückzulegenden oder zurückgelegten Wegstrecke zugrundegelegt wird. So wurde bei den Griechen nach einer Tagesreise, einer Wegstrecke (Parasanges, Schoinos) oder einem Stadion gerechnet. Das Stadion (eigentlich der ›Zweiminutenweg‹, d. h. der Weg, der in zwei Minuten zurückgelegt werden konnte) wurde auf 600 Fuß berechnet (Hdt. 2,149,3). Dennoch variierten die Stadion-M. nach dem jeweils verwendeten Fuß-M. Es ergab sich ein Spielraum zwischen 179 und 213 m. Das Stadion von Olympia beispielsweise maß 192,3 m.

Instruktiv für die Verwendung dieser Längen-M. und ihre Relation zu M.-Einheiten fremder Kulturen ist eine Passage aus dem Werk Herodots (2,6,1–3), in der der griechische Historiker seinem Publikum die räumlichen Dimensionen der Küsten Ägyptens exakt zu beschreiben versucht und dabei auch noch eine von den landschaftlichen Verhältnissen diktierte Gesetzmäßigkeit der Verwendung von Längen-M. konstruiert: »Ferner hat die Küste Ägyptens eine Ausdehnung von 60 Schoinen, wenigstens, wenn wir das Land so nach unserer Art begrenzen, das heißt vom Meerbusen Plinthinetes bis zum Serbonissee, an den das Kasische Gebirge grenzt. Von da aus sind es also 60 Schoinen. Landarme Völker messen nämlich nach Klaftern; die mehr Land haben, messen nach Stadien; die viel haben, messen nach Parasangen, Völker, die sehr reich an Land sind, nach Schoinen. Die Parasange hat 30 Stadien, jeder Schoinos aber – er ist ein ägyptisches Maß – mißt 60 Stadien. So hat also die ägyptische Küste etwa eine Länge von 3600 Stadien.«

Ein speziell römisches Wege-M. war die römische Meile, gemessen nach 1.000 Fuß (*mille passus* bzw. *milia passuum*). Aufgrund der Normlänge eines römischen Fußes von 1,48 m (ein *passus* = 5 *pedes*) betrug die römische Meile also 1480 m. Diese Bezeichnung von Distanzen taucht regelmäßig auf den römischen Meilensteinen auf. In Gallien und in Germanien wurde die römische Meile im 2./3. Jahrhundert n.Chr. von der gallischen Meile (Leuga) à 2.200 m (Amm. 16,12,8) abgelöst.

Flächenmaße: Die Flächen-M. orientierten sich in der griechisch-römischen Welt, entsprechend dem primär agrarischen Charakter der antiken Gesellschaften, an den Anforderungen der Landwirtschaft. Man markierte hier die Menge der von einem Bauern an einem Tag zu bearbeitenden Agrarfläche. Die wichtigste diesbezügliche M.-Einheit war bei den Griechen das Plethron, das auch als Längen-M. zu 100 Fuß bzw. ⅙ Stadion verwendet wurde. Die Römer berechneten Flächen mit dem M. *actus*, was nach Plinius d.Ä. (nat. 18,9) ursprünglich eine Furchenlänge bezeichnete. Als Flächen-M. hat der *actus* einen Umfang von 1.262 m², was wiederum einem halben *iugerum* entsprach. Ein *iugerum* (abgeleitet von *iugum* = Joch, Gespann) ist bei Plinius (nat. 18,3,9) die Fläche, die mit einem Ochsengespann an einem Tag gepflügt werden kann. Aus dem Flächen-M. *iugerum* wurden dann weitere Differenzierungen kleinerer Flächen entwickelt.

→ Landwirtschaft, Raum, Reisen, Sportstätten

LITERATUR: O.A. W. *Dilke*: Mathematik, Maße und Gewichte in der Antike. Stuttgart 1991. – U. *Heimberg*: Römische Landvermessung. Limitatio (Kleine Schriften zur Kenntnis der römischen Besatzungsgeschichte Südwestdeutschlands 17). 1977. – F. *Hultsch*: Griechische und römische Metrologie. ²1882.

Holger Sonnabend

Medizin

Betrachtet man die antike M. unter dem Aspekt der Wechselwirkung von Mensch und Landschaft, so sind hier vor allem jene Konzeptionen von Interesse, die die körperliche und auch die seelische Konstitution in das Bezugsfeld zwischen Mensch und Umwelt eingeordnet haben. Das läßt sich in verschiedenen Bereichen nachweisen, wobei allerdings zu berücksichtigen ist, daß über die gesamte Antike hinweg, bei allen Fortschritten in der theoretischen und der praktischen M., sich die archaische Auffassung hielt, daß Krankheit und Gesundheit in den göttlichen Zuständigkeitsbereich gehören. Interpretiert als Folge moralisch-religiöser Verfehlungen, versuchte man Krankheiten demzufolge durch an die Götter adressierte Sühneriten und Zauberpraktiken zu beseitigen.

Wissenschaftliche Medizin: Unter dem aufklärerischen Einfluß der ionischen Naturphilosophie erhielt auch die antike M. einen rationaleren Charakter, unter Eliminierung des Gedankens der göttlichen Einwirkung auf den menschlichen Körper (Pythagoras, Demokrit). Bemerkenswert ist in diesem Zusammenhang, daß im 5. Jahrhundert v.Chr. der griechische Philosoph Empedokles aus dem sizilischen Akragas während einer Seuche in Selinunt die Anweisung gab, als hygienische Maßnahme einen Fluß umzuleiten, den er als Quelle von Krankheitserregern ansah (Diog. Laert. 8,70). Für die berühmte Pest in Athen, die 430 v.Chr. ausbrach und die zahlreiche Opfer forderte, bezeugt der Historiker und Zeitzeuge Thukydides (2,47–51) hingegen eine allgemeine Ratlosigkeit bei den Ärzten und eine Hinwendung der Menschen zu den traditionellen Gebeten an die Götter.

Als Pionier der wissenschaftlichen M. der Antike gilt Hippokrates aus Kos (ca. 460–370 v.Chr.). Das sogenannte *Corpus Hippocraticum*, eine Sammlung auf Hippokrates zurückgehender oder ihm zugeschriebener Werke, erweist H. als einen innovativen Arzt, der den menschlichen Körper als einen Gesamtorganismus begriff und vielfältige Heilmethoden entwickelte. Einzelne Schriften im *Corpus Hippocraticum*, wie die Abhandlung über die Hygiene der Lebensweise, rekurrieren, analog zu Empedokles, auf die negative Wirkung des Wassers als möglichem Erreger von Epidemien.

Im Kontext der Historischen Geographie ist Hippokrates hier insofern besonders relevant, als er als der Autor der Schrift *Über Luft, Wasser und Orte* gilt, die in jedem Fall in das 5. Jahrhundert v.Chr. zu datieren ist. Darin befaßt sich der Autor mit den Auswirkungen von Klima und Umwelt auf die Gesundheit und den Charakter der Menschen und sogar auf die politischen-verfassungsmäßigen Konstellationen. Die klimatischen Bedingungen spielen hier eine besondere Rolle, indem der Verfasser nachzuweisen versucht, daß das körperliche Wohlbefinden unter anderem von Faktoren wie den Windverhältnissen und der Konsistenz des Regenwassers abhängt. In diesem Zusammenhang wird auch eine Okzident-Orient-Antithese entwickelt, die der Autor in den Jahreszeiten begründet sieht: Die Asiaten, so wird behauptet, kennen keinen Wechsel zwischen den Jahreszeiten und deshalb auch nicht zwischen wärmeren und kälteren Witterungsbedingungen, und diese Gleichförmigkeit des Klimas führt, im Gegensatz zu den abgehärteten, gesunden Europäern, zu Kraftlosigkeit und Anfälligkeit für Krankheiten.

Asklepios-Heiligtümer: Der Gott, dem die Griechen und in ihrem Gefolge die Römer das Gesundheitswesen übertragen hatten, war Asklepios. Seine Priester, zu denen sich fromme Patienten begaben, um etwa durch den Tempelschlaf (Inkubation) kuriert zu werden, konkurrierten immer mit den Vertretern der wissenschaftlichen M. In bezug auf die Topographie weisen die zahlreichen Asklepios-Heiligtümer, von denen die in Epidauros, Kos und Pergamon die wichtigsten gewesen sind, eine signifikante Gemeinsamkeit auf: die Affinität zum Wasser. Alle bekannten Asklepios-Tempel liegen an Süßwasserquellen und dazu in der Nähe von Flüssen oder vom Meer. Der Grund dürfte die Rolle des Wassers im Heilkult gewesen sein. Der Römer Vitruv hat dafür eine sehr pragmatische, die Topographie und das Klima einbeziehende Erklärung geliefert, in einem Kontext, in dem er sich Gedanken über das ideale Aussehen von Bauwerken (Dekor) macht: »Dekor von Natur her aber wird so sein, wenn erstens für alle Tempel die gesündesten Gegenden und an den Orten, an denen Heiligtümer errichtet werden sollen, gesunde Wasserquellen ausgesucht werden, zweitens insbesondere für Aesculapius (= die römische Form von Asklepios), Salus und Tempel der Götter, durch deren Heilkünste offenbar sehr viele Kranke geheilt werden. Wenn nämlich Kranke von einem ungesunden an einen gesunden Ort überführt werden und ihnen außerdem Anwendung von Wasser aus Heilquellen verschafft wird, werden sie schneller genesen. So wird man erreichen, daß aus der natürlichen Beschaffenheit des Ortes der Glaube an die Gottheit zugleich mit ihrer Würde größer und stärker wird« (Vitr. 1,2,7).

Heilbäder und Kurorte: Die medizinische Erkenntnis von der therapeutischen Funktion von Wasser und heißen Quellen (Vitr. 8,3) führte an vielen Orten der antiken Welt zur Anlage von Heilbädern und Kurorten, die stark frequentiert wurden. Für den römischen Bereich können hier viele Beispiele angeführt werden, so in Italien Aquae Albulae, Aquae Angae, Aquae Apollinares, Aquae Neapolitanae, Aquae Sinuessae oder auch Baiae und Puteoli; in den nördlichen Provinzen des Imperium Romanum Aquae Helveticae, Aquae Granni, Aquae Mattiacae, Aquae Sextiae, Aquae Sulis.

Gesundes Wohnen: Ärzte, Philosophen und Gelehrte haben sich viele Gedanken über die der Gesundheit förderliche Anlage von Städten gemacht und dabei wenigstens partiell Ideen des Hippokrates aufgegriffen. Gutes Wasser und gute Luft, dazu eine Rücksichtnahme auf die Windverhältnisse bei der Ausrichtung von Straßen hielt etwa Aristoteles für unverzichtbar (Pol. 1330a–b). Ähnliche Forderungen hat Vitruv aufgestellt (1,4), wobei ihm zusätzlich das Leben in Sumpfregionen Sorge bereitete. Er weist exemplarisch auf den Fall der Stadt Salpia in Apulien hin, die in ungesundem sumpfigen Gebiet gelegen war (vgl. Cic. leg. agr. 2,71: »das fieberverseuchte Gebiet von Salpinum«) und von den Römern um 200 v.Chr. ans Meer verlegt wurde, weil die Bewohner ständig an Krankheiten litten: »Und so waren jetzt die Salpiner vier Meilen von der alten Stadt entfernt an einem gesunden Ort« (Vitr. 1,4,12).

→ Bad, Götter, Klima, Kultarchitektur, Kulthandlungen, Mentalität, Natur, Philosophie, Religionsgeographie, Städtebau, Tempel, Wind (Winde)

LITERATUR: H. *Flashar* (Hg.): Antike Medizin. (Wege der Forschung 221), Darmstadt 1971. – R. *Ginouvès* (Ed.): L'eau, la santé et la maladie dans le monde grec. (BCH Suppl. 28), 1994. – M. D. *Grmek*: Diseases in the Ancient Greek World. Baltimore 1988. – A. *Krug*: Heilkunst und Heilkult. Medizin in der Antike. München ²1993. – F. *Kudlien*: Der Beginn des medizinischen Denkens bei den Griechen. Zürich/Stuttgart 1967. – W. *Müri*: Der Arzt im Altertum. Zürich/München ⁵1986. – I. *Stahlmann*: Krankheit/Antike, in: P. Dinzelbacher (Hg.): Europäische Mentalitätsgeschichte. Stuttgart 1993, 187–195. – G. *Wöhrle*: Studien zur Theorie der antiken Gesundheitslehre. Stuttgart 1990.

Holger Sonnabend

Meer

Das M. ist die Wassermasse, die über zwei Drittel der Erdoberfläche bedeckt und durch die Kontinente in drei Ozeane gegliedert wird. Das deutsche Wort M. ist verwandt mit dem lateinischen *mare*. Die Griechen differenzierten *pelagos* (das offene Meer, die hohe See), *pontos* (ursprünglich: ›Pfad‹) und *thalassa*, das am häufigsten begegnet und auch kleine Binnenseen (z. B. den See Genezareth: u. a. Mk 1,16) und Ströme bezeichnet, namentlich den Nil (Nah 3,8) und den Euphrat (Jer 51,35f.). Als »das M.« (Jos 19,29) bzw. »das große M.« (Nm 34,6,7) bezeichneten Ägypter, Assyrer, Hebräer und Griechen das Mittelmeer, das, wie der Name besagt, das geographische Zentrum der Alten Welt bildet und deshalb im Mittelpunkt dieses Artikels steht.

Antike Begrenzungen des Meeres: Den Völkern des frühen Altertums erschien das 3,02 Millionen km² große Mittelmeer nahezu unbegrenzt. So läßt der Odysseedichter den weisen Nestor sagen, das M. (*pelagos*) sei »so gewaltig und schrecklich, daß nicht einmal Vögel selbst in der Zeit eines Jahres es ganz überfliegen können« (Hom. Od. 3,320ff.). Um die Zeitenwende macht sich terminologisch bemerkbar, welche Veränderung diese Vorstellung erfahren hatte. Die Römer grenzten das Mittelmeer vom Atlantik, dem *mare externum* (u. a. Ptol. geogr. 3,39), zunehmend als *mare internum* ab (u. a. Plin. nat. 3,31) oder häufiger als *mare nostrum* (u. a. Plin. nat. 6,142). Der bis in die Gegenwart gängige Eigenname Mittelländisches Meer, *mare mediterraneum*, taucht erst im 3. Jahrhundert n.Chr. auf (Solin. 22,18).

Abgesehen vom Mittelmeer und dem Schwarzen Meer hatten die antiken Völker eine vage Kenntnis von den östlichen Rand-M. des Nordatlantiks (Nordsee, Ärmelkanal, Irische See, Golf von Biscaya, Küstengewässer Portugals und Marokkos) und den westlichen Teilen des Indischen Ozeans (Rotes Meer, Golf von Aden, Persischer

Golf, Arabisches Meer) sowie vom Kaspischen Meer. Die genannten Gewässer umfassen allerdings weniger als 3% der Fläche des gesamten (Welt-) M.; also etwa 97% der vom Wasser bedeckten Erdoberfläche lagen außerhalb des Horizontes der antiken Menschen.

Antike Vorstellungen vom Meer: In frühhistorischer Zeit betrachteten die Völker Vorderasiens das unergründliche M. als lebensbedrohliche Macht (Jes 17,12f) und Ursprung des Bösen (u.a. Ps 104,26), und auch den frühen Griechen erschien das M. unheimlich und abweisend (u.a. Hom. Od. 8,138), nicht nur aufgrund seiner unfaßbaren Größe und der staunenswerten M.-Fauna, sondern vor allem, weil es unterschiedliche Zustände aufweist. Es kann still ruhen, heftig wogen oder sich gar vernichtend aufbäumen (Tsunamis infolge von Seebeben traten besonders im griechischen Erdraum auf); es steigt und sinkt periodisch (die mittleren Springtidenhübe der Gezeiten liegen im Mittelmeer meist unter 0,5 m, betragen jedoch in der nördlichen Ägäis 0,7 m, in der Syrte und nördlichen Adria 0,8 sowie bei Gibraltar 0,9 m) und dringt dabei streckenweise großräumig vor, um dann wieder zurückzuweichen (man denke vor allem an die Watten-M. der Atlantikküste und an die der Kleinen Syrte, wo die Flut immerhin eine Höhe von über 2 m erreicht); es ändert seine Temperatur (am wärmsten wird das Oberflächenwasser des Mittelmeeres im Levantinischen Meer mit maximal 29° C im August und am kältesten in der Ägäis mit minimal 6° C im Februar) und seinen Aggregatzustand (Fest- und Treibeis im Schwarzen Meer sowie im Nordatlantik); zudem leuchtet und blitzt das M.-Wasser nachts zuweilen (erzeugt durch Leuchtorganismen). Diese meist unerklärlichen Phänomene begünstigten bei den Völkern des Altertums vielfältige mythische Deutungen und regten den Glaube an die Existenz vielgestaltiger M.-Gottheiten an, die bei den Griechen – im Gegensatz zu den Römern – zahlreich sind und überwiegend als Mischwesen erscheinen (u.a. Hom. Od. 4,457ff.).

Während durch die Westfahrten der Phönizier schon früh bekannt war, daß die Längsachse des Mittelmeeres, korrespondierend zum Sonnenlauf, Ost-West gerichtet ist (vgl. Hom. Il. 7,421; 8,485), herrschte im gesamten Altertum doch die Vorstellung vor, der *okeanos* würde alle Landmassen umschließen. Ursprünglich dachte man sich den *okeanos* als einen ringförmigen Fluß, der die Erdscheibe umströmt (Hom. Il. 18,607), seit klassischer Zeit jedoch als ein weites M., das die Landmassen trägt und alle Gewässer durchdringt. Hieraus leitet sich die antike Erklärung her, die Inseln schwämmen im M. (u.a. Hom. h. 3,71f.), zumal sich das Vorhandensein des M.-Bodens meist nicht nachweisen ließ. Das mythische Weltbild führte auch zur antiken Vorstellung, daß die nördlichen Rand-M. des Mittelmeeres, die Adria und vor allem das Schwarze Meer, mit dem nördlichen Segment des *okeanos* schiffbar verbunden seien. Das Kaspische Meer (im Altertum auch Hyrkanisches Meer genannt), das sich am östlichen Rand der Oikumene erstreckte, galt als bloße Ausbuchtung des erdumgürtenden *okeanos*. Man erkannte also nicht, daß es sich bei diesem Gewässer um das einzige abgeschlossene Binnenmeer (nicht um einen Binnensee) der Alten Welt handelt.

Trotz der intensiven Seeschiffahrt in der Antike sowie zahlreicher *stadiasmoi* und *periploi*, waren die Kenntnisse über Ausdehnung, Tiefe und Küstenverlauf selbst des Mittelmeeres ausgesprochen mangelhaft. So glaubte Eratosthenes (3. Jahrhundert v.Chr.), sowohl Rom als auch das Fretum Siculum (Straße von Messina) und Karthago lägen unter demselben Meridian (Strab. 2,5,34), und noch in der Kaiserzeit stellte man sich die Lage Siziliens um nahezu 90° verdreht vor, wodurch das Lilybaion (die Westspitze Siziliens) angeblich nach Süden weise und die Pachynos (die Südspitze Siziliens) ostwärts in Richtung Griechenland (u. a. Plin. nat. 3,87). Solche unkorrekten geographischen Vorstellungen trugen natürlich zur falschen Vorstellung über die Lage und Ausdehnung der Meere bei. Die Beschaffenheit des Meeresbodens konnte man durch Grundproben der Lotungen lediglich in Küstennähe feststellen, da große Teile des Mittelmeeres zwischen 2.000 und 5.000 m tief sind (die mittlere Tiefe beträgt 1.450 m; zum Vergleich: die mittlere Tiefe der Ostsee beträgt 55 m).

Teile des Mittelmeeres: Aufgrund der stark gegliederten südeuropäischen Küstenlinie und der ihr vorgelagerten großen Inseln Korsika, Sardinien, Sizilien und Kreta zerfällt das Mittelmeer in zwei Haupt-Becken mit mehreren Teil- und Rand-M.: Das westliche Becken mit dem Algerischen, Provencalischen, Ligurischen und Tyrrhenischen Meer, und das östliche Becken mit der Syrte, dem Ionischen und Levantinischen Meer, sowie den Randmeeren Adria, Ägäis, Marmarameer und Schwarzes Meer. Viele M. bzw. M.-Teile tragen noch heute dieselben Namen wie im Altertum (z. B. das Tyrrhenische und das Kaspische Meer), allerdings sind ihre Dimensionierungen oft nicht deckungsgleich, wie das Beispiel des Mare Adriaticum und des Mare Ionium lehrt: Während in der Neuzeit die Straße von Otranto (am Stiefelabsatz Italiens) die Grenze zwischen dem Adriatischen und dem Ionischen Meer markiert, reichte die Adria im Altertum noch erheblich weiter südwärts, nämlich einerseits bis Brutii (das heutige Kalabrien) und andererseits bis zur Peloponnes. So unterschieden die Römer eine Innere und eine Äußere Adria, deren gemeinsame Grenze aber nicht die Straße von Otranto bildete, sondern der weiter nördlich liegende Mons Garganus (der Sporn am Stiefel Italiens). Der Name Ionisches Meer, der heute den zentralen Teil des Mittelmeeres beschreibt, war im Altertum nicht exakt zu fassen, da die Äußere Adria weit südwärts reichte und sich östlich von Sizilien das Mare Siculum erstreckte. Mithin waren die Grenzen der einzelnen Teil-M. meist fließend, ganz abgesehen von den zahlreichen antiken Quellen, die von schlichter Unkenntnis zeugen und M.-Namen falsch gebrauchen.

Veränderungen des Mittelmeeres: Schon im Altertum registrierte man, daß sich die Küstenlinien des M. verändern (u. a. Aristot. meteor. 1,14), was insbesondere die Sedimentierung bewirkt, die in Küstennähe bis zu 5 m Höhe in 1.000 Jahren betragen kann. Dazu einige Beispiele: Die Verlagerung der Küstenlinie infolge der Sedimentierung der Flüsse ist vor allem im Nildelta signifikant (bis zu 33 m pro Jahr), aber auch beim Golf von Iskenderum (wo die Ströme Seyhan und Ceyhan das Schwemmland auf 60 km breiter Front vorschieben), beim Mäander in Kleinasien (die Hafenstadt Milet lag schon in der Spätantike mehrere Kilometer vom M. entfernt), beim Acheloos im westlichen Mittelgriechenland (er ließ bereits in der Antike mehrere Echinaden-Inseln landfest werden), im Podelta (das im Altertum durchschnittlich 4 m pro Jahr anwuchs, im Mittelalter und in der Neuzeit jedoch erheblich mehr, so zwischen 1750 und 1820 gar alljährlich im Durchschnitt 128 m), in der Tibermündung (sie ist seit der Kaiserzeit um ca. 4 km vorgerückt), ferner im Rhône- und Ebrodelta sowie in der Küstenebene von Valencia. Dies sind nur die wichtigsten der zahllosen Schwemmlandbildungen an den Mittelmeerküsten. Außerhalb des Mittelmeeres sei im Raum der Alten Welt vor allem die Veränderung des Donau-Deltas, des Rhein-Maas-Deltas und

Frieslands erwähnt, sowie am Persischen Golf das über 200 km weite Vorrücken des Schwemmlandes durch Euphrat und Tigris.

Signifikante Hebungen bzw. Senkungen der M.-Küsten infolge plattentektonischer Vorgänge begegnen vor allem im griechischen Raum, etwa die im Altertum noch nicht vorhandenen marinen Strandseen und Haffe an der Westküste der Peloponnes, oder die bis in die Neuzeit hinein von Erdbeben veränderten Küstenstriche (erwähnt sei der Untergang der nordpeloponnesischen Stadt Helike 373 v.Chr.; analoge Katastrophen gibt es auch noch in der Neuzeit, z.B. das lokrische Beben von 1894). Im Altertum glaubte man gar, die Loslösung sämtlicher küstennaher Inseln sei auf Erdbeben zurückzuführen (Strab. 6,258), zumal die frühen Griechen den M.-Gott Poseidon vor allem als Erderschütterer ansahen. Wandlungen der M.-Küste durch vulkanische Tätigkeit sind besonders in der italienischen Landschaft Campanien festzustellen. Obwohl das M. vielerorts vorgedrungen bzw. zurückgewichen ist, hat sich die Gestalt des Mittelmeeres seit dem Altertum jedoch im großen und ganzen kaum verändert.

Der auffälligste Unterschied zwischen dem Mittelmeer der Gegenwart und des Altertums besteht vor allem im Grad der M.-Verschmutzung. Zwar waren schon im Altertum einige Küstengewässer ökologisch belastet, vor allem durch Fäkalien der Großstädte (z.B. im Bereich der Tibermündung) und des beim Blei- und Silberbergbau anfallenden Quecksilbers (vor allem im Bereich einiger Flußmündungen Südspaniens), aber aufgrund der verhältnismäßig niedrigen Gesamtpopulation, des vergleichsweise geringen Konsums der Individuen und insbesondere der fast durchweg biologisch abbaubaren Stoffe konnten die im Altertum ungeklärt eingeleiteten Abwässer und Abfälle das biologische Gleichgewicht des M. nicht nachhaltig stören.

Produkte des Meeres: Verglichen mit anderen M. sind und waren die Oberflächenschichten des Mittelmeeres relativ nährstoffarm (dem Armut an Plankton verdankt das Mittelmeer freilich seine schöne blaue Farbe), weshalb es zwar keinen Fischreichtum bietet, wohl aber eine relative Vielfalt an Fischarten. Der Fischfang war schon für die Lebensmittelversorgung der antiken Küstenbevölkerung unentbehrlich. Gefangen wurden vor allem Sardinen, Sardellen, Makrelen und Thunfisch, zudem als Delikatessen Tintenfisch, Langusten, Austern und Seeigel. Von großer Bedeutung war auch die Gewinnung des lebensnotwendigen Speise-Salzes in den Meerwassersalinen (der Salzgehalt des Mittelmeeres ist mit 3,6% bis 3,9% relativ hoch). Das M. war für die antiken Völker aber nicht nur eine wichtige Nahrungsmittelressource, sondern es lieferte auch Rohstoffe, die überwiegend zu Luxusgegenständen verarbeitet wurden, nämlich Purpurschnecken, Schildpatt der Karette-Schildkröte, Elfenbein von M.-Säugern, Robbenfelle, Schwämme sowie Artefakte aus Fischbein und Knochen.

Beherrscher des Mittelmeeres: Die heute völkerrechtlich verbriefte ›Freiheit der Meere‹ bestand im Altertum nicht. Die Herrschaft über die M. und vor allem die M.-Engen übten die Thalassokratien, d.h. die meeresbeherrschenden Mächte, oft rücksichtslos aus. Dies belegt die Sperrung des westlichen Mittelmeeres durch die Phönizier, die sich vor allem gegen die griechische Westkolonisation richtete, oder die drei Jahrhunderte dauernde Gibraltarsperre der Karthager. Die wirklichen Beherrscher der M. waren im Altertum, sogar während der Blütezeit des Römischen Weltreiches, jedoch meist die zahllosen Piraten gewesen.

Obwohl die Menschen des Altertums das M. stets als feindlich empfanden (der Seemannstod ohne Bestattung und Grab erschien besonders den Griechen als Greuel), verwandelte die Schiffahrt die abweisende Wasserwüste in eine geschlossene Verkehrsfläche. Dadurch kehrte sich die trennende Funktion des M. in eine verbindende: Das M. transportierte Kolonisten und Eroberer, kulturelle und geistige Errungenschaften, technische Innovationen, Rohstoffe, Nahrungsmittel, Waren etc. So vernetzte und verschmolz das M. die Völker der Alten Welt zu einer mannigfaltigen Einheit.

→ Delta, Erdbeben, Fisch, Fluß, Götter, Hafen, Insel, Isthmos, Kanal, Kap, Kartographie, Kolonisation, Küste, Lagune, Marschland, Meerenge, Meeresspiegel, Meeresströmungen, Mythologie, Navigation, Piraterie, Reiseberichte, Salinen, Salz, Schiffahrt, Schwemmland, See, Seeherrschaft, Überschwemmung

LITERATUR: G.I. *Bratianu*: La Mer Noire. München 1969. – H.N. *Deukam*: Die Adria. Bielefeld ²1972. – F.-K. *Kienitz*: Das Mittelmeer. Schauplatz der Weltgeschichte von den frühen Hochkulturen bis ins 20. Jahrhundert. München 1976. – H. *Schiwek*: Der Persische Golf als Schiffahrts- und Seehandelsroute in achämenidischer Zeit und in der Zeit Alexander des Großen, in: BJ 162, 1962, 4–97. – J. *Tixeront*: Le bilan hydrologique de la Mer Noire et da la Mer Méditeranée, in: Cahiers Océonographiques 22, 1970, 227–237.

Heinz Warnecke

Meerenge

Die M. ist eine durch Festland oder Inseln bedingte Einengung zwischen zwei Meeren bzw. Meeresteilen. M. entstanden durch Grabenbrüche (z. B. die Straße von Gibraltar) oder durch Senkung der Landschaft (z. B. die M. von Actium) und infolge des Untertauchens von Flußtälern (z. B. die Dardanellen und der Bosporus). Die auch als Straßen, Kanäle und Sunde bezeichneten M. schwanken in ihrer Breite erheblich, auch im Mittelmerraum. So ist z. B. die flußartige Meerenge von Actium, die den Ambrakischen Golf mit dem Ionischen Meer verbindet, nur 600 m breit, während die Sizilische Straße, die das östliche mit dem westlichen Mittelmeerbecken verbindet, 147 km breit ist. Dennoch sind im geographischen Raum der Alten Welt nahezu alle M. für das unbewaffnete Auge überschaubar und somit als solche optisch wahrnehmbar.

Bedeutung der Meerengen: Da M. die Meere verbinden und nicht trennen (wie der Isthmos), stellen sie einen Kontakt zwischen den Meeren her, vor allem für die Meeresfauna und -flora. Zudem erfolgt in den M. ein Austausch der Wassermassen, des Salzgehaltes und der Temperatur. Wenn der an die M. grenzende Meeresraum ein humides Klima mit Süßwasserüberschuß aufweist (z. B. das Schwarze Meer), dann passiert die M. ein auswärts gerichteter Oberflächenstrom. Herrscht dagegen in einem Meeresraum arides Klima mit überwiegender Verdunstung (z. B. das Mittelmeer), so entsteht in der M. eine zulaufende Oberflächenströmung, während zugleich bei hinreichender Satteltiefe der M. der horizontale Dichtegradient einen Ausstrom verursacht.

M. schnüren die Gewässer nicht nur horizontal ein, sondern in der Regel auch vertikal. So beträgt z. B. die Satteltiefe der Gibraltarschwelle 286 m, während die beidseits angrenzenden Meeresteile steil auf über 1.000 m Tiefe abfallen. Aufgrund des Wasseraustausches und der düsenartigen Verengung herrschen in den M. oft starke Meeresströmungen, die für die antike Schiffahrt relevant waren: Die Straße von Gibraltar durcheilt eine so kräftige Oberflächenströmung ostwärts, daß sogar die Segelschiffe der Neuzeit oft tage- oder wochenlang auf kräftige Winde warten mußten, um in den Atlantik zu gelangen. Zu erwähnen sind in diesem Zusammenhang auch die Stromwirbel in der Straße von Messina, weil dort bereits in der Antike die Meeresungeheuer Skylla und Charybdis lokalisiert wurden. Gegen derartige Fabeleien wandte sich jedoch schon Seneca (epist. 79,1) mit dem Argument, daß die Strömungen in der Straße von Messina für die Schiffahrt kaum eine Gefahrenquelle darstellten. Vielmehr treten in der Meerenge von Rhion beträchtliche Gezeitenhübe mit starken Strömungsturbulenzen auf, die den korinthischen Rojern im Jahr 423 v.Chr. zum Verhängnis wurden und zur Niederlage in der Seeschlacht von Naupaktos führten. Den Bosporus und die Dardanellen durchfluten derart starke Oberflächenströme in Richtung Ägäis, daß in den M. antike Schleppschiffe zum Einsatz kamen.

Im Gegensatz zu einer bloßen Meeresstraße, die zwischen zwei kleineren Inseln hindurchführt (bzw. zwischen dem Festland und einer kleinen Insel), liegt die große Bedeutung der M. für den Menschen darin, daß sie eben eine Verbindung zwischen zwei Meeresteilen darstellt, die vom Seeverkehr entweder zwingend passiert werden muß oder nur unter Inkaufnahme eines größeren Umweges bzw. Aufwandes zu umgehen ist (z. B. durch Benutzung von *diolkoi*: antike Schleifbahnen für Schiffe). Folglich bündelt sich der Seeverkehr in den M., und so wurden an ihnen bereits im frühen Altertum bedeutende Häfen und Umschlagplätze angelegt, namentlich Gades (Cadiz) und Tingis (Tanger) beidseits des Fretum Herculeum (Straße von Gibraltar), Utica und Karthago am Fretum/Mare Africum (Sizilische Straße), Zankle (Messina) und Rhegion (Rheggio) beidseits des Fretum Siculum (M. von Messina), Patrai (Patras) an der M. von Rhion, Ilion bzw. Troja am Hellespont (Dardanellen) und Byzanz am Bosporus.

Namen von Meerengen: Die antiken Eigennamen einiger M. kennzeichnen nicht die Ortslage, sondern ihre Funktion für die Seefahrt, wie das Fretum Gallicum, das die Straße von Bonifacio zwischen Korsika und Sardinien bezeichnete. In der antiken Literatur wird der Name einer M. zuweilen verwechselt bzw. für zwei unterschiedliche M. verwendet. So verstand man unter dem Fretum Siculum zwar meist die M. von Messina zwischen Süditalien und Sizilien (u. a. Cic. nat. deor. 3,24), manchmal aber auch die Sizilische Straße zwischen Sizilien und Nordafrika (z. B. Plin. nat. 3,92).

Für die Antike bedeutende Meerengen: Die M. des Mittelmeerraumes sind (von West nach Ost) die Straße von Gibraltar (14–44 km breit, 60 km lang), die Straße von Bonifacio (12 km breit) zwischen Korsika und Sardinien, die Sizilische Straße (147 km breit), die M. von Messina zwischen Sizilien und Kalabrien (3 km breit), die Straße von Otranto zwischen Apulien und Epirus (73 km breit), die M. von Actium (600 m breit) zwischen Akarnanien und Thesprotien, die M. von Rhion zwischen Aitolien und der Peloponnes (1,8 km breit), der Euripos zwischen Böotien und Euboia (die engste, durch ein Riff getrennte Stelle ist 15 m und 18 m breit; 9 km lang), die Dardanellen (2–6 km breit, 65 km lang), der Bosporus (0,6–3 km breit, 30 km lang) und die Straße von Kertsch zwischen der Krim und dem russischen Festland (4–15 km breit, 41 km lang). Zudem waren für die antike Schiffahrt einige M. außerhalb des Mittelmeerraumes von Bedeutung, so im fernen Südosten der Bab el Mandeb zwischen dem Roten Meer und dem Golf von Aden (23 km breit) sowie die Straße von Hormus zwischen dem Arabischen Meer und dem Persischen Golf (37 km breit). Im fernen Nordwesten waren es die Straße von Dover zwischen dem Ärmelkanal und der Nordsee (33,5 km breit) sowie der St. Georgs-Kanal zwischen dem Atlantik und der Irischen See (76 km breit).

Bedeutung der Meerengen für die Strategie: Die Kontrolle über eine M. bedeutete den Zugriff auf ein anderes Meer samt seiner Ressourcen, und deshalb wurde um die Beherrschung der M. seit je gerungen, wofür vielleicht schon der Trojanische Krieg ein epochales Exempel bietet. Aufgrund ihrer strategischen Bedeutung werden und wurden M. oft nicht von den angrenzenden Küstenstaaten kontrolliert, sondern von auswärtigen Seemächten. Erinnert sei nur an die drei Jahrhunderte dauernde Gibraltar-Sperre, die den Karthagern das Monopol im Atlantik-Handel (vor allem mit britischem Zinn) sicherte.

M. dienten aber nicht allein dem Seeverkehr, sondern auch als Brückenköpfe landgestützter Operationen: Die Dorer wanderten vom griechischen Festland über die M. von Rhion auf die Peloponnes ein, der Perserkönig Xerxes schlug seine Brücken über die Dardanellen, um seine Truppen von Kleinasien nach Griechenland zu bringen, der römische Feldherr Caesar sandte seine Soldaten über die Straße von Dover nach Britannien, die Vandalen überquerten auf ihrem Zug nach Nordafrika die Straße von Gibraltar, und die Araber drangen über den Bosporus nach Europa vor. Die M. sind also immer wieder Brennpunkte weltgeschichtlicher Ereignisse gewesen.

→ Fluß, Gezeiten, Hafen, Insel, Isthmos, Kanal, Meer, Meeresströmungen, Salz, Schiffahrt, See, Seeherrschaft, Strategie, Wind (Winde)

LITERATUR: M. *Ponsich:* La navigation antique dans le détroit de Gibraltar, in: R. Chevallier (Ed.): Mélanges R. Dion. Paris 1974, 257–273.

Heinz Warnecke

Meeresspiegel

Die jeweilige (zeitlich anhaltend bzw. punktuelle) Höhe des M. im Verhältnis zur Höhe des Landes und des Meeresgrundes ist von einer Reihe dynamischer Faktoren abhängig:

(a) Vom instabilen Volumen der untereinander kommunizierenden Weltmeere (Gesamtvolumen des Meereswassers). Die von diesem Gesamtvolumen abhängige Bewegung des Meeresspiegels ist die ›eustatische‹ M.-Bewegung. (b) Von der Hebung oder Senkung der Küsten, d.i. die ›tektonische‹ Bewegung. (c) Von der Dynamik der Gezeiten. (d) Von Winddruck und -richtung.

Für die Historische (und Prähistorische) Geographie ist die M.-Höhe einer der Faktoren, welche die Lage und den Verlauf der Strandlinie bestimmen. Die möglichst genaue Kenntnis der relativen M.-Höhe im Bereich der Küste während bestimmter historischer Phasen kann zur Lokalisierung, Zeitbestimmung und baulich-technischen Interpretation von überfluteten Küstenbauten und -arealen (Häfen, Molen, Leuchttürmen, Kaianlagen, Schiffshäusern etc.) beitragen.

In den erhaltenen Konstruktionsmerkmalen bestimmter Bauten zeichnet sich häufig die vom Erbauer berücksichtigte Wasserlinie (relative M.-Höhe) ab. Sind diese Bauten mit historischen Methoden datiert (Inschriften, Stil, Schriftquellen usw.), so läßt sich ein Anhaltspunkt für die relative M.-Höhe in einer bestimmten historischen Phase gewinnen. Bei der Übertragung eines solchen Wertes auf andere Küstenregionen ist jedoch Vorsicht geboten, da inbesondere die tektonischen Bewegungen von Ort zu Ort äußerst schwankend gewesen sein können.

→ Gezeiten, Küste, Marschland, Meer, Strandverschiebungen, Wind (Winde)

LITERATUR: N.C. *Flemming*: Holocene Eustatic Changes and Coastal Tectonics in the Northeast Mediterranean. Implications for Models of Crustal Consumption, in: Philosophical Transactions of the Royal Society of London (Mathematical and Physical Sciences) 289, 1978, 405 ff., dazu die ebenda 456 s.v. Flemming zitierte Literatur. – N. C. *Flemming* / C. O. *Webb*: Tectonic and Eustatic Coastal Changes during the Last 10.000 Years Derived from Archaeological Data, in: Zeitschrift für Geomorphologie, N. F., Suppl. 62, 1986, 1 ff. – M. H. *Jameson*/C. N. *Runnels*/T. H. *van Andel*: A Greek Countryside. 1994, 200 ff. – J. *Schäfer*: Zur Erforschung antiker Hafenanlagen, in: Mélanges Mansel, 1974, 663 ff. bes. 677. – J. *Schäfer*/H. *Schläger*: Zur Seeseite von Kyme in der Aeolis, in: AA 1962, 40 ff. – J. *Schäfer*: Beobachtungen zu den seeseitigen Mauern von Larymna in der Lokris, in: AA 1967, 527 ff. – J. *Schäfer* in: J. Schäfer (Hg.): Phaselis. Istanbuler Mitteilungen Beih. 24, 1981, 70 ff. bes. 75 ff. – H. *Schläger*: Die Texte Vitruvs im Lichte der Untersuchungen am Hafen von Side. Ber. 25. Tagung der Koldewey-Ges., 1969, 31 ff. – J. *Shaw*: Greek and Roman Harbour Works, in: G. F. Bass (Ed.): History of Seafaring Based on Underwater Archaeology. 1972, 87 ff. – A. *Raban*: Die antiken Häfen des Mittelmeeres, in: J. Schäfer/W. Simon (Hgg.): Strandverschiebungen in ihrer Bedeutung für Geowissenschaft u. Archäologie, Ruperto Carola (Ringvorlesung Heidelberg 1979) 39 ff. bes. 79 ff.

Jörg Schäfer

Meeresströmungen

M. entstehen vor allem durch die Schubkraft der Winde auf der Meeresoberfläche sowie durch die horizontalen Unterschiede der Wassertemperatur und des Salzgehalts. Zudem spielen die ablenkenden Kräfte eine Rolle, nämlich die Erdrotation, das Relief des Meeresbodens und der Küstenverlauf. Mit den kräftigen und großräumigen stationären Stromsystemen, die zur allgemeinen Zirkulation der Weltmeere gehören und teils horizontal, teils vertikal strömen, kamen die Menschen des Altertums nur am Rand der Oikumene in Berührung, so mit dem Kanaren-Strom im Atlantik und den sogenannten äquatorialen Gegenströmen im Indischen Ozean. Diese Phänomene dürften zur antiken Vorstellung von der Existenz des ringförmig strömenden *okeanos* beigetragen haben. Obwohl das Mittelmeer nicht derart kräftige und planktonreiche M. wie die Ozeane bietet, weist es dennoch unterschiedlich starke Oberflächenströmungen auf, die für die antike Schiffahrt relevant waren.

Meeresströmungen im Mittelmeer: Da im Mittelmeer weitaus mehr Wasser verdunstet, als die Niederschläge über dem Meer und die Flüsse hinzuführen, entsteht ein Oberflächengefälle zu den angrenzenden Meeren. So strömt einerseits über die Gibraltarschwelle ständig Salzwasser aus dem Atlantik ins Mittelmeer und andererseits durch den Bosporus Brackwasser aus dem Schwarzen Meer, das einen Süßwasserüberschuß aufweist. Das im Westen und Nordosten zulaufende Wasser bildet den Motor der Strömungen im Mittelmeer. Die Unterströme, die unterhalb der Oberflächenströme oft in entgegengesetzter Richtung verlaufen und in den Meerengen besonders kräftig sind, waren den antiken Menschen unbekannt, vor allem weil sie die Schiffahrt nicht unmittelbar betreffen.

Das Atlantikwasser strömt an der Oberfläche mit einer Geschwindigkeit von ca. 3 sm/h über die Gibraltarschwelle in das Mittelmeer hinein (zum Vergleich: ähnlich schnell fließt die Donau durch Wien) und bewirkt dessen West-Ost-gerichtete Hauptströmung. Sie verläuft zunächst parallel der nordwestafrikanischen Küste und dreht in der Sizilischen Straße mit durchschnittlich 0,75 sm/h (Höchstgeschwindigkeit 2 sm/h) südostwärts ab. Mit nachlassender Geschwindigkeit, die für die antike Seefahrt dennoch bedeutsam war, durchläuft die Oberflächenströmung das östliche Mittelmeer bis nach Ägypten (vgl. Hom. Od. 14,252 ff.), folgt dann der syrischen sowie der kleinasiatischen Küste und verliert sich schließlich in der Ägäis. Dort kommt ihr der vom Schwarzen Meer herrührende und die Ägäis durchlaufende Süd- bzw. Südweststrom entgegen, der das Kap Malea mit 1,5 – 2 sm/h umströmt und deutlich abgeschwächt der westgriechischen und illyrischen Küste folgt.

Abgesehen von der beständigen, Ost-West-gerichteten Hauptströmung treten im Mittelmeer regionale Strömungen auf, die von der Hauptströmung abzweigen und mit durchschnittlich 0,5 sm/h relativ schwach sind. Diese küstennahen Oberflächenströmungen verlaufen im adriatischen, tyrrhenischen und balearischen Becken sowie im Schwarzen Meer zyklonal, in der Syrte jedoch antizyklonal. Neben den regionalen M. weist das Mittelmeer lokale Gezeitenströme auf, vor allem bei Gibraltar, in der Straße von Messina und im Euripos. Da die Schubspannungskräfte der Windfelder ungleichmäßig auf die Wasseroberfläche einwirken, sind die M. zeitweilig von horizontalen und vertikalen Wirbeln durchsetzt. Alle M. des Mittelmeeres unterliegen hinsichtlich Beständigkeit und Stärke jahres- und teils auch tageszeitlichen Schwankungen. Zudem gibt es M., die nur saisonal auftreten, wie die Oberflächenströmung, die im Frühherbst das Tyrrhenische Meer von Nordwesten nach Südosten durchstreicht und in den übrigen Jahreszeiten nicht besteht.

Meeresströmungen in Meerengen: Die M. in den Meerengen haben unterschiedliche und oft komplexe Ursachen, von denen das Oberflächengefälle, der Salzaustausch und die Gezeiten hervorzuheben sind. So ist bei der Straße von Gibraltar zu differenzieren zwischen einem starken Oberflächenstrom, der das infolge der Verdunstung entstandene Oberflächengefälle zwischen Atlantik und Mittelmeer auszugleichen strebt, und einem gegenläufigen, schwächeren Unterstrom. Er wird dadurch hervorgerufen, daß das salzhaltigere und somit schwerere Mittelmeerwasser über die 286 m tiefe Gibraltarschwelle hinweg wasserfallartig 1.000 bis 1.200 m tief in den

Atlantik hinabstürzt. Dieser stete Abfluß des Mittelmeerwassers verstärkt seinerseits den gegenläufigen Oberflächenstrom und sorgt für die ganzjährige Zirkulation, denn im Winter würde durch die im Verhältnis zu den Niederschlägen und den Zuflüssen geringere Verdunstung kein Oberflächengefälle zwischen Mittelmeer und Atlantik entstehen und somit den Oberflächenstrom nicht zur Kompensation anregen. Das mittlere Strömungssystem in der Straße von Gibraltar (Oberflächenstrom und entgegengesetzter Unterstrom) wird überdies von einem starken Gezeitenstrom überlagert.

Die turbulenten M. in der Straße von Messina verursachen wesentlich die Gezeiten, wie schon in der Antike bemerkt wurde (Cic. nat. deor. 3,24). Der beständige, in Richtung Ionisches Meer strebende Gezeitenstrom ist sehr kräftig und zur Springzeit bis 4,2 sm/h schnell. Sodann führt das Zusammentreffen der unterschiedlich schweren Wasserarten des Tyrrhenischen und Ionischen Meeres über der nur ca. 100 m tiefen Messina-Schwelle zur Ausbildung von Stromwirbeln. Das Beispiel der Straße von Otranto zeigt, daß in einer Meerenge zugleich zwei gegenläufige Oberflächenströmungen herrschen können: Die M. setzt im Ostteil der Straße mit etwa 0,5 sm/h nordwärts in die Adria hinein und tritt im Westteil der Straße mit geringerer Geschwindigkeit südwärts hinaus. In der Stärke und Richtung unregelmäßig wechselnde M. (bis zu 14 mal binnen 24 Stunden), die teils mit bis 8 sm/h außergewöhnlich kräftig sind, bietet der nur 33 m breite Euripos zwischen Euboia und Böotien. Dieses ungewöhnliche Phänomen, das insbesondere die Gezeiten bewirken, war den antiken Gelehrten unerklärlich (u.a. Strab. 1,55; 9,400ff.; 10,445ff.; Plin. nat. 2,219; 4,63,71).

Beim Bosporus führt der Süßwasserüberschuß im Schwarzen Meer zu einer salzarmen Oberflächenströmung im Marmarameer, die durchschnittlich 2,5 sm/h beträgt. Da aber die niedrige Satteltiefe des Bosporus in die salzarme Deckschicht des Schwarzen Meeres hineinragt, ist der Anstoß zu einer Tiefenzirkulation aus dem Mittelmeer infolge mangelnden Einstromes salzreichen Wassers unterbunden. Das salzarme Wasser, das durch den Bosporus in das Marmarameer gelangt, leitet die Oberflächenströmung unter langsamer Erhöhung des Salzgehalts durch die Dardanellen in die Ägäis, wobei eine entgegengerichtete, bodennahe Strömung salzreichen Mittelmeerwassers in das Marmarameer einfließt. Die engsten Stellen der Dardanellen und des Bosporus (ca. 700 m) durcheilen die M. zeitweilig mit 5–6 sm/h (doppelt so schnell wie bei Gibraltar).

Auswirkungen der Meeresströmungen: M. spielen in vielfacher Hinsicht für die Zivilisationen eine Rolle, denn sie betreffen, abgesehen von der Schiffahrt, vor allem die Küstengestalt (M. sind an Bildung und Umbau des Schwemmlandes beteiligt), das Klima (Temperatur, Luftfeuchtigkeit) und den Fischfang (Auftriebsströme sind plankton- und somit fischreich). Da aber die M. des Mittelmeeres relativ schwach ausgeprägt sind, bleiben ihre Auswirkungen auf Küstengestalt, Wetter und Meeresfauna – und somit mittelbar auf den antiken Menschen – gering. Dies läßt den Schluß zu: »In dem Hinweis auf die schon im Altertum bekannten Strömungsverhältnisse der Gibraltarstraße und der Meerengen ist einer der exaktesten Beweise für ein damals wie heute völlig gleichgeartetes Klima zu sehen, da die Strömungen auf klimatisch bedingte Verdunstungsverhältnisse des Meeres schließen lassen, die von der Art der gegenwärtigen waren« (Otto Maull).

→ Fisch, Gezeiten, Klima, Küste, Meer, Meerenge, Meeresspiegel, Salz, Schiffahrt, Schwemmland, Wind (Winde)

LITERATUR: D. *Höckmann:* Antike Seefahrt. München 1985. – M. *Ponsich:* La navigation antique dans le détroit de Gibraltar, in: R. Chevallier (Ed.): Mélanges R. Dion. Paris 1974, 257–273.

Heinz Warnecke

Mentalität

Der Erforschung der M. kommt in den Geschichtswissenschaften, nach dem Vorbild der französischen *Annales*-Schule um M. Bloch und L. Febvre, eine wachsende Bedeutung zu. Gleichwohl fehlt es nach wie vor an einer präzisen, umfassenden Definition des Begriffs M. als einer historischen Kategorie. Konsensfähig könnte eine Charakterisierung sein, die die zu einem bestimmten Zeitpunkt gegebenen interaktiven, kollektiven Denk- und Empfindungsweisen einer Gesellschaft in den Vordergrund stellt (Dinzelbacher XXI). M. ist dabei der Handlungen produzierende, allgemeine Hintergrund menschlicher Verhaltensweisen.

Einschränkungen: Als selbstverständlich ist vorauszusetzen, daß innerhalb einer Gesellschaft unterschiedliche M. existieren. In der Gesellschaft der griechischen Polis beispielsweise waren die Denk- und Empfindungsweisen der Aristokratie gravierend anders als die der Freigelassenen, Fremden oder Sklaven. Auch innerhalb der Aristokratie wird man mehrere M. feststellen können. Allerdings gibt es eine spezifische, Aristokratien immanente M. in dem Sinne, daß das Handeln dieser Schicht sich ableiten läßt von dem Streben nach Exklusivität und Homogenität bei gleichzeitiger Tendenz des Einzelnen, sich vor den Anderen auszuzeichnen. Bei den Griechen manifestierte sich dies in dem Konkurrenzprinzip des Agons, des Wettbewerbs, bei den Römern im Wettstreit um den Nachweis politischer und militärischer Leistungsfähigkeit (*virtus*).

Quellen: Die Rekonstruktion antiker M. findet ihre Grenzen in der Qualität und Quantität des zur Verfügung stehenden Quellenmaterials. Die selektive Natur der überkommenen Quellen läßt Verallgemeinerungen kaum zu. Im wesentlichen wird man sich auf schriftliche Quellen zu konzentrieren haben (inklusive der Papyri und Inschriften). Freilich erfaßt man dabei im wesentlichen die Einstellungen der Oberschichten und der Gebildeten. Eine seriöse Mentalitätsgeschichte der antiken Unterschichten schreiben zu wollen, wird ein aussichtsloses Unternehmen bleiben. Problematisch ist die Heranziehung von archäologischen Quellen für die Beschreibung antiker M. Deutungen von Monumenten und Bildern sagen möglicherweise mehr aus über die M. des modernen Betrachters als über die M. derjenigen antiken Menschen, die diese Quellen produziert haben.

Klima – Umwelt – Mentalität: Unter dem Gesichtspunkt ›Mensch und Landschaft‹ spielt die antike M. vor allem insofern eine Rolle, als Griechen wie Römer einen konkreten Zusammenhang hergestellt haben zwischen den Faktoren Landschaft, Klima, Umwelt und dem Charakter und der Lebensführung der Menschen. Dieser rigorose geographische Determinismus kommt erstmals in breiterer Form im 5. Jahrhundert v.Chr. zum Ausdruck: in der unter dem Namen des griechischen Medizin-Pioniers Hippokrates (ca. 460–370 v.Chr.) überlieferten Schrift *Über Luft, Wasser, Orte*. In dogmatischer Weise klassifiziert der Autor hier die M. der Menschen nach den jeweiligen Umwelt- und Klimaeinflüssen. Der damals bereits geläufigen, in der politischen Propaganda gegen die Perser wirksam gewordenen Orient-Okzident-Dichotomie liefert er dabei eine pseudo-wissenschaftliche Grundlage. Diese ist ihrerseits inspiriert von Lehren der ionischen Naturphilosophen des 6. Jahrhunderts v.Chr., wonach die Eigenarten eines Volkes von den natürlichen Lebensbedingungen abhängig seien. Asiaten, so behauptet der Verfasser (cap. 16), seien unkriegerischer und weicher als die Europäer, weil es bei ihnen keinen signifikanten Wechsel der Jahreszeiten gebe. Die dauerhafte klimatische Gleichförmigkeit verhindere das Entstehen eines temperamentvollen Charakters.

Griechische Philosophie: Die griechischen Philosophen nahmen diese Ideen bereitwillig auf und entwickelten sie weiter. In seiner *Politik* führt Aristoteles im 4. Jahrhundert v.Chr. aus (Aristot. pol. 1327b): »Die Völker der kalten Regionen und jene in Europa sind von tapferem Charakter, stehen aber an Intelligenz und Kunstfertigkeit zurück; also sind sie vorzugsweise frei, aber ohne staatliche Organisation und ohne über die Nachwelt herrschen zu können. Die Völker Asiens dagegen sind intelligent und künstlerisch begabt, aber kraftlos, und leben darum als Untertanen und Knechte.« Nicht überraschen kann, wo Aristoteles in diesem Schema die Griechen ansiedelt: »Das griechische Volk wohnt gewissermaßen in der Mitte zwischen beiden und hat darum an beiden Charakteren Anteil. Denn es ist energisch und intelligent. So ist es frei, hat die beste Staatsverfassung und die Fähigkeit, über alle zu herrschen, wenn es einen einzigen Staat bilden würde.« Spätestens jetzt war die Klimatheorie zu einem festen Element der Barbaren-Topik und zugleich zu einem Element der Selbstfindung und Selbstdefinition der Griechen geworden.

Rom: In Rom übernahm man gerne diese griechischen Ideen über die M. der Völker, ordnete aber anstelle der Griechen lieber sich selber als politisch und moralisch führende Macht der Welt ein. Auf fruchtbaren Boden fiel bei den Römern auch die griechische Klassifikation der Völker gemäß der sie umgebenden Landschaft. Die Völker des Nordens galten ihnen als kriegerisch, aber unkultiviert, die Völker des Ostens und Südens als weich, feige, verschlagen, unkriegerisch. Je weiter man sich den heißen Zonen nähere, so der römische Dichter Lucan (8,363 ff.), desto mehr verweichliche das Klima die Völker. Programmatisch sagt Cicero in einer öffentlichen Rede aus dem Jahre 63 v.Chr.: »Der Charakter wird den Menschen nicht so sehr durch Stammbaum und Herkunft eingeboren als vielmehr durch das, was uns Umwelt (*natura*) und Lebensgewohnheiten liefern, in denen wir aufwachsen und leben« (Cic. leg. agr. 2,95). Er illustriert diesen Gedanken mit dem Beispiel der italischen Ligurer: Sie leben in den Bergen und sind deshalb hart und derb, sie müssen in schwerer Arbeit versuchen, dem Acker Nahrung abzugewinnen (ebd.). Die Bewohner Kampaniens wiederum seien stets übermütig wegen der Qualität ihrer Äcker und ihrer reichen Ernten, der gesunden Lage, der planvollen Anlage und Schönheit ihrer Stadt Capua (ebd.).

Hafenstädte: Im gleichen Kontext behauptet der römische Politiker, die Karthager seien Lügner und Betrüger, jedoch nicht durch Erbanlage, sondern infolge der Natur ihrer Stadt: In ihren Häfen kämen sie vielfach mit Kaufleuten und Zugereisten aus aller Herren Länder in Berührung, und so locke sie der Eifer des Gewinns zum Eifer des Betrügens. In seiner Schrift *De re publica* (2,7) attestiert Cicero Hafenstädten eine Neigung zur Verderbnis und zur Wandlung der Sitten, »denn sie kommen mit neuartigen Berichten und Lehren in nahe Verbindung, und es werden nicht nur Waren von außen importiert, sondern auch Sitten...Sodann haften die Bewohner dieser Städte nicht fest an ihren Wohnsitzen, sondern von geflügelter Hoffnung und Phantasie werden sie stets weiter und weiter von der Heimat weggeführt, und wenn sie selbst körperlich dableiben, sind sie doch mit ihrem Geiste draußen und schweifen umher.« So vehement Cicero hier argumentiert – originell sind diese Gedanken nicht, entsprechen sie im wesentlichen doch dem, was im 4. Jahrhundert v.Chr. bereits Platon in seinen *Nomoi* (704f.) ausgeführt hat.

Politische Instrumentalisierung: Mehr noch als die Griechen haben die Römer ihre Auffassung von der geographisch und klimatisch bedingten M. fremder Völker politisch instrumentalisiert. In den römischen Bürgerkriegen (44–31 v.Chr.) wurde der Triumvir des Ostens, Marcus Antonius, von seinem Gegner Octavian zu einem im Orient entarteten, dem dortigen seichten Lebensstil verfallenen Despoten stilisiert. Römische Legionen, die in Syrien oder anderen Ländern des Orients stationiert waren, blieben immer dem latenten Vorwurf ausgesetzt, die laxe M. der Orientalen übernommen zu haben. Varus verlor nach offizieller römischer Lesart die Schlacht im Teutoburger Wald, weil er als Statthalter in Syrien die Weichheit östlicher Lebensführung adaptiert hatte. M. war also nach dieser Auffassung prinzipiell transferierbar.

Reale antike Mentalitäten: Natürlich erfassen solche Stereotypen nicht die reale M. der antiken Menschen. Historisch sind sie dennoch von Bedeutung, weil sie politisches Handeln beeinflußt haben. Trotz der eingangs beschriebenen Schwierigkeiten gibt es einige Ansätze, um Erkenntnisse über die tatsächliche, landschaftliche geprägte M. in der Antike zu gewinnen. Die prägnante Gestalt der ägyptischen Nillandschaft etwa führte dazu, daß für die Ägypter »die heimische Landschaft unweigerlich zum Brennpunkt eines starken Zugehörigkeitsgefühls werden mußte« (Assmann 85). Die asiatische Landschaft wird demgegenüber als fremd und voller Schrecken geschildert. Landschaft stiftet hier also Identität und eine entsprechende M. Die engräumige griechische Polis schuf ebenfalls ein starkes Gefühl der Solidarität, förderte das Ideal der Autarkie und verhinderte eine polisübergreifende griechische Identität. Als nach dem Tod Alexanders des Großen am Ende des 4. Jahrhunderts v.Chr. die weitflächigen hellenistischen Großreiche entstanden, bedeutete dies nicht nur eine Erweiterung des geographischen Horizonts, sondern auch eine weltoffenere M. Den Römern bedeuteten die Alpen als »Bollwerke des Reiches« (Cicero) stets einen besonderen Faktor der Sicherheit und Beruhigung. Als zuerst die Gallier im 4. Jahrhundert v.Chr., dann Hannibal im Zweiten Punischen Krieg und später, am Ende des 1. Jahrhunderts v.Chr., die Kimbern und Teutonen dieses Bollwerk überwanden, bildete sich ein langwirkendes Trauma der Invasion aus dem Norden heraus, das die politische M. der Römer nachhaltig prägte.

→ Adel, Ägyptologie, Biographie, Fremde, Gesellschaft, Hafen, Klima, Medizin, Orient, Philosophie

LITERATUR: Ph. *Ariès*: L'histoire des mentalités, in: J. Le Goff (Ed.): La nouvelle histoire. Paris 1978, 402–423. – J. *Assmann*: Zum Konzept der Fremdheit im alten Ägypten, in: M. Schuster (Hg.): Die Begegnung mit dem Fremden. (Coll. Rauricum 4), Stuttgart/Leipzig 1996, 70–99. – Y. A. *Dauge*: Le barbare. Recherches sur la conception romaine de la barbarie et de la civilisation. Brüssel 1981. – A. *Dihle*: Die Griechen und die Fremden. München 1994. – P. *Dinzelbacher* (Hg.): Europäische Mentalitätsgeschichte. Stuttgart 1993. – K. E. *Müller*: Geschichte der antiken Ethnographie und ethnologischen Theoriebildung. 2 Bde., Wiesbaden 1972/1980.

Holger Sonnabend

Meteor

Benannt nach dem griechischen Sammelbegriff für ›Phänomene am Himmel‹ ist der bzw. das M. definiert als die Leuchterscheinung, die extraterrestrische Materie verursacht, wenn die mit maximal 72 km/s in die Ionosphäre stürzenden Meteorite durch Ablösung von Molekülen verdampfen und Bewegungsenergie zur Anregung der ihren Kopf umgebenden Gase freisetzen. Die nach deren teilweiser Ionisierung einsetzende Wiedervereinigung von Atomkernen und Elektronen erzeugt das als Schweif erscheinende Rekombinationsleuchten. Schauer verdampfender Mikro-Meteoriten (<1 mg), deren M. das bloße Auge nicht erkennt, erscheinen als rotleuchtend niedersinkende Wolken.

Antike Erwähnungen und Bezeichnungen: Vermutlich rekurrieren darauf der erstmals bei Homer erwähnte (Hom. Il. 16,459; 11,53 f.) und mit Aerolithenfällen als schlechtes Vorzeichen gedeutete Blutregen (Plin. nat. 2,97.147 f.; Cic. div. 2,60; Cic. nat. deor. 2,14; Obseq. 4.27.41 ff.; Sen. nat. 1,15) sowie andere Beschreibungen himmlischer Feuer, Spalten, Gruben etc. (Aristot. meteor. 342a35 ff.; Sen. nat. 1,1.14 f.; Plin. nat. 2,96 f.100; Obseq. 14 f.17.43; Ps.-Aristot. mund. 392b. 395a). Diese und andere meteore Erscheinungen, wie *trabes, columnae, clipei, lampades* etc. subsumierte man in nacharistotelischer Zeit sämtlich unter der Kategorie *sela* (ebd. 395a 30 ff.; Sen. nat. 1,15) und unterschied sie u. a. nach Leuchtdauer, Form und Farbe, wobei die Zuordnung zu Sternschnuppen oder Kometen wechselte (Aristot. meteor. 342b; Manil. 1,840 ff.; Sen. nat. 1,1.14; 7,4 f.20; Plin. nat. 2,96 f.100).

Meteorite mit geringer Masse (1 mg – 2 g) bilden das Gros der volkstümlich Sternschnuppen genannten M., die auch schauerartig auftreten (scheinbare Helligkeit $+5^m$ – $+1^m$; z.Vgl.: Polarstern $+2^m$, Vollmond -13^m). Größere Meteorite verdampfen nicht immer vollständig, so daß Reste als Sterneneinschlag (Sen. nat. 1,15,3) oder ominöser Steinregen niedergehen (z. B. Liv. 29,10,4; Obseq. 1.4.11 f. et al.). Ab mehreren 100 g Gewicht entstehen sehr helle M., sogenannte Feuerkugeln (Bolide, *globi, pilae, faces* etc. mit bis zu -4^m), die als Donner wahrnehmbare Stoßwellen erzeugen (Verg. Aen. 2,692 ff.; Sil. 8,650 ff.; Sen. nat. 1,1; 2,53; Plin. nat. 2,96; Obseq. 24.41.54 etc. auch zu den Vorzeichen, den *prodigia*). Bisweilen explodieren sie und gehen ab 50 km Höhe im freien Fall nieder. Aufgefundene Meteoriten wiegen bis zu mehreren Tonnen und bestehen hauptsächlich aus Stein oder Eisen.

Antike Deutungen: Die Entstehungstheorien, die für Kometen und Sternschnuppen astrophysikalische oder irrigerweise atmosphärische Ursachen ansetzen, galten für die

M. überhaupt: Anaxagoras hielt sie vermutlich aufgrund des 468/7 v.Chr. bei Aigospotamoi aufgeschlagenen Meteoriten für aus dem Äther herabfallende steinerne Himmelskörper; andere dachten an Tropfen kosmischen Feuers oder aus der Bahn geworfene Sterne (Diels-Kranz 46 A1.42; Marm. Par. A57; Philostr. Ap. 1,2; Plin. nat. 2,149; Plut. Lys. 12; Sen. nat. 1,1). Für die Stoiker waren sie durch Reibung entzündete Flammen in der Atmosphäre (Sen. nat. 1,1), nachdem Aristoteles Erkenntnisfortschritte dadurch gehemmt hatte, daß er alle M. wie meteorologische Erscheinungen (Blitze, Halos, Nebensonnen, Elmsfeuer etc.) als in der sublunaren Sphäre durch ›Zunder‹-Entflammung und Druckentladungen entstehend definierte (Aristot. meteor. 1,3–5). Seiner systemimmanenten Logik zufolge waren Meteorite daher irdisches Gestein, das ein von Kometen erzeugter Sturm lediglich fortriß (Aristot. meteor. 344b31ff.). Doch vielerorts verehrte man die schwarzen Aerolithen (Plut. Lys. 12; Plin. nat. 2,150; Paus. 9,38; orph. Lith. 360ff.) als von numinoser Kraft beseelte, heilende oder orakelnde *baitylia*, die einzeln oder in Schwärmen vom Himmel herabgestürzt waren (Dam. v. Isid. 342.348; Plin. nat. 37,134f.). Einige entwickelten sich zu Zentren bedeutender Steinkulte: z.B. der Meteorit der Kybele von Pessinus, der 205/4 v.Chr. auf Weisung der Sibyllinischen Bücher nach Rom überführt dort den Mater Magna-Kult begründete (Liv. 29,10ff.; Varro rust. l.l.6,15; Herodian. 1,11; Amm. 22,9), der *litos diopetes*, den man in Emesa als anikonische Verkörperung des Elagabal-Ammudates ansah (Herodian. 5,3) oder der noch heute in Mekka in der Kaaba eingelassene Hadschar. Meteorite mögen ebenfalls der stadtrömische *lapis manalis* (Paul. Fest. 128M) und der Omphalos in Delphi gewesen sein, um den sich ein entsprechender Aerolithen-Mythos rankt (Hes. theog. 497ff.; Strab. 420C; Paus. 10,24).

→ Astronomie, Götter, Kometen, Mythologie, Sternschnuppen

LITERATUR: G. *Aujac*/J. *Soubiran*: L'astronomie dans l'antiquité classique. Paris 1979. – W. *Capelle*: RE Suppl. VI (1935) Sp. 315–358, s.v. Meteorologie. – F. *Cumont*: Astrology and Religion among the Greeks and Romans. New York 1912. – R.-H. *Giese*: Einführung in die Astronomie. Darmstadt 1981. – H.W. *Hahn*: Zwischen den Planeten. Kometen, Asteroiden, Meteorite. Stuttgart 1984. – A. *Le Boeuffle*: Astronomie, astrologie, lexique latin. Paris 1987. – K. *Latte*: RE III A2 (1929) Sp. 2295–2305, s.v. Steinkult. – G. *Lloyd*: Hellenistic Science: Geography and Astronomy, in: CAH² VII, 1994, 337–347. – A. *Sfountouris*: Kometen, Meteore, Meteoriten. Zürich 1986. – K. *Tümpel*: RE II 2 (1896) Sp. 2779–2781, s.v. Baitylia.

Peter Kehne

Migration

Als M. lassen sich individuelle oder kollektive Wanderungsbewegungen definieren, die, als eine spezielle Form der Mobilität, durch das Überschreiten einer geographischen, politischen, kulturellen oder auch mentalen Grenze und durch eine dauerhafte Verlegung des Wohn- oder Aufenthaltsortes gekennzeichnet sind. Ein derart differenzierter Begriff von Grenze ermöglicht es, auch jene Wanderungsbewegungen als M. zu erfassen, die sich, wie im Fall des Imperium Romanum, innerhalb staatlicher Grenzen vollziehen, bei den Wandernden aber das subjektive Bewußtsein einer Grenzüberschreitung hervorgerufen haben dürften (etwa bei einer Fahrt von Spanien nach Syrien). M. kann freiwillig oder zwangsweise (etwa als Verbannung, Vertreibung, Deportation) vonstatten gehen, wobei hier die Übergänge fließend sein können (was bei den großen Völkerwanderungen der Fall gewesen ist). Für die Historische Geographie gehört M. insofern zu den relevanten Phänomenen, als sie stets mit der Überwindung räumlicher Distanzen, der Nutzung bestehender Verkehrswege und der Notwendigkeit der Konfrontation mit einer neuen Umgebung verbunden ist. Einige ausgewählte Beispiele sollen die Implikationen antiker M. verdeutlichen.

Griechische Kolonisation: Ein gut dokumentiertes Beispiel für antike M. ist die sogenannte Große griechische Kolonisation, in deren Verlauf etwa von der Mitte des 8. Jahrhunderts v.Chr. bis zur Mitte des 6. Jahrhunderts v.Chr. fast ganz Griechenland von einer großen Auswanderungswelle erfaßt wurde. Ein wesentlicher Grund für diesen Exodus kleinerer oder größerer Gruppen dürften Überbevölkerung und daraus resultierende wirtschaftliche Not, jedoch auch soziale Spannungen gewesen sein. Die Zielrichtung dieser M. (westlicher Mittelmeerraum mit Süditalien, Sizilien, Frankreich, Spanien; Schwarzmeerregion) war dabei gelenkt von frühen Handels- und Entdeckungsreisen der Griechen. Bei der Wahl neuer Siedlungsplätze richteten sich die Kolonisten nach dem Vorhandensein von Wasser und Ackerland. Gleichmäßige Verteilung des zur Verfügung stehenden Landes an die erste Generation der Kolonisten führte zu einer gleichmäßigen Stadtanlage mit einem System von sich rechtwinklig schneidenden Straßen. Meist blieb man an der Küste, sei es aus Handelsgründen, sei es, um nicht mit den Nachbarn in Konflikt zu geraten (vgl. etwa die Angaben zu Emporion bei Strab. 3,4,8–9). Das Idealbild einer Koloniegründung samt ihrer landschaftlichen Umgebung und ihrer wirtschaftlichen Ressourcen schildert Xenophon (anab. 6,4,1 ff.). Das Ergebnis dieser großen M. war der Export griechischer Kultur und Zivilisation in weite Teile der nichtgriechischen Welt.

Kimbern: Ein weiterer bekannter Fall kollektiver antiker M. ist der Zug, den die germanischen Kimbern am Ende des 2. Jahrhunderts v.Chr. wohl von Jütland aus in Richtung Italien und Gallien unternahmen. Unklar sind die Motive, da der Zug der Kimbern nur aus römischer Perspektive dargestellt worden ist. In der Antike erklärte man ihre M. u. a. mit einem Vordringen des Meeres (Strab. 2,3,6; 7,2,1 f.), so daß man in diesem Fall von einer Zwangs-M. sprechen müßte. Auch die Ziele der kimbrischen Migranten (denen sich weitere Völker anschlossen) sind unklar – vermutlich waren sie auf der Suche nach Land, oder sie wollten sich als Söldner verdingen. Ihr Vormarsch wurde von den Römern aufgehalten.

Helvetier: Die keltischen Helvetier sind vor allem aus Caesars Gallischem Krieg bekannt. Vor der Mitte des 1. Jahrhunderts v.Chr. siedelten sie auf dem Gebiet der heutigen Schweiz. Ihre M. deutete Caesar als Grund für das römische Eingreifen um, indem er eine Bedrohung für Italien konstruierte. In der Realität dürfte es sich um das Resultat innerkeltischer Auseinandersetzungen gehandelt haben. Instruktiv für antike M. ist dennoch, was Caesar über die Umstände der M. schreibt: »Die Helvetier sind von allen Seiten durch die Natur ihres Landes eingeengt: auf der einen Seite durch den Rhein, der, sehr breit und tief, das Helvetierland von den Germanen trennt, auf der anderen Seite durch den hohen Jura zwischen den Sequanern und den Helvetiern, auf der dritten durch den Lacus Lemannus (= Genfer See) und den Rhodanus (= die Rhone), der unsere Provinz von den Helvetiern trennt. Das alles hinderte sie an weiten Streifzügen und leichten Angriffen auf die Nachbarn« (Caes. Gall. 1,2). Über die organisatorischen Vorbereitungen der M. teilt Caesar mit: »Als sie genügend gerüstet zu sein glaubten, legten sie alle ihre Städte, etwa zwölf, ferner etwa 400 Dörfer und die übrigen Gehöfte in Asche, verbrannten alles Getreide, das sie nicht mit sich führen konnten, um ohne die Hoffnung auf Rückkehr in die Heimat allen Gefahren um so mutiger zu begegnen, und gaben Befehl, jeder solle für drei Monate gebackenes Brot mitnehmen« (Caes. Gall. 1,5). Eine Wirkung der letztlich gescheiterten M. der Helvetier war die von Caesar veranlaßte Sicherung der Verkehrswege ins Gebiet der Helvetier durch die Anlage zweier Kolonien (Colonia Iulia Equestris = Nyon; Colonia Raurica = Augst).

Alamannen: Die Alamannen waren ein Zusammenschluß von Völkerschaften, die, im Zuge der Südwest-Wanderung der elbgermanischen Sueben, seit dem Anfang des 3. Jahrhunderts n.Chr. die Grenzen des Römischen Reiches zu bedrohen begannen. Obwohl auch im Falle dieser M. in den Quellen die römische Perspektive dominiert, ist davon auszugehen, daß das primäre Motiv der Migranten die Suche nach Land gewesen ist. Gegen das geschwächte Imperium gestalteten sich diese Bestrebungen insgesamt erfolgreich, und in den folgenden Jahrhunderten nahmen die Alamannen das Elsaß sowie Teile Schwabens und der Schweiz in Besitz.

Fälle individueller Migration: Darüber hinaus dokumentieren die antiken Quellen eine Fülle an individuellen M.-Vorgängen, etwa auf Inschriften, denen sich aber meist nur das Faktum einer erfolgten M. entnehmen läßt (z.B. auf Grabinschriften, die den Tod in der Fremde belegen). Reichhaltig sind Informationen über Verbannungen im Rahmen von Bürgerkriegen. Das römische Recht kannte die häufig angewandte Strafe der individuellen Relegation oder Deportation (siehe etwa Tac. ann. 3,38.85; 4,13; 6,48). Vorzugsweise wurden zur Deportation Verurteilte auf Inseln festgehalten, wobei die Wahl des Ortes auch von der Schwere des begangenen Deliktes abhing. Manche Inseln waren als Ziel der Zwangs-M. populärer, manche unpopulärer – gefürchtet wurde zum Beispiel Sardinien, angenehmer waren Kreta, Zypern, Naxos, Rhodos, die Balearen.

Ein M.-Erlebnis der besonderen Art vermittelt die Exilliteratur des römischen Dichters Ovid, der auf Anordung des Kaisers Augustus knapp 10 Jahre (bis 17 oder 18 n.Chr.) im Zwangsexil in Tomi am Schwarzen Meer verbringen mußte und in seinen Briefen nach Rom nicht müde wurde, sein tristes Schicksal unter unzivilisierten Barbaren am Ende der Welt zu beklagen. Ovid kann insofern als das Exemplum eines antiken Migranten gelten, der jegliche Integrationsbereitschaft und -fähigkeit vermissen ließ. Unter historisch-geographischem Aspekt ist hier wesentlich, daß die Landschaft dem Dichter als ein Element dient, um, gewiß auch in literarischer Überzeichnung, sein Ausgegrenztsein zu demonstrieren. Hinter der Donau, so Ovid, gibt es nichts außer Kälte, Feinde oder Meer (Ov. trist. 2,195f.). Wenn die Donau zufriert, ist man den Barbaren hilflos ausgeliefert. Zu dieser Stilisierung paßt auch die Charakterisierung des Klimas als rauh, frostig und stürmisch.

→ Bürgerkrieg, Fluß, Grenze, Imperialismus, Insel, Klima, Küste, Mobilität, Städtebau

LITERATUR: J. *Boardman:* The Greeks Overseas. London ³1980. – R. *Christlein:* Die Alamannen. ²1979. – D. *Hoerder*/D. *Knauf* (Hgg.): Aufbruch in die Fremde. Europäische Auswanderung nach Übersee. Gütersloh 1991. – A. *Kuntz*/B. *Pfleiderer* (Hgg.): Fremdheit und Migration. Berlin 1987. – E. *Olshausen:* Bemerkungen zur Südostwanderung der Kelten im 5./4. Jahrhundert v.Chr., in: A. Gestrich/H. Kleinschmidt/H. Sonnabend (Hgg.): Historische Wanderungsbewegungen. (Stuttg. Beitr. z. Hist. Migrationsforschung 1), Münster/Hamburg 1991, 19–36. – H. *Sonnabend:* Deportation im antiken Rom, in: A. Gestrich/G. Hirschfeld/H. Sonnabend (Hgg.): Ausweisung und Deportation (Stuttg. Beitr. z. Hist. Migrationsforschung 2), Stuttgart 1995, 13–22. – H. *Sonnabend:* Ovid in Tomi. Grenzwahrnehmung aus dem Exil, in: A. Gestrich/M. Krauss (Hgg.): Migration und Grenze. (Stuttg. Beitr. z. Hist. Migrationsforschung 4), Stuttgart 1998, 40–48. – D. *Timpe:* Kimberntradition und Kimbernmythos, in: B./P. Scardigli (Hgg.): Germani in Italien. 1994, 23–60. – G. *Walser:* Bellum Helveticum. (Historia Einzelschr. 118), Stuttgart 1998.

Holger Sonnabend

Mobilität

M. bezeichnet allgemein die Beweglichkeit von Personen oder Personengruppen, im soziologischen Sinne die eines auf- oder absteigenden sozialen Positionswechsels (vertikale M.), im hier relevanten geographischen Sinn die eines räumlichen Positionswechsels (horizontale M.). Verbindet sich mit der horizontalen M. ein dauerhafter Wechsel des Wohnortes, wird von Migration (Wanderung) gesprochen.

Zirkuläre Mobilität: Räumliche M. ohne Wohnsitzverlagerung (Zirkulation, zirkuläre M.) geht im allgemeinen vom Wohnsitz der sich bewegenden Personen aus und führt zu diesem zurück. Zirkuläre M. resultiert aus den an unterschiedlichen Standorten wahrgenommenen Grundfunktionen menschlicher Existenz. Sie wächst mit zunehmender gesellschaftlicher und sozialökonomischer Differenzierung und den mit ihnen verbundenen technischen Möglichkeiten. Auch wenn die M. früherer Gesellschaften sicher oft unterschätzt wird, ist festzuhalten, daß die M. seit der Antike in erheblichem Maße zugenommen hat.

Bei regelmäßiger zirkulärer M. über Gemeindegrenzen hinweg spricht man von Pendeln, und die an diesem Vorgang beteiligten Personen sind z.B. Arbeits- oder Berufspendler. Die zirkuläre M. läßt sich differenzieren nach den Daseinsgrundfunktionen und den mit diesen verbundenen Aktivitäten. Die einzelnen Aktivitäten werden dabei häufig miteinander verknüpft, wie z.B. Arbeit und Einkauf, Freizeit und Kommunikation. Der Raum, in dem diese Aktivitäten stattfinden, ist der Aktionsraum. Die Aktivitäten werden dabei weniger von der objektiven Raumstruktur als vielmehr von den individuellen Vorstellungen der Handelnden vom Raum (*mental map* = gedankliche Landkarte) bestimmt.

Mobilitätsmuster: Zur Charakterisierung der räumlichen Dimensionen von Mobilitätsmustern dienen Begriffe wie Distanz, Richtung und (relative) Lage. Die zeitlichen Dimensionen werden durch die Dauer der Tätigkeiten, deren Häufigkeit und die tages-, wochen- und jahreszeitliche Verteilung ausgedrückt. Es können gruppentypische Reaktionsweiten oder Gruppen gleichen Raumverhaltens (Reichweitengruppen) und damit gleichen Mobilitätsverhaltens (Gruppen gleichartigen verkehrsräumlichen Verhaltens) unterschieden werden.

Faktor Zeit: Jede Aktivität beansprucht Zeit, was bei der nur begrenzten Verfügbarkeit zur Prioritätssetzung der Handelnden führt. Andererseits ist Zeit für viele Institutionen ein wichtiges Organisationsmittel zur Koordinierung von Aktivitäten (z. B. heute die Arbeitszeiten oder die Öffnungszeiten von Läden und Geschäften). In früheren Zeiten dürften Licht- und Tageszeiten sowie der Temperaturverlauf wichtige Faktoren der persönlichen Zeiteinteilung und der persönlichen Aktivitäten gewesen sein. Merkmale des Haushaltens wie Haushaltsgröße, Erwerbstätigkeit der Haushaltsmitglieder, sozialer Status, Alter, Geschlecht und jeweilige Stellung im Familienzyklus sind Differenzierungskriterien.

Handlungsspielräume: Der Handlungsspielraum ist durch physiologische Bedürfnisse (z. B. Essen, Schlafen, Versorgung mit Lebensmitteln) und durch die physischen Bewegungsmöglichkeiten (z. B. zur Verfügung stehende Verkehrsmittel) eingeschränkt. Hinzu kommen Restriktionen, die aus der Interaktion mit anderen Personen oder Institutionen erwachsen oder die finanziell, sozial, religiös bedingt sind (z. B. durch unterschiedliche Teilnahmemöglichkeiten an religiösen Gemeinschaften). Im Aktionsraum spielen die Lokalitäten eine besondere Rolle, die ständig aufgesucht werden (müssen), wie etwa der Wohnort als das Gravitationszentrum oder Arbeits- und Versorgungsorte.

Bewegungsabläufe: Die Bewegungsabläufe lassen sich in vier Typen gliedern: (1) erwerbs- oder berufsorientiert (Pendlerraum, Pendler-Einzugsgebiete); (2) aussiedlungsorientiert; (3) versorgungsorientiert (im wesentlichen bestimmt durch das Netz zentraler Orte); (4) freizeitorientiert.

Mobilität in der Antike: Die von der Situation in den modernen Industrienationen grundverschiedene Situation in der Antike bedingte für jene Zeit andere M.-Muster und eine insgesamt sicher geringere M. Dafür sind eine Reihe von Faktoren verantwortlich zu machen. So waren in den antiken Gesellschaften Wohn- und Arbeitsstätte meist identisch oder lagen doch zumindest nahe beieinander. Das gilt gleichermaßen für Handwerker, Gewerbetreibende (siehe dazu etwa die Kombination von Laden und Wohnung, wie sie noch heute beispielsweise in Ostia nachweisbar ist) und vor allem für die Bauern, die das Gros der Berufstätigen der Antike stellten und deren M. sich im wesentlichen auf den Weg zu den Märkten der nächstgelegenen Stadt beschränkte. Berufliche M. spielte in der Antike also nur eine geringe Rolle. Anders verhielt es sich freilich mit den Händlern, die in der Regel einen großen M.-Radius hatten.

Ein weiterer Grund für die geringe M. in der Antike ist das Fehlen entsprechender Verkehrsmittel (Beweglichkeit hieß meistens Beweglichkeit zu Fuß) sowie das Fehlen von Siedlungskonzentrationen, wie sie in der Gegenwart vorhanden sind. M. bedeutet in der Antike also im wesentlichen – für den ländlichen Raum – Bewegung zwischen Dorf bzw. Hof und den Wirtschaftsflächen und in Verbindung mit dem Hüten von Vieh (Transhumanz), und – für den städtischen Raum – Bewegungen zur Versorgung mit Wasser und Nahrungsmitteln, Spazierengehen oder M. in Verbindung mit handwerklicher oder händlerischer Betätigung. Spezielle Fälle von antiker M. sind ferner (im sakralen Bereich) Pilgerzüge von der Stadt in ländliche Heiligtümer (und umgekehrt Pilgerzüge vom Land zu den städtischen Festen, wie z. B. zu den Panathenäen der Athener), der Besuch von Spielen in benachbarten Städten (ein Beispiel ist der in tumultuarischen Ausschreitungen eskalierende Besuch von Einwohnern aus Nuceria im Amphitheater von Pompeji im Jahre 59 n.Chr.; dazu Tac. ann. 14,17,1), die Fahrten von Adligen aus ihrer Stadt auf ihre Landgüter, Reisen zu auswärtigen touristischen Attraktionen z. B. in Ägypten, oder auch (als Beispiel für eine zwangsweise erfolgte M.) die Entführung in die Sklaverei, welche freilich, wenn sie zu keiner Rückkehr in die Heimat führte, eher der Migration zuzuordnen ist.

→ Beruf, Handel, Landwirtschaft, Migration, Pilger, Raum, Reisen, Sklaverei, Transhumanz, Zeit

LITERATUR: J. *Bahr*/C. *Jentsch*/W. *Kuis*: Bevölkerungsgeographie. Berlin/NewYork 1992. – H. *Braunert*: Die Binnenwanderung. Studien zur Sozialgeschichte Ägyptens in der Ptolemäer- und Kaiserzeit. Bonn 1964. – L. *Casson*: Reisen in der Alten Welt. München 1976.

Cay Lienau

Monarchie

Über die gesamte Antike hinweg hat es in verschiedenen Regionen und in verschiedenen Ausprägungen monarchische Herrschaftsformen gegeben. Im Rahmen der Staats- und Verfassungsgeschichte stellt die M. geradezu den Prototyp politischer Organisiertheit dar. Man findet sie in den frühen Gesellschaften des Vorderen Orients und Ägyptens, in den frühen griechischen Stammesgesellschaften, in dem von den Etruskern dominierten frühen Rom. Ebenso markiert die antike M. eine spätere, nichtmonarchische Herrschaften ablösende Verfassungsform: Im griechischen Raum ist dies zuerst die Tyrannis (zu unterscheiden in eine ältere und eine jüngere Tyrannis), dann die sich aus den Eroberungen Alexanders des Großen entwickelnde hellenistische M., im Römischen Reich das von Augustus begründete Prinzipat, das, in der Spätantike (mit Diokletian) in das sogenannte Dominat übergehend, im Westen fast fünf, im Osten, im Reich von Byzanz, fast 15 Jahrhunderte lang Bestand hatte.

Geographische Implikationen scheint die Ausbildung der Herrschaftsform M. nicht aufzuweisen: Sie entwickelte sich in den unterschiedlichsten Landschaften, wie z. B. in der Polis Sparta, in dem Flächenstaat Makedonien, dem Weltreich Rom und bei den germanischen Stammesgesellschaften. Ausschlaggebend waren vielmehr bestimmte politische, wirtschaftliche, militärische, religiöse oder traditionale Bedingungen. Einen direkten Zusammenhang zwischen Monarchie und Landschaft kann man jedoch in der umgekehrten Wirkungsrichtung ausmachen: In weit stärkerem Maße als die Repräsentanten anderer Verfassungen haben Monarchen Eingriffe in die natürliche Umwelt vorgenommen. Offenbar hat die Verfügbarkeit über entsprechende Mittel der Durchsetzung die Tendenz von Monarchen, die Landschaft zu verändern, grundsätzlich gefördert. Unterscheiden kann man im Hinblick auf die Motivation und die Zielsetzung drei (freilich nicht immer strikt voneinander zu trennende thematische Komplexe: (1) Eingriffe in die Landschaft als Elemente infrastruktureller und administrativer Maßnahmen; (2) Eingriffe in die Landschaft als Elemente von Herrschaftspropaganda und Herrschaftsrepräsentation; (3) Eingriffe in die Landschaft als Elemente der Kritik an der M.

Abb. 58: Pyramide des ägyptischen Pharao Chephren (ca. 2520–2494 v.Chr.) mit dem Sphinx, im Pyramidenbezirk bei Giza südlich von Kairo. In der Gestalt eines Löwen bewacht der Pharao, mit dem Kopftuch seines Ornates, seine Grabstätte. Da der Sphinx immer wieder vom Wüstensand zugeweht wurde, erblickten Besucher meist nur den Kopf des Königs. Die Gesamtanlage zeigt die politische und religiöse Macht des Pharao, die Landschaft wird hier zur Demonstration der Monarchie und der Dynastie instrumentalisiert.

Infrastruktur und Administration: Ein Wesenszug der antiken M. ist das Bestreben der jeweiligen Potentaten, ihre Herrschaftsräume zu erschließen, wobei gleichermaßen sachliche Exigenzen als auch patronale Verpflichtungen eine Rolle spielten. In Ägypten etwa, das permanent von (einheimischen oder auswärtigen) Königen regiert wurde, äußert sich dies vor allem in der Regulierung der alljährlichen Überschwemmung des Nil mittels eines ausgefeilten Kanalsystems. Unter den Ptolemäern sorgte ein effizientes bürokratisches System für eine Reihe weiterer Meliorisierungsmaßnahmen. Die Herrschaftspraxis der anderen hellenistischen Könige war, orientiert am Vorbild Alexanders des Großen, unter anderem geprägt durch umfangreiche Städtegründungen, die das geographische Bild ihrer Territorien entscheidend beeinflußten. Signum der Provinzialpolitik römischer Kaiser war der Bau von Straßen oder anderer Verkehrswege und die Gründung von Kolonien.

Herrschaftspropaganda: Fließend sind die Grenzen zwischen sachlich notwendigen Maßnahmen der Monarchen und solchen, die eher der Festigung der eigenen Herrschaft dienten. Häufig spielte auch der Wunsch eine Rolle, durch technische, die Natur bezwingende Großtaten einen prominenten Platz im Gedächtnis der Nachwelt zu erhalten. Die monumentalen Pyramiden der ägyptischen Pharaonen der 4. Dynastie (Mitte 3. Jahrtausend v.Chr.) hatten primär die Funktion von Grabbauten, dienten

Abb. 59: Der Tunnel des aus Megara stammenden Ingenieurs Eupalinos in Samos (6. Jh. v.Chr.), der in gleicher Weise dem praktischen Zweck der Wasserversorgung und dem Prestige des Tyrannen Polykrates diente. Herodot (3,60) zählt das Bauwerk mit der Hafenmole und dem Hera-Tempel von Samos zu den »drei der gewaltigsten Bauwerken aller Griechen«. Das Bild zeigt den Tunnelabschnitt bei 540 m.

aber auch zweifellos dem Zweck, das Prestige der Dynastie zu festigen. Auf Samos ließ der Tyrann Polykrates im 6. Jahrhundert v.Chr. den Ingenieur Eupalinos im Gegenortverfahren eine 1.050 m lange Wasserleitung durch einen Berg legen (Hdt. 3,60). Das war für die Versorgung der Bewohner von Samos eine segensreiche Maßnahme, zugleich ein wichtiger Image-Gewinn für den Tyrannen. Der römische Kaiser Caligula (37–41 n.Chr.) trug sich mit dem verwegenen Gedanken, hoch in den Alpen eine Stadt zu errichten (Suet. Cal. 21) und gerierte sich darüber hinaus als hybrider Zerstörer der Natur (Suet. Cal. 37,2f.). Sein Nachfolger Claudius (41–54 n.Chr.) scheiterte mit dem ehrgeizigen Projekt, den 700 m hoch gelegenen Fuciner See im Apennin trockenzulegen (Suet. Claud. 21.32; Tac. ann. 12,56f.). Zu einem zeitübergreifenden Prestigeobjekt wurde auch der Versuch, bei Korinth einen Kanal durch den Isthmos zu legen: In fünf der sechs überlieferten Fälle waren es Monarchen (Periandros, Demetrios Poliorketes, Caesar, Caligula, Nero), die sich an dieses Projekt wagten (und allesamt scheiterten).

Monarchiekritik: Ein spezieller Aspekt des Verhältnisses zwischen M. und Landschaft ist die Instrumentalisierung der Landschaft als Element der Kritik an Monarchen gewesen. Despotisch regierende Herrscher sahen sich häufig dem Vorwurf ausgesetzt, durch frevelhaftes Verhalten den Unwillen der Götter erregt zu haben, weswegen sich diese insbesondere durch die Aussendung von Naturkatastrophen rächten. Dafür wurde etwa der Perserkönig Xerxes verantwortlich gemacht. Laut Herodot (8,129) war er indirekter Verursacher einer Flutwelle bei Poteidaia (480 v.Chr.). Xerxes ist in der antiken Literatur überhaupt der hybride Herrscher *par excellence*. Klassisch ist seine Strafaktion gegenüber dem Hellespont (Dardanellen), den Xerxes auspeitschen ließ, weil ein Sturm die Schiffsbrücke zerstört hatte, mit der das persische Heer die Meerenge überqueren wollte (Hdt. 7,35). Nach Pompeius Trogus (2,10) »tat Xerxes im Vertrauen auf seine Macht so, als wäre er der Beherrscher selbst der Natur. Er ebnete Berge ein, füllte Täler auf, legte hier Brücken übers Meer, verband dort andere Meeresteile zu bequemer Schiffahrt durch abkürzende Durchstiche.«

Dem Tod des römischen Kaisers Nero (68 n.Chr.), soll als *prodigium* (Vorzeichen) ein verheerendes Erdbeben vorausgegangen sein (Cass. Dio 63,28,1). Und noch der byzantinische Kaiser Iustinian (527–565) wurde von Opponenten beschuldigt, Urheber einer Serie von Naturkatastrophen im byzantinischen Reich gewesen zu sein.

→ Adel, Demokratie, Imperialismus, Kanal, Kolonisation, Städtebau, Straße (Straßenbau), Tyrannis, Überschwemmung, Verfassung

LITERATUR: V. *Ehrenberg*: Der Staat der Griechen. Zürich ²1965. – E. *Meyer*: Einführung in die antike Staatskunde. Darmstadt ⁶1992. – H. *Sonnabend*: Antike Einschätzungen menschlicher Eingriffe in die natürliche Bergwelt, in: Stuttgarter Kolloquium zur Historischen Geographie des Altertums 5, 1993. (Geographica Historica 8), Amsterdam 1996, 151–160. – H. *Sonnabend*: Hybris und Katastrophe. Der Gewaltherrscher und die Natur, in: Stuttgarter Kolloquium zur Historischen Geographie des Altertums 6, 1996. (Geographica Historica 10), Stuttgart 1998, 34–40.

Holger Sonnabend

Mühlen

Als landschaftsprägende sowie zugleich von der Landschaft geprägte Technologie tritt die M.-Technik in der Antike vor allem in Form der Wasser-M. in Erscheinung. Obwohl seit der Mitte des 1. Jahrhunderts v.Chr. allgemein bekannt, vermochte sich die Wasser-M. als Konkurrent der von Menschen- und Tierkraft angetriebenen älteren M.-Technologie nur allmählich durchzusetzen. Letztere entwickelte sich aus dem ortsunabhängig zu gebrauchenden Reibestein zum mechanischen Aufschluß der Getreidekörner. Dabei kam zunächst ausschließlich menschliche Muskelkraft zum Einsatz. Der kontinuierlich in eine Bewegungsrichtung drehbare Mühlstein, der auf einen zweiten festen Stein aufgesetzt wird, ermöglichte schließlich den Ersatz menschlicher Muskelkraft zunächst durch Tier-, später durch Wasserkraft. Eine derartige noch von Menschenhand (Sklaven) im Kreisgang betriebene M. datiert nach archäologischen Funden im Bergwerksgebiet des attischen Laureion auf die Zeit um 350 v.Chr. Als Material für die Mühlsteine kamen Basalte, Traß oder vulkanische Gesteine zum Einsatz, die, wie der Fund eines unfertigen Mühlsteins in einem Schiffsrumpf vom Ende des 2. Jahrhundert n.Chr. belegt, zum Teil über große Entfernungen vom Steinbruch zum Bearbeitungs- und Einsatzort transportiert wurden.

Antriebsarten: Alle Antriebsarten kamen je nach Zweck und Voraussetzungen bis in die Spätantike zum Einsatz. So verfügten römische Legionäre in der Regel über transportable Hand-M., mit denen geringe Mengen Korn zu Schrotqualität gemahlen werden konnten. Die von Mensch oder Tier angetriebenen großen Doppeltrichter-M., nach ihrem Fundort auch als Pompeianische M. bezeichnet, kamen vor allem in den Bäckereien der Städte des Imperium Romanum zum Einsatz. Nach Apuleius (Metamorph. 9,11) war dieser M.-Typ noch im 2. Jahrhundert n.Chr. in Griechenland weit verbreitet. Als Caligula in Rom alle Zugtiere beschlagnahmen ließ, kam es nach Sueton (Cal. 39) zu erheblichen Problemen in der Brotversorgung der Bevölkerung, da die M. der Stadt vom Einsatz der tierischen Arbeitskraft abhängig waren.

Mühlen in den antiken Quellen: Frühe Hinweise auf die Verwendung von Wasserrädern bzw. Wasser-M. finden sich seit dem späten 2. Jahrhundert v.Chr. bei dem griechischen Epigrammdichter Antipatros von Sidon (*Anthologia Graecae* 9,418), bei Lucretius (5,516) sowie bei Strabon (12,3,30). Letzterer berichtet von einer Wasser-M. im Königreich Pontos zur Regierungszeit Mithridates VI. Die erste Beschreibung einer Wasser-M. und ihres Mechanismus der Kraftübertragung vom Wasserrad über zwei im rechten Winkel aufeinanderstehende Zahnräder auf den Mühlstein liefert Vitruv in der zur Zeit des Augustus verfaßten Schrift *De architectura* (Vitr. 10,5,2; vgl. Abb. 18, S. 109). Die Übernahme technischer Fachtermini durch Vitruv aus dem Griechischen gibt dabei einen Hinweis auf die Ausbreitung der Wassermühlentechnologie vom hellenistischen Raum nach Westen.

Bei Vitruvs M. handelt es sich um eine unterschlächtig angetriebene Wasser-M., d.h. die Wasserzufuhr erfolgte im unteren Teil des Wasserrades. Obwohl literarisch nicht belegt, fand die energetisch günstigere mittel- bzw. oberschlächtige Wasserzuführung offenbar ebenfalls Verwendung, wie u.a. ein Fresko in den St. Agnes-Katakomben in Rom sowie die M.-Komplexe von Barbegal in Südfrankreich und die eines römischen Land-Weingutes bei Lösnich an der Mosel vermuten lassen.

Topographische Voraussetzungen für Mühlen: Eine ausreichende Menge Wasser sowie ein hinreichendes Gefälle zur Nutzung der potentiellen Energie des Wassers bildeten die natürlichen Voraussetzungen für die Anlage von Wasser-M. In vielen Fällen mußten diese Voraussetzungen durch wasserbautechnische Anlagen überhaupt erst geschaffen oder verbessert werden, um die neue Technologie anwenden zu können. Eine wassergetriebene M. prägte ihre Umgebung somit durch künstliche Anlagen wie Stauteiche, Mühlgräben und andere Einrichtungen, die zur Heranführung des Wassers notwendig waren.

Im Rom entwickelte sich am Abhang des Mons Ianuculus ein M.-Viertel, dessen Aufschlagwasser ein unter Trajan 109 n.Chr. angelegter Aquädukt vom Lago di Bracciano zuführte (Prok. BG 5,19,8). Sein Wasser durfte nach einem Bericht aus dem Jahre 398 n.Chr. (Cod. Theod. XIV 15,4) nur für die M. der Stadt genutzt werden, da diese die Versorgung der Bevölkerung mit Mehl sicherstellten. Palladius (1,41) empfahl in der Spätantike den Bäckern, das Wasser, welches nach Gebrauch den Bädern entströmt, zum Antrieb ihrer M. zu nutzen. An der Nordseite der Caracalla-Therme fanden sich Überreste einer Wasser-M., die die praktische Umsetzung dieses Vorschlages bestätigen, auch wenn die Anlage auf eine Zeit datiert wird, in der die Therme nicht mehr im ursprünglichen Umfang genutzt wurde.

Nicht nur in Rom machte man sich die topographischen Gegebenheiten sowie das Geschick der römischen Baumeister bei der Anlage von Wasser-M. zunutze. Im südfranzösischen Barbegal in der Nähe von Arles nutzte man die vorhandenen landschaftlichen Gegebenheiten sowie einen Aquädukt zum Antrieb mehrerer hintereinander geschalteter M. Der Aquädukt endete hier an einem steilen Abhang und leitete das Wasser hintereinander auf acht M. mit jeweils zwei Wasserrädern (vgl. Abb. 19).

Wasserleitungen dienten in vielen Regionen des Mittelmeers der geregelten Zuleitung von Wasser zu M.-Anlagen. Auf die Zeit um 200 n.Chr. datiert eine außergewöhnliche M.-Anlage nahe des tunesischen Chemtau (römisch: Simitthus). Dort wurde das notwendige Aufschlagwasser in einem Teich angestaut und über drei düsenartige Zuleitungen mit erhöhter Strömungsgeschwindigkeit auf turbinenähnliche horizontale Wasserräder geleitet, die so auch während der wasserarmen Sommermonate betrieben werden konnten. Als die Goten im Jahre 537 n.Chr. bei der Belagerung Roms die Aquädukte zerstörten, behalfen sich die Belagerten mit dem Bau von Schiffs-M., die in der besonders starken Strömung zwischen den Brückenpfeilern der Tiberbrücke Pons Aemilius verankert wurden (Prok. BG 1,19,19–28).

Neben Getreide-M. sind für die römische Zeit auch Wasserräder als Antriebe zum Zersägen von Marmorblöcken bezeugt. Plinius (nat. 36,159) erwähnt eine solche Anlage für die Provinz Belgica im 1. Jahrhundert n.Chr. und Ausonius berichtet im 4. Jahrhundert n.Chr. in seinem Gedicht *Mosella* von einem Nebenfluß der Mosel, der sowohl Getreide-M. wie auch Marmorsägen antrieb. Funde von Sägeschnitten an zwei Grünsteinplatten der sogenannten Basilika bei Trier bestätigen diese Angaben. Das Prinzip der dafür notwendigen Umwandlung der Rotationsbewegung in eine hin- und hergehende Bewegung beschrieb Heron von Alexandria (24,5) bereits im 1. Jahrhundert n.Chr.

Von ihrer Leistungsfähigkeit her waren die Wasser-M. den von Sklaven oder Eseln angetriebenen Pompeianischen M. deutlich überlegen (etwa die 20–25fache Arbeitsleistung eines Sklaven). Nach dem Preisedikt des Diokletian aus dem Jahre 301 n.Chr. lagen ihre Herstellungskosten mit 2.000 Denaren allerdings auch deutlich über denen einer Esels-M. mit 1.250 Denaren.

→ Energiequellen, Fluß, Maschinen, Sklaverei, Technikgeschichte, Wasserbau, Wasserversorgung

LITERATUR: E. *Maróti*: Über die Verbreitung der Wassermühlen in Europa, in: AAntHung 23, 1975, 255–280. – A. *Neyses*: Die Getreidemühlen beim römischen Land- und Weingut von Lösnich, in: Trierer Zeitschrift 46, 1983, 209–221. – H. *Schneider*: Einführung in die antike Technikgeschichte. Darmstadt 1992, 45–49. – R.H.J. *Sellin*: The Large Roman Water Mill at Barbegal (France), in: History of Technology 8, 1983, 91–109. – J.G. *Landels*: Die Technik der antiken Welt. München ³1983, 19–29. – Ö. *Wikander*: Archaeological Evidence of Early Water Mills – an Interim Report, in: History of Technology 10, 1985, 151–179. – Ö. *Wikander*: The Use of Water-Power in Classical Antiquity, in: Opuscula Romana 13, 1981, 91–104.

Helmuth Albrecht

Münzen

In der griechisch-römischen Welt und ihren Randgebieten sind seit ersten Anfängen im westlichen Kleinasien im 7. Jahrhundert v.Chr. durch alle Zeitabschnitte hindurch M. geprägt worden. Ihre systematische Erfassung und Auswertung ist Aufgabe der Numismatik. Basis und Ausgangspunkt aller historischen Interpretation ist dabei die Bestimmung der äußeren Beschaffenheit, die Ermittlung von Prägeort, Prägeherrn und Prägedatum, die Deutung von Bild und Legende. Für die Erforschung der Geschichte und Kultur des Altertums stellen die M. eine besonders wertvolle Quellengattung dar: Es handelt sich hier um authentische Zeugnisse, die sich – aufs Ganze gesehen – durch einen vergleichsweise guten Überlieferungszustand auszeichnen (was seinen Grund in der Materialbeschaffenheit und in den Prägequantitäten hat). In der Katalogisierung des Materials spielen seit J. H. Eckhel (1737–1798) geographische Prinzipien eine bestimmende Rolle (Abfolge der Regionen im Uhrzeigersinn rund um das Mittelmeer, beginnend mit Spanien).

Die Bedeutung der antiken M. für die Historische Geographie des Altertums bezieht sich auf eine ganze Anzahl verschiedener Aspekte. Dabei sollen im folgenden indirekte Bezüge, die sich dadurch ergeben, daß M. wichtig werden können für die Rekonstruktion der politischen Ereignisgeschichte und der Wirtschaftsgeschichte einerseits und für Datierungsprobleme in der Feldarchäologie andererseits (was nicht selten Folgen haben kann für historisch-geographische Fragestellungen), weitgehend ausgeklammert bleiben.

Münzfunde: Die Tatsache, daß an einer bestimmten Stelle M. deponiert worden oder verlorengegangen sind, verdient immer die Aufmerksamkeit des Forschers, der sich mit Historischer Geographie befaßt. Welche Schlüsse aus M.-Funden gezogen werden können, hängt jeweils von einer Reihe von Faktoren ab. So spektakulär umfangreiche Schatz- oder Verwahrfunde auch sein mögen, sie fallen in dieser Hinsicht weniger ins Gewicht – sieht man einmal von den Fällen ab, in denen Schatzfundhorizonte (gehäuft auftretende Funde von Schätzen in einem Gebiet in einer bestimmten Zeit) Bedrohung von außen bezeugen und Invasions- und Rückzugsbewegungen geographisch rekonstruierbar machen (beginnende Völkerwanderung); freilich darf dabei nicht außer acht gelassen werden, daß moderne Wiederentdeckung hier von mancherlei Zufällen abhängig ist.

M., die ohne Absicht in den Boden gelangt sind, können für Fragen der Topographie, der Verkehrsverbindungen und der Handelsbeziehungen auswertbar sein. Zu unterscheiden sind Siedlungs-M. und Streu-M.

Durch Siedlungs-M. sind oft entscheidende Hinweise auf die Existenz von antiken Orten gegeben worden (Städte, Dörfer, Villen, Militärlager); in ihrer Summe (Häufigkeit der M.-Typen, Struktur einer M.-Reihe) spiegeln sie die Dauer einer Besiedlung bzw. Belegung wider. Zur Entscheidung von Lokalisierungsfragen haben M. in vielen Bereichen der Alten Welt beigetragen: Als Beispiele seien hier nur genannt die Lagebestimmungen der kleinen Städte Olympe in Illyrien (auf dem Hügel von Mavrovë), Daldis in Lydien (später durch Meilenstein bestätigt) und Alinda, Hydisos und Kidrama in Karien. In der Frage, wie lange Legionslager existiert haben, ist unser Wissen in einer Reihe von Fällen durch Analyse der Fund-M. ergänzt, bestätigt und präzisiert worden; dies gilt etwa für (Augsburg-)Oberhausen, Vindonissa und Haltern. Für die Chronologie der Saalburg-Kastelle (Erdkastell und Kohortenkastell) bilden M. die wesentliche Basis.

Siedlungsstruktur und -entwicklung im spätrömischen Britannien lassen sich erhellen durch numismatische Untersuchungen: Die Kartierung der M.-Funde im südlichen England macht die Vermehrung der Villen, die fortdauernde Attraktivität einiger städtischer Zentren und die gleichermaßen prosperierende Situation kleinerer Städte sichtbar. Deutungsmöglichkeiten für die Siedlungsgeschichte betreffen bei zusätzlicher Anwendung statistischer Methoden sowohl zeitliche Dauer als auch zivilisatorische Intensität.

Abb. 60: Sesterz aus Rom, geprägt zwischen 64 und 68 n.Chr. Auf der Vorderseite ein Porträt des Kaisers Nero. Die Rückseite zeigt den Hafen von Ostia mit der Legende Por(tus) Ost(iensis) Augusti. Auf dem Bild ist oben der Leuchtturm zu erkennen, gekrönt von einer Neptun-Statue. Unten der Flußgott Tiber mit Ruder und Delphin. Links und rechts Anlegestellen. Im Hafeninnern ein großes Schiff und einige kleinere Schiffe. Nero rekurrierte mit dieser Münze auf den Ausbau des Hafens durch seinen Vorgänger Claudius: »Er baute den Hafen von Ostia, und zwar ließ er von rechts und links zwei Dämme herumlegen und bei der Hafeneinfahrt, wo der Grund schon reichlich tief ist, eine Bastion vorbauen. Damit dafür ein um so sichereres Fundament gelegt sei, ließ er vorher das Schiff versenken, auf dem ein großer Obelisk aus Ägypten transportiert worden war. Daraufhin rammte er Pfeiler hinein und errichtete nach dem Beispiel des Pharos von Alexandria einen sehr hohen Turm, damit die Schiffe nach dessen Feuern bei Nacht ihren Kurs ausrichten konnten« (Suet. Claud. 20,3).

Streu-M. sind M., die außerhalb von Siedlungen verlorengegangen sind. Mit einem vereinzelten Metallstück kann die Historische Geographie in der Regel nur wenig anfangen, eine größere Anzahl von Fundstücken erlaubt aber durchaus Auswertung für einschlägige Fragestellungen. Nicht selten ergeben sich Anhaltspunkte auf antike Verkehrswege und Handelsrouten. Thrakisch-makedonische Silber-M. sind schon in spätarchaischer Zeit in größerer Zahl bis nach Syrien und ins Nil-Delta gewandert. Wie sich Athen zur überragenden Metropole entwickelte, läßt sich auch daran ablesen, daß seine ›Eulen‹-M. zur dominanten Währung im östlichen Mittelmeerraum wurden.

Für die Wirtschaftsgeographie des Altertums sind Funde in der Randzone der griechisch-römischen Welt aufschlußreich. Kaiserzeitliche M., die in Skandinavien oder Indien entdeckt worden sind, erlauben Rückschlüsse auf Fernhandelsverbindungen, wie sie allein auf Grund der literarischen Quellen schwerlich hätten angenommen werden können.

Der Fundanfall einer Landschaft oder eines Verwaltungsbezirks läßt Rückschlüsse zu auf mehr oder weniger intensive Kontakte zu den übrigen Räumen der antiken Welt. Sichtbar wird hier wirtschaftliche, unter Umständen auch politische Ausstrahlung; von daher sind beispielsweise Aufschlüsse über die Eigenart von Grenzzonen zu gewinnen.

Die methodischen Probleme sind freilich gerade in diesem Forschungsfeld beträchtlich (Fundmenge; Forschungsintensität; Zuverlässigkeit in der Zuweisung an bestimmte Fundstellen; genaue Kartierung).

Metallbeschaffenheit: Von Interesse ist die Herkunft des Metalls, das zur Herstellung von M. verwendet worden ist. So prägten die Aigineten (im 6. Jahrhundert v.Chr.) Silber, das aus den Minen von Siphnos kam. Korinth war für seine M.-Herstellung auf Edelmetallimporte angewiesen (z. B. auf Silber aus Laureion). Durch Materialanalyse wird unsere Kenntnis über Bergbauaktivität in bestimmten Phasen des Altertums vertieft; darüber hinaus lassen sich Handels- und Verkehrsbeziehungen rekonstruieren.

Politische Rahmenbedingungen: Die Tatsache, daß eine politische Einheit M. geprägt hat, sagt etwas über Rang und Stellung einer solchen Einheit, sie sagt auch etwas aus über die politischen Rahmenbedingungen. Nicht jedes Gemeinwesen konnte M. prägen; Dörfer (auch wenn sie beträchtliche Größe aufweisen) kommen hierfür nicht in Betracht. Auf der anderen Seite ist die lange aufrecht erhaltene Meinung, die Tatsache der M.-Prägung sei immer ein Indiz für staatliche Souveränität, in jüngster Zeit in Frage gestellt worden. In Thessalien etwa hat die Etablierung der makedonischen Vorherrschaft unter Philipp II. etwa 344/3 v.Chr. keineswegs bedeutet, daß bisher übliche städtische Silbergeldemissionen verboten wurden. Für die politische Geographie auch der folgenden Jahrhunderte ist wichtig, daß der Nachweis lokaler M.-Prägung nicht als gleichbedeutend mit dem eindeutigen Nachweis einer besonderen rechtlichen Stellung anzusehen ist.

Münzlegenden und -bilder: M.-Legenden sind für die Historische Geographie in vielfacher Weise auswertbar. Sie teilen Städtenamen mit, lassen auf Ausübung von Oberhoheit schließen und geben durch Jahresangaben Hinweise auf die zeitliche Einordnung bestimmter Phänomene.

Für die hellenistische Zeit ist die Wiederbegründung von Städten in einigen Fällen ausschließlich aus dem M.-Material zu erschließen, vor allem dann, wenn sich bei gleich oder ähnlich bleibendem M.-Typ der angegebene Städtename ändert (z. B. Rhithymna auf Kreta – Arsinoe, Smyrna – Eurydikeia, Mopsuestia – Seleukeia am Pyramos, Lebedos – Ptolemais). Für die Bestimmung der Herrschaftsgebiete der Dynasten in Zentrallykien im 5. und 4. Jahrhundert v.Chr. sind die M. die wesentliche Quellengrundlage. Ärenangaben auf M. können für die Fragen von Grenzziehungen bedeutend werden: Es kommt praktisch nicht vor, daß eine politische Einheit mittlerer Größe (etwa eine Gemeinde) verschiedene Ären verwendet. Durch Ehrentitel, die zum Städtenamen treten, wird gerade in der römischen Kaiserzeit der Rang einer Polis (im Verhältnis zu ihren Nachbarorten) ersichtlich.

M.-Bilder sind für das antike Städtewesen wichtig, weil sie nicht selten Hinweise auf topographische Besonderheiten geben: Auf Prägungen aus Tieion an der Nordküste Kleinasiens sind die Flüsse Billaios und Ladon abgebildet; damit sind wichtige Hinweise auf die Ausdehnung des städtischen Territoriums (und auch auf den Verlauf der bithynischen Ostgrenze gegenüber Paphlagonien) gegeben. Dargestellt sein können auch herausragende Baudenkmäler (Heiligtümer, Tore, Theater, Häfen, Brücken, Wasserleitungen u. a.).

Eine ungewöhnliche Darstellung bietet die M. BMC Ionia 323, Nr. 1 (um 330 v.Chr.): Es handelt sich um die älteste erhaltene griechische Landkarte (Hinterland von Ephesos).

Abb. 61: Wie wichtig Münzen als Quelle für die Rekonstruktion topographischer Verhältnisse in der Antike sind, beweist der Vergleich des späthellenistischen Stadtbildes, das rechts die Münze von Amaseia in Pontos zeigt, mit der modernen Stadtansicht von Amasya (links). Die Rekonstruktion der topographischen Szenerie durch die antike Münze (226 n.Chr.) und das moderne Foto kann komplettiert werden durch die Beschreibung der Stadt, wie sie der aus Amaseia stammende antike Geograph Strabon (12,3,39) im 1. Jh. v.Chr. geliefert hat: »Unsere Stadt liegt in einer tiefen, großen Schlucht, durch der die Iris fließt. Sie ist in bewundernswertem Maß durch menschliche Planung und die Natur in der Lage, als Stadt und als Festung zu dienen. Denn es fällt hier ein hohes und ringsum abschüssiges Felsmassiv gegen den Fluß ab, an dem sich die Stadtmauer zum einen am Ufer des Flusses, wo die Stadt liegt, befindet, zum anderen beiderseits zu den Gipfeln hochzieht. Es sind ja zwei Gipfel, die miteinander verbunden sind und sehr schön aufragen. In dieser Umfassungsmauer liegen ein Palast und Königsgräber.«

In besonderen Fällen hat sich die Tatsache von Stempelkopplungen für geographische Fragestellungen ausweiten lassen. So hat man auf dieser Basis im nördlichen Kleinasien enge Nachbarschaftsbeziehungen nachweisen können: Die Territorien der Stadtgemeinden Herakleia, Tieion, Amastris und Bithynion-Klaudiopolis müssen in der Kaiserzeit direkt aneinander angegrenzt haben.

Die vielfältigen Möglichkeiten, die sich aus einer Auswertung numismatischer Befunde für die Erforschung der antiken Geographie ergeben können, haben in den letzten Jahrzehnten dazu geführt, daß M. als Quellen verstärkt Berücksichtigung gefunden haben. Bahnbrechende Arbeit hat hier Louis Robert geleistet; sein Vorbild wirkt – vor allem in der französischen Forschung – weiter nach. Gleichwohl sind noch viele Aufgaben zu bewältigen. Selbst in Gebieten, in denen mittlerweile eine Fund-M.-Dokumentation auf höchstem Niveau erreicht ist, läßt die historisch-geographische Auswertung oft noch zu wünschen übrig. Es wird auch künftig darauf ankommen, daß die – von der Sache her unvermeidliche – Spezialisierung in der Numismatik nicht zu Isolierung und Abschottung führt; von Historikern und Geographen ist in verstärktem Maße Offenheit und Lernbereitschaft zu fordern. Die Historische Geographie hat die Aufgabe, Ergebnisse der Numismatik, wo immer dies möglich ist, mit dem zusammenzubringen, was sich den anderen Quellengattungen (literarische Quellen, Inschriften, Papyri, archäologische Befunde) entnehmen läßt, und im Verbund mit landeskundlicher Forschung auszuwerten.

→ Archäologie, Gesellschaft, Grenze, Handel, Inschriften, Interessensphären, Kartographie, Kolonisation, Papyri, Randvölker, Siedlungsformen, Siegel, Staat, Stadt, Topographie, Wirtschaftsgeographie

LITERATUR: K. *Christ:* Antike Geschichte und antike Numismatik, in: K. Christ (Hg.): Von Caesar zu Konstantin. München 1996, 275–286 und 300. – G. M. *Cohen:* The Hellenistic Settlements in Europe, the Islands, and Asia Minor. Berkeley/Los Angeles/Oxford 1995. – Chr. *Howgego:* Ancient History from Coins. London/New York 1995. – A. E. M. *Johnston:* The Earliest Preserved Greek Map: a New Ionian Coin Type, in: JHS 87, 1967, 86–94. – C. E. *King*/D. G. *Wigg* (Eds.): Coin Finds and Coin Use in the Roman World. The Thirteenth Oxford Symposium on Coinage and Monetary History, 25.-27. 3. 1993. (= M. R.-Alföldi: Studien zu Fundmünzen der Antike, Bd. 10), Berlin 1996. – K. *Kraft:* Das Enddatum des Legionslagers Haltern, in: K. Kraft: Gesammelte Aufsätze zur antiken Geldgeschichte und Numismatik, hrsg. von H. Castritius/D. Kienast Bd. I. Darmstadt 1978, 18–34. – K. *Kraft:* Zu den Schlagmarken des Tiberius und Germanicus. Ein Beitrag zur Datierung der Legionslager Vindonissa und Oberhausen, in: K. Kraft: Gesammelte Aufsätze zur antiken Geldgeschichte und Numismatik, hrsg. von H. Castritius/D. Kienast Bd. I. Darmstadt 1978. 3–17. – W. *Leschhorn:* Antike Ären. Zeitrechnung, Politik und Geschichte im Schwarzmeerraum und in Kleinasien nördlich des Tauros. (Historia-Einzelschriften 81), Stuttgart 1993. – Th.R. *Martin:* Sovereignty and Coinage in Classical Greece. Princeton/N. J. 1985. – E. *Olshausen:* Einführung in die Historische Geographie der Alten Welt. Darmstadt 1991, 99–102 und 198f. (mit Literatur). – M. J. *Price*/B. L. *Trell:* Coins and their Cities. Architecture on the Ancient Coins of Greece, Rome and Palestine. London 1977. – L. *Robert:* A travers l'Asie Mineure. Poètes et prosateurs, monnaies grecques, voyageurs et géographie. Paris 1980. – L. *Robert:* Documents d'Asie Mineure. Paris 1987. – L. *Robert:* Documents de l'Asie Mineure méridionale. Inscriptions, monnaies et géographie. Genf/Paris 1966. – L. *Robert:* Monnaies grecques. Types, légendes, magistrats monétaires et géographie. Paris 1967. – L. *Robert:* Villes et monnaies de Lycie, Hellenica X, Paris 1955, 188–222. – L. *Robert:* Villes d'Asie Mineure. Paris ²1962. – M. *Zimmermann:* Untersuchungen zur historischen Landeskunde Zentrallykiens. (Diss. Tübingen) Bonn 1992, 20–48.

Wolfgang Orth

Musik

Die antike M. ist in ihren historisch-geographischen Bezügen bisher kaum erforscht. Die folgenden Ausführungen konzentrieren sich auf mögliche Aspekte im antiken Griechenland und dabei insbesondere auf den Zusammenhang von Tonskalen und Ethnika sowie auf die vom griechischen Publikum hergestellte Verbindung zwischen M. und Ethos.

Die Namen der antiken Tonskalen und ihre Reflexion in den Ethnika im antiken Griechenland: Antike Tonskalen tragen die Namen ihrer griechischen oder (klein-) asiatischen Stämme und verraten auf diese Weise, aus welchem Teil Kleinasiens diese Stämme während der Großen (See-)Wanderung migriert waren. Diese Tonskalen weisen verschiedene Charakteristika auf, begründet durch ihre unterschiedliche Reihung von Tönen und Tonintervallen. Wie es zu diesen antiken Bezeichnungen der Tonskalen kam, dafür zeigen sich im antiken Griechenland die Lyriker verantwortlich, die sich auch als Komponisten betätigten.

Erstmalig nennt Alkman (ca. 650–600 v.Chr.) die Tonskalen phrygisch, lydisch, dorisch, ionisch und aiolisch und bezeichnet sie als verschiedene Stilarten des melodischen Vortrages. Dabei muß man sich vorstellen, daß sich der antike M.-Begriff erheblich vom heutigen Verständnis unterscheidet. Getragen wurde die antike M. durch die Wiedergabe des im Text verfaßten Versrhythmus in Gestalt einer Melodie – mehr rhythmisierend als melodisch. Das Instrument unterstrich diese Art Gesangsvortrag durch unisono Begleitung der Stimmen. Der griechische Vers bildete auf diese Weise eine Einheit von M. und Sprache, wofür der Begriff *musike* steht. Spricht man heute von der M.-Theorie, so war das antike Äquivalent nicht die Theorie von der *musike*, sondern die Theorie von der *harmoniai* (Harmonik).

Lasos von Hermione (6./5. Jahrhundert v.Chr.) schrieb in seinem Werk *Über die Musik*, welches das erste musiktheoretische Werk in diesem Genre überhaupt darstellte, von dorischen und aiolischen ›harmonia‹, wobei an dieser Stelle die Verwendung des Begriffes Tonskala adäquater wäre. Die in der Antike vorherrschende Begrifflichkeit zur Beschreibung der einzelnen Elemente in der M. wurde von den verschiedenen antiken M.-Theoretikern nicht immer eindeutig verwendet. Dazu lag die M.-Theorie noch zu sehr in den Anfängen. Lasos gebrauchte den Begriff ›harmonia‹, worunter wir uns heute eher Tonskalen und nicht die Harmonik als Gegenstand der Theorie vorzustellen haben. Für Tonskalen existierte jedoch bereits schon der Name ›systemata‹, der in seiner Bedeutung durch Begriffe wie ›harmonia‹, ›tonos‹ und ›tropos‹ ersetzt oder stellvertretend verwendet wurde. Zur Verdeutlichung der schon damals vorhandenen terminologischen Verwirrung sei erwähnt, daß für den Begriff ›harmonia‹ nicht nur die Tonskala steht, sondern die ganze Lehre von den Tönen, den Intervallen, den Tongeschlechtern, Systemen, Tonskalen, der Modulation und bei einigen antiken M.-Theoretikern auch die Anleitung zur Komposition.

Die Tonskalen unterlagen in ihrer chronologischen Entwicklung immer wieder Veränderungen, so daß sich offensichtlich auch das Wesen und die Wirkung dieser Tonskalen auf den Zuhörer veränderte. Damon von Athen (5. Jahrhundert v.Chr.) benannte diese Tonskalen daraufhin neu. Die Tonskalen wurden nach der Herkunft ihrer berühmtesten Dichter benannt, die immer wieder auf eine der verschiedenen Tonskalen zurückgriffen, wenn sie komponierten. Als Beispiel mag der Lyriker Pythermos von Teos dienen, der lyrische Skolia komponierte. Da Pythermos aber Ionier war und er den Stil seiner Lyrik auch dem Charakter der Ionier anpaßte, wurde diese Tonskala die ionische genannt (PMelGr Fr. 910 p. 479). Die Eigenheiten der Tonskalen in der Antike machten es möglich, diese den verschiedenen Ethnika zuzuordnen, wie dies heute auch möglich ist. Durch die Verwendung bestimmter Tonskalen können Stimmungen und Empfindungen hervorgerufen werden, die uns als Zuhörer an fremde Länder denken lassen. Man denke in diesem Zusammenhang nur an die chinesischen Tonskalen mit ihrer unverwechselbar rhythmisierten Pentatonik. Ähnlich wird sich dies auch in der Antike verhalten haben.

Herakleides Pontikos (ca. 385–310 v.Chr.) war es dann, der eine charakterliche Zuordnung der Harmonien zu den eponymen Stämmen herstellte. Herakleides bezeichnete die ionische Harmonie als ernste, schmucklose, aber würdige Tonskala, die sich geradezu für Tragödien eignete. Außerdem beschrieb er die Ionier als Menschen von zorniger Gesinnung, schwer zu besänftigen. Sie ließen sich nie zur Freundlichkeit oder Fröhlichkeit herab. Herakleides stellte aber dann bei den Ioniern eine Veränderung in ihrer Gesinnung fest. Ihr Lebensstil wurde als ausschweifend charakterisiert, die ionische Tonskala wirkte ausgelassen auf den Zuhörer.

Herakleides schilderte in aller Kürze weiteres von den griechischen Stämmen und beruft sich in seiner Beschreibung auf das, was über die verschiedenen Stämme gesagt wurde. So berichtet er, daß man von den Doriern sagt, sie seien, wie auch ihre Tonskala, weder vielfältig noch kompliziert. Die von Pomp, Schwülstigkeit und Einbildung geprägte äolische Tonskala aber stimmte mit dem Stolz und Selbstbewußtsein der Äoler überein. Dabei sagte Herakleides ihnen noch eine Vorliebe für Trinkgelage und Liebesaffären nach.

Ethoslehre: In der Antike wußten die Gelehrten vom Zusammenhang zwischen den verschiedenen Tonskalen und ihren Auswirkungen auf die Empfindungen des Menschen. Dabei wurde für den hier verwendeten Begriff ›Empfindung‹ der Begriff ›Seele‹ verwendet. Die notwendige Abgrenzung beider Begriffe kann wegen der hier gebotenen Kürze nicht vorgenommen werden. Das antike Wissen um die Wechselwirkung von ›harmonia‹ und Empfindung wurde zur Grundlage der politischen Erziehung der Jugend in der Polis und ging ein in die verschiedenen Staatslehren, die von griechischen Philosophen wie Platon (*Politeia*) und Aristoteles (*Politika*) entwickelt wurden.

Der Begriff ›ethos‹, wie er in der Antike verstanden wurde, meint eine präzise Anweisung für eine im psychologischen Sinne gezielte Taktik, den Zuhörer auf gewollte Empfindungen hinzulenken. Diese Empfindungen, die bei Theateraufführungen und Reden ausgelöst wurden, waren beabsichtigt und sollten eine Haltung des Zuhörers gegenüber den in der Polis erwünschten Zielen unterstützen und meist in staatstragende Handlungen münden. Das *ethos* war also zuerst einmal ein Element der Rhetorik, fand aber auch seinen Platz in der M. Dieser durchaus komplexe Sachverhalt hat in der heutigen Wissenschaft unter dem Begriff *ethos*-Lehre Einzug gefunden. Die *ethos*-Lehre ging erstmalig von dem Gelehrten H. Abert aus. Gegenstand der *ethos*-Lehre ist der Charakter der M. und ihre Auswirkungen auf die Psyche des Hörers sowie deren Möglichkeit, auf die politische Bewußtseins- und Willensbildung der Jugend Einfluß zu nehmen, mit dem Ziel, Bürger heranzuziehen, die den Staat stützen und tragen. Pythagoras von Samos (2. Hälfte des 6. Jahrhunderts v.Chr.) ebnete den Weg der ethischen Bewertung der M. durch die Lehre, daß der ganze Kosmos Harmonie und Zahl sei. Da Harmonie auf Zahlenverhältnissen beruht und diese veränderbar sind, ist auch die körperliche und wie seelische Verfassung des Menschen durch M. beinflußbar.

Damon von Athen (5. Jahrhundert v.Chr.) hat möglicherweise die Lehre von der Ethik der M. soweit vorangetrieben, daß sie in Platons *Politeia* weitergeführt wurde, denn Platon beruft sich hier (Plat. pol. 424b) auf Damon, wenn er vor der Einführung neuer Harmonien warnt, da sich mit ihr auch die bürgerliche Ordnung verändere.

Platon (427–347 v.Chr.) instrumentalisiert in seinem Idealstaat (*Politeia*) die Wirkung der M. zur Heranbildung von jungen Männern, die für den Kriegsdienst tauglich sind (Plat. pol. 400cff.). Bei der Wahl der richtigen Tonskalen (vgl. III,398c–399e) lehnt Platon die lydische und ihr ähnliche Tonskalen ab, da sie Tonskalen des

Jammerns und Klagens seien. (398d). Die ionischen und lydischen Tonskalen sind bei Gelagen üblich und verweichlichen den kriegerischen Mann. So bleibt die dorische Tonskala für den Kriegsdienst nützlich, da die dorische Tonskala Ausdruck tapferer, kriegerischer Männlichkeit ist. Die phrygische ist die Tonskala des rechtschaffenden Mannes und Ausdruck des Friedens.

Aristoteles (384–322 v.Chr.) widerspricht Platon in der Meinung, daß nur die dorische und phrygische für den Staat die einzig zulässige Tonskala sei (Aristot. pol. VII,1341bff.). Die phrygische hätte eine orgiastische Wirkung, da alle bacchischen Tonwerke in phrygischen Weisen ihren angemessenen Ausdruck finden. Aristoteles gibt aber zu, daß die dorische Tonskala am ruhigsten ist und am meisten männlichen Charakter hat, die dorischen Melodien sich für die Erziehung der Jugend am besten eignen.

Herakleides Pontikos (ca. 385–310 v.Chr.) setzt die phrygische Tonskala mit der lydischen gleich und sieht lediglich in der dorischen die angemessene Tonskala für den Staat, da er diese mit der Eigenschaft männlicher Kraft und Haltung verbindet. Dabei berichtet Herakleides, daß es entsprechend der Zahl der hellenischen Stämme nur drei Tonskalen gibt: Dorier, Äoler und Ionier (bei Athen. XIV 624c; 625e). Die phrygische und lydische Tonskalen bezeichnet er als nichthellenisch und somit barbarisch und grenzt auf diese Weise auch diese beiden Stämme von den drei hellenischen Stämmen ethnisch ab. Telestes von Selinus (4. Jahrhundert v.Chr.) liefert für die ethnische Abgrenzung eine mythische Begründung, wenn er schreibt, die Lyder seien mit Pelops, den Sohn des Tantalos, in die Peloponnes eingewandert. Die Phryger schlossen sich Pelops an, weil diese von Tantalos beherrscht wurden. Herakleides Pontikos will den Ioniern die hellenische Zugehörigkeit nicht absprechen, obwohl sie nach seiner Aussage meist durch barbarische Herrscher beeinflußt worden waren. Ob es wirklich ein hellenisches Zugehörigkeitsgefühl dreier hellenischer Stämme gegeben hat oder gar ein Aufkommen eines panhellenischen ›Nationalgefühls‹, wie sich aus Geschichtswerken des 19. Jahrhunderts entnehmen läßt, ist zweifelhaft. Sicher ist aber, daß die Ethnika in Griechenland für die verschiedenen politischen Bündnisse kaum eine Rolle gespielt haben. Betrachtet man einmal gesondert den Stamm der Dorier, so kann man zwar von Gemeinsamkeiten bei den Dialekten sowie bei den politischen und kultischen Institutionen sprechen, aber nicht von einer politischen Einheit: Man schaue nur auf die lange Feindschaft zwischen den dorischen Städten Argos und Sparta.

Die Kopplung von M. und Seelenzuständen in der Antike, die zur ethischen Bewertung der M. führte, ist in der Renaissance und im Frühbarock unter dem Begriff ›Affektenlehre‹ (Descartes) wieder aufgenommen worden. Bestimmten Seelenzuständen wurden bestimmte Tonleitern, Akkorde, Sopranlagen und Rhythmen zugeordnet. Für Freude standen Dur-Tonleitern, Konsonanz, hohe Lage, schnelles Tempo, für Trauer Moll-Tonleitern, Dissonanz, tiefe Lagen, langsames Tempo.

→ Gesellschaft, Ethnologie, Philosophie

LITERATUR: H. *Abert*: Die Lehre vom Ethos in der griechischen Musik. Leipzig 1899. – V. *Ehrenberg*: Der Staat der Griechen. Zürich ²1965. – E. A. *Lippmann*: The Sources and the Development of the Ethical View of Music in Ancient Greece, in: The Musical Quarterly 49, 1963, 188–209. – A. J. *Neubecker*: Altgriechische Musik. Eine Einführung. 1994.

Michael Hecht

Mythologie

Geographie ist im Mythos unter drei Aspekten dargestellt: (1) als mythologische Geographie, (2) als Gegenstand der M. und (3) als Geographie im Kontext von M. Geographie ist also einerseits eines der wichtigsten mythenschaffenden Elemente; andererseits aber werden bereits vorhandene mythologische Vorstellungen auf sie projiziert. Sie bietet die räumliche Dimension sowohl der mythischen als auch der realen Welt, des Kosmos. Alles, was außerhalb der Geographie liegt, gehört zum Bereich des Chaos.

Mythologische Geographie: Die mythologische Geographie teilt den Raum orientierungsbezogen sowohl vertikal als auch horizontal ein. Die vertikale Struktur der Erde ist in den Kosmogonien dargestellt und erklärt und in den Theogonien weiterentwickelt. Wie in den meisten M. ist der Kosmos auch in der altgriechischen dreigeteilt: Himmel, Oberwelt und Unterwelt.

In der horizontalen Struktur der Erdoberfläche sind die Hauptelemente die Erdscheibe (Hom. Il. 18,483 ff.; Hes. theog. 116 ff. u. a.) mit den Kontinenten, die von dem fließenden *okeanos* umfaßt wird. Er wird in der älteren Literatur als Fluß dargestellt (Hom. Il. 14,411; Hes. theog. 133 u. a.), dem 3.000 Söhne und 3.000 Töchter zugeschrieben werden (Hes. theog. 337). Der *okeanos* stellt also überall das Ende der Erde dar und trennt das Reich der Erde von dem Elysion, d. h. von dem Reich der glückseligen Toten (Hom. Od. 4,563–568). Diese horizontale Struktur ist bestimmt durch einen Mittelpunkt der Welt. Der berühmteste Weltmittelpunkt, der Omphalos, befand sich in Delphi. Es sind aber selbstverständlich auch solche an anderen Stätten belegt, wie z. B. Eleusis. Zudem diente nicht nur ein Omphalos als Zentrum der jeweiligen geographisch-mythologischen Einheit. Zur weiteren Orientierung dienen die vier Himmelsrichtungen, personifiziert durch Winde, die an manchen Orten als Gottheiten ihren Kult besaßen.

Weniger genau sind die mythologischen Vorstellungen über den Himmelsbereich belegt, die von dem Olymp als Wohnstätte der Götter beherrscht ist. Man findet sogar eine Gleichstellung von Olympos und Uranos (Himmel) (Hom. Il. 8,19 f.). Dazu gehört die Vorstellung der kaiserzeitlichen Apotheose auf den Olymp. Die spätere mythologisch-astrologische Aufteilung in Himmelszonen ist von Babylon beeinflußt und fand keinen Platz im Gesamtkonzept der antiken mythologischen Geographie bis zur Gnostik.

Die Unterwelt besitzt ebenfalls ihre Topographie: An ihrer Grenze befindet sich der Grenzfluß (Acheron) zwischen Ober- und Unterwelt. Unterhalb des Hades, an den Wurzeln von Erde und Meer (Hom. Il. 8,13 f.; 14,279 f.) befinden sich das Tartaros, Wohnstätte von Nacht (Nyx), Tod (Thanatos) und Schlaf (Hypnos). Es dient zudem als ›Aufbewahrungsstätte‹ für die vorherigen, besiegten Göttergenerationen und meineidig gewordenen Götter. Daneben existiert noch der Erebos (Hom. Il. 8,368; Hes. theog. 669 u. a.). Die Unterwelt wird von vier Strömen durchflossen: Styx, Acheron, Kokytos und Phlegethon. Eine besondere mythologische Topographie geben die sogenannten orphischen Metallplättchen, die spezifische Wegführer der verstorbenen Eingeweihten darstellen.

Die mythologische Geographie folgt ihren eigenen inneren Gesetzen und Vorstellungen; z. B. steigt die Sonne morgens aus dem Okeanos, um abends wieder in entgegengesetzter Richtung in ihn einzutauchen. Nachts durchquert sie dabei die Unterwelt (Hom.

Od. 12,4; 10,191; bei Mimn. Fr. 10 fährt sie auf dem Okeanos von den Hesperiden zum Lande Äthiopien in einer Schale, und ähnliche Vorstellungen). Bei solchen und vergleichbaren Fällen in mythologischen Erzählungen muß also immer gefragt werden, ob sich die Bilder an der realen oder an der mythologischen Geographie orientieren.

Die mythologischen Vorstellungen von Geographie und Topographie wurden als Modelle menschlicher Raumgestaltung verwendet:

(a) Nach der vertikalen mythologischen Raumstruktur: Höhen waren den Göttern als deren Wohnstätten geweiht (Tempel der Stadtgottheiten auf den Akropoleis; Höhenheiligtümer, wie z.B. das des Zeus Lykaios u.a.). Höhlen, die tief in die Erde führten, wurden vielerorts als Eingänge in den Hades verstanden und dementsprechend kultisch gestaltet (z.B. das Totenorakel am Lacus Avernus), ebenfalls auch heiße Quellen u.ä. (Hom. Od. 11,539).

(b) Nach der horizontalen mythologischen Raumstruktur: Bei Städtegründungen wurden obligatorisch die wichtigsten Elemente der Kosmogonie aufgenommen und in der realen Geographie nachgeahmt: das Bezeichnen des Mittelpunktes und das Ziehen des Kreises, der die Grenzen der neuen Siedlung sakral absteckte. Ebenso ist die Raumeinteilung bei der Städteplanung und insbesondere bei der Lokalisierung der verschiedenen Heiligtümer auch von der mythologischen Geographie abhängig gewesen.

Gegenstand der Mythologie: Das Entstehen geographischer Erscheinungen wie Meere, Flüsse, Seen, Gebirge, Ebenen sowie auch Elemente der Mikrogeographie gelten als Schöpfungen verschiedener Götter, die verschiedenen Generationen angehören. Sie reihen sich größtenteils in die fortlaufenden göttlichen Zeugungsgeschichten ein (Hes. theog. 336–345; 367–370; Ps.-Plut. De fluv.).

Viele geographische Phänomene werden außerhalb der allgemeinen Kosmogonie durch spezielle mythologische Erzählungen erklärt. Diese Art von Mythenbildung war in der Antike lange produktiv und wurde auch in literarischen Bearbeitungen von Mythen weiterentwickelt.

Manche geographischen Erscheinungen galten selbst als Gottheiten, in der Antike waren dies generell Flüsse und Quellen. Vielfach aber waren sie lediglich Wohnstätten verschiedener Götter, besonders die Meere und Berge, aber auch besonders anziehende und geheimnisvoll wirkende Orte der Mikrogeographie.

Auch Städte konnten Gottheiten darstellen. Solche Personifizierungen sind in einigen altorientalischen Kulturen bekannt. In der Antike entwickelten sie sich seit dem Hellenismus vorwiegend im Osten. Am besten ist der Kult der Roma belegt, der in der römischen Kaiserzeit zum Staatskult gehörte.

Die mythologischen Vorstellungen von geographischen Räumen besaßen auch qualitative Aspekte: Ferne, nur schemenhaft bekannte Länder band man in die vorhandenen mythologischen Vorstellungen und Erzählungen ein. Dabei verfuhr man mit den wachsenden Entfernungen des Raumes analog zu den in die Vergangenheit zeigenden zeitlichen Abständen. Je weiter der Raum, desto primitiver im Sinne der Kosmogonie werden die Völker. Der Rand der Erde ist von Ungeheuern und hundsköpfigen und ähnliche Menschen bewohnt. Die M. der Zeitalter hingegen spiegelt sich in den im Mythos idealisierten fernen Barbarenvölkern wider, wie z.B. in den nördlichen Hyperboräern (Alk. Fr. 2–4B; Bakchyl. 3,53; Hekataios von Abdera, FGrH 264) oder den südlichen Äthiopiern (Hom. Il. 1,423; Hom. Od. 5,282).

Geographie im Kontext der Mythologie: Die reale Geographie besitzt in der antiken M. vor allem die Funktion, Wirklichkeit und Mythos glaubhaft und für alle Menschen leicht nachvollziehbar zu verbinden. Sie ist also Gegenstand und Beweis des Wahrheitgehaltes des Mythos zugleich. Das ist einer der Gründe, weshalb reale geographische Gegebenheiten im Mythos oft sehr konkret und richtig wiedergegeben sind und zudem oft aktualisiert werden. So tragen z. B. die vier Unterweltsströme Namen realer Flüsse.

Außerhalb der Mythen über die Ober- und Unterwelt fungieren geographische Gegebenheiten als Zentren von mythologischen Geschehnissen. Da sich der Mythos in objektiven Gestalten ausdrückt, ist die Geographie wichtigstes Mittel der Objektivierung und gleichzeitig auch Mittel der Individualisierung eines beschränkten geographischen Raumes in Bezug auf den Makrokosmos. Der räumliche Zusammenhang ist für die mythische Weltansicht ungleich wichtiger als der zeitliche. Kausale Zusammenhänge sowohl im Makro- als auch im Mikrokosmos werden daher hauptsächlich innerhalb ihrer räumlichen Konstellation dargelegt.

Also bestimmen und erklären Mythen den genauen räumlichen Umkreis, die jeweilige genau festgelegte geographische Orientierung des jeweiligen mythologischen Geschehens und seine Verbindungen zu möglichen anderen. Fehlt dieser reale geographische Bezug, so haben wir es nicht mit Mythos, sondern mit Märchen zu tun.

Die Entwicklung von der mythologischen Geographie und der Geographie im Mythos zu einer wissenschaftlichen und Historischen Geographie vollzog sich einerseits über eine allegorische Interpretation der Mythen, andererseits über die parallele Entwicklung einer wissenschaftlichen Geographie seit dem 6. Jahrhundert v.Chr. So hielt man z. B. den Durchbruch des Tempetals für das Resultat eines Erdbebens; den Anlaß zu diesem Beben aber gab die M. (Hdt. 7,129; Plin. nat. 4,31).

Parallel dazu entstand aber bereits bei den ionischen Logographen eine nichtmythenbezogene Geographie. Die wissenschaftlichen Erkenntnisse daraus veränderten auch das mythologische Weltbild, was in in der M. seit der 2. Hälfte des 7. Jahrhunderts v.Chr. zum Ausdruck kommt. So wurde z. B. dadurch der *okeanos* aus einem Fluß zum Weltmeer mit neuer mythologisch-geographischer Topographie. Die antike mythologische Geographie wurde teilweise im Christentum übernommen.

→ Erdbeben, Fluß, Gebirge (Berg), Geographie, Götter, Himmelsrichtungen, Höhle, Kultarchitektur, Kulthandlungen, Meer, Natur, Religionsgeographie, Stadt, Städtebau, Tempel, Wind (Winde)

LITERATUR: E. *Cassirer:* Die Begriffsform im mythologischen Denken. Leipzig/Berlin 1922, 7, 21–30, 42–43.- M. *Eliade:* Gefüge und Funktion der Schöpfungsmythen, in: M. Eliade: Die Schöpfungsmythen. Darmstadt 1980, 9–34. – M. *Eliade:* Kosmos und Geschichte. Stuttgart 1984, 17ff. – K. *Hübner:* Die Wahrheit des Mythos. München 1985, 159–173. – H. *Karl:* Chaos und Tartaros in Hesiods Theogonie. Erlangen 1967. – O. *Kern:* Orphicorum Fragmenta. Berlin 1922, F 32. – H. *Leisegang:* Die Gnosis. Stuttgart 1955, 15–36. – F. *de Polignac:* Cults, Territory and the Origins of the Greek City-State. Chicago/London 1995. – L. *Rademacher:* Das Jenseits im Mythos der Hellenen. Bonn 1903. – E. *Rohde:* Psyche. Darmstadt 1980 (reprographischer Nachdruck von 1898) 301–319. – J. *Scheid:* Cultes, mythes et politique au début de l'Empire, in: F.Graf (Hg.): Mythos in mythenloser Gesellschaft. Stuttgart/Leipzig 1993, 109–127. – C. *Schneider:* Geistesgeschichte der christlichen Antike. München 1978, 276f.

Iris von Bredow

Nachrichtenwesen

Nach dem Vorbild der Perser gab es im ptolemäischen Ägypten und im Römischen Reich ein organisiertes Verteilungssystem von Nachrichten, das auf dem Einsatz berittener Boten beruhte. Schwieriger gestaltete sich der Austausch von Nachrichten auf privatem Sektor. Hier war man, wollte man einen Brief verschicken, darauf angewiesen, daß man einen Händler oder Reisenden fand, der den Brief mitnahm. Die Laufzeiten privater Nachrichtenübermittlung waren dementsprechend lang. Konnte eine Nachricht von Rom nach Tusculum (27 km Entfernung) an einem halben Tag zugestellt werden, so betrug die Zeitspanne zwischen Rom und Athen je nach den Verhältnissen 21 bis 46 Tage und zwischen Rom und Syrien bis zu 100 Tagen. (Vgl. Abb. 62).

→ Grenze, Handel, Krieg, Reisen, Signaltechnik

LITERATUR: W. *Riepl:* Das Nachrichtenwesen des Altertums. Leipzig/Berlin 1913.

Holger Sonnabend

Abb. 62: Eine besondere Bedeutung kam dem Nachrichtenwesen im militärischen Bereich zu. Spezialeinheiten für Aufklärung und Erkundung gehörten zum Standard antiker Heere. Entwickelt wurden auch optische und akustische (Tuba, Horn) Signalsysteme. Das Bild zeigt ein Detail der Traian-Säule in Rom mit Szenen aus den Kriegen, die die Römer in der 1. Hälfte des 2. Jh. n.Chr. gegen die Daker führten. Erkennbar ist ein hölzerner Wachtturm mit Signalfackel, daneben ein Holzstoß und zwei aufgeschichtete Strohhaufen. Mit diesen Signalen war die Kommunikation mit den benachbarten Türmen möglich. Der griechische Historiker Polybios hat sich ausführlich mit diesen militärischen Zeichensystemen und ihren Problemen befaßt (Pol. 10,43 ff.). Kommunikation per Feuer- und Rauchsignalen wird in der antiken Literatur überhaupt häufiger bezeugt (etwa Caes. civ. 3,65). Als sich Kaiser Tiberius auf die Insel Capri zurückgezogen hatte, dienten ihm Signale vom kampanischen Festland als Nachrichtenquelle: »Vom höchsten Punkt der Insel hielt er immer wieder Ausschau nach Signalen, die ihm aus der Ferne gegeben werden sollten, wie er angeordnet hatte, damit die Nachrichten nicht so lange auf sich warten ließen, je nach dem wie und was sich zugetragen hatte« (Suet. Tib. 65,2).

Nahrungsmittel

Ernährung bei den Griechen: Untersucht man die Ernährung der Helden Homers, so nahmen diese vorwiegend Fleisch (meist von Opfertieren stammend), Brot, Wein, daneben auch Fisch, Gemüse, Obst, Milch, Käse und Öl zu sich. Gewürzt wurde vor allem mit Honig und mit salzig-scharfen Fischsoßen. Dies entspricht überraschend einem heutigen Speiseplan – eine ausgewogene Mischung aus den Grund-N. des Menschen: Kohlenhydrate, Proteine, Fette, Salze, Vitamine und Spurenelemente. Freilich mögen diese Ernährungsgewohnheiten der homerischen Helden auch zu der dichterischen Überhöhung dieser Helden gerechnet werden. Denn soweit das erkennbar ist, war Fleisch und frischer Fisch auch in späterer Zeit selten auf dem Tisch. Hauptproteinlieferanten mußten deshalb proteinhaltige Pflanzen, wie die Leguminosen, oder gesalzener Fisch, Milch und Käse gewesen sein. Auch das gebackene gesäuerte Brot werden die homerischen Helden nicht als Haupt-N. gekannt haben. Die alltägliche Speise der Griechen in historischer Zeit war *maza*, ein aus grob gestoßenen Gerstenkörnern und Wasser gekneteter und anschließend getrockneter Teig. Zur wieder angefeuchteten *maza* wurde dann Gemüse (vor allem Lauch, Knoblauch, Zwiebel, Lattich), Milch, Käse, Öl oder Salzfisch gegessen. *Maza* war das Grund-N. der frühen Zeit und blieb lange das Grund-N. der armen Bevölkerung. Erst als der Weizen in Griechenland heimisch wurde, konnte auch schmackhaftes gesäuertes Brot gebacken werden, das zum Grund-N. der hellenistischen Griechen und auch der Römer wurde. Allerdings blieb ein wenig schmackhaftes Gerstenbrot, als Ersatz für *maza*, auch später noch das Armeleuteessen.

Gegen Ende des 5. Jahrhunderts v.Chr. scheint sich in Griechenland allmählich eine verfeinerte Küche entwickelt zu haben: Immer häufiger wird Weizenmehl z.B. für gesäuertes Brot und feine Backwaren erwähnt, Fleisch – Geflügel, Schaf, Ziege, Schwein, Rind, Wild und tierische Fette – und Frischfisch wurden zunehmend gegessen. Doch dies war die Küche der Oberschicht, die sich solche extravagante Speisen leisten konnte.

Ernährung bei den Römern: Was bei den Griechen *maza*, war bei den frühen Römern *puls*, ein Brei aus Spelzweizengraupen (*far*). *Puls* bildete das Grund-N. in Verbindung mit Öl, Gemüse, Milch, Käse, Salzfisch, Obst und Wein. Fleisch und Frischfisch waren auch im frühen Rom nur selten auf den Tisch gekommen. Im 2. Jahrhundert v.Chr. scheint sich jedoch, ähnlich wie im Griechenland des 5. Jahrhunderts v.Chr., ein Wandel in der Ernährung vollzogen zu haben: Die starke ökonomische und soziale Differenzierung der Gesellschaft ermöglichte es der Oberschicht, eine wesentlich extravagantere Küche zu entwickeln. Cato, Varro, Petronius Columella und Apicius bezeugen, wie die Küche der römischen Oberschicht die ganze Bandbreite der N. virtuos ausnützte, bis hin zu extravagantesten Speisen wie Artischocken, gegrilltem Flamingo, Austern und gekochtem Zitterrochen. Fleisch und Frischfisch schoben sich neben Gemüse, Obst und Wein in den Vordergrund der vornehmen Speisepläne. Der Besitzer einer *villa rustica* benötigte nach Varro und Columella neben Schweine-, Schaf- und Rinderzucht selbstverständlich auch Vogelhäuser, Fischteiche und Wildgehege, um die Versorgung seiner eigenen Küche und die Versorgung des Marktes sicherzustellen.

Quelle	Empfänger	antikes Maß	Liter	kg	kcal[1]	kcal/Tag (bei 30 Tage / Monat)	% vom Bedarf eines Mannes bei mäßiger Arbeit[2]	% vom Bedarf eines Mannes bei mittelschwerer Arbeit[3]	% vom Bedarf eines Mannes bei schwerster Arbeit[4]
Polyb. 6, 39, 13	Röm. Infanteristen	2/3 att. medimnos	34,8	26,9	89.308	2.977	119%	99%	74%
Cato, agr. 56	Sklaven im Winter	4 modii	34,5	26,6	88.312	2.944	118%	98%	74%
Cato, agr. 56	Sklaven im Sommer	4,5 modii	38,8	30	99.600	3.320	133%	111%	83%
Cato, agr. 56	Verwalter	3 modii	25,9	20	66.400	2..213	89%	74%	55%
	frumentationes	5 modii	43,1	33,3	110.556	3.685	147%	123%	92%

[1] Der Nährwert von Weizen (triticum, siligo) liegt bei ca. 332 kcal. je 100 g.
[2] Der Bedarf eines erwachsenen Mannes liegt bei mäßiger Arbeit bei ca. 2500 kcal. pro Tag / Frauen ewas weniger.
[3] Der Bedarf eines erwachsenen Mannes liegt bei mittelschwerer Arbeit bei ca. 3000 kcal. pro Tag / Frauen ewas weniger.
[4] Der Bedarf eines erwachsenen Mannes liegt bei schwerster Arbeit bei ca. 4000 kcal. pro Tag / Frauen ewas weniger.

Abb. 63: Beispiele für Weizenzuteilungen in der späten Römischen Republik.

Der einfache Römer hatte sich freilich weiterhin von Weizenbrot, das im 2. Jahrhundert v.Chr. den *puls* ablöste, von Käse, Milch, Gemüse, Salzfisch, Öl, Wein und Obst, selten aber von Fleisch und Frischfisch zu ernähren.

Grundnahrungsmittel: Das wichtigste Grund-N. war in der Antike das Getreide. In Griechenland anfangs die Gerste, in Rom anfangs der Spelzweizen, später überall der Weizen (*triticum* – Hartweizen und *siligo*, der feinere Weichweizen zur Brotherstellung).

Diese Feststellung wird durch einige Indizien gestützt: Die Belege sind Legion, die sich mit der Getreidepolitik und dem Getreidehandel beschäftigen – wenig aber ist von einem Fleisch-, Frischfisch- oder Gemüsehandel bekannt.

Die Hungeraufstände vom 5. Jahrhundert v.Chr. bis in die Spätantike richteten sich regelmäßig gegen die Verteuerung oder Verknappung von Korn – es ist jedoch kein Aufstand bekannt, der sich gegen die Verknappung von Fleisch, Fisch, Gemüse oder Obst gewandt hätte. Hunger brach offenbar erst dann aus, wenn das hauptsächliche Grund-N. Getreide ausblieb.

Auch die uns bekannten Getreidezuteilungen erwecken diesen Eindruck. In Abb. 63 sind fünf Beispiele von Weizenzuteilungen aus der späten römischen Republik genannt.

Sowohl in der römischen Armee als auch bei den Arbeitern Catos wurde mit spitzem Bleistift kalkuliert, auch was die N.-Zuteilungen anbetraf. Die Zuteilungen an die römischen Infanteristen im 2. Jahrhundert v.Chr. genügten gerade mal mittelschwer arbeitenden erwachsenen Männern. Catos Sklaven mußten im Winter nicht so hart arbeiten wie im Sommer. Dementsprechend erhielten sie im Winter nur die Ration, die sie bei mittelschwerer Arbeit benötigten, im Sommer aber eine Ration für mittelschwer bis schwer arbeitende Männer. Der Verwalter war noch weniger mit körperlicher Arbeit belastet, er erhielt nicht einmal die Ration, die ein mäßig arbeitender Mann benötigt. Lediglich das Quantum der *frumentationes*, der seit dem Jahre 58 v.Chr. dauerhaft an bedürftige Römer gegebenen Getreidespenden, überstieg den normalen Bedarf eines erwachsenen Mannes, zumal angenommen werden darf, daß die *plebs frumentaria* in der Regel nicht mit Schwerstarbeit belastet war. Deshalb darf man davon ausgehen, daß die *frumentationes* nicht einzelne Bedürftige Roms ernähren sollten, sondern gewissermaßen als staatliche Subvention für die Familien der Bedürftigen Roms gedient haben. Da die Zuteilungen aber für eine Familie wiederum zu gering waren, mußten sich die Familien um die N.-Beschaffung darüberhinaus selbst kümmern. Wenn aber die gegebenen Weizenzuwendungen in der Regel dem durchschnittlichen Kalorienbedarf des Empfängers entsprachen, so darf man umgekehrt annehmen, daß über das Getreide hinaus wenig andere Lebensmittel den Nahrungsbedarf deckten – sie konnten allenfalls eine schmackhafte, aber seltene Zugabe gewesen sein.

Gleichwohl mußte die Nahrung der Menschen durch die Zufuhr vor allem von Fetten, Proteinen und Vitaminen ergänzt worden sein. Dies erfordert der menschliche Stoffwechsel. Auch nach anderen Hinweisen liegt dies nahe. Die Agrarschriftsteller geben ein klares Bild von der Produktpalette ihrer landwirtschaftlichen Betriebe: neben Getreide auch umfangreich Hülsenfrüchte im Ackerbau, Gemüse, Wein, Oliven, Obst und schließlich Groß- und Kleinvieh bis hin zu Geflügel und Süßwasserfisch. Darüberhinaus finden wir bei Cato, Varro und Columella (besonders Buch 12) Hinweise zur Haltbarmachung von Fleisch, Wein, Öl, Oliven, Obst und Gemüse. Diese Produkte wurden auch in Erwerbsabsicht für einen Markt produziert und haltbar gemacht. Und schließlich bezeugen die bislang ausgegrabenen Speicherbauten etwa in Ostia und Rom, daß neben immensen Getreidespeichern auch große Speicher für Öl, Wein, eingelegte Oliven und eventuell für eingesalzenen Fisch bestanden haben. Auch diese N. wurden dort aber nur gelagert, weil ein größerer Bedarf in Rom dafür vorhanden war. Es gab also durchaus eine über die Bedürfnisse der Oberschicht hinausgehende Nachfrage nach solchen Produkten.

Im großen und ganzen wird der Kohlenhydratbedarf und damit der Hauptteil des Kalorienbedarfs ganz wesentlich vom Getreide gedeckt worden sein. Gleichwohl deckten die antiken Menschen ergänzend zum Getreide aber in wesentlich geringerem Umfange (1) ihren Fettbedarf aus Oliven und Öl, seltener aus tierischen Fetten; (2) ihren Proteinbedarf aus Käse, Milch, Hülsenfrüchten und wenn nicht aus frischem, dann doch aus gesalzenem Fleisch oder Fisch; (3) den Bedarf nach Vitaminen und Spurenelementen aus Hülsenfrüchten, Gemüse und aus Obst.

Städtischer und staatlicher Getreidehandel: Wenn das Getreide und daraus hergestellte N. die Haupternährungsgrundlage für die antiken Menschen waren, so lohnt sich ein Blick auf die städtischen und staatlichen Maßnahmen, die Versorgung mit diesem Grund-N. sicherzustellen. Die Versorgung mit Getreide mußte vorwiegend in Städten sichergestellt werden, denn bei Ernteausfällen konnte der N.-Bedarf auf dem Lande oft noch einigermaßen gedeckt werden. Überschüsse wurden dann von dort aber nicht mehr in den Handel gebracht. Dies wurde ein Problem für die kleineren Landstädte, die zum Teil von diesem regionalen Handel mit N. abhängig waren. Sie lebten zwar, je nach ihrer Verkehrsanbindung, auch vom Getreidefernhandel, doch konnte dieser ihre Bedürfnisse nie ganz decken, den Rest mußte der regionale Markt liefern. Wegen der

Abb. 64: Für die Versorgung der Millionenstadt Rom mit Getreide war man weitgehend auf Importe angewiesen, vor allem aus Ägypten, Nordafrika und Sizilien. Die Getreidefrachter legten im Hafen Portus an der Tibermündung an. Dort wurde das Getreide auf kleinere Treidel-Flußschiffe umgeladen und nach Rom transportiert. Das kaiserzeitliche Wandgemälde aus Ostia zeigt diesen Vorgang des Verladens. In Tragsäcken wird das Getreide in einen großen Meßsack gefüllt. Der Kornmesser Arascantus kontrolliert die Prozedur. Am Bug ein Schreiber, der Kapitän (magister) Farnaces steht am Steuerruder. Links ist der Name des Schiffes (Isis Giminiana) angegeben.

immensen Landtransportkosten kann lediglich ein Gebiet von 15–20 km um die Landstadt als regionales Einzugsgebiet für agrarische Güter angesehen werden. In den kleineren Städten fehlte nun eine langfristige Organisation der N.-Beschaffung völlig: Keine langfristigen Verträge mit den Produzenten sind bekannt, es fehlte eine ausreichende Vorratshaltung in den Städten, und selten genug wurden finanzielle Reserven für den Fall von Getreideverknappung gebildet. Kam es zu Ernteausfällen im Umland, so brach regelmäßig Hunger aus, der zudem nicht selten durch spekulativen Getreidewucher künstlich verschärft wurde. Erst im Krisenfall reagierte die Stadt dann: Waren finanzielle Reserven für Notfälle vorhanden, so wurde von städtischen Beamten Getreide auf dem regionalen oder überregionalen Markt gekauft und zu festgesetzten Preisen in der Stadt verkauft. Waren hierfür keine finanziellen Reserven in der städtischen Kasse, so wurden reiche Bürger in die Pflicht genommen – die unzähligen Ehreninschriften für Bürger, die durch ihr persönliches finanzielles Engagement ihre Stadt vor Hungersnot gerettet haben, sind ein beredtes Zeugnis für dieses Verfahren beim Hunger-Krisenmanagement. War Getreidewucher mit im Spiel, so konnten städtische Beamte auch Getreide aus den privaten Speichern requirieren und auf den städtischen Markt bringen. Doch all diese Maßnahmen in den Landstädten wurden erst im Krisenfall ergriffen und entwickelten ihre Wirkungen für viele oftmals zu spät.

Die Großstädte der Antike hatten eine Dimension, bei der eine Versorgung aus dem regionalen Umland nur einen Bruchteil des Bedarfs deckte. Diese Städte waren auf die Zufuhr von N. und insbesondere von Getreide aus den getreidereichen Regionen des antiken Mittelmeerraumes über den See- oder Fernhandel angewiesen. In diesen Städten konnte durch Ernteausfälle in den Lieferländern, durch Transportgefährdungen wie Stürme, Piraten etc., durch spekulativen Wucher bei den Getreidelieferanten oder durch Zurückhalten des Getreides aus politischen Gründen eine gefährliche Verknappung der Nahrungsgrundlage Getreide bis hin zu furchtbarem Hunger entstehen. Großstädte wie Athen oder Rom versuchten anfänglich mit ähnlichen Krisenmaßnahmen, wie sie oben für die Landstädte beschrieben sind, zu reagieren. Hungeraufstände in den Großstädten bargen jedoch zunehmend brisante politische Gefahren. Deshalb ging man dort allmählich zu einer langfristigen und vorbeugenden Organisation der N.-Beschaffung über.

Neben dem Getreideausfuhrverbot Solons zu Anfang des 6. Jahrhunderts v.Chr. bemühte sich Athen schon im 5. Jahrhundert v.Chr. durch die Kämpfe um Zypern, Ägypten und um die Seeverbindung zum Schwarzen Meer um seine Lebensmittelversorgung. Im 4. Jahrhundert v.Chr. begannen dann regelrechte administrative Maßnahmen zur Lebensmittelversorgung Athens: Attischen Bürgern war es verboten, Getreide nach einem anderen Ort als Athen zu transportieren; Seedarlehen durften nur für Schiffe gegeben werden, die Getreide nach Athen brachten; ⅔ des im Piräus umgeschlagenen Getreides mußte in Athen verbleiben etc.

Seit dem 2. Jahrhundert v.Chr. war auch Rom von der Zufuhr überseeischen Getreides abhängig. Anfangs hielt sich dort der Staat aber aus der Lebensmittelversorgung vollständig heraus. Zwar gab es – als Zugeständnis an die politisch unruhigen städtischen Massen – die kontinuierliche Abgabe von verbilligtem Getreide seit dem Jahre 123 v.Chr. Spätestens seit 58 v.Chr. wurde sogar kontinuierlich kostenloses Getreide an bedürftige Bürger verteilt. Doch ansonsten ist man noch in der späten Republik im wesentlichen erst mit Notmaßnahmen eingeschritten, wenn schon der Hunger in der Stadt war und die städtischen Massen schon bedenklich unruhig geworden waren. Erst die Kaiser ergriffen Maßnahmen, die über den Augenblick hinaus eine vorsorgende und kontinuierliche Versorgung der Stadt gewährleisteten: Das ägyptische Getreide wurde monopolisiert und hauptsächlich zur Versorgung Italiens und insbesondere Roms verwendet; die Getreidehändler, die das Getreide aus Sizilien, Nordafrika oder Spanien importierten, und deren Corporationen wurden privilegiert; die Hafenanlagen in Ostia und Portus wurden gebaut; dort und in Rom selbst wurde die Getreidevorratshaltung ausgebaut; ständige Beamte, die *praefecti frumenti dandi*, später der *praefectus annonae* wachten über den Getreidehandel und hielten die Preise durch Zuschüsse aus der kaiserlichen Kasse stabil. Und wenn dann doch einmal eine Unterversorgung der Stadt eintrat, dann war eben die Liberalität des Kaisers gefragt.

All diese Maßnahmen griffen lediglich in die Sphäre der Verteilung ein. Obwohl es auch in den von der Natur begünstigten Gegenden wie Sizilien, Afrika oder Ägypten Mißernten mit lokalen Hungerkrisen gab, konnte man aber offenbar davon ausgehen, daß die Getreideüberschüsse von dort normalerweise für die Versorgung Italiens und Roms ausreichten. Besonders durch die umfangreiche Vorratshaltung in Rom war man in der Lage, kurzfristige Verknappungen in der Kaiserzeit in der Regel abzufangen. Die Versorgungslage wurde für Rom erst in der Spätantike wieder schwierig: Seit Anfang des 4. Jahrhunderts n.Chr. war das ägyptische Getreide für Konstantinopel bestimmt, und im 5. Jahrhundert n.Chr. fielen die anderen Versorgungsgebiete Afrika und Spanien in die Hände der ins Reich einwandernden fremden Völkerschaften.

→ Fisch, Gesellschaft, Gutshof, Getreide, Hafen, Handel, Jagd, Landwirtschaft, Sklaverei, Stadt, Viehwirtschaft, Weinbau, Wirtschaft

LITERATUR: J. *André:* L'alimentation et la cuisine à Rome. Paris 1981. – R. *Duncan-Jones:* The Economy of the Roman Empire. Cambridge 1982. – L. *Foxhall*/H. A. *Forbes:* Sitometria: The Role of Grain as Staple Food in Classical Antiquity, in: Chiron 12, 1982, 41–90. – P. *Garnsey*/C. R. *Whittaker* (Eds.): Trade and Famine in Classical Antiquity. Cambridge 1983. – W. E. *Heitland:* Agricola. 1921. – H. *Kloft:* Die Wirtschaft der griechisch-römischen Welt. Darmstadt 1992. – J. *Marquardt:* Das Privatleben der Römer. Leipzig 1886. – Th. *Pekáry:* Die Wirtschaft der griechisch-römischen Antike. Wiesbaden 1979. – K. D. *White:* Roman Farming. London 1970.

Ulrich Fellmeth

Natur

Etymologische Wurzeln: Natura ist die aus dem Lateinischen stammende Übersetzung des griechischen Wortes *physis*. Die *physis* ist der Teil der Welt, in dem Vorgänge ohne Eingreifen des Menschen geschehen. Die *physis* wird also im Gegensatz zu Kultur und Technik als vom Menschen unabhängig betrachtet. Doch auch der Mensch gehört dieser Kategorie der *physis* an, denn sein Wachsen findet im Grunde ohne sein eigenes Zutun statt.

Naturbetrachtung durch die Jahrhunderte: In den homerischen Epen werden Vorgänge in der N. als eine Gegebenheit hingenommen und nicht reflektiert. Es werden keine eigenen Empfindungen in die N. hineintransportiert. Dort, wo die N. jedoch an den Menschen herantritt, wird sie aufs genaueste untersucht. So besteigt man Berge im allgemeinen nicht um ihrer selbst willen oder der Aussicht wegen, sondern, wenn man es tut, dann beispielsweise um zu jagen (Hom. Od. 19,428 ff.). Die N. wird nicht wegen ihrer Schönheit betrachtet, sondern sie steht immer in Beziehung zu einem zielorientierten, zweckgerichteten Handeln des Menschen.

Im 6./5. Jahrhundert v.Chr. sind die Beschreibungen der N. nur schmückendes Beiwerk. Sie gehen immer vom Menschen aus. Doch die N. hat im Gegensatz zu den vorhergehenden Zeiten schon einen großen Teil ihres Schreckens verloren. Dieser Rückgang der Furcht vor der N. hängt unmittelbar mit dem Grad der Beherrschung der N. zusammen.

Die gesellschaftlichen Eliten des Hellenismus waren in erster Linie in Städten zu Hause. Aber man suchte als Gegensatz zum hektischen Stadtleben das idyllische Landleben, das seinen Höhepunkt im von den Dichtern besungenen Dasein des Hirten erreicht (Bukolik). Die Griechen schwärmten für die N. und setzten sie der ihnen vertrauten Stadtkultur entgegen.

Die römische Gesellschaft war eine Agrargesellschaft, und dementsprechend groß war die Verehrung all dessen, was auf den Feldern wuchs. Als ein Volk von Bauern waren die Römer in erster Linie der praktischen Tätigkeit zugewandt. Doch auch das idyllisch-sentimentale N.-Empfinden des Hellenismus war vor allem dem gebildeten Römer nicht fremd. Der Römer war kein Großstadtmensch. Der begüterte Römer floh nach Möglichkeit aus der Großstadt und zog sich aufs Land zurück, wo er Ruhe vor Hektik und Schmutz finden konnte. Die Stadt wurde als ›unnatürlich‹ verabscheut und die Liebe zur Einfachheit des Landlebens gefeiert.

Während die Römer der Königszeit die N. verehrten und sie durch religiöse Skrupel davon abgehalten wurden, die N. in stärkerem Maß zu verändern, waren die Römer der mittleren und späteren Republik und des Kaiserreichs eher praktisch orientiert und bereit, die natürlichen Ressourcen, die sich ihnen boten, auszunützen. Der römische Verstand zeichnete sich, wie man etwas verallgemeinernd formulieren könnte, in erster Linie durch seinen Hang zur Machbarkeit aus. Die römische Haltung gegenüber der N. wurde zuallererst durch Nützlichkeitsgesichtspunkte geprägt. Die Römer glaubten generell, daß die Welt zum Nutzen des Menschen geschaffen sei.

Personifizierung von Naturerscheinungen: Vor allem die Griechen neigten dazu, verschiedene Aspekte der N. zu personifizieren. Wälder, Hügel, Bäche und andere N.-Erscheinungen waren für den antiken Betrachter mit göttlichen Wesen beseelt. Die griechische Religion bestand zu einem großen Teil aus der Verehrung der N., und die frühen griechischen Gottheiten waren im Grunde genommen N.-Gottheiten. Die Götter beherrschten die N., sie agierten in ihr und handelten durch sie. Die Anwesenheit der Götter wurde an bestimmten auserwählten Plätzen empfunden. Dies waren meistens Örtlichkeiten von besonderem Reiz oder hervorstechender Auffälligkeit. Die Götter suchten sich als Aufenthaltsorte besonders wilde oder schöne Örtlichkeiten, wie Quellen, Höhlen, Haine oder Stellen mit einer guten Aussicht aus. Alle griechischen Altäre und alle Orte der Götterverehrung waren ursprünglich im Freien in heiligen Hainen angesiedelt. Götterverehrungen fanden generell im Freien statt, Tempel waren lediglich Schutzräumlichkeiten für die Bilder oder Standbilder der Götter und die Votivgaben, aber sie hatten in ihrem Inneren keinen Raum für Opferhandlungen.

Auch in der römischen Religion gab es einen starken Hang zur Örtlichkeit. Bestimmte Orte schienen den Römern durch besondere Kräfte (*numina*) beseelt zu sein. Tempel und Schreine wurden an solchen Orten errichtet. Die göttliche Kraft wurde der Örtlichkeit selbst zugesprochen. Nicht nur Haine, auch ausgewählte Bäume, Felsen, Quellen, Seen und Flüsse erfuhren so ihre Anbetung. Auch bei den Römern wurden heilige Haine als Plätze von unmittelbarer Göttlichkeit eingestuft und wie in Griechenland vor Zerstörung geschützt.

Für den antiken Menschen war die natürliche Umgebung bevölkert mit göttlichen Wesen, die eine gewisse Ordnung symbolisieren. So wurden bestimmte Spezies von Bäumen in der Antike beispielsweise bestimmten Göttern zugewiesen. Die Eiche war etwa dem Jupiter, der Lorbeer dem Apollo, die Myrte der Venus, die Olive der Minerva und die Pappel dem Herkules zuerkannt. Zudem wurden besonders stattliche, schöne Bäume einem bestimmten Gott geweiht.

Wandlung des Naturverständnisses und Kritik am Umgang mit der Natur: Ein wichtiger Schritt in der Entwicklung des N.-Verständnisses in der Antike war die Entfernung vom Animismus durch die griechischen Philosophen. Die griechische Philosophie der sophistischen Aufklärung verwarf traditionelle, d. h. mythologische und religiöse Erklärungen und bestand darauf, daß der Geist des Menschen durch Anwendung der Vernunft die Wahrheit über die N. erkennen könne. Anstatt einer Welt voller Götter und spiritueller Wesen wurde die Umwelt für sie ein Objekt der rationalen Analyse und der *ratio*. Die Verehrung der N. nahm dadurch eher einen rituellen Charakter an.

In der archaischen Zeit und im frühen Hellenismus mögen religiöse Skrupel die Menschen beispielsweise vom Fällen von Bäumen abgehalten haben, aber schon Cato d. Ä. überliefert ein Gebet, das beim Fällen von Bäumen in heiligen Hainen zur

Besänftigung der Götter zu sprechen war (Cato agr. 139). Auf diese Art und Weise scheinen die Gemüter der Götter beschwichtigt worden zu sein.

Zurückhaltung gegenüber naturzerstörenden Handlungen begegnet, wenn überhaupt, dann in Griechenland. Denn in der griechischen Welt waren viele Menschen der Überzeugung, daß das Eingreifen des Menschen in die N., die gleichbedeutend war mit einer von den Göttern vorgegebenen Ordnung, ein Sakrileg darstellte. Dies behinderte etwa die Durchführung von geplanten Kanalbauprojekten, wie z.B. am Isthmos von Korinth. Durch göttliche Vorzeichen oder Strafen veranlaßt, wurden schon eingeleitete Bauprojekte wieder aufgegeben.

Die Römer hatten zu Eingriffen des Menschen in die N., sowohl allgemein als auch im speziellen Bezug auf die Kanalbauprojekte, eine ganz andere Einstellung. Sie verfügten über eine wesentlich rationalere, an der praktischen Machbarkeit orientierte Einstellung. Das Eingreifen des Menschen in die Umwelt wurde nicht mehr als Verstoß gegen die Gebote der Götter bzw. als frevlerischer Eingriff in die natürliche Ordnung gewertet, sondern die technischen Anstrengungen des Menschen wurden als Fortschritt begrüßt. Dennoch trifft man in der lateinischen Literatur des öfteren auf Kritik am Umgang der Menschen mit der N. (Hor. c. 2,15,1–8; Sal. Cat. 13,1; Sen. epist. 122,8). Im Vordergrund steht hier jedoch nicht eigentlich Ökologiekritik, sondern moralisierende Kritik an der der Maßlosigkeit einiger Menschen.

→ Dichtung, Fluß, Gebirge (Berg), Götter, Gutshof, Höhle, Jagd, Kanal, Monarchie, Mythologie, Ökologie, Park, Philosophie, Religionsgeographie, See, Stadt, Tempel, Wald

LITERATUR: S. *Heiland:* Naturverständnis. Dimensionen des menschlichen Naturbezugs. Darmstadt 1992. – J.D. *Hughes:* Ecology in Ancient Civilisations. Albuquerque 1975. – E. *Knobloch:* Das Naturverständnis der Antike, in: F. Rapp (Hg.): Naturverständnis und Naturbeherrschung. Philosophiegeschichtliche Entwicklung und gegenwärtiger Kontext. München 1981, 10–35. – W. *Schadewaldt:* Die Begriffe »Natur« und »Technik« bei den Griechen. in: Hellas und Hesperien II. Gesammelte Schriften zur Antike und zur neueren Literatur. 2 Bde., Zürich/Stuttgart 1970, 512–524.

Elke Ettrich

Navigation

Der Begriff N. leitet sich vom lateinischen *navigatio* (Schiffahrt, Seereise) ab. Die Kunst der N. besteht darin, ein Schiff auf einer festgelegten Route von einem Ausgangsort zu einem vorbestimmten Zielort zu steuern. Der Steuermann muß also in der Lage sein, während Tag und Nacht und bei jeder Wetterlage den gewünschten Kurs zu halten sowie für sein Schiff eine hinreichende Fahrwassertiefe zu garantieren.

Navigation im Mittelmeer: Den antiken Seefahrern boten am Tage meist weithin sichtbare Landmarken verläßliche Orientierung. Im gesamten griechischen Meeresraum kann man sich anhand einiger signifikanter Berge orientieren, und auf der Hälfte der Fläche des Mittelmeeres und des Schwarzen Meeres herrscht bei günstiger Witterung Landsicht. Die terrestrische N. wird jedoch durch den Feuchtigkeitsgehalt der Atmosphäre zeitweilig stark beeinträchtigt. Im Mittelmeerraum sind zwar während des

Sommerhalbjahres hinderliche Seenebel selten und Regenfälle von kurzer Dauer, aber oft tritt Schönwetterdunst auf, der die Fernsicht trübt. Andererseits werden im Sommer aufgrund der unterschiedlichen Thermik über Land und Meer die Mittelmeerinseln fast täglich von mächtigen Quellwolken gekrönt, die sich kontrastreich vom Himmel abheben. Sie weisen den Seefahrern schon viele Stunden oder gar Tage vor Sichtung der Inseln die Richtung. Sodann ist der Küstenverlauf anhand unterschiedlicher Wolkenbildungen häufig von Ferne festzustellen. Dies erleichtert die N. besonders bei flachen Küsten, da eine z. B. nur 24 m hohe Küstenlandschaft erst ab 14 Seemeilen Entfernung sichtbar ist.

Navigation anhand der Gestirne: Auf dem offenen Meer bot der Blick zu den Gestirnen die wichtigste Orientierungshilfe. Tagsüber zeigt die Sonne beim Aufgang, zur Mittagszeit und beim Niedergang die Himmelsrichtungen an. Nachts konnten antike Seefahrer durch den unbewaffneten Blick zum Sternenhimmel exakt navigieren (schon Hom. Od. 5,271 ff.; Strab. 26,757), zumal der Himmel über dem Mittelmeer im Sommer weitgehend unbewölkt ist. Zum Zwecke der N. hatten die Phönizier seit Beginn des 1. Jahrtausends v.Chr. den Nachthimmel versternt. Weil der Himmelspol langsam wandert, diente zu phönizischer und frühgriechischer Zeit der zwischen Großem und Kleinem Bären liegende sogenannte Drache als Polarstern.

Navigation anhand von Wasser und Winden: Bei stark bewölktem Himmel oder Nebel war im Altertum eine genaue Orientierung auf dem offenen Meer weder am Tage noch in der Nacht möglich. Dennoch konnten erfahrene Seeleute aufgrund intensiver Naturbeobachtung ihren Seeort und Kurs ungefähr bestimmen. Anhaltspunkte boten Meeresfarbe (Anon. Peripl. mar. Erythr. 38) und Wassertemperatur sowie die Meeresfauna (ebd. 40.55). Bei konstanter Windrichtung wurde anhand des Wellenbildes navigiert, zumal diese Dünung auch nachts und bei Seegang für den Steuermann spürbar ist. Bereits auf hoher See weist ein sich änderndes Wellenbild auf Landnähe hin, denn bei Erreichen des Schelfes werden die Wellen deutlich kürzer und steiler (aufgrund der abrupt abnehmenden Wassertiefe von über 1.000 m auf 200–100 m). Als eine wichtige Voraussetzung der N. kam die Kenntnis der Winde hinzu (der feucht-warme Scirocco z. B. dreht von Südwest nach Nordwest), und durch das geschulte Gefühl, welchen Druck der Wind am Hinterkopf des Steuermannes ausübte, ließ sich ein windbestimmter Kurs präzise einhalten. Ein guter Geruchssinn war hilfreich, um charakteristische Seeorte (z. B. mit treibenden Tangen) oder Küstennähe zu riechen (so sind Vegetationsdüfte, die der nächtliche Landwind aufs Meer weht, bis zu 15 km Entfernung wahrnehmbar). Hatte man jegliche Orientierung verloren, konnten die Seevögel, die tagsüber auf dem Meer fischen und gegen Abend zu ihren oft weit entfernten Nistplätzen zurückkehren, den nächsten Weg zum Land weisen. Waren auch diese nicht zu sichten, ließ man mitgeführte Vögel auffliegen, um den rettenden Weg aus der Wasserwüste zu finden (Plin. nat. 6,22).

Das Lot: Das in der See- und Binnenschiffahrt am häufigsten benutzte Navigationsinstrument war ein am Faden hängendes Senkblei, das Lot. Mit ihm wurde vor allem die Wassertiefe ermittelt, um ein Auflaufen des Schiffes zu verhindern (Acta 27,28 f.). Das Lot hatte an der Unterseite einen mit Talg gefüllten Hohlraum, um eine Grundprobe des Meeres zu nehmen. Dadurch wurde einerseits das Gefahrenpotential der Untiefe ermittelt (z. B. Sandbank oder Felsenriff), andererseits diente die Bodenprobe auf hoher See der Standort- und Kursbestimmung. Die antiken Ägyptenfahrer etwa konnten

– schon einen Tag bevor sie in Landsicht kamen – die Nilmündung anloten, weil der Strom seinen Schlamm weit ins flache Meer hinein sedimentiert (Hdt. 2,5,7–11).

Antike Meßinstrumente: Im Antikythera-Wrack (1. Jahrhundert v.Chr.) wurde ein aus Zahnrädern bestehendes Präzisionsinstrument gefunden, das einige Wissenschaftler als astronomische Uhr zum Zwecke nächtlicher N. deuten. Aber für die Existenz präziser Uhren und Winkelmeßinstrumente, die zur genauen Ortsbestimmung auf See erforderlich sind, fehlen antike Belege. Im Altertum gab es immerhin das Astrolabium, um die Winkelhöhe markanter Fixsterne zu messen, und den Gnomon, der die Länge des (Sonnen-)Schattens feststellte. Die gemessenen Ergebnisse konnte man unter Berücksichtigung des Datums und der Tageszeit mit Tabellenwerten vergleichen und somit die ungefähre geographische Breite ermitteln (Plin. nat. 6,33). Allerdings ließ sich auf dem offenen Meer nicht die geographische Länge bestimmen. Deshalb haben astronomische Navigationsinstrumente in der antiken Seefahrt kaum eine Rolle gespielt, zumal sie besonders in den Fällen, in denen man sie dringend benötigt hätte, nämlich beim Orientierungsverlust infolge schlechten Wetters und rauher See, nicht zu benutzen waren.

Karten: Mindestens seit klassischer Zeit wurden Küsten anhand des Augenscheins kartographiert (Hdt. 3,136). Für die N. geeignete Karten, die auf geographischen Längen- und Breitenberechnungen basierten, wurden erst ab 100 n.Chr. angefertigt. Vermutlich hatte der normale antike Seefahrer aber keine Kopien der – wohl nicht allgemein zugänglichen – Seekarten an Bord. Nautische Hilfsbücher (*periploi, stadiasmoi*) boten Entfernungsangaben sowie detaillierte Küsten- und Hafenbeschreibungen (Untiefen, Strömungen, Landschaftsrelief, Landmarken, Art und Ausstattung der Häfen, Segelanweisungen usw.). Diese nützlichen Schriften, die mindestens seit dem 6. Jahrhundert v.Chr. existierten, gab es seit der Zeitenwende für alle damals bekannten Weltmeere (Mittelmeer, Atlantik, Schwarzes Meer, Rotes Meer, Indischer Ozean). Ob die Besatzungen der gewöhnlichen Küsten- und Überseefrachter nicht nur aus Analphabeten bestanden und *periploi* und *stadiasmoi* zu gebrauchen verstanden, ist nicht bekannt.

Leuchttürme: An flachen Küsten, die keine weithin sichtbaren Charakteristika aufweisen, wurden zur N. häufig Türme errichtet. Leuchttürme, die meist an den Einfahrten großer Seehäfen standen (z.B. vor Alexandria, Ostia und Ravenna; noch erhalten ist der antike Leuchtturm in La Coruña im Nordwesten Spaniens), sind erst seit dem 1. Jahrhundert v.Chr. sicher bezeugt. Nächtliche Leuchtfeuer wiesen allerdings schon seit frühester Zeit den Seefahrern den Weg bzw. warnten vor gefährlichen Klippen (z.B. Hom. Od. 10,30). In verkehrsgeographisch günstiger Lage befanden sich gleichsam von der Natur entfachte Leuchtfeuer, nämlich der stets tätige Vulkan Stromboli im Tyrrhenischen Meer und der Aetna auf Sizilien, der im Altertum eine nachts leuchtende Dampfsäule trug (Pind. P. 1,2).

Lotsen: Bei schwierigen Hafeneinfahrten und auf unbekannten Meeren nahm ein besonnener Kapitän einheimische Lotsen an Bord, die sein Schiff navigierten (z.B. Arr. Ind. 27,1). Sicherheit der Orientierung war allein auf altbefahrenen Routen vorhanden, denn der antike Seemann navigierte aufgrund der intensiven Kenntnis der von ihm befahrenen Gewässer und dem Gefühl für Wind und Wetter. Dieser komplexe Erfahrungsschatz, auf dem die N. im Altertum beruhte, war nur durch langjährige Praxis zu erwerben. »Wie verläßlich solche navigatorischen Methoden waren, wird u.a. daraus ersichtlich, daß man den Kompaß schon lange kannte, bevor man ihn auf Schiffen einsetzte« (T. Weski).

→ Erdvermessung, Himmelsrichtungen, Kartographie, Küste, Maße, Meer, Reiseberichte, Schiffahrt, Schiffahrtswege, Segeln, Wind (Winde)

LITERATUR: M. *Ponsich:* La navigation antique dans le détroit de Gibraltar, in: R. Chevallier (Ed.): Mélanges R. Dion. Paris 1974, 257–273. – T. *Weski:* Zu navigatorischen Möglichkeiten vor Einführung des Kompaß, in: H. Müller-Karpe (Hg.): Zur geschichtlichen Bedeutung der frühen Seefahrt. (Kolloquien zur Allgemeinen und Vergleichenden Archäologie 2), München 1982, 191–208.

Heinz Warnecke

Odeion

Zum architektonischen Ensemble einer antiken Stadt gehörte in der Regel ein O. (vgl. Abb. 65). Formal und funktional unterscheidet es sich nur wenig vom Theater, war aber im Gegensatz zu diesem stets überdacht und auch von einem geringeren Fassungsvermögen. Im O. wurden musikalische Darbietungen oder Rezitationen durchgeführt – also ein Ort der gehobenen Unterhaltung. Besonders gut erhalten ist das noch heute für Aufführungen genutzte O. des Herodes Atticus in Athen, erbaut um 160 n.Chr. am Südwestabhang der Akropolis.

→ Theater, Städtebau, Versammlungsorte

LITERATUR: M. *Bieber:* History of Greek and Roman Theatre. Princeton ²1961.

Holger Sonnabend

Abb. 65: Das älteste Odeion Italiens stammt aus Pompeji. Es wurde zwischen 80 und 75 v. Chr. erbaut und befindet sich in direkter Nachbarschaft des großen Theaters, wodurch dieses Areal der Stadt zu einer ›Kulturmeile‹ wurde. Das ursprünglich überdachte Odeion bot etwa 1.500 Zuhörern Platz. Der Fußboden der Orchestra erhielt einen Belag von farbigen Marmorplatten. Auch die Bühne war mit Marmor verkleidet.

Ökologie

Schon der berühmte Historiker Johann Gustav Droysen (1808–1884) zählte die Natur zu den wichtigsten Gegenständen historischer Forschung. Bakhuizen (345) definiert Ö. als Wissenschaft, die untersucht, wie lebende Organismen in ihrer Umgebung funktionieren. Die natürliche Umgebung eines Organismus wird *oikos* genannt.

Die Interdependenz von Natur und Gesellschaft ist eine menschliche Grundbestimmung: Im Altertum führten weitläufige Abholzungen zu einer Entwaldung großen Stils. Künstliche Bewässerung bewirkte Bodenversalzung, die aus fruchtbarem Akkerland Wüsten machte. Das Mittelalter ist maßgeblich durch Rodungen und Degradierungen gekennzeichnet; seit der Industrialisierung hat die Umweltveränderung durch den Menschen eine neue, globale Dimension angenommen.

Problemfelder: Die im Altertum für das ›ökologische Gleichgewicht‹ kritischen Problemfelder finden sich in der Land-, Wald- und Weidewirtschaft: (a) Bodenversalzung als Folge künstlicher Bewässerung. (b) Abholzung von Wäldern mit deren direkten Folgeerscheinungen Bodenerosion und Flußversandung. Auch das Absinken des Grundwasserspiegels und der dadurch hervorgerufene Wassermangel gehören in diese Kausalkette. (c) Ausweitung der agrarischen Nutzflächen auf Kosten des Waldes und anderer natürlicher Vegetationen. (d) Bedeutung des Bevölkerungswachstums und des dadurch steigenden Bedarfs an Rohstoffen sowie die Urbanisierung als wichtige Faktoren der Umweltzerstörung.(e) Umweltzerstörungen durch Kriegshandlungen. (f) Technisierung der Alten Welt und ihre Auswirkungen auf die Umwelt. (g) Umweltzerstörungen durch Naturkatastrophen.

Naturbetrachtungen in der Antike: Ihre traditionellen Religionen lehrten Griechen und Römern, Achtung vor der Natur zu haben (Xen. oik. 5,12) und so wenig wie möglich in natürliche Prozesse einzugreifen. Im Laufe der Zeit verloren diese Vorschriften an Bedeutung. Vor allem die Römer waren Pragmatiker, die sich mit der Umwelt rational auseinandersetzten. Die Natur wurde in der Antike aus zwei verschiedenen Blickwinkeln betrachtet: zum einen aus religiöser Perspektive – Bäume, Wälder, Flüsse und Seen waren Lebensraum der Götter, von daher beseelt. Zum anderen wurde die Umwelt aus der Perspektive des Landwirtes und des Ingenieurs betrachtet. Natur diente dem Nutzen des Menschen und wurde dementsprechend verformt – dies wurde in der Regel positiv beurteilt (Strab. 14,6,5; Stat. Silv. II, 2,52–59). Nur ganz wenige Stimmen erhoben sich gegen die Eingriffe in die Umwelt (z. B. Tert. de anima 30,3f.).

Wichtigster, weil offensichtlichster und nachhaltigster Bereich der Betrachtung antiker Ö.-Geschichte sind die Abholzungen im mediterranen Raum. Der Wald ist ein Medium, in dem die Mensch-Umwelt-Beziehungen seit frühesten Zeiten immer deutlich erkennbar waren.

Häufig ist in antiken Quellen von Abholzungen für den Bergbau die Rede (Strab. 5,2,6; Plin. nat. 2,63,158; 33,3–4; 33,70–76). Der Holzbedarf für den Schmelzprozeß war groß. Die Auswirkungen, die diese Eingriffe in die Natur hatten, beschreibt Strabon (5,2,6): Auf der erzreichen Insel Elba wurde seit frühesten Zeiten Eisen hergestellt. Als die Waldreserven der Insel erschöpft waren, wurde das Erz in das der Insel auf dem Festland genau gegenüberliegende Populonia transportiert und verhüttet, weil der benötigte Brennstoff dort beschafft werden konnte. Auf die völlige Zerstörung eines Naturraumes wurde mit Mobilität reagiert. Dies zeigt vor allem, daß Umweltzerstörung in der Antike hauptsächlich ein regionales Problem war, dem man entfliehen konnte. Ähnlich verhielt man sich auch in anderen Fällen, z. B. wenn Schiffsbauholz knapp wurde (Thuk. 6,90,3).

Viele antike Autoren beschreiben Änderungen der Natur (beispielsweise Arist. meteor. 1,14,351b; Plat. Krit. 110df.). Da diese Metamorphosen der Natur sehr zeitintensive, schleichende Vorgänge waren (Aristot. meteor. 1,14,351b), wurde vieles nur vage wahrgenommen und rein betrachtend niedergeschrieben. Nach Zusammenhängen wurde nicht gefragt. Daß man nicht unterstellen darf, daß der antike Mensch den Zusammenhang zwischen seinen Eingriffen in die Natur und den Folgen erkannt hat, zeigt der *locus classicus* zu Erosionen in der Antike (Plat. Krit. 110df.). Beim Kritias-Dialog des Platon handelt es sich um den ersten überlieferten Erosionstext. Der Einfluß des Menschen auf den beschriebenen Prozeß wird nicht ausgeführt. Bei der Beschreibung der Degradierung Attikas wird der Mensch mit keinem Wort erwähnt. Platon nimmt die Entwicklung als gegeben hin. Ähnlich beschreibt Theophrast klimatische Veränderungen, die in Philippi stattfanden (Theophr. c.plant. 5,14,2).

Einfacher durchschaubar, weil direkt zuzuordnen, sind die Folgen, die Verwüstungen durch Kriege im Land hinterlassen haben. Der Krieg schloß neben einer Kriegserklärung an den menschlichen Gegner auch die ›Kriegserklärung‹ an die Natur ein, soweit eine Verbindung mit dem feindlichen Territorium bestand. Krieg bedeutete in der Antike auch Krieg gegen Landschaft und Umwelt (z. B. Thuk. 3,26,3 f.; App. Pun. 135; Macr. Sat. 3,9,7 ff.; Jos. bell. Jud. 6,1,6 f.).

→ Erdbeben, Erosion, Forstwirtschaft, Krieg, Mobilität, Natur, Strategie, Taktik, Überschwemmung, Vulkan

LITERATUR: S. *Bakhuizen*: Social Ecology of Ancient Greek World, in: Ekistics 228, 1974, 345–348. – J. D. *Hughes*: Pan's Travail. Environmental Problems of the Ancient Greeks and Romans. Baltimore/London 1994. – J. V. *Thirgood*: Man and the Mediterranean Forest. A History of Resource Depletion. London/New York 1981. – K.-W. *Weeber*: Smog über Attika. Umweltverhalten im Altertum. Zürich/München 1990.

Elke Ettrich

Orient

Geographische Beschreibungen aus der Antike geben eine Definition orientalischer Gebiete in einem relativen Sinn wieder (griechisch: *e heoia*, lateinisch: *oriens*). Alles in allem ist ein bestimmter Raum oder eine Region ›orientalisch‹ im Verhältnis zu einem je nach Verschiebung des Machtzentrums veränderbaren geographischen Zentrum, das sich in hellenistischer Zeit beispielsweise mit Alexandria decken konnte und sich in der Folgezeit nach Rom verlagerte. Erst ab der Kaiserzeit kann man von einem ›O.‹ in administrativer Hinsicht sprechen, in gewissem Sinne seit den Entscheidungen der Triumvirn nach Philippi (42 v.Chr.), als O. und Okzident Antonius beziehungsweise Octavian übertragen wurden. Einen entsprechenden Ausdruck findet man bei der Bezeichnung der Gesamtheit der östlichen Provinzen des Reiches (vgl. z. B. Philostr. soph. 2,1,13), vor allem nach den diokletianischen Reformen (Wende 3./4. Jahrhundert n.Chr.), als die Trennung von Okzident und O. institutionelle Wirklichkeit wurde und sich die östlichen und westlichen Präfekturen bildeten.

Ost-West-Gegensatz: Dennoch weisen die antiken Quellen keine ausdrückliche Unterscheidung zwischen Okzident und O. auf. Gründen sich die griechischen ethnisch-anthropologischen Vorstellungen auf Gegensatzpaare (griechisch/barbarisch, Bürger/Bauer, Hitze/Kälte), scheint keine dieser Unterscheidungen ausdrücklich, entsprechend dem ›levantinisch‹ der späteren westlichen Überlieferung, die Kategorie ›orientalisch‹ zu begründen. Tatsächlich verbirgt sich hinter der Idee des ›O.‹ selbst eine doppeldeutige, aber von der gesamten okzidentalen Tradition anerkannte geopolitische Kategorie. Darin können Unterscheidungen in der Bezeichnung liegen, beginnend bei der Gegenüberstellung des französischen *Proche Orient,* der dann zum Allgemeingut der Altertumswissenschaft wurde, und des britischen *Middle East.* In jedem Falle behält das Zitat Tancreds von Disraeli, *East is a career,* das dazu beitrug, die heftige Kritik von Edward Said gegen den ›Orientalismus‹ (in von der modernen okzidentalen Literatur angenommenem Sinne) und seine intellektuellen Verehrer zu entfesseln, eine gewisse Aktualität. Ein oberflächliches Buch wie *La question d'Orient dans l'Antiquité* (erschienen 1943, nach Aussage des Autors jedoch durch die Balkankriege 1912/1913 angeregt) versuchte, die Episoden eines Konfliktes, der üblicherweise von den Geschichtsschreibern auf die ›klassische‹ Kontraposition der Kriege zwischen Griechen und Persern beschränkt wird, auf einen gemeinsamen Nenner zu bringen. Auf diese Weise begann auf einer breiteren Basis von Neuem, was die Gelehrten der Antike für überwunden glaubten. Eine tiefergehende Bewertung der Geschichtsschreibung zeigt, wie die Problematik der Beziehung O./Okzident tatsächlich in der Romantik entstand, wobei die Basis für ein neues, auf der Antonimie Griechenland/Asien begründetes Verständnis der Geschichte der klassischen Welt geschaffen wurde, das de facto mit wenigen Ausnahmen die Gesamtheit aller Abhandlungen prägt.

Der Orient als moderne Kategorie: Sicherlich lassen sich Spuren dieser historischen Auffassung auch bei den antiken Autoren finden, aber letzten Endes ist der ›antike O.‹ eine Kategorie modernen Denkens. Die häufige Verwechslung des geographischen Begriffes der Antike mit der modernen geopolitischen Auffassung ist auf das Fehlen einer theoretischen Betrachtung des Problems zurückzuführen. Im übrigen ist der O. der Altertumswissenschaftler zum großen Teil imaginär, und das Verhältnis zwischen ›Altertumswissenschaftlern‹ und ›Orientalisten‹, wenn es überhaupt zustandekam, war niemals konsistent. Ein großer Historiker wie Eduard Meyer, dem das Verdienst zukommt, den O. in seine große Geschichte der antiken Welt einzubeziehen, wird oft als Beispiel für Weitsicht zitiert, de facto jedoch folgte niemand seinem Beispiel. Im Gegenteil, die ›institutionelle‹ Funktion der Altertumswissenschaftler und Orientalisten trennte die beiden Forschungsgebiete, und die Trennung ist noch heute in den Forschungen zur römischen Geschichte wirksam (während die griechische Geschichte nach und nach die Beziehung zum O. wieder aufnahm, indem sie sich in bewußterer Weise mit Schlüsselbegriffen wie z. B. dem Hellenismus auseinandersetzte). Die Auffassung der ›Orientalisten‹ ist per se zweideutig. In der heutigen Zeit wäre es erforderlich, zumindest zwischen einem gelehrten ›offiziellen‹ Orientalismus und einem praktischen Zwecken dienenden ›sekundären‹ Orientalismus zu unterscheiden. In diesem Zusammenhang kann man an die Rezension des 5. Bandes der Römischen Geschichte Mommsens durch den großen Orientalisten Theodor Nöldeke erinnern. Die Kritik Nöldekes an Mommsen scheint nicht den vorher bestimmten Antrieb hervorgerufen zu haben, möglicherweise deshalb, weil der große Orientalist die Rezension in einer Fachzeitschrift veröffentlichte.

Forschungsdiskussion: In einem außerhalb der Hagiographie unbeachteten Beitrag gab der bollandistische Gelehrte P. Peeters eine kritische Definition des der antiken, spätantiken und byzantinischen Geschichte eigenen Begriffes ›O.‹ ab: »Ce terme d'Orient, dont je suis forcé de me servir, faute de mieux, est une expression géographique et historique, dont la littérature aussi fait grand usage. Il donne l'illusion d'avoir un sens bien défini, parce qu'il se laisse employer couramment sans provoquer aucune demande d'explication. Mais, comme nous aurons l'occasion de nous en apercevoir, il ne désigne qu'une réalité fuyante, aux contours indécis, qui, par endroits, se perd dans une ombre totalement trouble. Pour nous, dans ces entretiens, Orient est un terme collectif désignant les populations, les langues et la culture propres de certaines régions que la civilisation grècque a en partie recouvertes, mais qu'elle n'a pas dépossédées de leurs caractères raciques« (Peeters 8).

Peeters wollte damit auf die Vorurteile klassischer Philologen antworten, die die Schriften des christlichen O. geringschätzten und sie zu Unrecht für Ansammlungen klassischer Motive ohne Originalität hielten. Die *dénomination conventionelle* des ›O.‹, ein sich in Wirklichkeit auf dem Rückzug befindender Bereich, umfaßte drei große Sprachgebiete: Ägypten, Syrien/Mesopotamien und Armenien. Auf diese Weise reduzierte der Gelehrte aufs äußerste die Doppeldeutigkeit des Begriffes, indem er ihm konventionelle Gültigkeit zugestand und gleichzeitig im Namen der Verschiedenartigkeit ethnischer und kultureller Komponenten die Homogenität ablehnte, was ihm, dem Spezialisten für den christlichen O., besonders augenfällig erschien. Diese methodologische Wahl schloß jedoch die historische Komponente (*événementielle*) aus: Der einzige wirklich definierbare Unterschied war der zwischen *hellenismos* und *ethne*. So begrenzt sie auch ist, bietet die Definition des ›O.‹ der hagiographischen Schule eine gewisse Reflexion über die historischen Ereignisse dieser Territorien. Von den Historikern der römischen Geschichte, die lange Zeit ein wirkliches Verhältnis zu den ›Orientalisten‹ vernachlässigt hatten, konnte man dasselbe nicht behaupten. Im übrigen nahm auch ein Altertumswissenschaftler mit großem Weitblick wie Santo Mazzarino nur zehn Jahre später in einem denkwürdigen Referat auf dem Kongreß der Geschichtswissenschaften in Stockholm die Thesen Peeters' (allerdings ohne sie zu zitieren) wieder auf. Das Vermächtnis der klassischen traditionellen *scholarship* lastete lange Zeit auf der Spaltung in Altertumswissenschaftlern und Orientalisten, vor allem für die Römische Welt. Generationen von Gelehrten beschäftigten sich mit denselben Fragestellungen, ohne sich auszutauschen, gewissermaßen als ob ›Sapor‹ und ›Schâhpur‹ nicht ein und dieselbe historische Persönlichkeit gewesen wären.

Erst kürzlich bekräftigte F. Millar auch auf historischer Ebene die Willkürlichkeit des auf die Altertumswissenschaft angewandten Begriffes ›O.‹. Eine Stelle bei Strabon (1,2,34) bezüglich der Verwandtschaft von Armeniern, Syrern und Arabern anführend (die ein Zitat aus Poseidonios, FGrH F 87 enthält), schließt Millar: »Even though

Strabo (or Poseidonios) here comes closer than other commentators to suggesting common racial or physical characteristics for at least some of the peoples of the Near East, enough has been said to indicate that any single term used in the modern world to denote them all, whether ›Semites‹ or any other, would represent a purely arbitrary choice, with no basis in ancient terminology« (Millar 10f.).

→ Geopolitik, Ethnographie, Hagiographie, Medizin

LITERATUR: S. *Mazzarino*: La democratizzazione della cultura nel ›basso impero‹, in: Antico, tardoantico ed èra costantiniana I, Bari 1974, 74–98. – S. *Mazzarino*: Tra Oriente e Occidente. Milano ²1989. – F. *Millar*: The Roman Near East 31 BC-AD 337. Cambridge/London 1993. – Th. *Nöldeke*: Über Mommsen's Darstellung der römischen Herrschaft und Politik im Orient, in: ZDMG 39, 1885, 1–21. – P. *Peeters*: Orient et Byzance. Le tréfonds oriental de l'hagiographie byzantine. Bruxelles 1950. – E. W. *Said*: Orientalism. (dt. Orientalismus 1981), London 1978. – P. *Waltz*: La question d'Orient dans l'Antiquité. Paris 1943.

Giusto Traina

Palast

Die Bezeichnung ›P.‹ leitet sich von dem lateinischen Namen ›Palatium‹ her, d.h. von einer Ortsbezeichnung. ›Palatium‹ war der Name eines der sieben Hügel Roms. Zunächst Kern der stadtrömischen Siedlung, wurde er ab dem 1. Jahrhundert n.Chr. zum Standort der römischen Kaiser.-P. Auf diese Weise erklärt sich das heute konventionelle Verständnis von P. als repräsentatives Gebäude oder genauer als fürstlicher bzw. herrschaftlicher Wohnsitz. Im folgenden sollen die historisch-geographischen Bedingungen von P. in dieser – eingeschränkten – Wortbedeutung als Sitz eines Herrschers untersucht werden.

Ägypten: Wesentlicher Bestandteil von Herrschaft ist ihre Repräsentation. Insofern liegt es nahe, daß Herrscher den Ort, an dem sie wohnten und ihre Herrschaft ausübten, entsprechend den repräsentativen Bedürfnissen ihres Herrschertums gestalteten. So läßt sich bereits bei ägyptischen P. die Aufteilung des P. in einen privaten und einen offiziellen Teil beobachten. Während sich der private Bereich überwiegend an den persönlichen Bedürfnissen des Herrschers, etwa in Form von Magazinen oder einem Harem, orientierte, war der offizielle Trakt des P. auf die Erfordernisse des Herrscheramtes abgestimmt. Zentral waren hierbei in Ägypten z.B. eine große Thronhalle sowie ein ›Erscheinungsfenster‹, von dem aus sich der König bei feierlichen Anlässen zeigte. Hier werden bereits zwei Merkmale deutlich, die auch in späterer Zeit konstitutiv für die offizielle Sphäre von P. waren: die baulichen Voraussetzungen, um einerseits den Herrscher in einer herausgehobenen Position präsentieren zu können, und andererseits, um der nächsten Umgebung des Herrschers und seinen Untertanen die Möglichkeit zu geben, an dieser Präsentation Anteil zu nehmen. Thronhalle und ›Erscheinungsfenster‹ erfüllen beide Voraussetzungen in gleicher Weise. Der Herrscher erscheint erhöht, und es ist genügend Raum vorhanden, um einem kleineren oder größeren Personenkreis die Teilnahme an dieser Erhöhung zu ermöglichen.

Abb. 66: Der minoische Palast von Phaistos auf Kreta, gelegen in der fruchtbaren Mesara-Ebene. Die ersten Siedler orientierten sich bei der Wahl des Platzes an den landschaftlichen und klimatischen Verhältnissen. Durch eine leicht erhöhte Lage auf einem Hügel entzog man sich den regelmäßigen Überschwemmungen im Frühjahr und dem Sumpfklima des Sommers und gewann zugleich mehr landwirtschaftlich nutzbare Fläche. Es bestand Sichtkontakt über die südliche Ebene bis hin zum Libyschen Meer. Die Archäologen unterscheiden einen Alten Palast (entstanden ca. 1950 v.Chr.) und einen Neuen Palast (erbaut nach 1600 v.Chr.). Nach einer Brandkatastrophe um 1450 v.Chr. wurde die Anlage aufgegeben. Wie die anderen minoischen Paläste von Knossos, Malia und Zakro ist das architektonische Ensemble in Phaistos eine Kombination großer, offener Hofanlagen und um diese gruppierter Räume. Das Bild zeigt die Westfront des Palastes mit einem Teil des Westhofes.

Minoisches Kreta: Dieselben Prinzipien, wenn auch anders architektonisch umgesetzt, lassen sich auch für die P. der kretisch-mykenischen Kultur nachweisen. Die Bedeutung des P., sofern man die entsprechenden Gebäude als solche versteht, läßt sich dort an den Datierungsbezeichnungen für einzelne Abschnitte dieser Kultur fest-

Abb. 67: Frühkaiserzeitliche römische Palastanlage an der Ostspitze der Insel Capri (Italien), von Südwesten gesehen. In exponierter topographischer Lage erhebt sich die Villa 334 m über dem Meeresspiegel mit einem grandiosen Blick auf den Golf von Neapel. Die Anlage besteht aus einem differenzierten System von Höfen, Zisternen, Wohn- und Wirtschaftsbereichen sowie einer Freiluftpromenade. Von 26 bis 37 n.Chr. war Capri Refugium des römischen Kaisers Tiberius. So ist die Villa möglicherweise zu identifizieren mit einer der von Tiberius auf Capri gebauten zwölf Villen (Tac. ann. 4,67). Sueton (Tib. 65,2) erwähnt eine Villa Iovis des Tiberius, und mit dieser Bezeichnung wird der Palast auch heute üblicherweise versehen. Die großdimensionierte Anlage und prachtvolle Ausstattung paßt freilich nicht zu der von Tiberius und seinem Vorgänger Augustus auch in der Wohnkultur demonstrativ vorgelebten Bescheidenheit.

machen. So spricht man von erster P.-Zeit (ca. 2000 – ca. 1700 v.Chr.) und zweiter P.-Zeit (ca. 1700 – ca. 1400 v.Chr.). Tatsächlich waren es auch verschiedene P., die im übrigen oftmals heute noch erhalten sind, wie z.B. in Knossos, Mallia, Phaistos und Zakro, die der Kultur ihre besondere Prägung verliehen. Typisch für die kretischen P. war der große Rechteckhof, um den sich die übrigen Gebäudeteile, z.T. labyrinthartig, herumgruppierten. Die erhaltenen Bauten der kretisch-mykenischen Kultur erlauben darüber hinaus Rückschlüsse auf den Standort der P. innerhalb der Siedlungen. Dabei zeigt es sich oftmals – wie z.B. in Gurnia –, daß der P. das Zentrum der Siedlung bildete, an erhöhter Stelle errichtet und damit sichtbares Zentrum der Herrschaftsgewalt.

Griechenland: Anders als die kretisch-mykenische Kultur war die Kultur im klassischen Griechenland in erster Linie nicht monarchisch geprägt, weswegen sich hier nur vereinzelt Hinweise auf P. ergeben. Während man in den verschiedenen griechischen Poleis, schon aus Gründen der dort geltenden Verfassungsprinzipien, vergeblich nach P. Ausschau hält, kann man für Sparta, wo die Verfassung ein Doppelkönigtum vorsah, aufgrund fehlender Quellen keine Aussagen über die dortige P.-Architektur treffen. Um so wichtiger ist eine Stelle aus der *Odyssee* von Homer, in der der P. eines Herrschers geschildert wird (Hom. Od. 7,81–99). Zwar handelt es sich bei der Beschreibung des P. von Alkinoos, des Herrschers der Phaiaken, um literarische Fiktion, doch kann man davon ausgehen, daß sich hier durchaus die Realität herrscherlicher Repräsentationsformen aus der griechischen Frühzeit widerspiegelt, sofern sie monarchisch geprägt war. Homer beschreibt den P. des Alkinoos, der übrigens mitten in einer Siedlung lag, außerordentlich ausführlich, wobei die Beschreibung der kostbaren Ausstattung ein wichtiges Merkmal ist. Damit zeigt die Passage zwei weitere, wesentliche Elemente antiker P.-Architektur: Einerseits die prunkvolle Ausstattung des P., und zwar im Innern wie auch von außen, und andererseits die trotz der zentralen Lage des P. typische Abgeschlossenheit von P.-Anlagen gegenüber den sie umgebenden Siedlungen. Damit wird ein weiteres Element der Darstellung von Herrschaft akzentuiert, nämlich die Absonderung der Herrschers. Dies ist nur scheinbar ein Widerspruch zu dem erwähnten Repräsentationsbedürfnis des Herrschers, das in der P.-Architektur ebenfalls seinen Ausdruck findet. Indem der Herrscher nach außen hin seine Herrschaft inszeniert und sich zugleich gegenüber der Außenwelt absondert, vergrößert er das Geheimnis seiner Herrschaft.

Hellenismus: In der Zeit des Hellenismus spielen P. wiederum eine besondere Rolle. In den Quellen wird in diesem Zusammenhang fast immer von *basileia* gesprochen, womit entweder der ganze P.-Bezirk oder der Bezirk des Königs in der Stadt gemeint ist. Auch in den P. des Hellenismus wird zwischen privaten königlichen Wohnräumen (die Bezeichnungen hierfür variieren zwischen *oikos* oder *megaron*) und repräsentativem Teil der *basileia* (*andron* oder *peristyl* genannt) unterschieden. Dort veranstaltete der Herrscher Symposien, hielt Empfänge ab und erteilte Weisungen, ›regierte‹ also. Dabei ist es bedeutsam, daß die Könige als gottgleiche Herrscher die Ausstattungen ihrer P. mit einer entsprechenden Aura zu ihrer Überhöhung umgaben. Entsprechend herausgehoben waren die P. aus dem städtischen Umfeld. Bei einer Stadtgründung wurden ›königliche‹ Flächen für den P.-Bau freigehalten, die dann unter den nachfolgenden Generationen zu großen Bauensembles erweitert wurden. Auf diese Weise konnten, wie z. B. in Alexandria, Antiocheia oder Pella, ganze Städte innerhalb von Städten entstehen, wobei die *basileia* oftmals von einer Mauer umgeben war.

Rom: Besonders folgenreich war die P.-Architektur des Hellenismus für die römische Kaiserzeit. Denn dem P. kommt in der monarchisch geprägten Phase der römischen Geschichte, d. h. seit dem 1. Jahrhundert n.Chr., eine ganz besondere Bedeutung zu. In der Anfangszeit, als sich römische Kaiser wie Augustus oder Tiberius noch betont ›bürgerlich‹ gaben, spielte auch die P.-Gestaltung eine nur untergeordnete Rolle. Das änderte sich besonders eindrucksvoll unter Kaiser Domitian, Ende des 1. Jahrhunderts n.Chr. Domitian ließ im Zentrum des Palatium-Hügels einen großen Prunk- und Repräsentations-P. errichten. Er bestand aus zahlreichen, großen Sälen, wobei der zentrale und größte Saal, wahrscheinlich der Thronsaal, 32 m breit war und von einem Tonnengewölbe überspannt wurde. Der Eindruck dieses Gebäudes muß ungeheuer gewesen sein (Mart. 7,56; 8,36; 8,39; Stat. Silv. 4,2,18–31). Solange die Kaiser in Rom residierten, wohnten sie bis auf wenige Ausnahmen, wie z. B. Kaiser Aurelian (270–275 n.Chr.), grundsätzlich in den P.-Bauten auf dem Palatin. Der Ort entsprach nicht nur hinsichtlich seiner topographischen Lage innerhalb Roms, sondern auch

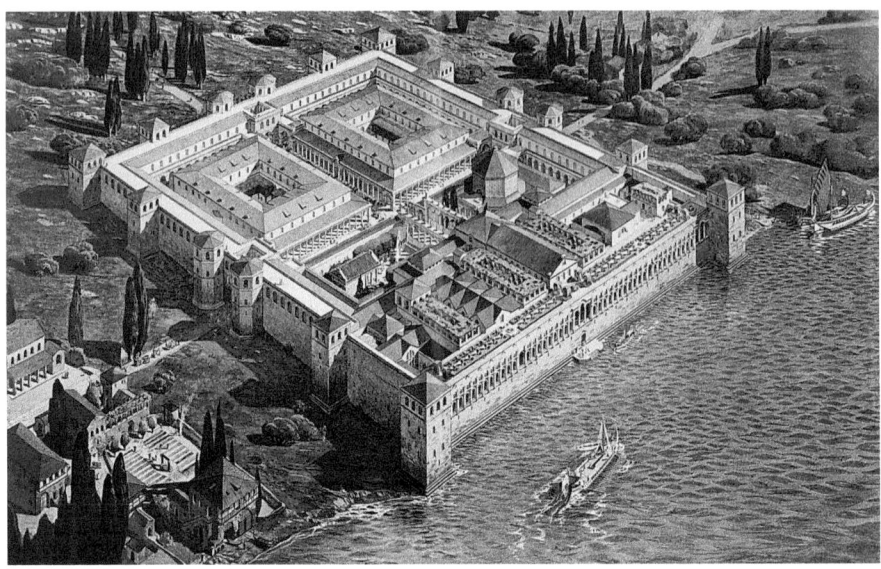

Abb. 68: Rekonstruktion des Kaiserpalastes von Spalatum (Split). In diesen Palast zog sich der römische Kaiser Diokletian nach seiner offiziellen Demission aus der Politik im Jahre 305 n.Chr. zurück. Auf einer Landzunge gebaut, verbindet der Palast in eigentümlicher Weise Elemente einer Porticus-Villa mit denen eines römischen Militärlagers. Die prunkvolle Schauseite zeigt zum Meer hin, während an den drei Landseiten 13 m hohe Mauern mit Türmen und Toren den Festungscharakter unterstreichen. Das Innere der Anlage ist wie beim Militärlager durch zwei Hauptachsen streng gegliedert und in Rechtecke aufgeteilt. Das Zentrum des Palastes mit Wohn- und Empfangsbereich des Kaisers war so positioniert, daß ein guter Blick auf das Meer gewährleistet wurde. Insgesamt zeigt die Anlage den militärischen und absoluten Charakter der spätantiken Monarchie.

aufgrund seiner Tradition den Bedürfnissen der römischen Kaiser nach Repräsentation. Hinzu kam die auch in der Spätantike baulich akzentuierte Nähe zwischen P. und Circus Maximus, dessen Veranstaltungen für die kaiserliche Selbstdarstellung immer wichtiger wurden. Dementsprechend verwundert es nicht, daß in einer Zeit, in der die Kaiser nicht mehr ausschließlich in Rom residierten und sich über das ganze Reich kaiserliche Residenzen herausbildeten, auch dort P. – oftmals in unmittelbarer Nachbarschaft zu Circusanlagen – errichtet wurden. Besonders eindrucksvoll läßt sich dies in den Städten Konstantinopel, Thessalonike und Antiocheia, aber auch in Trier nachweisen.

→ Amphitheater, Architektur, Burg, Monarchie, Odeion, Sportstätten, Städtebau, Tempel, Theater, Verfassung, Wohnhaus

LITERATUR: C. *Heucke*: Circus und Hippodrom als politischer Raum. Hildesheim 1994, 314–390. – W. *Hoepfner*/G. *Brands*: Basileia. Die Paläste der hellenistischen Könige. Internationales Symposion in Berlin vom 16. 12. 1992–20. 12. 1992., Mainz 1996. – E. *Lévy* (Ed.): Le système Palatial en Orient, en Grèce et à Rome. Actes du Colloque de Strasbourg, 19–22 juin 1985. Leuven 1987. – L. *Richardson*: Rome. A New Topographical Dictionary. Baltimore 1992, 279–282.

Clemens Heucke

Papyri

Der Papyrus ist ein typisches Produkt des alten Ägypten. Die Staude dieses Binsengewächses wurde in den sumpfigen Gewässern des Nildeltas angepflanzt und konnte eine Höhe von bis zu sechs Metern erreichen. Die wirtschaftliche Nutzung der Pflanze war vielfältig: So stellte man aus ihr Kleider, Schuhe, Körbe und sogar kleine Boote her.

Papyri als Beschreibstoff: Am bedeutendsten war jedoch die Verwendung als Beschreibstoff, als welcher P. bereits in der frühen pharaonischen Zeit fungierten (freilich zunächst nur in Kreisen der Priesterschaft). Das Mark der P.-Staude wurde zu diesem Zweck in kleine Streifen geschnitten, diese wurden in zwei rechtwinklig zueinandergelegten Schichten gepreßt, wobei das Mark als Klebstoff wirkte. So entstanden Schreibblätter (griechisch: *kollema*) in einer Höhe von ca. 30 cm. Zum Schreiben auf den P. dienten Binsenstengel und schwarze bzw. rote Tinte (hergestellt aus einer Gummi-Ruß- bzw. Gummi-Ocker-Lösung).

Monopol der Ägypter: P. waren der Hauptbeschreibstoff der Antike – das aus gegerbtem Tierfell hergestellte Pergament konnte sich als Konkurrent erst später etablieren und auch dann nie die P. überflügeln (vgl. die Episode bei Plin. nat. 12,70, wonach die ptolemäischen Könige den Versuch unternahmen, den P.-Export nach Pergamon einzustellen, weil man den Aufbau der dortigen Bibliothek verhindern wollte). Die Könige bzw. Herrscher von Ägypten verfügten über ein P.-Monopol in der antiken Welt (die ursprüngliche, auf das Ägyptische zurückgehende Bedeutung des Begriffs Papyrus = ›das Königliche‹ scheint auf diesem Sachverhalt zu beruhen). So waren P. für Ägypten über das gesamte Altertum hinweg ein wichtiger Exportartikel.

Fundorte: Erhalten haben sich P. fast ausschließlich in ihrem Herkunftsland Ägypten, und dies aufgrund der speziellen klimatischen Verhältnisse, indem der heiße, trockene Wüstensand die P. konservierte. Hinzu kommen Gelegenheitsfunde in anderen Regionen der antiken Welt, wie z. B. die verkohlten P.-Rollen aus der Villa dei Papiri in Herculaneum mit philosophiegeschichtlich wichtigen Texten, die römischen Militärarchive von Dura Europos am Euphrat oder die berühmten P.-Rollen von Quamran am Toten Meer. Die Hauptfundorte von P. in Ägypten liegen im mittleren Teil des Landes im Faijum (Tebtynis) sowie (außerhalb des Faijum) in Memphis und Oxyrhynchos. Insofern sind P. in erster Linie eine Quelle für die Geschichte und Kultur des alten Ägypten, dies jedoch von der Frühzeit bis zur arabischen Eroberung. Allerdings bieten die P. mehr als nur den Stoff für Regionalstudien: Da Ägypten in der Antike nahezu permanent unter Fremdherrschaft stand (Perser, Makedonen, Römer, Byzantiner), dokumentieren die P. auch die administrative Tätigkeit der jeweiligen Suprematiemacht, sind also auch eine Quelle für persische, makedonische, römische, byzantinische Außen- und Besatzungspolitik. Das Gros der erhaltenen P. stammt aus der römischen Kaiserzeit (vor allem 1./2. Jahrhundert n.Chr.), doch auch aus der ptolemäischen Zeit (3.-1. Jahrhundert v.Chr.) liegt umfangreiches Material vor. Auch für die römische Zeit sind die meisten P. auf Griechisch abgefaßt.

Inhalte: Grundsätzlich unterscheidet die Disziplin der Papyrologie, die sich längst als ein eigenständiger Zweig der Altertumswissenschaften etabliert hat, zwischen literarischen P. und Urkunden. Bei ersteren handelt es sich um auf P. gefundene Texte der antiken Literatur, die im übrigen auch wichtige Erkenntnisse für die Rezeptionsgeschichte der antiken Literatur und für die antike Lesekultur vermitteln. Historisch ergiebiger sind freilich die Urkunden, unter denen man die Gesamtheit der offiziellen und privaten, auf P. erhaltenen Texte aus dem Altertum faßt. Die Spannbreite reicht hier von hochpolitischen Angelegenheiten (z. B. die *Constitutio Antoniniana* aus dem Jahre 212 n.Chr., durch die vom römischen Kaiser Caracalla fast allen Bewohnern des Imperium Romanum das römische Bürgerrecht verliehen wurde) über admistrativ-finanztechnische Gegenstände (etwa der *Gnomon des Idios Logos*, ein Auszug aus einer Dienstanweisung des höchsten Finanzbeamten des kaiserzeitlichen Ägypten, oder das frühhellenistische Archiv des Zenon mit der Korrespondenz, die dieser mit seinem Vorgesetzten, dem Finanzchef des Königs Ptolemaios Philadelphos, geführt hat) bis hin zu den Eingaben und Petitionen einfacher Leute oder auch höchst privaten Briefen und Dokumenten.

Historisch-geographischer Wert: In vielfältiger Hinsicht sind die P. geeignet, Erkenntnisse für das Thema Mensch und Landschaft zu vermitteln. Zahlreich sind P., die auf die Landwirtschaft Bezug nehmen. Immer wieder erfährt man von den alltäglichen Sorgen und Nöten der kleinen Bauern. Instruktiv sind beispielsweise die Empfehlungen eines Bauern an seinen Sohn zur Durchführung der Aussaat mit dem angefügten Rat, auf jeden Fall auch noch ein Orakel zu konsultieren (2. Jahrhundert n.Chr., Wiener Papyrus P.Gr.Vindob. 19.757). Eine große Rolle spielt in den P. der Nil, entsprechend seiner Bedeutung als ägyptischer Lebensader. Von der regelmäßig eintreffenden Nilschwelle hing die Prosperität des Landes ab. Deren segensreiche Wirkung galt es durch Damm- und Kanalarbeiten zu gewährleisten. In einem P. aus dem Jahre 254 v.Chr. rechnen die Arbeiter einem Vorgesetzten vor, was sie an Meliorisierungs-Arbeiten geleistet haben (»Bei dem von Tebetnu und Samaria nach Kerkeesis führenden Abzugskanal, den wir voriges Jahr gegraben haben, ist ein Reststück unvollendet geblieben.«) und verlangen einen Ausgleich bei der Zahlung der Salzsteuer (P.Petr. II 4/11). Etwa aus derselben Zeit dokumentiert ein P. eine Streikdrohung von Dammarbeitern (»Wisse, daß wir seit zwei Monaten keine Verpflegung haben, auch keine Kornzuteilung, diese jedoch seit einem Monat. Du würdest nun gut daran tun, sie uns zu geben, damit wir, die wir so für dich arbeiten, nicht gefährdet sind.« PSI 421).

Weitere relevante historisch-geographische Erkenntnisse, vermittelt durch P., betreffen die Infrastruktur des Landes, etwa, was das Straßensystem angeht, oder die Stationen der ptolemäischen Reichspost im 3. Jahrhundert v.Chr. Instruktiv sind ferner Angaben über die Inspektionsreisen von königlich-ptolemäischen oder kaiserlich-römischen Beamten. Ein P. verrät auch, welche landschaftlichen und kulturellen Präferenzen die ägyptischen Behörden hatten, als 112 v.Chr. der römische Senator Lucius Memmius das Nilland besuchte: »Lucius Memmius, ein römischer Senator, ein Mann in hoher, angesehener Stellung, fährt von der Hauptstadt (= Alexandria) bis zum arsinoitischen Gau, um die Sehenswürdigkeiten zu besuchen. Er soll besonders großzügig empfangen werden. Sorge dafür, daß an den passenden Plätzen die Quartiere hergerichtet und die Landebrücken, die von ihnen wegführen, mit besonderer Sorgfalt fertiggestellt werden und daß ihm an der Landestelle die unten angeführten Gastgeschenke gebracht werden. Es soll auch, was zur Ausstattung des Quartiers gehört, organisiert werden, sowie das Futter für den Petesuchos und die Krokodile, ferner, was es zur Besichtigung des Labyrinths braucht, auch die dem Gott gebührenden Gaben und Opfer« (P.Tebt. 33).

→ Dokumente, Fluß, Inschriften, Kanal, Landwirtschaft, Münzen, Reisen, Schilf, Schrift, Straße (Straßenbau)

LITERATUR: D. *Bonneau:* La crue du Nil, divinité égyptienne à travers mille ans d'histoire (332 av.- 641 ap. J. C.). Paris 1964. – I. *Gallo:* Greek and Latin Papyrology. London 1986. – L. *Mitteis*/U. *Wilcken:* Grundzüge und Chrestomathie der Papyruskunde. 2 Bde., in 2 Teilen. Leipzig/Berlin 1912 (ND 1963). – H. A. *Rupprecht:* Kleine Einführung in die Papyruskunde. Darmstadt 1994. – H. *Thierfelder:* Unbekannte antike Welt. Eine Darstellung nach Papyrusurkunden. Gütersloh 1963. – E. G. *Turner:* Greek Papyri. An Introduction. Oxford ²1980.

Holger Sonnabend

Park

Von der Wortbedeutung her ist ein P. eine großflächige, umzäunte oder ummauerte Grünanlage. Das mittellateinische Wort *parricus* wurde in der Spätantike ins Westgermanische entlehnt und erscheint noch im Neuhochdeutschen als ›Pferch‹ mit der Bedeutung ›eingezäuntes Gehege‹. In der Antike waren griechisch: *kepos*, lateinisch: *hortus* sowie das aus dem Awestischen *pairi-daeza* ins Griechische entlehnte *paradeisos* gebräuchlich. Allen Wörtern ist die Grundbedeutung ›umzäuntes Land‹ gemeinsam.

Funktion: P. und Ziergärten haben eine andere Funktion als landwirtschaftliche Nutzgärten. Steht bei diesen das ökonomische Interesse im Vordergrund, dominieren bei der Gestaltung eines P. ästhetische Motive. Agrarökonomische Beschränkungen treten bei der Anlage von P. zurück, statt dessen steht der Wunsch des Architekten und Bauherrn im Vordergrund, die natürliche Umgebung kunstvoll und repräsentativ umzugestalten. P. sind somit ein Luxus der begüterten Schichten, unerreichbar für den größten Teil der Bevölkerung. Sie stellen den Reichtum und den gesellschaftlichen Status der Privilegierten dar, sind eine abgeschlossene, nach ästhetischen Prinzipien geordnete Welt von Pflanzen, Wasserbecken und Architekturelementen.

Entwicklung: Gleichwohl weist die Existenz von P. auf eine soziologische Dimension hin: Agrargesellschaften sind an den Zyklus der Jahreszeiten gebunden. Die Menschen binden sich an Gottheiten, die die Fruchtbarkeit des Landes und die Erneuerung des jahreszeitlichen Rhythmus garantieren. Um zu überleben, müssen sie darauf achten, die Naturzyklen vorherzusehen und mit Hilfe überlegener und allmächtiger Götter zu beherrschen. Tritt wie im antiken Griechenland neben die agrarische eine urbane Lebensform, wird die Abhängigkeit der Menschen vom Zyklus der Jahreszeiten geringer. Als Händler und Handwerker sind sie unabhängiger von den periodisch wiederkehrenden Naturzyklen, die für die Existenz von Agrargesellschaften lebenswichtig waren. Weil sich die Lebensbedingungen der Stadtbewohner wandelten, insbesondere wenn sie der wohlhabenden Oberschicht angehören, änderte sich ihre Wahrnehmung und damit auch ihre Einstellung zur Natur. In den antiken Städten begannen die Menschen, ihre Umgebung weitgehend unabhängig von den Erfordernissen einer reinen Agrarwirtschaft umzugestalten. Der antike P. ist somit ein Resultat der antiken Urbanisierung.

Abb. 69: Die Villa des römischen Kaisers Hadrian (117–138 n.Chr.) in Tibur (Tivoli). Der weitgereiste Kaiser schuf sich hier einen Mikrokosmos des von ihm regierten Imperium Romanum, insbesondere der östlichen Regionen, zu denen der Philhellene Hadrian eine spezielle Affinität hatte. Die Villa besteht aus mehreren Baukomplexen und großen Parkanlagen. In der Hadrian-Biographie der Historia Augusta (26,5) heißt es: »Seinen Landsitz in Tibur baute er auf erstaunliche Weise aus. Er griff nämlich die klangvollsten Namen von Provinzen und Örtlichkeiten wieder auf. So schuf er sich sein Lykeion, seine Akademie, sein Prytaneion, sein Kanopus, seine Poikile und sein Tempe. Und um ja nichts auszulassen, stellte er sogar die Unterwelt dar.« Das Bild zeigt den Kanopus, benannt nach einem Stadtteil im ägyptischen Alexandria, mit der Nachbildung des Kanopus mit Alexandria verbindenden Nilkanals und einem Tempel des ägyptischen Gottes Sarapis.

Das bedeutet jedoch nicht, daß sich in P. eine von der ›Natur‹ befreite menschliche Idealvorstellung ausdrückt, die sich – angetrieben von schöpferischen Fähigkeiten – in der Gartenlandschaft ihre eigene Welt schuf. Die Umformung der Umgebung zu einer P.-Landschaft erfolgt zwar vorrangig ästhetischen Vorstellungen, diese sind jedoch abhängig von gesellschaftstypischen Wahrnehmungsweisen. Aus diesem Grund ist die Gestaltung von P. – wie der Wandel ökonomischer, politischer, moralischer oder religiöser Einstellungen – erheblichen Veränderungen unterworfen, die sich bei griechischen und römischen P.-Anlagen beobachten lassen. Darüber hinaus wird erkennbar, daß die Menschen verschiedener Zeiten ihre Umgebung stets anders wahrnahmen und entsprechend ihre P.-Anlagen konzipierten. Das schließt jedoch nicht aus, daß P.-Anlagen, die zeitgleich errichtet wurden, unterschiedlich gestaltet sein konnten.

Griechenland: Die Griechen legten künstlich gestaltete Haine und Gärten ohne landwirtschaftliche Funktion bereits in vorklassischer Zeit um Tempel und Heiligtümer an (Hom. Od. 6,126f.; 6,23f.). Diese Tempelgärten waren ummauert oder auf andere Art von ihrem Umland abgegrenzt. Sie lagen wie die griechischen P. späterer Zeit meist außerhalb der Stadtmauern in ländlicher Umgebung, vorzugsweise in der Nähe eines Gewässers. Blumen, Sträucher und Bäume waren auf diese Weise ohne großen technischen Aufwand zu bewässern, wenngleich Pausanias, Herakleides oder Theophrast einige künstlich bewässerte P. in Attika oder Böotien erwähnen. So lagen die bekanntesten P. des antiken Griechenland außerhalb Athens in ländlicher Umge-

Abb. 70: Die sogenannte Miniaturvilla in Pompeji mit einem durch Architekturelemente axial geführten Blick von der erhöhten Aussichtsterrasse.

bung in der Ilissosniederung bei der Akademie, am Lykeion und Kynosarges. Der athenische Staatsmann Kimon (510–450 v.Chr.) ließ das Land bei der Akademie bewässern und den natürlichen Waldbestand um Platanen, Ulmen, Pappeln und Oliven ergänzen. Der zuvor trockene Ort verwandelte sich in einen grünen Hain, durch den schattige Wege und saubere Rennbahnen führten (Plut. Kim. 13).

Primär dienten diese P. nicht der privaten Repräsentation oder dem Müßiggang, denn sie entwickelten sich um öffentlich zugängliche Heiligtümer (Sparta, Delphi, Elis; Paus. 3,14,8; 6,23,1 ff.; 10,8,8), Grabstätten (Kalydon, Trysa, Athen, Nekropole im Kerameikos), Sportanlagen und Agoroi (Athen, Anthedon, Metapont). Die in römischer Zeit verbreitete enge Verbindung von P. und Privathaus ist archäologisch nur in Einzelfällen nachweisbar (wie z. B. die Haine des Ptolemäerpalastes in Alexandria, vgl. Strab. 17,1,9). Palastartige Villen aus hellenistischer Zeit in Pella, Demetrias, Vergina oder Pergamon besitzen zwar einen großzügigen Grundriß, grenzen jedoch unmittelbar an das Nachbargrundstück, so daß P. in der Nähe der Gebäude schwer vorstellbar sind. Obwohl seit hellenistischer Zeit die Absicht der Architekten erkennbar ist, Gebäude effektvoll in die natürliche Umgebung einzubinden, öffnete sich das Privathaus selbst nur selten nach außen. Die schriftlichen Quellen und archäologischen Zeugnisse zeigen deutlich, daß die Einbeziehung der Natur in Form von kunstvoll gestalteten P. für die Wohnqualität des griechischen wie hellenistischen Privathauses keine große Bedeutung hatte. Griechische P. waren überwiegend öffentliche Räume, wo sich die Menschen zu religiösen Zeremonien, sportlichen Übungen oder philosophischen Diskussionen trafen.

Rom: Römische P. waren meist eng mit Privatvillen (*villae suburbanae*) verbunden, die in immer größerem Umfang seit dem 2. Jahrhundert v.Chr. nicht nur auf dem Land, sondern auch in den Städten errichtet wurden. Wo die topographischen Voraussetzungen günstig waren, lagen die P. wie die Villen in Hanglage. In Rom beispielsweise lagen die Horti Luculli Domitiorum, Aciliorum, Sallustiani und Caesaris auf dem Mons Pincius, der auch Collis Hortorum genannt wurde. Dies bringt die Ambition römischer

Abb. 71: Wandelhalle entlang eines Wasserlaufes (Euripus) auf der Aussichtsterrasse der sogenannten Miniaturvilla in Pompeji.

Architekten zum Ausdruck, die Natur zu unterwerfen und zu beherrschen (Tac. ann. 14,9,1; Sen. epist. 51,11). Statius (sil. 2,2,52–59) schildert die Anlage eines P. bei der Villa des Pollius Felix bei Sorrent als Eroberung und Zähmung der Natur durch den menschlichen Willen. Die natürliche Umgebung wird gezielt umgestaltet: Hügel werden eingeebnet oder Feuchtgebiete trockengelegt. Römische Gartenarchitekten setzten dabei häufig naturbelassene Wildheit in Kontrast zu kunstvoll veränderten und ›gezähmten‹ P.-Landschaften. Vitruv fordert deshalb: »So wird man künstlich berichtigen müssen, was die Natur zufällig an ungünstigen Verhältnissen bringt« (Vitr. 6,1,2).

Wichtig scheint bei diesen Umgestaltungsmaßnahmen gewesen zu sein, interessante Ausblicke in die Umgebung (*prospectus*) zu eröffnen (Cic. Att. 2,3,2; Cic. dom. 44,115). Der *prospectus* war sogar gerichtlich einklagbar (Dig. 8,2,3). Überliefert ist, daß Marcus Marius vor seiner Villa Gelände abtragen ließ, damit er den Blick auf den Golf von Neapel genießen konnte (Cic. fam. 7,1,1). Viele Villen wurden so angelegt, daß der P. vom Gebäudeinneren betrachtet werden konnte. Rahmende Architekturelemente wie Portiken oder Wandelhallen eröffneten axial gelenkte Ausblicke in die

Umgebung. So ist beispielsweise Plinius d.J. (61/62 – ca. 113 n.Chr.) begeistert von einem Zimmer seiner Villa, von dem aus er durch mehrere Wandöffnungen in unterschiedliche Landschaftsausschnitte blicken kann (Plin. epist. 2,17,20f.). Die Segmentierung des Ausblicks führte zu einer verstärkten Gliederung einzelner Bereiche der P., beispielsweise durch kunstvoll beschnittene Buchsbaumhecken oder Ummauerungen, die sich vereinzelt auch archäologisch nachweisen lassen (vgl. Neros Domus Aurea, Hadrians Villa bei Tivoli, Villa von Oplontis, Villa delle Colonne bei Cosa, sowie Plin. epist. 5,6,16ff.). Der axial geführte und architektonisch gerahmte Ausblick in den P. führte unterschiedliche Raumsegmente zum Betrachter. Die Qualität eines römischen P. entstand aus dem – offenbar geschätzten – Kontrast zwischen naturhaft belassenen und kunstvoll umgestalteten Zonen. »Durch die Veränderung (der Umgebung, Anm. d. Verf.) erhöht sich die geistige Spannung wie von selbst«, betont Plinius d.J., wenn er auf seinen Tagesablauf zu sprechen kommt (Plin. epist. 9,36,3).

Trotz aller Veränderung und Beherrschung der Umgebung war Griechen und Römern der Einfluß von Umwelteinflüssen bewußt. P. steigerten das Wohlbefinden und hielten körperliche Verfallsprozesse auf (Vitr. 1,4,8), weshalb sie für die Menschen der Antike große Bedeutung hatten.

→ Architektur, Mentalität, Natur, Stadt, Städtebau, Tempel, Wohnhaus

LITERATUR: B. *Andreae:* »Am Birnbaum«. Gärten und Parks im antiken Rom, in den Vesuvstädten und in Ostia. Mainz 1996. – M. *Carroll-Spillecke* (Hg.): Der Garten von der Antike bis zum Mittelalter. Mainz 1992, 153ff., 177ff. – M. *Gabriel:* Livia's Garden Room at Prima Porta. New York 1955. – P. *Grimal:* Les jardins romains à la fin de la république aux deux premièrs siècles de l'empire. Paris 1943 (ND 1984). – E. *Kaiser:* Römische Gartengestaltung – Der distanzierte Blick in die Außenwelt, in: Orbis Terrarum 2, 1996, 41–72. – F. *Olck:* RE 7,1 (1910) Sp. 768–841, s.v. Gartenbau.

Eberhard Kaiser

Paß

Verglichen mit späteren Epochen der Geschichte haben P. als Mittel der Überwindung von Gebirgen und der infrastrukturellen Erschließung von Berglandschaften in der Antike nur eine geringe Rolle gespielt. Das Gebirge war nicht ein bevorzugter Lebensraum des antiken Menschen. Bedeutung kam P. jedoch im Fernhandelsverkehr und bei großen militärischen Aktionen wie dem Hannibalzug über die Alpen (218 v.Chr.) oder den Alpenzügen der Römer unter Augustus (27 v.–14 n.Chr.) zu. (Vgl. Abb. 72).

→ Gebirge, Handel, Kälte, Krieg, Mentalität, Mobilität, Natur, Raum, Reisen, Straße (Straßenbau), Tourismus, Wirtschaft

LITERATUR: R. *Chevallier:* Les voies romaines. Paris 1973. – E. *Meyer:* Hannibals Alpenübergang, in: MH 15, 1958, 227–241. – E. *Olshausen:* Einführung in die Historische Geographie der alten Welt. Darmstadt 1991, 160–170.

Holger Sonnabend

Abb. 72: Die Paßhöhe des Großen St. Bernhard in den Westalpen (2.472 m). Im Vordergrund ist der in den Felsen gehauene Saumpfad zu sehen, der für Fuhrwerke nicht befahrbar war (Strab. 4,6,7). Bei der militärischen Erschließung der Alpen unter Augustus spielte der Paß eine wichtige Rolle. Für die Römer stellte die Straße die Verbindung nach Britannien und zu den gallischen Provinzen her.

Philosophie

Die antike Ph. ist in mancher Hinsicht geeignet, als Quelle für das Verhältnis zwischen Mensch und Landschaft zu fungieren, und dies auch in dem doppelten Sinn, daß hier, zumindest partiell oder zeitweilig, ein Wechselverhältnis bestanden hat: Das philosophisch motivierte Anliegen, sich mit der Erde, der Welt, dem Kosmos zu beschäftigen, korrespondiert vor allem bei den ionischen Naturphilosophen mit einer bestimmten geographischen Positionierung und einer damit einhergehenden kulturell-wissenschaftlichen Beeinflussung. Überhaupt sind diesbezügliche historisch-geographisch relevante Erkenntnisse vor allem im Bereich der Natur-Ph. (Physik) festzustellen, seit Aristoteles (4. Jahrhundert v.Chr.) neben der Ethik und der Logik eine der drei kanonischen Disziplinen der antiken Ph. Unter die antike Natur-Ph. fallen so unterschiedliche Wissenschaftsbereiche wie Kosmologie, Astronomie, Meteorologie, Geographie, Zoologie, Botanik. Dieser weitgespannte Bogen erklärt auch die vielfältigen Stellungnahmen antiker Philosophen zu Themen, die in den weiteren Bereich der Historischen Geographie fallen. Hinzu kommt, daß die antike Ph. in ihrem thematischen Spektrum erheblich weiter gefaßt ist als die moderne Ph. Demzufolge ist ein antiker Philosoph jedweder Gelehrte, der sich, in der Regel professionell, mit dem Studium oder der Entwicklung intellektueller Gegenstände befaßt. Auch von daher lassen sich die häufigen Bezüge der antiken Ph. auf Geographie, Landschaft, Umwelt erklären.

Ionische Naturphilosophie: Als die Geburtsstätte der antiken Ph. wird ganz zu Recht das westliche Kleinasien (Ionien) betrachtet. Die dort aktiven griechischen Philosophen repräsentieren jene Epoche der antiken Ph., die, nach einem Ausspruch Ciceros (Tusc. 5,10), Sokrates dadurch beendet hat, »daß er die Ph. vom Himmel heruntergeholt und sie in den Städten und Häusern der Menschen angesiedelt hat«. Damit wird zutreffend der Wandel der Ph. von der Natur-Ph. zur Ethik charakterisiert.

Das früheste Fragen der griechischen Philosophen aber galt der Natur und der Welt. Es vollzieht sich im 6. Jahrhundert v.Chr. in Ionien der Weg vom Mythos zum Logos, zu einer rationaleren, das Göttliche als primäres Erklärungsmuster weitgehend eliminierenden Weltsicht. Ionien ist nicht zufällig die Landschaft, in der ein solches Denken (übrigens auch in der Geschichtsschreibung, wie die Beispiele Hekataios und Herodot zeigen) entstehen kann – vielfältige Anregungen werden aus benachbarten, in Fragen der Erfassung der Welt dem Westen weit vorangehenden Orient (Babylonien, auch Ägypten) aufgenommen. Überdies zwingt die ständige Bedrohung vonseiten der Perser zu einer Bündelung auch der intellektuellen Kräfte.

Thales, Anaximandros, Anaximenes: In einem solchen Klima entstehen im 6. Jahrhundert v.Chr. die Lehren der drei Protagonisten der ionischen Natur-Ph., die alle aus der Stadt Milet stammen und die alle, mit unterschiedlichen Antworten, nach dem Urgrund, dem Urprinzip des Seins und der Welt fragen: Thales, Anaximandros, Anaximenes. Thales steht am Anfang der Astronomie – er sagt die Sonnenfinsternis vom 28. Mai 585 v.Chr. voraus – und der Seismologie – Erdbeben erklärt er als eine Bewegung des Meeres, auf dem nach seiner Meinung die Erde schwimmt, und nicht etwa als die Rache des Poseidon. Ein Reflex seiner Erdbebentheorie ist möglicherweise die verschiedentlich (Theopomp. FGrH 115 F71; Cic. div. 1,112; Plin. nat. 2,191) überlieferte Episode von dem ›Lehrer des Pythagoras‹ Pherekydes, der um die Mitte des 6. Jahrhunderts v.Chr. ein Erdbeben auf der Insel Syros vorausgesagt haben soll, nachdem er aus einem Brunnen Wasser getrunken hatte. Das bezieht sich vielleicht darauf, daß Thales als das Urprinzip, als das Urelement das Wasser angesehen hat.

Der jüngere Zeitgenosse Anaximandros ist wie Thales ein Universalgelehrter: Auf ihn geht etwa die erste Erdkarte zurück, die die vom Wasser umschlossene Festlandsmasse in zwei Hälften (Europa, Asien) teilt. Erdkarten zu produzieren, sollte eine Spezialität antiker Philosophen bleiben: Gleiches ist etwa von dem Eleaten Parmenides (5. Jahrhundert v.Chr.), Eudoxos aus Knidos, einem Zeitgenossen Platons (4. Jahrhundert v.Chr.), und Dikaiarchos aus dem sizilischen Messene, einem Zeitgenossen des Aristoteles (4. Jahrhundert v.Chr.), überliefert. Das Urprinzip sieht Anaximandros nicht, wie Thales, im Wasser, sondern im *apeiron,* dem Grenzenlos-Unbestimmten (oder Unbegrenzten). Mit der Lehre vom *apeiron* gelangt Anaximandros zu einer Kosmologie (von griech. *kosmos* = Schmuck). Der Kosmos entsteht demzufolge durch die Gegensätze von Warm und Kalt, von Trocken und Feucht. Wie Pherekydes soll auch Anaximandros ein Erdbeben verausgesagt haben, diesmal in Sparta, und nach der Evakuierung der Bevölkerung wurde die Stadt zerstört und der Berg Taygetos in Mitleidenschaft gezogen (Cic. div. 112).

Anaximenes, der Jüngste in der Trias der berühmten ionischen Naturphilosophen, ebenfalls noch ins 6. Jahrhundert v.Chr. gehörend, kehrt bei dem Problem der Ursubstanz wieder zu einem bestimmten Stoff, der Luft, zurück. Aus der Luft entstehen seiner Lehre nach alle übrigen Elemente.

Aristoteles: Wenn Sokrates die Ph. wieder zu den Menschen gebracht hat, so hat sie der Universalgelehrte Aristoteles teilweise wieder in den Himmel gehoben. Das überaus umfangreiche Werk dieses Philosophen, geprägt von den Kategorien Logik, Psychologie, Ethik, Politik sowie Rhetorik und Poetik enthält auch Verschiedenes zum Thema Physik und Metaphysik. Hervorzuheben sind dabei insbesondere Schriften über die Meteorologie in vier Büchern sowie botanische und zoologische Untersuchungen. Dies sind Gegenstände, denen sich auch sein Nachfolger in der Schulleitung des Peripatos, Theophrast (gest. 287 v.Chr.) zuwandte (hervorzuheben sind etwa, wie bei Aristoteles, Arbeiten über Zoologie und Botanik). Aber auch das staatsphilosophische Hauptwerk des Aristoteles, die *Politik*, enthält zahlreiche historisch-geographische Bezüge, etwa, wenn er sich im 7. Buch Gedanken über die ideale Stadtanlage macht (1330a – b). Diese Ausführungen sind in der Forschung – nicht ganz abwegig – sogar als eine Reaktion auf die Gründung von Alexandria (Ägypten) durch seinen Schüler Alexander den Großen interpretiert worden, dem Aristoteles auf diese Weise eine Beschränkung der Einwohnerzahl habe empfehlen wollen.

Hellenismus: In der hellenistischen Zeit geht die Bedeutung der Natur-Ph. zurück. Die Philosophen sollen jetzt nicht mehr Antworten auf die Rätsel von Erde, Welt und Kosmos geben, sondern sich um die Belange der Menschen kümmern, die nach individueller Orientierung und Sinngebung in einer veränderten politisch-gesellschaftlichen Welt suchen (Stoa, Epikur, Kyniker). Die Atomistik eines Epikur dient nicht mehr der Erfassung der Welt, sondern sie wird funktional eingesetzt, um den Menschen die Furcht vor den Göttern zu nehmen. Dennoch produziert das Zeitalter des Hellenismus auch in den Gelehrtenkreisen wichtige Erkenntnisse für die Natur und die Geographie. Eratosthenes aus Kyrene (dessen Multitalent, obwohl er von der Ausbildung her Philosoph war, das an sich ohnehin breite Berufsbild des Philosophen, auch nach antiken Maßstäben, sprengt) liefert im 3. Jahrhundert v.Chr. fortschrittliche Erkenntnisse zur Geographie, und er entwirft auch eine weitere Weltkarte (vgl. Abb. 21, S. 116) und vermißt mit erstaunlicher Genauigkeit den Erdumfang.

An die Seite zu stellen als einem in diesem Zusammenhang relevanten hellenistischen Philosophen ist dem Eratosthenes Poseidonios aus dem syrischen Apameia (ca. 135–51 v.Chr.), der sich in seinem umfangreichen und sehr disparaten Werk auch mit Fragen der Kulturgeographie befaßt hat – bezeugt ist etwa eine Schrift *Über den Ozean*.

Rom: Die römische Ph. hat nie eine eigenständige, vom griechischen Vorbild losgelöste Richtung gefunden. Insofern orientieren sich Aussagen römischer Philosophen, die von historisch-geographischer Bedeutung sind, im wesentlichen an den griechischen Vorgaben. Ein Cicero etwa referiert im 1. Jahrhundert v.Chr. in seiner staatstheoretischen Schrift *De re publica* Gedanken über die Lage von Städten, die auch von den griechischen Philosophen Platon und Aristoteles bereits angestellt worden waren (Cic. rep. 2,7). Herausragend in bezug auf das Verhältnis des Menschen zur Landschaft und zur Umwelt ist freilich die Schrift des Stoikers Seneca (gest. 65 n.Chr.) mit dem Titel *Naturales Quaestiones* (Naturwissenschaftliche Untersuchungen) in 8 Büchern, in der er, wenn auch wenig originell, Probleme der Meteorologie, der Geographie und der Astronomie behandelt. Auch Seneca hat sich innerhalb dieser Darstellung, wie seine ionischen Vorgänger, intensiv mit Erdbeben befaßt. Das 6. Buch der *Naturales Quaestiones* mit dem Titel *De terrae motu* (Über Erdbeben) ist die umfangreichste zusammenhängende Beschreibung von antiken Erdbeben-Theorien. Ihren Ausgang nimmt diese Beschreibung von einem Augenzeugenbericht des Erdbebens des Jahres 62 n.Chr., das Kampanien betroffen hat, schwere Verwüstungen anrichtete und den Seismologen wichtige Hinweise auf die geotektonischen Zusammenhänge dieses Bebens liefert.

→ Astronomie, Chorographie, Erdbeben, Erde, Erdvermessung, Fachliteratur, Finsternisse, Geographie, Geschichtsschreibung, Klima, Mentalität, Natur, Städtebau, Welt

LITERATUR: I. *Düring* (Hg.): Naturphilosophie bei Aristoteles und Theophrast. Heidelberg 1969. – H. *Flashar* (Hg.): Grundriß der Geschichte der Philosophie. (Die Philosophie der Antike 3), Basel/Stuttgart 1983. – H. *Fränkel:* Dichtung und Philosophie des frühen Griechentums München ³1976. – P. *Grimal:* Seneca. Darmstadt 1978. – W. K. C. *Guthrie:* A History of Greek Philosophy. Bd.1, Cambridge 1962. – U. *Hölscher:* Anaximander und der Anfang der Philosophie, in: U. Hölscher: Anfängliches Fragen. Studien zur frühen griechischen Philosophie. Göttingen 1968, 9–89. – A. A. *Long:* Hellenistic Philosophy. Stoics, Epicureans, Sceptics. London ²1986.

Holger Sonnabend

Pilger

Der Begriff P. entstammt zwar dem christlichen Mittelalter, doch ist das mit dem Begriff bezeichnete Phänomen nicht auf die christliche Religion beschränkt. Verallgemeinernd verstehen wir hier unter der Bezeichnung P. einen Reisenden, der seine Heimat verläßt und einen besonders geheiligten Ort aufsucht, um dort seinen Kontakt zu einer Gottheit zu intensivieren. Die Antike hat keinen technischen Terminus zur Bezeichnung des P. entwickelt. Das lateinische Wort *peregrinus*, auf das das Wort P. zurückgeht, bezeichnete in der Antike nicht speziell den aus religiösen Motiven Reisenden, sondern ganz allgemein einen Fremden, der dort, wo er sich aufhält, kein Bürgerrecht besitzt. Zur Kennzeichnung einer Reise als P.-Fahrt mußte im antiken Sprachgebrauch zusätzlich auf den religiösen Charakter des Ortes, der besucht wurde, hingewiesen werden, etwa in der Form *peregrinatio ad loca sancta*.

Nichtchristliche Pilgerstätten in der Antike: Anziehungspunkte für heidnische P. waren vor allem die Heilkulte und Orakel von überregionaler Bedeutung. Exemplarisch sei hier nur auf den Asklepioskult hingewiesen. Das Heiligtum bei Epidauros auf der Peloponnes war während seiner Blütezeit im 4. und 3. Jahrhundert v.Chr. eines der meistbesuchten P.-Ziele. Um die Heilung von Krankheiten und Gebrechen, die von einem Besuch des Tempels erhofft werden konnte, zu erlangen, mußten die P. im Tempel selbst schlafen (Inkubation). Im Traum wurden sie dann entweder gleich geheilt, oder sie erhielten vom Gott Anweisungen, durch welche Diät oder Therapie eine Heilung möglich sei. Nach Ausweis der zahlreichen Inschriften, auf denen die Geheilten die Macht des Gottes dokumentieren, kamen die P. aus dem gesamten griechischen Sprachraum und allen gesellschaftlichen Schichten. Der Aufenthalt dauerte manchmal mehrere Monate lang. Als Unterkunft diente eine P.-Herberge mit 2.500 m² Grundfläche innerhalb des heiligen Bezirkes.

Christliche Pilgerstätten in der Antike: Christliche P. wurden in der Antike zuerst von den neu- und alttestamentlichen Stätten angezogen. Der im Zusammenhang der P.-Reisen geprägte Begriff des ›Heiligen Landes‹ ist zu verstehen als geographische Zusammenfassung dieser Stätten und schließt etwa auch den Sinai und Ägypten ein. Vor dem 4. Jahrhundert n.Chr. waren es nur vereinzelte P., die das Heilige Land aufsuchten, im Laufe des 4. Jahrhunderts n.Chr. vermehrte sich die Zahl jedoch stark, so daß den Aufzeichnungen der P. in Egeria (2. Hälfte des 4. Jahrhunderts) zufolge bisweilen mehrere Hundert P. in Jerusalem anwesend waren, davon ca. 50 Bischöfe. P.-

Reisen zu den Gräbern der Apostel und Märtyrer beginnen ebenfalls bereits im 4. Jahrhundert. So besuchte die oben genannte Egeria im Anschluß an ihren Aufenthalt im Heiligen Land auch das Martyrion der heiligen Thekla im isaurischen Seleukeia.

Pilgerreisen in der Antike: Für eine Betrachtung aus der historisch-geographischen Perspektive zeigt sich das P.-Phänomen als Sonderfall der Reise. Unterscheidet man als Phasen einer Reise die Anreise zum Reiseziel, den Aufenthalt am Zielort und die Vermittlung der Reiseerlebnisse nach der Rückkehr, so ergeben sich für das Thema drei Einzelkomplexe: Die Reiserouten einschließlich der ihnen eigenen Reisebedingungen, die Beschreibung der topographischen Details des Zielortes respektive -landes und der durch die P. vermittelte kulturelle Austausch.

Itinerarien von P.-Reisen entstanden als Reisetagebücher der P., die die Aufzeichnungen zur Stütze der eigenen Erinnerung anfertigten, eventuell auch schon mit Hinblick auf den Gebrauch als Reiseführer für spätere P. Die frühesten Quellen dieser Art datieren aus dem 4. Jahrhundert n.Chr. und stellen Berichte über Reisen nach Jerusalem und ins Heilige Land dar. Das *Itinerarum Burdigalense* etwa ist der Bericht eines anonymen P., der von Bordeaux aus in der ersten Hälfte des 4. Jahrhunderts n.Chr. seine Reise auf dem Landweg nach Jerusalem durchgeführt hat. Die Wegbeschreibung besteht aus der Auflistung von Städten und Poststationen, wie sie aus profanen römischen Itinerarien bekannt ist. Dazwischen setzt der P. seine eigenen Anmerkungen. Das bereits angesprochene Itineranum der Egeria aus der 2. Hälfte des 4. Jahrhunderts beschreibt die P.-Reise einer hochgestellten Nonne durch das ganze Heilige Land mit Abstechern nach Ägypten und Mesopotamien. Die Rückreise führte sie über das isaurische Seleukeia, wo sie das Grab der Märtyrerin Thekla besuchte, nach Konstantinopel. Die Bedingungen des Reisens waren für die P., je nach sozialer Stellung und Vermögen, sehr unterschiedlich. So war die genannte Egeria im Besitz eines Ausweises, der sie zur Benutzung des *cursus publicus*, des kaiserlichen Personen-Beförderungsdienstes, berechtigte. Wie es das Reiseziel und das Vermögen erlaubten, wurde auch per Schiff gereist. Der gewöhnliche P. legte den Weg zu Fuß zurück. In christlicher Zeit wurde die Unterbringung und Beköstigung der P. als ein Gebot der Nächstenliebe angesehen. Die Einrichtungen der Armenfürsorge wurden auch für die P. geöffnet. An den häufig benutzten Strecken entstand mit P.-Herbergen und Klöstern in engen Abständen eine Infrastruktur, die es erlaubt, von P.-Straßen zu sprechen.

Die topographischen Schilderungen der Reiseberichte beziehen sich verständlicherweise vor allem auf die Stätten, denen ein sakraler Charakter zu eigen ist, d.h. im wesentlichen auf die Grabstätten der Märtyrer und die Aufbewahrungsstätten von Reliquien. Aber auch andere Orte und Plätze, die im Leben der Heiligen eine Rolle spielten, werden beschrieben. In vielen Fällen liefert die Archäologie einen wichtigen Beitrag zur Topographie des Wallfahrtsortes.

Auswirkungen von Pilgerreisen: Daß mit dem Auftreten von P. eine besondere Infrastruktur einhergeht, zeigt auch das Entstehen von Städten, die ihre Existenz allein der Anziehungskraft eines Märtyrerkultes verdanken, wie etwa das pontische Euchaita oder die Menasstadt westlich von Alexandria.

Bei den durch P. vermittelten kulturellen Einflüssen ist vor allem an den Einfluß zu denken, der von den Bauten Kaiser Konstantins in Jerusalem ausging. Der besonders eindrucksvolle Charakter dieser heiligen Orte regte offensichtlich in vielen Fällen an, die gesehenen architektonischen Details in der Heimat nachzugestalten. So entstand in Rom S. Stefano Rotondo unter dem Eindruck der konstantinischen Anastasis Rotunde. Auf die Anregung der P. müssen auch die zahlreichen Nachgestaltungen des Heiligen Grabes zurückgeführt werden, auch wenn sie architektonisch weniger aufwendig ausfallen. Einflüsse der in Jerusalem praktizierten Karfreitags-Liturgie übten eine starke Wirkung auf die gesamte westliche Liturgie aus.

→ Archäologie, Askese, Bürgerrecht, Götter, Kultarchitektur, Kulthandlungen, Kultpropaganda, Medizin, Migration, Mobilität, Mythologie, Reiseberichte, Reisen, Städtebau, Topographie, Tourismus

LITERATUR: H. *Donner:* Pilgerfahrt ins Heilige Land. Die ältesten Berichte christlicher Palästinapilger (4.–7. Jahrhundert). Stuttgart 1979. – B. *Kötting:* Peregrinatio Religiosa. Münster 1950. – P. *Maraval:* Lieux saints et pélerinages d'orient, histoire et géographie. Des origines à le conquête arabe. Paris 1985.

Gerhard Kahl

Piraterie

In der griechischen Literatur finden sich die frühesten Belege für Seeräuberei bei Homer (Hom. Od. 14,85–88 u. a.); die Annahme (Thuk. 1,4f.; vgl. Strab. 1,3,2 [Eratosthenes]), P. sei im Mittelmeerraum so alt wie die Schiffahrt, ist kaum übertrieben. Zum Kauffahrertum einerseits und zur Kriegführung andererseits ergaben sich immer wieder Beziehungen: An Gründungen im Rahmen der griechischen Kolonisation waren auch Seeräuber beteiligt (vgl. zu Zankle: Thuk. 6,4,5 und Paus. 4,23,7; Phokaier in Kyrnos-Korsika: Hdt. 1,166,1). Noch in hellenistischer Zeit sind die Übergänge zwischen Söldnertruppen und Piratenbanden nicht selten fließend (Diod. 20,83,3; vgl. Pol. 4,6,1; App. Mithr. 14,92).

Motive für Piraterie: Antike Autoren haben das Piratenunwesen im allgemeinen entweder auf niedrigen Zivilisationsgrad (Barbaren: Diod. 20,25,2; Aristeid. panath. 181 D), auf eine besondere Veranlagung (Strab. 7,5,10; Plut. Pomp. 24,2; Cass. Dio 36,21,2; Flor. 1,41,6) oder auf naturgegebene Zwänge (Mangel und Elend: vgl. Strab. 7,5,6; App. Mithr. 14,92 und 96) zurückgeführt. Begünstigt wurde die Entwicklung, wenn es staatlicher Ordnung an Durchsetzungsfähigkeit fehlte (sei es aus Schwäche, sei es, weil man in andere Auseinandersetzungen verstrickt war: vgl. Strab. 14,5,2 zur hellenistischen Zeit; Plut. Pomp. 24,2 zur späten römischen Republik). Waren in früher Zeit ›Tyrrhener‹ besonders berüchtigt, so mußte man später vor allem die kretischen und dann die kilikischen Räuber fürchten (Strab. 10,4,9).

Piraterie und Handel: Für den Handelsverkehr auf dem Mittelmeer stellte die P. zeitweise eine ernste Bedrohung dar (vgl. zur Unterbrechung der Transportverbindungen und ihren wirtschaftlichen Folgen Plut. Pomp. 25,1; App. Mithr. 14,93; Cass. Dio 36,23,1); freilich muß die Ansicht, es sei immer nur wirtschaftlicher Niedergang die Folge von Seeraub gewesen, in verschiedener Hinsicht eingeschränkt werden: Menschenraub bildete die Grundlage dafür, daß das Sklavenhandelszentrum Delos zu einem der wichtigsten Handelsplätze des Mittelmeerraums wurde (Strab. 14,5,2); der

Abb. 73: Die schwarzfigurige attische Vase aus der Mitte des 6. Jh. v.Chr. zeigt rechts ein Handelsschiff mit Mast, Segeln und Besatzung, das kurz vor der Kollision mit einem anderen, vermutlich einem Piratenschiff steht. Das Bild ist ein Beleg für die Risiken und Unsicherheiten, denen die Seefahrt im Mittelmeer auch von dieser Seite her ausgesetzt war.

– zweifellos sehr bescheidene – Reichtum Kretas beruhte in hellenistischer Zeit auf P.; auch Phaselis in Lykien profitierte zeitweise vom (kilikischen) Seeräuberwesen (Cic. Verr. 2,4,10,21).

Geographische Aspekte von Piraterie: Geographische Aspekte der P. haben bei antiken Autoren immer wieder Beachtung gefunden. Als typische Gegend, in der Seeräuber zu Hause waren, galt ein karges, für Landwirtschaft ungeeignetes Gebirgsgebiet nahe einer vielgestaltigen Küste, die durch zahlreiche Buchten und vorgelagerte Inseln Schlupfwinkel bot (so z.B. App. Mithr. 14,92: Bergspitzen und einsame Inseln); dies traf mehr oder weniger zu auf Illyrien, Kilikien (›Rauhes Kilikien‹: dazu u.a. App. Mithr. 14,92: die Gegend geeignet, da rauh, hafenlos und sehr gebirgig; Strab. 14,5,6: dem Seeräuberwesen von Natur aus günstig, nicht zuletzt wegen des zur Verfügung stehenden Schiffsbauholzes und der versteckreichen Küste; hier auch zahlreiche Piratenfestungen: Plut. Pomp. 28,1; App. Mithr. 14,96), Ligurien (Strab. 4,6,3; vgl. Sch. Verg. georg. 2,168), das Land der Aitoler (Pol. 4,6), Kreta (Plut. Pomp. 29,1) und Sardinien (Strab. 5,2,7). Genannt werden darüber hinaus u.a. Seeräuber aus Syrien, Zypern, Pamphylien, Pontos (App. Mithr. 14,92).

Wer Piratenangriffe befürchten mußte, suchte sich durch verschiedene Maßnahmen zu schützen: Man vermied unsichere Küstengewässer, verlegte Ortschaften von der Küste weg ins Binnenland hinein (Thuk. 1,7), gab Siedlungen im offenen Land auf und zog sich in Städte zurück, verlängerte den Weg für den Landtransport (durch Anlage von Häfen an der Spitze von Halbinseln, nicht mehr in der Tiefe der Buchten), gründete stark gesicherte Hafenorte (z.B. im Adriagebiet: Syll.³ 305, Z. 53–67;

Diod. 16,5,3). Inseln und Städte des Ägäisraumes haben von aitolischen und kretischen Städten Asyliebeschlüsse erlangt, durch die Plünderungszüge von diesen Seiten ausgeschlossen werden sollten (z. B. Teos: SGDI 5165–5185 u. a.).

Bekämpfung der Piraterie: Als schwieriger erwies sich eine aktive Bekämpfung der P. Einzelne Herrscher der hellenistischen Zeit konnten sich kurzfristiger Erfolge rühmen (z. B. Eumelos im Schwarzmeergebiet: Diod. 20,25,2) Zum großen politischen Problem wurde das weitverbreitete Seeräuberunwesen dann für die römische Herrschaft zu Beginn des 1. Jahrhunderts v.Chr. (Cic. Manil. 11,31–12,33 und 18,55; Plut. Pomp. 24; App. Mithr. 14,93 u. a.). Nach vergeblichen Bemühungen des Praetors M. Antonius (102 v.Chr.) und der Proconsuln Servilius Isauricus (78–74 v.Chr.), M. Antonius Creticus (74–72/71 v.Chr.) und Caecilius Metellus (ab 68 v.Chr.) hat Cn. Pompeius auf der Grundlage der *Lex Gabinia* durch eine großangelegte Strategie, die den ganzen Mittelmeerraum (eingeteilt in neun Befehlsbezirke) und die Küstenregionen (bis 400 Stadien landeinwärts) umfaßte (67 v.Chr.; vgl. Plut. Pomp. 24–28; App. Mithr. 14,94–96), wieder sichere Verhältnisse für Seefahrer und Küstenbewohner herbeigeführt (Cic. Flacc. 12,29: *classis praedonum, urbis, portus, receptacula sustulit, pacem maritimam summa virtute atque incredibili celeritate confecit* [sc. Pompeius]; vgl. auch Flor. 1,41,15; dazu eine Inschrift aus Ilion: Asia Minor-Studien 22, 1996, 176, Z. 6–8). Durch Ansiedlung der überwältigten Piraten vor allem in Kilikia Tracheia und in Achaia (Liv. epit. 99; Strab. 8,7,5; 14,3,3; Plut. Pomp. 28,2–4; App. Mithr. 14,96) sollte dann das Übel von der Wurzel her beseitigt werden. Bedrohung des Reiseverkehrs durch Seeräuber kann Plinius d.Ä. in der frühen Kaiserzeit als eine überwundene Gefahr bezeichnen (Plin. nat. 2,45,117; pessimistisch hingegen Cass. Dio 36,20,1). Einzelne Piratenüberfälle sind aber auch später, vor allem in Zeiten einer Krise, vorgekommen.

→ Hafen, Handel, Kap, Kolonisation, Küste, Schiffahrt, Schiffahrtswege, Sklaverei

LITERATUR: W. *Ameling:* Karthago. Studien zu Militär, Staat und Gesellschaft. München 1993, 119–140. – H. *Pohl:* Die römische Politik und die Piraterie im östlichen Mittelmeer vom 3. bis 1. Jhdt. v.Chr. Berlin/New York 1993 (mit Bibliographie, 1–14). – W. K. *Pritchett:* The Greek State at War, Part V. Berkeley/Los Angeles/Oxford 1991, 312–358. – E. C. *Semple:* Pirate Coasts of the Mediterranean Sea, in: The Geographical Review, 1916, 134–151. – Ph. *de Souza:* Greek Piracy, in: A. Powell (Ed.): The Greek World. London/New York 1995, 179–198 (mit Bibliographie, 198). – S. *Tramonti:* La pirateria ligure e sardo-corsa nel Tirreno nel II sec. a. C., in: A & R n.s. 40, 1995, 197–212.

Wolfgang Orth

Polizei

Obgleich den antiken wie den modernen Staaten ›polizeiliche‹ Aufgaben zukamen (Sicherung der öffentlichen Ordnung, Durchsetzung der gesetzlichen Bestimmungen, Verhinderung und Verfolgung krimineller Akte), verfügen antike Gemeinden weder über eine öffentliche Strafverfolgungsbehörde (›Staatsanwaltschaft‹) noch über einen dauerhaft organisierten Überwachungs- und Erzwingungsstab (›Polizei‹). Als funktionale Äquivalente gesteht der frühe Staat seinem Bürger die Selbsthilfe zu, bis hin zur

Tötung des ertappten Diebes, und nutzt die starke soziale Kontrolle durch Rügebräuche, die von öffentlicher Verspottung bis zum Einreißen des Hauses bei schweren Abweichungen vom sozial akzeptierten Verhalten reichen. Mit wachsender Größe und Komplexität der Gemeinden und zunehmender Verrechtlichung beschäftigt der antike Staat spezielle Aufsichtsbeamte, denen in der Regel wenig Autorität zukommt, und regt die gegenseitige soziale Kontrolle der Bürger durch teilweise hohe Prämien für Anzeigen an (Sykophanten, Delatoren). In Krisenfällen können die Bürger von den Oberbeamten zu den Waffen gerufen werden oder selbst zum Schutz der Ordnung zu den Waffen greifen.

Aufgaben der Polizei in der Antike: In der griechischen Welt sind neben anderen Beamten vor allem ›Marktaufseher‹ (*agoranomoi*) und ›Stadtverwalter‹ (*astynomoi*) mit dem Schutz der öffentlichen Ordnung beauftragt (Aristot. Ath. pol. 50,2 – 51,4). Sie besitzen eine abgestufte Strafgewalt gegenüber Sklaven, Fremden und Bürgern (Körper- bzw. Geldstrafen) und je nach Polis unterschiedlich breite Kompetenzbereiche: z. B. Marktaufsicht (auch über Rechtsgeschäfte), Qualitäts- und Preiskontrolle bzw. Reinigung der Straßen, Beseitigung von Hindernissen, Instandhaltung von öffentlichen und privaten Gebäuden.

In Rom, den italischen Städten und den westlichen Kolonien fallen ähnliche Aufgaben den Ädilen zu, die dabei von Staatssklaven unterstützt wurden. Die Beschäftigung von 300 skythischen Sklaven in Athen nach den Perserkriegen als Ordnungskräfte in Volksversammlung und Schwurgerichten blieb Episode.

Formen der Polizei in der Antike: Die Elfmänner in Athen, denen Bewachung von Gefangenen, Hinrichtungen und Verhaftung Krimineller oblagen (Aristot. Ath. pol. 52), und die *tresviri capitales* (*nocturni*) in Rom mit einer begrenzten Strafgewalt über Sklaven und Unterschichtsangehörige (Liv. 9,46,4; vgl. Cic. leg. 3,3,6) dienten nur sehr begrenzt der Verbrechensbekämpfung. In Rom entstanden in der Kaiserzeit mit den *cohortes urbanae* und den *vigiles* unter hochrangigen Präfekten umfangreiche militärisch organisierte Organe, die neben dem Schutz der städtischen Bevölkerung auch ihrer Überwachung dienten. Eine Sonderform des staatlichen Selbstschutzes ist die Beschäftigung von Spitzeln (›Geheimpolizei‹), die zum Instrumentarium griechischer Tyrannen gehören (Aristot. pol. 1303a28, 1313b10–15), aber auch für Rom als *frumentarii, curiosi* oder *agentes in rebus* in Prinzipat und Spätantike gut bezeugt sind.

→ Gesellschaft, Markt, Recht, Sklaverei, Stadtverwaltung, Staat

LITERATUR: V. *Hunter*: Policing Athens. 1994. – D. M. *MacDowell*: The Law in Classical Athens. 1978, 61–66. – W. *Nippel*: Aufruhr und ›Polizei‹ in der römischen Republik. Stuttgart 1988. – W. G. *Sinnigen*: Chiefs of Staff and Secret Service, in: ByzZ 57, 1964, 78–105. *Walter Eder*

Polje

Größer als Dolinen (trichter- oder schlüsselförmige Bodenvertiefungen in Kalk- und Dolomitlandschaften) und Uvalas (Hohlformen in Karstgebieten) sind P. (slawisch: Feld). Sie können eine Fläche bis > 100 km² einnehmen. Es handelt sich um eingetiefte Wannen unterschiedlicher Grundrißformen mit relativ ebenen Böden, die nur ein geringes Gefälle aufweisen. Markantes Kennzeichen ist das Fehlen einer oberirdischen Entwässerung. Soweit Gewässer von der steilen Umrandung einmünden, vereinigen sie sich mit dem Flußsystem des P.-Bodens. Dieses orientiert sich aber auf eines oder mehrere Schlucklöcher am Rand des P., wo das Wasser unterirdisch abgeleitet wird. Schlucklöcher werden als *ponore* (slawisch) oder *katavothren* (Sg. *katavothra*, griechisch) bezeichnet.

Geologische Komponenten: Da das P. eine karstkorrosiv geschaffene Hohlform ist, muß der im Untergrund des P.-Bodens anstehende Kalk durch eine sandig-tonige Beckenfüllung abgedichtet sein. Sonst könnte sich kein oberirdisches Gewässernetz entwickeln. Die Füllung von Lockermassen setzt sich aus nicht lösbaren Rückständen im Kalk sowie eingeschwemmtem Fremdmaterial zusammen.

Besonderheiten treten in P. auf, wenn sie – wie im Mittelmeerraum – in einer subtropischen Klimazone liegen. Dort kommt es vor, daß bei den hohen winterlichen Niederschlägen die Katavothren das Überangebot von Wasser nicht mehr ›schlucken‹ können. Im Gegenteil: Wenn die Karstwassergefäße im Untergrund aufgefüllt sind, werden ›Schluck‹-Löcher zu ›Spei‹-Löchern, die zusätzlich Wasser zurück in das P. pumpen. Somit gibt es P. im dinarischen Karst, die regelmäßig im Winter unter Wasser stehen und zu Seen werden, in denen man fischen kann, während im Sommer auf dem P.-Boden Ackerfrüchte angebaut werden. Dann sind sie die Getreidekammern in dem sterilen Karst.

Die Seefüllungen sind die Ursache für die karstmorphologische Weiterbildung von P. Sobald der Seespiegel so hoch steigt, daß er an die Kalkfelsen der P.-Umrandung stößt, wird dort durch die Korrosion des aggressiven Wassers erneut Kalk gelöst. Deshalb ist die Kante zwischen P.-Boden und P.-Rand als scharf unterschnittene Kehle immer frisch erhalten.

Auch Fremdlingsflüsse können zu Überschwemmungen in P. führen. Ein imposantes Beispiel ist die böotische Kopaida in Griechenland. In dieses 350 km^2 große P. mündet – neben einigen kleineren Flüssen – der böotische Kifissos, der aus den Gebirgsstöcken von Giona, Kallidromon und Parnassos alljährlich zur Regenzeit enorme Wassermengen hineinschüttet. Sie können von der ›Megali Katavothra‹ östlich der Minyerburg Gla sowie anderen Ponoren nicht abgeführt werden und stauen sich vor dem Kalkriedel am Ostrand auf. Alleine der Kifissos vermag eine Hochwasserspitze von ca. 150 m^3/s. zu liefern, bei Niedrigwasser bringt er ein Minimum von 2,5 m^3/s. So wurde früher die Kopaida im Winter von einem bis zu 3,5 m tiefen See bedeckt.

Dennoch siedelten die Minyer vor 3.500 Jahren auf diesem Seeboden. Sie lösten das Problem auf eine geniale Weise, indem sie ihre Siedlungen mit Dämmen umgaben. So lebten sie – wie heute die Niederländer – in Poldern hinter den Deichen, die sie vor dem Hochwasser schützten. Erst die modernen Meliorationsmaßnahmen der letzten einhundert Jahre haben durch künstliche Tunnelbauten den ganzjährigen Wasserabfluß geregelt. Die alten Strandlinien aber sind am Rande des P. an den durch die Brandung herausgelösten Unterschneidungskehlen und Fußhöhlen erkennbar. Sie dienen den heutigen Hirten als ideale Schaf- und Ziegenpferche.

Der Transport des Karstwassers aus den *katavothren* führt oft über beachtliche Wegstrecken. So wurde 1962 durch die Zugabe von Tritium in die *katavothra* von Nestani im P. von Tripolis/Zentralpeloponnes nachgewiesen, daß dieses Wasser nach einer Entfernung von 27 km Luftlinie in der submarinen Karstquelle Agios Georgios an der Küste von Kiveri im Golf von Nauplia austrat. Die Höhendifferenz zwischen beiden Punkten beträgt 636 m, die Durchlaufzeit des Wassers konnte über das Tritium nach sechs bis zu 16 Tagen festgestellt werden. Die Quelle besitzt eine konstante Schüttung von 8 m^3/s. Sie wurde inzwischen durch einen Damm im Meer gefaßt und liefert das Wasser für die Bewässerung der Argolis.

Entstehung von Poljen: Die Genese der P. ist noch in einigen Punkten umstritten. Diese Theorien sollten jedoch nicht im Detail erörtert werden. P. können aus dem Zusammenwachsen von Dolinen und Uvalas entstehen. Die Beobachtung, daß viele P. in ihrer Umrandung einen fossilen talartigen Ausgang bis zu einer Höhe von 50–60 m über dem jetzigen P.-Boden besitzen, nährt die Auffassung, sie könnten aus der Erweiterung normaler Täler hervorgegangen sein, nachdem der P.-Boden zugeschwemmt und plombiert worden war. Auf eine tektonische Ursache weist die Tatsache hin, daß sie häufig in geologischen Mulden oder Gräben angelegt sind und somit der Streichrichtung der Faltengebirge folgen. Da in einigen dinarischen P. Reste von Tertiärsedimenten anstehen und die Kalkoberfläche des Bodens unter der Sedimenthülle unabhängig von der Neigung der Schichten glatt abgeschnitten ist, liegt wiederum die Vermutung nahe, daß sie sich unter den flächenbildenden Prozessen des tropischen tertiären Klimas gebildet haben. Hier lassen sich Parallelen finden bei der Untersuchung ähnlicher Karstformen in den heutigen Tropen.

Sicherlich kann man die Genese von P. nicht monokausal erklären; denn nicht alle Formen sind gleicherweise entstanden, sondern jedes P. besitzt individuell verlaufende Entwicklungsphasen. So haben sich z. B. trotz einer tektonischen Vorgabe die mit der Umrandung verzahnten Zipfel und Ausläufer karstkorrosiv weitergebildet.

Zu den P. gehören noch die Karstrandebenen. Das sind Randbecken, die entweder an undurchlässige Gesteine oder an das Meer grenzen.

→ Fluß, Deich, Karst, Klima, Meer, See, Überschwemmung

LITERATUR: J. *Knaus* et al.: Die Wasserbauten der Minyer in der Kopais – die älteste Flußregulierung Europas. Inst. f. Wasserbau und Wassermengenwirtschaft der TU, Bericht Nr. 50. München-Obernach 1984. – FAO (Ed.): Karst Groundwater Investigations in Greece 1960–1963. Rom 1964.

Friedrich Sauerwein

Randvölker

Verwendung des Begriffs Randvölker: Der Begriff R. wird heterogen und überwiegend phänomenspezifisch gebraucht, entbehrt aber einer strikten Definition. In der Geometrie meint Rand das ›äußere Ende einer Fläche‹, woraus für den historisch-geographischen Gegenstandsbereich zu folgern ist, daß ein Rand das, was gegebenenfalls naturräumlich, topographisch, ethnisch, politisch, sprachlich oder kulturell in etwa eine Einheit bildet, von etwas qualitativ Anderem abgrenzt. In einem polyzentrischen Gefüge erzeugt die Pluralität von Völkern bzw. Staaten ein Vielfaches an R., so daß verschiedene Perspektiven möglich sind. Sie geben dem Begriff etwas Relatives, und nur im Kontext festumrissener geographischer Größen (Kontinent,

Balkanhalbinsel, Ägäis etc.) sind Zentrum und Peripherie eindeutig determiniert. Gleiches gilt für die das monozentrische Weltbild der Antike prägende Mittelmeerregion, wo derartige Festlegungen aus der objektiven Randlage resultieren und nicht aus der Sichtweise einer sich vornehmlich auf die Geschichte ›bedeutender‹ Völker konzentrierenden traditionellen Historiographie. Gleichwohl hat diese ein bestimmtes Verständnis von R. geprägt, deren Kriterien neben der geographischen Lage ein wirtschaftliches oder politisches Ungleichgewicht und Zivilisationsunterschiede indizieren, ferner Assoziationen von Kulturgefälle wecken und oftmals mit ethnischen Vorurteilen zusammenfallen. Erst in den komparatistischen und sozialanthropologischen Ansätzen der Geschichtswissenschaft werden Gesellschaft und Kultur der R. stärker in ihrer Eigenständigkeit gewürdigt. Zudem arbeitet die Apperzeptionsforschung daran, den Zugang der griechisch-römischen Antike zum ›Anderen‹ und ›Fremden‹ aufzuzeigen, der von selektiver Wahrnehmung und Generalisierung geprägt war, wobei Topoi, Vorurteile und moralisierende Bezugnahmen zum eigenen System zusammenflossen, wie dies besonders in der Barbarentypologie oder beim Nomadentopos deutlich wird.

Klassifikation von Randvölkern in der Antike: Antike Orientierungshilfen bei der Bestimmung von R. sind also die ›bewohnbare‹ Zone (Oikumene) und zeitgenössische Vorstellungen vom Erdkreis (*orbis terrarum*). Daneben erfolgt die R.-Klassifikation durch Bezugnahme auf eine Kulturnation wie Hellas oder räumlich limitierte Staatsverbände wie das Imperium Romanum oder das Perserreich, von dem sich ein Konglomerat an R. deutlich absetzte und die dem Begriff innewohnende Ambivalenz verdeutlichte. Denn während für das eigentliche Hellas Illyrer, Makedonen und Thraker R. waren – am Schwarzen Meer kamen noch Skythen und Sauromaten, in Kleinasien noch Lyder, Phryger, Karer und Kilikier hinzu –, zählten einschließlich der Hellenen alle diese irgendwann einmal zu R. des Perserreiches. Konstellationsveränderungen traten immer dann ein, wenn R. in und vor den Grenzzonen in Bewegung gerieten oder, wie z. B. die Goten und Langobarden, Herren des alten Zentrums und nachdrängende Stämme neue Anrainer wurden. Ferner verschoben sich Zentren, wobei z. B. das Frankenreich nur einen Sektor der alten Einheit einnahm oder Randstaaten wie Makedonien und Rom selbst neue Machtmittelpunkte bildeten.

Während die jeweilige Peripherie also in der geographischen Dimension fixiert und zudem durch die antiken Kontakt- und Kommunikationsmöglichkeiten determiniert war, herrschte in der sozialen und politischen Dimension Flexibilität. So breiteten sich beim Aufstieg und Niedergang antiker Hochkulturen vor allem imperialistisch agierende Staaten wie Ägypten, Assyrien, Persien, Karthago, Makedonien und Rom im Verlauf ihrer Geschichte über zahlreiche Völker aus. Extremfälle bieten das Alexanderreich und das Imperium Romanum, deren Expansion fast alle R. der altbekannten Oikumene konsumierte und den eigenen *orbis* in unmittelbaren Kontakt mit einem *alter orbis* brachte. Dadurch fand die hellenistische Kultur mit Indern und die griechisch-römische mit der rivalisierenden Zivilisation der Parther eine gemeinsame Grenze. Daß Rom an dieser bald wieder künstliche Randstaaten konstituierte, kennzeichnet deren politische Funktion. Nachdem Rom so Iberer und Keltiberer, Teile der Kelten und Germanen, die Raeter, Ligurer, Etrusker, Sarden, Italiker, Illyrer, Griechen, Thraker, die kleinasiatischen Völker, Aramäer, Phönizier, Juden, Ägypter, Libyer und

Karthager vereinnahmt hatte, verblieben jenseits der Grenzen u. a. große Teile der Kelten und Germanen, die Sarmaten, Skythen, Alanen, Albaner, Hiberer, Armenier, Parther, Araber, Nabatäer, Nubier, Garamanten und Gätuler. Und selbst über sie hat sich das kaiserzeitliche Wissen durch militärische Expeditionen, aber auch durch geographische Erkundungen von See- und Handelswegen vermehrt. Ansonsten ergaben sich Kontakte und Informationsmöglichkeiten über Gesandte, Händler, vereinzelte Reisende, hauptsächlich aber durch Sklaven.

Angesichts der Pluralität und Heterogenität der R. dominierte in der griechisch-römischen Welt oft der subjektive Eindruck extremer Fremdartigkeit. Denn R. unterschieden sich in Sprache, Religion, Brauchtum, Zivilisation und Staatlichkeit – auch durch fehlende Urbanität oder Unkenntnis der Schrift; das allen gemeinsame Charakteristikum war bestenfalls die Stammesgliederung. Aufgrund wechselseitiger Beeinflussung blieben die Verhältnisse jedoch selten statisch. So unterscheiden exemplarische Untersuchungen von Limessektoren des Imperium Romanum drei Akkulturationsformationen, die am Rand von Hochkulturen eintreten konnten.

Kulturgrenzen: Da Kulturgrenzen selten linear verlaufen, sondern meist zonaler Natur sind, war die erste jene Grenzzone, die sich primär innerhalb und nur partiell außerhalb der aus militärischen, administrativen, fiskalischen und juristischen Gründen gezogenen Demarkationslinien erstreckte. Sie unterlag militärischer und politischer Kontrolle, die auch den grenzüberschreitenden Verkehr und Handel reglementierte, und wies einen hohen Grad an soziokultureller Anpassung (d. h. Romanisierung) auf.

Jenseits davon erstreckte sich die zweite Einfluß- und Kontaktzone, in der Kulturangleichungsprozesse u. a. über Lokal- und Transithandel, Zivilisationsimporte, Anwerbung von Soldaten, Diplomatie und die fallweise Kanalisierung von Geld und Ehren als planvolle Beeinflussung der Aristokratie oder der Sozialstruktur (insbesondere des Gefolgschaftswesens) abliefen. Der Grad der in diesem Akkulturationsprozeß erreichten strukturellen Annäherung entschied dann über Integration oder weitere Ausgrenzung der R. Effektive Vorgänge dieser Art förderten an den europäischen Rändern des Imperium Romanum die Inkorporation der Britannier, Gallier, Veneter, Noriker, Taurisker, Pannonier, Skordisker und Thraker. Aber jenseits von Rhein und Donau, wo die topographischen und zivilisatorischen Gegebenheiten bei Friesen, Chauken, Brukterern, Sugambrern, Cheruskern, Chatten, Hermunduren, Sueben, Markomannen, Quaden, Jazygen, Dakern, Roxolanen und Sarmaten eine militärische Eroberung ohnehin erschwerten, setzte auch die sehr langwierige Akkulturation der Reichsexpansion Grenzen. Aufgrund mangelnder sozialer und staatlicher Differenziertheit konnten die dortigen Stämme kaum als Randstaaten gelten und unterschieden sich meist auch funktional von diesen. Da ihre politische Existenz jedoch von äußeren Machtkonstellationen abhängig war, hat die traditionelle Geschichtsschreibung gleichwohl versucht, solche Verhältnisse mit Kategorien wie Satelliten-, Puffer-, Vasallen- oder fälschlicherweise sogar ›Klientelrandstaaten‹ zu charakterisieren.

R. der dritte Zone hatten über den Fern- und Zwischenhandel oder gelegentliche Gesandtschaften nur sehr sporadisch Kontakte und wurden in ihrer inneren Entwicklung weit geringer beeinflußt, obwohl die Kulturzentren in materieller Hinsicht stets auch auf sie anziehend gewirkt haben, was Völkerwanderungen mitbedingte oder lenkte.

Besondere Bedeutung kommt dem Transformationsprozeß bei europäischen R. ab dem 2. Jahrhundert n.Chr. zu, als verbesserte Produktionsmethoden die Bodenerträge steigerten, die Bevölkerung wuchs und Stämme sich zu jenen schlagkräftigen Verbänden zusammenschlossen, die letztlich das Weströmische Reich eroberten. Aber schon immer hatten R. eine ernste Gefahr für die Zentren der antiken Hochkultur dargestellt, wovon z. B. die Kelten-Invasionen im 4. und 3. Jahrhundert v.Chr. (Galater), die Präventivkriege seit dem Skythenfeldzug Dareios' I. und die makedonischen oder römischen Versuche zeugen, die Kampfkraft der R. gegen diese selbst aufzubieten.

Wissenschaftliche Erfassung von Randvölkern: Obwohl die Hellenen infolge ihrer Kolonisation mit nahezu allen R. des Mittelmeeres in Kontakt traten, hat sich die griechische Wissenschaft erst spät mit diesem Phänomen beschäftigt, und selbst dann haben sich die antiken Forscher selten zentral mit diesem Gegenstand auseinandergesetzt. Allen voran stehen Logographen wie Hekataios und Herodot, die sich erstmals den R. widmeten. Dann entstanden Monographien über bedeutende Mächte wie z. B. Persien und Ägypten, bis Universalhistoriker wie Theopomp, Ephoros und Diodor wieder die Ränder der griechisch-römischen Zivilisation miteinbezogen. Auch Polybios hat verzeichnet, was im 3. und 2. Jahrhundert v.Chr. am politischen Horizont Roms auftauchte. Vergleichbares gilt für Pompeius Trogus und seine Behandlung der hellenistischen Staaten. Wichtige Informationen enthalten darüber hinaus Spezialwerke wie Appians Geschichte der Kriege Roms, in der er auf die jeweiligen Gegner eingeht. Ansonsten ist man auf die Überreste der ethnographischen Literatur wie Tacitus' *Germania* oder Exkurse in geographischen Werken (z. B. Strabons) oder auf gelegentliche Skizzen von R. in der übrigen Historiographie angewiesen.

→ Außenpolitik, Bevölkerung, Bezirk, Diplomatie, Erde, Ethnographie, Ethnologie, Fachliteratur, Fremde, Gesellschaft, Grenze, Handel, Imperialismus, Reich, Reisen, Sklaverei, Staat, Volksstamm, Welt

LITERATUR: W.-D. von *Barloewen* (Hg.): Abriß der Geschichte antiker Randkulturen. München 1961. – J. *Barrett* et al. (Eds.): Barbarians and Romans in North-West Europe. Oxford 1989. – J. *Campbell*/B. *Cunliffe* (Eds.): The Peoples of Europe [Reihentitel]. Oxford 1992 ff. – B. *Cunliffe*: Greeks, Romans & Barbarians. London 1988. – *Katalog*: Die Daker. Mainz 1980. – C. *Daniels*: The Garamantes of Southern Libya. Harrow 1970. – Chr. *Danov*: RE Suppl. IX (1962) Sp. 866–1175, s.v. Pontos Euxeinos. – Y. A. *Dauge*: Le barbare. Brüssel 1981. – J.-P. *Descoeudres* (Ed.): Greek Colonists and Native Populations. Oxford 1990. – Sh. *Frere*: Britannia. London [4]1994. – P. *Gleirscher*: Die Räter. Chur 1991. – P. *Kehne*: Formen römischer Außenpolitik in der Kaiserzeit. Die auswärtige Praxis im Nordgrenzenbereich als Einwirkung auf das Vorfeld. Mikrofilm-Diss. Hannover 1989. – F. *Millar*: Das Römische Reich und seine Nachbarn. Frankfurt/M. [4]1975. – F. *Millar*: The Roman Near East. Cambridge/Mass. [3]1996. – K. E. *Müller*: Geschichte der antiken Ethnographie und ethnologischer Theoriebildung. 2 Bde., Wiesbaden 1972–1980. – W. *Nippel*: Griechen, Barbaren und ›Wilde‹. Alte Geschichte und Sozialanthropologie. Frankfurt/M. 1990. – M. *Oppermann*: Thraker. Leipzig 1984. – R. *Osborne*: Greece in the Making. London 1996. T. *Powell*: The Celts. London [3]1995. – M. *Rowlands*: Centre and Periphery: a Review of a Concept, in: M. Rowlands et al. (Eds.): Centre and Periphery in the Ancient World. Cambridge 1987, 1–12. – N. *Sitwell*: Outside the Empire. London 1986. – S. v. *Schnurbein*: Vom Einfluß Roms auf die Germanen. Oppladen 1995. – H. *Sonnabend*: Fremdenbild und Politik. Frankfurt/M. 1986. – D. *Timpe*: Griechischer Handel nach dem nördlichen Barbaricum, in: AAGö 143, 1985, 181–213. – J. *Vogt*: Orbis. Freiburg 1960. – J. *Wallace-Hadrill*: The Barbarian West 400–1000. London [2]1997. – C. R. *Whittaker*: Frontiers of the Roman Empire. Baltimore 1994.

Peter Kehne

Raum

Unter R. (griechisch: *topos, chora, to periechon, diastema, kenon, apeiron*; lateinisch: *spatium*) versteht man den Erfahrungs- oder Erlebnis-R., die durch den jeweiligen Wahrnehmungshorizont begrenzte und mit bestimmten Gegenständen erfüllte, nach verschiedenen Richtungen (oben, unten, rechts, links, vorne, hinten) und nach Nähe und Ferne gegliederte Ausgedehntheit. Die Qualität des R.-Verständnisses ist von der Perspektive des Erkennenden abhängig. Beim Menschen erfolgt die R.-Wahrnehmung primär mit Hilfe des Gesichts- und Tastsinnes. Eine einheitliche, R., Zeit und Materie verbindende Theorie konnte im 20. Jahrhundert bisher nur theoretisch entworfen, nicht aber experimentell nachgewiesen werden.

Raumtheorien in der Antike: Für die ausgesprochen differenzierte philosophisch-wissenschaftliche Diskussion in der griechisch-römischen Antike spricht schon die Vielfalt der Begriffe für verschiedenartige R. Von fundamentaler Bedeutung wurden Theorien der Atomisten und Platons, vor allem aber die aristotelische Diskussion und Definition des R. als eines allgemeinen Grundbegriffes, der die physische Realität erst konstituiert und als eine der zehn Kategorien gilt (vgl. Aristot. phys. 4,4 212a20f: *to tou periechontos peras akineton proton, tout estin o topos:* Die unmittelbare, unbewegliche Grenze des Umfassenden – das ist Ort, Übers.: H. G. Zekl). Die R.-Vorstellungen der hellenistischen Philosophenschulen werden mit geringen Modifikationen von römischen Philosophen und Wissenschaftlern übernommen. Bis zu den subtilen Theorien der spätantiken Neuplatoniker wird das wissenschaftliche Verständnis des R. immer komplizierter und unterscheidet sich immer mehr vom alltäglichen Verständnis der antiken Menschen.

Abgrenzung des Themas: Im Rahmen dieser Darstellung wird unter R. jedoch primär der gesamte Mittelmeerraum inklusive jener Regionen verstanden, die mit diesem politisch, wirtschaftlich oder kulturell verbunden waren. Denn diese mediterrane ›Oikumene‹ (Strabon) bildet den ›politischen Raum‹ und die Welt der Zivilisation, die in der historischen Erfahrung durch die antiken Zeitgenossen der griechisch-römischen Staatenwelt und ihrer Randkulturen wahrgenommen und von den meisten Quellen thematisiert werden. Je nach ihrer Perspektive und den Bedingtheiten ihrer Zeit beschreiben Historiker und Geographen diese R.-Welt im anthropogeographischen und geschichtlich-politischen Sinne sehr unterschiedlich. Doch erst der neuzeitliche, institutionelle Flächenstaat konstituiert geschlossene politische R. mit weitreichenden strukturellen Konsequenzen für die Bedeutung der Begriffe des staatlichen Territoriums, seiner Grenzen und der administrativ-institutionellen Durchdringung. Auch antike Autoren differenzieren schon genau zwischen privaten und öffentlichen, sakralen und profanen R. Nach jüngeren Forschungen zur antiken Geographie und Kartographie ist das R.-Bild der meisten antiken Menschen konkret, eindimensional und im Sinne der mathematischen Vektorlehre gerichtet, bewertet und relational gewesen. Es unterscheidet sich vom modernen, auf der abstrakten zweidimenionalen Kartenprojektion basierenden strukturell. Das antike ›hodologische‹ R.-Bild orientiert sich primär an konkreten Verbindungswegen von einem Punkt (*topos; locus*) zu einem anderen. Dadurch erklären sich auch aus der Sicht heutiger Interpreten erstaunliche Fehler und Besonderheiten kartographischer, chorographischer und historiographischer Beschreibungen bestimmter R. und Wegstrecken. Das bei den Griechen und

Römern dem hodologischen R.-Bild entsprechende Orientierungsprinzip im ›Zeit-R.‹ ist die Abstammung, ein Prinzip, das literarisch die Genealogiai-, Ktisis- und Origo-Literaturen prägt.

Moderne Raumtheorien: Man kann unter Verwendung von Begriffen der modernen Kognitionsforschung unterschiedliche Weisen der Wahrnehmung und Beschreibung von Klein-, Mittel-(Regional-) und Groß-R. unterscheiden, denen jeweils signifikante R.-Vorstellungen und auch zur Verwendung von Karten alternative Modi der R.-Erfassung zuzuordnen sind. Im Modus einer nichtkartographischen R.-Erfassung markieren *landmarks* für bestimmte R., insbesondere Groß-R., typische erinnerungswürdige Punkte, Gebäude usw., deren relative Lage zueinander und zum Subjekt einen R. strukturiert und seine R.-Erfassung ermöglicht. *Routes* sind im Gedächtnis eines Individuums (seiner *mental map*) gespeicherte Wegekarten, insbesondere für Mittel-R., in denen markante Punkte einer Richtungsänderung des Weges nacheinander und relativ zum jeweils nächsten Punkt gespeichert sind. *Survey* bezeichnet im Verständnis der Kognitionsforschung das abstrakte Wissen um die Lage von Objekten im täglich durchlaufenen Klein-R.

Umsetzung des Raumbildes in der Antike: Antike Philosophen und Wissenschaftler entwerfen primär als Hilfsmittel für ihre Diskussionen beachtliche Ansätze zu einem abstrakteren, im Rahmen der antiken technisch-wissenschaftlichen Möglichkeiten auch kartographisch niedergelegten R.-Bild. Von den ionischen Naturphilosophen des 6./5. Jahrhunderts v.Chr. mit den Weltmodellen und -karten des Anaximander und Hekataios über die Weltbeschreibungen des Eratosthenes und Strabons bis zu den kaiserzeitlichen Werken und Kartenentwürfen des Marinos von Tyros und Klaudios Ptolemaios präzisiert sich die wissenschaftliche R.-Erfassung stetig mehr. Es ist dagegen umstritten, in welchem Umfang die politisch-militärische Elite der hellenistischen Großreiche und des Imperium Romanum ihre aus vielen Quellen gewonnenen Informationen über den Groß-R. des Reiches auch zu einem abstrakten kartographischen R.-Bild umgesetzt und geographisch-kartographisches Wissen ihre militärisch-strategischen und administrativ-politischen Entscheidungen beeinflußt hat. Im Lauf der Antike hatte die philosophisch-wissenschaftliche Theoriebildung über die Gestalt der Erde einen größeren Einfluß auf die Einteilungen der Erdkugel in Kontinente und Teilmeere des Weltozeans als eine systematische Exploration. Es herrscht die Dreikontinentelehre der Mittelmeeroikumene und ihrer Randgebiete vor, d.h. die Aufteilung in Europa, Asien und Afrika. Allerdings wurden auch alternative Modelle diskutiert. Der aus Mallos stammende Wissenschaftler Krates (2. Jahrhundert v.Chr.) und andere Wissenschaftler postulierten theoretisch schon Gegenkontinente auf der noch unerforschten Südhälfte der Erdkugel. Führende Geographen der griechisch-römischen Antike betonten die zentrale Bedeutung des Mittelmeeres für die Kommunikation der umliegenden Länder der Oikumene.

Ausdehnung des Raumbildes in der Antike: In der griechisch-römischen Mittelmeeroikumene erfolgen von der früharchaischen Epoche bis zum Ausgang der Antike bedeutende Veränderungen und Erweiterungen des R.-Bildes. Zunächst war für die meisten Menschen der R. ihres Lebenskreises nach heutigen Maßstäben sehr beschränkt. Er umfaßte oft nur das Umland der Heimatpolis und kurze Strecken zu Lande oder zur See bis zu den Nachbarpoleis. Doch schon früh erfolgte eine erhebliche

Ausweitung der R.-Erfahrung bestimmter Personengruppen durch Handelsverbindungen im gesamten Mittelmeer-R., Gründung von Kolonien und friedliche oder kriegsbedingte Kontakte mit dem ägyptischen und dem persischen Reich, den Kelten und Skythen. Außerhalb der philosophischen Diskussionen werden solche neuen R.-Erfahrungen im epischem Weltbild und in geographischen Passagen der übrigen poetischen Gattungen sowie in geographischen Literaturgattungen, z. B. der Periplus- und Perihegesis-Literatur, reflektiert. Vor allem finden sie aber Eingang in Universalhistorien und Oikumene-Geographien von Herodot und Ephoros über Eratosthenes, Polybios, Poseidonios, die augusteische Kulturgeographie Strabons und das kaiserzeitliche Werk des Klaudios Ptolemaios bis zu den spätantiken christlichen Weltbeschreibungen, z. B. der des Kosmas Indikopleustes.

Die wichtigsten Phasen der Erweiterung des R.-Bildes der griechisch-römischen Welt verbinden sich mit bedeutenden militärisch-politischen Ereignissen. Beispiele hierfür sind die Sprengung des klassischen Weltbildes der Polisstaatenwelt durch den Alexanderzug und die militärisch-geographischen Explorationen im frühen Hellenismus, dann das Zusammenwachsen des gesamten Mittelmeer-R. zu einem einzigen, untrennbar miteinander verflochtenen ›politischen R.‹ durch den Aufstieg Roms zur Weltmacht seit dem späten 3. und 2. Jahrhundert v.Chr. oder die umfangreichen Erweiterungen der Kenntnisse über den Nordwesten und Osten der Oikumene in der spätrepublikanischen und frühen Prinzipatszeit.

Veränderungen des Raumes in antiker Sicht: Antike Dichter, Philosophen, Historiker und Geographen untersuchen Veränderungen des R. der Oikumene infolge von Wirkkräften des Meeres und der Flüsse, von Wüstungsprozessen und tektonischen Veränderungen (Erdbeben, Vulkanismus), thematisieren aber auch schon (z.T. kritisch) durch das Eingreifen des Menschen in den Raum (durch Straßenbau, Stadtgründungen, Bergbau, Rodungen, Bewässerungssysteme) bedingte Entwicklungen.

Raumordnung in der römischen Kaiserzeit: Das R.-Bild des römischen Kaiserreiches wird durch die drei großen Grenzströme Rhein, Donau und Euphrat umgrenzt, aber vom Mittelmeer her bestimmt. Auch die Errichtung der verschiedenen Grenzen (*limites*) veränderte diese R.-Wahrnehmung nur unwesentlich. Vor allem der Begriff der Grenzen des römischen Reiches bleibt aus heutiger Sicht offen und problematisch, da das römische Kaiserreich ideologisch ein *imperium sine fine*, ein grenzenlos-universales Reich war. Vielfältige Probleme der R.-Ordnung im römischen Reich sind daher ein wichtiger Forschungsgegenstand der Historischen Geographie.

→ Chorographie, Erdbeben, Erde, Erdteile, Fluß, Geographie, Grenze, Handel, Historische Geographie, Imperialismus, Kartographie, Kolonisation, Meer, Philosophie, Randvölker, Reich, Reiseberichte, Staat, Straße (Straßenbau), Vulkanismus, Welt, Wüstung

LITERATUR: K.G. *Algra*: Concepts of Space in Greek Thought. Leiden u.a. 1995. – K. *Brodersen*: Terra Cognita. Studien zur römischen Raumerfassung. Hildesheim u.a. 1995. – E. H. *Bunbury*: A History of Ancient Geography among the Greeks and Romans from the Earliest Ages till the Fall of the Roman Empire. 2 Bde., London 1883 (ND New York 1959). – O. A. W. *Dilke*: Greek and Roman Maps. London 1985. – W. *Eckschmitt*: Weltmodelle. Griechische Weltbilder von Thales bis Ptolemäus. Mainz 1989. – J. *Engels*: Die strabonische Kulturgeographie in der Tradition der antiken geographischen Schriften und ihre Bedeutung für die antike Kartographie, in: Orbis Terrarum 4, 1998, 63–114. – W. *Gent*: Die Philosophie des Raumes und der Zeit: historische, kritische und analytische Untersuchungen. 2 Bde., Hildesheim ²1962. – A. *Gosztonyi*: Der Raum. Geschichte seiner Probleme in Philosophie und Wissenschaften. 2 Bde., Freiburg 1976. – P. *Janni*: La mappa e il periplo. Cartografia antica e spazio odologico. Rom 1984. – E. *Kirsten*: Raumordnung und Kolonisation in der griechischen Geschichte, in: Historische Raumforschung II: zur Raumordnung in den alten Hochkulturen, Bremen 1958, 25–46. – E. *Kirsten*: Römische Raumordnung in der Geschichte Italiens, ebd. 47–71. – C. *Nicolet*: L'Inventaire du Monde. Geographie et politique aux origines de l'Empire romain. Paris 1988. – C. *Nicolet*: Space, Geography, and Politics in the Early Roman Empire. Ann Arbor 1991. – S. *Sambursky*: Die Raumvorstellungen der Antike, in: Eranos-Jb. 44, 1975 (1977), 167–198. – A. *Szabó*: Das geozentrische Weltbild. Astronomie, Geographie und Mathematik der Griechen. München 1992. – R. *Syme*: Military Geography at Rome, in: CIant 7, 1988, 227–251. – J. *Vogt*: Raumauffassung und Raumordnung in der römischen Politik, in: H. Berve: Das neue Bild der Antike Bd. II. Leipzig und Berlin 1942, 100–132.

Johannes Engels

Recht

Der Begriff ›R.‹ umfaßt die Ansprüche, die einer Person zustehen (R. haben), und die Normen und Verfahren, die in einer konkreten Gemeinschaft zur Herstellung der Gerechtigkeit dienen (R. geben). Die Funktionen des R. (Feststellung des personalen Status, soziale Kontrolle und Steuerung, Lösung von Konflikten) binden die Ausformung des materiellen R. und der R.-Verfahren eng an die spezielle Situation der Gesellschaft und das Ausmaß der Probleme, die es zu lösen gilt. Die unterschiedlichen gesellschaftlichen Strukturen und politischen Entwicklungen der antiken Gemeinwesen verbieten es, von einem ›R. der antiken Welt‹ zu sprechen, vielmehr ist von einem Nebeneinander zahlreicher R.-Kreise zu sprechen, die sich zwar in einem prinzipiellen Statusdualismus (Freie/Sklaven) gleichen, ansonsten aber nur allgemeine Ähnlichkeiten aufweisen, wie Ehe, Familie, Eigentum, Gesetze oder Gerichte.

Griechische Welt:
(a) *Klassisches Griechenland:* Die griechische Sprache hat kein Wort für ›R.‹ im heutigen Sinne. Das Wort ›nomoi‹ meint die gesamte R.-Ordnung und zugleich die Verfassung (deshalb sind antike ›Gesetzgeber‹ wie etwa Solon zugleich immer ›Verfassungsgeber‹). Dike ist in früher dichterischer Verwendung die Gottheit, die gerechtes Verhalten fordert, und bezeichnet in späterer rechtstechnischer Anwendung mehr die Klage und den Prozeß, mit denen ein Zugriff beansprucht und durchgesetzt wird. In der kleinräumig gegliederten griechischen Welt galt, nach einem Wort des Protagoras (Plat. Tht. 177c), als R., was in der jeweiligen Polis dafür gehalten wurde und solange es dafür gehalten wurde. Eine gemeingriechische R.-Ordnung konnte auf diesem Hintergrund nicht entstehen. Ansätze zur territorialen Ausbreitung eines einheitlichen R. führten, etwa im Delisch-Attischen Seebund des 5. Jahrhunderts v.Chr., zur zeitweiligen und gewaltsamen Unterwerfung anderer Städte unter die Gerichtshoheit der herrschenden Polis oder beschränkten sich, etwa in den Staatenbünden des 4. Jahrhunderts v.Chr., auf einen schmalen Teil des R. (Bürgerrechtsverleihung) und ließen die R.-Strukturen der Bündner unberührt.

(b) *Hellenistische Reiche und römische Herrschaft:* Nach dem Zerbrechen des Alexanderreichs entfiel auch die Chance, zu einer einheitlichen großräumigen R.-Ordnung zu kommen. In den hellenistischen Reichen bestanden trotz des Anspruchs, der König sei die R.-Quelle, unterschiedliche R.-Systeme der Einheimischen (Indigenen), der griechischen Zuwanderer und der griechischen Städte weiter, und zwar auch nach dem Eindringen römischer Herrschaft und des römischen R. Dem Versuch, gemeingriechisches Gedankengut hinter den einzelnen Ausprägungen des R. im griechischen Raum zu entdecken, stellt sich für die archaische Zeit der Mangel an Quellen, für die klassische und hellenistische Zeit die Zufälligkeit der Überlieferung entgegen.

(c) *Quellen:* Für die archaische Zeit können die homerischen Epen und Hesiod nicht als Quellen des materiellen R. gelten (Anspielungen auf Erb-R., Ehegüter-R. oder Brautpreis sind nicht konkret genug), bieten aber wertvolle Hinweise auf Verfahren der öffentlichen Streitschlichtung durch Autoritätspersonen (Hom. Il. 13,497 ff.) oder Eideszuschiebung (Hom. Il. 23,538ff), die nun vermehrt an die Stelle der Selbsthilfe treten. Einen erheblichen Schub in der R.-Entwicklung bewirken die Kolonisation (8.--6. Jahrhundert v.Chr.) und die schweren Adelskonflikte, von denen die Entstehung der Polis begleitet wird. Die Notwendigkeit, für Kolonisten unterschiedlicher Herkunft gleiches R. zu schaffen, führt zu den ersten ›Kodifikationen‹ (Zaleukos von Lokri, Charondas von Catane), die polisfeindliche bluträcherische Selbsthilfe und die R.-Willkür der Adelsrichter führt zur teils verschriftlichten Festlegung von Verhaltens- und Verfahrensnormen (Drakon, Solon, Lykurg) und Festigung der R.-Sicherheit. In der klassischen und hellenistischen Zeit fließen die Quellen zum materiellen und Verfahrens-R. erheblich reicher, konzentrieren sich aber neben vereinzelten Nachrichten aus verschiedenen Regionen nur auf wenige Punkte: das kretische Gortyn, dessen (wohl z. T. älteres) R. in einer Inschrift des 5. Jahrhunderts v.Chr. erhalten ist, auf Athen und seine reiche R.-Überlieferung bei den Rednern des 4. Jahrhunderts v.Chr. sowie auf das ptolemäische Ägypten und seine umfangreichen Papyrusfunde mit rechtsrelevantem Inhalt.

(d) *Entwicklung des griechischen Rechts:* Abgesehen von einigen gemeinsamen Erscheinungen wie der strikten Ausrichtung des Erb-R., der Ehe und der Adoption auf die Erhaltung des Oikos-Vermögens, der Überschneidung des Delikt-R. mit dem Eigentums- und Schuld-R. sowie der allmählichen Zurückdrängung des Selbsthilfe-R. und der Talion (d.h.: der Täter muß als Vergeltung das dem Opfer zugefügte Übel erleiden) läßt sich wegen der zahlreichen Divergenzen keine gemeinsame griechische R.-Kultur erkennen. Das attische R. mit seinem höchst differenzierten Klagesystem (*dikai* und *graphai*), den vielköpfigen Gremien aus Laienrichtern (Dikasterien) im Straf- und Zivilprozeß, einem ausgeklügelten Gesetzgebungsverfahren (Nomothesia, Nomotheten) und der ständigen Überprüfung der Homogenität der Gesetze (*graphe paranomon*) ist entsprechend der singulären Entwicklung der Demokratie in Athen eher als Ausnahme denn als Regel des griechischen R.-Denkens zu werten. Vermutlich wegen der herausragenden Rolle der Rhetorik im attischen Prozeß kam es – anders als in Rom – nicht zu einer Herausbildung einer juristischen Fachwissenschaft und damit auch nicht zu einer Systematisierung des R. Die bleibende Leistung des griechischen R.-Denkens ist jedoch die der Kritik an der Demokratie entwachsene R.-Philosophie, in deren Mittelpunkt nicht das R., sondern die Gerechtigkeit stand, durch die Sophisten, vor allem aber Platon, und ihre Weiterbildung bei den Peripatetikern und Stoikern. Diese rechtsphilosophische Literatur fand (vorwiegend durch Cicero) Eingang in das römische R.-Denken, ist dort aber Teil der Staatsphilosophie geblieben und hat das Fachjuristentum kaum berührt. Erst in der Spätantike ist durch die Beteiligung der führenden R.-Akademien in Konstantinopel und Berytos (Beirut) an der iustinianischen Kodifikation wieder griechischer Einfluß auf das römische R. faßbar und über die Rezeption des Codex seit dem 11. Jahrhundert n.Chr. in Bologna auch in das europäische R. gelangt.

Rom:

(a) *Begriff:* Das gewöhnlich mit ›R.‹ übersetzte lateinische Wort *ius* bezeichnet ursprünglich im Unterschied zu *vis* (Gewalt) ein gerechtes Handeln in Bezug auf Personen und Sachen, das eng an rituelle Handlungen gebunden war. Diese Bedeutung als persönliches R. blieb durchgehend erhalten (etwa im *ius vitae necisque* des *pater familias*, dem Tötungs-R. des Hausvaters über seine Familie), füllte sich jedoch im Laufe der Zeit, indem auch Gesetze, vor allem das XII-Tafel-R. (*fons omnis publici privatique iuris:* Liv. 3,34,6) und magistratische sowie kaiserliche R.-Fortbildung (*ius honoranum* bzw. *cognitio extra ordinem*) einbezogen wurden. Im 2./3. Jahrhundert n.Chr. konnte dann *ius* in der Definition des Celsus als ›Kunst des Guten und Gleichen‹ (*ars boni et aequi*: Dig. 1,1,1; vgl. Ulpians *suum cuique tribuere*, Dig. 1,1,10,1) zum Inbegriff des ›R.‹ werden. Das Erfordernis ritueller Formen verband *ius* mit der Religion, obgleich es von Anfang an streng von *fas*, dem göttlichen R., getrennt war, und verschaffte – anders als im griechischen Raum – den Priestern (*pontifices*) eine bedeutende Rolle bei der Entwicklung und Interpretation des R.

(b) *Entwicklung des römischen Rechts:* Die historische Entwicklung Roms vom Stadtstaat zum Weltreich stellte an das römische R. wachsende Anforderungen, da sich das ursprünglich nur auf den in einem Stadtstaat wohnenden Verband freier Personen zugeschnittene R. (*ius civile*) und das nur römischen Bürgern zugängliche hochformalisierte Klageverfahren (*legis actiones*) bald als hinderlich erwiesen, wenn es um den Verkehr mit Fremden, Händlern oder Bundesgenossen ging. Insofern hat die geographische Ausdehnung des Römischen Reiches konkrete Auswirkungen auf das R. gehabt. Im Zivil-R. trat zum älteren *ius civile* nun als weitere Schicht das von den Gerichtsmagistraten, dem Stadtprätor (*praetor urbanus*, seit 366 v.Chr.) und dem Fremdenprätor (*praetor peregrinus*, seit ca. 242 v.Chr.) geschaffene Amts-R. (*ius honoranum*) und etwa gleichzeitig mit ihm ein Völker(gemein)-R. (*ius gentium*). Das Amts-R. erwuchs aus der Befugnis des Prätors, in einem ersten Verfahrensschritt (*in iure*) die Anwendbarkeit des *ius* zu prüfen, es kraft seiner Amtsgewalt (*imperium*) zu korrigieren und auszufüllen (Dig. 1,1,7,1: Papinian) und es an den Einzelrichter (*iudex*) weiterzugeben, der danach (*apud iudicem*) das Urteil fällte. Bei der Anwendung bzw. Schaffung des *ius gentium* berief sich der Fremdenprätor auf die *naturalis ratio*, d.h. auf R.-Vorstellungen, die allen Menschen (nicht Völkern) gemein sein sollten (Gaius Inst. 1,1). Möglich wurde diese Erweiterung der R.-Materie und Flexibilisierung des Verfahrens durch die zeitlich parallel verlaufende Ablösung des starren Legisaktionsverfahrens durch das lockere Formularverfahren, in dem der Prätor in Zusammenarbeit mit einem rechtskundigen *consilium* die Formeln im Einzelfall entwickelte. Die Summe dieser Formeln ging in das alljährlich von den Prätoren erlassene Edikt ein, wurde im Kern vom nächsten Prätor übernommen (*edictum tralaticium*) und weitergebildet, bis es schließlich unter Hadrian im ›Ewigen Edikt‹ (*edictum perpetuum*) abgeschlossen und verfestigt wurde. Das Amts-R. (weniger die Gesetze – *leges* – der Komitien des römischen Volkes) ermöglichte so eine ständige Anpassung nicht nur an die sich wandelnden sozialen Bedingungen in Rom, sondern auch an die vielfältigen lokalen R.-Kreise in einem ständig wachsenden Reich. In der Kaiserzeit traten als weitere Schicht des *ius civile* die kaiserlichen Konstitutionen (*constitutiones, rescripta, decreta*), die am Ende des 2. Jahrhunderts n.Chr. als *leges* betrachtet wurden.

(c) *Römisches Strafrecht:* Anders verlief die Entwicklung im Straf-R. Da in den Provinzen das Kriegs-R. formal fortbestand, erwies sich die Ausweitung des Straf-R. über den Verband der römischen Bürger hinaus als nicht notwendig. Dabei bestand neben der öffentlichen Strafverfolgung von Delikten wie Hochverrat (*perduellio*), Amtsvergehen und einigen Sakralvergehen, die vor der Volksversammlung (Komitialgericht) verhandelt wurden, bis ins 2. Jahrhundert v.Chr. eine ausgeprägte private Deliktsverfolgung fort (etwa im Hausgericht des *pater familias*), die trotz gesetzlicher Einhegung auf dem Grundsatz der Privatrache fußte. Gegen Maßnahmen der Magistrate (*coercitio*), die von einer Geld- bis zur Todesstrafe reichen konnten, stand dem römischen Bürger (und nur ihm) das Berufungs-R. an die Volksversammlung offen (*provocatio*). Die Einführung besonderer Schwurgerichtshöfe ohne Provokationsmöglichkeit (*quaestiones*) zur Aburteilung spezieller Delikte (z.B. Erpressung von Untertanen, Wahlbetrug, aber auch Giftmord) und ihre Systematisierung durch Sulla drängte das Volk allmählich aus der Strafrechtsprechung, bis in der Kaiserzeit auch die Geschworenengerichte von der Strafjustiz kaiserlicher Beamter (*praefecti*) und dem Kaisergericht (*cognitio extra ordinem*) abgelöst wurden. In ausgeprägtem Gegensatz zur griechischen Welt entstand in Rom früh und in enger Verbindung mit der Beratung der Prätoren bei der Entwicklung des Zivil-R. ein Fachjuristentum. Es entwickelte sich eine Gutachtertätigkeit (*responsa*, ›Antworten‹ [auf juristische Streitfragen]), die schon zu Beginn des 2. Jahrhunderts v.Chr. im *ius Aelianum* und/oder in der Tripertita (kommentierende Systematisierung des XII-Tafel-R. und seine Anwendung) des Sextus Aelius Paetus ihren systematischen literarischen Niederschlag fand. Zwar beeinflußt von griechischem, vor allem stoischem Gedankengut, aber immer eng am Fall orientiert (Kasuistik), wurden R.-Gelehrte wie M. Manilius (Konsul 149 v.Chr.), M. Iunius Brutus (Prätor 140 v. Chr.?) und P. Mucius Scaevola (Konsul 133 v.Chr.) mit ihren Kommentaren zu Begründern des *ius civile* (Pomponius: Dig. 1,2,2,39 *qui fundaverunt ius civile*). Wurden die *responsa* schon der republikanischen Juristen über das *ius honorarium* Teil des R., so erhielten in der Kaiserzeit übereinstimmende Gutachten von Juristen, die mit dem vom Kaiser gewährten *ius respondendi* ausgestattet waren, Gesetzeskraft (Gaius Inst. 1,7: *legis vicem*).

(d) *Römische Rechtssammlungen:* Die zunehmende Heranziehung von Juristen zu höchsten Staatsämtern führte im 2. Jahrhundert n.Chr. zur höchsten Entfaltung der juristischen Argumentation und seit dem 3. Jahrhundert zur Sammlung des Vorhandenen in Kommentaren, Responsensammlungen, Entscheidungssammlungen (Digesta) oder Anleitungen (Institutiones, Regulae, Sententiae) für den Gebrauch in den R.-Schulen, die schon in der frühen Kaiserzeit im Westen (Rom, Karthago) und seit dem 3. Jahrhundert überwiegend im Osten (Alexandrien, Antiochien, Athen, Berytos, Konstantinopel) die Ausbildung übernahmen. Nur ein kleiner Teil (ca. 5–10%) dieser Literatur ist in den Schriften des *Codex iuris civilis* erhalten, der, von Justinian in Auftrag gegeben, 530–534 unter der Leitung seines ›Justizministers‹ Tribonian gefertigt wurde und bis heute die Römer als das ›Volk des R.‹ erscheinen läßt.

→ Adel, Bürgerrecht, Fremde, Gesellschaft, Handel, Imperialismus, Kolonisation, Papyri, Philosophie, Reich, Sklaverei, Staat, Stadt, Verfassung

LITERATUR: R.J. *Bonner/G. Smith*: The Administration of Justice from Homer to Aristotle. 2 Bde., 1930/1933. – M. *Bretone*: Geschichte des römischen Rechts. 1992 (dt. Übers.; ital.: Storia del diritte romano. 1987). – M. *Gagarin*: Early Greek Law. 1986. – L. *Gernet*: Droit et societé dans la Grèce ancienne. 1955. – A.R.W. *Harrison*: The Law of Athens. 2 Bde., 1968, 1971. – R. *Hirzel*: Themis, Dike und Verwandtes. 1907. – H. *Honsell*: Römisches Recht. ³1994. – H.F. *Jolowicz/B. Nicholas*: Historical Introduction to the Study of Roman Law. ³1972. – M. *Kaser*: Das altrömische Ius. 1947. – W. *Kunkel*: Herkunft und soziale Stellung der römischen Juristen. ²1967. – W. *Kunkel*: Untersuchungen zur Entwicklung des römischen Kriminalverfahrens. 1962. – J.H. *Lipsius*: Das attische Recht und Rechtsverfahren. 3 Bde., 1905–1915. – D.M. *MacDowell*: The Law in Classical Athens. 1978. – Th. *Mommsen*: Römisches Strafrecht. 1899. – E. *Ruschenbusch*: Solonos Nomoi. 1966. – G. *Schiemann*: Der Neue Pauly 6, 1999, s.v. Ius, Sp. 89–99. – F. *Schulz*: Geschichte der römischen Rechtswissenschaft. 1961. – *Symposion* 1971 ff. Vorträge zur griechischen und hellenistischen Rechtsgeschichte, in: Verschiedene Herausgeber: Akten der Gesellschaft für griechische und hellenistische Rechtsgeschichte (AGR) 1975 ff. – J. *Triantaphyllopoulos*: Das Rechtsdenken der Griechen. 1985. – L. *Wenger*: Die Quellen des römischen Rechts. 1953. – F. *Wieacker*: Römische Rechtsgeschichte. Bd. 1, 1988. – R.W. *Willets*: The Law Code of Gortyn. 1967. – H.-J. *Wolff*: LAW 1965, 2516–2532, s.v. Recht (griechisch und ptolemäisch).

Walter Eder

Reich

Als ›R.‹ bezeichnet man eine politisch-organisatorische Einheit von erheblicher räumlicher Ausdehnung mit einheitlicher innerer Ordnung und mit der Tendenz zu Ober- oder Gesamtherrschaft (*arche*, Imperium). Die Idee des ›Welt-R.‹, d.h. der Anspruch, R. bis an die Grenzen der bewohnten Welt (Oikumene) auszudehnen, findet sich seit dem Ende des 3. Jahrtausends v.Chr. in Mesopotamien, lebt im Perser-R. der Achämeniden weiter und beeinflußt die Herrschaftsvorstellungen Alexanders des Großen, tendenziell auch die seiner Nachfolger in den hellenistischen Groß-R., vor allem der Ptolemäer und Seleukiden. Im 2. Jahrhundert v.Chr. taucht der Gedanke universaler Herrschaft auch in Rom auf (Pol. 1), verstärkt sich im 1. Jahrhundert v.Chr. (vgl. Cic. off. 2,27: *patrocinium orbis terrae*; Alexander-Imitation des Pompeius und Caesar) und festigt sich unter Augustus, wobei die faktische räumliche Begrenztheit des R. bewußt übersehen wurde. Dauerhafte R.-Bildungen stehen im Altertum immer im Zusammenhang mit monarchischer Herrschaft. Die R. in Mesopotamien, Vorderasien und Ägypten sind regelmäßig Monarchien. Erfolgreiche R.-Bildungen der griechisch-römischen Antike gehen entweder von Monarchien aus (Philipp von Makedonien, Alexander der Große, hellenistische Monarchien) oder münden in eine Monarchie ein (römisches R.).

Griechenland: Im griechischen Raum außerhalb Makedoniens gibt es keine ausgedehnten Herrschaftsräume unter dauerhafter einheitlicher Führung. Die mykenischen Staaten des 2. Jahrtausends v.Chr. entwickeln sich nicht zu regional übergreifenden Herrschaftsbezirken, sondern bleiben auf das Umfeld der Zentralen beschränkt (Pylos, Mykene, Athen, Orchomenos u.a.), obwohl die Organisation der mykenischen Paläste an vorderasiatischen Vorbildern orientiert ist (sakrale Überhöhung des Königs, Palast als politisches, religiöses und wirtschaftliches Zentrum, Verwaltungsaufbau). Die geomorphologischen Bedingungen Griechenlands (Kleinkammerung in überschaubare Fruchtebenen, Regenfeldbau) entsprechen nicht den vorderasiatischen und ägyptischen Gegebenheiten (Flußoasen, großflächige Bewässerungswirtschaft) und lassen somit auch keine vergleichbaren Koordinationsaufgaben der Zentrale entstehen. Der schnelle Zusammenbruch der mykenischen Palastzivilisation erklärt sich auch aus dem Widerspruch zwischen politischer Form und geographischen Grundlagen. Diese Grundlagen förderten vielmehr die Entstehung kleinräumiger Gemeinden auf genossenschaftlicher Basis (Polis), die in der Regel jeweils eine fruchtbare Landschaftskammer mit einem zentralen Ort umfaßten, sich von den benachbarten Poleis abgrenzten und eine eigene Identität entwickelten. Die starke Betonung der Eigenständigkeit (Autonomie und Autarkie) dieser Kleinstaaten stand jeder R.-Bildung im griechischen Raum entgegen. Polisübergreifende Machtbildungen deuten sich in der Politik einzelner Tyrannen in archaischer und klassischer Zeit zwar an, territorial geschlossene, dauerhafte ›R.‹ entstehen jedoch nicht.

Die einzige Ausnahme scheint der Delisch-Attische Seebund unter Führung Athens im 5. Jahrhundert v.Chr. (478–404 v. Chr.) zu bilden. Anfangs ein Bündnis freier Mitglieder (zuerst der Ioner, dann aller beitrittswilligen Griechen) mit dem Ziel, die ionischen Griechen vor persischer Herrschaft zu schützen, Rache an den Persern zu nehmen und Beute zu machen (Thuk. 1,96,1), verstärkte Athen seine Stellung im Bund durch den Ausbau der Flotte auf Kosten der Bündner, die es meist vorzogen, Beiträge (*phoroi*) zu zahlen anstatt Schiffe zu stellen. Auch nach einem Friedensvertrag mit Persien (Kalliasfrieden) bestand Athen auf dem Weiterbestehen des Bundes und bildete ihn gegen starke Widerstände zu einem straff organisierten und auf Athen konzentrierten R. um. Mitte des 5. Jahrhunderts v.Chr. umfaßte das athenische R. den gesamten Ägäisraum mit den im Osten und Norden anschließenden Festlandsgebieten, kurzzeitig (456–446 v.Chr.) auch Mittelgriechenland bis zum Golf von Malia und die westlich der Peloponnes vorgelagerten Inseln. Eine dauerhafte R.-Bildung scheiterte jedoch an der expansiven Politik Athens, die zum Peloponnesischen Krieg und zur Auflösung des Bundes nach Spartas Sieg (404 v.Chr.) führte, vor allem aber am ausgeprägten ›Polisdenken‹ der Griechen, d.h. sowohl am Autonomiestreben der Bündner als auch an der Unfähigkeit Athens, ein einheitliches Bundesbürgerrecht auszubilden oder die Bündner an der Herrschaft zu beteiligen.

Aus diesen Gründen scheiterte auch der zweite Versuch einer R.-Bildung Athens im 4. Jahrhundert v.Chr.: In dem 378/77 v.Chr. von Athen gegen Sparta organisierten Bund (Zweiter Attischer Seebund) baute Athen nach vielversprechenden Anfängen (keine Tribute, Gleichberechtigung der Bündner) wiederum seine Stellung aus, indem es Beiträge (*syntaxeis*) forderte, Besatzungen in Bundesstädte legte und Kleruchen ansiedelte. Zudem verließ Athen wie im 5. Jahrhundert v.Chr. das Ziel des Bundes (gegen Sparta), ohne seine Auflösung zuzulassen. Dies führte zum Krieg gegen die Bundesgenossen (356/55 v.Chr.), zum teilweisen Zerfall des Bundes und nach dem Sieg Philipps II. von Makedonien 338 v.Chr. bei Chaironeia zur Auflösung.

Alexanderreich und hellenistische Reiche: Das Herrschaftsgebiet Alexanders des Großen bestand aus Makedonien, den im Korinthischen Bund zusammengeschlossenen griechischen Städten des Mutterlands (außer Sparta) und dem R. der persischen Achämeniden. Zur Zeit seines Todes (323 v. Chr.) bestand keine die einzelnen Teile verbindende einheitliche Verwaltung, eine R.-Idee war erst spät und verschwommen in einer Art Verschmelzungspolitik (324 v.Chr. Massen-Hochzeit von Susa) sichtbar geworden, seine politischen Ziele, darunter auch die Eroberung des Westens mit dem Ziel der Weltherrschaft, seine wirtschaftlichen Vorhaben und seine Vorstellungen einer R.-Verwaltung sind nicht zuverlässig zu ermitteln. Deshalb kann von einem ›Alexander-R.‹ nur insofern gesprochen werden, als dessen einzelne Teile durch seine Person miteinander verbunden waren (König der Makedonen, Hegemon der Griechen, Pharao der Ägypter, Großkönig der Perser). Da Alexander keinen regierungsfähigen Erben hinterließ, zerfiel das R. in den Kriegen, die seine Generäle gegeneinander führten, bis sich seit 306 v.Chr. neue, unter königlicher Herrschaft stehende Territorial-R. herausbildeten und sich ab 281 v.Chr. nach der Schlacht von Kurupedion (in Makedonien seit 276 v.Chr., in Pergamon seit ca. 241 v.Chr.) etablierten:

(a) Das R. der Ptolemäer mit dem Kernland Ägypten und zeitweise umfangreichen Außenbesitzungen in Kyrene, Koilesyrien und Palästina, Zypern, der Ägäis und dem westlichen Kleinasien.

(b) Das R. der Seleukiden mit dem Kernland Nordsyrien und Babylonien und stark schwankendem Umfang, der um 303 v.Chr. vom Ostrand des Mittelmeers bis nach Indien reichte, seit der Mitte des 3. Jahrhunderts v.Chr. unter äußerem Druck und aufgrund innerdynastischen Zwists ständig abnahm und seit 129 v.Chr. auf Nordsyrien beschränkt war.

(c) Das R. der Antigoniden im Kernland Makedonien mit Thrakien, Thessalien und Teilen Griechenlands.

(d) Das R. der Attaliden in Pergamon, das nach kleinen Anfängen sein Gebiet bis zum Taurus ausdehnte und nach 188 v.Chr. mit Hilfe Roms zur größten Macht in Kleinasien wurde.

Alle R. wurden von Königen beherrscht, die in der Nachfolge Alexanders ihre Legitimation aus der persönlichen militärischen und organisatorischen Leistung bezogen (Recht des ›Speererwerbs‹). Das Herrschaftsgebiet galt als Privatbesitz und fiel in der Regel an den ältesten Sohn. Die Herrscher griffen jedoch wenig in bestehende Sozial- und Besitzstrukturen ein und nutzten – mit Hilfe einer dünnen (makedonisch-) griechischen Verwaltungsspitze – überwiegend die vorhandenen Verwaltungs- und Organisationsstrukturen. Die spezifische Herrschaftslegitimation setzte den ständigen Nachweis des Erfolgs durch Expansion voraus und führte zu häufigen Kriegen zwischen den hellenistischen R., was schließlich Rom das Ausgreifen in den Osten erleichterte.

Rom: Als einzigem antiken Stadtstaat gelingt es Rom, ein R. (Imperium Romanum) aufzubauen und über Jahrhunderte dauerhaft zu organisieren. Es unterscheidet sich damit sowohl von den aus monarchischen Wurzeln entstandenen R. als auch von Athen.

(a) *Reichsbildung:* Die Expansion Roms beginnt mit der Eroberung von Fidenae (426 v.Chr.) und der Verdoppelung des römischen Gebiets durch die Eroberung von Veji (396 v.Chr.), setzt sich fort mit der Eingliederung Latiums (338 v.Chr.) und beschleunigt sich mit den Kriegen gegen Samniten, Etrusker und unteritalische Städte und Stämme. Zwischen 326 v.Chr. und 272 v.Chr. gerät der Raum von einer Linie Rimini-Pisa bis zur südlichen Spitze Italiens unter römische Herrschaft. Nach dem Ausgreifen über Italien hinaus erreicht Rom in drei Kriegen gegen Karthago (264–241, 218–201, 149–146 v.Chr.) die Herrschaft im westlichen Mittelmeerraum, greift ab ca. 230 v.Chr. auch an der Ostküste der Adria militärisch ein und verschafft sich im Zweiten und Dritten Makedonischen Krieg (200–197, 171–168 v.Chr.) sowie im Krieg gegen den Seleukiden Antiochos III. (191–188 v.Chr.) die Hegemonie in Griechenland und der Ägäis, faktisch auch in Kleinasien und Ägypten. Damit war der Kern des römischen R. gebildet. Mit der Eroberung Galliens durch Caesar, den territorialen Gewinnen des Augustus, die großenteils der Arrondierung und Sicherung des R. innerhalb von Flußgrenzen (Rhein/Elbe, Donau, Euphrat) dienten, und der Eroberung Dakiens durch Traian erhält das R. seine größte Ausdehnung.

(b) *Reichsorganisation:* Anfänglich bezieht Rom die eroberten Gebiete in den *ager Romanus* ein (Fidenae, Veji), bis es nach dem Latinerkrieg (340–338 v.Chr.) teils durch Integration einzelner Latinerstädte in die römische Bürgerschaft, teils durch vertragliche Bindung anderer den Kern für das sogenannte ›Bundesgenossensystem‹ schaffen kann, das kurz darauf auf Italien ausgedehnt wurde. Rom bindet die italischen Städte und Mitglieder von Stammesbünden durch abgestufte Verträge ausschließlich an sich, sichert seine Macht durch römische und latinische Kolonien als vorgeschobene Teile des Bürgerheeres und stützt sich auf die Oberschicht der Italiker, die es – in deutlichem Gegensatz zum Verhalten Athens – teils mit dem Bürgerrecht ausstattet, teils durch die Verwendung innenpolitisch bewährter sozialer Bindungsmechanismen wie Klientel und Freundschaft (*amicitia*) mit den Interessen Roms verknüpft. Rom verzichtet damit auf direkte Herrschaft und die Forderung regelmäßiger Abgaben, verlangt jedoch militärische Hilfe im Kriegsfall. Bei der Organisation der außeritalischen Gebiete weicht Rom deutlich von der in Italien üblichen Praxis ab. In den Provinzen (erste Provinzen 227 v.Chr.: Sizilien, Sardinien und Korsika) läßt Rom in einer *lex provinciae* das Kriegsrecht unter militärischen Befehlshabern (Promagistraten) als Grundlage der Verwaltung bestehen und fordert regelmäßige Abgaben, jedoch keinen militärischen Zuzug. Dies ändert sich trotz zunehmender Einbeziehung der provinzialen Oberschicht in R.-Aufgaben und in den römischen Senat prinzipiell nicht bis zur Vergabe des Bürgerrechts an alle freien R.-Bewohner durch die *Constitutio Antoniniana* des Jahres 212 n.Chr.

(c) *Ursachen der Reichsbildung:* Die Diskussion um die Ursachen der römischen Expansion kreist um den römischen Imperialismus und seine Ausprägung als defensiv oder aggressiv seit den Kriegen gegen Karthago. Dabei bleiben regelmäßig die Anfänge der R.-Bildung in Latium und Italien außer Acht. Besondere Gunstfaktoren politischer und geographischer Art als Ursachen der anfänglichen Expansion (in Latium) liegen in der wenig gegliederten, großflächigen landschaftlichen Situation Latiums und in den von den Königen geschaffenen günstigen demographischen, wirtschaftlichen und militärischen Voraussetzungen, die Rom zur größten Stadt Latiums gemacht haben. Gleichwohl kann Rom diese Vorteile nach der Vertreibung des letzten Königs (510 v.Chr.) vorerst nicht nutzen, sondern muß sich neben den Latinern behaupten (*foedus Cassianum*) und seine im gemeinsamen Kampf gegen andringende Bergstämme allmählich errungene Vorrangstellung in Latium immer wieder verteidigen. Erst nach dem Latinerkrieg gelingt Rom der Ausbau und die Sicherung seiner Macht in Italien. Verträge mit den Bundesgenossen, Kolonien und soziale Beziehungen können zwar die Stabilität der römischen Herrschaft erklären, aber nicht die ständige Bereitschaft der Römer zum Krieg, die ein wesentliches Merkmal römischer Außenpolitik bildet und letztlich die R.-Bildung bewirkt. Die Ursachen hierfür scheinen weniger in einem ständigen Bedrohtheitskomplex der Römer zu liegen und auch nicht in den wirtschaftlichen Vorteilen der Expansion, obwohl sie nicht zu übersehen sind (neben der Kriegsbeute stand der seit dem Beginn der Republik bestenfalls verdreifachten Bevölkerung Roms im 3. Jahrhundert v.Chr. das Dreißigfache der ursprünglichen Fläche des *ager Romanus* zur Verfügung). Sie liegen eher in der besonderen Rolle, die der Krieg als Mittel der sozialen Statusbestimmung während des Ständekampfes im 5. und 4. Jahrhundert v.Chr. gewonnen hatte: Da der Kampf der Plebejer um die Beteiligung an der politischen Macht zeitlich parallel zu den Abwehrkriegen Roms gegen auswärtige Feinde verlief, wurde die Leistung im Krieg für Patrizier und Plebejer zum wesentlichen Argument im Streit um politische Beteiligung und bildete für patrizische, vor allem aber plebejische Mitglieder der neu geschaffenen Nobilität das beste Mittel der Statuslegitimation und -sicherung. Die weitere Ausbreitung der römischen Herrschaft erklärt sich somit – neben der Erweiterung der römischen Militärmacht durch die Zuzugspflicht der italischen Bündner und der kohärenten Sozialstruktur Roms, bewirkt durch die mittels der Klientelbeziehungen hergestellte Treuebindung (*fides*) des Volkes an die Nobilität – vor allem aus der strukturbedingten Kriegsbereitschaft der Nobilität, die zudem im Senat ein kompetentes Koordinationsinstrument der Außenpolitik zur Verfügung hatte. Die Priorität des Krieges vor der Annexion zeigt sich bereits bei der Herrschaftsgestaltung in Italien und wiederum bei der Einrichtung von Provinzen, die jeweils mit z. T. erheblicher zeitlicher Verzögerung nach dem militärischen Sieg erfolgt. Erst ab dem 2. Jahrhundert v.Chr. betreibt Rom eine bewußte Annexions- und Provinzialisierungspolitik (Griechenland, Nordafrika, Kleinasien). In der Kaiserzeit kommt trotz des Anspruchs auf Weltherrschaft die Expansion zum Stillstand, nicht etwa weil Rom an seine militärischen Grenzen oder gar an die Grenzen der Welt geraten wäre, sondern weil unter der Ägide des Kaisers der Krieg als Mittel der Statussicherung der Nobilität unbrauchbar geworden ist.

→ Außenpolitik, Bezirk, Bürgerrecht, Demokratie, Erde, Frieden, Gesellschaft, Grenze, Imperialismus, Kolonisation, Monarchie, Palast, Raum, Seeherrschaft, Stadt, Tyrannis, Verfassung, Welt

LITERATUR: A.R. *Burn*: The Government of the Roman Empire from Augustus to the Antonines. 1952. – W. *Dahlheim*: Gewalt und Herrschaft. Das provinziale Herrschaftssystem der römischen Republik. 1977. – S. *Deger-Jalkotzi*: On the Negative Aspects of the Mycenaean Palace System, in: Atti e memone del secondo congresso internazionale di micenologia (1991). 1996, 715–728. – H. *Galsterer*: Herrschaft und Verwaltung im republikanischen Italien. 1976. – W. V. *Harris*: War and Imperialism in Republican Rome 327–70 B. C. 1979. – B. D. *Hoyos*: Unplanned Wars. 1998. – B. *Isaac*: The Limits of Empire. 1990. – M. *Jehne*: Koine Eirene. 1994. – E. *Kirsten*: Die griechische Polis als historisch-geographisches Problem des Mittelmeerraums. 1956. – R. *Meiggs*: The Athenian Empire. 1972. – W. *Schmitz*: Wirtschaftliche Prosperität, soziale Integration und die Seebundpolitik Athens. 1988. – W. *Schuller*: Die Herrschaft der Athener im Ersten Attischen Seebund. 1974. – R. W. *Wallace*/E. M. *Harris* (Hgg.): Transitions to Empire. 1996.

Walter Eder

Reiseberichte

Griechenland: Entdeckungs- und Forschungsreisen auf dem Lande und zur See kennzeichnen die Etappen der politischen und kulturellen Horizonterweiterung der Griechen.

Aristeas von Prokonnesos (Hdt. 4,13–16) gelangte auf seiner Reise in den äußersten Norden, die boreale Nadelwaldzone Europas. In dem Epos *Arimaspea* beschreibt er die Völker, die er dabei antraf und die *ex akoes* (= vom Hörensagen) bekannt waren. Ebenfalls durch Herodot (2,32) ist die Reise der jungen Nasamones in den äußersten Süden von Libyen überliefert, bei der sie wahrscheinlich die östliche Sahara erreichten. Die griechischen Entdeckungsfahrten führten dagegen vorzugsweise über die Meere. Daher basieren die Reisen nach (a) Nordwesteuropa, (b) Westafrika und (c) Südwestasien und die entsprechenden Berichte auf den *periploi*, die Entfernungsangaben in Tagesreisen und aus der Sicht der Reisenden verfaßte eindimensionale Küstenbeschreibungen enthalten.

(a) Nachdem Kolaios von Samos in einem Sturm an der Küste des Königreiches von Tartessos gelandet war (2. Hälfte 7. Jahrhundert v.Chr.; Hdt. 4,152), erkundete der Karthager Himilkon (Anfang 5. Jahrhundert v.Chr.) die Atlantikküste bis zu den Oestrymnischen Inseln, den Zinninseln (Avien. Ora mar. 115 ff., vermutlich aus einem antiken *periplus* aus Massilia). Auf gleichem Kurs segelte Pytheas aus Massalia (2. Hälfte 4. Jahrhundert v.Chr.), der in seinem fragmentarisch bei Strabon und Plinius d.Ä. zitierten Werk *Über den Okeanos* seine auf empirischer Basis gewonnenen Erfahrungen bei der Nachprüfung des von Eudoxos von Knidos formulierten Prinzips der *sphairopoiia* schildert. Pytheas bestimmte mit astronomischen Mitteln die geographischen Breiten Nordeuropas bis zur Insel Thule; Eratosthenes, Hipparchos und Ptolemaios zollten ihm dafür ihre Hochachtung, während er von Polybios und Strabon kritisiert wurde.

(b) Um die Möglichkeit einer Umseglung Afrikas zu überprüfen, wurden folgende von Herodot (4,42) geschilderten Expeditionen durchgeführt: Unter Necho (609–594 v.Chr.) brachen die Phönizier vom Roten Meer aus auf, um nach Ägypten zurückzukehren, wobei sie die Säulen des Herakles passieren wollten. Sie berichteten, daß sie »bei der Umseglung Libyens die Sonne zu rechter Hand« hatten. Die Fahrt des Sataspes (470 v.Chr.), die vor dem Erreichen der Südspitze Afrikas zum Stillstand kam, verlief in entgegengesetzter Richtung. In einer Heidelberger Handschrift (Codex Palatinus graecus 398 aus dem 9. Jahrhundert n.Chr.) ist uns die griechische Übersetzung des *periplus* des Hanno mit dem Augenzeugenbericht von einer Reise (Anfang 5. Jahrhundert v.Chr.) erhalten, die von Karthago aus an unwirtlichen Gegenden und brennenden Bergen vorbei wahrscheinlich bis zum Golf von Guinea führte. Möglicherweise zur selben Zeit wie die Entdeckungsfahrt des Pytheas erfolgte auch die Reise des Euthymenes aus Massalia, der entlang den Küsten Afrikas eine Fauna vorfand, die er als derjenigen des Nils gleichartig beschrieb (Sen. nat. 2,22).

(c) Herodot (4,44) berichtet, daß Skylax aus Karyanda, Flottenkommandant Dareios' I., von Kaspatyros (Afghanistan) zur Mündung des Indus und von dort über das Meer nach Ägypten segelte. Diese Reise wurde in einem verlorengegangenen Werk geschildert, das auszugsweise im *periplus* des Pseudo-Skylax (GGM 1,15–96; verfaßt im 4. Jahrhundert v.Chr.) auftaucht. Auf den Spuren des Skylax bewegte sich Nearchos (FGrH 133); Alexander schickte ihn 325 v.Chr. zusammen mit seinem Kapitän Onesikritos von der Indusmündung an die des Euphrat mit dem Auftrag, die Arabische

Halbinsel zu umschiffen und Indien präziser von Afrika abzugrenzen. Der Tod des Makedonen setzte dem Vorhaben ein Ende. Ein Teil des Berichtes ist uns durch die *Indika* des Arrian und durch Plinius d.Ä. bekannt. Die von Androsthenes aus Thasos (FGrH 711), Orthagoras (FGrH 713), Sosandros (FGrH 714) und Daimachos aus Plataiai (FGrH 716) verfaßten Berichte über Indien sind verlorengegangen, während von den *Indika* des Megasthenes (FGrH 715), der sich gegen Ende des 3. Jahrhunderts v.Chr. am Hofe des Maurya-Königs Sandrakottos aufhielt (vgl. Strab. 15,1,12 mit einer Auflistung über die hypothetische Größe Indiens: Ktesias, Onesikritos, Nearchos, Megasthenes, Daimachos), große Teile erhalten sind. Kurz vor 281 v.Chr. befuhr Patrokles (FGrH 712) das Kaspische Meer und beschrieb es, altionischer Auffassung folgend, als einen Golf des *Okeanos*.

Während die Kenntnisse über den Orient mit den Seleukiden als Impulsgebern erweitert wurden, ist es das Verdienst der ägyptischen Lagiden, im 3. und 2. Jahrhundert v.Chr. die Erforschung des Roten Meeres vorangetrieben zu haben (Plin. nat. 6,183 zitiert Dalion, Aristokreon, Bion, Simonides d.J., Autoren der *Aethiopika*, Basilis mit der *Indika*, Timosthenes von Rhodos, der in zehn Büchern *Über die Häfen* schrieb. Vgl. Strab. 16,4,15 zu den bei Artemidoros aus Ephesos gesammelten Kenntnissen der Lagiden). Dabei wurde unter Ptolemaios II. Bab el Mandeb erreicht. Das Werk des Agatharchides aus Knidos (*Über das Rote Meer*), das in umfangreichen Auszügen erhalten ist und in der *Bibliotheke* des Diodoros und des Photios seinen Niederschlag fand, ist durch ethnographisches Interesse und eine antimakedonische Grundhaltung gekennzeichnet. Der Grieche Agatharchides (Mitte 2. Jahrhundert v.Chr.) war der Meinung, daß die von den Ptolemaiern beherrschte ›Zivilisation‹ schädlich für die Wirtschaft und Gebräuche der Völker des Südens sei, die ansonsten in der Lage wären, in perfektem Einklang mit ihrer Umwelt zu leben. Auf der Suche nach einem Handelsweg nach Indien begab sich wiederholt (Strab. 2,3,3–5) Eudoxos aus Kyzikos (2. Hälfte 2. Jahrhundert v.Chr.) auf die Reise. Aufgrund eines Schiffswracks *hyper Aithiopian* gewann er die Überzeugung, daß man Afrika umsegeln könne. Bei der Unternehmung des Eudoxos (vgl. GGM 1,299; wahrscheinlich war Hippalos *kybernetes*, d.h. Steuermann der Expedition) werden zum ersten Mal auf der Route nach Indien die Monsunwinde ausgenützt, deren Risiken noch im 6. Jahrhundert n.Chr. von Kosmas Indikopleustes geschildert werden (trotz seines Beinamens ›Indienfahrer‹ scheint er Indien niemals erreicht zu haben); er schrieb eine *Topographia Christiana* in zwölf Büchern, in der er die Kugelgestalt der Erde bestritt. In das 1. Jahrhundert n.Chr. dürfte der *Periplus maris Erythraei* (GGM 1,257–305) hinaufreichen, der zwei Reisen in den fernen Orient und nach Ostafrika beschreibt. Dabei werden Import- und Exportgüter aufgezählt und Entfernungen in Stadien nach einem Prinzip angegeben, das auch in den anonymen *Periplus Ponti Euxini* (GGM 1,403–423) und *Stadiasmus maris magni* (GGM 1,427–514), bezogen auf die Küsten des Mittelmeeres, angewendet wird.

Marinos von Tyros (Beleg bei Ptol. geogr. 1,9) berichtet von einer Fahrt zwischen dem Land der Aromaten (somalische Küste) und Rhapton (Dar es Salam oder Sansibar) und zitiert dabei Theophilos und Diogenes: Dieser soll, aus Indien kommend, das Gebiet der Seen erreicht haben, in dem der Nil entsprang (möglicherweise der Victoriasee).

Dem Markianos aus Herakleia in Pontos (ca. 400 n.Chr.), Autor eines *Periplus maris exteri* (GGM, 1,515–562), verdanken wir zahlreiche Verweise auf den Augenzeugenbericht des Artemidoros von Ephesos (fl. 104 v.Chr.), Verfasser der *Geographoumenoi* (in elf Büchern), und die Epitome eines *Periplus maris interni* des Menippos, wahrscheinlich im 1. Jahrhundert v.Chr. entstanden.

Die *Periegesis* des Hekataios von Milet (Ende 6. Jahrhundert v.Chr.; FGrH 1), ein Itinerar, das offenbar um das Mittelmeer herumführt, markiert den Beginn einer Gattung, der das in Prosa gehaltene Werk des Skymnos von Chios (1. Hälfte 2. Jahrhundert v.Chr.; eingegangen in ein an Nikomedes II. von Bithynien gerichtetes Gedicht eines anonymen Verfassers [GGM 1,196–237]), das in Hexametern verfaßte Werk des Dionysios dem Periegeten (117–138 n.Chr.; GGM 2,103–176; ins Lateinische übersetzt von Avienus [GGM 2,177–189] und Priscianus [GGM 2,190–199]) und außerdem die in Jamben gefaßte Beschreibung Griechenlands eines Dionysios von Kalliphon (1. Jahrhundert v.Chr.; GGM 1,238–243) angehören. Die zehnbändige *Hellados Periegesis* des Pausanias, entstanden wohl zwischen 160 und 180 n.Chr., stellt schließlich den ›Baedeker der Antike‹ dar, in dem auf Reisen gesammelte Erfahrungen (Syrien, Palaestina, Ägypten, Italien mit Rom und einigen kampanischen Städten) und eingehende Lektüre miteinander verschmelzen.

Rom: Im Vergleich zur Neigung der Griechen, im Alleingang Reisen zu schwer erreichbaren Zielen zu unternehmen, ist die Reise in der römischen Republik und vor allem in der Kaiserzeit ein Mittel, um den Erdkreis, *orbis terrarum*, in Abhängigkeit von der Stadt Rom (*urbs*) kennenzulernen, zu erobern und zu organisieren. Uns liegen R. vor von Expeditionen: (a) in das am Nil liegende Afrika, zum Roten Meer und nach Arabien (Strab. 16,4,22; 17,1,53–54; Plin. nat. 6,166; 181–185; Cass. Dio 53,29) sowie bis nach Ceylon, das ein Freigelassener des A. Plocamus (Plin. nat. 6,84) erreichte; (b) nach Afrika bis zur Sahara (Plin. nat. 5,38; 6,38; 209) und bis zu den südlich des Tibesti gelegenen Regionen, ins Land der Rhinozerosse, das zwischen 76 und 82–83 n.Chr. von S. Flaccus und G. Maternus erreicht wurde (Ptol. geogr. 1,8,4); (c) in den Orient und zum Persischen Golf, mit den Expeditionen Iubas II. von Mauretanien und Isidoros' von Charax, der in seiner Schrift *Stathmoi Parthikoi* Teile eines Itinerars aus dem Parthergebiet rekonstruierte (Plin. nat. 6,139–141). Unter Hadrian stellte Arrianus, Legat aus Kappadokien, in Briefform einen *Periplus Ponti Euxini* (GGM 1,370–401) zusammen, der sich auf die Ostküsten des Schwarzen Meeres bezog; (d) entlang der afrikanischen Atlantikküste, die Polybios (Plin. nat. 5,9–10) und Iuba II. (Plin. nat. 6,175 vgl. 5,14–16) befuhren, und zu den Kassiterides (Strab. 3,5,11); (e) an die Küsten des Baltikums auf der Suche nach einer neuen Bernsteinstraße, die zur Zeit Neros (Plin. nat. 37,45) entdeckt wurde, während Agricola 82–84 n.Chr. das schon von Caesar erforschte Britannia umsegeln ließ und die Shetland-Inseln entdeckte (Tac. Agr. 38; vgl. 10).

Zum privaten, militärischen oder administrativen Gebrauch wurden die *Itineraria* aufgestellt, die, in schriftlicher oder gezeichneter Form, seit der Zeit des Augustus eine Beschreibung der Regionen des Reiches darstellten. Daher sind sie sehr hilfreich bei der Bestimmung der Grenzen, die in der jeweiligen Epoche, aus der sie stammen, galten: Das *Itinerarium Antonini*, das wahrscheinlich auf die Jahre 214–215 n.Chr. zurückgeht und bei Tanger beginnt, sieht aus wie ein Etappenverzeichnis und ist in zwei Teile ›Land und Meer‹ aufgegliedert.

Das bedeutendste auf uns gekommene *Itinerarium pictum*, d.h. eine bebilderte Wegbeschreibung (zur militärischen Bedeutung der *itineraria non tantum adnotata sed etiam picta* vgl. Veg. 3,6), ist die *Tabula Peutingeriana*, entdeckt 1507 von K. Peutinger in einer sich jetzt in Wien befindenden Handschrift (K. Miller, *Die Peutingersche Tafel*, Stuttgart 1962). Die gesamte Oikumene wird hier in einer zusammengepreßten und in die Länge gezogenen Form präsentiert, versehen mit Entfernungsangaben und historisch-geographischen Daten, die auf das 4. Jahrhundert n.Chr. zurückgehen (vgl. Abb. 41, S. 253). Wie ein regelrechter R. wurde das in elegischen Disticha gefaßte Kurzepos *De reditu suo* von Rutilius Namatianus konzipiert, der seine Rückkehr aus Rom, wo er *praefectus urbis* gewesen war (414 n.Chr.), in seine während des Durchzugs der Goten verwüstete Heimat Narbonensis beschreibt.

Mit dem Christentum kommen Berichte von Pilgerreisen auf, die in den ersten drei Jahrhunderten in Ost-West-Richtung vonstatten gingen, sich dann aber vor allem seit der Zeit Konstantins (4. Jahrhundert n.Chr.) dem Heiligen Land zuwandten. Diese R. hängen anfangs in Struktur und Stil mit den *itineraria Romana* zusammen: Zunächst das anonyme *Itinerarium Burdigalense* (etwa 333 n.Chr.), das von einer Reise von Bordeaux nach Jerusalem und der Rückkehr berichtet. Im Stile einer Epistula verfaßt ist das *Itinerarium Egeriae*, das die Reise der frommen Egeria ins Heilige Land schildert. Über andere Pilgerreisen vornehmer römischer Damen informieren uns die *Epistulae* des Hieronymus: Paula, Fabiola, Melania d.Ä. und Melania d.J. unternehmen Reisen auf eine Art, die sich am Vorbild der Helena, Konstantins Mutter, orientiert. Aufgrund des Versuches, die besuchten Orte in der ersten Person zu beschreiben, befinden sich das anonyme *Itinerarium Antonini Placentini* (von Konstantinopel nach Syrien mit Aufenthalt auf Zypern, zwischen 560 und 570 n.Chr.) und das *De situ terrae sanctae* von Theodosius (5.–6. Jahrhundert n.Chr.), das auf mündlichen und schriftlichen Zeugnissen von Palästina und anderen heiligen Orten basiert, in enger Verwandtschaft zum *Itinerarium Egeriae*.

→ Chorographie, Ethnographie, Fachliteratur, Fremde, Geographie, Historische Geographie, Kartographie, Küste, Orient, Pilger, Reisen

LITERATUR: O. *Cuntz*: Itineraria Romana. Bd.1, Leipzig 1929 (ND 1990). – L. *Casson*: Travel in the Ancient World. London 1974. – J. *Desanges*: Recherches sur l'activité des Méditeranéens aux confins de l'Afrique. Rom 1978. – O. A. W. *Dilke*: Greek and Roman Maps. London 1985. – H. *Donner*: Pilgerfahrt ins Heilige Land. Die ältesten Berichte christlicher Palästinapilger (4.–7. Jahrhundert). Stuttgart 1979. – R. *Hennig*: Terrae incognitae Bd.1. Leiden 1936. – P. *Maraval*: Lieux saints et pélerinages d'orient, histoire et géographie. Des origines à le conquête arabe. Paris 1985.

Serena Bianchetti

Reisen

Aus den unterschiedlichsten Gründen und Anlässen konnten sich Menschen in der Antike auf die R. begeben: in offizieller Funktion die Politiker und Diplomaten, aus wirtschaftlichen Interessen die Händler und Kaufleute, aus familiären oder touristischen Motiven die Privatleute. Bei der Wahl der Verkehrsmittel waren neben den zu bewältigenden Distanzen grundsätzlich auch die Jahreszeit und die klimatischen Verhältnisse zu

Abb. 74: Wer auf Reisen den Landweg wählte, reiste entweder zu Fuß, oder, wenn man es sich leisten konnte, mit einem Fuhrwerk oder einem Reisewagen. Die Abbildung zeigt einen solchen Wagen auf einem Kalksteinrelief aus Virunum, der Hauptstadt der Provinz Noricum. Das Relief ist heute in die Kirche von Maria Saal bei Klagenfurt eingemauert. Der vierrädrige, von zwei Pferden gezogene Planwagen gehört in die Kategorie des gehobenen römischen Reisekomforts.

berücksichtigen. Wer den Seeweg benutzen wollte, konnte dies nur im Frühling und im Sommer tun, da im Herbst und im Winter wegen der Unwägbarkeiten der Witterung die Schiffahrt auf den Meeren eingestellt wurde. Einen Ausweg bot hier die ganzjährige, freilich sehr zeitaufwendige Flußschiffahrt mit ihrem Treidelverkehr.

→ Diplomatie, Fluß, Handel, Klima, Schiffahrt, Tourismus

LITERATUR: H. *Bender:* Römischer Reiseverkehr. Aalen 1978. – L. *Casson:* Reisen in der alten Welt. München 1976.

Holger Sonnabend

Religionsgeographie

R. bezeichnet man im engeren Sinne die geographische Verbreitung von Kulten und die Untersuchung der Kulte einer Landschaft. Im weiteren Sinne befaßt sich die R. allgemein mit der wechselseitigen Beeinflussung geographischer Faktoren und religiöser Phänomene.

Einleitung: Zwischen Religion und Geographie bestehen vielseitige Beziehungen: ›Geographische Personifikationen‹ (z. B. Berge und Flüsse) werden kultisch verehrt;

Naturphänomene und -katastrophen (Regen, Vulkanausbrüche, Erdbeben) erhalten religiös motivierte Erklärungen; lokale geographische Bedingungen prägten Kulte – das kultische Leben der alten Ägypter war z. B. durch die Nilüberschwemmung geprägt; die Gründungen von Städten wurden von Kulthandlungen begleitet; die Gründung von Kultorten berücksichtigt geomorphologische Merkmale; im Zuge historisch-geographischer Entwicklungen (z. B. Veränderungen der politischen Grenzen, Völkerwanderungen, Kolonisation, Herausbildung von Handelsrouten usw.) fanden Kultübertragungen statt; die Entwicklung von Wallfahrtsorten trägt zur Reisetätigkeit bei; die Reise zu Land und zur See wird von Ritualen begleitet und ist mit religiösen Vorstellungen verbunden (z. B. über Kreuzwege); die Götter- und Heroenmythen finden in bestimmten geographischen Kontexten statt (Berge, Flüsse, Grotten, Wasserquellen), die jeweils bestimmte Aspekte des Mythos unterstreichen (Marginalität, primordiale Zeit usw.); geographische Begriffe gelten als Metaphern für religiöse Vorstellungen (z. B. die Seereise als Metapher für den Tod). Hier werden exemplarisch einige dieser Phänomene vorgestellt.

Ortsgebundenheit der Religion: Die enge Verbindung zwischen einer Gottheit und einem bestimmten Ort ist in den Religionen des Nahen Ostens (z. B. Ningirsu-Lagash, Marduk-Babylon) gut belegt und tritt bereits in den frühesten schriftlichen Zeugnissen der Griechen zum Vorschein: In den mykenischen Linear-B-Texten werden mit bestimmten Orten verbundene Gottheiten erwähnt (z. B. *di-ka-taio di-we* = ›dem Zeus Diktaios‹, *a-ta-na-po-ti-ni-ja* = ›der Herrin von Athana?‹). Dies bleibt ein konstantes Merkmal antiker Religionen, deutlich erkennbar in Göttermythen, in von Ortsnamen abgeleiteten Epitheta, die auf den Geburtsort und noch häufiger den Ort der Verehrung einer Gottheit hinweisen (z. B. Aphrodite Kythereia, Zeus Kretagenes, Artemis Amarysia, Athena Lindia, Hera Argeia, Poseidon Tainarios, Zeus Thenatas, Jupiter Capitolinus, Jupiter Dolichenus), in Epiklesen, die die (zuweilen anonymen) Götter als solche eines Ortes (z. B. Theoi Pereudenoi) bzw. als Herrscher und Könige eines Ortes ausweisen (z. B. Athena: Athenon medeusa, Mes Axiottenos: Tarsi basileuon), in von Götternamen abgeleiteten Ortsnamen (›theophore Ortsnamen‹, etwa Aphrodisias, Apollonos Hieron, Dionysopolis, Dios Gonai, Herakleion, Poseidonia) und in den noch in hellenistischer Zeit existierenden ›Tempelstaaten‹ Anatoliens.

Charakteristisch für die Ortsgebundenheit der Religion ist jedoch nicht so sehr die hervorragende Stellung eines Gottes, sondern eher die Herausbildung besonderer Formen des Kultes (lokale Götter, Feste, Rituale, Opferformen, Initiationsriten, Kultkalender, besondere Weihungsformen usw.), die die Bewohner eines Ortes oder einer Region in kultischer Hinsicht von den Nachbarn unterscheiden und eine lokale religiöse Identität prägen.

In jüngster Zeit hat sich vor allem das Studium der griechische Religion von der Suche nach dem ›allgemein Griechischen‹ in den Kulten der Hellenen verstärkt zu dem Studium des Pantheons, der Rituale, der Feste, des Kalenders und der von vielen Faktoren (von lokalen Substraten, Migrationen, politischer bzw. Stammeszugehörigkeit) beeinflußten kultischen Besonderheiten einzelner Poleis und Landschaften bewegt. Mit dieser Thematik eng verbunden ist auch die kontrovers diskutierte Frage nach dem Beitrag von Kulten und Heiligtümern zur Herausbildung von Staaten (etwa in Mesopotamien) und in der griechischen Welt zur Entstehung der Polis. Vielfach spielen religiöse Faktoren auch bei der Bestimmung politischer Grenzen und bei der

Beanspruchung von Gebieten eine Rolle: Zahlreiche griechische Heiligtümer befinden sich an der Grenze zwischen zwei oder mehreren Gemeinden, und die Aufsicht eines Heiligtums ging oft mit der Besitznahme oder Beanspruchung des benachbarten Landes einher. Teil der Erforschung lokaler bzw. regionaler Religionen ist ferner die Untersuchung des religiösen Synkretismus, die Unterscheidung zwischen einheimischen und spät eingeführten Elementen und die Entwicklung von ›Reichsreligionen‹ (z. B. im Imperium Romanum) und die dadurch verursachten Spannungen zwischen lokalen, regionalen und überregionalen Religionen.

Konstruktion von sakralen Räumen und Landschaften: Die Religion ist ein an den geographischen Raum gebundenes Phänomen auch im Hinblick auf die Existenz bestimmter Orte, an denen der Kult ausgeübt wird. Gründung eines Kultortes bedeutet die Abtrennung eines Raumes (griechisch: *temenos* < *temnein*, ›herausschneiden‹; vgl. Plat. nom. 5,738cd), seine Weihung an eine oder mehrere Gottheiten, seine kultspezifische Gestaltung (Ausstattung durch Bauten, Wasserquellen und Zisternen, Haine usw.), die Markierung seines Landes durch Grenzsteine. Auch natürliche Gebilde (insbesondere Grotten) können künstlich umgestaltet werden – durch die Anlage von Tanzplätzen, die Errichtung von Altären oder durch Bepflanzungen (z. B. die von Archedamos von Thera an die Nymphen geweihte Grotte in Anagyrous: IG I^3 974–981); und umgekehrt kann ein künstlich angelegter Kultort eine mythologische bzw. sakrale Landschaft imitieren (z. B. Nillandschaften in Kultorten der ägyptischen Götter, Grotten in Mithrasheiligtümern). Die Konstruktion einer sakralen Landschaft kann insbesondere bei der Gründung einer neuen Siedlung studiert werden. Anlässe hierfür gab es viele, vor allem bei der Gründung griechischer und römischer Kolonien. Bereits bei der Gründung frühzarchaischer Kolonien erkennt man die Bemühung, bei der Stadtplanung für Heiligtümer vorgesehene Bezirke auszusperren. Die Anordnung von Kultorten im Raum in der Neugründung imitiert gelegentlich jene einer anderen Stadt (in der Regel der Mutterstadt). So entsprach z. B. die Anordnung von Kultorten im Gebiet von Kallatis jener der Mutterstadt Megara, und das Sebasteion von Aphrodisias imitierte das Forum Augusti in Rom.

Vielschichtiger ist die Entstehung und Rolle extra-urbaner Heiligtümer, die als Orte der feierlichen Zusammenkunft von Mitgliedern einer oder mehrerer Gemeinden dienten und oft verschiedene politische Funktionen erfüllten (Beanspruchung eines Gebietes, Förderung der Identität eines Stammes oder eines Bundesstaates). Zwar wird auch die Wahl des Kultortes von einer Vielzahl von Faktoren beeinflußt. Ein Heroengrab oder ein Kultvorgänger zieht einen Nachfolger an, wobei Ortskontinuität natürlich nicht immer Kultkontinuität bedeutet, wie dies die Übernahme vorgriechischer Heiligtümer durch die Griechen oder die Umwandlung heidnischer Tempel in christliche Kirchen zeigen. Auch Merkmale der Geomorphologie tragen zur Wahl des Ortes wesentlich bei, etwa der Gipfel eines Berges oder Hügels, eine Grotte, ein Fluß, eine Wasserquelle (z. B. bei Asklepiosheiligtümern), ein Hain (vor allem bei Kultorten des Apollon).

Der Charakter und die Funktion des Kultes bestimmt oft die Wahl des Ortes, wobei sich manche Landschaften für bestimmte Kulte eignen: Extra-urbane Heiligtümer des Apollon entsprechen der Marginalität der Jugend, als dessen Patron der Gott galt; Heiligtümer des Hermes, Gottes der Grenzüberschreitung, sind häufig Grenzheiligtümer; jene von Gottheiten, die als Beschützer der Burg galten (Polieus, Polias, Poliouchos u. ä.) befanden sich in der Regel auf der Akropolis oder auf der Agora; Pan, Hermes und die Nymphen wurden mit Vorliebe in Grotten oder auf Bergen verehrt. Extra-urbane Heiligtümer wurden untereinander oder mit städtischen Heiligtümern verbunden (z. B. Eleusis und Brauron mit Athen, Milet mit Didyma, Heiligtümer des Apollon Parrhasios auf dem Lykaion-Berg und des Apollon Epikourios in Megalopolis), vor allem durch die Anlage sakraler Wege und durch regelmäßige Prozessionen.

Die Überschreitung geographischer Grenzen in der Religion: Neben der Migration, der gewaltsamen Einnahme von Gebieten und dem Zusammenschluß vieler Regionen in eine administrative Einheit führen verschiedene historisch-geographische Faktoren dazu, daß Kulte geographische und politische Grenzen überschreiten und ihrerseits zur Verknüpfung regionübergreifender Beziehungen beitragen. Eine institutionalisierte Übertragung von Kulten erfolgte in der Koloniegründung, wobei die Kulte der Mutterstadt von der Kolonie übernommen wurden – ein charakteristisches Beispiel ist Milet. Die politischen Grenzen werden auch durch die Entstehung von Amphiktyonien überschritten, völkerrechtlich konstituierten Staatenverbänden, die den Kult eines überstädtischen oder überregionalen Heiligtums pflegten. Zur Verbreitung charakteristischer Kulte einer Region (insbesondere ägyptischer und orientalischer Kulte) trugen sowohl vom Gott berufene Individuen als auch Händler, Soldaten und Sklaven bei – zuerst in Athen, später im hellenistischen Griechenland und dann vor allem im Imperium Romanum. Die jüdische Diaspora und dann das Christentum stellen besondere Formen der regionsübergreifenden Verbreitung von Religionen dar.

Religiös motivierte Reisetätigkeit: Die Anziehungskraft von bedeutenden Heiligtümern, Orakelstätten und Wallfahrtsorten stiftete eine intensive Reisetätigkeit an. Im antiken Griechenland und Rom ist religiös motivierte Reisetätigkeit verschiedener Formen belegt: etwa der Besuch von Orakelstätten (insbesondere von Delphi), Heiligtümern von Heilgottheiten (z. B. der Asklepieia von Epidauros, Lebena, Pergamon, Kos) und panhellenischen Agonen (Olympia, Pythia, Nemea, Isthmia), die Teilnahme an Festen und die Ankündigung von Festen durch Festgesandte (*theoroi*). Pilgerfahrten sind durch Graffiti auf Bauten und Statuen in Ägypten von der pharaonischen Zeit bis zur Spätantike gut bezeugt. Auch das Christentum förderte die Institution der Pilgerfahrt zum Heiligen Land und zu den Gräbern von Heiligen; daraus entstand eine umfangreiche Reiseliteratur (z. B. die *Peregrinatio Egeriae* vom 4. und 5. Jahrhundert n.Chr.).

→ Gebirge (Berg), Götter, Grenze, Höhle, Imperialismus, Kolonisation, Kultarchitektur, Kultorganisation, Migration, Mythologie, Natur, Pilger, Reiseberichte, Religionswissenschaft, Städtebau, Tempel

LITERATUR: S. *Alcock*/R. *Osborne:* Placing the Gods: Sanctuaries and Sacred Space in Ancient Greece. Oxford 1994. – A. *Bendlin:* Peripheral Centres – Central Peripheries: Religious Communication in the Roman Empire, in: H. Cancik/J. Rüpke (Hgg.): Römische Religion und Provinzialreligion. Tübingen 1997. – R. *Buxton:* Imaginary Greece: The Contexts of Mythology. Cambridge 1994. – A. *Chaniotis:* Habgierige Götter, habgierige Städte. Heiligtumsbesitz und Gebietsanspruch in den kretischen Staatsverträgen, in: Ktéma 13, 1988, 21–39. – S. *Coleman*/J. *Elsner:* Pilgrimage. Past and Present in the World Religions. Cambridge/Mass. 1995. – G. *Daverio Rocchi:* Frontiera e confini nella Grecia antica. Rom 1988. – M. *Dillon:* Pilgrims and Pilgrimage in Ancient Greece. London 1997. – I. B. M. *Edlund:* The Gods and the Place. Location and

Function of Sanctuaries in the Countryside of Etruria and Magna Graecia (700–400 B.C.). Stockholm 1987. – R. *Garland:* Introducing New Gods. The Politics of Athenian Religion. London 1992. – M. *Goodman:* Mission and Conversion: Proselytizing in the Religious History of the Roman Empire. Oxford 1994. – F. *Graf:* Nordionische Kulte. Rom 1985. – P. *Maraval:* Lieux saints et pèlerinages d'Orient. Histoire et géographie des origines à la conquête arabe. Paris 1985. – M. P. *Nilsson:* Die Prozessionstypen im griechischen Kult, in: Opuscula Selecta 1, Lund 1951, 166–214. – F. *de Polignac:* La naissance de la cité grecque. Cultes, espace et société VIIIe-VIIe s. av. J.-C. Paris 1984. – A. *Schachter:* Cults of Boeotia. London 1981–1995. – A. *Schachter* (Ed.): Le sanctuaire grec. (Entretiens Hardt 37), Genf 1992.

Angelos Chaniotis

Religionswissenschaft

Die R. ist zusammen mit der Religionsgeschichte eine empirische Wissenschaft und befaßt sich, ohne einem bestimmten Dogma verpflichtet zu sein, mit dem religiösen Leben in allen seinen historischen Ausformungen. Die Historische Geographie bedient sich ihrer Methoden und Ergebnisse, wo es um das Verhältnis von Religion bzw. Religiosität und Landschaft geht. Dabei ist vielfach nicht sicher auszumachen, ob religiöse Motivierung und Zweckbestimmung bestimmter Erscheinungen in Entstehungsphase und Wirkungsweise primär oder erst sekundär hinzugetreten sind.

Auswirkungen der Religion auf die Gesellschaft: Kultisch geprägte Stätten der Zukunftsdeutung (wie das Orakel des Zeus im epeirotischen Dodona, des Apollon im phokischen Delphoi am Südfuß des Parnassos, des Apollinischen Branchiden-Heiligtums im ionischen Didyma bei Milet, des Ammon in der Oase Siwa oder der Fortuna Primigenia in Praeneste), der Heilkunst (wie Epidauros in der Argolis, die Sporaden-Insel Kos oder Pergamon in Mysia), des Sports (wie Delphoi, Olympia in Elis, das Tal von Nemea am Südufer des Korinthischen Golfs sowie auf dem Isthmos von Korinth), der kultischen Herrscherverehrung (Kult lebender und verstorbener Herrscher, vgl. die Pyramiden in Ägypten, die paphlagonisch-pontischen Felsgräber, die verschiedenen Mausoleen – etwa des frühhellenistischen Dynasten Maussolos in Halikarnassos oder des Kaisers Augustus auf dem Marsfeld in Rom) sowie der ausschließlichen Religionsausübung an Wallfahrtsorten (vgl. die Heiligtümer auf der Akropolis von Athen, die Demeter-Mysterien im attischen Eleusis, der im pontischen Iristal gelegene Priesterstaat Komana Pontika, nach Strab. 12,3,36 als ›Klein-Korinth‹ berüchtigt, und generell das Pilgerwesen im Christentum im Zusammenhang mit dem Märtyrer- und Heiligenkult, im Islam die Pilgerfahrt nach Mekka, *hadjj*) haben vielfältig auf ihre direkte Umgebung eingewirkt, indem sie z. B. viele Fremde anzogen (Religionsverkehr, Pilgerstraßen, Pilgerhospize) und damit die betroffenen Gesellschaften im weitesten Sinne kulturell, besonders aber wirtschaftlich (u. a. durch Errichtung von Hospizen speziell an Pilgerstraßen) mobilisierten. Sie förderten auch überregionale Kontakte und so oft letztlich politisch relevante Zusammenschlüsse (vgl. die Pylaiisch-Delphische Amphiktyonie, die Amphiktyonie von Delos, die Kultgemeinschaft vom Panionion um Poseidon Helikonios am Mykale-Gebirge). Eine religiös empfundene Mythen-Geographie (die Perihegese Griechenlands des Pausanias) förderte den überregionalen

Reiseverkehr (Religions-Tourismus). Kultausübung und politische Macht fielen besonders sinnfällig zusammen in der Erscheinung der mächtigen Priesterstaaten (Hierokratien, besonders häufig im Vorderen Orient, vgl. Komana Kappadokika, Komana Pontika, das pontische Zela, Emesa am Orontes in Syrien; hier sind aber auch die christlichen Klöster zu nennen, die mit ihrem mobilen und immobilen Reichtum sowie mit ihrem zahlreichen Personal oft eine beachtliche politische Eigendynamik entwickelt haben).

Missionierungen: Der Auseinandersetzung mit Andersgläubigen gilt in der antiken Welt die Missionstätigkeit (Missions-Geographie) nur weniger Religionen wie der Manichäer (seit Beginn des 3. Jahrhunderts n.Chr.) und des Christentums (auch Abspaltungen wie die christlichen Nestorianer, die – seit 485 n.Chr. im Perserreich staatlicherseits anerkannt – bis nach China missionierten). Im Verlauf der missionarisch betriebenen Ausbreitung dieser Religionen kam es in verschiedenen Gegenden auch zur Bildung von Diaspora-Gemeinden. Bedeutende kulturlandschaftliche Arbeit leisteten im Osten wie im Westen die in der Tradition des Kirchenlehrers Basileios (330–379 n.Chr.) stehenden Klöster mit vielfach systematisch betriebenem Landesausbau und großem sozialen Engagement.

Religiös motivierte Verfolgungen: Die grundsätzlich zu beobachtende Toleranz der griechisch-römischen Antike gegenüber Andersgläubigen kannte keine religiös bedingten Verfolgungen (wie sie erst mit der Etablierung des Christentums als Staatsreligion im römischen Reich seit Ende des 4. Jahrhunderts begegnen). Religiös wie auch anders – etwa politisch (›Ruhe und Ordnung‹) – motivierte Maßnahmen gegen bestimmte Kultgemeinschaften (das Vorgehen gegen die Dionysos-Kulte in Italien 186 v.Chr., die sogenannten Christenverfolgungen) drängten verschiedene Gruppen von Gläubigen in Rückzugsgebiete. Religiös motivierte bzw. gerechtfertigte Kriege (auch die sogenannten Religionskriege) sind vielfach bezeugt (vgl. die Heiligen Kriege der Amphiktyonie von Delphoi, aber auch die Kriege der Araber zur Ausbreitung des Islams und die christlichen Kreuzzüge).

Auswirkungen der Religion auf die Landschaft: Je nach der am Orte herrschenden Auffassung von der Abgeschiedenheit oder ständigen Gegenwart der Toten prägten aus der Wohngemeinschaft ausgegliederte oder aber in diese eingefügte Nekropolen das Erscheinungsbild der verschiedenen Kulturlandschaften (vgl. die Pyramiden in Ägypten, die lykischen Sarkophage, Les Alyscamps bei Arles, mit Inschriften versehene Grabstelen in der ganzen griechisch-römischen Welt).

Quellen: Abgesehen von antiker Literatur inklusive Inschriften, Münzen und Papyrus-Dokumenten können als Quellen für historisch-geographische Zusammenhänge religionswissenschaftlicher Befunde die zahlreichen Reiseberichte dienen, die im Abendland seit dem 17. Jahrhundert in Mode kommen und von antiken Verhältnissen noch weit unverfälschter Zeugnis ablegen können als der moderne Besucher vor Ort.

→ Gesellschaft, Götter, Kultarchitektur, Kultorganisation, Mobilität, Mythologie, Pilger, Reiseberichte, Religionsgeographie

LITERATUR: L. *Cerfaux*/J. *Tondriau*: Le culte des souverains. 1957. – R. *Flacelière*: Greek Orades. 1965. – F. *Kutsch*: Griechische Heilgötter und -heroen. 1913. – L. B. *Kötting*: Peregrinatio religiosa. 1950. – J. *Moreau*: Die Christenverfolgungen im römischen Reich. 1961. Vgl. den Artikel »Religionsgeographie« in Westermann Lexikon der Geographie 3 (1970) Sp.1000–1002.

– D. E. *Sopher:* Geography of Religions. London 1967. – J. F. *Sprockhoff:* Religiöse Lebensformen und Gestalt der Lebensräume, in: Numen 11, 1964, 85–146. – G. F. *Vicedom:* Die Mission der Weltreligionen. 1959. – J. *Wach:* Religionswissenschaft. Prolegomena zu ihrer wissenschaftstheoretischen Grundlegung. 1924. – F. R. *Wüst:* Amphiktyonie, Eidgenossenschaft, Symmachie, in: Historia 3, 1954/55, 129–153. – W. *Zschietzschmann:* Wettkampf- und Übungsstätten in Griechenland. 2 Bde., 1961 f.

Eckart Olshausen

Retrogression

Retrospektion: Unter Retrospektion versteht man eine entwicklungsgeschichtliche Methode der Kulturgeographie. Anders als bei der Retrogression handelt es sich dabei um ein gegenwartsbezogenes reduktives Verfahren, das gegebene Landschaftszustände aus ihrer Entstehung zu erklären sucht. Zentrum des wissenschaftlichen Interesses ist hierbei die Gegenwart einer Landschaft, die mithilfe ihrer Genese im Rückgriff auf die Vergangenheit einem umfassenden Verständnis beispielsweise bei neuen Siedlungsvorhaben zugänglich gemacht wird.

Retrogression: Unter R. versteht man eine entwicklungsgeschichtliche Methode der Historischen Geographie. Es handelt sich dabei um ein vergangenheitsbezogenes reduktives Verfahren, mit dessen Hilfe man bestimmte historische Landschaftsbeschaffenheiten aus ihrer Fortentwicklung rekonstruiert. Das Verfahren hat besonders bei der Erstellung historischer Atlanten Früchte getragen. Im Zentrum des wissenschaftlichen Interesses steht hier die Vergangenheit einer Landschaft, deren historisches Erscheinungsbild mithilfe ihres heutigen Zustandes wiederhergestellt werden soll. Grundlage dieser Verfahrensweise ist die Annahme, daß das Studium der Gegenwart und der jüngsten Vergangenheit den Zugang zu früheren Verhältnissen eröffnet. Diese Annahme ist aber um so zweifelhafter, je weiter man von der Gegenwart in die Vergangenheit zurückgeht. Es ist dabei jedenfalls unerläßlich, die Zwischenstadien zwischen dem gegenwärtigen Ausgangspunkt und dem historischen Zielpunkt vollständig zu sichern.

Progression: Progression ist dagegen eine besonders in der Wüstungsforschung bewährte entwicklungsgeschichtliche Methode der Historischen Geographie. Es handelt sich dabei um ein vergangenheitsbezogenes reduktives Verfahren, bestimmte historische Landschaftsbeschaffenheiten aus ihrer Entstehung zu erklären, die parallel zur Retrospektion nicht auf gegenwärtige, sondern auf vergangene Landschaftszustände angewendet wird und stufenweise von der älteren zur jüngeren Zeit fortschreitet.

→ Geographie, Historische Geographie, Topographie, Wüstung

LITERATUR: A. R. H. *Baker:* A Note on the Retrogressive and Retrospective Approaches in Historical Geography, in: Erdkunde 22, 1968, 244–245. – H. *Jäger:* Reduktive und progressive Methoden in der deutschen Geographie, in: Erdkunde 22, 1968, 245–246. – H. *Jäger:* Historische Geographie (Das Geographische Seminar). Braunschweig ³1973.

Eckart Olshausen

Salinen

Die Ausbeutung von Meersalz in der Antike wurde begünstigt durch die mühelose Gewinnung und den zweckmäßigen Transport auf dem Wasserwege. Daher entstanden an den Küsten zahlreiche teils natürliche, teils künstlich angelegte S. Während das Sammeln von Salz am Strand beschwerlicher war, erlaubte die planmäßige Anlage von S. eine rationellere Ausbeutung und das Sammeln einer bemerkenswerten Menge an Salz, die nicht nur den lokalen Bedarf deckte, sondern auch für den Handel bestimmt war.

Salinen in den Quellen: In den antiken Quellen findet man verschiedene Hinweise auf S. Es handelt sich dabei aber zum großen Teil um zufällige Angaben, die nur einem kleinen Teil der tatsächlich vorhandenen S. entsprechen. Die in Lagunen oder an Flußmündungen gelegenen natürlichen S. stellten einen nebensächlichen Bereich dar. Diesen zu veranschaulichen, bereitete den antiken Autoren in ihren literarischen Beschreibungen einige Schwierigkeiten. Auch wenn sie für die Wirtschaft des Landes essentiell waren, sind die an den Küsten und Lagunen liegenden S. in den Quellen bis zum Hochmittelalter spärlich bezeugt, obwohl sich um die Meereslagunen herum ein effizientes System der Gewinnung, der Aufbewahrung und des Handels mit Salz sowie der damit verbundenen Aktivitäten entwickelt hatte, wie das Einsalzen und Gerben von Häuten. An bestimmten Salzen, wie z. B. dem iberischen (Plin. nat. 31, 86), schätzte man deren medizinische Kräfte. Doch lediglich für das Mittelalter mit seiner archivalischen Dokumentation und dank der größeren Sensibilität für das Wesen der Landschaft können wir mit einiger Sicherheit die effektive Verbreitung von S. an den Küsten bestimmen.

S. zogen nicht das Interesse klassischer Schriftsteller auf sich, die nicht einmal die harte Arbeit der in den Salinen tätigen *salinarii* priesen. Seit dem Ende der Antike, als sich eine besondere Sensibilität für diese Situationen entwickelte, besitzen wir Beschreibungen von S., wie jene poetische des Rutilius Namatianus (Rut. Nam. 1,475 ff.; siehe aber auch schon Manil. 5,682,92) einer S. bei Vada Volaterrana, oder jener rhetorischen des Cassiodorus, der gerade die einfache Arbeit der *salinarii* von Ravenna der mühevollen Feldarbeit gegenüberstellt (Varro rust. 14,26,6).

Bezeichnungen für Salinen: Dies erklärt zumindest für die klassische Zeit eine gewisse terminologische Unsicherheit: Der lateinische Begriff *salina* bezeichnete tatsächlich sowohl die S. an der Küste als auch Salzbergwerke. Außerdem störten Veränderungen im Verlauf der Küstenlinien und andere Naturphänomene die Anlagen von S. mit einer gewissen Regelmäßigkeit. Daher ist es mit Ausnahme einiger sehr gut dokumentierter Fälle schwer zu sagen, ob eine in einem bestimmten Zeitraum als S. bezeugte Zone für Jahrhunderte Bestand hatte oder ob sie nicht eine ephemere Erscheinung war. In einigen Gebieten, wie in Südfrankreich, hat die archäologische Forschung erschöpfendere Untersuchungen zu dieser Frage angestellt. In anderen Fällen muß man sich jedoch auf die schriftlichen Quellen beziehen, speziell auf den Abschnitt über die Salze in der *Naturalis Historia* Plinius' d. Ä. (31,39–45; 73–105). In jedem Falle ist es schwierig, das Vorkommen von S. in einem Territorium zu bestimmen, wenn diese nicht ausdrücklich bezeugt sind, man aber nur geringe Kenntnis von einer Produktionsstätte von Salz hat. In der Tat war die Anlage von regelrechten S. nicht immer notwendig, da das Salz direkt am Strand aufgesammelt werden konnte. Das reinere Salz aus den S. war von hochwertigerer Qualität.

Salzgewinnung und Salzhandel: Allerdings war die Meersalzgewinnung eine der einfachsten und primitivsten Techniken. Das Verfahren spielte sich im großen und ganzen so ab, wie es Rutilius Namatianus (Rut. Nam. 1,475ff.) für die S. einer an der toskanischen Küste bei Vada gelegenen Villa im 5. Jahrhundert n.Chr. beschreibt. Die Arbeit konnte von nicht-spezialisierten Arbeitskräften und Sklaven (Cic. Manil. 6) ausgeführt werden. In den S. arbeiteten auch zur Zwangsarbeit Verurteilte (Ulp. Dig. 38,19,8), Männer wie Frauen (Pompon. Dig. 49,15,6),. Private Anlagen, wie die oben erwähnte Villa bei Vada, waren ein wesentlicher Bestandteil des landwirtschaftlichen Betriebs.

Im antiken Griechenland dagegen scheint die Salzgewinnung mit dem Fischfang in Verbindung zu stehen (Vertrag zwischen Troizen und Methana, IG II 76 und 77). Für Kreta ist im 2. Jahrhundert n.Chr. die Existenz von *aloroi* bezeugt, Wärtern oder vielleicht Amtspersonen, die sich um die Kontrolle der S. kümmerten (SEG 1982, 869 aus Hierapytna-Ierapetra). Die hellenistischen Könige versahen den Handel mit einer besonderen Besteuerung (Lysimachos für Tragasai: Phylarch, FGrH 81 f 65). Im ptolemäischen Ägypten gab es eine *alike* genannte Steuer, die man tatsächlich auf alle Waren anwandte und die auch im Seleukidenreich erhoben wurde.

203 v.Chr. wurde in Rom der Censor M. Livius nach einem von ihm auf den Salzhandel erhobenem *vectigal* Salinator genannt; seine Nachkommen behielten dieses Cognomen bei (Liv. 29,37,3). Außerhalb Italiens wurden die S. von den Genossenschaften der *publicani* kontrolliert (Gaius Dig. 39,14,14; vgl. 4,1). Diese werden in einer Inschrift aus Priene (Iv Priene 111,1,114; 141; 159) als *alonoi* bezeichnet. Die kaiserliche Rechtsprechung betrachtete die Nutzung von Grundstücken und S. auf derselben Ebene (Scaev. Dig. 33,32,2); die Anlagen (Güter) der S. wurden in die Zensus-Listen aufgenommen (Ulp. Dig. 50,15,4,7). Die Städte bewahrten dagegen das gewonnene Salz in eigens dazu errichteten Räumlichkeiten auf. Im republikanischen Rom entstanden die Institutionen des *salinator* und des *salinarius*. Diese Personen, die nicht immer klar definiert werden, sind durch Inschriften aus Ostia und Minturnae bezeugt. Im Kaiserreich existierte eine Korporation der *salarii* (CIL 6,1152), unter Septimius Severus ein *collegium* der *saccarii salarii Urbis et campi salinarum Romanarum* (BCAR 188,83ff.). Diese Vereinigungen wurden in der Spätantike durch die *mancipes salinarum* ersetzt (Symm. Epist. 9,103; Cod. Theod. 11,20,3; 14,5,1).

Bedeutung der Salinen in den Quellen: Die mit dem Salzhandel verbundene Entstehung von S. reihte sich in ein umfangreicheres Handelssystem ein, das dem Bedürfnis der Völker, sich das Produkt zu verschaffen, über das sie nicht verfügten, entgegenkam. Diese Anlagen dienten daher kommerziellen und industriellen Zwecken, und man kann das Vorkommen von S. mit dem Wachstum der Seeverkehrsnetze und der Produktion von Salzgütern in Verbindung bringen. Ferner ist ein Bezug zwischen Salz und mediterranem *tryphe* seit frühen Zeiten wohlbekannt. Einige klassische Topoi bezeichnen den Verzicht auf Salzkonsum bei bestimmten Völkern als ein letztes Element der Barbarei: Schon Homer sprach von Völkern, »die weder das Meer noch gesalzene Lebensmittel kennen« (Hom. Od. 11,123–5). Die Präsenz einer S. auf dem Territorium einer Stadt erhöhte deren Bedeutung, und manchmal, wie im Falle des archaischen Rom, war sie für ihre Entwicklung und Macht förderlich. Beachtenswert ist für die archaische Zeit der Konflikt zwischen Autariati und Ardiei in Dalmatia (Ps. Arist. Mir. ausc. 138; Strab. 7,5,11) um den Besitz der S. an der Mündung der Narenta.

Die zumindest teilweise von den griechischen Städten ausgeübte Kontrolle über das Salz gestattete eine gewinnbringende Verwaltung des Handelsverkehrs mit den Völkern des Hinterlandes, wie an der Mündung des Borysthenes (Hdt. 4,53) und, ebenfalls am Schwarzen Meer, in Dioskurias (Strab. 11,5,6), Olbia (Dion Chrys. 36,437) und Anchialos (BE 1961,418).

Sicher bezeugte Salinen: Das bisher Gesagte verdeutlicht die Unmöglichkeit, den Bestand an S. in der Antike systematisch zu erfassen. Es seien hier deshalb in Ergänzung der bereits zitierten Fälle die Hauptstellen erwähnt, in denen S. mit Sicherheit bezeugt sind. Die Überlieferung auf Papyri bezeugt das Vorhandensein von S. im Nildelta. Die klassischen literarischen Quellen erwähnen S. bei Memphis (Plin. nat. 31,74) und Pelusion (Hdt. 2,15; Vitr. 8,3,7), wo man ferner, über das Salz des Deltas hinausgehend, Steinsalz gewann. Vitruv führt außerdem das berühmte, bei Paraitonion/Ammonion gewonnene ›Ammoniak‹-Salz an. Im nahen Zypern gewann man Salz in Salamis (Plin. nat. 31,86; vgl. Diosc. 5,125) und in Kition (Plin. nat. 31,74 und 79).

Auf die karthagische Vorherrschaft geht die intensive Ausbeutung der afrikanischen S. zurück (vgl. Cato, fr. 67 Pet.), die in einigen Gebieten besonders ausgedehnt waren, wie der von den Itinerarien und den mittelalterlichen *mappae mundi lacus salinarum* genannte Lacus Tritonis (Plin. nat. 31,75). Andere, mit der Herstellung von Garum verbundene afrikanische S. befanden sich in Mauretania (vom anonymen Geogr. Rav. 1,2 *patria salinarum* genannt), Utica (Bell. Afr. 2,37,3), Leptis (Plin. nat. 31,94) und bei Salinas Nubonensis (Tab. Peut. II, 1).

Für die iberische Halbinsel ist das Salz aus Cadiz (Gades, das eingesalzenen Fisch bis ins klassische Athen lieferte (Eupolis, fr. II, 43) wohlbekannt, und archäologische Befunde bezeugen die Salzproduktion in Sexi und Carthago Nova. Außerdem preisen Strabon (3,1,8; 3,4,2) und Plinius d.Ä. (nat. 31,91) das iberische Salz. Die *étangs* der südlichen Gallia waren für die Salzherstellung besonders geeignet (Strab. 4,1,6f.; Ptol. geogr. 3,1,4; CIL XII 23 und 66). Plinius erwähnt die Salzproduktion in Antipolis (Plin. nat. 31,94) und in Forum Iulii (Plin. nat. 95).

Für Italien gibt es reichlich Belege. Im Mar Piccolo vor Tarent sind S. bezeugt (Plin. nat. 31,84). Am thyrrenischen Meer ist außer den erwähnten Fällen in Vada, Ostia und Minturnae die Existenz von S. und damit in Verbindung stehenden Einrichtungen in Pompeji, wo man auch Garum herstellte (Plin. nat. 31,94), und Herculaneum bekannt (Colum. 10,135; CIL IV 128, vgl. CIL II 1611). An der Adria haben wir die bereits erwähnten S. von Ravenna und, weiter südlich, die von Atri (Tab. Peut. VI, 1) sowie die ausgedehnten S. in Daunia (Strab. 6,3,9; Itin. Anton. 314,7; Tab. Peut. VI, 3). Das Salz Siziliens, mit einer ununterbrochenen Tradition bis in unsere Zeit, gewann man sowohl in S. als auch in Bergwerken. Die Quellen bezeugen S. in Agrigentum (Antig. Car. 177; Solin. 5,18; vgl. Aug. civ. 21,5) und bei Gela, am Lacus Cocanicus (Plin. nat. 31,74). Ein *Cleon salari(us) soc(iorum) s(ervos)* ist im lateinischen Text der dreisprachigen Inschrift von San Nicolo Gerrei auf Sardinien bezeugt (2. Jahrhundert v.Chr.). Aus Sardinien stammt eine weitere Erwähnung von S. auf einer Inschrift aus byzantinischer Zeit (ILSard 1,93).

Im antiken Griechenland haben wir außer den bereits zitierten Fällen von Troizen, Methana und Kreta Kenntnis von *almyrides* in den Randzonen Attikas (CIA II 1059) und in Megara (Sch. Aristoph. Ach. 521; 761). Von Bedeutung waren auch die schon in der Antike ausgebeuteten S. Makedoniens (Liv. 45,29,12f.; St. Byz. s.v. Chalastra;

Suda s.v. Chalastraion nitron), die noch in byzantinischer Zeit in Gebrauch waren (Thessalonike, Inschrift aus dem Jahre 688, J. M. Speiser, T&MByz 5, 1973, 156ff.; Cantacuz. 3,54). In Kleinasien begünstigte das Landschaftsbild der Küsten die Bildung von natürlichen S., wie in Tragasai (Strab. 13,1,48; vgl. Plin. nat. 31,85). Berühmt war das Garum von Klazomenai (Plin. nat. 31,94). Außer dem erwähnten Fall bei Priene sind Anlagen bei Kaunos bezeugt (JHS 74, 1954, 97ff.; vgl. Plin. nat. 31,99).

→ Fisch, Handel, Lagune, Landwirtschaft, Medizin, Nahrungsmittel, Salz, Wirtschaft, Wirtschaftsgeographie

LITERATUR: H. *Blümner*: RE I A (1920) Sp. 2075–2091, s.v. Salz. – A. *Giovannini*: Le sel et la fortune de Rome, in: Athenaeum, n.s. 63 (1985), 373–387. – A. *Jodlowski*: De salinis apud antiquos populos, in: Meander 32, 1977, 40–53. – G. *Traina*: Sale e saline nel Mediterraneo antico, in: PP 47, 1992, 363–378. – A. *Wasowicz*: Remarques sur les problèmes relatifs au sel et à l'industrie du sel dans les terrains d'humus dans l'antiquité, in: Archeologia 17, 1966, 244–245.

Guisto Traina

Salz

S. ist chemisch eine Verbindung eines Metalls mit einem Säurerest. In der Natur kommen dementsprechend verschiedene Arten von S. (u. a. auch Kalk, Gips, Salpeter) in kristalliner Form oder in flüssiger Lösung vor, doch keines ist so verbreitet wie Natriumchlorid (NaCl), das bekannte Stein-S. oder Koch-S. Wichtig ist noch kohlensaures Natrium (Natriumcarbonat), und zwar als kalziniertes Soda bzw. als Kristallsoda, das in sogenannten ›Natronseen‹ Ägyptens gefunden wird. In diesem Artikel wird nur NaCl behandelt.

Vorkommen: In den Weltmeeren findet sich ein hoher Anteil an S. (durchschnittlich 3,5%, darunter ca. 4/5 NaCl, daneben Kalium- und Magnesium-S.). Ebenso enthalten viele Binnenseen S. wie der Aral-See und das Kaspische Meer, hier besonders die Ausbuchtung des Kara Bogaz. Am bekanntesten ist das sogenannte Tote Meer mit einem S.-Gehalt von ca. 31%, eine noch stärkere S.-Konzentration weist der Lacus Tatta, türkisch Tuz Gölü (= ›S.-See‹) im Inneren Kleinasiens auf. Wir kennen S.-Oasen mit im Sommer jeweils austrocknenden S.-Seen (z. B. der S.-See bei der Hala Sultan Tekke auf Zypern). Das Hochland von Iran kennt große S.-Ebenen, die Dast-e Kavir ist mit einer S.-Krustenfläche von ca. 53.000 km^2 die größte der Erde. Große Mengen S. befinden sich in der Erdrinde; dort kommt es in Steinbrüchen in fast reiner Form vor; berühmt ist der schon von Cato (bei Gellius. 2,22,29) erwähnte S.-Felsen von Cardona bei Lerida mit 98,5% NaCl. In der antiken Überlieferung sind es vor allem die Quellen zum Alexanderzug, die Kenntnisse von S.-Vorkommen verbreiteten, so vom Stein-S.-Lager in der Oase Siwa (mit 98% NaCl) oder von den S.-Vorräten in Indien, von denen uns Plinius d.Ä. sowie Strabon zahlreiche Informationen bewahrt haben (vgl. Plin. nat. 31,77; Strab. 15,1,30). Außerhalb der Reichweite antiker Autoren lagen die großen S.-Lager in China; allein in Szechuan soll es in der Zeit der Han-Dynastie (ca. 200 v.Chr.– ca. 200 n.Chr.) 90.000 S.-Quellen gegeben haben.

Verwendung: S. ist für den menschlichen und tierischen Organismus notwendig. Seit der Seßhaftwerdung ist der Mensch durch die zunehmende pflanzliche Kost auf einen erhöhten S.-Bedarf angewiesen. Frühe Kulturen, die nicht am Meer oder in der Nähe von salzhaltigen Gewässern angesiedelt waren, kannten die Verbrennung von (S.-) Pflanzen (z. T. noch im 20. Jahrhundert beobachtet). Wichtig wurde vor allem die Erkenntnis, daß S. das Verderben von Lebensmitteln verhindert. Für die Konservierung des Fleisches geschlachteter Tiere und von Fischen blieb das S. bis zum Gebrauch von Gefrierschränken wichtig. Häute von Tieren wurden mit Hilfe von NaCl gegerbt und damit haltbar gemacht. Leichen wurden in Ägypten mit Hilfe von S. einbalsamiert, und in manchen regenlosen Gegenden wurde S. auch als Baumaterial verwandt (Hdt. 4,185; Plin. nat. 5,34). Heute wird der größte Teil der S.-Produktion (ca. 90%) industriell verbraucht, nur noch ca. 10% für die menschliche Ernährung. Als Koch-S.-Infusion hat S. in der Medizin weiterhin eine große Bedeutung.

Gewinnung: In prähistorischer Zeit wurde S. durch Eindampfen salzhaltiger Quellen (Solquellen) gewonnen (in Tongefäßen, der sogenannte Briquetage), aber auch durch Übergießen von brennendem Holz (belegt bei Tac. ann. 13,57) und heißen Steinen, daneben nutzte man in heißen und trockenen Gegenden die natürliche Verdunstung, das sogenannte Gradieren des Meerwassers, das in Lagunen (berühmt: der Mareotis-See bei Alexandria) oder Verdunstungsbecken geleitet wurde. Einen (trockenen) Abbau von anstehendem festem S. kennt man bereits seit ca. 2500 v.Chr. (älteste Abbaustellen: Hallstatt und Dürrnberg bei Hallein – alle Namen stehen in einem Bezug zum S.), aber auch den bergmännischen Abbau von Stein-S.-Lagern in mehreren Hundert Metern Tiefe sowie in China gar Tiefenbohrungen (bis ca. 600 m, mit Hilfe der Seilbohrmethode). Für Ägypten ist eine S.-Verhüttung nachgewiesen. In römischer Zeit stand die Gewinnung des S. aus Meerwasser in Salinen im Vordergrund, bedingt durch den hohen S.-Gehalt des Mittelmeeres und der guten natürlichen Bedingungen; sie verdrängte die anderen Arten der S.-Gewinnung.

Salzhandel: S. wurde als notwendiges Nahrungsprodukt aufgrund seiner ungleichen Verteilung auf der Erde schon sehr früh ein wichtiges Handelsobjekt und blieb im Altertum immer ein bedeutender Handels- und Tauschartikel. Manche Forscher sehen im S.-Handel im Austausch gegen andere Güter gar den Beginn des Handels. Den Städten, die über S.-Vorräte verfügten, brachte die Ausfuhr Macht, Reichtum und damit Wohlstand; diejenigen, die keines besaßen, waren zur Aufnahme des Handels mit ›S.-Städten‹ gezwungen. S. war daher in der Antike ein eminent wirtschaftliches Kampfmittel, und so dürfen auch militärische Auseinandersetzungen, wie sie etwa Tacitus in den *Annalen* berichtet, nicht überraschen. Für das frühe Rom hat Giovannini die Bedeutung des S.-Besitzes (z. T. in dem von Veji eroberten Gebiet) exemplarisch unterstrichen.

Über den S.-Handel sind nur wenige Nachrichten aus der Antike auf uns gekommen. Wenn Plinius d.Ä. in seiner *Naturalis Historia*, dem diesbezüglichen umfangreichsten Text aus der Antike, über unterschiedliche Qualitäten von S. berichtet, kann von einem lebhaften Handel mit diesen Produkten ausgegangen werden: Das S. von Salamis auf Zypern soll das beste der Meer-S. gewesen sein. Der Transport erfolgte per Schiff über das Meer, aber auch Flüsse wurden zum Transport genutzt, daneben sind eigene ›S.-Straßen‹ bezeugt. Produktionsstätten lagen daher an wichtigen Punkten dieser Handelsrouten, gleichzeitig waren sie Sammelpunkte der Bevölkerung, des Waren- und Marktverkehrs. Nicht allein S. war Handelsobjekt, sondern auch Waren, die nur mit Hilfe des S. konserviert und exportiert werden konnten, war dies nun gepökeltes Fleisch (begehrt war, so Strab. 4,3,2, das gepökelte Schweinefleisch der Sequaner), gepökelter Fisch, das sogenannte *salsamentum* (die Gegend am Unterlauf des Borysthenes, heute Dnestr, Ukraine, z. B. war nach Herodot 4,53 bekannt für die Flußfische ohne Gräten zum Einsalzen, Oliven oder Geflügel), aber auch Produkte wie das Garum, eine S.-Fischsauce. Den Tausch von S. gegen Sklaven in Thrakien verrät schließlich eine Notiz der Suda (s.v. *alonton* = ›für S. verkauft‹).

Salzmonopol und Salzsteuer: Die große Bedeutung des S. in der Antike führte viele Staaten dazu, seine Herstellung und Verteilung zu überwachen und zu monopolisieren. So soll in China schon 645 v.Chr. das S.-Monopol eingeführt worden sein, in Rom angeblich zu Beginn der Republik im Jahre 509 v.Chr. (so jedenfalls Liv. 2,9,6). Am bekanntesten und quellenmäßig am besten belegt ist das Vollmonopol im Rahmen der ausgeprägten Staatswirtschaft der Ptolemäer. S. war aber auch ein begehrtes Objekt der Besteuerung, da es in vieler Hinsicht unentbehrlich war. In Rom soll es einem der Zensoren, die die S.-Steuer im Jahre 204 v.Chr. für Rom und Italien einführten (Liv. 29,37,4), den Beinamen ›Salinator‹ eingebracht haben. Am ausführlichsten sind wir wieder über die *halike* im ptolemäischen Ägypten unterrichtet; die S.-Steuer bezeugt aber auch die Wichtigkeit des dortigen S.-Handels. Viele Fragen sind bisher nicht geklärt, jedoch ist – aufgrund der heutigen Quellenlage – sicher, daß sie eine Kopfsteuer war und daß der Betrag für Männer höher lag als der für Frauen und Sklaven. Das Datum der Steuersenkung im 3. Jahrhundert v.Chr. ist umstritten; nach de Cenivals Untersuchung demotischer Zeugnisse hatten die Griechen in Ägypten eine geringere Steuer zu zahlen als die Einheimischen. Neben der *halike* mußte noch ein Betrag für die erworbene Menge S. (= *time tou alos*?) entrichtet werden, das von Händlern (*alopolai*) im Rahmen des staatlichen Monopols vertrieben wurde. Auch das Seleukidenreich kannte eine S.-Steuer (vgl. Jos, AJ XIII 2,3; 1. Makk 10,29 sowie 1. Makk 11,35, doch ist die Interpretation umstritten).

Bedeutung für die Historische Geographie: Für die historische Namenskunde höchst aufschlußreich ist es, wie die Bedeutung des S. und des S.-Handels sich in geographischen Namen von Orten, Flüssen, Landschaften und Straßen niedergeschlagen hat, und zwar in unterschiedlichen Sprachfamilien. Den semitischen Sprachen ist das Wort mit den Wurzelbuchstaben mlh geläufig (maelah im Hebräischen, melah im Biblischen Aramäisch; weitere Belege in aramäischen Sprachen: HAL V, Leiden u.a. 1995, 1736), milh im Arabischen, als Lehnwort milh, Plur. amlah auch im Neupersischen [neben namak]). So nennt das Alte Testament (Jos 15,62) eine noch nicht identifizierte ›S.-Stadt‹, hebräisch: 'ir hamm-maelah (am Rande des Toten Meeres, nach der heutigen communis opinio nicht identisch mit der Siedlung Hirbat Qumran), ein ›S.-Tal‹, hebräisch: ge' maelah (2. Sam 8,13) bzw. ge' ham-maelah (2. Kg 14,7; siehe textkritisch App.). aeres meleha ist das ›S.-Land‹ (Jer 17,6), wo niemand wohnt (hier wird die negative Symbolik von ›S.‹ sichtbar); das ›Tote Meer‹ wird auch öfter ›S.-Meer‹ genannt (hebräisch: yam ham-maelah), u.a. 5. Mos 3,17. Im Arabischen kennen wir Toponyme wie ›S.-Hügel‹ (Tall al-milh) südwestlich des ›Toten Meeres‹ sowie ›S.-Wadi‹ (Wadi al-milh).

Im Indogermanischen (sal-) sind es viele Sprachzweige, die Wörter mit ›S.‹ kennen, das Armenische (al = S., alt = S.-Lager; davon sind Toponyme abgeleitet wie Aliovit [Aloy hovit] = ›S.-Tal‹), das Griechische (*als* auch *alas*, davon abgeleitet der Flußname

Halys in Kleinasien [vgl. Strab. Geogr. 12,3,12], oder Aliki, der neugriechische Name eines Sees), das Kirchenslavische (*sol'*; so heute noch russisch: *sol'*, bulgarisch: *sol*, tschechisch: *solanka* [= S.-Sole, Sole]), das Gotische (*salt*), am bedeutendsten das Lateinische *sal*, *salis*, bedeutsam ebenso für die Tochtersprachen des Lateinischen (französisch: *sel*, italienisch: *sale*, spanisch: *sal*, rumänisch: *sare*). Von der Salia, heute Seille, einem Nebenfluß der Obermosel, sagt Venantius Fortunatus (carm. 7,4,16), daß sie ihren Namen dem S. verdankt (*de sale nomen habens*; Flüsse selbst sind allerdings nur in ariden Zonen stark salzhaltig).

Auch im englischen (Salt Lake City, Saltville, Salway), im slawischen (Sol'e bei Irkutsk [russisch], Solnice [tschechisch], Halicz [ukrainisch]) wie im deutschen Sprachraum (schon althochdeutsch: *salz*) fehlt es nicht an Beispielen. z.B. Salz, Salzburg, Salzach, Solz, Sulze, Sulzbach, Bad Salzungen (aus: Salsunga), Salzkammergut, Saale. Im Keltischen kennen wir *halein*, *haloin* (im Walisischen: *halen*), woraus später (schon althochdeutsch: *hal*) die ›Hall-Namen‹ wurden: u.a. Halle, Hallein, Hallstatt, Hall in Tirol, Schwäbisch Hall, Reichenhall (weitere Beispiele bei v. Reitzenstein). Das indogermanische Wort ist dann auch in andere Sprachfamilien übergegangen wie in das Finnische (*suola*), das Ungarische (*so*) oder in das Estnische (*sool*). Aber auch andere, nicht von *sal* abgeleitete Namen können mit S. zu tun haben: So leitet sich der Ortsname Muire über das altfranzösische *muir* (= salzhaltiges Wasser) von lateinisch: *muria* (= S.-Wasser, S.-Lake) ab.

Für die historische Siedlungskunde ist es bedeutsam, daß an Stätten, an denen S. abgebaut oder gewonnen wurde, sich früh Menschen niederließen und von dort Straßen und Handelswege ausgingen oder an diesen lagen. Einer Straße hat das S. ihren Namen gegeben, der Via Salaria (Plin. nat. 31,89), der ältesten Verbindung zwischen Mittelmeerküste und dem Abruzzengebirge, auf der Rom das in den Salinen am Tyrrhenischen Meer bei Ostia gewonnene S. den sabinischen Hirten anlieferte. Umgekehrt lassen Namen, die sich auf S. beziehen, auf Vorkommen von S. oder eine Bedeutung in der S.-Produktion oder im S.-Handel schließen (etwa die Seille, wo S.-Gewinnung seit der Bronzezeit vermutet wird). Der Name einer ganzen Epoche der europäischen Frühgeschichte, der Hallstattkultur (ca. 1200–500 v.Chr.), beruht auf dem S., benannt nach einer Siedlung, in deren Nähe sich ein S.-Bergwerk befand und die auch Handel mit S. betrieb. S.-Vorkommen können aber auch auf eine dem Menschen feindliche Umgebung verweisen (siehe die Dast-e Kavir oder die Dast-e Lut im Iran); sie lassen nur eine für S.-Böden typische Vegetation zu.

Kulturgeschichtliches: An populäre Vorstellungen hinsichtlich der Heilkraft des S., an die seine religiöse Bedeutung (etwa als Fluchgestus, aber auch als Symbol für Beständigkeit und seine Verwendung zur Begrüßung eines Gastes: gemeinsam genossenes S. stiftet ein Solidaritätsverhältnis oder im Kult, etwa 3. Mos 2,13: notwendiges Ingredienz jedes Speiseopfers) soll hier nur erinnert werden. Kulturgeschichtlich aufschlußreich sind Formulierungen wie ›Heller und Pfennig‹ oder auch ›Salär‹, abgeleitet von *salarium*, was auf Zeiten hinweist, als noch mit S. entlohnt wurde. Die Qualität von S.-Gefäßen (arme Leute benutzten meist Muscheln) kann ein Indiz für den Wohlstand seiner Bürger sein.

→ Fisch, Handel, Nahrungsmittel, Salinen, Siedlungsgeographie, Sprachen, Toponomastik

LITERATUR: J.-F. *Bergier:* Une histoire du sel. Fribourg 1982 = Die Geschichte vom Salz, aus dem Franz. v. J. Grube. Frankfurt/New York 1989. – M. R. *Bloch:* Die wirtschaftliche Bedeutung des Salzes in der Geschichte, in: Mitteilungen der List-Gesellschaft 5, 1966, 201–213. – M. R. *Bloch:* History of Salt (NaCl) Technology, in: F. S. Bodenheimer (Ed.): Actes du VIIe Congrès International d'Histoire des Sciences Jérusalem (4–12 août 1953). Collection des Travaux de l'Académie internationale d'Histoire des Sciences 8, Paris o.J., 221–225. – F. de *Cenivàl:* Nouvelles sources démotiques concernant le recensement et la taxe sur le sel à l'époque ptolemaïque. Egypt and the Hellenistic World, in: E. Van't Dack/E. Van Dessel/W. Van Gucht (Eds.): Proceedings of the International Colloquium Leuven 24 – 26 May 1982. (Studia Hellenistica 27), Lovanni 1983, 31–41. – A. *Giovannini:* Le sel et la fortune de Rome, in: Athenaeum 63, 1985, 373–387. – W. A. von Reitzenstein: Das Salz in Orts- und Flurnamen, in: Treml/Jahn/Broeckhoff 358–360. – M. J. *Schleiden:* Das Salz. Seine Geschichte, seine Symbolik und seine Bedeutung im Menschenleben. Leipzig 1875. – M. *Treml/W. Jahn/E. Brockhoff* (Hgg.): Salz macht Geschichte. (Aufsätze, Veröffentlichungen zur Bayerischen Geschichte und Kultur 29), Augsburg 1995.

Erich Kettenhofen

Schiffahrt

Bedeutung der Schiffahrt: Das legendäre Pompeius-Zitat *navigare necesse est, vivere non est necesse* (Schiffahrt ist notwendig, leben nicht) illustriert die enorme Bedeutung der S. für die Antike. Die durch Gewässer getrennten Länder, Inseln und Kontinente wurden infolge der S. miteinander verbunden und besiedelt: Seefahrende Völker brachen zu unbekannten Gestaden auf, gründeten dort Kolonien und erschlossen neue ökonomische Ressourcen (Bodenschätze, Landwirtschaft). Infolge der vernetzenden S., die den relativ schnellen und preiswerten Transport von Rohstoffen und Massengütern über große Distanzen ermöglichte, wuchsen Population und Produktion an. Die S. bewirkte und förderte den interkulturellen Austausch: Einander fremde Völker lernten ihre Sitten, Gedanken, Gebräuche und Fertigkeiten kennen, und die für die See-S. erforderliche Navigation trieb die Naturforschung voran, besonders die Astronomie, Geometrie und Mathematik (Strab. 16,2,24). Nicht zuletzt forcierte die S. die Ausbreitung und Weiterentwicklung der phönizischen Schrift. Die systematische Nutzung der Wasserwege hat das Antlitz der Welt grundlegend verändert, und somit kann die S. vielleicht als die wichtigste technische Innovation der Menschheit gelten (wichtiger als die Erfindung des Rades; die frühen Ägypter, deren Hochkultur ohne Fluß- und See-S. nicht entstanden wäre, benutzten das ihnen bekannte Rad nicht).

Entwicklung der Schiffahrt: Belege für Bootsfahrten zu einzelnen Mittelmeerinseln gibt es bereits für das 10. Jahrtausend v.Chr., bis zum 5. Jahrtausend v.Chr. schiffte man namentlich bis Zypern und Kreta, und bis Ende des 4. Jahrtausends v.Chr. wurden nahezu alle Mittelmeerinseln angesteuert. Im 2. Jahrtausend v.Chr. entstanden Thalassokratien (= Seeherrschaften, z.B. das minoische Kreta). Die Phönizier, deren ausgedehnter Seehandel das Mittelmeer erschloß, drangen um 1000 v.Chr. in den Atlantik vor. Karer befuhren schon vor den frühen Griechen das Schwarze Meer, und die seit Mitte des 8. Jahrhunderts v.Chr. einsetzende griechische Westkolonisation intensivierte die S. im Mittelmeer. Um 600 v.Chr. fand unter dem Pharao Necho eine Ost-

West-Umseglung Afrikas statt (die für Hdt. 2,158 unglaubliche Notiz, die Sonne hätte für die Seefahrer zeitweilig im Norden gestanden, ist als sicheres Indiz für die erfolgte Umseglung zu werten), und 510 v.Chr. gelangten karthagische Kolonisten unter Hanno an der westafrikanischen Küste bis Kamerun. Gegen 500 v.Chr. ließ der Perserkönig Dareios I. den Seeweg vom Indus um die Arabische Halbinsel herum bis Suez erkunden. Die Entdeckungsfahrten des Pytheas führten um 330 v.Chr. ins Europäische Nordmeer. Im Altertum fand ein ständiger Schiffsverkehr zwischen Marokko im Westen und Indien im Osten statt, ferner bis zu den Britischen Inseln und Germanien im Nordwesten sowie bis Südarabien und Ostafrika im Südosten. Hinsichtlich beförderter Tonnage und Frequenz der Seewege erreichte die antike S. während der römischen Kaiserzeit ihren Höhepunkt.

Schiffstypen: Seit Menschengedenken wurden Binnen- und Küstengewässer mit primitiven Flößen, Einbäumen und Fellbooten befahren. Als Antriebsarten dienten Paddeln, Staken und das Treiben mit der Strömung. Im Neolithikum jedoch, in das die Anfänge der See-S. zurückreichen, entwickelten sich die Urformen der Schiffe beträchtlich weiter. Sowohl Riemen- (›Ruder-‹) als auch Segelschiffe sind in Ägypten bereits für das 4. Jahrtausend v.Chr. belegt, und seit der Mitte des 3. Jahrtausends v.Chr. gab es ägyptische Hochseeschiffe. Abgesehen von Booten aus Binsen- oder Papyrusstauden sowie aus Leder und Fellen war das leistungsfähigere Holzschiff die Regel. Frühe Schiffsabbildungen zeigen oft Fahrzeuge mit flachem, vorragendem Bug und gerundetem, hoch aufragendem Heck. Dieser Schiffstyp lebte im Altertum im geruderten Kriegsschiff mit seinem spornähnlichen Bug fort. Der Grundtyp des antiken Schiffes war aber symmetrisch, d.h. Bug und Heck waren gleichermaßen hochgezogen. Das Verhältnis von Breite zu Länge betrug bei antiken Frachtschiffen meist 1:4, manchmal 1:3, bei Kriegsgaleeren 1:7 oder höchstens 1:6. Neben den dominierenden Handels- und Kriegsschiffen gab es diverse Spezialfahrzeuge (vor allem Flußfähren, ferner u.a. Luxusjachten, Obeliskentransporter, geschleppte Kultschiffe und Totenbarken). Spezielle Passagierschiffe gab es nicht; Reisende benutzten Frachter.

Schiffsbau: Im Mittelmeerraum hat es im Schiffbau »von Anfang an die übernationale Kommunikation, Verflechtung, Nachahmung gegeben« (Wachsmuth). So waren z.B. im antiken Seekrieg die Schiffstypen der Kontrahenten oft nicht voneinander zu unterscheiden (Diod. 14,102,1). Die Schiffe wurden im sogenannten Schalenbau hergestellt: Zunächst fertigte man die hölzerne Außenhülle an, die dann durch das Gerippe der Spanten verstärkt wurde. Allerdings kombinierten die griechischen und römischen Schiffbauer bereits die Schalenkonstruktion mit der neuen Kielbaumethode (neuzeitliche Holzschiffe werden erst ›auf Kiel gelegt‹ und im Skelettbau errichtet). Die antiken Schiffe (auch die Galeeren) besaßen in der Regel einen Mast mit einem großen Rahsegel, oft war zudem ein Bugsegel vorhanden (*artemon*). Obwohl die Schiffsrümpfe geteert und Frachter gegen aggressive Meeresorganismen häufig mit einer Bleihaut überzogen waren, Galeeren dagegen meist in Schiffshäusern lagerten, betrug die Lebenszeit antiker Holzschiffe selten mehr als zwei Jahrzehnte.

Tragfähigkeit der Schiffe: Die Binnenschiffe, v.a. verschiedene Typen von Fähren und geruderte Frachter, konnten oft mehrere Dutzend Tonnen Gewicht tragen (zahlreiche Nilschiffe jedoch weit mehr). In der römischen Kaiserzeit waren Überseefrachter zwischen 100 und 150 t Tragfähigkeit die Regel. Der größte Standardtyp römischer Frachter (dessen Bau im 1. Jahrhundert n.Chr. zwischen 250.000 und 400.000 Sester-

Abb. 75: Römisches Kriegsschiff mit Rostra und bewaffneten Legionären an Bord. Die Notwendigkeit, eine Flotte aufzustellen, ergab sich für Rom im Ersten Punischen Krieg (264–241 v.Chr.) gegen die Seemacht Karthago: »Da sie nämlich sahen, daß sich der Krieg in die Länge zog, gingen sie daran – es war das erste Mal –, Schiffe zu bauen, 100 Fünfruderer und 20 Dreiruderer. Da aber die Schiffsbaumeister im Bau von Fünfruderern völlig unerfahren waren, weil bis dahin noch niemand in Italien solche Fahrzeuge benutzt hatte, so hatten sie damit große Schwierigkeiten … Damals nun, während die Karthager in der Meerenge gegen sie ausliefen, wagte sich ein mit Verdeck versehenes (karthagisches) Schiffer im Eifer des Gefechts zu weit vor, so daß es auf den Strand lief und den Römern in die Hände fiel. Dieses Schiff nahmen sie jetzt als Modell und bauten danach ihre ganze Flotte« (Pol. 1,20). Dabei übertrugen die Römer die Technik des ihnen vertrauteren Landkampfes auf die Seekriegsführung, indem sie mit Enterbrücken die gegnerischen Schiffe stürmten und den Nahkampf suchten.

zen kostete) verfügte zwischen 350 und 500 t; derart große Schiffe existierten vereinzelt bereits in spätmykenischer Zeit. Auch die Rudersegler, die bei Flaute über größere Distanzen gerudert werden konnten, hatten mit 200 bis 450 t Tragfähigkeit enorme Ausmaße (ein 450-t-Frachter war über 50 m lang und etwa 13 m breit). Etliche römische Getreidefrachter weisen gar 1.000 bis 2.000 t Tragfähigkeit auf und erreichten damit Schiffsgrößen, die erst im 19. Jahrhundert wieder üblich wurden. Das Obeliskentransportschiff des römischen Kaisers Caligula (das beim Ausbau des Hafens Portus Romae als Leuchtturm-Basis versenkt wurde und noch heute am Meeresboden sichtbar ist) besaß ca. 1.335 t Tragfähigkeit, der Obeliskentransporter der ägyptischen Pharaonin Hatschepsut ca. 2.664 t, und das größte antike Schiff, die im 3. Jahrhundert v.Chr. gebaute ›Syrakusia‹, etwa 3.500 t (Athen. 5,44). Die auf Schnelligkeit getrimmten Kriegsgaleeren wiesen trotz teils imposanter Ausmaße (Kriegsschiffe des Ptolemaios IV. wuchsen auf 120 m Länge und 30 m Breite an) weit geringere

Tragfähigkeiten auf (das antike Standardlinienschiff, die etwa 37 m lange und knapp 5 m breite Triere, verdrängte ca. 90 t).

Dauer der Seereisen: Ein Etmal von 120 Seemeilen war durchaus zu realisieren, denn vor dem Wind erreichten antike Frachter Geschwindigkeiten von vier bis sechs Knoten. Der gut 1.000 Seemeilen lange Seeweg von Gades (Cadiz) nach Ostia (bei Rom) konnte in sieben Tagen bewältigt werden, die ebenso lange Strecke von Puteoli (bei Neapel) nach Alexandria in neun Tagen (Plin. nat. 19,3.4). Bei ungünstigen Winden zogen sich Seereisen jedoch aufgrund der unzureichenden Segeleigenschaften antiker Schiffe oft über Wochen und Monate hin (Cic. fam. 16,7–9; Acta 27–28). Die Durchschnittsgeschwindigkeit der Galeeren betrug (ohne Nutzung des Bug- und Hauptsegels) bis zu 5 Knoten, über kurze Distanzen (d. h. im Gefecht beim Rammstoß) wurden bis zu 8 Knoten erreicht (Xen. an. 6,4,2). Militärische Flottenverbände realisierten Durchschnittsgeschwindigkeiten von nur 1–3 Knoten.

Tages- und Jahreszeiten: Nachtfahrten sind selbst für kurze Seereisen schon früh bezeugt (Hom. Od. 15,292 ff. u.ö.) und waren bei Überseereisen erforderlich. Die antike Küstenschiffahrt, die durch zahllose Kabotage-Frachter bewältigt wurde, verzichtete meist auf Nachtfahrten, nicht nur wegen der in Küstengewässern oft auftretenden Untiefen, sondern weil der zum Segeln nötige nächtliche Landwind erheblich schwächer als die Seebrise am Tage ist. Es existieren zahlreiche antike Belege dafür, daß S. auch im Winter betrieben wurde. In der Handels-S. und sogar bei der Kriegsmarine unternahm man Überseefahrten im Winterhalbjahr (so schiffte Caesar in den Monaten Oktober, November und Januar mehrere Legionen nach Africa ein). Zwar war die antike S. im Winter gefährlicher und weniger intensiv als im Sommerhalbjahr, aber vom winterlichen *mare clausum* (›geschlossenen Meer‹) zu sprechen (Veg. mil. 4,39), scheint den Sachverhalt nicht zu treffen. Schiffbrüche ereigneten sich häufig, so sammelten frühchristliche Gemeinden u. a. Gelder zur Unterstützung Schiffbrüchiger (Tert. de anima 39,6). Dennoch zeugen die entdeckten Reste antiker Wracks (es sind bereits Zehntausende) nicht nur von den Gefahren, sondern vielmehr von der hohen Intensität der antiken S.

Landplätze und Häfen: In frühhistorischer Zeit landeten alle Schiffe an Stränden und flachen Ufern, doch erforderten die hinsichtlich Tonnage und Anzahl schnell zunehmenden Handelsschiffe anthropogene Häfen. Phönizische Handelsstädte hatten schon im frühen 1. Jahrtausend v.Chr. steinerne Hafenkais, deren Länge bei Seehäfen der hellenistischen Zeit 1 km und mehr betrug; hinzu kamen stattliche Molen (die von Misenum war 800 m lang). Für den Ausbau römischer Großhäfen, wie Ostia, Portus Romae und Puteoli, wurden gar mehrere Millionen Kubikmeter Erde und Gestein bewegt. Leuchttürme, Docks und Lagerhallen erforderte die S. ebenso wie Schiffshäuser (in Athen waren es hunderte), damit die Kriegsgaleeren nicht durch die Witterung verfaulten. Besonders in römischer Zeit wurden auch die Flußhäfen ausgebaut, vor allem am Rhein und an der Donau, auf denen sogar Kriegsflotillen stationiert wurden. Zu den der Binnen- und Seeschiffahrt dienenden Bauprojekten an Land zählen zudem Kanäle.

Weitere Aspekte der Schiffahrt: Seit frühester Zeit war die S. im Mittelmeer international verwoben, so fuhren z. B. asiatische Kapitäne auf ägyptischen Schiffen, in fremden Gewässern gingen einheimische Lotsen an Bord, auf den Werften wurden auch ausländische Schiffe eingedockt, und Schiffbaumeister agierten sogar außerhalb ihres Landes (Thuk. 1,13). Die antiken Schiffer bildeten teilweise Gilden, ebenso die Schiffshandwerker und Ausrüster von Schiffen (z. B. Kalfaterer, Ballasthändler). Für die landläufige Behauptung, die Rojer (Ruderer) seien in attischer, römischer oder hellenistischer Zeit Sklaven gewesen, fehlen die Belege. Die juristischen Aspekte der S. sind reichhaltig, so gab es z.B. spezielle Seegerichtshöfe und Privilegien für *navicularii*, und teilweise ungeklärt, z.B. ob es in Rom Getreidefrachter in Staatseigentum gab. Hinzuweisen ist auch auf die religiöse Dimension der S., seien es nun die obligatorischen Schiffs- und Flottenopfer, religiöse Stevenzierate oder christliche Schiffssymbolik. »Omina, Tabus, Votivwesen haben sich in keinem [anderen] antiken Lebensbereich reicher entfaltet« als in der S. (Wachsmuth).

Zum Wesen der S. gehört ihre Janusköpfigkeit, nämlich die Handels- und Kriegsmarine. Bereits um 2500 v.Chr. fuhren ägyptische Truppentransporter übers Meer nach Vorderasien, und seit dem 2. Jahrtausend v.Chr. wurden große Seeschlachten ausgetragen, so z.B. im 12. Jahrhundert v.Chr. zwischen den Seevölkern und den Ägyptern unter Ramses III. Das Wettrüsten zur See schuf zunehmend größere Kriegsflotten (Xerxes verfügte über 1.207 Trieren: Hdt. 7,89); zudem wurden die Schiffsgrößen ins Absurde gesteigert (der Diadoche Antigonos baute Schiffe mit 1.800 Ruderern, der ägyptische König Ptolemaios IV. gar solche mit ca. 4.000 Ruderern und knapp 3.000 Soldaten auf Deck). Da im geographisch stark gegliederten Mittelmeerraum besonders die S. imperiale Herrschaftsbildungen ermöglichte, fiel in vielen militärischen Konflikten die Entscheidung auf dem Meer. Ein weiterer unseliger Aspekt der S. war die allgegenwärtige Seeräuberplage: Pompeius vernichtete innerhalb von drei Monaten mehr als 1.300 Piratenschiffe. Die Seeräuber, die zeitweilig die Meere beherrschten, brachten nicht nur Handelsschiffe auf, sondern unternahmen während des ganzen Altertums auch häufig grausame Plünderungszüge in den Küstenlandschaften (schon Hom. Od. 14,259 ff. und öfter).

→ Fluß, Hafen, Handel, Insel, Isthmos, Kanal, Kolonisation, Krieg, Küste, Meer, Navigation, Piraterie, Reiseberichte, Schiffahrtswege, Schiffbarkeit, Seeherrschaft, Segeln, Wind (Winde)

LITERATUR: L. *Casson*: Ships and Seamanship in the Ancient World. Princeton/N.J. 1972. – D. *Höckmann*: Antike Seefahrt. München 1985. – J.S. *Morrison*/R.T. *Williams*: Greek Oared Ships. Cambridge 1968. – Ch.G. *Starr*: The Roman Imperial Navy. Cambridge 1959. – H.D.L. *Viereck*: Die römische Flotte. Herford 1975. – D. *Wachsmuth*: Pompimos ho daimon. Untersuchung zu den antiken Sakralhandlungen bei Seereisen. Diss. Berlin 1967.

Heinz Warnecke

Schiffahrtswege

Aufgrund der oft weiten Entfernungen, die zwischen landwirtschaftlichen Anbaugebieten bzw. Erzlagerstätten einerseits und den Verbraucherländern bzw. Produktionsstätten andererseits lagen sowie infolge der großen Menge und Schwere der Transportgüter, waren die S. schon im Altertum ein unverzichtbarer Bestandteil der Zivilisation, zumal der Schiffsverkehr meist die einzige, schnellste und stets weitaus preiswerteste Transportalternative bot (das Verhältnis von See- zu Fluß- zu Landfrachtkosten betrug pro Kilometer und Tonne etwa 1:5:50). An den Ausgangs- bzw. Endpunkten der S. sowie an deren Schnittpunkten entstanden bedeutende Hafenstädte (z.B. Alexandria). In welchem Umfang S. und Städtewesen einander bedingten, wurde bisher noch nicht hinlänglich untersucht.

Bei den S. gilt es in Binnen-S., Küsten-S. und in Überseewege zu differenzieren: *Binnenschiffahrt:* Die Binnen-S. sind durch Flußläufe im wesentlichen vorgegeben, jedoch wurden diese natürlichen S. teils durch anthropogene Kanäle und *diolkoi* (Schleifbahnen für Schiffe) erweitert und vernetzt. Bei Flüssen mit gefährlichen Untiefen bezeichneten schon im Altertum Pricken das Fahrwasser, und den schwer befrachteten Schiffen (z.B. den Obeliskentransportern auf dem Nil) fuhren Lotsenboote voraus, um den genauen S. zu kennzeichnen. Die wichtigsten Binnen-S. waren im Altertum (von West nach Ost) die Ströme Rhône, Rhein und Donau sowie Nil und Euphrat, wobei die beiden letzten am weitaus stärksten frequentiert wurden.

Küstenschiffahrt: Die Küsten-S., die durch die Küstenlinien weitgehend vorgegeben sind, fanden sich in den antiken *periploi* und *stadiasmoi* detailliert beschrieben. In seichten Küstengewässern, v.a. in Wattenmeeren, wurde die Fahrrinne zuweilen durch Seezeichen gekennzeichnet (Arr. Ind. 41). Um gefährliche Vorgebirge zu meiden, führten Küsten-S. auch – aber selten – durch Kanäle (Leukas, Athos).

Überseewege: S., die übers offene Meer führten, existierten bereits im frühen Altertum, da die Seeleute bald erkannten, daß die hohe See weniger Gefahren bot als die Küstengewässer: Dort lauerten nicht nur Seeräuber, sondern auch Untiefen, Strudel und Fallwinde. Die Ausgangs- bzw. Endpunkte antiker Seewege – oft Hafenstädte an Flußmündungen – sind bekannt, kaum jedoch die tatsächlichen Seerouten. Denn einerseits schweigt darüber die Überlieferung, und andererseits kann die Unterwasserarchäologie bislang nur in relativ flachen Küstengewässern antike Wracks feststellen und somit noch keine Seewege nachzeichnen. Folglich sind die mehr und minder geschwungenen Linien, die Atlanten als antike Seerouten ausweisen, lediglich Fiktion. Die (Alt-)Historische Geographie ist nun gefordert, anhand antiker Navigation und Segeltechnik, Meeresströmungen, Windverhältnisse, Chorographie etc. die Seewege zu rekonstruieren.

Seewege über das Mittelmeer in der Antike: Das Mittelmeer und die angrenzenden Meere (Schwarzes Meer, Atlantik) stellen eine einheitliche Verkehrsfläche dar, die nahezu vollständig schiffbar ist. Dennoch bildeten sich im Altertum infolge diverser Sachzwänge (vorherrschende Winde, Meeresströmungen, Untiefen, navigatorische Möglichkeiten, Segeleigenschaften der Schiffe etc.) auf dem offenen Meer richtige Seewege heraus, wie schon aus der *Odyssee* (12,259) hervorgeht. Entlang der Längsachse des Mittelmeeres existierten zwei ausgesprochene Fernrouten von je 2.000 km Länge: Der größte Massengutverkehr der antiken Handelsgeschichte, von dem zahlreiche schriftliche Quellen zeugen, über den aber die archäologischen Funde schweigen, verlief zwischen Ägypten und Italien (vor allem für Getreide und Luxusgüter). Der andere bedeutende Seehandelsweg, der den schriftlichen Quellen kaum zu entnehmen ist, den aber Materialanalysen der in Wrackfunden geborgenen Güter deutlich bezeugen, verlief zwischen Südspanien und Italien (besonders Blei- und Kupferhandel). Im folgenden sei der Verlauf dieser beiden wichtigen Seewege skizziert, die während der römischen Kaiserzeit in Mittelitalien endeten, aber bereits seit phönizischer Zeit existierten und damals in der Sizilischen Straße (zwischen der Westspitze Siziliens und dem Kap Bon bei Karthago) miteinander verknüpft waren.

Der Seeweg von Mittelitalien in die Levante und nach Ägypten führte zunächst südostwärts bis zur Straße von Messina und von dort ostwärts übers Ionische Meer bis in Sichtweite der hohen Gebirge des westgriechischen Inselbogens, die bei günstiger Witterung etwa 150 km weit zu sehen sind. Von hier bog der Seeweg südostwärts ab, um in Sichtweite entlang der gebirgigen Südpeloponnes das hochaufragende Westkreta zu erreichen. Schließlich segelte man mit nordwestlichen Winden von Kreta aus übers offene Meer weiter nach Ägypten (schon Hom. Od. 14,252 ff.). Da während dieser etwa viertägigen Überfahrt eine Orientierung an Landmarken nur noch am Abfahrtstag möglich war, fand man aufgrund geloteter Meeresbodenproben den Weg zum Nildelta (Hdt. 2,5,7–11). Die durch vorherrschende Winde und Meeresströmungen forcierte Fahrt von Italien nach Ägypten war für antike Segelschiffe a *downhill run* (Casson), und so gelangte mancher Reisende in nur neun Tagen von Puteoli nach Alexandria (Plin. nat. 19,3).

Wegen der vorherrschenden Nordwestwinde, gegen die kaum aufzukreuzen war, führte der Seeweg von Ägypten nach Italien zunächst – unter Ausnutzung küstennaher Meeresströmungen und des Land-Seewind-Systems – nordwärts in die Nähe Zyperns. Von dort wurde mit ›halbem Wind‹ an der kleinasiatischen Küste westwärts bis Kreta gesegelt (u. a. Acta 27,1–8). Beschränkte navigatorische Möglichkeiten und Sicherung des Seeweges durch Schutzhäfen (v.a. Pylos in Südmessenien und Krane auf Kephallenia) nötigten dazu, bis zu den westgriechischen Inseln das Gängelband der Küsten zu wählen, zumal die nordwestwärts streichende Küstenströmung einen solchen Kurs unterstützt. Bei den Inseln Zakynthos und Kephallenia schlugen die antiken Seefahrer einen Westkurs in Richtung Sizilien ein, wobei sie das Ionische Meer mit ›halbem Wind‹ überquerten. Auf dem direkten Seeweg zur Meerenge von Messina diente der hohe Vulkan Aetna der Orientierung, zumal er in der Antike eine nachts leuchtende Dampfsäule trug. Während die Seefahrt von Mittelitalien nach Ägypten meist nur 10–20 Tage dauerte, mußte man für die Rückfahrt zwei Monate (oder mehr: Acta 27–28) einkalkulieren; allein die Ost-West-Überquerung des Ionischen Meeres konnte Wochen dauern (Prok. BG 1,13,23).

Der antike Hauptseeweg im westlichen Mittelmeer, der von den Erzlagerstätten Südspaniens anfangs nach Phönizien, dann nach Karthago und schließlich zu den Produktionsstätten Mittelitaliens führte, nutzte den vorherrschenden Nordwestwind sowie die kräftige und kontinuierliche Oberflächenströmung, die an der nordafrikanischen Küste ostwärts streicht. Erst in der Straße von Sizilien drehten die römischen Schiffe nordwärts bzw. nordostwärts ab, um das Tyrrhenische Meer zu überqueren und die Zielhäfen in Latium und Campanien anzulaufen (vgl. Strab. 3,143f.). Die Fahrt von Gades (Cadiz) nach Ostia (bei Rom) konnte in nur sieben Tagen bewältigt werden (Plin. nat. 19,4). Der entgegengesetzte Seeweg von Mittelitalien nach Südspanien schlug dagegen einen weit nördlich ausgelegten Bogen (vgl. Liv. 26,20,11), weil sich an der südfranzösischen und der ostspanischen Küste das im Sommerhalbjahr stark ausgeprägte Land-Seewind-System zur Westfahrt gut nutzen ließ.

Insgesamt ist festzustellen, daß die antiken Überseerouten im Mittelmeer nicht zugleich Hin- und Rückwege waren, sondern daß Westfahrten infolge meist hemmender Winde und der Zentralströmung des Meeres auf Routen verliefen, die nördlicher ausgelegt waren als die in Richtung Osten. Die Westfahrten dauerten im Durchschnitt dreimal so lange wie die Fahrten nach Osten.

Nachfolgend seien die wichtigsten antiken Nord-Süd-Seewege im Mittelmeer skizziert. Von der Rhônemündung zur Provinz Africa passierte der Seeweg die Westküste

Sardiniens, während die Route in Gegenrichtung wohl durch das Tyrrhenische Meer führte und Korsika streifte. Der Seeweg von Mittelitalien nach Africa, der in etwa drei Tagen zurückgelegt werden konnte, verlief auf dem Hin- und Rückweg mit ›halbem Wind‹ direkt übers Tyrrhenische Meer. In der Adria konnte zwar aufgrund der Meeresströmungen entlang der griechisch-dalmatischen Küste günstiger nordwärts gesegelt werden, aber dennoch war wegen der illyrischen Piraten die Fahrt nahe der italienischen Küste empfehlenswert: bei Südfahrten unmittelbar an der Küste, bei Nordfahrten am besten im Abstand von 5–15 Seemeilen. Während mancher antike Seefahrer aufgrund der vorherrschenden Nordwestwinde von Italien bzw. Sizilien aus die Cyrenaica wohl direkt ansteuerte (trotz Abdriftgefahr in die gefürchtete Syrte), hielt man auf der Rückroute zunächst auf das weithin sichtbare Westkreta zu, um dann auf die bereits skizzierte Ägypten-Italien-Route einzuschwenken. Für Seereisen im Ägäis- und Schwarz-Meer-Raum benutzte man die passatähnlichen Etesien. Bei günstigem Wind war die Strecke vom Asowschen Meer bis Kreta bzw. Rhodos innerhalb von zehn Tagen zu bewältigen.

Seewege außerhalb des Mittelmeeres: Der große Hafen von Alexandria war nicht nur Ausgangspunkt des bedeutenden Seeweges von Ägypten nach Italien, sondern auch Umschlagplatz des Seehandelsweges, auf dem von Indien und Arabien fernöstliche Luxusgüter (vor allem Gewürze, Duftstoffe) über das Rote Meer in den Mittelmeerraum gelangten. Als um 100 v.Chr. die regelmäßig wehenden Monsunwinde für die Schiffahrt entdeckt wurden, führte der Seeweg von der Meerenge Bab-el-Mandeb direkt über das Arabische Meer nach Indien. Die Reise, die infolge der Windzyklen meist im Juli begonnen wurde, dauerte von Ägypten bis zur Südspitze Arabiens etwa 30 Tage, die Überfahrt von dort nach Indien etwa 40 Tage. Mit Beginn des Nordost-Monsuns im Dezember traten die Schiffe die Rückreise auf der direkten Route an.

Der Seeweg von Gibraltar über den Atlantik nach Nordwesteuropa dürfte im Altertum nicht stark frequentiert gewesen sein, weil vor allem die portugiesische Küste und die sich nordwärts anschließende Biscaya auch im Sommerhalbjahr ein berüchtigtes Seebrisenrevier ist, das mit der Segeltechnik antiker Frachtschiffe kaum zu meistern war. Zwar ist nicht auszuschließen, daß schon phönizische Rudersegler regelmäßig gegen den steifen Westwind ankämpften, um mit den Kelten Handel zu treiben, aber spätestens seit der Gründung von Massalia (Marseille) nahm der Handel mit Nordwesteuropa (vor allem mit britischen Zinn) den kürzeren Landweg durch Gallien (Diod. 5,22,4) und stützte sich wohl auch auf die Flußsysteme Loire-Rhône oder Seine-Rhône. Wegen des gallischen Exports sowie des Transithandels mit Britannien und Germanien verband ein wichtiger Seeweg, der zwischen Korsika und Sardinien hindurch führte, die Rhônemündung mit Mittel- und Süditalien.

Schiffahrtswege von Kriegsschiffen: Ab Ende des 8. Jahrhunderts v.Chr. vollzog sich im Schiffsbau die ausgeprägte Scheidung zwischen Handels- und Kriegsschiff. Weil die Galeeren aus diversen Gründen für die hohe See ungeeignet waren, mieden Kriegsflotten fortan die Überseewege. Hatte die Kriegsflotte der Trojakämpfer die Ägäis noch direkt überquert (Hom. Od. 3,169ff), so hielt sich z.B. die Flotte des Xerxes bei der Fahrt vom Hellespont nach Attika dicht an der Küste (Hdt. 7,89ff.). Und weil die Kriegsschiffe das Gängelband der Festlandsküsten vorzogen, dürfen die Routenbeschreibungen antiker Flottenexpeditionen (z.B. die Athens gegen Syrakus) nicht als Belege für den Verlauf der Seewege gewertet werden.

Handelsschiffahrt: Zwar segelten auch antike Handelsschiffe oft an Küsten entlang, aber das ist keineswegs ein Indiz dafür, daß die hohe See gemieden wurde, sondern hing zum einen mit der Handelsgewohnheit der Kabotage zusammen, zum anderen mit der Land-Seewind-Zirkulation. Etliche antike Angaben zum Güterverkehr belegen, daß die S. stark frequentiert waren. In der römischen Kaiserzeit transportierten z. B. regelrechte Flotten alljährlich ca. 250.000 t Getreide aus Africa, Sizilien und Ägypten nach Rom (obwohl im Jahr 62 n.Chr. etwa 200 Getreidefrachter im Sturm sanken, war die Versorgung Roms nicht gefährdet: Strab. 15,18,3), und über hundert Schiffe segelten jedes Jahr allein nach Indien, um exotische Luxusgüter herbeizuschaffen (Strab. 2,118). In phönizischer Zeit, in der klassischen Zeit Griechenlands oder in der Spätantike sind vor allem hinsichtlich des Zielortes und der Quantität andere Warenströme zu verzeichnen, aber die altbefahrenen S. waren weitgehend dieselben. Eingehende Untersuchungen zur Frequentierung der zahlreichen See- und Binnen-S. für die verschiedenen Zeitabschnitte des Altertums wären wünschenswert.

→ Chorographie, Fluß, Hafen, Handel, Isthmos, Kanal, Kap, Kartographie, Krieg, Küste, Meer, Meeresströmungen, Navigation, Piraterie, Schiffahrt, Schiffbarkeit, Segeln, Stadt, Wind (Winde)

LITERATUR: L. *Casson:* Ships and Seamanship in the Ancient World. Princeton/N.J. 1972. – J. *Rougé:* La marine dans l'Antiquité. 1975. – R. *Güngerich:* Die Küstenbeschreibung in der griechischen Literatur. (Orbis Antiquus 4), 1950. – D. *Höckmann:* Antike Seefahrt. München 1985. – B. W. *Labaree:* How the Greeks Sailed into the Black Sea, in: AJA 61, 1957, 29–33. – M. *Maximowa:* Der kurze Seeweg über das Schwarze Meer im Altertum, in: Klio 37, 1959, 101–118. – D. *Timpe:* Entdeckungsgeschichte, in: Reallexikon der Germanischen Altertumskunde 7, 1989, 307–389.

Heinz Warnecke

Schiffbarkeit

Die S. von Gewässern ist die grundlegende Bedingung für Binnen- und Seeschiffahrt. Da besonders im Altertum der Wasserweg den weitaus kostengünstigsten und vielerorts einzigen Transportweg darstellte, war die S. einer Region der wichtigste Faktor für wirtschaftlichen Aufschwung, Wohlstand und kulturelle Blüte.

Fahrwassertiefe: Die S. ist an verschiedene Voraussetzungen gebunden, als deren notwendigste eine hinreichende Fahrwassertiefe zu gelten hat, die die erforderliche ›Handbreit Wasser unterm Kiel‹ garantiert. Die antiken Schiffe besaßen einen geringen Tiefgang: Der Kiel eines Überseefrachters, der z. B. mit 300 t Fracht beladen war, lag kaum 2 m unter dem Meeresspiegel, und das Standardkriegsschiff (eine mit knapp 200 Ruderern bemannte Triere) hatte einen Tiefgang von nur einem halben Meter. Breitbödige Flußschiffe und Transportflöße wiesen einen noch geringeren Tiefgang auf.

Gezeiten: Die Wassertiefen aller Flüsse und mancher Meeresteile schwanken und sind von Jahres- oder Tageszeiten abhängig. Im Mittelmeerraum waren kleine Flüsse allenfalls im Frühjahr schiffbar, wenn Niederschläge und Schneeschmelze einen für die Binnenschiffahrt ausreichenden Pegelstand bewirkten (Strab. 4,1,3). Tageszeitliche

Schwankungen der Wassertiefen von Meeresteilen sowie in Flußmündungen werden hin und wieder von bestimmten Winden verursacht, dazu kommen andere kurzperiodische Wasserstandsschwankungen, die mancherorts (z. B. vor Sizilien) 1 m Höhe und mehr betragen können. Im Vergleich zur europäischen Atlantik- und Nordseeküste sind Ebbe und Flut im Mittelmeer nur schwach ausgeprägt. In den Mündungstrichtern großer Flüsse wirkten sich die Gezeiten für die Schiffahrt meist günstig aus. Im Guadalquivir- und Rhônedelta konnte man durch Ebbe und Flut ebenso schnell flußaufwärts wie flußabwärts segeln (Strab. 3,2,4). Es gibt auch Mittelmeerküsten, an denen die Gezeiten die S. stark beeinträchtigen: Vor allem in der Kleinen Syrte tauchen bei Ebbe verkehrsfeindliche Wattenmeere auf (u. a. Prok. an. 6,4,14–23).

Zudem beeinflußten die Gezeiten die S. der Meerengen. Man denke z. B. an die von antiken Wracks gesäumte Straße von Bonifacio (zwischen Korsika und Sardinien), insbesondere aber an den Euripos (zwischen Euboia und Böotien), der gegen die jeweilige – gezeitenbedingte – Strömung nicht passierbar war. Dagegen verursachen die Gezeiten in der Meerenge von Messina (zwischen Sizilien und Kalabrien) zwar eine kabbelige See, aber sie war für die antike Schiffahrt erheblich weniger hinderlich als mancher antike und neuzeitliche Autor behauptet. Im Gegenteil: Der Gezeitenstrom war den Seefahrern willkommen, denn mit Hilfe der alternierenden Oberflächenströmungen konnte die Meerenge in beide Richtungen passiert werden. Entsprechendes gilt für die Meerenge von Rhion.

Beeinträchtigungen der Schiffbarkeit: Eine schwere Beeinträchtigung der S. verursachen Untiefen, die in ansonsten hinreichend tiefen Gewässern die Schiffahrt gefährden. Bei Flüssen sind das – teils wandernde – Sandbänke sowie felsige Stromschnellen. Am bekanntesten sind die Nil-Katarakte. Es wurde im Altertum versucht, sie z. T. durch Aushauen von Fahrtrinnen schiffbar zu machen. Im Meer sind es Riffe, die teils geringfügig über oder hart unter dem Meeresspiegel liegen und fast ausschließlich in Küstennähe vorkommen. In den griechischen Gewässern war die Schiffahrt durch felsige Untiefen besonders riskant. Entgegen einer weit verbreiteten Ansicht bot deshalb die Fahrt über das offene Meer weniger Gefahren als die Küstenschiffahrt, ganz abgesehen von der permanenten Seeräubergefahr.

Da die S. von Ländern auch von der Uferbeschaffenheit der Gewässer abhängt, trug die Existenz guter Naturhäfen wesentlich zur Kolonialisierung bei. Meeresbuchten mit steilen oder sumpfigen Ufern gewährten den Schiffen keine geeigneten Landungsmöglichkeiten, weshalb z. B. die strategisch günstig gelegene, riesige Bucht von Avlona (in Illyrien, gegenüber Apulien) im Altertum nahezu wertlos war. Ebenso hemmten hohe Steilküsten die S., weil sie einerseits keine Schutzhäfen bieten und andererseits gefährliche Strömungen sowie Fallwinde hervorrufen. Es genügt, an die Südostspitze der Peloponnes zu erinnern, vor deren Umseglung schon die Odyssee (Hom. Od. 3,286 ff.; 4,514 ff.; 9,79 ff.) warnt. Steil- und Felsküsten beeinträchtigten im Altertum die S. derart, daß andere Seewege gewählt und die gefahrenträchtigen Küstenzonen durch Nutzung von Landengen zu umgehen gesucht wurden.

Dazu zwei Beispiele aus dem griechischen Erdraum: Die langgestreckte und hohe Gebirgswand des Akrokeraunischen Vorgebirges (Nordwest-Epirus) trug dazu bei, daß der Seeweg nach Italien schon in frühester Zeit nicht dem Gängelband der nordwestgriechischen Festlandsküste folgte, sondern direkt über das offene Ionische Meer führte. Auch wurde der schwer schiffbare Meeresraum vor der Südostspitze der Peloponnes (Kap Maleia) gemieden, indem einerseits der Seeweg vom Orient nach Italien südlich von Kreta entlangführte und andererseits der Warenverkehr zwischen dem Ägäisraum und Italien den Isthmos und Golf von Korinth nutzte (Strab. 8,6,4). Die Vermeidung schwer umschiffbarer Vorgebirge ließ schon im Altertum Pläne zur Durchstechung flacher Isthmen entstehen, die teilweise auch realisiert wurden. Insbesondere aber erleichterten anthropogene Wasserstraßen die S. des Binnenlandes.

Als Beeinträchtigung der S. erwies sich häufig die Verlagerung von Mündungsarmen (z. B. im Rhein-, Rhône-, Po- und Nildelta sowie an den Unterläufen von Euphrat und Indus). Anscheinend wurden schon im frühen Altertum die Mündungsarme mancher Flüsse durch Vertiefung und Begradigung schiffbar gemacht (Herakles bricht das Horn des Acheloos). Begradigte Flußläufe, Kanäle und Hafenbecken mußten immer wieder gereinigt bzw. neu ausgehoben werden, um die S. sicherzustellen. In der Antike wurde aber weder der Wasserstand der Flüsse durch den Bau von Staudämmen reguliert, um die S. auch in trockenen Jahreszeiten zu gewährleisten, noch hat es für die Schiffahrt taugliche Kanäle mit Staustufen und Schleusen gegeben.

Schiffbarkeit von Flüssen in der Antike: Sieht man von Stromschnellen und dergleichen einmal ab, waren im Altertum nur folgende Ströme über mehrere hundert Kilometer ganzjährig schiffbar: die Rhône (Rhodanus), der Rhein (Rhenus), die Donau (Istros), der Nil (Nilus) und der Euphrat (der Tigris eignete sich wegen seiner reißenden Strömung nicht für die Schiffahrt, und der Indus war nur auf einigen Abschnitten schiffbar). Stark frequentiert waren außerdem die Unterläufe einiger großer Flüsse: Der Guadalquivir (Baetis) war mindestens bis Hispalis (Sevilla) für Seeschiffe befahrbar und immerhin bis Cordoba schiffbar (Strab. 3,1,9; 3,2,3). Der Po (Padus) war gar bis Turin (Plin. nat. 3,123) oder zumindest bis zur Tanarosmündung (Pol. 2,16,10) schiffbar. Der Tiber wurde bis zum Oberlauf beschifft (Plin. epist. 5,6,12), wobei der Unterlauf zwischen Rom und dem Seehafen Ostia besonders stark frequentiert war. In Griechenland gab und gibt es keinen stets befahrbaren Fluß. Immerhin war der Acheloos bei günstigem Pegelstand bis Stratos schiffbar, die Alpheios-Mündung wurde zumindest während der Olympischen Spiele belebt, und der schnell fließende Axios ist trotz ausreichender Wassertiefe nur schwer befahrbar. Der Halys in Kleinasien war wegen stark schwankender Wasserführung und streckenweise verkehrsfeindlicher Steilufer nur bedingt schiffbar.

In den fruchtbaren Flußlandschaften verursachten schon im Altertum Kultivierungsmaßnahmen derart starke Bodenerosionen, daß einst schiffbare Flüsse samt ihren Häfen von Sedimenten zugeschwemmt wurden. Das gilt etwa für den Ebro (Iberus), der einst bis Vareia schiffbar war, oder für die verlandeten Häfen von Milet und Ephesus, die schon in der Spätantike mehrere Kilometer vom Meer entfernt lagen. Während des Altertums veränderte sich die S. von Küstengewässern auch durch Hebungen und Senkungen infolge der Plattentektonik (z. B. an der Westseite der Peloponnes) und durch Vulkanausbrüche (v.a. in Campanien).

Die S. erschwerten vielerorts reißende Strömungen, sowohl bei manchen Flüssen (z. B. Axios und Tigris) als auch in Meerengen (so die nicht gezeitenbedingte Oberflächenströmung bei Gibraltar und im Hellespont). Diese Schwierigkeiten wurden bei Flüssen durch Treideln überwunden, in den genannten Meerengen durch geruderte Schleppschiffe. Daß die S. von Gewässern auch von der Witterung abhing, versteht sich von selbst: So war die Übersee- und Küstenschiffahrt im Mittelmeerraum in den stürmischeren und kälteren Wintermonaten erheblich behindert. Abgesehen von den Flüssen in Mittel- und Osteuropa sowie der Ostsee, dem Schwarzen Meer und dem Asowschen Meer war die antike Schiffahrt durch Eisgang nicht betroffen.

Schiffbarkeit der Meere: Die S. der Meere beeinflußten ferner biologische Faktoren, namentlich bohrende Muscheln und aggressive Schwämme, die die hölzernen Schiffsrümpfe zerstörten. Deshalb scheint es seit dem klassischen Altertum üblich gewesen zu sein, zumindest größere Schiffe, die man während der Ruhephasen nicht auf die Strände ziehen oder auf Hellige legen konnte, unterhalb der Wasserlinie mit Bleiblech zu überziehen. Andere biologische Faktoren, die sich auf die S. ungünstig auswirkten, waren z. B. treibende Tange. Algenteppiche behinderten die antike Schiffahrt vor allem im Ärmelkanal, in der Irischen See und der Nordsee.

Infolge diverser Maßnahmen, seien es nun Innovationen im Schiffbau, wie das Überziehen des Rumpfes mit einer Bleihaut und die Konstruktion breitbödiger Schiffe mit geringem Tiefgang, oder aber große Tiefbauprojekte, vor allem das Anlegen von Häfen und Kanälen sowie die Begradigung und Vertiefung von Flußbetten, hat der antike Mensch das Mittelmeer unter Einschluß der Küstenlandschaften weitgehend befahrbar gemacht. Schiffbar waren, trotz mancher Beeinträchtigungen, auch die umliegenden Meere, so das Schwarze Meer, das Rote Meer (dort behinderten allerdings lange Flauten und Korallenbänke die Seefahrt), der Persische Golf und das Arabische Meer, ferner die Meere an den West- und Nordküsten Europas (die allerdings teils große Wattenmeere aufweisen).

Gleichwohl bestanden an der S. weit entfernter Meere Zweifel (Arr. Ind. 22,5 in bezug auf den Persischen Golf und das Arabische Meer). Der offene Atlantik erschien den antiken Menschen offensichtlich nicht als schiffbar, denn zum einen war dieser Ozean zu weiträumig, um ihn unter den Bedingungen antiker Segeltechnik halbwegs sicher überqueren zu können. Zum anderen kam der Gedanke an eine Ozeanüberquerung wohl erst gar nicht auf, da das antike Weltbild einer vom *okeanos* umgürteten Erdscheibe vorherrschte. Die S. von Gewässern hing also nicht nur von objektiven geographischen und nautischen Gegebenheiten ab, sondern war auch von Weltbildern bestimmt. Zudem spielten religiöse Vorstellungen eine Rolle. So wurden vor jeder antiken Schiffsreise Opfer dargebracht, welche die Meeresgottheiten gnädig stimmen sollten und somit auch die S. von Gewässern – zumindest sofern sie jahres- oder tageszeitlich abhängig war – günstig beeinflussen sollten.

Infolge machtpolitischer Interessen waren schon im Altertum nicht alle schiffbaren Gewässer auch für jedermann zugänglich. Man denke an die zahlreichen Hafensperren (z. B. Syrakus), besonders aber an die Einschränkung der griechischen und römischen Schiffahrt im westlichen Mittelmeer durch die Phönizier sowie an die drei Jahrhunderte dauernde Gibraltarsperre der Karthager.

→ Fluß, Gezeiten, Hafen, Isthmos, Kap, Küste, Meer, Meerenge, Meeresspiegel, Navigation, Piraterie, Schiffahrt, Schiffahrtswege, Segeln, Wind (Winde), Wirtschaft

LITERATUR: O. Höckmann: Antike Seefahrt. München 1985.

Heinz Warnecke

Schilf

S. (*harundo, canna*) wächst fast überall auf der Erde und gehört zu der Gattung der Gräser. Es wird unterschieden zwischen Süßgräsern (Schwingelgräser) und Sauergräsern (Riedgräser). Während die Sauergräser nur auf versumpften, kalkarmen Wiesen vorkommen, kennzeichnet reiner Süßgrasbestand eine gute Wiese und geregelte Wasserverhältnisse. Als bekannter Vertreter der Schwingelgräser ist das S.-Rohr, als bekannte Vertreter der Riedgräser sind Riet, Binsen und Rohr zu nennen, wie auch der Papyrus.

Begriff und Einordnung: S. als Begriff ist im Laufe der Sprachentwicklung aus dem lateinischen *scirpus* (Binse) dissimiliert. In der heutigen Begriffsterminologie gehört das S., die Binse und als entfernte Verwandte auch die Papyrusstaude zu der gemeinsamen Familie der Riedgräser. In der Antike sind die Begriffe *harundo* und *canna* als Gegenstand der Botanik unter anderem bei Plinius d.Ä. (nat.) und, im Zusammenhang mit dem Bauwesen, bei Vitruv zu finden, außerdem werden sie bei Columella erwähnt. Es scheint aber eine eindeutige Abgrenzung der Pflanzengattungen zu fehlen, besonders wenn es um die Zuordnung der Binse (*scirpus*) zu den beiden in der Antike bekannten S.-Arten (*harundo* und *canna*) geht. Außerdem scheint ungeklärt, ob die Binse mit der Papyrusstaude verwandt ist. Columella geht von einer Verwandtschaft der Binse mit dem S. aus. Er unterscheidet zwischen zweierlei Binsenarten. Die eine, genannt *aquatilis silva*, wuchs nah auf der landseitigen Uferzone an dem sich anschließenden Wald, die andere, genannt *scirpus*, wuchs mehr auf der dem Wasser zugeneigten Uferlinie. Dabei ist der *scirpus*, wie Columella schreibt, verwandt mit dem S., *harundo* genannt, welches im Volksmund als *canna* bezeichnet wird (Colum. 7,9,76). Plinius stellt eine Verwandtschaft zwischen dem S., besonders dem ägyptischen, und der in Ägypten wachsenden Papyrusstaude her, die sich beide für die Papierproduktion eignen. Dabei gesteht er der Binse gleiche Verarbeitungsqualitäten wie der Papyrusstaude zu (Plin. nat. 70,178). Das Problem der eindeutigen Zuordnung der einzelnen Pflanzengattungen und ihrer Untergattungen in der Antike kann nicht zufriedenstellend gelöst werden.

Schilf als Nutzmaterial: S. als Nutzmaterial war in der Antike wohlbekannt. Vitruv empfiehlt beim Hausbau den Gebrauch von *canna* (Rohricht) für den Verputz an Fachwerk (Vitr. 7,3,11), da durch die rauhe Oberfläche des Rohrichts dem Putz eine gute Haftung verliehen wird und durch die hohlen porösen Stengel Feuchtigkeit aufgenommen und wieder abgegeben werden kann. *Harundo* wurde für die Anlage von gewölbten Decken verwendet, und zwar für den Verputz und den Stuck (Vitr. 7,3,1ff.; vgl. auch Plin. nat. 64,156). Außerdem diente *harundo* zur Isolation von Gebäuden gegen Kälte und Hitze (Vitr. 2,1,3f.). Bekannt war die Verwendung von S., wie Plinius berichtet (nat. 64,156f.; 70,178), besonders bei den im Norden lebenden Völkern für die Dachdeckung, da man glaubte, daß diese Dächer Jahrhunderte lang halten würden. Weitere Verwendungsformen von Schilf sind der Bau von Musikinstrumenten, wie die Rohr- und Hirtenflöte (Plin. nat. 66,169) und von Mundstükken (Plin. nat. 66, 170–172), der Herstellung von Wandbehang und Matten (Plin. nat. 70,178) und die Leinenruten für den Vogelfang (Plin. nat. 67,173). Von den Friesen berichtet Plinius, daß sie aus den S.-Gräsern Stricke und schließlich Netze zum Fischfang herstellten (Plin. nat. 16,2; 67,173). Die Nutzung von *canna* und *scripus* ist bei Columella für Viehfutter bezeugt (Colum. 7,9,76). Diese Aufzählung der vielfältigen Nutzungsmöglichkeiten in der Antike ist nicht einmal vollständig.

Papyrus: Nach heutiger Terminologie gehört der Papyrus im weitesten Sinne genauso zu der Familie der Riedgräser wie das S. und muß daher hier Erwähnung finden. Der Papyrus diente als Beschreibstoff für literarische Arbeiten, für Urkunden privater und öffentlicher Natur, Protokolle, Briefe, Rechnungen etc. Die Papyrusrolle wurde aus dem Stengelmark der ägyptischen Papyrusstaude hergestellt, die bis zu 10 m Länge haben konnte. Der Papyrus war in verschiedenen Qualitätsstufen zwischen besonders fein und sehr grob erhältlich (Plin. nat. 13,74ff.). Auch lag der Papyrus in verschiedenen Farben vor, zwischen weißgelb und braun, je nach Dauer der Lagerung. Plinius berichtet, daß wegen des großen Bedarfs an Papyrus in der römischen Kaiserzeit künstliche Pflanzungen angelegt wurden und das ›Papier‹ zeitweise rationiert werden mußte (Plin. nat. 13,89). So kam es, daß das Papier entweder auch auf der Rückseite (*verso*) beschrieben wurde oder daß man den ursprünglichen Text abkratzte (Palimpseste) und den Papyrus neu beschrieb (Cic. fam. 18,2; Cato agr. 22,5f.). Als Schreibfeder diente entweder S.-Rohr oder – seltener – Bronze (*calami*). Papyrus als Beschreibstoff kam ausschließlich aus Ägypten, wo seine Fertigung unter ptolemäischer und dann römischer Herrschaft besonders besteuert und monopolisiert wurde.

Geomorphologische Auswirkungen des Schilfs: Für die Historische Geographie ist der Einfluß des S. auf die geomorphologische Entwicklung der Flußufer interessant. So gilt das S.-Rohr (S., Phragmites) als Verlander und Uferfestiger (vgl. auch Plin. nat. 67,173) besonders in Flußkrümmungen, wo sie einen S.-Gürtel in bis zu 2 m tiefen stehenden oder fließenden Gewässern bilden. Der Grund für den Verlandungsprozeß besonders an Flußkrümmungen ist, daß die Fließgeschwindigkeit in der Mitte eines Flusses dicht unter der Oberfläche (Stromstich) am größten ist. In Krümmungen des Flusses wird der Stromstich wegen der Trägheit der Wasserteilchen nach außen verlegt. Dabei bremst der S.-Gürtel die Flußgeschwindigkeit. Zuerst lagern sich die grobkörnigen, dann die feinkörnigen Sedimente an der Flußkrümmung ab, verlanden diese zunehmend, und von der Landseite des Ufers wächst zunächst der S.-Gürtel in das Gewässer hinein. Durch das weitere Absinken organischer Sedimente erhöht sich der Ufersaum. Allmählich kommt es zur Flachmoorbildung und zum vollständigen Zuwachsen der verlandeten Zone. Die Bewachsung mit Waldbäumen (zunächst Erlenbruchwald) bedeutet das Endstadium der Verlandung.

Für die Bestimmung der stratigraphischen Entwicklung einer Region dient das S. als Entwicklungsrelikt. S. geben zeitliche Fixpunkte, zu welchem Zeitpunkt eine Verlandung stattgefunden hat. In Wiesen und Äckern dient es als Indikator des aktuellen oder ehemaligen Grundwassers. In der Antike diente die S.-Pflanze (*harundo*) zur Bestimmung bestimmter Bodenarten, die Hinweise auf Wasservorkommen in einer Region geben konnten.

Schilf in den antiken Quellen: S. als Nutzpflanze für die Herstellung von Alltagsgegenständen und zum Häuserbau war für die Autoren der antiken Welt erwähnenswert, während S. als Entwicklungsrelikt im Verlandungsprozeß in der antiken Literatur, mit Ausnahme bei Plinius (nat. 67,173), nicht beschrieben worden ist. Obwohl Moorbildung und Verlandung, wie von antiken Geographen beschrieben, immer einhergeht mit der Entstehung eines S.-Gürtels, wurde S. als solches kaum thematisiert.

→ Baumaterial, Fluß, Musik, Papyri

LITERATUR: W. *Tietze* (Hg.): Westermann Lexikon der Geographie. Braunschweig 1970. – M. *Würmli* (Hg.): Das große Lexikon der Natur. München 1975. – K.-W. *Weeber*: Alltag im Alten Rom. Düsseldorf/Zürich 1995.

Michael Hecht

Schmuck

Archäologische Funde und literarische Quellen zeugen davon, daß das S.-Handwerk in der Antike eine große Bedeutung hatte, wobei S. weniger von Männern als von Frauen getragen wurde. Bevorzugte Materialien waren Gold, Silber und Elektron. In Roms Oberschicht waren aus dem Orient importierte Naturperlen populär. Verarbeitet wurde S. in Form von Finger- und Ohrringen, Armreifen, Halsketten und Haarbändern. Konservative Kreise in Rom haben das Tragen von S. häufig als dekadent kritisiert (siehe etwa Plin. nat. 9,114; 33,40; Iuv. 6,457 ff.).

→ Gesellschaft, Kleidung, Orient

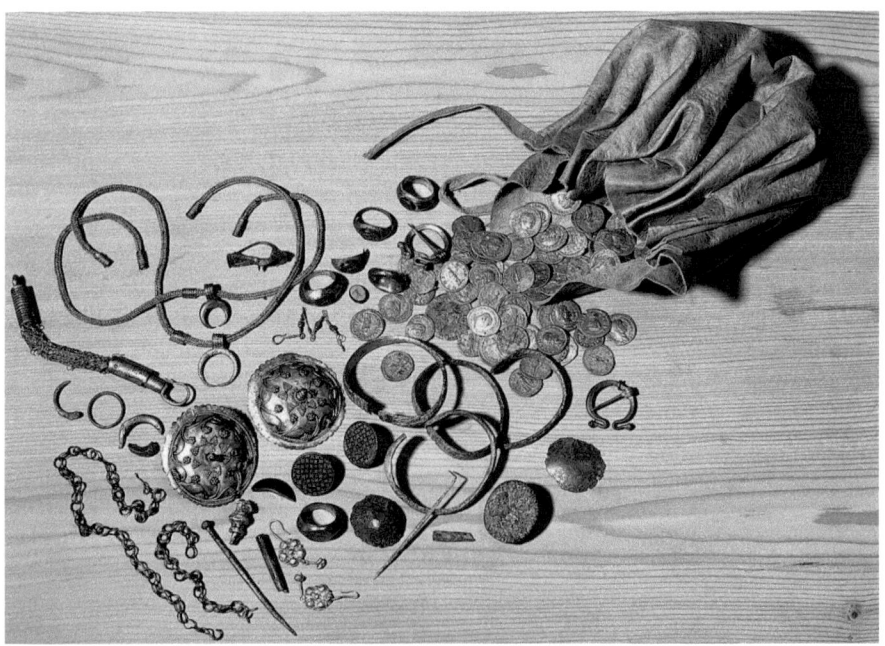

Abb. 76: Viele Schmuckfunde sind dem Umstand zu verdanken, daß die Besitzer ihre Wertgegenstände auf der Flucht vergraben haben. Die abgebildeten Schmuckstücke wurden in der Nähe von Cambodunum (Kempten) gefunden. Zusammen mit 400 Silbermünzen wollte eine unbekannte Familie diese Preziosen vor den im Jahre 233 n.Chr. ins Römische Reich eingefallenen Alamannen in Sicherheit bringen. Besonders wertvoll sind die goldenen Ohrringe und die silbernen und bronzenen Broschen. Dieser und andere Funde beweisen, daß privater Reichtum auch in den unsicheren Grenzregionen des Imperium Romanum durchaus keine Seltenheit war.

LITERATUR: R. *Higgins*: Greek and Roman Jewellery. Berkeley/Los Angeles ²1988. – H. *Hoffmann/ H. v. Claer*: Antiker Gold- und Silberschmuck. Mainz 1968.

Holger Sonnabend

Schrift

Als Erfinder der S. gelten die Sumerer, die am Ende des 4. Jahrtausends v.Chr. die sogenannte Keil-S. entwickelten. Wenig später entstand in Ägypten die Hieroglyphen-S. (vgl. Abb. 77). Die minoischen Kreter verfügten über eine von der modernen Sprachwissenschaft als Linear A bezeichnete S., die mykenischen Griechen über die Variante Linear B. Im 9. Jahrhundert v.Chr. übernahmen die Griechen von den Phöniziern deren Buchstaben-S., die nur aus Konsonanten bestand und von den Griechen um

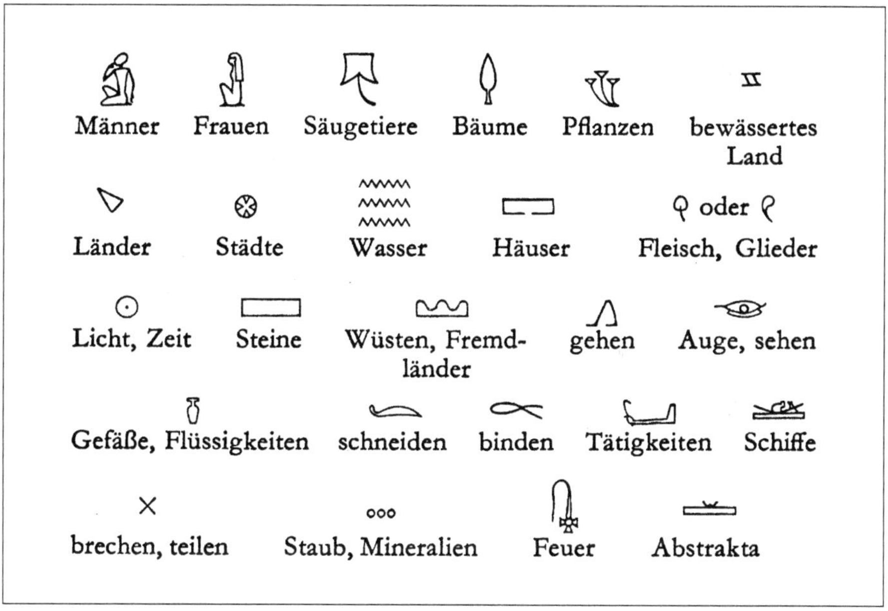

Männer	Frauen	Säugetiere	Bäume	Pflanzen	bewässertes Land
Länder	Städte	Wasser	Häuser	Fleisch, Glieder	
Licht, Zeit	Steine	Wüsten, Fremdländer	gehen	Auge, sehen	
Gefäße, Flüssigkeiten	schneiden	binden	Tätigkeiten	Schiffe	
brechen, teilen	Staub, Mineralien	Feuer	Abstrakta		

Abb. 77: Die frühesten Schriften waren Bilderschriften, wobei man zwischen der Piktographie und der Ideographie unterscheidet. Bei der Piktographie soll das Bild exakt den Gegenstand versinnbildlichen, den es darstellte. Ideographie liegt vor, wenn das Bildzeichen nicht mehr nur den Gegenstand selbst bezeichnet, sondern ein damit zusammenhängendes abstrakteres Phänomen. Für die Historische Geographie sind die Bilderschriften insofern von Bedeutung, als die für landschaftliche Elemente verwendeten Zeichen Erkenntniswert für die jeweilige geistige Erfassung der natürlichen Umwelt haben. Bei den ägyptischen Hieroglyphen dienten sogenannte Determinative (Deutzeichen) dazu, homonyme, also mehrfach deutbare Zeichen in den aktuell gemeinten semantischen Zusammenhang zu bringen. Die Determinative stehen dabei regelmäßig am Wortende. Das Beispiel zeigt die Symbole, die die Ägypter für die geographischen Phänomene Bäume, Pflanzen, bewässertes Land, Länder, Städte, Wasser wählten.

die Vokale erweitert wurde. Über das griechische Kolonialgebiet in Unteritalien (insbesondere Kyme) lernten, vielleicht durch die Vermittlung der Etrusker, die Römer die griechische S. kennen und entwickelten daraus das lateinische Alphabet.

→ Kolonisation, Sprache, Sprachen

LITERATUR: E. *Doblhofer*: Die Entzifferung alter Schriften und Sprachen. Stuttgart 1993. – J. G. *Férrier*: Histoire de l'écriture. Paris ²1959. – M. *Kuckenburg*: Die Entstehung von Sprache und Schrift. Köln 1989. – S. *Schrott*: Hieroglyphen. Untersuchungen zum Ursprung der Schrift. Mainz/Wiesbaden 1950.

Holger Sonnabend

Schwemmland

Als S. werden Ablagerungen durch fließende Gewässer aus geologisch jüngster Zeit (Holozän) bezeichnet. Im englischen Sprachgebrauch werden S.-Ablagerungen als *alluvium* (lateinisch: *alluvio* = angeschwemmtes Land) bezeichnet. Im deutschen ist dies ein veralteter Begriff für die jüngere Abteilung des Quartärs, die heute Holozän genannt wird.

Entstehungsprozeß: S.-Ablagerungen entstehen, wo die Energie des fließenden Wassers nicht mehr ausreicht, um das mitgeförderte Sediment zu transportieren. Die Schleppkraft des Wassers sinkt durch Verringerung der Wassermenge (in Trockengebieten), durch Erhöhung der Reibung (bei Flußbetterweiterungen), durch Zunahme der Schuttmenge (bei Erosion), durch Verringerung des Gefälles (bei tektonischen Versetzungen) und infolge Stauung des Wassers. S. besteht in der Regel aus unverfestigten Kies-, Sand-, Ton- und Mergelsedimenten, die in Schwemmkegeln, Talauen, Marschen und Deltas abgelagert worden sind und noch wenig entwickelte Bodenprofile aufweisen.

Schwemmkegel entstehen, wenn beim Austritt vom Talhang in die Talsohle die Förderkraft der Wasserläufe durch die Gefälleverringerung schlagartig abfällt. Dabei werden zunächst grobes Geröll, dann feiner Kies und schließlich auch Sand und Schluff in Form eines Halbkegels abgelagert. Um den eigenen Aufschüttungen auszuweichen, verlagert der Wasserlauf sein Bett auf dem Kegel häufig, so daß sich der Mündungstrichter immer wieder entlang des Schwemmkegelrandes verschiebt. Talauen entstehen, wenn ein fließendes Gewässer nicht die gesamte Talbreite einnimmt, sondern sich an den Wasserlauf ein Wiesengrund von wechselnder Breite anschließt. Die Größe der Talaue entspricht der maximalen Überschwemmung bei Hochwasser. Durch die niedrigen Strömungsgeschwindigkeiten bei Hochwasser kommen die feinkörnigen Sinkstoffe des Flusses auf der Talbodenfläche zur Ablagerung. Sand und Schluff werden von den Grashalmen der Auewiesen aufgefangen und sorgen so für Ablagerungen, die beim Nil – vor dem Bau des Assuan-Staudamms – jährlich durchschnittlich 1 mm mächtig waren. Die Talaue wird durch die Auelehmablagerungen allmählich erhöht und kann den Fluß schließlich bis zu 5–10 m überragen.

Stratigraphische Erkundungen: Wo der Fluß seine eigene Aue anschneidet, ist die Stratigraphie der Auesedimente erkennbar. Die erhaltenen stratigraphischen Abfolgen reflektieren Zeitsequenzen, in denen sich die Evolution des S. widerspiegelt. In den unteren Schichten findet sich meist Geröll, in den oberen Auelehm. Die Stratigraphie variiert stark lateral, weil eingeschnittene Flußläufe senkrechte Schichtgrenzen verursachen können. Die klassischen Methoden für die Untersuchung der Stratigraphie im S. sind Profilbeschreibungen in Bacheinschnitten und Baugruben sowie Bohrungen. Durch die Klärung der Stratigraphie läßt sich die Entwicklung des S. rekapitulieren. Problematischer ist in der Regel die Datierung der Schichten.

Talauen sind besonders fruchtbar. Wegen ihres feinkörnigen, leicht pflügbaren Bodens und der Möglichkeit der Bewässerung können sie auch in heißen Ländern für Gemüseanbau genutzt werden. Für die Besiedlung werden vor allem die Terrassenränder sowie inselartige Erhebungen genutzt, da die niedrigen Bereiche von Überschwemmungen bedroht sind. Solche zerstörerischen Überschwemmungen treten häufig in semiariden Gebieten auf, weil der Niederschlag dort in relativ kurzer Zeit fällt. Lange Besiedlung an einem Ort bietet Vorteile, da sich so Siedlungshügel bilden können, die das S. überragen. Die meisten künstlichen Eingriffe in die Landschaft, darunter Entwaldung und Flußbegradigung, haben nachhaltige Auswirkungen aufs S. Im Mittelmeergebiet konnte nachgewiesen werden, daß mit der Abholzung der Wälder und der Ausbreitung des Akkerbaus von den Talauen auf die umgebenden Hänge die Erosion, der Sedimenteintrag in die Flüsse und die Ablagerung von Auesedimenten erheblich gesteigert wurden.

Das Fehlen von Artefakten und Besiedlungsspuren im S. darf nicht als Anzeichen für das primäre Nichtvorhandensein gewertet werden. Durch die häufigen Flußbettverlagerungen können archäologische Fundstätten vollständig verschüttet oder abgetragen sein. Für die üblichen archäologischen Prospektionsmethoden wie Oberflächenbegehung und Luftbildfotografie werden sie dadurch unkenntlich. Alternativen bieten hochauflösende Fernerkundungstechniken, Magnetometrie und Flachseismik. Die Entstehungsgeschichte von S. war bereits in der Antike bekannt. Herodot (2,11) vermutete, daß das Niltal ehemals ein Meerbusen wie der Golf von Suez war. Wenn sich der Nil ins Rote Meer ergießen würde, so schloß Herodot, könnte er es im Lauf von 20.000 Jahren in S. verwandeln.

→ Ackerbau, Archäologie, Delta, Erosion, Fluß, Forstwirtschaft, Luftbild, Natur, Schilf, Siedlungskontinuität, Überschwemmung, Wald

LITERATUR: A.G. *Brown*: Alluvial Geoarchaeology. Cambridge 1997.

Eberhard Zangger

See

Zu den Elementen der ›Historischen Naturgeographie‹ zählen S. als Binnengewässer, wobei die Historische Geographie auf solche natürlicher Herkunft ihr Hauptaugenmerk richtet. Manche Binnen-S. werden wegen ihrer Größe auch als Meer bezeichnet, so das Kaspische Meer (schon bei Hdt. 1,202,4) mit ca. 370.000 km^2 der größte abflußlose Binnen-S. der Erde (eine eigentlich unkorrekte Terminologie liegt vor, wenn das Neue Testament, z.B. Mk 1,16, den See Genezaret als ›Meer von Galilaia‹

bezeichnet). Kleine natürliche S. werden Weiher, künstliche S. Teiche genannt. Von diesen perennierenden Gewässern sind Tümpel als zeitweilig austrocknende abzugrenzen. Treten S. so zahlreich auf, daß sie zum herausragenden Landschaftselement werden, spricht man von einer S.-Landschaft, wie etwa in Finnland mit ca. 25% der Landfläche. Künstlicher Herkunft sind Baggerloch-S. als Folge des Tagebaues, so der Senftenberger-S. (Land Brandenburg/BRD) sowie S., die Talsperren und Staudämmen ihre Existenz verdanken, mit z.T. gravierenden Eingriffen in die Landschaft und den Siedlungsraum. Ein auch für den unwiederbringlichen Verlust historischer Dokumente schmerzliches Beispiel ist der Atatürk-Staudamm in Ostanatolien. Nicht behandelt werden hier künstliche Tempel-S.

S. sind eine allseitig geschlossene, in einer Vertiefung in einem geologischen Körper befindliche, mit dem Meer nicht in direkter Verbindung stehende Wassermasse, deren Einzugsgebiet unterschiedlich ausgeprägt ist. Ihre Wasserzufuhr erfolgt – unterschiedlich je nach Region – durch Niederschlag, Grundwasser, Quellen und Flüsse. Wasserverluste erfolgen durch Verdunstung, ober- wie auch unterirdische Abflüsse. Durch die Auffüllung des S.-Beckens mit Sedimenten (sowohl organischen wie anorganischen) ist die Existenz der S. zeitlich begrenzt. Unterscheidungen, die die Limnologie trifft hinsichtlich der S.-Typen (geomorphologisch, hydrologisch, limnologisch, wasserdynamisch), sind bei Jung (189ff.) aufgeführt. Er bietet auch bequem die statistischen Daten zu den wichtigsten S. der Erde (197–206).

Die unterschiedlichen Faktoren, die zur Bildung von S. führten (u.a. glaziale Erosion, Korrosion, vulkanische, tektonische Bewegungen), wie auch die Oberflächengestaltung der Erde in früheren Erdzeitaltern sind Gegenstand der geographischen Wissenschaft. In die vorgeschichtliche Zeit fallen auch die Austrocknung Nordafrikas und der seltene Stau von S.-Terrassen durch Kalksinterbildung. Zu beachten ist, daß in antiken Quellen auch die Maiotis (so öfter bei Hdt. u.a. 4,86,4; 4,101,2; 4,123,3 und bei Ps.-Scylax, § 68 [GGM I 58]) als ›S.‹ (*limne*) bezeichnet wird, doch bleibt sie hier, bedingt durch die Definition des ›S.‹, außer Betracht. Sowenig wie die Maiotis wird hier auch das Schwarze Meer behandelt, faktisch ein Binnenmeer, das aber durch den Thrakischen Bosporos mit dem Adriatischen Meer verbunden ist.

Geographische Kenntnisse von Seen: Der Charakter der S. als Binnen-S. wurde lange Zeit nicht erkannt. Beim Kaspischen Meer nahm man etwa an (Hekataios; Eratosthenes, ihm folgend die römischen Geographen), daß es lediglich eine Ausbuchtung des Ozeans sei. Bei Herodot (1,203,1), bei Marinos von Tyros und dann später bei Ptolemaios finden wir die Beschreibung als eines abgeschlossenen S.-Beckens, die sich allerdings nicht durchsetzte, in den zahlreiche Flüsse unterschiedlicher Größe münden, auch wenn seine Umrisse (nordsüdliche Längsachse) nicht erkannt wurden. Erst im frühen 18. Jahrhundert gelang dies französischen Gelehrten. Die Tiefe der einzelnen S. blieb durchweg unbekannt. Über die Einzugsgebiete der S. herrschten oft irrige Vorstellungen, ebenso über die Bildung von S. durch Flüsse; Weissbach (349f) hat etwa auf die in Strabons *Geographica* (11,11,8) überlieferte Vorstellung hingewiesen, der Tigris durchfließe den Vansee (hier *Tonitis*) und stürze am Ausfluß des S. in einen Erdschlund und fließe eine Zeitlang unterirdisch; der Tigris durchfließe den S. so schnell, daß er sich nicht mit dem S.-Wasser vermische. Teilbecken wie das von Arces (heute Erciş) im Nordosten des Vansee wurden unter Umständen für Binnen-S. gehalten (vgl. Strab. 11,14,8 sowie Ptol. geogr. 5,13,13). Der hohe Salzgehalt vieler

S., d.h. das weitgehende Fehlen organischen Lebens, wurde von zahlreichen Autoren festgehalten (vgl. etwa zum Urmiyasee Strab. 11,14,8.). Seit Hieronymus ist daher – bis heute – der Name ›Totes Meer‹ geläufig (der Name Mortuum Mare begegnet allerdings schon in der *Epitome* Iustins 36,3,6f., jedoch mit abweichender Begründung). Andere S., wie diejenigen im Inneren Afrikas (so der Albertsee, Tanganjikasee, Njassasee), wurden in Europa erst mit dem Vordringen der europäischen Mächte im 19. Jahrhundert bekannt.

Schwankungen der Seenspiegel und ihre Auswirkungen: Zu unterscheiden sind die saisonalen, also jahreszeitlich bedingten, und die langjährigen Spiegelschwankungen, die auf periodische Klimaschwankungen (und Schwankungen des Niederschlags) hinweisen. Solche Veränderungen haben dann auch Auswirkungen auf Siedlungslage und Siedlungsweise, bei Versumpfung auch auf Aufmarschwege für Gefechte. Außer Betracht bleiben müssen hier die durch markante Klimaveränderungen hervorgerufenen Schwankungen in früheren Perioden der Erdgeschichte (so erreichte in der Risskaltzeit der Vansee einen S.-Spiegel von 1.726 m, d.h. 80 m über dem heutigen S.-Spiegel). Aus jüngerer Zeit datiert das durch Entwaldung bedingte Versiegen zahlreicher Quellen und die daraus resultierende Senkung des S.-Spiegels. In den beiden letzten Jahrhunderten sind auch künstliche Spiegelsenkungen durchgeführt worden. Unterschiedlicher Wasserzufluß, Niederschlag sowie Verdunstung in den einzelnen Jahreszeiten bedingen die jahreszeitlichen Spiegelschwankungen. Bei geringerer Tiefe ist die Ausdehnungsvariabilität (mit Oberflächenveränderung) entsprechend größer. Dementsprechend sind Siedlungen durch Dämme geschützt bzw. an Stellen angelegt worden, die den Schwankungen des S.-Spiegels nicht in existenzgefährdender Weise ausgesetzt waren. Ein Absinken des S.-Spiegels tritt heute oft durch große Wasserableitungen für Bewässerungsanlagen ein. Dramatische Ausmaße hat dies beim Aralsee angenommen, aber auch im Sevansee oder im See Kinneret (See Genezaret) ist dies zu beobachten. Zudem sind durch Einleitungen von verschmutzten Abwässern (chlorid-, nitrat- bzw. phosphathaltige Abwässer) ganze Ökosysteme von S. bedroht.

Süßwasser- bzw. Salzseen: In der Limnologie werden S. ohne Abfluß, sogenannte End-S., unterschieden von S. mit Abfluß, sogenannter Fluß-S. Das Wasser in End-S., denen nur reines Wasser entzogen wird, füllt sich immer mehr mit gelösten Substanzen bis zur Sättigung bzw. Übersättigung (vgl. schon Diogenes v. Apollonia). End-S. sind daher immer Salz-S.; der Grad des Salzgehaltes ist abhängig vom Einzugsgebiet (Gesteine aus löslichen Salzen). In den Fluß-S. werden die gelösten Substanzen zusammen mit dem S.-Wasser wieder abgeführt. Das Wasser dieser S. ist infolgedessen ›süß‹ (mit Überwiegen an Carbonaten), falls das Wasser der Zuflüsse nicht einen extrem hohen Salzgehalt aufweist. Manche (End-)S. besitzen einen solch hohen Salzgehalt, daß sie schon in antiken Quellen als ›Salzmeer‹ bezeichnet wurden (so der Name des ›Toten Meeres‹ u.a. in 1. Mos 14,3). Den Lacus Tatta bezeichnet Strabon in seiner Erdbeschreibung (Strab. 12,5,4) als ›natürliche Salzgrube‹ (*alopegion autofues*; vgl. auch die Beobachtungen Strabons ebda.). Die Geologie unterscheidet je nach den gelösten Mineralien Kochsalz-S., Natron-S. oder Borax-S. In heißen Zonen können in Salz-S. beim Sinken des Wasserspiegels im Sommer Salze ausfallen. S. können temporär austrocknen, so daß die Salze auf dem Grund abgelagert werden. Füllt sich das Becken wieder mit Wasser, so können die Salze wieder gelöst werden. Ein S. kann auch völlig austrocknen; es bilden sich dann meterhohe Salzkörper, sogenannte Salzpfannen

Abb. 78: Der Ladik Gölü in der Landschaft Pontos (im nördlichen Kleinasien), zu identifizieren mit dem Stiphane-See, den der antike Geograph Strabon (12,3,38) in folgender Weise beschrieben hat: »Den zur Phanaroia hin gelegenen Teil des Phazemonitis bedeckt ein See, so groß wie ein Meer, die sogenannte Stiphane-Limne, fischreich und ringsum mit prächtigen und vielfältigen Weiden.« Heute ist der 890 m hoch gelegene See nicht einmal in der Regenzeit »so groß wie ein Meer«. Es ist also davon auszugehen, daß der See in der Antike erheblich wasserreicher war als heute. In antiker Zeit lag der See auf einer Höhe von 950 m und hatte einen Oberflächenumfang von 22 km².

(so die Etoschapfanne in Namibia, der Makarikari in Botswana oder der Salar de Atacama im Norden Chiles), deren Salz z.T. noch heute mit primitiven Arbeitsgeräten wie dem Rechen gewonnen wird. Es können sich auch Salzsümpfe bilden, an deren Oberfläche eine Salzkruste entsteht, unter der aber noch ein Wasserkörper vorhanden sein kann.

Prägung der historischen Landschaft durch Seen: Jeder S., so schrieb Forel (5), ist ein Organismus für sich, jeder hat seine Eigentümlichkeiten, seine besondere Geschichte in der Vergangenheit und Gegenwart, und so hat jeder S. seine Spuren hinterlassen in der historischen Ausprägung von Staaten und Reichen. So bildete sich um den Vansee (türkisch: Van Gölü) das Reich von Urartu mit der am S. gelegenen Hauptstadt Van. Als Siedlungsgebiet bevorzugten die Armenier die Becken der drei heute in drei unterschiedlichen Staaten gelegenen S., des eben genannten Vansees, des Sevansowie des Urmiyasees. Im frühen 10. Jahrhundert verlegte König Gagik Arcruni die Hauptstadt seines Reiches von Vostan (heute Gevas) am Südufer des Vansees der besseren Verteidigung wegen auf die Insel Altamar im Vansee, wo er einen Palast und die dazugehörige (heute noch erhaltene) Palastkirche hatte erbauen lassen; die Insel im S. war, wie V. Eid (261) zu Recht schreibt, »dank ihrer großartigen landschaftlichen Lage für die repräsentative Darstellung der neuen Königswürde bestens geeignet.« Andere Gründe werden angeführt für den Bau des nur mit einem Boot zu erreichenden Sevan-Klosters im Jahre 874 im gleichnamigen S., das heute aufgrund der Absenkung des S.-Spiegels auf einer Halbinsel liegt.

Abb. 79: Der Averner See in der Nähe von Baiae in Kampanien, mit einer Tiefe von 65 m. Der römische Feldherr Agrippa ließ hier den sogenannten Iulischen Hafen (portus Iulius) angelegen, »indem er in den Lucriner und Averner See das Meer einleiten ließ« (Suet. Aug. 16,1; vgl. Cass. Dio 48,50). Die Landschaft um den Averner See inspirierte die antiken Menschen dazu, hier den Unterweltsbesuch des Odysseus zu lokalisieren.

Namensgebung und Beschreibungen von Seen: Unterschiedliches ist hier zu beobachten: S. können nach der sie umgebenden Landschaft benannt sein. So nennt Strabon den Urmiyasee nach der Landschaft Mantiane; S. können aber auch eine Eigentümlichkeit anzeigen, wie wiederum Strabon in seiner *Geographie* belegt, und zwar ebenfalls für den Urmiyasee, den er 11,13,2 Kapauta (von: *spauta*) nennt. So wird auch der Name Kaputan in der sogenannten armenischen Geographie (Asharhacoyc) sowie die Namensform Kabudan für den S. verständlich. Benennungen nach Adelsgeschlechtern, Stämmen und Völkern, die an den S. wohnen, sind ebenfalls belegt: So nennt Ya'qubi das Kaspische Meer das Meer der Hazaren (arabisch: bahr Hazar). In armenischen Quellen wird der Vansee der ›S. der Bznunier‹ (Bznuneac cov) bzw. der ›S. der Rstunier‹ (Rstuneac cov). Häufig werden S. auch nach in der Nähe gelegenen Städten benannt. Die alttestamentliche Erzählung von Lot (1. Mos 19,1–29) führt zum heutigen arabischen Namen des ›Toten Meeres‹ (bahr Lut), in griechischsprachigen Quellen wird es nach dem hier gewonnenen Asphalt auch ›Asphaltsee‹ (Aspaltitis limne) genannt. Politische Umwälzungen schlagen sich ebenso in der Namensgebung bzw. Namensänderung wieder: So hieß der Urmiyasee in der Zeit der Pahlavi-Dynastie in Iran (1925–1979) Riza'iyesee, nach dem Begründer der Dynastie Riza Han, nach der islamischen Revolution wurde er wieder Urmiyasee genannt. In geographischen Kompendien wie in Strabons *Geographika Hypomnemata* oder in Plinius' *Naturalis Historia* werden zahlreiche S. erwähnt, in historischen Darstellungen meist in geographischen Exkursen wie die Beschreibung des ›Toten Meeres‹ bei Tacitus (hist. 5,6,2–4), wo der römische Autor innerhalb seines ›Judenexkurses‹ (5,2–10) in den Kapiteln 6 und 7 auf die Geographie Judäas eingeht. Die Beschreibungen resultieren meist nicht aus persönlicher Anschauung, sondern beruhen auf älteren Darstellungen. Beschreibungen in der Briefliteratur sind dagegen selten; so verdanken wir dem Briefcorpus des jüngeren Plinius (epist. 8,20) eine Beschreibung des Lacus Vadimonis.

Nutzung und wirtschaftliche Bedeutung: Manche Aspekte spielen erst heute eine große Rolle, so der Tourismus oder die Freizeitindustrie mit Wasserskiern und Motorbooten, bei künstlichen S. steht die Gewinnung elektrischer Energie sowie von Trinkwasser im Vordergrund; sie dienen ebenso großflächiger Bewässerung sowie als Rückhaltebecken bei Hochwasser. Manches teilt die Moderne mit der Antike: So waren reiche Fischbestände ein bedeutendes Handelsobjekt (so die Fischerei am See Kinneret; daraus resultierte der dortige Schwerpunkt der Besiedlung). S. dienten auch zur Bewässerung, als Trinkwasserreservoir und als Wasserstraße. Salz und Asphalt, die aus S. gewonnen wurden, waren Handelsobjekte. Küstenstreifen an S. wurden als Schwemmland meist landwirtschaftlich genutzt, so der Tieflandstreifen am Südufer des Kaspischen Meeres durch Reisanbau. Die Küstenstreifen der S. waren andererseits aber auch Wohnstätten von Überträgern menschlicher wie tierischer Seuchen; erst die Trockenlegung wie die des Kopaissees hat diese Gefahr gebannt.

Eine umfassende Studie zur Prägung von Landschaften durch Seen, auch über die wirtschaftliche Bedeutung von Seen in der Antike bleibt ein Desiderat der Forschung.

→ Fisch, Fluß, Handel, Klima, Küste, Meer, Salz, Schwemmland, Überschwemmung

LITERATUR: M.J. *Burgis*/P. *Morris:* The Natural History of Lakes. Cambridge u.a. 1987. – V. *Eid:* Osttürkei. 1990. – F. A. *Forel:* Handbuch der Seenkunde. Allgemeine Limnologie. (Bibliothek geographischer Handbücher 8), Stuttgart 1901. – G. *Jung:* Seen werden, Seen vergehen: Entstehung, Geologie, Geomorphologie, Altersfrage, Limnologie und Ökologie. Eine Landschaftsgeschichte der Seen allgemein, mit ausgewählten Beispielen aus aller Welt. Thun 1990. – S. *Lauffer:* Kopais. Untersuchungen zur historischen Landeskunde Mittelgriechenlands I. Frankfurt a.M./Bern/ New York 1986. – E. *Schmidt:* Ökosystem See. Das Beziehungsgefüge der Lebensgemeinschaft im eutrophen See und die Gefährdung durch zivilisatorische Eingriffe. Heidelberg ^{3}1978. – G. *Schweizer:* Untersuchungen zur Physiogeographie von Ostanatolien und Nordwestiran. Geomorphologische, klima- und hydrogeographische Studien im Vansee- und Rezaiyehsee-Gebiet. (Tübinger Geographische Studien 60 – Sonderband 9), Tübingen 1975. – J. *Schwoerbel:* Einführung in die Limnologie. (UTB 31), Stuttgart/Jena ^{7}1993. – E. H. *Warmington:* Greek Geography. London/ Toronto/New York 1934. – H. *Winz:* Zur Kulturgeographie des Vanseegebietes (Osttürkei), in: Zeitschrift der Gesellschaft für Erdkunde zu Berlin 74, 1939, 184–201.

Erich Kettenhofen

Seeherrschaft

Die griechisch-römische Welt hatte in dem Mittelmeer einen natürlichen geographischen Bezugspunkt. Um weitreichende, politisch oder ökonomisch motivierte, Herrschaftsansprüche realisieren zu können, war für ambitionierte antike Mächte die Kontrolle über das Mittelmeer eine Notwendigkeit. Unabdingbare Voraussetzungen für eine S. waren, neben einer entsprechenden imperialen Dynamik und wirtschaftlichen Potenz, Kenntnisreichtum in bezug auf die topographischen Verhältnisse, Erfahrungen in der Nautik, die Verfügbarkeit über eine Flotte und, zur Sicherung der S., die Anlage von Stützpunkten im Mittelmeer.

Minoer: Als die erste Macht, die im Mittelmeer eine Thalassokratie, wie die Griechen die S. bezeichneten (vom griechischen *thalassa* = Meer), ausübten, können die minoischen Kreter gelten. In der Mitte des 2. Jahrtausends v.Chr. kontrollierten kretische Schiffe vor allem den östlichen, aber auch Teile des westlichen Mittelmeeres. Literarische Quellen dokumentieren dies ebenso wie archäologische Befunde. So berichtet Herodot (1,171) von den Karern in Kleinasien, sie seien einst als Leleger dem legendären König Minos untertan gewesen. Bei Thukydides (1,4,1) heißt es: »Minos war der erste, von dem wir Kunde haben, daß er eine Flotte baute, das heute hellenische Meer weithin beherrschte und die Kykladen eroberte und meistenteils zuerst besiedelte, wobei er die Karer verdrängte und seine eigenen Söhne als Fürsten einsetzte. Auch die Seeräuber suchte er natürlich nach Kräften zurückzudrängen, um seine Einkünfte zu verbessern.« An anderer Stelle (Thuk. 1,8,2) spricht Thukydides davon, daß durch die kretische Flotte der Seeverkehr insgesamt intensiviert wurde. Auch Diodor (1,8,2) nennt Minos als einen Seeherrscher, und der Römer Plinius d.Ä. (nat. 7,209) meinte zu wissen, daß Minos derjenige gewesen sei, der die erste Seeschlacht geführt habe. Die Archäologie kann diese Nachrichten im wesentlichen bestätigen. Spuren minoischer Präsenz und Dominanz finden sich auf vielen Inseln der Ägäis, vor allem auf Zypern, aber auch im Westen des Mittelmeeres. Besonders eng waren die Kontakte der Minoer zu Ägypten, das für Kreta ein wichtiger Handelspartner war. Überhaupt dürfte die minoische S. primär wirtschaftliche Gründe gehabt haben.

Phönizier: Abgelöst wurden die Minoer als Beherrscher des Meeres von den Phöniziern, deren Heimat im Vorderen Orient, im heutigen Libanon, lag. Unter der Führung der Stadt Tyros dehnten die Phönizier seit dem Ende des 2. Jahrtausends v.Chr. ihre S. bis in westmediterranen Raum aus. Die Motive dieser Expansion lagen, wie bei den Minoern, vor allem im ökonomischen Bereich (auch wenn Curtius Rufus 4,4,20 von Überbevölkerung und ständigen Erdbeben als Migrations-Grund spricht). Die Phönizier gründeten zahlreiche Handelsniederlassungen, von denen die wichtigste Karthago in Nordafrika (Ende 9. Jahrhundert v.Chr.) war. Der phönizische Einfluß reichte bis nach Spanien, wo sie die Städte Gades (heute Cadiz) und Tartessos gründeten.

Karthago: Die phönizische Siedlung Karthago, eine Gründung von Tyros, wurde bald zur neuen dominierenden Seemacht im westlichen Mittelmeerraum. Teils aus Handelsinteressen, teils aber auch aus strategischen Erwägungen setzten sich die Karthager mit Hilfe ihrer starken Flotte auf zahlreichen Inseln (Balearen, Sizilien, Sardinien, Korsika) fest. 525 v.Chr. kam es zum Kampf um die S. im Westen, als eine karthagisch-griechische Koalition auf die griechischen Phokäer traf (bei Alalia auf Korsika, Hdt. 1,166). Konnten sich die Karthager hier durchsetzen, so bereitete die Konfrontation mit den Römern in den – aus römischer Perspektive gemeinhin so bezeichneten – drei Punischen Kriegen (3./2. Jahrhundert v.Chr.) der karthagischen S. ein Ende.

Griechen: Laut Herodot (3,122) war der Tyrann Polykrates von Samos (6. Jahrhundert v.Chr.) »der erste Grieche, der nach Minos auf Seeherrschaft sann« (vgl. Thuk. 1,13). Hilfreich bei der Entstehung einer freilich lokal begrenzten samischen Thalassokratie war die Konstruktion eines neuen Schiffstypus, der nach der Heimat des Polykrates *Samaina* genannt wurde (Plut. Per. 13). Thukydides (1,14) notiert, daß in der archaischen Zeit kein Staat durch einen Landkrieg zur Macht gekommen sei, sondern nur durch den Besitz einer Flotte, mit der man fremde Inseln unterwarf.

Tatsächlich aber hatten die Griechen schon vor Polykrates das Meer erobert, und zwar im Zuge der sogenannten großen Kolonisation, die in der Mitte des 8. Jahrhunderts v.Chr. eingesetzt hatte und erst zwei Jahrhunderte später endete. Allerdings ging es dabei nicht um eine planmäßige Erringung von S. Vielmehr handelte es sich um Einzelaktionen von griechischen Städten, die Siedler in die Ferne schickten, welche dort dann an den Küsten des Mittelmeeres autonome Städte gründeten (etwa in Sizilien, Unteritalien, Südfrankreich). Als Händler wurden die Kolonisten zu ernsthaften Konkurrenten der Karthager.

Athen: Dezidierter politischer Machtwille stand hingegen hinter den Bestrebungen Athens, nach den Perserkriegen, im 5. Jahrhundert v.Chr., die S. im östlichen Mittelmeer zu gewinnen. Die materiellen Mittel stellte die in den Perserkriegen auf Initiative des Themistokles gebaute Flotte bereit, den organisatorischen Rahmen lieferte der 478 v.Chr. gegründete Attische Seebund, dem zahlreiche griechische Städte, insbesondere der Ägäisinseln, angehörten. Die Bündner hatten Tribute zu leisten oder Schiffe zu stellen. Ursprünglich gedacht als ein Mittel zur Abwehr der Perser, wurde der Bund bald zu einem Herrschaftsinstrument der Athener umfunktioniert, indem der Hegemon die Autonomie der Partner immer mehr einengte. Mit seiner S. gelang es den Athenern, der traditionellen Landmacht Sparta den Rang abzulaufen. Diese Dominanz ging allerdings im Peloponnesischen Krieg gegen Sparta (431–404 v.Chr.), verloren, wobei bezeichnenderweise die Spartaner erst Erfolg hatten, als auch sie sich aufs Meer wagten. Im 4. Jahrhundert v.Chr. initiierten die Athener eine Neuauflage des Seebundes, doch trotz einer beträchtlichen Flottenstärke konnte man die frühere Hegemonie nicht mehr erreichen.

Hellenistische Zeit: Als nach dem Tod Alexanders des Großen (323 v.Chr.) unter seinen Generälen ein erbitterter Kampf um das Erbe des Makedonenkönigs ausbrach (Diadochenkämpfe), war es das Ziel der Protagonisten, die Herrschaft über die See für ihre Machtansprüche zu nutzen. Nach der Etablierung der hellenistischen Königreiche ging die Vorherrschaft über das östliche Mittelmeer an die in Ägypten regierenden Ptolemäer (deren Flotte hat Plutarch [Demetr. 43,4] beschrieben). Das hellenistische Zeitalter, generell geprägt von einer Tendenz zur Megalomanie bei den Herrschern, produzierte neue große Schiffstypen, die auch die Ambition auf S. ausdrücken sollten (Plut. Demetr. 20,4; 32,2).

Rom: Die S. der Römer bildete sich in den Kriegen gegen Karthago aus, durch welche Rom zur führenden Macht zunächst im westlichen Mittelmeerraum wurde. Mit den Praktiken der Seefahrt bis dahin wenig vertraut, kopierten die Römer die Schiffe ihrer karthagischen Gegner und übertrugen mittels der Enterhaken-Technik die Prinzipien des Landkampfes auf das Seegefecht (Liv. 36,44,9). Im Zuge der Expansion in den Osten und der Unterwerfung der hellenistischen Königreiche etablierte sich Rom seit dem beginnenden 2. Jahrhundert v.Chr. auch im ostmediterranen Raum als Hegemon. Ein ernsthaftes Problem stellten jedoch die kilikischen Piraten dar, die nach dem Zeugnis Plutarchs (Pomp. 25) ihre Macht auf das ganze Mittelmeer ausdehnten und den gesamten Handelsverkehr praktisch lahmlegten. Erst dem römischen Feldherrn und Politiker Pompeius gelang es 67 v.Chr., in einer großangelegten maritimen Unternehmung das Seeräuber-Problem zu lösen.

In der Kaiserzeit kontrollierten die Römer ihr *mare nostrum* (›unser Meer‹) mit einer stehenden Flotte, deren Kontingente in Ravenna und Misenum stationiert waren

(Tac. ann. 4,5,1). Dieses System von Flottenstützpunkten wurde im weiteren Verlauf der Kaiserzeit in einer bis dahin nicht gekannten Weise perfektioniert, so daß man in diesem Zusammenhang von einer wirklich organisierten S. der Römer sprechen kann. Als Folge der Völkerwanderungen ging diese Dominanz in der Spätantike jedoch verloren. Im Westen übernahmen die Flotten der Goten und Vandalen die S., während im Osten das oströmische Reich von Byzanz die S. noch längere Zeit zu behaupten wußte und im 6. Jahrhundert n.Chr. unter Iustinian sogar noch eine an die alten Glanzzeiten erinnernde Renaissance erlebte.

→ Handel, Imperialismus, Insel, Kolonisation, Krieg, Küste, Meer, Migration, Navigation, Piraterie, Reich, Schiffahrt, Schiffahrtswege, Schiffbarkeit

LITERATUR: G. *Bunnens*: L'expansion phénicienne en Méditerranée. Brüssel/Rom 1979. – D. *Harden*: The Phoenicians. Harmondsworth 1980. – O. *Höckmann*: Antike Seefahrt. München 1985. – M. S. F. *Hood*: The Minoans. London/New York 1971. – W. *Huss*: Geschichte der Karthager. München 1985. – R. *Meiggs*: The Athenian Empire. Oxford 1972. – M. *Reddé*: Mare nostrum. 1986. – W. *Schuller*: Die Herrschaft der Athener im Ersten Attischen Seebund. Berlin 1974. – Ch.G. *Starr*: The Roman Imperial Navy. 1959. – H. T. *Wallinga*: Ships and Sea-Power before the Great Persian War. Leiden/New York/Köln 1993.

Holger Sonnabend

Segeln

Die treibende Kraft des Windes diente schon in prähistorischer Zeit zur Fortbewegung von Wasserfahrzeugen. Für die optimale Nutzung dieser Antriebskraft muß der Schiffskörper dem Wind eine relativ große Angriffsfläche bieten, die leicht und veränderbar ist: das Segel. Es bestand schon im frühen Altertum aus Bahnen zusammengenähter Leinwand (Hesek 27,7), bei den Kelten jedoch aus Leder. Da Segelschiffe große Lasten über weite Strecken schnell und mit nur kleiner Seemannschaft befördern können, waren sie das rentabelste und wichtigste antike Transportmittel.

Segelschiffe: Bereits seit dem 4. Jahrtausend v.Chr. sind in Ägypten Ruderschiffe mit Hilfsbeseglung sowie einmastige Segelschiffe nachweisbar (für Kreta und Phönizien für das 2. Jahrtausend v.Chr.). Die Mehrzahl der antiken Schiffe hatte nur einen Mast; Zweimaster waren sehr selten (im alten Indien waren dagegen Zwei- und Dreimaster die Regel). Ab 400 v.Chr. weisen vor allem Kriegsgaleeren, die nur im Gefecht, bei Eilfahrten, beim Rudertraining sowie bei Flaute und widrigen Winden gerudert, ansonsten aber gesegelt wurden, zudem ein Bugsegel am schrägen Fockmast auf (Artemon), das oft auch römische Frachter besaßen. Der Mast trug normalerweise nur eine einzige Rah, an der das rechteckige Segel befestigt war. Einige römische Frachter besaßen zudem ein Toppsegel. Im klassischen Altertum gab es weder das dreieckige ›lateinische‹ Segel noch Stag-, Gaffel-, Spriet- und übereinanderstehende Rah-Segel.

Während die Ägypter die Segel prall setzten und somit die Windkraft gut nutzten, »liebte der Hellene das Segeln platt vor dem Wind mit derart fliegenden Schoten und Gordings, daß das Großsegel sich bis über die Höhe der Rah emporblähte« (Assmann). Die antiken Seefahrer refften das Segel auf eine für uns ungewöhnliche Weise:

Sie zogen es an Seilen wie eine Jalousie hoch. Um den Winddruck zu mindern, wurde die Rah gesenkt. Dem jeweiligen Einfallswinkel des Windes entsprechend konnte die Rah mit Tauen am Mast gedreht werden. Wie stark bereits antike Segelschiffe ›an den Wind‹ gehen konnten (kreuzen gegen den Wind war ihnen nicht möglich), ist eine vieldiskutierte Frage, die hier nicht erörtert werden kann, zumal die Entdeckungen der noch jungen Unterwasserarchäologie unser Bild von antiker Nautik und Schiffsbautechnik ergänzen und teils revidieren.

Segelschiffahrt: Unter historisch-geographischen Gesichtspunkten erwähnenswert ist, daß man bestimmte regionale oder großräumige Winde, die regelmäßig auftreten, erst kennen- und zum Segeln nutzen lernen mußte. Das gilt im Altertum vor allem für die Etesien, die als sommerliche Nordostpassate bei der griechischen Kolonisation des Pontos eine bedeutende Rolle spielten. Hervorzuheben ist ferner die Entdeckung der Monsunpassage im 1. Jahrhundert v.Chr., die es den Schiffen ermöglichte, mit ›achterlichem Wind‹ übers Arabische Meer direkt nach Indien (und ein halbes Jahr später zurück) zu segeln.

Hinzuweisen ist auf auf die zum Segeln günstigen ›Windgezeiten‹ an den Festlands- und Inselküsten des Mittelmeeres. Besonders im Sommer setzt nach Sonnenaufgang die auflandige Seebrise ein (sie erreicht nachmittags bis zu vier Beaufort und ist in einem Küstenabstand bis zwölf Seemeilen, mancherorts gar bis 30 Seemeilen wirksam) und nach Sonnenuntergang die nächtliche Landbrise (sie beträgt ca. 1–2 Beaufort und ist vor allem in einer 5–8 Seemeilen breiten Küstenzone wirksam). Schon seit ältester Zeit nutzen die Mittelmeerfischer mit ihren Segelbooten diese thermischen Küstenwinde, um abends weit auf das Meer hinauszutreiben und am nächsten Morgen wieder sicher zurückzukehren. Diese ›Windgezeiten‹ nahmen den frühen Seefahrern die Furcht, sich aufs offene Meer hinauszuwagen, und bildeten für Phönizier und Griechen die Schule des Segelns. Indem man die Rah mit dem Segel etwa 45° quer zur Längsachse des Schiffes stellte, lernte man bei See- und Landbrise mit ›halbem Wind‹ zu segeln, wodurch Fahrten entlang der Küsten berechenbar wurden. Aufgrund windschwacher Hochdrucklagen während des Sommerhalbjahres über dem Mittelmeer suchen noch heute sogar Hochseesegler die Küstennähe, um mittels der Land-Seewind-Zirkulation voranzukommen. Wohl aus demselben Grund wählte die antike Seeschiffahrt oft das Gängelband der Küsten.

→ Gezeiten, Meer, Navigation, Schiffahrt, Schiffahrtswege, Schiffbarkeit, Wind (Winde)

LITERATUR: L. *Rank:* Die Theorie des Segelns in ihrer Entwicklung. 1984, 19 ff.

Heinz Warnecke

Siedlungsformen

Unter den S. kann grundsätzlich die Siedlungsgestalt in ihrer Gesamtheit verstanden werden.

Elemente der Siedlungsformen: Die S. resultieren aus Anzahl, Gestalt und Anordnung ihrer einzelnen Elemente, also Haus- und Hofstätten und sonstiger Gebäude, der Einrichtungen zur Herstellung einer Infrastruktur, der an die Siedlungen grenzenden Befestigungsanlagen, Zäune und anderen Begrenzungen und ihrer Lage im Gelände. Beispielsweise wäre hier hinzuweisen auf die Akropolis-Lage der griechischen Städte in klassischer Zeit. Anzahl und Anordnung der Gebäudestätten bestimmen die Siedlungsgröße und den Grundriß, die Gebäudegestalt auch ihren Aufriß und ihre Silhouette. Zu differenzieren sind weiterhin Gehöfte, Weiler, Dörfer und urbane Subzentren wie Großdörfer und Kleinstädte. Die Stufung der Siedlungshierarchie war im antiken Griechenland von der Größe der Poleis abhängig. So kann man in großflächigen Poleis eine differenziertere Hierarchie der Siedlungen feststellen. Das Erscheinungsbild der Siedlung wird darüber hinaus mitbestimmt durch die Gestaltung der Gartenanlagen und öffentlichen Flächen und überhaupt durch die Natur der Siedlung.

Flur: Das gilt in gleicher Weise für die mit Siedlungen meist eng verknüpfte Flur, deren Struktur vor allem aus Flurform und Wegenetz resultiert. Zusätzlich erhält sie ihr spezifisches Gepräge durch Feldeinhegungen, Feldterrassen, Raine, Feldscheunen und vergleichbare Elemente.

Behausungen: Siedlungen und Behausungen können bodenvage oder bodenfest sein, und sie können permanent oder zeitweilig (saisonal, episodisch, periodisch) benutzt werden. Behausungen können aus einem oder mehreren Gebäuden (Wohnhäuser, Wirtschaftsbauten, Tempel) bestehen. Ihre spezifische Gestalt resultiert aus dem Grundriß, der Höhe der Stockwerke, der Aufteilung des Raumes, der Gestaltung der Wände, der Dachform, dem Baumaterial, der Zuordnung der Funktionsteile zueinander, dem zeit- und ortsgebundenen Baustil. Die Entwicklung der Tempelbauten in der Antike gibt ein Beispiel für sich wandelnde Baustile.

Funktionen ländlicher Bauten: Die zu einem bäuerlichen Besitz gehörenden Gebäude dienen dem geschützten Wohnen und Arbeiten sowie der Lagerung von Ernte und Viehfutter (Speicher, Scheune, Keller), der Aufbereitung von Erzeugnissen (Trockenböden, Kelterräume), der Unterbringung von Vieh (Ställe, Viehkral) und von Geräten (Schuppen), weiterhin der Kommunikation und Kultausübung (Gemeinschaftsräume, private Heiligtümer). Sie sind in der Regel Teile einer Siedlung oder bilden, isoliert gelegen, eine eigene Siedlungseinheit.

Bestimmung von Haus- und Hofstätten: Haus und Hofstätten werden durch eine Reihe von Faktoren näher bestimmt. Dazu gehören (a) Behausungsart, Bauweise, Konstruktionsformen, Dach- und Wandgestaltung, Baustoffe; (b) die Art der Verbindung der Bauten mit dem Untergrund; (c) die Anordnung der Räumlichkeiten, Raumaufteilung und Ausstattung; (d) Art und Zahl der zu einer Behausung gehörenden Bauten und deren Zuordnung zueinander; (e) Größe und Gestalt des Grundstückes und das Verhältnis von überbauter Fläche, Wohnfläche und Grundstücksfläche zueinander. Aus alledem resultiert eine Vielzahl unterschiedlichster ländlicher Haus- und Hofformen (Beispiele für die Gestaltung von Hofstätten in Attika in klassischer Zeit bei Lohmann 1992). Für die Historische Geographie ist von Bedeutung, daß Siedlungsgrößentypen charakteristische Verbreitungsgebiete besitzen. So waren etwa die Ansiedlungsgebiete römischer Veteranen in der Po-Ebene durch Einzelhöfe gekennzeichnet.

Ortsgrößen: Bestandteil des Phänomens S. ist die Ortsgröße. Sie läßt sich auf verschiedene Weise bestimmen: nach der Anzahl der Haus- und/oder Hofstätten, nach der Anzahl der Wohneinheiten, dem Umfang der bebauten Fläche und (für die Antike allerdings im allgemeinen problematisch) nach der Einwohnerzahl. Die Ortsgrößen reichten aber von solchen mit wenigen Bewohnern bis hin zu den Millionenstädten wie Rom (in der Kaiserzeit).

Ortsformen: Unter den Ortsformen versteht die Siedlungsforschung die aus Grundrißformen und Bebauungsdichte resultierende Ortsgestalt. Die Grundrißform ist das Produkt planender Gestaltung oder spontaner Entstehung und Entwicklung, wobei einer geplanten Entstehung ebenso eine spontane Weiterentwicklung folgen kann wie umgekehrt. Planender Gestaltung entspricht ein regelmäßiger, spontaner Entstehung und Entwicklung ein unregelmäßiger Grundriß. Regelmäßigkeit oder Unregelmäßigkeit einer Anlage drücken sich nicht nur in dem mehr oder weniger geometrischen Muster der Straßen und Plätze (Freiflächen) aus, sondern auch im Zuschnitt der Grundstücke. Mit den Stadtanlagen von Milet, Piräus und Rhodos entstanden im 5. Jahrhundert v.Chr. die ersten planmäßigen Stadtanlagen auf griechischem Boden (hippodamisches Prinzip) mit parallelen, sich rechtwinklig schneidenden Straßen, die quadratische oder rechteckige Quartiere abteilen, sowie einem zentralen viereckigen Markt (Agora; vgl. das Forum in den römischen Städten). Vorformen finden sich allerdings bereits zwei Jahrhunderte früher im griechischen Kolonialgebiet.

Flurform: Unter der Flurform versteht die Siedlungsforschung das Eigentums- und Besitzgefüge der Flur. Dabei handelt es sich um das durch die Parzellenformen (blockförmige oder streifenförmige Parzellen) und deren besitzmäßige Lage und gegenseitige Zuordnung bestimmte Strukturmuster der Flur. Die Rekonstruktion des Besitzliniengefüges aus Flurrelikten (Graben, Feldmauern, Ackerterrassen) ist schwierig und meist nur vage möglich. Partiell lassen sich aber alte Flurstrukturen bis in die Gegenwart oder doch bis in die jüngste Vergangenheit in Flurformen der Neuzeit erkennen (siehe etwa die römischen Zenturiatsfluren).

→ Agrargeographie, Akropolis, Architektur, Baumaterial, Dorf, Grenze, Großgrundbesitz, Gutshof, Hauptstadt, Siedlungsgeographie, Siedlungskontinuität, Stadt, Städtebau, Tempel, Versammlungsorte, Wohnhaus

LITERATUR: E. *Kirsten:* Die griechische Polis als historisch-geographisches Problem des Mittelmeerraumes. Coll. Geographicum 5. Bonn 1956. – H. *Lohmann:* Agriculture and Country Life in Classical Attica, in: B. Wells (Ed.): Agriculture in Ancient Greece. Stockholm 1992, 29–60. – H. *Lohmann:* Atene. Forschungen zu Siedlungs- und Wirtschaftsstruktur des klassischen Attika. Köln 1993. – H. *Lohmann:* Die Chora Athens im 4. Jahrhundert v.Chr. Festungswesen, Bergbau und Siedlungen, in: W. Eder (Hg.): Die athenische Demokratie im 4. Jahrhundert v.Chr. – Vollendung oder Verfall einer Verfassungsform? Stuttgart 1995, 515–553. – A. *Meitzen:* Siedlung und Agrarwesen der Westgermanen und Ostgermanen, der Kelten, Römer, Finnen und Slawen. 4 Bde., Berlin 1895.

Cay Lienau

Siedlungsgeographie

S. ist jener Zweig der Geographie, der sich mit der Struktur und der Verteilung von Siedlungen befaßt. Siedlungen sind Knotenpunkte und Verdichtungsräume menschlicher Aktivitäten und damit aller Daseinsgrundfunktionen (Wohnen, Arbeiten, Sich Versorgen, Sich Bilden, Sich Erholen, Kommunikation, Verkehr, in Gemeinschaft leben), die in Siedlungen ihre bauliche Verortung erfahren. Als Objekte räumlicher Ausdehnung stellen sie Raumkategorien oder Raumtypen dar.

Typen von Siedlungen: Siedlungen lassen sich in städtische und ländliche Siedlungen einteilen. Ihnen entsprechen als Teildisziplinen der S. die Stadtgeographie und die Geographie ländlicher Siedlungen. Aufgrund der funktionalen Vielfalt städtischer und nichtstädtischer Siedlungen unterscheidet man genauer zwischen städtischen und ländlichen Räumen, wobei ländliche Siedlungen dann als Siedlungen im ländlichen Raum und als Bestandteile des ländlichen Raumes zu definieren sind. Mit in die Betrachtung einbezogen werden die unmittelbar mit der Siedlung verknüpften Räume, d. h. die innerstädtischen und randstädtischen Freiflächen und die Fluren.

Siedlung und Gesellschaft: Als materiell gestalteter Raum werden Siedlungen als Ausdruck gesellschaftlicher Strukturen und Entwicklungen (einschließlich kultureller Traditionen) interpretiert. So läßt sich beispielsweise die unterschiedliche Siedlungsgestalt von Athen und Sparta in der Antike (dazu Thuk. 1,10,2) als Ausdruck unterschiedlicher Lebensformen verstehen. Ebenso drücken sich in der jeweiligen Gestalt von Athen in der Zeit des Perikles (5. Jahrhundert v.Chr.) und von der Stadt Rom in der Kaiserzeit die verschiedenen Staatsformen in der Gestaltung aus: Dominieren in Athen die Elemente demokratischer Staatsformen mit Agora, Stoa, Pnyx usw. und der tempelbestandenen Akropolis im Zentrum, so in Rom die Bauten imperialer Macht wie Kaiserforen, Paläste usw.

Siedlungsgeographie und andere geographische Diziplinen: Aufgrund ihres spezifischen Gegenstandes unterscheidet sich die S. grundlegend von den anderen anthropogeographischen Disziplinen wie zum Beispiel der Bevölkerungsgeographie, der Wirtschaftsgeographie (Agrargeographie, Industriegeographie, Geographie des tertiären Sektors) oder der Verkehrsgeographie. Jede dieser geographischen Disziplinen befaßt sich mit Fragen der räumlichen Verteilung ihres Gegenstandes. Während die Bevölkerungsgeographie sowie die Wirtschaftsgeographie mit ihren Teildisziplinen jedoch Akteure und Aktionen in ihrer räumlichen Verteilung und deren Wirkungen auf den Raum untersuchen, analysiert die S. das Produkt des Handelns, insbesondere die Lage und Verteilung von Siedlungen und spezifische Siedlungstypen (wie z. B. der Polis in Griechenland). Weiterhin befaßt sie sich mit ihrer Struktur und ihrer Gestalt. Sie versucht den materiell gestalteten Raum von Siedlungen als Ausdruck gesellschaftlicher Strukturen und Entwicklungen zu interpretieren. Im System der Geographie nimmt die S. daher eine übergeordnete Position ein (Abb. 80).

Aufgaben der Siedlungsgeographie: Die Auffassung von Siedlungen als Raumkategorien bedingt Betrachtungsaspekte und Forschungsperspektiven und -methoden, die sich in mancherlei Hinsicht von denen der anderen Zweige der Anthropogeographie unterscheiden (Abb. 81).

Wichtige Aspekte der Siedlungserfassung sind Lage und Verteilung, Größe und Gestalt, Funktion, Struktur und innere Gliederung. Die Untersuchung kann sich auf ein aktuelles, aber auch auf ein vergangenes oder zukünftiges Stadium beziehen. Voraussetzung für die Erklärung der Verteilung von Siedlungen und spezifischen Siedlungstypen ist die exakte Beschreibung von absoluter und relativer, topographischer und chorologischer Lage und Verteilungsmuster (Abb. 82).

Zur Erklärung der Verteilung, sei es bestimmter Siedlungstypen, sei es bestimmter Funktions- oder genetischer Typen, aber auch zur Erklärung der Form und Siedlungs-

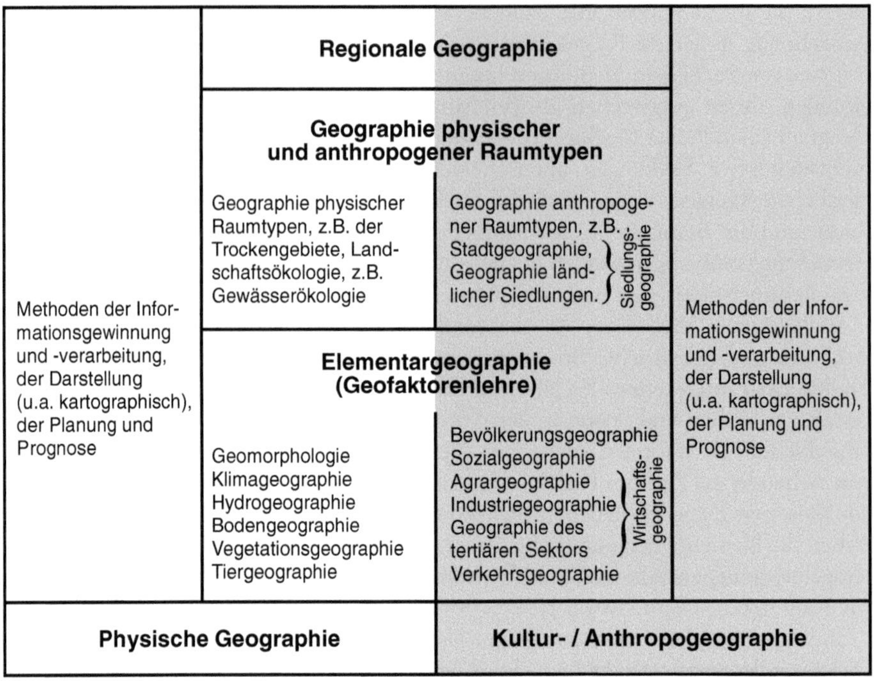

Regionale Geographie
Geographie physischer und anthropogener Raumtypen
Geographie physischer Raumtypen, z.B. der Trockengebiete, Landschaftsökologie, z.B. Gewässerökologie
Geographie anthropogener Raumtypen, z.B. Stadtgeographie, Geographie ländlicher Siedlungen.
Siedlungsgeographie
Methoden der Informationsgewinnung und -verarbeitung, der Darstellung (u.a. kartographisch), der Planung und Prognose
Elementargeographie (Geofaktorenlehre)
Geomorphologie
Klimageographie
Hydrogeographie
Bodengeographie
Vegetationsgeographie
Tiergeographie
Bevölkerungsgeographie
Sozialgeographie
Agrargeographie
Industriegeographie
Geographie des tertiären Sektors
Verkehrsgeographie
Wirtschaftsgeographie
Methoden der Informationsgewinnung und -verarbeitung, der Darstellung (u.a. kartographisch), der Planung und Prognose
Physische Geographie
Kultur- / Anthropogeographie

Entwurf: C. Lienau

Abb. 80: Disziplinen innerhalb der Geographie.

Siedlungsplanung, prospektive Siedlungsgeographie
zukünftige Entwicklung
Stadien zukünftiger Siedlungsentwicklung
Lage und Verteilung
Innere Gliederung
S
Siedlungsgröße und -Gestalt
Funktion und Infrastruktur
aktuelles Stadium der Siedlungsentwicklung
Genese
Stadien vergangener Siedlungsentwicklung (Siedlungsgenese)
historisch-genetische Siedlungsgeographie
Gründungsstadium Initialform
Zeitachse
S = Siedlung(en)
Perspektiven der Analyse

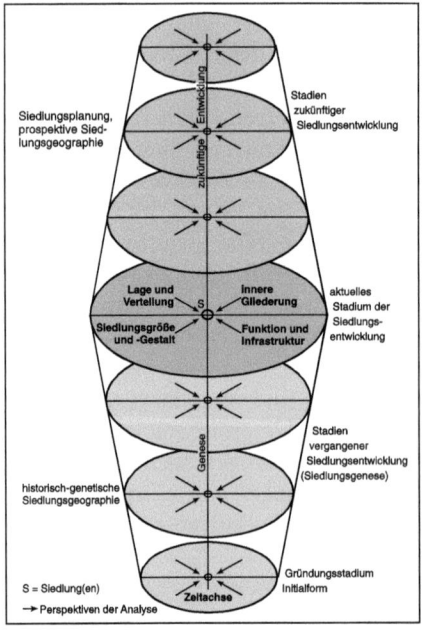

Abb. 81: Schema der Siedlungsentwicklung.

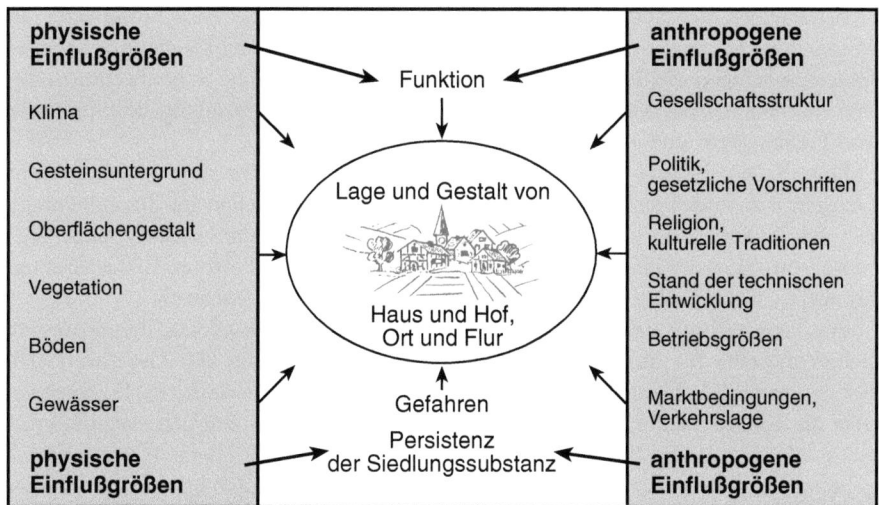

Entwurf: C. Lienau in Anlehnung an Ellenberg 1984

Abb. 82: Physische und anthropogene Einflußgrößen auf die Siedlungsgestalt.

gestalt selbst oder zur Verteilung bestimmter Siedlungselemente innerhalb der Siedlung und ihrer Gestalt muß die S. eine Fülle von Einflußgrößen untersuchen. Dies beginnt mit den natürlichen Bedingungen des Siedlungsraumes und reicht bis zur sozioökonomischen Struktur der Gesellschaft, ihren Bedürfnissen und ihrem Handlungsrahmen. Die Terminierung der Verteilung griechischer Siedlungen durch die Verbreitung der mediterranen Vegetation zeigt ein Verbreitungsmuster, dessen Erklärung in der Lebensweise der Bewohner gesehen werden muß.

Methoden siedlungsgeographischer Forschung: Die S. ist als wissenschaftliche Disziplin von einer außerordentlichen Methodenvielfalt gekennzeichnet. Im Zentrum stehen die Kartierung, die Auswertung schriftlicher Quellen, archäologische Methoden, Befragung und statistische Analyse. Sie alle spielen auch in der Historischen Geographie eine wichtige Rolle. Zu den archäologischen Methoden der S. gehören alle Verfahrensweisen, die der Wiederfindung und Rekonstruktion von Siedlungssubstanz und ihrer Deutung durch Grabung und systematisches Aufspüren im Gelände (*survey*) dienen. Damit verbunden werden gegebenenfalls naturwissenschaftliche Untersuchungen, z. B. die Pollenanalyse zur Bestimmung historischer Nutzpflanzen, die Radiokarbonmethode (C-14-Analyse) zur Datierung von organischer Bausubstanz, von Geräten und anderem, sowie die ebenfalls der zeitlichen Fixierung dienende Dendrochronologie (Jahresring-Zählung bei Holz-Materialien) oder die Phosphatmethode. Wo es möglich ist, müssen die Funde und Befunde mit Archivalien verglichen werden.

Als ergänzende Methoden kommen Ortsnamen- und Wortforschung hinzu. Ortsnamen bieten nicht nur wichtige Hinweise z. B. auf die Lage wüstgefallener und nicht mehr lokalisierbarer Orte, sondern gegebenenfalls auch auf Genese und frühere Funktionen.

Befragungen der heutigen Einwohner können wesentliche Aufschlüsse über das Vorhandensein von antiken Siedlungsplätzen und anderen archäologisch relevanten Objekten bringen. Schließlich bedient sich auch die Historische S. heute statistischer und mathematischer Verfahren zur Analyse von Siedlungsverteilung, Interpretation von Fundmustern und anderen Punkten.

Eine S. als wissenschaftliche Disziplin ist für die Antike nicht nachzuweisen. Gelegentlich finden sich allerdings in den literarischen Quellen im Zusammenhang mit der Beschreibung von Siedlungen und Siedlungselementen entsprechende Hinweise, sowohl in der Historiographie (Herodot, Thukydides, Polybios, Livius, Tacitus) als auch – mehr noch – in der Ethnographie (z. B. Tacitus' *Germania*).

Eng verwandt mit der S. ist die Disziplin der Siedlungsarchäologie, die im wesentlichen dasselbe für die Vergangenheit leistet wie die S. für die Gegenwart. Die Forschungen H. Lohmanns in Attika haben in dieser Hinsicht vielfältige Erkenntnisse über die dortige Siedlungsstruktur vornehmlich in klassischer Zeit geliefert. Beispielsweise läßt sich im Siedlungswesen Attikas eine differenzierte Hierarchie von Einzelgehöften und Gehöftgruppen über Weiler, Dörfer, Großdörfer bis hin zu urbanen Subzentren nachweisen. Weiterhin zeigt sich eine enge Verbindung von Landgebiet (Chora) und städtischer Siedlung (Asty).

→ Anthropogeographie, Archäologie, Dorf, Ethnographie, Geographie, Geschichtsschreibung, Raum, Siedlungsformen, Siedlungskontinuität, Stadt, Städtebau, Topographie, Toponomastik

LITERATUR: C. *Lienau*: Die Siedlungen des ländlichen Raumes. Braunschweig ²1995. – H. *Lohmann*: Atene. Forschungen zu Siedlungs- und Wirtschaftsstruktur des klassischen Attika. Köln 1993. – H. *Lohmann*: Die Chora Athens im 4. Jahrhundert v.Chr.: Festungswesen, Bergbau und Siedlungen, in: W. Eder (Hg.): Die athenische Demokratie im 4. Jahrhundert v.Chr.: Krise oder Vollendung einer Staatsform. Stuttgart 1995, 515–548. – W. *Eder*: Zur Siedlungsarchäologie der griechischen Polis, in: Geographische Rundschau 10, 1996, 562–567.

Cay Lienau

Siedlungskontinuität

Der Terminus S. bezeichnet einerseits den nicht unterbrochenen Fortbestand einer Siedlung im Sinne der zeitlich lückenlosen Bewohnung eines Siedlungsplatzes ungeachtet eines Wandels der Siedlungsfunktion, des Baubestandes und der ethnischen und demographischen Zusammensetzung ihrer Bewohner. Andererseits bezieht er sich auf die kontinuierliche Besiedlung eines Gebietes. Von der S. im Sinne der zeitlich lückenlosen Bewohnung einer Siedlung zu unterscheiden ist die Siedlungsplatzkontinuität, d.h. die bis zu einem bestimmten Zeitpunkt immer wiederkehrende Benutzung eines Siedlungsplatzes, ohne daß dieser kontinuierlich sein muß. Siedlungsnamenkontinuität bezeichnet die ununterbrochene Weitergabe eines Siedlungsnamens.

Die Bewohnung einer Siedlung bzw. eines Siedlungsplatzes oder eines Gebietes kann im Laufe der Siedlungsgenese über einen kürzeren oder längeren Zeitraum unterbrochen sein. Die ursprünglichen Formen und Funktionen können sich mehr oder weniger stark verändern. Besiedlung und Siedlungsentwicklung vollziehen sich im Rahmen allgemeiner Prozesse der Kulturlandschaftsentwicklung.

Bei einer aufgegebenen Siedlung und Flur spricht man von Wüstung. Sie wird differenziert in partielle und totale Orts- und/oder Flurwüstung. Alle aufgegebenen antiken Ruinenstätten sind Wüstungen. In der Antike gab es immer wieder die Aufgabe von Siedlungen und Fluren durch Kriege (z.B. die Aufgabe von Flachsiedlungen oder Verlegung in den Schutz von Gipfelfestungen bei dem Einfall von Germanen und Slawen im griechischen Siedlungsgebiet, Kirsten 63), aber auch eine planmäßige Entvölkerung zugunsten eines neuen Zentrums. Als ein Beispiel dafür kann man in Griechenland den Synoikismos anführen, d.h. den Zusammenschluß einzelner Siedlungen zu einer neuen Stadt unter partieller Aufgabe der bisherigen Siedlungen. So führte etwa die Gründung einer neuen Hauptstadt auf Rhodos zum Bedeutungsverlust der drei Kernstädte Ialysos, Kamiros und Lindos (Diod. 13,75,1).

Der Erforschung bzw. dem Nachweis der S. dienen Grabungen auf den Siedlungsplätzen und Fundauswertungen nach verschiedensten Gesichtspunkten, Auswertungen von Inschriften und anderen schriftlichen Quellen.

Bei so bedeutenden Städten wie Athen, Alexandria und Rom erscheint die S. gesichert, auch wenn die Einwohnerzahlen stark schwankten und die Funktionen wechselten. Die Völkerwanderungen der Spätantike haben, trotz vieler Zerstörungen und Veränderungen in der Siedlungsstruktur, in einer Anzahl von Fällen besonders im Osten des Römischen Reiches die S. in den antiken Städten bewahrt. Das gilt etwa für Trier, aber auch Tournai (Belgien), wo sich die mittelalterliche Stadt um eine römische Festung bildete. In England hingegen beendeten die angelsächsischen Einfälle die S. Gleichwohl hat die antike Stadt als solche trotz häufig bestehender S. insgesamt ihren Charakter wesentlich verändert.

→ Archäologie, Demographie, Dorf, Hauptstadt, Inschriften, Krieg, Siedlungsformen, Siedlungsgeographie, Stadt, Wüstung

LITERATUR: L. *Cracco-Ruggini*/G. *Cracco*: Changing Fortunes of Italian Cities from Late Antiquity to the Early Ages, in: RFIC 105, 1977, 448–475. – E. *Ennen*: Die europäische Stadt des Mittelalters. Göttingen 1972. – G. *Duby* (Ed.): Histoire de la France urbain I: La ville antique des origines aux IXe siècle. Paris 1980. – E. *Kirsten*: Die griechische Poleis als historisch-geografisches Problem des Mittelmeerraumes. (Colloquium Geograficum 5), Bonn 1956.

Cay Lienau

Siegel

S. sind eine erstrangige Quelle für historische Erkenntnisse, die in der historischen Quellenkunde nicht vernachlässigt werden darf, auch wenn kunstgeschichtliche Interessen (Ikonographie, Stilistik) lange Zeit bei der Beschäftigung mit S. vorrangig waren. Teildisziplinen der Geschichte wie der Rechtsgeschichte, der Kulturgeschichte und der Historischen Geographie werden wichtige Sachverhalte z.T. ausschließlich über diese Quellengruppe vermittelt (Beispiele unten im Text).

Begriffliches: S. wurden bereits vor Jahrtausenden in den alten Hochkulturen benutzt. Das Wort ist – wie das griechische *sphragis* – mehrdeutig und bezeichnet sowohl das S.-Instrument als auch den Abdruck der geprägten Form des S.-Instruments, das eigentliche ›Siegel‹, abgeleitet von lateinisch: *sigillum*, ›Bildchen‹ (Diminutiv von *signum*). Als S.-Instrument kommen vor: Roll-S. (auch Zylinder-S.), ca. 1–2 cm dick, ca. 1–6 cm hoch, in der Mitte in der Längsrichtung durchbohrt, Stempel-S. in verschiedener Form (rund, sogenanntes Kegel-S., viereckig, sogenanntes Würfel-S., ovaler sogenannter Skaraboid), Skarabäen sowie Ringe mit geschnittenen Steinen (Gemmen) oder gravierten Metallplättchen. Eine besondere Form bilden die aus Urartu belegten Roll-Stempel-S., bei denen sowohl der Mantel als auch der Boden eingraviert wurden (Abb. bei Wartke 170). Auch Münzen sind gelegentlich zum Siegeln benutzt worden. Über die metaphorische Bedeutung von ›S.‹ ist hier nicht zu handeln.

Material: Das Material ist meist weicher Lehm oder Ton (Tongefäße, Tonbullen), in das der Stempel gedrückt bzw. der Zylinder abgerollt wird, um das S.-Bild zu erhalten. Das Material wurde an der Luft getrocknet, oft noch zusätzlich gebrannt. Das letztere Verfahren hat zahlreiche Dokumente bewahrt und uns damit Informationen geboten, die bei verderblichem Material verloren und oft anderweitig nicht bezeugt sind (vgl. die mehrere zehntausend Exemplare umfassende Bibliothek Assurbanipals aus Ninive aus dem 7. Jahrhundert v.Chr.). Wo Papyrus zum Schreiben benutzt wurde, erfolgte die Siegelung durch den Eindruck eines Stempels auf etwas Tonerde, die auf dem Papyrus angebracht wurde (sogenannte Tonbulle). Meistens sind auf den Papyri später die Ton-S. abgebrochen und zu Staub geworden, während der Papyrus erhalten blieb. Wir finden jedoch auch rote Stempelabdrucke auf Papyri. Von den Römern wurde Wachs verwandt; es blieb auch im Mittelalter das gebräuchlichste Material. Dazu kamen noch Blei, seltener Gold oder Silber. Das Material, aus dem das S.-Instrument hergestellt wurde, waren meist Steine bzw. Edelsteine.

Die Zwecke des Siegels: Einmal ist es ein Erkennungszeichen des Siegelnden, sozusagen ein Ausweis, eine Besitzmarke bzw. Eigentumszeichen, z.B. die Brandmarkung von Menschen und Tieren; hier haben als Herkunftszeichen auch die Stempel auf handwerklichen Erzeugnissen, vor allem auf Töpferwaren (*terra sigillata*) wie Krügen/Krughenkeln und Ziegeln ihren Platz, die unter Umständen die Identifizierung von Lagern und Standorten oder die Datierung von Gebäuden ermöglichen. Das S. kann aber auch als Verschlußmittel Eigentum sichern vor Entnahme, bei schriftlichen Dokumenten vor Kenntnisnahme des Inhaltes, aber auch als Schutz vor Abänderungen und Fälschungen dienen. Die Funktion amtlicher Beglaubigung hat das S. bis heute bewahrt, ob nun in fremder Sache oder als Ausdruck des Willens des S.-Inhabers, in Zeiten mangelnder Schriftlichkeit oft als Ersatz der Unterschrift. Ob private oder amtliche Verwendung vorliegt, läßt sich nicht immer sicher beantworten. Das S. kann aber auch als Schmuckgegenstand (vor allem bei positiv geschnittenem Stempel) wie als Amulett dienen.

Vorkommen: Die frühesten S. waren Stempel-S. In Vorderasien war seit dem Anfang des 3. Jahrtausends v.Chr. über lange Zeit hin das Roll-S. (auch als sakrales) üblich, in Ägypten wurde es gegen Ende des Alten Reiches vom Stempelsiegel abgelöst. Charakteristisch wurde hier jedoch das S. in der Form des Skarabäus. In Mesopotamien blieb das Roll-S. bis ins 7. Jahrhundert v.Chr. in Gebrauch, solange, wie die Tontafel als

Schriftträger diente. Die Achämeniden gebrauchten verschiedene Formen, auch wiederum Roll-S.; in parthischer Zeit endete die Benutzung dieser S.-Form. Die kretisch-mykenische, griechische, hellenistische und römische Welt kannte ebenfalls S. Mit der Institutionalisierung des Prinzipats wurde das S. des Augustus mit seinem eigenen Bild zum ›Reichs-S.‹, doch ist die Dauer seiner Benutzung nicht bekannt. Da die kaiserlichen Konstitutionen nur mittels der Gesetzescorpora erhalten sind, können wir nur vermuten, daß sie gesiegelt waren. Von Iustinian I. (527–565 n.Chr.) wissen wir, daß er mit Bleibullen gesiegelt hat. Angesichts der verhältnismäßig reichen literarischen Überlieferung fällt der Beitrag der S. für die griechische und römische Geschichte kaum ins Gewicht. Hier ausgeklammert werden müssen die Darstellungen auf den S. (u. a. Götterbilder, mythologische, Menschen, Tiere), auch die Traditionen, in denen die S.-Bilder standen, bzw. die fremden Einflüsse, die sich in ihnen manifestierten.

Beschriftung der Siegel: Für die Historische Geographie von ausschlaggebender Bedeutung wurde die Beschriftung der S. in manchen Fällen (in einem späteren Stadium begegnen auch reine Inschriften-S.): Aus Mesopotamien kennen wir seit der frühdynastischen Zeit (ca. 2900–2300 v.Chr.) beschriftete S. in einer der dortigen Keilschriftsprachen, im Achaimenidenreich begegnen wir S. in einer der ›Inschriftsprachen‹ Altpersisch, Elamisch und Akkadisch (wofür nur Roll-S. Platz boten). Bekannt sind aus dem Achaimenidenreich auch S. in aramäischer Schrift und Sprache. Göbl (96) schätzt, daß im Sasanidenreich etwa ein Zehntel der S. beschriftet war. Bei Griechen und Römern waren die S. durchweg schriftlos.

Siegelbenutzer: Das Königs-S. besaß die größte Autorität. Mehrsprachigkeit war eines seiner Charakteristika; bekannt sind zweisprachige hethitische S. wie auch dreisprachige im Achaimenidenreich. Dort ist auch der alleinige Gebrauch des Altpersischen eine Eigenart der Königs-S. Kultträger, Angehörige der königlichen Familie, Hofangestellte wie auch Frauen sind als Siegelnde belegt. Bei den Beamten darf man den Besitz eines persönlichen S. wie auch eines offiziellen Amts-S. voraussetzen, sie konnten aber u. U. auch ein Königs-S. mit sich führen. Privatpersonen gebrauchten ihr persönliches S.

Bedeutung der Siegel: Die im Vorderen Orient geläufigen Sprachen und Schriften können mit Hilfe der S.-Aufschriften verfolgt werden, etwa das Vorherrschen der aramäischen Sprache in der 2. Hälfte des 1. Jahrtausends v.Chr., aber auch, wie im Juda der spätpersischen Zeit, das in archaisierender Tendenz begründete Anknüpfen an das Althebräische. Die historische Siedlungskunde verfügt in manchen Fällen nur über sigillographische Quellen als Primärquellen: Die Ausbreitung der Ammoniter (wie auch später die Ausmaße der von Ammonitern bewohnten Provinz Ammon innerhalb der Satrapie Abar Nahara) ist z. B. durch die S. am präzisesten zu verfolgen. Ebenso fußen unsere Kenntnisse über Schrift, Sprache und Onomastik dieses Volkes weitgehend auf S. Dies könnte auch im Falle der Moabiter und der Edomiter dokumentiert werden, wo selbst die epigraphische Überlieferung versagt. Bei den Moabitern haben wir zwar die berühmte Mesa-Inschrift, doch ist selbst die Identifizierung der moabitischen Schrift auf den S. nicht einmal immer sicher und die Interpretation der moabitischen S. nicht ohne Probleme. S. können – neben der dürftigen literarischen Überlieferung – Königtümer wie Byblos und Askalon in spätachaimenidischer Zeit bezeugen. In anderen Fällen können obere Bevölkerungsschichten anhand von S. ausfindig gemacht werden, und sie können z. B. Einblick in die königliche Verwaltung des Staates Juda (bis 386 v.Chr.) gewähren. Hier haben sogenannte Beamten-S. Amtsträger wie den ›Stadtkommandanten‹, den ›Fronvogt‹ oder den ›Schreiber‹ sichtbar werden lassen, wobei oft versucht wird, die Namen auf S. mit biblischen Namen zu identifizieren. Auf die Bedeutung der S. für die Onomastik des gesamten Vorderen Orients in der Antike kann an dieser Stelle nur aufmerksam gemacht werden.

Ein besonderer Glücksfall war es, als durch das S. auf einem 1962 im Wadi ed-Daliye gefundenen Papyrus (mit Tagesdatum: 19.3.333 v.Chr) die Statthalterliste der Provinz Samareia im 4. Jahrhundert v.Chr. vervollständigt und damit eine in der Josephus-Forschung lange umstrittene Frage zugunsten der Glaubwürdigkeit des Josephus entschieden werden konnte. Daß Toponyme durch S. bekannt werden, kann nicht überraschen, auch wenn mancher Befund in der Interpretation umstritten bleibt.

Einblicke in das dichte achaimenidische Verwaltungssystem bieten die Siegel auf den Tontäfelchen, die erst teilweise untersucht sind. Aus den S., die auf die linke Seite der Tontafel angebracht wurden, können, wenn genügend Material ausgewertet ist, Amtsbereiche von Beamten sichtbar gemacht werden, die ihr persönliches S., oft aber auch das Königs-S. mit sich führten. In der Verbindung mit den Täfelchen können durch S. auch Verwaltungszentren, Toponyme, Reisewege und das Wirtschaftsnetz des achaimenidischen Iran erfaßt werden, doch steht die Forschung hier erst am Anfang. Sichtbar werden – wie im Fall Judäas – auch die lokalen Traditionen, die die Achaimeniden in den einzelnen Satrapien respektieren.

Am fruchtbarsten ist der Ertrag der S.-Kunde für die Sasanidenforschung. Im Jahre 1989 konnte R. Gyselen eine *Géographie administrative* des späten Sasanidenreiches auf der Basis der sigillographischen Zeugnisse – in Verbindung mit den numismatischen – veröffentlichen; meine TAVO-Karte B VI 3 (Das Sasanidenreich, 1993), die unabhängig davon erstellt wurde, fußt ebenfalls für die spätsasanidische Verwaltung auf diesem Quellenmaterial. Zwar können viele Namen nicht sicher gelesen (bedingt durch die Mehrdeutigkeit der Pehlevibuchstaben, aber auch durch den schlechten Erhaltungszustand des Materials) bzw. viele Orte nicht identifiziert werden, doch sind die S. dessen ungeachtet eine Fundgrube an Informationen, die Jahrhunderte älter sind als die noch bei A. Christensen in seinem *L'Empire des Sassanides* (^{2}1944) im Zentrum stehenden arabischen und neupersischen literarischen Quellen. So sind durch die S. zahlreiche Orte mit ihrem zeitgenössischen offiziellen Namen belegt, während die literarischen Quellen die Form entstellen oder die spätere arabische oder persische Namensform überliefern. Andere Namen sind erst seit einigen Jahren bekannt. Nur wenige Verwaltungstermini tauchen auf den S. auf, und behelfsweise ist eine Gliederung Provinz/Distrikt/Stadt üblich geworden. Da die entsprechenden Termini zudem oft fehlen, bleiben in der Zuordnung der genannten Größen jedoch Unsicherheiten. Unter Umständen tragen Distrikte und ihre Hauptstadt den gleichen Namen, so daß die Ergebnisse der Auswertung der Tonbullen oft voneinander abweichen. Es sind zahlreiche Formulare erkennbar, wobei das Toponym meistens im Zentrum des beschrifteten S. steht. Allerdings gibt es beim Formular ›Toponym und Titel‹ eine Reihe von Varianten, die die Interpretation erschweren. S.-Gemeinschaften (einmal sind 50 Abdrücke auf einer Bulle erhalten) werfen weitere, noch nicht gelöste Fragen auf. Zahlreiche Ämter sind in unterschiedlichen regionalen Einheiten, oft in Personalunion, belegt (in sogenannten titularen S.; die Amtsträger sind nie mit ihrem Namen benannt), so etwa ein ›Rechnungsführer‹. Aus einer S.-Inschrift erfahren wir andererseits, daß dieser ›Rechnungsführer‹ für zwei Provinzen im Westen des Sasanidenreiches in Personalunion verantwortlich war. Dennoch wird bei der Durchsicht der – methodisch vorbildlichen – Monographie von R. Gyselen die »nicht zu unterschätzende Komplexität« der persischen Verwaltungsorganisation (Göbl 92) deutlich. Wertvolle Einzelheiten erfahren wir aber auch aus den S. über die Ämtervielfalt im Sasanidenreich.

Interpretationsprobleme: Die Schwierigkeit der Interpretation kann exemplarisch an der Datierung der S. mit der Aufschrift yhwd (oder yhd bzw. yh) = Yehud in aramäischer oder hebräischer Schrift dokumentiert werden: Nach der Ansicht einiger Forscher wird eine eigenständige Provinz Judäa (nach der Abtrennung von Samareia) innerhalb der achaimenidischen Satrapie Abar Nahara erst in der Mitte des 5. Jahrhunderts v.Chr. denkbar, nachdem in den ersten Jahrzehnten bis ca. 450 S. unbeschrieben waren, Bilder verschiedener Tiere oder auch Embleme des achaimenidischen Kultes abbildeten und damit auf das achaimenidische Repertoire zurückgriffen; Münzen und S. mit der Aufschrift yhwd, z.T. auch mit religiösen Symbolen, hätten so deutlich die veränderte Rechtslage bekundet. Der Statthalter hatte nun das Recht, die Bilder für die S. (wie auch für Münzen) frei zu wählen und deren Prägungen zu veranlassen

Ausblick: Es sind die Forschungsbereiche der historischen Epochen, für die keine oder kaum verläßliche literarische Quellen zur Verfügung stehen, die vom Ertrag der S.-Forschung den größten Nutzen ziehen. Die Schwierigkeiten der Lesung der Texte sind bisweilen immens. Vieles, was wie die Täfelchen von Persepolis längst geborgen ist, harrt noch weitgehend der Auswertung und der Publikation. Dies ist um so drängender, da die lange Lagerung manche geborgenen Quellen unbrauchbar gemacht hat bzw. weiter macht. Auf Neufunde kann man gespannt sein, auch wenn in einigen Ländern des Nahen Ostens aufgrund der politischen Lage vorerst nicht damit zu rechnen ist.

→ Dokumente, Inschriften, Münzen, Papyri, Schrift, Sprache, Sprachen, Toponomastik

LITERATUR: N. *Avigad:* Ammonite and Moabite Seals, in: J. A. Sanders (Ed.): Essays in Honor of Nelson Glueck. Near Eastern Archaeology in the Twentieth Century. Garden City 1970, 284–295. – P. *Bordreuil:* Inscriptions sigillaires ouest-sémitiques, I, in: Syria 50, 1973, 181–195. – B. *Brentjes:* Alte Siegelkunst des Vorderen Orients. Leipzig 1983. – A. *Christensen:* L'Empire des Sassanides. ²1944. – F. J. *Dölger:* Sphragis, Studien zur Geschichte und Kultur des Altertums V 3/4. Paderborn 1911. – R. *Göbl:* Die sasanidischen Tonbullen vom Takht-i-Suleiman und die Probleme der sasanidischen Sphragistik, in: AAntHung 19, 1971, 95–112. – R. *Gyselen:* Ateliers monétaires et cachets officiels sasanides, in: StIr 8, 1979, 189–212. – J. *Harmatta:* Die sasanidischen Siegelinschriften als geschichtliche Quellen, in: AAntHung 12, 1964, 217–30. – H. U. *Instinsky:* Die Siegel des Kaisers Augustus. (Deutsche Beiträge zur Altertumswissenschaft 16), Baden-Baden 1962. – R. *Schmitt:* Altpersische Siegel-Inschriften. (Öster. AkW Phil.-Hist. Kl. SB 381 = Veröffentlichungen der Iranischen Kommission 10), Wien 1981. – E. *Stein:* Seal-Impressions in the Archaemenid Style in the Province of Judah, in: BASOR 202, 1971, 6–16. – P. *Zazoff:* Die antiken Gemmen. (Handbuch der Archäologie), München 1983.

Erich Kettenhofen

Signaltechnik

Im Jahre 458 v.Chr. eröffnete der attische Dichter Aischylos seine Tragödie *Agamemnon* mit einer Szene, in der die Nachricht vom Sieg der Griechen über Troja durch eine Kette von Leuchtfeuern in den Palast nach Argos übermittelt wurde (Aischyl. Agam. 1–25; 281–316). Ausgehend vom Berg Ida bei Troja soll die Botschaft über mehr als 400 km per Leuchtzeichen von Berg zu Berg über Lemnos, Athos (Chalkidike), Makistos (Euboia), Messapios (Böotien), Kithairon, Aigiplanktos (am Isthmos) und Arachnaion (bei Epidauros) bis zum Palast des Agamemnon weitergeleitet worden sein.

Signaltechnik in der antiken Literatur: Die realitätsnahe Beschreibung der Übermittlung der Nachricht durch Aischylos läßt vermuten, daß um die Mitte des 5. Jahrhunderts v.Chr. eine derartige Signaltechnik in Griechenland durchaus bekannt und erprobt gewesen sein dürfte. Neuere Untersuchungen belegen zudem, daß die Möglichkeit zu einer derartigen Nachrichtenübermittlung auf der von Aischylos angegebenen Strecke durchaus vorhanden war.

Die Verwendung optischer Signale zur Nachrichtenübermittlung ist für die frühe Antike in der Literatur mehrfach belegt. Schon Homer erwähnt in der *Ilias* (18,211) Feuersignale, die von belagerten Städten nachts ausgesandt wurden, sowie Signalfeuer am Strand, auf Hügeln oder Bergen, um Seefahrern nahes Land anzuzeigen (Hom. Il. 19,368–379 und Hom. Od. 10,30). Hero, der Sage nach eine attraktive Priesterin der Aphrodite in Sestos, leitete ihren Geliebten Leandros aus Abydos am anderen Ufer des Hellespont allnächtlich mit dem Schein einer Lampe durch die Fluten. Leander ertrank, als die im Turm des Tempels der Aphrodite aufgestellte Lampe im Sturm erlosch, worauf Hero sich selbst in den Tod stürzte (Heroiden des Ovid, 2 Briefe; Museios). Eine Unachtsamkeit im optischen Signalwesen führte der Sage nach zu einem weiteren tragischen Todesfall: Nach seinem Sieg über den Minotauros auf Kreta vergaß Theseus in der Trauer über den Verlust von Ariadne auf Naxos den verabredeten Wechsel der schwarzen Segel. König Aigeus stürzte sich daraufhin aus Verzweiflung über den vermeintlichen Tod des Sohnes von den Klippen des athenischen Vorgebirges ins Meer, d. h. in die *Aigaeis*.

Leuchttürme: Die von Homer erwähnten Leuchtfeuer als Warnsignale und Wegweiser vor allem für die Schiffahrt kamen in der Antike häufig zur Anwendung. Um 270 v.Chr. beauftragte Ptolemaios II. den aus Knidos stammenden Architekten Sostratos mit dem Bau eines Turmes auf der Alexandria vorgelagerten Insel Pharos. Im Gegensatz zu den an vielen Stellen der Mittelmeerküste errichteten Landmarken aus Stein, die den Seefahrern besonders geeignete Lande- und Ankerplätze anzeigten, verfügte der Turm von Pharos über ein Leuchtfeuer, das noch in über 50 km Entfernung sichtbar gewesen sein soll. Der aufgrund seiner imposanten Größe (Angaben zwischen 50 bis 130 m) zu den Sieben Weltwundern zählende Turm von Pharos wurde zum Prototyp aller späteren antiken Leuchttürme, die nicht nur Hafeneinfahrten anzeigten, sondern auch für die Schiffahrt gefährliche Küstenbereiche sicherten.

Insbesondere aus der römischen Kaiserzeit sind zahlreiche Leuchttürme bekannt. So ließ nach Sueton (Cal. 46) Caligula am Strand bei Boulogne/Frankreich einen Turm errichten, der später als Leuchtturm Verwendung fand. Unter Claudius entstand zur Sicherung der Hafeneinfahrt in Ostia ein noch bis ins 15. Jahrhundert n.Chr. nachweisbarer Leuchtturm (Suet. Claud. 20). Sein Fundament bestand aus dem mit Kalk-

und Tuffstein beladenen und dann an der Tibermündung versenkten Transportschiff, mit dem zuvor der heute auf dem Petersplatz in Rom befindliche Obelisk nach Italien gebracht worden war. Der ursprünglich den Phöniziern zugeschriebene und bis heute bestehende 40 m hohe Leuchtturm in La Coruna/Spanien geht auf Trajan zurück. Einer von ursprünglich zwei achteckigen auf die Zeit um 100 n.Chr. datierten Leuchttürme in Dover/England ist noch heute bis etwa zur Hälfte seiner ursprünglichen Höhe (50 m) erhalten. Insgesamt sind ca. 30 derartige Türme aus römischer Zeit belegt.

Nachrichtenübermittlung: Aischylos Tragödie Agamemnon zeigt, daß Leuchtfeuer schon frühzeitig nicht nur als Markierungen, sondern auch zur Übermittlung wichtiger Nachrichten dienten. So berichtet Herodot, daß sowohl die Perser wie auch die Griechen Botschaften durch Leuchtfeuer von Insel zu Insel übermittelten. Nach der Schlacht bei Salamis soll dem geflohenen Perserkönig Xerxes die Nachricht von der Einnahme Athens durch die persischen Landtruppen per Leuchtzeichen übermittelt worden sein (Hdt. 9,3). Auf die gleiche Weise sollen die Griechen an der Nordspitze Euböas von der gegenüberliegenden Insel Skiathos aus über den Verlust zweier Schiffe an die Perser unterrichtet worden sein (Hdt. 7,182). Einfache Feuersignale warnten noch Jahrhunderte später die Wachen des Limes vor nächtlichen Angriffen. Zumeist handelte es sich dabei um unspezifisch auf eine nahende Gefahr aufmerksam machende Signale. Derartige Feuerzeichenketten waren praktisch nur zur Übermittlung einer einzelnen, vorher vereinbarten Nachricht nutzbar.

Um diese Einschränkung zu überwinden, kam bereits auf Karthagos Sizilienfeldzug zu Beginn des 4. Jahrhunderts v.Chr. eine Art Telegraph in Form einer Wasseruhr zur Übermittlung komplexerer Nachrichten zur Anwendung. Sender und Empfänger verfügten jeweils über ein baugleiches Wassergefäß, das mit umlaufenden Markierungsringen und einem Abfluß am unteren Ende versehen war (Polyain 6,16). Jedem dieser Ringe war eine festgelegte Botschaft (z. B. ›Lastschiffe herbei‹) zugeordnet. Einfache Leuchtzeichen gaben bei der Nachrichtenübermittlung an, wann und wie lange man das Wasser synchron aus den ursprünglich vollen Gefäßen abzulassen hatte. Als Ergebnis war an dem im Gefäß verbliebenen Wasserstand die Markierung und damit die übersandte Botschaft abzulesen. Über ein ähnliches Verfahren berichtete ein halbes Jahrhundert später der Militärschriftsteller Aineas Taktikos (bei Pol. 10,44). Mittels eines auf einem Schwimmer angebrachten 24teiligen Anzeigers war man in der Lage, ebenso viele festgelegte Nachrichten oder auch die Einzelbuchstaben des griechischen Alphabets zu übermitteln. Im 2. Jahrhundert v.Chr. entwickelte Polybios (10,45–47) die Idee eines Fackeltelegraphen, der ebenfalls die Übermittlung beliebiger Nachrichten gestattete. Jedem Buchstaben des Alphabets war ein bestimmter Fakkelcode zugeordnet. Polybios verteilte dazu das Alphabet auf fünf Tafeln zu je fünf Zeilen, so daß jeder Buchstabe durch zwei Leuchtzeichen verschlüsselt werden konnte. Das erste Leuchtzeichen gab die Ordnungszahl der Tafel und das zweite Leuchtzeichen die der dazugehörigen Zeile an. Ob dieses komplizierte System, das zudem zur zweifelsfreien Unterscheidung beider Leuchtzeichen relativ aufwendige Vorrichtungen bzw. Bauten notwendig machte, jemals zum Einsatz kam, ist allerdings nicht überliefert.

Topographische Voraussetzungen: Wichtige Voraussetzungen für die Einsatzmöglichkeit der Signaltechnik bildeten die topographischen Gegebenheiten im Einsatzgebiet, d.h. das Vorhandensein entsprechend hoher und in nicht zu großem Abstand voneinander gelegener Berge, Inseln oder künstlich errichteter Erhebungen (Türme), aber auch geeignete Wetterbedingungen und die Zuverlässigkeit des eingesetzten Personals. Aufgrund des damit verbundenen hohen organisatorischen und finanziellen Aufwandes sowie der zumeist komplizierten technischen Übertragungsverfahren bediente man sich in der Antike der Signaltechnik vor allem im Falle militärischer Auseinandersetzungen (vgl. Abb. 62, S. 366). Hier vermochte sie ihre Vorzüge bei der schnellen Überbrückung großer Entfernungen voll auszuspielen, zumal es sich zumeist um kurze, standardisierte Nachrichten handelte.

→ Gebirge (Berg), Insel, Nachrichtenwesen, Navigation, Zeit

LITERATUR: V. *Aschoff:* Geschichte der Nachrichtentechnik. Beiträge zur Geschichte der Nachrichtentechnik von ihren Anfängen bis zum Ende des 18. Jahrhunderts. Berlin/Heidelberg/New York ²1989. 19–23. – H. *Diels:* Antike Telegraphie, in: H. Diels: Antike Technik. Leipzig/Berlin 1914, 64–82. – W. *Riepl:* Das Nachrichtenwesen des Altertums mit besonderer Rücksicht auf die Römer. Leipzig 1913 (ND Hildesheim/New York 1972). – A. *Schürmann:* Kommunikation in der antiken Gesellschaft, in: So weit das Auge reicht. Die Geschichte der optischen Telegrafie. Karlsruhe 1995.

Helmuth Albrecht

Sklaverei

Soviel wir sehen, unterschieden alle Völker des Altertums zwischen Personen freien und unfreien Standes, wobei unter den Freien die Freigelassenen gegenüber den Freigeborenen eine in mancher Hinsicht schlechtere Stellung einnahmen. Was die Stellung der Unfreien selbst betrifft, sind erhebliche Unterschiede nicht nur nach Ort und Zeit, sondern auch innerhalb derselben Gesellschaft zur selben Zeit zu beobachten. Doch empfiehlt es sich nicht, als Sklaven (zum Unterschied von den Unfreien im allgemeinen) nur die uns aus den griechisch-römischen Quellen geläufigen sogenannten Kaufsklaven zu bezeichnen, da eine solche Unterscheidung dem Sprachgebrauch der Quellen und der antiken Begriffswelt fremd ist: Sklaven (*douloi, servi*) waren alle Personen, die nicht zu den Freien (*eleutheroi, liberi*) gehörten; und auch das Recht zog eine scharfe Grenze nur zwischen Freien und Unfreien, nicht zwischen verschiedenen Spielarten der Unfreiheit.

Stellung der Sklaven allgemein: Alle Unfreien standen im (privatrechtlich verstandenen) Eigentum eines oder mehrerer anderer Menschen oder, seltener, einer juristischen Person (etwa eines Staates, Vereins oder Heiligtums). Dieses Eigentum wurde in derselben Weise erworben und übertragen wie das Eigentum an anderen Gegenständen, d.h. vor allem durch Kauf und Vererbung. Soweit es rechtlich anerkannte Sklavenfamilien gab, fielen die Sklavenkinder an den Eigentümer des Vaters oder der Mutter. Außereheliche Sklavenkinder wurden als ›Früchte‹ der Mutter angesehen, soweit nicht ein freier Vater sie als seine (freien) Kinder beanspruchte. Bisher freie Personen konnten als Kinder verkauft oder verpfändet werden oder als Erwachsene sich selbst verkaufen oder verpfänden oder auch infolge eines strengen Schuld- oder Strafrechts ihre Freiheit verlieren; fortgeschrittene Rechtsordnungen pflegten dies allerdings weitgehend auszuschließen.

Allgemein üblich und von großer praktischer Bedeutung war aber die Versklavung im Krieg: Freie und unfreie Personen, die Feinden (oder Räubern) in die Hand fielen – ein Los, das häufig auch ganze Städte traf –, konnten als Sklaven in Dienst genommen oder – häufiger – verkauft werden, und ein schwunghafter Sklavenhandel sorgte dafür, daß diese erbeuteten Menschen ihr weiteres Leben fern von der Heimat als Sklaven (und später als Freigelassene) verbrachten. In archaischen Verhältnissen kam es auch vor, daß ganze Bevölkerungen von den Siegern versklavt, aber im Lande belassen wurden; sie hatten dann für dessen neue Herren vor allem als unfreie Bauern zu arbeiten.

Wie die Versklavung, so wurde auch die förmliche Entlassung aus der S., die Freilassung, allgemein geübt, vielfach gegen Entgelt (der Freikaufspreis konnte von Dritten, aber auch vom Sklaven selbst aufgebracht werden) und häufig mit bestimmten Auflagen: So sollte etwa der Freigelassene beim Freilasser bis zu dessen Tod bleiben oder das Erbe des kinderlos verstorbenen Freigelassenen an den Freilasser fallen.

Ungeachtet dessen, daß Sklaven wie Tiere oder leblose Gegenstände erworben und weitergegeben werden konnten, galten sie doch nicht als Sachen, sondern als Personen in einer bestimmten, von Recht und Sitte festgelegten Stellung. Sie durften gezüchtigt oder in anderer Weise bestraft, aber im allgemeinen nicht willkürlich, sondern nur nach einem geregelten Verfahren getötet werden. Der Eigentümer mußte für ihre Nahrung und Kleidung und im Krankheitsfall für ihre Pflege sorgen. Sie hatten Teil an vielen kultischen Begehungen, und sie konnten, wenn der Herr es zuließ, in eheähnlicher Gemeinschaft oder auch in förmlicher Ehe leben, auch mit Sklaven anderer Eigentümer oder mit Personen freien Standes. Die Verwandtschaftsverhältnisse, die sich daraus ergaben, wurden im allgemeinen anerkannt und bei der Regelung des Eigentums an Sklavenkindern berücksichtigt, auch wurden Sklavenpaare und deren Kinder nicht selten gleichzeitig freigelassen. Die Arbeitsleistungen der Sklaven und die Abgaben in Geld oder Naturalien, die vielfach an deren Stelle traten, waren nach Gewohnheit oder Vereinbarung begrenzt, und es war ihnen im allgemeinen unbenommen, darüber hinaus auf eigene Rechnung zu arbeiten. So kamen viele Sklaven zu einem kleinen, manchmal auch größeren Vermögen (sie konnten z. B. auch selbst Sklaven erwerben); dieses Vermögen wurde grundsätzlich im allgemeinen dem des Herrn zugerechnet, aber als ein abgesonderter Teil davon (lateinisch: *peculium*), von dem der Sklave mehr oder weniger freien Gebrauch machen, ja sich insbesondere auch freikaufen konnte.

Soviel zur Stellung der Sklaven im allgemeinen. Damit ist aber nur – in weitgehender, manchmal gewagter Generalisierung – der Rahmen abgesteckt, innerhalb dessen große, für das tatsächliche Los der Sklaven entscheidende Unterschiede Platz hatten.

Formen der Sklaverei: Eine ausgeprägte Sonderstellung nahmen zunächst die unfreien Bauern ein, die im Dienst ihrer Herren ganze Landschaften bebauten und daneben noch andere Dienste, auch in Waffen, erbrachten. Hierher gehören die Heloten Lakoniens, die unfreien Bauern auf Kreta, die Penesten der Thessaler sowie die einheimische Bevölkerung der Landgebiete mancher dorischer Kolonien. Die Tatsache, daß sich solche Verhältnisse in der griechischen Welt nur in den Gebieten spät eingedrungener Stämme (der Dorier und der Thessaler) finden, spricht dafür, daß sie überall (wie nachweislich in Messenien) auf die Versklavung der einheimischen Bevölkerung durch die Eroberer zurückgehen. Außerhalb des griechischen Bereichs ist diese Form der Unfreiheit jedenfalls in Illyrien sicher belegt (Theopomp FGrH 115

F 40; Agatharchides FGrH 86 F 17). Zusammen mit dem nordwestgriechischen Ursprungsgebiet der Dorier und Thessaler ergibt dies, wohl nicht zufällig, ein geschlossenes vorgeschichtliches Verbreitungsgebiet.

Eine andere Sonderform der Unfreiheit ist die in Griechenland (seit mykenischer Zeit) und Vorderasien weit verbreitete Tempel-S. Auf den Unfreien im Eigentum einer Gottheit, d.h. eines Heiligtums, lasteten Verpflichtungen verschiedener Art, etwa Bebauung des Tempellandes, Abgaben, liturgische Dienste, sakrale Prostitution. Sie genossen aber gegenüber den Sklaven profaner Eigentümer manche Privilegien, ja die Weihung eines Sklaven an eine Gottheit kam vielfach der Freilassung nahe oder war geradezu eine (verbreitete) Form der Freilassung.

Eine bevorzugte Stellung hatten auch die Unfreien, die der Staat im Bereich der öffentlichen Arbeiten und der Verwaltung einsetzte, die *demosioi* (*douloi*), *servi publici* und *Caesaris servi*. Sie führten das Leben kleiner Beamter, mit festen Pflichten und Bezügen und eigenem Haushalt.

Auch die Normalform der Unfreiheit, die seit dem Altertum gern als Kauf-S. bezeichnet wird (weil die meisten dieser Sklaven auf dem Markt gekauft wurden), war keineswegs gleichförmig ausgestaltet. Hier kam es vor allem auf Verwendung und Zahl der Sklaven an. In älteren Zeiten und dort, wo sich altertümliche Zustände noch lange hielten (wie im Westen Griechenlands), hielt man Sklaven, meist in bescheidenen Zahlen, vor allem als Dienstboten im eigenen Haushalt, die Männer als Helfer des Hausherrn und seiner Söhne in Landbau und Viehhaltung, die Frauen für die Arbeiten im Hause (wozu vor allem die Herstellung der Textilien gehörte); ferner ließen sich Herr und Herrin auf ihren Wegen und Reisen von Unfreien begleiten, auch vertrauten sie ihnen die Aufsicht über die Kinder und deren Pflege an. Aus diesen Verhältnissen ergaben sich leicht Beziehungen sehr persönlicher Art, diese Haussklaven lebten also im allgemeinen nicht schlecht. Daran änderte sich auch dann nicht viel, wenn reiche und mächtige Herren sich solche Sklaven in großer Zahl, oft mit spezialisierten Aufgaben, hielten: Der Sklave hatte in seiner Weise Teil am Wohlstand und Ansehen seines Herrn, auch wenn die persönliche Nähe nicht mehr im selben Maß gegeben war.

Die häuslichen Dienste blieben die wichtigsten, unentbehrlichen Funktionen der Sklaven auch dort, wo die wirtschaftliche Entwicklung dahin führte, daß Sklaven in wachsender Zahl in Gewerbe, Handel und öffentlichen Dienstleistungen eingesetzt wurden. Im allgemeinen verrichteten sie, unter der Aufsicht des Herrn und Meisters, die gleiche Arbeit wie dieser, d.h., sie wurden zu spezialisierten, geschätzten und auf dem Markt entsprechend teuren Arbeitskräften. Sie konnten aber auch vermietet werden oder in ihrem eigenen Betrieb auf eigene Rechnung arbeiten und ihrem Herrn nur eine feste Abgabe zahlen. Im einen wie im andern Fall entfielen die persönlichen Beziehungen zum Herrn, der Sklave war für diesen nur noch eine Geldquelle. Gemietete Sklaven wurden vor allem auch im Bergbau massenhaft eingesetzt, und sie hatten hier unter harten Bedingungen zu arbeiten.

Die Entwicklung des Großgrundbesitzes im hellenistischen Osten und seit dem 2. Jahrhundert v.Chr. in Italien und Sizilien führte dann zum massenhaften Einsatz von Sklaven auch in der Landwirtschaft, in vielköpfigen Arbeitsgruppen unter der Aufsicht unfreier Verwalter. Der Herr besuchte seine *villa* nur selten, so daß sich kaum persönliche Beziehungen zu ihm ergaben. Wenn überhaupt, dann ist in diesen Verhältnissen der Sklave zum bloßen Produktionsmittel geworden; und nicht zufällig fallen in diese Zeit, in das späte 2. und frühe 1. Jahrhundert v.Chr., die großen Sklavenaufstände. Doch wurde jene Form der Bewirtschaftung des Bodens bald wieder seltener; seit dem Ausgang der Republik setzte man in zunehmendem Maße kleine Pächter ein, aber auch Unfreie, die wie Pächter ein Stück Land selbständig bewirtschafteten und dafür Abgaben zahlten. In der Spätantike wurde das Land in der Hauptsache nicht mehr von Sklaven, sondern von persönlich freien Kleinpächtern (*coloni*) bebaut, die von der kaiserlichen Gesetzgebung an den Boden gebunden wurden.

Im Krieg dienten die Sklaven vor allem als Burschen und Waffenträger ihrer Herren, manchmal auch als Leichtbewaffnete sowie als Ruderer auf den Kriegsschiffen.

→ Gesellschaft, Handel, Krieg, Landwirtschaft, Recht, Tempel, Wirtschaft

LITERATUR: J. *Ducat:* Les Hilotes. Athen/Paris 1990. – J. *Ducat:* Les Pénestes de Thessalie. Besançon 1994. – N. R. E. *Fisher:* Slavery in Classical Greece. London 1993. – Y. *Garlan:* Les esclaves en Grèce ancienne. Paris 1982. – K. *Hopkins:* Conquerors and Slaves. Cambridge 1978. – H. *Klees:* Herren und Sklaven. Die Sklaverei im oikonomischen und politischen Schrifttum der Griechen in klassischer Zeit. Wiesbaden 1975. – D. *Lotze:* Metaxu eleutheron kai doulon. Studien zur Rechtsstellung unfreier Landbevölkerungen in Griechenland bis zum 4. Jahrhundert v.Chr. Berlin 1959. – W. L. *Westermann:* The Slave Systems of Greek and Roman Antiquity. Philadelphia 1955.

Fritz Gschnitzer

Sportstätten

Die Bezeichnung ›S.‹ für die zu charakterisierenden Bauten ist anachronistisch. Denn der darin enthaltene, moderne Ausdruck ›Sport‹ ist ein Anachronismus. Weil es aber keinen geeigneteren Begriff als den heutigen Sportbegriff gibt, um die entsprechenden Wettkämpfe zu beschreiben, ist der Terminus sinnvoll und auch hinlänglich präzise. ›Wettkampfstätten‹ wäre z. B. demgegenüber zu allgemein, denn das agonale Prinzip galt weder nur für die griechische Antike, wie dies eine ältere Historikerzunft meinte, noch ausschließlich für sportliche Wettkämpfe. Es bezog sich nicht zuletzt auch auf das Theater, dessen Bauformen hier ausdrücklich nicht behandelt werden sollen. Ausgehend von unserem zeitgenössischen Sportbegriff geht es also um sportliche Ereignisse, die in Gebäuden wie Gymnasion, Palaestra, Hippodrom, Circus und Amphitheater stattfanden, sofern es überhaupt eigens dafür errichtete Bauten gab.

Quellen: Unsere Kenntnis von deren Existenz und architektonischer Gestaltung speist sich aus verschiedenen Quellen: archäologische Untersuchungen, schriftliche, oftmals literarische Zeugnisse sowie vereinzelt, etwa auf Münzen, bildliche Darstellungen. Aufgrund dieser Quellenlage ergibt sich, daß S. erst im Rahmen des Sports bei den Griechen faßbar werden. Entsprechend der Voraussetzung, daß das Sporttreiben eine Konstante menschlichen Verhaltens darstellt, kann aber auch schon in vorgriechischer Zeit von sportlichen Wettkämpfen ausgegangen werden.

Wettkampfplatz und Zuschauerraum: Sofern man dabei die Anwesenheit von Zuschauern annimmt, ist eine – wie auch immer baulich gelöste – räumliche Trennung von Wettkampfplatz und Zuschauerraum obligatorisch. Insofern stellen beispielsweise hölzerne Tribünen für die Zuschauer eines Wettlaufs Vorformen von antiken S. dar. Damit sind zugleich zwei wesentliche Charakteristika antiker S., bzw. von S. überhaupt, angesprochen: Erstens die baulich akzentuierte Trennung von Wettkampfplatz und Zuschauerraum, zweitens die architektonische Gestaltung von Wettkampfareal und Zuschauerraum. Dabei ist für den Raum, in dem das sportliche Geschehen stattfindet, die Orientierung an der jeweils ausgeübten Sportart wesentlich, während die Gestaltung des Zuschauerraums nicht nur möglichst gute Sichtverhältnisse der Zuschauer auf die Darbietungen zu gewährleisten hat, sondern zugleich einer sozialen Strukturierung der Zuschauer seinen baulichen Ausdruck verleihen soll.

Gymnasion und Palaestra: Voraussetzung für die Errichtung der ersten S. in Griechenland ist ein tiefgreifender Wandel innerhalb der Gesellschaften der einzelnen griechischen Poleis. Aus der Veränderung der Organisation des griechischen Heerwesens – weg vom homerischen Reiteradel und hin zur Hoplitenstruktur – ergibt sich die Notwendigkeit, die Ausbildung weiterer Rekrutenschichten zu gewährleisten und dafür die entsprechenden Baulichkeiten zur Verfügung zu stellen. Dies ist die Geburtsstunde des Gymnasions und der Palaestra. Eine genaue architektonische Abgrenzung von Gymnasion und Palaestra ist schwierig, wie ja überhaupt die reine architektonische Form gegenüber Mischformen eher die Ausnahme ist. Der römische Architekt Vitruv z. B. nennt die gesamte Anlage des Gymnasions Palaestra (Vitr.5,11). In Olympia, der berühmtesten S. der Antike, bezeichnet man heute demgegenüber mit Gymnasion und Palaestra zwei getrennte Bauten, während z. B. Pausanias in seiner antiken Reisebeschreibung Griechenlands den gesamten Gebäudekomplex als Gymnasion begreift (Paus. 5,15,8; 6,21,2). Jedenfalls scheint festzustehen, daß sich im großen Hof des Gymnasions die Athleten im Diskus- und Speerwerfen übten; außerdem gab es dort Wettläufe in mehreren Bahnen. Bei schlechtem Wetter bestand für die Läufer die Möglichkeit, sich in zwei überdachten Laufbahnen zu betätigen.

Olympia: Südlich vom Gymnasion lag in Olympia die Palaestra, eine Anlage mit quadratischem Innenhof und Säulenumgang. Sie diente vor allem den Ringern und Faustkämpfern als Wettkampfstätte. Einzelne Räume hatten die Funktion von Wasch- und Geräteräumen, und es gab darüber hinaus eine Badeanlage. Wie bei sämtlichen Bauten in Olympia lassen sich auch beim Stadion verschiedene Bauphasen unterscheiden. Das Stadion, wie es sich heute dem Besucher darbietet, besteht aus Laufbahn und Zuschauerraum, dessen Fassungsvermögen etwa 50.000 Zuschauer betrug. Zu den S. Olympias zählte auch noch ein Hippodrom, in dem Pferde- und Wagenrennen abgehalten wurden. Pausanias beschreibt ausführlich den komplizierten Startmechanismus (Paus. 6,20,10ff.).

Trotz dieser Ausführungen läßt sich keine genaue Vorstellung von der Architektur des Hippodroms in Olympia gewinnen. Das Gebäude ist durch zahlreiche Überschwemmungen des Alpheios nicht mehr sichtbar. Man kann jedoch aus dem Ablauf eines Pferde- bzw. Wagenrennens schließen, daß auch dieser Hippodrom über zwei Wendemarken verfügte, die umritten bzw. umfahren werden mußten. In Olympia finden sich als eines der Zentren des Sports in der griechischen Welt beispielhaft die einzelnen S. der Griechen in einem Ensemble zusammengefaßt.

Panhellenische Sportstätten: Doch nicht nur in Olympia wurden periodisch wiederkehrende, gesamtgriechische Sportfeste veranstaltet. In Delphi feierte man in Erinne-

Abb. 83: Das Stadion von Aphrodisias in Karien, das etwa 30.000 Zuschauern Platz bot. Die topographische Lage dieser Sportstätte war im Norden der Siedlung an der Stadtmauer.

rung an die von Apollon getötete Pythonschlange die sogenannten Pythien. Zwar standen dabei die musikalischen und künstlerischen Wettbewerbe im Mittelpunkt, doch fehlte es auch nicht an gymnischen Wettkämpfen. Da die naturgegebene Beschaffenheit des Geländes für großräumige Anlagen schlecht geeignet war, mußte das Stadion aus der Felswand der Phaidriaden herausgehauen und das Gymnasion auf zwei künstlichen Terrassen erbaut werden. Die hippischen Wettkämpfe hingegen wurden in die Ebene von Krisa verlegt. Daran wird deutlich, wie die Griechen entweder – sofern möglich – das Gelände für den Bau von S. entsprechend umgestalteten oder – falls sich dies als undurchführbar erwies – nach Alternativen suchten und sich anderswo günstigere Voraussetzungen im Gelände nutzbar machten. Bei dem dritten periodisch wiederkehrenden, panhellenischen Sportfest, den Isthmien, die nahe bei Korinth veranstaltet wurden, standen offenbar die Wagenrennen im Mittelpunkt. Anders als in den großen

Zentren gesamtgriechischer Sportfeste kann man in den griechischen Poleis nicht davon ausgehen, daß überall sämtliche hier erwähnten S. vorhanden waren. Allerdings findet sich bei Pausanias die denkwürdige Feststellung, daß eine Siedlung erst dann Polis genannt werden dürfe, wenn sie u. a. auch ein Gymnasion enthalte (Paus. 10,4,1).

Italien: In Italien läßt sich bereits für die Etruskerzeit der Nachweis von musischen und athletischen Wettkämpfen erbringen. So fanden bei dem jährlichen Treffen der zwölf Stämme beim Heiligtum der Voltumna Ad Fanum Voltumnae entsprechende Veranstaltungen statt. Auch die über Jahrhunderte hinweg zentrale Sportstätte Roms war eine etruskische Gründung: Der Etruskerkönig Tarquinius Priscus war es, der den Platz für den Circus Maximus bestimmte. Der Bericht des Livius über den Bau des Circus spiegelt die erwähnten Charakteristika antiker S. wider, d. h. die Trennung von Wettkampfareal und Zuschauerraum sowie deren architektonische Gestaltung mit dem Ziel, optimale Bedingungen für den Wettkampf und die Zuschauer zu ermöglichen, wobei beim Zuschauerraum ein besonderer Akzent auf der Repräsentation sozialer Unterschiede liegt (Liv. 1,35,8 f.).

Grundsätzlich lassen sich drei Arten von öffentlichen Schauspielen, *spectacula*, unterscheiden, mit denen die römische Bürgerschaft unterhalten wurde: *ludi circenses*, *ludi saenici* sowie *munera*. Sowohl *ludi circenses* als auch *ludi saenici* wurden in Rom im Circus Maximus sowie später in den übrigen Circusanlagen der Stadt veranstaltet. Während die *ludi saenici*, d. h. die Darbietungen von Schauspielern, Tänzern und Pantomimen, in späterer Zeit nicht mehr nur im Circus, sondern in eigenen Spielstätten, den Theatern, stattfanden, blieb der Spielort für die *ludi circenses* der Circus. Die einzelnen Wettkampfdisziplinen waren Wettlauf, Boxen, Ringen und Wagenrennen (Cic. leg. 2,38). Zweifellos kam den Wagenrennen bei den Spielen eine herausragende Bedeutung zu. So erwähnt Livius in seiner Erzählung über die Gründung des Circus Maximus ebenso Wagenrennen wie ca. 1000 Jahre später, nämlich 549 n.Chr., der Historiker Prokop die letzten Wagenrennen im Circus Maximus überliefert (Prok. BG 3,37,4). An der wichtigsten im Circus veranstalteten Sportart, den Wagenrennen, war auch die architektonische Gestaltung des Wettkampfplatzes ausgerichtet. Die an dem Rennen teilnehmenden Wagen nahmen in Startboxen, sogenannten *carceres*, ihre Startposition ein; die Rennen selbst verliefen über mehrere Runden, wobei der Rennplatz durch eine Mauer, die sogenannte *spina*, zweigeteilt wurde. Auf der *spina* standen Statuen, Obelisken etc. An den beiden Endpunkten der *spina* waren Wendemale, sogenannte *metae*, aufgestellt, die die Fahrer zu umrunden hatten. Daneben gab es eine Vorrichtung, die den Stand des Rennens anzeigte, sowie weitere Bauelemente, die für den Ablauf eines Wagenrennens wesentlich waren.

Im Zuge der Romanisierung des Mittelmeerraums verbreitete sich der Bautypus des Circus rund um das Mittelmeer und war schließlich in zahlreichen größeren Städten zu finden. Während abgesehen von regionalen Unterschieden die wesentlichen Bauprinzipien des Circus – bedingt durch die dort vor allem stattfindenden Wagenrennen – überall die gleichen waren, ergab sich im Laufe der Zeit dennoch in zweierlei Hinsicht eine Veränderung: Erstens wandelte sich die Gestaltung des Zuschauerraums grundlegend mit dem Übergang von der Republik zur Monarchie, und zweitens änderte sich mit dem Verfassungswandel auch die Lage der Circusanlagen innerhalb der städtischen Topographie. Am deutlichsten lassen sich diese Wandlungen in der Spätantike in den verschiedenen Kaiserresidenzen nachvollziehen. Wichtigstes architektonisches Element des Zuschauerraums wurde nun die kaiserliche Loge. In Konstantinopel etwa war das sogenannte *kathisma* das alles beherrschende Bauelement des Zuschauerraums. Was den Ort der Circusanlagen innerhalb der Topographie der Kaiserresidenzen anbelangt, so ergibt sich hierbei eine intendierte räumliche Nähe zwischen Circus und kaiserlichem Palast. Während in Rom bei der Ortswahl für den Circus Maximus die Existenz einer ausreichend großen Ebene das entscheidende Kriterium war, wurde in der Spätantike das Hauptaugenmerk auf die Nachbarschaft von Circus und Palast gelegt. Entsprechend schreckte man z. B. auch nicht vor weitreichenden Eingriffen in die Landschaft zurück, wie etwa die umfangreichen Substruktionen des Circus – oder griechisch Hippodroms – in Konstantinopel beweisen. Hinzufügen bleibt, daß sich in der Spätantike zugleich eine tiefgreifende Veränderung der Nutzung des Circus, zumindest in den kaiserlichen Residenzstädten, ergab: Aus der Sportstätte Circus, der freilich im Kontext von *panem et circenses* immer schon eine politische Dimension zu eigen war, wurde der politische Repräsentationsraum Circus, den die Kaiser zu ihrer Herrschaftsstabilisierung nutzten.

Neben den *ludi circenses* spielten die *munera* in Rom von Anfang an eine herausragende Rolle. Man unterscheidet dabei zwischen den *munera gladiatorum* und den *venationes*. Sowohl für die Gladiatorenkämpfe als auch für die Tierhetzen entwickelte sich ein eigener Architekturtypus, der den Bedingungen dieses Sports in optimaler Weise entsprach, das Amphitheater. Der Bautypus kam im 1. Jahrhundert v.Chr. von Campanien nach Rom und verbreitete sich von dort über das ganze Imperium Romanum. Der ovale Grundriß ermöglichte vor allem eine gute Sicht der Zuschauer auf die Wettkämpfe. Das bekannteste Amphitheater der Antike war das Amphitheatrum Flavium, das Colosseum, in Rom, das ca. 50.000 Zuschauern Platz bot. Circus und Amphitheater waren entsprechend den in Rom verbreitetsten Sportarten die zentralen S. der römisch geprägten Antike.

→ Amphitheater, Architektur, Bad, Gesellschaft, Kultorganisation, Monarchie, Palast, Städtebau, Verfassung, Versammlungsorte

LITERATUR: I. *Weiler:* Der Sport bei den Völkern der Alten Welt. Darmstadt. ²1988.

Clemens Heucke

Sprachareal

Ein S. bezeichnet die geographischen Grenzen, innerhalb derer eine Sprache zur Kommunikation benutzt wird. Dieser Raum wird vorrangig als ein geographischer verstanden. Doch es kann sich innerhalb gegebener geographisch definierter Räume auch um soziale und kulturelle Räume handeln. Relevant kann ebenfalls ein aus der *environmental psychology* heraus geschaffener Raum für S. sein.

Aus dieser Definition geht bereits hervor, daß sich mehrere S. geographisch überschneiden und sogar decken können. Die Grenzen eines S. werden in verschiedenem Maße, abhängig von der jeweiligen politischen und kulturgeschichtlichen Situation, von anderen Arealen aufgrund ethnischer, politischer, kultureller und sozialer Bedingungen beeinflußt. Nur in seltenen Fällen fallen S. mit anderen Arealen zusammen, und auch ihre geschichtlichen Entwicklungen verlaufen nur in Ausnahmefällen völlig parallel.

Die geographischen Bedingungen, unter denen sich S. herausbilden, spielen oftmals eine bedeutende Rolle: In stark durch Bergmassive gegliederten Gebieten entstehen und entwickeln sich oft homogene und in hohem Maße voneinander isolierte S., wie man es z. B. seit der Antike im Kaukasus und auch in schwer zugänglichen Gebirgslandschaften in Griechenland und Italien beobachten kann.

Ebenfalls muß zwischen S. und onomastischen Arealen unterschieden werden. So ist es nicht möglich, nur auf Grund von überlieferten Eigennamen das S. einer ›Restsprache‹ zu rekonstruieren.

Kontakt und Interferenz: S. existieren in den seltensten Fällen als Inseln ohne Nachbarn. Im Normalfall grenzen sie aneinander oder überschneiden sich. Dadurch ergeben sich Kontaktzonen, in denen die Träger zweier oder mehrerer Sprachen leben. Es ist möglich, daß zwischen ihnen nur schwach ausgeprägte sprachliche Berührungen existieren. Meist aber kommt es in diesen Grenz- und Überschneidungszonen zu einem Bi- oder Multilinguismus, d. h. zum Beherrschen oder zumindest Verstehen einer oder mehrerer Sprachen außer der Muttersprache.

Erfährt eine Sprache Veränderungen aufgrund solch einer Kontaktsituation, d. h. als Resultat einer direkten Begegnung zwischen den Trägern verschiedener Sprachen, so nennt man diese sprachliche Erscheinung Interferenz. Während also der Kontakt auf der Ebene von *parole* liegt, befindet sich die Interferenz auf der der *langue* (siehe den Artikel Sprache). Eine Interferenz verursacht strukturelle Änderungen innerhalb von Sprachstrukturen (z. B. im Phonemsystem, in Morphologie und Syntax oder auch im Grundwortschatz der gegebenen Sprache). Es geht also um tiefere Beeinflussungen und nicht um einfache Entlehnungen.

Verschiebungen von Sprachrealen: S. können sich je nach den äußeren Bedingungen erweitern, verengen oder auch ›wandern‹. Die Gründe dieser Veränderungen sind natürlich an den jeweiligen Sprachträgern zu untersuchen. Die meisten Mechanismen von Verschiebungen sind folgende:

(a) Migrationen von Volksstämmen. Solche werden meist automatisch angenommen, wenn ›Wanderung‹ von Sprachen in der Ur- und Frühgeschichte zu beobachten sind. (siehe den Artikel Sprachen – die Indogermanentheorie). Jedoch sind solche sprachtragenden Migrationen in der Geschichte verhältnismäßig selten. Man kann sie lediglich in der Völkerwanderungszeit anhand der Verschiebungen germanischer Sprachen beobachten.

(b) Die Ausbreitung eines S. tritt sehr viel häufiger in Erscheinung. Dabei bleibt das ursprüngliche Areal erhalten, doch es wird aus verschiedenen, meist politischen Gründen erweitert. Dabei können sich die Träger einer gegebenen Sprache in dem angrenzenden Gebiet festsetzen und somit ihr Sprachterritorium parallel zum politischen Territorium ausdehnen. Solche Art der Ausbreitung sehen wir z. B. bei der Schaffung der Polisterritorien griechischer Kolonien oder bei römischen Militärlagern. Eine zweite Möglichkeit besteht darin, daß die anderssprachige Bevölkerung in der Peripherie eines S. allmählich politisch, wirtschaftlich und kulturell gezwungen wird, die Sprache der Herrschenden anzunehmen. Eine solche Situation finden wir in den Prozessen der Hellenisierung und Romanisierung vor. Diese Entwicklung geht über einen Bilinguismus (in Familie durch Mischehen, Bildungs-, Wirtschafts- und Verwaltungswesen u.a.). Doch S. verbreiten sich nicht nur in ihrer Peripherie. Gerade die Beispiele der griechischen Kolonien zeigen, daß sie auch ohne einen geographischen Zusammenhalt wachsen können.

(c) Die Einengung eines S. geschieht parallel zur Ausdehnung eines anderen. So wurden die epichorischen Sprachen Kleinasiens (Karisch, Lykisch, Lydisch) seit dem 7. Jahrhundert v.Chr. immer mehr durch das Griechische eingeengt, bis sie um die Zeitenwende nicht mehr als selbständige Sprachen existierten. Zum einen war die epichorische Bevölkerung allmählich von einer griechischen verdrängt worden, zum anderen hatte sie sich zwar erhalten, aber die griechische Sprache angenommen.

(d) Während eines solchen Einengungprozesses können sich unter gegebenen historischen Umständen Sprachinseln bilden, die von der Einengung unberührt bleiben. Solche Sprachinseln vorgriechischer Sprachen, wie das sogenannte ›Pelasgische‹, hatten sich in Griechenland noch bis in das 4. Jahrhundert v.Chr. hinein erhalten. Auch im Bergland von Kreta konnten sich zumindest bis zum 7. Jahrhundert v.Chr. alte mediterrane Sprachinseln erhalten. Wichtigste Gründe zur Bildung und Bewahrung von Sprachinseln sind eine relativ große geographische, politische und kulturelle Isolation des gegebenen S.

Änderungen von S. können nicht nur synchron, sondern auch diachron untersucht werden. Wenn sich ein S. über ein anderes schiebt und dieses verdrängt, so leben alte Sprachreste in diesem Gebiet meist noch lange fort. In der älteren Literatur nannte man diese älteren Sprachreste ›Substrat‹. Die Stärke und Lebensdauer solch eines ›Substrats‹ hängt von der Anzahl und der sozialen und kulturellen Situation seiner Sprachträger ab. Sind diese z.B. den Trägern einer neuen Sprache im kulturellen Kontakt überlegen, kommt es zu stärkeren Interferenzen. Solcher Art sind viele Sprachkontakte und -interferenzen zwischen der griechischen und römischen Welt und der des ›Barbaricums‹. Aufgrund der Resultate solcher Interferenzen hat sich in der historischen Sprachwissenschaft ein selbständiger Zweig der Substratforschung herausgebildet, der somit vor- und frühgeschichtliche S. zu rekonstruieren versucht, einschließlich indogermanischer und sogar vorindogermanischer.

Schriftsprachen und schriftlose Sprachen: Der Kontakt zwischen Schrift- und schriftlosen Sprachen stellt besonders im Altertum eine Besonderheit bei Sprachkontakten und -interferenzen dar. Werden die Träger der schriftlosen Sprache in einem intensiveren Maße politisch, ökonomisch und kulturell von der anderen beeinflußt, so übernehmen sie meist auch die zur neuen Art der Kommunikation notwendige Schrift und in den meisten Fällen zunächst auch die andere als Schriftsprache. Entwickelt sich ihre eigene Sprache dann zu einer neuen Schriftsprache, so geschieht dies in engem Kontakt mit der anderen. Eine solche Erscheinung ist bereits ab dem 6. Jahrhundert v.Chr. an epichorischen Inschriften in Kleinasien und im Pontosgebiet, bei der Adaption des griechischen Alphabets in Italien oder bei der Übernahme der griechischen Schrift von Barbarenstämmen in der frühbyzantinischen Zeit (z.B. am Hofe der Prabulgaren) zu beobachten.

Übersetzungen: Die Rolle von Übersetzungen von der einen in eine andere Sprache stellt einen weiteren bedeutungsvollen Schritt bei der Interferenz zweier Sprachen dar. Hier spielt der geographische Kontakt eine untergeordnete Rolle. Bekannterweise entwickelte sich die römische Literatur zunächst durch Übersetzungen aus dem Griechischen und durch deren weitere Adaption. Beispiele sind Livius Andronicus mit der Übersetzung der *Odyssee*, die Dichtung des Ennius und weiter dann die Komödien des

Plautus und Terentius, die mit ihren griechischen Vorlagen schon viel freier umgingen. Die eindrucksvollsten Beispiele dafür aber sind die spätantiken und frühmittelalterlichen Bibelübersetzungen, die die jeweiligen Sprachen nachhaltig beeinflußten (Gotisch, Armenisch, Altbulgarisch, Syrisch usw.).

Methoden der Sprachgeographie: Die Methoden der Sprachgeographie sind, wie aus dem vorigen hervorgeht, höchst vielfältig und vielschichtig. Zunächst müssen die konkreten geographischen Räume der jeweiligen S. mit ihren Kontaktzonen bestimmt werden. Dazu erstellt man Listen verschiedener Sprachkriterien. Diese können grammatische Strukturen oder auch einzelne Isoglossen sein, deren Verbreitung eine hohe Relevanz besitzt. Nach diesen ausgewählten Kriterien werden dann Sprachatlanten erstellt. Neben einer solchen makrogeographischen Bestimmung von S. gibt es noch die mikrogeographische. Sie untersucht z. B. den genauen Charakter eines Bi- oder Multilinguismus unter politischen, soziologischen und kulturellen Aspekten, bestimmt soziologisch, ökonomisch oder kulturell bedingte Sondersprachen und auch Dialektfelder. Hierzu sind, besonders in Hinblick auf die Quellenlage im Altertum, zahlreiche außersprachliche Kriterien zu berücksichtigen bzw. erst zu erarbeiten: politische und ethnische Situation, kulturelle und wirtschaftliche Kontakte und Entwicklungen und nicht zuletzt der Versuch der Rekonstruktion einer psychologischen Charakteristik der jeweiligen Sprachträger. Zur historischen Entwicklung von S., also zur diachronischen Darstellung, müssen jeweils Kartenserien angefertigt werden.

Sprachareale in der Antike: Die Bestimmung von S. für die Geschichte des Altertums kann kaum überschätzt werden. Es stellt nicht nur ein Hilfsmittel zur Rekonstruktion historischer Prozesse und Situationen dar, sondern ermöglicht ganz spezifische strukturelle und konkrete Einblicke in soziologische und kulturelle Entwicklungen, die anhand anderen Quellenmaterials und anderer Methoden nicht gegeben sind.

→ Ethnologie, Grenze, Imperialismus, Kolonisation, Migration, Raum, Sprache, Sprachen

LITERATUR: W. *Betz:* Deutsch und Lateinisch: Die Lehnbildungen der althochdeutschen Benediktinerregel. Bonn 1949. – D. *Canter:* The Psychology of Place. New York 1977. – P. *Christophersen:* Bilingualism. London 1948. – R. *Giacomelli:* Graeca Italica. Brescia 1983. – J. J. *Gumperz*/D. *Hymes* (Eds.): The Ethnography of Communication, in: AmA 66, 6, Fasc. 2, 1964. – A. u. K. *Lagopoulos:* Meaning and Geography. Berlin/New York 1992. – U. *Weinreich:* Languages in Contact. The Hague/Paris 1970.

Iris von Bredow

Sprache

In der Linguistik unterscheidet man zwei grundlegende Schichten einer S.: (a) *langue*, die die Fähigkeit eines Menschen, S. zu verstehen und selbst zu reproduzieren, also die der gesprochenen S. unterliegenden Muster und Strukturen einer S., und (b) *parole*, die gesprochene S., die Rede, die die praktische Verwirklichung der *langue* darstellt und ihre Funktionsträgerin ist. Diesen beiden Grundschichten sind je verschiedene Untersuchungsmethoden und unterschiedliche Problemstellungen zueigen.

Sprache als Quelle: S. als Mittel zur Reflektierung der Umwelt und zur Kommunikation innerhalb menschlicher Gemeinschaften formt und entwickelt sich in engster Verbindung mit den räumlichen, geistigen und sozialen Gegebenheiten. Zum Beispiel werden bei der geographischen Begriffsbildung die für die jeweilige Sprachgemeinschaft relevanten geographischen Erscheinungen je nach ihrem Bedeutungsgrad differenziert, in der Lexik bezeichnet und weiterentwickelt. Sie können dabei noch feiner nuanciert oder auch reduziert werden. So scheinen die Griechen der Vorzeit vor ihrer Ankunft in ihren historischen Siedlungsstätten kein Meer gekannt zu haben, zumindest fehlt dafür ein Wort in der urgriechischen S. Dafür verwendeten sie das nichtgriechische Wort *thalassa* und das semantisch veränderte griechische Wort *pontos* (vgl. ai. *panthas* = Pfad). Als sich der geographische Horizont der Griechen immer mehr erweiterte, kam auch der Begriff *okeanos* als Weltmeer hinzu, der ursprünglich in der mythologischen Geographie zu Hause war und den Grenzfluß um die Erdscheibe bezeichnete.

Das zeigt außerdem, daß sich nicht nur der lexikalische Bestand verändert, sondern daß auch der semantische Gehalt dieser lexikalischen Einheiten verengt bzw. erweitert werden kann. Somit wird unter Anwendung verschiedener Methoden – der historischen und komparativen Sprachwissenschaft, der Soziolinguistik und der Psycholinguistik – die bewußte Rezeption der Umwelt einer Sprachgemeinschaft und die Relevanz von Erscheinung und Gedanken in ihrem Leben aus der S. selbst herausgearbeitet. Unter diesem Aspekt stellt eine S. die wichtigste Primärquelle zur Geschichte und Umwelt einer menschlichen Gemeinschaft dar.

Entwicklung und Zustand einer Sprache: S. untersucht man sowohl in ihrer zeitlichen Entwicklung (diachronisch) als auch in ihrem jeweiligen Zustand (synchronisch). In der synchronischen Betrachtung beschreibt man die sprachlichen Niveaus und ihre Systeme (Phonetik, Morphologie, Syntaxis, Semantik) innerhalb eines beschränkten Zeitraumes unter den verschiedensten Gesichtspunkten, wobei teilweise höchst komplizierte und spezifische Muster in der Reflektierung von Umwelt und in den verschiedenen Ebenen und Arten der Kommunikation sichtbar werden.

Eine S. befindet sich in ständiger Entwicklung und Veränderung. Dieses ist Gegenstand der diachronischen Betrachtungsweise, der historischen bzw. historisch-komparativen Sprachwissenschaft. Durch ihre Methoden lassen sich frühere Sprachsituationen und sogar solche vor den ersten belegten Sprachquellen mit recht hoher Wahrscheinlichkeit rekonstruieren. Die Rekonstruktion von Phonetik, Morphologie und Lexik in der Ur- und Frühzeit leistet die Etymologie. Sie zeigt nicht nur die innere Sprachentwicklung eines Wortes, sondern gibt auch Aufschluß über die Begriffsbildung selbst. Daraus lassen sich wiederum reale Umstände in einer ur- und frühzeitlichen Vergangenheit ableiten. Von der indogermanischen Wurzel *dho-weris, dha-weris* = aufgestelltes Schutzgatter, vgl. griechisch: *thyr*, deutsch: Tür, Tor u. a. weiß man also, was eine ›Tür‹ zur Zeit der Begriffsbildung dieses Wortes dargestellt hat.

Die Gründe für Sprachwandel liegen in der S. selbst, im Charakter ihrer Systeme, im Streben der Sprachträger nach sprachlicher Ökonomie und vor allem in der Einwirkung äußerer Faktoren:

(a) Durch andere Sprachen. In den seltensten Fällen sind eine S. und ihre Träger völlig isoliert. Normalerweise existieren anderssprachige Nachbarstämme bzw. -völker, mit denen ebenfalls eine Kommunikation notwendig ist. Sehr oft sind es auch politische Situationen, in denen Herrschende und Untertanen in verschiedenen Sprachen miteinander sprechen müssen. Migrationen der verschiedensten Art oder auch regelmäßiger Handelsverkehr machen ebenfalls eine Verständigung mit Trägern fremder Sprachen notwendig. Ein solches Zusammentreffen verschiedener Sprachen führt unweigerlich zu einer wechselseitigen Beeinflussung, die auf alle Niveaus einer S. führen kann. Am leichtesten geht sie auf dem Bereich der Lexik vonstatten: Lehnwörter oder auch Quasiübersetzungen dringen dann in die jeweilige S. ein. Diese bereichern die jeweilige Mutter-S. mit neuen Begriffen und Realien oder ersetzen sie bzw. stellen sich neben bereits vorhandene wegen der hohen Frequenz, in der das gegebene Fremdwort benutzt wird. In der frühgriechischen Lexik tauchen z. b. zahlreiche semitische Fremdwörter auf, die sowohl für den griechisch-semitischen Kontakt als auch für die Entwicklung der frühgriechischen Kultur symptomatisch sind: *chlamys* (= kurzer Mantel), vgl. neubabylonisch: *gulenu*, hebräisch: *gelom*; *gryps* (= Greif), vgl. hebräisch: *cherub*; *kantharos* (= Kessel), vgl. akkadisch: *kandaru* u. a.

(b) Innere soziale und kulturelle Entwicklung führt ebenfalls zur Notwendigkeit, neue Begriffe sprachlich zu entwickeln. Dabei werden Möglichkeiten der Wortbildung benutzt, oder nicht mehr benötigte Worte werden mit einer neuen Semantik belegt. So benötigten die neuen politischen Polisstrukturen im frühachaischen Griechenland auch neue Begriffe. Das Wort für ›König‹ (*basileus*) hatte in dieser neuen Struktur keinen Platz, also konnte man es als Bezeichnung für einen der demokratisch gewählten Archonten verwenden.

Sprachwandel findet aber auch auf anderen Ebenen der S. statt wie z. B. in der Phonetik oder Morphologie. An dem Maße, in dem z. B. fremde Suffixe von einer S. in eine andere übernommen werden, läßt sich die Intensivität der Kontakte ihrer Sprachträger ausfindig machen. Oftmals kann man Entlehnungen durch die Form, in der sie übernommen worden sind, datieren und lokalisieren. So entlehnte das Latein das Wort *macina* aus einer der dorischen Kolonien Südgriechenlands und Siziliens, da nur im Dorischen ein langes ›a‹ erhalten blieb; das Wort *oliva* muß schon vor 700 v.Chr. übernommen worden sein, da das ›v‹ in den griechischen Dialekten Italiens um diese Zeit schon verschwunden war. Das Lehnwort *sporta* (= Korb) dagegen kam aus dem Griechischen über das Etruskische in das Latein (griechisch: *spyrida*) die Veränderung des ›d‹ in ›t‹ und des ›y[u]‹ in ›o‹ ist für das Etruskische charakteristisch.

Sprachvermischung, bei der eine aus sozialpolitischen Gründen dominierende S. die übrigen auf allen sprachlichen Niveaus verändert (die sogenannte Kreolisation), ist sehr selten anzutreffen. Eine solche Erscheinung sehen wir z. B. im Koptischen der Spätantike.

Diachronische und synchronische Sprachuntersuchungen dürfen sich nicht ausschließen, sondern müssen sich ergänzen: Ausgehend von der Rekonstruktion aufeinanderfolgender synchronischer Schnitte lassen sich nicht nur Elemente der Phonetik, Morphologie, Lexik und Syntax, sondern auch komplexere Teile der S. rekonstruieren und historisch auswerten.

Sprache und Ethnos: S. galt von der Antike bis ins 19. Jahrhundert hinein neben Religion und Kult als das wichtigste Unterscheidungsmerkmal zwischen verschiedenen Stämmen und Völkern. Heute werden diese Kriterien in der Wissenschaft viel differenzierter angesehen, denn zweifellos können Angehörige eines Ethnos verschiedene Sprachen sprechen: Das geschieht oft, wenn ein Ethnos von äußeren Mächten politisch geteilt wird. Noch häufiger kommt es vor, daß Angehörige verschiedener Ethnen eine gemeinsame S. benutzen: Die Verbreitung des Lateins im römischen Reich und die Herausbildung der romanischen Sprachen ist eines der vielen Beispiele dafür. Dennoch stellt die S. ganz offensichtlich das bedeutendste Bindeglied unter den Mitgliedern eines Soziums dar.

Eine S. funktioniert sowohl als Kommunikationsmittel in einer einheitlichen ethnokulturellen Situation als auch in einer einheitlichen soziokulturellen Situation, wobei in Einzelfällen sich beide Situationen decken können. Nachdem die griechischen Einwohner von Herakleia Pontika den einheimischen Stamm der Mariandynen unterworfen hatte, war das Griechische die S. der Herrscher, die der Mariandynen die S. der Beherrschten. Auch während des Hellenismus war sozialer Aufstieg in den nichtgriechischen Gebieten immer mit der Kenntnis der griechischen S. verbunden.

›Wanderung‹ einer Sprache: Sprachen können sich auch im Raum verändern. Sie können also von einem Gebiet in ein anderes ›wandern‹, große Gebiete neu einnehmen oder sich einengen und sogar verschwinden. Die Vorstellung von der engen Verbindung zwischen S. und Ethnos hat in früherer Zeit die Hypothese großer Völkerwanderungen gefördert (zur Verbreitung der indogermanischen Sprachen siehe den Artikel ›Sprachen‹). Es ist allerdings zwischen Wanderung von Sprachträgern und Expandierungen bzw. Einengungen von Sprachräumen streng zu unterscheiden.

→ Diplomatie, Ethnologie, Handel, Imperialismus, Migration, Sprachareal, Sprachen, Staatenverbindungen, Volksstamm

LITERATUR: H. *Arens*: Sprachwissenschaft. Der Gang ihrer Entwicklung von der Antike bis zur Gegenwart. 2 Bde., Frankfurt 1969. – E. *Coseriu*: Die Geschichte der Sprachphilosophie in der Antike bis zur Gegenwart. Tübingen 1975. – N. *Dittmar*: Soziolinguistik. Frankfurt 1993. – H. *Hönigswald*: Language Change and Linguistic Rekonstruction. Chicago 1961. – H. *Krahe*: Indogermanische Sprachwissenschaft. Berlin 1966. – F. *de Saussure*: Cours de linguistique generale. Paris 1949. – A. *Sommerfelt*: Diachronic and Synchronic Aspects of Language. The Hague 1962. – O. *Szemerényi*: Einführung in die vergleichende Sprachwissenschaft. Darmstadt 1980. – S. *Ullmann*: Words and their Use. New York 1951.

Iris von Bredow

Sprachen

Sprachfamilien: S., deren Phonetik, grammatische Strukturen und Lexik große Übereinstimmungen zeigen, gelten als verwandt. Sie bilden je einen gesonderten Sprachzweig, können mit anderen ihnen nahe stehenden Sprachzweigen verglichen werden und lassen sich auf eine gemeinsame Ursprache zurückführen. So geht z. B. der Sprachzweig der heutigen romanischen S. auf das Latein als seine Ursprache zurück. Mehrere solcher Zweige, deren Verwandtschaftsverhältnis mehr oder weniger eng ist, bilden eine Sprachfamilie. Auch für solche können Grund-S. rekonstruiert werden. So sind z. B. die Wörter althochdeutsch: *bruoder* (Bruder), lateinisch: *frater*, griechisch: *phrater*, sanskritisch: *bhratar-*, slavisch: *brat'* u. a. auf eine rekonstruierte indogermanische Urform zurückzuführen: *bhrater*. Die für diese Sprachzweige (Italisch, Griechisch, Indoiranisch, Slavisch u.a.) rekonstruierte Grundsprache ist das Indogermanische.

Umstritten sind die Modelle, die zeigen sollen, auf welche Weise sich die indogermanische Grundsprache verbreitet und ihre verschiedenen Sprachzweige ausgebildet haben soll. Für die Grundsprache wird eine Urheimat angenommen (die Versuche einer Lokalisierung in Norddeutschland, Südrußland, Eurasien u.a., sind nicht überzeugend). Eine Dialektspaltung habe die Basis für die Entwicklung der späteren Sprachzweige gebildet.

Das erste Verbreitungsmodell stammt von A. Schleicher (1823–1868), der die z.T. heute noch vertretene ›Stammbaumtheorie‹ schuf, nach dem die Sprachfamilie einem biologischen Organismus gleicht. Diesem sehr theoretischen und sprachliche Sonderentwicklungen nur unzulänglich erklärenden Modell setzte J. Schmidt Ende des 19. Jahrhunderts die sogenannte ›Wellentheorie‹ entgegen, nach der sich die sich aus der Grundsprache entwickelnden Sprachzweige in der Art konzentrischer, sich manchmal überschneidender Kreise verbreitet hätten.

Diese und andere Modelle lassen allerdings weitgehend unbeachtet, daß Sprache immer an Sprachträger geknüpft ist und daher die Verbreitung von S. mit dem historischen Schicksal von Stämmen und Völkern verbunden ist, das für die Ur- und Frühzeit zu rekonstruieren bestenfalls in gröbsten Zügen möglich ist. Dazu kommt, daß archäologische Befunde nicht direkt mit sprachlichen zu einem einheitlichen Bild zusammengesetzt werden können: Kultur und Sprache entwickeln sich nicht in einer idealen Parallelität. Daher muß man darauf bestehen, den Begriff ›Indogermanisch‹ nur als einen sprachlichen, nicht aber einen kulturgeschichtlichen zu gebrauchen.

Die in der Antike verbreitetste Sprachfamilie ist die indogermanische. Sie umfaßt die S. des Indo-Arischen, Italischen, Griechischen, des Germanischen, des Keltischen, des Slavischen, des Baltischen, des Tocharischen, der S. Kleinasiens (Lydisch, Lykisch, Phrygisch, Mysisch, Armenisch u.a., die teilweise auf die indogermanischen anatolischen S. Kleinasiens in der Bronzezeit zurückgehen) und mehrere verschollene S., deren Zugehörigkeit zur indogermanischen Sprachfamilie aber durch Namensmaterial und einzelnen überlieferten Worten (Glossen) sicher belegt ist: das Illyrische und Thrakisch-Dakische und die Sprache der Philister.

Außer der indogermanischen Sprachfamilie gab es in dieser Zeit noch die der semitisch-hamitischen S., der S. des Kaukasus und verschiedene ›Rest-S.‹, deren Ursprung entweder auf diejenigen der Bronzezeit zurückgehen (z.B. das Urartäische) oder überhaupt im Dunklen liegt (z.B. das Karische, das Etruskische, das sogenannte ›Pelasgische‹ u.a.). Eine neue Sprache bildet sich dann, wenn der Dialekt einer gegebenen Sprache sich so weit abspaltet und selbständig entwickelt, daß sich seine sprachliche Struktur sehr von der ihm zugehörigen Sprache entfernt hat und daher nicht mehr als Kommunikationsmittel innerhalb einer Dialektgruppe funktionieren kann.

Sprachbund: S. können allerdings einige spezifische Ähnlichkeiten aufweisen, ohne daß diese Ähnlichkeiten auf eine enge ›genetische‹ Verwandtschaft zurückzuführen sind, sondern auf lang dauernde Interferenzen, die durch eine Nachbarschaft zustande gekommen ist. Diese linguistische Erscheinung wird Sprachbund genannt. Auf dem

Balkan bilden das Rumänische, Bulgarische, Albanische und – wenn auch in geringerem Maße – das Griechische einen solchen Sprachbund, der u. a. durch das Schwinden des Infinitivs und den nachgestellten Artikel charakterisiert ist. Die Sprachbesonderheiten deuten auf einen ähnlichen Sprachbund in der Antike zwischen den toten Balkan-S. Illyrisch, Thrakisch, Paionisch und vielleicht noch anderen.

Die wichtigsten Sprachen in der Antike:
(a) *Das Altgriechische:* Das Griechische stellt innerhalb der indogermanischen S. einen selbständigen Sprachzweig dar. Sein Sprachkern ist während seiner gesamten Geschichte nur auf dem südlichen Teil der Balkanhalbinsel belegt. Es wird angenommen, daß seit Beginn des 2. Jahrtausends v.Chr. schubweise griechische Stämme aus dem Nordbalkan in die historischen Siedlungsflächen eindrangen und eine vorgriechische Sprache benutzende Bevölkerung allmählich einengten. Die ersten griechischen Sprachdenkmäler stammen aus dem 14. und 13. Jahrhundert v.Chr., die sogenannten Linear-B-Tafeln aus den mykenischen Burgen (vor allem Knossos, Pylos und Mykene). Nach dem Zerfall der mykenischen Zivilisation setzt dann gegen 700 v.Chr. von neuem eine schriftliche Tradition ein, die eine deutliche dialektische Gliederung des griechischen Sprachgebietes zeigt. Durch die frühe Kolonisation griechischer Städte drang die Verwendung der griechischen Sprache im 8. bis 6. Jahrhundert v.Chr. in Gebiete weit außerhalb des ursprünglichen griechischen Sprachraumes. Gleichzeitig entwickelten sich verschiedene literarische Sprachtypen (des Epos, der frühgriechischen Lyrik, der Elegie, der frühen wissenschaftlichen Prosa und der Tragödie). Als das Griechische im 3. Jahrhundert v.Chr. die offizielle Sprache der Diadochenreiche wurde, vergrößerte sich das griechische Sprachareal nicht nur beträchtlich, sondern auch die Sprache selbst wurde auf allen ihren Niveaus (linguistischen und sozialen) nivelliert: Es entstand die sogenannte hellenistische *koine* (Sprachgemeinschaft), in der dialektische Besonderheiten nur sehr beschränkt erhalten blieben. Während der Spätantike war das periphere Griechisch immer größeren Interferenzen ausgesetzt. In den europäisch griechisch sprechenden Gebieten entwickelte sich das Byzantinisch-Griechische, das wesentliche Veränderungen in der Phonetik und vereinfachte grammatische Strukturen aufweist.

(b) *Das Latein:* Das Latein gehört zu der italischen Sprachgruppe, zu denen die S. der übrigen italischen Stämme, wie das Oskisch-Umbrische, das Sabellische und das Volskische gestellt werden, von denen nur wenige Sprachdenkmäler erhalten sind. Wann und woher die Träger der italischen Dialekte in ihre historisch belegten Stätten kamen, ist auch heute noch sehr umstritten. Am wahrscheinlichsten aber ist die Hypothese, nach der verschiedene italisch sprechende Stämme um das 11. Jahrhundert v.Chr. aus den Gebieten des späteren Pannoniens in Italien eindrangen und sich allmählich festsetzten. Diese Stämme sind gleichzeitig die Träger der eisenzeitlichen Villanova-Kultur gewesen. Durch die politische Expansion Roms verbreitete sich der latinische Dialekt Roms seit dem 6. Jahrhundert v.Chr. über ganz Italien und Sizilien. Seit dem 3. Jahrhundert v.Chr. entwickelten sich stark vom Griechischen beeinflußte lateinische Literatur-S. (wissenschaftliche Prosa, Lyrik, Rhetorik), wobei das gesprochene Latein bis in die klassische Zeit hinein umgangsprachlich blieb. Innerhalb des römischen Weltreiches konkurrierte das Latein (sowohl die offizielle Sprache als auch das sogenannte Vulgärlatein) mit der hellenistischen (griechischen) *koine*, konnte sich aber als Umgangssprache außerhalb Italiens nur in einigen westlichen Provinzen

(Hispania, Gallia), in den spät geschaffenen dakischen Provinzen und im Umfeld von römischen Militärlagern und Städten durchsetzen. Als eine der vielen Sonder-S., die jede Sprache besitzt, spielte das christliche Latein, das sich seit dem 2. Jahrhundert n.Chr. zunächst vorwiegend in den außeritalischen Städten des römischen Reiches herausbildete, in der Spätantike und im frühen Mittelalter eine besonders wichtige Rolle.

(c) *Die Sprachen der ›Barbaren‹:* Außer diesen beiden wichtigsten und am besten belegten S. der Antike existierten noch zahlreiche weitere, die teilweise eine eigensprachliche Literatur besaßen und aktive Beiträge zur Sprachentwicklung des Griechischen und Lateinischen leisteten, selbst aber ebenfalls von den klassischen S. beeinflußt wurden.

(d) *Iranische Sprachen:* Das Altpersische, das der westiranischen Sprachgruppe angehört, ist seit dem Ende des 6. Jahrhunderts v.Chr. durch altpersische Keilschriftinschriften bekannt. Ebenfalls westiranisch sprachen die skythischen und sarmatischen Stämme Asiens und Europas. Von den ostiranischen Stämmen entwickelten das Sogdische und das Baktrische eigene Literatur-S. Während der persischen Herrschaft (ca. 550–330 v.Chr.) wurden auch die nichtiranischen S. besonders in Kleinasien stark vom Altpersischen beeinflußt (so z. B. das Armenische).

(e) *Die Sprachen Kleinasiens:* Das Lydische und Lykische waren Erben des Hethitischen und Luwischen. Von beiden S. sind zahlreiche Inschriften vorwiegend aus dem 4. Jahrhundert v.Chr. erhalten, während das Phrygische, ebenfalls durch Inschriften (vom 7. Jahrhundert v.Chr. bis zum 3. Jahrhundert n.Chr.) belegt, den S. des Nordbalkans nahe steht. Das Armenische ist seit dem 5. Jahrhundert n.Chr. aus der Bibelübersetzung und anderen theologischen und historischen Werken bekannt.

(f) *Keltische und germanische Sprachen:* Von den keltischen und germanischen S., die in der Antike keine eigene Literatur entwickelt haben, gibt es nur wenige Zeugnisse. Sie bestehen vor allem aus Eigennamen, Glossen und Lehnwörtern im Lateinischen.

(g) *Restsprachen:* Außer diesen großen antiken Sprachgruppen gab es noch weitere, sogenannte ›Rest-S.‹ oder ›onomastische S.‹, die eine weite Verbreitung hatten, aber gegen Ende der Antike teils durch Assimilation mit der griechisch bzw. lateinisch sprechenden Bevölkerung, teils durch Verdrängung eingewanderter Stämme (Germanen, Sarmaten, Slaven, Turkstämme) verschwanden.

Ein erschöpfendes Bild von allen gesprochenen S. in der Antike besitzen wir nicht. So ist z. B. umstritten, ob große Stammesverbände, die zeitweilig auch Staaten gründeten, wie die Daker, Paionen, Geten u. a. eine vom Thrakischen abweichende Sprache benutzt haben.

→ Imperialismus, Inschriften, Kolonisation, Migration, Schrift, Spracharea, Sprache, Volksstamm

LITERATUR: H. *Arens:* Sprachwissenschaft. Der Gang ihrer Entwicklung von der Antike bis zur Gegenwart. 2 Bde., Frankfurt 1969. – R. *Hiersche:* Grundzüge der griechischen Sprachgeschichte bis zur klassischen Zeit. Wiesbaden 1970. – E. *Meillet:* Introduction à l'étude comparative des langues indo-européennes. Paris 1937. – L. R. *Palmer:* Die lateinische Sprache. Hamburg 1990. – A. *Scherer* (Hg.): Die Urheimat der Indogermanen. Darmstadt 1968. – O. *Szemerényi:* Einführung in die vergleichende Sprachwissenschaft. Darmstadt 1980.

Iris von Bredow

Staat

Ein dem modernen Begriff ›S.‹ entsprechendes Wort kennt die Antike nicht, da ihr eine abstrakte, von der Gesellschaft abgehobene S.-Idee fehlt (und sich auch in der Spätantike in der sakralen Überhöhung des Kaisertums nur andeutet). Die Anwendung des Begriffs ›S.‹ auf antike Gemeinwesen ist zwar üblich, weil alle geordneten antiken Gemeinwesen die formalen Mindestkriterien einer S.-Definition erfüllen (permanentes S.-Volk, definierbares Territorium, organisierte Regierung und die Fähigkeit zur Aufnahme von Außenbeziehungen), sie ist aber nicht selbstverständlich, da wichtige Elemente des modernen S. fehlen, wie die Wahrnehmung öffentlicher Aufgaben durch eine Bürokratie, die Professionalisierung der Politik oder das Gewaltmonopol des S.. Auch die Formalkriterien sind unterschiedlich gewichtet: Während in der modernen S.-Definition der Aspekt des S.-Gebiets so fundamental ist, daß sich S. in der Regel nach geographischen Begriffen benennen, spielt Territorium und Gebietshoheit in der antiken Welt nur eine sekundäre Rolle.

Begriff: Nach antiker Auffassung ist der S. nicht eine abstrakte Macht, die der Gesellschaft oder dem einzelnen Bürger gegenübertritt, sondern die Gesamtheit der S.-Bürger selbst. Diese Sicht des S. als Personalverband prägt die antiken Bezeichnungen. Der modernen Bedeutung ›S.‹ am nächsten kommt der lateinische Begriff ›res publica‹ (öffentliche ›Sache‹), doch wird in der Definition Ciceros (*res publica est res populi*: rep. 1,25,39) der abstrakte Charakter zurückgenommen und mit der Nennung des *populus* der personale Grundzug betont. Dieser Grundzug zeigt sich noch deutlicher im Begriff ›civitas‹, der in erster Linie die Gemeinschaft der Bürger (*cives*), dann aber auch das Bürgerrecht und schließlich das Territorium bezeichnen kann, auf dem die Bürgerschaft wohnt. Die offizielle Bezeichnung des römischen S. ist ›populus Romanus‹ (später erweitert zu Senatus Populusque Romanus – SPQR).

Die übliche Bezeichnung für den griechischen ›S.‹ ist Polis, wobei sich dieser Begriff nur auf eine bestimmte Form der genossenschaftlichen Organisation eines Mikro-S. mit städtischem Zentrum (*polis*, *asty*) und Umland (*chora*) bezieht und alle anderen Organisationsformen außer acht läßt. Die griechische Polis wird als ›Gemeinschaft der Bürger‹ (*koinonia ton politon*: Aristot. pol. 1252a1; vgl. pol. 1274b41) definiert. Die Selbstbezeichnung griechischer Stadt-S. nach der Gesamtheit ihrer Bürger, etwa ›Die Athener‹ oder ›Das Volk der Athener‹ (wobei wie in Rom im Innenbereich noch der Rat, die Boule, dazutreten kann: ›Rat und Volk haben beschlossen…‹) verstärkt den Charakter des Personenverbandes, bei dem »nicht die Häuser, sondern die Menschen der S. sind« (Plut. Them. 11,4).

Staatsvolk: Am antiken S. hat niemals die ganze auf dem Territorium eines S. lebende Bevölkerung Anteil (*metechein*: Aristot. pol. 1275a2). Nur die Bürger im Rechtssinne (*cives*, *politai*), also der freie, erwachsene männliche Teil der Bevölkerung, hat Zugang zu Rat, Gericht und Versammlung. Dabei ergeben sich bedeutende Unterschiede zwischen der römischen und der griechischen Auffassung von der Eingrenzung der Bürgerschaft. Der Gedanke des Bürgerrechts verbindet sich in Rom nicht mit einem nationalen Gedanken, die Abstammung von römischen Eltern war nie Bedingung für die Aufnahme in die Bürgerschaft. Das römische Bürgerrecht kann deshalb weit ausgedehnt, an einzelne Personen und ganze Gemeinden fern von Rom (durch

Freilassung oder explizite Bürgerrechtsvergabe) verliehen werden und schließlich in einem ›Reichsbürgerrecht‹ alle freien Bewohner des römischen Reiches umfassen (seit 212 n.Chr.: *Constitutio Antoniniana*). Die griechischen Stadt-S. wachen dagegen eifersüchtig über ihr Bürgerrecht, binden die Zugehörigkeit so eng an die Herkunft (in Athen seit 451 v.Chr. sogar an die Bürgerqualität von Vater und Mutter), daß selbst in der athenischen Demokratie mit ihrer außerordentlichen Ausweitung des Kreises politisch berechtigter Bürger auf ca. 30.000 faktisch nur etwa 10–15 % der Einwohner Attikas zum ›S.-Volk‹ gehörten. Platon berechnet für seinen S. in den *Nomoi* sogar eine exakte Zahl von 5.040 Bürgern (Plat. nom. 73e) und sieht Maßnahmen vor, um diese Zahl stabil zu halten.

Staatsgebiet: Obgleich jeder antike S. seine geographischen Grenzen in der Praxis kennt und verteidigt (vgl. Thuk. 5,23: feindliches Eindringen in ›das Land‹ [*ge*] der Lakedaimonier bzw. Athener), spielt das Territorium in der S.-Theorie kaum eine Rolle. Das griechische S.-Denken geht von einer Fläche aus, die einer größten noch überschaubaren Menge von Menschen ein selbständiges (autarkes) Leben ermöglicht (Plat. pol. 369a9ff., Plat. nom. 737c–d; Aristot. pol. 1326b23–24) und in der idealerweise jeder Bürger vom Heroldsruf erreicht werden kann (Aristot. pol. 1326b5ff.). Zu kleine Einheiten (Familie oder Dorf) genügen nicht den Kriterien der S.-Definition. Größere Einheiten wie die *ethne* (Stammesbünde, Bundes-S.) oder Territorialmonarchien werden zwar als politische Einheiten betrachtet (zu den *ethne*: Aristot. pol. 1261a22–29) und wie die griechischen Polis-S. nach den Bewohnern benannt (›Die Perser‹, ›Die Makedonen‹, ›Die Römer‹; vgl. Pol. 1,2) bzw. im Hellenismus mit dem regierenden König identifiziert, sind aber nicht Gegenstand der S.-Theorie. Ausgehend vom S.-Ziel, dem autarken, tugendhaften und ›guten Leben‹, wird dagegen die Lage des S. (in Bezug zum Meer) und die Beschaffenheit des Landes wichtig (Plat. nom. 704d–705c; Aristot. pol. 1326b25–1327a10, vgl. Cic. rep. 2,5,10–6,11). Anders als die griechische Gebietsauffassung, die regelmäßig das städtische Zentrum und das umgebende Land als staatliche Einheit sieht, ist die römische zwiespältig: Sie trennt einerseits durch die geheiligte Stadtgrenze (*pomerium*) die Stadt (*urbs*) als politischen Wirkungsbereich strikt vom Land, geht aber dann weit über die *urbs* und den *ager Romanus* (S.-Gebiet im engeren Sinn) hinaus und kann im *imperium populi Romani* (der Begriff existiert nicht bei Cicero; siehe Suet. Aug. 31,5; Suet. Tib. 21,7) den gesamten Herrschaftsbereich des römischen Volkes und damit das Reich als S.-Gebiet meinen (vgl. Cic. rep. 3,24: *fines imperii*; Aristeides, *Eis Romen* 36; 61ff.: das römische Reich als eine große Polis).

Staatsentstehung und Staatsziel: In der Sicht des Protagoras (5. Jahrhundert v.Chr.) schließen sich Menschen zum Schutz gegen Tiere zusammen, gelangen aber erst zum S., als ihnen Zeus Scham und Rechtsempfinden (*aidos* und *dike*) verleiht (Plat. Prot. 320c–322c). Für Platon sammeln sich Menschen, weil sie wegen der naturgegebenen unterschiedlichen Begabungen ihre Bedürfnisse am besten in einer arbeitsteiligen Gesellschaft befriedigen können (Plat. pol. 369b–372d). Aristoteles dagegen hält den Polis-S. für natürlich gegeben, quasi praeexistent, und schließt dies aus der Anlage des Menschen, der – begabt mit Stimme und Rechtsbewußtsein – ein ›staatenbildendes Lebewesen‹ (*zoon politikon*) sei, das nur im S. seine höchste Ausprägung (*telos*) erreichen könne (Aristot. pol. 1252a–1253a). Ähnlich schreibt Cicero dem Menschen eine natürliche Veranlagung zur

Gemeinschaftsbildung zu (*naturalis* ... *congregatio*) und wendet sich gegen eine natürliche Schwäche als Ursache der S.-Bildung (rep. 1,25,39; vgl. Cic. off. 1,157–158). Ziele des S. in der antiken S.-Theorie sind grundsätzlich Ordnung und Stabilität, die durch Eintracht (*homonoia, concordia*) erreicht werden sollen. Als Mittel hierzu sieht man seit Protagoras die Verwirklichung der Gerechtigkeit und die ethische Erziehung der Bürger. Für Platon ist in der *Politeia* der S. das große Abbild des Menschen, der intensiv durch Weise und zum Weisen erzogen werden muß, um das Gute im S. verwirklichen zu können. In den *Nomoi* treten Gesetze mit minutiösen Regelungen an die Stelle der Erziehung. Bei Aristoteles wird das sittlich ›gute Leben‹ (*eu zen*) zum Ziel des S. und ebenfalls an Gerechtigkeit, Freundschaft und Eintracht gebunden. Sein fragmentarischer Idealstaatsentwurf (Buch 7 und 8 der *Politik*) betont wiederum die Erziehung des Bürgers, der zum besten Menschen werden muß, um der beste Bürger in einem besten S. zu sein. Auch Polybios und Cicero sehen das Ziel des S. in der Verwirklichung der Gerechtigkeit, ebenso wie Augustinus, der jedoch dem Erden-S. (*civitas terrena*) die Gerechtigkeit abspricht, weil er nicht ›jedem das Seine‹ (nämlich dem wahren Gott die rechte Verehrung) zukommen läßt. Erziehung zum rechten Verhalten und vor allem Gerechtigkeit als Mittel der Stabilisierung werden damit auch zu Definitionskriterien des S. Die unterschiedliche Eignung der einzelnen S.-Formen zur Realisierung des Ziels wird zum Qualitätsmerkmal der Verfassung eines S.

Staatsverwaltung: Antike S. neigten generell nicht zur Entwicklung einer flächendeckenden und zentral gesteuerten Verwaltung. Die Leistungen des S. für seine Bürger waren schwach ausgeprägt. So fehlten z.B. in der Regel jede wirtschaftliche Fürsorgetätigkeit und reguläre staatliche Kräfte zur Aufrechterhaltung der Ordnung sowie Verhinderung und Verfolgung von Verbrechen (Polizei; öffentliche Anklagebehörde). Entsprechend dem Verständnis des S. als Personenverband übernahmen die Bürger zahlreiche ›staatliche‹ Aufgaben, etwa bei der Überwachung der öffentlichen Sicherheit durch rege, vom S. durch Prämien geförderte Anzeigetätigkeit (Sykophanten, Delatoren), bei der Einziehung von Steuern und der Durchführung öffentlicher Arbeiten (Verpachtung an private Gesellschaften [*publicani*]), bei der Finanzierung und Ausrichtung öffentlicher Feste und Spiele (*munera*, Liturgien), sogar bei Aufgaben der Landesverteidigung (Selbstausrüstung der Kombattanten, Ausrüstung von Schiffen, private Kredite).

In den griechischen Stadt-S. lag die Aufsicht über die politischen, juristischen, sakralen und finanziellen Belange bei wenigen leitenden Beamten, die Erledigung der laufenden Geschäfte bei zahlreichen kleineren Gremien, die alle jährlich gewählt oder erlost wurden und ehrenamtlich tätig waren. Die technische Kontinuität (Akten- und Protokollführung, Registratur usw.) wurde durch die Beschäftigung von S.-Sklaven (*demosioi* in Athen, *servi publici* in Rom) gewährleistet. Auch in den Flächen-S. der hellenistischen und römischen Welt läßt sich eine ausgesprochene Ökonomie der Verwaltungstätigkeit feststellen. Die an den hellenistischen Höfen angesiedelte Verwaltungsspitze um den König blieb sehr dünn, die Hauptmasse der Verwaltungstätigkeit wurde von den alten oder neu gegründeten Städten erledigt, deren Verwaltungserfahrung weiter genutzt wurde, oder von den traditionellen, aus dem Perser- bzw. Pharaonenreich übernommenen regionalen und dörflichen Verwaltungsstäben erfaßt. Ein Musterbeispiel für Verwaltungsökonomie bietet Rom, das seine ursprüngliche

Beamtenzahl trotz ungeheurer Ausdehnung des Herrschaftgebiets nur unwesentlich erhöhte (von ca. 40 im 3. Jahrhundert v.Chr. auf ca. 50 im 1. Jahrhundert v.Chr.), weiterhin die Städte als Verwaltungskerne nutzte, neue in Form von Koloniegründungen in Italien und in den Provinzen anlegte und in den Provinzen das Kriegsrecht als Verwaltungsgrundlage bestehen ließ. Eine Vorform der modernen bürokratischen S.-Verwaltung entstand erst in der Kaiserzeit und in der Spätantike, als das republikanisch-aristokratische Wahlbeamtentum aufgegeben wurde. Mit der zunehmenden Autokratisierung des Kaisertums seit dem 2. Jahrhundert n.Chr. entwickelte sich ein besoldetes, weisungsgebundenes, fachlich qualifiziertes, zur Loyalität verpflichtetes und in eine Karriere eingebundenes hohes ›Reichsbeamtentum‹, dem eine Fülle von rangmäßig vielfach gegliederten, niederen Beamten und Hilfskräften in den Büros (*officia*) der Fachressorts zur Verfügung stand.

→ Außenpolitik, Bevölkerung, Bürgerrecht, Dorf, Fremde, Gesellschaft, Grenze, Polizei, Recht, Reich, Sklaverei, Stadt, Verfassung

LITERATUR: E. *Barker*: The Political Thought of Plato and Aristotle. 1906 (ND 1959). – A. *Böckh*: Die Staatshaushaltung der Athener. 2 Bde., ³1886, 3. Bd. 1840. – G. *Busolt*/H. *Swoboda*: Griechische Staatskunde. 2 Bde., ³1926. – W. *Eder* (Hg.): Staat und Staatlichkeit in der frühen römischen Republik. 1990. – W. *Eder*: Who rules? Power and Participation in Athens and Rome, in: A. Molho/K. Raaflaub/J. Emlen: City States in Classical Antiquity and Medieval Italy. 1991, 169–196. – V. *Ehrenberg*: Der Staat der Griechen. Zürich ²1965. – P. *Funke*: Die Bedeutung der griechischen Bundesstaaten in der politischen Theorie und Praxis des 5. und 4. Jh. v.Chr., in: W. Schuller (Hg.): Politische Theorie und Praxis im Altertum. 1998, 59–71. – W. *Gawantka*: Die sogenannte Polis. Frankfurt 1985. – U. *Kahrstedt*: Staatsgebiet und Staatsangehörige in Athen. Studien zum öffentl. Recht Athens Bd. 1, 1934. – J. A. O. *Larsen*: Greek Federal States. 1968. – H. *Beck*: Polis und Koinon. Untersuchungen zur Geschichte und Struktur der griechischen Bundesstaaten im 4. Jh. v.Chr., 1997. – F. *de Martino*: Storia della costituzione romana. 3 Bde., ²1972/1973. – E. *Meyer*: Römischer Staat und Staatsgedanke. Zürich/München ³1964. – E. *Meyer*: Vom griechischen und römischen Staatsgedanken, in: R. Klein (Hg.): Das Staatsdenken der Römer. Darmstadt 1966, 65–86 (Orig. 1947). – Th. *Mommsen*: Römisches Staatsrecht. 3 Bde., ³1997/1888 (ND 1954). – K. I. *Noethlichs*: Beamtentum und Dienstvergehen. Zur Staatsverwaltung in der Spätantike. 1981. – H. *Quaritsch*: Der Staatsbegriff und die antiken Politiktheorien, in: W. Schuller (Hg.): Politische Theorie und Praxis im Altertum. 1998, 278–290. – P.L. *Schmidt*: Cicero ›de re publica‹, in: ANRW I 4, 1973, 262–333 (Forschungsbericht). – E. *Schütrumpf*: Die Analyse der Polis durch Aristoteles. 1980. – R. *Stark*: Res publica, in: H. Oppermann (Hg.): Römische Wertbegriffe. Darmstadt (1937), 1967, 42–110. – W. *Suerbaum*: Vom antiken zum frühmittelalterlichen Staatsbegriff. ³1977.

Walter Eder

Staatenverbindungen

Unter S. versteht man politische Gebilde, in denen die Merkmale der Staatlichkeit auf zwei oder mehrere politische Einheiten verteilt sind. Sie ergeben sich entweder aus unvollkommenem Zusammenschluß oder aus unvollkommener Trennung. Zahl und Vielfalt der möglichen Kombinationen sind grundsätzlich unbegrenzt, doch begegnen einige Hauptformen besonders häufig. In neuerer Zeit sind das Staatenbund und Bundesstaat, Personal- und Realunion sowie die verschiedenen Formen politischer (Ober-)Herrschaft über Vasallen und mehr oder weniger autonome, jedenfalls vom herrschenden Staat begrifflich geschiedene Gemeinwesen. Alle diese Formen und einige mehr finden sich auch im Altertum.

Staatenbünde: Mindestens seit dem 7. Jahrhundert v.Chr. bestand in Griechenland die *amphiktyonie* (›Umwohnerschaft‹), ein Bund der zwölf Stämme des östlichen Nord- und Mittelgriechenland zum Schutz des Verkehrs durch die Thermopylen und des dortigen Demeterheiligtums. Im Bundesrat war jeder Stamm durch zwei sogenannte Hieromnemonen (= ›Merker in heiligen Angelegenheiten‹) vertreten, der Vorsitz und der Oberbefehl in Bundeskriegen lag bei den Thessalern. Im frühen 6. Jahrhundert v.Chr. übernahm die Amphiktyonie auch den Schutz des delphischen Heiligtums, und spätestens um diese Zeit gewann sie durch Einbeziehung auch der peloponnesischen Dorier panhellenische Geltung. Als eine Art gemeingriechische Friedensorganisation bestand sie, mit wechselnder Autorität, bis in die Kaiserzeit. Ähnliche Organisationen um die Heiligtümer von Delos und Kalaureia übernahmen den Amphiktyonennamen, spielten aber nie eine vergleichbare Rolle.

In spätarchaischer, klassischer und hellenistischer Zeit scharten die führenden Staaten Griechenlands – Sparta, Athen und Makedonien – jeweils eine große Zahl heeresfolge- und z.T. auch tributpflichtiger Bundesgenossen um sich, die durch eine auf Dauer angelegte Organisation (mit fallweise einberufener oder auch ständiger Bundesversammlung) miteinander und mit dem Vorort (der jeweils den Oberbefehlshaber, *hegemon*, stellte) verbunden waren. Im 4. Jahrhundert v.Chr. waren die Griechenstädte Süditaliens, die Italioten, in einem Staatenbund unter Führung Tarents vereint, im 3. und 2. Jahrhundert v.Chr. zahlreiche Inseln der Ägäis unter dem Protektorat erst der Antigoniden und Ptolemäer, dann der Rhodier in einem Bund der Nesioten, ›Inselbewohner‹, zusammengeschlossen.

Eine hegemoniale Symmachie war auch der sogenannte Italische Bund Roms: Vom frühen 3. Jahrhundert v.Chr. bis zum Bundesgenossenkrieg (90–88 v.Chr.) waren alle Bundesgenossen Roms in Italien (d.h. seit 264 v.Chr. alle Staaten Italiens) zur Heeresfolge in allen Kriegen Roms verpflichtet.

Zu den Staatenbünden zählte auch der lose Friedensbund der Städte Kretas, der Kretaieis, ferner Rudimente einstiger stammesstaatlicher Ordnung, wie das Ionische Koinon in Kleinasien, der Latinerbund, der etruskische Zwölfstädtebund und die lose Vereinigung aller suebischen Stämme nach ihrer räumlichen Trennung.

Von den zahlreichen Stämmebünden im semitischen Vorderasien ist nur der Bund der zwölf Stämme Israels (12.–11. Jahrhundert v.Chr.) noch einigermaßen faßbar.

Bundesstaaten: Als sich innerhalb der alten Stammstaaten (*ethne*) des griechischen Festlandes etwa seit spätarchaischer und frühklassischer Zeit einzelne Städte zu fest organisierten, eigenwilligen Gemeinwesen entwickelten und die Stammeseinheit gefährdeten oder zeitweise sprengten, wurden die Verfassungen der (fortbestehenden oder auch nach Zeiten der Auflösung wiederbegründeten) Ethne den neuen Verhältnissen in der Weise angepaßt, daß die staatlichen Funktionen auf zwei Ebenen verteilt wurden: Über den Städten, die sich weitgehend selbst regieren, standen die Organe des gesamten Ethnos, des *koinon* (wörtlich etwa ›Gesamtheit‹), Bundesversammlung, Bundesrat, Bundesbeamte und Bundesgerichte, wobei auf gleichmäßige Vertretung der einzelnen Landesteile geachtet wurde. Insofern glichen diese reformierten Ethne weitgehend unseren Bundesstaaten, allerdings mit einem grundsätzlich bedeutsamen Unterschied: In den modernen Bundesstaaten sind die Glieder im allgemeinen älter als das (als ein ›Bund‹ von Ländern und Städten aufgefaßte) Ganze, die griechischen Ethne dagegen bestanden im allgemeinen seit ewigen Zeiten und wurden erst spät nach Städten gegliedert. (Die Neubildung von Bundesstaaten durch Zusammenschluß bisher getrennter Städte oder Stämme war in der griechischen Geschichte ein seltenes Phänomen, belegt nur in Euboia und Epeiros seit dem 4. Jahrhundert v.Chr.). Große Bedeutung erlangten die reformierten Ethne, als sie sich – vereinzelt in klassischer, allgemeiner in hellenistischer Zeit – über die alten Grenzen des Stammesgebietes ausdehnten, indem sie bisher fremde Städte zu gleichem Recht, also als neue Gliedstaaten, in ihren Verband aufnahmen. So haben namentlich die Aitoler und die peloponnesischen Achaier im 3. und 2. Jahrhundert v.Chr. große Teile Griechenlands zu je einem Bundesstaat zusammengefaßt.

Als Bundesstaat (nicht Staatenbund) muß wohl auch der von Roms abgefallenen Bundesgenossen im Jahre 91 v.Chr. gegründete italische Staat gelten.

Mutterstadt und Kolonien: Die Pflanzstädte der Phönizier, Griechen, Etrusker und anderer Völker des Altertums waren im allgemeinen von Anfang an unabhängige Staaten. Es gab aber nicht wenige Fälle, in denen die Kolonie mit der Mutterstadt auch politisch mehr oder weniger eng verbunden blieb. Das Grundgesetz der ionischen Stadt Teos, formuliert als eine lange Reihe feierlicher Verfluchungen aller Staatsfeinde und Verfassungsbrecher, galt im 5. Jahrhundert v.Chr., wie ein neuerer Inschriftenfund gelehrt hat (Herrmann), auch für Abdera, die Kolonie von Teos in Thrakien. Korinth hielt seine jüngeren, in der Kypselidenzeit gegründeten Kolonien bis weit in die klassische Zeit unter seiner Herrschaft fest. Die milesische Kolonie Sinope übte jedenfalls am Ende des 5. Jahrhunderts v.Chr. über ihre eigenen Kolonien an der südöstlichen Schwarzmeerküste, deren Gebiete sie dem eigenen Territorium zurechnete, eine Schutzherrschaft aus (Xen. an. 5,5,7.10). Athen hatte vom 5. Jahrhundert v.Chr. bis in die Kaiserzeit in wechselndem Umfang auswärtige Besitzungen, deren Bewohner, Siedler aus Athen, das athenische Bürgerrecht besaßen und im Rahmen des athenischen Staates eine beschränkte Selbstverwaltung genossen. Es übte ferner über die im Jahre 436 v.Chr. mit z.T. fremden Siedlern gegründete Kolonie Amphipolis, die ihr eigenes Bürgerrecht hatte, eine förmliche Herrschaft aus und beanspruchte diese noch jahrzehntelang, als die Stadt 424 v.Chr. abgefallen war und sich nicht mehr unterwerfen ließ.

Karthago war, jedenfalls seit dem 5. Jahrhundert v.Chr., mit allen anderen phönizischen Kolonien im westlichen Mittelmeergebiet durch enge und dauerhafte Beziehungen verbunden, deren Rechtsnatur leider dunkel bleibt.

Die Kolonien, die der Latinerbund im 5. und 4. Jahrhundert v.Chr. in seinen Grenzgebieten anlegte, waren selbständige Gliedstaaten des Bundes, mit den anderen Bundesstädten auch durch das sogenannte Latinische Recht, eine Art Bundesbürgerrecht, verbunden. Seit der Auflösung des Bundes 338 v.Chr. gründete Rom weiter ›Latinische Kolonien‹, formal freie Städte, deren ›Latinisches Recht‹ nach und nach zu einer Vorstufe des römischen Bürgerrechts wurde. Die sogenannten Bürger- oder Seekolonien Roms, in der älteren Zeit als kleine Küstenfestungen, später als richtige Städte auch im Binnenland angelegt, verblieben von vornherein im römischen Staatsverband. Kolonien in beiderlei Rechtsstellung wurden in großer Zahl bis in die Kaiserzeit angelegt, sie waren zuverlässige Stützpunkte der römischen Herrschaft zuerst in Italien, später auch in den Provinzen.

Die Personalunion (und ihre institutionell verfestigte Spielart, die Realunion), d. h. die Vereinigung zweier oder mehrerer im wesentlichen getrennt organisierter Staaten unter einem Herrscher, begegnet häufig im Alten Orient (unter Einschluß der griechischen und phönizischen Stadtstaaten Zyperns). Die historisch bedeutsamsten Fälle sind die in frühgeschichtlicher Zeit vollzogene Vereinigung Ober- und Unterägyptens und die kurzlebige Personalunion zwischen Israel und Juda unter David und Salomo. Im 4. und 3. Jahrhundert v.Chr. gebot der König der Makedonen zugleich als Archon über die Thessaler. Der Ostgotenkönig Theoderich und seine Nachfolger waren zugleich (als *patricii*) Vertreter des Kaisers im Restgebiet des Weströmischen Reiches.

Auswärtige Herrschaftsgebiete: Die (Ober-)Herrschaft von Königen oder republikanischen Gemeinwesen über abhängige Staaten war im Altertum weit verbreitet. Hierher gehören die Großreiche ägyptischer, babylonischer, hethitischer, assyrischer, persischer usw. Könige, soweit sie über deren unmittelbares Herrschaftsgebiet hinausreichten, und, mit derselben Einschränkung, die ihrer Nachfolger, der hellenistischen Könige des Ostens. Hierher gehört aber auch die Herrschaft nicht weniger griechischer Staaten, wie der Thessaler, von Elis, Athen, Syrakus, Rhodos usw., über Gebiete, deren Bewohner nicht der eigenen Bürgerschaft zugerechnet wurden, sowie die auswärtigen Besitzungen Karthagos und vor allem die Herrschaft Roms über Provinzen, ›freie‹ Städte und Klientelstaaten. Das Römische Reich wurde zu einem Staat mit einem Bürgerrecht erst durch die 212 n.Chr. von Kaiser Caracalla erwirkte *Constitutio Antoniniana,* und auch diese ließ die örtliche Selbstverwaltung in den traditionellen Formen, also die vielfältigen Überreste alter Eigenstaatlichkeit, zunächst fortbestehen.

Ost- und Westrom: Im 5. und 6. Jahrhundert n.Chr. (bis zur Wiedervereinigung durch Justinian) waren beide Reichshälften faktisch schon weitgehend getrennt, hatten aber noch so viel gemeinsam, daß ihre Beziehungen zueinander noch eindeutig staatsrechtlicher, nicht völkerrechtlicher Natur waren. Das Nähere kann hier nicht erörtert werden.

Es liegt auf der Hand, daß die S. aus der Geschichte des Altertums nicht wegzudenken sind. Nur auf diesem Weg, d. h. zunächst wenigstens unter weitgehender Schonung des traditionellen kleinräumigen Eigenlebens, konnten die zahllosen Klein- und Zwergstaaten nach und nach zu größeren politischen Gebilden zusammenwachsen und schließlich zum Großteil im römischen Weltreich aufgehen.

→ Außenpolitik, Bürgerkrieg, Bürgerrecht, Diplomatie, Hauptstadt, Imperialismus, Kolonisation, Staat, Stadt, Volksstamm

LITERATUR: G. *Buccellati:* Cities and Nations of Ancient Syria. Rom 1967. – A. *Giovannini:* Untersuchungen über die Natur und die Anfänge der bundesstaatlichen Sympolitie in Griechenland. Göttingen 1971. – F. *Gschnitzer:* Abhängige Orte im griechischen Altertum. München 1958. – P. *Herrmann:* Teos und Abdera im 5. Jahrhundert v.Chr. Ein neues Fragment der Teiorum Dirae, in: Chiron 11, 1981, 1–30. – J. A. O. *Larsen:* Greek Federal States. Oxford 1968. – A. N. *Sherwin White:* The Roman Citizenship. Oxford ²1973. – R. *Werner:* Probleme der Rechtsbeziehungen zwischen Metropolis und Apoikie, in: Chiron 1, 1971, 19–73.

Fritz Gschnitzer

Stadt

Der antiken S. kommt im Rahmen der allgemeinen S.-Geschichte eine große Bedeutung zu. Die Antike ist (nimmt man den alten Orient mit hinzu) jene Epoche, in der sich die S. als Kristallisationspunkt von Politik, Wirtschaft, Religion und Kultur erstmals herausgebildet hat. Sowohl im griechischen als auch im römischen Bereich ist die S. eine dominierende Form menschlichen Zusammenlebens gewesen. Die S. bildet den primären Bezugsrahmen des antiken Menschen.

Definition: Diese grundsätzlichen Aussagen bedürfen freilich der Präzision dessen, was S. in der Antike eigentlich heißen kann. Darüber gibt es in der historischen, archäologischen und geographischen Forschung eine intensive Diskussion, ohne daß man dabei bisher zu einem Konsens gelangt ist. Generell wird man für die Antike zwischen einem siedlungstypologisch-funktionalen und einem politisch-rechtlichen S.-Begriff zu unterscheiden haben. Diese Differenzierung ist um so angebrachter, als sie auch bereits antiken Vorstellungen entspricht. So schreibt im 2. Jahrhundert n.Chr. der griechische Reiseschriftsteller Pausanias über den Ort Panopeus in der Landschaft Phokis: »...eine phokische Stadt, wenn man auch einen solchen Ort eine Stadt (Polis) nennen darf, der weder Amtsgebäude noch ein Gymnasion noch ein Theater noch einen Markt besitzt, nicht einmal Wasser, das in einen Brunnen fließt, sondern wo man in Behausungen etwa wie in den Hütten in den Bergen an einer Schlucht wohnt. Und doch haben auch sie ihre Landesgrenzen gegen die Nachbarn und schicken ebenfalls Vertreter in die phokische Versammlung« (Paus. 10,4,1). Pausanias erwartet von einer Stadt also zum einen ein bestimmtes architektonisches Ensemble von öffentlichen Bauten, dazu einen gewissen Standard an Wohnkomfort und eine entsprechende Infrastruktur. Die gleiche Erwartung reflektiert sich in einer Beschreibung von Athen bei Herakleides Kritikos, im 3. Jahrhundert v.Chr., als Athen seine politische und kulturelle Glanzzeit bereits hinter sich hatte. Er moniert die schlechte Wasserversorgung, die winkligen Straßen und die schlichten Häuser als einen Kontrapunkt zu dem Anspruch, sich die ›Stadt der Athener‹ nennen zu dürfen. Zugleich verdient sich Athen dieses Attribut aber wiederum durch seine prächtigen Tempel, Theater und Gymnasien (1,1). Instruktiv ist in diesem Zusammenhang auch, was Strabon im 1. Jahrhundert v.Chr. über die urbane Struktur von Spanien schreibt: »In der Tat erscheint es mir, daß diejenigen, die behaupten, die Iberer hätten mehr als 1.000 Städte, auch die größeren Dörfer (komai) als Städte (Poleis) bezeichnen. Denn weder die Beschaffenheit des kargen, entlegenen und rauhen Landes ist für die Existenz vieler Städte geeignet, noch die Lebensart und die Verhaltensweisen der Einwohner (abgesehen von denjenigen, die an der Mittelmeerküste wohnen) zielen darauf. Denn die Bewohner von Dörfern – und das sind die meisten Iberer – sind nämlich wilde Menschen« (Strab. 3,4,13). Diese Passage ist insofern auch relevant, als daß als Voraussetzung für die Entwicklung einer urbanen Kultur geeignete geographische Verhältnisse und ein bestimmtes zivilisatorisches Niveau der Menschen genannt werden.

Auf der anderen Seite offenbart Pausanias in seinen Äußerungen über Panopeus, daß für den antiken Menschen S. auch eine rechtliche Implikation hatten, indem die Bewohner des äußerlich so unbedeutenden Ortes über politische Autonomie verfügten

Abb. 84: Luftaufnahme der Stadt Ostia, die ihr Profil durch den Flußhafen in Portus gewann. Im 4. Jh. v.Chr. von den Römern als eine Kolonie am unteren Tiber gegründet, erhielt die Stadt eine regelmäßige Anlage. Frei von moderner Überbauung, lassen sich in Ostia die einzelnen Ausbauphasen bis in die römische Kaiserzeit nachweisen. Im Zentrum der Aufnahme ist das Forum zu erkennen, links neben dem Theater eine der Hauptstraßen (decumanus maximus).

und sie sich deshalb eine Polis nennen durften. Unter siedlungsgeographischem Aspekt kann also nicht jede Polis als ›S.‹ bezeichnet werden. Es gab in der griechischen Welt durchaus auch Poleis ohne eine entsprechende urbane Ausstattung, wie sie Pausanias bei Panopeus vermißte. Im Normalfall aber verfügte die Polis als die autonome Gemeinschaft der Bürger über ein städtisches Zentrum, von den Griechen als *asty* bezeichnet. Zur Polis gehörte weiterhin das agrarische Territorium außerhalb des Zentralortes (*chora*). Für die römische Stadt gibt es eine entsprechende Differenzierung durch *urbs* bzw. *oppidum* (als S. im Sinne eines siedlungsgeographischen Phänomens) und *civitas* (als S. im Sinne einer sich selbst verwaltenden Gebietskörperschaft).

Kriterien für eine antike Stadt: Nach dem Vorbild der grundlegenden Arbeiten Max Webers hat sich die moderne Forschung um die Erarbeitung eines methodischen Instrumentariums zur präziseren Bestimmung der antiken S. unter siedlungstypologisch-funktionalem Aspekt bemüht. Sinnvollerweise kann ein solcher Katalog die folgenden Kriterien umfassen: topographische Geschlossenheit der Siedlung, eine relativ hohe Bevölkerungszahl, Arbeitsteilung und soziale Differenzierung, gehobene Bausubstanz, urbaner Lebensstil und vor allem die Funktion der Siedlung als Zentralort für das agrarische Umland (vgl. Kolb 15). Eine solche Zentralortfunktion hatte zum Beispiel zweifellos das Athen der klassischen Zeit.

Abb. 85: Fassade eines mehrgeschossigen Wohnhauses (insula) in der Stadt Ostia. Solche Häuser wurden in großen Städten gebaut, um Platz zu sparen, wie der römische Architekturschriftsteller Vitruv für Rom mitteilt (Vitr. 2,8,17): »Bei der großen Bedeutung der Stadt aber und der unendlich großen Zahl von Bürgern muß man unzählige Wohnungen schaffen. Da also Häuser, die nur ein Erdgeschoß haben, eine so große Menge zum Wohnen in der Stadt nicht aufnehmen können, zwangen die Umstände selbst dazu, daß man sich damit half, die Häuser in die Höhe zu bauen. So wurden mit Hilfe von Steinpfeilern, Mauern aus gebrannten Ziegeln und Bruchsteinmauern hohe Häuser errichtet. Sie wurden auf häufigen Balkenanlagen mit Bretterböden versehen mit dem Ergebnis, daß die oberen Stockwerke zum größten Nutzen Aussicht auf die Stadt haben.« Im Erdgeschoß befanden sich meistens Läden und Geschäftsräume, so etwa, wie auf dem Bild, eine Garküche.

Entstehung antiker Städte: Athen kann auch als Beispiel dafür gelten, daß sich antike Siedlungen durch den Aufschwung von Wirtschaft und Handel und eine damit einhergehende soziale Differenzierung zu S. entwickelten. In Athen vollzog sich dieser Schritt etwa am Anfang des 6. Jahrhunderts v.Chr., gefördert durch den Zusammenschluß (Synoikismos) einzelner Dörfer in Attika. Dieser prozeßhafte Vorgang wurde legendär dem Theseus zugeschrieben (Plut. Thes. 24: »So hob er also die in den einzelnen Siedlungen bestehenden Prytanien, Rathäuser und Obrigkeiten auf und schuf ein für alle gemeinsames Prytaneion und Rathaus dort, wo jetzt die Altstadt steht, nannte den ganzen Staat Athen und stiftete ein Fest für alle«; vgl. Thuk. 2,15). Ähnlich wurde die vor allem von den Etruskern forcierte, allmähliche Entwicklung des Tiberdorfes Rom zu einem urbanen Zentrum als Akt eines Einzelnen (Romulus) ausgegeben.

Daß Wirtschaft und Handel Impulsgeber bei der Entstehung von S. waren, bestätigt auch der Historiker Thukydides: »Alle Städte aber, die in jüngerer Zeit gegründet wurden, ...wurden an der Küste angelegt und riegelten mit Mauern die Landzungen ab – um des Handels willen und der Sicherung gegen die jeweiligen Nachbarn, während die alten Städte wegen der noch lange vorherrschenden Seeräuberei weiter entfernt vom Meer gebaut wurden« (Thuk. 1,7). Thukydides weist auch am Beispiel Spartas darauf hin, daß S. nicht gleichbedeutend mit Macht war, denn die Spartaner siedelten noch im 5. Jahrhundert v.Chr., auf dem Höhepunkt ihrer politischen Bedeutung, »nach altgriechischem Brauch dorfweise« (Thuk. 1,10).

Von den gewachsenen S. mit ihren spezifischen Bedingungen der Entwicklung sind grundsätzlich solche zu unterscheiden, die in der Folge urbanen Gestaltungswillens, als Plan-S., entstanden sind. Das gilt für die S., die im Zuge der griechischen Kolonisation (750–550 v.Chr.) an den Küsten des Mittelmeeres und des Schwarzen Meeres gegründet wurden und die von der S.-Planung her vorbildlich auch für das Mutterland wurden, für die Gründungen der hellenistischen Könige, die damit politische Ansprüche zu unterstreichen versuchten, und für die römischen S.-Gründungen, die gleichermaßen sozialen (Versorgung von römischen Veteranen und Proletariern) und militärischen Zwecken dienten und ebenso auch als Instrumente der Romanisierung eingesetzt wurden. Die Errichtung einer städtischen Hochkultur rechneten die Römer denn auch zu ihren größten zivilisatorischen Leistungen, wie ein Ausspruch Varros dokumentiert: »Die göttliche Natur gab die Äcker, die menschliche Kunst schuf die Städte« (Varro rust. 3,1,4).

Einwohnerzahlen: Im Unterschied zu modernen S. war für die Griechen und auch für die Römer die Zahl der Einwohner kein wesentliches Kriterium für eine S. Tatsächlich erreichten viele der in klassischer Zeit über 700 griechischen Poleis kaum eine Einwohnerzahl von 1.000 Menschen. Athen galt mit seinen vielleicht 200.000 Bewohnern (ganz Attika) bereits als Großstadt. Statistisch gesehen war die griechische Polis ein Gebilde, »das in 80% der Fälle auf maximal 100 km^2 höchstens 800 Bürger mit insgesamt 3.200 Einwohnern hatte und in knapp 60% der Fälle sogar nur höchstens 400 Bürger mit 1.600 Einwohnern zählte« (Ruschenbusch 299).

Erst in hellenistischer Zeit entwickelten sich, auch durch eine gezielte staatliche Wirtschaftspolitik der Monarchen, S. mit einer an die Millionengrenze reichenden Einwohnerzahl (etwa Alexandria in Ägypten), und das gleiche gilt, auch wenn die Schätzungen erheblich schwanken, für das kaiserzeitliche Rom.

→ Akropolis, Beruf, Bevölkerung, Demographie, Dorf, Gesellschaft, Grenze, Handel, Hauptstadt, Kolonisation, Siedlungsformen, Siedlungsgeographie, Staat, Stadtverwaltung, Städtebau, Wirtschaft, Wohnhaus

LITERATUR: G. *Alföldy:* Stadt-Landbeziehungen und Zentralität als Problem der historischen Raumforschung, in: Veröffentlichungen der Akademie für Raumforschung und Landesplanung. Forschungs- und Sitzungsberichte Bd. 88, 1974, 49–72. – G. *Alföldy:* Römisches Städtewesen auf der neukastilischen Hochebene. Ein Testfall für die Romanisierung. Abhandlungen der Heidelberger AdW, phil.-hist. Kl. 1987/3. Heidelberg 1987. – C. J. *Classen*: Die Stadt im Spiegel der Descriptiones und Laudes urbium in der antiken und mittelalterlichen Literatur bis zum Ende des 12. Jahrhunderts. 1980. – H. *Galsterer*: Stadt und Territorium, in: F. Vittinghoff (Hg.): Stadt und Herrschaft. HZ Beih. 7, 1982, 75–106. – M. *Hammond*: The City in the Ancient World. 1972. – E. *Kirsten*: Die griechische Polis als historisch-geographisches Problem des Mittelmeerraumes. Bonn 1956. – F. *Kolb*: Die Stadt im Altertum. München 1984. – Th. *Lorenz*: Römische Städte. Darmstadt 1987. – R. *Martin*: L'urbanisme dans la Grèce antique. ²1974. – J. *Rich*/A. *Wallace-Hadvill* (Eds.): City and Country in the Ancient World. London 1992. – E. *Ruschenbusch*: Phokis. Lebensraum und Bevölkerungszahl, in: Stuttgarter Kolloquium zur Historischen Geographie des Altertums 2, 1984 und 3, 1987. (Geographica Historica 5), Bonn 1991, 299–312. – H. *Sonnabend* (Hg.): Städtische Lebensformen in der Antike. (Die alte Stadt 1/95), Stuttgart/Berlin/Köln 1995.

Holger Sonnabend

Stadtmauer

Der Philosoph Platon hielt eine S. für überflüssig und schädlich, weil sie »erstens der Gesundheit der Stadt keineswegs zuträglich ist, außerdem aber einen weichlichen Sinn in den Seelen ihrer Bewohner zu erzeugen pflegt, indem es dazu auffordert, in sie zu fliehen und dem Feind nicht die Stirn zu bieten« (Plat. nom. 778d–e). Demgegenüber hatten für Aristoteles (pol. 1331a) S. die doppelte Funktion, »daß sie der

Abb. 86: Entsprechend dem kriegerischen Charakter der Zeit ist die Burg von Mykene in der Argolis, wie die anderen Plätze der mykenischen Epoche, stark auf Verteidigung ausgerichtet gewesen. Die Mauern waren zum Teil mehr als 6 m dick und aus Blöcken bis zu 3 m Länge gebaut, so daß die Griechen hier an das Werk von Kyklopen glaubten.

Abb. 87: Der Westhafen von Sinope an der Schwarzmeerküste mit starken Befestigungsanlagen aus byzantinischer Zeit, errichtet auf der Grundlage antiker Vorgängerbauten. Die milesische Gründung des 7. Jh. v.Chr. war aufgrund ihrer exponierten geographischen Lage und ihrer handelspolitischen Bedeutung immer wieder Objekt der Begehrlichkeiten fremder Potentaten und Mächte. Im Zusammenhang mit dem Versuch des pontischen Königs Mithradates II., Sinope zu erobern (220 v.Chr.), berichtet der Historiker Polybios (4,56) von fortifikatorischen Maßnahmen der Sinoper an den Hafenbuchten: »Deshalb machten sie sich daran, die Küste der Halbinsel ringsum zu befestigen, die Zugänge vom Meer aus durch Palisaden und Wälle zu schützen und Soldaten und Waffendepots an den am meisten gefährdeten Stellen zu postieren. Der Gesamtumfang der Halbinsel ist nämlich nicht allzu groß, sie ist daher sehr leicht zu verteidigen.«

Stadt einerseits zur Zierde dienen und andererseits zum Schutz gegen jederlei Angriffsmittel.« In der Praxis hielten sich Griechen und Römer eher an die Empfehlung des Aristoteles. Zumal in kriegerischen Zeiten stand das Sicherheitsbedürfnis im Vordergrund. Der Mauerring umfaßte dabei in der Regel nicht nur die bewohnte Fläche, sondern auch das landwirtschaftlich nutzbare Areal, das in Kriegszeiten zugleich als Zuflucht für die Landbevölkerung diente. In hellenistischer und römischer Zeit war die S. eine Prestigesache und die Visitenkarte der Stadt, so daß die einzelnen Städte darin wetteiferten, ihre Mauern ansehnlich und imposant zu gestalten. In der Spätantike stand dann jedoch wieder der fortifikatorische Aspekt im Vordergrund (vgl. Abb. 86 und 87). Ein Beleg dafür ist die Aurelianische Mauer in Rom (3. Jahrhundert n.Chr.) mit einem Umfang von 18,8 km, einer Höhe von etwa 6 m, einer Breite von 3,60 m und mit 18 Toren. (Vgl. Abb. 86 und 87).

→ Bevölkerung, Fortifikation, Krieg, Landwirtschaft, Mentalität, Stadt

LITERATUR: F. *Kolb:* Die Stadt im Altertum. München 1984. – A. *Wokalek:* Griechische Stadtbefestigungen. 1973.

Holger Sonnabend

Stadtverwaltung

Allgemeines: S. ist nicht Staatsverwaltung. Zu behandeln sind hier also nicht die Polis Athen, Rom oder Karthago, sondern die ›Stadt im Reich‹, eingegliedert in ein größeres Ganzes. Dies muß nicht unbedingt den Beamtenapparat oder die formalen Entscheidungsprozesse ändern; die notwendige Rücksichtnahme auf den ›Herrscher‹, sei es Monarch oder Republik, führte aber notwendigerweise zu einem Wandel in der Art, wie Politik betrieben wird.

Es ist auch darauf hinzuweisen, daß S. immer zugleich auch Verwaltung des umliegenden Landes meint. Nur wenige Städte hatten überhaupt kein eigenes Territorium, eine ganze Reihe jedoch ein abhängiges Land von mehreren tausend Quadratkilometern.

Organisation: Die Organisation der Verwaltung war in den meisten Städten in einem formellen Stadtrecht geregelt, das bei der Gründung von König, Senat oder Kaiser verliehen wurde. In der Regel handelte es sich dabei nicht um Neuschöpfungen: Die der hellenistischen Städte waren meist dem Vorbild Athens nachempfunden, Antinoopolis bekam 130 n.Chr. das Recht von Naukratis, und die flavischen Stadtrechte in Südspanien sind miteinander bis auf kleine lokale Details identisch. In römischer Zeit wird der städtischen Verfassung mehr und mehr die *lex provinciae* und das römische Recht, wie es der Statthalter anwandte, übergeordnet.

Das Volk ist im Osten in Phylen und Demen, im Westen meist in Curiae eingeteilt, die nach Orten, nach Heroen oder nach Herrschern genannt sind. Die Volksversammlung hat in hellenistischer Zeit, bei zumindest theoretischer Hochschätzung der Demokratie, die ausschlaggebende Rolle gegenüber Rat und Beamten. Die Bürger sind untereinander gleichberechtigt, doch sind viele Bewohner vom Bürgerrecht ausgeschlossen (Metöken, Freigelassene u.a.). In sogenannten Isopolitieverträgen vereinbaren die Städte untereinander, daß ihre Bürger beim Umzug in eine andere Gemeinde dort das Bürgerrecht automatisch erhalten. Die Rolle der Versammlung verliert in römischer Zeit rapide an Bedeutung.

Der Rat ist zunächst, wie in Athen, ein sehr demokratisches Organ. Er wird für kurze Perioden gewählt (oft unter einem Jahr). Die Zahl seiner Mitglieder ist in der Regel hoch (häufig 500). Insofern spiegelt er das Volk in seiner Zusammensetzung wider. Seine Hauptaufgabe ist die Abgabe eines *probouleuma*, eines Vorbeschlusses, der die Volksversammlung vor allzu spontanen Beschlüssen bewahren soll. Unter römischem Einfluß setzen sich sehr schnell eine Vermögensqualifikation für Ratsherren und Zugehörigkeit auf Lebenszeit, damit auch Abschaffung der Volkswahl durch.

Beamtenschaft: Die Beamten (*archontes, magistratus*) sind in den meisten hellenistischen Städten auf ein Jahr oder für kürzere Zeit gewählt; Losung ist nicht sehr verbreitet. Einer von ihnen, meist der dem Jahr seinen Namen gebende (*eponyme*) Beamte, erfüllt die repräsentativen und sakralen Aufgaben eines Stadtoberhauptes. Da hiermit größere Ausgaben verbunden sind, wird er meist aus den vermögenden Schichten gewählt. Auch bei den übrigen Beamten besteht bereits im Hellenismus und verstärkt dann in römischer Zeit die Tendenz, sie aus den reichen und angesehenen Familien zu wählen. Einerseits machten Reichtum, Ansehen der Familie und Bildung die Position des Beamten nach außen, gegenüber den Königen und später den Römern, einfacher, und dies war für die Gemeinde von Vorteil. Andererseits wuchsen die Ansprüche an die Spendenwilligkeit und -fähigkeit der Beamten. Um die Schere zwischen wachsenden Ansprüchen an die ›Lebensqualität‹ und sinkenden Einnahmen der Städte (vor allem durch Abgaben an Könige oder Römer) zu schließen und weil eine Einkommensbesteuerung nach modernem Muster als soziale Revolution gegolten hätte, mußte man auf ›die Reichen‹ zurückgreifen. Diese hatten schon lange in den vor allem aus Athen bekannten Liturgien staatliche finanzielle Aufgaben (Schauspiele, Ausrüstung einer Triere) aus eigener Tasche bezahlt, ohne dafür sonderlich viel Ehre zu erhalten. Am Ende des 4. Jahrhunderts v.Chr. wurden auch in Athen die Liturgien abgeschafft und die Aufgaben Beamten übertragen, die eigentlich staatliche Mittel ausgeben sollten. Die Finanznot der Städte zwang jedoch dazu, in solche Ämter reiche Kandidaten zu wählen, die mit eigenem Geld aushalfen. Damit war die Verbindung zwischen Reichtum und Ämtern geschaffen, die bis in die Spätantike galt.

Die Beamten der Städte in Ost und West stammten also mehr oder weniger aus derselben sozialen Schicht. Allerdings war die Zahl der *magistratus* im Westen auch in großen Städten meist auf sechs beschränkt (zwei *duoviri* oder *quattuorviri iure dicundo*, zwei *aediles* oder *quattuorviri aedilicia potestate*, zwei *quaestores*), während die griechischen Städte eine viel größere Variationsbreite in Zahl und Benennung behielten. Die eigentliche Kontinuität der Verwaltung stellten in den Städten einerseits der nun meist aus auf Lebenszeit gewählten Mitgliedern bestehende Rat, auf der anderen Seite ein Unterpersonal dar, das im Westen meist aus städtischen Sklaven und Freigelassenen, im Osten aus freien ›Angestellten‹ bestand.

Aufgaben: Die Aufgaben der S. umfaßten alle staatlichen Pflichten, die nicht die herrschende Macht an sich gezogen hatte. Die Gesetzgebung zeigt, ohne genaue Abgrenzung zu der des übergeordneten Königreichs oder Roms, mehr und mehr den Einfluß der Magistrate und vor allem des Rates neben der Volksversammlung. Die Rechtsprechung war oft, nach athenischem Vorbild, auf viele einzelne Gerichtshöfe verteilt, die unter dem Vorsitz von Beamten tagten. Eine häufig beklagte Unordnung und Parteilichkeit dieser städtischen Gerichte führte dazu, daß auswärtige Richter berufen wurden oder daß einflußreiche Bürger versuchten, von dem städtischen an das Gericht des Königs oder des römischen Statthalters zu appellieren oder von vorne herein ihren Gerichtsstand dort zu suchen, mit höchst negativen Folgen für das Ansehen der Gerichte. Im Westen war die Gerichtsorganisation meist dem zweistufigen römischen Formularmodell angeglichen, mit dem Beamten, der den juristischen Prozeßverlauf (*formula*) vorgab, und dem privaten Richter, dem die Tatsachenfeststellung oblag. Die Rechtsprechung ist in allen Städten eine Aufgabe der Obermagistrate.

In den ›Geschäftsbereich‹ der Aedilen (griechisch: Astynomen) gehört die Wahrung von Ruhe und Ordnung (vgl. das Astynomengesetz von Pergamon, SEG 13,521), die hierzu über eine Polizei verfügten, die vermutlich meist aus Staatssklaven bestand. Sie waren auch zuständig für Straßenbau, Wasser- und Abwasserversorgung sowie für die öffentlichen Bauten überhaupt. Mindestens ebenso wichtig war ihre Marktaufsicht und die mit ihr verbundene Sorge für die Lebensmittelversorgung der Bürger: Keine Stadt konnte wie früher Athen und später Rom und Byzanz die Versorgung auf machtpolitischem Weg, durch Steuern oder Abgaben, erzwingen. So waren genaue Beobachtung der Ernte im Umland und gegebenenfalls Aufkauf von fremdem Getreide nötig, um Hungersnöte und -revolten zu vermeiden.

Eigentümlich bescheiden waren – bei der Wichtigkeit der Materie – Ansehen und Aufgaben der Kämmerer (*quaestores*). Sie sind nach den flavischen Stadtgesetzen wenig mehr als Kassenführer, die von Oberbeamten oder Rat beschlossene Zahlungen tätigen oder empfangen. Hierzu paßt es, daß dieses Amt in manchen Städten gar kein richtiger *magistratus*, sondern eine Zwangsverpflichtung (*munus*, Liturgie) war. Die Verfügung über die städtischen Finanzen war eines der Mittel, mit denen der Rat seine Herrschaft in der Stadt aufrechterhielt.

Die Ausgaben der Städte lagen vor allem im Bereich der Bauten und ihrer Erhaltung, der Bezahlung städtischer Angestellter, der Ausgaben für Gesandtschaften an König, Kaiser und Statthalter sowie, im Osten mehr als im Westen, der Bildungseinrichtungen. Die Einnahmen stammen aus der Verpachtung von städtischem Grundbesitz, aus Marktabgaben und Steuern (*vectigalia*) wie z.B. einer Abgabe auf Weinausschank, aus verpachteten städtischen Monopolunternehmen wie einer Wechselbank oder der Fähre über einen Fluß und schließlich dem *portorium*, einer Abgabe auf Waren, die durch die Stadttore gebracht wurden. Umstritten ist die Rolle der ›freiwilligen‹, aber vom Volk erwarteten Leistungen der Oberschicht, des sogenannten Euergetismus. Gegen eine Tendenz, diesen Leistungen eine überragende Rolle in den städtischen Finanzen zuzuschreiben, wurde in letzter Zeit verstärkt auf die ›etatmäßigen‹ Ausgaben der Städte hingewiesen. Sicher ist, daß die Spender sich eher publikumswirksame Aufgabengebiete für ihre Betätigung (Spiele, Badewesen, prachtvolle Gebäude und vor allem deren inschriftentragende Fassaden) ausgesucht haben als verborgene Beiträge zur Lebensqualität wie Abwasserleitungen und Bauerhaltung.

Neben all diesem hatten die Gemeinden aber auch für die Könige oder den römischen Staat Aufgaben zu übernehmen. In erster Linie ist dies die Einnahme der Steuern, die an die übergeordnete Einheit gingen. In römischer Zeit war dies vor allem die Kopf- und die Grundsteuer, das *tributum*, von dem nur wenige Gemeinden befreit waren. Es wurde – in Geld oder in Produkten – von städtischen Beamten eingezogen, notfalls vermarktet und an die Reichsbeamten weitergegeben, die es nach Rom weiterleiteten oder Heere in benachbarten Provinzen damit bezahlten. Für die Armee stellten die Gemeinden auch Rekruten, Pferde und Ausrüstungsgegenstände; eine Armee auf dem Marsch wird von den Städten, durch die sie zieht, untergebracht und versorgt. Die Stationen der Reichspost, des *cursus publicus*, wurden von den Städten getragen, die auch zum Bau von Straßen durch ihr Gebiet herangezogen wurden.

→ Adel, Bevölkerung, Bürgerrecht, Demokratie, Dorf, Fremde, Gesellschaft, Polizei, Recht, Sklaverei, Staat, Stadt, Verfassung

LITERATUR: M.H. *Hansen* (Ed.): The Ancient Greek City State. Kopenhagen 1993. – A.H.M. *Jones*: The Greek City from Alexander to Justinian. Oxford 1940. – W. *Liebenam*: Städteverwaltung im römischen Kaiserreiche. Leipzig 1900. – A. *Lintott*: Imperium Romanum. Politics and Administration. London 1993.

Hartmut Galsterer

Städtebau

Gewachsene Städte: Antike Städte waren in ihrer äußeren Gestaltung entweder das Resultat eines längeren organischen Prozesses (gewachsene Städte) oder einer bewußten Konzeption (Planstädte). Zum ersten Typus gehören bekannte Metropolen wie Athen oder Rom, deren Unübersichtlichkeit die Zeitgenossen zum Teil heftig beklagt haben (so Liv. 5,55,5 in bezug auf Rom). Die meisten antiken Städte sind solche gewachsenen Städte gewesen, die sich aus kleinen Anfängen, von einem Zentrum (häufig einer Akropolis) ausgehend, unregelmäßig weiterentwickelten. In diesen Städten gab es wenige Möglichkeiten der urbanen Gestaltung, es sei denn, daß sich durch Brand- oder andere Katastrophen die Chance zu städtebaulichen Maßnahmen bot. Dies war etwa der Fall nach dem verheerenden Brand von Rom in der Zeit Kaiser Neros (64 n.Chr.). Der durch das Feuer freigewordene Raum wurde nicht, wie der Geschichtsschreiber Tacitus (ann. 5,43) betont, mit ungleichmäßigen und planlos ausgeführten Bauten ausgefüllt. »Vielmehr wurden regelmäßige Häuserzeilen und breite Straßen angelegt, man beschränkte die Höhe der Häuser, ließ Hofräume frei und baute Säulengänge an, um die Front der Mietshäuser zu verdecken« (die Übers. nach C. Hoffmann).

Planstädte: Unter dem Gesichtspunkt des S. sind freilich die Planstädte von größerem Interesse, zumal in historisch-geographischer Hinsicht, da sowohl in der städtebaulichen Praxis als auch in der Theorie die Topographie eine wichtige Rolle spielte. Den griechischen und römischen Planstädten ist die Regelmäßigkeit der Anlage gemeinsam, die durch eine klare funktionale Zuordnung der öffentlichen Gebäude und der privaten Wohnhäuser sowie durch ein System sich rechtwinklig schneidender Straßen hergestellt wurde.

Griechische Planstädte: Der griechische S. erhielt wesentliche Impulse durch jene Siedlungen, die im Zuge der Großen Kolonisation (8.–6. Jahrhundert v.Chr.) an den Küsten fast der gesamten Mittelmeerwelt erbaut wurden. Um die Siedler gleichmäßig mit Land zu versorgen, wurde das Areal in gleichmäßige Blöcke parzelliert und durch ein regelmäßiges Straßennetz voneinander separiert. Feste lokale Zuweisungen erhielten jene Gebäude, die die Standardausstattung einer griechischen Stadt darstellten, also vor allem Agora (Marktplatz), Amtslokale, Tempel, Theater, Gymnasion. Musterbeispiele dieses griechischen Stadttypus kolonialer Provenienz sind das kleinasiatische Smyrna (heute Izmir) und Megara Hyblaia (Sizilien).

Alexandria: Auch in der klassischen und hellenistischen Zeit blieb die Regelmäßigkeit der Anlage leitendes Kriterium beim S. Im Hellenismus tritt freilich ein Zug ins Monumentale und Repräsentative hinzu, da die Könige, im Wettbewerb zu den anderen Herrschern, massiv in die Planungen speziell ihrer Residenzstädte eingriffen. Alexandria in Ägypten etwa, 331 v.Chr. von Alexander dem Großen quasi auf der grünen Wiese gegründet, ragte durch großzügig dimensionierte Straßen sowie durch prachtvolle Repräsentativ-Anlagen (Palast, Bibliothek, Museion) heraus. Über die Gründung der Stadt liegen eine Reihe von Zeugnissen vor, die für den Bau solcher Planstädte des Hellenismus einigermaßen charakteristisch sein dürften. Alexander kümmerte sich persönlich um den Bau der Stadtmauer (nach Plin. nat. 5,62 mit einer Ausdehnung von 120 Stadien). Die Straßen wurden nach dem hippodamischen Prinzip angelegt, und die öffentlichen Gebäude wie Agora und Tempel als festes urbanistisches Ensemble konstituiert.

Abb. 88: Plan von Milet (Ionien, kleinasiatische Westküste). Nach der Zerstörung durch die Perser (494 v.Chr.) wurde die alte ionische Stadt noch vor Hippodamos nach dem nach diesem bezeichneten System der regelmäßigen Stadtanlage neu erbaut, und insofern ist Milet ein Musterbeispiel für eine antike Planstadt. Die Stadt erstreckte sich auf einer etwa 2 km langen Halbinsel mit zwei Hafenbuchten. Den Mittelpunkt der urbanen Anlage bildet die Agora. Nach dem Wiederaufbau im 5. Jh. v.Chr. wurde in der Stadt in den folgenden Jahrhunderten ständig weitergebaut.

Römische Planstädte: Im Zuge ihrer expansiven, zur Beherrschung der Mittelmeerwelt führenden Politik betrieben die Römer, im Kontext der sogenannten Romanisierung, eine umfangreiche Urbanisierungspolitik, in deren Rahmen dem S. eine prominente Rolle zukam. Ähnlich wie bei den Griechen, freilich in der Axialität und Zentralität noch prägnanter, war die mathematisch exakte Aufteilung des Siedlungsareals und des angrenzenden Territoriums ein signifikantes Merkmal römischen S. Dies geschah durch einen als *limitatio* bezeichneten Akt. Es wurden zunächst die beiden Hauptstraßen festgelegt: der *decumanus maximus* (in Ost-West-Richtung verlaufend) und der *cardo maximus* (die Nord-Süd-Achse). Die Kreuzung dieser beiden Achsen bildete im Normalfall den politischen und wirtschaftlichen Mittelpunkt der Stadt, das Forum. Einen repräsentativen, heute noch nachvollziehbaren Eindruck einer provinzialrömischen Planstadt liefert etwa die um 100 n.Chr. in Tunesien gegründete Kolonie Thamugadi (Timgad).

Antike Theorien zum Städtebau: Neben den praktisch realisierten Planstädten stehen für eine Erforschung des antiken S. zahlreiche Schriften zur Verfügung, in denen die Autoren sehr konkrete Ansichten über die Anlage von Städten wiedergeben. Ein gemeinsamer Nenner all dieser Theorien ist der Umstand, daß es sozusagen eine städtebauliche Prioritätenliste gab, die (in unterschiedlicher Gewichtung) die Bereiche Versorgung, Sicherheit, Gesundheit, Moral und politisches System betraf.

Griechische Theorien: Als Pionier antiker Urbanistik gilt der Grieche Hippodamos von Milet, der im 5. Jahrhundert v.Chr. lebte und wirkte. Auf ihn hat man bereits in der Antike die Erfindung des orthogonalen Aufbaus einer Stadt, einem Schachbrettmuster ähnlich, zurückgeführt. Da das sogenannte ›hippodamische Prinzip‹ jedoch bereits gut 200 Jahre vor Hippodamos in den griechischen Kolonialstädten konkret angewendet wurde, scheint sich hier das typisch antike Bestreben zu reflektieren, für alle Dinge einen *primus inventor* namhaft zu machen. Der Anteil des Hippodamos an der Geschichte des antiken S. liegt eher darin, daß für ihn die Anlage einer Stadt mit dem jeweiligen politischen System korrespondieren mußte. Da für ihn die Bevölkerung idealerweise aus drei Gruppen bestehen sollte (Handwerker, Bauern, Soldaten), propagierte Hippodamos ein in drei Teile (heiliges, öffentliches, privates Land) gegliedertes Territorium. Hippodamos blieb freilich nicht nur in der Theorie verhaftet. An der Gestaltung des Hafens von Athen, dem Piraeus, war er ebenso beteiligt wie an der Planung der 449 v.Chr. in Unteritalien gegründeten Stadt Thurioi, jene Stadt, deren regelmäßige Anlage der antike Autor Diodor ausführlich und mit Bewunderung beschrieben hat (Diod. 12,10).

Platon: Der griechische Philosoph Platon wünschte sich die ideale Stadt in ausreichender Entfernung zum Meer gelegen, weil er den negativen Einfluß von Hafenstädten auf Moral und Disziplin der Bewohner fürchtete (Plat. nom. 704a–705d). Pythagoreischer Zahlensymbolik verpflichtet sind Platons Ideen zur Verteilung von Territorium und Stadtareal. Er geht von einer Einwohnerzahl von 5.040 Grundbesitzern aus (das ist die Summe von 1 x 2 x 3 x 4 x 5 x 6 x 7), die Stadt ist in zwölf Teile zu zergliedern (Plat. nom. 745b–c), und jeder Bürger soll ein Stück Land im Zentrum und an der Peripherie erhalten. Stadtmauern wollte der Philosoph den Stadtplanern hingegen nicht empfehlen: Sie verführe die Bewohner nur zu Trägkeit und mangelnder Wachsamkeit.

Aristoteles: Im 7. Buch seiner *Politik* entwickelt der Philosoph Aristoteles seine Auffassungen von der idealen Planstadt. Große Bedeutung mißt er der Gesundheit der Bewohner bei (1330a–b). Diese sieht er vor allem durch das Vorhandensein von gutem Wasser und guter Luft gewährleistet, wobei die gute Luft durch eine nach Osten oder Norden ausgerichtete, also den gesundheitsfördernden Ost- und Nordwinden offenstehende Stadtanlage gewährleistet werden soll. Nicht in konsequenter Befolgung der Ansichten des Aristoteles, sondern aufgrund einer eigenständigen Einsicht in die Notwendigkeit der Anpassung der Stadtanlage an die klimatischen Verhältnisse, hat man im ägyptischen Alexandria dafür gesorgt, daß die von Norden kommenden Etesien für ein kühles, angenehmes Klima in der Stadt sorgten, während die heißen, ungesunden Südwinde durch einen Höhenzug abgehalten wurden (Diod. 17,52,2). Wichtig war für Aristoteles beim S. weiterhin die Sicherheit der Stadt, was – hier war er optimistischer hinsichtlich der Wirkung auf die Einwohner – durch eine entsprechende Befestigung (Stadtmauer) zu gewährleisten war. S. war für Aristoteles – wie bereits für Hippodamos und Platon – eine Funktion von Politik und Verfassungsordnung. Einer Demokratie entsprach seiner Auffassung nach ein gleichmäßiges, ebenflächiges Areal, während zu einer Aristokratie besser eine Anlage mit mehreren festen, prominenten Plätzen paßte. Eine Akropolis empfahl der Philosoph konsequenterweise nur einer Stadt mit oligarchischer oder monarchischer Verfassung. In der städtebaulichen Praxis lassen sich diese theoretischen Vorgaben des Aristoteles jedoch nicht nachweisen.

Römische Theorien (Vitruv): Eine herausragende Quelle für den antiken S. stellt das Werk *De architectura* des römischen Autors Vitruv (Ende 1. Jahrhundert v.Chr.) dar.

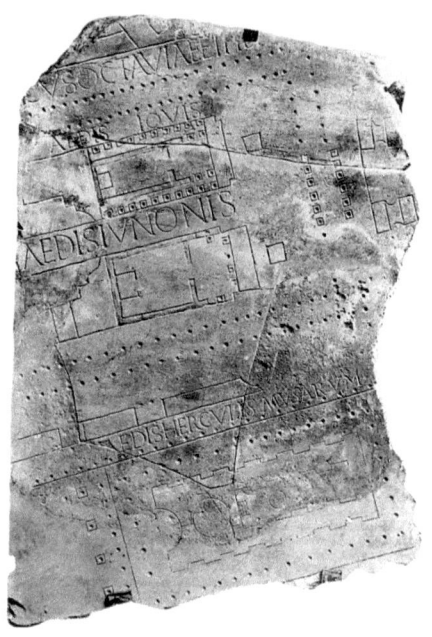

Abb. 89: Ausschnitt aus der ›Forma urbis Romae‹, einem Plan der Stadt Rom, nach 203 n.Chr. an einer Marmorwand am Vespasiansforum in Rom angebracht. Der fragmentarisch erhaltene Stadtplan ist eine exzellente Quelle für die Topographie der Stadt Rom in der Kaiserzeit. Das Fragment zeigt die Lage einiger im 2. Jh. n.Chr. erbauter stadtrömischer Tempel: Aedis Iovis (Tempel des Jupiter), Aedis Iunonis (Tempel der Juno), Aedis Herculis Musarum (Tempel für Hercules und die Musen).

Im 1. Buch dieses Werkes geht Vitruv ausführlich auf Prinzipien der Stadtplanung ein. Im Gegensatz zu seinen griechischen Vorgängern ordnet er seine Ansichten jedoch nicht einem Verfassungs- und Gesellschaftsentwurf unter, sondern weist die römischen Architekten ganz pragmatisch auf die Bedürfnisse und Interessen der Stadtbewohner hin. Die gesunde Lage des Platzes steht auch bei ihm an vorderster Stelle. Beim S. soll man auf eine höhergelegene, nebelfreie Zone achten, an den Himmelsrichtungen orientiert, frei von Sumpfgelände (Vitr. 1,4). Auch die Infrastruktur der Stadt muß nach Vitruv Rücksicht auf die Gesundheit der Bewohner nehmen, wobei wie bei Aristoteles den Windverhältnissen eine große Bedeutung beigemessen wird. Ein Negativbeispiel ist für Vitruv die Stadt Mytilene auf der Ägäisinsel Lesbos, deren Bewohner anscheinend einem Wechselbad zwischen Krankheit und Gesundheit ausgesetzt gewesen sind. Die Stadt sei »prächtig und geschmackvoll gebaut, aber nicht klug angelegt. Wenn in dieser Stadt der Südwind weht, erkranken die Menschen, weht der Nordwestwind, dann husten sie, weht der Nordwind, werden sie wieder gesund, aber in den Neben- und Hauptstraßen können sie wegen der strengen Kälte nicht stehenbleiben.« (Vitr. 1,6,1). Vitruv empfiehlt, die Straßen so anzulegen, das die Stadtbewohner möglichst wenig von den Winden spüren.

Akribisch schreibt Vitruv den Stadtplanern vor, wo sie die Tempel anzulegen haben. Jupiter, Juno und Minerva – die obersten Gottheiten – sollen selbstverständlich den höchsten Platz reserviert bekommen. Venus (die Liebesgöttin), Vulcanus (der Gott des Feuers) und Mars (der Kriegsgott) hingegen sollen wegen der von ihnen ausgehenden moralischen Gefährdung von Jugendlichen und Familienmüttern in ein Gebiet außerhalb der Stadtmauern verbannt werden.

→ Akropolis, Demokratie, Klima, Medizin, Mentalität, Monarchie, Stadt, Stadtmauer, Strategie, Tempel, Verfassung, Wind (Winde)

LITERATUR: A. v. *Gerkan:* Griechische Städteanlagen. Untersuchungen zur Entwicklung des Städtebaues im Altertum. Berlin/Leipzig 1924. – F. *Kolb:* Die Stadt im Altertum. München 1984. – Th. *Lorenz:* Römische Städte. Darmstadt 1987. – A. *Segal:* Stadtplanung im Altertum. Köln 1979. – H. *Sonnabend:* Auf der Suche nach der idealen Stadtanlage. Antike Modelle und Theorien, in: Die alte Stadt 22, 1995, 3–14. – V. *Tscherikower:* Die hellenistischen Städtegründungen von Alexander dem Großen bis auf die Römerzeit. Leipzig 1927. – J. B. *Ward-Perkins:* Cities of Ancient Greece and Italy: Planning in Classical Antiquity. London 1974.

Holger Sonnabend

Sternschnuppen

Als S. bezeichnet die moderne Wissenschaft jenes kurzzeitige Leuchten (Meteor), das von kleinen Meteoriten (1 mg–2 g; Ø 2–10 mm) beim Eindringen in die Erdatmosphäre durch Anregungs- und Ionisationsprozesse der sie umgebenden Gase hervorgerufen wird, wobei die interstellare Materie verdampft.

Antike Deutungsversuche: S. waren auch in der Antike ein geläufiges und weniger spektakuläres Phänomen als die seltener auftretenden Feuerkugeln und Kometen. Vermutlich führten die vielfältigen Flugbahnen dazu, ohne stringente Differenzierung begrifflich astronomische (*diattontes asteres, diadromai ton asteron; stellae transcurrentes, volantia sidera* etc.) und atmosphärische S. (*diatheontes asteres; stellae cadentes* oder *discurrentes*) zu unterscheiden (z. B. Sen. nat. 1,1,9; 7,23). Bekannt war, daß sie kontinuierliche, am Tage unsichtbare Phänomene sind mit den Charakteristika: große Geschwindigkeit, kurze Dauer, feuriger Schweif (Sen. nat. 1,1.14; 7,20), Erscheinen als sporadische oder Schauermeteore. Da man die Erdpassage durch Staubgürtel oder von Kometen dirigierte Meteoritenströme nicht als ihre Ursache erkannte und ihr periodisches Auftreten nicht verstand, galten die Schwärme nur als Sturmindikatoren (Theophr. sign. 3.13.37; Sen. nat. 1,1; Plin. nat. 2,100.112; 18,352ff.; Ptol. tetr. 2,13; vgl. Hom. Il. 4,75ff.; Aristot. meteor. 344b). Als namengebende scheinbare Ausstrahlungspunkte am Firmament (Radianten) sind nur die im Sternbild Stier (daher *Tauriden*) liegenden Plejaden und Hyaden erwähnt (Plin. nat. 18,250; Lukian. ver. hist. 1,29). Von anderen Meteoren wurden S. nicht prinzipiell unterschieden, wohl aber durch Form (*trabes, bolides, haedi, faces* etc.), Größe, Farbe, Leuchtkraft, Brenndauer und Richtung (Sen. nat. 1,1.14f.; Aristot. meteor. 342a–b; vgl. Obseq. 54.71). Astrophysikalische Theorien hielten feste Materie für den Kern der Erscheinung, während meteorologische irrigerweise Entzündungsprozesse in der oberen Atmosphäre annahmen. So waren S. aus der Bahn gerissene Sterne, vom Wind abgetrennte Sternsplitter (Plut. Lys. 12; Sen. nat. 1,1; Ach. Tat. 34 p.69M) oder herabfallende Funken des Äther (Diels-Kranz 46 A82; Sen. nat. 7,13; Amm. 25,2,6).

Das Richtige traf Diogenes von Apollonia, für den häufig unbekannte steinerne Himmelskörper helleuchtend zur Erde stürzen und beim Fall erlöschen (Diels-Kranz 51 A12; vgl. Sen. nat. 1,1,9f.); Metrodoros von Chios plädierte für durch einfallende

Sonnenglut aus Wolken heraussprühende sternförmige Funken (Diels-Kranz 57 A14; *scintillae:* Amm. 25,2,5f.; vgl. Sen. nat. 1,1,8; 2,55), worin einige Analogien zu Blitzen sahen (Diels-Kranz 46 A84; Sen. nat. 1,1,6; Plin. nat. 2,112). Aristoteles (meteor. 341a–342b) deutet S. als luftdruckbedingtes Dahinzischen entzündeter Erdausdünstung (*anathymiasis*). Peripatetiker und Stoiker nahmen Reibung von Luftschichten oder Wolken als Entzündungsursache an (Sen. nat. 1,1,10; Manil. 1,823): z.B. Poseidonios (Diog. Laert. 7,152 f.; Ps.-Arist. mund. 395b3 ff. Arr. phys. 192 ff.R). Für Seneca waren S. »durch Reibung der Luft entzündetes Feuer, das vom Wind in die Tiefe getrieben wird« und nach Verbrauch des Brennstoffes verlischt (Sen. nat. 1,14,5; 1,15,2).

Sternschnuppen als Vorzeichen: Als Prodigien waren S. unheilvoll (Cic. div. 1,18; Plin. nat. 2,96; Obseq. 11 f. et al.). Während beeindruckende Meteore angeblich Kriege oder das Ableben von Staatsmännern ankündigten (Sen. nat. 1,1,3; Cass. Dio 55,1,5), deutete man S. überhaupt als Zeichen für individuellen Tod (Plin. nat. 2,28), als Seelen von Verstorbenen (Aristoph. pax 832–839; Plat. pol. 621b) oder als herabfahrende Dämonen (z.B. Luk. 10,18); ferner gehörten sie zum Weltuntergangsszenarium. In Sparta schauten Ephoren nach ihnen aus (Plut. Agis 11). In Rom oblag ihre Deutung den *haruspices* (Plin. nat. 2,147; Cic. div. 2,60), deren *libri Tagetici vel Vegoici* laut Ammianus (25,2,7) Verhaltensvorschriften nach diesen himmlischen Warnzeichen enthielten.

→ Astronomie, Kometen, Kulthandlungen, Meteor

LITERATUR: R. *Bloch:* Les prodiges dans l'antiquité classique. Paris 1963. – A. *Bouché-Leclerq:* Histoire de la divination dans l'antiquité. 4 Bde., Paris 1879–82. – O. *Gilbert:* Die meteorologischen Theorien des griechischen Altertums. Leipzig 1907. – W. *Gundel:* RE III A2 (1929) Sp. 2439–2446, s.v. Sternschnuppen. – J. *Herrmann:* dtv-Atlas zur Astronomie. München 1972. – G. *Lloyd:* Early Greek Science to Aristotle. London 1970. – G. *Lloyd:* Early Greek Science after Aristotle. London 1973. – A. *Sfountouris:* Kometen, Meteore, Meteoriten. Zürich 1986. – D. J. *Schove:* The Leonides: Who saw them first? in: Sky and Telescope 42, 1972, 303–305. – K. *Steinhauser:* Der Prodigienglaube und das Prodigienwesen bei den Griechen. Diss. Tübingen 1911. – L. *Wülker:* Die geschichtliche Entwicklung des Prodigienwesens bei den Römern. Diss. Leipzig 1903.

Peter Kehne

Strandverschiebungen

S. sind Verlagerungen der Strand- oder Küstenlinie infolge von Meeresspiegelschwankungen, Bewegungen der Erdkruste, Erosion oder Sedimentation. Schiebt sich die Uferlinie landeinwärts, handelt es sich um eine Transgression des Meeres (auch positive Strandverschiebung); verlagert sie sich meerwärts, spricht man von einer Regression (oder negativen Strandverschiebung). Da der größte Teil der Weltbevölkerung zu allen Zeiten der Kulturgeschichte an den Küsten lebte – heute etwa 70% – haben S. nachhaltige Auswirkungen auf das Siedlungswesen.

Meeresspiegel-Schwankungen: Die größten S. werden durch Schwankungen im Wasservolumen der Weltmeere verursacht, den sogenannten eustatischen Meeresspiegelschwankungen. Während der letzten Eiszeit, vor etwa 18.000 Jahren, war so viel

Wasser in den polaren Eiskappen gebunden, daß der Meeresspiegel weltweit etwa 120 m tiefer lag als heute. Die nördliche Hälfte des Adriatischen Meeres war zu dieser Zeit eine Küstenebene, die sich 500 km weiter nach Süden erstreckte als die heutige Poebene. Durch die anschließende globale Erwärmung wurde das im Eis gebundene Wasser freigegeben, woraufhin der Meeresspiegel rasch anstieg. Küstenebenen und Flußmündungen wurden überflutet. In Ästuarien drang das Meer zum Teil bis weit hinter die heutige Küstenlinie ins Landesinnere vor. Vor etwa 5.000 Jahren klang diese Transgression ab. Seither betrug der eustatische Meeresspiegelanstieg vermutlich weniger als einen Meter. Dieser steigende Meeresspiegel wurde in der Nähe von Flußmündungen durch Sedimentation häufig überkompensiert, d.h., trotz leichtem Meeresspiegelanstieg fand eine Regression statt, weil die Küstenlinie durch Auffüllung mit fluviatilen Ablagerungen zurückgedrängt wurde. Im Mittelmeergebiet werden die globalen Meeresspiegelschwankungen vielerorts von lokalen Krustenbewegungen überlagert. Indikatoren für ehemalige Meeresspiegel – Hafenanlagen, Fischbecken, Salinen, Erosionsrinnen, Bauten mariner Organismen etc. – haben aufgrund der komplizierten Bruchtektonik oft nur eine Aussagekraft für einen Bereich von wenigen hundert Metern.

Strandverschiebungen seit der Antike: Die schnellsten S. treten in aktiven Vulkangebieten auf. In Pozzuoli an der neapolitanischen Küste nahe dem Vesuv sanken die Säulen des römischen Marktes im 4. Jahrhundert n.Chr. um einige Meter unter den Meeresspiegel, tauchten im 15. Jahrhundert n.Chr. wieder vollständig auf und verschwanden danach erneut zum Teil. Die Seestädte des griechisch-römischen Kulturkreises litten zu einem großen Teil unter verlandenden Häfen. Diese Städte mußten deswegen häufig verlegt oder durch einen ständig zu verlängernden Kanal mit dem offenen Meer verbunden werden. Weil der Po jährlich 40.000 Millionen m³ Sand und Schlamm ins Meer schüttet, wuchs sein Delta um 53 ha/Jahr – nach der Eindeichung des Flusses sogar um 135 ha/Jahr. Ravenna, Seestadt und Kriegshafen unter Augustus, liegt deswegen heute 8 km vom Meer entfernt. Adria, der griechische Seehafen des 6. Jahrhunderts v.Chr., ist heute 24 km, und Spina, die bedeutende Küstenstadt der Tusker, sogar 25 km vom Meer entfernt. An der Mündung des Arno wurde 1000 v.Chr. die Hafenstadt Pisa gegründet. Zur Zeit Strabons, am Ende des 1. Jahrhunderts v.Chr., lag sie 3,7 km vom Meer entfernt, heute sind daraus 12 km geworden. Arles an der Rhône soll bei seiner Gründung im 6. Jahrhundert v.Chr. noch am offenen Meer gelegen haben. Der römische Feldherr Marius mußte es um 100 v.Chr. durch einen Kanal mit dem Meer verbinden, von dem es heute 50 km entfernt liegt. In den Hafen von Tarsus im südlichen Kleinasien konnte noch die Flotte der Kleopatra einlaufen, heute liegt es 20 km vom Meer entfernt. Myus, am Südostrand der heutigen Mäanderebene, soll in seinem geräumigen Hafen Platz für 300 Trieren geboten haben. In römischer Zeit versumpfte die Umgebung so stark, daß die Bevölkerung wegen der Malariabedrohung nach Milet übersiedeln mußte. Zur Zeit Strabons war Myus bereits 5–6 km von der Mäandermündung entfernt, heute sind es 26 km. Die Insel Lade, nach der die Seeschlacht 494 v.Chr. benannt worden war, ist heute ein Hügel im Mäanderdelta. Besonders schnell verlandete der Persische Golf, das seichteste aller Binnenmeere. Der Schatt-el-Arab ist erst in geschichtlicher Zeit aus Euphrat und Tigris zusammengewachsen. Vor 2.500 Jahren lag die Mündung noch 64 km weiter landeinwärts.

→ Erosion, Gezeiten, Hafen, Küste, Marschland, Meeresspiegel, Salinen

LITERATUR: J. *Schäfer*/W. *Simon* (Hgg.): Strandverschiebungen in ihrer Bedeutung für Geowissenschaften und Archäologie. Ruperto Carola, Sonderheft, 1981.

Eberhard Zangger

Straße (Straßenbau)

Der Begriff ›S.‹ ist etymologisch abgeleitet von nachklassisch *strata* ›*via*‹ (›gepflasterte S.‹). Als S. bezeichnet man allgemein jeden Verkehrsweg, auch wenn er wie z.B. die ›Bernstein-› oder die ›Seiden-S.‹ einen unter Umständen viele Kilometer breiten Korridor meint, in dem sich der Verkehr bevorzugt bewegt. In engerem Sinn versteht man unter ›S.‹ einen planmäßig angelegten, befestigten Verkehrsweg. Aus S. im allgemeinen Sinn entwickelten sich oft solche in engerem Sinn, so aus der von Ostia über Rom in das Gebiet der Sabiner führenden Salzhandels-S. die Via Salaria (Rom-Reate).

Relevanz der Erforschung: Die Erforschung antiker S. und S.-Systeme innerhalb der Historischen Geographie ist in vielfacher Hinsicht aufschlußreich. Die Untersuchung, wo und wie S. angelegt und zu Systemen zusammengefügt wurden, kann politische, militärische und wirtschaftliche Zusammenhänge sichtbar machen. Es werden auch mentalitätsgeschichtliche Aspekte deutlich, wo man beispielsweise fragt, wie der Mensch versucht, die ihn umgebende Natur großräumig durch kollektive Maßnahmen seinen Bedürfnissen anzupassen, den Raum zu überwinden und zu beherrschen.

Quellenlage: Aus den verschiedenen Kulturen und den einzelnen geographischen Räumen sind uns S. in ganz unterschiedlicher Zahl bekannt. Dieser Befund hat – neben der Quellenlage – vielfältige Ursachen. Eine Rolle spielen der Grad der technischen Entwicklung einer Kultur und die natürliche Beschaffenheit eines Raumes. So dürfte z.B. die geringe Zahl der aus Ägypten bekannten S. nicht zuletzt auf hydrographische Bedingungen zurückzuführen sein: Einerseits waren die Nilschwelle und die vielen das Land durchziehenden Kanäle dem S.-Bau hinderlich, andererseits stellten der Nil und die Kanäle selbst adäquate Verkehrswege dar. Auch die politischen, militärischen und wirtschaftlichen Gegebenheiten spielen hier eine Rolle: So war im politisch kleinräumig gegliederten Griechenland der klassischen Zeit – mit Ausnahme religiös motivierter Prozessions-S. – praktisch kein überregionales Wegenetz vorhanden. In den zentral gelenkten Reichen der Perser und später der Römer dagegen basierte die militärische Absicherung und die Verwaltung nicht zuletzt auf einem ausgebauten S-Netz.

Wichtigste Quelle für die antiken S.-Anlagen sind die archäologischen Befunde (Grabungen, Luftbildarchäologie), daneben bildliche Darstellungen (z.B. Bau einer S. in sumpfigem Gelände auf der Traianssäule), Itinerare, kartographische Werke (*Tabula Peutingeriana*), literarische Zeugnisse (z.B. das Gedicht des Statius über die Via Domitiana mit Details zur Bautechnik: Stat. silv. 4,3,40 ff.) und Inschriften. Unter den Inschriften ragen die römischen Meilensteine als eine Quelle heraus, die sowohl über den Verlauf einer S. Auskunft gibt als auch über den Erbauer, die Art der Bau- und

Renovierungsmaßnahmen, manchmal auch über die den Bau Ausführenden und die Art der Finanzierung. Meilensteine können darüber hinaus auch als Dokumente der propagandistischen Aspekte des S.-Baus und der Funktion der S. als Element der Herrschaft ausgewertet werden.

Entwicklung des Straßenbaus: Im Ägypten der pharaonischen Zeit führten einfache geglättete Erd-S. vom Nil zu Minen und Steinbrüchen. Eine Ausnahme stellten gepflasterte S. im Rahmen der Pyramidenanlagen und Prozessions-S. zu Tempeln (Hdt. 2,138) dar. Auch für den Südosten Mesopotamiens, wo die hydrographischen Verhältnisse mit denen Ägyptens vergleichbar sind, gibt es einige Hinweise auf einfache Erd-S. (1. Hälfte 2. Jahrtausend v.Chr.). Im Nordwesten Mesopotamiens dominierten trotz günstigerer geographischer Verhältnisse (steiniger bzw. grasbewachsener Boden) unbefestigte Karawanen-S. Für das Reich der Hethiter sind ebenfalls einfache Erd-S. nachgewiesen. Auch hier stellt die Pflasterung einer 2 km langen S., die zu einem Heiligtum außerhalb der Hauptstadt Hattuša führte und bei Prozessionen offenbar mit schweren Wagen befahren werden mußte, eine Ausnahme dar. Die Assyrer entwickelten im 8. und 7. Jahrhundert v.Chr. ein S.-System von einiger Bedeutung; es wurde von den Achaimeniden übernommen und ausgebaut. Es diente – wie schon in assyrischer Zeit – in erster Linie der Verwaltung und militärischen Sicherung. Gepflastert waren S. in Stadtnähe, Prozessions- und wohl auch die mit Stationen der königlichen Post und mit Herbergen (Hdt. 5,52 ff.) ausgestatteten Königs-S.; für die Pflasterung wurden Steine, Ziegel und Bitumen verwendet. Berühmt war die in ihren Anfängen wohl sogar hethitische, über 2.600 km von Susa nach Sardeis führende Königs-S. Die Herrscher der hellenistischen Reiche, die auf ehemals persischem Gebiet entstanden, bauten dieses S.-System weiter aus und paßten es den neuen Herrschafts- und Verwaltungsstrukturen an. Auch für das minoische Kreta haben sich archäologische Spuren von S. gefunden. Am wichtigsten war wohl die S. vom Palast von Knossos in den Süden Kretas (Ägyptenhandel); sie war zumindest bei Knossos gepflastert.

In mykenischer Zeit verfügte Griechenland wohl über ein ausgebautes Wegenetz (die exakte Datierung ist oft schwierig). Auch hier wurden die S. in Stadtnähe gepflastert; viele Strecken waren allerdings für die Benutzung mit Wagen zu steil. In archaischer und klassischer Zeit waren – jüngsten Forschungen zufolge – regionale S.-Systeme in manchen Teilen Griechenlands, insbesondere in Attika, weitaus besser ausgebaut als bislang angenommen. Geländebedingt waren viele dieser Verkehrswege jedoch nur befestigte Fußpfade oder lediglich einspurig ausgebaute S. Vor allem bei felsigem Untergrund wurden die S. nicht in voller Breite geglättet, sondern nur Geleise für die Wagenräder in den Untergrund geschnitten (Vorteile: geringerer Arbeitsaufwand, sichere Spurführung in steilem Gelände). Stärker befahrene S. besaßen zwei Geleise oder wenigstens zahlreiche Ausweichstellen. Prozessions-S. zu berühmten Heiligtümern (z. B. Eleusis, Delphoi, Didyma) waren die bekanntesten und am besten ausgebauten S. Griechenlands. Wenngleich sich der Zustand des S.-Netzes unter römischer Herrschaft (quantitativ und qualitativ) weiter verbesserte, weist im 2. Jahrhundert n.Chr. Pausanias auf die Mühen hin, die mit der Benutzung mancher S. verbunden waren (Paus. 2,15,1; 10,5,2; 10,32,6.8).

Die Etrusker legten S. zur Verbindung von Städten an. In unmittelbarer Stadtnähe waren sie manchmal gepflastert, sonst wurde lediglich die Erdoberfläche geglättet.

Wenn das Gelände es erforderte, wurden sie aber auch in Tuffstein geschnitten, Tunnels angelegt, Geleise verlegt, in seltenen Fällen wohl auch Brücken gebaut. Fast immer wurden die S. mit einer Drainage versehen (Abflußkanal neben der S., manchmal verdeckt). In Nordeuropa befestigte man zumindest seit dem Neolithikum Wege durch schwieriges Gelände, so Moorwege in Norddeutschland und England durch Holzkonstruktionen.

Exzeptionell in der antiken Welt war das römische S.-System (vgl. das Lob bei Aristid. Or. 33), nicht nur wegen seiner Ausdehnung (seine Länge wird auf 80–100.000 km geschätzt), sondern vor allem weil die Römer als erste konsequent ein ihren ganzen Herrschaftsbereich durchziehendes S.-Netz angelegt und mit jeder Gebietserweiterung sofort ausgebaut haben. Dabei griffen sie gelegentlich auf etruskische und wohl auch auf hellenistische Vorbilder zurück, waren aber – insbesondere was die Streckenführung und die Bautechnik betrifft – innovativ.

Römische Straßen (Typen, Verwaltung, Trassierung): Während Bedeutung und Wirkung der römischen S. (insbesondere der *viae publicae*) gut erkennbar sind (z. B. ihre militärische Funktion, ihre Funktion als Element der Herrschaftsausübung, ihre Bedeutung für die Wirtschaft und als Impuls für das Siedlungswesen, ihr Beitrag zur Verbreitung römischer Kultur, zur Erschließung, Ordnung und Überwindung des Raumes), sind wir über Motivation (das gilt auch für den Bauboom unter Augustus und Traian), Planung, Verwaltung, Finanzierung und über die juristische Seite ihres Baus und Unterhalts nur lückenhaft informiert. Auch die unterschiedlichen Typen römischer S. zu unterscheiden, bereitet Schwierigkeiten: Einerseits liegen uns vielseitige, freilich nicht immer miteinander in Einklang stehende rechtliche Definitionen römischer Juristen vor, andererseits Schriften von Agrimensoren, die S. unter ganz anderen Gesichtspunkten kategorisierten. Folgendes ist mit einiger Sicherheit zu erkennen: Im Staatsrecht unterschied man *viae publicae*, *viae privatae* und *viae vicinales*. *Viae publicae* führten über öffentlichen Grund und Boden; sie dienten der Benutzung durch die Allgemeinheit zu Fuß, mit Vieh und Wagen. Wohl wurde ihre Minimalbreite je nach Notwendigkeit festgelegt; beiderseits der Fahrbahn durfte ein Streifen weder bebaut noch bepflanzt werden. Oft trugen sie den Namen ihres Erbauers. Sie stellten in erster Linie Fernverbindungen dar. *Viae militares* bildeten eine Unterabteilung der *viae publicae*, keine vierte Gruppe in staatsrechtlicher Hinsicht. Was sich hinter dem Begriff konkret verbarg, ist unklar; keiner der Lösungsvorschläge (S. nur für das Militär, vom Militär gebaut, strategisch wichtig, in besonderem Maße überwacht) kann überzeugen. *Viae privatae* führten über nichtöffentlichen Grund und Boden. Benutzungsrechte wurden vom Prätor festgesetzt, sie konnten z. B. bei steigendem Verkehrsaufkommen in öffentliche S. umgewandelt werden. *Viae vicinales* durchliefen einen *vicus* oder verbanden zwei *vici* oder zwei *viae publicae* miteinander; sie bildeten das Nahverkehrsnetz. Rechtlich konnten sie als *viae publicae* oder *viae privatae* gewertet werden.

Viae urbicae bildeten eine eigenständige Gruppe. Neben der staatsrechtlichen Unterscheidung kann man aufgrund privatrechtlicher und gromatischer Aussagen auf drei Wegetypen schließen: *iter*, *actus* und *via*. Diese Bezeichnungen meinten zunächst nur das Servitut, das auf den Grundstücken lastete (d. h. die Verpflichtung, Durchgang zu Fuß bzw. mit Vieh bzw. mit Wagen zu gewähren). Gemäß der so geregelten Nutzung der Wege wurden diese Begriffe dann aber auch zur Bezeichnung der Wegtypen

Abb. 90: Die Straßen von Pompeji sind aufschlußreiche Quellen für die Gestalt innerstädtischer Straßen in der römischen Antike. Der Belag bestand aus großen, unregelmäßigen Pflastersteinen und ist in der Mitte gewölbt. Eingerahmt wird die Straße von hohen Gehsteigen. Die Trittsteine in der Mitte waren Fußgänger-Überwege, die den Passanten vor allem bei die Straßen überflutendem Regen ein bequemes Überqueren der Straße erlaubten. Deutlich zu erkennen sind im Belag die Spurrillen für den Fahrzeugverkehr.

verwendet, die sich – entsprechend der Nutzungsweise – schließlich auch z. B. hinsichtlich der vorgeschriebenen Breite unterschieden.

Die Frage, aus welchen Gründen die Römer jeweils eine S. angelegt haben, ist nicht pauschal beantwortbar. Mit variierender Gewichtung dürften innen- und außenpolitische, militärische und wirtschaftliche Motive eine Rolle gespielt haben, außerdem das Bemühen, die Provinzen an Rom anzubinden, aber auch von Schwierigkeiten abzulenken, bzw. zur Beschäftigungstherapie (vgl. den S.-Bau in gracchischer Zeit – sei es, daß er von den Gracchen zur Unterstützung ihres Reformprogrammes initiiert wurde oder als Ablenkungsmanöver ihrer Gegner anzusehen ist).

In republikanischer Zeit wurde über den Neubau von *viae publicae* wohl im Senat beschlossen. Zuständige Beamte waren Konsuln und Prätoren, auch Ädile. Ob auch Zensoren für S.-Bauten verantwortlich waren, wie es die römische Tradition insbesondere für die Via Appia will, ist in der Forschung umstritten. In Italien gab es *curatores viarum*, die für die Pflege der S. zuständig waren. Das Amt war mit anderen Ämtern kulminierbar und verschaffte seinen Inhabern nicht zuletzt politisch nutzbares Prestige (Cic. Att. 1,10,2). In der Kaiserzeit zeichneten für den Neubau und oft auch für die Reparatur von S., sowohl in Italien als auch in allen Provinzen, die Kaiser verantwortlich. Sie delegierten die Aufgabe an die Statthalter (die diese an *legati* weitergeben konnten) oder an Sonderbeauftragte (*procuratores*), die den Statthaltern nicht unterstellt waren. Die Kaiser handelten in den Provinzen aufgrund ihres *imperium proconsulare* bzw. *proconsulare maius*, in Italien auf Grund der *cura viarum*. Die *cura viarum* war erstmals 20 v.Chr. Augustus übertragen worden. Er setzte ständige – wiederum *curatores viarum* genannte – Beamte ein, die für das S.-Wesen in Italien verantwortlich waren (Cass. Dio 54,8,4). Ab 46 n.Chr. waren jeweils ca. acht *curatores* im Amt. Ihre Hauptaufgabe bestand wohl darin, den sicheren Zustand der *viae publicae* zu gewährleisten und Reparaturarbeiten an Unternehmer (*mancipes/redemptores*) zu vergeben. Ob sie auch beim Neubau von S. mitwirkten, ist unklar; auf Meilensteinen werden sie jedenfalls nicht erwähnt.

Bau und Instandhaltung der S. verschlangen enorme Summen. In republikanischer Zeit wurden die Kosten für den Neubau von *viae publicae* grundsätzlich vom *aerarium* bestritten, während zum Bau von *viae vicinales* und für Reparaturarbeiten wohl auch Gemeinden und Anlieger herangezogen wurden. Von wem die Gelder in der Kaiserzeit aufgebracht wurden, ist in der Forschung in noch höherem Maße umstritten. Die Tendenz geht dahin, daß für Italien das *aerarium* zuständig war, der Kaiser sich allerdings manchmal beteiligte, während in den Provinzen Anlieger, Grundbesitzer und Gemeinden für die Kosten aufkommen mußten.

Viele S. wurden von technischen Truppen der Armee konzipiert und trassiert; offenbar verfügte man nur hier über das technische know-how. Als Arbeitskräfte beim S.-Bau wurden Soldaten (in Italien nur gelegentlich, in den Provinzen häufiger), Sklaven und Strafgefangene (Suet. Cal. 27,3; Plin. epist. 10,31 f.) eingesetzt. Für die Instandhaltung hatten im allgemeinen die anliegenden Grundbesitzer zu sorgen, hin und wieder wurden auch Lohnarbeiter eingesetzt.

Römische S. wurden meist geradlinig geführt und möglichst so, daß nur wenige kostenaufwendige Kunstbauten (Tunnels, Brücken, Dämme, Felsabtragungen, Konstruktionen gegen Erdrutsch) notwendig waren. Zum Schutz vor Überschwemmungen und um sumpfiges Gelände zu vermeiden, wurden die S. grundsätzlich nicht in den Talsohlen, sondern an den Talrändern entlang geführt (hier also ausnahmsweise auch um den Preis eines Umwegs). Viele S. wurden auf Höhenrücken geführt: Hier mögen auch militärische Überlegungen eine Rolle gespielt haben. S., die eng an Abgründen vorbeiführten, wurden mit Geleisen und Querrinnen versehen, die Wagen und Zugtieren mehr Halt bieten sollten. Große Steigungswinkel wurden möglichst vermieden. Zur Trassierung wurden vermutlich zunächst von Erhebungen ausgehend Pfähle im Abstand von einer Meile in einer Linie ausgerichtet. Führte die *via publica* durch bereits assignierte Grundstücke, so hatten Altbesitzer das Land abzutreten: Ob der Boden enteignet und Entschädigungen gezahlt wurden, ist unklar.

Bautechnik: Es sind nur wenige antike Beschreibungen der S.-Bautechnik überliefert. Zu ihrer Erforschung stehen uns neben archäologischen Befunden lediglich ein Gedicht des Statius zur Via Domitiana (Stat. silv. 4,3,40 ff.), kürzere Erwähnungen in anderen literarischen Texten (Prok. BG 1,14,6 ff.) und eine Inschrift aus Kleinasien zum Jahr 217 n.Chr. (AE 1969/70, 607: Aufzählung von Arbeiten in schwierigem Gelände) zur Verfügung. Statius zufolge zeigen zunächst Furchen die Begrenzung der *via* an, dazwischen wird Erde ausgehoben, der Untergrund, so notwendig, durch Pfähle verstärkt; dann wird der entstandene Graben mit verschiedenen Materialien aufgefüllt. Den Abschluß bildet eine Lage Pflastersteine, der am äußeren Rand eine Bordschwelle Halt verleiht. Die archäologische Forschung hat ergeben, daß im Idealfall der S.-Körper aus vier Schichten aufgebaut war, die zusammen ca. 1 m stark waren: zunächst ein Fundament aus großen Steinen, dann eine Grobschüttung (Kalk, rundliche Steine, Mörtel), dann eine Feinschüttung (Kies), schließlich das *summum dorsum* (grundsätzlich aus Kies, in der Nähe von Städten z. T. aus Stein). Die Fahrbahn war gewölbt, so daß das Regenwasser ablaufen konnte; oft erfolgte Drainage durch seitliche Gräben. Von diesem Idealfall gab es verschiedene Variationen. Entscheidend für die Bauweise waren Boden- und Geländebeschaffenheit. Oft lief die S. als erhöhter Damm durch die Landschaft (z. B. in Britannien – noch heute von beeindruckender Höhe). Die Breite der *viae publicae* variierte zwischen 2,5 und 17 m (Durchschnitt 5,7 m, zuzüglich 2–3 m Randstreifen), wurde also wohl je nach Bedarf gewählt.

Nutzung: Mit Wagen waren sicherlich am angenehmsten die S. zu befahren, deren Oberfläche aus einer Kiesschüttung bestand. Bei gepflasterten S. wurden möglicherweise die Seitenstreifen für den Wagenverkehr genutzt, während die gepflasterte Bahn nur dann zum Einsatz kam, wenn die Seitenstreifen aufgeweicht waren bzw. wenn Truppen die S. benutzten.

Zu einer *via publica* gehörten außer befestigter Bahn und Seitenstreifen auch S.-Stationen des *cursus publicus*, unter Umständen Wachtposten der *beneficiarii* und Meilensteine. Die Meilensteine waren 2–4 m hohe Steinsäulen, die in einem durchschnittlichen Abstand von 2–3 m vom befestigten S.-Rand auf dem Seitenstreifen der *viae publicae* als Entfernungsanzeiger aufgestellt waren. Offenbar waren nicht alle archäologisch nachgewiesenen *viae publicae* mit Meilensteinen versehen; das Prinzip, dem man hier folgte, ist unklar.

Die Benutzung der *viae publicae* stand jedermann offen. Neben einzelnen Armeeangehörigen, ganzen Truppenkontingenten, den Boten des *cursus publicus* und anderen Amtspersonen waren hier also auch Händler und andere Privatreisende unterwegs. Sie konnten an der S. in Herbergen übernachten, die freilich oft in schlechtem Ruf standen. An Punkten mit erhöhtem Verkehrsaufkommen, insbesondere an S.-Kreuzungen, siedelten sich oft auch Handwerker an, geweihte Bezirke entstanden. Aus solchen ad hoc entstandenen Niederlassungen entwickelten sich öfter größere Siedlungen.

Mentalitätsgeschichtliche Aspekte: Wege und S. scheinen in der griechisch-römischen Welt nicht als so starker Eingriff in die Sphäre des Göttlichen empfunden worden zu sein wie etwa der Bau von Brücken und Kanälen. In der Kaiserzeit wurden einzelne S. personifiziert (so wurde z. B. die Via Traiana als weibliche Figur mit Rad auf Münzen dargestellt). Die Entwicklung dieser Gottheiten steht nicht in Zusammenhang mit den insbesondere an Abzweigungen, Weggabelungen und Kreuzungen in den germanischen Provinzen, in den Alpen, Pannonien, Dakien und Dalmatien verehrten Wegegöttinnen (Biviae, Triviae, Quadruviae); diese sind viel höheren Alters und möglicherweise illyrischer Herkunft. Eine gewisse Rolle spielen Wege in philosophischer Metaphorik (Herakles am Scheideweg: Prodikos aus Keos bei Xen. mem. 2,1,21–34). Von großer Bedeutung sind sie im religiösen Symbolismus des Christentums: Der Weg der Gerechtigkeit bzw. des Herrn wird mit bösen Wegen kontrastiert; Athanasios von Alexandria (PG 26, 285AB) unterscheidet zwischen dem Weg des Adam und dem des Christus; Christus ist selbst der Weg, der Mensch der Reisende im Leben, der bei seinem Tod heimkehrt.

→ Archäologie, Brücke, Furt, Handel, Inschriften, Kanal, Luftbild, Mentalität, Polizei, Reisen, Stadt, Tourismus, Tunnel

LITERATUR: H. *Bender*: Verkehrs- und Transportwesen in der römischen Kaiserzeit, in: H. Jankuhn u.a. (Hgg.): Untersuchungen zu Handel und Verkehr der vor- und frühgeschichtlichen Zeit in Mittel- und Nordeuropa 5: Der Verkehr. Verkehrswege, Verkehrsmittel, Organisation. Göttingen 1989 (Abh. der AkW in Göttingen, phil.-hist. Kl., 3. Folge Nr. 180), 108–154. – R. *Chevallier*: Roman Roads. London 1976. – R. J. *Forbes*: Notes on the History of Ancient Roads and their Construction. Amsterdam 1934. – H. E. *Herzig*: Probleme des römischen Straßenwesens. Untersuchungen zu Geschichte und Recht, in: ANRW II 1 (1974) 593–648. – H. *Lohmann*: Antike Straßen und Saumpfade in Attika und der Megaris, in: E. Olshausen/H. Sonnabend (Hgg.): Stuttgarter Kolloquium der Historischen Geographie des Altertums 7. (Geographica Historica), im Druck. – Th. *Pekáry*: Untersuchungen zu den römischen Reichsstraßen. (Antiquitas Reihe 1 Band 17), Bonn 1968. – W. K. *Pritchett*: Studies in Ancient Greek Topography. Part 3 (Roads). (University of California Publications – Classical Studies 22), Berkeley u.a. 1980. – H.-Chr. *Schneider*: Altstraßenforschung. (Erträge der Forschung 170), Darmstadt 1982. – Y. *Tsedakis* u.a.: Les routes minoennes, in: BCH 113, 1989, 43–75; 114, 1990, 43–65.

Vera Sauer

Strategie

Antoine Henri de Jomini, der einflußreichste Ausleger der napoleonischen Kriegsführung vor der Entdeckung von Clausewitz, reduzierte S. auf die Kunst, einen Krieg auf einer Landkarte zu führen. Läßt man seine eigene Stellung in der Debatte über den Gebrauch von Landkarten in der Antike beiseite, ist die enge Verbindung zwischen S. und Geographie durch Jominis Aussage klar. In Griechenland bezeichnete *strategia* das Amt eines Feldherrn oder die Feldherrnkunst an sich (vgl. Syr. Mag. de re strat. 4,15–17 Dennis), eine Sichtweise, die die Erfordernisse der Bewegung von Mensch und Tier durch Raum und Zeit, die nötig sind, um das militärische Ziel einer Armee und die politischen Ziele ihres Staates zu erreichen, verschleiert.

Aus der modernen Perspektive ist mit S. die Planung auf der höchsten Ebene des Militärkommandos gemeint. Es können drei Ebenen der S. unterschieden werden. Die Schlacht-S., nach der ein Feldherr beim Zusammenprall zweier Armeen Angriff oder Verteidigung gestaltet, ist im wesentlichen eine Sache der Taktik. Die S. eines Feldzuges bestimmt den Plan, sein Ziel in einer bestimmten Abfolge von Operationen zu erreichen, und beinhaltet alle Aktionen, um bis zum Ende zu gelangen; die S. eines Feldzuges kann, muß aber nicht immer, identisch sein mit der Haupt-S., den gesamten Plänen oder Absichten eines Staates für einen bestimmten Krieg (wenn der Eröffnungsfeldzug gescheitert ist) oder der Politik einer Langzeitverteidigung eines Staates und die Führung seiner Land- und Seestreitkräfte. Offensichtlich können alle drei Ebenen der S. sowohl offensiv als auch defensiv sein, obwohl eine offensive Haupt-S. im allgemeinen ebenso expansionistische Ziele bezeichnen würde, d.h. Imperialismus darstellte.

Am Anfang seiner *Geographika* (1,1,16; vgl. Aristot. rhet. 1,4,1359b–60a) legt Strabon den politischen Nutzen der Geographie dar – im wesentlichen eine Zusammenfassung der Verwandtschaft von Geographie und der Haupt-S. eines Staates. Die größten Feldherren, sagt er, hätten die Fähigkeit, sowohl das Land als auch die See zu beherrschen und Völker und Städte unter einer Regierung zu vereinen (eine verschleierte Reverenz an Augustus). Somit war Geographie die unmittelbare Sache der

Feldherren, die ihre Angelegenheiten besser durch die Kenntnis eines bestimmten Gebietes regeln sollten: seine Größe, sein Klima, seine Lage und seine Qualität. Im wesentlichen stattet die Geographie einen Staat mit grundlegender strategischer Intelligenz aus. Aber bevor auf die Themen der Haupt-S. und Geographie eingegangen wird, ist es empfehlenswert, von einer unteren Stufe zu einer oberen zu gelangen, indem zuerst die S. in einer Stadt, dann diejenige einer Seemacht, die eines Feldzuges und zuletzt die Haupt-S. behandelt werden.

Die Stadt: Ratschläge über die Gründung von Städten können von Beschreibungen der idealen Polis bei Platon und Aristoteles bis zu Syrianus Magister (ca. 600 n.Chr.) verfolgt werden. Diskussionen über die Lage einer Stadt und ihren geographischen Ort sind (aus einer Perspektive) in den Angelegenheiten der Haupt-S. enthalten, da Überlegungen zur Verteidigung immer implizit und explizit vorhanden sind. Wäre die Örtlichkeit schwierig für einen feindlichen Angriff? Hat sie eine gute Wasserversorgung, die nicht so einfach abgeschnitten werden kann? Ist der Boden der Umgebung günstig für Ackerbau? Sind Baumaterialien wie Steine und Nutzholz bereits fertig vorhanden? (Plat. nom. 4,704–705; Aristot. pol. 7,1326a–27a.1330a–b; Cic. rep. 2,10–11; Veg. mil. 4,1; 10–11; Syr. Mag. de re strat. 10–11 Dennis).

Die Nähe zur See war eine weitere Überlegung. Thukydides (1,7) notiert, daß die Städte in der archaischen Periode im Inland, weiter weg von der Küste, gegründet wurden, weil die Piraterie überhand nahm. Nach dem Peloponnesischen Krieg (431–404 v.Chr.) prangerte eine philosophische Reaktion die radikale Demokratie in Athen und ihre dazugehörigen imperialistische Seemacht als Ergebnis eines negativen moralischen Einflusses der Seehäfen und der Gefahren einer starken Flotte an (Plat. nom. 4,704–707; Aristot. pol. 7,1327a11–29b18; Theopompus, FGrH 115 FF 62, 281). Romulus zeigte nach Meinung der Römer große Voraussicht, als er Rom im Inland, weiter weg vom Meer, gründete, um dem schädlichen Einfluß der Seefahrt zu entgehen, die Stadt aber weise an einem Fluß plazierte, um Importe aus dem Ausland zu erleichtern (Cic. rep. 2,10; Liv. 5,54,4). Im Gegensatz dazu kritisierte eine frühe byzantinische Sichtweise die Küstenlage nicht, aber eine Stadt sollte doch nicht direkt am Ufer erbaut werden: Auf diese Weise könnte eine feindliche Flotte die Stadt nicht direkt angreifen, sondern müßte eine Angriffsmacht erst auf offenem Gelände absetzen, wo sie dann Wurfgeschossen von den Stadtmauern ausgesetzt wäre (Syr. Mag. de re strat. 11,10–24 Dennis). Die zentrale Lage einer Stadt in ihrem Territorium war eine weitere Notwendigkeit, da die Stadt für die Landbevölkerung im Falle eines Angriffs einen Zufluchtsort darstellte (Aristot. pol. 7,1326b39–27a10). Die Administration eines eroberten Territoriums war eine andere Angelegenheit: Der Perserkönig Kyros der Große machte Susa anfänglich deswegen zu seiner Hauptstadt, weil sie eine zentrale Lage vis-à-vis zu den von ihm besiegten Stämmen hatte (Strab. 15,3,2).

Die Verteidigung einer Stadt erforderte Überlegungen sowohl über das Terrain für das Territorium der Stadt als auch, innerhalb der Mauern, über die genaue Anlage des Straßennetzes, der Straßenführung und offener Plätze. Denn Stadtverteidigung bedeutete nicht nur Verteidigung gegen Invasionen feindlicher Angreifer von außen, sondern auch gegen innere Revolutionen. In der archaischen Periode (7. Jahrhundert v.Chr.) konnte ein Tyrann Macht allein dadurch ausüben, daß er mit seinen Anhängern einfach die Akropolis der Stadt besetzt hielt. Die Spartaner bewiesen mit der Inbesitznahme der Kadmeia in Theben, daß dies auch noch 382 v.Chr. galt. Des weiteren erleichterte es der gleichmäßige Stadtplan des hippodamischen Typs feindlichen Kräften, die Kontrolle über eine Stadt zu erlangen, während die willkürliche Anlage von engen sich windenden Straßen die Verteidiger begünstigte, die hinter Barrikaden kämpfen und Dachteile von oben herunterwerfen konnten. Offene Plätze, wie eine Agora oder ein Theater, wurden bei städtischen Konflikten zu strategischen Konzentrationspunkten, und demnach hatte die Partei, der es gelang, sie zu kontrollieren, einen Vorteil. Man nahm an, daß die optimale Verteidigung einer Stadt durch die Mischung von einem geregelten und ungeregelten Netzwerk der Straßen und mehr als einem offenen Platz gegeben war (Aristot. pol. 7,1330b21–31; Ain. takt. 1,9–2,8). Die Verbindung zwischen der Gestalt eines städtischen Raumes und der politisch/militärischen Kontrolle ist in einem modernen Beispiel nicht weniger evident: Viele der großen Boulevards des heutigen Paris stammen von dem Wiederaufbau durch Napoleon III., der den Bau weiter Flächen für den Einsatz von Kanonen gegen mögliche Barrikaden, wie der der Revolutionäre von 1848, anordnete.

Die Verteidigung einer Stadt gegen äußere Feinde beinhaltet offensichtlich die Nutzung der lokalen Topographie (Höhen, Flüsse usw.), ebenso wie Mauern und Befestigungen. Tatsächlich aber können die Teile einer Stadt, die durch die Natur am besten geschützt erscheinen, in Wirklichkeit die am stärksten gefährdeten sein (Onas. 42,15–16). Aber die geographischen Faktoren für die Verteidigung des Territoriums einer Stadt unterscheiden sich im allgemeinen nicht von der S. eines Feldzuges: Strategische Punkte sollten ausgenutzt und, besonders wenn die Verteidiger dem Angreifer an Zahl unterlegen sind, das Terrain als Waffe verwendet werden (vgl. Aristot. rhet. 1,4,1260a; Ain. takt. 7–8,16,16–19; Ps.-Maur. strat. 10,2).

Seemacht: Geographische Faktoren in der strategischen Nutzung einer Seemacht kommen nur in der Kriegsführung zum Tragen, wenn eine Land- gegen eine Seestreitmacht kämpft. Da das Meer, wenn sich zwei Seemächte begegnen, ein ebenes Spielfeld bietet, wird der Kampf auf die Manipulation von nicht-geographischen Faktoren, wie z. B. Geschwindigkeit gegen Stärke, große gegen kleine Flotten, überlegene Fähigkeiten auf Seiten der einen Macht, die Klugheit eines Anführers und (wie immer) auf Glück reduziert. Topographische Gegebenheiten einer Küste oder die Lage von Inseln können jedoch einen Hinterhalt erleichtern (Veg. mil. 4,45). Dennoch schließen in einem Konflikt zwischen einer Land- und einer Seemacht – wofür der Peloponnesische Krieg das klassische Beispiel bietet – die Differenzen im Hauptelement des Manövrierens einer jeden Seite (d. h. Land gegen See) eine entscheidende Aktion der jeweiligen Kräfte aus, wenn nicht eine Seite wenigstens für einige seiner Kampfressourcen etwas vom anderen Element annimmt. Im Peloponnesischen Krieg wurde Sparta zum Beispiel (mit persischer Hilfe) eine Bedrohung zur See. Somit macht der Krieg zwischen einer Land- und einer Seemacht eine S. der Ermattung nötig, da eine Entscheidungsschlacht unmöglich ist.

Die Nutzung des Meeres erlaubt es einem Staat, den Einsatz seiner Kräfte über größere Entfernungen und mit größerer Geschwindigkeit zu planen, als es einer Landmacht in der gleichen Zeit möglich wäre (Ps.-Xen. Ath. pol. 2,5). Aber der negative Aspekt, der für Geschwindigkeit und Entfernung angerechnet werden muß, ist die verminderte Stärke, die zur Planung zur Verfügung steht, wenn man die beschränkten Möglichkeiten der antiken Flotten in Betracht zieht. Außerdem ergeben sich Probleme mit der Versorgung, die für Flotten nicht weniger schwierig ist als für Landarmeen, falls keine Mittel gefunden werden, um von den Ressourcen des Landes zu leben. Antike Flotten waren keine wirklichen Hochseeflotten: Die Seeleute wagten sich selten weit weg von der Küste und erwarteten, beinahe jede Nacht die Schiffe an den Strand zu ziehen, um an Land zu Abend zu essen und zu schlafen. Tatsächlich konnten Verluste und Beschädigungen von Ausrüstung und Transportmitteln bei einer Flotte besonders folgenschwer sein: Ein Soldat wäre beim Verlust seines Pferdes immer noch in der Lage, nach Hause zu laufen, nicht so ein Seemann, der bei Verlust des Schiffes schwimmen müßte. In der Offensive konnte eine Seemacht dennoch überlegen sein, da sie Überraschungsangriffe (Cic. rep. 2,6; Tac. ann. 2,5,4) sogar gegen geographisch verstreute Ziele durchführen konnte (Pol. 5,21,1–3). Weiterhin war bei der Invasion Griechenlands durch Xerxes – eine der wenigen wirklichen gemeinsamen Operationen einer Armee und einer Flotte in der Antike – eine griechische Verteidigung des Isthmos von Korinth sinnlos, da die Perser die Möglichkeit besaßen, die griechische Position über das Meer zu umgehen (Hdt. 7,139; vgl. 7,235).

Eine Stadt konnte ihre Flotte als Verteidigungsinstrument verwenden, um einen Angreifer an Land zu stören oder sogar von einer Invasion abzuhalten, wenn dieser die Küstenroute benutzte (Ain. takt. 16,20–21). Ein Teil der feindlichen Küstenlinie wird immer verwundbar für Raubzüge sein (Ps.-Xen. Ath. pol. 2,4.13; vgl. Thuk. 1,43,5), aber solche Aktionen ärgern einen Feind eher, als daß sie seinen Willen brechen, wenn dieser Druck nicht kontinuierlich und über lange Zeit andauernd durchgeführt wird oder eine große Bresche in die Verteidigungslinie des Gegners geschlagen werden kann. Der ›alte Oligarch‹ betont in seiner Diskussion über die Vorteile einer Seemacht (Ps.-Xen. Ath. pol. 2,1–6; vgl. Thuk. 1,142–43) die Aspekte einer imperialen Kontrolle und Versorgung: Eine imperiale Seemacht konnte verhindern, daß sich seine insularen Untertanen zu einer Revolte zusammenschließen – was für die Städte eines Landreiches nicht möglich war –, und die imperiale Macht kontrollierte ebenso die Importe und Exporte ihrer insularen Untertanen. Mehr noch blieb eine Seemacht, anders als eine Landmacht, relativ unabhängig von schlechten Ernten oder der Verwüstung der Felder durch den Feind, da sie immer über die See importieren konnte. Ähnlich konnte die Seemacht den Transport von Versorgungsgütern und die Verstärkung einer Armee, die einen Feldzug weit entfernt von ihrem heimischen Lager unternahm, unterbrechen (Pol. 3,97,3).

Das Dilemma bei der Konfrontation einer Land- mit einer Seemacht ist es, mit dem Gegner aneinanderzugeraten. Ebenso wie sich die Schläge einer Armee mit schwerer Infanterie gegen eine schnelle Reitermacht auf einer ausgedehnten Ebene in Luft auflösen, scheint die Landmacht, wenn sie sich einer Phantomflotte gegenüber sieht, im Nachteil zu sein. Thukydides betont wiederholt die Verbindung zwischen einer Flotte und dem Wohlstand eines Staates (Thuk. 1,4; 7,1; 7,13,1.5; 7,15,1; 7,141,4); Bauern führen bereitwilliger Krieg mit ihren Körpern als mit ihrem Geldbeutel (Thuk. 1,141,3.5). Aber Krieg zur See ist eine Fähigkeit (*techne*), die gelehrt werden kann (Thuk. 1,121,4; 1,142,9). Die römische Lösung dieses Dilemmas war es, Seeschlachten in Landschlachten zu verwandeln (vgl. Thuk. 1,49,2; 7,62,2.4). Im Peloponnesischen Krieg vergrößerten die Spartaner schließlich ihre Seestreitkräfte und verbesserten ihre nautischen Fähigkeiten. Dadurch waren sie in der Lage, die Lebensader Athens zu treffen, welche nicht aus attischen Ackerland, sondern aus dem Tribut ihrer Verbündeten/Untertanen bestand (vgl. Thuk. 1,121,3; 3,13,5–6), wobei sie sowohl das athenische Einkommen als auch den Raum in der Ägäis zum taktischen Manövrieren verkleinerten. Die Verminderung der Seemacht des Gegners durch die S., ihn von seinen Lagern an Land abzuschneiden, kann ebenso beim Feldzug Alexanders des Großen gegen Persien beobachtet werden. In den ersten beiden Jahren des Feldzuges (334–332 v.Chr.) band Alexander die persischen Seestreitkräfte, die eine mögliche Bedrohung für seine Verbindungslinie mit dem griechischen Mutterland darstellten, ab, indem er die Kontrolle über die Küste vom Hellespont durch Kleinasien und die Levante bis Ägypten gewann.

Feldzugsstrategie: Abgesehen von den politischen und militärischen Faktoren, die die Planung beinhaltet, ist einer der ersten geographischen Faktoren, der berücksichtigt werden muß, die Auswahl einer Basis für die Operationen, den Punkt, an dem die Angriffspartei ihre Kräfte und Versorgungsgüter sammeln wird (in der Annahme, daß die Invasion des feindlichen Territoriums ein Angriff mit einer Spitze ist). Eine Hauptstadt kann (muß aber nicht) die Basis der Operationen sein, die in der Nähe von, aber nicht notwendigerweise an der Grenze des Zielterritoriums liegen sollte. Karthago machte zum Beispiel Agrigentum in Sizilien am Anfang des Ersten Punischen Krieges (264–241 v.Chr.) zu seiner Basis (Pol. 1,17,5), und Strabon (4,6,10) notiert, daß Segestia (Siscia) am Save-Fluß eine ausgezeichnete Basis für Operationen in einem römischen Krieg gegen die Daker darstellen würde. Die besonderen Eigenschaften eines Platzes, die für eine Basis nötig sind, hängen von den spezifischen politisch-militärischen Zielen einer kriegführenden Partei ab. Zu berücksichtigen sind aber auch die Verteidigungsmöglichkeiten (wenn die andere Seite einen Gegenangriff starten sollte), gute Kommunikationsverbindungen zu den feindlichen und heimischen Fronten und die vorteilhafte Position des Platzes gegenüber dem Territorium des Gegners. Der griechische Begriff für die ›Basis der Operationen‹ ist *hormeterion* (›der Punkt, von dem aus man aufbricht‹). Strabon ist besonders daran interessiert, Plätze als Basen zu kennzeichnen (z.B. Strab. 9,1,17; 12,3,41; 12,8,8; 14,3,2; 14,5,2; 16,2,10.25; 17,3,13). Der Begriff kann auch in größeren strategischen Kontexten angewandt werden, so wie Roms Verwendung von Italien als *hormeterion* für die Eroberung der Welt (Strab. 6,4,2) oder Makedonien als Basis für die imperialen Absichten Philipps V. (Strab. 9,4,15). Das Konzept der Basis kann auch auf die Kontrollpunkte für eine imperiale Macht ausgedehnt werden: Philipp V. wurde geraten, den ›Bullen der Peloponnes‹ durch den Besitz der beiden ›Hörner‹ zu kontrollieren, Akrokorinth und den Berg Ithome (Pol. 7,12,2–3; Strab. 8,4,8), und in der gleichen Zeit sagte man von den makedonischen Garnisonen Chalkis, Demetrias und Korinth, sie seien die ›Fesseln Griechenlands‹ (Pol. 18,11,4–5; Liv. 32,37,3–4; Strab. 9,4,15).

Ist der Feldzug einmal im Gange, wird das Lager, sei es nur für eine Nacht oder für einen längeren Zeitraum, zur nächstgelegenen Basis der Armee. Das Feld- (oder Marsch-)Lager diente, wenn keine Stadt oder kein Dorf in der Gegend vorhanden war, dazu, die Armee gegen Überraschungsangriffe bei Nacht zu schützen, und in der hellenistischen und der römischen Zeit wurde das Lager eine Zuflucht für diejenigen, die in einer Schlacht geschlagen worden waren (vgl. Veg. mil. 1,21; 3,8). Die Auswahl des Lagerplatzes hing von mehreren Kriterien ab: den Verteidigungsmöglichkeiten, dem Vorhandensein von Trinkwasser und der gesunden Umgebung des Ortes. Die Spartaner, die sich über die Verwundbarkeit der Winkel in einem Rechteck im Klaren waren, benutzten ein rundes Lager, wenn nicht ein Hügel, ein Fluß oder eine Mauer gefunden werden konnten, um eine Seite des Lagers zu beschützen (Xen. Lak. pol. 12,1). Die Griechen vermieden es im allgemeinen, ihre Lager zu befestigen und bevorzugten statt dessen, die Form ihrer Lager den vom Terrain gebotenen natürlichen Vorteilen anzupassen (Pol. 6,42,1–4). Es ist nur ein einziges Beispiel bekannt, daß Alexander der Große sein Lager befestigte (Arr. an. 3,9,1; vor Gaugamela 331 v.Chr.). Laut der Tradition (Frontin. strat. 4,1,14) war es der Makedonenkönig Pyrrhos, der im 3. Jahrhundert v.Chr. das befestigte Lager erfand, eine Praxis, die die Römer dann kopierten und perfektionierten. Sie fügten dem noch weitere Vorschriften für den Standort eines Lagers hinzu: Vermeidung von Plätzen, die überflutet werden könnten oder am Fuß einer Höhe lägen, die wiederum durch einen Feind besetzt werden könnten (Veg. mil. 1,22; 3,8). Aber besonders für die Römer, die ein Lager als ihre *altera patria* (»zweite Heimat«, Liv. 44,39,6) und als eine mobile Stadt (Pol. 6,31,10; Veg. mil. 1,21; 2,18) betrachteten, mußte der Lagerplatz, genauso wie bei der Gründung einer wirklichen Stadt, gesund sein. Gedanken über die gesunde Umgebung eines Lagerplatzes beginnen in klassischer Zeit bei Xenophon (Kyr. 1,6,16) und setzen sich bis in die byzantinische Zeit fort (z. B. Onas. 8–9,1; Iul. Afric. kest. 1,2,25–26; Syr. Mag. de re strat. 26,1–13 Dennis).

Vor dem Verlassen der Operationsbasis und dann in jedem Stadium des Feldzuges in feindlichem Gelände benötigte der Anführer eine genaue Kenntnis des feindlichen Terrains: die Entfernungen zwischen den Plätzen, die Typen des Terrains (besonders in Gegenden, die sich für einen Hinterhalt eigneten), die Geschwindigkeit, mit der eine Armee vorankommen könnte, die Art der Kriegsführung, die der Gegner anwandte, und den Charakter des feindlichen Anführers. Persönliche Kenntnis des Terrains war zu bevorzugen, aber nicht immer im voraus praktisch durchführbar. Daraus entstand die Notwendigkeit von geschriebenen *itineraria* vom Schauplatz der Unternehmungen, mit detaillierten Darstellungen der Topographie, die nicht nur mit Worten, sondern auch mit Illustrationen beschrieben wurden. Lokale Führer waren, wenn der Feldherr eine Gegend nicht persönlich kannte, unentbehrlich, vorausgesetzt, sie waren vertrauenswürdig (Pol. 9,13,6–14.3; Veg. mil. 3,6; vgl. Ps.-Maur. strat. 8,2,75). Von dem byzantinischen Kaiser Herakleios (610–641) sagte man, daß er Diagramme benutzte, um seine persischen Feldzüge zu planen (Georg. Pisid. expedit. Pers. 2,46–48; 179–81; Herclias 21,139 Petusi; vgl. den Gebrauch von *theoremata* in der Tactica des Evangelus: Plut. Phil. 4,4–5).

Sollten die Bewegungen einer Armee mit einem weiteren militärischen Kontingent, das von einer anderen Basis aus operierte oder eine andere Route marschierte, um ein gemeinsames Ziel zu erreichen, koordiniert werden, mußte die Kenntnis der Geographie durch die Astronomie ergänzt werden, besonders bei nächtlichen Operationen (Pol. 9,114,5–15,15; Onas. 39,1–3). Ganz ähnlich sollte bei einfachen Aufgaben, wie der Abschätzung der benötigten Länge von Sturmleitern, und für komplexere Berechnungen, wie dem Umfang und der möglichen Bevölkerungsgröße einer Stadt oder der Zahl der Männer in der Armee des Feindes, basierend auf dem Raum, den sie einnimmt, die Geographie durch die Geometrie ergänzt werden (Pol. 9,19,5–20,3; Onas. 10,16; Iul. Afric. kest. 1,15,1–7; Ps.-Maur. strat. 8,2,37).

Wie jeder Feldherr weiß, ist die Planung, bei der man geographische Faktoren in Rechnung stellt, die eine Sache, und die Ausführung dieses Planes eine andere.

Marschierende Formationen müssen häufig darauf eingestellt werden, die Eigenarten eines Terrains aufzunehmen, egal ob es sich um Ebenen, Wälder, steile Berge oder felsiges Gelände handelt. Syrianus Magister (de re strat. 18,18–56 Dennis; vgl. Veg. mil. 3,6) bietet eine detaillierte Diskussion dieser Situationen. Merkwürdige topographische Besonderheiten erforderten manchmal spezielle Vorgehensweisen: Schmale Hohlwege und Pässe luden zu Hinterhalten ein und erforderten Veränderungen der Marschkolonne (vgl. Onas. 6,7–7,2; Frontin. strat. 1,4–6). Hauptflüsse boten Hindernisse, die künstlich durch den Bau von Brücken überwunden werden mußten. Solche Operationen konnten, besonders wenn der Feind das gegenüberliegende Ufer hielt, taktisch unangenehm sein. Historiker und Militärschriftsteller schenkten den verschiedenen Mitteln, einen Fluß zu überqueren und Pontonbrücken zu bauen, besondere Aufmerksamkeit (z. B. Cass. Dio 71,3,1[1]= Suda s.v. Zeugma; Veg. mil. 3,7; Syr. Mag. de re strat. 19 Dennis).

Schließlich kann in der Feldzug-S. das Land selbst als Waffe sowohl in der Defensive als auch in der Offensive genutzt werden. In Gebieten, in denen es viel Raum zum Manövrieren gibt, wie in der skythischen Steppe, den Ebenen von Mesopotamien oder sogar in den Wäldern von Germanien, können die Verteidiger darauf verzichten, sich auf eine Schlacht mit den Invasoren einzulassen und eine S. vom Rückzug ins Inland durchführen, wobei die Kräfte der Invasoren zermürbt werden und die Versorgungslinie zunehmend dürftig und angreifbar wird (vgl. Tac. ann. 2,5,3). Ein strategischer Rückzug kann mit einer ›Politik der verbrannten Erde‹ kombiniert werden, bei der Futter und Feldfrüchte zerstört und Wasserreservoirs vergiftet oder verschmutzt werden, um die Versorgungsprobleme der Invasoren zu vergrößern (vgl. Hdt. 4,120–42; Arr. an. 1,12,9; 1,2,43; 3,28,8; Iul. Afric. kest. 1,2,13–16). Aber eine ›Politik der verbrannten Erde‹ kann genauso in Territorien mit begrenzterem Raum angewandt werden (Ain. takt. 8,1–5). Waldbewohner hatten eine andere Möglichkeit, die Landschaft als Waffe zu verwenden: Die Nervier aus dem Ardennenwald traten Caesar entgegen, indem sie undurchdringliche Hecken aus jungen Bäumen mit Brombeersträuchern verwoben und Dornen anlegten (Caes. Gall. 2,17,4; Strab. 4,3,5). In der Offensive ist die Zerstörung der Ernte des Feindes ein Aspekt der begrenzten griechischen Kriegsführung (vgl. Hdt. 1,17), und Plünderung war ein Merkmal jedes Krieges, aber die Zerstörung von feindlichem Territorium konnte leicht in die wirtschaftliche Waffe eines totalen Krieges und einer Eroberung verwandelt werden (vgl. Tac. Agr. 30,4–5; Iul. Afric. kest. 2,2–3). Eine radikalere Angriffsmethode in der Landnutzung war es, das Aussehen der Landschaft selbst zu verändern. Nach Frontinus (strat. 1,3,10) änderte der römische Kaiser Domitian (81–96 n.Chr.) den Charakter des Krieges gegen die Germanen, indem er 120 Meilen weit Straßen in ihr Territorium vorantrieb und die Zufluchtsorte in den Wäldern vernichtete, die sie als Basen für ihre Raubzüge verwendet hatten (vgl. Iul. Afric. kest. 1,2,34–35; 2,3,6–9).

Hauptstrategie: Die Unterschiede zwischen der Haupt- und der Schlacht-S. liegen sowohl in der größeren geographischen Ausdehnung als auch in der längeren chronologischen Planung der ersteren. Eine gewisse Vieldeutigkeit trübt die Unterschiede zwischen Kurzzeit- und Langzeit-S., da die Grundprinzipien von beiden gleich sein können. Der Plan, strategische Punkte einzunehmen und im voraus Verbündete zu gewinnen (Liv. 35,18,8), kann sich auf einen einzelnen Feldzug, einen Krieg mit mehreren Feldzügen und auf die Langzeitverteidigungs-S. eines Staates beziehen. Ähnlich kommentiert Xenophon (an. 1,5,9), das persische Reich sei in der Ausdehnung seines Territoriums und der Größe seiner Bevölkerung stark, aber schwach in der Kommunikation über große Distanzen und der Auflockerung der Kräfte, wenn ein Angriff seine Geschwindigkeit ausnutzte. Obwohl sich die Bemerkung auf den Feldzugsplan des Perserkönigs Kyros II. bezieht, reflektiert sie, daß bei jeder Verteidigung des persischen Reiches die gesamte strategische Auswertung von geographischen Einflüssen eine Rolle spielte, und somit mag sie als Beleg für ein Haupt-S.-Denken dienen.

Die Griechen des Mutterlandes begannen erst, bemerkenswert strategisch zu handeln, als sie die Verteidigung gegen die Invasion des Xerxes planten und versuchten, topographische Gegebenheiten (die Engen bei Tempe, die Thermopylen und den Isthmos von Korinth) auszunutzen, um die Perser zu blockieren (Hdt. 7,173,1; 7,175–77; 7,235,4; 8,41,2; vgl. 7,9b,2). Dies geschah, obwohl beinahe ein Jahrhundert früher der Spartaner Cheilon die strategischen Möglichkeiten der Insel Kerthyra für den Fall notiert hatte, daß sie jemals von feindlichen Kräften okkupiert werden sollte (Hdt. 7,235,2). Die Insel bot eine ideale Basis für den Angriff einer Seemacht auf Lakonien (Thuk. 4,53–56; vgl. Pol. 5,3,4 über eine ähnliche strategische Stellung von Kephallenia).

Die defensiven Vorteile einer Insel inspirierte andere Haupt-S.-Schemata. Am bemerkenswertesten ist dasjenige des Themistokles, das später durch Perikles im Peloponnesischen Krieg eingesetzt wurde (Thuk. 1,93. 143). Nach diesem Schema, dem ersten Beispiel für griechische Langzeit-S.-Planung, machte die Befestigung des athenischen Hafens, des Piräus, und die Verbindung des Piräus mit Athen über die langen parallelen Mauern Athen und seine Flotte im Grunde zu einer Inselmacht, die theoretisch gegen Landangriffe immun war, obwohl attisches Territorium einem potentiellen Angreifer geopfert wurde. Ähnliche ›lange Mauern‹ sind für Megara und Korinth belegt.

Dieses Inselkonzept kann ebenso in römischen Kontexten gefunden werden. Florus (1,33,3–4) notiert, daß Spanien, das von drei Seiten durch das Meer und von der vierten durch die Barriere der Pyrenäen geschützt wurde, wegen seiner geographischen Anordnung unangreifbar gewesen wäre, wenn die lokalen Stämme ihren Vorteil erkannt und sich vereinigt hätten, bevor die Römer ihre Eroberung begannen. Strabon (6,4,1) wendet das gleiche Konzept auf die strategischen Vorteile von Italien an: Drei Meere und ein Minimum an guten Häfen isolieren es von einem auswärtigen Angriff, während die nahezu undurchdringliche Barriere der Alpen Italien gegenüber nördlichen Invasionen abschließt. Tatsächlich ist der Glaube an die Sicherheit, die Italien durch die Alpen gewährt wurde, zuerst bei Cato d.Ä. (fr. 85. HRR I^2 72) und bei Polybios (3,54,2) bezeugt, auch wenn die Idee zweifellos lange vor diese Quellen zurückreicht und trotz der gegenteiligen Erfahrungen mit den Feldzügen eines Hannibal oder den Kimbern und Teutonen bis in die Spätantike Widerhall fand (Liv. 21,35,8; Herodian. 2,11,8; Isid. orig. 14,8,18). Italiens wohltemperiertes Klima und landschaftliche Wechsel von Ebenen und Bergen stattete Rom nicht nur mit der idealen Mentalität der Bevölkerung, sondern auch mit landwirtschaftlicher Produktivität aus – alles hauptstrategische Überlegungen für einen imperialistischen Staat (Strab. 6,4,1; Vitr. 6,1,10–11; Varro rust. 1,2).

In der S. der römischen Republik setzte sich die Überzeugung durch, geographische Faktoren ausnutzen zu müssen. Während der römischen Expansion in Italien manövrierten die Römer so, daß sie feindliche Völker zwischen sich und ihren Verbündeten,

Freunden (*amici*) oder sogar Kolonien an der möglichen Flanke oder Rückseite des Feindes in die Zange nahmen. Das berühmte römische Straßensystem wurde im 4. Jahrhundert v.Chr. begonnen, verband die Hauptstadt mit ihren Kolonien und erleichterte das Aussenden von Armeen, wenn Feinde auftauchten. Das Prinzip, potentielle Feinde mit befreundeten Staaten oder Klientelkönigreichen einzukreisen und Straßen zu bauen, wurde später auf Territorien außerhalb Italiens ausgedehnt. Klientelkönigreiche waren günstige Puffer gegenüber feindlichen Stämmen (vgl. Liv. 33,12,10–11 für Makedonien). Im dritten Viertel des 2. Jahrhunderts v.Chr. verbanden Hauptstraßen durch das transalpine Gallien Italien mit Spanien, und die Via Egnatia ebnete, indem sie die Adria mit Byzanz verknüpfte, den Weg für ein verstärktes Engagement der Römer in Kleinasien und im Nahen Osten. Einige Wissenschaftler argumentieren auch damit, daß die Techniken der Landvermesser die Art beeinflußten, mit der Feldherren wie Julius Caesar ein Schlachtfeld bestimmten oder einen Feldzug planten. Solches Denken geht von der Aufzeichnung eines *cardo* (Grundlinie) und eines *decumanus maximus* (Annäherungslinie) aus.

Unter Augustus (27 v.Chr.–14 n.Chr.) ließ die eher willkürliche römische Expansion der Republik nach. Augustus füllte planmäßig geographische Lücken zwischen römischen Provinzen und vertraute einige Gebiete der Kontrolle von Klientelkönigen an (z.B. in Thrakien, Numidien und in einem Großteil von Kleinasien), und sein politisches Testament empfahl, daß die Grenzen des Reiches an den Flüssen Rhein, Donau und Euphrat belassen werden sollten (Tac. ann. 1,11,8; vgl. Tac. Agr. 13,2). Flüsse formen natürliche Grenzen von Staaten (Strab. 15,1,26) und bieten eine deutlichere Gestalt als Berge oder Wüsten, in denen Grenzlinien auf dem Boden undefinierbar sind. Nebenbei fungieren Flüsse, obwohl keine Verteidigung unüberwindlich ist, als defensives Hindernis für den Angreifer. In der Kaiserzeit litten die Römer nie unter einer ›Maginot-Linien-Mentalität‹ und zogen es vor, in das Gebiet eines Feindes einzufallen, wenn sie sich bedroht fühlten, oder, wenn möglich, nachdem ein Angriff auf römisches Territorium zurückgeschlagen worden war. Weiterhin verstärkten die Römer die Flußgrenzen, indem sie Klientelkönigreiche unterstützen, Subventionen zahlten, um barbarische Stämme ruhig zu halten, vorgeschobene militärische Außenposten jenseits von Flüssen einrichteten und sogar durch neue Eroberungen und Annexionen. In der Propaganda verzichtete Rom nie auf seine Stellung als ›Reich ohne Grenze‹ oder eine Gleichsetzung des Reiches mit der Oikumene, aber bereits Strabon wußte, daß solche Proklamationen fromme Wünsche waren (vgl. Strab. 1,1,16; 17,3,34).

Des weiteren muß Propaganda immer von Politik unterschieden werden. Die Gründung neuer Provinzen jenseits der Hauptgrenzen an Flüssen (Britannien, Dakien, Mesopotamien) sollte nicht das römische militärische Denken seit Tiberius verschleiern, das hauptsächlich defensiv war. Legionslager wurden strategisch für Offensiven jenseits der Grenzen plaziert, um mögliche Invasionsrouten zu blockieren, die Straßennetze der Hauptstraßen zu überwachen oder aufrührerische Untertanen zu beobachten. Die Verteilung von Hilfstruppen entlang der Grenzen war wegen möglicher Bedrohungen durch bestimmte Waffentypen und dem taktischen Stil der Gegner angeordnet worden, sowie große Konzentrationen von Reitereien und berittenen Bogenschützen an der östlichen Front vorkamen. Selbst wenn Rom eine offensichtliche Niederlage, wie unter Nero in Armenien (56–63 n.Chr.), erlitt, wurde der sogenannte Kompromiß Neros als ein Sieg gepriesen, im Gegensatz zu der Aufgabe eines römischen Klientelkönigreiches gegenüber dem Arsakidenhaus in Parthien. Als Antwort auf den Verlust Armeniens umrandete Rom Armenien im Norden mit Klientelkönigreichen im Kaukasus (vgl. Tac. hist. 2,6,2), verwandelte die bis dahin unverteidigte Grenze zu Kappadokien in eine kaiserliche Konsularprovinz mit zwei Legionen und annektierte das Königreich Kommagene, das Syrien hinzugefügt wurde.

Das Ausmaß, in dem die Römer sich (wenn überhaupt) auf Landkarten verließen, um ihr hauptstrategisches Denken zu leiten, wird viel diskutiert. Die Römer ignorierten jedoch die Geographie nicht. Auf westliche und östliche Grenzen des Kaiserreiches konnte man sich als ›Flanken‹ (z. B. Flor. epit. 1,40,4–5; Amm. 23,5,18) beziehen, und Tacitus erwähnt die zwei Legionen in Dalmatien als eine zentrale Reservemacht (Tac. ann. 4,5,3). Es gab eine klare Gesamtkonzeption des Kaiserreiches im Ganzen, welche militärische Entscheidungen beeinflußte. Die Errichtung der Tetrarchie durch Diokletian Ende des 3. Jahrhunderts n.Chr., die das Kaiserreich in vier regionale Kommandobereiche aufteilte, spricht ebenso für geographische Überlegungen in der römischen Haupt-S.

→ Akropolis, Armee, Astronomie, Fortifikation, Geographie, Grenze, Hauptstadt, Imperialismus, Insel, Kartographie, Krieg, Küste, Logistik, Medizin, Paß, Seeherrschaft, Siedlungsformen, Stadt, Städtebau, Straße (Straßenbau), Taktik, Topographie

LITERATUR: R. Dion: Aspects politiques de la géographie antique. Paris 1977. – W. Hartke: Mathematisches Kalkül in der römischen Strategie an Schelde und Maas, Rhein und Main, in: Militärgeschichte 22, 1983, 312–332. – M. Rambaud: L'espace dans le récit césarien, in: R. Chevallier (Ed.): Littérature gréco-romaine et géographie historique. Mélanges offerts à Roger Dion. Paris 1974, 111–129. – R. K. Sherk: Roman Geographical Exploration and Military Maps, in: ANRW II 1, 1974, 534–562. – R. Syme: Military Geography at Rome, in: CIAnt 7, 1988, 241–250. – J. Vogt: Raumauffassung und Raumordnung in der römischen Politik, in F. Taeger/K. Christ (Hgg.): Orbis. Freiburg 1960, 172–198. – E. L. Wheeler: Methodological Limits and the Mirage of Roman Strategy, in: Journal of Military History 57, 1993, 7–41; 215–240.

Everett L. Wheeler

Taktik

Die Bedeutung der Geographie für die T. wird in den antiken Quellen häufig erwähnt und als ein Schlüsselfaktor für die erfolgreiche Feldherrnkunst angesehen. Polybios bemerkt (5,21,6; vgl. 9,13,8), daß Unterschiede im Terrain (oder entsprechende Stellungen) die meisten Niederlagen zu Land oder zur See verursacht haben. Frontinus widmet ein Kapitel der *Strategemata* (2,2) der Wahl des Platzes für eine Schlacht, ebenso wie Vegetius (mil. 3,13), der erklärt, daß der Ort einer Schlacht eine große Rolle für den Sieg spiele, und daß das Terrain oft nützlicher sei als Mut (Veg. mil. 3,20; vgl. Onas. 21,3–4).

Für die Kriegsführung an Land können die theoretischen Möglichkeiten auf eine Reihe von Alternativen reduziert werden: weiter gegenüber engem Raum, eine hohe gegenüber einer niedrigen Erhebung, ebenes/übersichtliches gegenüber rauhem/unübersichtlichem Terrain. In der Seekriegsführung ist nur der Kontrast zwischen weitem und engem Raum anwendbar. Diese einfachen theoretischen Alternativen werden sofort komplexer, wenn sie mit anderen Variablen in Zusammenhang gebracht werden: zuerst die Größe der Armee des Angreifers und die Größe der Streitmacht des Verteidigers; zweitens, mit welcher Waffe die eine oder andere Seite überlegen ist, d. h. weiter Raum und ebenes Terrain begünstigen die Reiterei (vgl. Pol. 1,30,9–12; Onas. 31,1), während die Infanterie besser in engem Raum und rauhem Terrain ihrer Aufgabe nachkommen kann; und drittens die offensive oder defensive Stellung beider Seiten: Von einer Anhöhe aus anzugreifen ist von Vorteil, ebenso wie ein Angriff bergauf den Verteidiger begünstigt.

Geographische Faktoren: Der Rat, immer erhöhte Stellungen zu erobern und einen Feind nie in einer überlegenen Position anzugreifen, wurde selbstverständlich (z. B. Epaminondas in Xen. hell. 7,5,8; Frontin. strat. 2,2,2–5; Iul. Afric. kest. 1,2,27; Veg. mil. 3,13). Es ist bemerkenswert, daß das griechische Wort *hyperdexios* im 4. Jahrhundert v.Chr. in Topographie- und Schlachtbeschreibungen ein technischer Begriff für ›erhaben‹, ›dominant‹ und ›überlegen‹ wurde und dadurch die wörtliche Bedeutung von *dexios* (›zur Rechten‹) aufhob. Der Spartaner Kleomenes nutzte bei Sellasia (222 v.Chr.) so kunstvoll das Terrain als Verteidigungsposition auf zwei Hügeln aus, daß Polybios (2,65,8–11) seine Aufstellung mit der Parade eines guten Ausbilders (*hoplomachoi*) verglich. Eine andere taktische Faustregel schrieb vor, wie man eine Armee vor dem Versuch, sie in der Flanke zu umgehen, schützte, indem man einen oder beide Flügel der Schlachtreihe an einem natürlichen Hindernis, wie z. B. einem Fluß, postierte. Diese Regel hat besondere Bedeutung für eine zahlenmäßig unterlegene Armee, da ein natürlicher Schutz für die eine Flanke eine Konzentration der besseren Truppen auf der anderen Flanke erlaubt. (Onas. 21,3; Frontin. strat. 2,2,6; Veg. mil. 3,21. 26). Eine Variante dieses Prinzips von einer kleineren Armee gegen eine größere war es, einen beschränkten Raum für die Schlacht auszusuchen, in dem der Vorteil der Anzahl aufgehoben wurde. Der Perserkönig Dareios III. verlor bei Issos (333 v.Chr.), weil das Schlachtfeld zu schmal war (Arr. an. 3,8,7; vgl. Frontin. strat. 2,6,1; Polyain. 1,32,1; Ps.-Maur. strat. 8,2,37). Vorstaatliche Völker wie die Germanen nutzten das Terrain besonders für ihre Schlachtaufstellung aus, indem sie eine Flanke durch ein natürliches Hindernis schützten und ihre Gegner zwangen, über sumpfigen Grund oder versteckte Hinterhalte anzugreifen (Tac. ann. 2,16,1–2; Tac. hist. 5,16,1; 5,17,2; 5,18,2; Amm. 16,12,23; Liban. epist. or. 18,56; Amm. 31,7,10). Die genaue Kenntnis des Schlachtgebietes – was im allgemeinen auf Staaten oder Völker zutrifft, die ihr eigenes Territorium verteidigen – ist ebenso von Vorteil (Ain. takt. 16,19–20; Xen. hipp. 4,6; Ps.-Maur. strat. 8,2,89).

Ganz ähnlich können auch Flüsse zu einer Waffe werden. Der Perserkönig Kyros der Große nahm Babylon ein, indem er den durch die Stadt fließenden Euphrat umleitete. Der Versuch Dareios' I., diese Kriegslist zu wiederholen, scheiterte (Hdt. 1,191; 3,152; vgl. Xen. Kyr. 7,5,7–35; Polyain. 7,6,5). Andere Versuche, Lager oder Städte durch die Umleitung eines Flusses einzunehmen, sind schriftlich belegt (Xen. hell. 3,1,7; Frontin. strat. 3,7,1–2.4–5). Ebenso konnte ein Fluß gestaut werden, um eine Stadt zu überfluten und sie damit zur Aufgabe zu zwingen. Agesipolis bei Mantineia (384 v.Chr., Xen. hell. 5,2,4–5) und Q. Caecilius Metellus in Hispania Citerior (Frontin.

strat. 3,7,3) waren erfolgreich, aber Iphikrates scheiterte mit dieser Taktik in Stymphalos (Strab. 8,8,4). Wasser scheint eine bevorzugte Waffe der Sassaniden gewesen zu sein: Der Tigris wurde in der Nähe von Ktesiphon gegen das Lager des römischen Kaisers Carus in eine Senke umgeleitet (283 n.Chr., Zonar. 12,30, Dindorf 156); Sapor II. versuchte, Nisibis durch eine Überflutung zur Aufgabe zu bewegen (350 n.Chr., Iul. or. 1,27B-28D); und eine Erzählung, die um 384 n.Chr. in Umlauf war, hält fest, daß die Perser versuchten, Edessa einzunehmen, indem sie es vom Wasser abschnitten (Itin. Egeriae 19,11–13).

Klimatische Faktoren: Neben dem Terrain und der Topographie sind klimatische Faktoren ebenfalls taktische Möglichkeiten, die eine Armee ausnutzen kann. Römische Apologeten des Desasters bei Cannae (216 v.Chr.) führten an, daß Hannibal eine Stellung mit starkem Rückenwind innehatte, der den Römern Staub ins Gesicht wehte, und ebenso (laut einigen Quellen) die Sonne im Rücken hatte, die die Römer blendete (Liv. 22,43,10–11; 22,46,9; Val. Max. 7,4, ext. 2; Plut. Fab. 16,1; Frontin. strat. 2,6,7; Polyain. 6,38,4; Flor. 1,22,16; Iul. Afric. kest. 1,2,2–4,9–10). In der Spätantike wurde diese Kriegslist zu einer allgemeinen Empfehlung (Veg. mil. 3,14; Ps.-Maur. strat. 8,2,39). Nach einigen Quellen verließ sich der Römer Marius bei Vercellae (101 v.Chr.) gegen die Germanen auf die Kombination von Sonne, Wind und Staub. Andere behaupten, er habe das Unvermögen der Germanen zur Akklimatisierung ausgenutzt – das lange Stehen in der Sonne vor der Schlacht habe sie geschwächt (Frontin. strat. 2,2,8; Plut. Mar. 26,3–5; Polyain. 8,10,3). Im Gegensatz dazu waren die Parther durch ihre Gewöhnung an Hitze und Wassermangel bei der Verteidigung ihres eigenen Territoriums im Vorteil, während sie Winterfeldzüge vermieden, da Feuchtigkeit sich negativ auf die Funktionsfähigkeit ihrer Bogensehnen auswirkte (Cass. Dio 40,15,5–6). Livius zufolge (37,41,3–4) behinderten dichter Morgennebel und das allgemein feuchte Klima in Magnesia (190 v.Chr.) die Effektivität der Bogenschützen und Schleuderer Antiochos' III. Weiterhin konnte ein Wald auch aktiv genutzt werden, zusätzlich zu seinem passiven Nutzen als Versteck für einen Hinterhalt oder als Hindernis, um die Flanke einer Schlachtreihe zu schützen. Im Litanischen Wald (216 v.Chr.) bereiteten die Boier einen Hinterhalt vor, indem sie eine Kettenreaktion von fallenden Bäumen verursachten. 25.000 Römer sollen dabei getötet worden sein (Liv. 23,24; Frontin. strat. 1,6,4).

Sogar die Luft konnte zum Vorteil ausgenutzt werden. Die Syrakusaner waren sich während der Sizilischen Expedition der Athener (415–413 v.Chr.) zweifellos über die schädlichen Einflüsse im Klaren, denen das athenische Lager in dem sumpfigen und malariaverseuchten Grund in der Nähe des Olympieion ausgesetzt war. Eine Seuche (Malaria?) schwächte die athenische Armee (Thuk. 7,47,2; Diod. 13,12,1) und befiel auch die karthagischen Belagerer, die 396 v.Chr. (Diod. 14,70) in der gleichen Gegend ihr Lager aufschlugen. Klearchos aus dem pontischen Herakleia stärkte sein tyrannisches Festhalten an der Macht, indem er einen Feldzug gegen das bithynische Astako vortäuschte, wo er seine städtischen Truppen in einer sumpfigen Gegend lagern ließ und wartete, bis sich eine Krankheit ausbreitete (Polyain. 2,30,3). Iulius Africanus, dem dieses Beispiel bekannt war (Iul. Afric. kest. 1,2,55–57), erfand seinen eigenen Plan und schickte, sobald der Wind aus der passenden Richtung kam, vergiftete Luft über das Lager des Feindes (Iul. Afric. kest. 1,2,117–35) – ein antiker (theoretischer) Vorläufer des modernen Giftgases.

Folgen für die Heeresbildung bei den Griechen: Wenn die Wahl des Schlachtfeldes von höchster Bedeutung für jede Armee war, so war sie von ganz besonderem Belang für Staaten, die ein taktisches System anwandten, das auf schwerer Infanterie beruhte. Die Hoplitenphalanx des klassischen Griechenland, zusammengestellt aus bürgerlichen Soldaten mit – sieht man von Sparta ab – keiner oder nur begrenzter militärischer Übung, erforderte ein besonderes Gelände. Da sie langsam und schwerfällig zu manövrieren war, hing die Phalanx von der Aufrechterhaltung der geschlossenen Reihen und dem Zusammenhalt der Masse ab, da die Ausrüstung des Hopliten für einen Zweikampf, besonders gegen einen beweglichen und leichter bewaffneten Gegner, nicht geeignet war. Weiter war es der Phalanx nicht möglich, schnell oder leicht ihre Front zu ändern, und ihre Flanken waren extrem leicht angreifbar. Die makedonische Phalanx Philipps II. und Alexanders des Großen, die die militärischen Entwicklungen des späten 5. und des 4. Jahrhunderts v.Chr. ausnutzte, schickte professionellere Soldaten mit weniger Körperbewaffnung ins Feld und gab der Reiterei eine annähernd gleich wichtige Rolle in der Schlacht: Halte den Feind mit der Phalanx fest und schlage dann mit der Reiterei eine Bresche in die Reihe oder eine exponierte Flanke. Aber die makedonische Phalanx, die Standardformation der hellenistischen Zeit, hatte ebenso den acht Fuß langen Speer des Hopliten (*dory*) durch eine 18–21 Fuß lange Lanze (*sarisa*) ersetzt und die Tiefe der Formation von den als relativer Standard geltenden acht Reihen auf sechzehn verdoppelt. Somit war die hellenistische Phalanx in der Schlacht noch massiger und schwerfälliger und der einzelne Kämpfer der Phalanx mit seiner Hauptwaffe noch ungeeigneter für einen Zweikampf. Zudem entwickelte sich die bemerkenswerte Flexibilität der Armeen von Philipp und Alexander im Jahrhundert nach Alexanders Tod zu einem noch starreren taktischen System zurück.

Wenn man die Abhängigkeit der Phalanx von Masse und Zusammenhalt bedenkt, so konnte schon die kleinste Irregularität des Bodens potentiell folgenschwere Lücken in den Reihen verursachen (Aristot. pol. 5,1303b12; vgl. Pol. 18,31,2–7). Nur flache Ebenen mit einem Minimum an Hindernissen waren für eine Phalanx geeignet. Darin liegt das große geographische Paradoxon der griechischen Kriegsführung, worüber sich Mardonios (bei Hdt. 7,9b,1–2) mokiert und was Polybios lächerlich macht (Pol. 18,28–32, bes. 18,31–32), da das bergige Griechenland wenig ebenes Terrain bietet. In der Wissenschaft werden viele Gründe für die Bevorzugung der Phalanx bei den Griechen diskutiert, z.B. der Schutz der Feldfrüchte oder der Mangel an Staatskapital, zur Finanzierung einer Langzeitverteidigung durch Pässe und Forts. Man fürchtete auch, die technischen Fähigkeiten der Kriegsführung in den Bergen könnten ein professionelles Anathema in der griechischen Sichtweise der bürgerlichen Pflicht zur Heeresfolge hervorrufen. Jedoch bietet der Kriegerkodex die beste Erklärung, verbunden mit den griechischen Normen einer begrenzten Kriegsführung von griechischen Teilnehmern in einer Gruppe. Das Kriegsspiel zwischen Griechen wurde nach einem festgelegten Regelwerk durchgeführt. Wie Mardonios bemerkt (Hdt. 7,9b,2), machten die Griechen nie den Versuch herauszufinden, was eine Polis schwer einnehmbar machen würde. Mit anderen Worten, die Regeln waren fixiert, der Nutzen eines Sieges durch diese Regeln begrenzt und keine Strategie notwendig. Erst als sie mit der Großinvasion von Außenstehenden, wie der durch die Perser, konfrontiert wurden, begannen Modifizierungen dieser Normen.

Folgen für die Heeresbildung bei den Römern: Im Vergleich dazu hatten die Römer, vermutlich im 4. Jahrhundert v.Chr., die Phalanx zugunsten der leichteren und flexibleren Legion aus Manipeln aufgegeben, als sie ebenfalls mit einer Invasion von außen durch die Gallier im Norden und mit der harten Kriegsführung in den Bergen gegen die Samniten im Süden konfrontiert wurden. Polybios widmet dem Grund, warum die Legion der Phalanx überlegen war, einen Exkurs (Pol. 18,28–32) und liefert eine scharfsinnige Analyse der topographischen Begrenzungen, denen die Phalanx unterlag – dies alles, um noch eine weitere Erklärung für Roms Aufstieg zur Herrschaft über die griechische Welt anzufügen. Sicherlich sind, wie er sagt, die Möglichkeiten und Arten des Terrains im Krieg unbegrenzt, und die Phalanx war nur für eine Form der Schlacht und einen speziellen Typus des Terrains bestimmt (Pol. 18,31,2). Aber seine Argumente sind stark übertrieben und irreführend: Römische Armeen gaben nicht weniger als die griechischen den sorgfältig geplanten Schlachten auf flachem Gelände den Vorzug. Tatsächlich kann man von keiner schweren Infanterie im Zeitalter vor dem Schießpulver sagen, daß sie immer gegen Unregelmäßigkeiten des Terrains immun war. In der Zeit von Caesar und Augustus hatten die Römer den Begriff *iniquus locus* (ebenso *iniquitas loci*) nicht nur für unebenen Boden, der ungeeignet für eine sorgfältig geplante Schlacht ist, sondern auch für eine unvorteilhafte oder schwierige Position geprägt (z.B. Caes. Gall. 2,10,4; 2,23,3; 2,5,32; 7,45,9; Caes. civ. 1,45,2; 3,51,6; Liv. 2,31,4; 2,65,5; 38,22,3; Frontin. strat. 1,5,13–14.18; 2,2,5.36; 2,7,3; 2,13,4; Tac. ann. 2,5,3). Wälder, Flüsse, Berge und jedes Gelände, das in geringerer Höhe als die Position des Gegners lag, bildeten *iniqui loci* (vgl. Tac. ann. 1,68,3). Dieser Begriff beinhaltet auch eine moralische Annäherung – die unethische Führung auf der Seite des Gegners, der eine Kriegslist als unritterliches Mittel anwendet, statt eine ehrenhaften Schlacht zu gleichen Bedingungen auszutragen. Der gleiche ritterliche Snobismus ist auch im griechischen und römischen Verhalten gegenüber der Guerilla-Kriegsführung und dem Partisanenstil der Kriegsführung vorstaatlicher Völker zu finden. Armeen oder Völker, die sich einem Kampf in einer sorgfältig geplanten Schlacht entzogen, wurden wegen dieses Verhaltens kritisiert (Liv. 1,15,1; Tac. ann. 2,5,3).

Kriegsführung an Land: Somit ergibt die allgemeine Bevorzugung von Entscheidungsschlachten in Ebenen, daß die Geographie der bestimmende Faktor bei der Wahl von Schlachtorten gewesen ist. Die arkadische Ebene bei Mantineia im Nord-Süd-Korridor zwischen Lakonien und Argolis sah drei Schlachten (418, 362, 207 v.Chr.), und Chaironeia im nördlichen Böotien auf einer anderen Nord-Süd-Route war in den Jahren 338 und 86 v.Chr. Schauplatz von Schlachten. Ähnlich determinierte die Küstenebene von Issos, die eine Armee durchqueren muß, um über den Tauros in Kilikien Syrien zu erreichen, das Aufeinandertreffen von Alexander mit Dareios III. (333 v.Chr.) und ebenso den entscheidenden Kampf zwischen dem Feldherrn des römischen Kaisers Septimius Severus, Cornelius Anullinus, und dem syrischen Kommandanten Pescennius Niger im Jahr 194 n.Chr. Schlüsselpässe konnten ebenso bevorzugte Brennpunkte von Schlachten oder Manövern sein, wie die griechischen Thermopylen 480 v.Chr., 279 v.Chr. und wieder 191 v.Chr. Nicht alle Schlachten sind jedoch im voraus geplant oder finden an strategischen Schauplätzen statt. Als ein Ergebnis von schwacher Aufklärung, Topographie oder von Wetterverhältnissen (Nebel, dichter Dunst, Regen, Schnee) können zwei Armeen unerwartet aufeinandertreffen, und der anfängliche Zusammenprall kann sich zu einer großen Schlacht ausweiten. Eine solche Schlacht wird Begegnungsschlacht genannt, wofür Kynoskephalai (197 v.Chr.) ein erstklassiges Beispiel bietet: Hügel verbargen zwei Armeen, die auf parallelen Routen nebeneinander her marschierten (Pol. 18,20,4–6; 18,22–25). Ähnlich spielt die Geographie bei einer dritten Form der Schlacht eine tragende Rolle – dem Überraschungsangriff, von dem der Hinterhalt den offensichtlichsten Typus darstellt. Hier verbergen topographische Gegebenheiten (Hügel, Sümpfe, Wälder) den Angreifer. Aber auch baumloses und flaches Terrain kann Möglichkeiten für einen Hinterhalt bieten, wie die Römer an der Trebia zu ihrem Nachteil (218 v.Chr.) erkennen mußten, als Hannibal seine numidische Reiterei in einem mit Farnen bedeckten Flußbett versteckt hatte (Pol. 3,71,2–3). In der Seekriegsführung sind Engpässe zwischen Inseln geeignete Schauplätze für einen Hinterhalt.

Kriegführung auf See: Viele der gleichen Prinzipien der Kriegsführung an Land können auch auf See angewandt werden. Die Variablen von weitem und engem Raum müssen mit der Größe jeder Flotte und der Geschwindigkeit der Schiffe abgestimmt werden. Ferner ist der Kampf auf zwei Taktiken begrenzt: Rammen oder Wurfgeschoß-Feuer mit Entern, d.h. eine Landschlacht zur See zwischen zwei gegnerischen Seestreitkräften. Wenn eine große Anzahl von Schiffen auf beiden Seiten auf einem sehr begrenzten Raum kämpfte, konnten die zwei Taktiken kombiniert werden. Die nautischen Fähigkeiten kommen ebenso ins Spiel, besonders bei dem Manöver des *diekplous*, wobei ein Schiff in schneller Fahrt zwischen zwei feindlichen Kriegsschiffen hindurchfährt und deren Ruder beim Vorbeifahren unbrauchbar macht, bevor es umdreht, um ein Schiff oder beide im Heck zu rammen. Aber dieses Manöver mußte ebenso die Funktion einer überlegenen Geschwindigkeit und der Ausnutzung der günstigen Gelegenheit darstellen. Im allgemeinen bevorzugten Flotten, die auf Geschwindigkeit und Rammen angewiesen waren, weite Räume, während langsamere Schiffe und kleine Flotten, die gegen größere kämpften, besser in engen Räumen operierten. Salamis (480 v.Chr.) bietet das klassische Beispiel für den Sieg einer kleineren über eine größere Flotte, als die Perser dazu verleitet wurden, in einem begrenzten Raum anzugreifen, in dem ihre überlegene Zahl nicht ausgenutzt werden konnte. Die große Schlacht im Hafen von Syrakus (413 v.Chr.) illustriert ganz ähnlich, wie eine Flotte, die in Geschwindigkeit und Manövern geübt ist (die athenische), auf einem begrenzten Raum besiegt werden konnte.

In hellenistischer Zeit ging in der Seefahrt der Trend zunehmend hin zu größeren Schiffen, die größere Marineinfanteriekorps und sogar stärkere Feuerkraft (Katapulte) tragen konnten. Das Rammen war mit diesen Schiffen immer noch im Bereich des Möglichen, obwohl der Größe und Stärke die Geschwindigkeit geopfert worden war. Der Erste Punische Krieg (264–241 v.Chr.) wurde Zeuge einer Konfrontation zwischen einer Seemacht mit geübter Flotte (Karthago) und einer Landmacht (Rom), die ein Novize in der Seekriegsführung war. Polybios' bekannte Geschichte von der Art und Weise, wie die Römer die Fähigkeiten und Überlegenheit der Karthager in der Seefahrt wettmachten, indem sie den *corvus* (die Enterbrücke) erfanden, wodurch sie einen Kampf zur See im wesentlichen in eine Landschlacht auf See verwandeln konnten (Pol. 1,22–23; vgl. 1,27–28), ist stark übertrieben. Seine Betonung der vollkommenen Unerfahrenheit der Römer in der Seefahrt ist verdächtig, und Enterhaken und ähnliche Instrumente waren keine römischen Erfindungen. In der Schlacht im Hafen von Syrakus (413 v.Chr.) kamen bereits Enterhaken und alle wesentlichen Elemente einer Landschlacht auf See (vgl. Thuk. 7,62.65.67) zur Anwendung, und der hellenistische Trend zu größeren Schiffen unterstützte die Bevorzugung von Kraft, Wurfgeschossen und Kämpfen Mann gegen Mann auf See gegenüber Geschwindigkeit und Manövern.

Schließlich war die topographische Analyse eine Schlüsselkomponente der Feldherrnkunst. Militärtheoretiker des 18. und 19. Jahrhunderts sprachen von einem *coup d'œil* der Feldherrn, der Fähigkeit, sofort die taktischen Möglichkeiten eines Schauplatzes zu analysieren. Das griechische Äquivalent für *coup d'œil* war *anchinoia* (vgl. Onas. 1,7; 1,42,4). Wie z.B. Caesar bei Dyrrhachium (Caes. civ. 3,43,1) mußte ein Feldherr seinen Plan nach der Analyse der Natur des Geländes formen.

→ Armee, Fluß, Krieg, Logistik, Seeherrschaft, Strategie, Topographie

LITERATUR: H.G. *Gundel:* Die Bedeutung des Geländes in der Kriegskunst der Germanen, in: Neue Jahrbücher für Antike und deutsche Bildung 3, 1940, 188–196. – J. *Kromayer/G. Veith:* Antike Schlachtfelder. 4 Bde., Berlin 1903–1931. – M. *Mozzi:* La superiorità navale degli Ateniesi e l'evoluzione tattica della »naumachia«: oplite e marinai a confronto, in: Civiltà classica e cristiana 5, 1984, 239–269. – P. *Pédech:* La méthode historique de Polybe. Paris 1964, 531–555. – W.K. *Pritchett:* The Greek State at War IV. Berkeley 1985, 76–81.

Everett L. Wheeler

Tanz

Der Tanz und sein Wandel – der Kult bewahrt oft ältere Formen – sind aus bildlichen Darstellungen und aus oft ungenauen schriftlichen Zeugnissen zu rekonstruieren.

Tänzer in Tiergestalt: Höhlenzeichnungen in Südfrankreich und Nordafrika stellen Tänzer in Tiergestalt oder mit Tierköpfen dar. Auch die afrikanischen polyzentrischen Tanzformen, später wieder auf ägyptischen und spätantiken Reliefs abgebildet, sind schon zu beobachten. Von ägyptischen Göttern, die Tierköpfe trugen, wissen wir aus schriftlichen Quellen, daß sie – wie Götter anderer Völker – tanzten. Den Reigen des Kranichtanzes soll Theseus in Delos eingeführt haben (Plut. Thes. 21). Tierähnliche Gestalten (Dickbauchtänzer mit gepolstertem Gesäß) erscheinen auf korinthischen Vasen bis zur Mitte des 6. Jahrhunderts v.Chr., auch in Sparta, in Böotien, zwischen 570 und 560 v.Chr. in Attika und treten später in Athen in der Komödie auf. Vornüber gebeugt, betonen sie manchmal das Gesäß, sonst bewegen sie sich wie die menschlich dargestellten Tänzer bei aufrechten, nach hinten oder vorne geneigtem Rumpf, mit hochgezogenen Beinen, deren Knie – wie gelegentlich auch die Ellbogen – einen spitzen Winkel bilden. Auch fällt eine Ähnlichkeit zu Satyrtänzern auf.

Reigentänze: Bei Reigentänzen ohne Angleichung an ein Tier (früh in Kreta) folgten Tänzer und Tänzerinnen einander im Kreis oder Labyrinth. Solotänzer innerhalb des Kreises führten – gelegentlich mit einem Ball – figurenreiche Bewegungen vor (Hom. Il. 18,590; Hom. Od. 8,263.370). Diese Männer und Frauen, gemischt oder getrennt, konnten mit nach vorn geneigtem Körper, das Handgelenk des vor ihnen Schreitenden anfassend, einen oft mäanderähnlichen Zeitablauf darstellen (vgl. Abb. 91).

Abb. 91: Tanzszene auf einer Trinkschale des attischen Töpfers Xenokles aus der Mitte des 6. Jh. v.Chr. (innen der Ringkampf des Herakles mit Triton)

Abb. 92: Rundbild einer Schale des attischen Vasenmalers Epiktetos (5. Jh. v.Chr.) mit einer Tanzszene zu Flötenmusik.

Kriegstanz: Der Kriegstanz entstand wahrscheinlich auf Kreta, als die Kureten den gerade geborenen Zeus mit Sprüngen, die Schwerter auf die Schilde schlagend, schützend umtanzten. (Ähnliche Tänze kommen in Ephesus für Artemis und von Korybanten beim jungen Dionysos vor.) Diese Tänze mit apotropäischem Charakter dienen auch dazu, junge Männer in die Polis aufzunehmen, einer Gottheit – oder einem Herrscher – zu huldigen, das Heil zu stärken. Ihnen ähneln in Rom die Waffenreigen der Salier (Liv. 1,20,4), die um den Genius des Kaisers tanzenden Laren, und später, etwa im byzantinischen Zeremoniell (Const. Porph. De cerem., Reiske 381), germanische Waffentänze. Waffentänze kamen verändert seit dem 7. vorchristlichen Jahrhundert als Pyrrhiche nach Sparta und Athen, als Telesias nach Makedonien und verbreiteten sich zudem als Karyatis in Sparta, als Kolabrismos in Thrakien, als Karpaia in Thessalien und Magnesia (mit einer Pantomime: Xen. an. 6,1,5) und in Kreta als Orsites, Epikredios, Prylis und Kuretismos. Sie dienten nun, in Sparta seit dem 5. Lebensjahr geübt, der Vorbereitung für den Kampf. Platon deutete diese Tänze als Defensiv- und Offensivbewegungen, während er die friedlichen Tänze mit der Emmeleia in Verbindung brachte, mit dem Tanz der Tragödie (Leg. 814eff.). (Zur Komödie und zum Satyrspiel gehörten Kordax und Sikinnis.)

Wandlungen: Seit der zweiten Hälfte des 6. Jahrhunderts v.Chr. zeigen die tanzenden Figuren auf den Vasenbildern – früh in Attika, Ionien und später überall in Griechenland und im Römischen Reich – mit ihren ›schlanken, gut proportionierten‹ Körpern, die sich gern in der Hüfte nach hinten drehen oder ekstatisch Kopf und Oberkörper zurückwerfen, einen sehr tief greifenden Wandel: Die Tanzenden, oft Berufstänzerinnen und Tänzer, erfahren die ›Schwere ihrer Körper‹ – wie bei der kontrapunktischen Haltung – und überwinden diese durch Bewegungen anmutiger Leichtigkeit. Ähnlich tanzten schon zur Zeit Thutmosis' IV. Ägypterinnen, die zuvor Tänze bevorzugten, die auf eine überlegene Gestalt gerichtet waren. Der persische Tanz erschien den Griechen als ein schwereloser

Abb. 93: In den Dionysos-Kult führt diese Szene auf einem griechischen Vasenbild vom Anfang des 5. Jh. v.Chr. Die Mänaden, auch Bakchen oder Bakchantinnen genannt, zählten zur Begleitung des Gottes. Um in die dionysische Ekstase zu geraten, suchten die Mänaden zur Winterszeit abgeschiedene Berge auf. Das Bild zeigt eine tanzende Mänade, versehen mit dem Fell eines Hirschkalbs, Efeukranz und Schlangen. In der Hand hält sie den Thyrosstab, den Stengel der Narthexpflanze.

Sprung – mit über den Kopf erhobenen Armen. Die Handgesten der indischen und das Kreisen der Hüften der orientalischen Tänzerinnen wurden nicht übernommen.

→ Kulthandlungen, Kunst, Musik, Töpferei

LITERATUR: E. *Brunner-Traut:* Der Tanz im alten Ägypten nach bildlichen und inschriftlichen Zeugnissen. Glückstadt 1992. – M.-H. *Delavaud-Roux:* Les danses armées en Grèce antique. Aix en Provence 1993. – G. *Franzius:* Tänzer und Tänze in der archaischen Vasenmalerei. Diss. Göttingen 1973. – A. *Nitschke:* Körper in Bewegung. Gesten, Tänze und Räume im Wandel der Geschichte. Zürich 1989. – G. *Prudhommeau:* La danse grecque antique. Paris/Genf 1987.

August Nitschke

Technikgeschichte

Die erste ausführliche Monographie zur antiken Technik erschien in den Jahren 1874 bis 1887 in vier Bänden unter dem Titel *Technologie und Terminologie der Gewerbe und Künste bei den Griechen und Römern* (ND Hildesheim 1969). Ihr Autor H. Blümner setzte vor allem wegen seines Versuchs, das gesamte zu seiner Zeit zugängliche schriftliche und archäologische Quellenmaterial für die Untersuchung heranzuziehen, Maßstäbe. Mit der Anordnung des Materials nach der Struktur der Gewerbe griff Blümner auf die zu Beginn des 19. Jahrhunderts erschienene *Geschichte der Technologie* von J. H. M. Poppe zurück, der wiederum ein Schüler des Göttinger Technologen J. Beckmann (1739–1811) und damit des eigentlichen Begründers der T. gewesen ist. Bereits Beckmann hatte über die eigentliche Geschichte der Artefakte hinaus die Bedeutung wirtschaftlicher und sozialer Faktoren für die Entwicklung der Technik betont und damit seinen Göttinger Kollegen, den Historiker A. L. von Schlözer, zu der Ansicht geführt, daß der Althistoriker »die Balgereien der Spartaner mit den Messeniern, sowie der Römer mit den Volskern« weniger, dagegen »aber die Erfindung des Feuers und Glases« stärker in den Mittelpunkt ihres Interesses rücken sollte.

Entwicklung der Technikgeschichte: Tatsächlich wuchs im Verlauf des 19. Jahrhunderts das Interesse der klassischen Philologie und der Alten Geschichte an den ›Realien‹ und am Alltagsleben der Griechen und Römer, wobei jedoch kultur- und wirtschaftsgeschichtliche Fragestellungen im Vordergrund standen. Erst infolge von Blümners *Technologie* begann sich das Interesse nun zunehmend auch auf die technischen Aspekte der Produktion, auf die verwendeten Werkzeuge und Verfahren sowie deren Herkunft und Weiterentwicklung in der Antike zu richten.

In der ersten Hälfte des 20. Jahrhunderts entstanden eine ganze Reihe bedeutender Überblicks-, Sammel- bzw. Nachschlagewerke zur antiken Technik, so u. a. C. Merckel *Die Ingenieurtechnik im Altertum* (1899), H. Diels *Antike Technik* (1914), F. M. Feldhaus *Die Technik der Vorzeit, der geschichtlichen Zeit und der Naturvölker* (1914) und *Die Technik der Antike und des Mittelalters* (1931) oder A. Neuburger *Die Technik des Altertums* (1919). Ab den 1920er Jahren traten ihnen Untersuchungen zu speziellen Aspekten der antiken T. zur Seite, die noch heute als Standardwerke für ihre jeweiligen Bereiche zu gelten haben. Hierzu zählen beispielsweise die Monographien von A. G. Drachmann *Ancient Oil Mills and Presses* (Kopenhagen 1932), O. Davies *Roman Mines in Europe* (Oxford 1935), L. A. Moritz *Grain-Mills and Flour in Classical Antiquity* (Oxford 1958), L. Sprague de Champ *The Ancient Engineers* (New York 1960), A. G. Drachmann The *Mechanical Technology of Greek and Roman Antiquity* (Kopenhagen 1963), J. V. Noble *The Techniques of Painted Attic Pottery* (New York 1965), K. D. White *Roman Farming* (London 1970), J. P. Wild *Textile Manufacture in the Northern Roman Provinces* (Cambridge 1970), L. Casson *Ships and Seamanship in the Ancient World* (Princeton 1971), J. F. Healy *Mining and Metallurgy in the Greek and Roman World* (London 1978), J. G. Landels *Engineering in the Ancient World* (London 1978), H.-C. Schneider *Altstraßenforschung* (Darmstadt 1982), J.-P. Adam *La construction romaine, matériaux et techniques* (Paris 1984), H. Schneider *Das griechische Technikverständnis* (Darmstadt 1989) oder R. Tölle-Kastenbein *Antike Wasserkultur* (München 1990).

Hervorzuheben sind in diesem Zusammenhang für den speziellen Bereich der antiken Wasserversorgung und des antiken Wasserbaus die zahlreichen Publikationen der Frontinus-Gesellschaft (Schriftenreihe 1977 ff.; Wasserversorgung Bd. 1–3, 1986–1989) sowie des Leichtweiss-Instituts für Wasserbau der TU Braunschweig unter G. Garbrecht.

Neuere Forschungen zur Technikgeschichte: Nach dem Zweiten Weltkrieg kam es im Rahmen umfassender Handbücher zur T., wie in der von C. Singer u. a. herausgegebenen *Oxford History of Technology* (Oxford 1950 ff.) oder in der von M. Dumas herausgegebenen *Histoire générale des techniques* (Paris 1962 ff.), sowie vor allem in dem neun Bände umfassenden Monumentalwerk von R. J. Forbes *Studies in Ancient Technology* (Leiden 1955–1964) zu dem neuerlichen Versuch, ein geschlossenes und umfassendes Bild der antiken Technik zu entwerfen. Eine bis heute den Ansprüchen der modernen historischen Forschung gerecht werdende Monographie stellt K. D. White's *Greek and Roman Technology* (London 1984) dar, da sie neben einer Beschreibung technischer Artefakte und Verfahren auch deren Einordnung in die wirtschaftlichen und sozialen Verhältnisse der Antike liefert. Einen aktuellen und zugleich knapp gefaßten Überblick zur antiken Technik nebst einer Einführung in ihre Historiographie und die ihr zugrundeliegenden Quellen bietet darüber hinaus H. Schneider *Einführung in die antike Technikgeschichte* (Darmstadt 1992).

Zu den wichtigsten bibliographischen Hilfsmitteln im Bereich der antiken T. gehören J. P. Olesen *Bronze Age, Greek and Roman Technology. A Select Annotated Bibliography* (New York, London 1986) sowie die jährlich erscheinende Bibliographie in der Zeitschrift *Technology & Culture* (1960 ff.). Letztere sowie die Hefte der vom Verein Deutscher Ingenieure herausgegebenen Zeitschrift *Technikgeschichte* (1965 ff.) bieten im Bereich der technikhistorischen Zeitschriftenliteratur immer wieder wichtige Beiträge zur antiken Technik.

Quellen für Technik in der Antike: Entsprechend ihrem besonderen Gegenstandsbereich kommt in der Technikgeschichtsschreibung zur Antike vor allem den von der archäologischen Forschung erschlossenen und in den Museen und Sammlungen rund um die Welt befindlichen gegenständlichen Quellen eine herausragende Bedeutung zu. Neben ganz oder teilweise erhaltenen antiken Werkzeugen, Geräten, Maschinen, Gebrauchs- und Kultgegenständen, Transportmitteln, Bau- oder auch Kunstwerken gehören dazu auch in situ befindliche Siedlungen, Stadt-, Infrastruktur- und Produktionsanlagen sowie durch die Aktivitäten des Menschen veränderte Landschaften. Wichtige Quellen für die antike T. stellen darüber hinaus Münzen, Reliefs, Reste von Produktionsverfahren, wie Schlacken und Abraumhalden, aber auch Abbildungen auf Vasen, Wänden oder Mosaiken dar. Letztere bilden trotz ihrer zumeist vereinfachenden Darstellung eine wichtige Hilfe bei der Rekonstruktion von Geräten und Produktionsverfahren.

Hinsichtlich der bei der Werkzeug- und Geräteherstellung verwendeten Materialien stehen ihrer relativ großen Haltbarkeit wegen Stein, Eisen, Bronze und Keramiken im Vordergrund der Überlieferung. Holz als wichtigstes technisches Konstruktionsmaterial der Antike konnte aufgrund seiner geringen Haltbarkeit – ähnlich wie Leder oder Textilien – nur in Ausnahmefällen aufgefunden werden. Zu den archäologischen Funden zählen u. a. aus Eisen oder Bronze gefertigte Werkzeuge wie Hacken, Spaten, Gabeln, Rechen, Äxte, Hämmer, Sicheln, Sensen und Pflugscharen, Pumpen, Waffen oder auch Kunst-, Kult- und sonstige Gebrauchsgegenstände, aus Stein gefertigte Mühlsteine sowie aus Keramik hergestellte Vasen und Gefäße. Die Analyse dieser Artefakte hinsichtlich ihrer Materialien liefert mitunter wertvolle Hinweise auf die verwendeten Rohstoffe und Produktionsverfahren. Die aufgefundenen Reste von Werkstätten wie Töpfereien, Bäckereien, Bronzegießereien oder Tuchwalkereien, von Bergwerken und Schmelzöfen, von Mühlen und Wasserrädern, von Straßen-, Kai- und Hafenanlagen, von Wasserbauten wie Zisternen und Aquädukten lassen darüber hinaus Einblicke in die Organisation von Arbeitsprozessen sowie die Planung und Ausführung komplexer technischer Anlagen in der Antike zu.

Neben Streu- und Zufallsfunden verdanken wir einen Großteil dieser Artefakte und Anlagen vor allem der systematischen Ausgrabung antiker Städte wie etwa Pompeji, Ostia oder Olynth. Wichtige Erkenntnisse vor allem zum antiken Schiffbau liefert zudem die Unterwasserarchäologie als jüngster Zweig der archäologischen Forschung. Die Lückenhaftigkeit und Zufälligkeit der Funde erschwert allerdings nicht selten die technikhistorische Analyse, vor allem wenn es sich um so zentrale Fragen wie die nach dem genauen Ablauf der Innovationsprozesse oder die nach den Verbreitungswegen antiker Technik handelt.

Schriftliche Quellen: Zahlreiche grundlegende Erkenntnisse verdankt die Technikgeschichtsschreibung der Antike aber auch den literarischen Quellen. An erster Stelle ist hier auf die technologische Fachliteratur der Antike hinzuweisen. Von dieser einst umfangreichen Literaturgattung sind zwar nur wenige Texte erhalten geblieben, aber diese vermitteln dennoch einen wichtigen Einblick in die in der Antike verwendeten Geräte, technischen Anlagen und Verfahren sowie deren Entwicklung. Als früheste überlieferte Schrift behandeln die *Problemata Mechanika* des Aristoteles (4. Jahrhundert v.Chr.) technische Probleme. Einige Jahrhunderte später erläuterte Vitruv in der Schrift *De architectura libri decem* (um 30 v.Chr.) ausführlich alle Aspekte des antiken Bauwesens sowie die im Bau- und Kriegswesen seiner Zeit verwendeten Maschinen. Zusammenfassungen der mechanischen Kenntnisse der Antike verfaßten schließlich um 60 n.Chr. Heron von Alexandria in seinen Schriften *Pneumatica, Automatopoietike, Mechanica, Dioptra* und *Belopoeica* sowie um 300 n.Chr. in Anlehnung an Heron der Mathematiker Pappos von Alexandria mit seiner *Collectio*.

Im Gegensatz zu den breit angelegten Werken des Vitruv oder Heron behandeln verschiedene antike Autoren spezielle Gebiete der Technik, so im 1. Jahrhundert n.Chr. Frontinus in seinem Werk *De aqueductu urbis romae* (97 n.Chr.) den Wasserbau und die Wasserversorgung oder die römischen Agronomen wie Cato in *De agricultura* (2. Jahrhundert v.Chr.), Columella in *Rei rusticae libri* (1. Jahrhundert n.Chr.) oder Palladius (5. Jahrhundert n.Chr.) die Landwirtschaft, wobei diese genaue Beschreibungen des Wasserversorgungssystems von Rom bzw. von landwirtschaftlichen Geräten liefern.

Einen ganz anderen Charakter als die bisher erwähnten Schriften besitzt das in 37 Bücher unterteilte systematische Handbuch *Naturalis historia* (vor 79 n.Chr.) von Plinius d.Ä. Unter den dort mitgeteilten mehr als 20.000 Einzelinformationen vor allem zur Geographie, Mineralogie, Anthropologie, Zoologie und Botanik finden sich immer wieder auch wichtige technische Details, so z.B. zum Bergbau, zur Metallurgie und zur Architektur. Ähnlich verstreute, dennoch aber wichtige Hinweise zur antiken Technik finden sich in der antiken Historiographie (Plutarch, Polybios, Ammianus Marcellinus), in der juristischen Fachliteratur (Cod. Theod., Cod. Iust.) und in der Dichtung (Homer, Hesiod, Vergil, Catull). Wichtige Quellen zur T. stellen darüber hinaus Grab- und Bauinschriften sowie Papyri dar.

Technikgeschichte heute: Insgesamt gesehen hat sich die antike Technikgeschichtsschreibung in den letzten Jahrzehnten des 20. Jahrhunderts sowohl hinsichtlich ihres Gegenstandsbereiches wie auch ihrer Methoden und Fragestellungen endgültig als Spezialdisziplin innerhalb der Altertumswissenschaften etabliert. Sie behandelt dabei die Technik nicht mehr als ein von der Gesellschaft isoliertes Phänomen, sondern sieht sie im engen Zusammenhang mit den Fragen nach den Grundlagen sozialen und wirtschaftlichen Wandels, nach dem Verhältnis des Menschen zu sich selbst und zur Natur.

→ Archäologie, Dichtung, Fachliteratur, Geschichtsschreibung, Inschriften, Mühlen, Münzen, Natur, Papyri, Siedlungsgeographie, Straße (Straßenbau), Töpferei

LITERATUR: K. *Hausen*/R. *Rürup:* Moderne Technikgeschichte. Köln 1975. – H. *Schneider:* Einführung in die Antike Technikgeschichte. Darmstadt 1992. – U. *Troitzsch*/G. *Wohlauf:* Technik-Geschichte. Historische Beiträge und neuere Ansätze. Frankfurt/M. 1980. *Helmuth Albrecht*

Tempel

Als T. im eigentlichen Sinn wird das Haus Gottes verstanden, das Bauwerk, in dem die Kultstatue steht. Im weiteren Sinne bezeichnet das Wort T. auch das Heiligtum (z. B. im Begriff ›T.-Staat‹) oder den Kultort allgemein. Rituelles Zentrum bleibt allerdings der Altar vor dem T.; hier werden die Opfer vollzogen, wodurch der Mensch seine Götter verehrt. Unter den verschiedenen Aspekten der T.-Forschung, die eine historisch-geographische Relevanz besitzen – z. B. die Konzentration wirtschaftlicher Macht (heiliges Land z. B. auf Delos, Produktionsstätten in Heiligtümern), als Anziehungspunkt und Begegnungsort von Kultteilnehmern aus unterschiedlichen Regionen, die Herausbildung von ›T.-Staaten‹ (vor allem in Anatolien), die Stellung der T. in der urbanistischen Planung (z. B. in Selinunt), die Gründung von T. im Rahmen der Kolonisation, die Rolle von T. für die Inanspruchnahme von Gebieten – wird hier exemplarisch auf die Bedeutung der T. für die historische Topographie am Beispiel der Lage griechischer T. und Heiligtümer eingegangen.

Aussehen von Tempeln: Kulturen besitzen spezifische Charakteristika, deren Interaktion die besondere Quintessenz einer jeden Kultur ausmacht. Für die griechische Antike stellen T. eines dieser Merkmale dar. Es handelt sich um eine architektonische Erscheinung, die in ihrer kanonischen Form ein dreigegliedertes Gebäude, umgeben von einer Säulenhalle, darstellt. Der T. ist allerdings nur ein, sogar entbehrlicher, Bestandteil eines religiösen Gesamtraumes. Das Heiligtum mit seiner Temenosmauer, dem T., dem heiligen Hain und vor allem mit dem Altar ist nach der Eliade'schen Begrifflichkeit der ›heilige Raum‹, jener Ort, der gleichzeitig zentral und transzendierend ist. Als Haus Gottes kann zu jeder Zeit eine Grotte, ein Hain oder sogar die freie Natur fungieren. Einzig unabdingbarer Bestandteil des Heiligtums bleibt der Altar. Aus diesen Gründen wird im folgenden nicht allzu streng zwischen den Begriffen T. und Heiligtum unterschieden, da es die geographische Lage allgemein des heiligen Raumes in Griechenland und nicht die jeweils konkrete architektonische Sprache zu untersuchen gilt. In diesem Sinne erschiene eine scharfe Trennung wenig sinnvoll. Ein derartig komplexes Phänomen wie die Lage eines T. und ihre, nicht immer religiösen, Hintergründe, erfuhren in der Forschung die vielfältigsten Interpretationen. Sie decken ein Spektrum zwischen der absoluten Heiligkeit des Ortes schon vor der Errichtung eines Kultplatzes bis hin zur bewußten vorwiegend politisch motivierten Wahl der geographischen Position eines T. ab.

Positionierung von Tempeln: Bereits antike Autoren (Platon, Aristoteles, Vitruv) machten konkrete Vorschläge über die richtige Positionierung von T. in einer Polis. T.-Anlagen sind bedeutende geographische Referenzpunkte sowohl in dem organisierten Stadtbild als auch in der Landschaft außerhalb der Polis. Typische Lagen für einen T. sind die Akropolis, die Agora, die Chora und die Grenzen des Territoriums einer Stadt. Dabei lassen sich Tendenzen feststellen, welche Gottheit an welchem Ort bevorzugt verehrt wird: Athenatempel befinden sich oft auf der Akropolis, Apollon und Zeus werden mit entsprechenden Beinamen häufig auf der Agora verehrt, für Artemis werden liminale Lokalitäten bevorzugt, Poseidon und Hera besitzen oft T. in der Chora. Die Ausnahmen sind jedoch so zahlreich (z. B. die vielen wichtigen extraurbanen Kultorte für Zeus), daß sich keine feste Regel in der Zuordnung der Götter zu bestimmten Orten und Lagen feststellen läßt. So besteht durchaus die

Abb. 94: Der berühmte Tempel des Apollon Epikourios von Bassai in der Landschaft Arkadien (westliche Peloponnes), entworfen nach der Mitte des 5. Jh. v.Chr. von dem griechischen Architekten Iktinos, der auch den Parthenon-Tempel auf der Akropolis von Athen baute. Der Tempel liegt inmitten einer Gebirgslandschaft (Kotilion) auf einer schmalen Felsenterrasse (131 m) und ist eindrucksvoll in die Landschaft integriert. Als Baumaterial wurde der lokale graue Kalkstein verwendet. Der griechische Reiseschriftsteller Pausanias besuchte im 2. Jh. n.Chr. Bassai und notierte: »Darin (in dem Kotilion-Gebirge) befindet sich ein Ort, Bassai genannt, und der Tempel des Apollon Epikourios. Der Tempel ist ganz aus Marmor gebaut, einschließlich des Dachs. Von allen Tempeln in der Peloponnes muß man nach dem in Tegea wohl diesen am höchsten schätzen wegen der Schönheit des Steines und der Harmonie seiner Proportionen« (Paus. 8,41,7f.). Heute wird der Tempel durch eine Zeltdach-Konstruktion geschützt.

Möglichkeit, daß der spezifische Kultbeiname (z. B. Agoraios, Poliouchos, Skopelitis, Linmatis usw.) und nicht der allgemeine Charakter der Gottheit für die Wahl des Ortes ausschlaggebend ist.

Die auffälligste landschaftliche Gegebenheit einer Stadt, meist die Burg (Akropolis), beherbergt im Normalfall die T. der poliadischen Gottheiten, wie das Paradebeispiel Athen zeigt. Von diesen Anhöhen aus kann die Schutzgottheit die Stadt überblicken und schützen. Der Schutzaspekt spielt eine eminente Rolle, da zur Zeit der Gründung solcher poliadischen Heiligtümer die Akropolis auch der einzige Teil einer Stadt war, der durch Mauern verteidigt wurde. T. auf der Burg erfüllen eine wichtige symbolische Funktion, sowohl im aktiven Sinne (als Orte der Zurschaustellung politischer Ambitionen einzelner Personen oder Gruppierungen) wie im passiven Sinne (der T.-Bau selbst als Repräsentation). In vielen Fällen liegt jedoch das poliadische Heiligtum außerhalb der Stadt (Heraion von Argos, Poseidontempel von Mantineia, Poseidonheiligtum der Troizenier in Kalaureia).

Eine vornehmlich politische Funktion haben die auf der Agora befindlichen T. Hier werden Urkunden aufgestellt, und hier werden Gottheiten mit deutlich politischer Konnotation (*theoi agoraioi*) verehrt. In Argos wurden z. B. die Urkundentafeln im Heiligtum des Apollon Lykeios auf der Agora aufgestellt. Argos veranschaulicht die Komplexität der religiösen Topographie einer griechischen Stadt: Auf den beiden Hügeln der Stadt befinden sich T. der Athena Polias und des Zeus Larisaios, Urkunden wurden jedoch auf der Agora im bereits erwähnten Heiligtum des Apollon aufgestellt, und der poliadische Kultplatz ist das extraurbane Heiligtum der Hera – vielleicht wegen der späten Übernahme des Heraion durch die Argiver (um 460 v.Chr.). Auf der Agora wird dann auch in den griechischen Kolonien das Grab des Heros Oikistes gezeigt, wie z. B. in Kyrene das Grab des Battos. Alle Kultorte sowohl für olympische Götter als auch für Heroen auf der Agora unterstreichen die politische Bedeutung des Platzes und stellen dann in einer zweiten Ebene eine Verbindung zwischen dem politischen und dem religiösen Leben einer Stadt her. Diese Verbindung wird zwar nie so eng wie in den theokratischen Staaten des Orients, macht aber trotzdem deutlich, daß im antiken Griechenland Politik ohne Religion undenkbar war.

Extraurbane Heiligtümer sind vor allem nach dem Erscheinen des Buches von F. de Polignac über die Entstehung der Polis verstärkt in den Mittelpunkt des wissenschaftlichen Interesses gerückt und wurden oft als Ausdruck von Souveränität, Mediation oder Konkurrenz gedeutet. Es ist immer von besonderer Bedeutung, wo genau in der Chora einer Stadt ein T. liegt, da man davon ausgehen darf, daß ein spezielles, oft einmaliges Landschaftsbild eine wichtige Rolle bei der Entdeckung eines geeigneten Kultplatzes gespielt haben muß. Wie Eliade formulierte, wird der sakrale Raum nicht gewählt, sondern lediglich entdeckt.

Tempel in der Natur: Grotten, Quellen, Flüsse, Vorgebirge, Berggipfel oder Haine übernehmen oft die Funktion des landschaftlichen Rahmens, in dem ein T. eingebettet wird, oder sind wie im Falle der Grotten oder Haine häufig selbst der ›T.‹ (im Sinne von Gotteshaus). Darüber hinaus sind öfters Hierophanien oder Kratophanien, wie im Falle Olympias, der Grund für die Errichtung eines T. an einem bestimmten Ort. In Grotten wird am häufigsten Pan mit den Nymphen verehrt. Der dunkle Eingang regte die Phantasie der Menschen an, und sie erkannten in einigen Fällen hierin den Eingang in die Unterwelt, wie in Eleusis oder auf dem Kap Tainaron. In der Nähe von Wasser oder auf Vorgebirgen erfährt Poseidon Verehrung; seine T. auf Sunion, Tainaron, bei Genesion in der Argolis oder im lakonischen Aigal belegen diese Verbindung zwischen Gottheit und geomorphologischer Gegebenheit. Berggipfel gehören im Normalfall zum Machtbereich des Zeus. Obwohl er, unter anderem mit den Kultepitheta Plieus oder Agoraios, fast in jeder Polis anzutreffen ist, besitzt Zeus sehr wichtige Kultplätze auf Bergen, wie das Heiligtum des Zeus Hellanios auf Ägina, das Heiligtum auf dem Hymettos oder auf dem arkadischen Lykaion. Die Bergsymbolik spielt in vielen Religionen eine eminent wichtige Rolle. Der Berg ist oft das Zentrum der Welt, der Nabel der Erde, wo sich Himmel und Erde einander berühren. Es überrascht daher wenig, daß der Vater aller Götter oft als Wolkensammler und Regenspender auf Berggipfeln thront. Häufig sind mit dieser Vorstellung eigenartige, altertümlich wirkende Rituale verbunden: Auf Naxos begaben sich Männer in frischen Widderfellen auf den Berggipfel, um von Zeus Milesios Regen zu erflehen. Ähnliches fand auch zu Ehren des Zeus Akraios auf dem Berg Pelion statt.

Liminale oder abgeschiedene Gebiete werden eher für den Kult der Artemis bevorzugt. Artemis, die Gottheit des Übergangs schlechthin, des Übergangs vom Inneren zum Äußeren, vom Kindsein zum Erwachsenwerden, wird verstärkt an Grenzpunkten verehrt. Dabei handelt es sich weniger um Grenzen zwischen Poleis als vielmehr um die Grenze zwischen der Poliskultur und der freien Natur. In ihren Heiligtümern findet der Initiationsritus für Mädchen (Brauron, Munichia) oder für junge Männer (Sparta, Kreta) statt. In einem heiligen Hain werden genauso häufig Apollon, Poseidon oder Demeter verehrt. Es muß jedoch hinzugefügt werden, daß die meisten T. inmitten eines Haines lagen, der durch Sakralgesetze geschützt werden sollte.

Ursachen für und Auswirkungen von Tempelbauten: Plätze in der Nähe von wichtigen Verkehrswegen gehören zu den begehrtesten Orten für die Errichtung eines T. Dies gilt nicht nur für Straßen innerhalb der Poleis, wie der Panathenäenweg in Athen oder die Aphetais in Sparta, sondern auch und vor allem für überregional bedeutende Verkehrswege. Das isthmische Heiligtum des Poseidon lag z.B. an der Straße, die die Peloponnes mit dem restlichen Griechenland verband.

Territoriale Souveränität und Abwehr gegen Eindringlinge sollen (Polignac) Heiligtümer ausdrücken, die in der Chora oder an der Grenze eines jeden Polisterritoriums stehen. Die Auswahl des Ortes bildet somit eine bewußte Handlung mit konkreten politischen Hintergründen. Eine solche Konnotation berücksichtigt jedoch keineswegs die natürlichen Gegebenheiten der Landschaft und läßt sich eventuell in den großgriechischen Neugründungen leichter als im griechischen Mutterland nachvollziehen, wo die Situation um die Entstehung und Organisation der Polis wesentlich komplizierter ist. Das Poseidonheiligtum am Isthmos war bei seiner Genese bereits im 11. Jahrhundert v.Chr. ein überregionaler *meeting place* und entwickelte sich erst viel später zum wichtigsten extraurbanen Kultplatz der Stadt Korinth. Ähnliches gilt für Argos und das Heraion, während die Frage, ob Eleusis bereits beim Synoikismos zu Athen gehörte oder später hinzukam, noch nicht geklärt ist.

Die geographische Distanz zwischen Zentrum/Polis und wichtigem extraurbanem Kultort wird in einigen Fällen dadurch überbrückt, daß in der Polis eine Art Dependance gegründet wird. Es sind oft nicht nur religiös, sondern auch politisch bedeutende Kulte, die somit noch stärker an die jeweilige Polis gebunden werden. Solche Beispiele sind das Eleusinion und Brauronion in Athen oder der T. des Poseidon Tainarios in Sparta. Wichtige Prozessionen zu solchen Kultplätzen betonen die religiöse und politische Bindung zwischen Zentrum und Peripherie.

T. sind keineswegs ›nur‹ ein Raum innerhalb eines geographischen Gefüges, sondern bilden auch einen Mikrokosmos mit eigener Geographie, in dem Rituale, Feste aber auch Musik, Theater, Tanz und im Falle der Asklepieia Heilung stattfindet.

→ Akropolis, Erde, Fluß, Gebirge (Berg), Götter, Höhle, Kultarchitektur, Kulthandlungen, Kultorganisation, Kultpropaganda, Musik, Natur, Städtebau, Straße (Straßenbau), Tanz

LITERATUR: S. *Alcock*/R. *Osborne* (Eds.): Placing the Gods. Oxford 1994. – J.N. *Bremmer*: Götter, Mythen und Heiligtümer im antiken Griechenland. Darmstadt 1996, 31–42. – L. *Bruit Zaidman*/P. *Schmitt Pantel*: Religion in the Ancient Greek City. Cambridge 1992. – A. *Chaniotis*: Tempeljustiz im kaiserzeitlichen Kleinasien, in: Symposion 1995, Köln 1997, 355–381. – P. *Debord*: Aspects sociaux et économiques de la vie religieuse dans l'Anatolie gréco-romaine. Leiden 1982. – M. *Eliade*: Die

Religionen und das Heilige. Elemente der Religionsgeschichte. Frankfurt 1994, 423–444. – M. V. *Fox* (Ed.): Temple in Society. Winona Lake 1988. – G. *Gruben:* Die Tempel der Griechen. 1986. – N. *Marinatos*/R. *Hägg* (Eds.): Greek Sanctuaries. New Approaches. London 1993. – F. *de Polignac:* La naissance de la cité grecque. Cultes, espace et société VIIIe-VIIe s. av. J.-C. Paris 1984. – A. *Schachter* (Ed.): Le sanctuaire grec, Entretiens sur l'antiquité classique 37. Genf 1992.

Jannis Mylonopoulos

Theater

Das Th. war ein fester Bestandteil antiker Städte, als Zeichen für Urbanität und Zivilisation (siehe Paus. 10,4,1), aber auch als eine Prestige-Angelegenheit. Je größer die Städte waren, desto größer war auch die Zahl der Th. und desto üppiger ihre Ausstattung. Unter den vielfältigen Themenkreisen, die mit dem antiken Th. zusammenhängen (religiös, kulturell, ästhetisch, sozial), interessiert im Rahmen der Historischen Geographie zum einen die architektonische Form, zum anderen die Lage im urbanen Ensemble und die Art und Weise der Einbeziehung der Landschaft.

Entstehung und Gestalt: Das griechische Th. hat seinen Ursprung in kultischen Darbietungen zu Ehren des Gottes Dionysos. Von daher erklärt sich die häufig anzutreffende räumliche Nähe von griechischen Th. und Heiligtümern (zum Beispiel das Dionysos-Theater in Athen). Äußerlich entwickelte sich das Th. von einem einfachen, kreisförmigen Tanzplatz (Orchestra) zu einem kompakten Bautypus mit den beiden anderen Standard-Elementen Bühnenbauten (Skene) und dem halbkreisförmigen Zuschauerraum (griechisch: *theatron* = Schauplatz; lateinisch: *cavea*). Seit dem 4. Jahrhundert v.Chr. wurden die zunächst hölzernen Sitze allgemein durch steinerne Plätze ersetzt, die, wo es von der Topographie her möglich war (etwa in Syrakus), direkt in den Fels gehauen wurden.

In Rom ging man erst in der Mitte des 1. Jahrhunderts v.Chr. zu Steinkonstruktionen über und schuf damit statt provisorischen Anlagen dauerhafte Th.-Bauten (Pompejus-Theater). Römische Th. waren partiell mit einer festen Bedachung versehen, in größeren Th. dienten Segel als Schutz vor der Sonne und anderen Witterungseinflüssen. Gelegentlich wurden Th. auch für die Zwecke der populären Tierhetzen umgebaut, was sich am Beispiel Tauromenion (Taormina) nachweisen läßt. Einen singulären Fall stellt das römische Th. in Pelusium (Ägypten) dar, das von Anfang an als eine Arena konzipiert worden ist.

Lage der Theater: Griechische Th. wurden regelmäßig in einen Hang gebaut. Wo die Topographie dies nicht erlaubte (wie in einigen Städten mit einer regelmäßigen, geometrischen Anlage) konnte dies zu einem Problem bei der Wahl des Platzes führen. Charakteristisch war bei den Griechen das Bestreben, den Zuschauern nicht nur ein künstlerisches, sondern auch ein landschaftliches Erlebnis zu bereiten. Viele Th. boten daher von den Rängen eindrucksvolle Aussichten auf die natürliche Umgebung. Als Beispiele können hier Epidauros mit seiner Lage am Hang des Kynortion und einem umfassenden Blick auf das Tal, Tauromenion (Taormina) am Fuß des Aetna und das Th. auf dem Burgberg in Pergamon genannt werden. Im Theater von Delphi blickten die Zuschauer direkt auf das Apollon-Heiligtum und darüber hinaus in die Landschaft des Parnassos und des Pleistos-Tales.

Abb. 95: Die Ruinen des Theaters von Ephesos (westliches Kleinasien), so wie es sich nach den Umbaumaßnahmen des römischen Kaisers Traian (98–117 n.Chr.) präsentierte. Auf den 66 Sitzreihen fanden etwa 24.000 Zuschauer Platz. Das Theater ist in den Osthang eines Hügels eingefügt. Es liegt am Ende einer von dem Kaiser Arcadius (395–408 n.Chr.) ausgebauten marmornen Prachtstraße (Arkadiané), die vom Hafen herführte.

In Pergamon wurde in ganz besonderer Weise Rücksicht auf die Topographie genommen. Das Th. an dem sehr steilen Westhang des Burgberges bot den maximal 10.000 Zuschauern einen guten Schutz vor den auch im Sommer nicht selten heftigen Winden. Das zuschauerfreundlich angelegte Th. hat auch der römische Autor Vitruv eingefordert (5,3,1f. 5–8; 5,6f.) und dabei zugleich Empfehlungen für eine der Akustik förderliche Einbeziehung der Umgebung geliefert, die in der Praxis meistens umgesetzt wurden.

Bei den Römern hat die Einbindung der Th. in die Landschaft eine weit geringere Rolle gespielt. Dank des Einsatzes der Gewölbetechnik bei den Substruktionen konnte das römische Th. frei in der Landschaft plaziert werden. Probleme konnte es allerdings mit der Fundamentierung geben, worüber sich auch Vitruv Gedanken gemacht hat. Konkret wird dies bezeugt in einem Brief des jüngeren Plinius an den römischen Kaiser Traian aus dem 2. Jahrhundert n.Chr. (10,39). Nach den Angaben des Plinius hatte sich ein Th. in Nikaia (Kleinasien) gesenkt und große Risse bekommen, was mit dem feuchten Boden und dem mürben Material erklärt wurde.

Typisch für römische Th.-Anlagen ist die Ausrichtung auf andere öffentliche Gebäude. In Augusta Raurica (Augst) ist ähnlich wie in Aventicum (Avenches) oder im Altbachtal bei Trier die Zentrierung auf eine Tempelanlage zu beobachten. Das umbrische Carsulae bietet das Beispiel einer axialen Anlage von Th. und Amphi-

Abb. 96: Das römische Theater von Aosta in den westlichen Alpen, im Tal der Dora Baltea, mit einem Fassungsvermögen von etwa 3.500 Zuschauern. Die Stadt Aosta wurde 25 v.Chr. als Colonia Augusta Praetoria zur Ansiedlung ehemaliger Praetorianer-Soldaten gegründet, nicht zuletzt auch zum Schutz der Straßenverbindung zum Großen St. Bernhard. Das Theater ist in die Gebirgslandschaft eingebunden, jedoch nicht in einen Hügel oder Berghang gebaut. Da Aosta in einer flachen Talebene liegt, bedienten sich die römischen Architekten beim Bau des Theaters der Gewölbetechnik. Die Abbildung zeigt die über 20 m hohe Mauer der südlichen Fassade des Zuschauerraumes.

theater, wo man die spezifische Bodenformation berücksichtigt hat. Das Th. wurde in griechischer Weise an einen Hang gebaut, das Amphitheater in einer Senke angelegt, die als Folge eines Dolinen-Einbruchs entstanden war.

Theater und Einwohnerzahlen: Gelegentlich wird das Fassungsvermögen der antiken Th. als Indikator für die Berechnung der Einwohnerzahl von Städten herangezogen. Dies ist jedoch in mancher Hinsicht problematisch: Nicht jeder ging ins Th., es kamen auch viele Auswärtige, und aus Prestigegründen wurden häufig Kapazitäten über den Bedarf hinaus zur Verfügung gestellt. Die Nutzung von Th. als Versammlungsstätten etwa für die Volksversammlung zeigt nur, daß die Größe der Th. als ausreichend erachtet wurde für die durchschnittliche Besucherzahl solcher Veranstaltungen.

→ Architektur, Amphitheater, Baumaterial, Kultarchitektur, Odeion, Städtebau, Tempel, Versammlungsorte

LITERATUR: M. *Bieber:* History of Greek and Roman Theatre. Princeton ²1961. – H. D. *Blume:* Einführung in das antike Theaterwesen. Darmstadt ³1991. – A.v. *Gerkan*/W. *Müller-Wiener:* Das Theater von Epidauros. Stuttgart 1961. – H. *Jaritz:* Pelusium. (Beiträge zur ägyptischen Bauforschung und Altertumskunde Bd. 13), Stuttgart 1996. – F. *Kolb:* Agora und Theater. Volks- und Festversammlung. 1981.

Holger Sonnabend

Tiergeographie

Die T. (Zoogeographie) ist ein Bereich der Biogeographie und liefert Beiträge zur Kenntnis von Landschaften und deren Genese sowie dem Ablauf von Klima- und Vegetationswechseln durch Informationen über die Tierpopulationen und die von diesen belebten Gebiete. Sie befaßt sich mit Analyse und Beschreibung der Struktur, der Funktion und der Geschichte von Tier-Arealen sowie deren Wechselbeziehungen zum Menschen. Hier liegt die Schnittstelle zur Historischen Geographie: Die landschaftsspezifische Fauna der Alten Welt gibt Aufschluß über die jeweilige Umwelt mit Klima und Vegetation und zeigt deren Veränderungen an, ihre Beziehungen zu den jeweiligen menschlichen Gesellschaften (vgl. die Domestikation seit dem frühen 3. Jahrtausend v.Chr.), informieren über das Verhältnis des Menschen zur tierischen bzw. überhaupt zur Natur. Die um das Mittelmeer zentrierte antike Welt verband afrikanische, asiatische und europäische Lebensräume; sie war insofern vertraut mit ganz verschiedenen Tierregionen und ergab daher ein ganz anderes Bild als das moderne Abendland.

Verhältnis Tier-Mensch: Das Tier-Mensch-Verhältnis läßt sich in vielen Lebensbereichen erkennen, z.B. im Haushalt (Haustiere wie Hund und Katze), in der Landwirtschaft (Nutztiere wie Esel, Pferd, Kamel), der Bekleidung (Felle, Haar, Federn, Wolle), der Ernährung (Jagd, Fischerei, Rind, Schaf, Schwein, Ziege, Geflügel – Milch, Ei), der Medizin (Human- wie Tiermedizin, Tierexperimente, Tiersektionen), der Unterhaltung (Tiergärten mit Hochwild sowie Wildschweinen, Hasen und Haselmäusen, Zirkusspiele, Tierhetzen), der Bildenden Kunst (Malerei und Bildhauerei, vgl. Tier- und Jagdfriese, Tierwappen, Tiermasken), der Literatur (Tierfabeln, vgl. Aisopos, Phaedrus), des Mythos (Pegasos Io), der Philosophie (das Tier als Seelenträger) und der Religion (Theriomorphismus, besonders ausgeprägt in Ägypten; das Tier als Kraftträger; Pan/Faunus, Flußgötter; Tierdämonenvorstellungen: Gorgo, Harpyien, Kentauren; Kulte mit Tieropfern; Mantik; Tiersymbolik).

Das Verhältnis des Menschen zum Tier gestaltete sich unterschiedlich in Entsprechung zu seinem geographischen Lebensraum (Stadt/Land, Küste/Gebirge, die verschiedenen Klimazonen) und seinem sozialen (Kleinbauerntum; Großgrundbesitz) und ökonomischen (Viehzucht und -haltung, Geflügelzucht und -haltung; Ackerbau; Verkehrswesen; Heeresdienst) Umfeld.

Quellen: Die engen Kontakte des Menschen zur ihn umgebenden Fauna regten auch zu zoologischer Forschung an. Sie wurde anfangs deduktiv und spekulativ betrieben und stand im Dienste der Welterklärungssysteme (vgl. Anaximandros, frühes 6. Jahrhundert v.Chr., 12A 30 Diels-Kranz; Empedokles, 5. Jahrhundert v.Chr., 31B 82. 100; Demokritos, 2. Hälfte 5. Jahrhundert v.Chr., 68B 5,6–13 mit drei nicht mehr erhaltenen Büchern über die Entstehung verschiedenster Phänomene in der Tierwelt), sodann im Dienst der Humanmedizin (vgl. den Arzt Alkmaion von Kroton, 4. Jahrhundert v.Chr., 24A 11. 15) und ist erst mit Aristoteles, der sich selbst als Begründer der Zoologie betrachtete (part. an. 1,645a 6), mit größerer Ausschließlichkeit auf das Tier konzentriert, freilich auch jetzt gleichsam fremdbestimmt, nämlich im ökonomischen Dienst der menschlichen Gesellschaft. Viele zoologische Werke des Aristoteles sind verloren, und nur fünf haben sich erhalten: eine Beschreibung der verschiedenen Tierarten und ihrer Anatomie (*Historia animalium* in 10 Büchern), der Versuch einer Klassifizierung der Tiere (*De partitione animalium*), über Zeugung und Geburt bei Tieren (*De generatione animalium*), über die Fortbewegungsorgane der Tiere (*De incessu animalium*) und über die Psychophysik der tierischen Bewegungen (*De motu animalium*) mit der zentralen Frage: Was löst die Bewegungen der Tiere aus und was lenkt sie? Von den zahlreichen zoologischen Schriften des Theophrastos, eines Schülers und Mitarbeiters des Aristoteles, haben sich nur Fragmente erhalten. Diese zoologischen Forschungen in der peripatetischen Schule haben keine seriöse Fortsetzung gefunden. Ein schwacher Abglanz dessen, was davon verloren ist – und das ist der Hauptanteil daran – läßt sich aus der Naturkunde (*Naturalis Historia*) des Älteren Plinius (gestorben 79 n.Chr. in Stabiae beim Ausbruch des Vesuv) gewinnen, der in den Büchern 8 bis 11 das zoologische Wissen seiner Zeit gewissenhaft zusammengetragen und dazu auch die peripatetische Literatur ausgewertet hat.

Daneben gab es aber zahlreiche Schriften, die sich mit dem Wesen der Tiere außerhalb der Schulzoologie befaßten und die letztlich immer wieder ernstzunehmende Hinweise auf die antike Tierwelt geben können. Genannt sei hierzu etwa die griechische Schrift *Vom Wesen der Tiere*, die im 2./3. Jahrhundert n.Chr. der Sophist Claudius Aelianus verfaßt hat.

Abgesehen von diesen literarischen Quellen der Antike liefern aber auch archäologische Grabungen etwa im Bereich von *villae rusticae* wertvollen Aufschluß auf die bäuerliche Nutztierhaltung in den verschiedensten Gegenden der Alten Welt. Was diesen Tieren verfüttert wurde, läßt sich ebenfalls oft archäologisch nachweisen. Tierknochenreste ermöglichen Rückschlüsse auf die Beanspruchung der Tiere, ihren spezifischen Arbeitseinsatz, die Qualität ihrer Pflege. Bedeutsam für tiergeographische Themen sind die als Relief oder musivisch sowie auf Münzen erhaltenen Tierdarstellungen.

→ Archäologie, Dichtung, Fisch, Gutshof, Jagd, Kleidung, Klima, Landwirtschaft, Nahrungsmittel, Natur, Philosophie, Tierkult, Transhumanz, Viehwirtschaft

LITERATUR: J. *André*: Les noms d'oiseaux en latin. 1967. – N. *Benecke*: Archäologische Studien zur Entwicklung der Haustierhaltung in Mitteleuropa und Südskandinavien. 1994. – G. de *Lattin*: Grundriß der Zoogeographie. 1967. – S. *Ekinan*: Tiergeographie des Meeres. 1935. – H. *Gossen*: Die Tiernamen in Älians 17 Büchern peri zoon, Quellen und Studien zur Geschichte der Naturwissenschaften und Medizin 4, 1935, 280–340. – J. *Illies*: Einführung in die Tiergeographie. 1971. – O. *Keller*: Die antike Tierwelt. 2 Bde., 1909/13. – H. *Leitner*: Zoologische Terminologie beim Älteren Plinius. 1972. – H. O. *Lenz*: Die Zoologie der alten Griechen und Römer. 1856. – P.

Müller: Tiergeographie. (Teubner Studienbücher), 1977. – G. *Niethammer:* Tiergeographie. (Fortschritte der Zoologie 11), 1958. – G. M. A. *Richter:* Animals in Greek Sculpture. 1931. – J. M. C. *Toynbee:* Tierwelt der Antike. 1983.

Eckart Olshausen

Tierkult

Der Theriomorphismus, d. h. die kultisch-religiöse Verehrung göttlicher Mächte in Tiergestalt, reicht tief in die Vorgeschichte zurück und gründet sicherlich auf der Erfahrung physischer Überlegenheit von Tieren über den vorzeitlichen Menschen. Tierplastiken aus jener Zeit zählen zu den ältesten bekannten Kultobjekten. Den T. der Antike hat man verschiedentlich als Rest vorindoeuropäischer mediterraner Tierverehrung und des Totemismus zu interpretieren versucht.

Ägypten: Die Verehrung tiergestaltiger Gottheiten war im Altertum am meisten in Ägypten ausgeprägt. Schon damals haben Gelehrte darüber die unterschiedlichsten Deutungen angestellt. Während z. B. Lukian (de astrolog. 7) die Tierverehrung auf die Astrologie der Ägypter zurückführte, sah Diodor (1,87) ihre Ursache im Nutzen, den die Tiere für den Menschen bringen. Festzuhalten ist, daß man in Ägypten zu allen Zeiten im heiligen Tier die Verkörperung eines Gottes sah. Das Tier selbst wurde nie als Träger eigener Göttlichkeit betrachtet. Indes gab es bei den alten Ägyptern kaum ein Tier, daß nicht als Inkarnation dieser oder jener Gottheit angesehen wurde. Zu Beginn des 3. Jahrtausends v.Chr. begegnen auf den Darstellungen erstmals menschengestaltige Gottheiten. Sie verdrängen die theriomorphen Götter jedoch nicht, sondern vermischen sich mit ihnen. Es entstehen dabei Wesen mit Menschenleib und Tierkopf oder zumindest mit Tierelementen versehene antropomorphe Göttergestalten. Z. B. wurde Hathor, die Liebes- und Rauschgöttin, in der Frühzeit ganz und gar in Kuhgestalt abgebildet. Spätere Götterbilder zeigen sie oft als Frau mit Kuhkopf oder wenigstens mit Kuhohren. Einige Gottheiten behielten bis in die Spätantike ihre rein tierische Gestalt: Chepre wurde als Skarabäus dargestellt, Amun als Widder, Horus als Falke, Anubis als Schakal. Aber auch lebende Tiere wurden von den Ägyptern als göttliche Erscheinungsformen verehrt. Einige Kultstätten hielten ganze Tierherden, wobei jedoch nur einem Einzeltier, das sich durch spezifische Merkmale als göttliche Inkarnation zu erkennen gab, kultische Verehrung zuteil wurde. Die übrigen galten lediglich als heilig. Die Tötung dieser Tiere war untersagt, nach ihrem Ableben wurden sie einbalsamiert und in besonderen Grabanlagen, wie dem Serapeum in Sakkara, das unter Amenophis III. (1402–1364 v.Chr.) als Begräbnisstätte der Apis-Stiere gegründet wurde, bestattet.

Manche Tiere, wie das Krokodil, galten nicht überall als heilig. Während es offenbar die Bewohner um Theben besonders verehrten, wurde diesem Reptil andernorts nachgestellt (Hdt. 2,69). Die Verschiedenheit der Kulttiere für die einzelnen Gaue wird durch Denkmäler und Inschriften bestätigt. Danach besaß jeder Gau eine lokale Hauptgottheit und ein entsprechendes heiliges Tier als Inkorporationsexemplar. Die starke Bindung mancher Orte an eine bestimmte heilige Tiergattung war so ausge-

Abb. 97: Abbildungen mehrerer Gottheiten, unter ihnen zahlreiche Tiergötter, aus dem Deckengewölbe der Grabkammer des ägyptischen Pharao Sethos I. aus der 19. Dynastie (Tal der Könige).

prägt, daß die Griechen mehrere Städte Ägyptens nach den Tieren benannt haben, die dort verehrt wurden (Krokodilopolis, Hierakonpolis, Lykopolis). Neben solchen ausgesprochenen Lokalkulten war die Verehrung bestimmter Tiere, vor allem des Ibis als Gestaltwerdung des Gottes Thot, in ganz Ägypten verbreitet. Auf das Töten eines Ibis, ob vorsätzlich oder unabsichtlich, stand sogar die Todesstrafe (Hdt. 2,65,5). Auch Stierkulte fanden reichsweite Verbreitung, allerdings mit lokaler Prägung: z. B. galt der Mnevis-Stier in Heliopolis als Inkarnation des Sonnengottes Re, der Apis-Stier in Memphis als Erscheinungsform des Ptah.

Griechenland: Für die Tierverehrung der Ägypter, über die mehr oder weniger detaillierte Berichte einiger antike Autoren vorliegen (Hdt. 2,65–76; Plat. Gorg. 482b; Diod. 1,12,9; 1,83,1–1,90,2; Strab. 17,1,22.40), hatten die Griechen nur wenig Verständnis, mitunter stieß sie auf Ablehnung, ja sogar Spott (Anaxandr. Fr. 39; Timok. Fr. 1). Die Römer verurteilten diese Art von Kult sogar auf das entschiedenste (Cic. nat. deor. 36,100.101; Plin. nat. 2,5; Juv. Sat. 15). Gleichwohl wurde hingenommen, daß sich die Götter des griechisch-römischen Pantheons dem Mythos nach in Tiere verwandeln konnten. Der Göttervater Zeus etwa nähert sich seinen zahlreichen Geliebten u. a. in der Gestalt von Adler, Stier und Schwan. Der Vegetationsgott Dionysos konnte als Bock oder Stier erscheinen. Satyrn, Silene und Nymphen, halbtierische Natur- und Walddämonen, bilden sein Gefolge, das mitunter von Pan angeführt wird. Diesen ursprünglich in Arkadien beheimateten Wald- und Hirtengott stellten sich die Griechen als Mann mit Bocksbeinen und Ziegenhörnern vor, dessen plötzliches Erscheinen den nach ihm benannten panischen Schrecken hervorruft. Da die Athener die Flucht der Perser bei Marathon der Hilfe des Pan zuschrieben, weihten sie ihm eine Höhle am Abhang der Akropolis als Kultstätte (Hdt. 6,105). Von Attika breitete sich dann sein Kult über ganz Griechenland aus.

Die enge Beziehung des Pferdes zu Poseidon deutet auf die ursprüngliche Roßgestalt des Gottes hin. Alten Mythen zufolge war Poseidon sogar Vater berühmter Pferde, darunter Pegasus und Areion, die er mit Medusa bzw. Demeter zeugte (Apollod. 2,3,1; Paus. 8,25,4–10). In historischer Zeit war der Kult des Poseidon Hippios allgemein verbreitet. Man ehrte ihn mit Wagenrennen und brachte ihm Pferdeopfer dar (Paus. 8,7,2). Die griechische Mythologie bevölkerten ferner schlangenfüßige Giganten oder halbfischleibige Tritone. Vor allem im griechischen Volksglauben existierten tiergestaltige Dämonen und Fabelwesen wie etwa Harpyien und Keren, Mischwesen aus Vogel und Mensch oder die Kentauren als Pferdemenschen, deren Heimat Thessalien ist, wo sie insbesondere mit dem Pelion-Gebirge verbunden sind (Plut. Thes. 30; Paus. 5,10,8).

Rom: Die römische Religion kannte keine theriomorphen Götter. Bei ihnen traten Tiere als Kultbegleiter oder Symboltiere von Gottheiten in Erscheinung. Sie galten zudem als Boten bzw. Medien der Götter, die sich ihrer als Vermittler göttlicher Zeichenrede bedienten. Im Flug der Vögel offenbarten sie den Auguren das Zukünftige als göttlichen Willen. Im häuslichen Kult wie auch im Staatskult spielte die Opferung von Tieren eine große Rolle. Nahezu jeder Gottheit wurden an den jeweiligen Festtagen bestimmte Tiere geopfert. Herausragende Bedeutung kam dem Adler als Attribut, Emblem und Inkarnation Jupiters zu. Seinem Abbild wurde beim Militär als Legionsadler religiöse Verehrung zuteil (Val. Max. 6,1,11; Tac. ann. 1,39). Von einem *aquilifer* wurde er auf dem Marsch und im Kampf mitgeführt. Der Verlust eines *aquila* wurde als Schmach angesehen (Vell. 2,97,1; Suet. Aug. 23,1), seine Rückgewinnung aus Feindeshand dagegen als große Leistung gerühmt (R. Gest. div. Aug. 29, Abbildung auf der Augustus-Statue von Primaporta; Cass. Dio 60,8,7).

Kelten: Auch die Kelten verehrten theriomorphe Gottheiten oder zumindest solche, die mit Tieren wie Hirsch, Stier und Pferd in enger kultischer Beziehung standen. Latènezeitliche, aber auch gallo-römische Bildwerke zeigen das Bild eines Gottes mit Hirschgeweih und -hufen, der auf dem Weihestein der Pariser Binnenschiffer Cernunnos genannt wird (CIL XIII 3026). Auf demselben Monument ist eine als Tarvos Trigaranus bezeichnete stiergestaltige Gottheit mit drei Kranichen abgebildet, die sonst nur noch auf einem gallo-römischen Weihestein in Trier begegnet. In die römische Kaiserzeit datieren Denkmäler des sogenannten dreigehörnten Stieres, die überwiegend aus Ostfrankreich stammen. Weitere Funde sind aus der Schweiz, dem Oberrhein- und Neckargebiet sowie aus England bekannt. Das Verbreitungsgebiet läßt auf eine ursprünglich keltische Gottheit schließen, deren Bedeutung und Funktion aber unklar ist. Die überaus häufige Darstellung von Pferden auf gallischen Münzen sowie insbesondere die keltisch-römische Göttin Epona, deren Name sich von *epos*, dem altkeltischen Wort für Pferd, ableitet, bezeugen, daß das Pferd bei den Kelten religiöse Verehrung genoß. Epona galt als Schutzgöttin der Pferde und wurde auf Weihedenkmälern nie ohne ihr heiliges Tier abgebildet. Während der römischen Kaiserzeit war ihr Kult auf der Iberischen Halbinsel, in Britannien, Gallien, im Balkangebiet und aufgrund der Stationierung kaiserlicher Gardekavallerie, die sich vornehmlich aus Kelten rekrutierte, sogar in Rom heimisch. Ebenso wie das Heidentum bediente sich auch das frühe Christentum der Symbolkraft von Tieren.

Christentum: Der Fisch war wegen seines griechischen Namens *Ichtys*, welcher die selben Buchstaben umfaßte, wie die auf Jesus bezogene Formel I(esus) CH(ristos) TH(eou) Y(ios) S(oter), ein Emblem Christi. Im Neuen Testament wird Christus als ›Lamm Gottes‹ angebetet (Joh 1,29,1; Petr 1,19; Off 5,6; 13,8). In der Gestalt von Lämmern treten in der christlichen Kunst gelegentlich die 12 Apostel in Erscheinung (Apsismosaik von Sant Apollinare in Classe in Ravenna), als weiße Taube nimmt der Heilige Geist vor allem in Kuppelmosaiken von Baptisterien Gestalt an. Seit dem 4. Jahrhundert n.Chr. werden Adler, Stier und Löwe als Symbole für die Evangelisten Johannes, Lukas und Markus verwendet.

→ Götter, Kulthandlungen, Mythologie, Natur

LITERATUR: S. *Deyts:* Images des dieux de la Gaule. Paris 1992. – R. *Herbig:* Pan. Der griechische Bocksgott. Frankfurt/M. 1949. – Th. *Hopfner:* Der Tierkult der alten Ägypter nach den griechisch-römischen Berichten und den wichtigen Denkmälern. Wien 1914. – K. A. D. *Smelik/E. A. Hemelrijk:* »Who knows not what Monsters Demented Egypt Worship?« Opinions on Egyptian Animal Worship in Antiquity as Part of the Ancient Conception of Egypt, in: ANRW II 17,4, 1984, 1852–2000.

Rudolf Schmidt

Töpferei

In allen Teilen der Alten Welt ist der Gebrauch von Tongefäßen seit dem Neolithikum bezeugt. Zumal in den frühen Epochen bilden Scherbenfunde oft den einzigen Hinweis auf ehemalige Besiedlung. Weniger zahlreich sind heute antike Töpferbetriebe durch Werkstattfunde wie Reste von Brennöfen, Fehlbrände oder Werkzeuge noch auszumachen. Standorte des T.-Gewerbes waren insofern landschaftsgebunden, als Tonlager, Wasser und Holzbestände (Brennmaterial) erreichbar sein mußten. Die Hersteller von Grobkeramik und Haushaltsgeschirr arbeiteten in der Regel nur für den lokalen Bedarf; entsprechend begrenzt ist meist der Fundradius solcher Ware. Feinkeramik, nämlich präzise getöpferte, glatte, bemalte oder reliefierte Ware gelangte dagegen als begehrtes Luxusgeschirr und Exportgut auch in entferntere Gebiete der Alten Welt.

Keramikfunde: Hinweise auf die Herkunft von Keramikgattungen kann zunächst die Fundgewichtung geben. Allerdings führten z.B. die großen Mengen griechischer Vasen aus etruskischen Nekropolen anfangs zu dem Fehlurteil, es handle sich um etruskische Produkte, bis durch erste Vasenfunde in Griechenland diese Vorstellung korrigiert wurde. Hinweise geben ferner aufgrund von lokal differenzierbaren Alphabeten und Dialekten die Inschriften auf griechischen Vasen. Analog hierzu lassen sich bei bemalten Gefäßen bestimmte Dekorationsstile bzw. Produkte einzelner Kunstzentren nach Ornamentik, Maltechnik und Figurenstil sondern. Unverzierte Ware bietet dagegen lediglich Merkmale nach Gefäßform und Technik. Der Scherben gibt durch Textur und Einschüsse Hinweise auf die Tonverarbeitung einzelner Werkstätten, durch seine Farbe, die chemische Zusammensetzung und Spurenelemente aber auch auf die lokale Herkunft des Tons, der je nach geologischen Voraussetzungen z.B. besonders eisen-, kalk- od. glimmerhaltig sein kann. Die Fundverbreitung von sicher lokalisierten Gattungen bezeugt häufig antike Handelsrouten und wirtschaftliche Kontakte zwischen Großräumen wie einzelnen Orten. Dies gilt sowohl für Feinkeramik, die als Handelsgut andere Wirtschaftsgüter nach Übersee begleitete, wie für die Transportbehälter vergänglicher Produkte, besonders die zu allen Zeiten verwendeten Handelsamphoren, die oft, durch amtliche Stempel ausgewiesen, aus berühmten Weingebieten wie Rhodos, Knidos oder Thasos stammten. In geringerem Umfang gelangte Keramik durch die Verschleppung persönlicher Habe in fremde Gebiete, etwa während der Gründungsphasen von Kolonien und bei anderen Wanderbewegungen.

Entwicklung der Töpferei: Der Gebrauch der Töpferscheibe, im 4. Jahrtausend v.Chr. schon in Mesopotamien nachweisbar, wanderte im Lauf des 3. Jahrtausends v.Chr. westwärts in den Mittelmeerraum. Er bildete die Voraussetzung für eine raschere Fertigung von Feinkeramik, wie sie in größeren Mengen erstmals für den Kulturhorizont der kretisch-mykenischen Welt bezeichnend ist. Nach dem Zerfall dieser Seemacht lebten die griechischen Stadtstaaten des 9.–8. Jahrhunderts v.Chr., begünstigt durch die geographischen Gegebenheiten Griechenlands, nämlich seine Gliederung in eine Vielzahl kleiner Einheiten wie Inseln, Hafenbuchten, Täler zwischen Gebirgszügen, in zunehmender Isolation. Entsprechend eigenständig konnten sich die Lokalstile der geometrischen Keramik entwickeln, zumal bemalte Keramik anfangs vorwiegend für den bodenständigen Totenkult benötigt wurde. Die Prägnanz der Unterschiede steigerte sich im früharchaisch-orientalisierenden Stil des 7. Jahrhunderts v.Chr., da nun neue pflanzliche Ornamentmotive, erzählende Bilder und farbigere Maltechniken die Vasenmaler herausforderten. Klar abgrenzbar sind insbesondere Produkte aus Athen, Argos, Korinth, Böotien und Kreta, während auf den Kykladen oder in Ostionien die Provenienzen im einzelnen noch zu klären sind.

Im 8. Jahrhundert v.Chr. befand sich der Seehandel noch weitgehend in phönizischer Hand, was Kreta in seiner Lage als Handelsstützpunkt begünstigte. Früher als in anderen Regionen wurde hier bereits eine fortschrittliche, nämlich ›orientalisierende‹ Keramik hergestellt, während Kreta im 7. Jahrhundert v.Chr. zurückfiel, als griechische Seehändler von Aigina, Samos, Milet, Korinth, später auch Athen aus aktiv wurden und neue Schiffsrouten benutzten. Für den Überseemarkt stellten insbesondere Korinth und Milet, die zugleich wichtige Seehäfen waren, bereits im 7. Jahrhundert v.Chr. eine spezielle Keramik her (Kannen, Trink- und Salbgefäße). Während die korinthische Ware meist in den westlichen Mittelmeerraum gelangte, herrschte im südöstlichen Mittelmeergebiet und in den Schwarzmeerkolonien der ostgriechische Export vor. Athen stieg im Lauf des 6. Jahrhunderts v.Chr. zum führenden griechischen Töpferzentrum auf, begünstigt durch die Qualität eigener, sehr eisenhaltiger Tonlager wie auch durch zunehmendes handwerkliches Können und einen allgemein sozio-ökonomischen Aufschwung Attikas. Attische Gefäße erreichten nun im Überseehandel alle Teile der Alten Welt, in besonders großen Mengen Etrurien. Während die schwarzfigurig bemalte Keramik auch in Korinth, Lakonien, Ostionien und ›Chalkis‹ hergestellt wurde, versorgte Athen mit seiner rotfigurigen Ware später den Markt allein. Im späteren 5. Jahrhundert v.Chr. verpflanzten von hier auswandernde Töpfer den rotfigurigen Stil nach Großgriechenland, wo sich bald in Lukanien, Apulien, Kampanien und Sizilien eigenständige T. auftaten, die diesem Dekorationsstil eine hybride Nachblüte bescherten. Ihre Produkte waren vorwiegend für den lokalen Totenkult bestimmt und wurden so gut wie nicht exportiert. Demgegenüber brachte

Abb. 98: Der sogenannte Argonauten-Krater, attisch-rotfigurig, um 450 v.Chr. Der in Etrurien gefundene Krater befindet sich heute im Louvre (Paris).

Athen im 4. Jahrhundert v.Chr. noch eine rotfigurige Keramik hervor, die den Seehandel in das kornreiche Krimgebiet begleitete, wo die sogenannten Kertscher Vasen in großer Zahl in dortigen Nekropolen die Zeiten überdauerten.

Keramikformen: Allerorten und zu allen Zeiten bestand Bedarf an Tafelgeschirr. Während schlichte Schwarzfirnisware zunächst nur ein Nebenprodukt der bemalten Feinkeramik war, wurde sie in hellenistischer Zeit durch raffiniertere Überzüge (Graphitglanz, Korallenrot, bunte Bleiglasuren) sowie durch feine Ornamentik in Relief und Malerei aufgewertet. Produktionszentren scheinen u.a. in Pergamon und Samos bestanden zu haben (Plin. nat. 35,160–161). Zu den Reliefgattungen zählt die pergamenische rote Applikéware, ferner die große Gruppe der aus Formschüsseln gewonnenen halbkugelförmigen Trinkbecher, für die als Herstellungsorte Pergamon, Antiochia, Argos, Athen, Böotien und Makedonien in Betracht kommen. Da jedoch mit Matrizen, Stempeln und Formschüsseln auch gehandelt wurde, sind lokalspezifische Merkmale weniger leicht zu fassen. Die Herstellung glatter Schwarzfirnisware wurde im Hellenismus mit Schwerpunkt in Kampanien fortgesetzt. Athen beteiligte sich mit der sogenannten Westabhangkeramik, die sparsam aufgemalte und geritzte Muster zeigt und wie die ähnlich verzierte apulische Gnathiakeramik noch exportiert, aber anderenorts auch nachgeahmt wurde.

Die Errungenschaften der hellenistischen T. machten sich schließlich die frühkaiserzeitlichen ersten Terra Sigillata-Hersteller zunutze, schufen zugleich aber in Puteolanum und vor allem in Arretium (Arrezzo) durch hochstehende Brenntechnik und verfeinerten Motivschatz etwas völlig Neues. Die T. von Arretium besaßen im 1. Jahrhundert n.Chr. zur Versorgung des römischen Heeres in den nördlichen und westlichen Provinzen Roms zunächst noch Zweigniederlassungen, aus denen sich bald aber lokale Terra Sigillata-Manufakturen entwickelten, wie sie vielerorts in Germania, Gallia, Britannia, Libya u.a. Provinzen entdeckt wurden. Um 100 n.Chr. steigerten die südgallischen Fabriken ihre Terra Sigillata-Ware zu marktbeherrschender Qualität, während sich in der Spätantike nordafrikanische rote Ware allgemeiner Beliebtheit erfreute und umgekehrt in die nördlichen Provinzen exportiert wurde.

→ Handel, Kunst, Wirtschaft, Wirtschaftsgeographie

LITERATUR: J. *Boardman:* Kolonien und Handel der Griechen. 1981. – J. N. *Coldstream:* Geometric Greece. 1977. – J. *Garbsch:* Terra Sigillata. Ein Weltreich im Spiegel seines Luxusgeschirrs. 1982. – L. H. *Jeffery:* Local Scripts of Archaic Greece. 1961. – R. E. *Jones:* Greek and Cypriot Pottery. A Review of Scientific Studies. 1986. – P. *Kretschmer:* Die griechischen Vaseninschriften ihrer Sprache nach untersucht. 1894. – D. P. S. *Peacock*/D. F. *Williams:* Amphorae and the Roman Economy. 1986. – B. P. M. *Rudnick:* Die verzierte Arretina aus Oberaden und Haltern. 1995. – I. *Scheibler:* Griechische Töpferkunst. Herstellung, Handel und Gebrauch der antiken Tongefäße. 1983 (^{2}1995).

Ingeborg Scheibler

Topographie

Die T. ist die geographische Erfassung und Darstellung des Geländes samt den darauf lokalisierten Erscheinungen wie Gewässern, Gebäuden und Wegen. Als Teil der Länderkunde befaßt sie sich nach allgemeiner Auffassung mit der Gliederung und Beschreibung von Landschaftsbereichen, nach einer unter Bezug auf antike Belege von Ernst Kirsten vorgenommenen Definition speziell mit der Beschreibung landschaftlicher Merkmale. Historische T. versteht sich also im Gegensatz zur Historischen Geographie oder zur Historischen Chorographie, die sich beide mit größeren geographischen Phänomenen befassen und die Objekte der T. einschließen, als kleinräumige Analyse und Rekonstruktion historischer Landschaftselemente mithilfe literarischer, archäologischer, paläogeographischer, paläobotanischer und paläozoologischer Befunde. Ihr Forschungsobjekt ist die Topothesia oder Topographia, d. h. die kleinräumige Feststellung der geographischen Lage bestimmter Objekte. Es geht der Historischen T. also um die Erarbeitung gegenwärtiger und historischer geographischer Qualitäten, d. h. (1) um die Ortung einer geographischen Erscheinung wie z. B. eines Platzes in der umgebenden Landschaft, (2) um die Beschreibung seiner geologisch-geographisch-physischen Eigenschaften wie z. B. des Bodens, der Flora, der Fauna und des Klimas und (3) um die Analyse und Schilderung verwaltungstechnischer Strukturen, der Bewohner und der künstlichen Einwirkung des Menschen auf die Landschaft durch die Anlage von Straßen, Dämmen, Terrassen, Kanälen und dergleichen.

Topographische Beschreibungen in der antiken Literatur: Dieses Verfahren findet sich schon bei Homer, wo er seinem Leser die Behausung der Kalypso vor Augen führt (Hom. Od. 5,59–72); Athenaios, der Sophist des 3. Jahrhunderts n.Chr., bezeichnet Homers Vorgehen in dieser Passage ausdrücklich als T. (Athen. 1,28). So führt beispielsweise Strabon (8,6,21) aufgrund der Schilderungen anderer sowie aufgrund eigener im Jahr 29 v.Chr. vorgenommener Autopsie eine Topothesia von Korinth durch: Er beschreibt die Lage der Stadt und den Aufstieg zum Berg von Akrokorinth und dessen Gestaltung, skizziert den Umriß und nennt die Ausmaße der Stadt, stellt ihre Befestigungsanlage dar, diskutiert die hydrologischen Verhältnisse und ortet bestimmte charakteristische Bereiche der Umgebung. Von einem erhöhten Standpunkt aus läßt sich eine solche Topothesia überhaupt am besten vornehmen. Für die Beschreibung von Troja wählt Strabon (13,1,5) deshalb das Ida-Gebirge. Ähnlich verfährt er (Strab. 14,1,42) auch mit der kleinasiatischen Stadt Tralleis am Mäander; hier geht er mehr auf die Einwohnerschaft dieser Stadt ein. Eindrucksvoll ist auch die Lageschreibung, die Caesar von Vesontio, heute Besançon, in seinem Gallischen Krieg (Caes. Gall. 1,38) gibt, indem er hier charakteristische topographische Merkmale (Berg, Fluß, Mauer) in ihrer funktionalen Zuordnung thematisiert.

→ Archäologie, Chorographie, Fluß, Gebirge (Berg), Geographie, Gesellschaft, Historische Geographie, Kanal, Klima, Siedlungsformen, Straße (Straßenbau)

LITERATUR: A.v. *Brandt*: Werkzeug des Historikers. [12]1989, 23 f. – E. *Kirsten*: Möglichkeiten und Aufgaben der Historischen Geographie des Altertums in der Gegenwart, in: Stuttgarter Kolloquium zur Historischen Geographie des Altertums 1. (Geographica Historica 4), 1987, 1–50, hier 34f. Anm. 31.

Eckart Olshausen

Toponomastik

Die T. (Toponomatologie, Ortsnamenkunde) ist ein Teilgebiet der beschreibenden Geographie und der Siedlungsgeschichte und befaßt sich unter Verwendung philologischer, historischer und geographischer Arbeitsmethoden mit der etymologischen Herkunft, Entstehung, Bildung und Entwicklung von geographischen Eigennamen, also von Siedlungsnamen (Wohnorten wie Dörfern und Städten: Ortsnamensforschung, Makro-T.), Wald-, Flur-, Gelände- (z. B. Berg, Vorgebirge, Tal, Insel; auch Mikro-T. oder Flurnamenforschung) und Gewässernamen (z. B. Meeren, Seen, Flüssen, Bächen: Hydro-Onomastik). Über die beschreibende Geographie ist sie wichtig für die Siedlungs- und die Sprachgeschichte.

Motive für die Benennung historisch-geographischer Begriffe: Historisch-geographisch aufschlußreich sind besonders die Benennungsmotive geographischer Begriffe. Diese leiten sich beispielsweise von Ortscharakteristika ab (*Rhenus* meint z.B ›der Strömende‹, lateinisch: *rivus* = der Bach und griechisch: *rein* = fließen, Helos in Südlakonien meint ›Sumpfgebiet‹, von griechisch: *to elos* = der Sumpf), von Bezeichnungen der Flora und Fauna (Viminalis, einer der sieben Hügel Roms, von lateinisch: *vimen* = die Weide; Euboia von griechisch: *eu* = gut und griechisch: *o bous* = das Rind), von bestimmten Eigenschaften (der Fluß Albula in Latium von lateinisch: *albus* = weiß; Amathus auf Kypros von griechisch: *emathoeis* = sandig) und schließlich von Eigennamen (Personen: Städtenamen wie Alexandreia und Seleukeia, die sich vom Namen der Gründer, also Alexandros und Seleukos, ableiten; Götter: *Apollonia* von Apollon; Völkernamen: die mittelgriechische Landschaft *Doris* von den Doriern).

Geographische Namen haften grundsätzlich sehr lange am Ort und machen es so noch vielfach möglich, Siedlungsreste sowie überhaupt geographische Gegebenheiten mit literarisch, epigraphisch oder numismatisch überlieferten Namen zur Deckung zu bringen. Auch für die Chronologie von Siedlungen können Ortsnamen Aufschluß geben. Schwer oder überhaupt nicht verständliche Ortsnamen weisen auf ein besonders hohes Alter oder beispielsweise auf vorgriechische bzw. voritalische Ursprünge hin.

Antike Toponomastik: Schon in der Antike hat man sich mit toponomastischen Überlegungen befaßt, die freilich im Unterschied zur modernen etymologischen Forschung aus der Auffassung resultierten, daß aus der sprachlichen Gestalt der Dinge deren Wesen zu ergründen sei. Beispiele dafür finden sich bereits bei frühen griechischen Dichtern wie Homer (Ende 8. Jahrhundert v.Chr.; vgl. Hom. Od. 19,406 ff.) und Aischylos (6./5. Jahrhundert v.Chr.; vgl. Agamemnon 1080 ff.), aber auch bei Philosophen, die wie Kratylos (5. Jahrhundert v.Chr.; vgl. Plat. Krat. 383A) unter Berufung auf Heraklit der Ansicht waren, daß die Sprache von der Natur geschaffen sei und man von der üblichen Bezeichnung über den sprachlichen Ursprung zum eigentlichen Wesen der Dinge vordringen könne. Systematisch ausgestaltet liegt dieses Wörterverständnis bei Stoikern wie Chrysippos (3. Jahrhundert v.Chr.) vor. Von besonderem historisch-geographischem Interesse sind die im Rahmen der antiken Lexikographie und Etymologie entstandenen geographischen Lexika wie die Städteliste des Herennius Philon von Byblos (64–141 n.Chr.) und das etymologische Völker-Lexikon des Grammatikers Oros (Datierung unsicher: 2.–5. Jahrhundert n.Chr.), das Stephanos von Byzantion (um 520 n.Chr.) in seinem *Ethnika* betitelten Lexikon verwertet hat. Denn hier ergeben sich manche weiterführenden Informationen über die aufgelisteten geographischen Begriffe.

→ Chronologie, Dichtung, Dorf, Fluß, Geographie, Götter, Historische Geographie, Insel, Inschriften, Meer, Münzen, Natur, See, Sprache, Sprachen, Siedlungsformen, Siedlungsgeographie, Volksstamm, Wald

LITERATUR: F.J. *Carmody*: L'Espagne de Ptolémée. Toponymie pré-romaine. Étude linguistique. 1973. – J. *Díez Asensio*: Toponomástica antigua preromana en las tierras al Sur del Duero medio, in: Hant 14, 1990, 179–199. – W. *Eilers*: Geographische Namengebung um und in Iran. 1982. – P. *Jacob*: Notes sur la toponymie grecque de la côte méditerranéenne de l'Espagne antique, in: Ktéma 10, 1985, 247–272. – M. *Koch*: Tarschisch und Hispanien. Historisch-geographische und namenkundliche Untersuchungen zur phönikischen Kolonisation der iberischen Halbinsel. 1984. – G. B. *Pellegrini*: Toponimi ed etnici dell' Italia antica, in: A. L. Prosdocimi/M. Cristofani (Hgg.): Lingue e dialetti dell' Italia antica. 1978, 79–127. – G. *Schramm*: Nordpontische Ströme. Namenphilologische Zugänge zur Frühzeit des europäischen Ostens. 1973. – J. *Svennung*: Scandinavia und Scandia. Lateinisch-Nordische Namenstudien. 1963. – K. *Zibelius*: Afrikanische Orts- und Völkernamen in hieroglyphischen und hieratischen Texten. 1972.

Eckart Olshausen

Totenkult

Das Bestattungswesen ist für die Historische Geographie insofern ein wichtiges Thema, als die topographische Positionierung der Grabstätten für den antiken Menschen von großer Bedeutung gewesen ist. In erheblich stärkerem Maße als in späteren Epochen oder in der Gegenwart sollten durch eine prominente Lage der Gräber die Verstorbenen im Bewußtsein der Lebenden präsent bleiben. Aus sakralen und auch aus hygienischen Gründen wurden die antiken Friedhöfe (Nekropolen) in der Regel außerhalb der bewohnten Siedlungen angelegt. Typisch waren Gräber längs der großen

Abb. 99: Eine besonders mit der Landschaft verbundene Form des Totenkultes waren Felsgräber, wie sie die Abbildung aus Korykos in Kilikien zeigt. Die Verstorbenen sind hier als Soldaten in Paradehaltung dargestellt. Die Grabkammern sind aus dem gewachsenen Felsen gemeißelt. Felsgräber kamen vor allem im Osten des Römischen Reiches vor. Man verwendete sie, wenn eine Straße nicht die beherrschende Orientierung für die Grabanlagen bot.

Ausfallstraßen in der Nähe der Städte (z.B. die Via Appia bei Rom), wo sie den Passanten sofort ins Auge fielen.

→ Kultarchitektur, Kulthandlungen, Städtebau, Straße (Straßenbau)

LITERATUR: L.R. *Farnell:* Greek Hero Cults and Ideas of Immortality. Oxford 1931 (ND 1970). – K. *Hopkins:* Death and Renewal. Cambridge 1983. – R. *Stupperich:* Staatsbegräbnis und Privatgrabmal im klassischen Athen. Diss. Münster 1977. – J.M.C. *Toynbee:* Death and Burial in the Roman World. London 1971.

Holger Sonnabend

Tourismus

Antiker T. war im wesentlichen eine Angelegenheit der gebildeten Oberschichten. Ziele stellten vor allem kulturell und historisch bedeutsame Stätten dar. Nach der Eroberung des griechischen Ostens zog es die Römer immer wieder zu berühmten Orten, insbesondere nach Ägypten. Ihnen ging es vor allem darum, die Wunder und Errungenschaften des alten Nillandes aus eigener Anschauung kennenzulernen. Die bevorzugte Reiseroute verlief über Alexandria, Memphis, die Pyramiden, das Fayûm,

Abb. 100: Antike Touristen fanden Gefallen daran, auf von ihnen besuchten Monumenten Dokumente ihrer Anwesenheit zurückzulassen. Von dieser Gewohnheit zeugen zahlreiche Inschriften und Graffiti. Besonders populär als touristisches Ziel war Ägypten. Im Jahre 2 v.Chr. besuchte der römische Senator Numonius Vala den Isis-Tempel auf der Nilinsel Philae und teilte der Nachwelt mit, daß er dort gewesen war (Zeile 3 f.: hic fui = ich bin hier gewesen).

Theben, die Memnos-Kolosse, das Tal der Könige, Syene und die Nilinsel Philae. Als Fremdenführer fungierende ägyptische Priester zeigten ein bemerkenswertes Einfühlungsvermögen in die Erwartungshaltung der auswärtigen Besucher. So wurde aus der Fütterung der heiligen Tiere ein lukratives Geschäft gemacht (Strab. 17,1,45).

→ Reiseberichte, Reisen, Tierkult

LITERATUR: L. *Casson:* Reisen in der Alten Welt. München 1976. – N. *Himmelmann:* Utopische Vergangenheit. Archäologie und moderne Kultur. Berlin 1976, 39–46. – J. G. *Milne:* Greek and Roman Tourists in Egypt, in: JEA 3, 1916, 76–80.

Holger Sonnabend

Transhumanz

T. ist neben Nomadismus und Almwirtschaft eine spezialisierte, komplexe Art der Fernweidewirtschaft. Die Übergänge zwischen den einzelnen Kategorien sind fließend; es existieren zahlreiche Mischformen. Der Begriff T. erscheint nach spanischen Vorformen erstmals 1839 im Französischen (*transhumance*; Beschreibung viehwirtschaftlicher Betriebsverhältnisse in Südfrankreich), ist allerdings in seiner Etymologie nicht geklärt. T. – ein globales Phänomen – wird gekennzeichnet durch eine klimabedingte, saisonale periodische und alternierende Wanderung von größeren Kleinvieh-, im Mediterran in erster Linie Schafherden zwischen mindestens zwei, manchmal auch mehreren Weidegebieten, die sich bezüglich Klima und Vegetation ergänzen.

Im Unterschied zum Voll- bzw. Seminomadismus ist der Viehbestand Eigentum einer permanent seßhaften, meist ackerbaubetreibenden Bevölkerung. Die Drift der

Tiere besorgen vornehmlich Lohnhirten. Ein charakteristischer Unterschied zur Almwirtschaft, die eine winterliche Stallfütterung der Tiere kennt, liegt in der perennierenden Wanderung ohne zumindest klimatisch bedingte Aufstallung.

Formen der Transhumanz: In der Regel finden wir bei T. einen Weidewechsel zwischen Ebene und Hochland. Hierbei liegt bei der sogenannten normalen oder aufsteigenden T. das Heimgut der Tiere (Ansässigkeit der Besitzer) im Flachland. Während der Sommermonate erfolgt ein Aufstieg ins Hochland. Bei der umgekehrten (inversen) oder absteigenden T. sind die Tiere im Hochland beheimatet, von wo aus im Winter die Weiden der Niederungen aufgesucht werden. Häufig findet sich noch die Kategorisierung in horizontale (*long-distance*) T. und vertikale (*short-distance*) T. Bei ersterer liegen die in Temperatur-, Feuchtigkeits- und Vegetationsbedingungen unterschiedlichen Saisonweiden oft mehrere hundert Kilometer auseinander, während im letzteren Fall eine Höhenbewegung über kürzere Distanzen vorherrschend ist, wobei die Weidegebiete oft zur Gemarkung derselben Gemeinde gehören und eine Annäherung an bzw. Vermischung mit Formen der Almwirtschaft erreicht wird (zur Definition Hofmeister). Ein Teil der Forschung hält T. für eine sich zwingend aus den natürlichen – ökologischen – Faktoren ergebende Wirtschaftsform (traditionelle Ansicht; für die Antike: Georgoudi, Skydsgaard), während ein anderer (Hodkinson, Cherry) sozio-politische Faktoren verantwortlich macht (Hitchner). Neuere Forschungen zeigen, daß sich T. in oben genannten Sinne erst in einer spezifischen Kombination beider entwickeln kann, also beide Bedingungskomponenten notwendig sind, nur eine allein nicht hinreicht.

T. ist auch keine Zwischenstufe auf einem hierarchisch aufsteigenden Weg vom Vollnomadismus zur Seßhaftigkeit. Vielmehr stellt Nomadismus in seinen verschiedenen Ausformungen eine Lebensweise, T. dagegen eine Wirtschaftsform dar. Für die Entwicklung der sehr komplexen Form der (*long-distance*) T. scheint das Vorhandensein von entwickelteren städtischen bzw. staatlich organisierten Märkten sowie einer zentral gelenkten politischen Herrschaft begünstigend zu sein.

Vor allem aufgrund der klimatischen (Semiaridität) wie auch orographischen Bedingungen (Tief- und Hochlandgebiete relativ nahe beieinander) bietet das Mediterran mit seinen Randgebieten gute natürliche Voraussetzungen für T. Heute nur mehr von marginaler wirtschaftlicher Bedeutung, spielte sie dort bis zum ausgehenden 19. bzw. beginnenden 20. Jahrhundert eine wichtige Rolle innerhalb der nationalen Ökonomien.

Antike Transhumanz: Grundsätzlich bieten sich heute bei der Erforschung der T. in der antiken Welt drei Zugangsmöglichkeiten: (1) Auswertung der literarischen und epigraphischen Zeugnisse (traditionelle Art). (2) Stärkere Mitberücksichtigung von ethnographisch-anthropologischen Erkenntnissen. (3) Neue Formen der archäologischen Forschung (*surveys*, *field-archaeology*, Ethnoarchäologie, dazu Barker). Eine verstärkte interdisziplinäre Zusammenarbeit ist notwendig und gewinnbringend.

Zwar lassen zahlreiche Quellen die Existenz von Wechselweidewirtschaft auch in frühen historisch faßbaren Epochen rund um das Mittelmeer anklingen (Sabattini), doch reichen die Aussagen kaum aus, um eine *long-distance* T. im eigentlichen Sinne zu belegen, vielmehr bleiben hinsichtlich der Existenz und Ausformung von T. aufgrund unserer mangelhaften Quellensituation viele Fragen offen.

Griechenland: Aufgrund der naturräumlichen Gliederung vor allem des nordostgriechisch-südmakedonischen Raumes mit seinem Nebeneinander von Gebirgszügen und großen Ebenen (Thessalien) hält ein Teil der Forschung – immer noch – (*long-distance*) T. für eine unabdingbare Wirtschaftsform im archaischen und klassischen Griechenland. Dafür werden einerseits neuzeitliche Beispiele (Sarakatsanen, Vlachen), andererseits antike Quellenhinweise (z.B. Hom. Od. 2; Soph. Oedip. T. 2,121ff.; Thuk. 5,42; Dion Chrys. 7; siehe Beuermann) angeführt (Skydsgaard/Isager). Allerdings ist vor einer Überinterpretation der wenigen und isolierten Quellenstellen zu warnen. Die Existenz größerer Herden, die vor allem in den Grenzgebieten der Poleis gehütet wurden, ist keineswegs auszuschließen, betont werden muß aber die enge Symbiose von Ackerbau und Tierhaltung als Basis der Landwirtschaft im antiken Griechenland (Cherry, in: Whittaker). Eine spezialisierte Viehwirtschaft setzt eine auch quantitativ starke Nachfrage nach Produkten der Viehhaltung voraus, wie sie weder zu Zeiten der klassischen griechischen Poleis noch gar in der archaischen Epoche existierten. Es ist daher mehr von einem lokal begrenzten, gemischten Agrarsystem auszugehen, innerhalb dessen (*short-distance*) T. in begrenztem Umfang durchaus ihren Platz gehabt haben konnte. Für eine auch quantitativ stark ausgeprägte *long-distance* T., vergleichbar mit der im frühneuzeitlichen Spanien oder Italien, fehlten im archaischen wie klassischen Griechenland die ökonomischen wie auch politischen Voraussetzungen (Hodkinson).

Italien: In der späten Republik sowie in der Kaiserzeit bis in die Spätantike hinein existierte eine durchaus umfangreiche *long-distance* T. (Corbier). Vor allem im süditalischen Raum spielte die saisonale Wanderweide der Schafherden zwischen den Höhen der Abruzzen bzw. des Apennin und den Ebenen Apuliens eine bedeutende, aber sicherlich nicht die alleinige Rolle in der Landwirtschaft. Hinweise auf Weidegebiete, Wanderwege (*calles*), Bestimmungen über Nutzung von Wegen und Weiden finden sich in literarischen wie epigraphischen Quellen. Vergleichbare Umstände dürfen wir zumindest während der Kaiserzeit auch für die Poebene und den Apennin bzw. den südlichen Alpenrand sowie den nördlichen Adriabereich mit den Dinariden (Šašel), aber auch für Sizilien annehmen. Nur zwei textliche Zeugnisse bringen eindeutige Aussagen zur *long-distance* T. sowie deren staatliche Regulierungsmaßnahmen: Varro rust. 2,2,9 (Mitte 1. Jahrhundert v.Chr.) sowie CIL IX 2826 (Anfang 6. Jahrhundert n.Chr., heute verloren). Alle anderen Zeugnisse (Pasquinucci), unter denen etwa eine Inschrift aus Saepinum (CIL IX 2438) sicherlich einen exzeptionellen Rang einnimmt, bergen so viele Probleme in sich, daß exaktere Aussagen über zahlenmäßigen Umfang der Herden, Gewichtung der *long-distance* T. im Vergleich zu anderen landwirtschaftlichen Produktionsformen, Art und Ausmaß der staatlichen Lenkung bzw. des Eingreifens problematisch bleiben müssen (sehr zurückhaltend und kritisch hierzu: Thompson).

Mit Sicherheit muß Abstand genommen werden von einer uneingeschränkten Parallelisierung mit Verhältnissen, wie sie für die Zeit zwischen dem 15. und 19. Jahrhundert in der spanischen Mesta bzw. der italienischen Dogana delle Pecore di Puglia (auch: di Foggia) bekannt sind. Jüngere intensive archäologische Feldforschungen in mehreren Regionen Zentral- und Süditaliens (Barker/Grant und öfter) lassen erkennen, daß in der späten Republik wie in der Kaiserzeit ein Nebeneinander bzw. Ineinander von Viehwirtschaft, Getreide-, Wein- und Olivenkulturen auch die Nutzung des lange Zeit als klassisches Weideland angesehenen Apulien kennzeichneten. Mit einem Nebeneinander von horizontaler wie vertikaler T. neben einer der Almwirtschaft ähnlichen Tierhaltung (*pastorizia stanziale*) ist zu rechnen.

Gerade im römischen Italien wird deutlich, wie sehr die *long-distance* T. ein Produkt der Durchdringung und des Ausbaus der zentralen römischen Herrschaft ist, wobei hier die Entstehung größerer urbaner Ballungsräume (vor allem Rom) bzw. die Problematik der Versorgung derer Bewohner einen wichtigen Faktor darstellt, der die Wanderung größerer Schaf- wie auch Schweineherden begünstigte bzw. geradezu notwendig werden ließ (Herz). Trotz aller natürlicher, ökonomischer und gesellschaftlich-politischer Gunstfaktoren scheint die *long-distance* T. auch im römischen Italien niemals die vorherrschende Form der Viehzucht dargestellt zu haben. Aussagen über vorrömische Verhältnisse müssen spekulativ bleiben.

Spuren antiker T. finden sich auch für den Vorderen Orient sowie für die Steppen- und Vorwüstenregionen Nordafrikas.

Nordafrika: Gerade hier wurde die Problematik der Wanderweidewirtschaft, darunter auch der T., lange Zeit auf die Frage der Limitation und Sedentarisation nomadischer bzw. halbnomadischer autochthoner Stämme infolge der Ausweitung der römischen Okkupation nach Süden reduziert. Erst jüngere Forschungen lassen die Komplexität des Beziehungsgeflechts zwischen Mensch und Umwelt offenbar werden (Leveau, in: Whittaker). Unter anderem wegen der differenzierten Pflanzengesellschaften des ›Ökosystems Steppe‹ haben wir hier meist mehr als zwei Weidegebiete und sehr weite Driftwege. Es zeigt sich, daß T., bei der Mitglieder einheimischer Stammesgruppen ihre Herden vom Aurès- bzw. Hodna-Massiv in die Ebenen um Sétif bzw. das Hochland des Tell, ja sogar bis in die Küstenebenen trieben (dazu CIL VIII 4508: sogenannter Zolltarif von Zarai), ein wichtiger Bestandteil des römischen Wirtschaftssystems in Nordafrika war. Die steigende Nachfrage nach Fleisch und anderen Viehprodukten in den urbanen Zentren des römischen Nordafrika scheint T. mitbedingt bzw. zumindest gefördert zu haben. Außerdem stand mit den Hirten eine dem saisonalen Bedarf an Arbeitsplätzen etwa in der Oliven- bzw. Getreidekultur entsprechende Menge an Arbeitskräften während der Erntezeit zur Verfügung. Auch der Ausbau der Infrastrukur in Form von Straßenverbindungen, Marktorten usw. durch die Römer förderte die Entwicklung der *long-distance* T. (Hitchner).

Fazit: Für die Entwicklung der T. in Form der *long-distance* T. mit quantitativ starken Herden sind neben den ökologischen Faktoren die jeweils spezifischen sozialen, ökonomischen und politischen Strukturen von großer, wenn nicht entscheidender Bedeutung. Da sich diese Strukturen im zeitlichen Kontinuum sehr schnell änderten, kann alleine mit dem Hinweis auf die gleichbleibenden geographischen Gegebenheiten die Existenz der sehr komplexen Wirtschaftsform der *long-distance* T. die ganze Antike hindurch nicht postuliert bzw. rekonstruiert werden. Nur aufgrund eindeutiger Ergebnisse einer kritischen Quellenauswertung unter Einsatz interdisziplinärer Forschungsmethoden darf für bestimmte Zeiten und Regionen die Existenz von T. als gesichert gelten.

→ Ackerbau, Archäologie, Ethnographie, Fisch, Handel, Landwirtschaft, Nahrungsmittel, Straße (Straßenbau), Viehwirtschaft

LITERATUR: G. *Barker*/A. *Grant* (Eds.): Ancient and Modern Pastoralism in Central Italy: an Interdisciplinary Study in the Cicolano Mountains, in: PBSR 59, 1991, 15 ff. – G. *Barker:* Possiamo riconoscere la transumanza nelle testimonianze archeologiche?, in: A. Clemente (Ed.): Studi sulla transumanza. L'Aquila 1991, 39–51. – G. *Barker:* L'origine della pastorizia e della transumanza in Italia, in: G. de Benedittis (Ed.): Il mutevole aspetto di Clio: Le Conferenze del Premio ›E.T.Salmon‹. Campobasso 1994, 55–77. – M. *Corbier:* La transhumance entre le Samnium et l'Apulie: continuités entre l'époque républicaine et l'époque imperiale, in: La romanisation du Samnium aux IIe et II^{er} s. av. J. C. Actes du Colloque Naples 1988. Neapel 1991, 149–176. – E. E. *Evans:* Transhumance in Europe, in: Geography 25, 1940, 172 ff. – E. *Gabba:* La transumanza nell' Italia romana. Evidenza e problemi. Qualche prospettiva per l'età altomedioevale, in: XXXI Settimana di Studi sull Alto Medioevo. Spoleto 1985, 373–400. – S. *Georgoudi:* Quelques problèmes de la transhumance dans la Grèce ancienne, in: REG 87, 1974, 155–185. – H. J. *Greenfield*/L. *Bartosiewicz* (Eds.): Tranhumant Pastoralism in Southern Europe. Recent Perspectives from Archaeology, History and Ethnology. o.O. 1996. – R. B. *Hitchner:* Image and Reality: the Changing Face of Pastoralism in the Tunisian High Steppe, in: J. Carlsen (Ed.): Landuse in the Roman Empire. Rom 1994, 27–43. – S. J. *Hodkinson:* The Oxford Classical Dictionary (^{3}1996) 1120, s.v. Pastoralism Greek. – B. *Hofmeister:* Wesen und Erscheinungsformen der Transhumanz, in: Erdkunde 15, 1961, 121–135. – M. *Pasquinucci:* La transumanza nell' Italia romana, in: E. Gabba/ M. Pasquinucci: Strutture agrarie e allevamento transumante nell' Italia Romana. Pisa 1979, 79–182. – A. *Sabattini:* Sulla transumanza in Varrone, in: Athenaeum N. S. 55, 1977, 199–203. – J. *Šašel:* Pastorizia e transumanza. Contributi alla discussione, in: Rivista storica dell'antichità 10, 1980, 179–185. – J. E. *Skydsgaard:* Transhumance in Ancient Italy, in: ARID 7, 1974, 13 f. – J. E. *Skydsgaard*/S. *Isager:* Ancient Greek Agriculture. London 1992, 99 ff. – A. *Spawforth:*The Oxford Classical Dictionary (^{3}1996) Sp. 1545, s.v. Transhumance. – M. S. *Spurr:* The Oxford Classical Dictionary (^{3}1996) Sp. 1120, s.v. Pastoralism Roman. – J. S. *Thompson:* Transhumance Sheepraising and the Rural Economy of Roman Italy 200 B. C.–A.D. 200. Diss. Cambridge 1988. – G. *Waldherr:* Transhumanz im Mediterran. Ein Überblick, in: G. Waldherr/P. Herz (Hgg.): Landwirtschaft im Imperium Romanum. Symposium Regensburg 1998, Regensburg 1999. – C. R. *Whittaker* (Ed.): Pastoral Economies in Classical Antiquity. Cambridge 1988.

Gerhard Waldherr

Tunnel

Ein T. ist ein künstlich angelegter unterirdischer Hohlraum, der in bergmännischer Weise errichtet wird und ein Hindernis durch- oder unterquert. Von dem im Bergbau üblichen Stollen unterscheidet er sich durch Öffnungen in zwei Richtungen. Die zahlreichen T. der Antike wurden in erster Linie für wasserwirtschaftliche, zum Teil aber auch für militärische Zwecke oder zur Straßenführung gebaut.

Konstruktionsformen: Im Gegensatz zum Bau eines Bergbaustollens folgt ein T. unter Tage nicht dem Horizont eines Rohstoffvorkommens, sondern muß eine gedachte Linie einhalten. Um diese zu bestimmen, wurden zwei Verfahren entwickelt, die sich schon bei den ältesten T.-Bauten nachweisen lassen.

Seit der Wende zum 1. Jahrtausend v.Chr. wurden in verschiedenen Staaten des Alten Orients zur Erschließung von Grundwasservorkommen sogenannte Qanate gebaut, beispielsweise in der Oase Kharga (Ägypten, 10. Jahrhundert v.Chr.). Die Qanat-Bauweise besteht darin, auf der beabsichtigten Linie des T. senkrechte Schächte von der Oberfläche in die Tiefe zu treiben und diese zu verbinden. Wichtigste literarische Quelle für diese

Abb. 101: Tunnel in der frühbronzezeitlichen Siedlung Khirbet ez-Zeraqon in Jordanien. Zu erkennen sind hier die Firste des Suchstollens, die einen Hinweis auf die ältesten Arbeitsspuren bei der Anlage des Tunnels liefern.

Bauweise, die in den Trockengebieten Vorderasiens und Nordafrikas zum Teil heute noch verwendet wird, sind die Qanatbücher des arabischen Mathematikers Al Karagi aus dem 11. Jahrhundert n.Chr. Wahrscheinlich etwas später als dieses wendete man ein anderes Verfahren des T.-Baus an: Im Hiskia-Tunnel in Jerusalem und im T. von Khirbet ez-Zeraquon, Jordanien, erfolgte die Linienführung im sogenannten ›Gegenortverfahren‹: Zunächst wurden vom Ausgangs- und Endpunkt des T. kleinere Suchstollen gegraben, die man in Khirbet noch an den Firsten erkennen kann. Wenn die Suchstollen aufeinandertrafen, wurde der so entstandene T. auf den gewünschten Querschnitt erweitert.

Der Hiskia-Tunnel: Beim Vortrieb der Suchstollen waren – auch in späterer Zeit noch – fast immer Richtungskorrekturen notwendig. So zeigt die Inschrift im Hiskia-Tunnel (neue Übersetzung bei Grewe 50), daß das Aufeinandertreffen der Stollen Anlaß zu großer Freude gab, das Gelingen eines solchen Unternehmens also keineswegs selbstverständlich war. Der 533 m lange Hiskia-Tunnel (vgl. Abb. 102) läßt sich in die Zeit des israelischen Königs Hiskia (725–697 v.Chr.) datieren (2. Kge 20,20; 2. Chr 32,2–4; 32,30; Sir 48,19). Der T. in Khirbet gibt hinsichtlich seiner Datierung Rätsel auf. Eine Besiedlung kann dort nur in der ersten Hälfte des 3. Jahrtausends v.Chr. nachgewiesen werden. Es ist aber unwahrscheinlich, daß solche Bauten (von 200 m Länge) vor der Verwendung eiserner Werkzeuge (ab 120 v.Chr.) entstanden.

Der Eupalinos-Tunnel: Noch länger als diese T. ist der des Eupalinos auf Samos (Ende des 6. Jahrhunderts v.Chr.), der von Herodot (3,60) zu den berühmtesten Bauwerken seiner Zeit gezählt wurde (vgl. Abb. 59, S. 351). Auch er diente der Wasserführung, und zwar von der Quelle an zunächst im offenen Kanal, dann in einem Zuleitungs-T. in Qanatbauweise, anschließend im 1.063 m langen Haupt-T. (Gegenort) und schließlich wieder in einem Qanat-Tunnel in die Stadt.

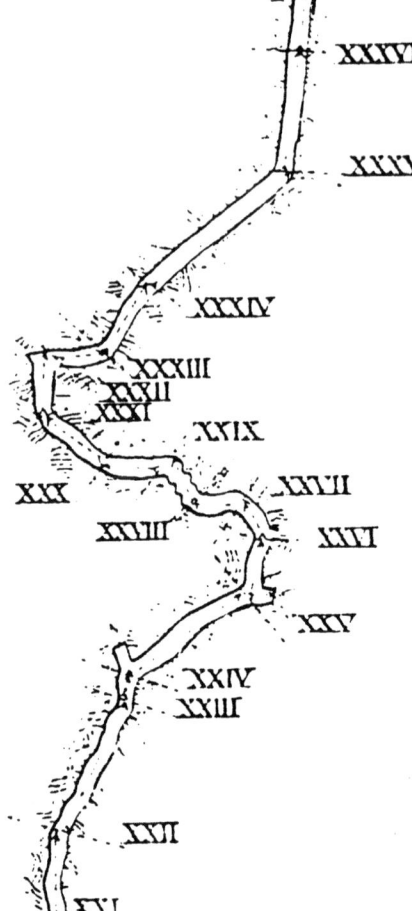

Abb. 102: Skizze des Hiskia-Tunnels von Jerusalem. Diesen Tunnel errichtete König Hiskia (725–697 v.Chr.) vor einer befürchteten Belagerung vonseiten der Assyrer (701 v.Chr.), um die Wasserversorgung der Stadt zu gewährleisten: »Hiskia sicherte die Stadt, indem er Wasser hineinleitete. Mit dem Eisen durchbrach er Felsen und dämmte den Teich zwischen Felsen ein« (Sir 48,19). Der Tunnel hatte eine Länge von 533 m. Der Treffpunkt lag nicht in der Mitte, sondern 300 m vom südlichen und 235 m vom nördlichen Eingang entfernt. Von beiden Seiten wurden im Treffpunktbereich Richtungskorrekturen vorgenommen.

Etrusker: Weniger spektakulär, dafür umso zahlreicher, sind die sogenannten *cuniculi* der Etrusker. Neben diesen schmalen T. für Wasserleitungen verschiedener Art (auch Drainage, Wassersammlung) bauten die Etrusker seit dem 6. Jahrhundert v.Chr. erste Straßen-T. und größere Wasser-T., etwa zur Regulierung der Seen in den Albaner Bergen.

Römer: Römische T.-Bauten lassen sich nicht nur in Italien, sondern auch in den Provinzen nachweisen. So liegt der Aquädukt-T., über den wir inschriftlich (ILS 5795) am besten informiert sind, im algerischen Bejaia (französisch: Bougie; lateinisch: Saldae, 2. Jahrhundert n.Chr.). Der Baumeister Nonius Datus schildert in dieser Inschrift die Schwierigkeiten des Gegenort-Verfahrens. Er weist darauf hin, daß der Vortrieb der Stollen länger ausgeführt war, als der Berg breit war. So verfehlten die beiden Teile die richtige Richtung. Nonius Datus instruierte die Arbeiter über die jeweils zu bearbeitende Streckenlänge des Vortriebs: »Auf diese Weise habe ich zwischen den Flottensoldaten und den Soldaten der gallischen Hilfstruppen einen Wettbewerb veranstaltet, und sie haben sich in der Mitte des Berges getroffen.«

Einen T. zur Umleitung eines Flusses gibt es z.B. am Rio Sil in Spanien. Dort war die Goldgewinnung aus dem Flußwasser der Grund für den Bau. Bei den T. zur Regulierung von Seewasserspiegeln (sogenannte Emissaren) erreichten die Römer den Höhepunkt antiker T.-Bautechnik. Der unter Claudius 41–52 n.Chr. gebaute T. am Fuciner See hat eine Länge von 5.623 m und wird von zahlreichen antiken Autoren erwähnt (Tac. ann. 12,56; Suet. Claud. 20; Cass. Dio 60,11,5; Plin. nat. 36,124). Im Unterschied zu den anderen T.-Arten findet man römische Straßen-T. nur in Italien: Im Bürgerkrieg mit Sextus Pompeius wurden 38–37 v.Chr. vom Architekten L. Cocceius Auctus (CIL X 1614) drei T. um Cumae und den Averner See und zwei zwischen Neapel und Puteoli gebaut (Strab. 5,4,4–7), die bis zu 1.000 m Länge erreichten. Weitere Straßen-T. sind auf der Insel Ponza und am Furlo-Paß (letzterer gebaut unter Vespasian: CIL XI, 6106) nachzuweisen.

Militärische Zwecke: Als wichtigste Kategorie sind T. für militärische Zwecke zu nennen. Neben Fällen, in denen Truppen in eine belagerte Stadt durch Wasser-T. eindrangen (Jerusalem: 2. Sam 5,6–8; 1. Chr 11,4–7; Veji: Liv. 5,21,10), gibt es auch Beispiele dafür, daß für diesen Zweck eigens T. gegraben wurden. Auch die Belagerten legten zum Teil T. an (Hdt. 4,200 in bezug auf die Perser; Caes. Gall. 7,22.24). Eine weitere Möglichkeit dieser militärischen Verwendung von T. bestand darin, den Belagerten die Wasserquellen abzuschneiden (Caes. Gall. 8,40–43).

Beurteilung von Tunneln in der Antike: Von den Zeitgenossen wurden T. recht ambivalent beurteilt. Einerseits feierte man sie als technische Errungenschaften (Aristid. Or. 101; Plin. nat. 36,124). Andererseits waren die Bauarbeiten im Dunkeln (Plin. nat. 36,124 zum Fucinersee), die sich technisch nicht von denen im Bergbau unterschieden, unbeliebt und unheimlich. Die Bergwelt war zudem religiös-mythologisch belegt, und ihre ›Verletzung‹ (Soph. Ant. 332ff.) konnte man in der Öffentlichkeit als Frevel auffassen (Plin. nat. 9,170; Vell. 2,33,4: Lucullus als ›Xerxes togatus‹, d.h. als ein Perserkönig in römischem Gewand). Deutlich wird diese Ambivalenz bei Straßen-T., die auch von Menschen benutzt wurden, ohne dazu gezwungen zu sein (die Arbeiten wurden in der Regel von Sklaven oder Soldaten verrichtet). Bei der Crypta Neapolitana, einem T. bei Neapel, stehen Quellenaussagen über eine selbstverständliche Verwendung (Petron. frg. 16; Geogr. Rav. 5,2; 4,32, Tab. Peut. Segm. V,4) solchen entgegen, die eher jenes Unbehagen zum Ausdruck bringen (Sen. epist. 57,1).

→ Bergbau, Kanal, Straße (Straßenbau)

LITERATUR: K. *Grewe:* Licht am Ende des Tunnels. Planung und Trassierung im antiken Tunnelbau. Mainz 1998.

Michael Hascher

Tyrannis

Eine T. ist die unumschränkte Herrschaft eines *tyrannos*. Die Herkunft des Wortes ist ungeklärt, sie ist sicher vorgriechisch, vermutlich kleinasiatisch-lydischen Ursprungs und vielleicht mit etruskisch *turan* (›Herr‹, ›Herrin‹) verwandt (Labarbe 479). Archilochos von Paros (frg. 19,3 West) bezeugt im 7. Jahrhundert v.Chr. als erster die Verwendung von T. als Bezeichnung des Lyderkönigs Gyges durch Zeitgenossen. Alkaios (frg. S7 Diels-Kranz) überträgt den Begriff zu Beginn des 6. Jahrhunderts v.Chr. auf den griechischen Herrscher Pittakos von Mytilene.

Griechische und römische Tyrannen: Geographisch ist die T. überwiegend an Orte mit guten Häfen gebunden oder sie tritt ganz allgemein in handelsgünstiger Lage auf. Insofern läßt sich hier ein Zusammenhang zwischen Landschaft und Herrschaftsform herstellen. In der griechischen Geschichte erscheint die T. in zwei Phasen (Plaß). Die ältere Tyrannis der archaischen Zeit reicht in Griechenland und in der Ägäis vom 7. Jahrhundert v.Chr. bis zum Ende des 6. Jahrhunderts v.Chr. (bekannteste Vertreter: Pheidon von Argos, Kypselos und Periander von Korinth, Orthagoras und Kleisthenes in Sikyon, Theagenes von Megara, Peisistratos und seine Söhne Hippias und Hipparchos in Athen, Lygdamis von Naxos, Polykrates von Samos), in Sizilien/Unteritalien bis 461 v.Chr. (Gelon von Gela, später Syrakus, Hieron von Syrakus, Theron von Akragas, Terillos von Himera, Anaxilaos von Rhegion). Die jüngere T. setzt wieder 405 v.Chr. ein (Dionysios I. von Syrakus), bleibt auf die Randgebiete der griechischen Welt beschränkt (vor allem Sizilien, Unteritalien, nördliche Ägäis und Schwarzes Meer) und reicht bis in das 3. Jahrhundert v.Chr. Während die ältere T. in der Formierungsphase der Polis entsteht und eine Sonderform der Adelsherrschaft auf dem Weg zu oligarchisch/demokratischen Staatsformen darstellt, der Tyrann also staatliche Macht weniger usurpiert als sie überhaupt erst schafft (Stahl), ergreift der Tyrann der jüngeren Phase mittels eines Staatsstreichs die Macht in einem bereits gefestigten Staatswesen und hält sie in der Form einer Militärdiktatur fest.

Antike Verfassungstheorien: Die sehr unterschiedlichen Formen des Machtgewinns (Aristot. pol. 1310b1 ff. nennt vier) und der Methoden des Machterhalts (Aristot. pol. 1313a34–1314b29) lassen die T. kaum als spezifische Form einer Verfassung erkennen (Kinzl 298ff.). Erst im 4. Jahrhundert v.Chr. festigen die Versuche Platons und Aristoteles', Verfassungsformen zu systematisieren, die negative Tyrannentopik und machen die T. zur Verfassung, und zwar zur schlechtesten. In der historischen Realität hatte der Drang der Tyrannen nach Reichtum und Selbstdarstellung und der Zwang, Akzeptanz bei Standesgenossen und in der Bevölkerung zu erreichen und zu bewahren, häufig positive Auswirkungen auf Produktion, Handel, Kunst, Literatur, politisches Ansehen und Wohlstand der von ihnen geführten Gemeinden, deren Institutionen oft unberührt blieben (Aristot. Ath. pol. 16,7: ›Goldene Zeit‹ des Peisistratos). Ein wesentlicher Zug der älteren wie jüngeren T. ist das Bestreben, weitgespannte politische Verbindungen zu nutzen und das Herrschaftsgebiet in Form direkter oder indirekter Abhängigkeit über die eigene Polis hinaus territorial zu erweitern.

→ Adel, Demokratie, Gesellschaft, Hafen, Handel, Monarchie, Staat, Verfassung

LITERATUR: H. *Berve:* Die Tyrannis bei den Griechen. 2 Bde., München 1967. – K. *Kinzl:* Betrachtungen zur älteren Tyrannis, in: K. Kinzl (Hg.): Die ältere Tyrannis bis zu den Perserkriegen. Darmstadt 1979, 298ff. – J. *Labarbe:* L'apparition de la notion de tyrannie dans la Grèce archaïque, in: L'Antiquité Classique 40, 1971, 479ff. – L. *de Libero:* Die Archaische Tyrannis. 1996. – H. G. *Plaß:* Die Tyrannis in ihren beiden Perioden bei den Griechen. 1852, ²1859. – M. *Stahl:* Aristokraten und Tyrannen im archaischen Athen. Stuttgart 1987.

Walter Eder

Überschwemmung

Bei Ü. handelt es sich um durch natürliche oder künstliche Hochwasser hervorgerufene Ausuferungen und Überflutungen der Nachbargebiete von Seen und Flüssen. Die Hochwasser entstehen durch erhebliches Ansteigen des natürlichen Abflusses oder des Wasserstandes von Flüssen und Seen, die wiederum aus einer Vielzahl von Einzelursachen bzw. einer komplexen Verkettung vorrangig klimatologischer Phänomene resultieren.

Ursachen für Überschwemmungen: Extrem schwere und/oder übermäßig verlängerte Regenfälle sind die weitaus häufigsten allgemeinen Gründe, dazu kommen in winterkalten Gebieten, in denen sich Schnee an der Oberfläche sammelt, die Schneeschmelze im Frühjahr sowie Eisstau. Vor allem im Mündungsgebiet von Flüssen kann auch der Rückstau durch starken Wind und/oder extreme Flut (Sturmflut) Ü. verursachen. Darüber hinaus können auch noch andere, relativ seltene Phänomene Ü. nach sich ziehen, wie etwa starke *land-slides* oder Geländeeinbrüche z. B. durch Erdbeben, die zu einer temporären Verschüttung des Flußlaufes und damit zum Aufstau des Wassers führen, der sich dann in einem abrupten Überlaufen mit Wasserabfluß in einer Größenordnung entlädt, die das Flußbett nicht mehr aufzunehmen vermag. Verstärkt wird die Wirkung der angeführten Faktoren noch durch ungünstige geologische Kriterien in den Flußbecken, z. B. eine hohe Wasserundurchlässigkeit bei Kalk-, Sandstein oder Lehmschichten, und/oder geomorphologische Faktoren, die eine Verteilung der abrupt auftretenden Wassermassen verhindern (Fehlen von Seen und Mooren als natürliche Wasserspeicher u. ä., vgl. Ward 4 FF.).

Neben diesen natürlichen Ursachen bewirkten bzw. verstärkten schon seit der Frühzeit anthropogene Eingriffe, wie z. B. Verbauung der natürlichen Überschwemmungsterrassen, Veränderungen des Flußlaufes, aber auch etwa Beschleunigung des Wasserabflusses durch intensive Rodung, Ü. Die Interaktion zwischen Mensch und Ü. ist seit Urzeiten einer der herausragenden Aspekte der Auseinandersetzung des Menschen mit seiner Umwelt. Mythische Erzählungen über Ü.-Katastrophen, hinter denen sich nicht selten kodierte Erinnerungen realer Erscheinungen verbergen, finden sich in erstaunlich ähnlicher Form in den Traditionen und der Literatur vieler antiker Kulturen (Caduff; v. Bredow).

Überschwemmungen des Nil: Zu den Ü., die für den Menschen einen positiven Effekt haben, zählt die jährliche Nilschwelle in Ägypten. Sie bildete die Basis für erfolgreichen Ackerbau in Ägypten über 5.000 Jahre hinweg. Ihr Einsetzen zur Zeit der Sommersonnenwende im Juni stellt einen der wichtigsten Fixpunkte im ägyptischen Kalender dar. Der Fluß steigt bis September an, um dann ebenso langsam wieder zurückzugehen. Dabei hinterläßt er in einem beidseitigen Uferstreifen äußerst fruchtbaren Schlamm. Außerdem bildete sich durch die Ü. im Laufe der Zeit ein riesiges Delta, weshalb Ägypten im Altertum als ein ›Geschenk des Flusses‹ bezeichnet wurde (Hekat. FGrH 301).

Überschwemmungen des Tiber: Die meisten antiken Nachrichten zu Ü. betreffen aber deren negative, also zerstörerische Effekte für die Menschen. Relativ gut unterrichtet sind wir über die häufig, ja wohl regelmäßig auftretenden Ü. des Tiber, mit ihren oftmals katastrophalen Auswirkungen auf die gerade in ihren zentralen Teilen hochwassergefährdete Stadt Rom. Wir besitzen hierfür für die Zeit vom 4. Jahrhundert v.Chr. bis zum 4. Jahrhundert n.Chr. mehr als 30 literarische Quellenhinweise (Philipp 801; Nissen 324). Vulgäretymologien unterschiedlicher Namen des Flusses (Terentum/ Rumon), die auf das Abrasieren bzw. das Zerfressen der Ufer abzielen (Serv. Aen. 8,63), lassen die Furcht vor der zerstörenden Kraft der Wassermassen in Rom erkennen.

Anthropogene Einwirkungen: Gerade am Beispiel Roms wird deutlich, wie anthropogene Einwirkungen die Gefährlichkeit der Ü. entscheidend verstärken. So nehmen die Hinweise auf katastrophale Auswirkungen von Ü. (Hauseinstürze, Verlust von Versorgungs- und Handelsgütern, aber auch Menschenleben usw.; vgl. Tac. hist. 1,86 für das Jahr 69 n.Chr.) seit der ausgehenden Republik, als man das Tiberufer sowie andere überschwemmungsgefährdete Bereiche der Stadt immer mehr bebaute, enorm zu (Weeber 162 F.; Kolb; Homo 270 FF.). Ähnliches läßt sich auch für andere antike Siedlungszentren etwa im kleinasiatischen Raum feststellen. Obwohl man in Rom die Gefahr erkannte und u. a. durch die Einrichtung einer permanenten Behörde zur Überwachung des Tiber und seiner Ufer dagegen vorging (Suet. Aug. 30; Datum für die Einführung der *cura alvei Tiberis et riparum* ist umstritten), wurde wohl keine grundsätzliche Besserung erreicht.

Neben dieser sozusagen indirekten anthropogenen Verstärkung der negativen Effekte von Ü. durch Verbauung der Uferzone führten menschliche Eingriffe in die natürliche Umwelt schon in der Antike auch zu direkten Veränderungen bei Anzahl und Stärke von Ü. So zeigen etwa moderne Untersuchungen zur Paläoökologie im Bereich von oberer und mittlerer Donau, Main und Rhein eine deutliche Erhöhung der Hochwasserfrequenz zwischen dem 1. und dem 3. Jahrhundert n.Chr. im Vergleich zu vorhergegangenen bzw. folgenden Epochen. Sehr wahrscheinlich handelt es sich dabei um eine Folge des im Zuge der römischen Kolonisation dieser Gebiete vorgenommenen Ausbaus einer flächenintensiven Landwirtschaft sowie der intensiven Siedlungstätigkeit mit ausgedehnten Rodungen, wodurch die natürliche Walddecke dezimiert und so der Oberflächenabfluß der Niederschläge beschleunigt wurden. Dies führte nicht nur zu einer gründlichen Umbewertung der Landschaft, sondern auch zu vielmaligen Gefährdungen römischer ufernaher Siedlungen (Künzing/Donau, Carnuntum/Donau, Epfach/Lech u. a., vgl. Kuhnen, Unruh).

Ursachenforschung in der Antike: Was die Frage nach den Ursachen der Ü. betrifft, so blieb die gesamte Antike hindurch die Vorstellung prägend, die Götter wären für Ü. verantwortlich. Wie im Falle anderer Naturkatastrophen, mit denen Ü. meist in eine Reihe gestellt wurden, wertete man auch Ü. als strafende Reaktion der Götter auf menschliches Fehlverhalten bzw. menschliche Überheblichkeit (Sonnabend), Zeichen göttlichen Zorns oder je nach Wirkung auch als göttliche Hilfe (als positives Zeichen gedeutet bei Cass. Dio 53,20,1). Dieser Einschätzung gemäß wurden Ü. auch im politischen Streit instrumentalisiert bzw. wirkkräftige historische Phänomene (wie etwa die ›Stadtgründung‹ Roms: Varro rust. LL 5,54) mit Ü. in einen mythisch/ mythologischen Kontext gebracht.

Darüber hinaus finden wir aber zumindest seit dem 6. Jahrhundert v.Chr. (ionische Naturphilosophen) Versuche einer rationalen, wissenschaftlichen Erklärung von. Ü., von denen einige durchaus der Realität entsprachen bzw. sehr nahe kamen. So besitzen wir nicht weniger als fünf umfangreichere Traktakte (Hdt. 2,20–26; Aristot. Frg. 248 R; Agatharchides FGrH 86 F 19; Sen. nat. 4,2,17–30; Aristid. Or. 36 K) sowie eine ganze Reihe kürzerer doxographischer Zusammenstellungen zur Erklärung der Nilschwelle. Ähnlich wie beim Nil vermutete man auch beim Tiber fälschlicherweise ungünstige Winde und Gezeiten des Mittelmeeres als Verursacher der Ü. (Cass. Dio 39,61). Allerdings weist der bei Tac. ann. 1,79 für 15 n.Chr. geschilderte Versuch, durch die Ableitung von Nebenflüssen (*glanus* = *chiani*; *nera* = *nar*), die Tiberhochwasser zu verhindern, auf eine zumindest annähernde Kenntnis der realen Auslösefaktoren.

In einer weiteren Parallele zum Umgang mit anderen zerstörerischen Naturereignissen werden Ü. in römischer Zeit immer wieder als Rechtfertigung für die reichsweite kaiserliche *liberalitas*, vor allem in Form von Bautätigkeit, eingesetzt (dazu z. B. Günther).

→ Deich, Delta, Fluß, Erdbeben, Erosion, Forstwirtschaft, Gezeiten, Götter, Klima, Kolonisation, Landwirtschaft, Marschland, Meeresspiegel, Mythologie, See, Vulkanismus

LITERATUR: I. *Becher*: Tiberüberschwemmungen. Die Interpretation von Prodigien in augusteischer Zeit, in: Klio 67, 1985, 471 ff. – I. v. *Bredow*: Die mythischen Bilder der Naturkatastrophen, in: E. Olshausen/H. Sonnabend (Hgg.): Stuttgarter Kolloquium zur historischen Geographie des Altertums 6, 1996. (Geographica Historica 10), Stuttgart 1998, 162 ff. – G. A. *Caduff*: Antike Sintflutsagen. Göttingen 1986. – V. *DiMartino/M. Belati*: Qui arriva ›il Tevere‹: Le inondazione del Tevere nelle testimonianze e nei ricordi storici. Rom 1980. – L.-M. *Günther*: Das Hochwasser bei Helenopolis (6. Jhdt. n.Chr.), in: E. Olshausen/H. Sonnabend (Hgg.): Stuttgarter Kolloquium zur historischen Geographie des Altertums 6, 1996. (Geographica Historica 10), Stuttgart 1998, 105 ff. – H.-P. *Kuhnen*: Die Krise des 3. Jahrhunderts in Südwestdeutschland: Not, Gewalt und Hoffnung, in: H.-P. Kuhnen (Hg.): Gestürmt – Geräumt – Vergessen? Der Limesfall und das Ende der Römerherrschaft in Südwestdeutschland. Stuttgart 1992, 36 ff. (mit weiterführender Literatur). – F. *Lasserre*: KlP 4 (1972) Sp. 130 f.; s.v. Nilschwelle. – J. *LeGall*: Le Tibre, fleuve de Rome dans l'antiquité. Paris 1952. – M. *Pardé*: Le régime du Tibre, in: Annales de Géographie 43, 1943, 428 ff. – H. *Philipp*: RE 6A, 1 (1936) Sp. 792 ff., s.v. Tiberis. – A. *Rehm*: RE 17,1 (1936) Sp. 571 ff. (mit reicher Literatur), s.v. Nilschwelle. – H. *Sonnabend*: Hybris und Katastrophe. Der Gewaltherrscher und die Natur, in: E. Olshausen/H. Sonnabend (Hgg.): Stuttgarter Kolloquium zur historischen Geographie des Altertums 6, 1996. (Geographica Historica 10), Stuttgart 1998, 34 ff. – F. *Unruh*: Römische Rodungen lösen Hochwasserkatastrophen aus, in: H.-P. Kuhnen (Hg.), Gestürmt – Geräumt – Vergessen? Der Limesfall und das Ende der Römerherrschaft in Südwestdeutschland. Stuttgart 1992, 71 ff. (mit weiterführender Literatur). – R. *Ward*: Floods. A geographical Perspective. London 1978. – K. *Weeber*: Smog über Attika. Zürich 1990. 162 ff.

Gerhard Waldherr

Verfassung

Für den heutigen Begriff ›V.‹ zur Bezeichnung der inneren Ordnung eines Staates gibt es in der antiken Welt kein exaktes Äquivalent. Anders als die moderne Staatenwelt seit dem 18. Jahrhundert (mit Ausnahme Großbritanniens) gründen antike Gemeinwesen ihre Ordnung nicht auf eine formelle, schriftlich niedergelegte V.-Urkunde (›Grundgesetz‹), sondern auf die Summe der seit Generationen gelebten und anerkannten Verhaltensnormen (*patrios politeia* = V. der Väter; *mos maiorum* = Sitte der

Vorfahren), die auch teilweise in Gesetzessammlungen (Kodifikationen, *nomoi*) oder in Einzelgesetzen (*nomoi, psephismata* bzw. *leges, plebiscita*) verschriftlicht sein können. Der griechische Begriff ›*politeia*‹ ist deshalb ebenso wie der römische Begriff ›*res publica*‹ mehrdeutig. Bei Platon findet sich *politeia* als Bezeichnung für die auf Gerechtigkeit gegründete V.-Ordnung wie für den Staat. Aristoteles verwendet den Begriff ›*politeia*‹ im allgemeinen Sinne von V., wenn er ihn als ›eine Art von Ordnung (*taxis*) unter denjenigen, die den Staat bevölkern‹ (Aristot. pol. 1274b38) oder als »Ordnung des Staates hinsichtlich der Ämter (*archai*) und vor allem des höchsten von allen« (Aristot. pol. 1278b10; vgl. 1289a15) definiert. Er gebraucht ihn aber fast im Sinne von ›Staat‹, wenn er die Veränderung des Staats mit der Veränderung der V. identifiziert (Aristot. pol. 1276b1–5). Mit *politeia* bezeichnet Aristoteles aber auch eine spezifische, auf eine breite Mittelschicht gegründete V. (Aristot. pol. 1293a40). Cicero benutzt *res publica* in seiner berühmten Staatsdefinition (Cic. rep. 1,25,39) eindeutig im Sinne von Staat, aber auch (im Plural) zur Bezeichnung von V.-Formen (Cic. rep. 1,33,50) und regelmäßig in Verbindung mit *status, genus* oder *modus* (*status* etc. *rei publicae*) zur Charakterisierung spezifischer V.-Formen (z. B. Cic. rep. 1,42,68; 1,46,69; 2,43,47).

Verfassungslehre: Ausgehend von der Definition des Ziels eines Staats und der Rolle des Bürgers im Staat fragt die antike V.-Theorie, in welcher V. sich ein Gemeinwesen befinden muß, um das angestrebte Ziel in vollem Umfang (ideale oder beste V.) oder in bestmöglicher Weise (hierarchisierte Staatsformenlehre) für den Bürger erreichbar zu machen. Deshalb ist antike Staatslehre – anders als die moderne – eng mit der V.-Typologie verbunden, sei es als Lehre von der Abfolge oder ethischen Qualifizierung von V.-Formen, sei es als Lehre von der den Staat stabilisierenden Mischung von V. Nicht zufällig nimmt die Diskussion von V.-Formen den größten Raum in den Staatsschriften Platons, Aristoteles' und Ciceros ein. Ausgangspunkt ist dabei jeweils die V. einer überschaubaren geographischen Einheit mit begrenzter Bürgerzahl (Polis). Im Mittelpunkt stehen der erwachsene, männliche, zur Beteiligung an politischer Entscheidungsfindung berechtigte Bürger (*polites, civis*) und die Institutionen, in denen sich diese Beteiligung realisieren kann (Volksversammlung, Rat und Gericht, Magistraturen). Die Idee der Menschenrechte ist dem antiken V.-Denken fremd, da es sich ganz auf die Bürgerrechte konzentriert. Die Konzentration auf die Polis läßt es auch nicht zu V.-Entwürfen für griechische bundesstaatliche Organisationen (*ethne, koina*) und Territorialreiche kommen, selbst nicht für die hellenistischen Großreiche oder das römische Reich.

Verfassungsformen: Eine Dreiteilung der V.-Formen in Königtum, Aristokratie und Demokratie deutet sich bereits bei Pindar (P. 2,86–88) an, wird unter dem Einfluß der Sophistik von Herodot (3,80–82) in der sogenannten ›Verfassungsdebatte‹ in der Diskussion um die Vor- und Nachteile der drei Formen zu einem Sechserschema ausgebaut (jeweils drei gute und drei schlechte Formen) und bleibt in dieser Gliederung mit leichten Änderungen bestehen. Platon kommt zu einem Fünferschema, das zugleich eine Verfallsreihe der menschlichen Seele und eine V.-Qualifikation nach dem Kriterium der abnehmenden Bindung an die Gesetze und des sinkenden Einverständnisses zwischen Regierenden und Regierten darstellt: Dem Idealstaat der Philosophen-Könige (Aristokratie) folgt die Herrschaft der ehrgeizigen Wächter (Timokratie), dann die weniger Reicher (Oligarchie) und der vielen rechtlich gleichgestellten Ungleichen (Demokratie) und schließlich die Tyrannis als »schlimmste Krankheit des Staates« (Plat. pol. 544c). Platons (mehrfach mißglückter) Versuch, in Sizilien einen jungen bildsamen Tyrannen (Dionysios II.) zu einem Philosophen-Herrscher zu formen, läßt vermuten, daß seine parallel zur Verschlechterung der menschlichen Seele entworfene Verfallslehre einen Kreislauf der V. nicht ausschloß.

Aristoteles entwirft nach ähnlichen Kriterien wie Platon und dem weiteren Aspekt des Nutzens der Herrschaft (für die Regierenden oder für die Regierten) ein Sechserschema der guten (Königtum, Aristokratie, Politie) und schlechten (Tyrannis, Oligarchie, Demokratie) Grundformen, fächert sie jedoch anders als Platon weit in unterschiedliche Erscheinungsformen auf. Er wendet sich gegen Platons Verfallsserie, obwohl er gewisse Regelmäßigkeiten beim Umschlag von einer guten in eine schlechte V. anerkennt. Ein Sechserschema entwirft auch Polybios (6,3 ff.), wobei der guten V. jeweils ihre Abart folgt (Königtum – Tyrannis – Aristokratie – Oligarchie – Demokratie – Ochlokratie), aus der Ochlokratie aber wieder ein Königtum entsteht, so daß sich ein Kreislauf der V. ergibt. Cicero kennt ebenfalls je drei achtenswerte bzw. verderbliche Formen (Cic. rep. 1,39,65: *tria genera probabilia, tria perniciosa...*), die nach Zahl und Qualität der jeweils Herrschenden geordnet sind: Königtum (*regnum*), Aristokratie (*dominatus optimatium*) und Volksherrschaft (*civitas popularis*) bzw. Tyrannis, Oligarchie und Ochlokratie. Jede der guten kann in eine schlechte umschlagen, zudem hält Cicero einen Kreislauf der V. für möglich, dem es jedoch entgegenzuarbeiten gilt (Cic. rep. 1,27,43–29,45).

Mischverfassungen: Die Erfahrung der Fragilität der V. ließ bereits Platon an eine Mischung verschiedener Formen am Beispiel Spartas denken, um Stabilität zu erzeugen (Plat. nom. 712d; vgl. Aristot. pol. 1265b33). Aristoteles entwirft mit der Politie eine V., die aus Elementen der Demokratie und Oligarchie gemischt ist und von einem starken Mittelstand getragen wird, so daß kein relevanter Teil der Bevölkerung eine andere V. wünscht (Aristot. pol. 1294b34–39). Dabei geht es nicht mehr um das ›beste Leben‹ (*eudaimonia*), die der ideale Staat zu gewährleisten hätte, sondern um den Ausgleich politischer Spannungen, um Umstürze zu vermeiden. Ein Schüler des Aristoteles, Dikaiarchos aus dem sizilischen Messene, beschreibt im *Tripolitikos* die V. Spartas als die ideale Mischung von Königtum, Aristokratie und Demokratie als Muster einer stabilen V. Vielleicht auf Dikaiarchos fußend, preisen Polybios (6,11,11; 6,18,1–5) und Cicero (rep. 1,45,68–47,71; 2,39,65–66) die Vorteile einer aus Königtum, Aristokratie und Demokratie gemischten V., nun aber um die V. der römischen Republik als die bestmögliche zu erweisen. Anders allerdings als Polybios, der auch die römische Misch-V. als vergänglich ansieht (Pol. 6,4,11–13), pocht Cicero auf ihre andauernde Stabilität (*firmitudo*: Cic. rep. 1,45,69).

Historische Verfassungsentwicklung: Die in der V.-Lehre postulierte Entwicklung entspricht ebensowenig der historischen Realität wie die Bewertung realer Staaten als ideal gemischte V. In den griechischen Kleinstaaten zeigen sich nach der Auflösung monarchischer Herrschaft in den Dunklen Jahrhunderten (11.–9. Jahrhundert v.Chr.) die stark konkurrierenden Aristokraten (Basileis) unfähig, kollektiv Herrschaft auszuüben. Seit dem 8./7. Jahrhundert v.Chr. werden deshalb Magistraturen (Archonten, Demiourgen, Kosmoi etc.) und Räte (Areopag, Gerousia) ausgebildet, ohne aber das Aufkommen von Tyrannen verhindern zu können. Seit der 2. Hälfte des 7. Jahrhunderts v.Chr. versucht die in eine Krise geratene Aristokratie durch meist von auswärts berufene Schlichter (Aisymneten) oder heimische Gesetzgeber (u. a. Zaleukos, Charondas, Lykurg, Solon) eine ›gute Ordnung‹ (*eunomia*) herzustellen. Dabei wird ohne Bindung an eine bestimmte V.-Form durch die Aufwertung der Institutionen die gesetzlich definierte Beteiligung der Bürgerversammlung (Ekklesia, Apella) und eine faktische Definition des Bürgerrechts das Zusammenspiel der Kräfte stabilisiert. In der Regel führen diese Reformen zu oligarchischen Systemen auf der Grundlage des Vermögens (Timokratien), an denen neben den Aristokraten auch begüterte Nichtaristokraten (Hopliten) als politisch Berechtigte beteiligt sind. In Athen ermöglichen die Reformen des Kleisthenes (508/07 v.Chr.) und die des Ephialtes (462 v.Chr.) die Ausbildung einer Demokratie. Kleisthenes gliedert die Bürgerschaft neu, indem er neben der Gliederung nach Vermögen den jeweiligen Wohnsitz in Attika zur Grundlage politischer Tätigkeit macht. Ephialtes verstärkt ohne Ansehen des Vermögens die Beteiligung der Bürger bei der politischen Kontrolle und Entscheidung in Volksversammlung und Gericht.

Rom: Im Gegensatz zu Griechenland vollzieht sich in Rom die Entwicklung von der monarchischen zu einer republikanisch/demokratischen V. erheblich schneller, setzt aber später ein und erreicht nie den hohen Grad der Beteiligung des Volkes in der Politik wie etwa in Athen. Grundlage der V.-Organisation bleibt auch in Rom der Kleinstaat, obgleich Rom sein Bürgerrecht bereitwillig nach innen (Freigelassene; Fremde) und außen (Einbürgerung eroberter Orte) vergibt und vom 4. bis 2. Jahrhundert v.Chr. sein Herrschaftsgebiet auf das gesamte Mittelmeerbecken ausdehnt. Nach der gewaltsamen Beendigung der Monarchie durch die Aristokratie (510 v.Chr.) versuchen die Oberhäupter (*patres*) großer Familienverbände (*gentes*), die Herrschaft an sich zu ziehen, stoßen jedoch – anders als in Griechenland – sofort auf den Widerstand einer breiten Bürgerschicht (*plebs*). Sie organisiert sich 494 v.Chr. unter der Führung von Volkstribunen und Ädilen und zwingt damit das Patriziat ebenfalls zur Selbstorganisation. Gleich zu Beginn dieses ›Ständekampfes‹ bilden die *patres* das Doppelkonsulat und wohl auch den Senat als Beratungs- und Kontrollorgan der Konsuln aus und versuchen über eine Kodifikation des geltenden Rechts in den Zwölftafelgesetzen (450 v.Chr.), die Aktionsmöglichkeiten des Volkstribunats einzuschränken. Da wegen der äußeren Bedrohung Roms vor allem durch benachbarte Bergstämme, die in die fruchtbare Ebene Latiums drängen, auf die militärische Potenz der Plebs nicht verzichtet werden kann, mißlingt die Disziplinierung der Plebs. In den Licinisch-Sextischen Gesetzen (366 v.Chr.) erreicht die Oberschicht der Plebs den Zugang zum Konsulat, wird in den folgenden Jahren (bis 300 v.Chr.) amtsfähig für alle anderen Staats- und Priesterämter und verschmilzt mit den Patriziern zu einer neuen Führungsschicht, der Nobilität. Sie gründet sich nicht mehr auf Geburt, sondern auf Leistung für den Staat. Diese prinzipiell offene, aber durch starke soziale Binnenkontrolle (*cura morum* der Zensoren; *cursus honorum*) und personale Bindungsverhältnisse (*amicitia*) fast geschlossene ›politische Klasse‹ stellt seither die Magistrate (auch das Volkstribunat), besetzt damit auch den Senat und trägt so im Grunde die V. der römischen Republik. Dem eigentlichen Souverän, dem in den Komitien versammelten römischen Volk (*populus Romanus*), fehlt dagegen das eigenständige Versammlungsrecht und das Rederecht. Zudem war das Volk durch das Abstimmungsverfahren in Gruppen stark eingeschränkt und zum großen Teil durch soziale Bindungen von Mitgliedern der Nobilität abhängig (Klientel). Diese im Grunde plutokratisch-oligarchische V. entwickelt sich zu einer monokratischen, als der Zerfall der Kohärenz der Nobilität seit dem 2. Jahrhundert v.Chr. den Aufstieg einzelner Mitglieder (Sulla, Pompeius, Caesar) ermöglicht. Sie mündet schließlich (unter Augustus 27 v.–14 n.Chr.) in eine Monarchie (Prinzipat), die zwar alle wesentlichen institutionellen Elemente der Republik behält, aber deren Funktionen als Folge einer zunehmenden Autokratisierung der Kaiser verschwinden läßt.

→ Adel, Bürgerrecht, Demokratie, Fremde, Gesellschaft, Imperialismus, Monarchie, Recht, Reich, Sklaverei, Staat, Tyrannis

LITERATUR: A. *Aalders:* Die Theorie der gemischten Verfassung im Altertum. 1962. – J. *Bleicken:* Lex publica. 1975. – A. *Demandt:* Antike Staatsformen. 1995. – W. *Eder* (Hg.): Die Athenische Demokratie im 4. Jh. v.Chr. 1995. – I. *Fetscher*/H. *Münkler* (Hgg.): Pipers Handbuch der politischen Ideen. Bd. 1, 1988, Kap. VI–XIII. – K. *v. Fritz:* The Theory of the Mixed Constitution in Antiquity. 1954. – K.-J. *Hölkeskamp:* Die Entstehung der Nobilität. 1987. – B. *Linke:* Von der Verwandtschaft zum Staat. 1995. – W. *Nippel:* Mischverfassungstheorie und Verfassungsrealität in Antike und früher Neuzeit. 1980. – E. *Schütrumpf*/H.-J. *Gehrke:* Aristoteles Politik IV–VI, in: H. Flashar (Hg.): Aristoteles Werke in dt. Übers. Bd. 9, 1996. – E. *Stein-Hölkeskamp:* Adelskultur und Polisgesellschaft. 1989. – P. *Weber-Schäfer:* Einführung in die antike politische Theorie. 2 Bde., ²1992. – K. W. *Welwei:* Die griechische Polis. ²1998.

Walter Eder

Versammlungsorte

Politische Partizipation vollzog sich in den antiken Gesellschaften in der Regel auf dem direkten Wege, indem die politisch berechtigten Bürger sich an zentralen Orten der Gemeinwesen versammelten und sich dort an Wahlen beteiligten oder über Gesetze abstimmten. Charakteristisch ist, daß diese politischen V. zugleich auch Mittelpunkte von Religion und Wirtschaft waren. In den griechischen Städten hatte diese zentrale Funktion die Agora. Ein von Herodot dem Perserkönig Kyros zugeschriebener polemischer Ausspruch (Hdt. 1,153) unterstreicht die Bedeutung, die die Agora als V. für die Griechen hatte: »Ich habe noch nie vor Männern Angst gehabt, die in der Mitte ihrer Städte Plätze angelegt haben, auf denen sie sich versammeln, um Eide zu schwören und sich dabei zu belügen.« Entsprechend ihrer Relevanz war die Agora in ein Ensemble öffentlicher Gebäude (regelmäßig: Tempel, Säulenhallen) integriert. In den römischen Städten hatte das Forum die Funktion der Agora. In der Regel lag es in der Mitte der Städte, am Schnittpunkt der Hauptstraßen. Dies entsprach auch dem Empfinden des Architekturschriftstellers Vitruv (1,5,1f.). In gewachsenen Städten, wie etwa Pompeji, konnte sich dies jedoch anders verhalten, indem das Forum durch Stadterweiterung an die Peripherie gerückt wurde. Wie bei der Agora sind die römischen Foren meist von einer entsprechenden repräsentativen Umbauung umgeben gewesen. (Vgl. Abb. 103).

→ Architektur, Bad, Demokratie, Gesellschaft, Stadt, Städtebau, Tempel, Verfassung, Wirtschaft

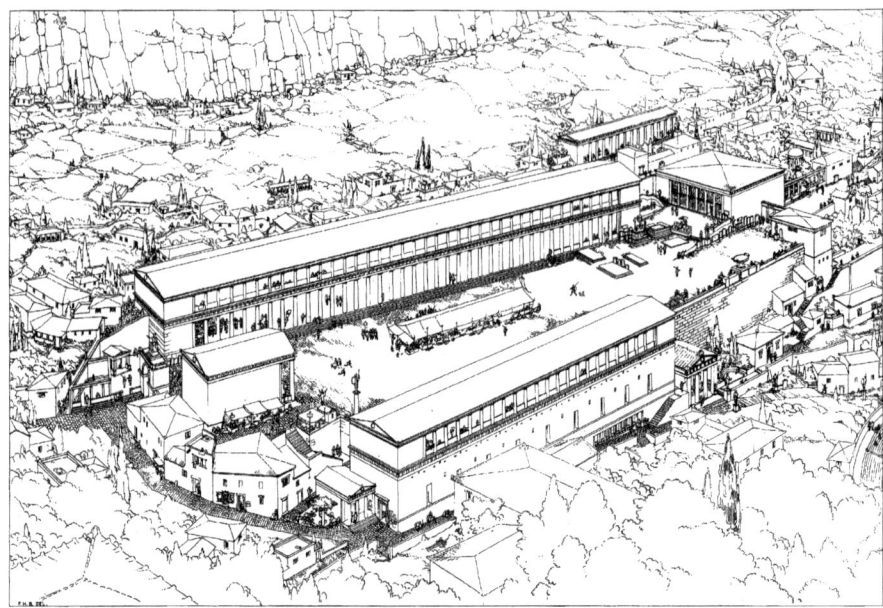

Abb. 103: Die Agora der griechischen Stadt Assos im nordwestlichen Kleinasien in hellenistischer Zeit (3./2. Jh. v.Chr.) als Rekonstruktion. Der freie Platz ist von verschiedenen Gebäuden mit politischer, sakraler oder wirtschaftlicher Funktion umgeben. Den östlichen Abschluß bildet rechts das Ratsgebäude (Bouleuterion). Diesem gegenüber auf der Westseite (links) liegt ein Tempel. Im Norden eine zweigeschossige Halle (Stoa), im Süden ein dreigeschossiges Gebäude. Vor der Nordstoa befindet sich auf dem freien Platz eine Zisterne. Hinter dem Südgebäude spätere römische Thermen.

LITERATUR: R. *Martin:* Agora et Forum, in: MEFRA 84, 1972, 903–933. – W. A. *McDonald:* The Political Meeting Places of the Greeks. 1943.

Holger Sonnabend

Viehwirtschaft

Anfänge: Die Domestikation von Haustieren hatte ihren Ursprung im Vorderen Orient (9./8. Jahrtausend v.Chr.), was sich an Knochenfunden durch deutliche Verringerung der Körpergröße gegenüber den Wildformen nachweisen läßt. In den frühneolithischen Siedlungen Griechenlands (6./5. Jahrtausend v.Chr.) überwogen Schafe und Ziegen (mit einem Anteil von ca. 85%), die in kleinen Herden als Teil bäuerlicher Betriebe gehalten wurden. Schwein (ca. 10%) und Rind (ca. 5%) waren noch von untergeordneter Bedeutung. Letztere nahmen wie auch im westlichen Mittelmeerraum langsam zu. Im Balkangebiet war das Rind vor Schaf/Ziege und Schwein vorherrschend, in Mitteleuropa rangierte nach dem Rind das Schwein vor Schaf und Ziege.

Stand ursprünglich die Primärnutzung (Gewinnung von Fleisch und Fett, Verwertung der Rohstoffe des geschlachteten Tieres) im Vordergrund, trat im Spätneolithikum und in der Bronzezeit die Sekundärnutzung hinzu (Gewinnung von Milch und Wolle, Nutzung der Arbeitskraft). Wegen verbreiteter Laktoseunverträglichkeit der mediterranen Bevölkerung wurde Milch meist in verarbeiteter Form als Käse konsumiert; Schafe und Ziegen waren die wichtigsten Lieferanten.

Griechenland: Die Griechen übernahmen aus dem Orient die Züchtung von Wollschafen, was auch die Sage vom Goldenen Vlies anzudeuten scheint. In der minoischen und mykenischen Palastwirtschaft nahm die Wollproduktion einen beachtlichen Rang ein. Über Kleinasien, dem griechischen Mutterland und den Inseln (der Tyrann Polykrates kreuzte attische und milesische Rassen: Athen. 12,540d) erreichte die Meliorationszüchtung Süditalien und den Westen. In Milet (Athen. 12,533b), Attika (Varro rust. 2,2,18), Megara (Diog. Laert. 6,41) und Tarent (Varro rust. 2,2,18; Hor. c. 2,6,10; Colum. 7,4) wurden Schafe mit Decken und Fellen umhüllt und ganzjährig im Stall gefüttert. Im Sommer erfolgte gewöhnlich der Weidegang auf abgeernteten und brachliegenden Feldern, auf Trockenwiesen und Bergwäldern. Dazu bedurfte es auch Abmachungen mit Grundbesitzern bzw. bei öffentlichem Weideland zwischenstaatlicher Verträge mit Gewährung von Abgabenfreiheit (*epinomia*). Schafhaltung war in der griechischen Welt weit verbreitet; besonders günstige Voraussetzungen boten sich in Kleinasien, Attika, Euboia (Hdt. 8,19), Böotien (Hes. theog. 23), Thessalien (Hom. Il. 2,696), Epirus, Achaia, Arkadien (Hom. Il. 2,605; Hom. h. 19,30; Pol. 9,17), Messenien und Kreta.

Ziegenhaltung war in steilen, trockeneren und futterärmeren Gebieten, wie den Inseln der Ägäis, möglich. Die Schädigung des Baumbestandes durch Ziegenverbiß wurde in der älteren Forschung überschätzt. Schweinezucht wurde im *Oikos* der homerischen Zeit in einem von einer Steinmauer umgebenen Hof betrieben (vgl. Hom. Od. 14,5 ff.). Mischwälder mit Eichen, Buchen, Ölbaumen u. a. eigneten sich für die Weidehaltung. Schweinefleisch, das anders als bei den Ägyptern oder Juden kultisch nicht tabuisiert war, diente gebacken, gebraten oder in verarbeiteter Form der Ernährung auch der einfachen Bevölkerung.

Eine ausgedehnte Rinderzucht war in Griechenland nur in wenigen Landschaften mit ausreichender Bewässerung und entsprechendem Futterangebot möglich: Epirus (der König besaß eine Herde mit 400 Zuchttieren: Aristot. hist. an. 522b; 595b), Thessalien, Arkananien (Xen. hell. 4,6,4), Aitolien, Phokis, Böotien, Euboia, Arkadien, Elis, Messenien (Strab. 8,366). Der Rindfleischkonsum war auf den Opferbetrieb beschränkt; viele Kultplätze mußten Tiere importieren, was einen Viehhandel entstehen ließ. Die als Zug- und Arbeitstiere verwendeten Ochsen und Kühe unterstanden einem besonderen sakralen Schutz. Die in archaischer Zeit noch weitverbreitete Viehhaltung, eine Form von angespartem Kapital, hat in der Blütezeit der Polis abgenommen, um in hellenistischer Zeit wieder an Bedeutung zu gewinnen. Größere Viehbestände, die von spezialisierten unfreien oder um Lohn dienenden Hirten betreut wurden, waren dabei nur sehr locker mit dem Ackerbau verbunden. Eine gemischte (agro-pastorale) Landwirtschaft wurde eher in kleineren Betrieben praktiziert. Die Viehzucht auf agrarisch nicht nutzbarem Land lieferte ein Zusatzeinkommen, das zudem noch schwer zu besteuern war, und stellte wertvollen Dünger zur Verfügung.

Römische Republik: Italien bot mit seinen naturräumlichen Gegebenheiten gute Voraussetzungen für die V. Diese wurde entweder selbständig in Form der Transhumanz oder in Verbindung mit dem Gutsbetrieb mit Sommerweide und Stallfütterung im Winter (bei Mastbetrieb bzw. für trächtige Tiere auch im Sommer) praktiziert. Als Weideflächen dienten Wälder (mit Blättern, Rinden und Früchten wie Eicheln und Kastanien), brachliegende Ackerflächen (zwischen Herbst und Frühling: Cato agr. 149) und Wiesen. Grünland wurde einmal abgemäht und gegen Ende des Sommers abgebrannt (Colum. 6,23,2; Pall. agric. 9,4). Bei Bewässerung konnte dreimal, unter günstigen Umständen sogar viermal jährlich gemäht werden (Plin. nat. 18,263). Als Futterpflanzen dienten Luzerne, Wicken, Leguminosen und Getreide, als Winterfutter auch getrocknetes Laub von Ulme, Esche und Pappel, Heu, Gerste und Stroh. Vieh wurde in Herden aufgetrieben und mußte vor Verlust durch Krankheit, Seuchen oder Diebstahl geschützt werden. Weidefrevel wurde durch die Ädilen geahndet, unberechtigtes Weidenlassen auf fremdem Grund stand unter Klageandrohung. Die Verpachtung von Wiesen und der Verkauf von Heu galt als recht einträglich (Cato agr. 9; 149; Varro rust. 1,21), auch ganze Herden wurden verpachtet (Cato agr. 150). Die Nutzung von Weideland im Staatsbesitz führte nach dem Zweiten Punischen Krieg zum Aufschwung einer V., die als der lukrativste Teil der Landwirtschaft galt (Cic. off. 2,89; Colum. 6, praef. 4f.; Plin. nat. 18,29f.).

Die Auswertung von Tierknochenfunden und Pflanzenresten belegt die Zusammensetzung des Viehbestandes, seine Nutzungsformen und die züchterischen Erfolge. Eine intensive Ernährung und die Auslesezucht ermöglichten eine beträchtliche Leistungssteigerung, Zuchtrinder wurden aus Epirus eingeführt (Varro rust. 2,5;10; vgl. Plin. nat. 8,176). Der Größenanstieg bei Rind und Schaf war sehr markant und führte in den Provinzen und auch außerhalb der Reichsgrenzen zur Verbesserung des bodenständigen keltischen und germanischen Viehbestandes. Die Schafzucht diente der Woll- und Milchnutzung, die auch bei Ziegen im Vordergrund stand. In Apulien, Kalabrien, der Gallia cisalpina (Colum. 7,2,3), Ligurien, Venetien und Istrien war die Wollgewinnung, die durch Herauszüchtung von Kurz- und Feinwolle auf ein hohes Qualitätsniveau gebracht wurde, ein ökonomisch bedeutender Faktor.

Der Weidebetrieb erfolgte auf Brachland, als Winterfutter im Stall dienten Heu, Laub, Klee und Hülsenfrüchte; zusätzlich wurde Salz verabreicht (Colum. 7,3,20; Plin. nat. 31,88). Rinder wurden vor allem als Zugtiere verwendet, die Fütterung der Ochsen war besonders intensiv (Colum. 6,3,4ff.). In der Kälberzucht wurden Ammenkühe eingesetzt; Brandzeichen markierten Besitzer und Muttertier. In Kampanien, Umbrien, Latium, dem Apennin, der Gallia cisalpina und Ligurien war die Herdenhaltung des Rindes verbreitet. Als Grünfutter dienten Klee, Lupinen, Luzerne, als Stallfutter neben Heu, Stroh und Streu das Laub von Ulmen, Pappeln, Eichen und Feigen (Cato agr. 5,8; 6,3; 30). Schweine konnten in Mischwäldern geweidet werden, im Winter wurde in Ställen gefüttert (Bohne, Gerste, Hirse, Eicheln, getrocknete Feigen, Kürbisse). Auch in Villenwirtschaften mit Öl- und Weinanbau wurden Schafe und Schweine gehalten (Cato agr. 10,1; 11,1), die sogar über 300 Stück betragen konnten (Varro rust. 2,4,22). Das Schwein wurde bis zur Kaiserzeit zum wichtigsten Fleischlieferanten, besondere Verbreitung erfuhr es in der Gallia cisalpina. Schwein, Schaf und Rind (*suovetaurilia*) waren auch die gefragtesten Opfertiere. Im agrarischen Kleinbetrieb war die V. (mit einigen Schafen und Transport- und Arbeitstieren) in den Ackerbau integriert (Colum. 7,2,1; Varro rust. 2,5,11). Negative ökologische Auswirkungen, wie sie für die italische Landschaft durch Überweidung in Form einseitig orientierter Viehhaltung in Rechnung gestellt wurden, sollten nicht überbewertet werden.

Provinzen: In den nördlichen und westlichen Provinzen nahm das Rind die erste Stelle in der Nutztierhaltung ein, in Zivilsiedlungen mit einem Anteil bis zu 70% (Schwein 15%, Schaf und Ziege 14%), in militärischen Komplexen bis 55% (Schwein 30%, Schaf und Ziege 14%). In Villenbetrieben konnte der Schweineanteil bis zu 35% betragen. Beim Rind trat neben die Gewinnung von Fleisch und Rohstoffen vermehrt die Nutzung der Milch. Die Fleischversorgung besonders für den Heeresbedarf lag in den Händen eines in Kollegien organisierten Viehhandels. Auch die Alpenregion wurde für den gestiegenen Nahrungsmittel- und Rohstoffbedarf entsprechend genutzt. Dabei überwogen Schaf-, Ziegen- und Rinderhaltung.

Römische Kaiserzeit: Untersuchungen der Alpenflora mit den typischen Weideanzeigern belegen eine deutliche Zunahme der Almwirtschaft in der römischen Kaiserzeit. Die für diese Periode nachweisliche Klimaerwärmung hat auch für die alpinen Hochlagen entsprechend günstige Voraussetzungen entstehen lassen. Die Milchleistung der Alpenkühe wurde sehr gerühmt (Plin. nat. 8,179). In der Spätantike setzte ein Rückgang der Almwirtschaft ein, um im 9. Jahrhundert wieder an Bedeutung zu gewinnen. Die Nachfrage nach Viehprodukten wurde auch durch Importe aus dem Barbarikum gedeckt. Die V. stand auch in anderen Teilen des Imperiums in hoher Blüte: Selbst in Ägypten mit seiner notorischen Landknappheit wurden Schafe und Zugochsen in großer Zahl gehalten. In Nordafrika und Vorderasien nahm der römische Staat die traditionellen Formen der nomadischen Weidewirtschaft unter politische Kontrolle. Die Pferdehaltung war im Mittelmeergebiet ausschließlich auf eine militärische Verwendung beschränkt und diente als aristokratisches Statussymbol. Größere ökonomische Bedeutung nahmen der Esel und die Gebrauchskreuzungen von Pferd und Esel (besonders das Maultier) als verbreitete Last- und Arbeitstiere ein. Ein ausgedehnter Gebrauchstierhandel ist vor allem aus Papyrusdokumenten für Ägypten greifbar.

→ Nahrungsmittel, Landwirtschaft, Tiergeographie, Tierkult, Transhumanz

LITERATUR: N. *Benecke:* Der Mensch und seine Haustiere. Die Geschichte einer jahrtausendealten Beziehung. Stuttgart 1994. – J. M. *Frayn:* Sheep Rearing and the Wool Trade in Italy during the Roman Period. Liverpool 1984. – H. *Graßl:* Zur Geschichte des Viehhandels im klassischen Griechenland, in: MBAH 4, 1985, 77–88. – S. *Isager/*J. E. *Skydsgaard:* Ancient Greek Agriculture. London/New York 1992. – A. *Jördens:* Sozialstrukturen im Arbeitstierhandel des kaiserzeitlichen Ägypten, in: Tyche 10, 1995, 37–100. – C. R. *Whittaker* (Ed.): Pastoral Economies in Classical Antiquity. Cambridge 1988.

Herbert Graßl

Volksstamm

In den entwickelten Hochkulturen des Altertums war die wichtigste, ja beinahe die ›normale‹ Form des Staates der nach seinem Hauptort benannte Stadtstaat. Daneben aber gab es im Bereich derselben Hochkulturen Staaten, die eine Mehrzahl grundsätzlich gleichberechtigter Städte oder Gaue umfaßten und deren Namen nicht von Ortsnamen abgeleitet waren, z. B. Thessaloi, Boiotoi, Samnites, Hernici. Die meisten dieser ›Flächenstaaten‹ hatten etwas mit den ›Stämmen‹ der Frühzeit zu tun, wie wir zunächst am Beispiel Griechenlands sehen werden, wo die Verhältnisse am besten erforscht sind.

Griechenland: Die griechischen Flächenstaaten (*ethne*) hießen nie nach einer Stadt und nur ganz ausnahmsweise nach dem Land, in dem sie in historischer Zeit wohnten (Oitaioi, Euboieis, Epeirotai, alle erst in klassischer Zeit entstanden). In allen anderen Fällen ist der Name des Ethnos, d. h. der Landesbewohner und des von ihnen getragenen Staates, primär, der des Landes erst davon abgeleitet: Thessalia von Thessaloi, Aitolia von Aitoloi usw. Historische Analogien (Phrygia, Francia, Alamannia usw.) sprechen dafür, daß die Thessaler, Boioter usw. einst unter diesen Namen eingewandert waren und ihre neue Heimat dann nach ihnen benannt wurde. Diese Wanderungen können in vielen Fällen auch aus dem Auftreten eines Namens an verschiedenen Orten, aus der (sagenhaften) Überlieferung, aus den Verwandtschaftsverhältnissen der griechischen Dialekte und mit anderen Argumenten wahrscheinlich gemacht werden. Wenn das richtig ist, dann waren die Thessaler usw. schon in frühgeschichtlicher Zeit (lose) politische Verbände, vergleichbar etwa den *gentes* der germanischen Völkerwanderung und deren Vorläufern, den *civitates* der Kaiserzeit. Da sie unter denselben Namen dann seit archaischer Zeit wieder als politische Einheiten belegt sind, liegt die Annahme nahe, daß sie dies auch in der Zwischenzeit immer waren; und in der Tat spricht nichts gegen diese Annahme. Die Flächenstaaten vollhistorischer Zeit waren also wohl nichts anderes als die direkten Fortsetzer frühgeschichtlicher Stämme, und insofern besteht die geläufige Bezeichnung als ›Stammstaaten‹ zurecht. Das bedeutet aber nicht, daß sie bis in die klassische Zeit die Merkmale primitiver Stämme bewahrt hätten, also in gewissermaßen vorstaatlichen Verhältnissen verharrt wären. Vielmehr haben auch sie, wie die Stadtstaaten, eine innere Entwicklung durchgemacht, die das staatliche Band festigte, und sich schließlich mit Rücksicht auf die wachsende Bedeutung der Städte in ihrer Mitte eine bundesstaatliche Struktur gegeben.

Nicht alle Stämme der griechischen Frühzeit haben in dieser Weise ihre politische Einheit bewahrt; in manchen Gebieten entwickelten sich die einzelnen Städte so früh und so kräftig, daß der Stamm in selbständige Stadtstaaten zerfiel. Die geographische Verteilung beider Staatstypen folgt einem einfachen Muster: In Nord- und Mittelgriechenland und im Norden der Peloponnes erhielten sich die Stammstaaten, im Süden und Osten der Peloponnes dagegen, in Attika, auf den ägäischen Inseln und an der kleinasiatischen Küste kamen die unabhängigen Stadtstaaten auf. Die durch die große Kolonisation seit dem 8. Jahrhundert v.Chr. gewonnenen Gebiete waren von Anfang an stadtstaatlich geordnet. Dieser Befund ist nicht schwer zu deuten: Die geographisch zerrissenen und zugleich starken Einflüssen aus dem kulturell überlegenen Orient ausgesetzten Gebiete bildeten den jüngeren Staatstyp aus, in den Landschaften des Westens und Nordens hielt sich, wie in anderen Dingen auch, die ältere Ordnung.

Volksstämme außerhalb von Griechenland: Die Verallgemeinerung der in Griechenland gewonnenen Anschauungen fällt nicht schwer. In den ›barbarischen‹ Gebieten Europas und Nordafrikas bestanden bis zur römischen Eroberung noch überall die alten Verhältnisse: ›Stämme‹ oder ›Stammstaaten‹ als eher lose, aber durchaus nicht unorganisierte politische Verbände reihten sich lückenlos aneinander, nur in Spanien und Illyrien sind Ansätze zur Ausbildung von Stadtstaaten erkennbar. In Italien standen Stadt- und Flächenstaaten nebeneinander, doch erreichten die Stadtstaaten hier nur ausnahmsweise die volle Unabhängigkeit (Rom mit der Auflösung des Latinerbundes 338 v.Chr.); im allgemeinen gehörten sie lockeren Bünden an, in denen man wohl die Reste stammstaatlicher Ordnung sehen darf.

Komplizierter liegen die Dinge im Orient, weil hier die Ausbildung großer Königreiche die ursprünglichen Verhältnisse weithin verdeckt hat. Doch sind einerseits Stadtstaaten (etwa im frühen Babylonien, in Syrien und Palästina in der Bronzezeit, im Süden Kleinasiens in der vorgriechischen Zeit des 1. Jahrtausends v.Chr.), andererseits Staatsbildungen eingewanderter Stämme (Israel, Juda und ihre Nachbarn sowie die Aramäerstaaten seit dem späten 2. Jahrtausend v.Chr., arabische Stämme von der assyrischen bis in die römische Zeit) nicht zu verkennen. Die strukturelle Nähe der vorderasiatischen zu den griechischen Stadtstaaten zeigt sich am deutlichsten in den Phönizierstädten, die ganz ähnlich wie die Griechen auch eine große überseeische Kolonisation (mit Gründung zahlreicher neuer Stadtstaaten) durchgeführt haben.

Fazit: Aufs Ganze gesehen ergibt sich wohl etwa folgendes Bild: In mehr oder weniger ursprünglichen Verhältnissen war der als lose politische Einheit auftretende Stamm die Regelform politischer Gemeinschaft; diese Stämme konnten auch ihre Wohnsitze wechseln, ohne ihre politische Identität aufzugeben. Die fortschreitende kulturelle Entwicklung begünstigte dann die Ausbildung einerseits von Stadtstaaten, andererseits von größeren Herrschaftsgebieten mit meist monarchischer Spitze (unter deren Oberherrschaft Stadtstaaten und Stammverbände durchaus fortbestehen konnten). Doch traten in Randgebieten der Kulturwelt im Gefolge von Wanderungen immer wieder neue Stammstaaten auf; und daß die Stammstaaten durchaus fähig waren, sich veränderten Verhältnissen anzupassen und neue politische Formen zu entwickeln, zeigt die Ausbildung der griechischen ›Bundesstaaten‹ in klassischer und hellenistischer Zeit und – viel später – die Entwicklung der germanischen Königreiche auf römischem Boden, aus denen die ältesten unserer heutigen europäischen Staaten hervorgegangen sind.

→ Gesellschaft, Migration, Monarchie, Randvölker, Reich, Staat, Stadt, Verfassung

LITERATUR: G. *Buccellati:* Cities and Nations of Ancient Syria. Rom 1967. – F. *Gschnitzer:* Stammes- und Ortsgemeinden im alten Griechenland, in: Wiener Studien 68, 1955, 120–144 (= F. Gschnitzer (Hg.): Zur griechischen Staatskunde. Darmstadt 1969, 271–297). – R. *Wenskus:* Stammesbildung und Verfassung. Das Wesen der frühmittelalterlichen gentes. Köln 1961.

Fritz Gschnitzer

Vulkan

Jeder V. ist ein Individuum. Er hat seinen spezifischen Eruptionsmechanismus mit einem schwer berechenbaren Wechsel von Aktivitäten und Ruhepausen. Damit hat er seine eigene Geschichte, die zugleich die Geschichte der in seiner Nähe siedelnden Menschen ist, weil er ihre Schicksalsfrage entscheidet. Naturgewalten folgen physikalischen Gesetzmäßigkeiten, nur der Mensch redet von Katastrophen.

Vesuv: Das zeigt am deutlichsten der Vesuv. Er wurde von Strabon (5,4,8) zwar als V. erkannt, wohl aber als erloschen beschrieben. 62 n.Chr. hatte der Berg durch ein schweres Erdbeben eine Vorwarnung gegeben. Sie war jedoch bei den Bewohnern verdrängt oder

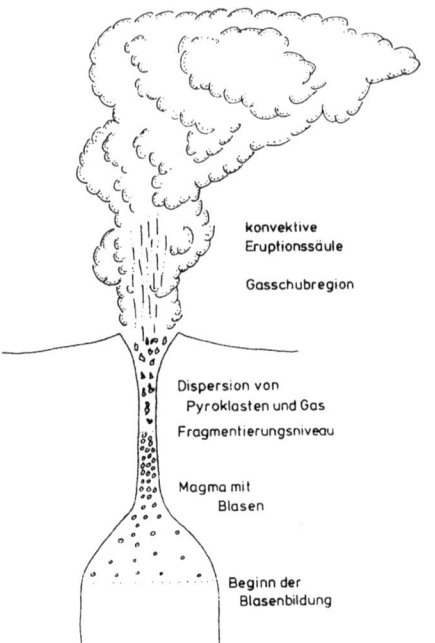

Abb. 104: Schematische Darstellung der Blasenbildung im übersättigten Oberteil einer Magmasäule. Der obere Schlotbereich zeigt die Fragmentierung des Magmas in einer Mischung aus Gas und Pyroklasten, die bei etwa 75 Vol.% Blasen einsetzt.

nicht verstanden worden. So kam die gewaltige Explosion von 79 n.Chr. völlig überraschend. Der verstopfte Schlot war von den magmatischen Gasen pulverisiert worden, eine riesige Aschen- und Tuffwolke quoll aus dem Krater in die Atmosphäre, glühende Lava und heiße Schlammströme wälzten sich über die Flanken des Berges. Pompeji und andere Orte wurden unter einer 6–7 m mächtigen Tephradecke begraben, Herkulaneum verschwand unter dem etwa 20 m hohen Schlammstrom einer Glutwolke.

Die Briefe des jungen Plinius an Tacitus (6,16.20) berichten von der Flucht und dem Sterben der Menschen in der Dunkelheit des heißen Aschen- und Bimsregens. Der Spaten der Archäologen hat die Szenen ihres qualvollen Endes in Pompeji freigelegt. Aus den dabei angeschnittenen Profilen der Tephradecke läßt sich die Herkunft der Aschen und Tuffe im V. selbst bestimmen und der Vorgang der einzelnen Ejektionen ablesen.

Seit 79 n.Chr. ist der Vesuv in unterschiedlich starken Phasen tätig geblieben. Besonders schwere Ausbrüche sind von 1631, 1779, 1794, 1822, 1872, 1906, 1929 und 1944 überliefert. Seitdem ist eine Ruhepause eingetreten. Seine Gipfelhöhe wird heute mit 1281 m angegeben. Bis 79 n.Chr. besaß er nur einen Gipfel, von dem der Monte Somma ein Rest ist. Seit jener Katastrophe zeigt seine Silhouette den berühmten Doppelgipfel. Der Vesuv ist der Eckpfeiler einer weiträumigen vulkanisch aktiven Zone, in die man die Phlegräischen Felder im Hinterland von Pozzuoli sowie die Inseln Proeida und Ischia mit einbeziehen muß. Bereits 1845 wurde am Vesuv ein Observatorium eingerichtet.

Aetna: Ein wesentlich größeres V.-Gebäude als der Vesuv ist der 3.323 m hohe Aetna auf Sizilien. Er besitzt einen Durchmesser von etwa 40 km. Seine Individualität beginnt damit, daß er sich aus einem Schild-V. mit schwacher Wölbung bei chemi-

Abb. 105: Der bisher letzte Ausbruch des Vesuv im Jahre 1944, nachdem der Vulkan bis dahin eine 15jährige Ruhepause eingelegt hatte.

scher Änderung der Herdschmelze zu einem Strato-V. entwickelte. Er ist der größte V. Europas und rangiert in der Spitzengruppe weltweit tätiger V.

Zu seiner Eigenheit zählt, daß neben einem aktiven Hauptkrater an Radialspalten über 200 Nebenkrater (= parasitäre Krater) ausgebrochen sind. Während im Krater Gase und Dämpfe gefördert werden, treten an ihnen Lavaströme aus, die ihre Magmenzufuhr entweder vom Hauptschlot oder direkt aus dem Herd erhalten müssen. Je nach ihrer Viskosität werden diese Lavaströme für die Siedlungen am Fuß des V. gefährlich. So haben sie 1669 große Teile von Catania zerstört und etwa 2.000 Todesopfer gefordert. Bereits damals hatte man versucht, den Lavastrom von der Stadt abzuwenden. Diese Bemühungen wurden bei den Effusionen von 1974 bis 1983 durch Sprengungen oder sogar Bombardierungen mit wechselndem Erfolg fortgesetzt.

Aus der Antike sind mehrere Ausbrüche des Aetna (den Strab. 6,2,7f. ausführlich beschrieben hat) überliefert: 479 v.Chr. (Aischyl. Prom. 351ff.; Pind. P. 1,20ff), 425 v.Chr. (Thuk. 3,116: »Der Feuerstrom ergoß sich in diesem selben Frühjahr aus dem Aetna wie früher schon. Er verwüstete ein Stück Land von Katania, das am Fuß des Aetna liegt, des größten Berges in Sizilien.«), 396 v.Chr. (Diod. 14,59; Oros. 2,18,6) sowie für die Jahre 141, 135, 126, 122, 50, 44, 38, 32 v.Chr. und 40 n.Chr. Diese letzte Eruption erwähnt Sueton (Cal. 51,2), um die Ängstlichkeit des Kaisers Caligula zu beweisen: »Er aber brach noch in der Nacht von Messana plötzlich Hals über Kopf auf, weil ihm der Rauch aus dem Gipfel des Aetna und sein Rumoren Angst einjagten.« Der römische Kaiser Hadrian (117–138 n.Chr.) hingegen bestieg während einer Sizilienreise den Aetna, »um den Sonnenaufgang zu erleben, der in dem bunten Spiel des Regenbogens schillern soll« (SHA Hadr. 13,3).

Stromboli: Der dritte tätige V. Italiens ist der Stromboli, der zu den Liparischen Inseln gehört. Seine Individualität wird durch rhythmische Ausbrüche markiert, wobei die zeitlichen Intervalle variieren. Das ist seit der Antike bekannt. Nach Rittmann ist der Schlot nicht verhärtet, sondern für Gase durchlässig, bis die angestauten glühenden Schlacken und Lavafetzen durch den lockeren Kraterboden herausgeschleudert werden. Nach kurzer Zeit bricht die Lavafontäne zusammen, und nur noch die glühenden Wurfschlacken prasseln über den Steilhang der Sciara hinab zum Meer. Sehr intensive Ejektionsphasen wurden 1937 beobachtet.

Es ist ein unvergeßliches Erlebnis, wenn man nach mühevollem Aufstieg auf dem 927 m hohen Gipfel die Nacht verbringt und dieses einmalige Schauspiel des Gluthagels verfolgt. Dann versteht man, weshalb die Fischer der Region den Stromboli als Leuchtturm des Mittelmeers bezeichnen.

Eifel: Der mächtigste jungquartäre V.-Ausbruch Mitteleuropas erfolgte erst vor 11.000 Jahren. Es war die gigantische Explosion des Laacher See V. in der Eifel. H.-U. Schmincke (1988) hat diese Eruption in allen Phasen genau untersucht, so daß wir ihm hier folgen dürfen. Es handelt sich um eine plinianische Eruption wie die des Vesuv von 79 n.Chr., nur in anderen Dimensionen. Der Laacher See V. förderte innerhalb von zwei bis drei Tagen etwa 16 km^3 Bims, was in ca. 5 km^3 Magma umgerechnet werden kann, beim Vesuv 79 n.Chr. war es weniger als 1 km^3. Asche und Bims wurden bis über 40 km hoch in die Atmosphäre geschleudert, wo sie sich horizontal in die von Plinius beschriebene Pinienform umwandelten. Windströmungen verdrifteten das Aschenmaterial der verschiedenen Eruptionsphasen fächerförmig über die Alpen bis in die westliche Po-Ebene sowie bis Lettland und Südschweden. Dort hat man die Ablagerungen in Seen und Mooren gefunden. Der ballistische Transport reichte weiter, jedoch lag der übrige Teil Schwedens damals noch unter dem würmzeitlichen Eispanzer der skandinavischen Vereisung, so daß die Spuren bei der Abschmelzung verloren gingen. Bis zu 60 m mächtige Tephraschichten wurden in unmittelbarer Umgebung des V. und im Neuwieder Becken abgelagert.

Schmincke geht von einem phreatomagmatischen Ausbruchsmechanismus aus (*phrear* = Brunnen/Wasser). Wasserdampf nimmt ein 2.000-faches Volumen ein wie die gleiche Menge Wasser an der Erdoberfläche. Bei 1.000 °C steigt dieser Wert auf das 6-fache Volumen. Das bedeutet, daß Wasser im unterirdischen Kontakt mit einer magmatischen Schmelze – neben anderen Gasen – zu dem primären Energieträger vulkanischer Explosionen wird.

Aus der präzisen Beobachtung der Ablagerungsformen des vulkanischen Ereignisses lassen sich drei Stufen rekonstruieren:

Initialphase/Auslösung: Die Magmakammer war an Verwerfungen in eine Tiefe von 3–5 km aufgedrungen. Aus einem früher dort angelegten Maar strömten Wassermassen in diesen Schmelztiegel ein und lösten die gewaltige Explosion aus. Eine wasserdampffreie Druckwelle raste in das Neuwieder Becken, die Vegetationsdecke verbrannte, wie Holzkohle und Aschenreste bezeugen.

Plinianische Hauptphase: Die Skizze von Schmincke macht deutlich, daß Blasenbildung oder Fragmentierung der Magma im oberen Schlotbereich zu einer Mischung (Dispersion) von Tephra (= Pyroklasten) und Gas führt und den Eruptionsvorgang auslöst. Der hohe Mündungsdruck hat dabei den Lavastrom des alten Maares zerrissen und Basaltblöcke von 4 m Durchmesser bis zu 2 km weit aus dem Krater geschleudert. Wichtig für die vertikale Ausdehnung der Eruptionssäule ist die Leistungskraft in der Gasschubregion, die zusätzlich kalte Luft der Umgebung ansaugt und durch deren Erhitzung Geschwindigkeiten von 200 bis 400 m/sec erreicht. Erst wenn die konvektive (= aufsteigende) Eruptionssäule die gleiche Dichte wie die umgebende Atmosphäre erreicht, beginnt die schirmartige Ausbreitung der Pinienform. Aus ihr ›regnen‹ die Fallablagerungen (Fallout) herab, sortiert nach Gewicht und Korngröße. Sie zeichnen das jeweilige Relief nach. Im Gegensatz dazu stehen die Glutlawinen oder *base surges*. Sie bilden sich, wenn das geförderte Gasgemisch schwerer als die Atmosphäre ist, oder wenn der Mündungsdruck nachläßt. Auch ein Kollaps der Eruptionssäule durch abnehmenden Gasdruck, z.B. bei einer Schloterweiterung, kann in Frage kommen. Dann wälzen sich basale, 400–500°C heiße Massenströme radial über den Kraterrand und folgen den Tiefenlinien des Reliefs, d.h. den Tälern. So sind bis zu 35mal Glutlawinen mit mehr als 100 km/h durch das (Paläo-)Brohltal gerast und haben dort ihre schlecht sortierten Ablagerungen hinterlassen.

Phreatomagmatische Endphase: Nach mehrfacher Verlagerung des Schlotes weisen vulkanische Tuffe darauf hin, daß in die teilweise entleerte Magmakammer Grundwasser eingetreten ist. Dadurch wird die Eruptionssäule schwerer und dichter, bis sie in sich zusammenbricht. Heute noch sichtbare CO_2-Blasen am Ostufer des Laacher Sees bezeugen die vulkanische Aktivität.

Die Eifel ist mit ca. 340 V.-Ruinen des tertiären und quartären Vulkanismus (Aschenkegel, Maare, V.) eine junge und äußerst sensible V.-Region in Mitteleuropa. Eiszeitliche Jäger haben den Ausbruch des Laacher See V. erlebt. Die geophysikalische Hypothese der Plattentektonik vermag noch keine abgesicherte Beweisführung für dieses Feld des Intraplattenvulkanismus zu liefern.

→ Erdbeben, Gebirgsbildung (Orogenese), Überschwemmung, Vulkanismus

LITERATUR: S. *Bianchetti*: Der Ausbruch des Ätna und die Erklärungsversuche der Antike, in: Stuttgarter Kolloquium zur Historischen Geographie des Altertums 6, 1996. (Geographica Historica 10), Stuttgart 1998, 124–133. – U. *Pappalardo*: Vesuvius. Große Ausbrüche und Wiederbesiedlungen, in: Stuttgarter Kolloquium zur Historischen Geographie des Altertums 6, 1996. (Geographica Historica 10), Stuttgart 1998, 263–274. – E. *Renna*: Vesuvius Mons. Aspetti del Vesuvio nel mondo antico. Tra filologia, archeologia, vulcanologia. Neapel 1992. – A. *Rittmann*: Vulkane und ihre Tätigkeit. Stuttgart ³1981. – H.-U. *Schmincke*: Vulkane im Laacher See-Gebiet. Ihre Entstehung und Bedeutung. Haltern 1988.

Friedrich Sauerwein

Vulkanismus

V. ist ein Teilgebiet des Magmatismus, der sich mit der Genese, Struktur und Veränderung von Gesteinsschmelzen und Gasen im Erdinneren befaßt. Während der V. das Aufdringen magmatischer Schmelzen und die daraus resultierenden Vorgänge und Formen an der Erdoberfläche untersucht, richtet sich das Interesse des

Plutonismus als der zweiten Teildisziplin auf die in der Erdkruste ablaufenden Prozesse. Entsprechend werden die dabei entstehenden Gesteine als Vulkanite, Oberflächen- oder Effusivgesteine bzw. als Plutonite, Tiefen- oder Intrusivgesteine bezeichnet.

Magma und Lava: Magma ist eine siliziumreiche Gesteinsschmelze. Bei den hohen Temperaturen von 1.000–1.200 °C sind die Gesteine verflüssigt. Ausfließendes Magma wird als Lava bezeichnet. Je nach Temperatur, chemischer Zusammensetzung und Gasanteil gibt es verschiedene Formen der vulkanischen Tätigkeit. Beim Ausfließen einer gasarmen Lava kommt es zur Effusion, gasreiche Lava bewirkt eine intensive Auswurftätigkeit von Schlacken und Asche als Ejektion, während Exhalation als einfache Gasabgabe die schwächste Tätigkeitsform darstellt. Diese Eruptionsformen können ineinander übergehen oder bei Veränderung des Magmas einander ablösen.

Effusivgesteine entquellen als 1.100 °C heißer silikatischer Schmelzfluß und erstarren in zusammenhängender Form. Eine Auskristallisation der Schmelze geschieht bei Temperaturminderung auf 800–600 °C. Die Gesteine enthalten 50–70 % Siliziumoxyd (SiO_2) und besondere Oxyde von Aluminium und Eisen, sowie in geringem Umfang von den Alkalien und Erdalkalien Magnesium, Natrium und Kalium.

Der Chemismus einer Schmelze ist abhängig von ihrem Anteil an SiO_2. Aus einer Schmelze können sowohl Vulkanite als auch Plutonite auskristallisieren. Minerale haben dieselbe chemische Zusammensetzung und als Bausteine magmatischer Gesteine dasselbe Kristallgitter, unabhängig davon, ob sie in einem Vulkanit oder in einem Plutonit vorkommen. Ein Kalifeldspat hat immer die chemische Formel $K(AlSi_3O_8)$. Saure Schmelzen sind zähflüssig, viskos und bewegen sich in dicken Strömen. Basische Schmelzen hingegen sind leicht- und dünnflüssig. Die Viskosität hängt ab von der Azidität (basisch oder sauer), der Temperatur (je höher, desto dünnflüssiger) und dem Gasgehalt.

Nach diesen Kriterien lassen sich im wesentlichen zwei Lavaformen unterscheiden: (1) Fladen-, Strick- oder Seillava etc. als eine gasarme Lava erstarrt in ihren Fließstrukturen in relativ abgerundeten Formen. (2) Block-, Brocken-, Zacken-, Schollen- oder Spratzlava ist eine zähflüssige, gasreiche Lava mit scharfen Kanten und Graten sowie zahlreichen Hohlräumen, die durch flüchtige Gasblasen entstanden sind. Beide Formen weisen auf eine subaerische Erstarrung (auf der Erdoberfläche) hin. Im Gegensatz dazu kommt es bei subaquatischem oder submarinem Ausfließen durch die rasche Abkühlung unter dem Wasser zu rundlichen Formen, die als Kissenlava (englisch: *pillows*) bezeichnet wird.

Gase: Eine wichtige Rolle für alle vulkanischen Vorgänge spielen die Gase, die – gelöst in der hochtemperierten Schmelze – unter außerordentlich hohem Druck stehen. Da sie bei steigender Temperatur und dem damit verbundenen Bestreben einer Volumenausdehnung behindert sind, werden sie zu den Energieträgern, die den Eruptionsprozeß einleiten und in Funktion erhalten, indem sie das Dach der überdeckenden Gesteinsschichten sprengen.

Den höchsten Anteil nimmt mit ca. 68 % der Wasserdampf ein. Es folgen Kohlendioxyd (13 %), Stickstoff (7 %), Schwefeloxyde und in geringen Anteilen Wasserstoff-, Kohlenstoff-, Chlor- und Fluorverbindungen. Fast alle entstammen dem vulkanischen

Zyklus. Nur kleinere Mengen werden aus der Atmosphäre aufgenommen oder bilden sich aus der Oxydation des Schwefelwasserstoffes (H_2S) als Sekundärvorgang.

Auf Grund der differenzierten physikalisch-chemischen Prozesse entstehen unterschiedliche Vulkantypen oder Vulkanbauten:

Lava- oder Schildvulkane: Ihr Förderprodukt ist reine Lava, die von der zentralen Eruptionsstelle, dem Krater, ausfließt und sich in Strömen über die Flanken ergießt. Die Hänge sind flach mit einer Neigung bis 5°. Ascheneruptionen fehlen. Typische Schildvulkane finden sich auf Island und Hawaii. Ist die Eruptionsstelle eine Spalte, so fließen dort Plateaubasalte aus. Werden sie häufig von neuen Decken überlagert, die sich in Treppenstufen von den unterlagernden Schichten abgrenzen, spricht man von Trapp. Bekannt sind die riesigen Flächen des Dekkan-Trapp aus der Kreidezeit in Indien.

Aschenvulkane: Sie fördern aus zerkleinertem Gesteinsmaterial und Magmateilchen bestehende staubförmige und feinkörnige Aschen, die bei zunehmender und vielfältiger Korngröße als Tephra bezeichnet werden. Anteile von 2 bis 64 mm Durchmesser sind als Lapilli definiert. Sie können auch aus herausgerissenem Fremdgestein (Xenolith) von den Schlotwänden stammen.

Die Explosions- und Aschenwolken erfahren in der Luft eine Sortierung des Materials nach der Korngröße und dem Gewicht, d.h. eine Saigerung, wobei die schwersten Partikel in unmittelbarer Kraternähe ausfallen, während leichteres Material weiter durch die Atmosphäre verfrachtet wird.

Häufig ist der Bims als poröses magmatisches Glas an der Ablagerung beteiligt. Bei dem Schleudervorgang durch die Luft kann das Gas nicht entweichen und hinterläßt später Hohlräume im Gestein. Dadurch hat der Bims ein spezifisches Gewicht < 1 und schwimmt auf dem Wasser. Der Extremfall führt zur Bildung vulkanischer Gläser wie Obsidian oder Pechstein. Große mitgerissene Magmenfetzen erstarren stromlinienförmig in der Luft und durchschlagen die Aschen- und Tuffschichten des Fallouts als Vulkanische Bomben. Sie können mehrere Quadratmeter groß sein.

Bei diesem Vulkantyp entstehen geschichtete Aschenkegel wie der Mte. Nuovo westlich von Neapel. Auch die Maare der Eifel oder die diamantführenden Pipes in Südafrika gehören genetisch in jene Gruppe.

Gemischte oder Stratovulkane: Sie fördern Aschen und Lava im Wechsel, so daß das Auswurfmaterial jeweils eigene Schichten aufbaut. Stratovulkane besitzen die ideale Kegelform, wie sie durch Vesuv und Ätna zum Prototyp der Vorstellung geworden sind.

Die Abtragung an Vulkanen führt zu Vulkanruinen, wenn die Eruptionstätigkeit aufgehört hat. Aus dem leicht erodierbaren Lockermaterial der Eruptiva wird dabei der ehemalige Lavagang, der feste Schlot, als Härtling über seiner abgetragenen Umhüllung herauspräpariert. Beispiele aus dem tertiären V. finden sich in der Rhön, dem Westerwald oder bei den Hegau-Vulkanen.

Vom Siebengebirge bei Bonn sind als Sonderformen Quell- und Staukuppen bekannt. Als Quellkuppe ist der Drachenfels anzusprechen, ein keulenförmiges Gebilde, das zähflüssig im Krater erstarrt war. Er besteht aus Trachyt mit großen Feldspäten, die durch ihre Einregelung die Fließrichtung der Schmelze rekonstruieren lassen. Bei der Wolkenburg als Staukuppe war dieser Pfropfen innerhalb der Aschen und Tuffe unter freiem Himmel erstarrt. Eine Stoßkuppe ist im Prinzip dasselbe. Sie ragt jedoch als besonders zähe Masse über den Krater hinaus. Der Mt. Pelé auf Martinique hat 1902 als aufdringende Stoßkuppe die Stadt St. Pierre an seinem Fuß durch eine verheerende Glutwolke zerstört.

Eine Caldera sollte nicht mit einem Krater verwechselt werden. Es ist eine kesselartige Einsenkung von mehreren km Durchmesser, die als Einbruchscaldera über einer teilweise entleerten Magmakammer oder als Explosionscaldera (Bsp. Krakatau) entsteht. Oft ist sie später mit neuen Kratern besetzt.

Die Frage, wann ein Vulkan zur Ruhe kommt, kann verschieden beantwortet werden: Entweder löst sich die Schmelze auf, der Schlot ist verstopft, oder die Gase als Energieträger können ungehindert entweichen.

Postvulkanische Tätigkeiten: Die letzte Alternative leitet über zur Betrachtung postvulkanischer Tätigkeiten. Sie beruhen auf der Exhalation, die ziemlich lange andauern kann. Hier ist eine Klassifikation nach verschiedenen Stadien möglich:

(1) Stadium der Fumarolen 800–200 °C: Es sind heiße Exhalationen (›Raucher‹) mit einer Zusammensetzung wie bei vulkanischen Gasen. Mit sinkender Temperatur steigt der Anteil von H_2O, SO_2 und HCL, und es entstehen Absätze von Natriumchlorid, Eisenglanz, Eisenchlorid etc.

(2) Stadium 200–100 °C: (2.1) Solfataren: Schwefelwasserstoff (H_2S) oxydiert, wird zu Schwefel oder reagiert mit Randgesteinen. Es gibt die Möglichkeiten der Oxydation und der Sulfidation. (2.2) Soffionen: Sie enthalten Borsäure (H_3BO_3). Auf dieser Basis werden die Kraftwerke im italienischen Larderello betrieben.

(3) Stadium der Mofetten < 100 °C: Es sind kühle CO_2-Austritte. Das trockene CO_2 wird von Heilquellen und Säuerlingen im Quellwasser absorbiert. Zahlreiche Heilbäder profitieren von dem erloschenen V.

Auch Geysire als Heißwasserquellen stehen in Verbindung mit dem V. Sie sind von Island und dem Yellowstone-Park bekannt. Nach einer These von Bunsen muß in dem Steigrohr der aufsteigenden Wässer eine Biegung (= Siphon) vorhanden sein, an dem sich das vadose Wasser (= Grundwasser) so lange staut, bis der angewachsene Dampfdruck die überlagernde Wassersäule an die Erdoberfläche auszupressen vermag.

V. ist eng mit junger Bruchtektonik verknüpft, weil Verwerfungen als Schwächezonen der Erdkruste dem Magma die Aufstiegswege eröffnen. Deshalb folgt die Verbreitung der Vulkane den Erdbebengürteln der Erde. Weltweit gibt es derzeit etwa 500 tätige Vulkane, davon Vesuv, Ätna, Stromboli und Kaimeni (Santorin) im mediterranen Europa.

Vulkanausbrüche fordern ständig Opfer unter der Bevölkerung. Allerdings motivieren die fruchtbaren Böden auf Aschen und Laven den Menschen, in der Nähe der Gefahr zu siedeln. Aber Vulkane sind der unmittelbaren Beobachtung zugänglich. Observatorien in den Gefahrenzonen sind heute in der Lage, Eruptionen vorherzusagen. Nur ist es oft schwer, die Menschen zur Evakuierung zu bewegen.

→ Erdbeben, Gebirgsbildung (Orogenese), Überschwemmung, Vulkan

LITERATUR: L. *Civetta*/P. *Gasparini*/G. *Luongo*/A. *Rapolla*: Physical Volcanology. Amsterdam 1974. – M. A. *König*: Vulkane und Erdbeben. München 1970. – A. *Rittmann*: Vulkane und ihre Tätigkeit. Stuttgart ³1981. – A. *Rittmann*: Vulkanismus und Tektonik des Ätna, in: Geologische Rundschau 53, 1963, 788–800. – H.-U. *Schmincke*: Vulkanismus. Darmstadt 1986.

Friedrich Sauerwein

Wald

Für W. und Haine gibt es in der antiken Literatur verschiedene Begriffe, denen auch verschiedene Vorstellungen von Baumansammlungen zugrunde liegen, doch läßt sich oft nicht feststellen, welches Aussehen von W. ein Autor mit seiner Verwendung eines Begriffes verband. Nach Servius' Kommentar zu Vergils Aeneis (Serv. Aen. 1,310) aus dem 4. Jahrhundert n.Chr. ist *silva* ein vom Menschen unbeeinflußter W., *nemus* ein parkähnlich arrangierter W., *lucus* eine eng mit Göttern verbundene Baumansammlung und *saltus* eine W.-Schlucht bzw. ein unwegsames, bisweilen bergiges W.-Gebiet.

Antike Einstellungen zum Wald: Griechen wie Römern waren W. oft unheimlich, da sie hier den Aufenthalt von Göttern vermuteten (Plin. nat. 12,3). Diejenigen Götter, die sich vornehmlich in W. aufhielten, trieben nach antiker Vorstellung gerne ihr Unwesen mit den Menschen (Bernet); Pan bzw. Faunus waren bekannt dafür, daß sie als Herren geheimnisvoller Stimmen und des Echos die Menschen im W. verwirrten (Lucr. 4,580 ff.; Dion. Hal. 5,16,2 f.; Cic. div. 1,101; Cic. nat. deor. 2,6; 3,15), was besonders für durch W. ziehende Armeen, deren wichtigstes Kommunikationsmittel Stimme und Lautsignale waren, sehr gefährlich werden konnte (LeBohec 53). Oftmals werden W. in der antiken Literatur mit Adjektiven wie etwa *ferus* (wild), *horridus* (schrecklich), *foedus* (scheußlich), *obscurus* (finster) oder *occultus* (geheimnisvoll) versehen. Die wohl bekannteste Charakterisierung einer Landschaft unter Verwendung derartiger Epitheta ist Tacitus' Beschreibung Germaniens als Land »entweder schrecklich durch W. oder scheußlich durch Sümpfe« (*aut silvis horrida aut paludibus foeda*, Tac. Germ. 5,1).

Selbst die als freundlich empfundenen Haine (Bernet 1819; 1842) konnten Orte des Schreckens werden, wenn in ihnen die Götter der Barbaren verehrt und mit blutigen Opfern bedacht wurden (Tac. Germ. 9,3; 39,2). W. wurden als Ursprungsort des menschlichen Daseins betrachtet, weswegen in diesen lebende Barbaren als primitiv angesehen wurden, da sie sich noch immer auf einer niedrigen Zivilisationsstufe von W.-Bewohnern befanden (Lucr. 5,953–957).

Strategische Bedeutung von Wäldern: Das Vordringen der Römer nach Gallien, Britannien und Germanien brachte erstmals die Notwendigkeit mit sich, sich mit W., insbesondere mit den Weiten des Herkynischen Waldes, einem ausgedehnten W.-Gebiet nördlich der Alpen, welches nach antiker Vorstellung sämtliche deutschen Mittelgebirgsgebiete umfaßte und weit nach Osten reichte, als strategischem Problem ernsthaft auseinanderzusetzen. So stellten die waldreichen Gebiete Galliens, Britanniens und Germaniens an römische Feldherren wie z. B. Caesar besondere Anforderungen. Caesar legte in seinem Bericht über den Gallischen Krieg das Zurückweichen seiner Feinde in ihre heimatlichen W. als Sieg aus, doch letztlich war dies nur der Versuch, Niederlagen zu kaschieren (z. B. Caes. Gall. 6,29,1), denn die Gegner stellten sich oftmals nicht zum Kampf in offener Feldschlacht und hinderten hierdurch Caesar am Erringen militärischer Erfolge (Flor. epit. 1,45,55 ff.).

Die katastrophale Niederlage dreier römischer Legionen unter dem Kommando des P. Quinctilius Varus im Jahre 9 n.Chr. in den W. Germaniens (die sogenannte Schlacht im Teutoburger Wald) hatte die Entwicklung eigener Taktiken zum militärischen Bewältigen von W. und darin lebender Feinde zur Folge wie das Schlagen von Schneisen (Vell. 2,120,2; Frontin. strat. 1,3,10) oder das Absitzen der Reiterei am W.-Rand (Frontin.

strat. 2,3,23), und noch im 4. Jahrhundert n.Chr. wurden die W. des Nordens als den Germanen und Kelten gleichwertige Gegner angesehen (Iul. mis. 359 B).

Wälder als Rückzugsgebiete: Auf Landgütern in kultivierter Umgebung konnten W. aber auch Orte angenehmen Aufenthaltes sein (Plin. epist. 5,6,7 ff.). Man zog sich gerne in die Einsamkeit der W. und Haine zur Meditation und Erholung zurück (Plin. epist. 1,6,2; 2,8,1; Hor. epist. 1,4,4 f.; Tac. dial. 9,6). Die in der römischen Kaiserzeit zunehmend beliebter werdende Ausmalung von Räumen mit Landschaftselementen zeigt, daß das Sich-Zurückziehen in Hain und W. auch im übertragenen Sinn gemeint sein konnte. Eng verbunden mit dem W. war ferner die Jagd, die der Erholung von den Alltagsgeschäften dienen konnte (Plin. epist. 1,6; Plin. paneg. 81,1; Ov. met. 7,804–820; Sen. Phaedr. 27).

Wälder als Wirtschaftsräume: Wälder lieferten mit Holz den für die Antike wichtigsten Energieträger und Baustoff überhaupt. Um sicherzustellen, daß diese Ressource verfügbar war, wurden W. offenbar spätestens seit römischer Zeit systematisch bewirtschaftet. Gezielte Abholzungen von Nutz-W., um einem Kriegsgegner wirtschaftlich zu schaden, scheinen schon in griechischer Zeit eine Ausnahme gewesen zu sein.

Zwar sind Hinweise auf das Vorhandensein von W.-Gebieten und Hainen im Ägäisraum zur Zeit Homers zahlreich (Crug), doch schon Strabon bemerkte, daß von Dichtern bisweilen Gegenden als Haine oder W. bezeichnet werden, die in Wirklichkeit baumlos seien (Strab. 9,2,33), und es wird aus antiken Texten nie deutlich, ob in ihnen Hoch-W. oder Macchie (Sträucher-Vegetation) beschrieben werden (Hempel 322 ff.).

Entwaldung: Das heutige Aussehen des Mittelmeergebietes, welches sich durch trockene Sommer, feuchte Winter mit milden Temperaturen und Verbreitung immergrüner Bäume wie z. B. *quercus ilex* (Stein-Eiche) auszeichnet, ist geprägt von teilweise völligem Fehlen von Hoch-W. und von fortgeschrittener Verkarstung vieler Gebiete. Dies ist das Ergebnis eines jahrtausendelangen sowohl natürlichen als auch durch menschliche Eingriffe bedingten Prozesses (Beug), wobei die folgenschwersten Eingriffe in die mediterranen W.-Gebiete neuzeitlichen Datums sind (z. B. durch englische und deutsche Holzgesellschaften in Süditalien im 19. Jahrhundert). Verstärkt wird der Eindruck, das Mittelmeergebiet habe schon seit der Antike stark unter Entwaldungen gelitten, dadurch, daß erste neuzeitliche Beschreibungen seines Aussehens vielfach davon geprägt sind, daß aus den waldreichen Gebieten Mittel- und Nordeuropas stammende Autoren das Mittelmeergebiet vor dem Hintergrund ihrer eigenen Landschaftserfahrungen als entwaldet schilderten, weil sie den W.-Reichtum z. B. Frankreichs oder Deutschlands für das normale Aussehen von Landschaften hielten (Rackham 345 ff.).

Eingriffe in W.-Gebiete sind in der antiken Literatur selten bezeugt, am bekanntesten ist Platons Beschreibung des entwaldeten Attika (Plat. Krit. 110c–111e), wobei hier berücksichtigt werden muß, daß diese modern gerne als Umweltkritik interpretierte Textpassage viel eher eine harsche, sich des Mittels der Übertreibung bedienende Kritik an der perikleischen Baupolitik u. a. auf der Athener Akropolis ist, der gemäß Platon die letzten Hoch-W. Attikas zum Opfer fielen (von denen es zu seiner Zeit offensichtlich noch einige gab).

Auswirkungen menschlicher Eingriffe in W. zur Gewinnung von Kulturland sind für die Zeit der Antike zwar erkennbar, und mit steigendem Zivilisationsgrad nahmen im Mittelmeergebiet und in den römischen Nordwestprovinzen W.-Bestände ab, und es lassen sich punktuell Veränderungen in der Zusammensetzung von W. nachweisen (Körber-Grohne), aber gerade im Mittelmeergebiet muß davon ausgegangen werden, daß die meisten Veränderungen natürliche Ursachen haben (Hempel 314f.).

→ Armee, Baumaterial, Forstwirtschaft, Götter, Holz, Jagd, Kunst, Nachrichtenwesen, Signaltechnik, Strategie, Taktik

LITERATUR: *Bernet:* RE XVI (1935) Sp. 1811–1863, s.v. Naturgefühl. – H.-J. *Beug:* Changes of Climate and Vegetation Belts in the Mountains of Mediterranean Europe during the Holocene, in: Bulletin of Geology 19, 1975, 101–110. – K. *Crug:* Wald, Holz und Jagd bei Homer, in: Forstwissenschaftliche Zentralblätter 1954, 290–308. – F. *Firbas:* Spät- und nacheiszeitliche Waldgeschichte Mitteleuropas nördlich der Alpen. 2 Bde., Jena 1949/1952. – J. *France:* Forêts et peuples »forestiers« de Gaule Belgique d'après le Bellum Gallicum de César, in: Revue Archéologique de Picardie 1/2, 1985, 13–20. – L. *Hempel:* Die Mittelmeerländer – Grenzen in einem geoökologischen Spannungsfeld zwischen Waldland und Wüste, in: E. Olshausen/H. Sonnabend (Hgg.): Stuttgarter Kolloquium zur historischen Geographie des Altertums 4, 1990, Stuttgart 1994, 309–333. – H. *Jäger:* Frühe Umwelten in Mitteleuropa, in: Siedlungsforschung 6, 1988, 9–24. – H. *Jankuhn:* Terra ... silvis horrida, in: Archäologie & Geschichte Bd.1. Berlin 1976, 145–184. – U. *Körber-Grohne:* Flora und Fauna im Ostkastell von Welzheim. Forschungen und Berichte zur Vor- und Frühgeschichte in Baden-Württemberg 14. Stuttgart 1983. – Y. *LeBohec:* Die römische Armee von Augustus bis Konstantin d.Gr. Stuttgart 1993. – R. *Meiggs:* Trees and Timber in the Ancient Mediterranean World. Oxford 1982. – O. *Rackham:* Observations on the Historical Ecology of Boeotia, in: ABSA 87, 1983, 291–353.

Marcus Nenninger

Wasserbau

Der Mensch bedient sich zur Sicherung seiner Wasserversorgung und zum Schutz vor den zerstörerischen Kräften des Wassers seit frühester Zeit wasserbaulicher Maßnahmen, d.h. künstlicher, von Menschenhand geschaffener Einrichtungen zur Wassergewinnung und Wasserfassung, zur vertikalen und horizontalen Wasserförderung, zur Wasserspeicherung und Wassermessung sowie zur Nutzung der Wasserkraft. Abhängig von den klimatischen, geographischen und topographischen Gegebenheiten, den wirtschaftlichen und gesellschaftlichen Möglichkeiten sowie den jeweiligen organisatorischen und technologischen Fähigkeiten kam es dabei im Verlauf der Geschichte zu einer Vielzahl wasserbautechnischer Lösungen.

Anfänge des Wasserbaus: Die W.-Technik der Griechen und Römer konnte auf zahlreiche in der Zeit etwa zwischen 5000 und 1000 v.Chr. entwickelte Technologien zur Fassung, Förderung, Speicherung und Nutzung des Wassers zurückgreifen und diese weiterentwickeln, wobei manche dieser Technologien die Antike überdauerten und bis in unsere heutige Zeit zur Anwendung kommen. Die Speicherung von Wasser in Gefäßen und Zisternen erfolgte bereits in vorgeschichtlicher Zeit. Talsperren mit Staudämmen und Staumauern sind aus dicht besiedelten Regionen mit jahreszeitlich stark schwankendem Wasserangebot, in denen Zisternen für die Versorgung der Bevölkerung nicht mehr ausreichen, seit mehr als 5.000 Jahren bekannt (z.B. Jawa in Jordanien um 3200 v.Chr.). Wasserleitungsrohre aus gebranntem Ton sind für das

Euphrat-Tal seit etwa 3500 v.Chr. bekannt, und die ersten Metallrohre aus Kupfer wurden für Ägypten auf die Zeit um 2300 v.Chr. datiert. Erdkanäle der unterschiedlichsten Größenordnungen werden seit 3000 v.Chr. überall in der Bewässerungswirtschaft benutzt. Offene und geschlossene Steinkanäle aus Natur- oder Backsteinmauerwerk lassen sich in allen großen Städten des Altertums nachweisen. Größere W.-Werke wie Tunnel oder Aquädukte zur Überwindung topographischer Hindernisse (Täler, Berge) sind dagegen erst aus späterer Zeit bekannt (Kanat-System in Persien um 700 v.Chr., Kanalbrücke bei Jerwan/Assyrien um 690 v.Chr.). Technische Einrichtungen zur vertikalen Wasserförderung, wie der Shadouf (um 2500 v.Chr.), bei dem das Gewicht des zu hebenden Wassergefäßes nach dem Hebelprinzip über einen Hebebaum teilweise durch ein Gegengewicht ausgeglichen wird, oder kontinuierliche Hebevorrichtungen wie das Wasserrad (um 1700 v.Chr.) oder die sogenannten Archimedische Schraube (ca. 4. Jahrhundert v.Chr.) werden ebenfalls bereits seit vielen Jahrhunderten genutzt. Auch die Technologie der Wassermessung besaß bereits zu Beginn der Antike vor allem in Ägypten eine jahrhundertealte Tradition, wie die in Karnak gefundene Wasseruhr (um 1400 v.Chr.) und die zahlreichen Wasserstandsmarken am Nil (z. B. das Nilometer auf Elephantine, um 1800 v.Chr.) bezeugen.

Antike Innovationen zum Wasserbau: Von den Griechen und Römern wurden diese Technologien übernommen und teilweise weiterentwickelt. Bedeutende theoretische Fortschritte konnten in der Antike im Bereich der Hydrostatik und der Hydraulik vor allem durch Archimedes (287–212 v.Chr.) und Heron von Alexandria (1. Jahrhundert n.Chr.) sowie im Bereich der Erfindung hydraulischer Maschinen durch Ktesibios (3. Jahrhundert v.Chr.), dessen Schüler Philon von Byzanz und durch Heron erzielt werden. Diese Erkenntnisse fanden allerdings im Bereich des antiken W. praktisch keine Anwendung. So hatte zwar bereits Heron klar den Zusammenhang von Öffnungsquerschnitt und Durchflußgeschwindigkeit für die Berechnung von fließenden Wassermengen erkannt, eingesetzt wurde diese Erkenntnis aber in der Antike bei der Bestimmung der Wasserleitung zugeteilten Wassermengen nicht. Zur Zeit des Frontinus, der von 97 bis 103 n.Chr. in Rom als ›curator aquarum‹, d.h. als Aufseher der städtischen Wasserversorgung, wirkte, berechnete man die von einem Kanal gelieferte Wassermenge allein auf Grundlage der durchflossenen Querschnittsfläche. Frontinus erahnte als guter Beobachter zwar ebenfalls die Bedeutung der Wassergeschwindigkeit für die Abflußmenge, vermochte dies aber bei seinen Berechnungen nicht zu berücksichtigen.

Der Wasserhebung aus Brunnen und Kanälen dienten nach Vitruv (10,4; 10,6) in den ländlichen Regionen des römischen Reiches zumeist einfache von Hand oder Fuß angetriebene Winden, Wasserschnecken (*coclea*) und kleine Schöpfräder (*tympanum*). Die Kenntnis des Prinzips der Druck- und Saugpumpe zur Wasserhebung ist für Ktesibios literarisch bei Vitruv (10,12,1) und Heron (Pn. 1,28) sowie auch durch archäologische Funde römischer Doppelkolben-Druckpumpen belegt. Die Nutzung der Wasserkraft zur Hebung von Wasser durch wassergetriebene Schöpfwerke bzw. Wasserräder beschreiben in der antiken Literatur sowohl Philon von Byzanz (um 230 v.Chr.) wie später auch Lucretius (97–55 v.Chr., *De rerum natura*) und Vitruv (10,5,1).

Beispiele antiker Wasserbaukunst: Die bedeutendsten Leistungen antiker W.-Kunst bilden jedoch nicht die mechanischen Einrichtungen zur Wasserhebung, sondern die komplexen und raumgreifenden Systeme zum Hochwasserschutz, zur Verkehrsinfrastruktur, zur Be- und Entwässerung sowie vor allem zur Versorgung der Bevölkerung in

Abb. 106: Römische Wasserleitung (Aquädukt) von Pondel im Aostatal (Westalpen), vollendet 3/2 v.Chr. Die Leitung führt über eine 52 m tiefe Schlucht. Solche Konstruktionen waren zum einen ein wesentliches Element der infrastrukturellen Erschließung von Gebirgslandschaften, zum anderen aber stellten sie auch hohe technische Anforderungen an die Ingenieure.

den Ballungszentren mit Trink- und Brauchwasser. Aus der Vielzahl der literarisch und archäologisch belegten Beispiele seien u. a. die zum Hochwasserschutz oder zur Schaffung neuer Schiffahrtswege vorgenommenen Flußumleitungen und Flußausbauten im Auftrag des lydischen Königs Kroisos um 600 v.Chr. in Kleinasien oder des Tiber in Rom (Plin. nat. 3,9) sowie die unter Drusus um 13 v.Chr. begonnenen Arbeiten zur Eindeichung des zwischen Rhein und Maas gelegenen Landes der Bataver genannt. Herausragende künstliche Hafenbauten sind u. a. belegt für Samos (Hafenmole), Piräus, Rhodos (Koloß von Rhodos), Alexandria (Leuchtturm von Pharos) und Ostia (Trajans Hafen). Der im Hafenbau eingesetzten Technik widmet Vitruv im 5. Buch seiner *De architectura libri decem* ein eigenes Kapitel, in dem er Konstruktion und Bau von Wellenbrechern, Molen und Kaianlagen aus Steinschüttungen, Natur- und Betonsteinen sowie die Verwendung von unter Wasser aushärtendem Beton, bestehend aus Steinschlag, Kalk und Pozzuolanerde (*opus caementicium*), beschreibt.

Wasserversorgung: Ein besonderer Stellenwert kam im antiken W. der Errichtung von Wasserversorgungssystemen für Residenzen und Städte zu. Da Siedlungsplätze, die gut zu verteidigen waren (Burgberge) und eine verkehrsgünstige Lage (Küstenstädte) besaßen, nicht immer auch über ein ausreichendes natürliches Wasserangebot verfügten, waren umfangreiche Maßnahmen zur Sicherung der Wasserversorgung, insbesondere bei steigender Bevölkerungszahl, erforderlich. Im Gegensatz zu weiten Teilen der ländlichen Regionen im Mittelmeerraum, deren Landwirtschaft dem mediterranen Klima mit seinen trockenen Sommern angepaßt war und so auf umfangreiche künstliche Bewässerungssysteme verzichten konnte, machte der Prozeß der Urbanisation in Griechenland und später im Imperium Romanum die Erschließung immer weiter entfernt gelegener Wasservorkommen notwendig. Die dabei zu lösenden Probleme, wie der Transport des Wassers über große Entfernungen, die Überwindung topographischer Hindernisse, die Speicherung und Verteilung der Wassermengen, stellten große Anforderungen an das Können der antiken Ingenieure und Baumeister.

In Griechenland wurden die notwendigen Voraussetzungen dafür erst durch die Zentralisierung der Macht in den Poleis geschaffen, wie die frühen W.-Maßnahmen in Athen, Samos und Megara im 6. Jahrhundert v.Chr. unter den Tyrannen Peisistratos, Polykrates und Theagenes bezeugen. Höhepunkte der griechisch-hellenistischen W.-Kunst stellen der 1.036 m lange Tunnel des Eupalinos auf Samos (vgl. Abb. 59, S. 351) aus der Mitte des 6. Jahrhunderts v.Chr. sowie die 42 km lange Madradag-Wasserleitung mit ihrer Hochdruckleitung auf den Burgberg von Pergamon aus der Zeit Eumenes II. (197–159 v.Chr.) dar. Die griechischen Wasserleitungen bestanden in der Regel aus unterirdisch verlegten Tonröhren. Sie waren entlang der Höhenlinien mit einem geringen Gefälle verlegt und folgten so den Konturen des Geländes, wodurch auf Bogenkonstruktionen wie bei den römischen Wasserleitungen verzichtet werden konnte. Berge wurden gegebenenfalls durchtunnelt und Täler mittels Druckleitungen durchquert, die aus Blei gefertigt und durch Steinfassungen verstärkt waren. Zumeist endeten die griechischen Wasserleitungen in Brunnenhäusern auf einem zentralen Platz der Polis.

Römische Wasserleitungen bestanden dagegen aus Freispiegelkanälen (*aquae*), die mit ihrem größeren Abflußquerschnitt eine wesentlich höhere Abflußleistung als die Tonrohrleitungen ermöglichten und zudem leichter instandzuhalten waren. Die Kanäle waren anfangs aus Natursteinen gemauert, wurden aber seit der Prinzipatszeit wie die Hafenmauern aus *opus caementicium* hergestellt. Zumeist verliefen die Kanäle unterirdisch oder ebenerdig. Täler bis zu 50 m Tiefe wurden durch Bogenkonstruktionen (Aquädukte) überquert, da die großen Wassermengen der Kanäle nur durch zahlreiche parallele Druckleitungen hätten geleitet werden können. Letztere wurden lediglich bei größeren Höhenunterschieden eingesetzt. Um in Rom auch den höher gelegenen Stadtvierteln das Wasser zuführen zu können, errichtete man zahlreiche monumentale Aquädukte, die das Wasser in möglichst großer Höhe in die Stadt leiteten. Dort wurde das Wasser über ein Netz von Bleirohren auf zahlreiche Laufbrunnen (11 v.Chr.: 105 Brunnen) in den Stadtvierteln verteilt. Ein Netz von Abwasserkanälen (*cloacae*) führte das Abwasser in einen Hauptsammler (*cloaca maxima*) und von dort in den Tiber. Insgesamt umfaßte das zwischen 312 v.Chr. und 226 n.Chr. angelegte Wasserversorgungssystem von Rom 11 Wasserleitungen mit einer Gesamtlänge von mehr als 500 km.

Talsperren: Da in einigen Regionen des Römischen Reiches (z. B. Syrien, Nordafrika, Spanien) Wasser nicht ganzjährig in ausreichender Menge zur Verfügung stand, errichtete man dort Staudämme zur Speicherung des Wassers für die Trockenzeit. Beispielhaft für die rund 100 bekannten römischen Talsperren sind die zwei im 2. Jahrhundert n.Chr. für die Veteranenkolonie Emerita Augusta (Mérida, Spanien) erbauten und heute noch als Wasserspeicher für die nähere Umgebung in Betrieb befindlichen Staudämme Proserpina und Cornalvo. Sie liegen 7 bzw. 17 km nördlich der Stadt und besitzen Staumauern von 12 bzw. 18 m Höhe und 400 bzw. 200 m Kronenlänge. Die Proserpina-Staumauer besteht zur Wasserseite aus einer leicht abgetreppten und, um dem Wasserdruck besser standzuhalten, konvex gekrümmten Quadersteinmauer, zur Luftseite aus einer Bruchsteinmauer und Erdanschüttung sowie einem dazwischen liegenden Betonkern. Der Staumauer vorgelagert befand sich auf der Luftseite ein Turm, dem das Wasser durch in verschiedener Höhe befindliche Öffnungen entnommen werden konnte. Neben Damm-Mauer-Stauwerken entwickelten die Römer auch Talsperren-Typen, bei denen durch Pfeiler- bzw. Bogenkonstruktionen die notwendige Standfestigkeit erreicht wurde. Damit waren den Römern die heute verwendeten Talsperren-Typen im wesentlichen bekannt.

→ Brunnen, Energiequellen, Fluß, Kanal, Meer, Monarchie, See, Tunnel, Überschwemmung, Wasserversorgung, Zeit

LITERATUR: J.P. *Boucher* (Ed.): Journées d'études sur les aqueducs romains. Paris 1983. – G. *Garbrecht:* Wasser. Vorrat, Bedarf und Nutzung in Geschichte und Gegenwart. Reinbek 1985. – F. *Glaser:* Antike Brunnenbauten in Griechenland. Wien 1983. – K. *Grewe:* Planung und Trassierung römischer Wasserleitungen. Wiesbaden 1985. – J. P. *Oleson:* Greek and Roman Mechanical Water-Lifting Devices. The History of a Technology. Dordrecht/Boston/Lancaster 1984. – H. *Schneider:* Einführung in die antike Technikgeschichte. Darmstadt 1992, 181–194. – N. *Schnitter:* Römische Talsperren, in: Antike Welt 9 (1978) Nr. 2, 25–32. – R. *Tölle-Kastenbein:* Antike Wasserkultur. München 1990. – Die Wasserversorgung antiker Städte. (Geschichte der Wasserversorgung 2 u. 3), Mainz 1987 u. 1988

Helmuth Albrecht

Wasserversorgung

Seit frühester Zeit mußte der Mensch sich mit dem Problem auseinandersetzen, das für seine Existenz sowie für die von ihm betriebene Haus- und Landwirtschaft lebensnotwendige Wasser bereitzustellen. Zugleich hatte er sich aber auch vor den zerstörerischen Wirkungen des Wassers (z. B. Hochwasser) zu schützen. Einrichtungen zur W., zur kontrollierten Nutzung des Wassers sowie zum Schutz gegen das Wasser gehören daher zu den ältesten technischen Anlagen der Menschheit.

Das natürliche Wasserangebot in den Klima- und Landschaftsräumen der Erde ist allerdings geographisch sehr unterschiedlich verteilt und erheblichen jahreszeitlichen Schwankungen unterworfen. Es wird dabei von komplexen natürlichen Gesetzmäßigkeiten bestimmt, die der Mensch noch heute nur bedingt zu verstehen und nur begrenzt zu beherrschen vermag. Darüber hinaus stimmen die menschlichen Lebens- und Arbeitsrhythmen nur selten mit den Bedingungen des natürlichen Wasserhaushaltes überein. Die sich daraus ergebenden Diskrepanzen zwischen dem natürlichen Wasserangebot und den gesellschaftlich bestimmten Wasserbedarf lassen sich nur durch wasserwirtschaftliche Eingriffe in den natürlichen Wasserhaushalt, d.h. durch Planung und Regelung von Wasserbedarf, Wasserverteilung, Wassernutzung und Wasserschutz ausgleichen. Neben wasserwirtschaftlichen Planungen kommt in diesem Zusammenhang wasserbaulichen Maßnahmen, d.h. der Errichtung technischer Anlagen zum Fassen, Heben, Leiten und Speichern des Wassers, eine große Bedeutung zu.

Hochkulturen und Wasserversorgung: Angesichts des komplexen Zusammenhangs zwischen natürlichem Wasserangebot, gesellschaftlichem Wasserbedarf, wasserwirtschaftlicher Planung und Wasserbaumaßnahmen verwundert es nicht, daß es bei der mit der Seßhaftwerdung des Menschen verbundenen Besiedlung der großen Flußebenen des Nil, des Euphrat und Tigris, des Indus und des Hoang-Hos zur Herausbildung von Kulturen kam, deren kulturelles, politisches und gesellschaftliches Leben in erheblichem Maße von den organisatorischen, technischen und rechtlichen Notwendigkeiten einer geregelten Wasserwirtschaft und eines zentral geplanten Wasserbaus bestimmt waren. Der Zwang zum Bau und zum Unterhalt großer Anlagen zur W., zur Bewässerung und zum Hochwasserschutz führte in den frühen Hochkulturen Ägyptens, Mesopotamiens, Indiens und Chinas zur Herausbildung straff organisierter staatlicher Verwaltungen, zu deren wichtigsten Obliegenheiten gerade auch die Planung, Durchführung und Kontrolle wasserwirtschaftlicher und wasserbautechnischer Maßnahmen gehörte. Die von diesen Verwaltungen insbesondere in Ägypten und Mesopotamien seit etwa 4000 v.Chr. realisierten Projekte nötigten noch Jahrhunderte später antiken Autoren wie Herodot (5. Jahrhundert v.Chr.), Strabon (um Christi Geburt) oder Pomponius Mela (1. Jahrhundert n.Chr.) Respekt und Bewunderung ab. In ihrer Anpassung an die jeweiligen naturräumlichen und klimatischen Gegebenheiten, in ihrer weitsichtigen Planung und sorgfältigen Verwaltung sowie in ihrer technischen Realisierung gelten diese Wasserhaltungssysteme noch heute als herausragende Leistungen des Menschen.

Griechen und Römer studierten, übernahmen und pflegten die Bewässerungs- und Hochwasserschutzanlagen der von ihnen eroberten Landschaften Ägyptens und Mesopotamiens. So gelang es beispielsweise den Römern, das unter den Seleukiden und Parthern vernachlässigte Kanalsystem an Euphrat und Tigris wiederherzustellen und so zu pflegen, daß Mesopotamien erneut zu einer der Kornkammern des Nahen Ostens werden konnte. In Griechenland vermochte man dabei auf eine lange Tradition wasserbautechnischer Großprojekte zurückzublicken, wie das Beispiel der Melioration der Kopais-Ebene in Böotien durch die Minyer um die Mitte des 2. Jahrtausends v.Chr. bezeugt. Noch unter Alexander dem Großen konnten ein Jahrtausend später die zur Trockenlegung der etwa 300 km² großen Ebene angelegten Kanäle, Dämme und Polder erfolgreich wiederhergestellt werden.

Die Bedeutung des Wassers in der Philosophie: Den Griechen war es auch vorbehalten, das seit Jahrtausenden von naturmythologischen Vorstellungen geprägte Verhältnis des Menschen zum Wasser auf eine neue Grundlage zu stellen. Die mit Thales von Milet um 600 v.Chr. entstandene Schule der griechischen Naturphilosophie entwickelte bei ihrer Suche nach den ersten Gründen und Ursachen aller Erscheinungen erstmals die Vorstellung eines unterirdischen (Hippon von Rhegion, Platon) bzw. eines atmosphärischen Wasserkreislaufs (Xenophanes, Empedokles, Anaxagoras). Beide Vorstellungen wurden schließlich durch Aristoteles in seiner Schrift *Meteorologica* zu einer weitgehend zutreffenden Theorie der Verdunstung, Kondensation, Wolkenbildung, Niederschläge, Quell- und Flußbildung zusammengefaßt. Eine korrekte Beschreibung des Vorganges der Bodenerosion als Folge der Abholzung von Wäldern und der Sedimentation des fortgeschwemmten Erosionsmaterials in Flußmündungen lieferte Platon bereits im 4. Jahrhundert v.Chr. in seinem Dialog *Kritias*. Von römischen Autoren wie Vitruv (*De architectura libri decem*), Strabon (*Geographica*), Seneca (*Quaestiones naturales*) oder Plinius (*Naturalis historica*) wurden diese Erkenntnisse der Griechen später lediglich rezipiert, aber nicht weiterentwickelt.

Wasserrecht: Um einen möglichst gerechten Ausgleich zwischen Wasserangebot und Wasserbedarf sicherzustellen, kam es schon frühzeitig zu gesetzlichen Regelungen, wie die den Hochwasserschutz und die Bewässerung betreffenden Bestimmungen des *Codex Hammurabi* aus der Zeit um 1700 v.Chr. belegen. Im Laufe der Zeit entwickelten sich auch im Mittelmeerraum an den jeweiligen regionalen Bedingungen und Bedürfnissen orientierte wasserrechtliche Bestimmungen. Gewohnheitsrechte und geltende Rechtsnormen bestimmten die Regeln der W. und -nutzung. Ihre Einhaltung kontrollierten staatliche Institutionen bzw. die Gemeinden selbst, wobei nicht selten der jeweilige Herrscher direkten Einfluß nahm. In den griechischen Stadtstaaten stimmten die Satzungen und Rechtsordnungen zur Wasserwirtschaft weitgehend überein. Als frühestes Beispiel ist uns durch Plutarch (Solon 23) ein Gesetz von Solon aus der Zeit um 600 v.Chr. überliefert, das vor allem den Bau privater sowie die Nutzung öffentlicher Brunnen regelte. Im Wasserrecht der Griechen galt offenbar der Grundsatz, daß jedes Mitglied des Gemeinwesens einen Anspruch auf genügend Wasser zum Leben und Wirtschaften besitzt. Geregelt wurden aber nicht nur die allgemeinen Fragen der W., sondern auch die speziellen Fragen der Sauberhaltung, der Zuleitung, der Verteilung und der Entwässerung, wobei für Übertretungen empfindliche Strafen vorgesehen waren. Planung, Bau und Aufsicht der W. lagen in der Hand besonderer Beamter, zu denen mitunter bedeutende Persönlichkeiten (z.B. Themistokles am Beginn des 5. Jahrhunderts v.Chr.) gewählt wurden. Auch die Römer sahen in der Versorgung ihrer Gemeinden mit Trinkwasser eine gemeinschaftliche Aufgabe, wobei, wie das Beispiel Roms zeigt, die praktische Umsetzung zunächst in privater Hand lag, während der Staat sich auf allgemeine Direktiven beschränkte. In republikanischer Zeit lag die Regelung von Streitfragen in der Hand der Ädilen, und ab 12 v.Chr. wurde das Wasserwesen der Stadt schließlich direkt von den Kaisern kontrolliert. Die Gesamtaufsicht einschließlich der Regelung von Streitfragen war einem besonderen Beamten, dem ›curator aquarum‹, übertragen.

Beispiele für antike Wasserversorgung: Einer rechtlichen Grundlage sowie einer zentralen Planung und Verwaltung bedurften vor allem die umfangreichen W.-Systeme der antiken Städte mit ihren weitverzweigten Einrichtungen zum Wasserfang, zur Wasserleitung, zur Verteilung sowie zur Ableitung des Wassers. Herausragende Beispiele, deren Überreste noch heute ihren Betrachter erstaunen, sind dafür u.a. das um 700 v.Chr. erbaute W.-System der Stadt Ninive in Mesopotamien, die im späten

6. Jahrhundert v.Chr. angelegte Wasserleitung des Eupalinos auf Samos oder die W.-Systeme der antiken Großstädte Pergamon und Rom.

Zur W. der Stadt Ninive, ihrer ausgedehnten Parks und Obstplantagen ließ der assyrische König Sanherib zwischen 703 und 690 v.Chr. ein weitverzweigtes, überregionales System errichten, das aus einer Wasserzuleitung aus dem Fluß Khosr, der Fassung und Überleitung zahlreicher Bäche der stadtnahen Berge, dem Transfer von Wasser aus einem benachbarten Wadi sowie der Ableitung von Wasser aus einem weiter entfernt liegenden Flußsystem gespeist wurde. Neben Kanälen und Wasserableitungswehren verfügte das eindrucksvolle Wasserausgleichssystem über einen gewaltigen Aquädukt von 290 m Länge, 22 m Breite und 9 m Höhe, der zugleich das älteste uns bekannte Brückenbauwerk darstellt, dessen Ruinen bis heute erhalten sind.

Weitgehend erhalten blieb auch die Mitte des 6. Jahrhunderts v. Chr. durch Eupalinos erbaute Wasserleitung auf Samos, deren großartigstes Bauwerk, die Durchtunnelung eines Berges (vgl. Abb. 59, S. 351), bereits Herodot in seinen *Historien* (3,6) rühmte. Das Gesamtsystem bestand aus einem Staubecken zur Fassung der Quelle, einer 895 m langen Zuleitung bis zum Tunneleingang, einem 1.036 m langen Tunnel durch den Berg zwischen Quelle und Stadt, einer 620 m langen Zuleitung vom Tunnelende bis zum Brunnenhaus unterhalb des Theaters sowie vermutlich zwei Stichleitungen zu weiteren öffentlichen Brunnen. Vor allem der zugleich von beiden Ausgängen vorgetriebene Tunnel stellt eine planerische und vermessungstechnische Meisterleistung dar. Vermutlich blieb das gesamte System bis in das 7. Jahrhundert n.Chr., also über beinahe 1.200 Jahre in Funktion.

Großstädte wie Pergamon (ca. 160.000 Einwohner im 2. Jahrhundert n.Chr.) oder Rom (ca. 1 Million Einwohner) stellten ganz besondere Anforderungen an das W.-System. In Pergamon reichten die mehr als 100 Zisternen der Königsstadt bereits in hellenistischer Zeit nicht mehr aus. Bedingt durch die topographische Lage der Stadt legte man daher ein weitverzweigtes System von Wasserleitungen an, das sich nicht nur durch Kanäle, Tunnel und Aquädukte, sondern vor allem durch Druckleitungen zur Überwindung von Höhenunterschieden auszeichnete. Eine besonders eindrucksvolle Leistung stellt dabei die hellenistische Hochdruckleitung dar, mit der das Wasser über rund 175 m Höhendifferenz auf den Burgberg von Pergamon geführt wurde. Noch gewaltigere Dimensionen besaß das W.-System des antiken Rom, dessen zwischen 312 v.Chr. und 226 n.Chr. angelegtes Netz schließlich 11 Leitungen mit mehr als 500 km Gesamtlänge umfaßte. Gegen Ende des 1. Jahrhunderts n.Chr. beförderten neun Zuleitungen schätzungsweise etwa 600.000 m^3 Wasser pro Tag in die Stadt. Jedem Einwohner Roms standen damit ca. 600 Liter Wasser/Tag zur Verfügung (BRD 1994: ca. 140 Liter/Tag). Im 4. Jahrhundert n.Chr. erhielten aus diesem System 11 Thermen, 15 Nymphäen, 5 Naumachien, ca. 850 kleinere Bäder sowie rund 1.350 öffentliche Brunnen ihr Trink- und Brauchwasser. Ergänzt und vervollständigt wurde das W.-System Roms durch weitverzweigte Abwasserkanäle, die über die bereits um 500 v.Chr. vollständig ausgemauerte, überwölbte und unter die Erde verlegte ›Cloaca Maxima‹ in den Tiber entwässerten. Ein vergleichbares Wasserver- und Entsorgungssystem erhielt Rom erst wieder im 19./20. Jahrhundert.

→ Brunnen, Fluß, Kanal, Klima, Landwirtschaft, Monarchie, Park, Philosophie, Recht, See, Tunnel, Überschwemmung, Wasserbau

LITERATUR: G. *Garbrecht*: Meisterwerke antiker Hydrotechnik. Stuttgart/Leipzig/Zürich 1995. – G. *Garbrecht*: Wasser. Vorrat, Bedarf und Nutzung in Geschichte und Gegenwart. Reinbek 1985. – Wasserversorgung im antiken Rom. München/Wien [4]1989. – R. *Tölle-Kastenbein*: Antike Wasserkultur. München 1990. – Die Wasserversorgung antiker Städte. (Geschichte der Wasserversorgung 3), Mainz [2]1994.

Helmuth Albrecht

Weinbau

Im Rahmen der landwirtschaftlichen Produktion und des Handels kam dem W. in der Antike eine große Bedeutung zu. Aufs Ganze gesehen zählte er zu den wichtigsten Wirtschaftszweigen, und dies nicht zuletzt deswegen, weil der Weinverbrauch dem an Wasser kaum nachstand, wobei der Wein allerdings in der Regel mit Wasser vermischt konsumiert wurde.

Anfänge und Verbreitung: W. läßt sich in Europa seit vorgeschichtlichen Zeiten nachweisen, nachdem die Nutzung der Weinrebe in Kleinasien und in Ägypten bereits seit dem ausgehenden 4. Jahrtausend v.Chr. bekannt gewesen war. Auch die mykenischen Griechen kannten den W. Im Zuge der großen Kolonisation (750–550 v.Chr.) transferierten die Griechen die Kenntnis vom W. in den westlichen Mittelmeerraum (Italien, Spanien, Gallien). Die Römer wiederum sorgten für die Verbreitung in den Provinzen des Westens und Nordens. So wurde nach römischem Vorbild Wein in Britannien und Germanien (Rhein-Mosel-Region) sowie in Nordafrika angebaut.

Anbau und Ertrag: Die Antike kannte nahezu 150 unterschiedliche Rebsorten für jegliche Art von Böden. Agrarschriftsteller wie der aus dem spanischen Weinzentrum Gades (Cadiz) stammende Columella (3,3,1 ff.) betonten die höhere Ertragsintensität des W. gegenüber dem Ackerbau. Von Nachteil war freilich der große Aufwand an Arbeit und Zeit – der W. beschäftigte die Produzenten das ganze Jahr über und eben nicht nur in der Zeit der Weinlese. Angelegt wurden die Weinstöcke in der Regel auf gefurchten Feldern oder Äckern, und die erste Lese konnte, je nach Bodenbeschaffenheit und Klima, erst in einem Zeitraum zwischen drei und sieben Jahren durchgeführt werden. Manche Weine erlangten eine überregionale Berühmtheit. Als bester Wein der Antike galt allgemein der Falerner aus Kampanien (Plin. nat. 23,24), der eine Reifezeit von 15 bis 20 Jahren benötigte.

Weinhandel: Der Handel mit Wein war über die gesamte Antike hinweg ein profitables Gewerbe. Der Reichtum einer Anzahl von griechischen Inseln beruhte ganz wesentlich auf dem Export der heimischen Weine. Thasos, einer der Hauptproduzenten und -exporteure von Wein, versuchte mit entsprechenden Verordnungen, den heimischen Weinhandel zu schützen, indem man ein Lieferverbot für das gegenüberliegende Festland verhängte. Amphorenfunde von der Agora von Athen mit eingedrückten Herkunftsstempeln vermitteln eine Vorstellung von der Dimension des Weinhandels in der griechischen Welt der klassischen und hellenistischen Zeit. Von den über 1.500 identifizierten Stempeln stammen die meisten aus Rhodos, Knidos und Paros.

Aus der römischen Kaiserzeit ist ein Edikt des Kaisers Domitian (81–96 n.Chr.) bekannt, das sich auf den W. bezieht, der Forschung in seiner Bewertung jedoch einige Schwierigkeiten bereitet hat. Nach Sueton (Dom. 7,2) griff der Kaiser zu einer drastischen Maßnahme, als ein allgemeiner Überschuß an W., dagegen eine dramatische Knappheit an Getreide herrschte: »Und so ordnete er an, daß niemand in Italien neue Weinstöcke pflanzen dürfe und in den Provinzen Weinpflanzungen vernichtet werden sollten, wobei dort höchstens die Hälfte weiterbestehen dürfe.« Die Maßnahme sollte weniger als eine protektionistische Aktion zugunsten der Winzer in Italien zu interpretieren sein. Vielmehr dachte der Kaiser wohl an seine patronalen Verpflichtungen, die hungernde Bevölkerung der Hauptstadt Rom – und da besonders die Mittel- und Unterschichten – mit Getreide zu versorgen.

Ansonsten verzichteten die Machthaber – gemäß antiker Gewohnheit, nicht von oben regulierend in das Wirtschaftsleben einzugreifen – auf staatliche Verordnungen zur Kontrolle von W. und Weinhandel. Eine Ausnahme stellt im 3. Jahrhundert n.Chr. der Kaiser Probus dar, von dem überliefert wird, daß er der Provinzbevölkerung in Gallien, Spanien und Britannien den Anbau von Rebkulturen und die Herstellung von Wein erlaubt habe (was notwendig impliziert, daß ihnen diese Erlaubnis zuvor entzogen worden war).

Im übrigen aber florierte im römischen Reich der Anbau von und der Handel mit Wein. Auf die hohe Nachfrage nach W. in augusteischer Zeit reagierten die Produzenten in Italien zum einen mit der Entwicklung von Tafelweinen (in Kampanien und der nördlichen Adria-Region), zum anderen mit der Herstellung größerer Rebkulturen. Dazu wurden Weine aus Gallien, Spanien und Griechenland importiert, wie andererseits italischer Wein auch in die Provinzen exportiert wurde, wie die Funde von Amphoren mit Herkunftsstempeln beweisen.

→ Ackerbau, Agrargeographie, Fachliteratur, Getreide, Großgrundbesitz, Gutshof, Handel, Landwirtschaft, Wirtschaft, Wirtschaftsgeographie

LITERATUR: A.*Carandini*: Columella's Vineyard and the Rationality of the Roman Economy, in: Opus 2, 1983, 177–204. – P. *Garnsey*/ R. *Saller*: Das römische Kaiserreich. Wirtschaft, Gesellschaft, Kultur. Reinbek 1989. – R. J. *Hopper*: Handel und Industrie im klassischen Griechenland. München 1982. – C. *Seltman*: Wine in the Ancient World. London 1957. – A. *Tchernia*: Le vin d'Italie romaine. Essai d'histoire économique d'après les amphores. Rom 1986. – K.-W. *Weeber*: Die Weinkultur der Römer. Zürich 1993.

Holger Sonnabend

Welt

Infolge unserer Kenntnis des gesamten Globus haben sich die Begriffe ›Erde‹ und ›W.‹ im heutigen Sprachgebrauch mehr und mehr zu Synonymen entwickelt. Ein zentrales Problem der antiken Geographie war dagegen die Frage nach dem Verhältnis, in dem der jeweils überschaubare Teil der Erdoberfläche zu einem noch unerforschten Ganzen stand. Spätestens seit sich in gebildeten Kreisen die Lehre von der Kugelgestalt der Erde allgemein durchgesetzt und Eratosthenes mit Hilfe eines neuartigen Verfahrens ihren Umfang berechnet hatte, wußte man um die erhebliche Differenz zwischen der anzunehmenden Gesamtoberfläche und der Ausdehnung der mehr oder weniger genau bekannten W. um das Mittelmeer. Die W. in letzterem, engeren Sinne ist Gegenstand dieses Artikels. Form und Gestalt der Erde als Himmelskörper sowie ihr Verhältnis zum Kosmos sind unter den betreffenden Lemmata behandelt.

Form und Gestalt: Hinweise auf das Bedürfnis der Griechen, sich die W. als ein irgendwie abgeschlossenes Ganzes vorzustellen, finden sich bereits im homerischen Epos. Als Begrenzung diente naturgemäß das andere, feuchte Element: *Ilias* wie *Odyssee* nennen den *okeanos*, an dessen Ufern man den bevorzugten Aufenthaltsort der Götter (Hom. Il. 23,205f.) ebenso lokalisierte wie den Eingang zur Unterwelt. (Hom. Od. 10,508–512; 11,13–22). Daß schon das W.-Bild dieser Zeit von dem Gedanken an die ideale Kreisform bestimmt war, ist nicht unwahrscheinlich. Die runde Form des Schildes des Achilleus, dessen Rand Hephaistos mit der Darstellung des *okeanos*-Stromes verziert (Hom. Il. 18,607f.), wird man freilich ebensowenig als geographische Aussage heranziehen können wie andere Motive (etwa die Verteilung der Menschen auf zwei Städte) dieser vielzitierten Passage. Nachweisbar ist die Vorstellung von einer kreisrunden W. erst in der scharfen Reaktion des Herodot: Wie mit einem Zirkel habe man bisher die W. mitsamt dem sie umgebenden *okeanos* gezeichnet (Hdt. 4,36,2), ohne von ihrer tatsächlichen Gestalt die geringste Kenntnis zu besitzen. Die Adressaten dieser Kritik haben wir ohne Zweifel unter jenen ionischen Naturphilosophen zu suchen, von denen Anaximander und Hekataios uns aus anderer Überlieferung als Verfasser der ersten Erdkarten bekannt sind (Eratosth. bei Strab. 1,1,11). Ihr W.-Bild beruhte zum einen auf der Summe der praktischen Erfahrungen aus der Kolonisationszeit, zum anderen auf der spekulativen Annahme eines runden, trommel- bzw. scheibenförmigen Erdkörpers, aus dem sich die runde Außenkontur der W. ergab. Welcher Beliebtheit sich dieses Modell in klassischer Zeit allgemein erfreute, zeigt nichts deutlicher als die Tatsache, daß noch Aristoteles seine größte Schwäche, den offenkundigen Schematismus, mit nahezu denselben Worten bemängelt (Aristot. meteor. 2,5,p.362b) wie Herodot. Schon letzterer ließ demgegenüber, soweit wir seiner Kritik entnehmen, die Frage nach Form und Ausdehnung der W. im Norden und Osten offen (Hdt. 4,40,2; 4,44,3; 4,45,1). Nur im Westen und – dank der Afrika-Umseglung unter Pharao Necho (Hdt. 4,42,2–4) – im Süden war für den Historiker die Begrenztheit des Festlandes erwiesen. Der hier erstmals praktizierte Grundsatz, auf hypothetische Ergänzung unbekannter Partien zu verzichten, ist wissenschaftsgeschichtlich von größter Bedeutung. Wie schwer es fiel, diesen Grundsatz tatsächlich konsequent zu befolgen, zeigen am besten Herodots eigene Verstöße gegen ihn: etwa der Längenvergleich der beiden – im Osten doch unbekannten – Erdhälften (Hdt. 4,42,1) oder der bedenkenlose Analogieschluß vom Lauf der Donau auf einen parallelen Lauf des Nils (Hdt. 2,33,2–34,2).

Lehre von der Erdkugel und Alexanderzug: Zwei Ereignisse waren es, die im folgenden Jahrhundert die Diskussion über die Beschaffenheit der W. neu belebten: die Erkenntnis von der Kugelgestalt der Erde und der Eroberungszug Alexanders des Großen bis nach Nordindien. Aus der Lehre von der Erdkugel, die sich – aus Unteritalien kommend – anscheinend im Laufe des 4. Jahrhunderts v.Chr. in Griechenland allgemein durchgesetzt hatte, ergab sich für eine ›experimentelle‹ Geographie eine Reihe bisher unbekannter Probleme: Welchen Teil der Gesamtoberfläche nahm die bekannte W. ein? War sie rings von Wasser umgeben, und – wenn ja – gab es anderswo noch weitere derartige Insel-W.? Oder waren auch die äußeren Meere nur Binnenmeere innerhalb eines zusammenhängenden Festlandes? Wie war das Phänomen der Schwerkraft zu erklären, und wie wirkte es sich auf der (bewohnten?) gegenüberliegenden Seite der Erdkugel aus? Die Erörterung dieser und anderer Fragen erforderte zunächst eine begriffliche Unterscheidung zwischen dem Erdkörper als Ganzem und dem bekanntermaßen bewohnten Teil seiner Oberfläche. Das Wort *oikumene* (›bewohnt‹) – als partizipiales Attribut zu *ge* (›Erde‹) bereits bei dem ionischen Philosophen Xenophanes (6. Jahrhundert v.Chr.) belegt (Diels-Kranz 21 A 41) – verselbständigte sich spätestens seit dieser Zeit zum Terminus technicus für die W. um das Mittelmeer (und auch für eventuelle andere derartige W.), während *ge* überwiegend der Standardbegriff für die Erde als Ganzes blieb. Die Lokalisierung der Oikumene auf der nördlichen Erdhalbkugel war aufgrund der Sonnenbahn evident. Unterschiedlich verfuhr man dagegen während der folgenden Jahrhunderte in der Frage ihrer Begrenzung (durch tatsächlich nicht ›bewohnte‹ bzw. aufgrund des Klimas unbewohnbare Zonen, durch astronomische Hilfslinien wie Meridiane, Polarkreis, Wendekreis oder Äquator, durch das andere Element Wasser) sowie ihres Verhältnisses zur restlichen Erdoberfläche: Eine Landverbindung zu einer südlichen Antioikumene, wo der Nil entspringe, nahm um die Mitte des 4. Jahrhunderts v.Chr. Eudoxos von Knidos an (F 287–289 Lasserre). Wohl unter dessen Einfluß erwähnte Aristoteles eine wasser- und niederschlagslose Zone (also Land) zwischen den Wendekreisen (Aristot. meteor. 2,5,p.363a), während er bei seiner Beschreibung der Windverhältnisse über den beiden Erdhalbkugeln sowie über dem »Südmeer jenseits von Libyen« offensichtlich an einen Äquatorialozean dachte (Aristot. meteor. 2,5,p.362b–363a).

Bewirkte somit das Aufkommen der Erdkugellehre vor allem durch neue Fragen einen Aufschwung erdkundlichen Interesses, so brachte der Zug Alexanders des Großen auch de facto eine enorme Erweiterung des geographischen Horizontes mit sich. Die Arbeit der Bematisten (Schrittzähler) stellte Berechnungen der westöstlichen Länge der W. – jedenfalls für ihren östlichen Teil – auf eine neue Grundlage (für den westlichen Teil sollte noch Jahrhunderte lang jene merkwürdige Überschätzung der Länge des Mittelmeerbeckens charakteristisch bleiben, deren Ursachen man in der notorischen Ungenauigkeit von Entfernungsangaben nach Schiffahrtsdauer und in der Unmöglichkeit exakter Längenbestimmung einerseits, in der Neigung zu einer Gleichsetzung der Oikumene mit einem nördlichen Quadranten der Erdoberfläche andererseits sehen möchte). Naturwissenschaftliche Untersuchungen aller Art erlebten infolge der durch die Gelehrten in Alexanders Stab gesammelten Beobachtungen eine Blüte. Die W. in ihrer zuletzt bekannt gewordenen Ausdehnung politisch zu beherrschen, blieb Alexander versagt.

Eratosthenes: Die Summe des neuen Wissens über die W. zu Beginn der hellenistischen Zeit präsentierte das – leider verlorene – geographische Werk des Eratosthenes. Neben seiner wohl bedeutendsten erdkundlichen Leistung, der Berechnung des Erdumfanges mit Hilfe eines Vergleichs der Schattenlängen auf verschiedenen Breiten (Kleomed. 1,10), entwarf der Alexandriner eine W.-Karte, die den neuesten Entdeckungen im Südosten (Alexanderzug, Nearchos), im Nordosten (Patrokles) wie im Nordwesten (Pytheas) Rechnung trug (vgl. Abb. 21, S. 116). In den Ausmaßen nahm die Oikumene nach seiner Berechnung nunmehr nahezu ein Viertel der Erdoberfläche ein. Ihre Länge betrug etwas weniger als die Hälfte des gesamten mittleren Breitenkreises, in ihrer nordsüdlichen Ausdehnung reichte sie über die Grenzen der gemäßigten Klimazone zwischen Wendekreis und Polarkreis weit hinaus. Zur Ortsbestimmung verwendete Eratosthenes – wo vorhanden – bereits astronomische Daten, anderenfalls griff er auf das jeweils verfügbare Material (Angaben der Fahrtzeit aus Reiseberichten, Breitenschätzung nach Klima/Vegetation) zurück. Als Hilfsmittel diente ihm als erstem eine Art Koordinatensystem, bestehend aus einem mittleren Breitengrad von den Säulen des Herakles (Gibraltar) über Rhodos und den Tauros zum Himalaya sowie sieben Meridianen, das freilich an derselben ›gemischten‹ Methode der Datenerfassung litt: Nicht auf astronomisch bestimmten Punkten, sondern auf unterschiedlich zuverlässigen Angaben zur Lage markanter Orte, Flüsse, Gebirge etc. beruhten diese ›Längengrade‹, deren praktischer Wert insofern eher gering war. Der Analogieschluß aus bekannten Küstenpartien sowie die Beobachtung des gleichen Phänomens der Gezeiten an verschiedenen Meeren brachten ihn zu der prinzipiell richtigen Annahme, die W. müsse rings von Wasser umgeben sein (Strab. 1,1,8; 1,3,13). Einigermaßen willkürlich erscheint freilich infolge seiner bruchstückhaften Kenntnis der äußeren Küsten der Vergleich mit einer ausgebreiteten *chlamys* (Mantel), den Strabon an mehreren Stellen im Zusammenhang mit eratosthenischem Gedankengut erwähnt (Strab. 2,5,6 und öfter).

Reaktionen auf Eratosthenes: Destruktive Kritik an dem Bemühen des Eratosthenes wirft Strabon dem Astronomen Hipparchos von Nikaia (2. Jahrhundert v.Chr.) vor: Statt die Irrtümer des Eratosthenes zu korrigieren, habe er die noch weit fehlerhafteren voreratosthenischen Karten zum einstweiligen Gebrauch empfohlen (Strab. 2,1,38). Hinter der verkürzten Darstellung Strabons dürfte im wesentlichen die Erkenntnis stehen, daß eine zuverlässige (d. h. ausschließlich auf astronomischen Daten beruhende [vgl. Hipparch. bei Strab. 1,1,12]) W.-Karte mit den Mitteln der Zeit noch nicht zu realisieren, jeder derartige Versuch mithin zum Scheitern verurteilt war. Die gleiche kritische Distanz spricht aus seinem Widerspruch gegen Eratosthenes' Annahme eines ›atlantischen‹ W.-Meeres (bei Strab. 1,1,9): Nicht der gegenteiligen Lehre, wie sie drei Jahrhunderte später Ptolemaios vertreten sollte, wollte Hipparchos zum Durchbruch verhelfen, sondern dem Grundsatz, daß ein Zusammenhang des Meeres nicht behauptet werden dürfe, solange er nicht restlos erwiesen sei.

In anderer Form begegnet die Resignation gegenüber unlösbaren Fragen der Geographie bei Hipparchos' Zeitgenossen Polybios, der eine Beschränkung der Erdkunde auf die Beschreibung des Bekannten fordert: Sowohl über den Süden (wo Asien und Libyen in Äthiopien zusammenhängen) als auch über den gesamten Norden der Oikumene (zwischen Narbo und dem Tanais) lägen nun einmal keinerlei verläßliche Informationen vor (Strab. 3,38,1–3). In gewisser Weise erinnern die Reaktionen eines Hipparchos und Polybios auf die als unzulänglich erkannte W.-Karte des Eratosthenes an die Kritik des Herodot an entsprechenden Versuchen der ionischen Naturphilosophie. Beide Male gerieten bedeutende Fortschritte im geographischen W.-Bild aufgrund offenkundiger Schwächen pauschal in Mißkredit; beide Male ging mit der Einsicht von der Begrenztheit des geographischen Wissens ein Nachlassen wissenschaftlicher Experimentierfreude einher.

Von Eratosthenes bereits vorgezeichnete Wege der Argumentation beschritt erneut der Stoiker Poseidonios (1. Hälfte des 1. Jahrhunderts v.Chr.), indem er den Zusammenhang des W.-Meeres – das erklärte Thema seiner Studie – zum einen durch Berichte von Fahrten entlang der äußeren Küsten (bei Strab. 2,3,4), zum anderen durch die eingehende Beobachtung des Phänomens der Gezeiten zu untermauern suchte (bei Strab. 1,1,9). Im Gegensatz zu Eratosthenes verglich er die Form der Oikumene mit einer *sphendone* (Schleuder), d. h. mit dem rautenförmigen Mittelstück zur Aufnahme des Geschosses (fr. 200 f. Edelstein-Kidd). In ihrem wesentlichen Merkmal, der Begrenzung nach allen Seiten durch ein zusammenhängendes Meer, blieb die von Eratosthenes und Poseidonios gelehrte Vorstellung von der W. über ihre kompilatorische Rezeption durch Strabon bis in die Kaiserzeit hinein unverändert. Erst Marinos von Tyros und Ptolemaios griffen – infolge neuer Horizonterweiterungen vor allem im Osten und im Süden – die Zweifel eines Hipparchos und Polybios an dieser Annahme auf und entwickelten daraus die entgegengesetzte These von einem zusammenhängenden, unbekannten Festland jenseits der Grenzen der Oikumene, das die Ostküste Afrikas mit Südostasien verband und so den Indischen Ozean zu einem Binnenmeer machte (Ptol. geogr. 7,5,2).

Römische Vorstellungen: Weitaus schwieriger als in der griechischen Literatur lassen sich typische Züge einer römischen Vorstellung von der W. erkennen. Zu weit war der Einfluß der griechischen Wissenschaft schon fortgeschritten, als daß wir in den Äußerungen augusteischer oder kaiserzeitlicher Autoren noch originär römische Vorstellungen erkennen könnten – wenn wir von der Bezeichnung *orbis terrarum* einmal absehen, die eher die runde Anordnung der W. auf einem flachen Erdkörper als die seit der Entdeckung der Erdkugel bei den Griechen übliche Annahme einer länglichen Form impliziert. Wo die römische Geographie nicht einem bestimmten praktischen Zweck diente (Vermessung, Wegebeschreibung), da besteht sie überwiegend aus Versuchen, einem lateinisch sprechenden Publikum die Errungenschaften der griechischen Erdkunde zugänglich zu machen.

Prägende Faktoren: Zwei Konstanten waren es, die neben Fortschritten wie der Erdkugellehre oder dem Alexanderzug das W.-Bild der Antike nachhaltig geprägt haben: zum einen die Vermengung von Beobachtung und mythischem Gedankengut (*okeanos*-Vorstellung), zum anderen der bei kaum einem Autor fehlende Hang zur Schematisierung, der bisweilen so stark war, daß empirische Fortschritte demgegenüber zurücktraten oder in Vergessenheit gerieten. Auf Schritt und Tritt begegnet das Bedürfnis nach Systematisierung des Bekannten und nach schematischer Ergänzung des Unbekannten. Mag diese Tendenz auch vereinzelt erkannt und kritisiert worden sein (Herodot, Hipparchos), letztlich blieb sie doch stets das Grundprinzip im Bemühen der Griechen um die geistige Erfassung ihres Lebensraumes.

→ Astronomie, Chorographie, Erde, Erdteile, Erdvermessung, Geographie, Kartographie, Küste

LITERATUR: H. *Bannert:* RE Suppl. 15 (1978) Sp. 1557–1583, s.v. Weltbild. – H. *Berger:* Geschichte der wissenschaftlichen Erdkunde der Griechen. Leipzig ²1903. – F. *Gisinger:* RE Suppl. 4 (1924) Sp. 521–685, s.v. Geographie. – F. *Gisinger:* RE 17,2 (1937) Sp. 2123–2174, s.v. Oikumene 1. – J. B. *Harley/D. Woodward* (Eds.): The History of Cartography I. Cartography in Prehistoric, Ancient, and Medieval Europe and the Mediterranean. Chicago 1987. – K. *Zimmermann:* Libyen. Das Land südlich des Mittelmeers im Weltbild der Griechen. München (im Druck).

Klaus Zimmermann

Wind (Winde)

Anders als die moderne Wetterkunde, die W. abstrakt nach Bewegungsrichtungen kennzeichnet, verbanden sie die Griechen in ihren Vorstellungen mit den Erdräumen, aus denen sie kamen. Sie dachten insbesondere an die charakteristischen Witterungserscheinungen und klimatologischen Eigenarten, mit denen sie auf Landschaften und Menschen Einfluß nahmen. Des weiteren dienten sie auch der Nautik. So hat Homer (8. Jahrhundert v.Chr.) die Geschichten der Schiffer in solche W. eingeteilt, die als Zerstörer oder als Förderer einer Seefahrt bekannt geworden waren.

Homer kannte erst vier W., wobei die aus Norden und Westen bzw. Süden und Osten wehenden Luftströmungen engere Beziehungen zueinander haben sollten. Sie hießen Boreas (Nord-W.) und Zephyros (West-W.) bzw. Euros (Ost-W.) und Notos (Süd-W.). Diese W. hatten bestimmte Charaktereigenschaften:

Boreas ist ein ungestümer Sturm, der wolkenreich ist und neben Regen auch Schnee und Frost bringt. Er bedroht Mensch und Natur mit eisigen Temperaturen.

Zephyros wird von Homer verschieden beurteilt. Einmal ist er ein ›lieblich angenehmer‹ West-W., der Früchte wachsen und reifen läßt. Ein anderes Mal wird er mit Regen und Sturm geschildert. Man geht nicht fehl, wenn man die erste Version einem Südwest-W., die letztere einem Nordwest-W. zuschreibt.

Euros und *Notos* sind als ›Schneefresser‹ im Gebirge bekannt und fördern das Wachstum der Pflanzen im Frühjahr. Der *Euros* ist warm und trocken, der *Notos* warm und feucht.

Auch Hippokrates (um 460 bis ca. 370 v.Chr.) und seine Schule haben die vier W.-Richtungen gekannt und vor allem unter hygienischen Gesichtspunkten untersucht. Günstige und ungünstige Lebensbedingungen wurden durch die Wechsel von Feuchte und Trockenheit oder Kälte und Hitze erzeugt. Sie kamen in Krankheiten und Epidemien zum Ausdruck.

Mit acht W. stellte Aristoteles (384 bis 322 v.Chr.) ein verfeinertes System auf. Die Fixpunkte am Himmel mit den Sonnenständen am 21. Juni (Sommersonnenwende) bzw. 21. Dezember (Wintersonnenwende) waren für W.-Richtungen entscheidend. Mit der einfachen Winkelhalbierung wurde das System ergänzt (vgl. Abb. 112, S. 623).

Später, im 1. Jahrhundert v.Chr., hat ein Mann namens Andronikos Kyrrhestos aus Syrien am ›Turm der W.‹ nahe der Agora von Athen die W. aufgezeichnet. Dort sind die Luftbewegungen durch Reliefs am Fries als Personen dargestellt.

Von Norden weht der *Boreas*. Er kommt aus nördlichen Eisgebieten. Als bärtiger Mann – eingehüllt in einen Mantel – will er mit einer Muschel das Heulen des böigen naßkalten W. andeuten. Die Himmelsrichtung Nordosten wird als *Kaikias* durch einen ebenfalls Bärtigen dargestellt, der mit seinem Schild Hagelkörner ausschüttet und dadurch mit frischer polarer Kaltluft Temperaturstürze und Schauerwetter auslöst. *Apeliotes* ist der Ost-W., der durch einen Jüngling mit Früchten und Ähren symbolisiert wird. Mit dem *Euros* – einem Südost-W. – nähern wir uns dem windreichen, breiten Südsektor der W.-Rose. Ein bärtiger Mann scheint seinen Mantel zum Schutz vor Regen und Sturm hochzuschlagen oder – wie andere Autoren meinen – sich mit dem Kragen vor dem unangenehmen, oft mit Sand und Staub beladenen Gluthauch eines Sciroccos zu schützen. Ein weiterer Süd-W. auf dem *Horologios* ist der *Notos*. Der Fries zeigt einen leicht bekleideten, jugendlichen Mann, der ein Gefäß mit Wasser ausgießt. Von Südwesten – aus Libyen – weht der *Lips*, dargestellt als Mann, der in

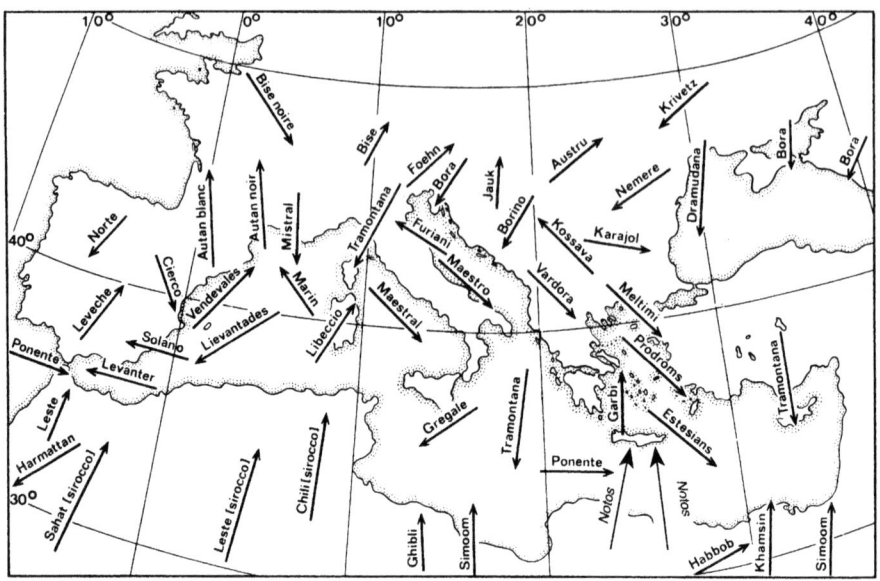

Abb. 107: Schematische Darstellung der Winde.

einer Hand die Verzierung eines Schiffshecks, ein *Aphlaston* trägt. Als Jüngling kommt *Zephiros* von Westen, der Frühlingsblumen ausstreut. *Skiron* kommt von Nordwesten und wird bisweilen auch *Argetes* genannt. Er ist ein kalter Fall-W. und wird als bärtiger Mann mit schlaffem Gesichtsausdruck dargestellt, der mit einer Tunika bekleidet ist. Er hält einen Topf im Arm, aus dem er Asche ausstreut.

Eine Besonderheit im W.-System des Mittelmeerraumes sind die *Etesien*. Es sind jahreszeitlich wiederkehrende W. aus nördlichen Richtungen, die durch die Konstanz ihres Wehens über Wochen und Monate auffallen. Sie haben die angenehme Eigenschaft, die drückende Hitze im Sommer zu mildern. Auf die Sicherheit, mit der sie eintreffen, konnte sich die Segelschiffahrt immer verlassen. Daß der W. nur am Tage weht, nachts aber ruht, gab zu Spekulationen besonders über die Einwirkung der Sonne Anlaß. Bei der Regelmäßigkeit des Einsetzens der *Etesien* hat man versucht, den genauen Zeitpunkt zu fixieren. Aristoteles meinte, daß der Aufgang des Sirius 17 Tage nach der Sommersonnenwende dafür in Frage käme.

Im übrigen sind vom W.-System des Aristoteles nur zwei W. – der *Notos* und der *Boreas* (in der Neuzeit örtlich oft Bora oder Borino genannt) – in die moderne Meteorologie und Klimageographie überkommen (vgl. Abb. 107).

→ Götter, Himmelsrichtungen, Klima, Klimakunde, Navigation, Segeln, Zeit

LITERATUR: L. *Hempel*: Kalte und warme Regionalwinde über dem östlichen Mittelmeer und der Ägäis zwischen Griechenland und Nordafrika. Berichte auf dem Arbeitsgebiet Entwicklungsforschung. Heft 29. 1998. – H. *Schamp*: Luftkörperklimatologie des griechischen Mittelmeergebietes. Beiträge zu einer Klimatologie des östlichen Mittelmeeres, in: Frankfurter Geogr. Hefte 13, 1939.

Ludwig Hempel

Wirtschaft

Alle drei Phasen wirtschaftlichen Handelns, Produktion, Austausch (oder: Distribution, Bereitstellung) und Konsum (Beutin bei Kloft 1 u.ff.), stehen in geographischen Zusammenhängen. Diese sind für die Vergangenheit Gegenstand sowohl empirischer als auch theoretischer Erforschung:

Produktion, Distribution, Konsum und ihre Orte: Sofern für eine bestimmte Produktion mindestens zwei Rohstoffe und Mittel – wie Quarzsand und Holz(kohle) für Glasherstellung – benötigt werden, müssen diese nicht von vornherein am selben Ort vorhanden sein; auch Rohstoffe bzw. Mittel einerseits und Menschen andererseits müssen nicht von vornherein am selben Ort verfügbar sein. Hinzu kann die Verschiedenheit der Orte von Produktion und Konsum treten. Der Produktionsort ergibt sich also oft nicht von selbst, sondern muß in Abwägung von Vor- und Nachteilen gewählt werden. Standorte gleicher Produktion können verlagert werden: So wanderte die römisch-kaiserzeitliche Terra-Sigillata-Herstellung vom nördlichen Mittelitalien nach Südgallien und später weiter nach Mittel- und Ostgallien (Kiechle 67 ff.). Angesichts von Transportproblemen wurde Nähe zum Verbraucher angestrebt. Mit Standortverlagerung einer Produktion wanderten auch Produzenten; sie taten dies in Erwartung höheren Gewinnes oder unter ökonomischem Druck oder unter rechtlichem Zwang. Der Arbeitseinsatz Versklavter außerhalb ihrer Heimat konnte zu erheblichen und folgenreichen Bevölkerungsverschiebungen führen (ein Beispiel: Vogt 27). Hirten wechselten den Produktionsort, indem sie mit ihren Herden im Turnus der Jahreszeiten unterschiedliche, aber Jahr für Jahr gleiche Weideplätze aufsuchten. Auf vergleichbare Weise wanderten Tagelöhner und Saisonarbeiter hin und her: Während der Erntezeiten fanden sie Arbeit auf dem Land; ansonsten zogen sie eher das Leben in der Stadt vor (Braunert; Garnsey).

Bei Verschiedenheit der Orte von Herstellung und Verbrauch ist die Distribution von Produkten – gleich ob über Tausch, Geschenk, Tribut oder Handel – mit Ortswechsel des zu Verteilenden und auch des Verteilers, sofern zugleich Transporteur, verbunden. Unter technisch einfachen Bedingungen schränkt sich die Transportfähigkeit und mit ihr der Verteilungsradius vieler Produkte deutlich ein. Andererseits wurden schon während des Neolithikums Güter wie Obsidian im Mittelmeerraum und angrenzenden Gebieten über weite Strecken transportiert und verteilt (Williams-Thorpe). Generell konnte unter antiken Transportbedingungen mit dem haltbaren und leicht transportablen Münzgeld, mithin über indirekten und zumindest zweistufigen Tausch, ein größerer Verteilungsradius erreicht werden als mit den meisten Waren. Schließlich setzten die aus technischen Gründen hohen Transportkosten zu Land der Verteilung von Gütern des alltäglichen Bedarfs enge Grenzen bzw. zwangen zum Transport auf einem Fluß oder, besser noch, auf dem Meer (z. B. Duncan-Jones App. 17). Daher existierten große Städte nur mit Anschluß an den Wasserweg.

Der Verbrauch dürfte das bislang am wenigsten erforschte Element antiker W. sein. Daß sich der Ort des Konsums und damit auch der des Konsumenten nach Nähe zum Produktionsort richtet, wird angesichts unterschiedlicher Herstellungsorte verschiedener vom Menschen täglich oder häufig benötigter Güter stets nur für einen Teil derselben möglich sein. Umso wichtiger ist für die anderen Güter Anschluß an Transportwege und Verteilungsnetze. Unter rein ökonomischen Gesichtspunkten nicht oder nicht zureichend belieferbare Orte des Konsums können aufgrund politischer Entscheidungen versorgt werden, wie am Ende der Republik und in der Kaiserzeit die Stadt Rom für einen großen Teil ihrer ortsansässigen Bürgerschaft vor allem mit Getreide (Herz). Durch Lebensgewohnheit festgelegte Bedürfnisse können unter Umständen mit Ortsveränderungen der Verbraucher wandern und Transport und Vertrieb einer Ware über eine an sich unökonomische Streckenlänge bewirken (erheblicher Verbrauch von Olivenöl aus der südspanischen Provinz Baetica in und bei Truppenstandorten des römischen Germaniens: Remesal Rodriguez 1986). Genauso können sich Produktion und Verteilung von Waren an qualitativ veränderte Verbrauchergewohnheiten anpassen.

Haus-, Stadt-, Volkswirtschaft und das Verhältnis Stadt-Land: Die drei Phasen wirtschaftlichen Handelns sind in modernen Industrie-W. personal und räumlich voneinander getrennt. Außerhalb dieser bzw. zeitlich vor diesen können sie jedoch zusammenfallen; dann ist W. nicht Stadt- oder gar Volks-, sondern geschlossene Haus-W. (Bücher). Die drei Kategorien Haus-, Stadt- oder Volks-W. sind nicht nur als wesensmäßige Unterschiede, sondern auch als – historische – Entwicklungsstufen zu verstehen. Deswegen ist mit Übergängen und Mischformen zu rechnen, d.h. in einer Gesellschaft oder in einem Staat kann gleichzeitig nach den Kriterien von Haus- und Stadt- oder Stadt- und Volks-W. oder gar aller dreier gewirtschaftet werden.

Die Einordnung der griechisch-römischen W.-Verhältnisse in diese drei Kategorien ist seit jeher umstritten: Für ›Modernisten‹ ist die Antike geradezu industriell geprägt (Meyer), für ›Primitivisten‹ der Prototyp der geschlossenen Haus-W. (Bücher). Neuen Auftrieb bekam dieser Streit durch die pointiert formulierte neo-primitivistische Sicht Moses I. Finleys. Zwar vertritt wohl niemand mehr uneingeschränkt die Position Eduard Meyers, doch hat sich auch die Gegenposition als angreifbar erwiesen (Diskussion ausführlich bei Pleket). Ein lediglich Daten sammelndes Vorgehen ohne Modellbildung wird den Streit nicht entscheiden können (gegen Duncan-Jones; Finley Kap. VII). Der jeweils bezogene Standpunkt hat Folgen für die geographische Dimension antiker W.: Im Extremfall wird hier reine oder deutlich überwiegende Haus-W. mit ein wenig lokalem Markt und dort ein den Mittelmeerraum und angrenzende Gebiete umspannendes W.-Netz angenommen.

Angesichts der bei mehreren antiken Mittelmeeranrainern anzutreffenden und von diesen ausstrahlenden städtischen Siedlungs- und Organisations-Struktur kommt der Frage nach dem wirtschaftlichen und speziell wirtschaftsgeographischen Verhältnis zwischen Stadt und Land besondere Bedeutung zu (zum Folgenden Hopkins). Insbesondere dann, wenn von den Abnehmern ihrer Waren unabhängige Handwerker in der Stadt produziert und ihre Produkte getauscht oder verkauft haben, hat die Stadt Marktfunktion gehabt. Sobald auf dem Land lebende agrarische Produzenten Überschuß, dessen Städter bedurften, produziert und gegen städtisch-gewerbliche Produkte getauscht haben, muß der städtische Markt zwischen Stadt und umgebendem Land vermittelt haben. Hier ist das von Max Weber entwickelte, von diesem allerdings nicht so ausschließlich formulierte Konzept der antiken Stadt als Örtlichkeit lediglich des Konsums und der Städter als Land-W.-Rentiers, das die Diskussion um den Charakter antiker W. in den letzten Jahrzehnten ebenfalls geprägt hat (Weber; dazu Bruhns; Deininger; Parkins), mit der Einordnung antiker W. als Haus- oder Stadt- bzw. Volks-W. zu verknüpfen: Wenn in städtisch geprägten Regionen Stadtbewohner Eigentümer des um die Stadt herum gelegenen agrarisch nutzbaren Landes sind und darauf für ihren eigenen Bedarf Pächter, Lohnabhängige oder Unfreie produzieren lassen, ist eine Differenz der Orte von Produktion und Konsum und auch eine personale Differenz zwischen den Produzenten und einem Teil der Konsumenten vorhanden. Über den Haushalt des städtischen Grundbesitzers hinausreichender Warenaustausch, Markt, existiert u. a. in dem Umfang, in dem diese ländlichen Produzenten wirtschaftlich selbständig handeln können. Dies ist bei Pachtverhältnissen ohne weiteres möglich, aber auch bei Lohnabhängigen, sofern diese aus dem ihnen selbst als Lohn verbleibenden Teil ihrer Produktion einiges gegen andere Güter eintauschen. Ebenso besteht Markt, wenn Grundbesitzer eigene agrarische Produkte prinzipiell verkaufen und fremde einkaufen (›attische Ökonomie‹: Spahn besonders 313). Derartiger Tausch kann sich an einem zentralen Ort, also in der Stadt, besser entfalten als an beliebigem Platz auf dem Land. Die ›antike Konsumentenstadt‹ scheint zwar primär mit der geschlossenen Haus-W. stimmig zu sein, läßt sich aber auch mit Stadt-W. und über mehrere solcher sogar mit Volks-W. verbinden. Im Einzelnen werden geographische Erstreckung und personale Aufteilung wirtschaftlicher Vorgänge und damit das ökonomische Verhältnis zwischen Land und Stadt in der Antike angesichts vielfältiger ökonomischer Augangssituationen und Entwicklungen nach Ort und Zeit deutlich variiert haben.

→ Beruf, Handel, Landwirtschaft, Schiffahrtswege, Siedlungsgeographie, Stadt, Transhumanz, Transportwesen, Wirtschaftsgeographie

LITERATUR: H. *Braunert:* Die Binnenwanderung. Studien zur Sozialgeschichte Ägyptens in der Ptolemäer- und Kaiserzeit. Bonn 1964. – H. *Bruhns:* De Werner Sombart à Max Weber et Moses I. Finley: La typologie de la ville antique et la question de la ville de consommation, in: Ph. Leveau (Ed.): L'origine des richesses dépensées dans la ville antique: actes du colloque organisé à Aix-en-Provence par l'U.E.R. d'Histoire, 11 et 12 Mai 1984, Aix-en-Provence/Marseille. 1988, 255–273. – K. *Bücher:* Die Entstehung der Volkswirtschaft. Tübingen 1911 (1. Auflage 1893). – J. *Deininger:* Die antike Stadt als Typus bei Max Weber, in: Festschrift Robert Werner. Konstanz 1989, 269–289. – R. *Duncan-Jones:* The Economy of the Roman Empire. Quantitative Studies. Cambridge ^{2}1982. – M. I. *Finley:* The Ancient Economy. Berkeley/Los Angeles 1973 bzw. ^{2}1984. (Deutsch München 1977 bzw. ^{3}1993). – P. *Garnsey:* Non-Slave Labour in the Roman World, in: P. Garnsey: Non-Slave Labour in the Greco-Roman World. Cambridge 1980, 34–47. – P. *Herz:* Studien zur römischen Wirtschaftsgesetzgebung. Die Lebensmittelversorgung. Stuttgart 1988. – K. *Hopkins:* Economic Growth and Towns in Classical Antiquity, in: Ph. Abrams/E. A. Wrigley (Eds.): Towns in Societies: Essays in Economic History and Historical Sociology. Cambridge 1978, 35–77. – F. *Kiechle:* Sklavenarbeit und technischer Fortschritt im Römischen Reich. Wiesbaden 1969. – H. *Kloft:* Die Wirtschaft der griechisch-römischen Welt: Eine Einführung. Darmstadt 1992. – E. *Meyer:* Die wirtschaftliche Entwicklung des Altertums. Jena 1895 (ohne die ›3. Beilage‹ nachgedruckt in: E. Meyer: Kleine Schriften …, Halle 1910, 79–168). – H. *Parkins* (Ed.): Roman Urbanism. Beyond the Consumer City. London 1997. – H. W. *Pleket:* Wirtschaft, in: F. Vittinghoff (Hg.): Handbuch der europäischen Wirtschafts- und Sozialgeschichte, Bd. 1. Stuttgart 1990, 25–160. – J. *Remesal Rodriguez:* La annona militaris y la exportación de aceite bético a Germania. Madrid 1986. – P. *Spahn:* Die Anfänge der antiken Ökonomik, in: Chiron 14, 1984, 301–323. – J. *Vogt:* Sklaverei und Humanität. Studien zur antiken Sklaverei und ihrer Erforschung. Wiesbaden ^{2}1972. – M. *Weber:* Die Stadt. Eine soziologische Untersuchung, in: Archiv für Sozialwissenschaft und Sozialethik 47, 1920/21, 621–772 (mit Änderungen in: Max Weber: Wirtschaft und Gesellschaft. Tübingen 1922, zuletzt ^{5}1976, 523–600). – O. *Williams-Thorpe:* Obsidian in the Mediterranean and the Near East: a Provenancing Success Story, in: Archaeometry 37, 1995, 217–248.

Andreas Mehl

Wirtschaftsgeographie

Geographie, Wirtschaft, Geschichte: Geographie als Frage nach dem Wo? Wohin? Woher? macht sich in allen drei Grundphasen wirtschaftlichen Handelns bemerkbar: Produktion, Distribution und Konsum einer Ware oder Dienstleistung finden unter industrialisierten Verhältnissen grundsätzlich an voneinander verschiedenen Orten statt. Wenn auch vorindustriell die drei Phasen örtlich – und personal – teilweise oder ganz zusammenfallen können, so bleibt zumindest jeweils ein Ort des Wirtschaftens als zu erörternder Gegenstand. Insofern ist Geographie notwendiger Bestandteil des Erforschens antiker Wirtschaft, und die übliche Definition der W. als »Wissenschaft von den räumlichen Strukturen, den räumlichen Interaktionen und den räumlichen Entwicklungsprozessen der Wirtschaft« (Schätzl in: Gaebe et al. 11) trifft auch auf vergangene Zeiten zu.

Wirtschaft und Geographie: Geographie umfaßt hierbei ein Bündel von Sachverhalten, deren mehrere nach modernem Fachverständnis nicht nur der Geographie, sondern auch oder sogar stärker anderen Disziplinen angehören. Für wirtschaftliche Aktivitäten wesentliche geographische Sachverhalte sind, jedenfalls zunächst, naturgegeben: Bodenqualität; erkennbares Vorkommen von Bodenschätzen; Klima; jagdliche, sammlerische, viehzüchterliche oder ackerbauliche Nutzbarkeit eines Geländes nach seinem Bewuchs in Abhängigkeit von Boden und Klima; Begehbarkeit und Befahrbarkeit eines Geländes; Gefährdungen eines Gebietes; Eignung von Gewässern für Wasserversorgung von Mensch und Vieh, für Fischfang, Floß- und Schiffahrt sowie Be- und Entwässerung. Die naturgegebenen Sachverhalte wirken sich auf das Wirtschaften unterschiedlich aus je nach verfügbarer Technik, konkreten Absichten und Mentalität der Menschen. Umgekehrt können wirtschaftliche Aktivitäten die Umwelt umgestalten und damit späteres Wirtschaften beeinflussen (Jäger). Technik, Absicht und Mentalität können auf- und miteinander wirken: So kann bei entsprechender Mentalität der Ackerbauer zum Viehzüchter werden und dann auch ein Gebiet nutzen, das für ihn zuvor unbrauchbar gewesen ist; oder die Absicht, unter der Erde erkannte oder vermutete bisher nicht genutzte Bodenschätze auszubeuten, kann zur Entwicklung von Untertage-Bergbautechnik führen.

Als Örtlichkeiten wirtschaftlicher Aktivitäten sind Siedlungen in Entstehung, Entwicklung und Vergehen von Umständen und Ausmaß des Wirtschaftens abhängig: in Lokalisation, tatsächlicher bzw. maximal möglicher Größe, Besiedlungsdichte, Abständen voneinander und wirtschaftlicher Charakteristik. Wirtschaftsstandorte können auch bei ungünstiger Lage durch wirtschaftliches Wollen des Menschen entstehen und gedeihen (Sedlacek 41 ff.). Sicherheitsüberlegungen können, wie z. B. in ausgegrabenen *vici* des römischen Germanien gut erkennbar, zur Ansiedlung feuergefährlicher Gewerbe bevorzugt am Rand des Dorfes oder der Stadt und im Verein mit religiösen Vorstellungen zur räumlichen Unterscheidung von Markt mit Wohnstadt einerseits und – bei den Griechen Akropolis genannter – Festung mit Heiligtümern andererseits führen.

Diese und andere Phänomene führen zu grundsätzlichen Feststellungen: Geographie findet als Kulturgeographie eine besondere Ausprägung in der W. Diese ist ohne Siedlungsgeographie nicht denkbar. Da von Menschen veränderte oder geschaffene geographische Bedingungen auf spätere Generationen fortwirken (Wagner 100), besitzt Kulturgeographie und mit ihr W. eine historische Komponente.

Gegenstand, Zielsetzung und Methodik der Wirtschaftsgeographie: W. ist als eigenes Unterfach der Geographie etabliert und hat ihrerseits Unterabteilungen wie Verkehrs-, Agrar-, Industriegeographie mit jeweils eigener reicher, zumeist auf Gegenwart und jüngste Vergangenheit bezogener Literatur erzeugt (Schultz und Gaebe sowie Maier in: Gaebe et al.). Je nach Fokussierung können die Erde insgesamt, Kontinente, Länder, Regionen oder einzelne Siedlungen betrachtet werden (Schätzl Bd. 3). Generell werden Raum, Standort, Entwicklung und Mobilität behandelt. Dies geschieht auf drei Ebenen: in Theorie, Empirie und Politik. Letztere ist nicht nur Gegenstand wirtschaftsgeographischer Beschreibung, sondern auch Adressat von Prognosen, Aufforderungen und Rezepten zur Raumgestaltung: W. versteht sich auch als politische Ratgeberwissenschaft.

Als beschreibende, ordnende und Begründungszusammenhänge herstellende Wissenschaft will die W. ihren fachimmanenten Gegenstand ›Raum‹ in vielfältigen Bezug zu ›Wirtschaft‹ setzen, unter anderem »Wechselwirkungen zwischen Geoökosystemen und Wirtschaftsweisen« beschreiben und »ökonomische Regelhaftigkeit in der räumlichen Ordnung der Wirtschaft« herausarbeiten (Wagner 15 ff.; 28 ff.; 63 ff.; Schätzl Bd. 1, 17; 27 ff.). Dabei müssen neben den vielfältigen objektiven Eigenschaften eines wirtschaftlichen ›Eignungsraumes‹ in menschlicher Befindlichkeit liegende begrenzte und eventuell einseitige räumliche Wahrnehmungen als ›kommunikativer Raum‹ in subjektiven ›kognitiven Karten‹ durch Entscheidungsträger stets als Kriterien für Standortentscheidungen berücksichtigt werden (Downs/Stea; Arnold 123 ff.; Ritter 14 ff.; 53 ff.; Wagner 64 ff.). Da die politische Bedeutung und Ordnung eines Raumes – mit oder ohne Absicht – dessen Qualitäten für die Wirtschaft mitbestimmt, ist sie ebenfalls Gegenstand der W. Daher interessieren auch politische Steuerungsmechanismen der Raumordnung. Bei der Absonderung wirtschaftlicher Regionalsysteme voneinander, die für die Gegenwart wegen vielfältiger interregionaler Verflechtungen schwieriger als für die Vergangenheit ist, können Standortstrukturtheorien und Modelle für intra- und interregionale Systeme helfen (von Thünen, Christaller, Lösch, von Böventer: Ritter 44 ff.; 184 f.; Schätzl Bd. 1, 60 ff.). Die Einbindung einer Region oder eines Standortes in Verkehr, Transport und Kommunikation als wesentliche Faktoren für deren bzw. dessen wirtschaftliche Eignung macht die Behandlung auch dieser in der jüngeren Vergangenheit und Gegenwart überwiegend technischen Gegenstände nötig. So sind die Arbeitsbereiche und mit ihnen die Arbeitsweisen der W. vielfältig und interdisziplinär, und der Horizont des Wirtschaftsgeographen muß sich vom produktions- zum sozialwirtschaftlichen Denken weiten (Otremba 440; vgl. Boesch 138 ff.).

Indem W. unter anderem »räumliche Interaktionen und räumliche Entwicklungsprozesse« beschreibt, gehören zu ihren Gegenständen wirtschaftliche Veränderungen: W. behandelt nicht nur Statik, sondern auch Dynamik (Ritter 108 ff.; 148 ff.), sei diese rein wirtschaftlich oder ein Produkt des Zusammenwirkens von Politik und Wirtschaft oder auch von Ökologie und Ökonomie (zu ersterem Ritter 135). Dabei müssen jeweils zwei oder mehrere wirtschaftliche Zustände als sachlich und zeitlich voneinander verschieden beschrieben und die Entwicklung von einem früheren zum jeweils zeitlich nächsten Zustand begründend nachgezeichnet werden. Hier ist Wirtschaftsgeographisches zugleich Wirtschaftshistorisches.

Abgesehen von Prognose, Aufforderung und Rezept entsprechen die Ziele historisch ausgerichteter W. denen der gegenwartsbezogenen Disziplin. Stärker unterscheidet sich die Methodik: Die aus früheren Zeiten überlieferten Daten reichen zumeist nicht für eine differenzierte quantitative Aufbereitung; qualitative Interpretationen müssen, soweit es geht, diesen Mangel wettmachen. Andererseits treten zu den üblichen Quellen des Historikers in die Vergangenheit gewandte Zweige naturwissenschaftlicher und technischer Disziplinen wie Botanik, Zoologie, Klimatologie, Lagerstättenkunde, Metallurgie und Werkstoffwissenschaften, die bei der Rekonstruktion der Bedingungen und Möglichkeiten früherer Landwirtschaft und früherer Gewerbe helfen; dabei leisten die ausgrabende und die experimentelle Archäologie wichtige Dienste (Jankuhn; Maier; Gersbach). Historische Geographie schließlich ist unverzichtbar für die Rekonstruktion früherer Zustände von Landschaften und Gewässern auch in ihrer Eigenschaft als Wirtschaftsräume (Olshausen; Jäger).

→ Agrargeographie, Archäologie, Historische Geographie, Mentalität, Schiffahrtswege, Siedlungsformen, Siedlungsgeographie, Stadt, Wirtschaft

LITERATUR: K. *Arnold:* Wirtschaftsgeographie in Stichworten. Berlin/Stuttgart 1992. – H. *Boesch:* Weltwirtschaftsgeographie. Braunschweig ^{4}1977. – R. M. *Downs*/D. *Stea:* Maps in Minds: Reflections on Cognitive Mapping. New York 1982. – W. *Gaebe* et al.: Einführung in die Wirtschaftsgeographie, Agrargeographie, Industriegeographie, politische Geographie. (Sozial- und Wirtschaftsgeographie 3), München 1984. – E. *Gersbach:* Ausgrabung heute. Methoden und Techniken der Feldgrabung. Darmstadt ^{2}1991. – H. *Jäger:* Einführung in die Umweltgeschichte. Darmstadt 1994. – H. *Jankuhn:* Einführung in die Siedlungsarchäologie. Berlin/New York 1977. – F. G. *Maier:* Neue Wege in die alte Welt. Methoden der modernen Archäologie. Hamburg 1977. – E. *Olshausen:* Einführung in die Historische Geographie der Alten Welt. Darmstadt 1991. – E. *Otremba:* Struktur und Funktion des Wirtschaftsraumes (1959), in: E. Wirth: Wirtschaftsgeographie. (Wege der Forschung 219), Darmstadt 1969, 422–440. – W. *Ritter:* Allgemeine Wirtschaftsgeographie. Eine systemtheoretisch orientierte Einführung. München/Wien ^{2}1993. – L. *Schätzl:* Wirtschaftsgeographie. 1. Theorie, 2. Empirie, 3. Politik. Paderborn ^{6}1996/^{2}1994/^{3}1994. – P. *Sedlacek:* Wirtschaftsgeographie. Eine Einführung. Darmstadt ^{2}1994. – H.-G. *Wagner:* Wirtschaftsgeographie. Braunschweig ^{2}1994.

Andreas Mehl

Wohnhaus

Wie die Architektur generell, so hat auch die Art und Weise des privaten Wohnens wichtige historisch-geographische Implikationen.

Klima und Wohnen: Der römische Architekturschriftsteller Vitruv weist für die Anlage von W. auf die Notwendigkeit der Berücksichtigung klimatischer Verhältnisse hin: »Diese werden dann richtig angelegt sein, wenn zuerst einmal beachtet ist, in welchen Gegenden oder Breitengraden sie errichtet werden. Denn es scheint, daß die Bauart der Häuser anders in Ägypten, anders in Spanien, nicht in der gleichen Weise in Pontus, wieder anders in Rom und ebenso in den übrigen Ländern und Landstrichen mit ihren besonderen klimatischen Verhältnissen bestimmt werden muß, weil in der einen Gegend die Erde der Sonnenbahn sehr nahe, in einer anderen sehr weit, in einer anderen mittelmäßig von ihr entfernt ist ... Im Norden, scheint es, müssen die Gebäude mit einem flach gewölbten Plafond versehen möglichst geschlossen und

Abb. 108: Ansicht des ›Hauses der Diana‹ in Ostia (Italien). Hier handelt es sich um eine typische, umfangreiche Mietshausanlage, in deren Erdgeschoß sich Geschäfte befanden. Der Eingang lag an einem überwölbten Durchgang zum Hof. Daneben war der Aufgang zu den oberen Stockwerken. Von den ursprünglich wohl drei Stockwerken ist der erste Stock noch vollständig erhalten.

nicht offen, sondern nach den warmen Himmelsgegenden ausgerichtet angelegt werden. Dagegen müssen sie in südlichen Gegenden unter dem Aufprall der Sonne, weil die Hitze sie drückt, offen und nach Norden und Nordosten gerichtet angelegt werden. So wird man künstlich berichtigen müssen, was die Natur zufällig an ungünstigen Verhältnissen bringt« (Vitr. 6,1,1 f.).

Lage und Architektur von Villen: Viele weitere literarische Quellen unterstreichen den Zusammenhang zwischen Klima und Landschaft einerseits und der Wohnkultur andererseits. So schreibt etwa der jüngere Plinius über eines seiner Landhäuser in Italien: »Das Landhaus liegt am Fuße eines Hügels und schaut doch gleichsam von oben in die Welt. So sanft und gemächlich geht es bergan in unmerklicher Steigung, daß man nicht zu steigen meint und es erst merkt, wenn man oben ist. Im Rücken hat es den Apennin, aber doch in ziemlicher Entfernung. Von ihm erhält es selbst bei heiterstem, ruhigstem Wetter frischen, doch nicht scharfen, ungestümen, sondern eben durch die Entfernung geschwächten, gemilderten Wind. Ein großer Teil der Baulichkeiten blickt nach Süden und lockt gleichsam die Sonne in die breiten, vorgelagerten Arkaden, im Sommer von der 6. Stunde ab, im Winter wesentlich früher. Diese bergen vielerlei Anbauten, auch einen Empfangsraum, wie es bei den Alten üblich war« (Plin. epist. 5,6,14 f.).

Abb. 109: Die ›Casa a Graticcio‹ in Herculaneum ist ein Beispiel für einfache Wohnarchitektur in einer italienischen Landstadt der frühen Kaiserzeit. Das ganze Gebäude besteht aus Holzfachwerk (opus craticium). Die Straßenfassade wird von einem kleinen Säulenvorbau und Arkaden gebildet, über denen ein Zimmer liegt. In diesem Haus wohnten mehrere Familien zur Miete.

Archäologie: Archäologische Forschungen haben diese Befunde bestätigen und regionale Eigenheiten klimatischen Verhältnissen zuordnen können. In Nordafrika beispielsweise wurden Tonnengewölbe aus Schilf und Lehm gefertigt, die Schutz vor den Winden und der Hitze an der Küste und im Landesinneren boten. In den nördlichen Regionen mußte hingegen die Bauweise Rücksicht auf das kältere Klima nehmen, wobei allerdings im Zuge der Romanisierung auch landschaftlich eigentlich ungeeignete Bauelemente adaptiert wurden (etwa in Britannien).
Wohnen bei den Germanen: Eher römische Arroganz denn realistische Beschreibung liegt vor, wenn der römische Historiker Tacitus über die Wohnverhältnisse bei den Germanen schreibt: »Es ist allgemein bekannt, daß die Germanenstämme nicht in Städten leben, ja überhaupt nichts von untereinander verbundenen Wohnsitzen wissen wollen. Sie siedeln in einzelnen, voneinander weit abliegenden Gehöften, je nachdem wie ihnen eine Quelle, ein Feld oder ein Hain gefällt. Ihre Dörfer legen sie nicht in unserer Art so an, daß die Häuser eng nebeneinander stehen und eine Straße bilden. Jeder umgibt seinen Hof mit einem freien Raum. Vielleicht versprechen sie sich davon Hilfe für den Fall von Feuergefahr, vielleicht verstehen sie auch nicht zu bauen. Nicht einmal Bruch- oder Backsteine sind bei ihnen in Gebrauch. Sie verwenden zu allem, ohne auf einen schönen oder gefälligen Anblick Wert zu legen, roh behauenes Bauholz. Manche Stellen überstreichen sie freilich mit einer gewissen Sorgfalt mit einer so weißglänzenden Erdmasse, daß sie den Eindruck von Bemalung und farbiger Linienführung erweckt« (Tac. Germ. 16).

Abb. 110: Die Hanghäuser von Ephesos in Kleinasien. In markanter Weise wurde bei dem Bau dieser Wohnhäuser die Topographie mit einbezogen. Die mehrgeschossigen Häuser, in römischer Zeit (1. Jh. n.Chr.) entstanden, sind in den Hang eines Berges (Koressos) gebaut. Es handelt sich um zwei durch einen Stufenweg getrennte Wohnblöcke (insulae). Eine Kolonnade mit Läden schloß das Wohnviertel zur Straße hin ab. Mit dem Blick auf die Hauptstraße boten die bis ins 7. Jh. n.Chr. benutzten Hanghäuser von Ephesos beste Wohnbedingungen.

→ Ägyptologie, Architektur, Baumaterial, Dorf, Gutshof, Klima, Natur, Siedlungsformen, Städtebau

LITERATUR: E. *Brödner*: Wohnen in der Antike. Darmstadt 1989. – J. W. *Graham*: The Greek and The Roman House, in: Phoenix 20, 1966, 3–31. – W. *Hoepfner*/E.-L. *Schwandtner*: Haus und Stadt im klassischen Griechenland. München 1986. – W. *Hoepfner* (Hg.): Geschichte des Wohnens, Bd.1: 5000 v.Chr.–500 n.Chr. Vorgeschichte, Frühgeschichte, Antike. Stuttgart 1998. – A. G. *McKay*: Römische Häuser, Villen und Paläste. Luzern 1984. – H. *Mielsch*: Die römische Villa. München 1987. – A. L. *Rivet*: The Roman Villa in Britain. London 1958.

Holger Sonnabend

Wüste

Innerhalb des griechisch-römischen Kulturkreises wurden die antiken Menschen im wesentlichen in Nordafrika und im Vorderen Orient (Ägypten, Syrien, Arabien) mit der Vegetationsform W. konfrontiert. Von den Ägyptern, die an dem schmalen, fruchtbaren Streifen längs des Nils siedelten, wurde die W. stets als ein Element des Schutzes vor Angriffen von außen empfunden. Ortskundige Händler und Kaufleute nutzten die Karawanenwege der W. Oasen machten Teile der W. bewohnbar. Berühmt und eine Attraktion war die Oase Siwa in der ägyptischen W. mit dem Orakel des

Abb. 111: Das Foto zeigt die Ruinen der antiken Wüstenstadt Palmyra, 230 km von Damaskus entfernt. Die Stadt verdankt ihre Bedeutung der Lage an einer wichtigen Handelsstraße zwischen Syrien und Mesopotamien und ist insofern ein instruktives Beispiel für die Möglichkeiten der wirtschaftlichen Prosperität in einer Wüstenlandschaft. Seine Blütezeit erlebte Palmyra in der 2. Hälfte des 3. Jh. n.Chr., als die einheimische Dynastin Zenobia große Teile des Ostens annektierte und sich schließlich als römische Kaiserin (Augusta) proklamierte. In dieser Zeit wurde die Stadt, entsprechend der äußeren Machtstellung, mit prächtigen Tempeln und Säulenstraßen ausgestattet. Die Luftaufnahme aus den 1930er Jahren zeigt im Zentrum den großen Tempelbezirk des Bel (32 n.Chr.) inmitten einer großen, von Kolonnaden umgebenen Sakralzone. Oben rechts die nach römischem Vorbild gestaltete Säulenstraße.

Amun. 525 v.Chr. scheiterte der Versuch des persischen Königs Kambyses II., Siwa zu erobern, an Sandstürmen (Hdt. 3,46). 331 v.Chr. unternahm Alexander der Große einen beschwerlichen Weg durch die W., um das Orakel zu konsultieren (Diod. 17,49,2–51,4; Plut. Alex. 26f.). Die Oasen Ägyptens waren auch ein wichtiger Wirtschaftsfaktor in ihrer Eigenschaft als Lieferanten von Salz, Getreide und Wein. Bis in die christliche Zeit hinein fungierten die abgelegenen Oasen weiterhin als Verbannungsorte.

→ Askese, Handel, Krieg, Stadt, Städtebau, Strategie, Tempel

LITERATUR: H.J.W. *Drijvers:* Hatra, Palmyra und Edessa. Die Städte der syrisch-mesopotamischen Wüste in politischer, kulturgeschichtlicher und religionsgeschichtlicher Bedeutung, in: ANRW II 8, 1977, 799–906. – M. *Lindner:* Petra und das Königreich der Nabatäer. München ³1970. – J. *Starcky*/M. *Gawlikowski:* Palmyre. Paris 1985.

Holger Sonnabend

Wüstung

Als W. werden verlassene oder verfallene Siedlungen bzw. aufgelassene Fluren bezeichnet. Je nach dem Grad des Erscheinungsbildes unterscheidet man totale (= vollständige) oder partielle (= teilweise betroffene) Orts- und Flur-W. Da in der gemäßigten Klimazone der Wald sehr rasch solche Flächen zurückerobert, werden die Relikte menschlicher Siedlungs- und Wirtschaftstätigkeit unter Waldbedeckung konserviert und vor der Erosion geschützt. Solche Relikte sind Gebäudereste, Lesesteinhaufen und -wälle, Wölbäcker, Stufenraine oder Ackerterrassen, Weinbergterrassen, Kohlplatten oder Bergbaurelikte wie aufgelassene Stollen und Halden.

Auffinden von Wüstungen: Zuweilen sind Namen aufgelassener Dörfer in alten Urkunden oder Karten erwähnt. Flurnamen können wichtige Hinweise zu ihrer Lokalisation geben. Bei fehlenden Oberflächenformen bietet die Phosphatmethode eine Hilfe, da sie über die unterschiedliche Konzentration von Phosphorverbindungen im Boden einen Standort zu erfassen vermag. Auch moderne Methoden wie Luftbildinterpretation, Dendrochronologie, C14-Datierung etc. werden angewandt. In den Winterregengebieten der Mittelmeerregion sind die Zerstörungen der Haus- und Flurrelikte infolge der primitiveren Bauweise und der großen Erosionsleistung/Bodenabtragung viel gravierender und meistens irreversibel. Badlandbildung ist bei entsprechendem geologischem Untergrund die extreme Folge; denn es dauert relativ lange, bis Phrygana oder Macchie als Nachfolgevegetation den Boden gegenüber der Abtragung stabilisieren können.

Gründe für Wüstungen: Die Entstehung von W. muß in Verbindung mit Bevölkerungsveränderungen gesehen werden. Während in West- und Mitteleuropa im Früh- und Hochmittelalter der steigende Bevölkerungsdruck in den Altsiedellandschaften eine Phase der Rodung und des Landausbaues besonders in den Jungsiedellandschaften auslöste, führte umgekehrt ein enormer Bevölkerungsverlust im Spätmittelalter zu einer von 1350 bis 1470 andauernden W.-Periode. Primäre Ursache waren die seit 1347 auftretenden Wellen von Pestepidemien. Die Bevölkerung Deutschlands wurde um ein Drittel von zwölf auf acht Millionen dezimiert, ca. 40.000 von 170.000 ländliche Siedlungen fielen der W. anheim. Die Folgen äußerten sich zunächst in der Aufgabe von Grenzertragsböden (= Böden geringer Qualität). Impulse gingen weiterhin von den aufblühenden Städten (›Stadtluft macht frei‹) und der einsetzenden Ostkolonisation aus, so daß auch die Altsiedelgebiete von der Landflucht betroffen wurden. Setzt man die Zahl der wüst-gefallenen Orte zu der Zahl der ehemals vorhandenen Siedlungen in Relation, so erhält man den W.-Quotienten. Er lag in jener W.-Periode in manchen deutschen Gebieten über 40 % und reichte vereinzelt bis 70 %.

Die Vermutung, daß verheerende Kriege die Ursache des Wüstfallens seien (z. B. Dreißigjähriger Krieg), wird durch die W.-Forschung nicht generell bestätigt. Viele verlassene Dörfer wurden nach den Kriegswirren neu besiedelt, und man kann eher von temporären W. sprechen. So ist die W.-Forschung für das Verständnis der Genese unserer Kulturlandschaft ein wichtiges Instrumentarium.

Wüstungs-Forschung: Im mediterranen Raum sollen Probleme der W.-Forschung exemplarisch an Griechenland dargestellt werden. Dort sind siedlungsgeographische Studien aus der Türkenzeit von etwa 1460 bis 1821 fast unbekannt. Nach dem erfolgreichen Freiheitskrieg wurden die ersten Bestandsaufnahmen existenter Siedlungen durchgeführt. Spätere statistische Ergänzungen aus der zweiten Hälfte des 19. Jahrhunderts ermöglichten einen Anschluß an die Volkszählungen des 20. Jahrhunderts bis in die Gegenwart. So wurde über die regressive Methode eine Rückschreibung der Siedlungspersistenz in Neugriechenland bis 1821 möglich. Namensänderungen türkischer, slawischer oder albanischer Ortsnamen in griechische Namen konnten über Ortsnamenskonkordanzen und alte Statistiken geklärt werden.

Turkologen waren die in den Archiven von Istanbul, Ankara oder Sofia aufbewahrten Register (= *Tahrir*) der osmanischen Verwaltung bekannt, die für alle Dörfer der jeweiligen Bezirke detaillierte Angaben enthalten über Einwohnerzahlen, Ernteerträge, Tierhaltung und die steuerliche Belastung. Sie wurden bei gewissen Anlässen überprüft und erneuert, so daß durch die progressive Methode die positive oder negative Entwicklung von Siedlungen bis zu einer eventuellen Auflassung verfolgt werden konnte.

Von zwei verschiedenen Wissenschaftszweigen war eine Fülle von Material aufbereitet, das geradezu eine interdisziplinäre Forschung herausforderte. Sie kam in der Verbindung von Turkologie und Historischer Geographie zustande (siehe Lit.). Die Frage war, ob das Scharnier des Übergangs zwischen den beiden verschiedenen staatlichen Gebilden eine unüberbrückbare Zäsur darstellen würde. Hier boten die Reiseberichte aus der ersten Hälfte des 19. Jahrhunderts sowie historische Karten zahlreiche Lösungen an. Viele Fragen in der Lokalisation wüst gefallener Dörfer blieben jedoch offen. Somit war geographische Feldarbeit gefragt.

Dazu wurde eine später als ›*Kafenion*-Methode‹ bezeichnete Arbeitsform entwickelt. Der Treffpunkt der männlichen griechischen Dorfbewohner ist das *Kafenion*. In Reisen von Dorf zu Dorf besuchte der Geograph die *Kafenions*, sprach mit vorwiegend älteren Bauern und Hirten über sein Vorhaben, versuchte ihr Interesse und ihre Hilfsbereitschaft zu wecken – und fand ein erstaunlich reiches, seit Generationen tradiertes Wissen über alte Flur- und Ortsnamen.

Auf diese Weise konnte in dem peripheren Raum von Ost-Lokris das Problem der Identifikation und Lokalisation der Siedlungen in osmanischer Zeit vollständig geklärt werden. Persistenz bis zum Ausklang von Byzanz – dem nächsten historisch bedingten Scharnier – oder Siedlungsaufgabe (= Zäsur) wurden nachweisbar.

Diese Methode erweckt für Griechenland eine gewisse Hoffnung. Vielleicht könnte durch interdisziplinäre Zusammenarbeit mit Byzantinologen das zweite Scharnier überwunden werden. Dann wäre zumindest für einige Siedlungen eine Rückschreibung bis zur Antike möglich.

Auch in dem modernen Griechenland ist seit den 50er Jahren unseres Jahrhunderts eine massenhafte Abwanderung der Bevölkerung aus den Gebirgsräumen, von den Inseln u. a. peripheren Gebieten zu beobachten. Sie zielt auf die Ballungsräume (Athen und Thessaloniki), Landstädte, einige Küstenzonen, und viele Griechen gehen als Gastarbeiter ins Ausland. Zahlreiche Dörfer sind zur totalen oder partiellen W. geworden. Die Ursachen sind sowohl in der wirtschaftlichen als auch in der kulturellen und sozialen Außenseitersituation zu suchen. Neuerliche Aufwertung der Heimatdörfer durch renovierte Elternhäuser als Zweitwohnsitze während der Ferienzeit vermögen den betroffenen Siedlungen den Charakter von ›Geisterdörfern‹ nicht zu nehmen. Ihnen fehlt das dörfliche Leben. Das ist eine moderne Variante des W.-Prozesses, der auf den anderen südeuropäischen Halbinseln ebenfalls stattfindet.

→ Dorf, Siedlungsformen, Siedlungsgeographie, Stadt

LITERATUR: M. Kiel/F. Sauerwein: Ost-Lokris in türkischer und neugriechischer Zeit (1460–1981). (Passauer Mittelmeerstudien 6), Passau 1994. – F. Sauerwein: Bevölkerungsveränderung und Wirtschaftsstruktur in Böotien in den letzten einhundert Jahren, in: Stuttgarter Kolloquium zur Historischen Geographie des Altertums 2, 1984 und 3, 1987. (Geographica Historica 5), Bonn 1991, 259–298.

Friedrich Sauerwein

Zeit

Um den Faktor Z. meßbar zu machen, wurden in der Antike Sonnen- und Wasseruhren entwickelt. Die Sonnenuhr (Horologium, Parapegma) sollen die Griechen nach Herodot (2,109,3) von den Babyloniern übernommen haben. Sie funktioniert durch das Ablesen von Schattenrichtung und Schattenlänge eines eingesteckten Pflocks (Gnomon) auf einer meist halbkreisförmigen, mit entsprechenden Linien versehenen Fläche. Da die Stunde 1/12 des Tages umfaßte, waren die Stunden je nach Jahreszeit verschieden lang (zwischen 45 Minuten im Winter und 75 Minuten im Sommer).

Abb. 112: Der ›Turm der Winde‹ in Athen, im 1. Jh. v.Chr. von Andronikos aus Kyrrhos errichtet und in späteren Zeiten umfassend restauriert. Der achteckige, aus pentelischem Marmor bestehende Turm hatte die doppelte Funktion der Windrichtungs-Anzeige und einer Uhr. An den Außenseiten befinden sich Sonnenuhren und Reliefdarstellungen von acht Windgöttern. Jede Figur symbolisiert durch ihre Attribute den besonderen Charakter des jeweiligen Windes. Auf der Spitze des kegelförmigen Daches war eine Wetterfahne in Gestalt eines Triton und im Innern eine Wasseruhr angebracht. Vitruv hat den ›Turm der Winde‹ ausführlich beschrieben (Vitr. 1,6,4f.).

Abhängig war die Dauer der Stunde auch von der jeweiligen geographischen Lage eines Ortes. In der römischen Kaiserzeit wurden transportable Reiseuhren entwickelt. Die Wasseruhr (Klepsydra) wurde nachts oder bei Regenwetter konsultiert. Sie beruhte auf der Funktionsweise der Sanduhr und wurde im 3. Jahrhundert v.Chr. durch den alexandrinischen Wissenschaftler Ktesibios durch einen Schwimmer und eine Skala, auf der die Stunden als Linien markiert waren, perfektioniert (Vitr. 9,8,4ff.). (Vgl. Abb. 112).

→ Astronomie, Erdvermessung, Geographie, Wind (Winde)

LITERATUR: E. *Buchner:* Die Sonnenuhr des Augustus. Mainz 1982. – O. A. W. *Dilke:* Mathematik, Maße und Gewichte in der Antike. Stuttgart 1991. – Sh.L. *Gibbs:* Greek and Roman Sundials. New Haven/London 1976.

Holger Sonnabend

Abkürzungsverzeichnis

Quellen – Quelleneditionen – Zeitschriften und Sammelwerke

Quellen

Ach. Tat.	Achilleus Tatios
Acta	Acta Apostolorum
Aet.	Aetios
Ail. takt.	Ailianos, Taktika
Ain. Takt.	Aineias Taktikos
Aischyl. Prom.	Aischylos, Prometheus
Aischyl. Agam.	Aischylos, Agamemnon
Alk.	Alkaios
Amm.	Ammianus Marcellinus
Anaxandr.	Anaxandros, Fragmente
Anaximen. rhet. Alex.	Anaximenes, Rhetorica ad Alexandrum
Anon. Peripl. mar. Erythr.	Anonymus, Periplus maris Erythraei
Apoll. Rhod. Argon.	Apollonios Rhodios, Argonautika
Apollod.	Apollodoros, Bibliotheke
App. civ.	Appianos, Bella civilia
App. Ill.	Appianos, Illyrica
App. Mithr.	Appianos, Mithridatius
App. Pun.	Appianos, Punica
App. Samn.	Appianos, Samnitica
App. Syr.	Appianos, Syriaca
Apuleius, Metamorph.	Apuleius, Metamorphosen
Archim.	Archimedes
Aristeid. panath.	Aristeides, Panathenaikos
Aristid. Or.	Ailios Aristeides, Oratores
Aristoph. Ach.	Aristophanes, Acharnenses
Aristoph. Lys.	Aristophanes, Lysistrata
Aristoph. Nub.	Aristophanes, Nubes
Aristoph. Pax	Aristophanes, Pax
Aristot. an. post.	Aristoteles, Analytica posteriora
Aristot. Ath. pol.	Aristoteles, Athenaion politeia
Aristot. cael.	Aristoteles, De caelo
Aristot. hist. an.	Aristoteles, Historia animalium
Aristot. metaph.	Aristoteles, Metaphysica
Aristot. meteor.	Aristoteles, Meterologica
Aristot. Nikom. Ethik	Aristoteles, Nikomachische Ethik
Aristot. part. an.	Aristoteles, De partibus animalium
Aristot. phys.	Aristoteles, Physica
Aristot. pol.	Aristoteles, Politica
Aristot. probl.	Aristoteles, Problemata

Aristot. rhet.	Aristoteles, Rhetorica
Arr. an.	Arrianos, Anabasis
Arr. Ind.	Arrianos, Indica
Arr. cyn.	Arrianos, Kynegeticus
Arr. parth.	Arrianos, Parthica
Arr. phys.	Arrianos, Peri kometon physeos
Arr. takt.	Arrianos, Taktica
Asclep. tact.	Asklepiodotos, Taktika
Athen.	Athenaios
Aug. civ.	Augustinus, De civitate dei
Avien. Ora mar.	Avienus, Ora maritima
Bakchyl.	Bakchylides
Bell. Afr.	Bellum Africanum
Caes. civ.	Caesar, De bello civili
Caes. Gall.	Caesar, De bello Gallico
Calp. ecl.	Calpurnius Siculus, Eclogae
Cass. Dio	Cassius Dio
Cassiodorus, Var.	Cassiodorus, Institutiones Variae
Cato agr.	Cato, De agri cultura
Catull.	Catullus, Carmina
Chr	Chronik
Cic. ad Q. fr.	Cicero, Ad Quintum fratrem
Cic. Att.	Cicero, Epistulae ad Atticum
Cic. Brut.	Cicero, Brutus
Cic. div.	Cicero, De divinatione
Cic. dom.	Cicero, De domo sua
Cic. fam.	Cicero, Epistulae ad familiares
Cic. Flacc.	Cicero, Pro L. Valerio Flacco
Cic. leg.	Cicero, De legibus
Cic. leg. agr.	Cicero, De lege agraria
Cic. Manil.	Cicero, De lege Manilia (De imperio Cn. Pompei)
Cic. nat. deor.	Cicero, De natura deorum
Cic. off.	Cicero, De officiis
Cic. Phil.	Cicero, In M. Antonium Orationes Philippicae
Cic. rep.	Cicero, De re publica
Cic. Sest.	Cicero, Pro P. Sestio
Cic. S.Rosc.	Cicero, Pro Sex. Roscio Amerino
Cic. Tusc.	Cicero, Tusculanae disputationes
Cic. Verr.	Cicero, In Verrem
Cod. Iust.	Corpus Juris Civilis, Codex Iustinianus
Cod. Theod.	Codex Theodosianus
Colum.	Columella
Const. Porph. De cerem.	Konstantinos Porphyrogennetos, De Ceremoniis
Curt.	Curtius Rufus, Historiae Alexandri Magni
Dam. v. Isid.	Damaskios, Vita Isidori
Dem.	Demosthenes
Demokr.	Demokritos

Dig.	Corpus Juris Civilis, Digesta
Diod.	Diodorus Siculus
Diog. Laert.	Diogenes Laertios
Dion Chrys.	Dion Chrysostomos
Dion. Hal. ant.	Dionysios Halicarnasseus, Antiquitates Romanae
Dion. Per.	Dionysios Periegetes
Diosc.	Dioskurides
Eudox fr.	Eudoxos, Fragmenta
Eur. Hipp.	Euripides, Hippolytus
Eus. Const.	Eusebios, Vita Constantini
Eus. HE	Eusebios, Historia Ecclesiastica
Eutr.	Eutropius
Fest.	Festus
Flor. epit.	Florus, Epitoma de Tito Livio
Frontin. aqu.	Frontinus, De aquae ductu urbis Romae
Frontin. strat.	Frontinus, Strategemata
Gai. Inst.	Gaius, Institutiones
Gal.	Galenos
Gell.	Aulus Gellius, Noctes Atticae
Georg. Pisid. expedit. Pers.	Georgios Pisides, Expeditio Persica
Geogr. Rav.	Geographus Ravennas
Hdt.	Herodotos
Heph. v. Theben	Hephaistion von Theben
Hekat.	Hekataios
Herakl. Pont.	Herakleides Pontikos
Herodian.	Herodianos
Hes. erg.	Hesiodos, Erga
Hes. theog.	Hesiodos, Theogonia
Hesek	Hesekiel
Hippokr.	Hippokrates
Hom. h.	Hymni Homerici
Hom. Il.	Homeros, Ilias
Hom. Od.	Homeros, Odyssee
Hor. c.	Horatius, Carmina
Hor. epist.	Horatius, Epistulae
Hor. sat.	Horatius, Saturae (sermones)
Hygin. const. limit.	Hyginus, Constitutio limitum
Inst. Iust.	Corpus Juris Civilis, Institutiones
Ios. ant. Iud.	Iosephos, Antiquitates Iudaicae
Ios. bell. Iud.	Iosephos, Bellum Iudaicum
Isid. orig.	Isidorus, Origines
Isokr. or.	Isokrates, Orationes
Isokr. Plat.	Isokrates, Plataikos
Itin. Egeriae	Itinerarium Egeriae
Itin. Anton.	Itinerarium Antonini

Iul. Afric. kest.	Iulius Africanus, Kestoi
Iul. mis.	Iulianos, Misopogon
Iul. or.	Iulianos, Orationes
Iust.	Iustinus
Iuv.	Juvenalis, Saturae
Jer	Jeremia
Jes	Jesaja
Joh	Johannes
Jos	Josua
Kg	Könige
Kleomed.	Kleomedes, De motu circulari corporum caelestium
Lex. Sud.	Suda
Liban. epist. or.	Libanos, Epistulae orationes
Liv.	Livius, Ab urbe condita
Liv. epit.	Livius, Epitome
Lucan.	Lucanus, Bellum civile (Pharsalia)
Lucr.	Lucretius, De rerum natura
Luk	Lukas
Lukian de astrolog.	Lukianos, De Astrologia
Lukian hist. conscr.	Lukianos, De historia conscribenda
Lukian philops.	Lukianos, Philopsendes
Lukian ver. hist.	Lukianos, Verae historiae
Lyd. ost.	Lydos, De ostensis
Lys. fr.	Lysias, Fragmenta
Macr. Sat.	Macrobius, Saturnalia
Makk	Makkabäer
Manil.	Manilius, Astronomica
Marm. Par.	Marmor Parium
Mart.	Martialis
Mela	Pomponius Mela
Mimn.	Mimnermos
Min. Fel.	Minucius Felix, Octavius
Mk	Markus
Mos	Mose
Nah	Nahum
Nep. Milt.	Cornelius Nepos, Miltiades
Nm	Numeri (4. Mose)
Obseq.	Iulius Obsequens, Prodigia
Off	Die Offenbarung des Johannes
Olymp.	Olympiodoros
Onas.	Onasandros
or. Sib.	Oracula Sibyllina
Oros.	Orosius
Orph. frg.	Orphika, Fragmenta

orph. Lith.	Lithika (Orphik)
Ov. fast.	Ovid, Fasti
Ov. met.	Ovid, Metamorphoses
Ov. trist.	Ovid, Tristia
Pall. agric.	Palladius, Opus agriculturae
Paneg.	Panegyrici latini
Paul. Fest.	Paulus Diaconus, Epitoma Festi
Paus.	Pausanias
Petr	Petrus
Petron.	Petronius, Satyrica
Petron. frg.	Petronius, Fragmenta
Philoch.	Philochoros
Philostr. Ap.	Philostratos, Vita Apollonii
Philostr. soph.	Philostratos, Vitae sophistarum
Pind. P.	Pindar, Pythien
Plat. Gorg.	Platon, Gorgias
Plat. Krat.	Platon, Kratylos
Plat. Krit.	Platon, Kriton
Plat. nom.	Platon, Nomoi
Plat. Phaid.	Platon, Phaidon
Plat. Phaidr.	Platon, Phaidros
Plat. pol.	Platon, Politeia
Plat. Prot.	Platon, Protagoras
Plat. symp.	Platon, Symposium
Plat. Tht.	Platon, Theaitetos
Plat. Tim.	Platon, Timaios
Plaut. Aul.	Plautus, Aulularia
Plaut. Mil.	Plautus, Miles gloriosus
Plin. epist.	Plinius minor, Epistulae
Plin. nat.	Plinius maior, Naturalis historia
Plin. paneg.	Plinius minor, Panegyricus
Plut. Agis	Plutarch, Agis
Plut. Alex.	Plutarch, Alexander
Plut. Ant.	Plutarch, Antonius
Plut. Caes.	Plutarch, Caesar
Plut. Cat. mai.	Plutarch, Cato maior
Plut. De Alex. fort.	Plutarch, De Alexandri fortuna
Plut. Demetr.	Plutarch, Demetrius
Plut. Dio.	Plutarch, Dion
Plut. Eum.	Plutarch, Eumenes
Plut. Fab. Max.	Plutarch, Fabius Maximus
Plut. Flam.	Plutarch, Flamininus
Plut. Is.	Plutarch, De Iside et Osiride
Plut. Kim.	Plutarch, Kimon
Plut. Kleom.	Plutarch, Kleomenes
Plut. Luc.	Plutarch, Lucullus
Plut. Lys.	Plutarch, Lysander
Plut. Mar.	Plutarch, Marius
Plut. Marcel.	Plutarch, Marcellus

Plut. mor.	Plutarch, Moralia
Plut. Nik.	Plutarch, Nikias
Plut. Numa	Plutarch, Numa
Plut. Pelop.	Plutarch, Pelopidas
Plut. Per.	Plutarch, Perikles
Plut. Phil.	Plutarch, Philopoimen
Plut. Pomp.	Plutarch, Pompeius
Plut. Rom.	Plutarch, Romulus
Plut. Solon	Plutarch, Solon
Plut. Sulla	Plutarch, Sulla
Plut. Thes.	Plutarch, Theseus
Pol.	Polybios
Polyain.	Polyainos, Strategemata
Poseid.	Poseidonios
Prok. an.	Prokop, Anekdota
Prok. BG	Prokop, Bellum Gothicum
Prop.	Propertius, Elegiae
Ps	Psalmen
Ps. Arist. Mir. ausc.	Pseudo-Aristoteles, De mirabilibus auscultationibus
Ps.-Aristot. mund.	Pseudo-Aristoteles, De munda
Ps.-Maur. Strat.	Pseudo-Mauricius, Strategicon
Ps.-Plut. De fluv.	Pseudo-Plutarch, De fluviis
Ps.-Xen. Ath. pol.	Pseudo-Xenophon, Athenaion politeia
Ptol. geogr.	Ptolemaios, Geographika
Ptol. tetr.	Ptolemaios, Tetrabiblos
Quint. inst.	Quintilian, Institutio oratoria
Quint. Smyrn.	Quintus von Smyrna
R. Gest. div. Aug.	Res Gestae divi Augusti
Rut. Nam.	Rutilius Claudius Namatianus, De reditu suo
Sal. Catil.	Sallustius, De coniuratione Catilinae
Sal. Iug.	Sallustius, De bello Iugurthino
Sam	Samuel
Sch. Aristoph. Ach.	Scholia zu Aristophanes, Acharnenses
Sch. Verg. georg.	Scholia zu Vergil, Georgica
Sen. benef.	Seneca minor, De beneficiis
Sen. Cons. Helv.	Seneca minor, Consolatio ad Helviam
Sen. de ira	Seneca minor, De ira
Sen. dial.	Seneca minor, Dialogi
Sen. epist.	Seneca minor, Epistulae morales ad Lucilium
Sen. Herc. Oet.	Seneca minor, Hercules Oetaeus
Sen. nat.	Seneca minor, Naturales quaestiones
Sen. Oed.	Seneca minor, Oedipus
Sen. Phaedr.	Seneca minor, Phaedra
Serv. Aen.	Servius, Commentarius in Vergilii Aeneida
Serv. Georg.	Servius, Commentarius in Vergilii Georgica
SHA Alex.	Scriptores Historiae Augustae, Alexander Severus
SHA Aurelian.	Scriptores Historiae Augustae, Aurelianus

SHA Hadr.	Scriptores Historiae Augustae, Hadrianus
SHA Prob.	Scriptores Historiae Augustae, Probus
Sil.	Silius Italicus, Punica
Simpl. phys.	Simplikius, Physica
Sir	Jesus Sirach
Skyl.	Skylax, Periplus
Solin.	Solinus
Soph. Ant.	Sophokles, Antigone
Soph. Oed. T.	Sophokles, Oedipus Rex
Soz.	Sozomenos, Historia ecclesiastica
Stat. silv.	Statius, Silvae
Steph. Byz.	Stephanos Byzantios
Strab.	Strabon
Suet. Aug.	Sueton, Augustus
Suet. Caes.	Sueton, Caesar
Suet. Cal.	Sueton, Caligula
Suet. Claud.	Sueton, Claudius
Suet. Dom.	Sueton, Domitian
Suet. Nero	Sueton, Nero
Suet. Tib.	Sueton, Tiberius
Suet. Vesp.	Sueton, Vespasian
Symm. epist.	Symmachus, Epistulae
Tab. Peut.	Tabula Peutingeriana
Tac. Agr.	Tacitus, Agricola
Tac. ann.	Tacitus, Annales
Tac. dial.	Tacitus, Dialogus de oratoribus
Tac. Germ.	Tacitus, Germania
Tac. hist.	Tacitus, Historiae
Tert. de anima	Tertullian, De anima
Theophr. c.plant.	Theophrast, De causis plantarum
Theophr. h.plant.	Theophrast, Historia plantarum
Theophr. sign.	Theophrast, De signis tempestatum
Thuk.	Thukydides
Tim.	Timotheusbriefe
Timok.	Timokles
Val. Max.	Valerius Maximus, Facta et dicta memorabilia
Varro rust.	Varro, Res rusticae
Veg. mil.	Vegetius, Epitoma rei militaris
Vell.	Velleius Paterculus, Historiae Romanae
Verg. Aen.	Vergilius, Aeneis
Verg. georg.	Vergilius, Georgica
Vitr.	Vitruv, De architectura
Xen. an.	Xenophon, Anabasis
Xen. hell.	Xenophon, Hellenica
Xen. hipp.	Xenophon, Hipparchicus
Xen. kyn.	Xenophon, Cynegeticus
Xen. Kyr.	Xenophon, Cyrupaideia

Xen. Lak. pol.	Xenophon, Lakedaimonion politeia
Xen. mem.	Xenophon, Memorabilia
Xen. oik.	Xenophon, Oeconomicus
Zon.	Zonaras
Zos.	Zosimos

Quelleneditionen

AE	L'Année Épigraphique
BE	Bulletin Épigraphique
BHG	Bibliotheca Hagiographica Graeca, ed. F. Halkin, 3 Bde., Brüssel 1957
BMC	British Museum Coins
CIA	Corpus Inscriptionum Atticarum, ed. A. Kirchhoff u. a., 1873
CIL	Corpus Inscriptionum Latinarum, 1863 ff.
Diels-Kranz	Fragmente der Vorsokratiker, ed. H. Diels / W. Kranz, 3 Bde., ^{6}1951–1993
FGrH	Die Fragmente der griechischen Historiker, ed. F. Jacoby, 3 Teile in 14 Bden., 1923–1958
Freis	H. Freis (Hg.): Historische Inschriften zur römischen Kaiserzeit. Darmstadt 1984
GHI	A Selection of Greek Historical Inscriptions, ed. M. N. Tod, 2 Bde., ^{2}1950. ^{2}1951
HRR	Historicorum Romanorum Reliquiae, ed. H. Peter, 2 Bde. ^{2}1914, ND 1967
IG	Inscriptiones Graecae, 1873 ff.
ILS	Inscriptiones Latinae Selectae, ed. H. Dessau, 3 Bde. in 5 Teilen, 1892–1916, ND ^{4}1974
ILSard	Iserizioni Latine della Sardegna, ed. G. Sotgiu. 2 Bde., Padua 1961/1968
I. v. Eph.	Die Inschriften von Ephesos. Hg. H. Wankel, 8 Bde., Bonn 1979–1984
GGM	Geographi Graeci Minores, ed. C. Müller, 2 Bde. 1855–1861
Lasserre	F. Lasserre: Die Fragmente des Eudoxos von Knidos. Berlin 1966
P.Cair.	Greek Papyri, Catalogue général des antiq. égypt. du Musée du Caire, ed. B. P. Grenfell / A. S. Hunt. Oxford 1903
PCG	Poetae Comici Graeci, ed. R. Kassel / C. Austin, 1983 ff.
PG	Patrologiae cursus completus, series Graeca, ed. P. Migre, 161 Bde.
P.Mich.	Papyri in the University of Michigan Collection, ed. C. C. Edgar / A. E.R Boak / J. G. Winter u. a., 13 Bde., 1931–1977
P.Oxy.	The Oxyrhynchus Papyri, ed. B. P. Grenfell / A. S. Hunt u.s., 1898 ff
P.Petrie.	The Flinders Petrie Papyri, ed. J. P. Mahaffy / J. G. Smyly. Dublin 1891–1905
P.S. I.	Papyri greci e latini, ed. G. Vitelli, M. Norsa, and others. Florence 1912 ff.
P.Tebt.	The Tebtunis Papyri, ed. B. P. Grenfell u. a. London 1902–1938.
SEG	Supplementum Epigraphicum Graecum, 1923 ff.
SGDI	Sammlung der griechischen Dialektinschriften, ed. H. Collitz u. a., 4 Bde., 1884–1915
Syll.^{3}	Sylloge Inscriptionum Graecarum, ed. F. Hiller von Gaertringen, 4 Bde., ^{3}1915–1924, ND 1960

Zeitschriften und Sammelwerke

A & R	Atene e Roma
AA	Archäologischer Anzeiger
AAGö	Abhandlungen der Akademie der Wissenschaften in Göttingen phil.-hist. Kl.
AAntHung	Acta Antiqua Academiae Scientiarum Hungariae

Abkürzungsverzeichnis – Zeitschriften und Sammelwerke

ABSA	Annual of the British School at Athens
AGR	Akten der Gesellschaft für griechische und hellenistische Rechtsgeschichte
AJA	American Journal of Archaeology
AncSoc	Ancient Society
ANRW	Aufstieg und Niedergang der römischen Welt
APF	Archiv für Papyrusforschung und verwandte Gebiete
ARID	Analecta Romana Instituti Danici
BAGB	Bulletin de l'Association Guillaume Budé
BASOR	Bulletin of the American School of Oriental Research
BCH	Bulletin de correspondance hellénique
BJ	Bonner Jahrbücher
ByzZ	Byzantinische Zeitschrift
CAH^2	Cambridge Ancient History (2. Aufl.)
ClAnt	Classical Antiquity
CQ	Classical Quarterly
DNP	Der Neue Pauly
Eranos-Jb.	Eranos-Jahrbuch
EPRO	Études Préliminares aux Religiones Orientales dans l'Empire romain
G&R	Greece and Rome
GWU	Geschichte in Wissenschaft und Unterricht
Hant	Hispania antiqua: revista de historia antigua
HdAW	Handbuch der Altertumswissenschaften
HWdPh	Historisches Wörterbuch der Philosophie
HZ	Historische Zeitschrift
IA	Iranica Antiqua
JEA	Journal of Egyptian Archaeology
JHS	Journal of Hellenic Studies
JRA	Journal of Roman Archaeology
JRGZ	Jahrbuch des Römisch-Germanischen Zentralmuseums Mainz
JRS	Journal of Roman Studies
KlP	Der Kleine Pauly
LAW	Lexikon der Alten Welt
MBAH	Münsterische Beiträge zur antiken Handelsgeschichte
MEFRA	Mélanges d'Archéologie et d'Histoire de l'École Francaise de Rome, Antiquité
MH	Museum Helveticum
OJA	Oxford Journal of Archaeology
PAPhS	Proceedings of the American Philosophical Society
PBSR	Papers of the British School at Rome
PP	Parola del Passato
RAC	Rivista di archeologia cristiana / Reallexikon für Antike und Christentum
RE	Paulys Realencyclopädie der classischen Altertumswissenschaft
REG	Revue des études greques
RFIC	Rivista di filologia e di istruzione classica
RhM	Rheinisches Museum
SIFC	Studi italiani di filologia classica
StIr	Studia Iranica
T&Mbyz	Travaux et mémoirs du Centre de recherches d'hist. et civil. byzantines
TRE	Theologische Realenzyklopädie
ZDMG	Zeitschrift der Deutschen Morgenländischen Gesellschaft

Verzeichnis der Autorinnen und Autoren

Albrecht, Helmuth (Freiberg): Bergbau, Maschinen, Mühlen, Signaltechnik, Technikgeschichte, Wasserbau, Wasserversorgung
Barceló, Pedro (Potsdam): Afrikanistik
Baur, Albert (Gerlingen): Brunnen
Bianchetti, Serena (Florenz): Reiseberichte
Bonfante, Larissa (New York): Kleidung
Bredow, Iris von (Stuttgart): Mythologie, Sprachareal, Sprache, Sprachen
Brodersen, Kai (Mannheim): Dokumente, Kolonisation
Chaniotis, Angelos (Heidelberg): Religionsgeographie
Daverio Rocchi, Giovanna (Mailand): Bürgerrecht, Grenze
Eder, Walter (Bochum): Außenpolitik, Demokratie, Fremde, Polizei, Recht, Reich, Staat, Tyrannis, Verfassung
Engels, Johannes (Kreuzau): Raum
Ettrich, Elke (Hamburg): Erosion, Natur, Ökologie
Fellmeth, Ulrich (Hohenheim): Ackerbau, Agrarverfassung, Getreide, Großgrundbesitz, Gutshof, Landwirtschaft, Nahrungsmittel
Galsterer, Hartmut (Bonn): Stadtverwaltung
Graßl, Herbert (Salzburg): Kälte, Viehwirtschaft
Gschnitzer, Fritz (Heidelberg): Adel, Dorf, Geschichtsschreibung, Gesellschaft, Sklaverei, Staatenverbindungen, Volksstamm
Hascher, Michael (München): Tunnel
Hecht, Michael (Stuttgart): Marschland, Musik, Schilf
Heise, Jens (Schriesheim): Ägyptologie
Hempel, Ludwig (Münster): Klima, Klimakunde, Wind (Winde)
Heucke, Clemens (München): Palast, Sportstätten
Janni, Pietro (Macerata): Ethnographie, Ethnologie
Kahl, Gerhard (Stuttgart): Askese, Hagiographie, Kannibalismus, Luftbild, Pilger
Kaiser, Eberhard (Stuttgart): Burg, Park
Kehne, Peter (Hannover): Bürgerkrieg (Rom), Interessensphären, Kometen, Logistik, Meteor, Randvölker, Sternschnuppen
Kettenhofen, Erich (Trier): Salz, See, Siegel
Knauss, Jost (München): Deich
Lafond, Yves (Arras): Isthmos, Kulthandlungen
Lienau, Cay (Münster): Mobilität, Siedlungsformen, Siedlungsgeographie, Siedlungskontinuität
Mehl, Andreas (Jena): Wirtschaft, Wirtschaftsgeographie
Mylonopoulos, Jannis (Heidelberg): Kultorganisation, Kultpropaganda, Tempel
Nenninger, Marcus (Jena): Forstwirtschaft, Holz, Jagd, Wald
Nitschke, August (Stuttgart): Tanz
Olshausen, Eckart (Stuttgart): Agrargeographie, Anthropogeographie, Archäologie, Astronomie, Chronologie, Diplomatie, Erdvermessung, Frieden, Geographie, Geopolitik, Himmelsrichtungen, Historische Geographie, Religionswissenschaft, Retrogression, Tiergeographie, Topographie, Toponomastik
Orth, Wolfgang (Wuppertal): Bezirk, Insel, Münzen, Piraterie
Prontera, Francesco (Perugia): Chorographie, Kap
Sauer, Vera (Stuttgart): Brücke, Furt, Straße (Straßenbau)

Sauerwein, Friedrich † (Heidelberg): Erdbeben (Geologie), Gebirgsbildung (Orogenese), Gezeiten, Höhle, Karst, Polje, Vulkan, Vulkanismus, Wüstung
Schäfer, Jörg (Heidelberg): Meeresspiegel
Scheibler, Ingeborg (München): Töpferei
Schmidt, Rudolf (Ludwigsburg): Götter, Kultarchitektur, Tierkult
Schön, Franz (Regensburg): Fluß
Schuetz, Thomas (Stuttgart): Baumaterial
Sonnabend, Holger (Stuttgart): Agrartechnik, Akropolis, Amphitheater, Architektur, Bad, Beruf, Biographie, Dichtung, Energiequellen, Fachliteratur, Finsternisse, Fisch, Fortifikation, Gebirge (Berg), Hafen, Handel, Hauptstadt, Heizen, Imperialismus, Inschriften, Kanal, Küste, Kunst, Maße, Medizin, Mentalität, Migration, Monarchie, Nachrichtenwesen, Odeion, Papyri, Paß, Philosophie, Reisen, Schmuck, Schrift, Seeherrschaft, Stadt, Stadtmauer, Städtebau, Theater, Totenkult, Tourismus, Versammlungsorte, Weinbau, Wohnhaus, Wüste, Zeit
Talbert, Richard J. A. (Chapel Hill, N. C.): Kartographie
Tasler, Peter (Hannover): Bürgerkrieg (Griechenland)
Traina, Guisto (Lecce): Lagune, Orient, Salinen
Waldherr, Gerhard (Regensburg): Erdbeben (Geschichte), Transhumanz, Überschwemmung
Warnecke, Heinz (Rösrath-Forsbach): Meer, Meerenge, Meeresströmungen, Navigation, Schiffahrt, Schiffahrtswege, Schiffbarkeit, Segeln
Wheeler, Everett L. (Durham, N. C.): Armee, Krieg, Strategie, Taktik
Wierschowski, Lothar (Oldenburg): Bevölkerung, Demographie
Zangger, Eberhard (Zürich): Delta, Geoarchäologie, Schwemmland, Strandverschiebungen
Zimmermann, Klaus (Jena): Erde, Erdteile, Welt

Personenregister

Abert, H. 361
Abul-Hasan Ali Ibn Abir-Rigal 263
Achilleus 171, 605
Aelian 309, 553
Aelius Aristeides 214
Aelius Paetus, Sex. 414
Agamemnon 476f.
Agatharchides von Knidos 130, 138, 421
Agathokles von Syrakus 143
Agesilaos 42
Agricola 422
Agrippa 88, 255
Aigeus 476
Aineias Taktikos 309, 477
Aischylos 136, 562
Albertus Magnus 263
Al-Biruni 262
Alexander der Große 8, 38, 48, 66, 79, 86, 129f., 137, 207, 210, 214, 227, 259, 268, 298, 311f., 349f., 396, 415, 417, 462, 511, 528, 536, 605f., 620
Alexis 232
Al-Huwarizmi 262
Alkinoos 385
Alkman 127, 360
Alyattes von Lydien 158
Ammianus Marcellinus 132, 172, 221
Anaxagoras von Klazomenai 142, 270, 344, 601
Anaximander 45, 115, 120, 172, 220, 395, 409, 605
Anaximenes 115, 142, 395
Andron von Halikarnassos 121
Andronikos Kyrrhestos 609
Androsthenes von Thasos 421
Antigonos 48, 442
Antiochos III. 48, 235, 418
Antiochos IV. 235
Antiochos von Kommagene 298
Antonius Creticus, M. 401
Antonius, M. (praet. 102 v.Chr.) 401
Anuket 9
Apicius 367
Apollon (lat. Apollo) 187, 190, 193, 296, 373
Apollonios von Rhodos 15, 100, 170, 271

Appian 12, 407
Appius Claudius 231
Apuleius Saturninus 79
Aratos 123
Archidamos II. von Sparta 273
Archilochos 101
Archimedes 325, 596
Archytas 325
Ariadne 476
Aristagoras von Milet 103, 255
Aristarchos von Samos 46, 118f., 122
Aristeas von Prokonnessos 127, 420
Aristokreon 421
Aristophanes 59
Aristoteles 25, 42, 45f., 48, 62, 112, 115f., 118, 123, 129, 138, 155, 206, 233, 262, 324f., 329, 341, 344, 361f., 395f., 496f., 506f., 513, 516, 544, 553, 572, 576f., 601, 605f., 609
Arrian 132, 240, 421f.
Artemidoros von Ephesos 421f.
Asklepiodotos 309
Asklepios 329
Assurbanipal 86
Athena 113, 296
Atilius Regulus, M. 198
Augustinus 497
Augustus 29, 63, 80f., 100, 143, 208, 227f., 233, 244, 259, 342, 349, 380, 384f., 418, 473, 522, 532
Aurelian 385
Ausonius 101, 354
Avienus 171

Bar Hebräus 263
Basilis 421
Basilius der Große 429
Beckmann, J. 541
Beloch, J.K. 95
Bernardus Sylvanus 263
Bion 421
Bloch, M. 340
Blümner, H. 541
Bolland, J. 209
Bourdon, J. 95

Braidwood, R. J. 169
Buddha 130
Buffon, G. L. de 168

Caecilius Iucundus, L. *114*
Caecilius Metellus Creticus, Q. 401
Caecilius Metellus Macedonicus, Q. 63
Caecilius Metellus Pius, Q. 298, 534
Caligula 161, 189, 245, 351, 353
Caracalla 83, 157, *194*, 231, 388, 501
Cassiodorus 431
Cassius Dio 142f.
Cato der Ältere 5, 14, 21, 176, 199, 202, 278, 308f., 312, 367–369, 544
Causobon, I. 222
Charondas von Catane 412
Chnum 9
Chremonides 273
Cicero 49, 59, 142, 206, 341f., 396, 413, 495–497, 576f.
Cinna 80
Claudius 143, *207*, 208., 351, *356*
Clemens von Alexandria 130
Columella 2, 4, 15, 201–203, 239, 308, 367, 369, 544
Commodus 81
Constantius *240*
Constantius II. 82
Cornelius Celsus 309
Cornelius Nepos 67, 87
Cornelius Scipio Africanus, P. 274
Cornelius Scipio Asiaticus, L. 274
Cottius *35*

Daimachos von Plataiai 421
Dalion 421
Damon von Athen 360f.
Dareios I. 238, 243, 276, 309, 407, 439, 534
Dareios III. 39, 534
David 501
Deïaneira 159
Demeter 187, 193
Demetrios Poliorketes 86, 245, 298
Demetrios von Phaleron 103
Demokrit 135, 270, 328
Didius Iulianus 81
Dikaiarchos 123, 395, 577
Dike 411
Diodorus Siculus 130f., 232, 407, 421, 513
Diogenes von Apollonia 515

Diogenes von Babylon 104
Diokletian 60, 66, 90, 214, 349, *386*, 533
Diomedes 237, 303
Dion von Syrakus 143
Dionysios von Halikarnassos 176
Dionysios I. von Syrakus 86, 158
Dionysios II. von Syrakus 143
Dionysios Periegetes 141, 231, 422
Dionysios von Kalliphon 422
Dionysius Exiguus 90
Dionysos (griech. Gott) 187, 555
Dolichenus 189
Domitian *31*, 189, 385, 530, 604
Domitius Corbulo, Cn. 244
Drakon 412
Droysen, J. G. 378
Drusus 244

Echnaton 295
Eckhel, J. H. 355
Egeria (Silvia) 397f., 423
Elagabal (Gott) 344
Empedokles 328, 601
Ennius 487
Ephialtes 98f., 578
Ephoros von Kyme 129, 172, 407, 409
Epikur 396
Epirus 278
Epona 556
Eratosthenes von Kyrene 87, 116f., 120f., 123f., 138, 171f., 220, 260, 331, 396, 409f., 456, 604, 606f.
Eudoxos von Knidos 46, 120, 395, 420, 606
Eudoxos von Kyzikos 421
Eupalinos von Megara 351, 598, 602
Euthymenes von Massalia 420

Fabiola 423
Fabius Maximus 278
Faunus 593
Fèbvre, L. 340
Flaccus, S. 422
Flavius Josephus 132
Frontinus 75, 309, 533, 544, 596

Gagik Arcruni 458
Gaius 298
Gaius Caesar 233
Gaius Gracchus 79, 156
Galba 81

Galen 241
Gallus (trib. milit. 168 v.Chr.) 144
Gelon von Gela 47
Geographus Ravennas 141
Germanicus 211
Geta 231
Gilgamesch 170
Grattius 240
Gregor XIII. 90
Gyselen, R. 474f.

Hadrian 161, 202, 229, 390, 413, 587
Halley, E. 270
Hamurapi 147
Hannibal 40, 100f., 143, 161, 189, 235, 274, 342, 535
Hanno 12, 141, 171, 282, 420, 439
Haushofer, K. 32
Heinrich IV. 295
Hekataios von Milet 120, 127, 134, 172, 174, 219f., 407, 422, 456, 605
Hekate 113
Helena 423
Helios 187
Hellanikos von Lesbos 128
Henry VIII. 295
Henry, L. 95
Hephaistos 113, 171, 325, 605
Hera 186
Herakleides Kritikos 502
Herakleides Pontikos 118, 270, 360–362
Herakleios 529
Herakles 131, 373, 448
Heraklit 147
Hermes 259
Hero 476
Herodes 154, 245
Herodes Atticus 27, 245
Herodot 12, 33, 36, 42, 47, 94, 120f., 127–129, 134, 171f., 175, 221, 246, 309, 327, 407, 409, 455, 605
Heron von Alexandria 217, 241, 326, 354, 544, 596
Hesiod 14, 56, 62, 127, 134, 233, 307f., 323, 412
Hierokles 106
Hieronymos 68, 423
Himilko 171, 420
Hipparchos von Nikaia 46, 117, 124, 171f., 220, 607

Hippodamos 512f.
Hippokrates von Chios (Astronom) 218
Hippokrates von Kos (Arzt) 42, 128, 155, 174, 328f., 341, 609
Hippolyt 239
Hippon von Rhegion 601
Hipposthenes von Sparta 298
Hoff, K. E. A. von 168
Homer 14, 100, 146, 171f., 221, 233, 323, 385, 412, 560, 562, 609
Honorius 215
Horaz 101
Humboldt, A. von 263
Hutton, J. 168

Iason von Thessalien 100
Iktinos von Athen 546
Isidoros von Charax 141, 211
Isis 189
Isokrates 48
Iulius Africanus 535
Iulius Caesar, C. 40, 80, 86, 90, 101, 131f., 136, 139, 227, 230, 245, 274, 312, 326, 336, 345f., 351, 415, 418, 561, 593
Iunius Brutus, M. (praet. 140 v.Chr.?) 414
Iustinian 352, 414, 473, 501
Iuvenal 101, 246

Jacob von Edessa 262
Jesus 43
Johannes der Täufer 43
Jugurtha 40
Jupiter 156, 188–190, 373, 556

Kambyses II. 246, 620
Karneades 104
Kiepert, H. 222, 256
Kimon 99, 391
Kirsten, E. 222, 560
Kjellen, R. 32
Klearchos von Herakleia 535
Kleisthenes 36, 98, 578
Kleomenes I. 103
Kleopatra VII. 80, 155
Klüwer, Ph. 221
Kolaios von Samos 420
Kolumbus, Christoph 246
Konstantin der Große 41, 89, 214f., 288, 398
Konstantinos VII. Porphyrogennetos 103
Kopernikus, N. 119

Kore 187
Kosmas Indikopleustes 124, 410, 421
Krates von Mallos 104, 117, 171, 409
Kratylos 562
Kritolaos 104
Kroisos 93
Ktesias von Knidos 129
Ktesibios von Alexandria 325, 596, 624
Kyaxares von Medien 158
Kybele 189, 344
Kypselos von Korinth 47
Kyros der Große 525, 534

Laberius 228
Lasos von Hermione 360
Leandros 476
Leonidas I. von Sparta 167
Lepidus 80, 233
Livia 298
Livius 42, 47, 143, 176
Livius Andronicus 487
Livius Drusus 79
Livius Salinator, M. 432
Lohmann, H. 470
Longos 100
Lucan 101, 341
Lucius Quietus 37
Lukrez 135, 596
Lyell, Ch. 168
Lykourgos 77
Lykurg 412
Lysimachos 48

Maes Titianus 212
Magas von Kyrene 48
Magnentius 82
Mago 12, 14, 308
Mandrokles von Samos 72
Manilius 139
Manilius, M. (cos. 149 v.Chr.) 414
Marcus Antonius 80, 155, 233, 298, 342, 379
Marinos von Tyros 46, 118, 171f., 220, 409, 421, 456, 608
Marius 40, 80, 244, 298, 535
Markianos von Herakleia 421
Mars 189f.
Masinissa 40, 280
Maternus, G. 422
Mauryas 130
Maximianus Heraclius 240

Mazzarino, S. 381
Megakles 77
Megasthenes 103, 130, 132, 137, 421
Melania die Ältere 423
Melania die Jüngere 423
Meleager 239
Menelaos 247
Menes 10
Menippos 422
Merkur 190–192
Metrodoros von Chios 515
Meyer, E. 380
Millar, F. 381
Minerva 373
Minos 461
Mithradates VI. 103
Mithras 190, 286f.
Mommsen, Th. 227, 381
Mucius Scaevola, P. (cos. 133 v.Chr.) 414

Napoleon III. 526
Nasamones 420
Nearchos von Kreta 132, 420, 606
Necho II. 238, 243
Nemesian 240
Nemetona 190
Nero 81, 148, 245, 307, 351f.
Nerva 63f.
Neumann, K.J.H. 222
Nissen, H. 222
Nöldeke, Th. 381
Numerius Popidius Celsinus 230

Oberhummer, E. 222
Octavian → Augustus
Odysseus 197, 247, 458
Onesikritos von Astypalaia 420
Oppian, der Kynegetiker 240
Oros 562
Orthagoras 421
Osiris 11
Otho 81
Ovid 346

Palladius 15, 202, 544
Pan 555, 593
Pappos von Alexandria 544
Parmenides 115, 122f., 172, 260, 395
Patrokles 421, 606
Paula 423

Pausanias 140, 220, 422, 428, 502f.
Peeters, P. 381
Peisistratos 47, 77f., 297
Pelopidas 143
Periandros von Korinth 245, 351
Perikles 26, 214, 531
Perseus von Makedonien 49, 144
Pertinax 81
Pescennius Niger 81
Petrus 288
Petrus de Alliaco 263
Peutinger, K. 423
Pheidon von Argos 47
Pherekydes 395
Philipp II. von Makedonien 38, 48, 86, 158, 415f., 536
Philipp V. von Makedonien 235, 278
Philippson, A. 222
Philolaos 115, 118
Philon von Byzanz 241, 325, 596
Photios 421
Phraates V. 233
Platon 45, 48, 62, 115, 117, 126, 136f., 171, 206, 264, 342, 361f., 379, 396, 412, 496f., 506, 513, 572, 576f., 594, 601
Plautus 60, 488
Plinius der Ältere 12, 15, 52f., 132, 141, 172, 421, 431, 435, 459, 544, 553
Plinius der Jüngere 206, 216
Plutarch 67f., 141, 144, 241
Pollius Felix 392
Polybios 12, 15, 40, 42, 47, 49, 62, 104, 117, 121, 131, 172, 175f., 218, 221, 309, 407, 410, 477, 497, 537f., 577, 607
Polykrates von Samos 207, 351, 461
Polyperchon 79
Pompeius Magnus, Cn. 80, 227, 275, 401, 415, 438, 442, 462
Pompeius, Sex. 80
Pomponius Mela 87, 140, 172, 221
Poppe, J. H. M. 541
Poseidon 112, 161, 186, 333, 556
Poseidonios von Apameia 42, 117f., 121, 130, 138f., 171f., 260, 309, 396, 607f.
Probus 604
Prokop 172, 221
Protagoras 136, 411, 496
Prusias I. von Bithynien 221
Pseudo-Hippokrates → Hippokrates von Kos
Pseudo-Skylax → Skylax

Ptolemaios I. Soter 48, 298
Ptolemaios II. Philadelphos 48, 388, 476
Ptolemaios III. Euergetes 48, 298
Ptolemaios IV. Philopator 442
Ptolemaios, Klaudios 46, 88, 117f., 124, 140, 171, 173, 220, 253, 262, 409f., 456, 608
Pyrrhos 529
Pythagoras 115, 328, 361
Pytheas 123, 130, 282, 420, 439, 606
Pythermos von Teos 360

Quinctius Cincinnatus, L. 198
Quirinus 189

Ratzel, Fr. 31
Ritter, C. 222
Robert, L. 358
Roma 364
Romulus 193, 525
Rosmerta 190, *191*
Rutilius Namatianus 101, 423

Said, E. 380
Sallust 131
Salomo 501
Sampsigeramos 211
Sandrakottos 421
Sasernae (Vater und Sohn) 308
Satis 9
Scaliger, J. J. 221
Schleicher, A. 492
Schliemann, H. 100
Schlüter, O. 219
Schmidt, J. 492
Seleukos I. 48, 298
Seleukos von Seleukeia 118, 122
Seneca 50, *114*, 147, 232, 270f., 396, 516
Septimius Severus 81, 229, 231
Serapis 189
Sergius Orata, C. 216
Sertorius 80, 103
Servilius Isauricus 401
Silius Italicus 100f.
Silvester I. 288
Simonides der Jüngere 421
Sirona 190
Skylax von Karyanda 12, 127, 420
Sokrates 309, 394
Sölch, J. 222
Solon 19, 75, 98, 371, 411f., 601

Sophokles 136
Sosandros 421
Sostratos von Knidos 476
Statilius Taurus 29
Statius 522
Steno, N. 168
Stephanos von Byzanz 141, 173, 562
Strabon 12, 42, 87, 123, 130, 140, 171f., 220f., 246, 262, 280, 407, 409f., 459, 524, 560, 607
Straton von Lampsakos 241
Sueton 67f.
Sulla 80, 227, 414
Sulpicius 80
Süssmilch, J. P. 95

Tacitus 132, 137–139, 172, 407, 459
Tancred von Disraeli 380
Taranucnus 190
Tarquinius Priscus 484
Telestes von Selinus 362
Terenz 488
Thales von Milet 45, 93, 115, 122, 142, 146, 220, 395
Themistokles 462, 531
Theoderich der Große 501
Theodosius Archidiaconus 423
Theodosius I. *324*
Theogenes von Thasos 298
Theokrit 100
Theopomp von Chios 407
Theophrast von Eresos 217, 241f., 379, 396, 553
Theseus 476, 504, 539
Thukydides 33, 47, 78, 128, 131, 136, 221, 226, 233, 309, 505
Tiberius 202, 233, *384*, 385
Tiberius Gracchus 23f., 79, 199
Tiglatpilesar III. 86

Timagenes von Alexandreia 172
Timaios von Tauromenion 172
Timosthenes von Rhodos 121, 421
Titus 29, *31*, *34*
Traian 41, 64, *207*, 208, 227, *279*, 418
Tremellius Scrofa 308
Tribonian 414
Triepel, H. 226
Tschandragupta 103
Typhon 113

Varro Atacinus 87
Varro Reatinus 2, 14, 87, 202, 308, 367, 369, 505
Varus 342, 593
Vegetius 42, 75, 274, 533
Venus 373
Vergil 14, 49, 100
Vespasian *31*, 81, 326
Vettius 199
Vicirius Martialis 230
Vitellius 81
Vitruv 42, 50, 54, 75, 147, 174, 206, 223f., 280, 322f., 329, 353, 513f., 544, 550, 596f.
Vogt, J. 174

Weber, M. 503, 612
Wegener, A. 165

Xenophanes von Kolophon 115, 136, 270, 601, 606
Xenophon 14, 59, 128f., 240, 307–309, 345
Xerxes 37–39, 143, 175, 238, 244, 276, 283, 309f., 336, 351, 477

Zaleukos von Lokri 412
Zenon 15, 388
Zeus 113, 155, 185, 193, 213, 496, 555

Ortsregister

Aachen (Aquae Granni) 51
Abdera 500
Abydos (Ägypten) 10
Achaia 107
Achaier 266
Achaimenidenreich 7, 66, 177, 415, 417, 519
Acheloos 158, 332
Actium 80, 334 f.
Adria 170, 331 f., 517
Ägäis 101, 119 f., 170, 235, 331 f.
Aegina 245, 357
Ägypten 5, 8–12, 15, 20 f., 44 f., 52, 59 f., 72, 89, 101, 108, 120 f., 127 f., 135, 151, 189, 199 f., 217, 243, 268, 327, 342, 350, 382, 387 f., 415, 453, 518 f., 554 f., 563 f.
Aequer 49
Äthiopier 129 f., 136, 246
Äthiopien 172, 228, 242, 262
Ätna 161, 376, 586–588
Afrika 5, 12 f., 20 f., 117 f., 120–122, 131, 141, 282, 409, 420–422, 439
Aigospotamoi 271 f., 310, 344
Aigosthena (Megaris) 25
Aioler 266
Aitoler 213, 400
Aix-en-Provence (Aquae Sextiae) 51
Akarnanien 244, 305
Akroreia 194
Akrotiri (Thera) 232
Alamannen 346
Alanen 38
Albaner Berg 188
Alesia 246
Alexandria 80, 207 f., 210–212, 214, 385, 441, 511, 513
Algerien 13
Alpen 140, 160–162, 242, 342, 393, 531
Alpheios 91, 289
Amarna 10 f.
Amaseia 107, 358
Amnissos 206
Amphipolis 500
Angeln 321
Antigonidenreich 20, 48, 198, 417
Antiochia 207, 211, 214, 385 f.

Anxur (Terracina) 25
Aoos 278
Aosta 29, 551
Apameia 158
Apaturia 278
Apennin 53, 126, 282
Aphrodisias 74–76, 426, 483
Aquileia 61, 199, 208
Aquincum (Budapest) 149
Arabien 211 f., 228, 420 f.
Arabischer Golf 172
Aralsee 147, 457
Ardiaer 278
Arausio (Orange) 255
Arbela 272
Ardiei 432
Arginusen 272
Argolis 25, 126, 290, 305
Argos 85, 186, 194, 278, 290, 547 f.
Ariminum (Rimini) 69
Arkadien 91, 100, 107, 242
Arles 72, 244, 517
Armenien 37 f., 190, 242, 533
Artemita 211
Asien 120–122, 409
Assos 580
Assyrer 175
Athen 25–27, 33, 47, 56 f., 59, 66, 90, 98 f., 157, 179, 213 f., 224 f., 267 f., 278, 283 f., 284, 292 f., 295–298, 416, 502–505, 623
Athos 247
Atlantik 330, 438
Attalidenreich 214, 417
Attika 56 f., 60 f., 126, 278, 470, 519
Auerberg 151 f.
Augusta Rauricum (Augst) 286, 550
Autarienser 280
Autariater 278, 432
Avaricum 8
Aventicum (Avenches) 550
Averner See 245, 364, 459, 571

Bab el Mandeb 421, 445
Babylon 84, 213, 534
Babylonier 45, 128

Bad Friedrichshall-Kochendorf *316, 317*
Baden-Baden (Civitas Aurelia Aquensis) 51
Baiae 51
Baktrien 211
Balearen 232
Balkan 199, 493
Barbegal *110*, 353
Bassai *546*
Bataver 37, 244, 318 f.
Bath (Aquae Sulis) 52
Bedriacum 81
Belger 280
Benevent 200
Berytos (Beirut) 413
Boiotien 91, 126, 200, 278, 280, 294
Bononia (Bologna) 233, 413
Bordeaux 423
Boscoreale *302*
Bosporus 72, 170, 235 f., 242, 306, 335, 339
Boulogne 476
Brauron 289
Brigantio (Bregenz) *253*
Britannien 56, 130, 140, 171, 190, 210, 242, 282, 422
Britannier 41
Brukterer 406
Brundisium (Brindisi) 101
Bruttium 56, 225
Bura (Buris) 113, 186, 271, 289
Byzantinisches Reich 463
Byzantion 144, 221

Cambodunum (Kempten) *229, 230, 253*, 286, 452
Cannae 101, 535
Capri 202, 233, 366, *384*
Capua 29, 31
Carnuntum 29, 149, 190
Carrhae 38
Carsulae (Umbrien) 29, 550
Carthago Nova (Cartagena) 57, 218
Centumcellae (Civitavecchia) 206
Chaironeia 48
Chalkedon 214
Chalkidike 244, 247, 267
Chalkis 184, 267, 278, 281
Chalonites 211
Chatten 406
Chauken 318 f., 406
Chelidonische Inseln 249

Cherusker 406
China 196, 211 f.
Chios 232 f.
Classis 208
Colonia Genetiva Iulia 230
Colonia Iulia Equestris (Nyon) 346
Colonia Narbo Martius (Narbonne) 269
Cosa *145*

Daker 35, 41, 275, *279*, 366, 406
Dalkingen *194*
Dalmatien 66, 265
Deir el-Medine 10 f.
Delos 33, 186, 210, 213, 399, 499
Delphi 75, 161, 187, 213, 218, 252, 267, 344, 482 f., 549
Demetrias 391
Didyma 187, 283 f., 294
Dnjepr 246
Dodona 186
Doliche 189
Dolomiten 161
Donau (Danuvius, Istros) 41, 66, 70, 94, 149 f., 195, 236, 241, 274, 332, 409, 443
Donusa 233
Dorer 266, 291
Dover 477
Dura Europos 387

Ebro 235, 332
Ecnomus 272
Eifel 588 f.
Ekbatana 211, 213,
Elba 57, 61, 378
Elbe 228
Elephantine 10
Eleusis 187, 196
Elis 107, 194, 305
Elymer 280
Emerita Augusta (Mérida) 148
Emesa 344, 429
Entremot 285
Ephesos 86, 281, 283, 289, 291, *550*, 619
Epidamnos 282
Epidauros 295, 329, 397, 549
Epirus 305
Eretreia 267, 278
Eridanos 170
Erythrai 247
Etrurien 29, 242, 282,

Etrusker 29, 56f., 188, 454, 484, 519f.
Euboia 111f., 184, 232, 305
Euphrat 72, 147f., 211, 233, 409, 443
Euripos 184, 335, 338f., 447
Europa 120–122, 132, 139, 409
Eurotastal 198, 305

Fennen 138
Fidenae 417
Fränkische Alb 53
Franken 405
Friesen 318f., 321f., 406
Friesland 333
Fucinersee 1, 351, 571

Gades (Cadiz) 141, 228, 231, 254, 335, 441, 461, 603
Gätuler 406
Galatien 189
Gallia Belgica 190, 192, 319, 354
Gallia Narbonensis 64
Gallien 17, 21f., 66, 68, 140, 192, 241, 267, 327
Gallier 41, 49, 131, 136, 274
Ganges 130, 147
Garamanten 406
Gaugamela 272
Gaza 9
Gedrosien 311
Gelber Fluß 147
Genfer See (Lacus Lemannus) 149, 346
Genua 108
Germanen 36, 41, 131f., 136, 274, 278, 283, 405, 530, 618
Germanien 190–192, 242, 327
Gibraltar 116, 331, 334–336, 338f.
Giza 350
Glanum 285
Golf von Iskenderum 332
Golf von Neapel 282
Gortyn 50, 216, 412
Goten 38, 405, 463
Granikos 272
Griechenland 19f., 22, 38f., 47f., 55–57, 62, 68f., 107, 140, 177, 264–266, 283f., 305
Großer St. Bernhard 394
Guadalquivir 447
Gurnia 384
Gyaros 232

Habur 147
Haemus (Haimos) 242
Halykos 158
Halys 93, 158, 278
Heidenheim 216
Hekatompylos 211
Helike 113, 186, 271, 281, 333
Helikon 161
Heliopolis 9
Hellespont (Dardanellen) 69f., 72, 170, 214, 217, 309, 351f.
Helvetier 345f.
Herakleia 86
Herculaneum 387, 586, 618
Hermunduren 406
Hethiter 72, 175, 519
Hiberus (Iber, Ebro) 158
Hierakonpolis 10
Hierapolis 75
Hierapytna 87
Himeras 158
Histrier 229
Horusweg
Hunnen 38, 132
Hyrkaner 280

Ichthyophagen 130, 138
Ida-Gebirge 161
Illahun 10
Illyrer 41, 405
Illyrien 242, 400
Inder 137f.
Indien 103f., 128–130, 210–212, 311, 356, 405, 439, 446
Indischer Ozean 127, 130, 132, 138, 211, 330
Indus 94, 127, 130, 147, 170, 420f.
Ioner 266
Ionisches Meer 332
Irak 180
Iran 211
Iris 150
Irland (Ierne) 246
Isaurier 41
Ischia (Aenaria) 281
Isny 229, 231
Israel 499
Issos 39, 81
Isthmos von Akté 247
Isthmos von Korinth 186, 238, 245, 351, 374
Isthmos von Suez 121

Istros 247
Italien 5, 21, 63f., 140, 177f., 201f., 253, 305
Italiker 42, 157
Itanos 26, 87, 228

Jangtse 147
Jazygen 38, 406
Jericho 147
Jerusalem 254, 397–399, 423, 569, *570*
Jordan 147
Juden 132, *154*, 274, 296

Kaimeni 592
Kairo 94
Kamerun 12
Kampanien 29, 50, 200, 303, 333, 341, 396, 485, 603
Kanarische Inseln 233
Kandahar 211
Kannenefaten 318f.
Kap Artemision 186
Kap Korykos 247
Kap Leukatas 248
Kap Malea 247, 338
Kap Mykale 291
Kap Soloeis 248
Kappadokien 37, 533
Karer 33, 405, 438
Kariben 245f.
Karien 107, 177
Karnak 8, 65, 596
Karthago 12f., 14, 51, 158, 210, 226f., 235, 269, 333, 461
Kasion 161
Kaspisches Meer (Hyrkanisches Meer) 121, 211, 331, 421, 455f.
Kassiterides (Zinninseln) 422
Kaukasus 211, 533
Kelten 67, 129, 131, 190, 192, 246, 278, 285, 405, 407
Kenchreia 281
Kephallenia 444
Khirbet ez-Zeraqon 569
Kilikien 400f., 405
Kimbern 161, 228, 280, 342, 345, 531
Kirkesion 211
Kladeos 91
Kleinasien 44, 107, 113, 175, 177, 187, 189, 278, 354f., 487, 494
Knidos 247f.

Knossos 50, 85, 384
Köln 208
Komana Kappadokika 429
Komana Pontika 429
Kommagene 41, 190, 533
Konstantinopel 66f., 214f., *324*, 386, 413, 485
Kopais 91, 403
Kopaissee 1
Korfini 148
Korinth 44, 59, 61, 74f., 85, 267, 290, 483, 560
Korkyra 78, 248
Korsen 280
Korsika 20, 225, 232f., *253*
Korykos 563
Kos 100, 329
Kreta 50, 60, 72, 162, 206, 232f., 241, 294, 304, 383f., 400, 453, 461, 487, 499
Kroton 158, 186, 290
Ktesiphon 211
Kyme (Cumae) 281, 571
Kyrene 120, 170
Kythera 247

La Coruna 477
Lade 33, 517
Ladik Gölü (Pontos) 458
Langobarden 405
Latiner 49
Latium 417f.
Laureion 56f., 61
Lavinius 233
Lemnos 187
Lesbos 100, 232, 233
Leukas 243f.
Libanon 151, 170, 225
Libyen 120–122, 420
Libyer 128
Ligurer 41, 341, 400
Lilybaion 332
Linz (Lentia) 149
Lippe 149
Lissos 158
Lokris 195, 305
Ludwigsburg-Hoheneck *203*, *205*
Lugdunum 81
Lusitaner 280
Lutetia Parisiorum 149
Lyder 405
Lykaion 290

Lykien 107, 177, 249
Lykos 150

Maas 244
Mäander 332
Magnesia 39, 194, 289
Main 149
Maiotis 456
Makedonen 39, 144, 405
Makedonien 48, 126, 175, 177, 225
Mallia 384
Malta 232
Mantinea 91f.
Marathon 272, 309
March 149
Mareotissee 214, 303, 435
Margiana 211
Mariba 228
Markomannen 406
Marokko 12f., 172
Masada 154
Massa Maritima 57
Massilia (Marseille) 148f.,
Mauren 41
Mediolanum 215, 253
Megalopolis 213
Megara 74f., 267
Megara Hyblaia 511
Meilikos 289
Memphis 10, 94, 214, 387
Menapier 318f.
Meroe 228
Merv 211
Mesopotamien 52, 72, 170f., 196, 415
Messenien 47, 169
Messina 100, 249, 335, 443
Milet 33, 45, 75, 171, 194, 267, 281, 466, 512
Minyer 91, 403
Misenum 462
Mittelmeer 184, 232, 330–339, 374–376, 442–448
Mogador (Marokko) 12f.
Mogontiacum (Mainz) 149, 190, 225
Mons Garganus 332
Mons Graupius 272
Mosel (Mosella) 101, 149, 245
Motye (Mozia) 233
Muducuvii 229
Munda 80
Mundelsheim 287

Mursa 82
Mutina 80
Mykene 33, 85f., 506
Mysier 280
Mytilene 100, 514
Myus 194, 517

Nabata 228
Nabatäer 406
Naxos (Sizilien) 247
Neapel 571
Nemausus (Nimes) 75, 284, 285
Nervier 530
Nevali Cori 283
Niger 94
Nikephorion 211
Nil 8f., 89, 92, 94, 120f., 135, 147, 208, 212, 242f., 300, 376, 388, 421f., 443, 454f., 573, 575, 596, 605f.
Nora (Sardinien) 247
Norba 26
Nordsee 149, 184, 244, 317–322
Noricum 66, 162
Nubien 56, 406
Nuceria 349
Numantia 246

Ochrid-See 158
Olymp 161
Olympia 50, 91, 185, 213, 283, 482
Orchomenos 91f., 294
Orobiä 111
Oropos 194
Ostia 75f., 190, 208, 245, 281, 356, 370, 441, 476, 503f., 617
Ostsee 184
Otranto 332
Oxus 211
Oxyrhynchos 387

Pachynos 332
Pagasai 170
Paktolos 213
Palästina 44, 107, 254
Palmyra 41, 211, 620
Pamisos 185, 252
Panakton 196
Pandateria 233
Panopeus 502f.
Paraetakenier 280

Parnassos 161, 187, 242
Parther 35, 37f., 41f., 274f., 405
Partherreich 211
Patavium 61
Patmos 233
Patrai 335
Pella 26, 167, 385, 391
Peloponnes 140, 186, 233, 235, 245, 280, 290
Pelusium 549
Perachora 290
Pergamon 214, 230, 329, 391, 549f., 602
Perge 75
Perser 36–38, 42, 58, 129, 283
Perserreich 39, 175, 226
Persien 44, 213
Persischer Golf 211, 333, 517
Pessinus 189, 344
Petra 41
Phaistos 74, *383*, 384
Pharos 208, 476
Pharsalus 80, 272
Phaselis 158, 400
Phasis 120f.
Pheneos 91f.
Philae 564
Philadelpheia (Ägypten) 15
Philippi 80
Phlegraeische Felder 51
Phönizier 42, 210, 333, 375, 420, 438, 453, 461
Phokaia 267
Phokis 194, 305
Phrygien 44, 242, 405
Piazza Armerina 202, 239, *240*
Picenum 242
Piräus 207, 466, 513
Pisa 517
Pisidien 44
Plataiai 157, 290
Po 149
Podelta 1, 94, 332
Poebene 1, 200, 517
Pompeji 28, 29, 30, 31, 39, 50, 60, 75, *114*, 230, 349, 377, *391f.*, *521*, 586
Pomptinische Sümpfe 1
Pondel (Aostatal) *597*
Pontos *150*, 242, 267, 305, 487
Populonia 57, 378
Poros (Kalaureia) 294

Portus *207*, 208, *503*
Poseidonia (Paestum) 186, 283
Poteidaia 351
Praeneste (Palestrina) *300*
Praisos 228
Propontis (Marmara-Meer) 235, 267
Ptolemäerreich 20, 23, 48, 66, 198, 235, 298, 415, 417
Puteoli (Pozzuoli) 31, 54, 61, 208, 216, 441, 517, 571
Pylos 66
Pyrenäen 161, 531

Quaden 406
Quantir 9
Qumran 387

Raetien 162
Ravenna 208, 215, 431, 462, 517
Regensburg (Castra Regina) 149
Rhamnus 196
Rhegion 335
Rhein (Rhenanus) 41, 70, 149f., 190, 195, 235f., 244, 274, 409, 443
Rhodos 113, *116*, 187, 210, 233, 466, 471
Rhône (Rhodanus) 72, 94, 149, 170f., 218, 244, 332, 346, 443f., 447
Rio Sil 571
Rio Tinto (Baetica) 57
Rom 29, *31*, *34*, 51, 60, *62f.*, 66, 75, 228, *279*, *301*, *323*, 366, 417–419, *514*, 602
Roquepertuse 285
Rotes Meer 130, 211f., 243, 420f.
Roxolanen 38, 406

Saalburg (Taunus) *74*
Sachsen 321
Sagartier 38
Sahara 420
Saint-Chamas *71*
Sakkara 554
Salapia 303, 330
Salamis 538
Salamis (Zypern) 435
Salasser 162
Samnium 40
Samos 157, 186, 207, 232f., 283f., 290, 351, 569, 602
Samothrake 187
Saône 245

Sardes 213, 519
Sardinien 5, 232, *253*, 400
Sarmaten 35, 38, 406
Sarmatien 242
Saronischer Golf 235, 245
Sassaniden 37f., 41
Satren 160
Schwäbische Alb 53
Schwarzes Meer (Pontos Euxinos) 5, 100, 120f., 144, 170, 211, 235, 330f., 374
Segusio (Susa, Piemont) 35
Seleukia 211
Seleukidenreich 20, 23, 48, 130, 214, 235, 268, 415, 417
Selinunt 328
Sequaner 346
Serdica 214
Seriphos 233
Sigeion 218
Sikeler 233
Sile 9
Sinope 500, *507*
Sinuessa 51
Siphnos 56, 357
Sipontum 303
Sizilien 5, 20f., 23, 100, 128, 144, 171, 188, 232–234, 267, 306, 331f.
Skandinavien 130, 356
Skylax *150*
Skythen 38, 50, 58, 127–129, 131, 135, 172, 241f., 276, 405f.
Smyrna 214, 511
Sorrent 392
Spalatum (Split) *386*
Spanien (Iberien) 5, 21, 37, 56f., 61, 140, 172, 210, 267
Spanier (Iberer, Keltiberer) 41, 280, 405
Sparta 33, 47, 58, 113, 178f., 186, 194, 226, 235, 276, 278, 505, 525–528
Spercheios 126
Spina 235, 517
Sri Lanka (Taprobane) 104
Stratonikeia 107
Stromboli 376, 588
Stymphalos 91f.
Sueben 346, 406
Sumerer 148, 171, 453
Sunion 186, 248
Susa 213, 519, 525
Sutri 31

Syrakus 31, 86, 213
Syrer 41f.
Syrien 44, 107, 170f.
Syrten 331, 338, 447

Tabarka (Tunesien) *201*
Tanais 121
Tarent 158
Tarsos 61, 517
Tartessos 420, 461
Tauromenion (Taormina) 242, 549
Tauros 158, 249
Taygetos-Gebirge *162*, 242
Teos 500
Tegea 91f.
Tenedos 233
Tenos 234
Teutoburger Wald 272f., 342
Teutonen 342, 531
Thamugadi (Timgad) 512
Thapsus 80
Tharros (Sardinien) 247
Thasos 233
Theben (Ägypten) 9, 11
Theben (Boiotien) 47, 187, 213,
Thera (Santorin) 232
Thermopylen 126, 167, 272, 499, 537
Thessalien 100, 198, 200, 499
Thessalonike 214, 386
Thisbe 91
Thraker 35, 41, 58, 128, 136, 405
Thrakien 108, 126, 175, 187, 200, 225, 242, 267
Thule 262, 420
Thurioi 513
Thyrea 278
Thyreatis 194
Tiber 73, 101, 208, 332f., *503*, 573–575
Tibur (Tivoli) 202, 390
Tigris 147, 456
Tingis (Tanger) 335, 422
Tiryns 50, 92
Tomi 346
Totes Meer (Mortuum Mare) 457
Trier (Augusta Treverorum) 29, *186*, 215, 286, 386, 550
Triphylia 194
Troja 171, 214
Tunesien 13
Tusculum 366

Tyrrhener 127
Tyrrhenisches Meer 338

Ur 148, 458

Vada Volaterrana 431 f.
Vandalen 463
Vansee 456–459
Valencia 332
Veii 36, 417
Veleia (Placentia) 200
Velinersee 1
Vercellae 535
Vergina 391
Verona 29
Vesuv 160, 230, 585 f., 587
Vicarello 254
Vindobona (Wien) 149
Virunum 424

Volsker 49

Wales 57
Welzheim 195
Wetterau 149
Wiesbaden (Aquae Mattiacae) 51
Wolga 94

Xanten (Castra Vetera) 29, 149, 190, 208

Zaghouan (Tunesien) 75
Zagora (Andros) 25
Zagros-Pässe 211
Zakro 384
Zakynthos 444
Zankle 335
Zela (Pontos) 429
Zamucii 229
Zypern (Kypros) 151, 232

Sachregister

Abgaben 21–23, 418, 479, 481, 581
Abholzung 225, 378, 455, 594
Absatzmarkt 19, 210, 226, 234f., 306
Abtreibung 63f.
Ackergesetzgebung 15
Administration 229, 350, 387f., 525
Agora 579, 580
Areopag 99, 577
Affektenlehre 362
Ager privatus 24, 108
Ager publicus 23f., 108, 198f.
Ager Romanus 193, 268, 418f., 496
Agrarhandel 306f.
Agrarlandschaften 305f.
Agrarschriftstellerei 14f., 307f.
Akkulturation 406
Akten → Dokumente
Akustik 550
Alexanderzug 129f., 137f., 180, 410, 434, 528, 606
Alimentarprogramm 63f., 307
Alimentartafeln 200
Alltag 34
Almwirtschaft 565
Amicitia 418, 578
Amphiktyonien 427f., 499
Ämter 7, 99, 106, 178f., 474f., 509, 576–578
Amtsbereiche 474, 521
Anbaugrenzen 305
Anbaupflanzen 1f.
Annalisten 176
Annexionspolitik 419, 532
Apotheose 363
Apperzeptionsforschung 405
Aquädukte 353f., 543, 570, 596–598, 597, 602
Arbeit 58–61, 431, 480
Arbeitsteilung 59, 503
Archimedische Schraube 596
Archontat 99
Arena → Amphitheater
Aristokratie 36, 47, 77–82, 98, 227, 340, 406, 576–578
Astrologie 45f., 113, 271, 554
Asyl 155f., 248

Auspizien 159
Aussaat 182
Ausweis 472
Autarkie 48, 234, 342, 416, 496
Automaten → Maschinen
Autonomie 48, 268, 416, 462
Autopsie 140, 221, 560
Auxilia 41

Bach 146, 230, 373
Baptisterium 288, 557
Barbarentypologie 405
Bauer 19–24, 77, 197–200, 348, 388, 479f.
Baum 185, 283, 373
Baumwolle 2
Baupolitik 214
Beamte 83, 226, 388, 402, 413f., 473–475, 480, 497f., 508–510, 521f., 601
Befestigungsanlagen 84–86, 316, 465, 507, 526, 531
Begriffsbildung 489
Behausungen 465
Belagerung 86
Beleuchtung 57
Benutzungsrecht 520
Beschreibstoffe 387, 451
Besitzmarke 472
Besitzverhältnisse 22–24, 105, 200
Bewässerung 3, 9, 147f., 167, 378, 390, 410, 455, 457, 596–598
Bierbrauerei 181
Bildungseinrichtungen 510
Bilinguismus 487f.
Binnenschiffahrt 443
Blei 55
Bodenbearbeitung 2f., 19
Bodenbeschaffenheit 305, 523, 603
Bodenerträge 407
Bodennutzungsarten 5, 304f.
Bodenschätze 438
Bodenversalzung 378
Botanik 394, 396, 450
Botschaften 102f.
Boule 102, 495
Brauchtum 406

Briefe → Dokumente
Bronze 55–57, 543
Brot 180–182, 288, 367
Bucht 94, 206f., 248, 400, 447
Bukolik, 100, *301*, 372
Bundesgenossenkrieg 83, 108, 157, 499
Bundesgenossensystem 418
Bündnissystem 47, 498–501
Bürgerversammlung 578
Bürokratie 102, 147, 307, 350

Catilinarische Verschwörung 80
Chaos 363
Christentum 43f., 365f., 397f., 427–429, 523, 557
Christenverfolgungen 429
Christianisierung 70, 124, 178, 190, 288f., 296
Circus 386, 484f.
Civitas 66, 83, 108, 148, 213, 495, 503, 584
Codex iuris civilis 414
Constitutio Antoniniana 83, 157, 388, 418, 496, 501
Curiae 508
Cursus honorum 178
Cursus publicus 523

Damm → Deich
Darlehen 63f.
Deliktverfolgung 414
Delisch-Attischer Seebund 47, 105, 213, 226, 268, 296, 411, 416, 462
Demen 66, 98f., 107, 291, 293f, 508
Dendrochronologie 469
Deportation 346
Dialekt 148, 488, 492–494
Diaspora 427, 429
Dickbauchtänzer 539
Dienstboten 480
Dienstleistungen 60, 480
Diadochenkämpfe 462
Dolinen 251, 402, 404
Domäne 198–200
Dominat 349
Dreikontinentenlehre 409
Dritter Punischer Krieg 278
Drusch 183
Dünung 375

Ebbe 184f
Ebenen 196, 364, 536f., 565f.

Ehe → Heirat
Eideszuschiebung 412
Eigenproduktion 306
Eingemeindung 62f.
Einwohnerzahlen 505, 551
Eisen 55–57, 162, 543
Elektron 452
Elemente 395
Entdeckungsreisen 100, 345, 420, 438f.
Enthaltsamkeit 43f.
Entwässerung 57
Epigraphik → Inschriften
Epos 100f., 170, 493
Ernährung → Nahrungsmittel
Ernte 182f.
Ernteausfälle 369f.
Ernteertrag 4f., 182f.
Erntemaschine 3
Erster Punischer Krieg 227, *440*, 528, 538
Erziehung 362
Erz 55–57, 162
Ethik 394
Ethne 177–179, 496, 499f., 576, 584
Ethnika 359–361
Ethnozentrismus 138, 155
Ethoslehre 361f.
Etymologie 489, 562
Euergetismus 510
Expansion 48f., 126, 152, 156f., 161f., 178, 189, 226f., 234, 237, 244, 406, 416–419, 461f., 493, 532
Expeditionen 422
Export 387, 436, 445, 557, 603

Fachjuristen 413f.
Fahnenheiligtum 285
Familienplanung 62
Fernweidewirtschaft 564–567
Feste → Spiele
Festland 117f., 208, 233, 281, 305, 605, 608
Festung 25, 84–86, *358*
Finanzverwaltung 99, 510
Flächenstaat 408
Flachsiedlung 320f., 471
Flora und Fauna 232, 300, 334, 560
Flotte 36, 215, 226, 310–312, 416, *440*, 441f., 445, 460–463, 525–528, 538f.
Flüchtlinge 78f.
Flur 465, 621f.
Flurform 466

Sachregister

Flut 184f., 319
Forum 579
Frauen 60, 98, 135, 179, 186, 267, 292, 307, 310, 432, 452, 479f.
Freiheitsedikt 79
Freizeit 50, 239, 347f
Fremdherrschaft 7
Fundament 71f., 356, 522
Fünfhundertscheffler 198
Fürsorge 49
Fußgängerüberweg *521*
Fußpfad 519
Futterpflanzen 2

Gallischer Krieg 68, 345f., 561
Garküche *504*
Garten → Park
Gartenbau 3f., 11
Garum 436
Gau 65f., 108, 213, 554
Gebietshoheit 495
Geburtenrückgang 62–64
Gefolgschaftswesen 406
Gegenortverfahren 570
Geiseln 102f.
Geldwirtschaft 56, 306
Geleise 59f.
Gemüse 2–4, 367
Gens 578, 584
Geologie 163–165, 167
Gerbe 431, 435
Gericht 99, 495, 509, 576, 578
Gerichtshoheit 411
Gerste 181
Gerusie 179
Gesandte 102–105, 155, 406, 509
Geschirr 55, 559
Gesetzgebung 99, 411–415, 509
Gesundheit → Medizin
Gewürzkräuter 4, 367
Gilden 441
Gips 53
Gladiatoren 28f., 485
Gold 55–57, 162, 452, 571
Grabhügel 316
Grabstätten 562f.
Grenzdienst 40f.
Griechische Kolonisation 193, 210, 267f., 281, 306, 345, 462, 493, 511, 603
Grundbesitz → Großgrundbesitz

Gütertransport 208, 210, 225, 303, 308–314, 369–371, 370, 435, 438, 442, 611
Gutsbetrieb 19
Gymnasion 482–282, 502, 511

Hackfrüchte 2
Hafer 181
Haine 283, 373, 390f., 426, 545, 547f., 593f.
Haltbarmachung 369
Handlungsspielräume 348
Handwerk 55, 58–61, 156, 204, 348, 612
Hanf 2
Harmonik 360f.
Haustiere 580–583
Hauswirtschaft 19
Hebelgesetz 324, 596
Heeresdienst 36, 64, 98, 156, 178
Heeresreform 40
Hegemonie 26, 47, 226f., 234f., 275, 280, 462, 499
Heilbäder 329
Heilung 328–330, 397, 428, 548
Heirat 103, 156, 479
Hellenischer Bund 47
Hellenisierung 177, 486
Heloten 274, 479
Herbergen 398, 519
Herkunftszeichen 472
Herrschaftsauffassung 193
Herrschaftsgebiet 158, 357, 415f., 496, 498, 501, 572, 585
Herrschaftsideologie 228
Herrschaftsinstrument 226f., 462, 520
Herrschaftslegitimation 417
Herrschaftsorganisation 157, 418, 463
Herrschaftspraxis 350, 385, 418
Herrschaftsraum 48f., 213, 350, 417, 460–463
Herrschaftssicherung 281, 485
Herrschaftssymbol 70
Herrscherkult 298f., 428, 540
Herrschersitz 25, 84f., 214, 382–386
Hetairien 76–78
Hieroglyphen → Schrift
Himmel 115, 118, 122f., 142–144, 217f., 344, 363, 375, 515f.
Hinterhalt 526, 535, 538
Hippodrom 482, 485
Hirse 180f.
Hirten 238f., 304, 565, 567, 581
Historiographie → Geschichtsschreibung

Höchstpreisedikt 60
Hochwasser → Überschwemmungen
Hopliten 47, 77, 309f., 482, 536
Horizont 217
Hülsenfrüchte 2, 204
Hungerkrisen 306, 370f.
Hydraulik 596
Hydrostatik 596
Hygiene 328
Hypokausten 50f., 216

Ideographie 453
Ikonographie 259, 471
Imperium Romanum 57, 66, 226, 313, 417–419, 598
Import 306f., 370, 371, 452, 581, 583
Infanterie 36–42, 534, 536f.
Infrastruktur 141, 230, 244, 350, 388, 393, 398, 465, 502, 514, 543, 567, 596, 597
Initiationsritus 548
Inkarnation 554
Inkorporation 406, 554
Inkubation 329, 397
Integration 156f., 178, 406
Interferenz 486f.
Interpretatio Romana 190
Ionischer Aufstand 276
Isopolitie 178, 508
Italischer Bund 499
Itinerarien 247, 254, 398, 422f., 529

Jahreszeiten 389, 423, 441
Juwelen → Schmuck

Kalender 89f.
Kalk 53f.
Kallias-Frieden 158, 235, 416
Kanalisation 602
Karawanen 211f., 519, 619
Kastell 51, 316, 322, 355
Kataster 22f., 105, 153
Katastrophenforschung 33f.
Keramik 232, 543, 557–559
Kielbaumethode 439
Kinder 63f., 479f.
Kirchen 287f., 426
Kleinbetriebe 205
Kleruchien 268, 416
Klientel 156, 179, 418f., 578
Klientelkönigreiche 532f.

Klöster 398, 429
Kodifikation 412f.
Kognitionsforschung 409
Koina 576
Koine 493
Koinon 499
Kommandogewalt 226
Kommandostruktur 36
Kommunikation 29, 50, 366, 405, 465, 476–478, 485, 487, 489–491, 531, 593, 615
Königswirtschaft 20–23, 198
Konservierung 435
Konstitutionen 414, 473
Konstruktionstechnik 70f.
Konsumartikel 211
Korrosionsformen 250f.
Kosmogonien 363f.
Kosmologie 394f.
Kosmos 44–46, 115, 118f., 170, 218, 363, 395
Kreolisation 490
Kriegeradel 177
Kriegsdienst → Heeresdienst
Kultivierung 19
Kulturgefälle 405
Kulturgeographie 430
Kulturgrenzen 406
Kulturlandschaften 429
Kulturpflanzen 3, 19
Kupfer 55–57
Kurorte 51f., 329
Küstenschiffahrt 443

Lager 528f., 532–535
Landeplätze 441, 447, 476
Landmarken 374, 409, 444, 476
Landschaftsbeschaffenheit 430
Landschaftswandel 33
Landvermessung 9, 153, 254f., 532
Landverteilung 200
Langue 488
Latifundien 198f.
Latinerbund 157, 188, 268, 500, 584f
Latinerkrieg 418f.
Latinisches Recht 500f.
Lava 590f.
Lawinen 161
Lebenserwartung 96
Lebensformen 467
Lebensmittelversorgung 370f., 509f.
Lebensraum 166f., 281f., 303, 552

Legion 537
Leuchtfeuer 476
Leuchttürme 208, 356, 376, 476f.
Leuchtzeichen 477
Lexik 489f.
Lexikographie 562
Liberalitas 113, 371, 575
Licinisch-Sextische Gesetze 578
Limitatio 512
Limitationsforschung 15f.
Limnologie 456f.
Lithographie 255
Liturgie 399, 509
Logik 394
Logos 395
Lohnarbeiter 19f., 58, 522, 613
Losungen 508
Lotsen 376, 441, 443
Lotung 332, 375f., 444
Luftporenbeton 54
Luftzufuhr 57
Luxusartikel 166, 211f., 225, 259, 333, 445f., 557
Lyrik 101, 493

Magistrate → Beamte
Magma 590
Magmatismus 164f.
Malerei *301*, 302
Manufakturen 58, 312
Märchen 365
Markt 199, 203, 306f., 310, 369f., 502, 511, 565, 612f.
Marktaufsicht 509
Marktorientierung 19
Märtyrer 209f., 398, 428
Mechanik 324–326
Meilensteine 230f., *229*, 518f., 523
Menschenrechte 576
Meßinstrumente 376
Metallvorkommen 162
Meteorologie 394, 396
Methorios 193f.
Missionierungen 429
Molen 207f.
Mönchtum 43f.
Mond 45f., 88–90, 115, 122, 142–144, 184f.
Monumentum Ancyranum 228
Mörtel 53f.
Multilinguismus 488

Municipium 108, 269
Mysterien 187–190, 286f.

Nachrichtenübermittlung 476–478
Nachtfahrten 441
Nacktweizen 182
Nahverkehrsnetz 520
Namenkunde 436, 459, 469, 561f.
Naturkatastrophen 109–114, 230, 271, 280, 351f., 378, 425, 573–575
Naturwissenschaft 141, 167–169
Nebel 375, 535, 537
Nekropolen 230, 429, 562f.
Niederschläge 125, 145f., 305, 338f., 403, 456f., 573f.
Nobiles 201f.
Nobilität 227, 419, 578f.
Nomaden 405
Nomadismus 565
Numismatik → Münzen
Nutzholz 152

Oikenwirtschaft 19f.
Oikumene 87f., *116*, 117f., 120f., 127, 133f., 140, 171f., 193, 246, 248f., 331, 337, 405, 408–410, 532, 606–608
Okeanos *116*, 120f., 146, 171, 231, 262, 331, 337f., 363, 365, 449, 489, 605
Okzident 171, 341, 379f.
Oligarchie 36, 78, 98
Olympiade 90
Onomastik 473f., 486
Operationsbasis 528f.
Opferhandlungen 143, 185, 285f., 289,f., 294, 296, 373, 442, 449, 556, 581, 593
Optimaten 79–81
Orakel 187, 289, 297, 427f.
Orbis terrarum 87, 405, 608
Ordnungskräfte 402, 509
Orientalistik → Orient
Orientierung 218, 374–377, 444
Ortsformen 466
Ortsgrößen 465f.
Ostrakismos 98

Pacht 21, 151f., 199, 205, 481, 510
Palaestra 482
Palimpsest 451
Parole 488
Parzellenformen 466

Patrizier 178, 227, 419, 578
Pax Romana 179
Peloponnesischer Bund 47
Peloponnesischer Krieg 47, 56, 78, 99, 157, 226, 235, 273f., 416, 462, 525–527, 531
Pendler 347f.
Perihegesis-Literatur 410
Periöken 178
Peripatetiker 412
Peripherie 405, 486f., 548, 579
Periplus 12, 122, 127, 130, 140, 171f., 174, 247, 254, 282, 331, 376, 410, 420–422, 443
Perserkriege 226, 309, 462
Personalunion 501
Personalverband 495
Pest 64, 328, 621
Pflasterung 159f., 519, *521*
Pflug 3, 166
Phalanx 38–40, 47, 77, 309, 536f.
Phosphatmethode 469
Phylen 66, 98f., 292f., 508
Piktographie *453*
Planstadt 207f., 466, 505, 511
Plantagenwirtschaft 21
Plattentektonik 165, 448
Plebejer 79, 178, 227, 419
Plebs 578
Polderanlagen 91, 167
Polis 25, 47f., 77f., 82f., 89f., 107f., 161, 173f., 177, 193f., 196, 213, 267f., 276, 293f., 306, 340, 342, 357, 361, 384, 411–413, 416, 425, 465, 482, 486, 495f., 502–505, 525f., 547f., 572, 576, 598
Politie 577
Politikwissenschaft 173f.
Pomerium 193, 496
Popularen 79–81
Post 388, 510, 519
Prätorianer 81
Preiskontrolle 402
Priesterstaaten 429
Prinzipat 81, 227, 349, 473, 579
Privatrache 414
Prodigium 113, 143, 352, 516
Progression 430
Propaganda *279*, 295–299, 350f., 519, 532
Proskriptionen 81
Provinzen 149, 178, 190–192, 199f., 202, 212, 227, 269, 285f., 314, 418f., 493f., 498, 501, 512, 521f., 532, 582f., 603f.

Provinzialpolitik 350, 419
Proxenie 103, 155f.
Prozessionen 290f., 293f., 427, 548
Prozessionsstraßen 69, 518f.
Psycholinguistik 489
Pumpen 596
Punische Kriege 461

Qualitätskontrolle 402
Quellen 202, 230, 252, 329, 364, 373, 404, 456, 547
Quellheiligtümer 75, 185, 283, 286, 289f., 329, 426

Radiocarbonmethode 469
Randgebiet 196
Rat 508f., 576f.
Rationen 368f.
Realteilung 62
Regierungszentren 178
Region → Bezirk
Regression 516f.
Reichsadel 177
Reichsbeamtentum 498
Reichtum 6, 59, 144, 167, 389, 429, 452, 509, *572*, 603
Reife 182f.
Reis 180
Reisedauer 441
Reiteradel 8, 482
Reiterei 36–42, 532, 534, 536
Rekruten 482
Religionskriege 429
Repräsentation 26f., 69, 84, 325f., 349, 352, 382–386, 391, 485, 511
Residenzen 212–215, 233, 484f., 511
Retrospektion 430
Rhetorik 360, 412, 493
Rhythmus 360
Ritterstand 178
Rodung 125, 378, 410, 573f., 621
Roggen 181
Rohstoffe 52f., 55, 60f., 151, 166f., 210, 223, 226, 234, 304, 333, 378, 438, 451f., 543, 611
Romanisierung 29, 51, 162, 178, 190, 406, 484, 486, 505, 512, 618
Routen 211, 233, 238, 247, 356, 374, 398, 409, 435, 443–446, 527, 529, 532, 558, 563f.

Sachregister

Saatgut 3, 182 f.
Sakralisierung 49
Sanitätswesen 309, 312 f.
Satire 101
Satrapien 66, 213
Satyrtänze 539
Säulenheilige 44
Schädlinge 204
Schalenbau 439
Schatzfunde 355, 452
Schiedsgerichtsverfahren 103
Schiffsbau 439
Schiffstypen 439, 462
Schlachtaufstellung 534
Schlucklöcher 403
Schutzfunktion 149, 161 f., 214, 506 f., 546
Schutzherrschaft 500
Schwerkraft 118
Sedimentablagerung 92–94, 147, 163–165, 281, 317–319, 332, 448, 451, 454–456, 516 f.
Seekriegsführung 440, 442, 462, 534, 538 f
Seeräuber → Piraterie
Seilbohrverfahren 73, 435
Seismik 110 f.
Selbsthilfe 401 f., 412
Selbstversorgung 198
Selbstverwaltung 178, 269, 500
Senat 49, 79–82, 102, 151 d., 178 f., 214 f., 419, 578
Seuchen 271, 460, 535
Siedlungsgestalt 467–469
Siedlungshierarchie 465
Siegestitulaturen 274
Silber 55–57, 452
Sittengesetzgebung 63
Sizilische Expedition 143, 310, 535
Skaphe 124
Skarabäen 472
Sold 310, 312
Söldner 39, 78, 155, 310, 345, 399
Sonne 45 f, 88–90, 118 f., 122–124, 142–144, 184 f., 187, 217 f., 260, 269–271, 363 f., 375, 535
Sophistik 135 f., 280, 309, 373, 412
Sozialanthropologie 167, 405
Soziolinguistik 489
Speicherung 183, 204, 369, 465
Spelzweizen 181, 368
Spenden 509

Spezialisierung 59 f.
Spiele 28 f., 102, 105, 177, 185 f., 290, 292–296, 348 f., 482–485, 509 f.
Spitzel 402
Sport 391, 428, 481–485
Spurrillen *521*
Stadion 482–485
Städtegründungen 268, 462
Ständekämpfe 79, 227, 419, 578
Standesunterschiede 187
Staubecken 91 f., 353
Staudamm 148, 167, 448, 456, 595
Steilküsten 447
Stein 52 f., 72–74, 159 f., 543
Stempelkopplung 358
Sternbilder 218
Sternenhimmel 45, 122, 375
Steuern 22 f., 96–98, 155, 432, 436, 497, 509 f.
Stoizismus 138, 412
Strafverfolgung 414
Straßenreinigung 402
Stratigraphie 451, 454 f.
Streitschlichtung 412
Streubesitz 198 f.
Streusiedlung 107 f.
Sturm 206, 260
Sturmflut 320 f.
Subduktion 165
Subsistenzbasis 197–200
Subsistenzwirtschaft 59
Substratforschung 487
Sumpf 126, 202, 230, 242, 303, 305, 330, 451, 593
Survey 409, 469, 565
Symmachie 296 f., 499
Sympolitie 157
Synkretismus 190–192, 426
Synoikismos 105, 213, 268, 471, 504

Tabula Peutingeriana 16, 422 f.
Tagelöhner 59
Tal 196, 454
Talaue 455
Talsperre 14, 456, 595, 599
Tätowierungen 259
Teich 202, 230, 456
Terra sigillata 559, 611
Terrassierung 125, 201
Territorialstaat 214, 417, 576

Territorialverwaltung 66
Territorium 65, 85, 198, 213, 247, 275f., 294, 357f., 408, 486, 495f., 500, 503, 508, 512f., 525, 528, 531, 534f., 545, 548
Textilien 257, 543
Theogonien 363
Theologie 209
Thermalquelle 51f.
Thermen 50–52, 580
Thesaurierung 198
Tide 184f.
Tiefgang 446
Tierfutter 181, 183, 204, 582
Tierhetzen 28, 239, 485, 549
Tonskalen 359–362
Toponyme 474
Tragfähigkeit 439–441
Transformationsprozeß 407
Transgression 516f.
Transportmittel 463, 527, 543
Trassierung 520, 522
Treidelschiffahrt 208, 424, 448
Tribüne 482
Tribute 226
Trinkwasserreservoir 460, 601
Triumphalarchitektur 34f.
Triumphzug 105, 189
Trockenlegung 1
Troß 308–314
Tsunami 111–113, 186, 281, 331

Überbevölkerung 62, 345, 461
Überschußproduktion 199, 313, 369, 371, 612
Überseereisen 441, 443
Übersetzungen 487f.
Übertagebau 55–57, 456
Ufer 447
Umwelt → Ökologie
Umweltkritik 594
Unterhaltung 29, 239, 377
Untertagebau 55–57, 614
Unterwelt 363, 365, 605
Untiefen 447
Urbanisierung 147, 230, 378, 389, 512, 598
Urbanismus-Forschung 33
Urkunden 104–106, 387f., 547
Urstoff 395
Utopien 130, 233f.
Uvalas 251, 402, 404

Verbannte 78f., 345
Verbanntendekret 79
Verbannungsorte 233
Verbundmittel 53
Verdunstung 338f., 456f.
Vereine 179
Verkehrsanbindung 199f., 203, 215
Verkehrsmittel 348, 423
Verkehrssystem 194f.
Verkehrswege 9, 70, 167, 210, 345f., 350, 356, 518–523, 548
Verlandung 281, 451
Verlautbarungen → Dokumente
Vermessungswesen 22f.
Vermögensqualifikation 508
Verschmelzungspolitik 417
Verschmutzung 333, 457
Verteidigung 84–86, 506f., 525–533, 536
Verträge 102f., 105, 157f., 228, 234f., 247, 294, 581
Verwaltungseinheiten 65–67
Verwaltungshandbücher 105f.
Verwaltungsorganisation 508
Verwaltungssystem 474f., 497
Verwaltungstermini 474f.
Verwaltungszentren 178, 214f., 474, 497f.
Verwüstungen 379
Veteranenpolitik 321f.
Viehtrieb 564–567
Viereckschanzen 285f., 316
Villa imperialis 202
Villa rustica → Gutshof
Villa suburbana 201f., 391–393
Villa urbana 201
Virtus 227, 239, 340
Völkerwanderungen 209, 214, 237, 321, 345, 406, 463, 471, 486, 491
Volksversammlung 80, 83, 98f., 402, 414, 495, 508f., 576, 578
Vorratshaltung 370f.
Vorratstrakt 203f.

Waffen 35–42, 55, 86, 275f., 312, 325, 536, 543
Wagenrennen 482–485, 556
Wahlrecht 83, 98f., 179, 508
Wallfahrtsorte 398, 427f.
Wärme → Heizen
Warnsignale 476f.
Wasserhaushalt 1

Wasserleitungen 75, 148, 230, 354, 569f., 595f., 598, 602
Wasserspiegelschwankungen 457
Wasseruhr 477, 596
Wasserzufuhr 456
Wegenetz 69
Wegweiser 476f.
Wehrpflicht → Heeresdienst
Weidebetrieb 581–583
Weideflächen 582
Werkstätten 543
Werkzeuge 35f., 323, 543
Weltall 44f.
Weltbild 115, 118, 121, 604–608
Weltherrschaftsideologie 49, 193, 226f., 280, 298, 451, 417, 419
Wendemale 484
Werften 206, 208, 311, 441
Wettkämpfe 291, 340, 481–485
Wildpflanzen 180, 318
Wildtiere *162*
Windgezeiten 464
Wirtschaftstrakt 203f.
Witterungseinflüsse 125, 375f., 478, 537, 549
Wohlstand 63, 234, 480, 527, 572
Wurtensiedlungen 321

Zahlensymbolik 513
Zeiteinteilung 348
Zeitmessung → Chronologie, Zeit
Zensus 63, 82, 96f., 432, 579
Zentralortfunktion 503
Ziegel 52, 72–74
Zinn 55
Zinsen 64
Zisternen 202, 230, 543, 580, 595, 602
Zivilisation 50f., 135–139, 147, 155, 180, 196, 214, 280, 339, 345, 399, 405, 407f., 505, 548, 595
Zivilisationskritik 100
Zoll 211
Zöllner 59
Zonen 122f., 172, 241f., 260, 341, 406, 486, 488, 606
Zoologie 394, 396, 552f.
Zuschauer 481–485, 549f., *551*
Zweifelderwirtschaft 2f.
Zweiter Attischer Seebund 268, 462
Zweiter Punischer Krieg 63, 100f., 199, 268, 342, 416
Zwischenhändler 59
Zwölftafelgesetze 156, 413f., 578

Bildquellenverzeichnis

1	Rheinisches Landesmuseum Trier (Rekonstruktion: L. Dahm)
2	Bildarchiv Preußischer Kulturbesitz (Staatliche Museen zu Berlin, Antikensammlung)
3	H. Knell: Architektur der Griechen. Darmstadt ²1988 (Abb. 81)
4	Foto und Entwurf: M. Korres, Zentrum für Akropolis-Studien, Athen
5	PubbliAerFoto, Mailand
6	Lotos-Film, E. Thiem, Kaufbeuren
7	Th. Kraus: Das römische Weltreich (Propyläen-Kunstgeschichte, Bd. 2), Berlin 1967 (Fig. 17)
8	Fototeca Unione, American Academy in Rome
9	L. Pauli: Die Alpen in Antike und Mittelalter, München ²1981 (S. 49)
10	Deutsches Archäologisches Institut Rom (Neapel, Museo Nazionale)
11	G. Zimmer: Römische Berufsdarstellungen. Berlin 1982 (S. 94)
12	L. Pauli: Die Alpen in Antike und Mittelalter, München ²1981 (S. 283)
13/14	Vera Sauer
15/16	Albert Baur
17	Eckart Olshausen
18/19	H. Schneider: Einführung in die antike Technikgeschichte. Darmstadt 1992 (Abb. 3 und 4)
20	Umberto Pappalardo
21	E. Olshausen: Einführung in die Historische Geographie der alten Welt. Darmstadt 1991 (Karte 4)
23	S. Hornblower/A. Spawforth (Hg.): The Oxford Companion to Classical Civilization. Oxford/New York 1998 (S. 370; Zeichnung: K. K. Borowick)
24	Eckart Olshausen
25	Ullstein – Camera Press Ltd.
26	Vera Sauer
27	Friedrich Sauerwein
28/29	Rudolf Schmidt
30	Württembergisches Landesmuseum Stuttgart (Foto: K. H. Augustin)
31/32	Landesdenkmalamt Baden-Württemberg
33	A.G. McKay: Römische Häuser, Villen und Paläste, Feldmeilen 1984 (S. 203)
34/35	Ph. Filtzinger, Die Römer in Baden-Württemberg. Stuttgart 1976 (Abb. 32 und 33)
36	Museo Torlonia
37	Württembergisches Landesmuseum Stuttgart
38	Württembergisches Landesmuseum Stuttgart (Foto: Walser)
39	H.H. Scullard: Römische Feste. Kalender und Kult. Mainz 1985 (Tafel 9)
40	M. Ninck: Die Entdeckung von Europa durch die Griechen. Basel 1945, S. 173
41	Österreichische Nationalbibliothek Wien, Bildarchiv
42	Deutsches Archäologisches Institut Rom
44	Entwurf: Jan Hempel
46	Scala, Florenz
47	Eckart Olshausen
48/49/50	Rudolf Schmidt
51	Scala, Florenz
52	A.G. McKay: Römische Häuser, Villen und Paläste, Feldmeilen 1984 (S. 148)
53	Metropolitian Museum, New York
54/55	D. Planck u.a.: Unterirdisches Baden-Württemberg. Stuttgart 1994 (S. 158f.)
56	Musei Vaticani, Rom

57	Lotos-Film, E. Thiem, Kaufbeuren
58	Holger Sonnabend
59	Deutsches Archäologisches Institut Athen
60	J. Kent u. a.: Die römische Münze. München 1973 (Abb. 193)
61	Eckart Olshausen
62	Deutsches Archäologisches Institut Rom
64	Lotos-Film, E. Thiem, Kaufbeuren
65	Holger Sonnabend
66	Hirmer-Fotoarchiv
67	Fototeca Unione, American Academy in Rome
68	Bayerische Staatsbibliothek München
69	Deutsches Archäologisches Institut Rom
70	B. Andreae: »Am Birnbaum«. Mainz 1996 (Tafel 11)
71	P. Zanker: Stadtbild und Wohngeschmack. Mainz 1995 (Abb. 75)
72	L. Pauli: Die Alpen in Antike und Mittelalter, München ²1981 (S. 85)
73	The British Museum
74	Franz Glaser, Klagenfurt
75	Scala, Florenz
76	Stadt Kempten (Foto: Sienz)
77	E. Doblhofer: Die Entzifferung alter Schriften und Sprachen. Stuttgart 1993 (S. 97)
78/79	Vera Sauer
80/81/82	Cay Lienau
83	Gerd Heil, Berlin
84	PubbliAerFoto, Mailand
85	A.G. McKay: Römische Häuser, Villen und Paläste, Feldmeilen 1984 (S. 87)
86/87	Vera Sauer
88	R.A. Tomlinson: Greek and Roman Architecture. London 1995 (Abb. 19)
89	S. Hornblower/A. Spawforth (Hg.): The Oxford Companion to Classical Civilization. Oxford/New York 1998 (S. 286)
90	J. Mayer
91	Tarquinia, Museo Nazionale
92	F. Weege: Der Tanz in der Antike, Halle 1926 (S. 15)
93	München, Museum antiker Kleinkunst
94	Museum of Classical Archaeology, Cambridge
95	Lotos-Film, E. Thiem, Kaufbeuren
96	L. Pauli: Die Alpen in Antike und Mittelalter, München ²1981 (S. 57)
97	Casella-Riedel Archiv, Ägypten II, 58. Jg. (1975), Heft 1, S. 39
98	Louvre, Paris
99	Dieter Möhn, München
100	Holger Sonnabend
101/102	Klaus Grewe
103	S. Hornblower/A. Spawforth (Hg.): The Oxford Companion to Classical Civilization. Oxford/New York 1998 (S. 16)
104	Friedrich Sauerwein
105	V. Carcavallo
106	L. Pauli: Die Alpen in Antike und Mittelalter, München ²1981 (S. 113)
107	Ludwig Hempel
108/109	Dietz
110	A.G. McKay: Römische Häuser, Villen und Paläste, Feldmeilen 1984 (S. 154)
111	A. Poidebard: La Trace de Rome dans le desert de Syrie. Paris 1934
112	Holger Sonnabend

MIX
Papier aus verantwortungsvollen Quellen
Paper from responsible sources
FSC® C105338

If you have any concerns about our products,
you can contact us on
ProductSafety@springernature.com

In case Publisher is established outside the EU,
the EU authorized representative is:
**Springer Nature Customer Service Center GmbH
Europaplatz 3, 69115 Heidelberg, Germany**

Printed by Libri Plureos GmbH
in Hamburg, Germany